Büte/Poppen/Menne/Botur
Unterhaltsrecht

Unterhaltsrecht

Kommentar

von

Dieter Büte
Vorsitzender Richter am Oberlandesgericht
Celle

Dr. Enno Poppen
Rechtsanwalt und Notar, Fachanwalt für Versicherungsrecht
und für Familienrecht
Celle

Dr. Martin Menne
Richter am Amtsgericht
Berlin

Dr. André Botur
Richter am Oberlandesgericht
Celle

Verlag C. H. Beck München 2009

Verlag C. H. Beck im Internet:
beck.de

ISBN 978 3 406 58185 4

© 2009 Verlag C. H. Beck oHG
Wilhelmstraße 9, 80801 München

Druck: CPI – Clausen & Bosse GmbH,
Birkstraße 10, 25917 Leck

Satz: jürgen ullrich typosatz
86720 Nördlingen

Gedruckt auf säurefreiem, alterungsbeständigem Papier
(hergestellt aus chlorfrei gebleichtem Zellstoff)

Vorwort zur 2. Auflage

Seit dem Erscheinen der 1. Auflage sind durch das Gesetz zur Änderung des Unterhaltsrechts vom 21. 12. 2007, das am 1. 1. 2008 in Kraft getreten ist, tief greifende Änderungen im Unterhaltsrecht eingetreten, insbesondere beim Betreuungsunterhalt und den Möglichkeiten der Begrenzung des nachehelichen Unterhalts. Eine Vielzahl von Entscheidungen der Oberlandesgerichte und einige wegweisende Entscheidungen des Bundesgerichtshofes sind zwischenzeitlich ergangen und eingearbeitet worden. Unter Beibehaltung des Konzepts einer praxisorientierten Nutzung des Werkes und in Form einer Querkommentierung werden nahezu alle für das materielle und das Verfahrensrecht relevanten Normen dargestellt und durch Rechenbeispiele Lösungswege aufgezeigt. Eingearbeitet worden sind auch die ab 1. 9. 2009 geltenden neuen verfahrensrechtlichen Vorschriften des FamFG.

Aus dem Kreis der Herausgeber ausgeschieden ist DirAG a. D. Dieter Bäumel. An seine Stelle getreten ist RiAG Dr. Martin Menne, der als Referent im Bundesministerium der Justiz die Unterhaltsrechtsreform maßgeblich mitgestaltet und begleitet hat. Als weiterer Autor konnte RiOLG Dr. Andre Botur gewonnen werden, der nach seiner Abordnung zum Bundesgerichtshof seit dem 1. 1. 2008 im 17. Zivilsenat – Senat für Familiensachen – des Oberlandesgerichts Celle tätig ist.

Das Werk berücksichtigt die bis Ende März 2009 ergangene Rechtsprechung. Wichtige jüngere Entscheidungen konnten nur noch im Einzelfall nachgetragen werden.

Bad Bodenteich/Celle/Berlin, im Juni 2009

Dieter Büte
Enno Poppen
Martin Menne

Inhaltsverzeichnis

Abkürzungsverzeichnis XIII
Literaturverzeichnis XV

Erster Teil. Ehegattenunterhalt

Bürgerliches Gesetzbuch

Buch 4. Familienrecht

Abschnitt 1. Bürgerliche Ehe

Titel 5. Wirkungen der Ehe im Allgemeinen

Vorbemerkungen zu §§ 1360 ff.		1
§ 1360	Verpflichtung zum Familienunterhalt	13
§ 1360 a	Umfang der Unterhaltspflicht	17
§ 1360 b	Zuvielleistung	28
Vor § 1361	Einkommensermittlung	29
§ 1361	Unterhalt bei Getrenntleben	82

Titel 7. Scheidung der Ehe

Untertitel 2. Unterhalt des geschiedenen Ehegatten

Kapitel 1. Grundsatz

§ 1569	Grundsatz der Eigenverantwortung	111

Kapitel 2. Unterhaltsberechtigung

§ 1570	Unterhalt wegen Betreuung eines Kindes	115
§ 1571	Unterhalt wegen Alters	128
§ 1572	Unterhalt wegen Krankheit oder Gebrechen	133
§ 1573	Unterhalt wegen Erwerbslosigkeit und Aufstockungsunterhalt	139
§ 1574	Angemessene Erwerbstätigkeit	150
§ 1575	Ausbildung, Fortbildung oder Umschulung	157
§ 1576	Unterhalt aus Billigkeitsgründen	162
§ 1577	Bedürftigkeit	167
§ 1578	Maß des Unterhalts	176
§ 1578 a	Deckungsvermutung bei schadensbedingten Mehraufwendungen	193
§ 1578 b	Herabsetzung und zeitliche Begrenzung des Unterhalts wegen Unbilligkeit	193
§ 1579	Beschränkung oder Versagung des Unterhalts wegen grober Unbilligkeit	205
§ 1580	Auskunftspflicht	226

Inhalt

Kapitel 3. Leistungsfähigkeit und Rangfolge

§ 1581	Leistungsfähigkeit	229
§ 1582	Rangverhältnisse mehrerer Unterhaltsbedürftiger/Rang des geschiedenen Ehegatten bei mehreren Unterhaltsberechtigten	241
§ 1583	Einfluss des Güterstands	244
§ 1584	Rangverhältnisse mehrerer Unterhaltsverpflichteter	245

Kapitel 4. Gestaltung des Unterhaltsanspruchs

§ 1585	Art der Unterhaltsgewährung	248
§ 1585a	Sicherheitsleistung	251
§ 1585b	Unterhalt für die Vergangenheit	253
§ 1585c	Vereinbarungen über den Unterhalt	257

Kapitel 5. Ende des Unterhaltsanspruchs

§ 1586	Wiederverheiratung, Begründung einer Lebenspartnerschaft oder Tod des Berechtigten	269
§ 1586a	Wiederaufleben des Unterhaltsanspruchs	271
§ 1586b	Kein Erlöschen bei Tod des Verpflichteten	273

Zweiter Teil. Kindes- und Verwandtenunterhalt

Abschnitt 2. Verwandtschaft

Titel 3. Unterhaltspflicht

Untertitel 1. Allgemeine Vorschriften

§ 1601	Unterhaltsverpflichtete	277
§ 1602	Bedürftigkeit	279
§ 1603	Leistungsfähigkeit	289
§ 1604	Einfluss des Güterstands	317
§ 1605	Auskunftspflicht	318
§ 1606	Rangverhältnisse mehrerer Pflichtiger	326
§ 1607	Ersatzhaftung und gesetzlicher Forderungsübergang	333
§ 1608	Haftung des Ehegatten und Lebenspartners	338
§ 1609	Rangverhältnisse mehrerer Unterhaltsberechtigter	340
§ 1610	Maß des Unterhalts	349
§ 1610a	Deckungsvermutung bei schadensbedingten Mehraufwendungen	365
§ 1611	Beschränkung oder Wegfall der Verpflichtung	367
§ 1612	Art der Unterhaltsgewährung	372
§ 1612a	Art der Unterhaltsgewährung bei minderjährigen Kindern	377
§ 1612b	Deckung des Barbedarfs durch Kindergeld	379
§ 1612c	Anrechnung anderer kindbezogener Leistungen	385
§ 1613	Unterhalt für die Vergangenheit	386
§ 1614	Verzicht auf den Unterhaltsanspruch; Vorausleistung	393
§ 1615	Erlöschen des Unterhaltsanspruchs	395

Inhalt

Untertitel 2. Besondere Vorschriften für das Kind
und seine nicht miteinander verheirateten Eltern

§ 1615l	Unterhaltsanspruch von Mutter und Vater aus Anlass der Geburt	397
§ 1615m	Beerdigungskosten für die Mutter	420
§ 1615n	Kein Erlöschen bei Tod des Vaters oder Totgeburt	421
§ 1615o	*Einstweilige Verfügung*	423

Titel 5. Elterliche Sorge

§ 1629	Vertretung des Kindes	425

Dritter Teil. Nebenvorschriften

Einführungsgesetz zum Bürgerlichen Gesetzbuche (EGBGB)

Art. 18	Unterhalt	431

Gesetz zur Regelung von Härten im Versorgungsausgleich (VAHRG)

§ 5	*Unterhaltsfälle*	439
§ 6	*Nachzahlungen in den Unterhaltsfällen*	441

Gesetz über den Versorgungsausgleich (VersAusglG)

§ 33	Anpassung wegen Unterhalt	442
§ 34	Durchführung einer Anpassung wegen Unterhalt	442

Gesetz zur Sicherung des Unterhalts von Kindern allein stehender Mütter und Väter durch Unterhaltsvorschüsse oder -ausfallleistungen (Unterhaltsvorschussgesetz)

§ 1	Berechtigte	444
§ 2	Umfang der Unterhaltsleistung	447
§ 3	Dauer der Unterhaltsleistung	448
§ 4	Beschränkte Rückwirkung	449
§ 5	Ersatz- und Rückzahlungspflicht	449
§ 7	Übergang von Ansprüchen des Berechtigten	451

Einkommensteuergesetz (EStG)

§ 10	Sonderausgaben	455
§ 24b	Entlastungsbetrag für Alleinerziehende	460
§ 26	Veranlagung von Ehegatten	461
§ 26a	Getrennte Veranlagung von Ehegatten	461
§ 26b	Zusammenveranlagung von Ehegatten	462
§ 31	Familienleistungsausgleich	465
§ 32	Kinder, Freibeträge für Kinder	466
§ 33	Außergewöhnliche Belastungen	473
§ 33a	Außergewöhnliche Belastung in besonderen Fällen	475
§ 62	Anspruchsberechtigte	477

Inhalt

§ 63	Kinder	478
§ 64	Zusammentreffen mehrerer Ansprüche	478
§ 65	Andere Leistungen für Kinder	479
§ 66	Höhe des Kindergeldes, Zahlungszeitraum	479
§ 67	Antrag	479
§ 68	Besondere Mitwirkungspflichten	480
§ 69	Überprüfung des Fortbestehens von Anspruchsvoraussetzungen durch Meldedaten-Übermittlung	480
§ 70	Festsetzung und Zahlung des Kindergeldes	480
§ 71	Zahlungszeitraum	481
§ 72	Festsetzung und Zahlung des Kindergeldes an Angehörige des öffentlichen Dienstes	481
§ 74	Zahlung des Kindergeldes in Sonderfällen	482
§ 75	Aufrechnung	483
§ 76	Pfändung	483
§ 77	Erstattung von Kosten im Vorverfahren	483

Eigenheimzulagengesetz (EigZulG)

§ 4	Nutzung zu eigenen Wohnzwecken	485
§ 6	Objektbeschränkung	488

Sozialgesetzbuch (SGB)
2. Buch (II) – Grundsicherung für Arbeitsuchende

§ 24a	Zusätzliche Leistung für die Schule	491
§ 33	Übergang von Ansprüchen	491

Sozialgesetzbuch (SGB)
3. Buch (III) – Arbeitsförderung

§ 117	Anspruch auf Arbeitslosengeld	497
§ 118	Anspruchsvoraussetzungen bei Arbeitslosigkeit	497
§ 119	Arbeitslosigkeit	497
§ 144	Ruhen bei Sperrzeit	498

Sozialgesetzbuch (SGB)
8. Buch (VIII) – Kinder- und Jugendhilfe

§ 23	Förderung in Kindertagespflege	503
§ 39	Leistungen zum Unterhalt des Kindes oder des Jugendlichen	503

Sozialgesetzbuch (SGB)
11. Buch (XI) – Soziale Pflegeversicherung

§ 13	Verhältnis der Leistungen der Pflegeversicherung zu anderen Sozialleistungen	506
§ 19	Begriff der Pflegepersonen	506
§ 37	Pflegegeld für selbst beschaffte Pflegehilfen	506
§ 41	Tagespflege und Nachtpflege	506
§ 43	Inhalt der Leistung	507

Inhalt

Sozialgesetzbuch (SGB)
12. Buch (XII) – Sozialhilfe

§ 41	Leistungsberechtigte	509
§ 42	Umfang der Leistungen	509
§ 43	Besonderheiten bei Vermögenseinsatz und Unterhaltsansprüchen	510
§ 90	Einzusetzendes Vermögen	514
§ 93	Übergang von Ansprüchen	521
§ 94	Übergang von Ansprüchen gegen einen nach bürgerlichem Recht Unterhaltspflichtigen	523

Bundesgesetz über individuelle Förderung der Ausbildung (Bundesausbildungsförderungsgesetz – BAföG)

§ 37	Übergang von Unterhaltsansprüchen	539

Gesetz zum Elterngeld und zur Elternzeit (BEEG)

§ 1	Berechtigte	543
§ 2	Höhe des Elterngeldes	543
§ 11	Unterhaltspflichten	546

Insolvenzordnung (InsO)

§ 35	Begriff der Insolvenzmasse	547
§ 36	Unpfändbare Gegenstände	547
§ 40	Unterhaltsansprüche	547
§ 100	Unterhalt aus der Insolvenzmasse	547

Zivilprozessordnung (ZPO)

§ 240	Unterbrechung durch Insolvenzverfahren	548
§ 850	Pfändungsschutz für Arbeitseinkommen	548
§ 850 a	Unpfändbare Bezüge	548
§ 850 b	Bedingt pfändbare Bezüge	549
§ 850 c	Pfändungsgrenzen für Arbeitseinkommen	549
§ 850 d	Pfändbarkeit bei Unterhalsansprüchen	551
§ 850 e	Berechnung des pfändbaren Arbeitseinkommens	551
§ 850 f	Änderung des unpfändbaren Betrages	552
§ 850 i	Pfändungsschutz bei sonstigen Vergütungen	553

Vierter Teil. Prozessrecht

Zivilprozessordnung

§ 93	Kosten bei sofortigem Anerkenntnis	561
§ 93 d	Kosten bei Unterhaltsklagen	563
§ 127 a	Prozesskostenvorschuss in einer Unterhaltssache	564
§ 254	Stufenklage	567
§ 256	Feststellungsklage	571
§ 323	*Abänderungsklage*	575

XI

Inhalt

§ 238 FamFG	Abänderung gerichtlicher Entscheidungen	587
§ 239 FamFG	Änderung von Vergleichen und Urkunden	588
§ 620	*Einstweilige Anordnungen*	588
§ 641d	*Einstweilige Anordnung*	595
§ 642	*Zuständigkeit*	600
§ 643	*Auskunftsrecht des Gerichts*	603
§ 644	*Einstweilige Anordnung*	607
§ 645	*Statthaftigkeit des vereinfachten Verfahrens*	610
§ 646	*Antrag*	612
§ 647	*Maßnahmen des Gerichts*	617
§ 648	*Einwendungen des Antragsgegners*	619
§ 649	*Feststellungsbeschluss*	623
§ 650	*Mitteilung über Einwendungen*	625
§ 651	*Streitiges Verfahren*	626
§ 652	*Sofortige Beschwerde*	629
§ 653	*Unterhalt bei Vaterschaftsfeststellung*	631
§ 654	*Abänderungsklage*	633
§ 655	*Abänderung des Titels bei wiederkehrenden Unterhaltsleistungen*	635
§ 656	*Klage gegen Abänderungsbeschluss*	639
§ 657	*Besondere Verfahrensvorschriften*	641
§ 658	*Sonderregelungen für maschinelle Bearbeitung*	642
§ 659	*Formulare*	643
§ 660	*Bestimmung des Amtsgerichts*	643
§ 767	Vollstreckungsabwehrklage	644

Übergangsvorschrift
EGZPO

§ 36	Überleitungsvorschrift zum Gesetz zur Änderung des Unterhaltsrechts	651

Sachverzeichnis 661

Abkürzungsverzeichnis

a. A.	anderer Ansicht
a. a. O.	am angegebenen Ort
AG	Amtsgericht
Anm.	Anmerkung
Art.	Artikel
BAföG	Bundesausbildungsförderungsgesetz
BAV	Betriebliche Altersversorgung
BayObLG	Bayerisches Oberstes Landesgericht
BayObLGZ	Entscheidungen des BayObLG in Zivilsachen (Amtl. Sammlung)
Bd.	Band
BGBl.	Bundesgesetzblatt
BGH	Bundesgerichtshof
BGHZ	Entscheidungen des BGH in Zivilsachen (Amtl. Sammlung)
BKGG	Bundeskindergeldgesetz
BMF	Bundesminister der Finanzen
BSHG	Bundessozialhilfegesetz
BSG	Bundessozialgericht
BStBl.	Bundessteuerblatt
BT-Drucks	Bundestagsdrucksache
BVerfG	Bundesverfassungsgericht
BVerwG	Bundesverwaltungsgericht
DAVorm	Der Amtsvormund, Rundbrief des Deutschen Instituts für Vormundschaftswesen
DEuFamR	Deutsches und Europäisches Familienrecht (Zeitschrift)
DJ	Deutsche Justiz (Zeitschrift)
DJZ	Deutsche Juristen-Zeitung
DNotZ	Deutsche Notar-Zeitung
DR	Deutsches Recht (Zeitschrift)
DRiZ	Deutsche Richterzeitung
DStR	Deutsches Steuerrecht (Zeitschrift)
DStRE	DStR Entscheidungsdienst
DVO	Durchführungsverordnung
EGBGB	Einführungsgesetz zum BGB
Einf.	Einführung
Entsch.	Entscheidung
Entw.	Entwurf
EzFamR	Entscheidungssammlung zum Familienrecht
FamRB	Familienrechtsberater
FamRZ	Zeitschrift für das gesamte Familienrecht
FF	Forum Familienrecht (Zeitschrift)
FPR	Familie Partnerschaft Recht (vereinigt mit NJWE-FER ab 2002)
FuR	Familie und Recht (Zeitschrift)
GG	Grundgesetz
GVG	Gerichtsverfassungsgesetz

Abkürzungen

HEZ	Höchstrichterliche Entscheidungen, Sammlung von Entscheidungen der Oberlandesgerichte und der obersten Gerichte in Zivilsachen
h. M.	herrschende Meinung
insb.	insbesondere
IPRAX	Praxis des Internationalen Privat- und Verfahrensrechts (Zeitschrift)
JR	Juristische Rundschau
JW	Juristische Wochenschrift
JZ	Juristenzeitung
KG	Kammergericht
KGJ	Jahrbuch für Entscheidungen des Kammergerichts
KJHG	Kinder- und Jugendhilfegesetz
LG	Landgericht
LPartG	Lebenspartnerschaftsgesetz
LSG	Landessozialgericht
MDR	Monatszeitschrift für Deutsches Recht
n. F	neue Fassung
NJW	Neue Juristische Wochenschrift
NJW-RR	Neue Juristische Wochenschrift – Rechtsprechungs-Report (Zivilrecht)
NJWE-FER	NJW Entscheidungsdienst Familien- und Erbrecht (bis 2001)
OLG	Oberlandesgericht
OLGR	Rechtsprechungsreport des Oberlandesgerichts (mit Ortsangabe)
PKH	Prozesskostenhilfe
Rn	Randnummer
RegE	Regierungsentwurf
RG	Reichsgericht
SGB	Sozialgesetzbuch
UVG	Unterhaltsvorschussgesetz
USG	Unterhaltssicherungsgesetz
u. U.	unter Umständen
VAHRG	Gesetz zur Regelung von Härten im Versorgungsausgleich
vgl.	vergleiche
Vorb.	Vorbemerkung
VZ	Veranlagungszeitraum
WohnGG	Wohngeldgesetz
zit.	zitiert
ZPO	Zivilprozessordnung

Literaturverzeichnis

Bamberger, Heinz Georg/Roth, Herbert: Kommentar zum Bürgerlichen Gesetzbuch, 2. Auflage 2008
Baumbach, Adolf/Lauterbach, Wolfgang/Albers, Jahn/Hartmann Peter: Zivilprozessordnung, 64. Auflage 2006
Ebert, Johannes: Einstweiliger Rechtsschutz in Familiensachen, 2. Auflage 2007
Erman, Walter/Westermann, Harm Peter: Handkommentar zum Bürgerlichen Gesetzbuch, 11. Auflage 2004
Eschenbruch, Klaus: Der Unterhaltsprozess, 5. Auflage 2008
Familienrechtsreformkommentar 1. Auflage 1998
Finke, Fritz/Garbe, Roland: Familienrecht in der anwaltlichen Praxis, 5. Auflage 2003
Gerhardt, Peter/Heintschel-Heinegg, Bernd von/Klein, Michael: Handbuch des Fachanwalts Familienrecht, 6. Auflage 2008
Göppinger, Horst/Wax, Peter: Unterhaltsrecht, 8. Auflage 2003
Grube, Christian/Wahrendorf, Volker: SGB XII Sozialhilfe, 1. Auflage 2005
Heiß, Beate/Born, Winfried: Unterhaltsrecht, Stand September 2005
Johannsen, Kurt/Henrich, Dieter: Eherecht, 4. Auflage 2003
Kaiser/Schnitzler/Friederici: AnwaltKommentar BGB – Band 4 Familienrecht, 1. Auflage 2004
Kalthoener, Elmar/Büttner, Helmut/Niepmann, Birgit: Die Rechtsprechung zur Höhe des Unterhalts, 4. Auflage 2008
Koritz, Nicola: Das neue FamFG, 2009
Luthin, Horst: Handbuch des Unterhaltsrechts, 10. Auflage 2004
Melchers, Gunmar/Hauß, Jörn: Unterhalt und Verbraucherinsolvenz, 1. Auflage 2002
Münchener Kommentar zum Bürgerlichen Gesetzbuch: 4. Auflage 2002 ff.
Münchener Kommentar zur Zivilprozessordnung: 2. Auflage 2000/2001 ff.
Musielak, Hans-Joachim: Zivilprozessordnung, 4. Auflage 2004
Palandt, Otto: Bürgerliches Gesetzbuch, 68. Auflage 2009
Schmidt, Ludwig: Einkommensteuergesetz, 24. Auflage 2005
Scholz, Harald/Stein, Rolf: Praxishandbuch Familienrecht, Stand November 2005
Schwab, Dieter: Handbuch des Scheidungsrechts, 5. Auflage 2004
Soergel: Bürgerliches Gesetzbuch, 13. Auflage 1999 ff.
Staudinger, Julius von: Kommentar zum Bürgerlichen Gesetzbuch mit Einführungsgesetz und Nebengesetzes, 13. Auflage 1993 ff.
Thomas, Heinz/Putzo, Hans: Zivilprozessordnung, 29. Auflage 2008
Wacker, Roland: Eigenheimzulagengesetz, 3. Auflage 2001
Weinreich, Gerd/Klein, Michael: Kompaktkommentar Familienrecht, 3. Auflage 2008
Wendl, Philipp/Staudigl, Siegfried: Das Unterhaltsrecht in der familienrichterlichen Praxis, 7. Auflage 2008
Zöller, Richard: Zivilprozessordnung, 26. Auflage 2008

Erster Teil. Ehegattenunterhalt

Bürgerliches Gesetzbuch

Abschnitt 1. Bürgerliche Ehe

Titel 5. Wirkungen der Ehe im Allgemeinen

Vorbemerkungen zu §§ 1360 ff. BGB

I. Allgemeine Grundsätze

Unterhaltspflichten, die durch die Ehe begründet werden, sind in §§ 1360, 1360a, 1360b BGB (Familienunterhalt), § 1361 BGB (Trennungsunterhalt) und §§ 1569 ff. BGB (nachehelicher Unterhalt) mit unterschiedlicher Ausgestaltung geregelt. Leben Ehegatten in häuslicher Gemeinschaft, wird der angemessene Unterhalt (sog. **Familienunterhalt**) geschuldet, der durch Geld, aber auch durch Naturalleistungen erbracht werden kann. Da die Haushaltsführung als ein der Erwerbstätigkeit gleichwertiger Beitrag (§ 1360 Satz 2 BGB) zur Existenzsicherung der Familie angesehen wird (BGH NJW 1999, 557), scheiden Ausgleichsansprüche im Hinblick auf finanzielle Mehrleistungen eines Ehegatten aus (BGH NJW 1984, 1845; BGH NJW 1992, 564; BGH NJW 1995, 1486). Eine Haftung des wirtschaftsführenden Ehegatten nach Auftragsrecht im Hinblick auf die Verwendung des Haushaltsgeldes scheidet ebenfalls aus (BGH NJW 2000, 3199). 1

Beim **Trennungsunterhalt**, der nach Aufhebung der häuslichen Gemeinschaft nur als Geldrente verlangt werden kann, wird der angemessene Unterhalt nach Maßgabe der ehelichen Lebensverhältnisse sowie der Erwerbs- und Vermögensverhältnisse geschuldet. Maßgebend ist der Stand der jeweiligen wirtschaftlichen Verhältnisse, sofern es sich um normale Weiterentwicklungen nach der Trennung handelt (BGH NJW 2003, 1796; OLG Celle FamRZ 2008, 1854: auch zum Karrieresprung in der Trennungszeit). 2

Beim **nachehelichen Unterhalt** gilt der Grundsatz der Eigenverantwortlichkeit. Nach der Scheidung hat jeder Ehegatte grundsätzlich für seinen Unterhalt zu sorgen. Dieser Grundsatz wird durch das UÄndG 2007 deutlicher als bisher hervorgehoben, ohne jedoch sachlich etwas an den Grundlagen der Unterhaltstatbestände zu ändern. Er wird eingeschränkt durch das sog. Mitverantwortungsprinzip des wirtschaftlich stärkern Ehegatten (BGH FamRZ 1981, 745). Solange und soweit der wirtschaftlich stärkere Ehegatte aufgrund einer der sechs enumerativ und abschließend normierten Unterhaltstatbestände nachwirkende eheliche Solidarität verlangen kann (§§ 1570–1576 BGB), hat der wirtschaftlich stärkere Ehegatte für den schwächeren einzustehen. Der Unterhaltsanspruch gewährt aber keine die bisherigen unveränderten Lebensverhältnisse fortschreibende Lebensstandardgarantie (BGH NJW 2008, 1663). § 1578b BGB schränkt die Tatbestände ein durch eine Reduzierung oder den völligen Wegfall des Unterhalts bei Fehlen ehebedingter Nachteile. 3

BGB Vor §§ 1360ff　　　　　　　　　　1. Teil. Ehegattenunterhalt

Beim Anspruch auf nachehelichen Unterhalt handelt es sich um einen **einheitlichen Anspruch,** dessen Umfang sich stets nach den ehelichen Lebensverhältnissen richtet (§ 1578 Abs. 1 Satz 1 BGB). Dies hat zur Folge, dass ein Urteil über den nachehelichen Unterhaltsanspruch diesen in dem ausgeurteilten Umfang insgesamt erfasst, d. h. ohne Rücksicht darauf, welcher Tatbestand der §§ 1570ff. BGB in Betracht kommt und vom Gericht geprüft worden ist (BGH FamRZ 1984, 853). Ist der einem titulierten Unterhaltsanspruch zugrunde liegende Tatbestand wegen Veränderung der Verhältnisse weggefallen, kann die Aufrechterhaltung aufgrund eines anderen Unterhaltstatbestandes geboten sein (BGH NJW 1995, 1891).

4 Die Ansprüche auf Familienunterhalt, Trennungsunterhalt und nachehelichen Unterhalt sind nicht identisch. Es handelt sich um **verschiedene Streitgegenstände.** Deshalb hat ein Unterhaltsgläubiger für die Zeiträume nach der Trennung bzw. nach der Scheidung Unterhalt gesondert geltend zu machen. Auch ist die Geltungsdauer eines Vollstreckungstitels begrenzt, d. h. aus einem Titel auf Trennungsunterhalt kann nach Rechtskraft der Scheidung nicht mehr vollstreckt werden, sofern nicht ein derartiger Titel ausdrücklich Trennungsunterhalt und nachehelichen Unterhalt regelt. Ein während des Getrenntlebens geschlossener Unterhaltsvergleich umfasst, sofern sich aus der Auslegung nichts anderes ergibt (BGH FamRZ 1987, 268), im Zweifel nur den Anspruch auf Trennungsunterhalt. Gegen die Vollstreckung aus einem Titel auf Familienunterhalt oder Trennungsunterhalt kann sich der Unterhaltsschuldner nach der Scheidung mit einer Vollstreckungsabwehrklage nach § 767 ZPO wenden (BGH FamRZ 1981, 242, 243; s. auch § 767 Rn 15). Dagegen tritt eine einstweilige Anordnung auf Unterhalt nach § 246 FamFG (bis 1. 9. 2009 § 620 ZPO) nur unter den Voraussetzungen des § 56 FamFG (bis 1. 9. 2009 § 620f ZPO) außer Kraft, d. h. aus ihr kann noch über die Rechtskraft des Scheidungsurteils hinaus bis zu ihrem Wegfall vollstreckt werden. Auch kann der Anspruch auf nachehelichen Unterhalt mangels Fälligkeit nicht vor Rechtskraft der Scheidung angemahnt werden (BGH FamRZ 1988, 370). Wird der Unterhaltsberechtigte davon abgehalten, den nachehelichen Unterhalt im Verbund geltend zu machen, kann dem Einwand fehlenden Verzuges § 242 BGB entgegengehalten werden (OLG Hamm FamRZ 2007, 148).

5 Elementar-, Krankenversicherungs-, Altersvorsorgeunterhalt und Mehrbedarf können als unselbständige Teile des Gesamtunterhalts nicht einzeln und unabhängig voneinander geltend gemacht werden (BGH NJW 1982, 1873).

II. Leistung unter Vorbehalt

6 Leistet ein Schuldner unter Vorbehalt, kann dies verschiedene Bedeutung haben. Im Allgemeinen will der Schuldner nur die Anwendung der §§ 212 Nr. 1, 814 BGB ausschließen, sich also die Möglichkeit offen halten, das Geleistete nach § 812 BGB zurückzufordern. Ein Vorbehalt dieser Art steht einer ordnungsgemäßen Erfüllung nicht entgegen (BGH NJW 1982, 2301). Anders ist es, wenn ein Schuldner unter Vorbehalt in der Weise leistet, dass einem Leistungsempfänger für einen späteren Rückforderungsstreit die Beweislast für das Bestehen des Anspruchs auferlegt werden soll. Damit bleibt die Schuldentilgung in der Schwebe und stellt keine Erfüllung i. S. des § 362 BGB dar. Zu einer derartigen Annahme bedarf es – außer im Fall der Zahlung zur Abwendung der Zwangsvollstreckung aus einem nur vorläufig vollstreckbaren Urteil oder aus einem Vorbehaltsurteil – der Feststellung von besonderen Anhaltspunkten (BGH NJW 1984, 2826; BGH NJW 1988, 2376). Da § 820 BGB auf Unterhaltsforderungen unanwendbar ist, kann eine verschärfte Bereicherungshaftung nicht durch eine Zahlung unter Vorbehalt erreicht werden (BGH NJW 1998, 2433; BGH NJW-RR 2000, 740).

III. Rückforderung überzahlten Unterhalts

1. Freiwillige Mehrleistungen

Familien- und Trennungsunterhalt kann nur nach Maßgabe der §§ 1360b, 1361 Abs. 4 Satz 4 BGB zurückgefordert werden (OLG Karlsruhe FamRZ 1990, 744), d. h. der Unterhaltsschuldner muss ausdrücklich seine **Erstattungsabsicht** für die Mehrleistung kundgetan haben und im Streitfall beweisen, dass er beabsichtigt hat, Ersatz zu verlangen (BGH FamRZ 1984, 767). Nachehelicher Unterhalt kann, soweit § 814 BGB nicht entgegensteht, nach §§ 812 ff. BGB zurückgefordert werden (OLG Hamm FamRZ 1996, 1406). Die Einschränkungen der §§ 1360b, 1361 Abs. 4 Satz 4 BGB gelten nicht. Beim Verwandtenunterhalt ist eine Rückforderung wie beim nachehelichen Unterhalt möglich, d. h. nach §§ 812 ff. BGB. 7

2. Rückforderung aufgrund einstweiliger Anordnungen

Einstweilige Anordnungen gem. den §§ 620, 644 ZPO gelten gem. § 620 f. ZPO über den Zeitpunkt der Scheidungsrechtskraft hinaus bis zu einer anderweitigen rechtskräftigen Regelung (BGH NJW 2000, 740; OLG Zweibrücken FamRZ 2007, 1664 = BeckRS 2007, 9923). Der Unterhaltsschuldner hat nur die Möglichkeit, durch negative Feststellungsklage nach § 256 ZPO oder durch eine Bereicherungsklage die Wirkung der einstweiligen Anordnung zu beseitigen (BGH NJW 1984, 2095). Unterhaltsleistungen, die ein Verpflichteter ohne eine vertragliche oder gesetzliche Grundlage erbringt, erfolgen ohne rechtlichen Grund i. S. des § 812 Abs. 1 BGB. Einstweilige Anordnungen nach §§ 620 Satz 1 Nr. 4, Nr. 6 ZPO und § 644 ZPO, die über Bestand und Höhe des materiellen Unterhalts hinausgehen, erwachsen nicht in materielle Rechtskraft, sondern schaffen nur einen vollstreckbaren Titel. Die einstweilige Anordnung kann deshalb auch für zurückliegende Zeiträume durch ein Urteil abgelöst werden (BGH NJW 1984, 2095). Ohne Rechtsgrund geleistete Unterhaltsbeträge können nach Bereicherungsrecht zurückgefordert werden, ohne dass die einstweilige Anordnung zuvor (teilweise) aufgrund einer Abänderungsklage (§ 323 ZPO) aufgehoben werden müsste (BGH NJW 1984, a. a. O.). Hingegen besteht in diesem Fall kein Schadensersatzanspruch nach §§ 717, 945 ZPO (BGH NJW 2000, 740). Dasselbe gilt für einen im Anordnungsverfahren geschlossenen Prozessvergleich, durch den lediglich eine der beantragten einstweiligen Anordnung entsprechende Regelung erreicht werden soll (BGH NJW-RR 1991, 1154). 8

3. Rückforderung aufgrund einstweiliger Verfügung

Die nach Einführung des § 644 ZPO weitgehend bedeutungslos gewordene im summarischen Verfahren ergangene einstweilige Verfügung auf Unterhalt erwächst ebenfalls nicht in materielle Rechtskraft, selbst wenn sie in Urteilsform 9 ergeht (BGH NJW 1983, 1330). Geht die einstweilige Verfügung über Bestand und Höhe des materiell-rechtlichen Unterhaltsanspruches hinaus, hat der Schuldner ohne rechtlichen Grund geleistet (§ 812 Abs. 1 Satz 2 BGB). Die einstweilige Verfügung stellt keinen Rechtsgrund zum Behaltendürfen des Unterhalts dar. Im Rückforderungsverfahren muss Grund und Höhe des materiell-rechtlichen Unterhaltsanspruches festgestellt werden.

4. Überzahlungen aufgrund eines Prozessvergleichs oder einer vollstreckbaren Urkunde

10   Da es sich um eine titulierte Forderung handelt, muss einer Rückforderung stets eine **Abänderung des Titels** vorangehen, weil die im gerichtlichen Vergleich oder der vollstreckbaren Urkunde festgelegte Verpflichtung bis zu einer Abänderung durch ein Urteil bindend bleibt (BGH NJW-RR 1991, 1154; OLG Celle FamRZ 1992, 582). Dabei kann eine Abänderung auch rückwirkend erfolgen, da § 323 Abs. 3 ZPO (s. dazu § 323 ZPO Rn 25) unanwendbar ist (BGH-GS-NJW 1983, 228).

5. Überzahlungen aufgrund eines rechtskräftigen Titels

11   Ist über den Unterhaltsanspruch ein rechtskräftiges Urteil ergangen, bildet dies den **Rechtsgrund** für die nach Maßgabe des Titels erbrachten Leistungen und steht einer Rückforderung nach Bereicherungsgrundsätzen entgegen. Das gilt auch dann, wenn sich die dem Titel zugrunde gelegten Verhältnisse geändert haben. Solche Änderungen können nur unter den Voraussetzungen und im Rahmen der Abänderungsklage nach § 323 ZPO geltend gemacht werden (BGH NJW 1982, 1147; BGH NJW 1986, 2047; BGH NJW-RR 1991, 1154). Anders ist es nur wenn und soweit das Erlöschen des titulierten Unterhaltsanspruchs auf Umständen beruht, die mit der Vollstreckungsabwehrklage nach § 767 ZPO geltend gemacht werden können, z.B. Erfüllung oder Erfüllungssurrogat. Ist diese – etwa wegen Beendigung der Zwangsvollstreckung – nicht mehr zulässig, so setzen sich ihre rechtlichen Möglichkeiten in der materiell-rechtlichen Bereicherungsklage fort (BGH NJW 1982, 1147).

6. Wegfall der Bereicherung

12   Da Unterhalt der Existenzsicherung dient und zum Verbrauch bestimmt ist, entfällt ein Bereicherungsanspruch nach § 818 Abs. 2 BGB, wenn der Unterhaltsempfänger nach § 818 Abs. 3 BGB entreichert ist. Sofern der Unterhalt restlos für den Lebensbedarf verbraucht ist, ist der Unterhaltsempfänger nicht mehr bereichert (BGH FamRZ 1981, 764). Dafür ist er beweispflichtig. Das gilt auch, wenn in dieser Zeit der Unterhaltsgläubiger mit dem zu viel erhaltenen Unterhalt Schulden getilgt und dadurch einen bleibenden Vermögensvorteil erzielt hat, wenn die Überzahlungen für den Vermögensvorteil nicht ursächlich waren (BGH NJW 1992, 2415; BGH NJW 1998, 2433). Dazu genügt der Nachweis, dass der Empfänger auch bei geringeren Unterhaltsbezügen ohne Einschränkung seines Lebensstandards gleich hohe Zahlungen geleistet hat. Wird dagegen die Zahlung zur Befreiung von Verbindlichkeiten genutzt, so setzt sich der rechtsgrundlos erlangte Betrag in der bestehenden Schuldbefreiung gleichsam fort. Der Empfänger kann sich andererseits auf eine Entreicherung berufen, wenn er den erlangten Betrag ersatzlos verbraucht oder die Tilgung mit anderen

Vorbemerkungen **Vor §§ 1360ff BGB**

Einkünften tätigt. Die Aufklärung solcher Verhältnisse wird sich in der Praxis schwerlich realisieren lassen, weil i. d. R. eine Vermischung der verschiedenen Geldbeträge stattfindet. Dem Berechtigten werden jedoch insoweit Beweiserleichterungen gewährt, denn bei mittleren und unteren Einkünften spricht eine Vermutung für die Verwendung zur Aufbesserung des Lebensstandards (BGH NJW 2000, 740; BGH NJW 2008, 2313). Der Unterhaltsgläubiger, der auf Rückzahlung überzahlten Unterhalts in Anspruch genommen wird, kann sich nicht auf § 818 Abs. 3 BGB berufen, wenn er ein deklaratorisches Anerkenntnis über die Rückforderung abgegeben hat (OLG Düsseldorf FamRZ 1999, 1059: zugleich auch zu überzahlten Vorsorgeaufwendungen).

Um dem Entreicherungseinwand zu begegnen ist bei der Abänderungsklage (§ 323 ZPO) und der negativen Feststellungsklage in analoger Anwendung des § 769 ZPO die Einstellung der Zwangsvollstreckung zu beantragen (s. § 256 ZPO Rn 9). Die Einreichung der Klage reicht aus, nicht aber ein Antrag auf Bewilligung von Prozesskostenhilfe (OLG Naumburg FamRZ 2001, 839). Die tatsächlichen Voraussetzungen sind glaubhaft zu machen. Die Entscheidung ist nicht anfechtbar (BGH NJW 2004, 2224; BGH NJW-RR 2005, 1009).

Ab 1. 9. 2009 gilt § 242 FamFG. Ist danach ein Abänderungsantrag oder ein Antrag auf Bewilligung von Prozesskostenhilfe eingereicht, gilt § 769 ZPO. Der Beschluss ist nicht anfechtbar.

7. Verschärfte Haftung nach §§ 818 Abs. 4, 819 Abs. 1, 820 Abs. 1 BGB

a) § 818 Abs. 4 BGB. Die verschärfte Haftung des Bereicherungsschuldners tritt 13 nicht schon ein durch die **Rechtshängigkeit** einer Klage auf Feststellung, dass eine Unterhaltspflicht nicht besteht (BGH NJW 1985, 1074; BGH NJW 2000, 740: selbst wenn rechtskräftig entschieden, dass kein Unterhalt geschuldet wird) und auch nicht durch die Rechtshängigkeit einer Abänderungsklage (BGH NJW 1986, 1074; BGH NJW 1992, 2415; BGH NJW 2008, 2313), sondern nur **durch eine Leistungsklage** mit dem Ziel der Rückforderung überzahlten Unterhalts. Erforderlich ist eine Leistungsklage, die mit der Abänderungsklage verbunden werden kann. Der Antrag auf Rückzahlung zuviel gezahlten Unterhalts kann als **Hilfsantrag** für den Fall gestellt werden, dass die Abänderungsklage Erfolg hat (BGH NJW 2008, 1663). Der Antrag ist konkret zu beziffern (§ 253 Abs. 2 Nr. 2 ZPO), z. B. „die Beklagte zu verurteilen, den ab 1. 4. 2008 über 300 € hinausgehenden Unterhalt von 500 € zurückzuzahlen." Der Streitwert erhöht sich durch den Hilfsantrag nicht. Bezüglich des zukünftigen Unterhalts muss der Leistende im Falle einer einstweiligen Anordnung daneben negative Feststellungsklage erheben, ferner kann er nach § 620 e ZPO die Aussetzung der Vollziehung beantragen bis zum rechtskräftigen Abschluss des Scheidungsverfahrens.

Ist der Unterhalt beim Prozessbevollmächtigten des Abänderungsbeklagten 13a hinterlegt, kann ein Anspruch auf Freigabe bestehen (BGH NJW 2008, 1663; zu den Voraussetzungen einer Erfüllung durch Hinterlegung nach §§ 372, 378 BGB vgl. BGH NJW 2003, 1808).

b) § 819 BGB. Die Vorschrift setzt **positive Kenntnis** von der Rechts- 14 grundlosigkeit des Erhalts der Unterhaltsleistungen voraus. Dabei muss sich die Kenntnis nicht nur auf das Fehlen der Tatsachen, sondern auch auf Fehlen des Rechtsgrundes beziehen (BGH NJW 1992, 2415). Denn nach der Lebenserfahrung geht ein Unterhaltsgläubiger in aller Regel bis zu einer gegenteiligen gerichtlichen Entscheidung davon aus, dass ihm ein Unterhaltsanspruch, der tituliert ist, in der begehrten Höhe zusteht.

15 c) § 820 BGB. Eine Haftungsverschärfung nach § 820 Abs. 1 BGB scheidet bereits tatbestandlich aus, da ein Unterhaltstitel kein Rechtsgeschäft, sondern ein staatlicher Hoheitsakt ist. Deshalb ist die Vorschrift auf gesetzliche Unterhaltsansprüche und sie modifizierende Vereinbarungen **nicht anwendbar** (BGH NJW 1998, 2413; BGH NJW 2000, 740; s. auch Rn 6).

15a d) Ab 1. 9. 2009 gilt für danach anhängig gemachte Verfahren § 241 FamFG. Danach steht die Rechtshängigkeit eines auf Herabsetzung gerichteten Abänderungsantrages bei der Anwendung des § 818 Abs. 4 BGB der Rechtshängigkeit einer Klage auf Rückzahlung der geleisteten Beträge gleich.

8. Rückforderung bei Rentennachzahlung

16 Soweit Unterhalt für eine Zeit geleistet worden ist, für die dem Unterhaltsberechtigten nachträglich eine Rente wegen Erwerbsunfähigkeit bewilligt wird, kommt ein auf Treu und Glauben (§ 242 BGB) gestützter Anspruch auf Erstattung der Rentennachzahlung in der Höhe in Betracht, in der sich der Unterhaltsanspruch ermäßigt hätte, wenn die Rente schon während des fraglichen Zeitraums gezahlt worden wäre (BGH NJW 1983, 1481; BGH NJW 1989, 1990), und zwar auch dann, wenn dem Unterhaltspflichtigen seine eigene Rente für den fraglichen Zeitraum oder überhaupt ungekürzt erhalten bleibt (BGH NJW 1990, 709; BGH NJW 2005, 2313). Das gilt in besonderem Maße, wenn die Rente aus dem Versorgungsausgleich stammt und die Rentennachzahlung demgemäß dem Unterhaltspflichtigen im Wege der Kürzung seiner bereits laufenden Rente abgezogen worden ist (BGH NJW 1989, 1990). Hat der Unterhaltsschuldner vom Rentenfall auf Seiten des Unterhaltsgläubigers Kenntnis, kann er eine Überzahlung abwenden, indem er den Unterhalt als zins- und tilgungsfreies Darlehn anbietet, verbunden mit der Verpflichtung, im Falle der Abweisung des Rentenantrages auf Rückzahlung zu verzichten. Der Unterhaltsgläubiger ist nach Treu und Glauben verpflichtet, einen derartigen Kredit anzunehmen (BGH NJW 1983, 1481; BGH NJW 1992, 2415; BGH NJWE-FER 1998, 194).

IV. Schadensersatzansprüche

1. § 717 Abs. 2 Satz 1 ZPO

17 Wird ein für vorläufig vollstreckbar erklärtes Unterhaltsurteil nachträglich aufgehoben oder abgeändert, besteht ein Schadensersatzanspruch nach § 717 Abs. 2 Satz 1 ZPO, sofern der Schuldner darlegt, dass er den Unterhalt konkret zur Abwendung einer drohenden Zwangsvollstreckung aus dem Urteil geleistet hat (BGH NJW 1996, 397; BGH NJW 2000, 740). Die Bereicherungseinrede kann nicht mehr erhoben werden, da es sich um einen verschuldensunabhängigen Anspruch außerhalb des Bereicherungsrechts handelt.

2. Kein Anspruch nach §§ 641 g, 717 Abs. 2, 945 ZPO analog

18 Ein Unterhaltsschuldner, der aufgrund einer einstweiligen Anordnung mehr Unterhalt vollstreckt hat, als ihm nach der späteren Entscheidung in der Hauptsa-

Vorbemerkungen **Vor §§ 1360ff BGB**

che zusteht, schuldet keinen Schadensersatz aus §§ 641g, 717 Abs. 2, 945 ZPO, und zwar weder in unmittelbarer noch in analoger Anwendung (BGH NJW 2000, 740). Deshalb sollte ein Unterhaltsgläubiger – soweit möglich – aus einer einstweiligen Anordnung vollstrecken, insbesondere bei einem die einstweilige Anordnung übersteigenden Urteil. Nur bzgl. des übersteigenden Betrages sollte aus dem Urteil vollstreckt werden. Die §§ 620ff. ZPO enthalten eine **abgeschlossene Sonderregelung** für den einstweiligen Rechtsschutz in Ehesachen, die einen Schadensersatzanspruch nicht vorsehen. Der Gesetzgeber wollte damit das Risiko eines Ehegatten, der eine einstweilige Anordnung erwirkt und aus ihr vollstreckt, bewusst klein halten und den einstweiligen Rechtsschutz erleichtern. Deshalb scheidet eine Schadensersatzklage – abgesehen von den Fällen des § 826 BGB – aus.

3. § 823 BGB

Ein Schadensersatzanspruch aus § 823 Abs. 2 BGB i. V. m. § 263 StGB besteht, **19** wenn ein Unterhaltsgläubiger im Unterhaltsprozess vorsätzlich falsche Angaben über sein Einkommen und Vermögen macht. Auch die Verletzung der Pflicht zur ungefragten Information (s. dazu § 1580 BGB Rn 9, 12) kann Schadensersatzansprüche begründen (BGH NJW 1997, 1439).

4. § 826 BGB

Eine sittenwidrige Ausnutzung eines unrichtigen Urteils liegt noch nicht darin, **20** dass ein Unterhaltsschuldner sich auf die Rechtskraft eines Urteils beruft, das den Unterhaltsanspruch aufgrund eines von ihm erkannten, aber nicht verursachten Missverständnisses zu Unrecht teilweise abgewiesen hat (BGH NJW-RR 1987, 642). Nimmt ein Gläubiger eine rechtskräftig zuerkannte Unterhaltsrente weiter entgegen, ohne die Aufnahme einer Erwerbstätigkeit zu offenbaren, kann darin **nur unter besonderen Umständen** eine sittenwidrige vorsätzliche Schädigung liegen, die zum Schadensersatz verpflichtet (BGH NJW 1986, 1751; BGH NJW 1986, 2047). Da dieser Anspruch die Rechtskraft des Unterhaltstitels durchbricht, wenn er erfolgreich geltend gemacht wird, ist er auf Ausnahmefälle zu beschränken. Eine unrichtige Auskunft eines Rechtsanwalts über die Offenbahrungspflicht entlastet den Schädiger nicht notwendig (BGH NJW 1986, 2047). Erforderlich ist Vorsatz in Bezug auf die Schadenszufügung, dagegen nicht das Bewusstsein, sich sittenwidrig zu verhalten (BGH NJW 1988, 1965). Diese Grundsätze gelten auch für den Unterhaltsschuldner in Fällen, in denen das Verschweigen einer grundlegenden Verbesserung seiner Leistungsfähigkeit evident unredlich ist (BGH NJW 1988, 1965). Eine von einem Sozialhilfeträger kraft übergeleiteten Rechts aus dem Unterhaltsurteil betriebene Zwangsvollstreckung verstößt gegen die guten Sitten, wenn dem Sozialhilfeträger bewusst ist, dass der Titel wegen nachträglich eingetretener Leistungsunfähigkeit unrichtig geworden ist und dem Schuldner aufgrund besonderer Umstände (hier: Unterbindung des Kontakts mit der Außenwelt während einer Haft in der ehemaligen DDR) auch bei Anwendung eines strengen Maßstabes kein Vorwurf wegen der Nichterhebung einer Abänderungsklage gemacht werden kann (BGH NJW 1983, 2317).

Ist aus einem gerichtlichen Vergleich vollstreckt worden, so findet bzgl. der **20a** Erstattung der Kosten der Zwangsvollstreckung § 788 Abs. 3 ZPO keine Anwendung. Erstattung kann nur unter den Voraussetzungen der §§ 823, 826 BGB verlangt werden (BGH NJW 2008, 1663).

5. Schadensersatz gegen Dritte

21 Ein auf § 826 BGB gestützter Anspruch kann bestehen, wenn bei titulierten Unterhaltsansprüchen der Unterhaltsschuldner zugunsten eines Dritten (i. d. R. der neue Lebensgefährte) Vermögensverschiebungen vornimmt und dadurch die Vollstreckung aus dem Titel beeinträchtigt (BGH NJW 2000, 3138). Dazu bedarf es aber über den Anfechtungstatbestand des § 11 AnfG hinausgehende Umstände, z. B. ein arglistiges Zusammenwirken von Schuldner und Drittem mit dem Ziel der Vereitelung der Vollstreckung.

V. Verzinsung

1. Allgemeines

22 Unterhaltsansprüche sind gestaffelt nach Fälligkeitszeitpunkten zu verzinsen. Rechtsgrundlage sind die §§ 286 ff. BGB (Verzugszinsen) bzw. die §§ 291 Satz 1, 288 Abs. 1 BGB (Prozesszinsen). § 247 BGB regelt den Basiszinssatz, der um jeweils 5% zu erhöhen ist und sich jeweils zum 1. 1. und 1. 7. eines jeden Jahres ändert und von der Deutschen Bundesbank im Bundesanzeiger bekannt gemacht wird (§ 247 Abs. 2 BGB); der **aktuelle Basiszinssatz** kann jeweils im Internet unter **www.bundesbank.de** und dort unter „**aktuelle Zinssätze**" abgerufen werden.

2. Verzugszinsen

23 Die Vorschriften über den Schuldnerverzug (§§ 286 ff. BGB) gelten auch für Unterhaltsschulden. § 288 BGB fingiert in Abs. 1 einen verzugsbedingten Mindestschaden. Deshalb kommt es auf einen konkreten Schadensnachweis nicht an (offen gelassen von BGH NJW 1985, 155; BGH FamRZ 1988, 478: Verzinsung ab Verzug, wenn wegen Nichtzahlung von Unterhalt ein verzinslicher Kredit in Anspruch genommen werden musste).

3. Prozesszinsen

24 Jedenfalls vom Eintritt der Rechtshängigkeit an sind Unterhaltsschulden zu verzinsen. § 291 BGB verweist auf § 288 Abs. 1 BGB (zur Höhe der Zinsen ab 1. 5. 2000 vgl. Wendl/Gerhardt § 6 Rn 132a). Der Zinsanspruch ergreift nicht nur die bei Klageerhebung und Ausurteilung bereits fällig gewordenen, sondern von der jeweiligen Fälligkeit an auch die zugesprochenen künftig zu entrichtenden Unterhaltsraten, soweit sie nicht rechtzeitig gezahlt werden (BGH NJW-RR 1987, 386).

4. Isolierte Geltendmachung von Zinsansprüchen

25 Zinsansprüche können auch nach rechtskräftigem Abschluss des eigentlichen Unterhaltsprozesses gesondert geltend gemacht werden. Die Entscheidung über den Hauptanspruch schließt einen Zinsanspruch nur insoweit aus, als die Klage abgewiesen wird. Die zur Nachforderungsklage geltenden Grundsätze (vgl. § 323 ZPO Rn 10) sind auf das Verhältnis von Unterhaltsanspruch und Anspruch auf Prozesszinsen nach § 291 BGB nicht übertragbar. Insoweit gilt der allgemeine Grundsatz, dass sich ein Kläger über den Klaganspruch hinausgehende Ansprüche nicht eigens vorzubehalten braucht (BGH NJW-RR 1987, 386). Regelmäßig darf deshalb nicht ohne weiteres ein Verzicht angenommen werden, wenn Unterhalt eingeklagt und nicht gleichzeitig Verzinsung beantragt wird.

Vorbemerkungen **Vor §§ 1360ff BGB**

VI. Verjährung

Durch das Gesetz zur Modernisierung des Schuldrechts (SMG) ist ab 1. 1. **26**
2002 das Verjährungsrecht völlig neu geregelt worden. Unterhaltsansprüche –
auch nicht verheirateter Eltern –, Sonderbedarf (Palandt/Brudermüller Vorbem.
§ 1569 BGB Rn 19) und familienrechtliche Ausgleichsansprüche beim Kindesunterhalt verjähren nunmehr gem. § 197 Abs. 2 BGB nicht mehr wie früher in
vier, sondern i. d. R. in **drei Jahren** mit Schluss des Jahres, in dem der Anspruch
entstanden ist und der Gläubiger von den Anspruch begründenden Tatsachen
und der Person des Schuldners Kenntnis erlangt hat oder ohne grobe Fahrlässigkeit hätte erlangen müssen (zu weiteren Einzelheiten: Mansel NJW 2002, 89 ff.;
Büttner FamRZ 2002, 362). Für Zinsansprüche gilt § 217 BGB. Für titulierte
wiederkehrende Unterhaltsansprüche gilt für die bis zur Rechtskraft aufgelaufenen Ansprüche – wie bisher – eine 30 jährige Frist (§ 197 Abs. 1 Nr. 3, Abs. 2
BGB), für künftig fällig werdende Leistungen gilt die Dreijahresfrist.

Die Verjährung ist nach § 207 BGB beim Ehegattenunterhalt bis zur Schei- **27**
dung und beim Kindesunterhalt bis zur Volljährigkeit **gehemmt**. Die Rechtshängigkeit einer Stufenklage führt zur Hemmung auch bzgl. des unbezifferten
Leistungsantrages (BGH NJW 1999, 1101). Ein bloßes Auskunftsbegehren reicht
nicht (OLG Celle NJW-RR 1995, 1411). Eine Hemmung tritt weiter ein bei
schwebenden Vergleichsverhandlungen (§ 203 BGB), nach § 204 Abs. 1 Nr. 1
BGB durch Klageerhebung, nach § 204 Abs. 1 Nr. 2 BGB durch Zustellung
eines Antrages im vereinfachten Verfahren nach §§ 645 ff. ZPO eines Mahnbescheides (§ 204 Abs. 1 Nr. 3 BGB), eines Arrestantrages, eines Antrages auf Erlass
einer einstweiligen Verfügung oder einer einstweiligen Anordnung (§ 204 Abs. 1
Nr. 9 BGB) sowie nach § 204 Abs. 1 Nr. 14 BGB durch die erstmalige Einreichung eines Prozesskostenhilfegesuchs, sofern das Gericht die Bekanntgabe an
den Gegner veranlasst (BGH NJW 2008, 1939). Wird ein Antrag auf Bekanntgabe an den Gegner gestellt, muss das Gericht diesem, unabhängig von den Erfolgsaussichten, entsprechen (BGH a. a. O.). Die Hemmung endet 6 Monate nach
rechtskräftiger Entscheidung oder einer anderweitigen Beendigung des Verfahrens. Keine Hemmung tritt gemäß § 207 Abs. 1 S. 2 Nr. 2 BGB ein, sofern ein
Unterhaltsanspruch nach § 7 UVG übergegangen ist (BGH NJW 2006, 3561).
Gleiches gilt bei einem Forderungsübergang nach der Gewährung von Sozialhilfe
oder ALG II. Eine Rückabtretung lässt die Hemmung nicht wieder aufleben.

Der **Neubeginn** der Verjährung nach § 212 BGB ist an die Stelle der bisheri- **27a**
gen Unterbrechung nach § 208 BGB a. F. getreten und kann nur durch ein Anerkenntnis (vgl. dazu BGH NJW-RR 2005, 1044; Auskunft ist nicht ausreichend:
OLG Karlsruhe OLGR 2001, 198; BGH NJW 1993, 1848: Sicherheitsleistung
zur Abwendung der Zwangsvollstreckung) bzw. durch Vollstreckungsmaßnahmen
(nicht ausreichend: BGH NJW 1990, 2754: Zustellung des Titels, Antrag auf
Umschreibung des Titels: OLG Brandenburg NJW-RR 2002, 362) herbeigeführt
werden. Die neue Verjährungsfrist beginnt mit dem auf die Vollstreckungshandlung – Antrag – folgenden Tag wieder zu laufen (BGH NJW-RR 2004, 1578).

VII. Verwirkung

Eine Verwirkung von Unterhaltsansprüchen – auch solche aus übergegange- **28**
nem Recht (BGH NJW 2003, 123) – kommt in Betracht, wenn der Berechtigte

Büte

BGB Vor §§ 1360ff   1. Teil. Ehegattenunterhalt

diese über einen längeren Zeitraum nicht geltend gemacht hat, obwohl er dazu in der Lage war (**Zeitmoment**) und der Verpflichtete sich mit Rücksicht auf das gesamte Verhalten des Berechtigten darauf einrichten durfte und eingerichtet hat (**Umstandsmoment**), dass dieser sein Recht auch in Zukunft nicht geltend machen werde (BGH NJW 2003, 128; BGH NJW 2007, 1273). Dies gilt auch für Unterhaltsrückstände, für die keine Besonderheiten gelten. Sie unterliegen der Verwirkung unter dem Gesichtspunkt illoyal verspäteter Rechtsausübung (BGH NJW 1982, 1999; BGH NJWE-FER 1999, 269), wenn besondere Zeit- und Umstandsmomente erfüllt sind (BGH NJW 1988, 1137). Möglich ist auch eine Teilverwirkung (OLG Naumburg FamRZ 1996, 1239). Grundsätzlich kann auch **titulierter Unterhalt** verwirkt werden (BGH NJWE-FER 1999, 269; BGH NJW 2003, 128; BGH NJW-RR 2004, 649; OLG Hamm NJW-RR 2007, 726: 18 Monate).

29 Der BGH stellt – auch bei titulierten Forderungen – an das sog. Zeitmoment keine strengen Anforderungen (BGH NJW 2003, 128; BGH NJW-RR 2004, 649). Da Unterhalt der Existenzsicherung dient, muss von einem Unterhaltsgläubiger, der lebensnotwendig auf Unterhaltsleistungen angewiesen ist, erwartet werden, dass er sich zeitnah um die Durchsetzung des Anspruchs bemüht. Für das Zeitmoment kann im äußersten Fall eine Frist **von einem Jahr** genügen (BGH NJW 1988, 1137; FamRZ 2002, a. a. O.; NJW 2007, 1273, vgl. auch OLG Düsseldorf NJW-RR 1993, 1222; OLG Düsseldorf NJWE-FER 2001, 69; OLG Hamm FamRZ 2000, 1173; OLG Hamm FPR 2003, 257: Verwirkung titulierten Kindesunterhalts; OLG Hamm NJW-RR 2004, 1011: Verspätete Geltendmachung von Trennungsunterhalt nach PKH-Versagung; OLG Hamm NJW-RR 2007, 726: 18 Monate; OLG Schleswig NJW-RR 1994, 582; OLG Schleswig FamRZ 2001, 1707: Kindesunterhalt; OLG Frankfurt OLGR 2007, 320: Kindesunterhalt; OLG Celle FamRZ 2008, 2230: Kindesunterhalt, keine Verwirkung während der Minderjährigkeit; OLG Hamm NJW-RR 2004, 1011: Trennungsunterhalt; OLG Celle ZFE 2007, 350; OLG Brandenburg NJW-RR 2005, 949; KG NJW-RR 2005, 1308: Elternunterhalt; OLG Karlsruhe NJW-RR 2006, 872: zur verspäteten Bezifferung nach Auskunftserteilung).

30 Beim Umstandsmoment ist zu berücksichtigen, dass ein Unterhaltspflichtiger in gesicherten wirtschaftlichen Verhältnissen erfahrungsgemäß seine Lebensführung an die ihm zur Verfügung stehenden Einkünfte anpasst, so dass er bei unerwarteten Unterhaltsnachforderungen nicht auf Ersparnisse zurückgreifen kann und regelmäßig in Bedrängnis gerät. Von Bedeutung kann insoweit auch sein, dass der Unterhalt nicht im Scheidungsverfahren geltend gemacht worden ist (BGH NJW 1988, 1137).

VIII. Gegenrechte des Unterhaltsschuldners

1. Aufrechnung mit Überzahlungen

31 Nach § 394 BGB kann gegen unpfändbare Forderungen (§ 850b Abs. 1 Nr. 2 ZPO; Ausnahme: § 850 Abs. 2 ZPO: zuständig ist der Rechtspfleger beim Vollstreckungsgericht) nicht aufgerechnet werden. Dazu zählen alle Unterhaltsansprüche einschließlich der Rückstände (BGH NJW 1960, 572; OLG Düsseldorf FamRZ 1981, 170), Unterhaltsüberzahlungen (BGH NJW-RR 2003, 1155 zu § 6 VAHRG), Sonderbedarf (OLG Düsseldorf FamRZ 1982, 498), Unterhaltsabfindungen (BGH NJW-RR 2002, 1513; OLG Bamberg FamRZ 1996, 1487),

Vorbemerkungen **Vor §§ 1360ff BGB**

Zinsen (OLG Hamm FamRZ 1988, 952), Prozesskostenvorschüsse (BGH NJW-RR 2005, 1237; OLG Karlsruhe FamRZ 1984, 1090) und der Erstattungsanspruch aus dem steuerlichen Realsplitting (BGH NJW 1997, 1441). Eine Aufrechnung gegen übergegangene Unterhaltsansprüche ist ebenfalls unzulässig (OLG Düsseldorf FamRZ 2006, 1532). Das Aufrechnungsverbot gilt weiter, wenn mit einem Anspruch auf überzahlten Unterhalt oder mit Schadensersatz nach § 717 Abs. 2 ZPO aufgerechnet werden soll (OLG Karlsruhe NJW-RR 2002, 1158). Das Aufrechnungsverbot kann nicht dadurch umgangen werden, dass der Unterhalt auf ein zuvor gepfändetes Konto überwiesen wird, denn dadurch tritt – außer die Pfändung ist dem Unterhaltspflichtigen nicht vom Unterhaltsgläubiger angezeigt worden – keine Befreiung von der Verbindlichkeit ein (Johannsen/Henrich/Büttner Rn 18). Zahlt ein Unterhaltsschuldner den Kindesunterhalt auf ein Konto des nach § 1629 Abs. 3 BGB klagenden Elterteils, so kann er nicht als Vollstreckungsgläubiger wegen einer anderen Forderung gegen den Konteninhaber auf diesen Zahlbetrag vollstreckungsrechtlich Zugriff nehmen (BGH NJW 2006, 2040). § 394 BGB steht einer Aufrechnung gegen eine Unterhaltsforderung nicht entgegen, wenn und soweit die Berufung des Unterhaltsgläubigers auf das Aufrechnungsverbot rechtsmissbräuchlich ist, z.B. wenn der Unterhaltsschuldner mit dem zur Aufrechnung gestellten Gegenanspruch Schadensersatz wegen einer vorsätzlichen unerlaubten Handlung des Gläubigers verlangt. Die bloße, selbst vorsätzliche Verletzung einer sich aus dem Unterhaltsverhältnis ergebenden gesetzlichen oder vertraglichen Verpflichtung genügt nicht. Auch muss einem Unterhaltsgläubiger in diesem Fall das Existenzminimum in Höhe des notwendigen Selbstbehalts verbleiben (BGH NJW 1993, 2105; vgl. auch OLG Düsseldorf FamRZ 2002, 835) Das Aufrechnungsverbot gilt auch, wenn für verschiedene Zeiträume in der Vergangenheit teilweise zuviel, teilweise zuwenig Unterhalt geleistet worden ist (str. OLG Karlsruhe FamRZ 2003, 33; Wendl/Dose § 6 Rn 311). Deshalb kann nur bei beiderseitigem Einverständnis verrechnet werden (BGH FamRZ 1985, 908), und auch nur dann, wenn es sich um einen auf gesetzlicher Vorschrift beruhenden Unterhaltsanspruch handelt (BGH NJW-RR 2002, 1513). Zu den Auswirkungen der Unterhaltsreform auf die Vollstreckung vgl. Giers FamFB 2008, 119 ff.

Ist ausnahmsweise die Aufrechnung statthaft, kann für die Zukunft gegen Familien-, Trennungs- und Kindesunterhalt nur für drei Monate (§§ 1614 Abs. 2, 1361 Abs. 4, 1360a Abs. 3 BGB), gegen nachehelichen Unterhalt nur für sechs Monate aufgerechnet werden (BGH NJW 1993, 2105), nicht aber für die Zukunft über diesen Zeitraum hinaus. Hingegen ist die Aufrechnung mit einem Unterhaltsanspruch möglich (BGH NJWE-FER 1996, 15). 32

Grundsätzlich kommt ein **Zurückbehaltungsrecht** nach § 273 BGB vorbehaltlich § 242 BGB auch bei Streitigkeiten unter Ehegatten in Betracht (BGH NJW 2000, 948: Streit über die Auszahlung des Versteigerungserlöses; OLG Bremen NJW-RR 2002, 361; OLG Stuttgart NJW-RR 2001, 365: Zustimmung zum begrenzten Realsplitting). Es kann jedoch wegen des Zwecks des laufenden Unterhalts nicht geltend gemacht werden (OLG Hamm NJW-RR 1996, 4). Deshalb kann die Ehefrau dem Anspruch des unterhaltspflichtigen Ehemannes gegen sie auf Zustimmung zum begrenzten Realsplitting kein Zurückbehaltungsrecht wegen Nichtzahlung des nachehelichen Unterhalts entgegenhalten, wenn die von ihr begehrte Zustimmung ein Jahr betrifft, für das der Ehemann seine Unterhaltsverpflichtungen erfüllt hat (OLG Stuttgart NJWE-FER 2001, 139). 33

IX. Vollstreckungsschutz

34 Für die Höhe des dem Unterhaltsschuldner zu belassenden Selbstbehalts gilt nicht der sich aus den Unterhaltsleitlinien der OLG ergebende unterhaltsrechtlich maßgebende Selbstbehalt. Vielmehr bestimmt das nach sozialhilferechtlichen Grundsätzen bemessene Existenzminimum die **Grenze des pfändbaren Einkommens** (BGH NJW 2003, 2918). Maßgeblich ist das SGB XII (BGH NJW-RR 2008, 733). Eine Verpflichtung des verschuldeten Unterhaltsschuldners, sich auf die Pfändungsfreigrenzen zu berufen, besteht nicht (BGH NJW 2008, 851). Allerdings trifft den Unterhaltsschuldner die Verpflichtung zur Einleitung eines Insolvenzverfahrens, wenn Kindesunterhalt geltend gemacht wird (BGH NJW 2005, 1279), nicht jedoch beim Trennungsunterhalt (BGH NJW 2008, 851). Weist der Schuldner nach, dass bei Anwendung der Pfändungsfreigrenzen – Tabelle in der Anlage zu § 850c ZPO – der notwendige Lebensunterhalt für sich und für die Personen, denen er Unterhalt zu gewähren hat, nicht i.S. der Abschnitte 2 und 4 des SGB II gedeckt ist oder erfordern sonstige besondere Bedürfnisse aus persönlichen oder beruflichen Gründen eine Heraufsetzung der Pfändungsfreigrenzen, gilt § 850f Abs. 1 ZPO. Das Vollstreckungsgericht kann dann dem Schuldner auf Antrag einen Teil des pfändbaren Arbeitseinkommens oder – diesem gleichgestellt (§ 54 Abs. 4 SGB I – laufender Geldleistungen der Arbeitsförderung (§§ 19 SGB I, 3 Abs. 1 SGB III) belassen (BGH NJW-RR 2004, 506; vgl. auch BGH NJW-RR 2005, 1239 zur Berechnung zum Vollstreckungsverbot im Insolvenzverfahren). Das pfändbare Einkommen ist anhand einer sozialhilferechtlichen Vergleichsberechnung festzustellen. Dabei obliegt es dem Schuldner, alle den pauschalen Regelsatz übersteigenden Aufwendungen und deren Notwendigkeit konkret darzulegen. Gegenüber nicht nach § 850d ZPO privilegierten Gläubigern tritt keine Minderung des Pfändungsfreibetrages nach § 850c ZPO ein (BGH NJW-RR 2004, 1370; BGH NJW-RR 2004, 1370). Der nach § 850d Abs. 1 Satz 2 ZPO unpfändbare Teil des Arbeitseinkommens kann in entsprechender Anwendung des § 850g Satz 1 ZPO neu festgesetzt werden, wenn aufgrund einer erstmaligen höchstrichterlichen Grundsatzentscheidung geänderte Maßstäbe für dessen Berechnung gelten (BGH NJW-RR 2005, 222). Zur Privilegierung überjähriger gesetzlicher Unterhaltsrückstände nach § 850d Abs. 1 Satz 4 ZPO: BGH NJW-RR 2005, 718; zur Pfändung des Arbeitseinkommens nach Hartz IV gem. §§ 850c, d, f und i ZPO vgl. Helwich JurBüro 2005, 174; zur Pfändung des Taschengeldanspruches des haushaltsführenden Ehegatten vgl. BGH NJW 2004, 2450; zum Zeitpunkt von Vorauspfändungen für künftig fällig werdende Unterhaltsansprüche vgl. BGH NJW 2004, 369; zu Ausnahmen vom Vollstreckungsverbot im Insolvenzverfahren gemäß § 89 Abs. 2 S. 2 InsO vgl. BGH NJW-RR 2008, 294; BGH FamRZ 2008, 257; BGH FamRZ 2008, 684; zur Vollstreckung in Arbeitseinkommen und Unterhaltsforderungen vgl. Giers FamRB 2006, 307.

X. Verbot der Doppelverwertung

35 Ist eine Position bereits unterhaltsrechtlich oder im Wege des Versorgungsausgleichs ausgeglichen, scheidet ein güterrechtlicher Anspruch aus (BGH NJW 2003, 1396: Unternehmensbeteiligung und Tantiemen; BGH NJW 2003, 3339; BGH NJW 2004, 2675: Abfindung; OLG München FamRZ 2005, 714: Abfindung; BGH: NJW 2008, 57: Zinseinkünfte; BGH NJW 2008, 1221: Bei der Bewertung einer freiberuflichen Praxis ist beim „good will" als Unternehmerlohn nicht mehr der kalkulatorische sondern der konkret ermittelte Unternehmerlohn abzuziehen). Geht es im Unterhalt um die Nutzung der Vermögens als Einkommen (Wohnwert des Hauses) und im Zugewinn um den Vermögensstamm (Verkehrswert des Hauses) als anzusetzendes Endvermögen liegt kein Verstoß gegen das Doppelverwertungsverbot vor. Im Schrifttum (Kogel FamRZ 2004, 1614; Bergschneider FamRZ 2004, 1352; Haußleiter NJW-Spezial 2004, 247; Soyka FuR 2005, 757) wird davon ausgegangen, dass der unterhalts- und zugewinnausgleichsberechtigte Ehegatte ein Wahlrecht habe, ob er eine Abfindung bei der Berechnung des Unterhalts oder des Zugewinns berücksichtigen will. Die Abfindung ist aber vorrangig unterhaltspflichtiges Einkommen (BGH NJW 2008, 2249; BGH NJW 2003, 1396),Dann ist ein Teil der Abfindung, der für den zukünftigen Unterhalt benötigt wird, kein Vermögen, sondern nur als zukünftiges, unterhaltspflichtiges Einkommen zu behandeln. Nicht gefolgt werden kann der in der Rechtsprechung (OLG München FPR 2004, 505; OLG Saarbrücken NJW 2006, 1438) vertretenen Auffassung, es stelle eine unzulässige Doppelverwertung dar, wenn Hausverbindlichkeiten in vollen Umfange beim Zugewinn als Schuld des ausgleichspflichtigen Ehegatten berücksichtigt würden und die Tilgung der gleichen Schuld (Tilgungsrate) als Abzugsposten beim Unterhalt erneut Berücksichtigung findet (so auch Koch FamRZ 2005, 845, 848; Gerhardt/Schulz FamRZ 2005, 317). Nach gefestigter Rechtsprechung des BGH (BGH NJW-RR 1986, 1325; BGH NJW 2003, 3339; BGH NJW 2008, 2249) ist der Umstand, dass die Tilgung ehelicher Schulden zu einer Verringerung des nachehelichen Unterhalts geführt hat, ohne Einfluss auf den Vermögensausgleich nach § 1378 BGB (vgl. auch OLG Koblenz NJW-RR 2007, 2646). Die zum Stichtag bestehenden Verbindlichkeiten sind also auch bei der Berechnung des Endvermögens voll zu berücksichtigen (so zutr. auch OLG Karlsruhe FamRZ 2005, 909: Darlehensverbindlichkeiten sind sowohl beim Zugewinn als auch beim Unterhalt zu berücksichtigen).

§ 1360 Verpflichtung zum Familienunterhalt

¹Die Ehegatten sind einander verpflichtet, durch ihre Arbeit und mit ihrem Vermögen die Familie angemessen zu unterhalten. ²Ist einem Ehegatten die Haushaltsführung überlassen, so erfüllt er seine Verpflichtung, durch Arbeit zum Unterhalt der Familie beizutragen, in der Regel durch die Führung des Haushalts.

I. Allgemeines

Die Vorschrift ist ein Ausfluss des § 1353 Abs. 1 Satz 2 BGB, wonach die Ehegatten zur ehelichen Lebensgemeinschaft verpflichtet und füreinander verantwortlich sind und bildet zusammen mit § 1360a BGB die Grundlage eines eigenen familienrechtlichen Unterhaltsanspruches für die Dauer einer intakten Ehe. Sie soll den Lebensunterhalt beider Ehegatten und der Kinder sichern. Allerdings ist nicht die Familie als solche berechtigt. Vielmehr hat jeder Ehegatte gegen den anderen einen Anspruch auf einen angemessenen Beitrag zum Familienunterhalt (BVerfG FamRZ 1984, 346; BGH NJW 1995, 1486; BGH NJW 2007, 139). Zwischen den beiderseitigen Unterhaltsbeiträgen besteht aber keine synallagma-

BGB § 1360

tische Verknüpfung (BVerfG a. a. O.), so dass bei Nichterbringung durch einen Ehegatten der andere weder zur Aufrechnung noch zur Zurückbehaltung des eigenen Beitrages berechtigt ist. Jeder Ehegatte hat seinen Beitrag zum Familienunterhalt entsprechend der von ihm übernommenen Funktion zu leisten (BGH NJW 1995, a. a. O.), wobei die Eheleute dies frei entscheiden können (BVerfG NJW 2002, 1185). Die Verpflichtung besteht unabhängig davon, ob gemeinschaftliche Kinder vorhanden sind oder nicht (OLG Celle FamRZ 2000, 1430).

2 Der Unterhaltsanspruch ehelicher Kinder nach §§ 1601 ff. BGB gegen ihre Eltern besteht neben dem gegenseitigen Anspruch der Eltern auf Familienunterhalt. Soweit das Kind in der Familie lebt und die Eltern beiderseits ihrer Pflicht zum Familienunterhalt nachkommen, wird der Unterhaltsanspruch der Kinder erfüllt. Kommt ein Elternteil der Verpflichtung zum Familienunterhalt nicht nach, ergibt sich kein eigener Anspruch des Kindes aus § 1360 BGB. Es muss vielmehr seinen Unterhaltsanspruch gem. § 1601 ff. BGB gegen diesen Elternteil geltend machen (BGH NJW 1997, 735).

3 Der **Familienunterhalt** ist – vom Taschen- und Wirtschaftsgeld abgesehen – nicht auf eine Geldrente gerichtet (BGH NJW 2003, 1112), über die der Empfänger frei verfügen kann. Er dient der Befriedigung der Bedürfnisse der Familie durch finanzielle Beiträge und durch Arbeitsleistung, Haushaltsführung, Pflege kranker Angehöriger. Deshalb ist der Familienunterhalt **konkret** nach den jeweiligen Bedürfnissen gerade der Familie **zu bestimmen,** um die es geht. Er kann nicht nach Mindestselbstbehaltssätzen bemessen werden (BGH NJW 2003, 128 und 1660; BGH NJW 2004, 769). Im Einzelfall kann er unter Heranziehung des § 1578 BGB als Orientierungshilfe mit einem Geldbetrag zu veranschlagen sein, der in gleicher Weise wie der Bedarf eines getrennt lebenden oder geschiedenen Ehegatten ermittelt wird (BGH NJW 2003, 1112 und 3770; BGH NJW 2007, 2412; BGH NJW 2008, 2313). Bei Konkurrenz mit anderen Unterhaltsansprüchen kann der Anspruch auf Familienunterhalt auf die einzelnen Familienmitglieder aufgeteilt und in Geldbeträgen veranschlagt werden (BGH FamRZ 2006, 24).

4 Auf den Familienunterhalt kann **nicht verzichtet** werden, §§ 1360a Abs. 3, 1614 BGB. Zulässig sind jedoch – auch formfreie – Vereinbarungen über den Umfang sowie die Art und Weise des Unterhalts. Eine **Verwirkung** des Familienunterhalts analog §§ 1361 Abs. 3, 1579 BGB ist ausgeschlossen (OLG Düsseldorf FamRZ 1992, 943).

II. Voraussetzungen des Anspruchs auf Familienunterhalt, Satz 1

1. Eheliche Lebensgemeinschaft

5 Familienunterhalt wird nur geschuldet bei bestehender Ehe, in der die Eheleute in ehelicher Lebensgemeinschaft (§ 1353 BGB) leben, unabhängig davon, ob gemeinschaftliche Kinder vorhanden sind oder nicht (OLG Celle FamRZ 2000, 1430). Die beiderseitigen Ansprüche entstehen mit der Eheschließung gem. § 1310 BGB und enden mit der Trennung i. S. des § 1567 Abs. 1 BGB. Eine nur räumliche Trennung schließt eine eheliche Lebensgemeinschaft nicht aus, z. B. bei auswärtiger Arbeitsstelle eines Ehegatten oder Strafhaft. Entscheidend ist allein, ob die Ehegatten an der Ehe festhalten und entsprechend der von ihnen selbst gesetzten Ordnung und Aufgabenteilung leben. War von vornherein keine Lebensge-

Verpflichtung zum Familienunterhalt § 1360 BGB

meinschaft geplant oder wird eine ursprünglich geplante Lebensgemeinschaft später nicht realisiert, besteht kein Anspruch auf Familienunterhalt. In diesem Fall wird bei Vorliegen der Voraussetzungen Trennungsunterhalt geschuldet.

2. Bedürftigkeit und Leistungsfähigkeit

a) **Bedürftigkeit.** Keine Anspruchsvoraussetzung ist die Bedürftigkeit eines 6 Ehegatten (BGH FamRZ 1966, 138; BAG FamRZ 1986, 573). So besteht selbst bei beachtlichem Einkommen oder Vermögen ein Anspruch auf Wirtschaftsgeld, wenn ein Ehegatte vereinbarungsgemäß den Haushalt führt (BGH NJW 1965, 1710; zur Sicherung des angemessenen Eigenbedarfs durch Anspruch auf Familienunterhalt gegen den neuen Ehegatten vgl. BGH NJW 2003, 3770). Da der Familienunterhalt der Deckung des Bedarfs der gesamten Familie dient, kann sich allerdings die Bedürftigkeit einzelner Familienmitglieder auf den Umfang des angemessenen Familienunterhalts auswirken (BGH NJW 1993, 124; OLG Düsseldorf NJW 2002, 1353).

b) **Leistungsfähigkeit.** Der Anspruch besteht unabhängig von der Leistungs- 7 fähigkeit des Verpflichteten i. S. der §§ 1581, 1603 Abs. 1 BGB. Deshalb kann der Beitrag zum Familienunterhalt nicht unter Berufung auf eine Gefährdung des Eigenbedarfs verweigert werden (BVerfG NJW 1984, 1523). Der Anspruch setzt aber voraus, dass überhaupt ein Beitrag zum Familienunterhalt geleistet werden kann durch Erwerbstätigkeit und/oder aus dem Vermögen. Der Vermögensstamm ist zur Sicherung der Familie einzusetzen (OLG Nürnberg NJW-RR 2008, 599), selbst wenn der Ehemann im Pflegeheim untergebracht ist. Kann ein Ehegatte keinen Familienunterhalt leisten, hat der andere Ehegatte gem. § 1608 Satz 2 BGB vorrangig seine Verwandten in Anspruch zu nehmen. Stellen Dritte den Anspruch sicher, kann gem. § 1607 BGB bei Vorliegen der Voraussetzungen Regress genommen werden. Eine Verpflichtung zur Einleitung der Verbraucherinsolvenz besteht nicht (BGH NJW 2008, 841).

Sind sich Ehegatten darüber einig, dass der eine zunächst sein Studium abschlie- 8 ßen soll, so ist er für die Dauer des Studiums von der Pflicht befreit, zum Familienunterhalt beizutragen. Der andere Ehegatte ist gem. § 1360 BGB allein verpflichtet, ohne das dies gesondert vereinbart werden muss (BGH NJW 1985, 803). Hindert ein unvorhergesehenes Ereignis – z. B. eine Geburt – den unterhaltspflichtigen Ehepartner an weiterer Erwerbstätigkeit, so ist bei der Frage, ob der Studierende deswegen seine Ausbildung abbrechen muss, abzuwägen zwischen Art, Dauer und Ziel der Ausbildung einerseits und den Belangen der Unterhaltsgläubiger andererseits; aus dieser Abwägung kann sich die Unzumutbarkeit des Abbruchs ergeben, insbesondere bei weit fortgeschrittener Ausbildung (BGH NJW 1983, 814). Jeder Ehegatte muss jedoch wegen der Pflicht zu weitestgehender Rücksichtnahme auf die Partnerschaftsbelange bei veränderten Umständen grundsätzlich in eine zumutbare Änderung früherer Regelungen einwilligen.

III. Beitragsverpflichtungen und Aufgabengestaltung in der Ehe, Satz 2

1. Leistungspflichten

Dem Grundgedanken der Vorschrift entspricht es, dass die Last des Familien- 9 unterhalts von beiden Ehegatten **gemeinsam** getragen wird (BGH NJW 1995,

BGB § 1360 1. Teil. Ehegattenunterhalt

1486). Jeder Ehegatte hat unter Verwertung seiner Arbeitskraft und – soweit erforderlich – durch Einsatz seines Vermögens seinen Unterhaltsbeitrag zu leisten. Die Art und Weise, wie jeder Ehegatte die Unterhaltsverpflichtung zu erfüllen hat, bestimmt sich nach der **konkreten Aufgabenverteilung in der Ehe** (§ 1360 Satz 2 BGB) sowie auch nach den **persönlichen Verhältnissen**. Ggf. besteht deshalb auch eine Verpflichtung zur Ausweitung der Erwerbstätigkeit bzw. zur Übernahme einer besser dotierten Tätigkeit, mit der der finanzielle Bedarf der Familie gedeckt werden kann. Deshalb ist ggf. fiktiv ein Einkommen zuzurechnen, wenn es ein Ehegatte unterlässt, trotz einer entsprechenden Erwerbsobliegenheit eine angemessene und zumutbare Erwerbstätigkeit auszuüben.

2. Aufgabenverteilung

10   Grundsätzlich hat jeder Ehegatte seinen Beitrag entsprechend seiner nach dem individuellen Ehebild übernommenen Funktion zu leisten (BGH NJW 1985, 1394; BGH NJW 1995, 1486). Die Eheleute können die **Rollenverteilung** in der Ehe als auch die Beschaffung und Verteilung des Unterhalts weitgehend frei gestalten (BVerfG NJW 2002, 1185; BGH NJW-RR 2001, 1225). Die **Gestaltungsfreiheit** gilt nur im Verhältnis der Ehegatten zueinander und darf nicht zu Lasten minderjähriger oder privilegiert volljähriger Kinder aus einer früheren Ehe oder zu Lasten des i. d. R. nach § 1582 BGB vorrangigen früheren Ehegatten gehen (BGH NJW 1996, 1815; BGH NJW 2007, 2412). Solange der andere Ehegatte den Unterhaltsbeitrag erbringt, können die Eheleute vereinbaren, das ein Ehepartner weniger beiträgt, als er an sich schuldet (BGH NJW-RR 2004, 721).

11   Bezüglich der Aufgabenverteilung in der Ehe wurde unterschieden zwischen der Einverdienerehe (sog. Haushaltsführungsehe), der Doppelverdienerehe, der Zuverdienerehe und der Nichterwerbstätigenehe. Diese Ehebilder aber lassen sich nach der Entscheidung des BGH v. 13. 6. 2001 (BGH NJW-RR 2001, 1225) und des BVerfG (BVerfG NJW 2002, 1185) nicht mehr uneingeschränkt aufrechterhalten.

12   Bei der **Einverdienerehe** sind die Haushaltsführungen des einen und die Erwerbstätigkeit des anderen Ehegatten gleichwertig. Jedoch ist der erwerbstätige Ehegatte auch zur Hilfeleistung im Haushalt verpflichtet. Bei beiderseitiger Erwerbstätigkeit haben sich beide Ehegatten entsprechend ihrem Einkommen finanziell am Familienunterhalt zu beteiligen (BGH NJW 1974, 1238). Kinder sind von beiden Eltern gemeinsam zu betreuen. Der Verdienst, der nicht anteilig für den Familienunterhalt benötigt wird, ist für persönliche Zwecke oder für die Vermögensbildung zu verwenden. Ggf. ist ein Ausgleich zu schaffen, wenn ein Ehegatte durch Erwerbstätigkeit, Haushalt und Kinderbetreuung deutlich mehr belastet ist. In diesem Fall ist es gerechtfertigt, dass der weniger belastete Ehegatte einen größeren finanziellen Beitrag zum Familienunterhalt leistet.

13   Bei der **Doppelverdienerehe** muss sich jeder Ehegatte seinem Einkommen entsprechend am Familienunterhalt beteiligen (BGH NJW 1974, 1238). Soweit der Mehrverdienst nicht anteilig für den Familienunterhalt benötigt wird, darf ihn der jeweilige Ehegatte für sich verwenden. Am Haushalt und der Kindesbetreuung hat sich jeder Ehegatte entsprechend dem jeweiligen Zeitaufwand für seine Erwerbstätigkeit zu beteiligen.

14   Bei der **Zuverdienerehe** ist ein Ehegatte voll erwerbstätig, der andere hat die Haushaltsführung übernommen und erzielt durch eine teilschichtige Erwerbstä-

tigkeit zusätzliches Einkommen. Der voll erwerbstätige Ehegatte hat den anderen bei der Haushaltsführung angemessen zu entlasten. Geschieht dies nicht oder reicht das Einkommen des voll erwerbstätigen Ehegatten für eine angemessene Lebenshaltung nicht aus, muss sich der zuverdienende Ehegatte anteilig am Familienunterhalt beteiligen. Sofern eine Entlastung durch den voll erwerbstätigen Ehegatten nicht erfolgt, kann bei ausreichendem Einkommen des anderen Ehegatten für den Familienunterhalt der Zuverdienst als Ausgleich für die Mehrbelastung für eigene Zwecke verwendet werden. Eine Beteiligung am Unterhalt erfolgt im Verhältnis der beiderseitigen Einkommen, der Zuverdienst soll nur das Taschengeld sichern (BGH FamRZ 1999, 608).

Sind beide Ehegatten nicht erwerbstätig, müssen sie den Haushalt gemeinsam **15** führen und entsprechend ihren Einkünften zum Familienunterhalt beitragen.

IV. Prozessuales

Zuständig für die prozessuale Geltendmachung – idR durch Leistungsklage – ist **16** das AG als FamG (§§ 23 a Nr. 2, 23 b Abs. 1 Nr. 6 GVG, 621 Abs. 1 Nr. 5 ZPO). Zum schlüssigen Vortrag ist es erforderlich, substantiiert zur Gestaltung der Lebensgemeinschaft, zum Familienbedarf und zu den Einkommensverhältnissen vorzutragen (OLG Hamm FamRZ 1989, 947; OLG Bamberg FamRZ 1999, 849).

§ 1360 a Umfang der Unterhaltspflicht

(1) Der angemessene Unterhalt der Familie umfasst alles, was nach den Verhältnissen der Ehegatten erforderlich ist, um die Kosten des Haushalts zu bestreiten und die persönlichen Bedürfnisse der Ehegatten und den Lebensbedarf der gemeinsamen unterhaltsberechtigten Kinder zu befriedigen.

(2) ¹Der Unterhalt ist in der Weise zu leisten, die durch die eheliche Lebensgemeinschaft geboten ist. ²Die Ehegatten sind einander verpflichtet, die zum gemeinsamen Unterhalt der Familie erforderlichen Mittel für einen angemessenen Zeitraum im Voraus zur Verfügung zu stellen.

(3) Die für die Unterhaltspflicht der Verwandten geltenden Vorschriften der §§ 1613 bis 1615 sind entsprechend anzuwenden.

(4) ¹Ist ein Ehegatte nicht in der Lage, die Kosten eines Rechtsstreits zu tragen, der eine persönliche Angelegenheit betrifft, so ist der andere Ehegatte verpflichtet, ihm diese Kosten vorzuschießen, soweit dies der Billigkeit entspricht. ²Das Gleiche gilt für die Kosten der Verteidigung in einem Strafverfahren, das gegen einen Ehegatten gerichtet ist.

I. Normzweck

§ 1360 a BGB ist Ausführungsvorschrift zu § 1360 BGB und konkretisiert auf **1** dessen Grundlage den angemessenen Familienunterhalt. Die Art und Weise der Unterhaltsleistung ist in Abs. 2 geregelt. Abs. 3 verweist auf die §§ 1613 bis 1615 BGB, die analog anwendbar sind (Unterhaltspflicht für Vergangenheit, Verzicht, Vorausleistung und Erlöschen). Abs. 4 normiert die Prozesskostenvorschusspflicht eines Ehepartners.

II. Umfang des Unterhaltsanspruchs, Abs. 1

1. Lebensbedarf der Familie

2   Nach Abs. 1 umfasst der angemessene Unterhalt, der sich nicht ohne weiteres nach den zum Ehegattenunterhalt entwickelten Grundätzen bemisst, den gesamten Lebensbedarf der Familie einschließlich der gemeinsamen Kinder und der ihnen gleichstehenden unterhaltsberechtigten Personen (§§ 1754 Abs. 1, 1602, 1603 BGB). Er umfasst alles, was für die Haushaltsführung und die Deckung der persönlichen Bedürfnisse der Ehegatten und der gemeinsamen Kinder erforderlich ist (BGH NJW 1995, 1486). Dazu gehören z. B. die Kosten für Wohnung, Nahrung, Kleidung, medizinische Versorgung, kulturelle Bedürfnisse, Kranken- und Altersvorsorge, die i. d. R. als Naturalunterhalt geleistet werden (BGH NJW 1998, 1553; BGH NJW 2007, 2412).

2. Bemessung der Unterhaltsleistung

3   Der Anspruch auf Familienunterhalt geht nicht auf eine laufende Geldrente für den jeweils anderen Ehegatten. Er ist vielmehr als **gegenseitiger Anspruch** darauf gerichtet, dass jeder Ehegatte seinen Beitrag zum Familienunterhalt entsprechend seiner nach individuellem Ehebild übernommenen Funktion leistet. Zur Bestimmung des **Maßstabes für die Angemessenheit** ist auf die Lebensverhältnisse der Ehegatten abzustellen, so dass insoweit die §§ 1578, 1361 BGB als Orientierungshilfe herangezogen werden können (BGH NJW 2003, 1112; BGH NJW 2003, 3770), ohne dass allerdings der Ehe angemessene Unterhalt seine Untergrenze im Mindestbedarf des Tabellenunterhalts findet. Er kann im Einzelfall auch unter diesen Wert sinken (BGH NJW 1995, 1486). Für die Bestimmung des angemessenen Unterhalts ist ein **objektiver Maßstab** anzulegen nach den Maßstäben eines vernünftigen Betrachters, z. B. der Lebensstandard gleichartiger Berufskreise. Deshalb bleibt eine besonders aufwendige Lebensführung ebenso außer Betracht wie eine dürftige. Der Anteil, mit dem sich jeder Ehegatte an den Kosten des Familienunterhalts einschließlich Haushaltsgeld zu beteiligen hat, ergibt sich aus dem Verhältnis der beiderseitigen Einkünfte abzüglich des beiden Ehegatten zustehenden Taschengeldes (OLG Celle FamRZ 1999, 162).

III. Kosten des Haushalts

4   Alles, was nach den Verhältnissen der Ehegatten und den Absprachen untereinander erforderlich ist, um die Kosten des Haushalts zu bestreiten, sowie die persönlichen Bedürfnisse der Ehegatten und den Lebensbedarf auch gemeinschaftlicher unterhaltsberechtigter Kinder zu befriedigen (BGH FamRZ 1985, 353) ist durch den Familienunterhalt abzudecken. Zu den üblichen finanziellen Aufwendungen im Rahmen des üblichen Lebenszuschnitts einer Familie (s. dazu BGH FamRZ 1992, 291) gehören:
- Aufwendungen für die Beschaffung, Gewährung und Unterhaltung einer den Raumbedarf der Familie befriedigenden Wohnung (BGH NJW 1998, 1553), d. h. Miete und Mietnebenkosten, Zahlungen für das Familienheim (Annuitäten, verbrauchsabhängige und verbrauchsunabhängige Hauslasten und Aufwendungen für Heizung, Wasser, Strom, Telefon, Radio, Fernsehen, Woh-

Umfang der Unterhaltspflicht § 1360a BGB

nungseinrichtung pp.), nicht jedoch Beiträge zur Vermögensbildung wie z. B. die Übereignung eines Hausgrundstücks oder einer Wohnung bzw. die Zahlung der Mittel zum Erwerb eines Eigenheims (BGH NJW 1985, 49; BGH NJW-RR 2004, 721).
- Aufwendungen für Verpflegung, Kleidung, Reinigung, Körper- und Gesundheitspflege.
- Aufwendungen für die Erholung, Urlaub, Freizeitgestaltung und gesellschaftliche Verpflichtungen.
- Der Unterhaltsbedarf eines noch in der Ausbildung befindlichen Ehegatten (BGH NJW 1985, 1394).
- Aufwendungen für eine nach den Verhältnissen der Ehegatten angemessene Krankheits-, Pflege- und Altersvorsorge (BGH NJW 2004, 674), auch wenn sie über den Schutz der gesetzlichen Sozialversicherung hinaus geht, z. B. eine Krankenhaustagegeldversicherung.
- Sonstige Versicherungen wie Haftpflicht-, Hausrat- oder Rechtsschutzversicherungen, soweit der Aufwand angemessen ist.
- Anschaffung und Betrieb eines Kraftfahrzeuges (BGH NJW 1983, 1113; BGH FamRZ 1992, 291) einschließlich der entstehenden Fahrtkosten, ggf. auch für öffentliche Verkehrsmittel.
- Persönliche Bedürfnisse der Ehegatten für Sport und Hobbies (BGH NJW 1983, 1113), wobei diese Kosten vorrangig aus dem Taschengeld zu decken sind sowie für künstlerische Aktivitäten (BGH NJW 1995, 1486).
- Aufwendungen für die Pflege eines kranken oder behinderten Familienmitgliedes, soweit die Pflege durch Dritte, z. B. ambulante Pflegedienste oder in einem Pflegeheim sichergestellt werden muss (BGH NJW 1993, 124; OLG Düsseldorf NJW 2002, 1353).
- Aufwendungen für Krankheitskosten, die nicht von der Krankenversicherung oder sonstigen Kostenträgern gedeckt sind, z. B. für Barleistungen im Krankenhaus, Zahnersatz, Brillen pp., soweit sie notwendig oder im Rahmen des üblichen Lebenszuschnitts der Familie liegen (BGH NJW 1985, 1394; FamRZ 1992, 291; OLG Braunschweig FamRZ 1996, 288; OLG Stuttgart FamRZ 1994, 444).

Nicht dazu gehören Unterhaltsansprüche sonstiger Verwandter. Jeder Ehegatte 5 ist jedoch verpflichtet, den anderen teilweise von den häuslichen Pflichten freizustellen, um zu ermöglichen, durch eine Erwerbstätigkeit zum Unterhalt eines minderjährigen Kindes aus einer früheren Verbindung beizutragen (BGH NJW-RR 2001, 361; BGH FamRZ 1987, 472). Zum Familienunterhalt gehört hingegen der Bedarf eines in den Haushalt aufgenommenen Kindes eines Ehegatten aus einer früheren ehelichen oder nichtehelichen Verbindung oder eines Pflegekindes (BGH NJW 1999, 717).

4. Persönliche Bedürfnisse

Dazu gehören krankheitsbedingte besondere Aufwendungen (BGH FamRZ 6 1985, 576; OLG Braunschweig FamRZ 1996, 288: Zahnarztkosten wegen einer Implantation; OLG Hamm FamRZ 1987, 1142) und Aufwendungen für Hobbies in angemessenem Umfang (BGH NJW 1983, 1113) sowie die Kosten für eine bei Eheschließung bereits begonnene aber noch nicht abgeschlossene Ausbildung (BGH NJW 1985, 863).

5. Taschengeld

7 Der haushaltsführende oder bloß zuverdienende Ehegatte hat Anspruch auf Taschengeld, das er zur Befriedigung seiner persönlichen Bedürfnisse frei verwenden kann (BGH NJW 1998, 1553; OLG Bamberg FamRZ 1988, 948; OLG Hamm FamRZ 1988, 947). Der Taschengeldanspruch ist ein Baranspruch, der aus dem Gesetz folgt und nicht von einem Organisationsakt oder einer Vereinbarung der Eheleute abhängig ist. Er ist ein auf Geld gerichteter Zahlungsanspruch gegen den anderen Ehegatten (BGH NJW 2004, 2450) und steht nicht nur dem erwerbslosen Ehegatten zu, sondern auch einem zuverdienenden Ehegatten, allerdings nur dann, wenn das ihm zustehende Taschengeld höher ist als sein Eigeneinkommen (BGH NJW 1998, 1553).

8 Der Anspruch besteht nicht, wenn das verfügbare Einkommen gerade oder nicht einmal dazu ausreicht, den notwendigen Unterhalt der Familie zu sichern (BGH NJW 2004, 2450; OLG Köln FuR 2004, 249; OLG Hamburg FamRZ 1998, 182: Verwendung des Taschengeldes bei Trunksucht).

9 Das Taschengeld kann für Unterhaltszwecke – auch für den Elternunterhalt (BGH NJW 2004, 674) – herangezogen werden (BGH FamRZ 1987, 472: minderjähriges Kind; OLG Köln NJW-RR 2000, 810; OLG Koblenz FamRZ 2001, 925: Prozesskostenvorschussanspruch), insbesondere aber im Rahmen verschärfter Leistungspflicht gem. § 1603 Abs. 2 BGB (OLG Hamburg FamRZ 1998, 182; OLG Karlsruhe FamRZ 1998, 248). Auch im Rahmen der Prozesskostenhilfe ist es zu berücksichtigen (OLG Zweibrücken FamRZ 2001, 1470). Eine Haushalt führende Ehefrau muss den Taschengeldanspruch zur Finanzierung der Unterhaltsansprüche ihrer Kinder aus erster Ehe einsetzen (BVerfG NJW 1985, 1211; BGH NJW 1986, 1869).

10 Die Höhe des Taschengeldes richtet sich nach den Einkommens- und Vermögensverhältnissen sowie dem Lebensstil und der Zukunftsplanung der Ehegatten. In der Rechtsprechung wird üblicherweise eine Quote von **5–7% des zur Verfügung stehenden bereinigten Nettoeinkommens** der Familie angesehen (BGH NJW 1998, 1553; BGH NJW 2004, 674; BGH NJW 2007, 139: 6%). Vom Nettoeinkommen sind also vorab berufsbedingte Auslagen, Kindesunterhalt und berücksichtigungsfähige Schulden abzuziehen (vgl. auch: OLG Düsseldorf NJW 2002, 1353; OLG Hamm NJW-RR 1990, 1224; OLG Köln NJW-RR 2000, 810; OLG Nürnberg NJWE-FER 1998, 186).

11 Taschengeld ist nach den **Grundsätzen der Hausmannrechtsprechung** bei Wiederverheiratung für den Unterhalt des Kindes aus erster Ehe zu verwenden, wenn der angemessene Unterhalt durch die Familienunterhaltsleistungen des neuen Ehegatten gedeckt (BGH NJW 1998, 1533). Der Taschengeldanspruch ist nach Maßgabe des § 850b I Nr. 2 ZPO aus Billigkeitsgründen **bedingt pfändbar** (BGH NJW 2004, 2450; OLG Frankfurt FamRZ 2009, 703; OLG Nürnberg NJWE-FER 1998, 186). An die Billigkeit (zu den Kriterien vgl. BGH NJW 2004, 2450) sind strenge Anforderungen zu stellen. Bei durchschnittlichen wirtschaftlichen Verhältnissen entspricht die Pfändung eines Taschengeldanspruchs nur dann der Billigkeit, wenn besondere Umstände vorliegen (OLG Nürnberg NJWE-FER 1998, 186). Übersteigt der Unterhaltsanspruch insgesamt einschließlich des Anspruchs auf Taschengeld die Pfändungsgrenzen des § 850c ZPO nicht, unterliegt ein Taschengeldanspruch des Schuldners gegenüber seinem unterhaltsverpflichteten Ehegatten nicht der Pfändung durch einen (nicht nach § 850d ZPO bevorrechtigten) Gläubiger (OLG Stuttgart FamRZ 2002, 185). Für die Pfändbarkeit

Umfang der Unterhaltspflicht **§ 1360a BGB**

des Taschengeldanspruches kommt es nicht darauf an, ob, ggf. wann und wie viel der unterhaltspflichtige Ehegatte zahlt; maßgebend ist allein der nach den Einkommens- und Vermögensverhältnissen abstrakt zu berechnende Anspruch (KG NJW 2000, 149). Die Pfändbarkeit verstößt nicht gegen Art. 6 Abs. 1 GG (BVerfG FamRZ 1986, 773). Darlegungs- und beweispflichtig dafür, dass die Pfändung der Billigkeit entspricht, ist der Gläubiger (BGH NJW 2004, 2450). Im Drittschuldnerprozess ist das Prozessgericht an eine vom Vollstreckungsgericht angeordnete Pfändung gebunden (BGH FamRZ 1998, 608).

III. Art und Weise der Unterhaltsgewährung

1. Naturalleistung

Der Familienunterhalt ist i. d. R. in Form des Naturalunterhalts und nicht **12** durch Zahlung einer Geldrente zu gewähren (BGH NJW 1998, 1553). Die Haushaltsführung und die Kindesbetreuung sind regelmäßig persönlich zu erfüllende Pflichten. Auch der Anspruch auf das Wirtschafts- oder Haushaltsgeld unterscheidet sich von einer Geldrente i. S. des Unterhaltsrechts. Der verdienende Ehegatte hat das Haushaltsgeld ohne vorherige Aufforderung für einen angemessenen Zeitraum im Voraus zu entrichten.

2. Wirtschafts- oder Haushaltsgeld

Nach § 1360a Abs. 2 Satz 2 BGB hat jeder Ehegatte gegen den anderen einen **13** Anspruch darauf, dass ihm die für den gemeinsamen Unterhalt der Familie erforderlichen Mittel im voraus zur Verfügung gestellt werden. Das Wirtschafts- oder Haushaltsgeld umfasst die Mittel zur Deckung der gewöhnlichen, regelmäßig wiederkehrenden Aufwendungen für den Haushalt, für die persönlichen Bedürfnisse der Ehegatten und für den laufenden Lebensbedarf der gemeinsamen unterhaltsberechtigten Kinder. Größere, einmalige Anschaffungen – z. B. Einrichtungsgegenstände oder ein Pkw – gehören nicht dazu. Das Wirtschaftsgeld ist **zweckgerichtet** für den Familienunterhalt zu verwenden (OLG Celle FamRZ 1978, 589). Es darf nicht für andere Zwecke, z. B. zur Unterstützung von Verwandten, denen gegenüber keine Unterhaltspflicht besteht, eingesetzt werden (OLG Hamburg FamRZ 1984, 583). Durch die Geldüberlassung wird die Unterhaltspflicht nur vorbereitet, aber noch nicht erfüllt; erst die tatsächliche Beschaffung vollendet die Unterhaltsleistung. Deshalb wird bei zweckwidriger Verwendung durch den Empfänger der Unterhaltspflichtige nicht von den Unterhaltsansprüchen des Kindes befreit (MünchKomm/Wacke Rn 16).

In einer Alleinverdiener- bzw. Zuverdienerehe (zu den Überschneidungen da- **14** bei vgl. BGH FamRZ 1974, 366; OLG Celle FamRZ 1978, 380; KG FamRZ 1979, 247) hat der erwerbstätige Ehegatte das Haushaltsgeld einschließlich Taschengeld an den anderen Ehegatten zu leisten, der nach gemeinsamer Absprache den Haushalt führt. In diesem Fall besteht auch bei kinderloser Ehe keine Erwerbsobliegenheit (OLG Köln FamRZ 1993, 584). Etwas anderes gilt ggf., wenn der angemessene Familienunterhalt weder durch zumutbaren Einsatz der Arbeitskraft des erwerbstätigen Ehegatten noch aus sonstigen Einkünften und auch nicht aus dem verwertbaren Stamm des Vermögens gedeckt werden kann (BGH FamRZ 1971, 569; OLG Köln FamRZ 1979, 328). Bei einer Doppelverdienerehe sind die Ehegatten anteilig (analog § 1606 Abs. 3 Satz 1 BGB) am Familienunterhalt zu beteiligen (BGH NJW 1974, 1238) entsprechend dem Verhältnis der beiderseitigen Einkünfte nach Abzug des beiden Ehegatten zustehenden Taschengeldes (OLG Celle FamRZ 1999, 162).

15 Der Anspruch auf Wirtschafts- oder Haushaltsgeld ist unpfändbar (§ 811 Nr. 2 ZPO). Als zweckgebundener Anspruch ist er auch nicht abtretbar und nicht verpfändbar.

16 Die Höhe des Wirtschaftsgeldes bestimmt sich im Allgemeinen nach den zur Deckung des Lebensbedarfs der Familie ohne Taschengeld erforderlichen Geldmitteln unter Berücksichtigung des Einkommens und Vermögens beider Ehegatten. Haben die Ehegatten Absprachen getroffen dahin gehend, dass der haushaltsführende Ehegatte Ausgaben tätigt, die normalerweise nicht aus dem Wirtschaftsgeld bestritten werden, erweitert sich der Anspruch auf Familienunterhalt (OLG Celle FamRZ 1978, 589).

17 Der den Haushalt führende Ehegatte muss das ihm **treuhänderisch** überlassene, nicht übereignete Haushaltsgeld für den Familienunterhalt verwenden (BGH NJW 1986, 1869). Die **Rechenschaftspflicht** des Ehegatten, der im Einvernehmen beider die Wirtschaftsführung übernommen hat, richtet sich nicht nach Auftragsrecht und ergibt sich auch nicht aus einem eigenständigen familienrechtlichen Anspruch. Aus der ehelichen Lebensgemeinschaft ergibt sich nur, dass der andere Ehegatte in groben Zügen über die Verwendung des Familieneinkommens unterrichtet werden muss (BGH NJW 2000, 3199), sofern nicht ausdrücklich etwas anderes vereinbart worden ist. Deshalb hat auch nicht der den Haushalt führende Teil über die Verwendung des Haushaltsgeldes nicht im Einzelnen abzurechnen; auch ergeben sich **keine Schadensersatzansprüche**, wenn der Einzelnachweis nicht erbracht werden kann. Sofern die Eheleute über die Angemessenheit des vereinbarten Wirtschaftsgeldes streiten, müssen sie den Verwendungszweck absprechen. Sodann kann jeder Ehegatte Anpassung des Wirtschaftsgeldes an den tatsächlichen Bedarf verlangen (OLG Hamburg FamRZ 1984, 583).

18 Der Anspruch auf Familienunterhalt ist im Wege der Leistungsklage, in dringenden Fällen auch im Wege der einstweiligen Verfügung (OLG Düsseldorf FamRZ 1983, 1121), geltend zu machen. Ab Trennung der Eheleute ist der Anspruch ausgeschlossen; gegen einen vorhandenen Titel kann nach § 767 ZPO vorgegangen werden (OLG Hamm FamRZ 1980, 294), jedoch kann auch nach der Trennung für einen vor der Trennung liegenden Zeitraum aus dem Titel vollstreckt werden.

IV. Verweisungen, Abs. 3

19 Die Vorschriften der §§ 1613, 1615 BGB sind im Rahmen des Familienunterhalts entsprechend anzuwenden. Ein Verzicht für die Zukunft ist unzulässig, ebenso eine Abfindung. Vereinbarungen über Umfang, Art und Weise des Familienunterhalts sind formlos möglich. Der Unterhaltsanspruch erlischt mit dem Tod eines der Ehegatten. Er kann nicht verwirkt werden (OLG Düsseldorf NJW 1992, 2166). Ein Auskunftsanspruch besteht mangels Verweisung auf § 1605 BGB nicht (OLG München OLGR 2000, 123). Der nicht erwerbstätige Ehegatte sollte aber gegenüber dem erwerbstätigen Ehegatten einen Anspruch auf Auskunft über dessen Einkommens- und Vermögensverhältnisse haben (Palandt/ Brudermüller Rn 6).

V. Prozesskostenvorschuss, Abs. 4

1. Allgemeines

Der Anspruch auf Familienunterhalt umfasst nach Abs. 4 auch den Anspruch **20** auf Prozesskostenvorschuss. Der Anspruch ist seiner systematischen Stellung nach als Ausfluss der Unterhaltspflicht anzusehen (BGH NJW 1985, 2263; BGH NJW 1990, 1476). Er besteht, sofern ein Ehegatte nicht in der Lage ist, die Kosten eines Rechtsstreits zu tragen, der eine persönliche Angelegenheit betrifft, sofern die Kostenvorschusspflicht der Billigkeit entspricht. Die Inanspruchnahme eines Leistungsfähigen auf Prozesskostenvorschuss geht der Bewilligung von Prozesskostenhilfe vor, wenn der Vorschuss bald zu realisieren ist (BGH NJW-RR 2008, 1531; OLG Celle NJW-RR 2006, 1304). Nach Beendigung des Prozesses kann der Anspruch nicht mehr geltend gemacht werden, außer der Verpflichtete ist rechtzeitig in Verzug gesetzt worden (OLG Frankfurt ZFE 2005, 96; OLG Schleswig ZFE 2008, 36: als Verzugsschaden). Leistungen der Sozialhilfe mindern wegen ihres Nachranges (§ 2 SGB XII) den Anspruch nicht. Dem Leistungsempfänger steht jedoch bei der Geltendmachung rücküberragener Ansprüche (§ 94 Abs. 4 S. 2 SGB XII) ein Anspruch auf Prozesskostenvorschuss zu (BGH NJW 2008, 1950), der seine Bedürftigkeit iSv §§ 114 ff. ZPO ausschließt. Gleiches gilt für § 33 Abs. 4 S. 2 SGB II und § 7 Abs. 4 S. 3 UVG.

2. Anwendungsbereich

Die Vorschusspflicht besteht nur zwischen Partnern einer wirksam geschlossenen **21** Ehe und ist abschließend geregelt (BGHZ 41, 104, 110). Deshalb kann weder § 1353 BGB noch § 620 Ziff. 10 ZPO einen über § 1360a Abs. 4 BGB hinausgehenden Vorschussanspruch begründen.

Ein Vorschussanspruch kann bestehen zwischen zusammenlebenden Ehegatten **22** im Rahmen des Familienunterhalts nach § 1360a Abs. 4 BGB (BGH FamRZ 1985, 902), zwischen getrennt lebenden Ehegatten nach § 1361 Abs. 4 Satz 4, 1360a Abs. 4 BGB für die Scheidung (BSG Rpfleger 1994, 304), nach § 5 LPartG zwischen zusammen und nach § 12 Abs. 2 Satz 2 LPartG zwischen getrennt lebenden eingetragenen Lebenspartnern sowie für eheliche und nichteheliche Kinder gegen ihre Eltern gem. §§ 1610 Abs. 2, 1615l BGB (BGH FamRZ 1984, 148; OLG Stuttgart FamRZ 1988, 207). Der Anspruch besteht insoweit gegen beide Eltern entweder anteilig oder gegen einen Elternteil allein. Eine gesamtschuldnerische Haftung beider Eltern scheidet aus (Zimmermann, Prozesskostenhilfe in Familiensachen Rn 159). Ein das minderjährige Kind betreuender Elternteil ist möglicherweise unter Berücksichtigung der Ersatzhaftung nach § 1607 BGB anteilig zum Prozesskostenvorschuss verpflichtet (OLG Karlsruhe FamRZ 1996, 1100; OLG München FamRZ 1991, 347; OLG Nürnberg NJW-RR 1995, 390; OLG Jena JurBüro 1999, 200). Der Anspruch besteht weiter für nichteheliche Kinder gegen die Mutter im Vaterschaftsfeststellungsprozess (OLG Koblenz FamRZ 1997, 679; OLG Köln NJWE-FER 1997, 103), für das Kind gegen den Vater im Ehelichkeitsanfechtungsverfahren nach § 1599 BGB a.F. (OLG Celle NJW-RR 1995, 6; OLG Karlsruhe FamRZ 1996, 872; OLG Koblenz FamRZ 1996, 226; a.A. OLG Hamburg NJW-RR 1996, 1; OLG Koblenz NJWE-FER 1999, 45), zwischen nichtehelichen Kindern und dem beklagten Vater im Vaterschaftsfeststellungsprozess nach § 1600d BGB (OLG Düsseldorf NJW-RR 1995,

Büte

BGB § 1360a 1. Teil. Ehegattenunterhalt

1411; OLG Koblenz FamRZ 1997, 679), weiter für das volljährige Kind gegen seine Eltern analog § 1360a Abs. 4 BGB, sofern es sich noch in der Ausbildung befindet und keine eigene Lebensstellung hat (BGH NJW 2005, 1722)

23 Ein Anspruch auf Prozesskostenvorschuss besteht **nicht** zwischen geschiedenen Ehegatten (BGH NJW 1984, 291; FamRZ 1990, 280), sowie für Eltern gegenüber ihren minderjährigen Kindern (OLG München FamRZ 1993, 821; Zöller/Philippi § 115 ZPO Rn 59), und auch nicht im Verhältnis zwischen Großeltern und Enkeln.

3. Tatbestandsvoraussetzungen

24 **a) Rechtsstreit über persönliche Angelegenheiten.** Rechtsstreit ist jedes gerichtliche Verfahren in jeder Verfahrensart. Nicht erfasst werden die Kosten einer außergerichtlichen Beratung (OLG München FamRZ 1990, 312; a.A. Kleinwegener FamRZ 1992, 755). Die Vorschusspflicht besteht außer für die in Abs. 4 Satz 2 ausdrücklich erwähnten Kosten der Verteidigung in einem Strafverfahren nur für Rechtsstreitigkeiten, die eine persönliche Angelegenheit betreffen. Es muss eine genügend enge Verbindung zur Person des betreffenden Ehegatten bestehen (BGH NJW 1964, 1129). Sofern vermögensrechtliche Ansprüche – auch gegen Dritte – ihre Wurzeln in der ehelichen Lebensgemeinschaft haben, sind sie mit umfasst (BGH NJW 2003, 2910; OLG Köln NJW-RR 1989, 967). **Persönliche Angelegenheiten** sind:
- Ehe- und Familiensachen i.S. des § 621 ZPO (ab 1.9.2009 § 111 FamFG), insbesondere Unterhaltssachen (BGH NJW 1960, 765; OLG Karlsruhe FamRZ 2005, 1744 = BeckRS 2005, 2272: Abwehr von Unterhaltsansprüchen der aus der geschiedenen Ehe hervorgegangenen Kinder; OLG Celle FamRZ 2008, 2199 = BeckRS 2009, 1282: Herabsetzung oder Beseitigung der titulierten Unterhaltsansprüche des früheren Ehegatten) einschließlich einer Steuererstattung aus Realsplitting (OLG Hamm FamRZ 1989, 277) sowie Zugewinnausgleichsansprüche (OLG Frankfurt FamRZ 1981, 164; OLG Hamm FamRZ 1981, 275) sowie die Verteidigung gegen Zugewinnausgleichsansprüche (OLG Koblenz FamRZ 1986, 466).
- Alle Statusverfahren, insbesondere Abstammungsprozesse des gesetzlichen (OLG Bremen DAVorm 1998, 935) oder des vermuteten Vaters (OLG Koblenz NJWE-FER 1998, 126; OLG Koblenz NJWE-FER 1999, 45).
- Ansprüche auf Ersatz des Körperschadens einschließlich eines Schmerzensgeldes (OLG Köln FamRZ 1994, 1109).
- Ansprüche auf Auseinandersetzung des Vermögens zwischen Ehegatten, einschließlich des vorbereitenden Auskunftsanspruchs (BGH NJW 1960, 765).
- Insolvenzverfahren mit dem Ziel der Restschuldbefreiung, sofern die Insolvenz nicht vorwiegend auf vorehelichen Schulden beruht (BGH NJW 2003, 2910).
- Haftpflichtprozesse
- Verfahren betreffend Ehre, Freiheit, Betreuung, Gesundheit und Wiederherstellung der Arbeitskraft (OLG Frankfurt FamRZ 1967, 43).
- Verteidigung in einem Strafverfahren
- Ansprüche auf Sozialhilfe (OVG Münster JurBüro 1992, 185).
- Prüfungsrechtsstreitigkeiten (OVG Münster NJW-RR 1999, 1235).
- Schutz des räumlich gegenständlichen Bereichs der Ehe (OLG Frankfurt FamRZ 1982, 606).

Umfang der Unterhaltspflicht **§ 1360a BGB**

- Anfechtung von Ausweisungs- und Abschiebungsverfügungen sowie Führerscheinentzug.

Nicht als persönliche Angelegenheiten gelten: 25
- Geltendmachung eines gesellschaftsrechtlichen Auseinandersetzungsguthabens gegen Dritte (BGHZ 41, 104, 112).
- Anspruch aus Mithaftung zusammen mit dem früheren Ehegatten gegenüber Dritten (OLG Düsseldorf FamRZ 1984, 388).
- Ansprüche auf Aufwendungsersatz gegenüber dem früheren Ehegatten (OLG Nürnberg FamRZ 1986, 697).
- Vorzeitiger Erbausgleich (OLG Köln FamRZ 1979, 178).
- Pflichtteilsergänzungsansprüche gegen die Stiefmutter (OLG Köln NJW-RR 1989, 967).

b) Bedürftigkeit des Berechtigten. Der Berechtigte muss außerstande sein, 26 die Prozesskosten selbst zu tragen. Denn die Vorschusspflicht besteht nur, soweit sie der **Billigkeit** entspricht. Reichen die Eigenmittel zum Bestreiten des Prozesses nicht aus, ist die Bedürftigkeit nach Billigkeit zu bejahen. Der Bedürftige ist jedoch zunächst gehalten, für den Rechtsstreit eigenes Vermögen zu verwerten, soweit es sich dabei nicht um eine angemessene Rücklage für Fälle der Not oder Krankheit handelt (OLG Frankfurt FamRZ 1986, 485). Je leistungsfähiger der Verpflichtete ist, desto so geringere Anforderungen sind an die Bedürftigkeit zu stellen (OLG Hamm NJW-RR 2002, 1585). Hat ein Ehegatte aus der Veräußerung eines Familienheims genügende Mittel erhalten, besteht kein Anspruch auf Prozesskostenvorschuss. Macht ein Elternteil gem. § 1629 Abs. 3 BGB Unterhalt im Wege **gewillkürter Prozessstandschaft** geltend, kommt es auf seine und nicht auf die Bedürftigkeit des Kindes an (BGH NJW-RR 2005, 1237).

c) Leistungsfähigkeit des Verpflichteten. Der Schuldner muss leistungsfähig sein. Die Leistungsfähigkeit entfällt bei Gefährdung des eigenen angemessenen Unterhalts (BGH NJW 1990, 1476; BGH NJW-RR 2004, 1662; weitergehend OLG München NJW-RR 2006, 292: i. d. R. kein PKV). Der Unterhaltsschuldner braucht sich auch gegenüber minderjährigen Kindern nicht auf den notwendigen Unterhalt beschränken (OLG Köln NJWE-FER 1999, 8) und auf Güter des gehobenen Bedarfs verzichten (OLG Köln MDR 1963, 680). Prozesskostenvorschuss wird **nicht** geschuldet, wenn der Verpflichtete selbst Prozesskostenhilfe – auch in Raten – erhalten würde (str.: OLG Bamberg NJWE-FER 2000, 255; OLG Brandenburg FamRZ 2003, 1933; OLG Düsseldorf FamRZ 1993, 1474; OLG Jena JurBüro 1999, 2000; OLG Karlsruhe FamRZ 1992, 77; OLG München FamRZ 1993, 714; OLG Oldenburg FamRZ 1999, 1148; Wendl/Scholz § 6 Rn 27; a. A.: KG FamRZ 1990, 183; OLG Köln NJWE-FER 1999, 8; OLG Nürnberg FamRZ 1996, 675). Als leistungsfähig anzusehen ist derjenige, der den **Prozesskostenvorschuss** selbst nur **in Raten** aufbringen kann (BGH NJW-RR 2004, 1662; BGH NJW 2005, 1722; OLG Köln NJWE-FER 1999, 8). 27

d) Hinreichende Erfolgsaussicht und fehlender Mutwille. Sofern eine 28 hinreichende Erfolgsaussicht i. S. des § 114 ZPO fehlt, besteht kein Prozesskostenvorschussanspruch (BGH NJW 2001, 1646). Deshalb ist es Sache des Prozesskostenvorschuss Begehrenden, die Erfolgsaussichten schlüssig darzulegen und Beweis anzutreten. Die Tauglichkeit des Beweises ist unbeachtlich. Vom Kläger-

BGB § 1360a

vortrag ist auszugehen, wenn der in Anspruch genommene Ehegatte nicht substantiiert auf den Klägervortrag erwidert (OLG Hamm NJW-RR 1990, 1286). Die Rechtsverfolgung darf auch nicht mutwillig sein, günstigere Möglichkeiten dürfen nicht bestehen (OLG München FamRZ 1996, 312; OLG Zweibrücken NJWE-FER 1998, 77). Bei pünktlicher Unterhaltszahlung ist das Verlangen auf Prozesskostenvorschuss unbillig (OLG Nürnberg NJW-RR 1993, 327).

29 **e) Inhalt des Anspruchs.** Da nur ein Vorschuss für die zu erwartenden Prozesskosten verlangt werden kann, besteht die Vorschusspflicht grundsätzlich nur bis zur Beendigung des Rechtsstreits (BGH NJW 1985, 2265; OLG Celle NJWE-FER 1999, 267). Die Gebühren müssen entstanden, aber nicht fällig sein (BGH NJW 1985, 2263 zu § 16 BRAGO; OLG Köln FamRZ 2007, 158). Prozesskostenvorschuss kann auch nicht rückwirkend als Sonderbedarf verlangt werden (BGH NJW 1985, 2265; OLG Nürnberg FamRZ 1998, 489). Allerdings kann aus einer einstweiligen Anordnung zur Zahlung von PKV auch nach Beendigung des Prozesses die Zwangsvollstreckung betrieben werden (BGH NJW 1985, 2263).

4. Höhe des Anspruchs

30 Die Höhe des Prozesskostenvorschusses richtet sich nach den Gebühren, die Gericht und Rechtsanwalt bereits vor Aufnahme einer Tätigkeit verlangen können (§§ 12 GKG, 23 Abs. 1 S. 1 RVG, 48 Abs. 1 S. 1 GKG). In bürgerlichen Rechtsstreitigkeiten sind dies drei Gerichtsgebühren nach §§ 3 Abs. 2, 6 Abs. 1 Nr. 1, 12 Abs. 1 S. 1 GKG, Nr. 1210 KV. Anwälte haben darüber hinaus Anspruch auf die voraussichtlichen Gebühren und Auslagen nach § 2 Abs. 2 S. 19 RVG, Nr. 3100, 3104 VV sowie die Umsatzsteuer und die Auslagenpauschale (Nr. 7002, 7008 VV). Für Verfahren ab 1. 9. 2009 gilt das FamGKG.

5. Rückforderung des Prozesskostenvorschusses

31 Die Rückforderung eines geleisteten Prozesskostenvorschusses ist nur unter bestimmten Voraussetzungen und nur bei gewissen Fallgestaltungen möglich. Allein die Tatsache, dass ein Rechtsstreit gegen den anderen ungünstig ausgegangen ist und diesem die Kosten auferlegt worden sind, begründet keine Rückzahlungsverpflichtung. Selbst nach einer entsprechenden Kostenentscheidung kann noch aus dem Titel vollstreckt werden (BGH NJW 1985, 2263). Deshalb kann ein Prozesskostenvorschuss im Kostenfestsetzungsverfahren grundsätzlich nicht berücksichtigt werden, jedenfalls dann nicht, wenn streitige Rechtsfragen zu klären sind, die dem Erkenntnisverfahren vorbehalten bleiben müssen (OLG Düsseldorf FamRZ 1996, 1409; s. näher unten Rn 32).

32 Begründet ist ein Rückforderungsanspruch, wenn der Empfänger des Prozesskostenvorschusses gegen einen Dritten obsiegt hat, dieser Dritte zu den Kosten des Rechtsstreits verurteilt worden ist und der Prozesskostenvorschussempfänger die Kosten ohne großen Aufwand bei seinem Kostenschuldner beitreiben kann, weiter wenn sich nachträglich herausstellt, dass die tatbestandlichen Voraussetzungen von vornherein nicht vorgelegen haben und sich nachträglich herausstellt, dass das Einkommen des Verpflichteten die Zahlung eines Prozesskostenvorschusses an sich nicht zugelassen hätte (BGH FamRZ 1990, 491). Weiter, wenn die Voraussetzungen, von denen das Gesetz den Anspruch abhängig macht, nicht mehr gegeben sind, weil sich z. B. die finanziellen Verhältnisse des Vorschussberechtigten erheblich gebessert haben oder wenn die Rückzahlung aus sonstigen Gründen der Billigkeit entspricht (BGH NJW 1971, 1262; BGH NJW 1985, 2263; KG FamRZ 2008, 2201). Dies kann insbesondere der Fall sein, wenn der Berechtigte aus dem Zugewinnausgleich oder dem Verkauf eines den Ehegatten gemeinsam gehörenden Grundstücks beachtliche Geldmittel erhalten hat (Wendl/Scholz § 6 Rn 34). Nicht ausreichend ist die Nachzahlung des geschuldeten Unterhalts. Ist der Vorschuss teilweise durch die Gebühren für den Abschluss eines Prozessvergleichs verbraucht, scheidet eine Rückforderung aus (Wendl/Scholz a. a. O.; a. A.: OLG Köln FamRZ 2002, 1134). Der Rückforderungsanspruch ist ein familienrechtlicher Anspruch eigener Art, so dass die §§ 814, 818 Abs. 3 BGB nicht gelten.

Der Anspruch auf Rückforderung ist mit einer selbständigen Leistungsklage 33 vor dem FamG geltend zu machen (BGH FamRZ 1990, 491).

6. Prozesskostenvorschuss und Kostenfestsetzung

Ein geleisteter Prozesskostenvorschuss ist im Kostenfestsetzungsverfahren mit 34 Zustimmung des Vorschussempfängers zu berücksichtigen. Fehlt die Zustimmung, darf der Rückzahlungsanspruch ausnahmsweise berücksichtigt werden, wenn die gesamten Kosten des Vorschussempfängers abgedeckt sind und eine Kostenfestsetzung zur Überzahlung führen würde. Der geleistete Prozesskostenvorschuss ist auf den Kostenerstattungsanspruch des Vorschussempfängers insoweit anzurechnen, als die Summe aus Prozesskostenvorschuss und Erstattungsbetrag den Gesamtbetrag der Kosten übersteigt, die den Vorschussempfänger letztlich treffen (KG NJW-RR 2002, 140; OLG Nürnberg NJW-RR 1999, 1088; OLG Nürnberg FuR 2002, 287).

7. Abtretbarkeit, Pfändbarkeit und Aufrechnung

Der Anspruch auf Prozesskostenvorschuss ist zweckbestimmt und damit nach 35 § 399 BGB nicht abtretbar, nicht übertragbar und gem. § 851 Abs. 1 ZPO nicht pfändbar. Eine Aufrechnung ist nicht möglich (BGH FamRZ 1985, 803; OLG München FamRZ 1993, 714; 1996, 1221). Etwas anderes gilt für einen Anspruch auf Rückzahlung eines bereits geleisteten Prozesskostenvorschusses.

8. Prozessuale Geltendmachung

Der Prozesskostenvorschuss ist vor dem FamG geltend zu machen. Dies ge- 36 schieht i. d. R. wegen der Eilbedürftigkeit durch einstweilige Anordnungen, und zwar
– im Verbundverfahren für die Ehesache und die Folgesache nach § 620 Nr. 10 ZPO
– in Unterhaltssachen (§ 127 a ZPO)
– sowie in sonstigen Familiensachen (§ 621 Abs. 1 ZPO).

Im Einzelnen wird insoweit auf die Kommentierung zu den vorgenannten Vorschriften verwiesen (vgl. insgesamt auch Büte FF 2004, 272 ff.).
Ab 1. 9. 2009 gilt § 246 FamFG.

BGB § 1360b

1. Teil. Ehegattenunterhalt

§ 1360b Zuvielleistung

Leistet ein Ehegatte zum Unterhalt der Familie einen höheren Beitrag als ihm obliegt, so ist im Zweifel anzunehmen, dass er nicht beabsichtigt, von dem anderen Ehegatten Ersatz zu verlangen.

I. Allgemeines

1   Zweck der Vorschrift ist es, Streit zwischen Ehegatten über die Rückforderung eventuell zu viel gezahlten Unterhalts im Interesse des Familienfriedens zu vermeiden. Dem liegt der der Lebenserfahrung entnommene und der ehelichen Lebensgemeinschaft entsprechende Gedanke zugrunde, dass bei Überzahlungen von Unterhalt über das gesetzliche Maß hinaus kein Rückforderungswille auf Seiten des Ehegatten besteht, der zu viel Unterhalt geleistet hat (BGH NJW 1968, 1780; OLG Karlsruhe FamRZ 1990, 744). Die Vorschrift begrenzt nach allgemeinen Vorschriften bestehende Erstattungsansprüche, begründet jedoch keinen besonderen (familienrechtlichen) Ersatzanspruch (BGH NJW 1984, 2095).

II. Anwendungsbereich

2   Die Vorschrift erweitert den Unterhaltsbegriff auf Leistungen, die das geschuldete Maß übersteigen, ihrem Charakter nach aber Beiträge zum Unterhalt der Familie darstellen. Sie gilt für alle Güterstände und ist gem. § 1361 Abs. 4 BGB auch auf getrennt lebende Ehegatten anwendbar, nicht jedoch auf Leistungen unter Geschiedenen (OLG Celle NJW 1974, 504; OLG Koblenz NJW-RR 1997, 514), auf Kindesunterhalt (BGH NJW-RR 2006, 582) und auch nicht im Rahmen einer nichtehelichen Lebensgemeinschaft. § 1360b BGB gilt sowohl für **einmalige** als auch für **laufende** Unterhaltsleistungen. Unerheblich ist es, ob die Mittel für die Leistung aus den Einkünften (BGH NJW 1968, 1780) oder aus dem Vermögen stammen, z.B. zur Anschaffung eines Pkw (BGH NJW 1983, 1113). Erfasst werden auch Leistungen eines Ehegatten im Rahmen der Haushaltsführung oder Kindesbetreuung sowie die vielfältigen Dienste, die Ehegatten über den Unterhalt hinaus leisten (BGH NJW 1992, 564) sowie überobligationsmäßige Pflegeleistungen, für die keine laufende Vergütungspflicht besteht (BGH NJW 1995, 1486), weiter bei unvergüteter Mitarbeit eines Ehegatten im Beruf oder Geschäft des anderen Ehegatten, sofern sich diese Mitarbeit als Beitrag zum Familienunterhalt darstellt (str., Palandt/Brudermüller Rn 1) und die Mitarbeit das geschuldete Maß übersteigt. Keine Unterhaltsleistung liegt vor, wenn ein Ehegatte voreheliche oder geschäftliche Schulden des anderen bezahlt, Zuwendungen zur Gründung oder Erhaltung eines vom Ehegatten betriebenen Geschäftes macht sowie bei der finanziellen Unterstützung von Verwandten des anderen Ehegatten.

III. Vermutung

3   Bei **freiwilligen** Unterhaltsleistungen, die das Ausmaß des geschuldeten Betrages übersteigen, wird vermutet, dass dem Leistenden im Zeitpunkt der Unterhaltsgewährung die Absicht fehlte, vom anderen Ehegatten Ersatz zu verlangen. Diese Vermutung kann der Unterhaltsschuldner widerlegen, indem er **darlegt**

und **beweist,** dass er mehr als geschuldet geleistet hat und bereits vor der Zuvielleistung (BGH NJW 1984, 2095) eine **Rückforderungsabsicht** hatte und dies dem anderen Ehegatten zum Zeitpunkt der Leistung bekannt oder wenigstens den Umständen nach erkennbar war (OLG Karlsruhe FamRZ 1990, 744; Palandt/Brudermüller Rn 4). Die Vorschrift schließt – soweit sie Anwendung findet – **Regressansprüche** aus jedem rechtlichen Gesichtspunkt aus; dies gilt für Ansprüche aus Geschäftsführung ohne Auftrag (§§ 677 ff. BGB), ungerechtfertigter Bereicherung (§§ 812 ff. BGB), Schenkungswiderruf (§§ 530 ff. BGB), aber auch für einen familienrechtlichen Ausgleichsanspruch (BGH NJW 1968, 1780; OLG Karlsruhe FamRZ 1990, 744). Die Vorschrift kann dem Grunde nach auch bei **übergegangenen Ansprüchen** greifen (BGH NJW 1968, 1780; OLG Celle NJW 1974, 504). Überschüssige Unterhaltsleistungen, die nach § 1360b BGB zurückgefordert werden können, sind als Zuwendungen i.S. des § 1380 BGB (Vorausempfang) anzusehen (BGH NJW 1983, 1113) und können bei der Berechnung des Zugewinnausgleichs in Abzug gebracht werden.

IV. Ansprüche bei Erstattungsabsicht

Bei Mehrleistungen mit Erstattungsabsicht kommt – insbesondere nach der   4
Scheidung – ein Anspruch aus Geschäftsführung ohne Auftrag, ungerechtfertigter Bereicherung (BGH FamRZ 1982, 767) – mit der Möglichkeit der Berufung auf § 818 Abs. 3 BGB und Anwendung des § 819 Abs. 1 BGB – in Betracht. Zuständig für Rückforderungsklagen ist nach § 23b Abs. 1 Satz 1 Nr. 5, 6 GVG das FamG (BGH FamRZ 1978, 582).

Vor § 1361 BGB

Einkommensermittlung

Inhaltsübersicht

	Rn
I. Überblick	1
1. Einkommensbegriff	1
2. Einkommensfeststellung	21
II. Einkünfte aus nichtselbständiger Tätigkeit	27
1. Grundsätze	27
2. Ermittlung der Einkommenshöhe	28
3. regelmäßige Barbezüge	32
4. unregelmäßige oder einmalige Bezüge	33
5. Sachbezüge	36
6. Steuerabzüge und Steuererstattungen	39
7. Vorsorgeaufwendungen	49
8. Berufsbedingte Aufwendungen	54
9. Erwerbstätigenbonus	64
10. Prüfschema	65
III. Einkünfte aus selbständiger Arbeit und Gewerbebetrieb	66
1. Jahresabschlussunterlagen bilanzpflichtiger Kaufleute und von Freiberuflern	67
2. GmbH	85

BGB Vor § 1361 1. Teil. Ehegattenunterhalt

	Rn
3. Abschreibungen/Absetzungen für Abnutzung	90
4. Abgrenzung betrieblicher und privater Ausgaben	104
5. Steuerabzüge	108
6. Kranken- und Altersvorsorge	110
7. Berufsbedingte Aufwendungen/Erwerbstätigenbonus	113
IV. Einkünfte aus Land- und Forstwirtschaft	**115**
1. Steuerliche Veranlagung	115
2. Probleme bei kleinen Betrieben	118
3. Einkommensfiktion	119
V. Einkünfte aus Kapitalvermögen	**120**
1. Anrechenbare Erträge	120
2. Herkunft des Kapitals	122
3. Höhe der anrechenbaren Erträge	123
4. Vermögensverwertungsobliegenheit	126
VI. Einkünfte aus Vermietung und Verpachtung sowie Wohnvorteil	**133**
1. Einkünfte aus Vermietung und Verpachtung	133
2. Wohnvorteil bei Wohnen im eigenen Heim	142
VII. Pensionen und Renten	**170**
1. Die verschiedenen Renten und Pensionen	170
2. Rentenzahlungen	173
3. Versorgungsausgleich	175
4. Mehrbedarf	177
5. Nebeneinkünfte	178
VIII. Sozialstaatliche Zuwendungen	**181**
IX. Schulden und andere Belastungen	**186**
1. Berücksichtigungsfähigkeit von Verbindlichkeiten	186
2. Ehebedingte Verbindlichkeiten	187
3. Verbindlichkeiten nach Trennung	189
4. Art des Unterhaltsanspruchs	194
5. Verbot der Doppelberücksichtigung	195

I. Überblick

1. Einkommensbegriff

1 **a) Weiter Einkommensbegriff.** Im Unterhaltsrecht gilt ein weiter Einkommensbegriff. Das Einkommen ist beim Unterhaltsberechtigten und beim Unterhaltsschuldner nach gleichen Maßstäben zu ermitteln. Berücksichtigt werden alle erzielten und erzielbaren Einkünfte, gleich welcher Art sie sind und aus welchem Anlass sie erzielt werden. Maßgeblich ist allein, dass sie geeignet sind, den **laufenden Lebensbedarf** des Pflichtigen oder des Berechtigten **zu decken** (BGH NJW 1994, 935; BGH NJW-RR 1995, 835).

2 **b) Einkommen im steuerrechtlichen Sinne.** Zum unterhaltsrelevanten Einkommen zählen **alle in § 2 EStG aufgezählten Einkunftsarten,** d.h. Einkünfte aus nicht selbständiger Tätigkeit, aus selbständiger Tätigkeit, Gewerbebetrieb, Vermietung und Verpachtung, Kapital, Landwirtschaft und Forsten sowie sonstige Einkünfte nach § 22 EStG, dem weit gefassten „Auffangtatbestand" im Einkommensteuerrecht. Bei der Ermittlung der Höhe des Einkommens ist die

Einkommensermittlung **Vor § 1361 BGB**

steuerrechtliche Betrachtungsweise nicht bindend. Zur Ermittlung des zu versteuernden Einkommens bietet das Steuerrecht zulässige Gestaltungs- und Absetzungsmöglichkeiten, die im Unterhaltsrecht ohne Bedeutung sind. Das gilt vor allen Dingen für die **Pauschalierung von Aufwendungen** und über das Steuerrecht erfolgende Subventionen durch die Möglichkeit von **Sonderabschreibungen.** Zu versteuern ist daher häufig ein niedrigeres Einkommen, als es liquiditätsmäßig tatsächlich vorhanden ist. Für die Unterhaltsbemessung sind die vorhandenen liquiden Mittel maßgeblich (BGH NJW 1995, 909).

c) **Einkünfte aus verbotener Tätigkeit.** Auch derartige Einnahmen gehören grundsätzlich **zum unterhaltsrelevanten Einkommen** (OLGR Zweibrücken 2002, 105). Zu differenzieren ist zwischen zum Beurteilungszeitpunkt in der Vergangenheit liegenden bzw. zukünftigen Einnahmen. In der **Vergangenheit** etwa unter Verstoß gegen berufs- oder gewerberechtliche Vorschriften oder aus Schwarzarbeit **erzielte Einkünfte sind anzurechnen.** Die Einkünfte sind allerdings fiktiv um die regulär anfallenden Steuern und sonstigen Abgaben zu bereinigen (Wendl/Dose § 1 Rn 47). 3

Für die Bemessung des **künftigen Unterhaltsanspruchs** sind Schwarzeinnahmen nicht heranzuziehen. Verbotene Tätigkeiten können jederzeit eingestellt werden. Sie können daher einen künftigen Unterhaltsbedarf nicht begründen (a. A. OLGR Zweibrücken 2002, 105: Fortschreibung eines ordnungsgemäß versteuerten Einkommens). 4

Für den Unterhaltsberechtigten ist der Versuch, Schwarzeinnahmen in der Vergangenheit nachzuweisen, um daraus einen höheren Unterhalt für die Zukunft abzuleiten, eine zweischneidige Sache. Gelangt die Finanzverwaltung zu dem Ergebnis, dass in der Vergangenheit erzielte Einnahmen nicht in vollem Umfang steuerlich deklariert worden sind, werden die **Steuern nacherhoben** und es wird zusätzlich in aller Regel noch zu einer **Geldstrafe** kommen. Zahlungen des Unterhaltsverpflichteten darauf sind – soweit nicht bereits bei der Bereinigung des Einkommens für die Bemessung des für die Vergangenheit zu zahlenden Unterhalts berücksichtigt – **ehebedingte Verbindlichkeiten,** die den Unterhaltsanspruch des Unterhaltsberechtigten in der Zukunft mindern. 5

Einkünfte aus **Straftaten,** etwa Vermögensdelikten, Zuhälterei und Drogenhandel sind bedeutungslos. Ein entsprechender Ansatz würde zu weiteren Straftaten verpflichten. 6

d) **Zweckbestimmungen.** Die Zweckbestimmung von Mittelzuflüssen ist für die Unterhaltsberechnung häufig irrelevant. Ausnahmen von dem Prinzip, dass Zweckbestimmungen Dritter unterhaltsrechtlich nicht binden, sind die **freiwilligen Zuwendungen Dritter** und kraft gesetzlicher Regelung das **Kindergeld** und wegen der Deckungsvermutung des § 1610a BGB **Sozialleistungen** für Aufwendungen infolge eines **Körper- oder Gesundheitsschadens.** 7

Wendet ein Dritter dem Unterhaltsgläubiger oder dem Unterhaltsschuldner **ohne rechtlichen Grund freiwillig etwas zu,** sind diese Zuwendungen **nur dann unterhaltsrelevantes Einkommen,** wenn der Dritte das bei der Zuwendung bestimmt. Üblicherweise geht der Wille des Dritten allerdings dahin, den Zuwendungsempfänger zu unterstützen, ohne den Unterhaltsverpflichteten zu entlasten oder über eine Erhöhung seiner Unterhaltsansprüche dem Unterhaltsberechtigten etwas zukommen lassen zu wollen (OLGR Frankfurt 2007, 787 = BeckRS 2007, 18987). 8

Poppen 31

BGB Vor § 1361 1. Teil. Ehegattenunterhalt

9 Gibt es keine ausdrückliche Erklärung des Zuwendenden zum Zweck der Zuwendung, kommt es auf die **persönlichen Beziehungen der Beteiligten** zueinander an. Bei freiwilligen Zuwendungen eines nahen Angehörigen spricht eine Vermutung dafür, dass der Zuwendende nur den Empfänger und nicht mittelbar auch einen Dritten unterstützen will (BGH NJW-RR 2005, 945; BGH NJW 1999, 2804).

10 Grundsätzlich sind auch freiwillige und ohne Rechtsgrund gewährte Leistungen zwischen Personen, die in **eheähnlicher Gemeinschaft** leben, für die unterhaltsrechtliche Einkommensbestimmung unbeachtlich (BGH NJW 1995, 1486). Führt der Unterhaltsberechtigte oder der Unterhaltsverpflichtete seinem neuen Partner allerdings den **Haushalt,** so muss er sich analog § 850 h ZPO eine **angemessene Vergütung für die Versorgungsleistungen** anrechnen lassen. Derartige geldwerte Versorgungsleistungen sind Surrogat für die frühere Haushaltstätigkeit in der Familie. Sie sind ebenso zu beurteilen, wie die Aufnahme einer bezahlten Tätigkeit in einem fremden Haushalt (BGH NJW 2001, 3779).

Umgekehrt ist die **unentgeltliche Überlassung der Wohnung** oder die (teilweise) Übernahme der Kosten der Lebenshaltung vor diesem Hintergrund ebenfalls keine unbeachtliche freiwillige Zuwendung sondern **Entgelt für die Versorgungsleistungen** (BGH NJW 2004, 2305; OLG Hamm NJWE-FER 2000, 249; vgl. dazu unten Rn 143).

11 **e) Bewertungen.** Aufgrund wertender Betrachtung können bei der Unterhaltsbemessung tatsächlich erzielte Einnahmen unberücksichtigt bleiben. Bei der Bestimmung des Unterhaltsbedarfs nach den ehelichen Lebensverhältnissen wird zwischen **prägenden und nicht einprägenden Einkünften** unterschieden. Bei der Feststellung von Bedürftigkeit oder Leistungsfähigkeit können Einnahmen aus **überobligatorischer oder unzumutbarer Tätigkeit** ganz oder teilweise unberücksichtigt bleiben. Bei der Bemessung von Kindesunterhalt oder der Prüfung der Leistungsfähigkeit für den Ehegattenunterhalt sind dagegen wiederum grundsätzlich alle Einkünfte maßgebend.

12 **Unzumutbar** sind Tätigkeiten, die ausgeübt werden, obwohl **keine Erwerbsobliegenheit** besteht. Derjenige, der sie ausübt, ist nicht gehindert, sie jederzeit aufzugeben. Für den Unterhaltsgläubiger bedeutet dies, dass sich durch die Aufgabe seine Bedürftigkeit erhöht, für den Unterhaltsschuldner, dass sich seine Leistungsfähigkeit mindert (BGH NJW 2006, 2182).

13 Bei der **Betreuung eines Kindes** bis zur **Vollendung des dritten Lebensjahres** besteht nach der Neufassung der §§ 1570, 1615l Abs. 2 BGB keine Erwerbsobliegenheit. Ab wann neben der Kindesbetreuung eine Erwerbsobliegenheit besteht und damit tatsächlich ausgeübte Tätigkeiten zumutbar sind, beurteilt sich stärker als nach bisherigem Recht nach dem konkreten Einzelfall. Zu berücksichtigen sind nach den §§ 1570 Abs. 1 S. 3, 1615l Abs. 2 S. 5 BGB **Kinderbetreuungsmöglichkeiten** und nach §§ 1570 Abs. 2, 1615l Abs. 2 S. 5 BGB das Vertrauen auf die während des Zusammenlebens vereinbarte und praktizierte Rollenverteilung (Wendl/Gerhardt § 1 Rn 543). Während der Trennungszeit kann der nicht erwerbstätige Ehegatte wegen der gesteigerten Verantwortung der Ehegatten während Bestehens der Ehe nur unter wesentlich engeren Voraussetzungen auf die Aufnahme einer Erwerbstätigkeit verwiesen werden als nach Rechtskraft der Ehescheidung. Vor **Ablauf des Trennungsjahres** besteht im Regelfall für den haushaltsführenden Ehegatten keine Obliegenheit zur Aufnahme einer Erwerbstätigkeit (Palandt/Brudermüller § 1361 Rn 14).

Einkommensermittlung **Vor § 1361 BGB**

Einkünfte aus überobligatorischer Tätigkeit **prägen** nur, soweit sie nach 14
§ 1577 II anrechenbar sind (BGH NJW 2006, 2182) **den Bedarf nach den ehelichen Lebensverhältnissen** im Sinne der §§ 1361, 1578 BGB (ausführlich § 1361 BGB Rn 23 ff. und § 1578 BGB Rn 16 ff.). Der Unterhaltsbedarf kann nur aus Einkünften abgeleitet werden, die die Gewähr der Stetigkeit in sich tragen. Beim Ehegattenunterhalt hat diese Regel ihre den Unterhaltsberechtigten benachteiligende Konsequenz durch die Rechtsprechung des Bundesgerichtshofes zu den **wandelbaren ehelichen Lebensverhältnissen** weitgehend verloren. Der Bundesgerichtshof sieht die **erstmalige Aufnahme einer Tätigkeit** nach der Trennung als **Surrogat** der früheren Haushaltsführung und Kindesbetreuung als eheprägend an (BGH NJW 2001, 3618). Wurde die Tätigkeit neben der Kindesbetreuung bereits in der Ehe ausgeübt, wurde sie schon immer als eheprägend angesehen (BGH NJW 2001, 973).

Für den **nachehelichen Unterhalt** beinhaltet **§ 1577 Abs. 2 BGB** eine 15
Spezialregelung für die Anrechnung von Einkünften aus unzumutbarer Erwerbstätigkeit **beim Unterhaltsberechtigten** (zu den Anrechnungsgrundsätzen BGH NJW 2005, 2145 und § 1577 BGB Rn 13 ff.). Die Bestimmung wird auf Trennungs- und Verwandtenunterhalt entsprechend angewandt (BGH FamRZ 1995, 575, 577). Bei **Unterhaltspflichtigen** bestimmt sich die Anrechnung nach Treu und Glauben (§ 242 BGB). Beim Ehegattenunterhalt ist deshalb beim Pflichtigen eine in der Ehe ausgeübte unzumutbare Tätigkeit nach Abzug der konkreten Betreuungskosten oder des Betreuungsbonus anzurechnen (BGH NJW-RR 1998, 721). **Reduziert** der Unterhaltspflichtige seine bisherige Tätigkeit wegen der Kindesbetreuung, ist eine Reduzierung im Rahmen der Betreuungsbedürftigkeit des Kindes **zu akzeptieren** (zu alledem Ziff. 17.1 der bundeseinheitlichen Leitlinienstruktur).

Einkünfte aus **Nebentätigkeiten,** die berufstypisch und mit den Arbeitszeiten 16
des Hauptberufs vereinbar sind, z. B. Nachhilfeunterricht eines Lehrers, Gutachtertätigkeit eines Chefarztes, Prüfungs- und Autorentätigkeit eines Freiberuflers, sind anrechenbar (OLG Köln NJW-RR 1998, 1300). Wird eine **zweite Beschäftigung** bei einem anderen Arbeitgeber ausgeübt, ist diese in der Regel unzumutbar und muss daher jedenfalls teilweise anrechnungsfrei bleiben (OLG Celle FamRZ 2002, 694). Anrechnungsfrei bleiben auch Nebentätigkeiten von **Rentnern,** die das 65. Lebensjahr vollendet haben (Ausnahmefall OLG Köln FamRZ 2008, 1538). Anders ist die Situation bei Arbeitnehmern, die in den **vorgezogenen Ruhestand** gegangen sind. Innerhalb der je nach Rentenhöhe variablen **Hinzuverdienstgrenzen** (§ 34 Abs. 3 SGB VI) sind Einkünfte aus Nebentätigkeit voll anzurechnen. Bei Berufsgruppen, die typischerweise vor Erreichen der allgemeinen Altersgrenze in den Ruhestand treten (Berufssoldaten, Flugzeugführer), wird grundsätzlich eine **Berufstätigkeit bis zum Erreichen der allgemeinen Altersgrenze** erwartet, das Unterlassen des Erzielens von Nebeneinkünften führt wegen einer Obliegenheitspflichtverletzung zur Fiktion von Einkünften bis zur Höhe der früheren Einnahmen (BGH NJW-RR 2004, 575; ausführlich unten Rn 178 ff.). Vereinbart ein Berufstätiger ohne nachvollziehbare persönliche Gründe **Altersteilzeit,** werden ihm die früheren Einkünfte weiter angerechnet (OLG Düsseldorf NJW-RR 2007, 1157; OLG Saarbrücken NJW 2007, 520).

Neben der allgemeinen Schul- bzw. Hochschulausbildung müssen Schüler und 17
Studenten keiner Berufstätigkeit nachgehen (**Schüler- und Studentenjobs;** § 1602 BGB Rn 14 ff.). Sie sollen sich zielstrebig ihrer Ausbildung widmen

(BGH NJW 1995, 1215). Das gilt auch für die Semesterferien (Wendl/Dose § 1 Rn 78). Bei einer gleichwohl ausgeübten Nebenbeschäftigung liegt eine **überobligatorische Tätigkeit** vor. Daraus erzielte Einkünfte werden analog § 1577 Abs. 2 BGB auf den Unterhaltsbedarf angerechnet (bundeseinheitliche Leitlinienstruktur Ziff. 13.2). In aller Regel hat dem Schüler bzw. Studenten vorab ein **anrechnungsfreier Sockelbetrag** zu verbleiben (OLG Schleswig NJW-RR 1996, 1090: 600,00 DM; OLG Hamm NJW-RR 1998, 726: 350,00 DM). Anrechnungsfrei sind die Einkünfte in jedem Fall bis zur Höhe des Unterhaltsbedarfs, wenn die Eltern diesen nicht vollständig decken können (OLG Koblenz FamRZ 1996, 382).

18 **f) Fiktionen.** Bei der Unterhaltsbemessung kann ein Gericht mit **fiktiven Einkünften** arbeiten. Dem Unterhaltsberechtigten oder -verpflichteten können Einnahmen zugerechnet werden, die tatsächlich nicht erzielt werden, allerdings bei anderen Dispositionen hätten erzielt werden können, insbesondere fiktive Einkünfte aus **Erwerbstätigkeit oder Vermögenseinkünfte.** Die Möglichkeit derartiger Fiktionen findet ihre Rechtfertigung darin, dass es ansonsten den an einem Unterhaltsverfahren Beteiligten möglich wäre, durch das Schaffen von Fakten den Rahmen der Unterhaltsfestsetzung selbst vorzugeben.

19 Fingiert werden Erwerbseinkünfte nur, wenn der Unterhaltspflichtige oder -bedürftige **nicht im möglichen und zumutbaren Maße einer Erwerbstätigkeit nachgeht** (BGH NJW 2008, 1663). Wer freiwillig seinen Arbeitsplatz aufgibt, sei es durch **Eigenkündigung,** Aufhebungsvertrag oder Provozieren einer Arbeitgeberkündigung, muss sich an den früher erzielten Einkünften festhalten lassen. Gleiches gilt beim **Wechsel** von einer abhängigen Beschäftigung **in eine selbständige Tätigkeit.** Ein Unterhaltspflichtiger muss, wenn er diesen Schritt gehen will, durch Bildung von **Rücklagen** oder Kreditaufnahme für die voraussichtliche Dauer der Einkommensminderung den Unterhaltsbedarf der Unterhaltsgläubiger sicherstellen (BGH FamRZ 1988, 145, 147; OLG Köln NJW-RR 2006, 1664).

20 In den Fällen eines verschuldeten aber unfreiwilligen **Arbeitsplatzverlustes** kann der Unterhaltsschuldner sich auf den Wegfall seiner Erwerbseinkünfte berufen. In derartigen Fällen fehlt es regelmäßig an einem **unterhaltsrechtlichen Bezug.** Nur dann, wenn der Arbeitsplatzverlust auf eine unterhaltsbezogene Mutwilligkeit zurückzuführen ist, muss der Unterhaltspflichtige sich an seinen früheren Einkünften festhalten lassen. In aller Regel können daher bei Verlust des Arbeitsplatzes wegen Alkoholproblemen, Straftaten am Arbeitsplatz oder auffälligem Verhalten keine Erwerbseinkünfte fingiert werden (BGH NJW 2000, 2351; BGH NJW 2002, 1799).

Ein Unterhaltsverpflichteter muss auch keine **Kündigungsschutzklage** erheben. Nur dann, wenn die Kündigung offensichtlich unwirksam ist, kann dies gefordert werden (BGH NJW 1994, 1002).

2. Einkommensfeststellung

21 **a) Darlegungs- und Beweislast.** Erster Schritt bei der Unterhaltsbemessung ist die Feststellung, welche Einkünfte auf Seiten des Unterhaltsberechtigten und -pflichtigen tatsächlich vorhanden sind. Ein Ehegatte, der von dem anderen Unterhalt verlangt, muss die Voraussetzungen seines Anspruchs, d. h. seine **eigene Bedürftigkeit und die Leistungsfähigkeit des anderen,** darlegen und beweisen (BGH NJW 1995, 534). Das gleiche gilt für minderjährige Kinder. Der

Einkommensermittlung **Vor § 1361 BGB**

Unterhaltsbedarf minderjähriger Kinder leitet sich aus dem Einkommen des Barunterhaltspflichtigen ab, soweit mehr als der **Mindestunterhalt** gemäß § 1612a BGB geltend gemacht wird (§ 1612a Rn 9)

b) Auskunftsanspruch der Parteien. Um seiner Darlegungs- und Beweispflicht genügen zu können, steht dem Unterhaltsberechtigten ein **Auskunftsanspruch** zur Seite (§ 1353 BGB für den Familienunterhalt, §§ 1361 Abs. 4 Satz 4, 1605 BGB für den Trennungsunterhalt, §§ 1580, 1605 BGB für den nachehelichen Unterhalt, § 1605 BGB für den Verwandten- und Kindesunterhalt und § 242 BGB für den von einem volljährigen Kind auf Barunterhalt in Anspruch genommenen Elternteil gegen den anderen Elternteil zur Bestimmung der Barunterhaltsquote). 22

Erteilt ein Unterhaltspflichtiger oder im Fall eines Abänderungsbegehrens des Unterhaltspflichtigen der Unterhaltsberechtigte zu seinen aktuellen maßgeblichen Einkommensverhältnissen nicht vollständig Auskunft, kann der Auskunftsanspruch isoliert oder kombiniert mit dem Leistungsantrag im Wege eines **Stufenantrages** durchgesetzt werden. Dieser Weg verzögert die endgültige Unterhaltsfestsetzung häufig erheblich. Bei dem Stufenantrag muss das Gericht zunächst isoliert über die Auskunftsstufe entscheiden. Ein entsprechender **Teilbescheid** kann mit einem Rechtsmittel angegriffen werden, wobei es bedingt durch die Bestimmung der Beschwer des Auskunftsverpflichteten durch den Bundesgerichtshof nur bedingt anfechtbar ist (BGH NJW-RR 2002, 145). Die **Zwangsvollstreckung** kann sich wegen der Notwendigkeit, die zu erteilenden Auskünfte und vorzulegenden Unterlagen genau zu bezeichnen, lange hinziehen (§ 888 ZPO). 23

In der Praxis empfiehlt es sich daher, ein bestimmtes Einkommen aus der Ableitung bekannter Daten **substantiiert zu behaupten.** Dann ist es Sache des Unterhaltspflichtigen, dieses substantiiert behauptete Einkommen durch Offenbarung seiner tatsächlichen wirtschaftlichen Verhältnisse zu widerlegen (BGH NJW 1987, 1201; OLGR Celle 2002, 219). Aus der Substantiierungspflicht im Prozess ergibt sich damit eine **Umkehr der Darlegungslast.** Der Vorteil dieses Vorgehens liegt darin, dass dann, wenn der Pflichtige nach wie vor seine Einkommensverhältnisse nicht umfassend darstellt, das substantiiert behauptete **Einkommen als zugestanden gilt** (§ 138 Abs. 3 ZPO), mithin auf dieser Basis eine endgültige Entscheidung getroffen werden kann. 24

c) Auskünfte im Verfahren. In Unterhaltsverfahren hat das Gericht die Möglichkeit, nach § 643 Abs. 1 ZPO (ab 1. 9. 2009 § 235 FamFG) den Verfahrensbeteiligten **von Amts wegen** aufzugeben, die beiderseitigen Einkünfte vollständig darzulegen und zu belegen. Nach § 643 Abs. 2 und 3 ZPO (ab 1. 9. 2009: § 236 FamFG) kann das Gericht, wenn sich ein Verfahrensbeteiligter weigert, dieser Auflage nachzukommen, die notwendigen **Auskünfte auch von Dritten** einholen (§ 643 ZPO Rn 5 ff.) 25

d) Belege. § 1605 Abs. 1 Satz 2 BGB gibt dem jeweils anderen eines Unterhaltsverfahrens neben dem Auskunftsanspruch auch einen umfassenden Anspruch auf **Vorlage von Belegen** über das unterhaltsrechtlich relevante Einkommen, nicht über das Vermögen (BGH NJW-RR 1992, 450). Hierüber muss allein Auskunft erteilt werden (§ 1605 Abs. 1 Satz 1 BGB; § 1605 BGB Rn 15 ff.). 26

BGB Vor § 1361 1. Teil. Ehegattenunterhalt

II. Einkünfte aus nichtselbständiger Tätigkeit

1. Grundsätze

27 Die in der Praxis bedeutsamste Einkommensart sind die Einkünfte aus nichtselbständiger Arbeit (§ 2 Abs. 1 Satz 1 Nr. 4 EStG). Zu diesen Einkünften zählen **alle Vergütungen** für Leistungen aus einem **Dienst- oder Arbeitsverhältnis**, unabhängig davon, ob sie **laufend oder unregelmäßig** erbracht werden (BGH NJW 1982, 822), und unabhängig davon, ob es sich um **Barzuwendungen oder Sachbezüge** handelt. Bei der Unterhaltsbemessung wird bei abhängig Beschäftigten auf die Einkünfte der letzten **zwölf Monate** oder des letzten Kalenderjahres abgestellt (BGH NJW 1983, 2243). Liegt der Unterhaltszeitraum in der Vergangenheit, ist mithin das konkrete Einkommen bekannt, ist dieses der Unterhaltsbemessung zugrunde zu legen. Für die Zukunft ist aus den Vergangenheitsdaten eine **Prognose** abzuleiten. Bei der Einkommensprognose dürfen nur solche Umstände berücksichtigt werden, die zum Zeitpunkt der Entscheidung sicher feststehen, wie z. B. eine arbeitsvertraglich geregelte Änderung der Bezüge (Wendl/Dose § 1 Rn 12). Bei behaupteten, unsicheren zukünftigen Entwicklungen sind die Betreffenden auf ein **Änderungsverfahren** nach § 323 ZPO zu verweisen (ab dem 1. 9. 2009: § 238 FamFG). Grundsätzlich ist mangels besserer Kenntnisse das Vergangenheitseinkommen fortzuschreiben.

2. Ermittlung der Einkommensverhältnisse

28 Das Jahresnettoeinkommen wird in der Praxis häufig anhand der in den **Dezemberverdienstabrechnungen** aufgeführten Jahressummen oder der elektronischen **Lohnsteuerbescheinigung** (§ 41b EStG) ermittelt. Beide Wege sind fehlerträchtig.

29 a) **Dezemberverdienstabrechnung.** Aus der **Dezemberverdienstabrechnung** ist in aller Regel nicht ersichtlich, ob und wie lange ein Arbeitnehmer während des Kalenderjahres zusätzlich **Lohnersatzleistungen** wie Kranken- oder Arbeitslosengeld bezogen hat. Liegt für das Kalenderjahr schon der Steuerbescheid vor, ergibt sich aus den Anmerkungen zum Steuerbescheid, ob und in welcher Höhe derartige Lohnersatzleistungen zur Ermittlung der Steuerlast wegen des **Progressionsvorbehalts** (§ 32b EStG) berücksichtigt worden sind. Eine „Verprobung" kann dadurch durchgeführt werden, dass anhand des regelmäßigen monatlichen Bruttoeinkommens ermittelt wird, ob das Jahresbruttoeinkommen – wie üblich – dem Zwölf- bis Vierzehnfachen des Bruttomonatseinkommens entspricht. Zu achten ist auch auf das in der Dezemberverdienstabrechnung in aller Regel angegebene **Eintrittsdatum**. Nicht nur bei einem Wechsel des Arbeitgebers sondern auch bei einem Wechsel des Computerprogramms für die Lohnsteuerabrechnung durch den Arbeitgeber kann die Dezemberverdienstabrechnung unter Umständen nicht alle im Jahr geflossenen Einkünfte aufweisen, weil etwa aus technischen Gründen trotz durchgängiger Beschäftigung die Einkünfte nur ab einem in dem Kalenderjahr liegenden Eintrittsdatum aufaddiert worden sind.

30 b) **Lohnsteuerbescheinigung.** Die Einkommensermittlung anhand der Lohnsteuerbescheinigung erfasst nicht die **steuerfreien Bezüge**. In der Lohnsteuerbescheinigung werden allein die steuerpflichtigen Bruttoeinkünfte aufgeführt.

Einkommensermittlung **Vor § 1361 BGB**

Steuerfreie **Zuschläge für Überstunden, Nacht- und Feiertagsarbeit** werden dadurch ebensowenig erfasst wie steuerfreie **Spesen.** Auch ist aus der Lohnsteuerbescheinigung die Bewertung von **Sachbezügen** nicht ersichtlich.

c) Laufende Monatsabrechnungen. Die verlässlichste Grundlage für die 31 Einkommensermittlung gerade in Zweifelsfällen sind daher die **laufenden Monatsabrechnungen** und, weil Spesen und Aufwandsentschädigungen häufig separat abgerechnet werden, eine Vollständigkeitsbescheinigung des Arbeitgebers bzw. diese zusätzlichen Abrechnungen in Verbindung mit der Steuererklärung und dem Steuerbescheid.

3. Regelmäßige Barbezüge

Unter anderem zählen zu den unterhaltsrelevanten **berücksichtigungsfähi-** 32 **gen regelmäßig wiederkehrenden Vergütungen** (nach Wendl/Dose § 1 Rn 55):

– **Aufwandsentschädigungen,** etwa von Kommunalpolitikern (OLG Bamberg FamRZ 1999, 1082)
– **Ausbildungsvergütungen** (BGH NJW 1988, 2371)
– **Auslandszulagen** (Auslandszuschlag, Kaufkraftausgleich, Krisenzulage, Aufwandsentschädigung, Sprachenzulage, Dienstwohnungsvergütung u. s. w.), gemindert um den jeweiligen **auslandspezifischen Mehraufwand** (BGH FamRZ 1980, 342; OLG Koblenz NJWE-FER 2000, 140). Der Mehraufwand kann nach §§ 113 FamFG, 287 ZPO aufgrund entsprechender vom Zulagenbezieher vorzutragender Umstände geschätzt werden (OLG Bamberg NJWE-FER 1997, 242). Bei **schwierigen Lebensbedingungen** kann ein Teil unter dem Gesichtspunkt der **Unzumutbarkeit** der Tätigkeit anrechnungsfrei bleiben (OLG Köln FamRZ 1991, 940; 50% OLG Schleswig NJW-RR 2005, 3).
– **Auslösungen** sind unterhaltsrechtlich grundsätzlich Einkommen. Abzusetzen sind allerdings die tatsächlichen Aufwendungen für den beruflichen Anlass, aus dem sie gezahlt werden. Steht ihnen nach der Lebenserfahrung ein tatsächlich anfallender Mehraufwand entgegen, können sie gänzlich unberücksichtigt bleiben (OLG Köln FamRZ 2003, 602). Teilweise führen die zweckbestimmten Zahlungen zu einer **häuslichen Ersparnis** bei den privaten Lebenshaltungskosten, in erster Linie bei den Aufwendungen für Essen. Auslösungen werden dann pauschal zu einem Drittel dem Einkommen hinzugerechnet (bundeseinheitliche Leitlinienstruktur 1.4; OLG Karlsruhe FamRZ 2008, 896; Überblick über die verschiedenen Regelungen bei Wendl/Dose § 1 Rn 58). Kleinliche Abrechnungen sollten vermieden werden. Bewährt hat sich die Faustformel, **steuerfreie Zahlungen** nicht als Einkommen anzurechnen, weil eine Vermutung dafür spricht, dass sie nur tatsächlichen Aufwand abdecken, und die **steuerpflichtigen Beträge** voll dem Einkommen zuzurechnen. Von vornherein unberücksichtigt zu bleiben haben **Kostenerstattungen** gegen Beleg.
– **Besoldung** von Beamten, Richtern, Soldaten einschließlich aller familienbezogenen Bestandteile. Die kindbezogenen Teile des Familienzuschlages sind Einkommen, auch wenn sie erst durch Kinder aus einer weiteren Ehe begründet werden (**Stiefkinder;** BGH NJW-RR 1990, 580). Auch der Familienzuschlag nach den §§ 39, 40 BBesG ist im Verhältnis zum geschiedenen Ehegatten unterhaltsrechtliches Einkommen (BGH NJW 2008, 3213; eingehend §§ 31, 32 EStG Rn 14).

BGB Vor § 1361   1. Teil. Ehegattenunterhalt

- Entgelt für Arbeit in einer **Behindertenwerkstatt** (OLG Brandenburg FPR 2004, 474)
- **Essensgeldzuschuss**
- **Fliegerzulage** und Fliegeraufwandsentschädigung (BGH NJW 1994, 134)
- **Gerichtsvollziehereinkommen** (Bezüge als Landesbediensteter zuzüglich Gebühren; OLG Köln FamRZ 1987, 1257)
- **Grundgehalt**
- **Kostenpauschale Abgeordneter** nach Abzug ggf. nach § 287 ZPO zu schätzender tatsächlicher Aufwendungen (BGH NJW-RR 1986, 1002)
- **Krankenhaustagegeld** aus privater Versicherung (BGH NJW 1994, 1416)
- **Krankenversicherungszuschuss** des Arbeitgebers, wenn der Krankenversicherungsbeitrag als Abzugsposten berücksichtigt wird (OLG Hamm FamRZ 2001, 370)
- **Lohnfortzahlung** im Krankheitsfall (OLG Hamburg FamRZ 1992, 1308)
- **(Grund-)Lohn**
- **Mehrarbeitsvergütung**
- **Nebentätigkeitsvergütungen**; die Anrechnung von Einnahmen aus Nebentätigkeiten ist unter Zumutbarkeitsgesichtspunkten zu prüfen (BGH NJW 1983, 933). Grundsätzlich muss ein Unterhaltsverpflichteter/-berechtigter nur einer seine Arbeitskraft im üblichen Rahmen in Anspruch nehmenden Tätigkeit nachgehen. Bei bestimmten Berufen gehören **berufsverwandte Nebentätigkeiten** typischerweise zum Beruf, etwa die Gutachtertätigkeit eines Krankenhausarztes (OLG Köln NJW-RR 1998, 1300). Ansonsten erfolgt eine Anrechnung nach Treu und Glauben unter Berücksichtigung des Maßstabes des § 1577 Abs. 2 BGB, der auch für den Verwandtenunterhalt gilt (BGH NJW 1995, 1215; siehe oben Rn 16).
- **Provisionen** (BGH NJW 1982, 822)
- **Prämien** für besondere Leistungen (BGH NJW 2003, 1518)
- **Streckengeld** von Postbediensteten
- **Streikgelder**
- **Sitzungsgelder** von Kommunalpolitikern (BGH NJW-RR 1986, 1002)
- **Spesen** (siehe Auslösungen)
- **Tantiemen**
- **Trinkgelder** (bundeseinheitliche Leitlinienstruktur Ziffer 1.8). Die Höhe ist nach Branche zu schätzen (BGH NJW 1991, 697). Bei konkretem Sachvortrag und Beweisantritt zur Höhe der Trinkgelder ist Beweis zu erheben (BGH FamRZ 1991, 182).
- **Übergangsbeihilfe** der Bundeswehr für ausgeschiedene Soldaten (OLG Naumburg FamRZ 2003, 474).
- **Überstundenentgelte** sind grundsätzlich ohne Rücksicht darauf, ob sie ganz oder teilweise steuerfrei gezahlt werden, zu berücksichtigen. Das gilt jedenfalls dann, wenn sie **berufstypisch** sind und dieses Maß nicht übersteigen (bundeseinheitliche Leitlinienstruktur Ziffer 1.3). Bei Berufskraftfahrern sind Überstunden von bis zu 25% der normalen Arbeitszeit berufstypisch (OLG Köln FamRZ 1984, 1109). Ansonsten werden Überstunden bis zu 10% der normalen Arbeitszeit als ohne Weiteres anrechenbar angesehen (Wendl/Dose § 1 Rn 64). Beispiele für Berufe mit typischen Überstunden sind ferner Taxifahrer und Krankenhausärzte hinsichtlich des Bereitschaftsdienstes (OLG Hamburg FamRZ 1986, 1212).
- **Urlaubsgeld** ist Einkommen (BGH FamRZ 1980, 1984). Urlaubsabgeltungen als Ausgleich für nicht genommenen Urlaub können als Einkommen aus un-

Einkommensermittlung Vor § 1361 BGB

zumutbarer Tätigkeit nur nach Billigkeitsgesichtspunkten berücksichtigt werden (BGH NJW-RR 1992, 1282: hälftige Anrechnung).
– Leistung aus **Unfallversicherung** (OLG Naumburg OLG-NL 1997, 140).
– **Weihnachtsgeld** (BGH FamRZ 1982, 250)
– der Arbeitgeberbeitrag zu **vermögenswirksamen Leistungen** ist zwar Einkommen, steht wegen der besonderen Zweckbestimmung der Zahlung jedoch für Unterhaltszwecke nicht zur Verfügung.
– **Zulagen** sind grundsätzlich Einkommen. Uneingeschränkt anrechenbar sind Zulagen mit Einkommenscharakter, wie z. B. die **Ministerialzulage** (OLG Köln FamRZ 1982, 706). Zulagen zum Ausgleich besonders schwerer Arbeitsbedingungen, wie z. B. **Schmutz- und Schichtzulagen** können nach den Grundsätzen der Unzumutbarkeit der Tätigkeit ganz oder teilweise unberücksichtigt bleiben. Schichtzulagen werden als weiter gezahlt fingiert, wenn ein Arbeitnehmer ohne verständigen Grund den Schichtdienst aufgibt (OLG Köln FamRZ 2006, 1760). Zulagen zur Abgeltung eines pauschalierten Mehrbedarfs sind nach Abzug des konkret darzulegenden und ggf. nach § 287 ZPO zu schätzenden Mehrbedarf anzurechnen, etwa Montagezulagen (BGH NJW 1982, 1983).

4. Unregelmäßige oder einmalige Barbezüge

Unterhaltsrelevant sind auch unregelmäßig oder einmalig erzielte Einkünfte. 33
Im Einzelnen:

a) Abfindungen. Abfindungen für den Verlust des Arbeitsplatzes aufgrund 34 eines Sozialplanes (§ 112 Abs. 1 BetrVG) oder aus Anlass der einvernehmlichen Auflösung bzw. Entlassung aus einem Arbeits- oder Dienstverhältnis haben **Lohnersatzfunktion** (BGH NJW 1982, 822; BGH NJW 1990, 709). Der Abfindungsbetrag ist auf eine angemessene Zeit zu verteilen, wobei es eine allgemein gültige Regel nicht gibt (BGH NJW 1987, 1554). In der Regel soll durch die Verteilung zusammen mit anderen Einkünften, Arbeitslosengeld, das bisherige Einkommensniveau solange wie möglich erhalten bleiben (Johannsen/Henrich/Büttner § 1361 BGB Rn 46). Üblicherweise wird der Betrag der Abfindung deshalb in der Höhe als Einkommen angesehen, in der er z. B. zur **Auffüllung des Arbeitslosengeldes** bis zur Höhe des früheren Nettoeinkommens benötigt wird und dann solange angerechnet, bis die Abfindung verbraucht ist (BGH FamRZ 1982, 250). Ein **Erwerbstätigenbonus** wird nicht abgesetzt (BGH NJW 2007, 2249). Steht der Renteneintritt mit dem Erreichen der Regelaltersgrenze bevor und ist nicht zu erwarten, dass der Arbeitnehmer noch wieder eine Arbeit finden wird, ist die Abfindung bis zu jenem Zeitpunkt aufzuteilen (OLG Koblenz FamRZ 1991, 573). **Ausgaben für eigene Belange** werden nur ausnahmsweise und nach den Regeln einer sparsamen Wirtschaftsführung akzeptiert. Der Einsatz zur Schuldentilgung ist in aller Regel zu berücksichtigen (OLG Celle FamRZ 1992, 590).

Nicht möglich ist eine **Doppelberücksichtigung** der Abfindung als Vermögen **beim Zugewinnausgleich** und ferner zur anteiligen Erhöhung des laufenden Einkommens (OLG München FamRZ 2005, 71; vor §§ 1360 ff. Rn. 35). Vorrangig ist der Bestimmungszweck der Abfindung als Ausgleich künftiger Einkommensminderungen (BGH NJW 1998, 749).

Wird in absehbarer Zeit nach dem Verlust des Arbeitsplatzes eine neue Arbeitsstelle mit etwas geringerem Einkommen gefunden, kann der damit verbundene **Einkommensrückgang** für den Unterhaltsberechtigten in **Fortschreibung der ehelichen Lebensverhältnisse** mit zu tragen sein mit der Folge, dass die Abfindung gänzlich dem Vermögensbereich zugeordnet wird (BGH NJW 2003, 1528). Konsequenz dieser Rechtsprechung ist es, dass, weil Zinsen aus einer Abfindung die ehelichen Lebensverhältnisse nicht geprägt haben, die **Abfindung gänzlich unberücksichtigt** bleibt.

35 **b) Weitere berücksichtigungsfähige einmalige Barbezüge** sind Jubiläumszuwendungen (BGH NJW 1987, 1554), Entlassungsgeld von Zivildienstleistenden und Übergangsbeihilfen früherer Bundeswehrangehöriger (BGH NJW-RR 1987, 706) sowie Auszahlungen aus einer Ausbildungsversicherung eines Auszubildenden.

5. Sachbezüge

36 **a) Beispiele.** Zum unterhaltsrechtlich relevanten Einkommen zählen auch Sachbezüge (BGH NJW 1983, 2318; ausführlich Strohal FamRZ 1995, 459 ff.). Beispiele sind:
– **freie oder verbilligte Wohnung,** etwa Dienst- oder Werkswohnungen bzw. Wohnungen der jeweiligen Landeskirche für Seelsorger
– **Einkaufs- oder Sonderrabatte** (OLG Hamm FamRZ 1999, 166) einschließlich der Verbilligung von Jahreswagen bei Beschäftigten großer Automobilhersteller, soweit sie ausgenutzt worden sind (OLG Hamm a. a. O.)
– freie **Kost und Logis**
– verbilligte Überlassung von **Aktien**
– **Freifahrten** oder -flüge („Bonus-Meilen")
– **Deputate** in der Land- und Forstwirtschaft

37 Derartige Sachbezüge zählen zum Einkommen in Höhe des **anderweit ersparten eigenen Aufwandes.** Anhaltspunkt für die Bewertung ist die Sozialversicherungsentgeltverordnung nach § 17 Abs. 1 Nr. 3 SGB IV. Danach wird freie Verpflegung aktuell mit monatlich 205,00 EUR bewertet, der Wert mietfreien Wohnens in der Regel mit 198,00 EUR.

38 **b) Firmenfahrzeug.** Der praktisch bedeutsamste Fall des Sachbezuges ist die Überlassung eines **Firmenfahrzeuges** zur privaten Nutzung. Üblicherweise wird dieser Vorteil durch die steuerliche Bewertung zutreffend erfasst. Nach §§ 8 Abs. 2, 6 Abs. 1 Nr. 4 EStG muss der Arbeitnehmer diese Sachzuwendung seines Arbeitgebers mit monatlich **1% des Listenpreises** des Fahrzeuges zuzüglich 0,03% für jeden Kilometer für Fahrten zwischen Wohnung und Arbeitsstätte versteuern. Geht man bei der Unterhaltsberechnung vom zu versteuernden Bruttoeinkommen aus, wird der Sachbezug der Pkw-Gewährung ausreichend mit dem Nettobetrag berücksichtigt (OLG Hamm BeckRS 2008 24237; anders OLG Karlsruhe NJW-RR 2006, 1585: Schätzung im Einzelfall anhand der konkreten Ersparnis der Kosten eines öffentlichen Verkehrsmittels). **Korrekturen der steuerlichen Ansätze** können geboten sein, wenn der Empfänger keinen Einfluss auf die Art des ihm zur Verfügung gestellten Fahrzeuges hat, ihm möglicherweise ein Wagen mit einem hohen Anschaffungswert „aufgedrängt" wird. Andererseits ist zu berücksichtigen, dass bei gehobenen Einkommensverhältnissen auch höhere Beträge für einen Privat-Pkw ausgegeben werden und sich damit der die Refinanzierung enthaltende Nutzungsvorteil erhöht. Bei der Gestellung eines Firmenfahrzeuges kann, wenn ansonsten kein berufsbedingter Auf-

wand ersichtlich ist, der **Abzug der 5%igen Pauschale** für berufsbedingte Aufendungen entfallen (OLG München FamRZ 1999, 1350).

6. Steuerabzüge und Steuererstattungen

a) Tatsächlich angefallene Steuer. Abzusetzen ist grundsätzlich die Lohn- und Einkommensteuer, die im maßgeblichen Unterhaltszeitraum tatsächlich angefallen ist **(In-Prinzip)**. Das gilt uneingeschränkt für die Bedarfsermittlung beim Ehegattenunterhalt infolge des zwangsläufigen Steuerklassenwechsels von Steuerklasse III zu Steuerklasse I (BGH NJW 1990, 1477). Auch **Steuererstattungen** werden in dem Jahr als Einkommen berücksichtigt, in dem sie anfallen. Steuererstattungen, die auf Aufwendungen beruhen, die bei der Unterhaltsbemessung nicht berücksichtigt werden, können nicht dem Einkommen zugerechnet werden (BGH NJW-RR 1987, 194). Dem liegt der Gedanke zugrunde, dass der Unterhaltsberechtigte nicht von Steuererstattungen partizipieren darf, die der Unterhaltsverpflichtete sich mit bei der Unterhaltsberechnung nicht absetzbaren Aufwendungen erkauft, etwa bei **„Steuersparmodellen"**. 39

Bei **Nachforderungen** mindert sich das Einkommen im Jahr der Nachzahlung (BGH FamRZ 1980, 984). In der Praxis wird häufig, wenn eher zufällig **in einem Jahr zwei Steuererstattungen** für zwei vorangegangene Kalenderjahre anfallen, eine Entzerrung dadurch bewirkt, dass fiktiv die Steuererstattung jeweils in das dem Veranlagungsjahr folgende Kalenderjahr gerechnet wird, wenn alle diese Zeiträume Gegenstand des Rechtsstreits sind. Ändert sich an den Rahmenbedingungen, die zur Steuererstattung geführt haben, voraussichtlich in Zukunft nichts, können die Steuererstattungen für die Folgejahre fortgeschrieben werden, ansonsten sind sie bei der **Einkommensprognose** nicht zu berücksichtigen (BGH NJW-RR 1999, 297). 40

Auch bei Steuererstattungen ist eine **Doppelberücksichtigung** bei Unterhalt und Zugewinn nicht möglich. Soweit eine Steuererstattung bereits beim Unterhalt verrechnet ist, unterliegt sie nicht dem Zugewinnausgleich und umgekehrt (BGH NJW 2003, 1396). 41

b) Erzielbare Steuervorteile. Zum unterhaltsrechtlich relevanten Einkommen gehören zumutbar sicher **erzielbare Steuervorteile** (BGH a. a. O.). Daraus folgt, dass dann, wenn die steuerliche Entlastung nicht im Wege eines **Freibetrages** geltend gemacht worden ist, eine fiktive Steuerberechnung unter Berücksichtigung dieses Freibetrages vorzunehmen ist. Hilfreich ist dabei der interaktive Steuerrechner des Bundesfinanzministeriums (www.bundesfinanzministerium.de). Angenommen worden ist in der Rechtsprechung die Verpflichtung zur Geltendmachung eines Freibetrages für die Durchführung des begrenzten **Realsplittings** (§ 10 Abs. 1 Nr. 1 EStG) in Höhe eines **unstreitigen Unterhaltsbetrages** (BGH NJW 2008, 1663). Hinsichtlich eines streitigen Spitzenbetrages besteht die Obliegenheit nicht. Dem Steuervorteil gegenzurechnen ist der **Nachteilsausgleich** (vgl. § 10 EStG Rn 8 ff.). Zehrt dieser die steuerlichen Vorteile auf oder ist er der Höhe nach nicht abschätzbar, entfällt die Verpflichtung zur Eintragung eines Freibetrages (OLG Hamm FamRZ 2000, 608) und eine fiktive Berechnung. 42

Im Wege des Freibetrages geltend zu machen sind auch den Arbeitnehmerpauschbetrag übersteigende **Werbungskosten**. Der **Pauschbetrag für Werbungskosten** des Arbeitnehmers (§ 9 a Abs. 1 Satz 1 Nr. 1 EStG) beträgt ab 1. 1. 2004 920,00 EUR. Fahrtkosten (**Pendlerpauschale:** § 9 Abs. 1 Satz 3 Nr. 4 EStG) konnten bis 31. 12. 2006 bis zur Höhe von 4500,00 EUR als Werbungs- 43

BGB Vor § 1361 1. Teil. Ehegattenunterhalt

kosten geltend gemacht werden. Die Änderung zum 1. 1. 2007 ist durch das Bundesverfassungsgericht **für verfassungswidrig** erklärt worden (DStR 2008, 2460). Bis zu einer gesetzlichen Neuregelung sind die Fahrtkosten ohne die Beschränkung in § 9 Abs. 2 S. 2 EStG wieder absetzbar. Folge dieser Rechtsprechung ist es, dass im Jahr 2009 die **Steuererstattungen** für die bislang nicht berücksichtigten Fahrtkosten **nachträglich** ausgezahlt werden. Die Finanzverwaltung legt jeweils die einfache Wegstrecke zugrunde und berücksichtigt 0,30 EUR pro Kilometer. Da diese Pauschalbeträge von den unterhaltsrechtlichen Ansätzen abweichen, können sie nur zur Ermittlung des zu versteuernden Einkommens herangezogen werden.

Beispiel:
Der Unterhaltsverpflichtete fährt an 220 Arbeitstagen im Jahr eine einfache Fahrtstrecke von 30 km.
Steuerlicher Freibetrag
30 × 0,30 EUR × 220   1980,00 EUR
Berufsbedingte Aufwendungen bei Unterhaltsbemessung
30 km × 2 (Hin- und Rückfahrt)
× 220 (Tage im Jahr) × 0,30 EUR
(Kilometersatz)   3960,00 EUR.

44 c) **Steuerklassen.** Bei Nichtselbständigen erfolgt der Steuerabzug durch den Arbeitgeber. Der **Arbeitgeber** behält die Lohnsteuer vom Bruttoarbeitslohn ein und führt sie an das zuständige Finanzamt ab (§§ 38 Abs. 3, 41a EStG). Der **Einbehalt der Lohnsteuer** erfolgt für Rechnung des Arbeitnehmers als Steuerschuldner. Maßgeblich für die Berechnung der Lohnsteuer ist die Steuerklasse.
Steuerklassen nach § 38b EStG:
– **Steuerklasse I**
Ledige, verwitwete oder geschiedene Arbeitnehmer
– **Steuerklasse II**
Arbeitnehmer, die Steuerklasse I zuzuordnen sind und die für ein Kind kindergeld- oder kinderfreibetragsberechtigt sind (Entlastungsbetrag für Alleinerziehende gemäß § 24b EStG)
– **Steuerklasse III**
Arbeitnehmer, die verheiratet sind und nicht dauernd von ihrem Ehepartner getrennt leben, wenn der andere Ehegatte entweder keinen Arbeitslohn bezieht oder auf gemeinsamen Antrag der Ehegatten Steuerklasse V in Anspruch nimmt
– **Steuerklasse IV**
Arbeitnehmer, die verheiratet sind und nicht dauernd getrennt leben, wenn der Ehegatte eben falls Arbeitslohn bezieht
– **Steuerklasse V**
Arbeitnehmer, die verheiratet sind und nicht dauernd getrennt leben, wenn der Ehegatte des Arbeitnehmers ebenfalls Arbeitseinkünfte bezieht und auf übereinstimmenden Antrag Steuerklasse III in Anspruch nimmt
– **Steuerklasse VI**
Arbeitnehmer, die gleichzeitig bei mehreren Arbeitgebern beschäftigt sind

45 Die Steuerklasse wird von der zuständigen **Gemeinde** jeweils auf der **Lohnsteuerkarte** zu Beginn des Jahres gemeinsam mit der Zahl der Kinderfreibeträge eingetragen (§ 39 EStG). Veränderungen der Lohnsteuerklasse sind während des Kalenderjahres bis zum 30.11. eines jeden Jahres möglich.

Einkommensermittlung **Vor § 1361 BGB**

d) Fiktive Berechnung. Bei der Unterhaltsberechnung wird grundsätzlich 46 die tatsächlich gewählte Steuerklasse zugrunde gelegt. Dabei gelten nach der Rechtsprechung folgende Ausnahmen:

Heiratet der Unterhaltspflichtige **wieder** und nimmt er in seiner neuen Ehe 47 Steuerklasse III in Anspruch, ist bei der Berechnung des Ehegattenunterhalts des früheren Ehegatten der **Splittingvorteil aus der neuen Ehe** nicht zu berücksichtigen. Maßgeblich ist die fiktive steuerliche Veranlagung nach Steuerklasse I (BVerfG NJW 2003, 3466; BGH NJW 2008, 1663). Beim **Kindesunterhalt** wird dagegen auch in diesen Fällen das tatsächlich vorhandene Einkommen mit allen steuerlichen Vorteilen berücksichtigt (BGH a. a. O.; Wendl/Gerhardt § 1 Rn 592 a).

Wählt der **wieder verheiratete Unterhaltspflichtige,** obwohl sein neuer 48 Ehepartner jedenfalls nicht wesentlich mehr verdient als er selbst, **Steuerklasse V,** wird diese Steuerklassenwahl als rechtsmissbräuchlich nicht akzeptiert und fiktiv Steuerklasse I unterstellt (BGH NJW 2004, 443). Anderseits trifft den Unterhaltsschuldner, wenn sein neuer Ehegatte jedenfalls nicht vernachlässigenswerte Einkünfte erzielt, auch im Hinblick auf den Kindesunterhalt keine Obliegenheit, Steuerklasse III zu wählen (OLG Bamberg NJW-RR 1996, 647; OLGR Köln 2001, 237; Johannsen/Henrich/Büttner § 1361 Rn 48).

7. Vorsorgeaufwendungen

a) Kranken- und Pflegeversicherung. Vorsorgeaufwendungen für Kran- 49 ken-, Pflege, Renten- und Arbeitslosenversicherung sind abzusetzen. Absetzbar sind jeweils die Arbeitnehmeranteile (§§ 346 SGB III, 249 SGB V; 168 Abs. 1 Nr. 1 SGB VI und 58 SGB XI). Bei der **privaten Kranken- und Pflegeversicherung** ist der gesamte Versicherungsbeitrag reduziert um die **Arbeitgeberzuschüsse** abzusetzen. Die Zuschüsse umfassen regelmäßig die Hälfte des tatsächlichen Aufwandes. Begrenzt ist die Höhe des Zuschusses durch die Hälfte des Beitrages zur gesetzlichen Krankenkasse (§ 257 Abs. 1 und 2 SGB V; § 3 Nr. 62 EStG). Unterhält ein privat Krankenversicherter neben seiner eigenen Krankenversicherung auch noch eine **private Krankenversicherung für seine Familie,** bekommt er für die auf seine Familie entfallenden Beiträge keine Arbeitgeberzuschüsse. Da auch der Vorsorgeaufwand für seine Familie unterhaltsrechtlich relevant ist, sind auch diese Mehraufwendungen abzusetzen.

Bei privaten Krankenversicherungen wird häufig ein **Selbstbehalt** vereinbart. 50 Werden Aufwendungen bis zur Höhe des Selbstbehalts tatsächlich erbracht, sind auch diese abzugsfähig, weil durch die Vereinbarung des Selbstbehaltes sich der ansonsten zu zahlende laufende Beitrag verringert. Aufgrund der Einschränkungen der Leistungen der gesetzlichen Krankenversicherung sind auch **Zusatzversicherungen** für stationäre Krankenbehandlung, Zahnersatz und ähnliches berücksichtigungsfähig, wenn sie für eine angemessene Vorsorge notwendig sind und in einem vernünftigen Verhältnis zum verfügbaren Einkommen stehen (Wendl/Gerhardt § 1 Rn 597; OLG Düsseldorf NJW-RR 2008, 672). Nicht berücksichtigungsfähig sind die **Praxisgebühr und die Zuzahlungen** für Medikamente bei gesetzlich Krankenversicherten. Diese Aufwendungen gehören zum allgemeinen Lebensbedarf (OLG Karlsruhe NJW-RR 2008, 1458).

b) Altersvorsorge. Bei der Altersvorsorge wird die primäre und sekundäre 51 Altersvorsorge unterschieden. Zur **primären** Altersvorsorge gehören die Beiträge zur **gesetzlichen Rentenversicherung** sowie zur **betrieblichen Zusatzversorgung** und Zusatzversorgung im öffentlichen Dienst. Diese Beiträge sind ohne weiteres abzusetzen. Berücksichtigungsfähig sind auch betriebliche Zusatzversorgungen in Form von **Direktversicherungen.** Bei diesem Modell verzichtet der Arbeitnehmer durch eine Gehaltsumwandlung auf einen Teil seines ihm ansonsten zustehenden Gehaltes, welches direkt vom Arbeitgeber im Allgemeinen in eine **Kapitallebensversicherung** eingezahlt wird (OLG München FamRZ 1997, 613). Da die dadurch betriebene Vermögensbildung zweckbestimmt für die Altersvorsorge ist, sind die Beiträge abzuziehen. Gleiches gilt für Leistungen im Rahmen der **„Riester- und Rürup-Rente".**

52   Als **sekundäre** Altersvorsorge berücksichtigt der Bundesgerichtshof zusätzliche Aufwendungen für die Altersvorsorge von bis **zu 4% des Gesamtbruttoeinkommens** (BGH NJW 2007, 1961; BGH NJW 2008, 3125). Altersvorsorgeaufwendungen können Beiträge etwa in eine Kapitallebensversicherung sein; berücksichtigt werden auch **Tilgungsleistungen auf Kredite** zur Anschaffung eigenen Wohneigentums (BGH NJW 2005, 3277; BGH NJW 2008, 1946). Liegt das Einkommen über der **Beitragsbemessungsgrenze** zur Rentenversicherung (2009: 5400,00 EUR brutto monatlich in den alten Ländern und 4550,00 EUR brutto monatlich in den neuen Ländern) sind **ergänzende Altersvorsorgeaufwendungen** bis zum einem Gesamtaufwand von ca. **20% des Bruttoeinkommens** anzuerkennen (OLG München FamRZ 2000, 26; BGH NJW 2003, 1690 für Selbständige). Die Aufwendungen müssen aber getätigt worden sein (BGH NJW 2007, 511). Ein fiktiver Abzug scheidet aus.

53   c) **Unfallversicherung.** Unfallversicherungen sind üblicherweise zu berücksichtigen, zumal die Beiträge im Verhältnis zu den Leistungen im Versicherungsfall relativ gering sind (OLG Koblenz FamRZ 2008, 434; anders OLG Celle FamRZ 2007, 1020).

8. Berufsbedingte Aufwendungen

54   a) **Pauschalierte berufsbedingte Aufwendungen.** Für die Einkommenserzielung notwendige berufsbedingte Aufwendungen sind zur Ermittlung des bereinigten Nettoeinkommens abzuziehen. Wesentlich ist dabei eine klare Abgrenzung zwischen berufsbedingt und privat veranlassten Aufwendungen. In der bundeseinheitlichen Leitlinienstruktur werden die **berufsbedingten Aufwendungen** unter 10.2.1 erfasst (Überblick über die verschiedenen Regelungen bei Wendl/Dose § 1 Rn 87).

55   Berufsbedingte Aufwendungen können pauschaliert oder konkret berechnet berücksichtigt werden. Überwiegend gehen die Unterhaltsleitlinien von einer **Pauschalierung** aus, wenn Anhaltspunkte für das grundsätzliche Anfallen berufsbedingter Aufwendungen vorliegen. Dafür spricht die **Praktikabilität.** Es bläht die ohnehin schon mit Tatsachenstoff überfrachteten Familienverfahren weiter auf, wenn sämtliche berufsbedingten Aufwendungen im einzelnen dargelegt und nachgewiesen werden müssen. Ferner entspricht es der Erfahrung, dass die Ausübung einer Erwerbstätigkeit in der Regel mit nur **schwer fassbaren Mehrbelastungen** verbunden ist, wie Mehrkosten für aushäusige Verpflegung, besondere Kleideranschaffungen und ähnlichem. Allerdings müssen die berufsbedingten Aufwendungen nicht zwangsläufig, was bei einer Pauschalierung allerdings der Fall ist, mit der Höhe des Einkommens steigen. Deshalb sehen einige Unterhaltsleitlinien eine **höhenmäßige Begrenzung** oder auch Mindestbeträge des Pauschalabzuges vor (z. B. u. a. Düsseldorf und Berlin: 150,00 EUR Höchstbetrag und 50,00 EUR Mindestbetrag; jeweils Stand 1. 1. 2008

Einkommensermittlung **Vor § 1361 BGB**

90 EUR für Auszubildende Leitlinien OLG Hamm Ziffer 10.2.3 Stand 1. 1. 2009).

Der **Bundesgerichtshof** hat in zahlreichen Fällen Unterhaltsberechnungen, bei denen pauschal berufsbedingte Aufwendungen berücksichtigt worden sind, als im Rahmen des tatrichterlichen Spielraums liegend **akzeptiert** (z.B. BGH NJW 2002, 1269). Sind höhere Aufwendungen konkret vorgetragen, muss die Höhe der berufsbedingten Aufwendungen aufgeklärt werden (BGH NJW 2006, 369). Setzen beide Parteien übereinstimmend berufsbedingte Aufwendungen mit einer Pauschale von 5% ab, ist diese Handhabung für das Gericht bindend (BGH NJW 1986, 2054). **56**

Voraussetzung des Abzuges der Pauschale ist aber ein **konkreter Sachvortrag** dazu, dass überhaupt berufsbedingte Aufwendungen anfallen (BGH NJW 2008, 3125). Neben der Pauschale von 5% für berufsbedingte Aufwendungen können weitere berufsbedingte Aufwendungen, etwa konkret berechnete Fahrtkosten oder Gewerkschaftsbeiträge, nicht abgesetzt werden (Wendl/Dose § 1 Rn 94). **57**

b) Konkrete Berechnung. In jedem Fall ist die **konkrete Darlegung** berufsbedingter Aufwendungen möglich. Die Aufwendungen müssen dann nach Grund und Höhe dargelegt und im Fall des Bestreitens nachgewiesen werden (OLG Dresden FamRZ 2001, 47; Palandt/Brudermüller § 1361 Rn 48). Geltend gemacht werden können nur Aufwendungen, die sich eindeutig von den **privaten Lebenshaltungskosten** abgrenzen lassen (BGH NJW 2007, 511). Die Höhe der Aufwendungen kann, wenn sie nicht bis ins Letzte nachzuweisen ist, nach §§ 113 FamFG, 287 ZPO geschätzt werden. Bei **unsubstantiiertem Bestreiten** sind die Aufwendungen in der behaupteten Höhe anzusetzen (BGH NJW-RR 1989, 900). **58**

c) Fahrtkosten. Der typische berufsbedingte Aufwand sind Fahrtkosten. Anzuerkennen sind die Kosten für **öffentliche Verkehrsmittel** (BGH NJW-RR 1998, 721). Ob statt der Kosten für ein öffentliches Verkehrsmittel die Kosten für die Fahrten zwischen Wohnort und Arbeitsstätte mit dem **eigenen Kfz** zu berücksichtigen sind, ist im Rahmen einer Abwägung zu entscheiden. Bei gehobenen wirtschaftlichen Verhältnissen sind die höheren Kfz- Kosten eher zu akzeptieren als bei bedrängten wirtschaftlichen Verhältnissen (BGH NJW-RR 1989, 386). Für die Abzugsfähigkeit von Kfz-Kosten spricht es, wenn für den **Arbeitsweg** bei der Benutzung von öffentlichen Verkehrsmitteln wesentlich längere Zeiten in Anspruch genommen werden müssen. Maßgeblich ist auch die Vereinbarkeit der Benutzung öffentlicher Verkehrsmittel mit den **Arbeitszeiten,** d.h. das mögliche Entstehen von nicht weiter sinnvoll nutzbaren Wartezeiten. Bei **wechselnden Arbeitszeiten** wird die Benutzung öffentlicher Verkehrsmittel nicht zumutbar sein. Für die Anerkennung der Benutzung des eigenen Pkw spricht es, wenn der eigene Pkw zur Ausübung der Berufstätigkeit vom Arbeitsort aus benötigt wird und der Arbeitgeber die Kosten der Dienstfahrten vom Arbeitsort zu den jeweiligen Einsatzorten erstattet (BGH NJW-RR 1995, 229; OLG Hamm NJW-RR 1998, 724). **59**

Die Kosten für die berufsbedingte Nutzung des Pkw werden in den Unterhaltsleitlinien **pauschal** erfasst (Ziffer 10.2.2 nach der bundeseinheitlichen Leitlinienstruktur). Überwiegend werden **0,30 EUR/km** anerkannt. Dabei orientieren sich die Unterhaltsleitlinien am Fahrtkostenersatz nach § 5 II Ziffer 1 (0,25 EUR) oder Ziffer 2 (0,30 EUR) JVEG. Die Pauschalen erfassen die **gesamten Pkw-Kosten,** d.h. die Betriebskosten und die Anschaffungskosten einschließlich der Rücklagen (BGH NJW 1994, 190). Neben den pauschalen **60**

BGB Vor § 1361 1. Teil. Ehegattenunterhalt

Kosten können deshalb grundsätzlich die Raten für einen **Anschaffungskredit** für den Pkw nicht abgesetzt werden (BGH NJW 2006, 2182). Werden die Kreditraten abgesetzt, kann daneben noch eine Pauschale für die **reinen Betriebskosten** berücksichtigt werden, die allerdings unter den oben angegebenen Werten liegt (OLG Hamm FamRZ 1997, 835).

61 Die Zahl der berufsbedingten gefahrenen Kilometer ist ebenso konkret und substantiiert darzulegen und zu belegen wie die Zahl der Arbeitstage. Hilfsmittel für die **Ermittlung der Entfernung** sind die im Internet abrufbaren Routenvorschläge verschiedener Router. Bei normaler Arbeitszeit werden die Fahrtkosten für **220 Arbeitstage im Jahr** abzüglich etwaiger Krankheitstage berücksichtigt (Johannsen/Henrich/Büttner § 1361 Rn 49; Wendl/Dose § 1 Rn 100).

62 Die so ermittelten Fahrtkosten müssen in einem vernünftigen **Verhältnis zum verbleibenden Einkommen** stehen. Die Berücksichtigung der Fahrtkosten darf nicht im Extremfall dazu führen, dass außer der eigenen Lebenshaltung nur die Kosten für den Pkw finanziert werden. Stimmt das Verhältnis nicht, besteht verstärkt die **Obliegenheit** zur Nutzung öffentlicher Verkehrsmittel oder gar zu einem **Umzug** (BGH NJW-RR 1998, 721; anderer Ansicht OLG Hamm FamRZ 2001, 46). Von einer Umzugsobliegenheit geht der BGH nur in Ausnahmefällen bei einer Entfernung von mindestens mehr als 30 km zwischen Wohnung und Arbeitsplatz aus (BGH a. a. O.). Die Obliegenheit besteht nur, wenn die Verminderung der Fahrtkosten nicht durch eine Erhöhung der Wohnkosten kompensiert wird (Johannsen/Henrich/Büttner § 1361 Rn 49). **Fahrtkostenerstattungen** des Arbeitgebers sind den konkret berechneten Fahrtkosten gegenzurechnen.

63 **d) Weitere berufsbedingte Aufwendungen.** Weitere typische berufsbedingte Aufwendungen entstehen in folgendem Zusammenhang:
– **Arbeitskleidung** (OLG Celle FamRZ 2007, 641)
– **Arbeitszimmer.** Aufwendungen für ein Arbeitszimmer sind nur ausnahmsweise abziehbar, wenn der Arbeitnehmer von seinem Arbeitgeber keinen festen Arbeitsplatz zur Verfügung gestellt bekommt, andererseits allerdings für die Ausübung seines Berufs auf einen solchen Arbeitsplatz angewiesen ist. Nur gelegentliche berufliche Tätigkeiten in der eigenen Wohnung nötigen nicht zwingend, ein häusliches Arbeitszimmer zu unterhalten. Dies entspricht im Wesentlichen den Regelungen im Einkommensteuergesetz (§ 4 Abs. 4 Nr. 6b EStG). Die Mitnutzung privater Räume rechtfertigt keinen Abzug von Kosten. Auch hier müssen privater und berufsbedingter Aufwand klar abgrenzbar sein (OLG Bamberg FamRZ 1987, 1295).
– Beiträge zu Verbänden wie **Gewerkschaft** (OLG Hamm NJW-RR 2008, 158), Beamtenbund, Richterbund, Ärztekammer und ähnlichem
– **Fachliteratur** (BGH NJW-RR 1992, 1282)
– **Fortbildungskosten,** wie der Besuch notwendiger Fachtagungen, Fachlehrgänge. Abzugsfähig sind die Lehrgangskosten, Tagungsgebühr, Fahrtkosten, Verpflegungs- und Übernachtungskosten abzüglich etwaiger Erstattungen des Arbeitgebers und einer häuslichen Ersparnis. Maßgeblich für die Berücksichtigungsfähigkeit nach Grund und Höhe sind auch hier die beiderseitigen Verhältnisse; bei besseren wirtschaftlichen Verhältnissen ist ein großzügiger Maßstab geboten (OLG Bamberg FamRZ 2000, 307).
– **Kinderbetreuungskosten.** Berücksichtigt werden können die Kosten, die **zwangsläufig für die Betreuung der Kinder entstehen,** damit die Er-

Einkommensermittlung **Vor § 1361 BGB**

werbstätigkeit ausgeübt werden kann, wie z. B. die Kosten einer Ganztagsschule oder das Entgelt für Pflege- und Aufsichtspersonen (BGH NJW 2001, 973; OLG Düsseldorf NJW-RR 2008, 379). Nicht berücksichtigungsfähig sind die gerade bei Ganztagsschulen und Kinderhorten mit in den Beiträgen enthaltenen **Entgelte für die Verpflegung.** Ab 1. 1. 2009 können Kinderbetreuungskosten nach § 9 c EStG in Höhe von $^2/_3$ der Aufwendungen, höchstens 4000,00 EUR je Kind, steuerlich abgesetzt werden. Werden Kinderbetreuungskosten bei der Unterhaltsbemessung berücksichtigt, ist die **steuerliche Entlastung** gegenzurechnen. Nach der Rechtsprechung des Bundesgerichtshofes kann, wenn konkrete Kinderbetreuungskosten etwa wegen der Sicherstellung der Kinderbetreuung aus dem Familienkreis nicht nachweisbar sind, ein **pauschaler Betreuungsbonus** gewährt werden. Voraussetzung ist, dass die Vereinbarkeit von Berufstätigkeit und Kinderbetreuung besondere Erschwernisse mit sich bringt (BGH a. a. O.). In der Rechtsprechung wird der Bonus in einer Größenordnung von 150,00 EUR bis 200,00 EUR angesetzt (Wendl/Gerhardt § 1 Rn 605 a). Betreuungsbonus und der Abzug konkreter Kosten können nicht kumuliert werden (OLG Köln NJW-RR 1996, 325). In den Unterhaltsleitlinien finden sich nach der bundeseinheitlichen Struktur dazu Regelungen unter Ziffer 10.3. **Keine** berufsbedingten Aufwendungen sind die Kosten eines **Kindergartenbesuchs.** Hierbei handelt es sich um Mehrbedarf des Kindes, der nicht in den Tabellensätzen der Düsseldorfer Tabelle enthalten ist. Für diesen Bedarf haften die Eltern anteilig nach ihren Einkommensverhältnissen (BGH NJW 2009, 1816 unter Aufgabe von BGH NJW 2008, 2337).

– **Repräsentations- und Bewirtungskosten.** Derartige Kosten sind in aller Regel nicht abziehbar. Sie unterfallen der privaten Lebensführung, auch wenn sie mit dem Beruf zusammenhängen (BGH NJW 1987, 776).
– **Steuerberaterkosten** sind abzugsfähig. Sie sind notwendige Kosten zur Erzielung steuerlicher Vorteile, die auch dem Unterhaltsberechtigten zugute kommen (Wendl/Dose § 1 Rn 108; a. A. OLG Hamm FamRZ 1992, 1177).

9. Erwerbstätigenbonus

Neben den berufsbedingten Aufwendungen wird regelmäßig ein Erwerbstätigenbonus abgesetzt, obwohl sich beide Abzüge in ihrer Zielrichtung überschneiden. Nach der Rechtsprechung des Bundesgerichtshofes ist bei der Bestimmung des Bedarfs eines unterhaltsberechtigten Ehegatten so vorzugehen, dass dem erwerbstätigen Ehegatten ein die **Hälfte des verteilungsfähigen Einkommens maßvoll übersteigender Betrag** verbleibt (BGH NJW-RR 1990, 146; BGH NJW-RR 1990, 514). Um das sicherzustellen, wird in der Praxis das Erwerbseinkommen um einen **pauschalen Erwerbstätigenbonus** von überwiegend $^1/_7$ bereinigt (BGH NJW 1989, 1992). Der Bonus hat nach der Rechtsprechung des Bundesgerichtshofes eine **Doppelfunktion,** er soll Anreiz für die weitere Erwerbstätigkeit sein und pauschal den mit der Erwerbstätigkeit verbundenen Aufwand abgelten (BGH NJW-RR 1990, 1346). Teilweise wird deshalb die Auffassung vertreten, dass der Erwerbstätigenbonus zu kürzen ist, wenn vor Bewilligung des Erwerbstätigenbonus das Einkommen bereits um pauschal oder konkret berechnete berufsbedingte Aufwendungen gekürzt worden ist (anders Kumulation: OLG Düsseldorf NJW 1999, 1721; OLG Stuttgart FamRZ 2007, 1738). Ob und in welchem Umfang eine **Kürzung** zu erfolgen hat, hat der Bundesgerichtshof dem Tatrichter überlassen (BGH NJW

64

BGB Vor § 1361 1. Teil. Ehegattenunterhalt

1997, 1919). In der zitierten Entscheidung hat der Bundesgerichtshof die Kürzung des Bonus von $1/7$ auf ein $1/9$ ausdrücklich gebilligt. Gekürzt werden bis hin zum gänzlichen Wegfall soll der Bonus ferner in **Mangelfällen** (BGH NJW 1992, 1621). Der Bonus wird grundsätzlich erst von dem um sämtliche Verbindlichkeiten und die Kindestabellenunterhaltsbeträge bereinigten Einkommen abgesetzt (bundeseinheitliche Leitlinienstruktur Ziffer 15.2). Zur in der Rechtsprechung ungeklärten Problematik der Auswirkung des Vorwegabzuges von Schulden und Kindesunterhalt auf den Erwerbstätigenbonus vgl. Wendl/Gutdeutsch § 4 Rn 418 ff. Wird die Tätigkeit tatsächlich nicht ausgeübt (Freistellung) kommt ein Abzug nicht in Betracht (OLG Koblenz NJW-RR 2008, 1030).

10. Prüfschema

65   Die Grundsätze der Ermittlung des unterhaltsrechtlich anzurechnenden Einkommens eines Arbeitnehmers verdeutlicht das folgende Prüfschema (nach Luthin/Margraf Rn 1128):

Bruttoverdienst des letzten Kalenderjahres einschließlich Zulagen und Jahresgratifikationen, regelmäßig zu entnehmen den Jahreszahlen der Dezemberabrechnung;
– zzgl. steuerfreie Sonntags-, Feiertags- und Nachtzuschläge,
– zzgl. steuerfreier Spesen, Auslösungen und Fahrtkostenerstattungen sowie Auslandszulagen, jeweils ermittelt durch Auswertung der Monatsabrechnungen;
– zzgl. Tantiemen und Provisionen, ermittelt nach einem dreijährigen Durchschnitt;
– zzgl. Sachzuwendungen des Arbeitgebers, soweit in den Lohn- und Gehaltsabrechnungen nicht angemessen bewertet;
– bei besser verdienenden Arbeitnehmern zzgl. des AG-Zuschusses zur KV (§ 257 SGB V);
– zzgl. Trinkgelder;
ergibt das **Gesamt-Bruttoentgelt,**
– abzgl. der vom Arbeitgeber einbehaltenen Lohn- und Kirchensteuer sowie des Solidaritätszuschlages;
– abzgl. des Arbeitnehmeranteils zur Sozialversicherung, bei freiwillig versicherten Arbeitnehmern auch des Gesamtbeitrages zur KV;
ergibt das **Nettoentgelt,**
– abzgl. des AG-Zuschusses zur VL mit der Nettoquote
– abzgl. des AG-Zuschusses zur Zusatzversorgungskasse im öffentlichen Dienst;
– abzgl. anteiliger Spesen und Auslösungen (netto) unter Berücksichtigung häuslicher Ersparnisse (Abzug in der Regel von zwei Dritteln);
– abzgl. eines angemessenen Anteils der Auslandszulagen;
– abzgl. anteiliger Überstundenvergütungen bei nicht geringfügiger oder berufstypischer Mehrarbeit (regelmäßig 50%, § 242 BGB);
ferner sind abzusetzen die **berufsbedingten Aufwendungen,** und zwar entweder pauschal in Höhe von 5% des Nettoeinkommens oder konkret ermittelt:
– abzgl. Kosten für die Fahrten zwischen Wohnung und Arbeitsstätte;
– abzgl. Gewerkschaftsbeiträge;
– abzgl. Aufwendungen für Berufskleidung;
– abzgl. Fortbildungskosten;
– abzgl. des Aufwandes für die Kinderbetreuung (Kinderhort, Tagesmutter, zusätzliche Fahrtkosten, ggf. Betreuungsbonus);

Einkommensermittlung **Vor § 1361 BGB**

es verbleibt der regelmäßige und bereinigte Nettoarbeitsverdienst,
– zzgl. **Steuererstattungen** oder abzgl. **Steuernachzahlungen** und
– zzgl. etwaiger **Lohnersatzleistungen** auf Grund von Zeiten der Arbeitslosigkeit oder Krankheit, die jeweils in dem betroffenen Kalenderjahr tatsächlich angefallen sind (In-Prinzip);
es verbleibt das unterhaltsrechtlich anzurechnende Einkommen des Arbeitnehmers.

III. Einkünfte aus selbständiger Arbeit und Gewerbebetrieb

Nach § 2 Abs. 2 Nr. 1 EStG wird bei Einkünften aus selbständiger Arbeit und Gewerbebetrieb der **Gewinn** versteuert. Bilanzpflichtige Kaufleute müssen ihren Gewinn nach § 4 Abs. 1 EStG durch einen **Betriebsvermögensausgleich** ermitteln. Nicht bilanzpflichtige Freiberufler und Gewerbetreibende erstellen zum Zweck der Gewinnermittlung nach § 4 Abs. 3 EStG eine **Einnahme-Überschuss-Rechnung**. Diese Gewinnermittlung muss in Form der **Anlage EÜR** erfolgen. Die steuerlichen Abschlussunterlagen sind Ausgangspunkt für die Bestimmung des unterhaltsrelevanten Einkommens. Sie werden daher im Folgenden näher dargestellt. **66**

1. Jahresabschlussunterlagen bilanzpflichtiger Kaufleute und von Freiberuflern

Ein bilanzpflichtiger Kaufmann muss jeweils bezogen auf den Beginn und den Schluss eines jeden Wirtschaftsjahres eine Bilanz aufstellen, aus der sich das **Verhältnis** seines **Vermögens zu seinen Schulden** darstellt. Er muss ferner zum Schluss eines jeden Geschäftsjahres eine Gegenüberstellung der im vergangenen Geschäftsjahr angefallenen Aufwendungen und Erträge fertigen **(Gewinn- und Verlustrechnung)**. Zusammen bilden Bilanz und Gewinn- und Verlustrechnung den **Jahresabschluss** im Sinne des § 242 HGB. Abgeleitet werden die Jahresabschlussunterlagen aus den Buchführungsunterlagen (§§ 238 Abs. 1 HGB, 41 GmbHG). Dabei ist ein Kaufmann bei der Bestimmung des Wirtschaftsjahres nicht an Kalenderjahre gebunden. Es steht ihm frei, für seinen Betrieb das Wirtschaftsjahr z. B. für die Zeit vom 1. 10. eines Jahres bis zum 30. 9. des Folgejahres festzulegen. **67**

a) **Bilanz.** Eine Bilanz ist eine **stichtagsbezogene, gegliederte Vermögensaufstellung**. Die **Handelsbilanz** dient der Rechenschaftslegung gegenüber Anteilseignern und Gläubigern. In ihr werden Vermögensgegenstände und Schulden **vorsichtig bewertet**. Aktiva sind stets mit dem niedrigst möglichen Wert, Passiva mit dem höchstmöglichen Betrag im Rahmen einer Schätzung zu bewerten (§ 252 HGB). Gewinn und Vermögen sollen in der Handelsbilanz eher zu niedrig denn zu hoch dargestellt werden. **68**

Daneben steht die **Steuerbilanz** (§§ 4 Abs. 1, 5 Abs. 1 EStG). Gegliedert ist die Steuerbilanz wie die Handelsbilanz. Die Bewertung erfolgt in der Steuerbilanz nach steuerrechtlichen Kriterien. Während bei den Bewertungsgrundsätzen im Rahmen der Handelsbilanz der Anlegerschutz und das Prinzip der Vorsicht im Vordergrund stehen, ist die Steuerbilanz auf eine **realistische Bewertung** ausgelegt, um eine am tatsächlichen Gewinn orientierte **Besteuerung** zu erreichen. **69**

Bei kleinen und mittleren Unternehmen wird zur Vermeidung eines größeren Aufwandes von vornherein nur eine **Einheitsbilanz** erstellt, die beiden Bewer- **70**

Poppen 49

BGB Vor § 1361 1. Teil. Ehegattenunterhalt

tungskriterien Rechnung tragen soll. Eine derartige Bilanz erfasst nach den §§ 266 HGB, 5 Abs. 1 EStG folgende Positionen:

Aktivseite	**Passivseite**
A. Anlagevermögen	A. Eigenkapital
I. Immaterielle Vermögensgegenstände	I. gezeichnetes Kapital
II. Sachanlagen	II. Kapitalrücklage
III. Finanzanlagen	III. Gewinnrücklagen
	IV. Gewinnvortrag/Verlustvortrag
	V. Jahresüberschuss/Jahresfehlbetrag
B. Umlaufvermögen	B. Rückstellungen
I. Vorräte	
II. Forderungen und sonstige Vermögensgegenstände	
III. Wertpapiere	
IV. Schecks, Kassenbestand, Guthaben bei Kreditinstituten	
C. Abgrenzungsposten	C. Verbindlichkeiten
	D. Rechnungsabgrenzungsposten

Die **Passivseite** gibt wieder, welches Eigen- und Fremdkapital in den Betrieb investiert worden ist, aus der **Aktivseite** ist ersichtlich, welche Werte damit geschaffen worden sind. Je höher das in der Bilanz ausgewiesene Eigenkapital ist, desto mehr dem Unternehmer zuzuordnendes Vermögen steckt in dem Betrieb (ausführlich Wendl/Kemper § 1 Rn 110 ff.).

71 **b) Anlagespiegel.** Neben der Bilanz ist ein **Anlagespiegel** nach § 268 Abs. 2 HGB zu erstellen. Beim Auskunftsverlangen zur Vorbereitung der Ermittlung eines Unterhaltsanspruchs ist dieser Anlagespiegel unbedingt mit zu fordern (§ 1605 I BGB). Aus ihm ergeben sich Anschaffungs- und Herstellungskosten, Zugangs- und Abgangsjahre sowie die **Abschreibungsdauer der Anlagegegenstände.** Nur anhand des Anlagespiegels lassen sich die vorgenommenen Abschreibungen nachvollziehen.

72 **c) Gewinn- und Verlustrechnung.** Zu den Jahresabschlussunterlagen gehört weiter die Gewinn- und Verlustrechnung (§ 275 HGB). Sie wird nach dem **Gesamtkostenverfahren** dargestellt und sieht in der Struktur wie folgt aus:

1. Umsatzerlöse
2. Erhöhung oder Verminderung des Bestands an fertigen und unfertigen Erzeugnissen
3. andere aktivierte Eigenleistungen
4. Sonstige betriebliche Erträge
5. Materialaufwand
   a) Aufwendungen für Roh-, Hilfs- und Betriebsstoffe und für bezogene Waren
   b) Aufwendungen für bezogene Leistungen
6. Personalaufwand
   a) Löhne und Gehälter
   b) soziale Abgaben und Aufwendungen für Altersversorgung und für Unterstützung, davon Altersversorgung
7. Abschreibungen

Einkommensermittlung **Vor § 1361 BGB**

    a) auf immaterielle Vermögensgegenstände des Anlagevermögens und Sachanlagen sowie aktivierte Aufwendungen für die Instandsetzung und Erweiterung des Geschäftsbetriebs
    b) auf Vermögensgegenstände des Umlaufvermögens, soweit diese die in der Kapitalgesellschaft üblichen Abschreibungen überschreiten
8. sonstige betriebliche Aufwendungen
9. Erträge aus Beteiligungen, davon aus verbundenen Unternehmen
10. Erträge aus anderen Wertpapieren und Ausleihungen des Finanzanlagevermögens, davon aus verbundenen Unternehmen
11. sonstige Zinsen und ähnliche Erträge, davon aus verbundenen Unternehmen
12. Abschreibungen auf Finanzanlagen und auf Wertpapiere des Umlaufvermögens
13. Zinsen und ähnliche Aufwendungen, davon aus verbundenen Unternehmen
14. Ergebnis der gewöhnlichen Geschäftstätigkeit
15. außerordentliche Erträge
16. außerordentliche Aufwendungen
17. außerordentliches Ergebnis
18. Steuern vom Einkommen und vom Ertrag
19. sonstige Steuern
20. Jahresüberschuss/Jahresfehlbetrag

Die Gewinn- und Verlustrechnung ist wie die Bilanz ein **Bestandsvergleich.** Neben den Umsatzerlösen werden daher auch Veränderungen im Bestand an fertigen und unfertigen Erzeugnissen erfasst. Berücksichtigt werden daher auch die Erzeugnisse, die schon produziert, aber noch nicht bezahlt sind.

d) Einnahme-Überschuss-Rechnung. In einer **Einnahme-Überschuss-** **73** **Rechnung** nach § 4 Abs. 3 EStG werden demgegenüber als Erlös allein die tatsächlich eingenommenen Beträge berücksichtigt. In die Einnahme-Überschuss-Rechnung fließen erbrachte, aber noch nicht abgerechnete und von Kunden noch nicht bezahlte Leistungen nicht ein. Das ermöglicht es dem Kreis der „Einnahmen-Überschuss-Rechner" **Ausgaben- und Gewinnverlagerungen** vorzunehmen. So kann der Freiberufler die Inrechnungstellung von im Wirtschaftsjahr erbrachten Leistungen in das nächste Wirtschaftsjahr verschieben. Er kann ferner eigentlich erst im nächsten Wirtschaftsjahr fällige Betriebsausgaben vorziehen oder Abschlagszahlungen auf derartige Betriebsausgaben leisten (Wendl/Kemper § 1 Rn 190). Derartige im Zusammenhang mit Unterhaltsverfahren nicht seltene Gestaltungen gleichen sich im **Mehrjahresschnitt,** wenn in die Schnittberechnung auch die Jahre einfließen, in denen die zunächst nicht gestellten Rechnungen erstellt und die Ersparnis der Betriebsausgaben sich niederschlägt, aus. Bei Verminderungen der Einnahmen und Erhöhung der Ausgaben gerade im Trennungsjahr sollte im Rahmen des Auskunftsanspruch seine Aufschlüsselung und Erläuterung der Positionen verlangt werden. Häufig ergibt sich schon im Vergleich der Daten zum Vorjahr der Nachweis der Manipulation aus dem **atypischen Verhältnis zwischen Kostenaufwand und Ertrag.**

e) Betriebswirtschaftliche Auswertungen. Da die Buchführung heute in **74** aller Regel EDV-gestützt vorgenommen wird, können als Übersicht über die laufenden Einnahmen und Ausgaben zum Ende jeden Monats **betriebswirtschaftliche Auswertungen (BWA)** erstellt werden. Ein Vergleich der betriebswirtschaftlichen Auswertungen des gleichen Monats aus zwei Jahren kann Entwicklungen des Unternehmens verdeutlichen. In aller Regel enthalten die betriebswirtschaftlichen Auswertungen auch die aufgelaufenen Jahressummen, so

BGB Vor § 1361   1. Teil. Ehegattenunterhalt

dass die betriebswirtschaftlichen Auswertungen für den **Monat Dezember** eines jeden Kalenderjahres je nach der Genauigkeit der laufenden Buchführung ziemlich exakt das **Jahresergebnis** wiedergeben. Sie können daher, falls Jahresabschlüsse noch nicht erstellt sind, auch zur Ermittlung des unterhaltsrelevanten Einkommens herangezogen werden.

75 f) **Mehrjahresschnitt.** Sowohl bei Gewinn- und Verlustrechnungen als auch bei Einnahme-Überschuss-Rechnungen ist bei der Ermittlung des unterhaltsrelevanten Einkommens ein **Mehrjahresschnitt** zu bilden. Damit sollen konjunkturelle und sonstige schwankenden Einkommen ebenso wie steuerlich zulässige Einkommensverlagerungen ausgeglichen werden. In den Mehrjahresschnitt mit einzubeziehen sind die zeitnahesten Jahre. Die Rechtsprechung geht üblicherweise vom **Schnitt der letzten drei Jahre** aus (BGH NJW 1985, 909; Johannsen/Henrich/Büttner § 1361 Rn 59). Geht es um Unterhaltsansprüche in der Vergangenheit, ist das Einkommen aus dem Jahr zugrunde zu legen, für das Unterhalt gezahlt werden soll. Ein Mehrjahresschnitt ist nur dann zu bilden, wenn Unterhalt für einen längeren zurückliegenden Zeitraum ermittelt werden soll (BGH NJW 2008, 57).

76 Vorzuziehen ist es, einen Schnitt von **fünf Jahren** zugrunde zu legen (Empfehlungen des 14. Deutschen Familiengerichtstages FamRZ 2002, 296; Wendl/Kemper § 1 Rn 274). Im Fünf-Jahres-Schnitt gleichen sich praktisch alle Zufälligkeiten in der Gewinnermittlung in den einzelnen Kalenderjahren aus. Der längere Schnitt macht **Korrekturen** an dem steuerlich ermittelten Gewinn nahezu **überflüssig.** Gerade für Abschreibungen entfällt bei einem längerfristigen Schnitt eine Korrekturnotwendigkeit des nach steuerlichen Grundsätzen ermittelten Gewinnes (vgl. unten Rn 92).

77 Nicht in den Mehrjahresschnitt einzubeziehen sind Jahre, die **außergewöhnlichen,** nicht wieder auftretenden **Einflüssen** unterlagen (OLGR Frankfurt 2001, 162). So bleibt die **Anlaufphase** eines Betriebes, wenn die Gewinne später kontinuierlich gestiegen sind, außer Betracht (OLG Köln FamRZ 2002, 1627; OLG Köln NJW-RR 1995, 1157). Korrekturen an dem durch den Mehrjahresschnitt gewonnenen Ergebnis sind auch angezeigt, wenn die Vergangenheitserlöse sich aufgrund **struktureller Veränderungen** in Zukunft mit Sicherheit nicht mehr erzielen lassen. Das ist wegen der wiederholten Kostendämpfungsmaßnahmen im Gesundheitswesen gerade bei im medizinischen Bereich Tätigen der Fall. Zu berücksichtigen sind allerdings auch **Kompensationsmöglichkeiten** für entfallende Einnahmen, die Erschließung neuer Einnahmequellen und Kostensenkungsmaßnahmen.

78 Geboten ist auch ein Vergleich der **einzelnen Kostenpositionen** im Vergleich der der Prüfung zugrunde liegenden Jahre. Zu hinterfragen sind sowohl auffällige **Erlösminderungen** als auch **Kostensteigerungen.** Soweit der Unterhaltsberechtigte zu einzelnen Positionen in der Einnahme-Überschuss-Rechnung/Gewinn- und Verlustrechnung Anmerkungen hat und sie in Zweifel zieht, muss auf **substantiierte Einwendungen** hin der Selbständige Entwicklungen und Ansätze erläutern und nachweisen (BGH NJWE-FER 1998, 64). Kommt er dieser Obliegenheit nicht nach, legt er z. B. zu bestimmten Sammelpositionen nicht die Sachkontenauszüge vor, gilt das Vorbringen der anderen Prozesspartei als zugestanden.

79 **Manipulationsanfällig** sind dabei u. a. die Personalkosten. Häufig wird im Zusammenhang mit Trennung und Scheidung ein neuer Lebensgefährte/in eingestellt, ohne dass den **Personalkosten** angemessene Arbeitsleistungen gegen-

Einkommensermittlung **Vor § 1361 BGB**

überstehen (Wendl/Kemper § 1 Rn 235). Nicht selten werden in diesem Zusammenhang auch die Kosten des Pkw des Lebensgefährten/in als Betriebsausgaben angesetzt. Zu Unrecht werden zudem mitunter die allein der privaten Lebensführung und daher für die Ermittlung des betrieblichen Gewinns irrelevanten Anwalts-, Gerichts- und Notarkosten im Zusammenhang mit Trennung und Scheidung als **Rechts- und Beratungskosten** eingestellt.

g) Schwarzeinnahmen. Gerade bei selbständig Tätigen und Gewerbetreibenden wird vom Unterhaltsberechtigten oft der Verdacht geäußert, dass nicht alle Einnahmen erfasst werden, mithin neben den in den steuerlichen Unterlagen aufgeführten Einnahmen **Schwarzeinnahmen** erzielt werden. Grundsätzlich sind auch Schwarzeinnahmen unterhaltspflichtige Einkünfte (Johannsen/Henrich/Büttner § 1361 Rn 57; siehe oben Rn 3 f.). Bei selbständig Tätigen, die ihren Beruf allein ausüben, gibt es praktisch keine wirksame Kontrolle, dass alle vereinnahmten Gelder ordnungsgemäß verbucht und erfasst werden. Anhaltspunkte für Schwarzeinnahmen bietet häufig das Verhältnis zwischen bestimmten Ausgabepositionen und den Einnahmen. Hier helfen für einzelne Branchen geführte **Statistiken über das durchschnittliche Verhältnis von Materialeinsatz und Einnahmen** (z.B. für Zahnärzte KZVB-Jahrbuch 2007; Publikationen des statistischen Bundesamtes für verschiedene Bereiche) ebenso wie ein genauer Vergleich des Verhältnisses der Einnahmen zu Kostenpositionen im langjährigen Durchschnitt. **Darlegungs- und beweispflichtig** für Schwarzeinnahmen ist derjenige, der die Richtigkeit der in der Einnahme-Überschuss-Rechnung/Gewinn- und Verlustrechnung aufgeführten Beträge anzweifelt. 80

h) Entnahmen. Privatentnahmen sind grundsätzlich kein Maßstab zur Ermittlung des unterhaltsrelevanten Einkommens. Sie gehören zur **Vermögensebene** des Unternehmens. Private und betriebsbedingte Vermögensänderungen müssen nach § 4 Abs. 1 EStG unterschieden werden. Sie werden daher auf gesonderten Konten – ebenso wie die gegenzurechnenden Privateinlagen – erfasst. Die Summe der Privatentnahmen und -einlagen eines Geschäftsjahres wird daher in der Bilanz aufgeführt. **Barentnahmen** gliedern sich nach den gängigen Kontenrahmen wie folgt: 81

– Privatentnahme allgemein
– Privatsteuern
– beschränkt abzugsfähige Sonderausgaben
– unbeschränkt abzugsfähige Sonderausgaben
– Zuwendungen, Spenden
– außergewöhnliche Belastungen
– unentgeltliche Wertabgaben
– Grundstücksaufwand für privaten Grundbesitz

Zum Lebensunterhalt zur Verfügung stehen nur die allgemeinen Privatentnahmen.

Gegenstände des Anlagevermögens können entnommen werden. Übersteigt der **Zeitwert** eines entnommenen Gegenstandes den **Buchwert,** ist die Differenz **zu versteuern.** Durch diesen Mechanismus wird ein „Abschreibungsgewinn" realisiert. Da bei der Bildung eines Mehrjahresschnitts auch diese als **sonstige Erlöse** gebuchten Einnahmen bei der Ermittlung des für die Unterhaltsberechnung maßgeblichen Einkommens berücksichtigt werden, ist gerade bei langfristigen Mehrjahresbetrachtungen eine gesonderte Korrektur der Abschreibungen unnötig (vgl. Rn 92 ff.). 82

Poppen 53

BGB   Vor § 1361   1. Teil. Ehegattenunterhalt

83 Aus dem Vorstehenden folgt, dass **Privatentnahmen** grundsätzlich **kein Einkommen** im unterhaltsrechtlichen Sinn darstellen. Entnahmen vermindern das Betriebsvermögen. Sie erfolgen häufig im Vorgriff auf erwartete Gewinne. Hat der Unternehmer seinen erwarteten Gewinn falsch prognostiziert, kann das dazu führen, dass er einen höheren Betrag entnommen hat, als er am Ende als Gewinn erzielt hat. Durch die **überhöhte Entnahme** hat der Unternehmer s für seinen Lebensunterhalt einen Kredit im Unternehmensbereich aufgenommen. Da Unterhalt nur aus verfügbaren Mitteln gezahlt werden muss, ist der zuviel entnommene Betrag für die Unterhaltsbemessung irrelevant (OLG Frankfurt FamRZ 2005, 803; OLG München FamRZ 2005, 1907; OLG Köln FPR 2002, 447). **Privatentnahmen auf Kosten der Betriebssubstanz** können nur dann Maßstab für die Bemessung des unterhaltsrelevanten Einkommens sein, wenn der Vermögensstamm einsatzpflichtig ist, etwa bei der Obliegenheit zur Aufgabe eines unrentablen Betriebes, oder wenn dadurch allein sichere zukünftige Gewinne vorfinanziert werden (OLG Köln FamRZ 2007, 1559).

Entnimmt der Unternehmer **weniger** als der Gewinn der Gesellschaft beträgt, bildet er Gesellschaftsvermögen. Auch diese Vermögensbildung ist bei der Unterhaltsberechnung irrelevant. Deshalb können auch in diesem Fall die Entnahmen nicht Grundlage einer Unterhaltsberechnung sein.

84 In Ausnahmefällen können die Privatentnahmen bei ungeklärten wirtschaftlichen Verhältnissen als **Grundlage für eine Einkommensschätzung** dienen (OLG Düsseldorf FamRZ 1983, 397; OLG Frankfurt FuR 2001, 370). Sind die steuerlichen Unterlagen ersichtlich manipuliert, unzureichend geführt oder werden zweifelhafte Positionen nicht erläutert, ermöglichen Privatentnahmen einen Rückschluss darauf, welche Ertragskraft der Selbständige seinem Betrieb selbst zubilligt. Geht man von Entnahmen bei der Unterhaltsbemessung aus, müssen allerdings erbrachte **Einlagen gegengerechnet** werden. Zur Verfügung steht nur der Saldo (OLG Dresden FamRZ 1999, 850; OLG Hamm FamRZ 1993, 1087).

2. GmbH

85 **a) Einpersonengesellschaft.** Der **Alleingesellschafter und -geschäftsführer** einer GmbH erzielt aus seinem Anstellungsverhältnis bei der GmbH Einkünfte aus unselbständiger Tätigkeit. **Gewinnentnahmen** aus der GmbH sind Einkünfte aus Kapitalvermögen (§ 20 Abs. 1 Nr. 1 EStG). Wegen des Sachzusammenhanges zu den Einkünften selbständig Tätiger werden die damit im Zusammenhang stehenden Fragen hier mit abgehandelt.

86 Das Anstellungsverhältnis des Geschäftsführergesellschafters mit der GmbH wird **nicht** als **abhängige Beschäftigung** im Sinne des Sozialversicherungsrechts angesehen (Kasseler Kommentar-Seewald § 7 SGB IV Rn 89 ff.; anders der am Kapital nicht beteiligte Fremdgeschäftsführer: BSG NJW-RR 2002, 758). Der Gesellschaftergeschäftsführer einer GmbH ist daher nicht gesetzlich kranken- und rentenversichert. Die Bezüge eines Gesellschaftergeschäftsführers einer GmbH werden ohne derartige Abzüge ausgezahlt. Er erhält einen **Arbeitgeberzuschuss** in Höhe des Beitrages in der gesetzlichen Krankenversicherung zu seinen privaten Kranken- und Pflegevorsorgeaufwendungen. Die gesamte Kranken- und Altersvorsorge muss – wie beim Selbständigen – von dem Gesellschaftergeschäftsführer aus seinem privaten Bruttoeinkommen selbst finanziert werden.

87 Die Gesellschaft kann ihren Gesellschafter/n eine **Altersvorsorge** zusagen und zu diesem Zweck **Rücklagen** bilden. Die Höhe dieser Rücklagen unterliegt

Einkommensermittlung **Vor § 1361 BGB**

einer Angemessenheitsprüfung durch die Finanzverwaltung. Bei der Ermittlung des unterhaltsrelevanten Einkommens ist zu prüfen, ob neben etwaigen derartigen Rücklagen noch **private Altersvorsorgeaufwendungen** anerkannt werden können oder aber die Rücklagen jedenfalls nach den Kriterien des Unterhaltsrechts zu hoch sind. Dabei wird insgesamt eine Altersvorsorge in Höhe von 24% des verfügbaren Bruttoeinkommens akzeptiert (20% primäre Altersvorsorge, 4% sekundäre Altersvorsorge; BGH NJW 2005 3277).

b) Gewinne der Gesellschaft. Gewinne und Verluste der GmbH sind für **88** die Ermittlung des unterhaltsrelevanten Einkommens grundsätzlich ohne Bedeutung. Der Gewinn und Verlust fällt bei der Gesellschaft, der GmbH, an. Überschüsse unterfallen der **Körperschaftssteuer.** Die Körperschaftssteuer der Gesellschaft wird auf die Einkommensteuer des Gesellschafters angerechnet. Die **Gesellschafterversammlung** (= der Alleingesellschafter) kann beschließen, den Gewinn/Verlust auf laufende Rechnung fortzuschreiben. Sie kann auch eine (Teil-)Ausschüttung von Gewinnen veranlassen. Derartige ausgeschüttete Gewinne sind steuerlich für den Gesellschafter **Einkünfte aus Kapitalvermögen.** Da der Alleingesellschafter einer GmbH in seiner Ausschüttungspolitik frei ist, ist anhand der Jahresabschlussunterlagen der GmbH zu überprüfen, ob ohne sachlich gerechtfertigten Grund erzielte **Gewinne thesauriert,** d.h. nicht ausgeschüttet worden sind. Werden die Gewinne nicht zum Ausgleich von fortgeschriebenen Verlusten oder für in Kürze anstehende Investitionen benötigt, kann dies eine fiktive Zurechnung der nicht ausgezahlten Gewinne rechtfertigen (OLG Hamm BeckRS 2008, 24237). Der unterstellte Ausschüttungsbetrag ist allerdings um die darauf entfallenden **steuerlichen Belastungen** zu kürzen (Körperschaftssteuer bei der Gesellschaft und Einkommensteuer beim Gesellschafter).

Ist der Unterhaltspflichtige **Minderheitsgesellschafter** der GmbH und bestehen keine besonderen persönlichen Beziehungen zu den weiteren Gesellschaftern, sind Manipulationen unwahrscheinlich. In diesen Fällen ist regelmäßig die unternehmerische Entscheidung, in welchem Umfang Gewinne ausgeschüttet werden, auch für die Unterhaltsberechnung zu akzeptieren (OLG Köln NJW-RR 2007, 941).

c) Verluste der Gesellschaft. Aufgelaufene Verluste sind sonstigen Einnah- **89** men des Gesellschaftergeschäftsführers solange nicht gegenzurechnen, bis er nicht privat zum **Ausgleich dieser Verluste herangezogen** wird und tatsächlich Leistungen erbringt (OLG Celle FuR 2004, 313). Zunächst betreffen die Verluste – wie die Gewinne – allein die Gesellschaft und das Gesellschaftsvermögen. In aller Regel wird der GmbH-Alleingesellschafter sich allerdings mit seinem Privatvermögen für geschäftliche Verbindlichkeiten verbürgt haben, weil er ansonsten für die Gesellschaft keine Darlehn bekommen hätte.

3. Abschreibungen/Absetzungen für Abnutzung

a) Grundlagen. Bilanzpflichtige Kaufleute sowie Freiberufler und Kleinge- **90** werbetreibende dürfen **Investitionen,** die sie in einem Wirtschaftsjahr getätigt haben, **nicht in einer Summe** in dem Wirtschaftsjahr gewinnmindernd ansetzen, in dem sie die Investitionen getätigt haben. Sie sind vielmehr verpflichtet, die Kosten entsprechend dem Wertverfall des Wirtschaftsgutes für die **Zeit der betriebsüblichen Nutzung** zu verteilen (§§ 253, 254 HGB, § 7 Abs. 1 EStG).

BGB Vor § 1361   1. Teil. Ehegattenunterhalt

Handelsrechtlich sind dies **Abschreibungen,** steuerrechtlich handelt es sich um **Absetzungen für Abnutzung (AfA).** Aus alledem folgt, dass einer Abschreibung immer ein tatsächlicher Aufwand in Höhe des Gesamtabschreibungsbetrages gegenübersteht und am Ende auch ein 100%iger Wertverzehr eintritt. Hinsichtlich des Wertverzehrs ist allein der Zeitraum der Abschreibung diskutabel. Im Ergebnis ist die **Abschreibung** für einen Unternehmer nicht etwas positives sondern etwas **negatives.** Er wird gezwungen, die Berücksichtigung ihn liquiditätsmäßig sofort in voller Höhe belastender Investitionen in steuerlicher Hinsicht in die Zukunft zu schieben (Gerken FamRZ 2003, 744).

91 Nicht zuletzt aus diesem Grund leasen viele Kaufleute, Freiberufler und Kleingewerbetreibende Investitionsgüter. **Aufwendungen für Leasing** sind im jeweiligen Wirtschaftsjahr voll absetzbar, so dass ein Einklang zwischen Liquiditätsabfluss und steuerlicher Berücksichtigung besteht. Diese alternative Möglichkeit der Finanzierung und ihre volle Berücksichtigung bei der Bemessung des unterhaltsrelevanten Einkommens spricht dafür, auch Abschreibungen in vollem Umfang anzuerkennen.

92 **b) Mehrjahrsschnitt.** Die häufig bei Einkommensermittlungen diskutierte Frage des „Abschreibungsgewinns" relativiert sich in der Praxis durch die Bildung eines **Mehrjahresschnitts.** Sollte ein Wirtschaftsobjekt tatsächlich in weitergehendem Umfang abgeschrieben sein, als dies dem tatsächlichen Wertverzehr entspricht, entsteht damit eine **stille Reserve.** Ist z.B. der Anschaffungswert eines Anlagegutes über fünf Jahre abgeschrieben worden, wird es danach allerdings weiter genutzt und hat es noch einen objektiven Verkehrswert, steckt in dem Unternehmen ein nicht ausgewiesener verdeckter Wert in Höhe der Differenz zwischen dem Verkehrswert und dem Restbuchwert (Wendl/Kemper § 1 Rn 248). Wird dieses Wirtschaftsgut veräußert oder aus dem Betrieb entnommen, dass der Unternehmer die **stille Reserve** aufdecken und die Differenz zwischen dem Buchwert und dem tatsächlichen Wert **versteuern** (§ 18 Abs. 3 EStG).

93 Gleiches gilt, wenn ein Anlagegegenstand während des Abschreibungszeitraums zu einem über dem Buchwert liegenden Preis veräußert oder aus dem Anlagevermögen entnommen wird (Wendl/Kemper a.a.O.). Derartige zu versteuernde Erlöse tauchen in der Einheitsbilanz **als sonstige betriebliche Erträge** auf. Dieser Mechanismus führt im Mehrjahresschnitt dazu, dass, weil das Anlagevermögen eines Unternehmens immer einer Fluktuation unterliegt, Abschreibungsgewinne aus früheren Jahren in dieser Form erfasst werden. Bei **langfristiger Betrachtung** werden über den tatsächlichen Wertverzehr erfolgte Abschreibungen ausgeglichen. Eine allein unterhaltsrechtlich irrelevante Vermögensbildung zu Lasten des Unterhaltsberechtigten durch den Unterhaltspflichtigen findet nicht statt.

94 **c) Lineare Abschreibung.** In der Rechtsprechung hat sich deshalb die Auffassung durchgesetzt, die übliche **lineare Abschreibung** nach § 7 Abs. 1 Satz 1 und 2 EStG auch für die Unterhaltsbemessung zu übernehmen (BGH NJW 2003, 1734). Die lineare Abschreibung erfolgt nach vom Bundesministerium der Finanzen im Zusammenwirken mit Wirtschaftsverbänden erstellten **AfA-Tabellen.** In diesen wird für jede Art von Wirtschaftsgut ein steuerlich zugrunde zu legender Abschreibungszeitraum genannt. Neue Pkw sind danach in fünf Jahren abzuschreiben. Neben der Abschreibung können etwaige **Tilgungsbeträge für Betriebsmittelkredite** nicht berücksichtigt werden; die Abschreibung schafft die **Liquidität** für die Tilgung (Wendl/Kemper § 1 Rn 256b).

Einkommensermittlung **Vor § 1361 BGB**

d) GWG. Ebenfalls unterhaltsrechtlich in vollem Umfang zu akzeptieren 95
ist die Möglichkeit der **Sofortabschreibung** geringwertiger Wirtschaftsgüter
(GWG). Kostet die Anschaffung eines Wirtschaftsgutes bis zu 150,00 EUR netto, kann ein Wirtschaftsgut nach § 6 Abs. 2 EStG im Jahr der Anschaffung in
vollem Umfang abgeschrieben werden. In dieser Weise sofort abgeschriebene
Wirtschaftsgüter müssen buchführungsmäßig gesondert erfasst werden. Das Steuerrecht ermöglicht diese Sofortabschreibung aus **Praktikabilitätsgründen.** Es
wäre ein unverhältnismäßiger Buchführungsaufwand, diese Wirtschaftsgüter Jahr
für Jahr zu erfassen und auf längere Zeit abzuschreiben. Zudem zeigt die Praxis,
dass die jährlichen Anschaffungskosten von GWG von Jahr zu Jahr kaum differieren. Daraus folgt, dass sich diese Wirtschaftsgüter schnell verbrauchen, mithin
keine **stillen Reserven** gebildet werden (Wendl/Kemper § 1 Rn 257).

e) Degressive Abschreibung. Nach der Rechtsprechung des Bundesge- 96
richtshofes können Korrekturen der steuerlichen Ansätze bei **Sonderabschreibungen** und **degressiven Abschreibungen** vorgenommen werden (BGH
NJW 2003, 1734).

Die **degressive Abschreibung** ermöglicht es dem Steuerpflichtigen, für die 97
Dauer der betriebsüblichen Nutzungsdauer einen **festen Prozentsatz** vom jeweiligen Restwert abzusetzen. Der Prozentsatz darf höchstens das Doppelte der linearen Abschreibungsrate und für nach dem 1. 1. 2001 angeschaffte Wirtschaftsgüter
20%, für davor angeschaffte Wirtschaftsgüter 30% betragen (Wendl/Kemper § 1
Rn 155). Ist ein Wirtschaftsgut für 10 000,00 EUR angeschafft worden und beläuft sich die degressive AfA-Rate auf 20%, ergibt sich im ersten Jahr ein Abschreibungsbetrag von 2000,00 EUR, im zweiten Jahr ein Abschreibungsbetrag von
1600,00 EUR (20% des Restwerts von 8000,00 EUR) und im dritten Wirtschaftsjahr ein Abschreibungsbetrag von 1280,00 EUR (20% von 6400,00 EUR Restwert). Korrigiert werden könnte bei der degressiven Abschreibung mithin für die
Unterhaltsberechnung in den ersten Jahren der Abschreibungssatz.

Eine **Korrektur des steuerlichen Ansatzes** ist für die Bestimmung des 98
unterhaltsrelevanten Einkommens allerdings **nicht geboten.** Es entspricht allgemeiner Lebenserfahrung, dass Wirtschaftsgüter gerade in den **ersten Jahren**
nach der Anschaffung **überproportional an Wert** verlieren. Zu berücksichtigen ist ferner das ständige Sinken der Abschreibung in den Folgejahren, die dann
üblicherweise unter dem tatsächlichen Wertverlust liegt. Zudem greift auch hier
der Gesichtspunkt, dass sich Abschreibungsgewinne in Form von stillen Reserven
in Form sonstiger betrieblicher Erlöse bei Abverkäufen oder Entnahmen des
Wirtschaftsgutes realisieren (vgl. Rn 92). Verschiebungen in den Jahresgewinnen durch degressive AfA gleichen sich mithin im **Mehrjahresschnitt** aus. Für
die Übernahme auch der degressiven AfA spricht ferner ein **Praktikabilitätsargument.** Für fortlaufende Unterhaltsberechnungen müsste, wenn die degressive AfA nicht übernommen wird, neben dem steuerlichen Abschreibungsverzeichnis ein gesondertes Abschreibungsverzeichnis für die Ermittlung des
unterhaltsrechtlich relevanten Einkommens geführt werden (Wendl/Kemper § 1
Rn 252).

f) Sonderabschreibungen. Für die Ermittlung des unterhaltsrechtlich rele- 99
vanten Nettoeinkommens korrekturbedürftig sind daher nur **Sonderabschreibungen** gemäß den §§ 7 a ff. EStG. Derartige Sonderabschreibungen orientieren
sich nicht am Wertverlust von Wirtschaftsgütern. Es handelt sich um **verdeckte
Subventionen,** die Investitionsanreize schaffen sollen.

Poppen

BGB Vor § 1361

100 In den letzten Jahren ist regelmäßig von der sog. **Ansparabschreibung** nach § 7g Abs. 3 bis 6 EStG Gebrauch gemacht worden. Die Ansparabschreibung ist eine Rücklage für eine künftige Anschaffung. Der Steuerpflichtige kann in Höhe von 40% der Anschaffungs- bzw. Herstellungskosten eines Wirtschaftsgutes, das er innerhalb der folgenden zwei Jahre anschaffen will, eine Rücklage bilden (Wendl/Kemper § 1 Rn 157). Die Ansparabschreibung erfolgt, ohne dass der Steuerpflichtige die Investitionsabsicht glaubhaft machen muss (BFH BStBl. 2002, 385). Die Rücklage ist **gewinnerhöhend aufzulösen,** wenn die Anschaffung erfolgt ist oder aber wenn innerhalb des Zweijahreszeitraumes keine Anschaffung vorgenommen wurde. Ist keine Anschaffung erfolgt, erfolgt die Auflösung mit einer **6%igen Jahresverzinsung.**

101 Die Ansparabschreibung wird von Steuerberatern häufig ohne konkrete Investitionsabsicht des Unternehmers dazu eingesetzt, **Gewinne** von einem Wirtschaftsjahr in das andere **zu verlagern.** Das ist sinnvoll, wenn der Gewinn in einem Wirtschaftsjahr außergewöhnlich hoch ist oder aber wenn der zu versteuernde Gewinn in Wirtschaftsjahre mit **niedrigeren Steuersätzen** geschoben werden kann, etwa aus den Jahren vor einer Steuerreform in die Folgejahre.

102 Derartige **Ansparabschreibungen,** denen kein tatsächlicher Aufwand des Unternehmers gegenübersteht, sind bei der Ermittlung des unterhaltsrelevanten Nettoeinkommens dann **nicht zu berücksichtigen,** wenn sie innerhalb des der Einkommensermittlung zugrunde gelegten **Mehrjahresschnittes nicht aufgelöst** worden sind. In diesem Fall erfolgt zu Lasten des Unterhaltsberechtigten durch die Ansparabschreibung eine Gewinnminderung ohne entsprechenden Mittelabfluss auf Seiten des Unterhaltspflichtigen. Ist die Ansparabschreibung allerdings **im Prüfungszeitraum gewinnerhöhend aufgelöst** worden, bedarf es Korrekturen wiederum nicht (BGH NJW-RR 2004, 1227; OLG Celle NJW 2008, 1456).

103 Wird der ausgewiesene Gewinn durch Nichtberücksichtigung einer Ansparabschreibung **erhöht** oder durch Abzug des bei Auflösung einer Ansparabschreibung verbuchten sonstigen Erlöses **vermindert,** so ist die steuerliche Berechnung fiktiv auf der Basis des so für die Unterhaltsberechnung ermittelten Einkommens vorzunehmen (BGH NJW-RR 2004, 1227).

g) Immobilienabschreibungen. Unberücksichtigt zu bleiben haben bei der Ermittlung des unterhaltsrelevanten Einkommens **Abschreibungen auf Immobilien** (BGH NJW 1984, 296; BGH NJW-RR 1986, 66). Schon steuerrechtlich können die Anschaffungskosten für Grund und Boden nicht abgeschrieben werden. Dem liegt die Überlegung zugrunde, dass trotz der Nutzung von Grund und Boden ein Wertverlust nicht stattfindet. **Gebäude und Gebäudeteile** können demgegenüber linear oder degressiv abgeschrieben werden. Der Rechtsprechung, dass Gebäudeabschreibungen bei der Unterhaltsberechnung nicht zu berücksichtigen sind, liegt die zutreffende Überlegung zugrunde, dass bei Bauwerken die Abschreibungssätze über die tatsächliche Wertminderung hinausgehen. Bei **langfristiger Betrachtung** sind **Immobilienwerte** durchgängig **gestiegen** und nicht gefallen. Da die Gebäudeabschreibung nicht berücksichtigt wird, können unter Umständen **Tilgungsbeträge** für Kredite, mit denen Immobilien angeschafft worden sind, berücksichtigt werden. Hier gelten die allgemeinen Grundsätze zur Berücksichtigung von ehebedingten Verbindlichkeiten (keine Berücksichtigung BGH NJW 2005, 2077; ergänzende Altersvorsorge: BGH NJW 2005, 3277). Unternehmern muss es allerdings möglich sein, dann, wenn während der Ehe auf **Kreditbasis** ein betriebliches Gebäude errichtet worden ist, auch die **Tilgungsbeträge** abzusetzen. (für notwendige Instandhaltungsmaßnahmen: OLG Hamm BeckRS 2008 24237).

4. Abgrenzung betrieblicher und privater Ausgaben

a) Grundsatz. Bei der Ableitung des unterhaltsrelevanten Einkommens aus 104
den steuerlichen Unterlagen ist ferner die **Abgrenzung betrieblicher und
privater Ausgaben** zu prüfen. Auszugehen ist dabei von dem Grundsatz, dass
nach § 4 III EStG auch bei der Ermittlung des steuerlich relevanten Einkommens
private und betriebliche Aufwendungen zu trennen sind. Abzugsfähig sind nur
betriebliche Aufwendungen. Daraus folgt, dass es dem **Unterhaltsberechtigten**
obliegt **darzulegen und nachzuweisen,** dass entgegen der in den steuerlichen
Unterlagen vorgenommenen Abgrenzung unzulässigerweise in den steuerlichen
Unterlagen private Ausgaben abgesetzt sind. Ein **pauschales Bestreiten** der
betrieblichen Veranlassung von Kosten reicht nicht (Wendl/Kemper § 1 Rn 280;
OLG Saarbrücken FamRZ 2006, 1756).

In diesem Zusammenhang werden in Unterhaltsverfahren häufig **Sachver-** 105
ständigengutachten eingeholt, in denen die Sachverständigen diese schon von
dem Steuerberater des Unterhaltspflichtigen vorgenommene Abgrenzung in
Randbereichen korrigieren, wobei die Kosten derartiger Gutachten in aller Regel in keinem Verhältnis zu den Mehr- oder Minderbeträgen an Unterhalt stehen. Derartiger Gutachten bedarf es nur bei **erheblichen Zweifeln** an der
Richtigkeit der Angaben oder steuerlich komplizierten Sachverhalten. Bestehen
tatsächliche Anhaltspunkte dafür, dass die Abgrenzung zwischen betrieblichen
und privaten Ausgaben unzutreffend erfolgt ist, bietet es sich auch an, die Korrektur im Wege einer **Schätzung nach §§ 113 FamFG, 287 ZPO** vorzunehmen.

b) Einzelne Kostenpositionen. Hinterfragt werden sollten folgende Positio- 106
nen:
- **Kfz-Kosten.** Üblicherweise werden die Kfz-Kosten in vollem Umfang als Betriebsaufwand abgesetzt. Die Eigennutzung wird dadurch erfasst, dass nach der
1%-Regelung des Steuerrechts der entsprechende Eigenverbrauch als betriebliche Einnahme gebucht oder durch **Fahrtenbuch** nachgewiesen wird. Diese
Handhabung ist regelmäßig auch bei der Ermittlung des unterhaltsrelevanten
Einkommens zu akzeptieren. Etwas anderes gilt dann, wenn aufgrund der
Struktur des Unternehmens nicht ersichtlich ist, dass tatsächlich in größerem
Umfang betrieblich veranlasste Fahrten anfallen. Beispiel ist der Zahnarzt, der
keine Hausbesuche macht und seine Laufaufträge mit der Post übersendet
(Wendl/Kemper § 1 Rn 232). Bei den Kfz-Kosten ist ferner zu prüfen, ob nicht
die Kosten für den Pkw eines neuen Lebensgefährten/in abgesetzt werden, obwohl dieser nur minimal oder überhaupt nicht betrieblich genutzt wird.
- **Löhne und Gehälter.** Zu prüfen ist, ob der Selbständige ihm nahestehende
Personen eingestellt hat und ob zwischen Arbeitsleistung und Entlohnung ein
Missverhältnis besteht. Ist das der Fall, sind die Kosten anteilig zu kürzen
(Wendl/Kemper § 1 Rn 235).
- **Rechts- und Beratungskosten.** Gerade in der Vergangenheit sind häufig
Kosten, die das Scheidungsverfahren betreffen, als Betriebsausgaben abgesetzt
worden. Bei ungewöhnlichen Steigerungen der Rechts- und Beratungskosten
im Zusammenhang mit Trennung und Scheidung ist anhand des Sachkontos zu
überprüfen, an wen und weshalb Leistungen erbracht worden sind. Ab 1. 1.

BGB Vor § 1361 1. Teil. Ehegattenunterhalt

2004 sind derartige Verbuchungen nicht mehr möglich, weil Rechnungen u. a. Zeitraum und Gegenstand der Beratung ausweisen müssen (§ 14 UStG).
– **Reisekosten.** Vor allen Dingen Unternehmer, die viel im **Außendienst** tätig sind, setzen bei der Ermittlung des steuerrechtlich relevanten Einkommens hohe Reisekosten ab. In der Regel handelt es sich um steuerlich zulässige **Pauschalen für Verpflegungsmehraufwand** aufgrund langer häuslicher Abwesenheit (§ 4 Abs. 5 Nr. 5 EStG). Hier ist eine Korrektur im Hinblick auf die häuslichen Ersparnisse geboten.

107 In der Regel besteht bei folgenden Positionen kein Korrekturbedarf:
– **Bewirtungskosten.** Steuerlich berücksichtigt werden Bewirtungskosten nur unter Abzug eines **30%igen Eigenanteils** (§ 4 Abs. 5 Nr. 2 EStG). Für die steuerliche Berücksichtigungsfähigkeit der Bewirtungskosten ist es notwendig, den betrieblichen Grund unter Angabe von Ort, Zeit, Teilnahme und Anlass der Bewirtung nachzuweisen (Wendl/Kemper § 1 Rn 238). Damit ist in der Regel eine hinreichende Abgrenzung zwischen privat und beruflich veranlasstem Aufwand gewährleistet.
– **Raumkosten.** Mietet der Unternehmer im Rahmen einer **Betriebsaufspaltung** die betrieblich genutzte Immobilie von sich selbst an, müssen die Raumkosten nicht weiter hinterfragt werden. Den abgezogenen Aufwendungen steht eine gleich hohe Einnahme aus Vermietung und Verpachtung gegenüber. Jede Korrektur des Aufwandes wird durch eine Korrektur der Einnahmen aus Vermietung und Verpachtung auf der anderen Seite wieder aufgezehrt. Etwas anderes kann gelten, wenn Eigentümer der Immobilie ein Familienangehöriger, etwa die Ehefrau, ist (Wendl/Kemper § 1 Rn 208a).
– **Rückstellungen.** Rückstellungen sind ebenfalls in aller Regel unkorrigiert zu übernehmen. Das gilt jedenfalls, soweit sie der Höhe nach im Verhältnis zum Betriebsergebnis angemessen sind (Wendl/Kemper § 1 Rn 269). Realisieren sich die Kosten, für die die Rückstellung gebildet worden ist, wird die Rückstellung ebenso aufgelöst, wie wenn der Grund für die Rückstellung entfällt. Soweit dem Unternehmer kein Aufwand entsteht, erfolgt die **Auflösung der Rückstellung gewinnerhöhend.** Wird die Rückstellung in Anspruch genommen, ist der Vorgang gewinnneutral. Bei einer Berechnung im Mehrjahresschnitt werden die Verschiebungen des Gewinns von einem Jahr in das andere ausgeglichen.
– **Telefonkosten.** Üblicherweise werden private Telefonate mit einem Eigenverbrauchssatz von 360,00 EUR jährlich angesetzt. Das reicht in der Regel aus, den privaten Nutzungsvorteil zu erfassen, zumal andererseits auch vom Privattelefon betrieblich veranlasste Telefonate geführt werden, deren Kosten nicht abgesetzt werden.
– **Zinsen.** Schuldzinsen sind zu berücksichtigen. Etwas anderes gilt nur, wenn der Unternehmer durch den **Gewinn übersteigende Entnahmen** betriebliche Konten soweit überzogen hat, dass zum **Ausgleich eine Kreditaufnahme** notwendig war. Dann ist das Anfallen der Schuldzinsen nicht betrieblich, sondern privat veranlasst. Das wird regelmäßig auch von der Finanzverwaltung jedenfalls bei Betriebsprüfungen korrigiert. Der auf derartige Kredite entfallende Teil der Schuldzinsen kann bei der Unterhaltsbemessung nur dann berücksichtigt werden, wenn der Grund für die Eingehung der Verbindlichkeiten für die Unterhaltsbemessung akzeptiert wird. Bis Ende 1998 war es möglich, durch ein **Mehrkontenmodell** private Schulden – in der Regel Verbindlichkeiten im Zusammenhang mit einem Hausbau – in betriebliche umzuwandeln.

Zinsen aus bis zum 31. 12. 1998 umgeschuldeten Privatkrediten werden auch für die Zeit danach gemäß § 52 Abs. 11 EStG als Betriebsausgaben anerkannt. Korrekturen sind in diesen Fällen nicht angezeigt. Es kann für die Abzugsfähigkeit der Zinsen keinen Unterschied machen, wenn der Kredit in der Ehe begründet worden ist, ob sie aus dem privaten in den betrieblichen Bereich verlagert worden sind (Wendl/Kemper § 1 Rn 260; OLG Saarbrücken FamRZ 2006, 1756). Es handelt sich in jedem Fall um zu berücksichtigende Verbindlichkeiten (unten Rn 186).

5. Steuerabzüge

Die Steuerbelastung ist bei Selbständigen in aller Regel **fiktiv** zu ermitteln. Werden z. B., um den Unterhaltsanspruch nach der Trennung zu ermitteln, die Einkünfte der letzten drei Jahres des Zusammenlebens zugrunde gelegt, können die tatsächlich gezahlten Steuern schon deshalb nicht mehr maßgeblich sein, weil sie aufgrund gemeinsamer Veranlagung berechnet worden sind. Auch haben sich in diesen Jahren häufig die **Steuersätze verändert.** Ferner können Steuervorteile, die aus der steuerlichen Berücksichtigung bei der Unterhaltsbemessung nicht anerkannter Positionen resultieren, nicht übernommen und fortgeschrieben werden. Dabei sollen nach der Rechtsprechung des Bundesgerichtshofes Steuervorteile, die aus der Inanspruchnahme von Abzugsposten resultiert, denen kein tatsächlicher Aufwand des Unternehmers gegenübersteht, allerdings in die Unterhaltsberechnung einbezogen werden (BGH NJW 2003, 1734). 108

Richtigerweise wird man die Steuerbelastung so ermitteln, dass aus dem **Betriebsergebnis im Mehrjahresschnitt** ein **Bruttoeinkommen** abgeleitet wird. Dieses wird um die für den Unterhaltszeitraum aktuellen **individuellen steuerlichen Freibeträge** zur Ermittlung des zu versteuernden Einkommens bereinigt (Wendl/Gerhardt § 1 Rn 583 c; BGH NJW-RR 2004, 1227). Anhaltspunkt sind dafür die letzten ergangenen Steuerbescheide. Zu berücksichtigen ist das steuerliche Realsplitting inklusive Nachteilsausgleich. Auf dieser Basis wird dann fiktiv die Steuerlast berechnet, etwa mit Hilfe des **interaktiven Steuerrechners** des Bundesfinanzministeriums (www.finanzministerium.de). 109

6. Kranken- und Altersvorsorge

a) Kranken- und Pflegeversicherung. Bei Selbständigen sind Beiträge für die Kranken- und Pflegeversicherung sowie für die Altersvorsorge in angemessenem Umfang in Abzug zu bringen. 110

Grundsätzlich zu berücksichtigen sind die Beiträge für eine **freiwillige Kranken- und Pflegeversicherung** in der gesetzlichen Krankenversicherung oder eine **private Kranken- und Pflegeversicherung** zur Erlangung eines dem der gesetzlichen Krankenversicherung entsprechenden Versicherungsschutzes (BGH NJW 1982, 1983). **Zusatzversicherungen** sind je nachdem absetzbar, ob sie bereits die ehelichen Lebensverhältnisse geprägt haben oder gehobene Einkommensverhältnisse vorliegen, so dass der Abzug dieser Beträge den angemessenen Unterhalt des Berechtigten nicht schmälert (OLG Bamberg NJW-RR 1993, 66). Ist ein **Selbstbehalt** vereinbart, ist, wenn der Selbstbehalt in Anspruch genommen worden ist, dieser Betrag auf den Monat umgelegt zusätzlich abzuziehen.

b) Altersvorsorge. Altersvorsorgeleistungen können bis zu **24% des Bruttoeinkommens** abgesetzt werden (20% primäre Altersvorsorge; 4% sekun- 111 däre Altersvorsorge; vgl. Rn 51 ff.). Dabei ist der Unternehmer in der Gestaltung seiner Altersvorsorge frei. Neben Beiträgen zu berufsständischen Versorgungswerken, freiwilligen Beiträgen in die gesetzliche Rentenversicherung sind auch Altersvorsorgeleistungen in Form von **Vermögensbildung** zu berücksichtigen, etwa Kapitallebensversicherungen, Fonds-Sparpläne und ähnliches (BGH NJW 2003, 1690). Zu berücksichtigen sind allerdings nur tatsächlich geleistete Beträge. **Fiktiv** kann ein Vorsorgeaufwand nicht abgesetzt werden (BGH a. a. O.).

112 c) **Sonstige Versicherungen.** Wie bei nichtselbständig Tätigen sind bei selbständigen Tätigen auch sonstige Versicherungen abzuziehen, d. h. **private Unfallversicherungen,** freiwillige Beiträge zur **gesetzlichen Unfallversicherung** und **Haftpflichtversicherungen,** wobei es für die Abzugsfähigkeit darauf ankommt, dass die Beiträge in einem angemessenen Verhältnis zum Einkommen stehen.

7. Berufsbedingte Aufwendungen/Erwerbstätigenbonus

113 Ein gesonderter Abzug – wie bei nichtselbständig Tätigen – für berufsbedingte Aufwendungen, etwa in Höhe einer **Pauschale von 5%,** kommt bei selbständig Tätigen nicht in Betracht. Sämtliche berufsbedingten Aufwendungen sind bereits als Betriebsausgabe erfasst.

114 Andererseits ist dem selbständig Tätigen auf sein unterhaltsrelevantes bereinigtes Einkommen der **Erwerbstätigenbonus** zuzubilligen. Auch wenn angesichts der Doppelfunktion des Erwerbstätigenbonus eine pauschale Abgeltung berufsbedingter Aufwendungen wegen der vollständigen Erfassung bei den Betriebsausgaben ausscheidet, greift jedoch – und das angesichts des unternehmerischen Risikos und der ungeregelten Arbeitszeiten in besonderem Maße – der zweite vom Bundesgerichtshof hervorgehobene Gesichtspunkt, dem Erwerbstätigen einen **Anreiz für die Fortführung seiner Erwerbstätigkeit** zu geben, indem ihm ein die Hälfte des unterhaltsrelevanten bereinigten Nettoeinkommens maßvoll übersteigender Betrag verbleibt (BGH NJW-RR 1990, 1346; vgl. oben Rn 64).

IV. Einkünfte aus Land- und Forstwirtschaft

1. Steuerliche Veranlagung

115 Einkünfte aus Land- und Forstwirtschaft werden entweder durch einen **Betriebsvermögensvergleich** nach § 4 Abs. 1 EStG oder nach **Durchschnittssätzen** gemäß § 13 a EStG ermittelt.

116 Buchführungspflichtig und damit zur Ermittlung der Einkünfte durch Betriebsvermögensvergleich verpflichtet sind Landwirte mit einem Umsatz von mehr als 500 000,00 EUR oder einem Gewinn von mehr als 50 000,00 EUR im Kalenderjahr (§ 141 AO). Bei der Ermittlung des unterhaltsrelevanten Einkommens eines buchführungspflichtigen Land- und Forstwirts gelten die **gleichen Grundsätze wie bei Gewerbetreibenden.** Insbesondere sind lineare Abschreibungen auch auf Kulturen und Anlagevermögen für die Ermittlung des unterhaltsrelevanten Einkommens zu übernehmen (BGH NJW 2003, 1734). Der Wert steuerlich nicht erfassten **Eigenverbrauchs** etwa an Lebensmitteln ist anhand der Darstellung der Parteien über die ehelichen Lebensverhältnisse zu schätzen (BGH NJW 2005, 433).

Ein Problem ergibt sich für die zeitnahe Feststellung der Einkünfte daraus, dass 117
das **Wirtschaftsjahr** bei Land- und Forstwirten nach § 4a Abs. 1 EStG die Zeit
vom 1. Juli bis zum 30. Juni erfasst. Zur Ermittlung des im Kalenderjahr zu versteuernden Einkommens werden jeweils die Hälfte der Ergebnisse der in das jeweilige Kalenderjahr fallenden Wirtschaftsjahre zusammengerechnet. Da das für die Ermittlung des steuerlichen Einkommens maßgebliche letzte Wirtschaftsjahr erst zum 30. 6. des Folgejahres endet, können Steuererklärungen und Steuerbescheide bei Landwirten nur mit noch größerer **Verzögerung** vorgelegt werden als schon bei sonstigen selbständig Tätigen.

2. Probleme bei kleinen Betrieben

Schwierig ist die Ermittlung des unterhaltsrelevanten Einkommens bei **klei-** 118
nen Betrieben, die nicht buchführungspflichtig sind. Macht ein Landwirt von der Möglichkeit der Ermittlung des Gewinns nach **Durchschnittssätzen** gemäß § 13a EStG Gebrauch, sind diese Daten für die Ermittlung des unterhaltsrelevanten Einkommens nicht verwertbar. Die Ansätze sind rein abstrakt und haben keinen Bezug zum konkreten Betrieb. Bezweckt wird mit dieser Möglichkeit der Ermittlung steuerlicher Einnahmen eine **Subventionierung kleiner landwirtschaftlicher Betriebe.** Der betreffende Landwirt ist nicht verpflichtet, Aufzeichnungen zu machen oder Belege aufzubewahren. Üblicherweise wird er deshalb auch keine Auskunft zu den tatsächlichen Umsätzen geben können (wollen). Lassen sich konkrete Feststellungen nicht treffen, hilft nur die Einkommensermittlung im Wege der **Schätzung** anhand der Daten der tatsächlichen Lebensführung (Wendl/Kemper § 1 Rn 285).

3. Einkommensfiktion

Gerade bei kleinen, **unrentablen landwirtschaftlichen Betrieben** stellt sich 119
die Frage nach einer (Teil-)Verwertung des im landwirtschaftlichen Betrieb steckenden Vermögens. Häufig sind Maschinen, Viehbestand und vor allen Dingen Grundstücke des landwirtschaftlichen Betriebes von erheblichem Wert, ohne dass der Betrieb als solcher noch einen nennenswerten Gewinn abwirft. Für einen derartigen Fall hat der Bundesgerichtshof bereits für den Trennungsunterhalt eine **Vermögensverwertungspflicht** des Landwirtes angenommen (BGH NJW-RR 1986, 685; BGH NJW 2005, 433). Zu prüfen ist danach die Möglichkeit des Verkaufs einiger Teilflächen, um aus dem Erlös den Unterhalt zu bestreiten. Gegebenenfalls ist der gesamte Betrieb zu veräußern und der Landwirt muss sich eine andere Beschäftigung suchen (BGH NJW 1993, 1283). Die Pflicht zur Aufgabe des landwirtschaftlichen Betriebes besteht nicht, wenn dies unwirtschaftlich wäre oder der Landwirt aus einer anderen Beschäftigung kein höheres Einkommen erzielen könnte, als aus seinem landwirtschaftlichen Betrieb (OLG Hamm BeckRS 2003 30313975).

Für den **Elternunterhalt** hat das Oberlandesgericht Karlsruhe (OLG Karlsruhe NJW 2004, 296) die Obliegenheit zum Verkauf eines ererbten und verpachteten landwirtschaftlichen Betriebes angenommen, wobei in jenem Fall der Unterhaltsverpflichtete seinen eigenen angemessenen Unterhalt aus einer anderen selbständigen Tätigkeit bestritt.

BGB Vor § 1361 1. Teil. Ehegattenunterhalt

V. Einkünfte aus Kapitalvermögen

1. Anrechenbare Erträge

120 Vorhandenes Kapital ist vom Unterhaltsberechtigten bzw. -pflichtigen **ertragsgünstig aber risikolos** anzulegen (BGH NJW 1993, 1920, 1921). Zu den Einnahmen zählen Zinsen jeder Art, Diskonterträge bei Wechselgeschäften, Ausschüttungen von Investmentgesellschaften, Stückzinsen, Dividenden und Einkünfte aus sonstigen Wertpapieren (Wendl/Dose § 1 Rn 408). Angerechnet werden auch **Spekulationsgewinne** nach Abzug der darauf entfallenden Steuern (OLG Stuttgart FamRZ 2002, 635). Bei der Berechnung von Ehegattenunterhalt ist stets zu prüfen, ob die Kapitaleinnahmen die **ehelichen Lebensverhältnisse geprägt** haben, d. h. zum Lebensunterhalt (mit-)verbraucht worden sind. Sind sie regelmäßig wieder angelegt worden, handelt es sich nicht um prägende Einkünfte (Wendl/Dose § 1 Rn 408).

121 Ist das Kapital in einer Weise angelegt, dass es Erträgnisse abwirft, die unter der Höhe der erzielbaren Erträge nach der Marktsituation im möglichen Anlagezeitpunkt liegen, besteht eine **Umschichtungsobliegenheit** (BGH NJW 1992, 1044). Diskutiert wird diese Frage vor allen Dingen bei der Anlage von Kapital in einer Immobilie bei Teilfinanzierung des Restkaufpreises. Verbleibt zwischen dem anrechenbaren Mietwert und den abzusetzenden neu eingegangenen Schuldlasten keine gemessen am Ursprungskapital angemessene Rendite, besteht eine Umschichtungsobliegenheit bzw. es werden Zinseinkünfte aus einer anderen Geldanlage fingiert (BGH NJW 1998, 753). Bei einer Kapitalanlage in thesaurierende Fonds werden Einnahmen in einer bei langfristiger Anlage erzielbaren Höhe fiktiv angesetzt (BGH NJW 2008, 57).

2. Herkunft des Kapitals

122 Auf die **Herkunft des Kapitals kommt es nicht an.** Angerechnet werden Kapitalerträge aus Erbteilen (BGH NJW 1984, 2958; BGH NJW-RR 1988, 1282), Spargthaben (BGH NJW 1985, 907), einem Versteigerungserlös (BGH NJW 1985, 1943), einem Lottogewinn (OLG Frankfurt FamRZ 195, 875) und **Schmerzensgeldzahlungen** jedenfalls bei gesteigerter Unterhaltspflicht (BGH NJW-RR 1988, 1096). Anzurechnen sind auch Einnahmen aus Kapitalbeträgen, die aus dem Unterhalt erspart worden sind (BGH FamRZ 1985, 852). Verzinslich anzulegen sind ferner **Zugewinnausgleichszahlungen** oder Zahlungen aufgrund sonstiger vermögensrechtlicher Auseinandersetzungen (BGH FamRZ 1987, 912, 913). Die erzielbaren Zinsen werden auf den Unterhaltsbedarf angerechnet, wenn Erträge aus dem Vermögen, aus dem der Zugewinn abgeleitet worden ist, in der Ehe nicht zum Lebensunterhalt verbraucht worden sind (BGH NJW 2008, 57). Ansonsten gilt die Differenzmethode. Das anzulegende Kapital kann um Aufwendungen für persönliche Bedürfnisse im Rahmen einer sparsamen Lebensführung gekürzt werden (OLG Hamm NJW-RR 1998, 724).

3. Höhe der anrechenbaren Erträge

123 Die Ermittlung der Höhe der Kapitaleinkünfte erfolgt durch **Überschussrechnung** unter Abzug der Werbungskosten von den Bruttoeinnahmen. Abziehbare Werbungskosten sind Depotgebühren, Bankspesen für die Verwaltung, Schließfachmiete, Kosten für die Teilnahme an Hauptversammlungen, Versiche-

Einkommensermittlung Vor § 1361 BGB

rungsbeiträge sowie anteilige Steuern. Die steuerlichen Pauschbeträge für Werbungskosten sind nicht maßgeblich. Es zählt nur der tatsächliche Aufwand. Nicht abziehbar ist ein Ausgleich für zukünftige **Kaufkraftverluste** des Kapitalstammes (BGH NJW-RR 1986, 682). Bei einem Auskunftsersuchen ist zu beachten, dass vom 1. 1. 2004 bis 31. 12. 2008 deutsche Geldinstitute verpflichtet waren, ihren Kunden unaufgefordert nach § 24 c EStG eine **Jahressteuerbescheinigung** zu erstellen. Jeder Auskunftsanspruch sollte Jahressteuerbescheinigungen aller in Frage kommenden Kreditinstitute mit erfassen (vgl. § 1605 BGB 19 ff.).

Versteuert wurden Kapitalerträge unter Berücksichtigung eines **Freibetrages** 124 nach § 20 IV EStG in Höhe von zuletzt 750,00 EUR für Alleinstehende und von 1500,00 EUR für zusammen veranlagte Ehegatten zuzüglich der Werbungskostenpauschale des § 9a Satz 1 Nr. 2 EStG in Höhe von 51,00 EUR für Alleinstehende und 102,00 EUR für zusammen veranlagte Ehegatten. Ab 1. 1. 2009 wird von allen Kapitalerträgen, die die neuen Sparerpauschbeträge von 801,00 EUR für Alleinstehende und 1602,00 EUR für Verheiratete (§ 20 Abs. 9 EStG) übersteigen, eine **Abgeltungssteuer** von 25% zuzüglich Kirchensteuer und Solidaritätszuschlag einbehalten (insgesamt 28,625 %). Bei der Zurechnung fiktiver Kapitalerträge dürfen diese steuerlichen Lasten nicht unberücksichtigt bleiben.

Als Einkommen anzurechnen sind die Zinseinnahmen vom **Zeitpunkt der** 125 **Kapitalanlage** an. Auf den Zeitpunkt der Ertragsausschüttung kommt es nicht an. Die Zwischenzeit muss der Vermögensinhaber durch Konsumverzicht/Kreditaufnahme überbrücken (BGH NJW-RR 1988, 1282; Palandt/Brudermüller § 1577 Rn 8).

4. Vermögensverwertungsobliegenheit

a) Grundsätze. Grundsätzlich besteht **keine Obliegenheit,** den Vermögens- 126 stamm zur Deckung des eigenen Unterhaltsbedarfs oder zur Zahlung von Unterhalt zu verwerten. Ob ausnahmsweise eine Obliegenheit besteht, ist aufgrund einer **Billigkeitsabwägung** zu entscheiden (vgl. §§ 1577 Abs. 1 Satz 3, 1602 Abs. 1, 1581 Satz 2, 1603 Abs. 2 Satz 3 BGB und zu den Einzelheiten § 1577 Rn 20 ff.). Allgemein ist als Billigkeitskriterium die Größe des Vermögens zu berücksichtigen. Je größer das Vermögen ist, desto mehr muss es (teilweise) verwertet werden. Wird die Verwertungsobliegenheit angenommen, billigt die Rechtsprechung dem Betroffenen häufig einen **verbleibenden Sockelbetrag** zu (BGH NJW 1998, 978; OLG Celle FamRZ 2001, 47: 5000,00 DM bei Unterhaltsanspruch eines volljährigen Kindes). Für die als Notgroschen gedachte Rücklage kann als anrechenbares Zinseinkommen nur der für kurzfristig verfügbare Sparguthaben bzw. Tagesgeld erzielbare Zins angesetzt werden (BGH NJW-RR 1986, 683). Erhält ein Unterhaltsberechtigter/-pflichtiger mit Eintritt in den Ruhestand eine **Lebensversicherung** ausgezahlt, ist diese Summe einschließlich der bis dahin erzielbaren Zinsen auf die Dauer der statistischen Restlebenserwartung zu verteilen und für den laufenden Unterhalt zu berücksichtigen. Lebensversicherungen dienen gerade der Aufrechterhaltung des früheren Lebensstandards nach Eintritt in den Ruhestand (OLG Hamm FamRZ 2000, 1286). Jedenfalls sind die erzielbaren Zinsen auf den Auszahlungsbetrag zu berücksichtigen (OLG Köln NJW 1998, 1500).

In der **Art der Vermögensverwertung** ist der Inhaber des Vermögens frei. 127 Vermögensgegenstände können veräußert werden (BGH FamRZ 1982, 23). Denkbar ist auch die Belastung von Grundvermögen oder die Beleihung eines

Poppen 65

BGB Vor § 1361 1. Teil. Ehegattenunterhalt

Erbanteils (BGH FamRZ 1980, 43). Zur Vermögensverwertungsobliegenheit gehört ferner die Geltendmachung von **Ansprüchen gegen Dritte**, soweit das zumutbar ist. Es kann daher geboten sein, einen **Pflichtteilsanspruch** nach dem Tod des zuerst versterbenden Elternteils geltend zu machen (BGH NJW 1993, 1920; Johannsen/Henrich/Büttner § 1361 Rn 31). Die Obliegenheit besteht nicht, wenn dadurch die Einsetzung zum Schlusserben entfällt (§ 2269 BGB: Berliner Testament) oder wenn die Durchsetzung zu gravierenden Einschnitten in der wirtschaftlichen Situation des Erben führt bzw. mit einem hohen Prozessrisiko behaftet ist (OLG Hamm FamRZ 1997, 1537).

128 **b) Art des Unterhaltsanspruchs.** Bei der Billigkeitsabwägung zur Annahme der Vermögensverwertungspflicht ist vor allem die **Art des Unterhaltsanspruchs** zu berücksichtigen. Für den Ehegattentrennungsunterhalt gibt es keine ausdrückliche gesetzliche Regelung. Die äußerste Grenze der Verwertungsobliegenheit bilden die Kriterien für den nachehelichen Unterhalt (§§ 1577 Abs. 3, 1581 S. 2 BGB; vgl. § 1577 BGB Rn 20 ff.). Diese Kriterien können allerdings erst nach langer Trennungszeit und bei niedrigen laufenden Einkünften angewandt werden. Die **Trennungszeit** ist geprägt durch die noch bestehende Verantwortung der Eheleute füreinander und ein höheres Maß an Rücksichtnahme auf die beiderseitigen Interessen. In der Trennungszeit sollen grundsätzlich keine Änderungen der Lebensverhältnisse erfolgen, die die Zerrüttung der Ehe unumkehrbar machen. Deshalb besteht in der Trennungszeit grundsätzlich keine Pflicht zur Verwertung eines Familienheimes oder eines die Existenzgrundlage der Familie bildenden Unternehmens (BGH NJW 1985, 907; BGH NJW 2000, 284). Denkbar ist eine Obliegenheit zur Veräußerung eines neben weiterem Vermögen vorhandenen Wertpapierdepots (OLG Hamm FamRZ 1993, 1086).

129 Beim **nachehelichen Unterhalt** steht als Maßstab die **Wirtschaftlichkeit der Vermögensverwertung** im Vordergrund. Unwirtschaftlich ist eine Vermögensverwertung, wenn vorübergehend der Verkehrswert des Vermögensgegenstandes nicht erzielt werden kann, etwa der Verkehrswert einer Immobilie (Palandt/Brudermüller § 1577 Rn 31). In die Billigkeitsabwägung mit einfließen muss zudem die gesamte wirtschaftliche Situation; je günstiger die Vermögensverhältnisse, desto geringer die Obliegenheit zur Verwertung (Verpflichtung bejaht: OLG Saarbrücken NJW-RR 2007, 1377; OLG Hamm FamRZ 2006, 1680).

130 Im Verhältnis zu **minderjährigen Kindern** hat der Unterhaltsverpflichtete nach § 1603 Abs. 1 BGB den Stamm seines Vermögens grundsätzlich einzusetzen (vgl. § 1603 BGB Rn 32). Einige Einschränkung der Obliegenheit ist die im Gesetz verankerte Verpflichtung auch den **Bedarf weiterer Unterhaltsschuldner** zu decken. Daraus ergibt sich die Einschränkung der Vermögensverwertungsobliegenheit dahingehend, dass dem Unterhaltsschuldner durch die Verwertung nicht fortlaufende Einkünfte abgeschnitten werden dürfen, die er zur Erfüllung dieser Verpflichtungen benötigt (Wendl/Dose § 1 Rn 419). Das minderjährige Kind selbst braucht seinen eigenen Vermögensstamm nicht zu verwerten, solange die Eltern leistungsfähig sind (§ 1602 Abs. 2 BGB). Nur wenn der eigene angemessene Unterhalt der Eltern gefährdet ist, wenn sie ihren Kindesunterhaltsverpflichtungen nachkommen müssen, können die Eltern nach § 1603 Abs. 2 Satz 2 BGB das Kind auf den Stamm seines Vermögens verweisen (BGH NJW 1985, 907; § 1602 BGB Rn 31).

Beim **Elternunterhalt** gibt es nach dem Gesetz keine allgemeine Billigkeitsgrenze für eine Vermögensverwertungsobliegenheit. Da Eltern für den Unterhalt ihrer Kinder in der Regel aus übergegangenem Recht durch den Sozialhilfeträger in Anspruch genommen werden, greifen in diesen Fällen zunächst die **sozialhilferechtlichen Vorschriften zum Schonvermögen** (§§ 90, 94 SGB XII). Für die Vermögensverwertungsobliegenheit ist weiter zu berücksichtigen die besondere Lage von Unterhaltpflichtigen gegenüber ihren Eltern (BVerfG NJW 2005, 1927; OLG Hamm FamRZ 2002, 1212). Der Elternunterhaltsanspruch ist nach der Konzeption des Gesetzes der schwächste Unterhaltsanspruch. Die in Anspruch genommenen „Kinder" sind häufig zum Zeitpunkt der Inanspruchnahme auf Elternunterhalt noch Unterhaltsansprüchen ihrer eigenen Kinder ausgesetzt **(Sandwich-Generation).** Sie müssen zudem, was der Gesetzgeber durch die Förderung der privaten Altersvorsorge in den letzten Jahren bekräftigt hat, verstärkt aus eigener Kraft für ihr Alter vorsorgen (BVerfG a.a.O). Da nach § 1603 Abs. 1 BGB sonstige Verpflichtungen des Unterhaltsschuldners zu berücksichtigen sind, ist eine umfassende **Zumutbarkeitsabwägung** vorzunehmen. Nicht angegriffen werden muss Sparvermögen oder eine ähnliche Kapitalanlage, die den Wert der dem Kind zuzubilligenden zusätzlichen Altersvorsorge von bis zu 5% des Bruttoeinkommens beim Elternunterhalt bezogen auf das Erwerbsleben entspricht (BGH NJW 2006, 3344). Als zumutbar ist es bei einem Kapitalvermögen von 300 000,00 DM und einem eigenen Appartement angesehen worden, zu Unterhaltszwecken 230 000,00 DM einzusetzen (OLG Koblenz NJW-RR 2000, 293, bestätigt durch BGH NJW 2003, 128).. Die Verwertung des Miteigentumsanteils an einer Eigentumswohnung, die im gemeinsamen ideellen Eigentum der Ehegatten steht, ist dagegen vom OLG Köln nicht gefordert worden (NJW-RR 2000, 810). Jedenfalls gilt auch im Verhältnis zu den Eltern, dass eine Verwertung des Vermögensstammes nicht gefordert werden kann, wenn dadurch fortlaufende Einkünfte wegfallen würden, die zur Erfüllung weiterer Unterhaltsansprüche und berücksichtigungswürdiger Verbindlichkeiten bzw. zur Bestreitung des eigenen Unterhalts benötigt werden (BGH NJW 2004, 2306). 131

Angenommen worden ist die Obliegenheit, einen ererbten und verpachteten **landwirtschaftlichen Betrieb** zu veräußern, um den Erlös zur Bestreitung des Elternunterhalts zu verwenden, in einem Fall, in dem der Unterhaltspflichtige aus einer selbständigen Tätigkeit seinen eigenen Unterhaltsbedarf angemessen decken konnte (OLG Karlsruhe NJW 2004, 296; vgl. dazu auch oben Rn 119). In jener Entscheidung hat das OLG Karlsruhe angenommen, dass der Erlös auf die **statistische Lebenserwartung** des Unterhaltsberechtigten zu verteilen ist. 132

VI. Einkünfte aus Vermietung und Verpachtung sowie Wohnvorteil

1. Einkünfte aus Vermietung und Verpachtung

a) Allgemeines. Einkünfte aus Vermietung und Verpachtung gehören zum unterhaltsrelevanten Einkommen. Ausgangspunkt der Einkommensermittlung sind wiederum die **steuerlichen Unterlagen.** Nach § 2 Abs. 2 Nr. 2 EStG werden die Einkünfte aus Vermietung und Verpachtung als Überschuss der Einnahmen über die Werbungskosten ermittelt. Erfasst werden Einnahmen und abzusetzende Werbungskosten in der **Anlage VuV zur Einkommensteuerer-** 133

BGB Vor § 1361 1. Teil. Ehegattenunterhalt

klärung. Sind mehrere gemeinsam Eigentümer einer Immobilie, wird der Gesamtüberschuss bzw. -verlust durch gesonderte und einheitliche Feststellungen nach § 180 Abs. 1 Nr. 2 a AO auf die einzelnen Berechtigten verteilt.

134 Für Einnahmen aus Vermietung und Verpachtung gilt – wie bei Freiberuflern, die ihre Einnahmen mit einer Einnahme-Überschuss-Rechnung erfassen – das **Zuflussprinzip**, d. h. erfasst werden die in einem Kalenderjahr erzielten Einnahmen und getätigten Ausgaben.

135 **b) Einnahmen und Ausgaben.** Einnahmen sind Miet- oder Pachtzinsen, Mietvorauszahlungen und die Zahlungen des Mieters auf Nebenkosten (Wendl/Gerhardt § 1 Rn 296). **Werbungskosten** sind alle Hauskosten ohne die Beschränkungen nach §§ 556 BGB i. V. m. der Betriebskostenverordnung.

136 Abgesetzt werden können ferner **notwendige Erhaltungsaufwendungen**. Nicht berücksichtigt werden können demgegenüber Ausbauten und wertsteigernde Verbesserungen. Der dafür getätigte Aufwand dient der Vermögensbildung (BGH NJW 1997, 735). Bei größeren notwendigen Erhaltungsaufwendungen ist, wenn sie aus eigenen Mitteln finanziert werden, eine Aufteilung des Aufwandes auf einen Zeitraum von zwei bis fünf Kalenderjahren vorzunehmen (Wendl/Gerhardt Rn 299).

137 **Instandhaltungsrücklagen** werden abgesetzt, soweit sie für eine konkrete Instandhaltungsmaßnahme bestimmt sind und sich der Aufwand im Rahmen dessen hält, was angesichts der Einnahmen und Ausgaben des Objektes durch zumutbare Rücklagen finanziert werden kann (BGH NJW 2000, 284).

138 **Abschreibungen** werden nicht berücksichtigt. Abgeschrieben werden können nach § 7 Abs. 4 Satz 1 EStG üblicherweise 2% der Anschaffungs- und Herstellungskosten für Gebäude und Gebäudeteile, nicht für den Grund und Boden. Das Steuerrecht sieht zudem erhöhte Abschreibungsmöglichkeiten für bestimmte Gebäude und Instandsetzungs- und Modernisierungsaufwendungen vor. All diese Abschreibungen sind bei der Bemessung des unterhaltsrelevanten Einkommens ohne Bedeutung, weil langfristig Gebäude nicht an Wert verlieren und der kurzfristige Wertverlust durch die **Instandhaltungsaufwendungen** aufgefangen wird (BGH NJW 1997, 735).

139 Ist eine fremd genutzte Immobilie ganz oder teilweise durch **Kredit** finanziert worden, können demgegenüber die **Tilgungsleistungen** grundsätzlich abgesetzt werden. Das gilt in jedem Fall für eine Immobilie, die Unterhaltsberechtigtem und -pflichtigem gemeinsam gehört. Der Tilgungsaufwand kommt beiden als Vermögensbildung zugute (Wendl/Gerhardt § 1 Rn 301; vgl. dazu auch Rn 153 ff.).

140 Handelt es sich um eine Immobilie im **Alleineigentum** eines Ehegatten, sind die Tilgungen jedenfalls bis zur Zustellung eines Scheidungsantrages zu berücksichtigen; besteht kein Ehevertrag, partizipiert der andere Ehegatte bis dahin an der einseitigen Vermögensbildung über den Zugewinnausgleich. Zudem gilt, dass die Tilgungsleistungen die ehelichen Lebensverhältnisse geprägt haben und jedenfalls während der **unmittelbaren Trennungszeit** in aller Regel eine **Vermögensumschichtung** nicht verlangt werden kann (OLG Karlsruhe FamRZ 1990, 163). Auch über diesen Zeitraum hinaus können Tilgungsleistungen abzusetzen sein, wenn etwa ein Selbständiger durch die Entschuldung der Immobilie **Altersvorsorge** (oben Rn 52) betreibt oder aber bei sehr guten Einkünften die Tilgungsleistungen eine nach objektiven Maßstäben angemessene Vermögensbildung darstellen (BGH NJW-RR 1995, 835). Ansonsten können Tilgungsleistungen

Einkommensermittlung Vor § 1361 BGB

nach Zustellung des Scheidungsantrages nicht mehr berücksichtigt werden (BGH NJW 2008, 1946).

Im Ergebnis lassen sich Einkünfte aus **Vermietung und Verpachtung** einer 141 fremd genutzten Immobilie mithin dadurch **ermitteln,** dass die auf der Rückseite der **Anlage VuV** erfasste Abschreibung und etwaige dort aufgeführte Sonderabschreibungen bei den Ausgaben nicht berücksichtigt und stattdessen ggf. nach den vorstehenden Kriterien neben den steuerlich erfassten Kosten Kredittilgungen abgesetzt werden. Da die Tilgungsbeträge aus den steuerlichen Unterlagen in aller Regel nicht ersichtlich sind, weil sie für die Finanzverwaltung keine Rolle spielen, müssen für die Ermittlung des unterhaltsrelevanten Einkommens jeweils die **Zins- und Tilgungspläne** für im Zusammenhang mit einer fremd genutzten Immobilie aufgenommenen Kredite ausgewertet werden.

2. Wohnvorteil bei Wohnen im eigenen Heim

a) Allgemeine Grundsätze. Jede Vermögensnutzung ist bei der Unter- 142 haltsberechnung unterhaltsrechtlich sowohl beim Verpflichteten als auch beim Berechtigten **als Einkommen zu berücksichtigen.** Für Immobilien bedeutet dies, dass es nicht darauf ankommt, ob der Verpflichtete oder Berechtigte Allein- oder Miteigentümer der Immobilie, Nießbraucher oder Wohnrechtsberechtigter ist. Es kommt auch nicht darauf an, aus welchen Mitteln die Immobilie angeschafft worden ist, sei es aus einer Erbschaft, Schmerzensgeldzahlung oder nach der Scheidung aus dem Zugewinnausgleichsbetrag (BGH NJW 1998, 753).

Eine Ausnahme gilt nur bei **freiwilligen Zuwendungen** Dritter. Stellen El- 143 tern ihrem Kind während der Ehe oder nach Trennung oder Scheidung kostenlos Wohnraum zur Verfügung, handelt es sich um eine freiwillige Leistung, die nicht als Einkommen zu bewerten ist. Die Zuwendung erfolgt ohne Verpflichtung und nicht mit dem Willen dem Schwiegerkind im Rahmen der Auseinandersetzung der gescheiterten Ehe irgendeinen Vermögensvorteil zukommen zu lassen. Diese Grundsätze geltend auch, wenn die Eltern ihrem Kind Geld zum Erwerb einer Immobilie schenken (OLG Saarbrücken FamRZ 1999, 396; vgl. oben Rn 7 ff.).

Nicht als freiwillige Zuwendung Dritter wird die **Wohnungsgewährung** 144 **durch einen Lebengefährten** bewertet (BGH NJW 1995, 962). Nach der Rechtsprechung des BGH kommt es bei einer Lebensgemeinschaft nicht darauf an, ob der Partner den Unterhaltsverpflichteten entlasten will oder nicht. Wenn der Tatbestand des Zusammenlebens unstreitig ist, ist der Unterhaltsbegehrende für seine Bedürftigkeit darlegungs- und beweispflichtig. Der Unterhaltsbegehrende muss dann nachweisen, dass keine Mietersparnis vorliegt (BGH a. a. O.).

b) Objektiver und angemessener Mietwert. Grundsätzlich ist als unterhalts- 145 rechtliches Einkommen der **objektive Marktmietwert** anzusetzen (BGH NJW 2000, 2349; BGH NJW 2008, 963). Ermittelt werden muss die Kaltmiete nach den im Mietrecht entwickelten Kriterien eines Vergleichsobjekts bei der Geltendmachung von Mieterhöhungen. Hilfreich sind in derartigen Fällen, sofern vorhanden, **Mietspiegel** der entsprechenden Gemeinden. Für die Ermittlung des unterhaltsrelevanten Einkommens sind alle **mietwertbildenden Faktoren** konkret zu erfassen, d. h. Wohnungsgröße, Beschaffenheit, Zuschnitt, Ortslage, Verkehrsanbindung usw., damit nötigenfalls ein Sachverständiger den Mietwert feststellen kann. Als Anhaltspunkt können auch, um ein aufwendiges Gutachten zu vermeiden, Mietangebote vergleichbarer Objekte aus der örtlichen Tageszeitung dienen.

Poppen

BGB Vor § 1361

146 Für eine Übergangszeit ist für die Unterhaltsbemessung nicht der objektive Marktmietwert, sondern ein nach Billigkeitserwägungen zu bestimmender **angemessener Betrag** als Wohnwert anzusetzen. Dabei hat der Bundesgerichtshof die frühere Abgrenzung nach der sogenannten „Drittelobergrenze" ausdrücklich aufgegeben (BGH NJW 1998, 2821). Bei der Bemessung dieses angemessenen Wohnvorteils soll dem Gesichtspunkt des **„toten Kapitals"** Rechnung getragen werden, dass nämlich nach dem Auszug eines Ehepartners oder auch eines Ehepartners und der Kinder die früher eheangemessene Wohnung nun mehr zu groß ist und nicht mehr voll genutzt wird (BGH NJW 2000, 2349). Maßstab für die Zurechnung des unterhaltsrechtlich maßgeblichen Wohnwertes ist daher der Aufwand, den der das Objekt nutzende Ehegatte bei **Anmietung einer Wohnung auf dem freien Wohnmarkt** zu tragen hätte. 2003 lag der Anteil der Warmmiete an den Konsumausgaben aller deutschen Haushalte bei 32% (Datenreport 2006, statistisches Bundesamt) Das so gewonnene Ergebnis ist dann einer Billigkeitskorrektur zu unterziehen, bei der auch zu berücksichtigen ist, welchen **Mietaufwand der andere Ehegatte** auf dem freien Wohnungsmarkt hat (vgl. BGH a. a. O.; Wendl/Gerhardt § 1 Rn 318 a).

147 Ebensowenig wie bei der Bestimmung des Mietwertes auf Schemata zurückgegriffen werden kann, ist dies auch bei der Bestimmung der **Zeitdauer,** für die der angemessene Mietwert zu berücksichtigen ist, möglich. Maßstab für die Frage, welcher Mietwert anzusetzen ist, ist die Erfüllung oder Nichterfüllung der **Obliegenheit zur möglichst ertragreichen Nutzung oder Verwertung** des Vermögenswertes des Hauses (BGH NJW 2000, 2349). Während des **Getrenntlebens** ist es den Ehegatten in der Regel nicht zumutbar, das frühere Familienheim anderweitig zu verwerten, sei es durch Verkauf oder Vermietung, um die Leistungsfähigkeit zu steigern, um nicht eine Wiederherstellung der ehelichen Lebensgemeinschaft zu verhindern, die in der Trennungszeit ja grundsätzlich noch möglich sein soll (BGH NJW 2007, 1974).

148 Allerdings kann es auch **nach der Scheidung** beim angemessenen Mietwert bleiben. Hier ist unter Beachtung von Zumutbarkeitsgesichtspunkten und unter Abwägung der beiderseitigen Interessen nach einer wirtschaftlich angemessenen Nutzung des für den einen Ehegatten zu großen Hauses zu fragen. Zu prüfen ist, ob eine **Teil- oder Vollvermietung** zumutbar ist. Lässt sich diese Frage, etwa auch unter Berücksichtigung der Belange beiderseitiger Kinder, bejahen, ist unter dem Gesichtspunkt einer **Obliegenheitspflichtverletzung** der objektiv erzielbare Mietzins fiktiv zugrunde zu legen (so schon BGH NJW 1990, 3274). Anderenfalls bleibt es beim angemessenen Mietzins (BGH NJW 2000, 2349), etwa wenn die Eheleute darüber einig sind, dass eine Immobilie solange nicht verwertet werden soll, wie die gemeinsamen Kinder noch die Schule besuchen.

149 Nach den gleichen Kriterien ist die Frage einer **Verwertung des Objektes durch Verkauf** zu prüfen. In der Praxis wird dies für den häufigen Fall, dass ein Ehegatte unter allen Umständen den Auszug aus dem Haus verhindern will, ohne dass objektiv anerkennenswerte Gründe vorhanden sind, dazu führen, dass dieser Ehegatte sich auch schon in der Trennungszeit wegen einer **Obliegenheitspflichtverletzung** den vollen Marktmietwert anrechnen lassen muss. Blockieren sich, wie häufig, durch Streitereien, deren Ausgangspunkt nicht einem der Ehegatten zuzuordnen ist, die Ehegatten bei der Verwertung des Objektes selber, scheidet die Zurechnung des objektiven Marktmietwertes aus, weil es an einer Obliegenheitspflichtverletzung fehlt.

Einkommensermittlung **Vor § 1361 BGB**

Nimmt der in der Immobilie Wohnende einen **neuen Lebensgefährten** in 150
die Immobilie auf, ist der Vorteil des mietfreien Wohnens in jedem Fall mit dem
objektiven Mietwert zu bemessen. Der Gesichtspunkt des „toten Kapitals" spielt
keine Rolle mehr, weil das Objekt in vollem Umfang genutzt wird (OLG Koblenz NJW 2003, 1816).

c) Eigenheimzulage. Zu den anrechenbaren Einkünften, sei es durch Erhö- 151
hung des Mietwertes oder durch Verminderung der Belastungen, gehören nach
dem bis zum 31. 12. 2005 geltenden Eigenheimzulagengesetz gewährte Eigenheimzulagen (OLG München FamRZ 1999, 251). Eigenheimzulagen tauchen
nicht im Steuerbescheid auf, obwohl sie vom Finanzamt ausgezahlt werden. Sie
werden durch **gesonderten Bescheid** festgesetzt, weshalb bei der Einkommensermittlung aufzuklären ist, ob und an wen Eigenheimzulagen ausgezahlt werden.

d) Mangelfall. Im **Mangelfall** ist bei einem anzurechnenden Mietwert noch 152
zu prüfen, ob der Mietwert dem in den Selbstbehaltsätzen pauschal berücksichtigten Mietvorteil entspricht. Nach der Düsseldorfer Tabelle, Stand 1. 1. 2009, ist
in dem angemessenen Eigenbedarf von 1100,00 EUR eine **Warmmiete** von bis
450,00 EUR, im notwendigen Selbstbehalt eine **Warmmiete** von 360,00 EUR
enthalten. Wenn unvermeidbar dieser Betrag im Einzelfall erheblich überschritten wird, weil z. B. die Lasten unter Verrechnung des Mietwertes diese Beträge
übersteigen, ist der Selbstbehalt angemessen zu erhöhen. Unter Umständen
kommt bei niedrigeren Wohnkosten eine Herabsetzung des Selbstbehalts in Betracht (dagegen BGH NJW 2006, 3561 anders bei nichtehelicher Lebensgemeinschaft: BGH NJW 2008, 1373).

e) Zins- und Tilgungslasten. Grundsätzlich sind bei der Unterhaltsberech- 153
nung die Zins- und Tilgungsleistungen einer Immobilie zu berücksichtigen,
deren **Vorhandensein die ehelichen Lebensverhältnisse geprägt** hat, und
zwar unabhängig von Allein- oder Miteigentum (siehe auch oben Rn 139). Steht
die Immobilie im **Miteigentum** der Ehegatten, sind Tilgungsleistungen über die
Zustellung des Scheidungsantrages sowie über die Rechtskraft der Ehescheidung
hinaus absetzbar. Die mit der Tilgung einhergehende Vermögensbildung kommt
wegen des gemeinsamen Miteigentums der Ehegatten nach wie vor beiden zugute.

Bei einem im **Alleineigentum** eines Ehegatten stehenden Immobilienobjekt 154
ist grundsätzlich die Tilgung ab Zustellung eines Scheidungsantrages nicht mehr
zu berücksichtigen, weil die Tilgung dann eine **einseitige Vermögensbildung**
des Alleineigentümerehegatten darstellt (BGH NJW 2008, 1946). Ab Zustellung
des Scheidungsantrages partizipiert der Nichteigentümer über den Zugewinnausgleich nicht mehr an der mit der Tilgung der Verbindlichkeiten verbundenen
Vermögensbildung. Tilgungsleistungen sind deshalb auch nicht mehr zu berücksichtigen, wenn die Ehegatten sich vor Zustellung des Scheidungsantrages vermögensrechtlich endgültig auseinandergesetzt haben (BGH a. a. O.).

In Einzelfällen kann etwas anderes gelten Bei einem normalen, üblicherweise 155
auf 5 oder 10 Jahre abgeschlossenen Annuitätendarlehen kann bei gehobenen
wirtschaftlichen Verhältnissen auch weiter Zins und Tilgung abgesetzt werden,
wenn das Darlehen in absehbarem Zusammenhang mit der Scheidung ohnehin
abläuft. Sieht die Finanzierungskonstruktion so aus, dass das Darlehen nur verzinst und die **Tilgung über eine Lebensversicherung** erfolgt, wird man den
Lebensversicherungsbeitrag nicht weiter berücksichtigen können (Johannsen/

BGB Vor § 1361 1. Teil. Ehegattenunterhalt

Henrich/Büttner § 1361 Rn 100). Unter dem Gesichtspunkt der ergänzenden Altersvorsorge können zudem Tilgungsleistungen in Höhe von bis zu 4% des Bruttoeinkommens berücksichtigungsfähig sein (BGH NJW 2005, 3277; BGH NJW 2007, 1974; BGH NJW 2008, 1946). In keinem Fall darf die Berücksichtigung von Hauslasten jedoch dazu führen, dass der Unterhaltsanspruch allein dazu dient, die Finanzierung eines im Alleineigentum eines Ehegatten stehenden Hauses sicherzustellen (BGH NJW 2007, 1974).

156 **Stellen beide Ehegatten,** z. B. der eine, weil er nicht über die hinreichenden Mittel verfügt, und der andere, um eine Zwangsversteigerung durch die finanzierende Bank zu provozieren, **sämtliche Zahlungen auf die Darlehenslasten** ein, hat dies für die Unterhaltsbemessung zur Folge, dass weder der Mietvorteil noch die Darlehensbelastungen berücksichtigt werden können (BGH NJW 1995, 717). Vergleichbar ist die Situation dem Fall, dass die Ehegatten zur Miete wohnen und die Mietzahlungen einstellen. Sie wohnen dann auch nicht „mietfrei"; vielmehr bauen sich gemeinsame Schulden auf (Wendl/Gerhardt § 1 Rn 346).

157 **f) Sonstige Nebenkosten.** Nach der Rechtsprechung des Bundesgerichtshofes ist dieser Wohnvorteil um die **verbrauchsunabhängigen Nebenkosten** zu kürzen (BGH NJW 2000, 740). Ausdrücklich anerkannt hat der BGH in jener Entscheidung die Positionen Grundsteuer und Gebäudeversicherung. Abgesetzt werden kann unter Umständen auch eine **Instandhaltungsrücklage.** Hierzu muss allerdings konkret vorgetragen werden, welche Instandhaltungsarbeiten aus welchem Grund in absehbarer Zeit erforderlich sind. Der zu treibende Aufwand muss durch Kostenvoranschläge belegt werden. Hält sich der Aufwand in einem Rahmen, der durch das Ansparen einer Instandhaltungsrücklage gedeckt werden kann, kann für eine gewisse Zeit eine derartige Ansparung gebilligt werden. Ansonsten ist die Durchführung der Maßnahmen abzuwarten und ein etwaiger dafür aufgenommener Kredit zu berücksichtigen. Nicht berücksichtigt werden können Aufwendungen, die nicht der **Erhaltung des Gebrauchswertes** dienen, wie z. B. der Anbau eines Wintergartens (BGH a. a. O.).

158 Diese Rechtsprechung des BGH ist **nicht unwidersprochen** geblieben. Nach Quack FamRZ 2000, 665 ist die Einteilung in verbrauchsabhängige und verbrauchsunabhängige Nebenkosten falsch, weil damit die Vergleichbarkeit mit der Anmietung einer Wohnung auf dem freien Wohnungsmarkt entfällt (so auch OLG Braunschweig FamRZ 96, 1216). Bei der Anmietung einer Wohnung auf dem freien Wohnungsmarkt werden üblicherweise sämtliche in § 556 BGB i. V. mit der **Betriebskostenverordnung** erfassten Betriebskosten auf den Mieter umgelegt. Deshalb können nach dieser Meinung überhaupt keine grundsätzlich umlagefähigen Nebenkosten abgesetzt werden (so auch Leitlinien OLG Hamm Stand 1. 1. 2009 Ziffer 5.2).

159 Trägt der unterhaltpflichtige Ehegatte neben den verbrauchsunabhängigen Kosten auch die verbrauchsabhängigen Kosten, stellt die entsprechende Leistung **Naturalunterhalt** dar, der von einem sich rechnerisch ergebenden Barunterhalt abzusetzen ist (OLG Düsseldorf NJW-RR 1997, 385).

160 **g) Unterhaltsberechnung.** Bei der Unterhaltsberechnung ist darauf zu achten, dass die **Nutzungsvorteile und Kosten** einer gemeinsamen Immobilie bei der Ehegattenunterhaltsberechnung **den Ehegatten hälftig** zukommen und dass nicht etwa bei der Abrechnung der Vor- und Nachteile der Immobiliennutzung ein Erwerbstätigenbonus abgezogen wird (zum zutreffenden Rechenweg BGH NJW 1989, 2809; ansonsten ist der Erwerbstätigenbonus allerdings

Einkommensermittlung **Vor § 1361 BGB**

erst von dem um alle Belastungen bereinigten Nettoeinkommen abzusetzen: BGH NJW 1997, 1919). Nur so wird erreicht, dass die Verrechnung von Nutzungsvorteilen und Lasten der gemeinsamen Immobilie tatsächlich zu einer **anderweitigen Regelung** im Sinne der §§ 426 ff., 745 ff. BGB führt (BGH NJW 1995, 718; Wever FamRZ 2003, 565, 569). Sollte der Nutzungswert etwa im Rahmen der ³/₇ Quote berücksichtigt worden sein, können ergänzende Ausgleichsansprüche nach § 426 Abs. 1 Satz 1 BGB bestehen (OLG Köln FamRZ 1991, 1192).

Beispiel:
Der Unterhaltsberechtigte bewohnt mit seinem dreijährigen Kind die gemeinsame Immobilie. Er hat keine Einkünfte. Der Unterhaltspflichtige verfügt über ein Nettoeinkommen über 3000,00 EUR. Er zahlt die Zinslasten von 500,00 EUR und die Tilgung von 200,00 EUR für die gemeinsame Immobilie ebenso wie die verbrauchsunabhängigen Nebenkosten von 100,00 EUR. Der objektive Mietwert beträgt 600,00 EUR.

Vorabberechnung Kindesunterhalt

Einkommen Pflichtiger	3000,00 EUR
berufsbedingter Aufwand 5%	− 150,00 EUR
Hauslasten Zins	− 500,00 EUR
Hauslasten Tilgung	− 200,00 EUR
verbrauchsunabhängige Nebenkosten	− 100,00 EUR
Nettoeinkommen	2050,00 EUR
Kindesunterhaltstabellenbetrag	242,00 EUR
(1. Altersgruppe, einfache Höherstufung 324,00 EUR − 82,00 EUR Kindergeld)	

Berechnung Ehegattenunterhalt

Einkommen Pflichtiger	3000,00 EUR
berufsbediner Aufwand 5%	− 150,00 EUR
Kindesunterhaltstabellenbetrag	− 242,00 EUR
Zwischensumme	2608,00 EUR
Erwerbstätigenbonus ¹/₇ ca.	− 373,00 EUR
bereinigtes Nettoeinkommen	2235,00 EUR
Hauslasten Zins	− 500,00 EUR
Hauslasten Tilgung	− 200,00 EUR
verbrauchsunabhängige Nebenkosten	− 100,00 EUR
Marktmietwert	+ 600,00 EUR
bedarfsprägendes Einkommen	2035,00 EUR
Bedarf nach den fortgeschriebenen ehelichen Lebensverhältnissen ¹/₂	1017,50 EUR
eigenes Einkommen Mietwert	− 600,00 EUR
Unterhaltsanspruch	417,50 EUR

161 Mieteinkünfte und zurechenbare Nutzungsvorteile sind beim Unterhaltsberechtigten keine Basis für die Bemessung von **Altersvorsorgeunterhalt** (BGH NJW 2000, 284). Denn diese Einkünfte sind dem Grunde nach ohne weitere Vorsorge auch im Alter erzielbar.

162 h) Auswirkungen der Veräußerung der Immobilie. Nach der Veräußerung der Immobilie ist für die Unterhaltsbemessung zunächst der **Bedarf nach den ehelichen Lebensverhältnissen** zu ermitteln. Bei der Bestimmung des fortgeschriebenen Bedarfs nach den wandelbaren ehelichen Lebensverhältnissen

BGB Vor § 1361   1. Teil. Ehegattenunterhalt

ist nicht als prägend die Differenz zwischen dem Marktmietwert und den zuletzt gezahlten Darlehnslasten anzusetzen. Nach der Rechtsprechung des Bundesgerichtshofes ist als **Surrogat** der in der Ehe vorhandenen Wohnvorteile allein der Betrag einzusetzen, der als Zinseinnahme aus der Anlage des Veräußerungserlöses erzielt werden kann (BGH NJW 2001, 2454, BGH NJW 2006, 1294). Ausdrücklich hat der BGH ausgeführt, dass ein **fiktiver Ansatz des früheren Wohnvorteils nicht** in Betracht kommt. Den Verkauf des Objektes sieht der BGH als von beiden Ehegatten zu tragende Fortschreibung der ehelichen Lebensverhältnisse an. Konsequenterweise dürfte damit auch die frühere Rechtsprechung des BGH damit aufgegeben worden sein, wonach dann, wenn sich unter Gegenüberstellung des objektiven Marktmietwertes und der Hauslasten bezogen auf die ehelichen Lebensverhältnisse ein **negativer Betrag** ergab, dieser bei der Bestimmung der ehelichen Lebensverhältnisse über die Veräußerung der Immobilie hinaus zu berücksichtigen war (BGH NJW-RR 1995, 835). In derartigen Fällen hat der Bundesgerichtshof nach seiner früheren Rechtsprechung etwas anderes nur angenommen, wenn ein **Auslaufen der Zahlungsverpflichtungen** für die Finanzierung im Zusammenhang mit der Scheidung **absehbar** war.

163   Für den BGH kommt es auch nicht darauf an, ob dieser Zinsvorteil möglicherweise höher oder niedriger ist als der ursprünglich zu berücksichtigende Wohnvorteil. Die Zinseinnahmen sind **in jedem Fall** vollständig in die Differenzmethode einzustellen (BGH NJW 2001, 2259).

Beispiel:

Die Daten entsprechen denen der Unterhaltsberechnung unter Rn 160; die Veräußerung der Immobilie ergab nach Rückführung der gemeinschaftlichen Verbindlichkeiten einen Nettoerlös von 100 000,00 EUR, den die Ehegatten sich geteilt haben.

Vorabberechnung Kindesunterhalt

Einkommen Pflichtiger	3000,00 EUR
berufsbedingter Aufwand 5%	− 150,00 EUR
Zinsen 4% auf 50 000,00 EUR nach Abzug Abgeltungssteuer	120,000 EUR
Nettoeinkommen	2730,00 EUR
Kindesunterhaltstabellenbetrag	278,00 EUR
(1. Altersgruppe, einfache Höherstufung 360,00 EUR − 82,00 EUR Kindergeld)	

Berechnung Ehegattenunterhalt

Einkommen Pflichtiger	3000,00 EUR
berufsbedingter Aufwand 5%	− 150,00 EUR
Kindesunterhaltstabellenbetrag	− 278,00 EUR
Zwischensumme	2572,00 EUR
Erwerbstätigenbonus $1/7$ ca.	− 367,00 EUR
bereinigtes Nettoeinkommen	2205,00 EUR
Zinseinnahmen insgesamt 4% auf 100 000,00 EUR nach Abzug Abgeltungssteuer	+ 240,00 EUR
bedarfsprägendes Einkommen	2445,00 EUR
Bedarf nach den fortgeschriebenen ehelichen Lebensverhältnissen $1/2$	1222,50 EUR
Eigeneinkommen 4% Zinsen auf 50 000,00 EUR	− 120,00 EUR
Unterhaltsanspruch	1102,50 EUR

Einkommensermittlung　　　　　　　　　　**Vor § 1361　BGB**

i) Übernahme durch einen Ehegatten. Übernimmt ein Ehepartner **164** von dem anderen dessen **Eigentumshälfte,** stellt der Bundesgerichtshof bei dem übernehmenden Ehegatten den Mietwert abzüglich der Zinsen für die übernommenen Belastungen und die für die Auszahlung neu begründeten Belastungen bis zur Höhe des Mietwertes in das Rechenwerk ein (BGH NJW 2009, 145). Bei dem abgebenden Ehegatten werden die Zinsen aus dem ausgezahlten Betrag berücksichtigt (BGH NJW 2001, 2259; BGH NJW 2005, 2077). In welcher Form der Hauserlös zur Bestreitung von Anschaffungen verwandt werden durfte und wie er anzulegen ist, ist unter dem Gesichtspunkt zu prüfen, dass grundsätzlich eine Obliegenheit besteht, zufließende Mittel möglichst ertragreich anzulegen (BGH NJW 2005, 2077; BGH NJW 2009, 145). Die Überlegungen in Rechtsprechung und Literatur, in diesem Fall **fiktiv einen Fremdverkauf** zu unterstellen, mithin beiden Ehepartnern Zinsen aus einem Kapitalbetrag anzurechnen, der dem hälftigen Nettoerlös aus dem Verkauf der Immobilie entspricht (OLG Hamm NJW-RR 2003, 510; Gerhardt, FamRZ 2003, 414, 415; Empfehlungen des 14. Deutschen Familiengerichtstags, FamRZ 2002, 296), hat der Bundesgerichtshof ausdrücklich verworfen (BGH NJW 2005, 2077).

Wird bei der Übernahme einer Haushälfte **ein Zugewinnausgleichsan- 165 spruch** verrechnet, ist zu differenzieren. Zinsen aus der Anlage des Zugewinnausgleichsbetrages sind nicht eheprägend und daher auf einen Unterhaltsanspruch **anzurechnen** wenn der Zugewinnausgleichsanspruch aus Vermögenswerten abgeleitet wird, deren Ertrag in der Ehe zum Lebensunterhalt verbraucht worden ist (BGH NJW 2008, 57). Ansonsten sind sie in die Differenzberechnung einzustellen. Beim Verpflichteten können Verbindlichkeiten, die zur Begleichung des Zugewinnausgleichsanspruchs eingegangen worden sind, überhaupt nicht berücksichtigt werden (BGH NJW 2000, 2349).

Häufig kauft ein Ehegatte unter Einsatz des ihm in der Auseinandersetzung **166** zugeflossenen Vermögens unter weitergehender Verschuldung eine **neue Immobilie.** In derartigen Fällen ist zu prüfen, ob diese Art der Vermögensanlage eine **Obliegenheitspflichtverletzung** darstellt. In gehobenen Verhältnissen kann es sein, dass diese wirtschaftliche Disposition akzeptiert wird; dann können die **Zinslasten** bis zur Höhe des Mietvorteils abgesetzt werden. Ansonsten gilt der Grundsatz des bestmöglichen Einsatzes und Verwertung von Vermögensgegenständen, so dass entweder der Mietwert einer kleineren schuldenfreien Immobilie oder ein fiktiver Zinsertrag aus dem erhaltenen Vermögen anzusetzen sind. **Tilgungsleistungen** für die neue Immobilie können nur im Rahmen der sekundären Altersvorsorge berücksichtigt werden; darüberhinaus dienen sie der einseitigen Vermögensbildung (BGH NJW 1998, 753).

j) Kindesunterhalt. Für den Kindesunterhalt gelten die vorstehenden Grund- **167** sätze nicht. Beim minderjährigen Kind wird der gesamte Unterhaltsbedarf durch den **Barunterhalt nach der Düsseldorfer Tabelle** abgedeckt. In dem Bedarfssatz der Düsseldorfer Tabelle ist auch ein anteiliger Betrag für den Wohnbedarf enthalten. Wohnt mithin ein Elternteil mit **minderjährigen Kindern** in einer früher gemeinsam genutzten Immobilie, wird der **Mietwert dieser Immobilie nur dem Elternteil zugerechnet;** den auf die Kinder entfallenden Wohnvorteil bekommt er durch einen entsprechenden Anteil aus den Tabellensätzen der Düsseldorfer Tabelle vergütet (BGH NJW 1992, 1044; OLGR Koblenz 2002, 323). Die Situation ist vergleichbar der Situation bei Anmietung einer Wohnung. Auch hier wird der Mietzins aus dem Kindes- und Ehegattenunterhalt aufgebracht. Die

BGB Vor § 1361 1. Teil. Ehegattenunterhalt

alleinige Berücksichtigung von Vorteilen und Lasten aus dem gemeinsamen Immobilienbesitz beim Ehegattenunterhalt führt zudem auch zu einer korrekten **hälftigen Auseinandersetzung** der Bruchteilsgemeinschaft (§§ 745 ff. BGB) und der Gesamtschuldnerschaft.

168 Gleiche Grundsätze gelten nach OLG Hamm (FamRZ 2000, 957) für **volljährige Kinder.** Auch hier bleibt es für das volljährige Kind bei dem üblichen Bedarfssatz nach der Düsseldorfer Tabelle. Der Ausgleich hinsichtlich der Miete ist zwischen dem volljährigen Kind und dem Elternteil vorzunehmen, dem der Wohnvorteil zugerechnet wird.

169 Bewohnt ein **Kind eine eigene Wohnung,** die es von den Eltern oder im Wege der Erbfolge erhalten hat, mindert der Wohnvorteil die Bedürftigkeit des Kindes (bei minderjährigen Kindern in der Regel um 20%; bei volljährigen Kindern um den im Bedarfssatz enthaltenen Betrag von ca. 250,00 EUR für Mietaufwendungen, Wendl/Gerhardt § 1 Rn 401).

VII. Pensionen und Renten

1. Die verschiedenen Renten und Pensionen

170 **Pensionen und Renten aller Art** nebst Zuschlägen und Zulagen sind **unterhaltsrelevantes Einkommen.** Das gilt insbesondere für gesetzliche Altersrenten (§§ 35 ff. SGB VI), Renten wegen Erwerbsminderung (§ 43 SGB VI) und Beamtenpensionen. Sie treten an die Stelle früherer Erwerbseinkünfte. Zu berücksichtigen sind ferner **Waisen- und Halbwaisenrenten.** Auch sie sollen den laufenden Lebensbedarf des Rentenbeziehers decken. Angerechnet wird der Nettobetrag nach Abzug der vom Rententräger einbehaltenen **Kranken- und Pflegeversicherungsbeiträge.** Bei freiwillig krankenversicherten Rentnern ist der Zuschuss zur Krankenversicherung und der Eigenanteil an den Krankenversicherungskosten zu berücksichtigen (§ 269 a SGB VI). **Berufsbedingte Aufwendungen** oder ein **Erwerbstätigenbonus sind nicht abzusetzen.** Bei der Unterhaltsberechnung ist daher, wenn Berechtigter und Verpflichteter Rentenbezieher sind, mit der 50%-Quote zu arbeiten, ist einer der Beteiligten Rentenbezieher, ist das Erwerbseinkommen des anderen vorab um etwaige berufsbedingte Aufwendungen und den Erwerbstätigenbonus zu vermindern und von der Differenz zur Rente des anderen dann der Unterhaltsanspruch auf der Basis der 50%-Quote zu ermitteln (OLG Düsseldorf NJW-RR 1997, 385).

Der Unterhaltsverpflichtete bezieht eine monatliche Altersrente von 2000,00 EUR nach Abzug der Kranken- und Pflegeversicherung. Die Unterhaltsberechtigte verdient aus einer Teilzeitbeschäftigung 800,00 EUR netto.

Einkommen Pflichtiger		2000,00 EUR
Einkommen Berechtigter	800,00 EUR	
abzüglich 5%	− 40,00 EUR	
abzüglich Erwerbstätigenbonus 1/7 ca.	− 110,00 EUR	
bereinigtes Nettoeinkommen	650,00 EUR	650,00 EUR
Differenz		1350,00 EUR
Unterhaltsanspruch 1/2		675,00 EUR

171 **Subsidiär** und daher nicht anzurechnen ist die **wieder aufgelebte Witwen- oder Witwerrente** nach dem vorletzten Ehegatten. Eine vorläufig bewilligte derartige Rente wird nach rechtskräftigem Abschluss des Unterhaltsverfahrens

Einkommensermittlung Vor § 1361 BGB

um den festgesetzten Unterhaltsanspruch gekürzt (§§ 46 Abs. 3, 90 Abs. 6 SGB VI; OLG Düsseldorf FamRZ 1998, 743). Dagegen stellt eine **voreheliche Rente** prägendes Einkommen dar und ist bei der Differenzberechnung zu berücksichtigen (BGH NJW 2002, 436).

Unterhaltsrelevantes Einkommen sind ferner **Versichertenrenten aus der gesetzlichen Unfallversicherung** (§§ 56 ff. SGB VII). Auch sie haben Lohnersatzfunktion und unterfallen daher nicht der Vermutung der §§ 1610 a, 1578 a und 1361 Abs. 1 Satz 1 HS 2 BGB (vgl. § 1610 a BGB Rn 6). 172

2. Rentennachzahlungen

a) Beim Unterhaltsverpflichteten. Erhält der Unterhaltsverpflichtete eine **Rentennachzahlung,** erhöht diese seine Leistungsfähigkeit für die **Zukunft.** Der Nachzahlungsbetrag ist den laufenden Bezügen für einen angemessenen Zeitraum hinzuzurechnen (OLG Nürnberg FamRZ 1997, 961). Auch bei Fortbestand der Ehe hätte die Nachzahlung nur für zukünftige Unterhaltszwecke zur Verfügung gestanden. Etwas anderes gilt, wenn zum Zeitpunkt der Nachzahlung ein **Unterhaltsverfahren** noch nicht entschieden ist. Dann kann der rückständige Betrag auch für die Vergangenheit berücksichtigt werden (Wendl/Dose § 1 Rn 448). Zu berücksichtigen ist allerdings allein die tatsächlich dem Verpflichteten zufließende Nachzahlung; häufig wird die Nachzahlung mit zwischenzeitlich vorschussweise geleisteten Kranken- oder Arbeitslosengeldzahlungen verrechnet (BGH NJW 1990, 709). 173

b) Beim Unterhaltsberechtigten. Erhält der Unterhaltsberechtigte eine **Rentennachzahlung,** gilt nichts anderes, wenn durch die Verteilung der Rentennachzahlung auf einen **zukünftigen Zeitraum** als bedürftigkeitsmindernd eine **volle Kompensation** erfolgt, mithin die Unterhaltsschuld des Verpflichteten sich entsprechend der Höhe der Nachzahlung mindert. Ist das nicht der Fall, etwa weil durch die Durchführung des Versorgungsausgleichs auf Seiten des Verpflichteten dessen Einkommen verringert oder aber aus sonstigen Gründen nach der Rentengewährung eine Unterhaltsbedürftigkeit des Unterhaltsberechtigten entfällt, steht dem Unterhaltsverpflichteten hinsichtlich des in der Vergangenheit gezahlten Unterhalts, soweit er bei Berücksichtigung der Nachzahlung nicht geschuldet wäre, ein **Erstattungsanspruch nach § 242 BGB** zu (BGH NJW 2005, 2313; a. A. Wendl/Dose § 1 Rn 450: Berücksichtigung der Nachzahlung allein für die Zukunft). Der Pflichtige kann in derartigen Fällen für die Dauer des Rentenantragsverfahrens des Berechtigten geschuldeten Unterhalt als **zins- und tilgungsfreies Darlehn** mit der Maßgabe zahlen, dass er auf die Rückzahlung des Darlehns bei Nichtgewährung der Rentennachzahlung verzichtet. Zur Sicherung des Darlehns kann der Unterhaltsverpflichtete sich den **Rentennachzahlungsanspruch abtreten** lassen (BGH NJW 1990, 709; BGH NJW 1998, 2433; vor §§ 1360 ff. Rn 16). 174

3. Versorgungsausgleich

Nach den gleichen Grundsätzen ist eine ggf. auch rückwirkende Neuberechnung des Unterhalts erforderlich, wenn der Anspruch auf nachehelichen Unterhalt auf der Grundlage einer Rente berechnet worden ist, die durch den **Versorgungsausgleich aus einer früheren Ehe** gekürzt wurde und wenn der Unterhaltsgläubiger nach dem Tod dieses Ehegatten aus der früheren Ehe auf 175

BGB Vor § 1361   1. Teil. Ehegattenunterhalt

Antrag die Rentenkürzung nach § 4 VAHRG erstattet erhalten hat (OLG Frankfurt FamRZ 2002, 958).

176 Wird der Versorgungsausgleich durchgeführt und bezieht der Unterhaltsberechtigte noch keine Rente, kann der Unterhaltspflichtige sich auf Antrag seine **ungekürzte Altersversorgung** auszahlen lassen (§ 5 VAHRG). War die Rente bereits gekürzt ausgezahlt worden, erfolgt eine Erstattung des Kürzungsbetrages (§ 6 VAHRG). **Nachzahlungen** nach den §§ 5, 6 VAHRG erfolgen durch den Rentenversicherungsträger pauschal hälftig an den Berechtigten und den Verpflichteten; die hälftige Aufteilung durch den Rentenversicherungsträger ist für die Unterhaltsbemessung nicht bindend (ausführlich Kommentierungen zu §§ 5, 6 VAHRG).

4. Mehrbedarf

177 Gerade bei Rentnern stellt sich sowohl beim Unterhaltsberechtigten als auch beim -verpflichteten die Frage eines **alters- bzw. krankheitsbedingten Mehrbedarfs** (z.B. Diätkosten: OLG Karlsruhe FamRZ 1998, 1435). Derjenige, der diesen Mehrbedarf geltend macht, muss ihn konkret und substantiiert darlegen und im Bestreitensfall nachweisen (BGH NJW 1982, 1999). In Betracht kommen beispielsweise von der Kranken- und Pflegeversicherung nicht erstattete notwendige Unterstützungsleistungen Dritter im Haushalt sowie die Kosten einer behinderungsbedingten Sonderausstattung von Pkw (BGH NJW 1982, 1594). Zuzahlungen zu Arzneimitteln und die **Praxisgebühr** sind kein krankheitsbedingter Mehrbedarf (OLG Karlsruhe NJW-RR 2008, 1458). Diese Kosten zählen zum allgemeinen Lebensbedarf.

5. Nebeneinkünfte

178 Nebeneinkünfte von Rentnern und Pensionären sind, wenn diese das 65. Lebensjahr erreicht haben, in der Regel nicht anzurechnen. Nur ausnahmsweise kann unter Billigkeitsgesichtspunkten eine teilweise Anrechnung erfolgen. Mit Erreichen der **Regelaltersgrenze** entfällt die **Verpflichtung zu einer Erwerbstätigkeit** (vgl. oben Rn 16).

179 Etwas anderes gilt bei Empfängern von Altersruhegeld, die das 65. Lebensjahr noch nicht vollendet haben (§§ 36ff., 236ff. SGB VI). Werden Nebeneinkünfte erzielt, sind sie anrechenbar (BGH NJW 1999, 1547). **Sozialrechtlich anrechnungsfrei** ist nach § 34 Abs. 3 SGB VI bei einer Vollrente ein Betrag in Höhe von **400,00 EUR**. Bei Teilrenten wegen verminderter Erwerbsfähigkeit gelten gestaffelt höhere Beträge. Bei gesteigerter Erwerbsobliegenheit gegenüber einem minderjährigen Kind ist auch ein Erwerbsunfähigkeitsrentner im Mangelfall verpflichtet, leichte Nebentätigkeiten auszuüben (OLG Düsseldorf FamRZ 2001, 1477; anders bei einem über 65-jährigen; keine Obliegenheit: OLG Köln FamRZ 2008, 1276).

180 Besteht **kein anerkennenswerter Grund** für den vorzeitigen Bezug von Altersruhegeld, etwa eingeschränkte Gesundheit, ansonsten drohender Verlust des Arbeitsplatzes (OLG Hamm NJW-RR 2001, 433) oder ähnliches, besteht je nach den Umständen des Einzelfalls eine **Obliegenheit** ebenfalls zur Ausübung einer Nebentätigkeit (BGH NJW 1999, 1547). Wird die Nebentätigkeit nicht ausgeübt, können entsprechende Einkünfte fingiert werden (BGH NJW-RR 2004, 505; OLG Hamm NJW 1996, 1154; OLG Hamm NJW 1999, 2976; s. auch Rn 19). Das Einkommen aus Nebentätigkeit ist bereinigt um berufsbeding-

Einkommensermittlung **Vor § 1361 BGB**

te Aufwendungen und Erwerbstätigenbonus in die Unterhaltsberechnung einzubeziehen.

VIII. Sozialstaatliche Zuwendungen

Sozialstaatliche Zuwendungen, d. h. Leistungen ohne Einkommensersatzfunktion, gelten ebenfalls grundsätzlich als unterhaltsrelevantes Einkommen, soweit sie geeignet sind, den allgemeinen Lebensunterhalt sicherzustellen. Demgegenüber nicht anrechenbar sind **subsidiäre Sozialleistungen** (BGH NJW-RR 2000, 1385). Im Einzelnen: **181**

Wohngeld ist grundsätzlich Einkommen (bundeseinheitliche Leitlinienstruktur 2.3). Etwas anderes gilt, wenn es allein erhöhte Wohnkosten abdeckt (BGH FamRZ 1985, 374). Insoweit spricht eine Vermutung dafür, dass der Bezug von Wohngeld dem **Ausgleich erhöhter Wohnkosten** dient (BGH NJW 2003, 1690). Ausnahmen können eingreifen, wenn eine Wohnung von mehreren Personen mit jeweils eigenen Einkünften bewohnt wird (Wendl/Dose § 1 Rn 454). **182**

Anrechenbar sind **BaföG-Leistungen,** auch die darlehnsweise Förderung (§ 17 Abs. 2 und 3 BaföG). **Berufsausbildungsbeihilfen** nach den §§ 59 f., 72 ff. SGB III sind ebenfalls Einkommen, soweit nicht nach § 72 Abs. 1 SGB III Vorausleitungen erbracht worden sind. Leistungen zur **Grundsicherung im Alter und bei Erwerbsminderung** (§§ 41–43 SGB XII) sind im Rahmen des Verwandtenunterhalts Einkommen, beim Ehegattenunterhalt nicht. **Elterngeld** ist bis zur **Höhe von 300,00 EUR** (bei Inanspruchnahme des halben Elterngeldes 150,00 EUR) **Sozialleistung.** In dieser Höhe ist es nur bei gesteigerter Unterhaltspflicht auf Seiten des Unterhaltsverpflichteten und in Verwirkungsfällen auf Seiten des Unterhaltsberechtigten als Einkommen anzurechnen. Der darüber hinausgehende Betrag ist Arbeitseinkommen (ausführlich Kommentierung zum BEEG). **Pflegegeld** ist beim Pflegebedürftigen kein Einkommen, bei der Pflegeperson ist es Einkommen (vgl. Kommentierung zu §§ 23 ff. SGB VIII und § 13 SGB XI). **183**

Kein Einkommen stellt das **Kindergeld** (§§ 62 bis 77 EStG) dar. Es dient dem allgemeinen Familienlastenausgleich. Das gilt auch für den Zählkindervorteil bei Kindern aus verschiedenen Beziehungen (BGH NJW 2000, 3140). Kein Einkommen sind grundsätzlich subsidiäre Leistungen, wie **Sozialhilfe** (SGB XII) und **Arbeitslosengeld II** (§§ 7 ff. SGB II). Leistungen nach dem **UVG** sind wiederum kein Einkommen. Einzelheiten ergeben sich aus den Kommentierungen der jeweiligen Vorschriften in diesem Kommentar. **184**

Für bestimmte **Sozialleistungen** bewirken die §§ 1610a, 1578a, 1361 Abs. 1 Satz 1 HS 2 BGB eine **Umkehr der Darlegungs- und Beweislast.** Die Regelung gilt für Berechtigte und Verpflichtete und für alle Unterhaltsansprüche. Sozialleistungen, die wegen **Körper- und Gesundheitsschäden** gewährt werden, werden nur und dann auch nur teilweise bei der Unterhaltsbemessung berücksichtigt, wenn der andere substantiiert darlegt und beweist, dass die Leistungen nicht vollständig für einen Mehrbedarf verbraucht werden (OLG Schleswig FamRZ 2000, 1367). Dieser Beweis ist praktisch nicht möglich. Unter die Regelung fallen Leistungen aus der **Pflegeversicherung** (OLG Brandenburg FamRZ 2008, 174), das nach landesrechtlichen Vorschriften gewährte **Blindengeld** (OLG Schleswig FamRZ 1992, 471), Grundrente, Schwerstbeschädigtenzulage und Leistungen für Hilfsmittel nach dem **BVG** (BGH NJW 1982, 1594; ausführlich § 1610a BGB Rn 5 ff.). **185**

IX. Schulden und andere Belastungen

1. Berücksichtigungsfähigkeit von Verbindlichkeiten

186 Verbindlichkeiten können bei der **Bedarfsermittlung** beim Ehegattenunterhalt und der Bestimmung der **Bedürftigkeit/Leistungsfähigkeit** des Unterhaltsberechtigten/-verpflichteten berücksichtigt werden (Ziffer 10.4 der Bundeseinheitlichen Leitlinienstruktur). Dabei ist nach der Rechtsprechung des Bundesgerichtshofes zu den stets wandelbaren ehelichen Lebensverhältnissen eine gesonderte Prüfung der Leistungsfähigkeit im Rahmen des Ehegattenunterhalts nicht mehr erforderlich; Verbindlichkeiten werden bereits bei der Bedarfsbestimmung erfasst. Bei der Prüfung, ob Verbindlichkeiten zu berücksichtigen sind, ist zum einen auf die **Art der Verbindlichkeiten** und zum anderen darauf abzustellen, im Rahmen welches **Unterhaltsanspruchs** Schulden berücksichtigt werden sollen.

2. Ehebedingte Verbindlichkeiten

187 In jedem Fall können die sog. ehebedingten Verbindlichkeiten abgesetzt werden (BGH NJW 1998, 2821). **Ehebedingt sind Verbindlichkeiten,** wenn sie vor der Trennung mit ausdrücklicher oder stillschweigender Zustimmung des anderen Ehegatten begründet wurden und damit die ehelichen Lebensverhältnisse geprägt haben (BGH a. a. O.). Liegt kein ausdrückliches Einverständnis des Ehepartners mit der Aufnahme des Kredites, etwa durch Mitverpflichtung gegenüber der finanzierenden Bank, vor, wird bei in der Ehe eingegangenen Verbindlichkeiten **die Einvernehmlichkeit vermutet** (Johannsen/Henrich/Büttner § 1361 Rn 82). Dem liegt die Überlegung zugrunde, dass ein Abtrag dieser Verbindlichkeiten auch ohne die Trennung die zur Deckung des laufenden Lebensbedarfs zur Verfügung stehenden Mittel gemindert hätte. Bei **Konsumentenkrediten** kommt es in diesem Zusammenhang nicht darauf an, wer den angeschafften Gegenstand nach der Trennung behalten hat. Es spielt auch keine Rolle, in wessen Namen der Kredit aufgenommen wurde (OLG Hamm NJW-RR 1994, 707; OLG München NJW-RR 1995, 233). Etwas anderes kann nur bei Verbindlichkeiten gelten, wobei hier eine umfassende Abwägung nach Treu und Glauben zu erfolgen hat, die von einem Ehegatten allein leichtfertig für **luxuriöse Zwecke** oder ohne verständlichen Grund eingegangen worden sind (BGH NJW-RR 1996, 321).

188 Typische ehebedingte Verbindlichkeiten sind auch Verbindlichkeiten, die einer der Ehegatten **vor der Ehe** aufgenommen hat. Die darauf zu leistenden Beträge standen während der Ehe zur Bestreitung des Lebensunterhalts nicht zur Verfügung (Wendl/Gerhardt § 1 Rn 622; BGH NJW-RR 1998, 721).

3. Verbindlichkeiten nach Trennung

189 Schulden, die nach der Trennung begründet werden, sind zu berücksichtigen, wenn sie **unumgänglich** sind oder nicht leichtfertig eingegangen wurden. Nach den **stets wandelbaren ehelichen Lebensverhältnissen** sind auch derartige nach Trennung bzw. Scheidung entstandenen Verbindlichkeiten abzusetzen. Jeder muss bei der Unterhaltsberechnung alle nicht vorwerfbaren Einkommensreduzierungen gegen sich gelten lassen (BGH NJW 2008, 1663; Wendl/Gerhardt § 1 Rn 616). Ob Verbindlichkeiten zu berücksichtigen sind, hängt von **Art, Anlass**

Einkommensermittlung **Vor § 1361 BGB**

und Entstehungszeitpunkt ab (BGH NJW 2002, 1269). Vorzunehmen ist eine umfassende Abwägung aller konkreten Umstände. Es ist ein Ausgleich der Belange von Unterhaltsgläubiger, Unterhaltsschuldner und Drittgläubiger zu suchen (BGH NJW-RR 1990, 323).

Berücksichtigungsfähig sind daher **trennungsbedingte Verbindlichkeiten,** 190 die zur Finanzierung von Umzugskosten, Mietvorauszahlungen, Aufwendungen für neuen Hausrat, Scheidungskosten u. s. w. eingegangen worden sind. Gleiches gilt für einen Kredit, mit welchem ein in der Ehe aufgelaufener **Überziehungskredit** abgelöst wird. Liegt der neue Kreditrahmen über der früheren Schuld, ist der Kredit nur im Umfang der früheren Verbindlichkeit zu berücksichtigen (BGH NJW 1998, 2821).

Nicht berücksichtigt werden Verbindlichkeiten zur Bestreitung von **Prozess-** 191 **kosten** im Zusammenhang mit Trennung und Scheidung. Diese Kosten sind aus dem Selbstbehalt zu tragen bzw. über Prozesskostenvorschuss und Prozesskostenhilfe zu finanzieren (Wendl/Gerhardt § 1 Rn 635 a; anders OLG Karlsruhe NJW-RR 1998, 578). Die Berücksichtigung von derartigen Verbindlichkeiten könnte dazu führen, dass gerichtliche Kostenentscheidungen konterkariert werden. Berücksichtigungsfähig sind allein die **Kosten des eigentlichen Scheidungsverfahrens** in angemessenen Raten (OLG Karlsruhe FamRZ 1988, 400; a. A. OLG Hamm NJW-RR 1994, 707: Verweis auf den Selbstbehalt). Unbeachtlich sind Raten zur Finanzierung einer **Zugewinnausgleichszahlung** (BGH NJW 2000, 2349; OLG Karlsruhe FamRZ 1988, 400). Die Berücksichtigung derartiger Verbindlichkeiten würde dazu führen, dass der andere Ehegatte seine eigene Zugewinnausgleichszahlung über einen verminderten Unterhalt mit finanziert. Der Zugewinnausgleich ist grundsätzlich aus der vorhandenen Vermögenssubstanz zu zahlen.

Die Kosten der Ausübung des **Umgangsrechts** sind regelmäßig nicht abzugs- 192 fähig (BGH NJW 1995, 717 mit ablehnender Anmerkung Weychardt FamRZ 1995, 539). Das Umgangsrecht ist eine **höchstpersönliche Verpflichtung** des Berechtigten (§ 1684 BGB). Deshalb muss der Umgangsberechtigte die anfallenden Kosten im eigenen und im Interesse des Kindes selbst aufbringen. Eine Ausnahme gilt dann, wenn der Unterhaltsberechtigte willkürlich sehr weit weggezogen ist (KG FamRZ 1998, 1386). Der Bundesgerichtshof verweist den Umgangsberechtigten zum Ausgleich seiner Kosten auf den auf ihn entfallenden **Anteil des Kindergeldes.** Daraus folgt, dass dann, wenn dem Unterhaltspflichtigen das anteilige Kindergeld gemäß § 1612b V BGB ganz oder teilweise nicht zugute kommt und er die Kosten nicht aus den Mitteln bestreiten kann, die ihm über den notwendigen Selbstbehalt hinaus verbleiben, wegen der Kosten des Umganges der Selbstbehalt maßvoll erhöht oder das unterhaltsrelevante Einkommen entsprechend gemindert werden kann (BGH NJW 2005, 1493; BGH NJW 2007, 511; BGH NJW 2008, 1373). Zur Übernahme der Kosten des Umgangsrechts und der Lebenshaltungskosten des Kindes während der Aufenthalte beim Barunterhaltspflichtigen s. Kommentierung zu §§ 24 a ff. SGB II Rn 5.

Bei berücksichtigungsfähigen Verbindlichkeiten sind **Zins und Tilgung** bei 193 der Bedarfsbemessung abzuziehen. Das gilt uneingeschränkt für Ratenzahlungs- und Kontokorrentkredite. Bei Darlehn im Zusammenhang mit Immobilien ist eine differenzierte Betrachtung geboten (vgl. oben Rn 153 ff.). Werden bei der Bedarfsbestimmung im Rahmen des Ehegattenunterhalts Kreditlasten berücksichtigt, stellt diese Berücksichtigung zugleich eine **anderweitige Bestimmung im Sinne des § 426 Abs. 1 BGB** dar (vgl. oben Rn 160). Neben der Berück-

Poppen

BGB § 1361
1. Teil. Ehegattenunterhalt

sichtigung bei der Unterhaltsbemessung scheidet ein Gesamtschuldnerausgleich aus. Das gilt allerdings nicht bei dem Abzug von Verbindlichkeiten zur Bestimmung der Höhe des **Kindesunterhalts** (BGH NJW 2008, 849).

4. Art des Unterhaltsanspruchs

194 Bei der Berücksichtigungsfähigkeit ist zudem nach der **Art des Unterhaltsanspruches** zu differenzieren. Der großzügigste Maßstab gilt beim Verwandtenunterhalt, eine ganz oder teilweise Nichtberücksichtigung ist am ehesten beim **Kindesunterhalt** geboten, gerade wenn es um die Leistungsfähigkeit in Höhe des **Existenzminimums** nach der Düsseldorfer Tabelle geht (BGH NJW-RR 1996, 321). Zu berücksichtigen ist dabei, dass minderjährige Kinder während ihrer Schulpflicht keine Möglichkeit haben, selbst zur Deckung ihres Unterhaltsbedarfs beizutragen, so dass sie besonders schutzwürdig sind (BGH NJW 2002, 1269). Kinder haben zudem – anders als Ehegatten – keinen Einfluss auf die Entstehung der Schuld. Den gesteigert Unterhaltspflichtigen trifft ggf. die Verpflichtung, die Verbindlichkeiten umzuschulden, um eine **Tilgungsstreckung** herbeizuführen, oder sich um eine Stundung zu bemühen (Johannsen/Henrich/Büttner § 1361 Rn 83, im Ergebnis verneint: OLG Koblenz FamRZ 2001, 1009). Überschuldete Unterhaltsverpflichtete können die Obliegenheit haben, ein **Verbraucherinsolvenzverfahren** einzuleiten (BGH NJW 2005, 1279). Das ist von Ausnahmefällen abgesehen zu bejahen. Grundsätzlich gehen die Belange der Unterhaltsgläubiger denen der sonstigen Gläubiger vor (vgl. dazu ausführlich die Kommentierung der §§ 35, 36, 40 InsO, 850 bis 850 f. ZPO und 240 ZPO).

5. Verbot der Doppelberücksichtigung

195 Grundsätzlich soll eine **Vermögensposition nur einmal,** unterhaltsrechtlich, im Wege des Versorgungsausgleichs oder güterrechtlich **ausgeglichen werden** (BGH NJW 2003, 1396; BGH NJW 2003, 3339). Gleichwohl sind Verbindlichkeiten auch im Rahmen des Zugewinnausgleichs stichtagbezogen zu berücksichtigen, wenn sie vorher schon bei der Unterhaltsbemessung berücksichtigt worden sind; zum Stichtag bestehende Verbindlichkeiten sind sowohl im Unterhalt als auch bei der Berechnung des Zugewinnausgleichs anzusetzen (BGH NJW 2008, 1221; OLG Karlsruhe FamRZ 2005, 909). Hinsichtlich der **Tilgung** derartiger Verbindlichkeiten wird teilweise die Auffassung vertreten, dass diese ab **Zustellung des Scheidungsantrages** nicht mehr berücksichtigt werden dürfen, wenn das Darlehn im Zugewinnausgleich geltend gemacht worden ist. (OLG München FPR 2004, 505; OLG Saarbrücken NJW 2006, 1438). Der Bundesgerichtshof hält es jedenfalls für möglich, dass von dem stichtagbezogenen Schuldsaldo die bis zur Entscheidung über den Zugewinnausgleich tatsächlich gezahlten Tilgungsbeträge im Rahmen des Zugewinnausgleichs nach **§ 242 BGB** abgesetzt werden (BGH NJW 2008, 1221; vgl. vor §§ 1360ff. Rn 35).

§ 1361 Unterhalt bei Getrenntleben

(1) ¹Leben die Ehegatten getrennt, so kann ein Ehegatte von dem anderen den nach den Lebensverhältnissen und den Erwerbs- und Vermögensverhältnissen der Ehegatten angemessenen Unterhalt verlangen; für Aufwendungen infolge eines Körper- oder Gesundheitsschadens gilt § 1610 a. ²Ist zwischen den getrennt lebenden Ehegatten ein Schei-

dungsverfahren rechtshängig, so gehören zum Unterhalt vom Eintritt der Rechtshängigkeit an auch die Kosten einer angemessenen Versicherung für den Fall des Alters sowie der verminderten Erwerbsfähigkeit.

(2) Der nicht erwerbstätige Ehegatte kann nur dann darauf verwiesen werden, seinen Unterhalt durch eine Erwerbstätigkeit selbst zu verdienen, wenn dies von ihm nach seinen persönlichen Verhältnissen, insbesondere wegen einer früheren Erwerbstätigkeit unter Berücksichtigung der Dauer der Ehe, und nach den wirtschaftlichen Verhältnissen beider Ehegatten erwartet werden kann.

(3) Die Vorschrift des § 1579 Nr. 2 bis 7 über die Herabsetzung des Unterhaltsanspruchs aus Billigkeitsgründen ist entsprechend anzuwenden.

(4) ¹Der laufende Unterhalt ist durch Zahlung einer Geldrente zu gewähren. ²Die Rente ist monatlich im Voraus zu zahlen. ³Der Verpflichtete schuldet den vollen Monatsbetrag auch dann, wenn der Berechtigte im Laufe des Monats stirbt. ⁴§ 1360a Abs. 3, 4 und die §§ 1360b, 1605 sind entsprechend anzuwenden.

Inhaltsübersicht

	Rn
I. Normzweck	1
II. Voraussetzungen des Trennungsunterhaltsanspruchs (§ 1361 Abs. 1 Satz 1 HS 1)	4
1. Bestehen der Ehe	5
2. Getrenntleben	8
3. Bedürftigkeit	13
4. Leistungsfähigkeit	19
5. Beweislast	21
III. Maß des Unterhalts (§ 1361 Abs. 1 Satz 1 HS 1)	22
1. Eheliche Lebensverhältnisse	22
2. Prägende Einkünfte	23
3. Fortentwicklung der Lebensverhältnisse	31
4. Sättigungsgrenze	41
5. Darlegungs- und Beweislast	43
IV. Höhe des Unterhalts (§ 1361 Abs. 1 Satz 2)	44
1. Elementarunterhalt	45
2. Altersvorsorgeunterhalt	46
3. Kranken- und Pflegevorsorgeunterhalt	54
4. Trennungsbedingter Mehrbedarf	62
V. Erwerbsobliegenheit des Berechtigten (§ 1361 Abs. 2)	67
1. Kriterien für die Bestimmung der Obliegenheit	67
2. Kindesbetreuung	68
3. Alter und Krankheit	75
4. Dauer der Ehe	76
5. Frühere Erwerbstätigkeit	77
6. Beiderseitige wirtschaftliche Verhältnisse	78
7. Angemessene Erwerbstätigkeit	79
8. Fortsetzung, Ausweitung oder Einschränkung einer bei Trennung ausgeübten Erwerbsobliegenheit	84
9. Einkommensfiktionen	86
10. Beweislast	93

Poppen

BGB § 1361

	Rn
VI. Unterhaltsausschluss (§ 1361 Abs. 3)	94
1. Verweisung	94
2. Einseitiger Ausbruch	96
3. Zusammenleben mit neuem Partner	99
4. Billigkeitsabwägung	101
5. Kinderschutzklausel	102
6. Beweislast	103
VII. Modalitäten der Leistung (§ 1361 Abs. 4)	104
1. Geldrente (§ 1361 Abs. 4 Satz 1)	104
2. Zahlungszeit und -dauer (§ 1361 Abs. 4 Satz 2 und 3)	105
3. Verzug und Sonderbedarf (§§ 1361 Abs. 4 Satz 4, 1360a, 1613 BGB)	107
4. Verzicht und Vorausleistung (§§ 1361 Abs. 4 Satz 4, 1360a, 1614 BGB)	109
5. Beerdigungskosten (§§ 1361 Abs. 4 Satz 4, 1360a, 1615 BGB)	114
6. Prozesskostenvorschuss (§§ 1361 Abs. 4 Satz 4, 1360a IV)	115
7. Zuvielforderungen (§§ 1361 Abs. 4 Satz 4, 1360b)	116
8. Auskunfts- und Beleganspruch (§§ 1361 Abs. 4 Satz 4, 1605)	117
VIII. Konkurrenzen und Rang	118
1. Konkurrenzen	118
2. Rang	119

I. Normzweck

1 Während Bestehens der Ehe haben Ehegatten eine gegenseitige Pflicht, zum Unterhalt der Familie beizutragen (§§ 1360 ff. BGB). Mit der **Trennung** trifft die Ehegatten eine **gesteigerte Eigenverantwortung.** Da das Gegenseitigkeitsverhältnis der Leistungen aufgehoben worden ist, besteht nach § 1361 ein **einseitiger Unterhaltsanspruch,** soweit ein Ehegatte aus eigenen Mitteln seinen vollen Lebensbedarf nicht insgesamt decken kann oder dazu nicht verpflichtet ist, mithin bedürftig und der andere zur Zahlung des Unterhalts leistungsfähig ist. Dieser Anspruch ist rechtlich völlig anders ausgestaltet als der Anspruch auf Familienunterhalt (OLG Hamm FamRZ 1980, 249). Auch zwischen Trennungs- und nachehelichen Unterhalt besteht keine Identität (BGH FamRZ 1981, 242). Der Unterhaltsbedarf richtet sich nach den **ehelichen Lebensverhältnissen,** das sind die Lebens-, Erwerbs- und Vermögensverhältnisse der Ehegatten, die bis zur Trennung den ehelichen Lebensstandard geprägt haben.

2 § 1361 will erreichen, dass die Chancen einer Versöhnung der Ehegatten und einer Erhaltung der Ehe nicht verbaut werden. Die **bisherigen Lebensverhältnisse** sollen, soweit wie möglich **beibehalten werden:** der sozial Schwächere, der im Vertrauen auf den Bestand der Ehe seine eigenen Belange hinter denen der Familie zurückgestellt hat (typisches Beispiel: Berufsaufgabe der Ehefrau zwecks Kinder- und Haushaltsversorgung), soll sich nicht sofort umstellen müssen. § 1361 schützt damit das Vertrauen in den Fortbestand der ehelichen Beistands- und Fürsorgepflicht. Dieser **Schutzcharakter** ist unabhängig von einem Trennungsverschulden. Die Anknüpfung an die reine Zerrüttung der Ehe ist verfassungskonform (BVerfG NJW 1979, 569).

3 Eine Grenze findet der Schutzgedanke in Fällen **grober Unbilligkeit** bei schweren Verstößen des unterhaltsbegehrenden Ehegatten gegen eheliche Solida-

Unterhalt bei Getrenntleben **§ 1361 BGB**

ritätspflichten (§ 1361 Abs. 1 i.V.m. § 1579 Nr. 2 bis 8 BGB). Der Schutzcharakter tritt zudem mit zunehmender **Verfestigung der Trennung** zurück. Die Maßstäbe für die Unterhaltsbemessung nähern sich daher mit andauernder Trennung denen des nach ehelichen Unterhalts an (BGH NJW 2001, 973).

II. Voraussetzung (§ 1361 Abs. 1 Satz 1 HS 1)

Das Gesetz nennt ausdrücklich zwei Voraussetzungen für den Unterhaltstatbestand, das **Bestehen der Ehe** zwischen den Eheleuten und ihr völliges **Getrenntleben**. Ungeschriebene Tatbestandsmerkmale sind die **Bedürftigkeit** des Berechtigten und die **Leistungsfähigkeit** des anderen Ehepartners (Wendl/Pauling § 4 Rn 2f.). 4

1. Bestehen der Ehe

Erste Anspruchsvoraussetzung ist eine wirksam bestehende Ehe. Es ist unerheblich, wie die Ehegatten die **eheliche Lebensgemeinschaft** ausgestaltet haben. Es spielt deshalb keine Rolle, ob sie einen gemeinsamen Hausstand gehabt oder von Anfang an getrenntgelebt haben, etwa, weil ein beabsichtigter Zusammenzug nie verwirklicht worden ist (BGH NJW-RR 1994, 644). Keine Rolle spielt es auch, ob die Ehegatten gemeinsam gewirtschaftet oder ihre finanziellen Verhältnisse überhaupt aufeinander eingestellt haben (BGH FamRZ 1985, 376; kritisch: Palandt/Brudermüller § 1361 Rn 11). In letzterem Fall kann ein Trennungsunterhaltsanspruch allerdings deshalb entfallen, weil der Getrenntlebende nur Anspruch auf **Aufrechterhaltung des bisherigen Lebensstandards** hat, nicht auf Besserstellung. 5

Für den Anspruch nach § 1361 ist die Dauer der Ehe ebenso irrelevant wie die Dauer der Trennung (BGH NJW 1987, 1761; BGH NJW 1985, 1345). Der Anspruch auf Ehegattentrennungsunterhalt besteht daher grundsätzlich **für die gesamte Dauer der Trennung**. § 1361 Abs. 3 verweist ausdrücklich nicht auf § 1579 Nr. 1 BGB (kurze Dauer der Ehe). Allerdings spielen die Dauer der Ehe und die Dauer der Trennung als Abwägungskriterium bei der Frage der Erwerbsobliegenheit (§ 1361 Abs. 2) eine Rolle. 6

Der Trennungsunterhaltsanspruch erlischt mit **Rechtskraft der Ehescheidung,** d.h. taggenau mit dem Datum des Eintritts der Rechtskraft (BGH NJW 1992, 1596). 7

2. Getrenntleben

Der Begriff des Getrenntlebens ist in § 1567 BGB definiert. **Objektiv** ist Voraussetzung des Getrenntlebens, dass zwischen den Ehegatten **keine häusliche Gemeinschaft** besteht und **subjektiv**, dass jedenfalls ein Ehegatte sie erkennbar nicht wiederherstellen will, weil er die **Fortsetzung der ehelichen Lebensgemeinschaft ablehnt** (Palandt/Brudermüller § 1361 Rn 9; Johannsen/Henrich/Büttner § 1361 Rn 7). 8

a) **Aufhebung der häuslichen Gemeinschaft.** Die Aufhebung der häuslichen Gemeinschaft setzt eine **vollkommene tatsächliche Trennung** der Eheleute in allen Lebensbereichen voraus. Diese liegt unproblematisch vor, wenn die Eheleute verschiedene Wohnungen bezogen haben. Wird die Trennung innerhalb einer Wohnung vollzogen, muss, soweit möglich, eine **Wohnungsauftei-** 9

BGB § 1361 1. Teil. Ehegattenunterhalt

lung erfolgen, die Eheleute müssen getrennt schlafen (OLG Hamm FamRZ 1999, 723: keine Trennung bei gemeinsamer Benutzung eines Schlafzimmers), getrennt essen und sich getrennt versorgen (kein Getrenntleben bei weiterer Versorgung: OLG Koblenz FamRB 2005, 34). Die Lebensbereiche müssen tatsächlich und konsequent voneinander abgegrenzt werden. Verbleiben **Restgemeinsamkeiten,** die sich aus den räumlichen Verhältnissen oder von einem Ehegatten aufgedrängter Hilfe ergeben, ändert das nichts am Tatbestand des Getrenntlebens (OLG München FamRZ 1998, 826; OLG Jena FamRZ 2002, 99). Maßgeblich ist eine **Gesamtwürdigung.**

10 Gemeinsamkeiten, die durch die **Versorgung von Kindern** bedingt sind, stehen dem Getrenntleben nicht entgegen (OLG Köln FamRZ 2002, 1941). Auch nach Trennung und Scheidung besteht die gemeinsame Sorge für die Kinder fort (§ 1671 BGB). Die Kinder sollen deshalb aus dem Streit der Eltern soweit wie möglich herausgehalten werden. Der Verwirklichung dieses Postulats entspricht die **Aufrechterhaltung kinderbedingter Gemeinsamkeiten** (Johannsen/Henrich/Büttner § 1361 Rn 9; a.A. OLG München FamRZ 2001, 1457).

11 b) **Trennungswille.** In subjektiver Hinsicht muss ein Ehegatte oder müssen beide Ehegatten einen Trennungswillen haben und diesen äußern. Der Trennungswille muss erkennbar **nach außen in Erscheinung** treten. Diesem Tatbestandsmerkmal kommt besondere Bedeutung zu, wenn die Ehegatten zuvor keinen gemeinsamen Haushalt geführt haben. Gerade in den Fällen, in denen Restgemeinsamkeiten wegen der Kindesbetreuung aufrechterhalten werden, ist in erster Linie auf die Dokumentation des Trennungswillens z.B. durch Anwaltschreiben abzustellen (OLG München FamRZ 1998, 826; Wendl/Pauling § 4 Rn 5).

12 c) **Versöhnungsversuch.** Ein Versöhnungsversuch nach § 1567 Abs. 2 BGB beendet das Getrenntleben im Sinne des § 1361 nicht. Das gilt jedenfalls für Versöhnungsversuche bis zu etwa **drei Monaten** (OLG Hamm NJW-RR 1986, 554). Besteht schon ein **Trennungsunterhaltstitel,** verliert dieser seine Wirksamkeit nicht; aus ihm können allerdings für die Dauer des Versöhnungsversuchs keine Rechte hergeleitet werden (Johannsen/Henrich/Büttner § 1361 Rn 10). Nach einer über drei Monate hinausgehenden Trennung kann auf einen aufgrund der früheren Trennung begründeten Unterhaltstitel nicht mehr zurückgegriffen werden. Geschieht das trotzdem, kann der Inanspruchgenommene sich mit einer **Vollstreckungsgegenklage** nach § 767 ZPO zur Wehr setzen. Ist Kindesunterhalt mit tituliert worden, kann dieser weiter durchgesetzt werden (OLG Hamm FamRZ 1999, 30).

3. Bedürftigkeit

13 a) **Allgemeine Grundsätze.** Der Unterhaltsberechtigte muss bedürftig sein. Dazu gelten die **allgemeinen Regeln** wie beim Nachehelichenunterhalt (vgl. Kommentierung zu § 1577 BGB). Anrechenbar sind alle tatsächlich erzielten und zumutbar erzielbaren Einkünfte. Wenngleich gerade beim Trennungsunterhalt die Anforderungen an den Unterhaltsberechtigten nicht überspannt werden dürfen und der Unterhaltsberechtigte grundsätzlich keine einschneidenden Veränderungen vornehmen muss, ist allerdings dann, wenn der Unterhaltsberechtigte **drei Jahre** aus einer selbständigen Tätigkeit **keine Gewinne** erzielt hat, ein

Unterhalt bei Getrenntleben § 1361 BGB

fiktives Einkommen aus einer anderweitigen Tätigkeit anzurechnen (OLG Hamm NJW-RR 1995, 1243).

b) Zusammenleben mit neuem Partner. Lebt der Unterhaltsberechtigte 14 mit einem neuen Partner zusammen und führt ihm den Haushalt, sind **Bar- und Sachleistungen** seines neuen Partners bedürftigkeitsmindernd. Wirtschaftlich gesehen sind die Leistungen des neuen Partners **Vergütung für die Versorgungsleistungen** des Unterhaltsberechtigten. Die Leistungen des neuen Partners umfassen regelmäßig Zuwendungen von **Bargeldbeträgen** auch für die Befriedigung persönlicher Bedürfnisse, **kostenlose Aufnahme in die Wohnung** bzw. Beteiligung an den Wohnungskosten des Unterhaltsberechtigten und die Ermöglichung der (Mit-)**Nutzung eines Pkw.**

Die Versorgungsleistungen für den neuen Partner sind **Surrogat für die frü-** 15 **here Haushaltstätigkeit.** Die anrechenbaren Bar- und Sachleistungen des neuen Partners sind daher wie ein Entgelt für eine bezahlte Tätigkeit in einem fremden Haushalt zu behandeln (BGH NJW 2001, 3779). Sie sind deshalb im Wege der Differenzmethode zu berücksichtigen (BGH NJW 2004, 2303; a. A. OLG München FamRZ 2005, 713). Von ihrem Charakter her sind die Leistungen allerdings keine Einkünfte aus Erwerbstätigkeit sondern es handelt sich um eine **besondere Art anderweitiger Deckung des Unterhaltsbedarfs.** Daraus folgt, dass es sich bei den Versorgungsleistungen **trotz Kindesbetreuung** um eine zumutbare Tätigkeit handelt (BGH NJW-RR 1987, 1282). Die zurechenbaren Bar- und Sachzuwendungen des neuen Partners für Versorgungsleistungen sind auch bei Kindesbetreuung in vollem Umfang in die Unterhaltsberechnung einzustellen. Die Leistungen des neuen Partners sind auch **neben Einkünften** aus einer vollschichtigen Erwerbstätigkeit zu berücksichtigen. In diesem Fall sind die Vorteile nach den zu § 1577 Abs. 2 BGB entwickelten Grundsätzen jedenfalls anteilig im Wege der Differenzmethode anzurechnen (BGH NJW 1995, 962).

Bei der **Höhe der anzurechnenden Vergütung** kommt es auf Absprachen 16 des Unterhaltsberechtigten und seines neuen Partners nicht an. Angerechnet werden muss der **tatsächliche objektive Wert** der Leistungen des neuen Partners (BGH NJW 1989, 1083). Vergütet der neue Partner die Versorgungsleistungen nicht, ist in analoger Anwendung des § 850h ZPO ein geschätzter Betrag anzurechnen. Das gilt auch für den Fall zu geringer Vergütungen. Die Ermittlung des Wertes setzt die **Feststellung des Umfangs von Betreuungs- und Versorgungsleistungen** durch das Gericht voraus (BGH NJW 1989, 1083). Regelungen dazu finden sich unter Ziff. 6 der bundeseinheitlichen Leitlinienstruktur, wobei Beträge von 200,00 EUR bis 550,00 EUR (Süddeutsche Leitlinien Stand 1. 1. 2008), 425,00 EUR (Leitlinien des OLG Oldenburg Stand 1. 1. 2008) oder 20 bis 27% des Selbstbehaltes (Leitlinien OLG Hamm Stand 1. 1. 2009 6.2) angesetzt werden. In der Rechtsprechung ist die Haushaltsführung mit 750,00 DM (OLG Hamm FamRZ 2000, 346) bemessen worden.

Voraussetzung der Anrechnung ist ferner, dass der **neue Partner finan-** 17 **ziell in der Lage** ist, die ihm erbrachten Leistungen zu vergüten (BGH a. a. O.). Ist der neue Partner in Anbetracht seines Einkommens und seiner Kredit- und Unterhaltspflichten gerade in der Lage, sich selbst zu unterhalten, entfällt ein Ansatz beim Unterhaltsberechtigten.

Zur **Beweislast** gilt, dass der Unterhaltspflichtige beweisen muss, dass der Un- 18 terhaltsberechtigte mit einem neuen Partner zusammenlebt (Palandt/Brudermüller § 1361 Rn 72). Ist das Zusammenleben unstreitig oder bewiesen, muss der Unterhaltsberechtigte beweisen, dass er seinem neuen Partner keine Versorgungsleistungen erbringt und sich deshalb auch keine Vergütung anrechnen lassen muss (BGH NJW 1995, 717).

4. Leistungsfähigkeit

19 Auch zur Leistungsfähigkeit des Unterhaltsverpflichteten gelten die allgemeinen Grundsätze. Grenze jeglicher Unterhaltsverpflichtung ist der zu wahrende **Selbstbehalt**. Ansprüche auf Trennungsunterhalt müssen sich wie jeder Unterhaltsanspruch an der Leistungsfähigkeit des Pflichtigen ausrichten und dem **Gebot der Verhältnismäßigkeit** genügen (BVerfG NJW 2002, 2701). Bei Abwägungsfragen ist entsprechend dem Normzweck zu berücksichtigen, dass während der **Trennungszeit** noch eine **größere Verantwortung** der Ehegatten füreinander besteht als beim Nachehelichenunterhalt (BGH NJW-RR 1986, 685).

20 Gegenüber Ehegatten gilt ab 1. 1. 2009 grundsätzlich ein **Selbstbehalt** von 1000,00 EUR (bundeseinheitliche Leitlinienstruktur Ziff. 21.4), Untergrenze bei Erwerbstätigen ist der notwendige Selbstbehalt von 900,00 EUR (bundeseinheitliche Leitlinienstruktur Ziff. 21.2). Auch wenn § 1581 BGB nicht direkt anwendbar ist, gelten auch zum Trennungsunterhalt die zu jener Vorschrift entwickelten Grundsätze (vgl. Kommentierung zu § 1581 BGB).

5. Beweislast

21 Unter die Darlegungs- und Beweislast des Unterhaltsberechtigten fällt der Nachweis der **eigenen Unterhaltsbedürftigkeit** (BGH NJW 1980, 393). Wendet der **Unterhaltsverpflichtete Leistungsunfähigkeit** ein, ist er beweispflichtig, d. h. auch für die Berücksichtigungsfähigkeit von Verbindlichkeiten (OLG Karlsruhe FamRZ 1997, 1111).

III. Maß des Unterhalts

1. Eheliche Lebensverhältnisse

22 § 1361 Abs. 1 Satz 1 HS 1 bestimmt als Maßstab für den eheangemessenen Unterhalt die **ehelichen Lebensverhältnisse**. Es gilt damit grundsätzlich der gleiche Maßstab wie beim nachehelichen Unterhalt (§ 1578 BGB; vgl. § 1578 BGB Rn 2 ff.). Der Unterhalt bestimmt sich danach nach den individuellen, möglicherweise eingeschränkten ehelichen Lebensverhältnissen. Maßgeblich ist eine objektive Betrachtungsweise, weshalb es auf das in der Ehe gezahlte **Haushaltsgeld** nicht ankommt (Wendl/Pauling § 4 Rn 31). Eine **Pauschalierung mit Mindestsätzen** scheidet aus (BGH NJW-RR 1998, 721). Es ist deshalb möglich, dass der Bedarf des unterhaltsberechtigten Ehegatten niedriger ist, als der bei der Bestimmung des Unterhaltsbedarfs des unterhaltsberechtigten Ehegatten vorweg berücksichtigte Kindesunterhalt nach der niedrigsten Tabellenstufe der Düsseldorfer Tabelle. Schuldet ein Unterhaltspflichtiger sowohl einem geschiedenen als auch einem neuen Ehegatten Unterhalt, so ist das Gesamteinkommen der beiden Unterhaltsberechtigten und des Unterhaltspflichtigen dreizuteilen (BGH NJW 2008, 3213). Eine Abweichung von dieser **Dreiteilung** ergibt sich bei unterschiedlicher Rangfolge der Ansprüche im **Mangelfall**. Der Anspruch des vorrangigen Unterhaltsberechtigten ist in Höhe des Drittels des

Gesamteinkommens zu befriedigen; dem Unterhaltsverpflichteten hat sein Selbstbehalt zu verbleiben. Der nachrangige Unterhaltsberechtigte erhält den durch den Selbstbehalt gekürzten Drittelanteil (BGH a. a. O).

2. Prägende Einkünfte

a) Einkommensermittlung. Bestimmt werden die ehelichen Lebensver- 23 hältnisse durch das zur **Deckung des Lebensbedarfs** tatsächlich eingesetzte Einkommen einschließlich Nutzungsvorteilen, Vermögenserträgen und anderer Einkommensarten (bundeseinheitliche Leitlinienstruktur Ziff. 15.1). Das Einkommen ist um gesetzliche Abzüge, mit der Einkommenserzielung verbundene Werbungskosten, Vorsorgeaufwendungen, berücksichtigungswürdige Verbindlichkeiten und Aufwendungen für Vermögensbildung zu bereinigen (ausführlich Kommentierung vor § 1361 BGB Rn 39 ff. und 186 ff.).

Nach § 1361 Abs. 1 Satz 1 H 2 gilt für Aufwendungen infolge eines **Körper-** 24 **oder Gesundheitsschadens** § 1610 a BGB. Auch in der Trennungszeit gilt daher die Deckungsvermutung bei schadensbedingten Mehraufwendungen.

b) Prägende Einkünfte. Relevant für die Bestimmung des Bedarfs nach den 25 ehelichen Lebensverhältnissen sind **prägende Einkünfte**. Nicht prägend sind Einkünfte aus **unzumutbarer Arbeit** (vor § 1361 BGB Rn 11 ff.). Eine überobligatorische Erwerbstätigkeit kann jederzeit sanktionslos eingestellt werden. Die Einkünfte können daher die Lebensverhältnisse nicht nachhaltig bestimmen (BGH NJW 2003, 1181; BGH NJW 2006, 2182).

Der für die Bestimmung der ehelichen Lebensverhältnisse im Rahmen des 26 Trennungsunterhalts häufigste Fall überobligatorischer Tätigkeit sind Einkünfte aus einer **trotz Kindesbetreuung** aufgenommenen Beschäftigung. Ob das Einkommen aus dieser Tätigkeit eheprägend ist, entscheidet sich nach objektiven Kriterien. Neben den **persönlichen Verhältnissen des Unterhalt fordernden Ehegatten** kommt es vor allem auf die **Betreuungsbedürftigkeit des Kindes** an. Nach der Neufassung des Unterhaltsrechts zum 1. 1. 2008 ist das bisherige Altersstufenmodell des Bundesgerichtshofes überholt. Zu den Kriterien nach der Neufassung vgl. vor § 1361 Rn 13 und Kommentierung zu § 1570 BGB Rn 3 ff. und unten Rn 68 ff. Dabei kann die Tatsache, dass die Tätigkeit überhaupt aufgenommen worden ist, ein Indiz für die Zumutbarkeit der Aufnahme der Tätigkeit sein (BGH NJW 2006, 2182). Maßgebend für die Bewertung ist eine **Gesamtschau** aller Umstände des Einzelfalls unter Berücksichtigung der Vereinbarkeit der Kinderbetreuung mit den konkreten Arbeitszeiten und Betreuungsmöglichkeiten für das Kind (BGH a. a. O.).

Wird eine **vollschichtige Berufstätigkeit** neben der Kindesbetreuung als 27 **überobligatorisch** angesehen, können die Einkünfte zu **50%** als prägendes Einkommen in eine Differenzberechnung eingestellt werden; im übrigen bleiben sie analog § 1577 Abs. 2 BGB anrechnungsfrei (BGH NJW-RR 2005, 945; OLG Hamm NJW 2003, 2461; OLG Köln FamRZ 2004, 376).

Von praktischer Bedeutung sind ferner **überobligatorisch ausgeübte Ne-** 28 **bentätigkeiten** (zur Anrechenbarkeit vor § 1361 BGB Rn 16 ff.). Daraus erzielte Einkünfte können ebenfalls die ehelichen Lebensverhältnisse nicht prägen mit der Folge, dass eine derartige Beschäftigung sanktionslos nach der Trennung der Parteien aufgegeben werden kann. Wurde die Tätigkeit ausgeübt, um **ehebedingte Verbindlichkeiten** abzahlen zu können, ist sie nicht überobligatorisch (OLG Köln NJW-RR 2003, 938). Hat ein Frühpensionär nach der Frühpensio-

BGB § 1361 1. Teil. Ehegattenunterhalt

nierung im Alter von 58 Jahren über das 65. Lebensjahr hinaus seine Nebentätigkeit fortgesetzt, sind die Einkünfte nicht überobligatorisch (OLG Köln FamRZ 2008, 1583).

29 **Fiktive Einkünfte** können die Lebensverhältnisse ebenfalls nicht prägen (BGH NJW 1997, 735; zu fiktiven Einkünften vor § 1361 BGB Rn 18 ff.). Das gilt sowohl für den Berechtigten als auch für den Verpflichteten. Ein Unterhaltsbedarf kann nicht aus fiktiven Mitteln hergeleitet werden. Auch wenn bei Überprüfung der konkreten Mittelverwendung durch die Ehegatten ein objektiver Maßstab anzulegen ist, kann das nicht dazu führen, dass der Bedarf aus niemals vorhanden gewesenen Einkünften abgeleitet wird (BGH NJW 1997, 735). Nicht prägend sind Zinseinnahmen aus Kapital, die **nicht verbraucht** worden sind (BGH NJW 2008, 57). Maßgeblich ist grundsätzlich **der in der Ehe erreichte Lebensstandard.**

30 Etwas anderes gilt für Veränderungen nach der Trennung. Wenn einem Ehegatten, der in der Ehe keine Einkünfte erzielt hat, nach der Trennung wegen **Verletzung seiner Erwerbsobliegenheit** fiktiv Einkünfte angerechnet werden. Treten diese als Surrogat an die Stelle der früheren Haushaltsführung, sind sie **prägendes Surrogat** und in die Unterhaltsberechnung nach der Differenzmethode einzubeziehen (BGH FPR 2003, 245). Fallen Einkünfte eines Pflichtigen weg und kann er sich auf diesen Fortfall nicht berufen, so prägen auch die fiktiv weiter zugerechneten Einkünfte den Unterhaltsbedarf nach den ehelichen Lebensverhältnissen.

3. Fortentwicklung der Lebensverhältnisse

31 a) **Prägende Entwicklungen.** Die ehelichen Lebensverhältnisse sind nicht statisch. Alle während der Trennungszeit und nach der Scheidung eintretenden wirtschaftlichen und persönlichen Entwicklungen bestimmen die **stets wandelbaren ehelichen Lebensverhältnisse** (BGH NJW 2006, 1654; BGH NJW 2007, 1961; BGH NJW 2008, 1663).

32 Das ist unmittelbar einsichtig für im Rahmen des Üblichen liegenden **Einkommenssteigerungen** etwa durch Tariferhöhungen oder eine Beförderung (BGH NJW 2001, 2254). Prägend sind auch andere aus Sicht der ehelichen Lebensgemeinschaft **vorhersehbare Entwicklungen,** wie z. B. das Steigen oder der Wegfall der Unterhaltslast für ein gemeinsames Kind (BGH NJW 1990, 2886) oder das Auslaufen einer Kreditverbindlichkeit (BGH NJW 1998, 2821), ja sogar ein wegen des Alters- und Gesundheitszustandes des Erblassers **vorhersehbarer Erbfall** (BGH NJW 2006, 1794). Etwas anderes gilt nur, wenn bei sehr günstigen wirtschaftlichen Verhältnissen feststeht, dass die frei werdenden Mittel in die **Vermögensbildung** geflossen wären (Johannsen/Henrich/Büttner § 1578 Rn 23). Prägende Einkünfte sind auch **Surrogate** früherer Einkünfte, so z. B. die Einkünfte aus einer Berufstätigkeit des in der Ehe haushaltsführenden Ehegatten und Renteneinkünfte aufgrund früherer Berufstätigkeit bzw. aus im Wege des Versorgungsausgleichs übertragenen Rentenanwartschaften (BGH NJW 2002, 436).

33 Zu den voraussehbaren prägenden Entwicklungen gehört auch die **latente Gefahr,** aus einer vor der Trennung für einen Dritten übernommenen Bürgschaft in Anspruch genommen zu werden (OLG Hamm NJW-RR 1998).

34 Prägend ist sowohl beim Berechtigten als auch beim Verpflichteten das **Hinzutreten weiterer Unterhaltspflichten.** Dabei kommt es nicht auf den Zeit-

Unterhalt bei Getrenntleben **§ 1361 BGB**

punkt an. Prägend ist die Unterhaltslast für ein in der Trennungszeit geborenes nicht eheliches Kind (BGH NJW 2000, 3140). Prägend ist auch der Unterhaltsbedarf eines vom Unterhaltspflichtigen nachehelich adoptierten Kindes sowie der Unterhaltsbedarf des neuen Ehegatten (BGH NJW 2009, 145).

Prägend sind ferner die durch die Trennung verursachten **Änderungen der** 35 **Steuerklasse** bei der Ein- und Doppelverdienerehe. Die Ehegatten trifft eine Obliegenheit, die steuerlichen Verhältnisse so günstig wie möglich zu gestalten durch Mitwirkung an der **gemeinsamen steuerlichen Veranlagung** für das Trennungsjahr und Durchführung des begrenzten **Realsplittings** in der Folgezeit (vgl. Kommentierung zu §§ 10 Abs. 1 Nr. 1 und 26, 26a, 26b EStG). Tritt ein Ehegatte nach der Trennung in die Kirche ein, ist auch die Kirchensteuer als eheprägend zu berücksichtigen (BGH NJW 2007, 1961).

Prägend ist auch eine **Einkommensverminderung,** weil der Unterhaltsver- 36 pflichtete nach der Trennung der Ehegatten die Kinderbetreuung übernommen und zur Ermöglichung der Kindesbetreuung seine frühere Berufstätigkeit eingeschränkt hat (BVerfG NJW 1996, 915). Das Bundesverfassungsgericht hat den Unterhaltsverpflichteten für berechtigt gehalten, im Interesse seiner Kinder mit entsprechendem Einkommensverlust seine Tätigkeit schon nach einer einstweiligen Anordnung über das Aufenthaltsbestimmungsrecht einzuschränken. Die **Elternverantwortung** gegenüber den minderjährigen Kindern ist höher bewertet worden, als die Pflicht zur Rücksichtnahme gegenüber dem anderen Ehegatten. Übt der Unterhaltspflichtige seine **Tätigkeit** trotz der Übernahme der Kindesbetreuung **in vollem Umfang weiter aus,** sind seine Einkünfte überobligationsmäßig und nur **zur Hälfte** zu berücksichtigen (OLG Hamm NJW-RR 1996, 454).

b) Nicht prägende Veränderungen. Nicht prägend sind unerwartete, vom 37 Normalablauf erheblich abweichende Entwicklungen. Das ist z.B. der sog. **„Karrieresprung",** d.h. eine unerwartete, mit einer erheblichen Einkommensverbesserung verbundene berufliche Weiterentwicklung (BGH NJW 2003, 1796; BGH NJW 2007, 1961; BGH NJW 2008, 1663). Grund dafür, die mit der unerwarteten beruflichen Entwicklung verbundenen Einkommenssteigerungen bei der Bestimmung des Bedarfs nach den ehelichen Lebensverhältnissen nicht zu berücksichtigen, ist der Umstand, dass der unterhaltsberechtigte Ehegatte nur an der **gemeinsamen Lebensleistung der Ehegatten** partizipieren soll (BGH NJW 2003, 1518).

Beispiele für eine derartige vom **Normalverlauf abweichende** Entwicklung 38 sind die Beförderung eines Beamten außerhalb der Regelbeförderung von A 14 auf A 15 (BGH FamRZ 1982, 684) bzw. von A 12 auf A 13 und A 14 erstmals 3½ Jahre nach der Trennung (OLG Hamm FamRZ 2008, 1446), der Aufstieg eines Angestellten zum geschäftsführenden Sparkassendirektor (BGH NJW-RR 1988, 1218), vom Betriebsingenieur zum Geschäftsführer einer GmbH (BGH NJW 1990, 2886) und der Aufstieg des Geschäftsführers eines mittelständischen Unternehmens in die Geschäftsführung eines internationalen Konzerns (OLG Hamm NJW-RR 1994, 1029; ähnlich OLG Zweibrücken FamRZ 2007, 473). Nicht prägend ist auch der Aufstieg vom Oberarzt zum Chefarzt fünf Jahre nach der Trennung (OLG Celle NJOZ 3669).

Prägend ist demgegenüber eine Einkommenssteigerung aus der beruflichen 39 Qualifizierung vom Assistenzarzt zum Oberarzt (BGH NJW-RR 1988, 514), das Einkommen eines aus Strafhaft Entlassenen, wenn der Pflichtige vor der Inhaftierung in der Ehe berufstätig war (OLG Hamm FamRZ 1999, 515) und Einkünfte

BGB § 1361 1. Teil. Ehegattenunterhalt

nach einem Berufswechsel, wenn frühere und jetzige Einkünfte sich in vergleichbarer Größenordnung bewegen (BGH NJW 1985, 2268).

40 **Nicht prägend** sind auch Einnahmen, die aus Vermögen erzielt werden, welches dem Berechtigten oder Verpflichteten infolge einer **Vermögensauseinandersetzung** oder aufgrund der Durchführung des Zugewinnausgleichs zugeflossen ist, wenn das Vermögen in der Ehe keinen zum Verbrauch der Eheleute bestimmten Ertrag abgeworfen hat (BGH NJW 2008, 57). Derartige Zinsen sind daher nach wie vor im Wege der **Anrechnungsmethode** zu berücksichtigen.

4. Sättigungsgrenze

41 Ebenso wie die konkrete Bedarfsermittlung in wirtschaftlich beengten Verhältnissen einer Billigkeitskorrektur bedarf, ist der Bedarf bei **sehr hohen Einkünften** nach objektiven Kriterien zu begrenzen (bundeseinheitliche Leitlinienstruktur Ziff. 15.3). Bei hohen Einkünften besteht eine Vermutung dafür, dass das verfügbare Einkommen nur zum Teil zur Bestreitung des Lebensbedarfs ausgegeben worden ist. Weitere Teile werden üblicherweise zur **Vermögensbildung** verwandt. Da Unterhalt allein der Deckung des Lebensbedarfs dient, kann in diesen Fällen der Unterhaltsbedarf nicht mehr mit einer Quote aus dem verfügbaren Nettoeinkommen abgeleitet werden; maßgeblich ist eine **konkrete Bedarfsbestimmung nach den tatsächlichen Lebensverhältnis**. Dabei ist ein objektiver Maßstab anzulegen. Weder eine gemessen an den objektiven Lebensverhältnissen zu dürftige Lebensführung noch ein verschwenderischer Lebensstil sind fortzuschreiben (BGH NJW 2008, 57). Die Darlegung kann nicht durch die Fertigung abstrakter Aufstellungen über den Bedarf erfolgen; notwendig ist eine **Aufstellung** der einzelnen Bedarfspositionen **mit Bezug auf die konkreten ehelichen Lebensverhältnisse**. Das Anfallen der einzelnen Bedarfspositionen muss ebenso nachgewiesen werden wie jedenfalls in etwa die Größenordnung der angesetzten Beträge (OLG Hamm FamRZ 1999, 723; OLG Koblenz NJW-RR 1999, 1597; Büte FuR 2005, 385).

42 Eine allgemein gültige Grenze (**„Sättigungsgrenze"**) für den Bedarf gibt es nicht. In den Unterhaltsleitlinien findet sich nach der bundeseinheitlichen Leitlinienstruktur unter 15.3 in aller Regel nur der allgemeine Hinweis auf die Notwendigkeit der konkreten Bedarfsberechnung. Nach den Leitlinien (jeweils Stand 1. 1. 2008) des Oberlandesgerichts Oldenburg ist eine **konkrete Bedarfsbemessung** bei einem Nettoeinkommen des Pflichtigen von über 5100,00 EUR vorzunehmen, nach den Leitlinien der Oberlandesgerichte Frankfurt und Jena bei einem Elementarunterhaltsanspruch von über 2200,00 EUR. Das OLG Zweibrücken hat eine konkrete Darlegung bei einem Unterhaltsanspruch in der Größenordnung von 3000,00 EUR monatlich verlangt (OLG Zweibrücken FamRZ 2008, 1655). Waren die ehelichen Lebensverhältnisse entsprechend ausgestaltet und lässt sich das konkret darlegen, können allerdings auch **sehr hohe Unterhaltsbeträge** durchgesetzt werden (OLG Hamm FamRZ 1999, 723: 15 000,00 DM; OLG Frankfurt FamRZ 1997, 353: 11 500,00 DM; ausführlich Büte FuR 2005, 385).

5. Darlegungs- und Beweislast

43 Im Rahmen des § 1361 Abs. 1 trägt der **Unterhaltsberechtigte** die Darlegungs- und **Beweislast** für alle anspruchsbegründenden Tatsachen. Er muss die Höhe des Unterhaltsbedarfs nach den ehelichen Lebensverhältnissen nachweisen.

Zur Darlegungslast gehört damit auch die **Darlegung der Höhe des Einkommens des Unterhaltspflichtigen.** Um dieser Darlegungslast zu genügen, hat der Unterhaltsberechtigte den Anspruch auf Auskunft und Vorlage von Belegen.

Den Nachweis der **Unzumutbarkeit** einer in der Ehe bereits vom Berechtigten ausgeübten Tätigkeit und damit das Fehlen der Prägung muss der **Verpflichtete** nachweisen (BGH NJW-RR 1997, 721).

Beruft sich einer der Ehegatten darauf, dass eine **Entwicklung** der beiderseitigen Einkommensverhältnisse in der Trennungszeit **vom normalen Verlauf** abweicht, mithin die ehelichen Lebensverhältnisse nicht mehr prägt, muss derjenige, **der sich darauf beruft,** dies beweisen (BGH NJW 1983, 2318; OLG Köln NJW-RR 1998, 723).

IV. Höhe des Unterhalts

Der **gesamte Unterhaltsbedarf** setzt sich aus folgenden Positionen zusammen: 44
- Elementarunterhalt (§ 1361 Abs. 1 Satz 1),
- Altersvorsorgeunterhalt (§ 1361 Abs. 1 Satz 2),
- Krankheits- und Pflegevorsorgeunterhalt (§ 1578 Abs. 2 analog).

1. Elementarunterhalt

Der **Elementarunterhalt** dient der Deckung des regelmäßigen Bedarfs des 45 täglichen Lebens.

2. Altersvorsorgeunterhalt

a) Anspruchsbeginn. Da der Elementarunterhalt seiner Bestimmung gemäß 46 zum Lebensunterhalt verbraucht werden soll, sind notwendige Vorsorgeleistungen aus gesonderten Unterhaltsbeträgen zu erbringen. Dabei bedarf es einer **Altersvorsorge** des unterhaltsberechtigten Ehegatten bis zur **Zustellung des Scheidungsantrages** nicht. Bis zu diesem Zeitpunkt ist der Unterhaltsberechtigte an der Altersversorgung seines Ehepartners über den **Versorgungsausgleich** beteiligt. Mit Rechtshängigkeit des Scheidungsverfahrens entfällt diese Teilhabe (§ 1587 Abs. 2 BGB; § 3 VersAusglG). Damit eine lückenlose Altersvorsorge gesichert ist, kann der Unterhaltsgläubiger mit Beginn des Monats, in dem die Rechtshängigkeit der Scheidung eingetreten ist, **Altersvorsorgeunterhalt** verlangen. Altersvorsorgeunterhalt ist im Verfahren – ggf. hilfsweise – gesondert geltend zu machen und im Beschluss auch gesondert auszuweisen (BGH NJW 1985, 1701). Für die Vergangenheit kann Altersvorsorgeunterhalt von dem Zeitpunkt an begehrt werden, in dem Auskunft über das Einkommen des Unterhaltspflichtigen mit dem Zweck der Bemessung von Unterhaltsansprüchen verlangt worden ist. Einer gesonderten außergerichtlichen Geltendmachung des Altersvorsorgeunterhalts bedarf es nicht (BGH NJW 2007, 511; BGH NJW 2008, 57). Für ein Gericht besteht bei der Berechnung des Anspruchs **keine Bindung** an die im Antrag vorgenommene Aufteilung in Altersvorsorgeunterhalt sowie Kranken- und Pflegevorsorgeunterhalt (BGH NJW 1985, 2713).

b) Zweckentsprechende Verwendung. Wird er gezahlt, trifft den Unter- 47 haltsberechtigten die Obliegenheit, den Altersvorsorgeunterhalt **zweckbestimmt zu verwenden** (BGH NJW 1982, 1983). Wird der Altersvorsorgeunterhalt nicht

BGB § 1361   1. Teil. Ehegattenunterhalt

bestimmungsgemäß verwandt, ist im Rentenfall ein zusätzliches Einkommen zu fingieren, welches bei bestimmungsgemäßer Verwendung des Altersvorsorgeunterhalts erzielt worden wäre (OLG Hamm FamRZ 1987, 829). Der Unterhaltsverpflichtete hat auch die Möglichkeit, im Wege eines Abänderungsverfahrens ermächtigt zu werden, den Altersvorsorgeunterhalt **direkt** an einen vom Unterhaltsberechtigten **zu benennenden Versorgungsträger zu zahlen** (BGH NJW 1987, 2229).

48   c) **Anspruchsausschluss.** Altersvorsorgeunterhalt wird nur geschuldet, soweit ein **Elementarunterhaltsanspruch** besteht (BGH NJW-RR 1999, 297). Soweit Eigeneinkünfte aus Vermögen oder Nutzungsvorteile aus dem Bewohnen einer eigenen Immobilie zu berücksichtigen sind, bedarf es einer Altersvorsorge nicht, weil diese Einkunftsquellen auch in Zukunft zur Verfügung stehen werden (BGH NJW 2000, 284).

49   Der Anspruch auf Altersvorsorgeunterhalt besteht bei **engen wirtschaftlich Verhältnissen** nicht. Reichen Eigeneinkünfte des Berechtigten und der Elementarunterhalt nicht aus, **das Existenzminimum** sicherzustellen, entfällt ein ergänzender Anspruch auf Altersvorsorge („erst leben dann kleben"; BGH NJW-RR 1989, 386). Der Anspruch auf Vorsorgeunterhalt geht im Rang dem Anspruch auf Elementarunterhalt nach. Die Höhe dieses zu wahrenden Existenzminimums liegt in der **Mitte** zwischen dem **Selbstbehalt des erwerbstätigen Ehegatten** von 1000,00 EUR (bundeseinheitliche Leitlinienstruktur Ziff. 21.4) und dem **notwendigen Selbstbehalt** eines nicht erwerbstätigen Elternteils gegenüber minderjährigen Kindern von 770,00 EUR (bundeseinheitliche Leitlinienstruktur Ziff. 21.2).

50   Geschuldet wird Altersvorsorgeunterhalt grundsätzlich **bis zur Regelaltersgrenze**, dem 65. Lebensjahr, oder dem Beginn der Zahlung einer eigenen Erwerbsunfähigkeits- oder Altersrente des Berechtigten (BGH NJW 2006, 1794). Es ist nicht möglich, den Altersvorsorgeunterhalt auf ein voraussichtliches früheres Ende einer Berufstätigkeit zu begrenzen, etwa das 55. Lebensjahr (BGH NJW 2000, 284).

51   d) **Berechnung.** Wird **Altersvorsorgeunterhalt** geltend gemacht, sind der Altersvorsorge- und Elementarunterhalt nach der **Bremer Tabelle** (Stand 1. 1. 2009: FamRZ 2009, 283) zu berechnen. Im **ersten Schritt** ist der Elementarunterhalt als Rechengröße zur Bestimmung des Altersvorsorgeunterhalts zu ermitteln, im **zweiten Schritt** ist dieser Nettobetrag nach der Bremer Tabelle zu einem fiktiven Bruttoeinkommen als Recheneinheit hochzurechnen. Auf der Basis dieses Betrages ist der Altersvorsorgeunterhalt in Höhe des jeweiligen Beitrags zur gesetzlichen Rentenversicherung zu berechnen (ab 1. 1. 2007: 19,9%). Im **dritten Schritt** ist der Altersvorsorgeunterhalt vom bereinigten Nettoeinkommen des Unterhaltsverpflichteten abzusetzen und ausgehend von diesem bereinigten Nettoeinkommen dann der endgültige Elementarunterhalt zu berechnen (bundeseinheitliche Leitlinienstruktur Ziff. 15.4; BGH NJW 2003, 1518):

Beispiel:

Der Unterhaltsverpflichtete hat ein bereinigtes unterhaltsrelevantes Nettoeinkommen von 2800,00 EUR; der Unterhaltsberechtigte verfügt über keine Einkünfte.

1. Schritt
2800,00 EUR (Nettoeinkommen Pflichtiger) × $^3/_7$ = 1200,00 EUR = **vorläufiger Elementarunterhalt**

Unterhalt bei Getrenntleben **§ 1361 BGB**

2. Schritt
1200,00 EUR (vorläufiger Elementarunterhalt) + 26% Zuschlag nach Bremer Tabelle = 312,00 EUR = 1512,00 EUR (fiktives Bruttoeinkommen) × 19,9% (Beitragssatz Rentenversicherung) = 294,84 EUR = **Altersvorsorgeunterhalt**

3. Schritt
2800,00 EUR (Nettoeinkommen Pflichtiger) − 294,84 EUR (Altersvorsorgeunterhalt) = 2505,16 EUR (bereinigtes Nettoeinkommen Pflichtiger) × $^3/_7$ = 1073,64 EUR = **endgültiger Elementarunterhalt.**

Zur **Vereinfachung des Rechenwerks** dient die von Gutdeutsch jährlich erstellte **tabellarische Übersicht** auf der Grundlage der Bremer Tabelle. Aus dieser Tabelle lassen sich Altersvorsorgeunterhalt und endgültiger Elementarunterhalt für unterschiedliche Unterhaltsquoten direkt ablesen (Stand 1. 1. 2009: FamRZ 2009, 284). 52

Der mehrstufigen Berechnung bedarf es nicht, wenn bei **gehobenen wirtschaftlichen Verhältnissen** sich der Unterhaltsbedarf nicht mehr nach einer Quote aus dem bereinigten Nettoeinkommen bestimmt, sondern konkret ermittelt wird. Dann ist der Altersvorsorgeunterhaltsanspruch auf der Basis des konkret ermittelten Unterhaltsanspruchs nur aufgrund **der ersten beiden Stufen** des obigen Rechenwerks zu ermitteln (BGH NJW 2007, 144). In derartigen Fällen kann sich ein höherer Altersvorsorgeunterhalt ergeben, als er sich aus der Beitragsbemessungsgrenze der gesetzlichen Rentenversicherung ableiten lässt (BGH NJW 2007, 144). Ferner bedarf es der dritten Stufe der Berechnung nicht, wenn der Elementarunterhaltsanspruch − ausnahmsweise − nach der **Anrechnungsmethode** ermittelt wird (BGH NJW-RR 1999, 297). 53

3. Kranken- und Pflegevorsorgeunterhalt

a) Grundsätze. Der Elementarunterhaltsanspruch umfasst ebenfalls nicht **Kosten für die Kranken- und Pflegeversicherung.** In vielen Fällen wird ein derartiger Bedarf nicht entstehen. In der **gesetzlichen Kranken- und Pflegeversicherung** sind der Ehegatte bis zur Rechtskraft der Ehescheidung und die Kinder bis zum Ende ihrer Ausbildung **beitragsfrei** mit versichert (§§ 10 SGB V, 25 SGB XI). Das gilt allerdings nur, solange die Eigeneinkünfte der Familienangehörigen die Freigrenze nach §§ 10 Abs. 1 SGB V, 25 Abs. 1 SGB XI nicht übersteigen. Diese **Freigrenze** beläuft sich ab 1. 1.2009 in den alten Bundesländern auf 360,00 EUR und in den neuen Bundesländern auf 305,00 EUR ($^1/_7$ der Bezugsgröße nach § 18 SGB IV). 54

Im Rahmen des SGB V und SGB XI ist als Einkommen der Betrag der zu versteuernden Einkünfte ohne Berücksichtigung steuerlicher Freibeträge anzusetzen (**Gesamteinkommen**, § 16 SGB IV). Das führt dazu, dass bei Geltendmachung des **steuerlichen Realsplittings** auch der gezahlte und vom Unterhaltsberechtigten versteuerte Ehegattenunterhalt Einkommen darstellt (BSG FamRZ 1994, 1239 mit ablehnender Anmerkung Weychardt). Überschreitet aufgrund der Geltendmachung des **steuerlichen Realsplittings** der unterhaltsberechtigte Ehegatte die Einkommensgrenze für die kostenfreie Familienversicherung, muss er sich freiwillig versichern. Dieser Krankenversicherungsaufwand ist vom Krankenunterhaltsverpflichteten im Rahmen des **Nachteilausgleichs** zu erstatten (ausführlich Kommentierung zu § 10 Abs. 1 Nr. 1 EStG Rn 11 ff.). 55

Der Ehegatte, der wegen Überschreiten der Einkommensgrenze nicht mehr kostenfrei familienversichert ist, ist berechtigt, sich in der Kranken- und Pflege- 56

BGB § 1361   1. Teil. Ehegattenunterhalt

kasse des Unterhaltspflichtigen **freiwillig zu versichern** (§§ 9 Abs. 1 Nr. 2 SGB V, 26 SGB XI). Ist der unterhaltsberechtigte Ehegatte einkommenslos, kann es sich deshalb lohnen, den Unterhalt als **außergewöhnliche Belastung** (§ 33 a EStG) abzusetzen (Johannsen/Henrich/Büttner § 1361 Rn 111). Dann wird der Unterhalt nicht als steuerpflichtiges Einkommen erfasst und es bleibt bei dem Anspruch auf Familienversicherung (dazu Kommentierung zu § 33 a EStG).

57   **b) Berechnung.** Berechnet wird der Krankenvorsorgeunterhalt nach dem ab 1. 1. 2009 **bundeseinheitlichen Beitragssatzes** zuzüglich etwaiger Beitragszuschläge der jeweiligen Krankenkassen auf der Basis des **Gesamtunterhalts** (Elementar-, Kranken- und Pflege- sowie Altersvorsorgeunterhalt). Sowohl Alters- wie auch Kranken- und Pflegevorsorgeunterhalt zählen zum Lebensbedarf und sind daher zu den Einnahmen zu rechnen, die für die Beitragsbemessung in der freiwilligen Kranken- und Pflegeversicherung heranzuziehen sind (LSG Baden-Württemberg Sozialrecht aktuell 2007, 104) Der bundeseinheitliche Beitragssatz in der Krankenversicherung (§ 247 SGB V) beläuft sich ab 1. 1. 2009 sowohl in den alten als auch in den neuen Ländern auf 15,5%, der Beitrag zur Pflegeversicherung auf 1,95% bei Versicherten mit Kindern und auf 2,2% bei kinderlosen Versicherten.

58   Da der Krankenversicherungsbeitrag erst nach Ermittlung des Elementar- und Altersvorsorgeunterhalts berechnet werden kann, dann seinerseits allerdings in der endgültigen Berechnung des Elementarunterhalts wieder vorab vom Einkommen des Pflichtigen abgesetzt werden muss, ergibt sich bei korrekter Handhabung eine nicht endende **Berechnungsschleife** (Weychardt FamRZ 1994, 1241).

59   In der Praxis wird der Krankenvorsorgeunterhalt auf der Basis des oben ermittelten vorläufigen Elementarunterhalts bestimmt. Im dritten Schritt zur Ermittlung des endgültigen Elementarunterhalts werden dann Kranken- und Pflegevorsorgeunterhalt sowie Altersvorsorgeunterhalt vorab abgesetzt, um den endgültigen Elementarunterhalt zu bestimmen (BGH NJW-RR 1989, 386; OLG Hamm FamRZ 1997, 1278; Wendl/Gutdeutsch § 4 Rn 509 ff.).

Beispiel

Der Unterhaltsverpflichtete hat ein bereinigtes unterhaltsrelevantes Nettoeinkommen von 2800,00 EUR; der Unterhaltsberechtigte verfügt über keine Einkünfte.

1. Schritt

2800,00 EUR (Nettoeinkommen Pflichtiger) × 3/7 = 1200,00 EUR = **vorläufiger Elementarunterhalt**

2. Schritt

1200,00 EUR (vorläufiger Elementarunterhalt) × 15,5% (Beitragssatz Krankenversicherung) = 186,00 EUR = **Krankenvorsorgeunterhalt**
1200,00 EUR (vorläufiger Elementarunterhalt) × 1,95% (Beitrag Pflegeversicherung für Versicherte mit Kindern; 2,2% bei kinderlosen Versicherten) = 23,40 EUR = **Pflegevorsorgeunterhalt**

3. Schritt

2800,00 EUR (Nettoeinkommen Pflichtiger) − 186,00 EUR (Krankenvorsorgeunterhalt) − 23,40 EUR (Pflegevorsorgeunterhalt) = 2590,60 EUR = **bereinigter vorläufiger Elementarunterhalt**

4. Schritt

2590,60 EUR × 3/7 = 1110,26 EUR (vorläufiger Elementarunterhalt) + 23% Zuschlag nach Bremer Tabelle 255,36 EUR = 1365,62 EUR (fiktives Bruttoeinkommen) × 19,9% (Beitragssatz Rentenversicherung) = 271,76 EUR = **Altersvorsorgeunterhalt**

Unterhalt bei Getrenntleben **§ 1361 BGB**

5. Schritt
2800,00 EUR (Nettoeinkommen Pflichtiger) − 186,00 EUR (Krankenvorsorgeunterhalt) − 23,40 EUR (Pflegevorsorgeunterhalt) − 271,76 EUR (Altersvorsorgeunterhalt) = 2318,84 EUR (bereinigtes Nettoeinkommen Pflichtiger) × 3/7 = 993,79 EUR = **endgültiger Elementarunterhalt**

Da alle Unterhaltsbestandteile (Elementarunterhalt 993,79 EUR + Krankenvorsorgeunterhalt 186,00 EUR + Pflegevorsorgeunterhalt 23,40 EUR + Altersvorsorgeunterhalt 271,76EUR = 1474,95 EUR) im Wege des begrenzten Realsplittings steuerlich absetzbar und damit Einkommen im Sinne der §§ 10 Abs. 1 SGB V, 25 Abs. 1 SGB XI darstellen, ist für die Beitragseinstufung der Krankenversicherung dieser Betrag als **Gesamteinkommen** maßgeblich. Der tatsächlich zu zahlende Kranken- und Pflegeversicherungsbeitrag weicht daher vom Krankenvorsorgeunterhaltsbetrag ab. **60**

Im Gegensatz zum Altersvorsorgeunterhalt gehört der Krankenvorsorgeunterhalt zum **vorrangigen Lebensbedarf.** Es gibt keinen Vorrang des Elementarunterhalts (BGH NJW-RR 1989, 386).

c) Private Krankenversicherung. Am häufigsten erlangt der Anspruch auf Krankheits- und Pflegevorsorgeunterhalt eigenständige Bedeutung bei in vollem Umfang oder ergänzend **privat Krankenversicherten.** Zu zahlen ist der für die Aufrechterhaltung der bestehenden Versicherung notwendige Betrag. Ist der Unterhaltsverpflichtete Beschäftigter im öffentlichen Dienst, besteht der **Beihilfeanspruch** des Unterhaltsberechtigten fort. Der Anspruch des Unterhaltsberechtigten geht insoweit auf Vorlage der dem Unterhaltspflichtigen überlassenen Rechnungen bei der Versicherung bzw. Beihilfestelle und Weiterleitung der Erstattungen (Johannsen/Henrich/Büttner § 1361 Rn 113). **61**

4. Trennungsbedingter Mehrbedarf

a) Begriff/Beispiele. Trennen sich Eheleute, entstehen auf beiden Seiten durch die **doppelte Haushaltsführung** Mehrkosten (**trennungsbedingter Mehrbedarf;** BGH NJW 1982, 1873). Beispiele sind die Mehrkosten für eine neu anzumietende Wohnung, Mietvorauszahlungen, angemessene Aufwendungen für die **Anschaffung neuen Hausrates** und die doppelt anfallenden Grundkosten für Strom, Heizung, Telefon, Kfz und ähnliche **Verbrauchskosten.** Auch **Scheidungskosten** gehören grundsätzlich zum trennungsbedingten Mehrbedarf **62**

b) Auswirkungen auf Unterhaltsanspruch. Der Begriff des trennungsbedingten Mehrbedarfs als Korrektiv des Quotenunterhalts hat durch die zwischenzeitlichen Änderungen der Rechtsprechung des Bundesgerichtshofes zu den stets wandelbaren ehelichen Lebensverhältnissen seine Bedeutung verloren. Hauptanwendungsfall auf Seiten des **Unterhaltsverpflichteten** war die Berücksichtigung für trennungsbedingten Mehrbedarf aufgenommener Belastungen. Der häufigste Anwendungsfall auf Seiten des **Berechtigten** waren in der Vergangenheit die Fälle, in denen der Unterhaltsanspruch einer Ehefrau, die erstmals nach der Trennung wieder gegen Entgelt berufstätig geworden war, nach der **Anrechnungsmethode** ermittelt worden ist. Der trennungsbedingte Mehrbedarf galt als (Teil-)Kompensation des bei strikter Anwendung der Anrechnungsmethode als ungerecht empfundenen Ergebnisses (Wendl/Gutdeutsch § 4 Rn 428). **63**

Nachdem der Bundesgerichtshof diese Rechtsprechung zugunsten der **Surrogationstheorie** aufgegeben hat (BGH NJW 2001, 2254), spielte trennungsbe- **64**

Poppen 97

BGB § 1361

dingter Mehrbedarf nur dann eine Rolle, wenn zusätzlich nicht prägende Erwerbseinkünfte vorhanden waren. Hauptfallgruppe war das Vorhandensein von **Einkünften aus unzumutbarer Tätigkeit,** die ganz oder teilweise bei der Bestimmung des Bedarfs nach den ehelichen Lebensverhältnissen unberücksichtigt blieben oder wenn der Berechtigte **zusätzliche nicht prägende Einkünfte** erzielte, die im Wege der Anrechnungsmethode berücksichtigt wurden, wie z. B. Zinsen aus Geldbeträgen, die er im Rahmen der Vermögensauseinandersetzung oder des Zugewinnausgleichs erlangt hat (Johannsen/Henrich/Büttner § 1578 Rn 25).

65 Der Bundesgerichtshof hatte deshalb schon mit Aufgabe der Rechtsprechung zur Anrechnungsmethode festgehalten, dass trennungsbedingter Mehrbedarf neben dem Quotenbedarf praktisch nicht mehr berücksichtigt werden kann. Die Berücksichtigung von trennungsbedingtem Mehrbedarf führt in vielen Fällen zu einer **Durchbrechung des Halbteilungsgrundsatzes** (BGH NJW 2004, 3106).

66 Auf dem Boden der aktuellen Rechtsprechung des Bundesgerichtshofes zu den **stets wandelbaren ehelichen Lebensverhältnissen** wird der trennungsbedingte Mehrbedarf, soweit er in der Eingehung von Verpflichtungen liegt, schon bei der Bemessung des Bedarfs nach den ehelichen Lebensverhältnissen angesetzt. Darlehn für Umzugskosten, Neuanschaffung von Hausrat oder Prozesskosten können bereits in diesem Rahmen berücksichtigt werden (vor § 1361 BGB Rn 189 ff.). Eine **Korrektur des Quotenunterhalts** im Hinblick auf trennungsbedingten Mehrbedarf **scheidet** deshalb nach der aktuellen Rechtsprechung **aus** (Wendl/Gutdeutsch § 4 Rn 428).

V. Erwerbsobliegenheit des Berechtigten (§ 1361 Abs. 2)

1. Kriterien für die Bestimmung der Obliegenheit

67 Vor dem Hintergrund der konkreten Lebenssituation, aus der Trennungsunterhaltsansprüche resultieren, steht beim Trennungsunterhalt die Frage im Vordergrund unter welchen Umständen und ab wann den unterhaltsbegehrenden nicht erwerbstätigen Ehegatten eine **Erwerbsobliegenheit** trifft (§ 1361 Abs. 2). Maßgeblich ist für die Obliegenheit der **Kriterienkatalog** in § 1361 Abs. 2. Der Charakter der Norm als **Schutzvorschrift** zugunsten des in intakter Ehe nicht berufstätigen Ehepartners wird aus dem Wortlaut ersichtlich („kann nur darauf verwiesen werden"). Daraus folgt, dass der getrenntlebende Ehegatte nur unter wesentlich **engeren Voraussetzungen** auf eine eigene Erwerbstätigkeit verwiesen werden kann als der geschiedene (BGH NJW 2008, 1946). Das belegen die beispielhaft aufgeführten und in der Praxis daneben herangezogenen **persönlichen Verhältnisse:**
– Kindesbetreuung
– Alter des unterhaltsbegehrenden Ehegatten
– Gesundheitszustand
– frühere Erwerbstätigkeit
– Dauer der Ehe
– wirtschaftliche Verhältnisse beider Ehegatten

2. Kindesbetreuung

68 a) **Allgemeine Grundsätze.** Wichtigster Punkt der persönlichen Verhältnisse ist die Notwendigkeit der **Kindesbetreuung.** Zu berücksichtigen ist dabei

Unterhalt bei Getrenntleben **§ 1361 BGB**

– anders als beim nachehelichen Unterhalt, bei dem § 1570 BGB ausdrücklich von einem gemeinschaftlichen Kind spricht – auch die Betreuung von **nicht gemeinschaftlichen Kindern,** etwa Kindern aus einer früheren Beziehung oder Pflegekindern (BGH NJW 1979, 1948; BGH NJW 1981, 1782; BGH NJW-RR 1995, 1089). Die Kindesbetreuung muss allerdings **rechtmäßig** sein (OLG Frankfurt FamRZ 1995, 234). Betreut ein Ehegatte ein Kind im Gegensatz zu einer Sorgerechtsregelung, hat er keinen Unterhaltsanspruch. Die Betreuung eines nach der Trennung geborenen Kindes aus einer anderen Beziehung begründet ebenfalls keinen Unterhaltsanspruch (OLG Koblenz NJW-RR 2005, 803).

b) Alter des/der Kinder. Ab welchem **Alter** eines oder mehrerer betreuter 69 Kinder eine Erwerbsobliegenheit eingreift, richtet sich nach den **Umständen des Einzelfalls.** Dabei stellen die zu § 1570 BGB entwickelten Kriterien die Untergrenze dar (vgl. § 1570 BGB Rn 206 ff.). In der unmittelbaren Trennungszeit ist wegen des Vertrauens auf den Fortbestand der ursprünglichen gemeinsamen Planung eine **großzügigere Beurteilung** geboten (Johannsen/Henrich/Büttner § 1361 Rn 15).

Nach der Rechtsprechung bis zum 31. 12. 2007 konnte äußerstenfalls bei en- 70 gen wirtschaftlichen Verhältnissen und längerer Trennung uneingeschränkt der Maßstab des § 1570 BGB angesetzt werden (Palandt/Brudermüller § 1361 Rn 14; BGH NJW-RR 1990, 323; BGH NJW-RR 1988, 519). Nach der **Neufassung des nachehelichen Unterhaltsrechts** zum 1. 1. 2008 und der Steigerung der Erwerbsobliegenheit neben der Kinderbetreuung sind die Anforderungen an die Erwerbsobliegenheit allerdings auch in der Trennungszeit gestiegen. Sind die zu betreuenden **Kinder älter als drei Jahre,** kann bei den kindbezogenen Umständen nach Ablauf des Trennungsjahres **nicht** mehr zwischen § 1570 BGB und § 1361 **differenziert werden** (Büte FuR 2008, 309; Palandt/Brudermüller § 1361 Rn 2). Je mehr sich die Trennung verfestigt, nähern sich die Anforderungen an die Obliegenheit des bislang nicht erwerbstätigen Ehegatten denen der Obliegenheit nach Rechtskraft der Ehescheidung an (BGH NJW 2008, 1946).

Durch die Neufassung des § 1570 BGB zum 1. 1. 2008 ist auch beim Tren- 71 nungsunterhalt das bisherige **Altersstufenmodell** der Rechtsprechung nicht mehr anwendbar. Nach der Grundsatzentscheidung BGH NJW 2008, 3125 ist im Rahmen des § 1570 BGB eine **umfassende Abwägung im Einzelfall** vorzunehmen. Es ist nicht möglich, pauschal nach der Vollendung des 3. Lebensjahres eines Kindes bei Vorhandensein von Betreuungsmöglichkeiten eine Ganztagserwerbsobliegenheit anzunehmen. Dabei sind zum einen maßgeblich **kindbezogene Umstände.** Hier spielen eine besondere Betreuungsbedürftigkeit des Kindes und die Möglichkeit einer anderweitigen Kinderbetreuung eine Rolle. Daneben sind **elternbezogene Umstände** zu berücksichtigen, insbesondere die Gestaltung der Kindesbetreuung und Erwerbstätigkeit in der Ehe sowie deren Dauer. Die kindbezogenen Gründe haben ein wesentlich größeres Gewicht als die elternbezogenen.

In der Rechtsprechung der Instanzgerichte hat sich die Tendenz herausgebil- 72 det, dass neben der **Betreuung von einem oder zwei Kindern im Grundschulalter** eine ungefähr **halbschichtige** Tätigkeit erwartet werden kann. Dazu folgende Beispiele aus der aktuellen Rechtsprechung:
ein Kind,

Poppen 99

BGB § 1361 1. Teil. Ehegattenunterhalt

- ab Vollendung des dritten Lebensjahres Vollzeittätigkeit bei grundsätzlicher Verwirkung des Unterhaltsanspruchs (OLG Bremen NJW 2007, 1890)
- zweite Klasse Grundschule halbtags (OLG Nürnberg BayNOT 2008, 480), keine Vollzeiterwerbsobliegenheit vor dem 15. Lebensjahr
- fünf Jahre halbtags (OLG Düsseldorf FuR 2008, 609)
- fünf Jahre bei Glutenunverträglichkeit halbtags (OLG München FamRZ 2008, 1945)
- sechs Jahre $^2/_3$-Tätigkeit (KG FamRZ 2008, 1942)
- sechsjähriges Kind bei Mangelfall halbschichtige Berufstätigkeit (OLG Düsseldorf NJW 2008, 3005)
- acht Jahre halbtags (OLG Thüringen NJW 2008, 3224)
- elf Jahre, Kind mit ADS halbtags (OLG Brandenburg FamRZ 2008, 1947)
- keine Vollzeittätigkeit vor Vollendung des 14. Lebensjahres (OLG Düsseldorf FPR 2009, 58)
- 13 bis 15 Jahre halbtags, wenn Kind unter ADS leidet (OLG Braunschweig BeckRS 2008 26306)

zwei Kinder
- neun und sieben Jahre alt halbtags (OLG Düsseldorf NJW 2008, 2658)
- zwei Kinder im Grundschulalter halbtags (OLG Celle NJW 2008, 3441)
- ein Kind zweite Klasse Grundschule, ein Kind erste Klasse Gymnasium halbtags (KG NJW 2008, 3793)
- sieben und neun Jahre alt halbtags (OLG Düsseldorf NJW 2008, 2658)

73 Eine **Ganztagstätigkeit** wird allgemein neben der Betreuung von Kindern erwartet, die **aus dem Grundschulalter** heraus sind:
- Kinder acht bis elf Jahre Vollzeittätigkeit (OLG Köln NJW 2008, 2659)
- Bei vorheriger Halbtagstätigkeit nach zehnmonatiger Trennung bei Betreuung zwei volljähriger Kinder Vollzeittätigkeit (BGH NJW 2008, 1946)

74 **c) Keine Kinderbetreuung.** Ist kein Kind zu betreuen, wird von dem haushaltsführenden Ehegatten grundsätzlich vor **Ablauf des Trennungsjahres** die Aufnahme einer Erwerbstätigkeit nicht erwartet (bundeseinheitliche Leitlinienstruktur 17.2; OLG Koblenz NJW 2004, 1816). Wie lange der Ehegatte Zeit hat, sich auf die durch die Trennung veränderten Umstände einzustellen, hängt von den sonstigen Umständen des Einzelfalls ab (aus der älteren Rechtsprechung: BGH NJW-RR 1990, 323: 15 Monate). Die Erwerbsobliegenheit kann auch schon vor Ablauf des Trennungsjahres einsetzen, insbesondere, wenn die Trennung sich schon nach kurzer Zeit als endgültig herausstellt (BGH NJW 2001, 973; OLG Hamm FamRZ 1997, 1536: 6 Monate; Büte FurR 2008, 309). Gleiche Maßstäbe gelten bei der **Ausweitung einer ausgeübten Tätigkeit** bzw. dem Wechsel von einer hinter den Fähigkeiten des Unterhaltsberechtigten zurückbleibenden schlecht bezahlten Tätigkeit in eine besser bezahlte Tätigkeit (BGH NJW 2008, 1946: 10 Monate).

3. Alter und Krankheit

75 Hierzu kann auf die Ausführungen bei den §§ 1571, 1572 BGB verwiesen werden (vgl. § 1571 BGB Rn 7 ff. und § 1572 BGB Rn 2 ff.). Auch hier gilt, dass der **Beurteilungsmaßstab** wegen des noch bestehenden Ehebandes **großzügiger** ist. Jedenfalls für den Trennungsunterhalt ist die vom Bundesgerichtshof vertretene Auffassung abzulehnen, dass auch eine 60 jährige Frau noch eine (Teil-)Erwerbsobliegenheit treffen kann (BGH NJW 1999, 1547). Keine Er-

Unterhalt bei Getrenntleben **§ 1361 BGB**

werbsobliegenheit besteht für eine 62 Jahre alte Frau nach 28jähriger Ehe, auch wenn sie eine ausgeübte Tätigkeit gegen den Willen des anderen Ehegatten rund zwei Jahre vor der Trennung aufgegeben hat (OLG Hamm FamRZ 2008, 901).

4. Dauer der Ehe

Der Schutzgedanke des § 1361 tritt umso weiter zurück, je kürzer die Ehe 76 war. Haben die Ehegatten nicht lange zusammengelebt, haben sie sich nicht nachhaltig auf ein gemeinsames Wirtschaften in der Ehe eingestellt. Um so eher ist von den Ehegatten zu erwarten, dass sie den durch die **Trennung veränderten Umständen** Rechnung tragen (BGH NJW 2001, 973; OLG Köln FamRZ 1996, 1215). Das regelmäßige Entstehen der Erwerbsobliegenheit nach Ablauf des Trennungsjahres kann je nach Ehedauer vorverlagert aber auch später angesetzt werden (Büte FuR 2008, 309). Bei kurzer Ehedauer ist auch einem älteren Ehegatten die Wiederaufnahme einer Erwerbstätigkeit noch zumutbar (Johannsen/Henrich/Büttner § 1361 Rn 20).

5. Frühere Erwerbstätigkeit

Für den Umfang der Erwerbsobliegenheit spielt eine Rolle welche Tätigkeit 77 der Ehegatte früher ausgeübt hat, ob er über eine **qualifizierte Ausbildung** verfügt, wie lange er nicht mehr auf dem allgemeinen Arbeitsmarkt tätig war und inwieweit das Fehlen einer Ausbildung und/oder das Unterlassen einer Erwerbstätigkeit auf dem allgemeinen Arbeitsmarkt ehebedingt war, etwa aufgrund **Haushaltsführung oder Kindesbetreuung.** Art und Umfang der früheren Tätigkeit ist ein Kriterium dafür, in welchem Ausmaß die typischen **Probleme der Wiedereingliederung** in das Berufsleben nach längerer Arbeitspause eintreten (BGH FamRZ 1981, 17). Die frühere Berufstätigkeit ist auch ein Kriterium für die Bemessung der jetzt **angemessenen Tätigkeit.** Dabei sind allerdings Veränderungen der sozialen Stellung durch die Ehe zu berücksichtigen.

6. Beiderseitige wirtschaftliche Verhältnisse

Sind die wirtschaftlichen Verhältnisse beider Parteien beengt, besteht eine **ver-** 78 **stärkte Obliegenheit,** eine Berufstätigkeit aufzunehmen, leben die Eheleute in guten wirtschaftlichen Verhältnissen ist das Verhalten des Verpflichteten großzügiger zu beurteilen (BGH NJW-RR 1990, 323).

7. Angemessene Erwerbstätigkeit

a) Bestimmung der Angemessenheit. Wie beim nachehelichen Unterhalt 79 (§ 1574 Abs. 1 BGB) darf der unterhaltsberechtigte Ehegatte nur auf eine Erwerbstätigkeit verwiesen werden, die den **ehelichen Lebensverhältnissen** entspricht (vgl. § 1574 BGB Rn 2 ff.). Er soll keinen **sozialen Abstieg** hinnehmen müssen. Die Tätigkeit muss im Sinn von § 1574 Abs. 2 BGB angemessen sein (BGH NJW-RR 1990, 323). Insoweit greifen die Kriterien wieder ineinander; je kürzer die Ehe, desto weniger hat sich ein in der Ehe erlangter Status verfestigt (BGH NJW-RR 1988, 1282).

Nach langjähriger Ehe mit überdurchschnittlichen Einkommensverhältnissen 80 und **gehobenem sozialen Status** muss eine Ehefrau in der Regel nicht in ihren erlernten Beruf etwa als Sekretärin, Fremdsprachenkorrespondentin, kaufmännische Angestellte, Erzieherin, Verkäuferin oder Näherin zurückkehren,

BGB § 1361

wenn sie während der Ehe nicht berufstätig war. Der Ehefrau eines Lehrers ist es andererseits zuzumuten, als **Aushilfskraft** in einer Buchhandlung zu arbeiten (OLG Karlsruhe FamRZ 2002, 1566). Der Ehefrau eines Diplom-Ingenieurs ist eine gehobene eigenständige Tätigkeit als Sachbearbeiterin, Buchhalterin oder am Empfang eines Unternehmens bzw. im Vorzimmer zuzumuten (OLG Hamburg NJW-RR 1986, 556).

81 **b) Ausbildungsunterhaltsanspruch.** Hat der Ehegatte keine oder eine heute auf dem Arbeitsmarkt nicht mehr verwertbare Ausbildung, kann ein **Anspruch auf Ausbildungsunterhalt** bestehen. Dieser Anspruch besteht in jedem Fall, wenn die Absolvierung einer Erst- oder Zweitausbildung einem **in der Ehe gefassten gemeinsamen Lebensplan** entspricht (BGH NJW 1985, 1695). War es gemeinsame Lebensplanung der Ehegatten, dass die aus einem fremden Kulturkreis stammende Ehefrau zunächst die deutsche Sprache erlernt und dann eine Ausbildung absolviert, besteht auch ohne Kinderbetreuung nach kurzer Ehe ein Trennungsunterhaltsanspruch für die Dauer der geplanten Ausbildung (OLG Düsseldorf FamRZ 2008, 1856).

82 Auch ohne einen derartigen gemeinsamen Plan besteht ein Ausbildungsunterhaltsanspruch entsprechend den Grundsätzen zum nachehelichen Unterhalt gemäß §§ 1573 Abs. 1, 1574 Abs. 3 BGB (Johannsen/Henrich/Büttner § 1361 Rn 110). Entscheidend für das Bestehen des Ausbildungsunterhaltsanspruches ist es daher, ob das vorherige Absolvieren einer Ausbildung erforderlich ist, um eine gemessen an den ehelichen Lebensverhältnissen **angemessene Berufstätigkeit aufnehmen zu können** (vgl. § 1573 BGB Rn 7 und § 1574 BGB Rn 2 ff.). Liegen die Voraussetzungen für einen Ausbildungsunterhaltsanspruch nach diesen Vorschriften vor, besteht der Anspruch nicht erst ab Rechtskraft der Ehescheidung sondern erst recht auch schon in der Trennungszeit. Es liegt im wohl verstandenen **Eigeninteresse des Unterhaltsverpflichteten,** dass ein Ehegatte ohne hinreichende Ausbildung so früh wie möglich die Ausbildung und damit die Wiedereingliederung in das Arbeitsleben beginnt (BGH NJW 2001, 973).

83 Grundsätzlich besteht kein Anspruch analog § 1575 BGB. § 1575 BGB hat nicht die **Erhaltung des ehelichen Lebensstandards** und den Ausgleich ehebedingter Nachteile zum Ziel, sondern soll gegenüber den ehelichen Lebensverhältnissen eine **Verbesserung** bewirken. Da § 1361 Abs. 2 BGB allerdings Schutzvorschrift für den Unterhaltsberechtigten ist, greifen die entsprechenden Beschränkungen nicht ein, wenn und soweit der Unterhaltsberechtigte dieses Schutzes nicht bedarf (OLG München FamRZ 1998, 553: Ausbildungsunterhaltsanspruch während Trennungszeit, wenn der berechtigte Ehegatte wegen der Geburt eines Kindes eine Ausbildung abgebrochen hatte). Liegen die Voraussetzungen des Anspruchs nach § 1575 BGB schon in der Trennungszeit vor (dazu § 1575 BGB Rn 3 ff.), kann der Unterhaltsberechtigte im **Vorgriff** auf einen entsprechenden Anspruch nach Rechtskraft der Ehescheidung die Ausbildung schon vorher absolvieren (Wendl/Pauling § 4 Rn 10).

8. Fortsetzung, Ausweitung oder Einschränkung einer bei Trennung ausgeübten Erwerbstätigkeit

84 Dem Wortlaut nach gilt § 1361 Abs. 2 für den bei Trennung nicht erwerbstätigen Ehegatten. Haben die Ehegatten eine **Doppelverdienerehe** geführt, muss grundsätzlich jeder die zuletzt ausgeübte Erwerbstätigkeit fortsetzen (BGH NJW 1985, 1695). Die Vorschrift erfasst allerdings auch die Fälle, in denen ein Ehegat-

te entsprechend dem gemeinsamen Lebensplan in der Ehe nur einer eingeschränkten Erwerbstätigkeit nachgegangen ist (**Zuverdienstehe**). Ob und in welchem Umfang eine ausgeübte Teilzeittätigkeit auszuweiten ist, ist nach den oben dargestellten Grundsätzen zu prüfen. Besteht die **erweiterte Erwerbsobliegenheit**, muss der Ehegatte grundsätzlich eine Ganztagstätigkeit aufnehmen (OLG Frankfurt FamRZ 2000, 25). Gibt der bisher teilzeitbeschäftigte Ehegatte die Teilzeitbeschäftigung auf und nimmt eine Vollzeittätigkeit bei einem anderen Arbeitgeber auf, trägt der Unterhaltsverpflichtete das **Risiko**, dass der Unterhaltsberechtigte unverschuldet **seine neue Arbeit verliert** und die alte nicht wieder aufnehmen kann (Palandt/Brudermüller § 1361 Rn 13). Gerade bei der schwierigen heutigen Arbeitsmarktsituation mit zunehmenden Insolvenzen auf Arbeitgeberseite und vor dem Hintergrund der Kündigungsmöglichkeit in der Probezeit kann es langfristig für den Unterhaltsverpflichteten günstiger sein, sich mit einer nur eingeschränkten Erwerbstätigkeit des anderen bei einem solventen Arbeitgeber abzufinden, anstatt diese Risiken zu übernehmen.

Dem teilzeitbeschäftigten Ehegatten kann in Ausnahmefällen die **Fortsetzung** 85 **der bei der Trennung ausgeübten Tätigkeit unzumutbar** sein. Das ist der Fall, wenn gemeinschaftliche Kinder während der intakten Ehe von beiden Ehegatten anteilig betreut worden sind und die Mithilfe des anderen Ehegatten infolge der Trennung weggefallen ist (Zumutbarkeit der Fortführung bejaht: OLG Köln NJW-RR 1998, 1300; OLG Naumburg FamRZ 1998, 552; allgemein zur Abwägung: OLG München FamRZ 1982, 270).

9. Einkommensfiktion

a) Freiwillige Zahlungen. Wird eine Erwerbsobliegenheit bejaht, muss der 86 Unterhaltsberechtigte seine **Bemühungen** um eine angemessene Tätigkeit **nachweisen**. Dabei ist dem Unterhaltsberechtigten mitunter allerdings noch eine längere „Schonfrist" zuzubilligen, wenn der Unterhaltsverpflichtete ohne Hinweis auf die grundsätzlich gegebene Erwerbsobliegenheit über längere Zeiträume **freiwillig Trennungsunterhalt gezahlt** hat. Jahrelange Zahlungen ohne Hinweis auf die Erwerbsobliegenheit begründen einen **Vertrauenstatbestand,** der eine längere Übergangsfrist rechtfertigt (OLG Hamm FamRZ 1995, 1580: sechs Jahre; OLG Köln FamRZ 1999, 853: sieben Jahre).

b) Art und Ausmaß der Bemühungen. Art und Ausmaß der geschuldeten 87 Erwerbsbemühungen hängen wiederum vom Einzelfall ab. Grundsätzlich muss der Unterhaltsberechtigte sich intensiv auf alle in Frage kommenden Stellen bewerben. Die **Arbeitslosmeldung** ist erforderlich, reicht aber allein nicht (BGH NJW-RR 1987, 196). Dem hat nunmehr auch der Gesetzgeber Rechnung getragen, indem er als Voraussetzung für den Bezug von Arbeitslosengeld ebenfalls ausdrücklich **eigene Bemühungen des Arbeitsuchenden** verlangt (§ 119 Abs. 1 Nr. 2 SGB III). Die Teilnahme an einer durch das Arbeitsamt bewilligten **Umschulungsmaßnahme** entbindet nicht ohne weiteres von der Verpflichtung, sich daneben um eine neue Arbeitsstelle zu bemühen (OLG Hamm FamRZ 2004, 1574).

Der Unterhaltsberechtigte muss sich auf Stellenanzeigen bewerben, bei möglichen Arbeitgebern vorsprechen und selbst Stellengesuche aufgeben (BGH NJW 1994, 1002). Er muss die örtliche Tagespresse und Anzeigenblätter auf Angebote durchsehen. Bewerbungen müssen kurzfristig und in aller Regel schriftlich erfolgen. Die Bewerbungsschreiben müssen eine ansprechende Form aufweisen (Palandt/Brudermüller § 1361 Rn 41; OLG Brandenburg FamRZ 2008, 1947).

BGB § 1361 1. Teil. Ehegattenunterhalt

88 **c) Nachweis.** Was der Unterhaltsberechtigte im einzelnen unternommen hat, muss er **nachprüfbar darlegen** und beweisen, in aller Regel durch Vorlage des Stellengesuchs, auf das er sich beworben hat, des Bewerbungs- und des Absageschreibens. Dabei kommt es nicht allein auf die Zahl der Bewerbungen an. Entscheidend ist, dass sich aus dem Vorbringen und den Unterlagen eine **subjektive Arbeitsbereitschaft** ergibt (BGH NJW 1986, 718). Wenige gezielte und genau auf das Angebot zugeschnittene Bewerbungen können in diesem Zusammenhang gewichtiger sein als viele stereotyp formularmäßig verfasste Schreiben.

89 **d) Einkommensfiktion.** Bevor Einkünfte fingiert werden, ist zu prüfen, ob eine **reale Beschäftigungschance** bestand, mithin bei entsprechenden Bemühungen der unterhaltsbegehrende Ehegatte eine Beschäftigung hätte finden können (OLG Hamburg FamRZ 2008, 1274). Einen ersten Überblick über Stellenangebote in bestimmten Regionen für einzelne Berufe gibt die Internetseite der Bundesagentur für Arbeit (www.arbeitsagentur. de). Diesem Kriterium kommt angesichts der **hohen Arbeitslosenquote** eine immer größere Bedeutung zu (BGH NJW 1994, 1002; BGH NJW 1996, 517). Zu berücksichtigen sind dabei Siedlungsdichte, Beschäftigungsstand, Arbeitsmarktlage wie auch Arbeitsbiographie, Alter und Gesundheitszustand. Bei Fehlen anerkennenswerter Ortsbindungen ist ein **Wohnungswechsel** zumutbar (OLG Hamm NJW-RR 1998, 1084; OLG Dresden FamRZ 1999, 396). Bei unzureichenden Bemühungen um die Ausweitung einer Tätigkeit kann, wenn die Aufgabe des bisherigen Teilzeitarbeitsverhältnisses nicht zugemutet werden kann, ein Einkommen aus einer Nebentätigkeit fingiert werden (OLG Schleswig BeckRS 2007 05917).

90 Allerdings gibt es **keine Vermutung** dafür, dass bei einer schwierigen Situation auf dem Arbeitsmarkt Bemühungen erfolglos geblieben wären (OLG Hamm FamRZ 1999, 1011). Ernsthafte Zweifel, ob bei den geforderten Bemühungen eine reale Beschäftigungschance besteht bzw. bestanden hätte, gehen zu Lasten des Arbeitsuchenden. Dabei muss im Rahmen einer gerichtlichen Auseinandersetzung das Familiengericht, wenn das beantragt worden ist, eine amtliche **Auskunft der Bundesagentur für Arbeit** zu den Vermittlungschancen einholen (§§ 113 FamFG, 377 Abs. 3 ZPO; – BGH FamRZ 1987, 912). Verneint die Bundesagentur für Arbeit eine reale Vermittlungschance, ist weiter zu prüfen, ob nicht bei entsprechenden privaten Initiativen doch eine Chance bestanden hätte, einen Arbeitsplatz zu finden (Wendl/Dose § 1 Rn 530).

91 Hat ein Unterhaltsberechtigter sich in der **Vergangenheit nicht hinreichend beworben,** entfällt die Fiktion nicht ohne weiteres, wenn er sich später erfolglos in ausreichendem Maße um eine Arbeitsstelle bemüht. Für die **Zulässigkeit des Änderungsantrags** kommt es auf die **Reichweite der Fiktion** an. Ist wegen **mutwilliger Arbeitsplatzaufgabe** fiktiv das frühere Arbeitseinkommen zugrunde gelegt worden, ist der Änderungsantrag nur schlüssig, wenn dargelegt wird, dass etwa wegen Krankheit oder Insolvenz des Arbeitgebers der Arbeitsplatz mittlerweile auch ohne das mutwillige Verhalten verloren gegangen wäre; wer **schuldlos arbeitslos** ist, kann sich im Änderungsverfahren darauf berufen, dass er nunmehr trotz hinreichender Bemühungen keine oder nur eine schlechter bezahlte Tätigkeit gefunden hat (BGH NJW 2008, 1525).

92 **e) Höhe des fingierten Einkommens.** Die Höhe des fiktiv zuzurechnenden Einkommens ist wiederum nach allen Umständen des Einzelfalls zu bestimmen. Bei einer bisher im Architekturbüro ihres Ehemannes tätigen Ehefrau sind nach Steuerklasse I Nettoeinkünfte bei vollschichtiger Tätigkeit von 1050,00 EUR monatlich

Unterhalt bei Getrenntleben **§ 1361 BGB**

fingiert worden (OLG Hamm FamRZ 1999, 851), bei gesundheitlichen Beeinträchtigungen, die nur noch leichte vollschichtige Tätigkeiten zulassen, ist ein Stundenlohn von 6,50 EUR = ca. 800,00 EUR netto monatlich angesetzt worden (OLG Hamm FamRZ 2000, 1219).

10. Beweislast

Da § 1361 Abs. 3 die Regel normiert, dass der in der Ehezeit nicht oder nur 93 in untervollschichtigem Maße tätige Ehegatte nur in Ausnahmefällen auf die Aufnahme einer (weitergehenden) Erwerbstätigkeit verwiesen werden kann, muss der **Verpflichtete beweisen,** dass den Berechtigten nach seinen persönlichen Verhältnissen eine **Erwerbsobliegenheit** trifft (Johannsen/Henrich/Büttner § 1361 Rn 159; Palandt/Brudermüller § 1361 Rn 72). **Der Berechtigte trägt die Darlegungs- und Beweislast für hinreichende Bemühungen** und deren Erfolglosigkeit (BGH NJW 1986, 718). Der Unterhaltsberechtigte muss auch beweisen, wenn er keine hinreichenden Bemühungen unternommen hat, dass er auch im Fall hinreichender Bemühungen keine Arbeit gefunden hätte (OLG Braunschweig NJW-RR 1996, 454).

VI. Unterhaltsausschluss (§ 1361 Abs. 3)

1. Verweisung

§ 1361 Abs. 3 verweist auf die entsprechende Anwendung des § 1579 Nr. 2 bis 94 8 BGB. Danach kann der Unterhaltsanspruch auch in der Trennungszeit versagt, herabgesetzt oder zeitlich begrenzt werden, soweit die Inanspruchnahme des Verpflichteten auch unter Wahrung der Belange eines dem Berechtigten zur Pflege oder Erziehung anvertrauten gemeinschaftlichen Kindes **grob unbillig** wäre, weil einer der in § 1579 Nr. 2 bis Nr. 8 BGB aufgeführten Gründe vorliegt.

Ausdrücklich nicht verwiesen wird auf § 1579 Nr. 1 BGB. War die **Ehe von** 95 **kurzer Dauer,** wirkt sich dies allein bei der Abwägung nach § 1361 Abs. 2 aus. Insbesondere ist in derartigen Fällen ein Rückgriff auf § 1579 Nr. 8 BGB ausgeschlossen. Diese Norm ist zwar Auffangtatbestand, sie soll allerdings nicht die Fälle erfassen, in denen einer der in § 1579 BGB ausdrücklich geregelten Tatbestände zwar vorliegt, die Vorschrift aber entweder nicht anwendbar ist oder es aufgrund ihrer Anwendung nicht zu einer auch nur teilweisen Kürzung des Unterhalts kommt. Von Bedeutung ist der Tatbestand einer kurzen Ehe allerdings bei der nach § 1579 BGB anzustellenden **Billigkeitsabwägung** (OLG Celle FamRZ 1990, 519).

2. Einseitiger Ausbruch

a) Tatbestand des Ehebruchs. Bei der Bemessung des Trennungsunterhalts 96 spielen die Tatbestände der §§ 1579 Nr. 2 und Nr. 7 BGB eine wesentliche Rolle. Bei § 1579 Nr 7 BGB ist dies wiederum die Fallgruppe des sog. **einseitige Ausbruchs aus einer intakten Ehe** (eingehend § 1579 BGB Rn 35 ff.). Darunter fasst der Bundesgerichtshof die Fälle, in denen der Unterhaltsberechtigte während der Ehe vor der Trennung intime Beziehungen zu einem anderen Partner aufgenommen hat (Beispiele: OLG Hamm NJW-RR 1995, 518; NJW-RR 1996, 769). Darin liegt ein Verstoß gegen die **eheliche Treuepflicht,** die mit der Trennung endet. Dabei reicht der Ehebruch als solcher allein nicht (BGH NJW 2001, 3779). Es müs-

BGB § 1361 1. Teil. Ehegattenunterhalt

sen noch weitere Umstände hinzukommen, es muss ein offensichtlich schwerwiegendes, eindeutig allein bei dem unterhaltsberechtigten Ehegatten liegendes **einseitiges Fehlverhalten** vorliegen (OLG Köln NJW-RR 2007, 364). Haben die Parteien in der Ehe nur noch nebeneinander gelebt und innerlich bereits mit der Ehe abgeschlossen, fehlt es ebenso an dieser Einseitigkeit, wie wenn der Verpflichtete sich bereits vor dem Berechtigten einem neuen Partner zugewandt hat (BGH NJW 1989, 1083). An der Einseitigkeit des Verhaltens fehlt es ferner, wenn der Verpflichtete jahrelang keine sexuellen Kontakte mehr zuließ (KG FamRZ 1992, 571; anders OLG Zweibrücken BeckRS 2008 24465).

97 Eine Einseitigkeit liegt auch dann nicht vor, wenn der Verpflichtete sich vor dem Ehebruch bereits **gefühlsmäßig von dem Berechtigten abgewandt hatte** (BGH NJW 1986, 722). Erst recht nimmt es dem Ehebruch die Einseitigkeit des Fehlverhaltens, wenn es davor schon zu Streitigkeiten und Auseinandersetzungen gekommen ist (BGH a. a. O.). Als **reaktive Abkehr** aus einer gescheiterten Ehe wird der Ehebruch auch dann angesehen, wenn der Verpflichtete gar häufig betrunken war oder den Berechtigten körperlich angegriffen hat (BGH NJW 1989, 1083).

98 **b) Darlegungs- und Beweislast.** Hinsichtlich der Darlegungs- und Beweislast gilt, dass der Verpflichtete darlegen und beweisen muss, dass der Berechtigte sich ein offensichtlich schwerwiegendes und eindeutig bei ihm liegendes Fehlverhalten hat zuschulden kommen lassen. Er muss daher den **objektiven Tatbestand beweisen** und auch **substantiierte Gegenvorwürfe** von einigem Gewicht **widerlegen** (BGH FamRZ 1983, 670). Dabei sind an den Sachvortrag des Berechtigten hohe Substantiierungsanforderungen zu stellen. Die ihn entlastenden **Gegenvorwürfe** müssen **konkret und substantiiert** vorgebracht werden (BGH NJW 1991, 1214). So reicht die nicht weiter durch Einzelheiten untermauerte Behauptung, zum Zeitpunkt des Ehebruchs hätten die Eheleute sich schon auseinandergelebt, nicht (BGH NJW 1991, 1214).

3. Zusammenleben mit neuem Partner

99 Der weitere in der Praxis bedeutsame und wesentliche Tatbestand in diesem Zusammenhang ist der Härtegrund des § 1579 Nr. 2 BGB, die aus einem **länger andauernden Zusammenleben des Unterhaltsberechtigten mit einem neuen Partner** resultierenden Konsequenzen (BGH NJW 2008, 2779: auch gleichgeschlechtlich). Während es bei Beginn des Zusammenlebens um die wirtschaftlichen Auswirkungen bei der Bemessung des grundsätzlich bestehen bleibenden Unterhaltsanspruches geht, führt das Erfüllen der Voraussetzungen des § 1579 Nr. 2 BGB zu einer Kürzung bzw. zu einem gänzlichen Wegfall des rechnerisch darstellbaren Unterhaltsanspruchs (vgl. § 1579 BGB Rn 49).

100 Der Tatbestand des § 1579 Nr. 2 BGB liegt nach den vom BGH NJW-RR 1994, 1154 gebildeten Fallgruppen unter folgenden Umständen vor:
– **Absehen von einer Eheschließung** allein, um den Unterhaltanspruch nicht zu verlieren
– Bestehen einer ehegleichen **Unterhaltsgemeinschaft,** in der der Berechtigte sein Auskommen findet. Voraussetzung ist dabei die Leistungsfähigkeit des neuen Partners, den Bedarf des Unterhaltsberechtigten zu decken
– **eheersetzende Gemeinschaft** ohne Rücksicht auf die wirtschaftlichen Verhältnisse des neuen Partners, die zur **objektiven Unzumutbarkeit** weiterer Unterhaltszahlungen wegen des damit verbundenen Eingriffs in die wirtschaftliche

Unterhalt bei Getrenntleben **§ 1361 BGB**

Betätigungsfreiheit führt. Voraussetzung für diesen Tatbestand ist eine **Mindestdauer** der Beziehung von **zwei bis drei Jahren** (Verwirkung nach **spätestens** zwei Jahren: OLG Celle NJW 2008, 1456). Bestehen konkrete Anhaltspunkte dafür, dass die Beziehung sich in einer **Krise** befindet, kann auch ein darüber hinausgehender Zeitraum erforderlich sein (OLG Köln NJW-RR 2003, 938). Tatbestandsmerkmal ist in aller Regel ein **gemeinschaftliches Wohnen** (BGH NJW 2002, 217), wobei der Aufenthalt in einer Wohnung reicht, auch wenn zwei Wohnungen unterhalten werden, wenn keine bewusste, nach außen erkennbare Distanz geschaffen wird (BGH NJW 2002, 217). Auf die **Eheschließungsmöglichkeit kommt es nicht an,** so dass dieser Tatbestand schon in der Trennungszeit verwirklicht werden kann (BGH NJW 2002, 1947). Auch eine Lebensgemeinschaft mit einem **gleichgeschlechtlichen Partner** führt zum Unterhaltsausschluss (BGH a. a. O.; BGH NJW 2008, 2779).

4. Billigkeitsabwägung

Voraussetzung jeglicher Verwirkung eines Anspruchs nach § 1579 BGB ist **101** eine **Billigkeitsabwägung** im jeweiligen Einzelfall, die die Verpflichtung zur Leistung von Unterhalt als grob unbillig erscheinen lässt (vgl. § 1579 BGB Rn 45). Dabei gibt das Gesetz ausdrücklich die Möglichkeit, auch durch eine Kürzung des Anspruchs auf die objektive Erfüllung eines Verwirkungsanspruchs zu reagieren, es gilt nicht das „Alles oder Nichts"-Prinzip.

5. Kinderschutzklausel

Schließlich ist in den Fällen, in denen gemeinschaftliche Kinder vorhanden **102** sind, die **Kinderschutzklausel** des § 1579 BGB zu beachten (vgl. § 1579 BGB Rn 47 ff.). Jede Kürzung oder Versagung eines Trennungsunterhaltsanspruchs setzt voraus, dass gleichwohl die Belange des dem Unterhaltsgläubiger zur Pflege oder Erziehung anvertrauten gemeinschaftlichen Kindes/Kinder gewahrt bleiben. Das ist dann nicht der Fall, wenn dem Unterhaltsberechtigten bei Wegfall des Trennungsunterhaltsanspruchs nicht das **Existenzminimum** verbleibt (BGH NJW-RR 1997, 897). Das Existenzminimum wird in diesen Fällen mit dem Mindestbedarf von ab 1. 1. 2008 770,00 EUR zuzüglich eines etwaigen Kranken- und Pflegeversicherungsvorsorgeunterhalt angesetzt (BGH FamRZ 1989, 1279; OLG Hamm FamRZ 2004, 1036).

6. Beweislast

Die Umstände, aus denen sich die grobe Unbilligkeit des gänzlichen oder teil- **103** weisen Fortbestandes der Unterhaltspflicht ergeben, muss der **Verpflichtete darlegen und beweisen** (BGH NJW 1991, 1290). Dazu gehört auch der Nachweis, dass und wie lange der Unterhaltsberechtigte mit einem neuen Partner zusammenlebt.

VII. Modalitäten der Leistung (§ 1361 Abs. 4)

1. Geldrente (§ 1361 Abs. 4 Satz 1)

Trennungsunterhalt ist anders als der Familienunterhalt nach §§ 1360, 1360a **104** BGB als **monatliche Geldrente** zu leisten. Eine abweichende Art der Leistung, die

Poppen 107

BGB § 1361

Gewährung von Naturalunterhalt, bedarf einer Vereinbarung (BGH NJW 1997, 731). Typische Fälle sind die Zurverfügungstellung eines Pkw durch den Unterhaltsschuldner oder die Zahlung der Miete für die von der Restfamilie nach der Trennung weiter bewohnte Ehewohnung (OLG Hamm FamRZ 1984, 790). Soweit ohne ausdrückliche Vereinbarung in der Vergangenheit **Naturalunterhalt** geleistet worden ist, sind diese Leistungen bei einer Festlegung von Unterhaltsrückständen zu bewerten und, weil insoweit der Unterhaltsbedarf gedeckt ist, zu berücksichtigen. Ist der Unterhalt in Form einer Geldrente tituliert, muss der Unterhaltsberechtigte sich gegen seinen Willen Naturalunterhaltsleistungen nicht gefallen lassen.

2. Zahlungszeit und -dauer (§ 1361 Abs. 4 Satz 2 und 3)

105 Ohne ausdrückliche Vereinbarung ist die Rente monatlich im Voraus zu zahlen. Formulierungen in Anträgen, dass der Unterhaltsanspruch bis zum 5. Kalendertag oder 3. Werktag eines jeden Monats zu zahlen ist, beinhalten das Einverständnis des Unterhaltsberechtigten mit einer späteren Zahlung. Ist der Unterhaltsberechtigte mit einer Zahlung zur Monatsmitte nicht einverstanden, kann der Unterhaltsverpflichtete sich nicht darauf berufen, dass er sein Einkommen erst zur Monatsmitte erhält; der **Unterhaltsverpflichtete** muss den **Unterhalt vorfinanzieren.**

106 Im Fall des **Todes des Unterhaltsberechtigten** ist der volle Monatsbetrag des Todesmonats zu zahlen. Da in § 1361 Abs. 4 Satz 3 der Erlöschungsgrund der Rechtskraft der Ehescheidung nicht genannt wird, folgert die Rechtsprechung daraus, dass eine taggenaue Abrechnung zu erfolgen hat. Während langer Trennungszeit können die Voraussetzungen eines **Ausschlusses des Ehegattenerbrechts** eintreten (§ 1933 BGB). Das Ehegattenerbrecht erlischt, wenn beim Tod des einen Ehegatten die Voraussetzung für die Scheidung der Ehe gegeben waren und der Verstorbene die Scheidung beantragt oder ihr zugestimmt hatte (§ 1933 S. 1 BGB). In diesem Fall tritt an die Stelle des Trennungsunterhaltsanspruchs ein **Quasi-Nachehelichenunterhaltsanspruch** nach den §§ 1569 ff. BGB. Dieser Anspruch ist Nachlassverbindlichkeit (§ 1933 S. 3 BGB). Die Erben des verstorbenen Ehegatten schulden dem anderen Ehegatten daher als Nachlassverbindlichkeit etwaige bis zum Todestag rückständige Trennungsunterhaltsansprüche und mit den Beschränkungen des § 1586 b Abs. 1 Satz 1 BGB einen Quasi-Nachehelichenunterhalt (vgl. § 1586 b BGB Rn 3 ff.).

3. Verzug und Sonderbedarf (§§ 1361 Abs. 4 Satz 4, 1360 a, 1613 BGB)

107 a) **Verzug (§ 1613 Abs. 1 BGB).** Die Kettenverweisung auf § 1613 BGB macht die Forderung rückständigen Unterhalts grundsätzlich von einer **verzugsbegründenden Mahnung** abhängig. Dabei reicht der sog. Auskunftsverzug (§ 1361 Abs. 1 Satz 1 BGB). Wird Auskunft verlangt zur Berechnung des Ehegattenunterhaltsanspruchs, kann ab Fristsetzung zur Auskunftserteilung auch, ohne dass dies zuvor ausdrücklich verlangt worden ist, **Altersvorsorgeunterhalt** begehrt werden (BGH NJW 2007, 511; BGH NJW 2008, 57). Verzugsbegründend in Höhe der bisherigen Zahlungen wirkt die **grundlose Einstellung** früherer regelmäßiger Zahlungen (OLG Brandenburg NJW-RR 2002, 870). Ein einmal begründeter Verzug entfällt nur durch ausdrückliche Vereinbarung. Wird etwa ein Antrag auf Erlass einer einstweiligen Anordnung zurückgewiesen, berührt dies den begründeten Verzug für ein Hauptsacheverfahren

Unterhalt bei Getrenntleben **§ 1361 BGB**

nicht (BGH NJW 1995, 2032). Ein Rückgriff auf den Verzug kann nur unter dem Gesichtspunkt der Verwirkung ausscheiden (zu allem § 1613 BGB Rn 11 ff.).

b) Sonderbedarf (§ 1613 II BGB). Die Verweisung auf § 1613 Abs. 2 ermöglicht ferner die Geltendmachung von **Sonderbedarf,** wobei diese Vorschrift im Rahmen des Trennungsunterhalts allerdings bis auf die Umzugskosten keine praktische Bedeutung hat. Bejaht worden sind die Voraussetzungen auf **Erstattung der Umzugskosten** durch den Unterhaltsverpflichteten durch den Bundesgerichtshof z. B. bei einem notwendigen Umzug, um an einem neuen Wohnort eine Erwerbstätigkeit aufzunehmen (BGH NJW 1983, 224). Bei Umzugskosten, die durch den Auszug aus der ehelichen Wohnung zum Zweck der Trennung anfallen, kommt es auf eine Abwägung der beiderseitigen wirtschaftlichen Verhältnisse im Einzelfall an (OLG Karlsruhe NJW-RR 1998, 1226). Auch als Sonderbedarf angesehen worden sind Krankheitskosten, die nicht von der Krankenkasse oder Versicherung übernommen werden, aber notwendig und angemessen sind (BGH NJW 1992, 906). **108**

4. Verzicht und Vorausleistung (§§ 1361 Abs. 4 Satz 4, 1360a, 1614 BGB)

a) Verzicht. Auf Trennungsunterhalt kann – wie auf Verwandtenunterhalt – **für die Zukunft nicht verzichtet** werden. Insoweit unterscheidet der Trennungsunterhalt sich vom nachehelichen Unterhalt, bei dem Verzichtsvereinbarungen grundsätzlich möglich sind (§ 1585 c BGB). Ein gleichwohl vereinbarter **(Teil-)Unterhaltsverzicht** ist nach § 134 BGB **unwirksam.** Bei der Vereinbarung eines (unwirksamen) Verzichts auf Trennungsunterhalt und eines (wirksamen) Verzichts auf nachehelichen Unterhalt in einer Urkunde, soll wegen der Nichtidentität von Trennungs- und nachehelichen Unterhalt der Verzicht auf nachehelichen Unterhalt grundsätzlich nach **§ 139 BGB** wirksam sein (OLG Frankfurt FamRZ 2007, 2082). Uneingeschränkt möglich ist der Verzicht auf Unterhaltsrückstände (vgl. § 1614 BGB Rn 2 ff.). **109**

b) Verwirkung. In der schlichten Nichtgeltendmachung von Trennungsunterhalt für längere Zeit liegt kein Verzicht. Wird allerdings Trennungsunterhalt für einen Zeitraum von **mehr als einem Jahr** nach Zugang der verzugsbegründenden Mahnung beim Verpflichteten durch den Berechtigten geltend gemacht, ist das mehr als ein Jahr zurückliegende Unterhaltsanspruch in aller Regel **verwirkt** (§ 242 BGB). Begründet wird dies damit, dass Unterhalt seinem Charakter nach zur **Befriedigung laufender Lebensbedürfnisse** gedacht ist. Auf Seiten des Verpflichteten besteht andererseits die Gefahr, dass **Unterhaltsrückstände** in einer Höhe anwachsen, die für ihn zu einer erdrückenden Last führen. Daraus folgt, dass Unterhalt vom Berechtigten zeitnah geltend gemacht werden muss. In praktischer Hinsicht erschwert ein langes Abwarten die Aufklärung der in der Vergangenheit liegenden beiderseitigen wirtschaftlichen Verhältnisse; die Berechnung wird aufgrund der sich erfahrungsgemäß ändernden Rahmenbedingungen aufwändig und kompliziert. Die Rechtsprechung hat deshalb aus den gesetzlichen Bestimmungen der §§ 1585 b Abs. 3, 1613 Abs. 2 Nr. 1 BGB einen **allgemeinen Grundsatz** für alle Unterhaltsansprüche abgeleitet, dass das für die Verwirkung erforderliche **Zeitmoment** in aller Regel erfüllt ist, wenn **ein Jahr** vergangen ist (BGH NJW 2003, 128; OLG Bran- **110**

BGB § 1361

denburg NJW-RR 2002, 870; OLG Hamm NJW-RR 2007, 726: 18 Monate). Das gilt auch für titulierte Forderungen (OLG Brandenburg FamRZ 2004, 972).

111 Das **Umstandsmoment** ist nach der Rechtsprechung regelmäßig gegeben. Denn es entspricht **allgemeiner Lebenserfahrung,** dass laufende Einnahmen bei normalen wirtschaftlichen Verhältnissen auch zum Lebensunterhalt **verbraucht** werden. Eingehende Darlegungen dazu werden vom Unterhaltsverpflichteten grundsätzlich erwartet (BGH NJW 2003, 128; siehe auch § 1613 BGB Rn 13).

112 c) **Unterhaltsvereinbarungen.** Kein unwirksamer Verzicht auf Trennungsunterhalt liegt in **Unterhaltsvereinbarungen über den Trennungsunterhalt,** die den gesetzlichen Unterhaltsanspruch ausformen. Dabei haben die Parteien einen **Spielraum** für eine interessengerechte Ausgestaltung des Unterhaltsanspruchs. Es führt daher nicht jedes vereinbarte Unterschreiten des sich nach dem Gesetz ergebenden Unterhaltsbetrages zu einer Unwirksamkeit der Vereinbarung. Die **Toleranzgrenze** liegt nach der Rechtsprechung bei der Unterschreitung des eheangemessenen Betrages um rund 20% bis 30% (BGH NJW 1984, 64). Angesichts der Spielräume bei der Festlegung des eheangemessenen Unterhalts ist eine Bemessung mit festen prozentualen Quoten problematisch. Richtiger ist es, auf den **Gesamtzusammenhang** der Vereinbarung abzustellen und eine flexible, auf den Einzelfall bezogene Lösung zu finden (Empfehlung des 12. Deutschen Familiengerichtstages, NJW 1998, 2026; Johannsen/Henrich/Büttner § 1361 Rn 139).

113 d) **Vorausleistungen.** Durch Vorausleistungen wird der Verpflichtete für drei Monate frei (§ 760 Abs. 2 BGB). Darüber hinaus handelt der Verpflichtete auf eigene Gefahr.

5. Beerdigungskosten (§ 1361 Abs. 4 Satz 4, 1360a Abs. 3, 1615 BGB)

114 Von Bedeutung ist im Hinblick auf die Regelung in § 1361 Abs. 4 Satz 3 noch der Verweis auf § 1615 Abs. 2. Danach haftet der Unterhaltsverpflichtete subsidiär gegenüber den Erben auf die Bezahlung der Beerdigungskosten.

6. Prozesskostenvorschuss (§§ 1361 Abs. 4, 1360a Abs. 4)

115 Bei entsprechender Leistungsfähigkeit besteht auch unter getrenntlebenden Ehegatten, wie beim Familienunterhalt ein Anspruch auf Prozesskostenvorschuss (siehe eingehend § 1360a BGB Rn 20 ff.).

7. Zuvielforderung (§§ 1361 Abs. 4 Satz 4, 1360b)

116 Danach gilt die Vermutung, dass ein Ehegatte, der höheren als den geschuldeten Trennungsunterhalt zahlt, nicht beabsichtigt, von dem anderen Ehegatten Ersatz der Zuvielforderung zu verlangen (§ 1360b BGB Rn 3).

8. Auskunfts- und Beleganspruch (§§ 1361 Abs. 4 Satz 4, 1605)

117 Über diese Verweisung gelten auch im Rahmen des Trennungsunterhalts die für den Verwandtenunterhalt normierten Ansprüche auf Auskunft und Vorlage von Belegen (vgl. zu Einzelheiten Kommentierung zu § 1605 BGB Rn 19 ff.).

VIII. Konkurrenzen und Rang

1. Konkurrenzen

Bekommt eine getrenntlebende Ehefrau während der Trennungszeit ein **118** **nichteheliches Kind**, hat sie auch dann einen Unterhaltsanspruch gegen den **Kindesvater** nach § 16151 BGB, wenn sie schon wegen der Betreuung ehelicher Kinder an einer Erwerbstätigkeit gehindert ist. Dabei kommt es nicht darauf an, ob die **Nichtehelichkeit** des Kindes nach § 1593 BGB **festgestellt ist.** Gehen die Beteiligten übereinstimmend davon aus, dass der Ehegatte nicht Vater des Kindes ist, ist im Rahmen des Trennungsunterhaltsanspruchs der Anspruch gegen den Kindesvater nach § 16151 BGB zu berücksichtigen (OLG Zweibrücken NJW 1998, 318), seine Darlegung gehört zur Schlüssigkeit der Klage. Dieser Unterhaltsanspruch **konkurriert** mit ihrem **Trennungsunterhaltsanspruch** aus § 1361 BGB. Das Konkurrenzverhältnis löst der Bundesgerichtshof analog § 1606 Abs. 3 Satz 1 BGB (BGH NJW 1998, 1309; BGH NJW 2007, 2409). Daraus folgt eine **anteilige Haftung** nach den beiderseitigen Einkommens- und Vermögensverhältnissen. Lässt sich aus der Betreuung des/der ehelichen Kinder kein Trennungsunterhaltsanspruch ableiten, haftet der Vater des nichtehelichen Kindes allein (OLG Koblenz NJW-RR 2005, 803).

2. Rang

Nach § 1609 BGB ist der Trennungsunterhaltsanspruch dem des **minderjäh- 119 rigen** und des privilegierten volljährigen **Kindes nachrangig**. Das gilt sowohl gegenüber eigenen Kindern als auch gegenüber den Kindern des unterhaltspflichtigen getrenntlebenden Ehegatten, seien sie vorehelich oder außerehelich bzw. erst nach der Trennung geboren.

Der Trennungsunterhaltsanspruch geht dem Unterhaltsanspruch **volljähriger 120 Kinder** nach § 1609 Nr. 4 BGB vor. In der Praxis wird für die Ermittlung des Ehegattentrennungsunterhaltsanspruchs regelmäßig der Unterhaltsanspruch des volljährigen Kindes **vorab abgesetzt**. Bei entsprechender übereinstimmender Handhabung beruht das auf einer Vereinbarung der Ehepartner. Ansonsten gilt der Vorrang der Unterhaltsansprüche **volljähriger Kinder**, wenn das verbleibende Einkommen des Unterhaltspflichtigen zur Deckung des **angemessenen Unterhalts des getrenntlebenden Ehegatten** ausreicht (BGH NJW 1986, 985).

Titel 7. Scheidung der Ehe

Untertitel 2. Unterhalt des geschiedenen Ehegatten

Kapitel 1. Grundsatz

§ 1569 Grundsatz der Eigenverantwortung

¹Nach der Scheidung obliegt es jedem Ehegatten, selbst für seinen Unterhalt zu sorgen. ²Ist er dazu außerstande, hat er gegen den anderen Ehegatten einen Anspruch auf Unterhalt nur nach den folgenden Vorschriften.

BGB § 1569

I. Normzweck

1 Die Vorschrift stellt keine Anspruchsgrundlage für den nachehelichen Unterhalt dar; sie normiert den **Grundsatz der Eigenverantwortlichkeit** eines jeden Ehegatten. Daraus folgt regelmäßig eine Pflicht zur Bestreitung des Lebensunterhaltes aus eigener Erwerbstätigkeit und zum Einsatz des Vermögens. Ein Anspruch auf nachehelichen Unterhalt besteht nur in den enumerativ und abschließend aufgeführten Fällen der §§ 1570–1573, 1575 BGB (BGH NJW 1981, 978). Die positive Billigkeitsklausel des § 1576 BGB erlaubt die Zusprechung von Unterhalt allerdings auch in den Fällen, die von den enumerativen Tatbeständen der §§ 1570–1575 BGB nicht erfasst werden (Johannsen/Henrich/Büttner Rn 1). Verliert aber ein Ehegatte seinen Arbeitsplatz, nachdem er eine angemessene Erwerbstätigkeit ausgeübt und seinen Unterhalt nachhaltig gesichert hatte, kann er keinen Unterhalt mehr verlangen (BGH NJW 1998, 2369; vgl. auch § 1573 Rn 16).

1a Durch das am 1. 1. 2008 in Kraft getretene UÄndG 2007 soll der Grundsatz der Eigenverantwortung durch die Neufassung der Überschrift sowie die Ausgestaltung dieses Grundsatzes als Obliegenheit gestärkt werden. Das Prinzip der nachehelichen Solidarität soll in einer nach heutigen Wertvorstellungen akzeptablen und interessengerechten Weise ausgestaltet werden. In S. 2 wird der Grundsatz der Eigenverantwortung eingeschränkt durch das Prinzip der nachwirkenden Mitverantwortung des wirtschaftlich stärkeren Partners (BT-Drucks 16/1830 S. 16). Durch Einfügung des Wortes „nur" wird klargestellt, dass ein Unterhaltsanspruch die Ausnahme und nicht mehr die Regel ist. Dies hat Auswirkungen auf alle nachehelichen Unterhaltstatbestände.

II. Allgemeines

1. Anwendungsbereich

2 Gem. § 1569 BGB richten sich die Unterhaltsansprüche geschiedener Ehegatten nach den §§ 1570–1586 b BGB. Der nacheheliche Unterhaltsanspruch ist ein einheitlicher Anspruch (BGH FamRZ 1984, 353), der alle Anspruchsgrundlagen umfasst. Wird eine Ehe nicht geschieden, sondern aus einem der in § 1314 BGB aufgeführten Gründe durch Urteil nach § 1313 BGB aufgehoben, kann nachehelicher Unterhalt nur nach Maßgabe des § 1318 Abs. 2 BGB verlangt werden (Palandt/Brudermüller § 1318 Rn 2 ff.). Für die bis zum 30. 6. 1998 nach Maßgabe der §§ 16–24 EheG für nichtig erklärten und die nach §§ 28–36 EheG aufgehobenen Ehen gelten die §§ 26 Abs. 1, 37 Abs. 1 EheG weiterhin.

3 Für Unterhaltsansprüche aus vor dem 1. 7. 1977 rechtskräftig aufgelösten Ehen (sog. Altehen) richtet sich das anwendbare Recht bezüglich der Unterhaltstatbestände (§§ 58–61 EheG), ihrer Begrenzung und Beendigung (§§ 65 ff. EheG) ausschließlich und auch bei einer Abänderung nach den §§ 58 ff. EheG. Zwar richtet sich die Bemessung des Unterhalts weitgehend nach den Grundsätzen des 1. EheRG, die Begrenzung, Herabsetzung oder der Ausschluss richten sich aber nicht nach § 1579 oder § 242 BGB (BGH NJW-RR 1991, 899). Für bis zum 1. 1. 2008 fällig gewordene Unterhaltsansprüche gelten gemäß § 36 Nr. 7 EGZPO weiterhin die §§ 58 ff. EheG.

4 Im Beitrittsgebiet gelten die §§ 1569 ff. BGB gem. Art. 234 § 5 EGBGB nur für die nach dem 1. 10. 1990 rechtskräftig aufgelösten Ehen. Für vor diesem

Grundsatz der Eigenverantwortung **§ 1569 BGB**

Zeitpunkt geschiedene Ehen gelten die §§ 29–33 FGB/DDR weiter. Ist in diesem Falle ein Unterhaltsverpflichteter vor dem Beitritt in die BRD übergesiedelt, hat der geschiedene Ehegatte in analoger Anwendung des Art. 18 Abs. 5 EGBGB einen Anspruch nach §§ 1569 ff. BGB (BGH NJW 1994, 382; BGH DtZ 1994, 371).

2. Ehebedürftigkeit, Eigenverantwortung und nacheheliche Solidarität

Das Erfordernis ehebedingter Unterhaltsbedürftigkeit wird vom Gesetz nicht in 5
der Weise zur Voraussetzung des Unterhaltsanspruchs erhoben, dass dieser nur besteht, wenn der geschiedene Ehegatte ohne die Ehe nicht ebenfalls bedürftig wäre (BGH NJW 1980, 2247). Weder die Tatbestände der §§ 1570–1575 BGB (BGH NJW 1982, 40) noch der Tatbestand des § 1576 BGB (BGH FamRZ 1983, 800) erfordern generell einen kausalen Zusammenhang zwischen Ehe und Bedürftigkeit. Die gesetzliche Regelung geht in § 1569 BGB von der grundsätzlichen wirtschaftlichen Eigenverantwortung eines jeden Ehegatten aus. Dieser Grundsatz – als Konsequenz eines nicht auf Verschulden abstellenden Scheidungsrechts – wird durch den Grundsatz der nachehelichen Mitverantwortung eingeschränkt (BVerfG NJW 1981, 1771). Beide Grundsätze stehen nebeneinander, ohne dass von einem Regel-Ausnahmeverhältnis ausgegangen werden kann (Johannsen/Henrich/Büttner Rn 5). Die nacheheliche Solidarität ist grundsätzlich nicht auf einen der Ehedauer entsprechenden Zeitraum beschränkt (BGH NJW 1999, 1630).

3. Konkurrenz der Unterhaltstatbestände

Der nacheheliche Unterhalt ist ein **einheitlicher Anspruch,** der alle An- 6
spruchsgrundlagen der §§ 1570 ff. BGB umfasst und dessen Umfang sich stets nach den ehelichen Lebensverhältnissen (§ 1578 Abs. 1 Satz 1 BGB) richtet. Ein den Unterhaltsanspruch abweisendes Urteil erfasst alle Unterhaltstatbestände (BGH FamRZ 1984, 353). Ein unerörtert gebliebener Unterhaltstatbestand kann nur unter den Voraussetzungen des § 323 ZPO geltend gemacht werden. Ist der einem titulierten Unterhalt zugrunde liegende Tatbestand wegen Veränderung der Verhältnisse weggefallen, kann die Aufrechterhaltung aufgrund eines anderen Tatbestandes geboten sein (BGH NJW 1995, 1891). Bei einem der Klage ganz oder teilweise stattgebenden Urteil ist eine **genaue Differenzierung** der verschiedenen Anspruchsgrundlagen **für den Unterhaltszeitraum bis 31. 12. 2007** erforderlich, sofern mehrere Unterhaltstatbestände gleichzeitig und nebeneinander oder nacheinander verwirklicht sind. So kann einem Anspruch auf Betreuungsunterhalt nach § 1570 BGB ein solcher wegen Krankheit nach § 1572 BGB oder Ausbildung nach § 1575 BGB folgen, denen sich ein Anspruch auf Anschlussunterhalt nach § 1573 Abs. 3 BGB und der Altersunterhalt nach § 1571 BGB anschließen. Dies gilt auch im Hinblick auf ein mögliches Abänderungsverfahren und die Begrenzungsmöglichkeit nach § 1573 Abs. 5 BGB a. F., die nur Ansprüche nach § 1573 Abs. 1–4 BGB umfasst. Eine genaue Bestimmung ist nur dann entbehrlich, wenn eine zeitliche Begrenzung aus Billigkeitsgründen unter Berücksichtigung der Ehedauer, der Kinderbetreuung, der Haushaltsführung und der Erwerbstätigkeit von vornherein ausscheidet (BGH NJW 1994, 935; BGH NJW 1999, 1547).

Die einzelnen Tatbestände können auch einen Anspruch auf **Teilunterhalt** 7
gewähren, z. B. der Anspruch auf Aufstockungsunterhalt aus § 1573 Abs. 2 BGB

BGB § 1569

oder § 1570 BGB a. F., sofern dem betreuenden Elternteil eine teilweise Erwerbsverpflichtung obliegt. Der Unterhaltsanspruch kann sich auch aus mehreren Ansprüchen auf Teilunterhalt zusammensetzen: Besteht keine Verpflichtung zur Erwerbstätigkeit, kann ein Anspruch aus § 1570 BGB gegeben sein, ein weiterer aus § 1573 Abs. 1 BGB, sofern eine Teilzeittätigkeit nicht möglich ist, schließlich auch ein Anspruch aus § 1573 Abs. 2 BGB, sofern der Berechtigte auch mit einer vollschichtigen Tätigkeit nicht den vollen eheangemessenen Bedarf decken kann. Der Umfang des Teilunterhaltsspruches richtet sich nach der Differenz zwischen den eigenen Einkommen (aus Erwerbstätigkeit oder aus anderen Quellen) und dem vollen Unterhalt nach § 1578 BGB (BGH FamRZ 1987, 1011).

7a Ab in Kraft treten des UÄndG 2007 bedarf es der Differenzierung im Hinblick auf die nach § 1578b BGB mögliche Begrenzung aller Unterhaltstatbestände nicht mehr (str. Palandt/Brudermüller Rn 9; a. A. BGH FPR 2009, 238).

4. Einsatzzeitpunkte

8 Dem Grundsatz der Eigenverantwortung folgend macht das Gesetz die Unterhaltsansprüche nach §§ 1569 ff. BGB davon abhängig, dass der Anspruch zu den in der jeweiligen Norm genannten Einsatzzeitpunkten besteht. Unterhalt wird also nur geschuldet, wenn ein zeitlicher, persönlicher und wirtschaftlicher Zusammenhang zwischen Ehe und Bedürftigkeit besteht. Das ist nicht der Fall, wenn ein Ehegatte nach der Scheidung bereits eine gesicherte wirtschaftliche Selbständigkeit erreicht hat. Normierte oder z. B. aufgrund der Surrogatrechtsprechung des BGH (NJW 2001, 2254) anzunehmende Einsatzzeitpunkte sind Anspruchsvoraussetzung, die ab Rechtskraft der Ehescheidung bzw. ohne zeitliche Lücken (**sog. Unterhaltskette**) erfüllt sein müssen. Etwas anderes gilt nur bei Betreuungsunterhalt nach § 1570 BGB – wobei es unerheblich ist, ob ein minderjähriges oder volljähriges, etwa behindertes Kind (berechtigt) betreut wird (BGH NJW 1985, 909) –, beim Wiederaufleben des Unterhaltsspruches nach Auflösung einer weiteren Ehe (§ 1586a BGB), beim Billigkeitsunterhalt nach § 1576 BGB und beim Arbeitslosigkeitsunterhalt (§ 1573 Abs. 1 BGB), wenn die Einkünfte aus einer angemessenen Erwerbstätigkeit bei der Scheidung nicht nachhaltig gesichert waren (§ 1573 Abs. 4 Satz 1 BGB). Soweit Unterhalt nach § 1570 Abs. 2 BGB ab 1. 1. 2008 geltend gemacht wird, kann dies nur im unmittelbaren Anschluss an einen Anspruch wegen Kindesbetreuung nach § 1570 Abs. 1 BGB erfolgen.

5. Beginn und Ende

9 Der nacheheliche Unterhaltsanspruch entsteht mit Rechtskraft der Ehescheidung, und zwar am Tag des Eintritts der Rechtskraft und nicht erst mit Beginn des nachfolgenden Kalendermonats (BGH NJW 1988, 1137). Er kann aber auch erst später geltend gemacht werden, wenn die Voraussetzungen zum Zeitpunkt der Scheidung vorgelegen haben (BGH NJW-RR 2007, 1157). Bei Leistungsfähigkeit des Unterhaltsverpflichteten und Bedürftigkeit des Unterhaltsberechtigten besteht die Unterhaltspflicht grundsätzlich ein Leben lang, soweit nicht die Beschränkungen der §§ 1573 Abs. 5, 1578 Abs. 1 Satz 2, 1579 BGB a. F. oder § 1578 b BGB greifen.

6. Keine Identität

10 Nach der ständigen Rechtsprechung des BGH (seit NJW 1980, 1099 zu §§ 58ff. EheG; NJW 1981, 978 zu §§ 1361, 1569ff. BGB) besteht zwischen

Unterhalt wegen Betreuung eines Kindes   § 1570 BGB

Trennungsunterhalt und nachehelichem Unterhalt keine Identität. Deshalb kann ein Titel über Trennungsunterhalt nicht gem. § 323 ZPO in einen solchen über nachehelichen Unterhalt abgeändert werden. Auch kann nachehelicher Unterhalt erst nach Entstehen, d. h. nach Rechtskraft der Ehescheidung angemahnt werden (BGH NJW 1988, 1138). Ein Prozessvergleich über Trennungsunterhalt gilt nicht ohne weiteres für den nachehelichen Unterhalt (BGH, Urteil v. 30. 6. 1982 – IV b 732/80 –). Er kann auch nicht durch eine außergerichtliche Vereinbarung in einen Titel über nachehelichen Unterhalt geändert werden (BGH NJW 1982, 2072).

Kapitel 2. Unterhaltsberechtigung

§ 1570 Unterhalt wegen Betreuung eines Kindes

(1) **¹Ein geschiedener Ehegatte kann von dem anderen wegen der Betreuung und Erziehung eines gemeinschaftlichen Kindes für mindestens drei Jahre nach der Geburt Unterhalt verlangen. ²Die Dauer des Unterhaltsanspruchs verlängert sich, solange und soweit dies der Billigkeit entspricht. ³Dabei sind die Belange des Kindes und die bestehenden Möglichkeiten der Kindesbetreuung zu berücksichtigen.**

(2) **Die Dauer des Unterhaltsanspruchs verlängert sich darüber hinaus, wenn dies unter Berücksichtigung der Gestaltung von Kinderbetreuung und Erwerbstätigkeit in der Ehe sowie der Dauer der Ehe entspricht.**

I. Normzweck

Kann ein Ehegatte wegen der Pflege eines gemeinschaftlichen Kindes keiner Erwerbstätigkeit nachgehen, ist die Bedürftigkeit des geschiedenen Ehegatten ehebedingt. Der Elternteil. bei dem sich das Kind befindet, ist von einer Erwerbstätigkeit freigestellt, soweit und solange das gemeinsame Kind der Pflege und Erziehung bedarf. Der Anspruch auf Betreuungsunterhalt, der ein Zusammenleben der Eltern nicht voraussetzt (BGH NJW 2005, 3639), soll zum Schutz der Betreuung gemeinsamer Kinder, um ihnen auch nach einer Scheidung gleiche Entwicklungschancen zu geben, sicherstellen, dass das Kind trotz der Trennung der Eltern nicht auf die Betreuung durch einen Elternteil verzichten muss, weil dieser mangels Unterhaltsleistungen zur Sicherung seines Lebensunterhalts einer Erwerbstätigkeit nachgehen muss (BVerfG FamRZ 1981, 745; BGH NJW 1996, 1815). 1

Nach der Entscheidung des BVerfG vom 28. 2. 2007 (NJW 2007, 1735) ist der Unterhalt geschiedener Ehegatten wegen der Betreuung eines gemeinsamen Kindes vom Schutz des Art 6 Abs. 1 GG umfasst und folgt aus der nachehelichen Solidarität; es handelt sich aber gleichwohl um einen allein aus Gründen des Kindeswohls gewährten Anspruchs, um die persönliche Erziehung und Pflege des Kindes in den ersten Lebensjahren sicherzustellen. Der Anspruch ist Ausdruck der gemeinsamen Elternverantwortung und sichert damit den Anspruch des Kindes auf Betreuung,

Die Vorschrift wurde durch das UÄndG neu gefasst und nach der Vorgabe des BVerfG (NJW 2007, 1735) dem Unterhaltsanspruch nach § 1615 l BGB angeglichen (BGH NJW 2008, 3125). Sie gewährt in Abs. 1 S.1 einen „Basisunterhalt" 1a

BGB § 1570 1. Teil. Ehegattenunterhalt

von drei Jahren mit der Möglichkeit der Verlängerung nach Abs. 1 S. 2 und 3 aus kindbezogenen Gründen. Abs. 2 lässt anders als § 1615l Abs. 2 S. 5 BGB („insbesondere") eine (weitere) Verlängerung aus elternbezogenen Gründen zu, unabhängig vom Wohl des Kindes und hergeleitet aus der nachehelichen Solidarität.

2   Der Unterhaltsanspruch ist Ausdruck der gemeinsamen Elternverantwortung und in vielfacher Weise **privilegiert:**
– Einsatzzeitpunkt unabhängig von der Scheidung
– Gleichrang aller Ehegatten, soweit diese durch eine Kinderbetreuung an einer Erwerbstätigkeit gehindert sind
– Berücksichtigung der Zeiten der Kindesbetreuung bei deren ehelichen Lebensverhältnissen nach. §§ 1574 Abs. 2, 2. HS, 1578 b, 1579 Nr. 1, BGB
– Einschränkung der Herabsetzungsmöglichkeit nach § 1579 BGB: Wahrung der Belange des Kindes
– Wiederaufleben des Anspruchs auf Betreuungsunterhalt nach Wegfall eines bedarfsdeckenden Vermögens gem. § 1577 Abs. 4 Satz 2 BGB und nach Scheidung einer weiteren Ehe gem. § 1586 a BGB
– Einschränkung der Vertragsfreiheit (§ 1408 BGB) unter Berufung auf einen nachehelichen Unterhaltsverzicht, § 1585 c BGB
– Anspruch auf Erziehungsrente nach § 47 SGB IV nach dem Tod des gem. § 1570 BGB unterhaltsverpflichteten geschiedenen Ehegatten.

II. Voraussetzungen

1. Gemeinschaftliches Kind

3   Das Gesetz beschränkt den Anspruch auf die Betreuung gemeinschaftlicher Kinder. Dazu zählen ein in der Ehe geborenes Kind, §§ 1591, 1592 Nr. 2 BGB, ein Kind, in Bezug dessen die Vaterschaft anerkannt (§§ 1591, 1592 Nr. 2 BGB) oder festgestellt worden ist (§§ 1591, 1592 Nr. 3 BGB), ein adoptiertes Kind (§ 1754 Abs. 1 BGB; BGH NJW 1984, 1538), ein nach Anhängigkeit eines Scheidungsantrages geborenes Kind, für das ein Dritter die Vaterschaft nicht rechtzeitig anerkannt hat (§ 1599 Abs. 2 BGB). Ein scheineheliches Kind gilt als gemeinschaftlich bis zur rechtskräftigen Feststellung der Vaterschaft eines anderen, § 1600 d Abs. 4 BGB (BGH NJW 1998, 1065). Das gilt auch, wenn die Ehefrau des Ehemannes diesen treuwidrig von der Anfechtung der Ehelichkeit abgehalten hat. Ihr Verhalten kann nur nach § 1579 Nr. 8 BGB berücksichtigt werden (BGH NJW 1985, 428). Der Unterhaltsanspruch der geschiedenen Frau, die nach der Scheidung ein von dem früheren Ehemann stammendes nichteheliches Kind zur Welt gebracht hat, richtet sich nach § 1615l BGB (BGH NJW 1998, 1065).

4   Gemeinschaftliche nicht aus der Ehe stammende Kinder geschiedener Ehegatten sind nicht als gemeinschaftliche Kinder anzusehen, da es sich nicht um eine ehebedingte Bedürfnislage handelt (BGH NJW 1998, 1065), ebenso wenig ersteheliche Kinder des neuen Ehepartners, auch nicht Kinder nicht miteinander verheirateter Eltern und Pflegekinder (BGH NJW 1984, 1538 und 2355). Vorehelich geborene Kinder gelten als gemeinschaftliche Kinder, wenn die Eltern nach der Geburt heiraten, § 1626 a Abs. 1 Nr. 2 BGB. Die Betreuung eines nicht gemeinschaftlichen Kindes ist beim Unterhaltsanspruch nach § 1361 BGB zu berücksichtigen, denn dessen Betreuung gehört zu den persönlichen Verhältnissen nach § 1361 Abs. 2 BGB (BGH NJW 1982, 1461), sofern seine Aufnahme

Unterhalt wegen Betreuung eines Kindes § **1570 BGB**

und Betreuung in der ehelichen Lebensgemeinschaft auf dem gemeinschaftlichen Willen der Ehepartner beruht. Bei gleichzeitiger Betreuung von gemeinschaftlichen und nicht gemeinschaftlichen Kindern haften der Ehemann nach § 1570 BGB und der nichteheliche Vater nach § 1615l BGB anteilig (BGH NJW 1998, 1309).

2. Notwendigkeit der Pflege und Erziehung

Nach der Entstehungsgeschichte haben die Begriffe dieselbe Bedeutung wie in 5 Art. 6 Abs. 2 GG und § 1606 Abs. 3 Satz 2 BGB und konkretisieren damit das Personensorgerecht (BT-Drucks. 7/650 S. 122). Pflegebedürftigkeit bedeutet Hilfsbedürftigkeit aus geistigen oder psychischen Gründen. Deshalb fällt unter die Vorschrift auch ein volljähriges, aber pflegebedürftiges Kind (BGH NJW 1985, 909). Erziehung bedeutet die Ausübung der elterlichen Sorge, insbesondere der Personensorge. Sie umfasst die Aufsicht über das Kind, die Beschäftigung mit dem Kind und die Koordination mit anderen erziehenden Stellen (Schule, Kindergarten pp.). Betreuungsunterbrechungen, z.B. durch Krankenhausaufenthalt des Kindes, Ferienaufenthalte oder Internatsaufenthalte können ab einem Zeitraum von drei Monaten die Aufnahme einer Erwerbstätigkeit zumutbar machen.

3. Rechtmäßigkeit der Pflege und Erziehung

Die Betreuung eines Kindes muss rechtmäßig sein. Dazu bedarf es zumindest 6 eines Einvernehmens (§ 1627 BGB) zwischen den geschiedenen Eheleuten oder einer vorläufigen oder endgültigen Sorgerechtsentscheidung (§ 1671 BGB). Bei gemeinsamer elterlicher Sorge (§ 1626 BGB) kommt es darauf an, wer das Kind überwiegend betreut (JH/Büttner Rn 8, 9). Eine fälschlich geschaffene Betreuungslage (z.B. Zurückhalten eines Kindes entgegen der Absprache) gibt keinen Anspruch aus § 1570 BGB (BGH NJW 1980, 1686). Der Unterhaltsanspruch setzt nicht voraus, dass der Elternteil, der das Kind nicht betreut, das Recht zum persönlichen Umgang mit dem Kind ausüben kann (BGH NJW 1987, 893: Auswanderung).

4. Betreuung durch beide Ehegatten

Betreuen beide Elternteile ein gemeinsames Kind, spielt das für die An- 7 spruchsberechtigung als solche keine Rolle. Grundsätzlich ist aber nur ein Elternteil nach § 1570 BGB unterhaltsberechtigt (BGH NJW 1983, 1548). Welcher Elternteil das ist, richtet sich nach der Bedürftigkeit des einen und der Leistungsfähigkeit des anderen (BGH a.a.O.). Beim Bedarf sind auch die Mehrkosten durch den ständigen Wechsel des Kindes zu berücksichtigen. Für den Gesamtbedarf haften die Eltern anteilig nach den Einkommens- und Vermögensverhältnissen unter Berücksichtigung ihrer Anteile an der Betreuung (BGH a.a.O.; vgl. zur Berechnung auch OLG Düsseldorf NJW-RR 2000, 74; OLG Karlsruhe NJW-RR 2006, 1155), im Übrigen findet eine Verrechnung statt. Üben Ehegatten bzgl. der Betreuung ein nahezu hälftiges Wechselmodell aus (BGH NJW 2006, 2258) besteht eine beiderseitige Barunterhaltspflicht. Dass sich ein Sorgeberechtigter bei der Pflege und Betreuung zeitweilig fremder Hilfe – z.B. durch Verwandte (BGH NJW 1981, 1559) – bedient oder sich das Kind vorwiegend in einem Krankenhaus befindet, steht der Anwendung des § 1570 BGB nicht entgegen (Kalthoener/Büttner/Niepmann Rn 471; a.A. OLG Celle

Büte

BGB § 1570 1. Teil. Ehegattenunterhalt

NJW-RR 1992, 776). Auf einen Kindergartenbesuch oder die Mitbetreuung durch Großeltern kann der Sorgeberechtigte für Unterhaltszeiträume bis 31. 12. 2007 nicht verwiesen werden (BGH NJW 1983, 1427). Etwas anderes gilt, wenn sich die Kinder dauerhaft (ab drei Monaten) in einem Internat oder in einem Heim befinden (vgl. dazu Staudinger/Verschraegen Rn 15 ff.).

5. Kausalität

8   Der Anspruch aus § 1570 BGB besteht nur „solange und soweit", als die Pflege und Erziehung des gemeinschaftlichen Kindes objektiv notwendig ist. Für die Kausalität genügt es, dass ein Kind oder mehrere betreut werden und diese Betreuungsaufgabe nach objektiven Kriterien einer Erwerbstätigkeit entgegensteht. Es kommt also auch nicht darauf an, ob der betreuende Elternteil angesichts seiner Ausbildung oder seines Gesundheitszustandes eine Arbeit finden könnte.

III. Betreuungsbedingte Einschränkung der Erwerbstätigkeit – Unterhaltszeiträume bis 31. 12. 2007 –

1. Grundsätze

9   Ob und in welchem Umfang wegen der Betreuung eine Erwerbstätigkeit nicht erwartet werden kann, hängt jeweils vom **Einzelfall** ab. Der Gesetzgeber hat bewusst darauf verzichtet, gesetzliche Regelungen hinsichtlich Alter und Anzahl der Kinder aufzustellen. Neben den persönlichen Verhältnissen des Unterhalt begehrenden Ehegatten wie Alter, Gesundheitszustand, Berufsausbildung und Arbeitsmarktchancen sowie der sonstigen Verhältnisse, z. B. eine frühere berufliche Betätigung des unterhaltsbegehrenden Ehegatten, der Dauer der Ehe, der Hilfemöglichkeiten durch Dritte (BGH NJW 1982, 326; BGH NJW-RR 1990, 323) sind auch die wirtschaftlichen Verhältnisse des Unterhaltsschuldners zu berücksichtigen (BGH NJW 1983, 2243). Ist dieser nur nach Maßgabe des § 1581 BGB zu Unterhaltsleistungen imstande, kann dies zu einer Verschärfung der Anforderungen führen, die an die Zumutbarkeit der Erwerbsobliegenheit zu stellen sind (BGH NJW 1983, 1548). Daneben können im Einzelfall besondere Umstände aus der Person des betreuten Kindes zu berücksichtigen sein, etwa wenn es sich um ein behindertes oder krankes sog. Problemkind handelt (OLG Celle FamRZ 1987, 1038: autistisches Kind; OLG Frankfurt FamRZ 1987, 175: taubstummes Kind; verneint bei bloßer Überwachung der Tabletteneinnahme morgens und abends: OLG Zweibrücken FamRZ 1989, 1192, bestätigt von BGH NJW 1990, 2752; vgl. dazu auch Johannsen/Henrich/Büttner Rn 13).

2. Alter und Anzahl der Kinder

10   In der gerichtlichen Praxis haben sich Richtlinien entwickelt, die – ohne bindend zu sein – eine weitgehend einheitliche Beurteilung ermöglichen – **sog. Phasenmodell** –, allerdings unter Beachtung der Besonderheiten des Einzelfalles. Allerdings sind die Rechtsprechung und die von den OLG entwickelten Leitlinien nicht einheitlich. Nach weit übereinstimmender Auffassung besteht jedoch eine Erwerbsobliegenheit nicht bei der Betreuung eines Kindes im **Alter bis zu acht Jahren** (BGH NJW 1983, 1427; BGH NJW 1984, 1537; BGH NJW 1992, 2477; BGH NJW 1995, 1148, BGH NJW 2006, 2182; BGH NJW 2006, 2404), sofern der Unterhaltsberechtigte nicht vor der Trennung aus freien

Stücken erwerbstätig gewesen ist und die Trennung an der Betreuungssituation nichts geändert hat. Denn die Ausübung der Berufstätigkeit neben der Kinderbetreuung kann ein bedeutsames **Indiz** für die Arbeitsfähigkeit sein (BGH NJW-RR 1998, 721). Einer angesichts beengter finanzieller Verhältnisse aus wirtschaftlicher Notwendigkeit aufgenommenen Erwerbstätigkeit kommt eine solche Indizwirkung nicht zu (BGH a. a. O.).

Bei Betreuung eines grundschulpflichtigen Kindes zwischen **acht und elf Jahren** hat der BGH keine allgemeinen Regeln aufgestellt. Erforderlich ist eine Einzelfallprüfung im konkreten Fall (BGH NJW 1989, 1083; BGH NJW-RR 1990, 323; BGH NJW 2006, 2404). Die unterhaltsrechtlichen Leitlinien vieler OLG haben die Erwerbsobliegenheit bereits teilweise mit Beginn der 3. Grundschulklasse angesetzt. Die Celler Leitlinien (Nr. 17) und die Hammer Leitlinien (Nr. 17) verneinen generell bis zum Ende der Grundschule eine Erwerbsverpflichtung des betreuenden Elternteils. 11

Bei einem Kind zwischen dem **11. und 15. Lebensjahr** kann dem betreuenden Elternteil eine Teilzeitbeschäftigung zugemutet werden, die aber nicht stets den Umfang einer Halbtagstätigkeit erreichen muss (BGH NJW 1997, 1851; BGH NJW-RR 1999, 297). Die Betreuung eines fast 13jährigen Kindes steht grundsätzlich der Aufnahme einer Halbtagstätigkeit nach der Trennung nicht entgegen (BGH NJW-RR 1988, 519; OLG Köln FamRZ 2001, 1317: bis zur Vollendung des 15. Lebensjahres nur Halbtagstätigkeit). 12

Die Betreuung eines Kindes im Alter von **15 oder 16 Jahren** eröffnet i. d. R. die Möglichkeit einer Vollzeitbeschäftigung (BGH NJW 1983, 1548; BGH NJW 1984, 292; BGH NJW 1990, 2752; BGH NJW 1997, 1851). Nach Heranwachsen des Kindes in diese Altersstufe kann i. d. R. davon ausgegangen werden, dass ein weiterer Aufschub einer vollen Erwerbsverpflichtung nur gerechtfertigt ist, wenn besondere Gründe vorliegen. Zu beachten ist aber, dass Kinder in diesem Alter im Einzelfall im seelischen Bereich zuweilen einer besonderen Zuwendung bedürfen, aus der im Einzelfall eine besondere Betreuungsbedürftigkeit erwachsen kann. 13

Betreut der unterhaltsbedürftige Ehegatte **mehr als ein Kind,** scheidet eine Obliegenheit zu einer Teilzeitbeschäftigung nicht von vornherein aus (BGH NJW 1981, 2462; BGH NJW 1982, 232; BGH NJW-RR 1990, 323). Ihm kann allerdings grundsätzlich eine Erwerbstätigkeit nur in geringerem Umfang als bei der Betreuung eines Kindes zugemutet werden (BGH NJW 1990, 3274; BGH NJWE-FER 1996, 15; BGH NJW-RR 1999, 297). Die besondere und zusätzliche Betreuung, die jedes weitere Kind benötigt, schränkt im Regelfall die Arbeitskraft und Leistungsfähigkeit des betreuenden Elternteils weiter ein, so dass sich der Einsatzzeitpunkt für die Erwerbsobliegenheit verschiebt. Es bedarf insoweit einer umfassenden Prüfung aller wesentlichen Umstände (BGH NJW-RR 1990, 323). Eine Erwerbsobliegenheit wird verneint bei der Betreuung von zwei Kindern bis zum 14. oder 15. Lebensjahr (BGH FamRZ 1984, 662: 11 und 9 Jahre; BGH NJWE-FER 1996, 15: 11^1/$_2$ und 7 Jahre; BGH NJW-RR 1997, 897). Maßgebend ist im Einzelfall, ob und wie der betreuende Elternteil die Mehrbelastung auffangen kann (BGH NJW 1984, 294). Anderersets kann bei beengten wirtschaftlichen Verhältnissen und hohen ehebedingten Schulden auch bei der Betreuung von zwei Kindern im Alter von 11 und 15 Jahren eine Obliegenheit zur Aufnahme jedenfalls einer stundenweisen Erwerbstätigkeit bestehen (BGH NJW 1982, 232). Der BGH (NJW-RR 1999, 297) hat es auch toleriert, dass bei der Betreuung von zwei Kindern im Alter von 12 und 13 Jahren ledig- 14 lich eine Aushilfstätigkeit im sozialversicherungsfreien Bereich aufgenommen worden ist (vgl. auch OLG München FamRZ 2000, 24: Halbtagstätigkeit ab 5. Schuljahr regelmäßig möglich).

15 Das Heranwachsen von zwei Kindern im Altersbereich von etwa 15 und 16 Jahren kann die Möglichkeit eröffnen, einer Vollzeitbeschäftigung nachzugehen (BGH NJW 1984, 294). Bei der Betreuung von **drei und mehr Kindern** wird im Regelfall nicht von einer Erwerbsobliegenheit ausgegangen werden können, wenn alle Kinder unter 14 Jahre alt sind (BGH NJW 1979, 1348: vier Kinder im Alter von 7 bis 16 Jahren; BGH NJW 1982, 1050; BGH NJW 1983, 933: drei Kinder von 8 (Zwillinge) und 11 Jahren). Bei einem Alter der Kinder von 9, 13 und 16 Jahren, die alle noch die Schule besuchen, kommt es auf eine umfassende Würdigung der Umstände an (BGH NJW-RR 1990, 323; vgl. auch OLG Zweibrücken NJWE-FER 2001, 6: drei Kinder im Alter von 9 bis 11 Jahren).

3. Fortsetzung der bisherigen oder früheren Erwerbstätigkeit

16 Ist bereits während der Ehe vom (jetzt) Unterhaltsberechtigten eine Erwerbstätigkeit ausgeübt worden, gilt die Fortsetzung bzw. Wiederaufnahme der Erwerbstätigkeit nach Auflösung der Ehe als eher zumutbar. Denn die Fortsetzung bzw. Wiederaufnahme einer Erwerbstätigkeit neben der Betreuung und Erziehung von zwei Kindern kann ein Indiz für die Zumutbarkeit der Erwerbstätigkeit sein, wenn diese bereits früher und ohne Not ausgeübte Tätigkeit im gleichen Umfang fortgesetzt wird (BGH NJW 1981, 2804; BGH NJW 1983, 1548). Allerdings verliert die ursprüngliche gemeinsame Lebensplanung durch den Wegfall des Ehepartners ihre Bedeutung. Maßgebend ist nunmehr die **konkrete Lage** des betreuenden Elternteils nach Trennung und Scheidung. Es kommt entscheidend darauf an, ob der Betreuende die **Mehrbelastung** auffangen kann (BGH NJW-RR 1988, 514). I. d. R. wird jedenfalls die Fortsetzung einer Vollzeittätigkeit nicht zumutbar sein (offen gelassen von BGH NJW 1983, 1548; vgl. aber auch: BGH NJW 1984, 1458: keine Berechtigung eines Lehrers, wegen der Betreuung einer $12^{1}/_{2}$ jährigen Tochter die Lehrertätigkeit praktisch auf die Hälfte zu reduzieren; vgl. auch BGH NJW-RR 1995, 1089: bei Betreuung eines 6jährigen Kindes keine Erwerbsobliegenheit). Eine Mutter, die ein aus einer nichtehelichen Lebensgemeinschaft stammendes kleines Kind betreut, ist auch im Hinblick auf die Unterhaltsbedürftigkeit des ehelichen minderjährigen Kindes nicht zu einer Haupt- oder Nebentätigkeit verpflichtet (BGH NJW-RR 1995, 449). Da § 1570 BGB dem Schutz des Kindes dient und Kinder nach dem Zerbrechen der Ehe in besonderem Maße der Betreuung und Zuwendung bedürfen, kann dies die Fortsetzung der früheren Tätigkeit ausschließen. Auch ist der Entschluss, nunmehr ein Kind selbst zu betreuen, i. d. R. zu respektieren.

4. Unterstützung durch Dritte

17 Ob eine freiwillige Hilfe, die den Pflichtigen nicht entlasten soll, eine Teilerwerbstätigkeit zumutbar macht, ist streitig (bejaht: OLG Celle NJW-RR 1992, 776). Dagegen spricht aber, dass jedenfalls bei Kindern bis zum Grundschulalter Vater oder Mutter die Hauptbezugspersonen bleiben und eine freiwillige Doppelbelastung nichts an den üblichen Zumutbarkeitskriterien ändert. Darüber hinaus wird bei Unterstützung durch Dritte (z. B. durch die Großeltern) von einer freiwilligen Leistung Dritter auszugehen sein, ebenso wie in sonstigen Fäl-

Unterhalt wegen Betreuung eines Kindes **§ 1570 BGB**

len der Betreuung oder Entlastung des Sorgeberechtigten (so BGH NJW 1992, 2477 für die Zuwendung mietfreien Wohnens der Eltern an ihre Tochter; s. auch: Beutler in Bamberger/Roth Rn 14; zur Hilfe durch Dritte vgl. auch BGH NJW 1989, 1083; BGH NJW 1990, 3274).

5. Beginn der Arbeitsplatzsuche

Nach **Ende der Betreuungsbedürftigkeit** muss sich der bisher teilzeitbeschäftigte betreuende Elternteil um eine Vollzeitstelle bemühen (OLG Celle NJW-RR 1994, 1354: offen bleibt, wer das Risiko trägt, wenn die gesicherte Teilzeittätigkeit aufgegeben wird und anschließend die Vollzeittätigkeit verloren geht). Der Beginn der Obliegenheit zur Arbeitsplatzsuche kann aber auch schon vor dem Ende der Betreuungsphase liegen, wenn bei einem gesunden Kind das Ende der Betreuungsbedürftigkeit klar absehbar ist (BGH NJW 1995, 3391). Auch kann eine vertragliche Regelung des Beginns der Erwerbsverpflichtung die allgemeinen Zumutbarkeitskriterien und Grenzen verschieben (BGH NJW-RR 1989, 256). 18

Ausnahmsweise besteht der Unterhaltsanspruch nach Treu und Glauben trotz dieser Obliegenheit fort, wenn der Unterhaltsschuldner den Unterhaltsgläubiger bewusst von Bemühungen um eine Erwerbstätigkeit abgehalten hat (BGH NJW 1990, 2752; OLG Köln NJWE-FER 1999, 201) oder durch freiwillige Unterhaltszahlungen einen **Vertrauenstatbestand** geschaffen hat, der den Zeitpunkt für den Beginn der Bemühungen hinausschiebt (OLG Hamm FamRZ 1995, 1580). 19

6. Zeitliche Begrenzung

Steht im Zeitpunkt der letzten mündlichen Verhandlung die Beendigung oder Einschränkung des Anspruchs hinreichend sicher fest, kommt eine zeitliche Begrenzung des Unterhaltsanspruchs oder eine zeitliche Staffelung in Betracht (BGH NJW 1995, 1148: elf Monate vor Vollendung des 8. Lebensjahres). Das wird aber nur sehr selten der Fall sein, da Verlängerungen der Betreuungsbedürftigkeit oder Anschlussunterhaltstatbestände in Betracht kommen (BGH NJW-RR 1997, 897: mehrjährige Vorausschau nicht möglich) und eine zuverlässige Prognose i d R nicht getroffen werden kann. 20

IV. Voraussetzungen ab 1. 1. 2008

1. Überblick

Die gesetzliche Neuregelung gewährt in § 1570 Abs. 1 Satz 1 BGB für die ersten drei Lebensjahre eines Kindes einen **Basisunterhalt.** Dieser verlängert sich ab Vollendung des 3. Lebensjahres aus Billigkeitsgründen, wobei die Belange des Kindes und die bestehenden Möglichkeiten der Kindesbetreuung zu berücksichtigen sind, Abs. 1 Satz 2 und 3 **(kindbezogener Annexunterhalt).** Eine weitere Verlängerungsmöglichkeit ist aus ehe-/elternbezogenen Gründen möglich, soweit dies unter Berücksichtigung der Gestaltung von Kindesbetreuung und Erwerbstätigkeit in der Ehe sowie der Dauer der Ehe der Billigkeit entspricht, Abs. 2 **(ehebezogener Annexunterhalt).** 20a

BGB § 1570

2. Umfang und Zumutbarkeit einer Erwerbstätigkeit bis zur Vollendung des 3. Lebensjahres

20b Zwar richten sich grundsätzlich der Umfang und die Zumutbarkeit einer Erwerbstätigkeit nach den konkreten Umständen des Einzelfalles, während des Basiszeitraums von drei Jahren besteht aber selbst bei bestehender Fremdbetreuungsmöglichkeit keine Erwerbsobliegenheit des betreuenden Elternteils (BT-Drucks. 16/6980 S. 8, 10). Dies gilt selbst dann, wenn vor der Trennung (teilweise) eine Erwerbstätigkeit ausgeübt worden ist. Der betreuende Elternteil kann jederzeit – ohne unterhaltsrechtliche Sanktionen – eine Erwerbstätigkeit aufgeben (Wendl/Pauling § 4 Rn 65; BGH FPR 2009, 238). Diese Grundsätze gelten auch bei Vorliegen eines Mangelfalls (Eschenbruch/Klinkhammer Kap. I Rn 217; a. A. Borth FamRZ 2008, 2, 5). Setzt ein Ehegatte trotz der Betreuung des Kindes seine Erwerbstätigkeit fort oder erweitert sie sogar, handelt es sich um eine überobligationsmäßige Tätigkeit, so dass das daraus erzielte Einkommen nur hinsichtlich eines nach Billigkeit zu bestimmenden unterhaltsrelevanten Teils bedarfsprägend zu berücksichtigen ist, § 1577 Abs. 2 BGB (BGH NJW 2005, 818; BGH FPR 2009, 238; OLG Bremen NJW 2008, 1745). Vertretbar ist aber auch die Berücksichtigung eines Betreuungsbonus neben der konkreten Betreuungskosten (Palandt/Brudermüller § 1570 Rn 19; Hohmann/Dennhardt FF 2007, 174, 182.

20c **b) Ab Beginn des 4. Lebensjahres.** Der Gesetzgeber geht nach Ablauf der Dreijahresfrist davon aus, dass eine ganztägige Betreuung durch einen Elternteil nicht mehr zwingend geboten ist. Insoweit ist der Vorrang der persönlichen Betreuung aufgegeben (BGH FPR 2009, 238). Im Rahmen einer **Einzelfallprüfung** ist die Frage der Erwerbsobliegenheit unter Berücksichtigung der Kindeswohlbelange und der bestehenden Betreuungsmöglichkeit zu klären. Da der Unterhalt für „mindestens drei Jahre" gewährt wird, besteht keine Verpflichtung zur Aufnahme einer Vollerwerbstätigkeit; im (vorrangigen) Kindeswohlinteresse hat ein stufenweiser Übergang, orientiert an den Kriterien in § 1570 Abs. 1 Satz 2 und 3 zu erfolgen (BT-Drucks. 16/6980 S. 18, 19).

20d In der Praxis besteht eine Tendenz, ein neues modifiziertes Altersphasenmodell zu entwickeln, wobei die Zulässigkeit höchst streitig ist (vgl. die Nachweise in BGH FPR 2009, 238). Vertretbar erscheint als **Rahmen** bei objektiv bestehenden Fremdbetreuungsmöglichkeit – wobei die konkreten Umstände des Einzelfalls ausschlaggebend sind – die Aufnahme einer sozialversicherungsfreien Tätigkeit bei einem mehr als drei Jahre alten Kind, wobei der Umfang der Erwerbstätigkeit z. B. nach der Einschulung wieder sinken kann. Diese Tätigkeit kann dann zum Ende des 2. Grundschuljahres und danach zum Ende des 6. Schuljahres über eine halbschichtige zu einer vollschichtigen Tätigkeit ausgeweitet werden. Der BGH (NJW 2008, 3125) hat – beschränkt auf die Frage einer überobligatorischen Belastung des alleinerziehenden Elternteils – darauf hingewiesen, dass zu diesem Zweck ein pauschalierender, am Kindesalter orientierter Maßstab angelegt werden könne, ein Altersphasenmodell aber abgelehnt, das aus kindbezogenen Gründen allein auf das Alter des Kindes abstellt (BGH FPR 2009, 238; BGH FamRZ 2009, 1124).

20e **c) Verlängerung aus kindbezogenen Gründen** *aa) Belange des Kindes.* Sie sind tangiert bei einer besonderen Betreuungsbedürftigkeit, die der Aufnahme oder Ausweitung einer Erwerbstätigkeit entgegenstehen. Die Betreuungsbedürftigkeit kann sich ergeben, wenn das Kind besonders unter der Trennung leidet (BGH NJW 2006, 2182), dadurch trennungsbedingte Entwicklungsstörungen

Unterhalt wegen Betreuung eines Kindes **§ 1570 BGB**

auftreten oder auch bei einem besonders scheuen, sensiblen und ängstlichen Kind, insbesondere bei psychischen Problemen, die bereits zu einer stationären Behandlung geführt haben (OLG Hamm FamRZ 2008, 1446), weiter bei erheblichen Streitigkeiten der Eltern wegen des Umgangs, ggflls. auch bei besonderen künstlerischen oder sportlichen Begabungen, die besondere organisatorische Anforderungen stellen. Dies gilt aber nur dann, wenn diese besonderen Begabungen schon in der Vergangenheit in objektivierbarer Weise hervorgetreten sind. Krankheiten und Behinderungen (BGH NJW 2006, 2687: zu § 1615l BGB) begründen ebenfalls eine besondere Betreuungsbedürftigkeit, selbst bei teilweiser Unterbringung des Kindes in einer Pflegeeinrichtung (vgl. dazu auch BGH NJW 2006, 2182; OLG Celle, Urt. v. 24. 7. 2008 – 17 UF 24/08 –). Bei der Betreuung mehrerer minderjähriger Kinder besteht i. d. R. ein erheblicher Anteil an Betreuungs- und Erziehungsarbeit, aber auch an Hausarbeit, der vom betreuenden Elternteil erbracht werden muss (vgl. dazu Meier FamRZ 2008, 101), so dass eine Erwerbstätigkeit teilweise überobligationsmäßig sein kann (BGH NJW 2008, 3125). Zu berücksichtigen ist auch der Umstand, dass die Aufgabe der Erziehung und Betreuung nach der Trennung der Eltern nunmehr von einem Elternteil allein geleistet werden muss. Die daraus resultierende Mehrbelastung kann die Möglichkeiten einer Erwerbstätigkeit einschränken.

bb) Bestehende Betreuungsmöglichkeit. Eine Erwerbsobliegenheit setzt das Vorhandensein einer tatsächlichen, verlässlichen und zumutbaren Fremdbetreuungsmöglichkeit voraus, die dem Kindeswohl nicht entgegensteht (BT-Drucks. 16/6980 S. 18). Dazu zählen Kindergärten, Kindertagesstätten, Kinderhorte, Betriebskindergärten und sonstige Einrichtungen. Dabei ist zu beachten, dass der Eintritt in eine Betreuungseinrichtung i. d. R. mit dem Schuljahresbeginn erfolgt. Zu berücksichtigen sind die gesamten Rahmenbedingungen, wie räumliche Nähe, zeitliche Verfügbarkeit, Alternativlösungen für den Fall des Urlaubs und der Krankheit pp. Gibt es am Ort, an dem das Kind mit einem Elternteil lebt, keine Möglichkeit zur außerhäuslichen Betreuung, kann ein Umzug nicht verlangt werden (Peschel-Gutzeit Rn 302; Palandt/Brudermüller § 1570 Rn 13; Schilling FPR 2008, 27; a. A. Viefhues ZFE 2008, 44). Ein Betreuungsangebot durch den nicht betreuenden Elternteil für die Zeit der Erwerbstätigkeit des betreuenden Elternteils muss nicht angenommen werden (Erman/Graba § 1570 Rn 7), jedenfalls dann nicht, wenn dieser Elternteil seit längerem keinen unbegleiteten Umgang mit dem Kind gehabt hat (OLG Celle NJW 2008, 3441), vgl. weiter OLG Frankfurt FamRB 2009, 69. Insbesondere besteht auch keine Verpflichtung des betreuenden Elternteils, sich auf eine wechselnde Betreuung durch den Kindesvater, die Großeltern oder sonstige Verwandte verweisen zu lassen (AG Tempelhof ZFE 2009, 38), insbesondere nicht neben einer Hortbetreuung (KG FamRZ 2008, 1941). Auch eine Verpflichtung, ein Betreuungsangebot durch die Großeltern anzunehmen, besteht nicht. Es handelt sich um eine freiwillige Leistung eines Dritten, die jederzeit beendet werden kann (OLG München FamRZ 2008, 1945; a. A. OLG Düsseldorf ZFE 2008, 273).

d) Kosten der Kindesbetreuung. Nach den Gesetzesmaterialien sind die Kosten der Kindesbetreuung bei der Unterhaltsbemessung angemessen zu berücksichtigen. Die Kosten für den Besuch eines Kindergartens sind dem Bedarf des Kindes zuzurechnen (BGH NJW 2008, 2337). Kindergartenbeiträge bzw. vergleichbare Aufwendungen für die Betreuung eines Kindes in einer vergleichbaren kindgerechten Einrichtung sind in den Tabellensätzen der DT nicht ent-

20f

20g

BGB § 1570

halten (BGH FamRZ 2009, 962 – unter Aufgabe von BGH NJW 2007, 1669 und BGH NJW 2008, 2337). Abgegolten sind mit den Tabellensätzen aber die anfallenden Verpflegungskosten. Für diesen Mehrbedarf haften beide Elternteile anteilig.

20h Mehrbedarf kann nur bei Verzug geltend gemacht werden (OLG Düsseldorf FamRZ 2001, 444), ab 1. 1. 2008 auch durch ein konkretes Auskunftsverlangen (§ 1585 b Abs. 2 BGB). Mehrbedarf ist ein unselbständiger Teil des Unterhalts und kann nur zusammen mit dem Elementarunterhalt geltend gemacht werden. Wegen der Gefahr sich widersprechender Entscheidungen kann ein Teilurteil nicht ergehen. Besteht bereits ein Titel über den Elementarunterhalt, muss der Mehrbedarf mit der Abänderungsklage geltend gemacht werden mit der Gefahr der Präklusion nach § 323 Abs. 2 ZPO.

20i Beim Besuch einer Kindertagesstätte (Hort) oder Tagespflegestelle ist maßgeblich, aus wessen Interesse heraus die Unterbringung erfolgt (Kalthoener/Büttner/Niepmann Rn 351; FA-FamR/Gerhardt § 6 Rn 153). Erfolgt diese im Interesse des Kindes, liegt Mehrbedarf vor. Näher liegt es, dass die Betreuung erfolgt, um dem betreuenden Elternteil eine Erwerbstätigkeit zu ermöglichen. Die Kosten sind dann von dessen Einkommen abzuziehen (OLG Frankfurt FamRZ 2007, 1353; OLG Nürnberg NJW-RR 2004, 654). Gleiches dürfte gelten bei der Betreuung durch eine Tagesmutter/Kinderfrau, da der pädagogische Zweck (s. dazu BGH NJW 2007, 1669) eher nicht im Vordergrund steht.

20j Bei kostenloser Betreuung des Kindes durch Verwandte (z. B. Großeltern) oder Freunde kann für die Berechnung des Ehegattenunterhalts ein (fiktiver) Betrag vom Einkommen des betreuenden Elternteils abgezogen werden (OLG Hamm FuR 2007, 177).

20k **e) Rechtsprechungsübersicht.** Die Rechtsprechung zum Umfang und zur Zumutbarkeit einer Erwerbstätigkeit neben der Kindesbetreuung ist völlig unübersichtlich: OLG Hamm (NJW 2008, 2049: halbschichtige Tätigkeit bei 5jährigem Kind), OLG Düsseldorf (ZFE 2008, 273: halbschichtige Tätigkeit bei Betreuung eines 6jährigen Kindes), OLG Düsseldorf (NJW 2008, 2658: 5 Stunden pro Tag bei Betreuung von zwei 6 und 9 Jahre alten Kindern), OLG Düsseldorf (NJW 2008, 3005: halbschichtige Tätigkeit bei der Betreuung eines 6jährigen Kindes), OLG München (FamRZ 2008, 1945: Halbtagstätigkeit bei der Betreuung einer 6jährigen Tochter, die täglich bis 14 Uhr den Kindergarten besucht), OLG Nürnberg (FuR 2008, 512: Halbtagstätigkeit, wenn das Kind die 2. Grundschulklasse besucht, Vollzeittätigkeit ab Vollendung des 15. Lebensjahres), KG (FamRZ 2008, 1942: Kindesmutter, Studienrätin, betreut das 2000 geborene Kind, das seit 2005 eine KiTa mit Nachmittagsbetreuung besucht und seit 9/2007 zur Schule geht. Die tatsächlich ausgeübte Arbeit ist ausreichend), OLG Brandenburg (FamRZ 2008, 1947: Halbtagstätigkeit bei der Betreuung eines 11jährigen an ADS leidenden Kindes), OLG Köln (NJW 2008, 2659: vollschichtige Tätigkeit bei der Betreuung von zwei 8 und 11 Jahre alten Kindern), OLG Celle (NJW 2008, 3441: gut halbschichtige Tätigkeit bei der Betreuung zweier im Jahre 1999 und 2000 geborener Kinder ausreichend), OLG Karlsruhe (NJW 2008, 3645: vollschichtige Tätigkeit bei der Betreuung eines 13 Jahre alten Sohnes), OLG Thüringen (NJW 2008, 3224: Zurechnung eines fiktiven Einkommens von 400 € bei einem 2001 geborenen und 2007 eingeschulten Kind, Mutter Chinesin, Zurechnung eines fiktiven Einkommens von 800 € ab 1. 1. 2010, Halbtagstätigkeit bis zum Ende der 4. Grundschulklasse am 30. 6. 2011), KG (NJW 2008, 3793: Halbtagstätigkeit bei

Unterhalt wegen Betreuung eines Kindes § 1570 BGB

zwei 1996 und 2000 geborenen Kindern), KG (FuR 2009, 209: 25 Wochenarbeitsstunden bei Betreuung eines 8-jährigen Kindes genügen), OLG Celle (FF 2009, 81: Zurechnung eines fiktiven Einkommens aus einer Halbtagstätigkeit, Vollerwerbsverpflichtung erst ab Vollendung des 15. Lebensjahres des Kindes), OLG Düsseldorf (FamRZ 2009, 522: pauschalierende Betrachtungsweise, nur halbschichtige Tätigkeit bis zur Beendigung des 2. Schuljahres einer weiterführenden Schule, vollschichtige Tätigkeit nicht vor Vollendung des 14. Lebensjahres), OLG Köln (FamRZ 2009, 518: 2/3 Tätigkeit bei Betreuung von 2 Kindern im Alter von 9 und 11 Jahren reicht), OLG Braunschweig (FuR 2009, 213: halbschichtige Tätigkeit reicht bei Betreuung eines 13-15 Jahre alten Kindes, das an ADS leidet).

f) **Verlängerung aus elternbezogenen Gründen.** Hergeleitet aus dem Grundsatz der nachehelichen Solidarität und unabhängig vom Kindeswohl und einem besonderen Betreuungsbedürfnis ist in einer zweiten Stufe – d. h. wenn die Möglichkeiten zu einer Verlängerung nach Abs. 1 Satz 2 und 3 erschöpft sind – zu prüfen, ob es besondere elternbezogene Gründe gibt, die zu einer Verlängerung der Unterhaltspflicht führen (BT-Drucks. 16/6980 S. 19; BGH FPR 2009, 238; OLG Düsseldorf FamRZ 2008, 1861). Dieser Annexanspruch ist kein selbständiger Unterhaltsanspruch, sondern eine ehespezifische Ausgestaltung des Betreuungsunterhalts. Wird die ehebedingte Billigkeit einer Verlängerung festgestellt, verlängert sich der Unterhalt ohne weiteres (BT-Drucks. 16/6980 S. 19). Maßgeblich für die Verlängerung nach Abs. 2 ist insbesondere das in der Ehe gewachsene in die **vereinbarte und praktizierte Rollenverteilung und die gemeinsame Ausgestaltung der Kindesbetreuung.** Ehebezogene Gründe können insbesondere vorliegen bei Schaffung eines **besonderen Vertrauenstatbestandes** (BGH NJW 2008, 3125 zu § 1615l BGB), so wenn die Eltern in einer dauerhaften Lebensgemeinschaft mit einem gemeinsamen Kind gelebt und sich hierauf eingestellt haben (BGH NJW 2006, 2687), wenn ein Elternteil zum Zwecke der Kindesbetreuung einvernehmlich seine Erwerbstätigkeit aufgegeben hat und wenn ein Elternteil mehrere gemeinsame Kinder betreut (BT-Drucks. 16/6980 S. 22). Berücksichtigungsfähig kann ein chronisches Überlastungssyndrom eines Ehegatten nach der Geburt und einer auf dieser Grundlage ausgelöste depressive Störung sein (BGH NJW 2006, 2687, 2691). Aber auch die Notwendigkeit des Hinzuerwerbs von Mitteln zum Ausgleich einer durch die Ehe und Geburt von Kindern entstandenen Rentenlücke (BGH NJW 2006, 2687, 2692). Eine Verlängerung kommt weiter in Betracht, wenn ein unterhaltsberechtigter und ein gemeinsames Kind betreuender Ehegatte noch einige Zeit benötigt, um eine Berufsfortbildung abzuschließen. Dabei ist eine angemessene Bewerbungsfrist im Anschluss anzusetzen (nur insoweit zutr.: OLG Köln NJW 2008, 2659). Ein weiteres Kriterium bei der Billigkeitsabwägung ist die Dauer der Ehe. Je länger diese gedauert hat, desto schützenswerter ist das Vertrauen des unterhaltsberechtigten Ehegatten in den Bestand und den Erhalt der gewählten Betreuungssituation.

V. Vertragliche Vereinbarungen

Ein wirksamer Verzicht auf den Anspruch aus § 1570 BGB ist nach der Rechtsprechung des BVerfG (BVerfG NJW 2001, 957; BVerfG NJW 2001, 2248) nur dann möglich, wenn der Vertrag nicht in Ausnutzung eines Ungleichgewichts der Kräfte geschlossen worden ist (s. § 1585c Rn 19ff.; BGH NJW 2008, 3426; BGH NJW 2007, 2851).

Büte

BGB § 1570

VI. Umfang des Anspruches und Konkurrenzen

22 Ist ein Ehegatte wegen der Kindesbetreuung vollständig an einer Erwerbstätigkeit gehindert, kann er – gestützt allein auf § 1570 BGB – den vollen Unterhalt nach den ehelichen Lebensverhältnissen verlangen. Bei zumutbarer Teilerwerbstätigkeit kann Unterhalt nach § 1570 BGB nur bis zur Höhe des Mehreinkommens verlangt werden, das er durch eine angemessene Vollerwerbstätigkeit verlangen könnte. Sofern beides nicht ausreicht, um den vollen Unterhalt des Betreuenden abzudecken, kommt zusätzlich ein Aufstockungsunterhalt nach § 1573 Abs. 2 BGB in Betracht (BGH NJW 1990, 1847; OLG Hamburg NJW-RR 1996, 323). Im Urteil ist der Unterhaltsanspruch schon im Tenor getrennt auszuweisen (JH/Büttner Rn 31). Dies gilt grundsätzlich auch für fiktive Einkünfte (BGH NJW-RR 1990, 578). Deshalb gelten die Privilegierungen nur für den auf § 1570 BGB beruhenden Teil des Unterhaltsanspruches (BGH NJW 1999, 1547). Nur soweit der Anspruch auf § 1573 Abs. 2 BGB gestützt ist, kommt deshalb eine zeitliche Begrenzung nach § 1573 Abs. 5 BGB in Betracht. Ist der betreuende Elternteil gehalten, eine Erwerbstätigkeit aufzunehmen, findet er aber keinen angemessenen Arbeitsplatz, kann neben einem Teilanspruch aus § 1570 BGB ein weiterer Teilanspruch auch nach § 1573 Abs. 1 BGB gegeben sein. Endet der Betreuungsunterhalt, kann sich ein Anspruch nach §§ 1571–1573 BGB anschließen. Anschlussunterhalt kann aber nur in dem Umfang des weggefallenen Betreuungsunterhalts bestehen (BGH NJW 2001, 3260 zu § 1572 Nr. 1 BGB). Gegenüber § 1576 BGB ist § 1570 BGB vorrangig (BGH FamRZ 1984, 361 und 769). In Bezug auf § 1615l Abs. 1 BGB ist der Anspruch gegen den nichtehelichen Vater vorrangig (OLG Düsseldorf FamRZ 1995, 690; OLG Zweibrücken NJW 1998, 318), sofern es den Zeitraum von sechs Wochen vor der Geburt bis acht Wochen nach der Geburt betrifft. Für einen darüber hinausgehenden Zeitraum sind beide Ansprüche gleichrangig. Der gem. § 1570 BGB unterhaltsverpflichtete Ehegatte und der Vater des außerehelich geborenen Kindes haften gem. § 1606 Abs. 3 Satz 1 BGB analog anteilig für den Lebensbedarf der Frau. Dabei ist neben den Erwerbs- und Vermögensverhältnissen vor allem auf die Anzahl, das Alter, die Entwicklung und die Betreuungsbedürftigkeit der Kinder abzustellen (BGH NJW 1998, 1309).

22a Für **Unterhaltszeiträume ab 1. 1. 2008** ist an der Differenzierung bei einer Teilerwerbstätigkeit nicht mehr festzuhalten, da nunmehr alle Unterhaltstatbestände nach § 1578b BGB zu begrenzen sind (OLG Celle FamRZ 2008, 1449; FA-FamR/Gerhardt Kap. 6 Rn 363b; Wendl/Pauling § 4 Rn 76; Palandt/Brudermüller Rn 22; a. A. BGH NJW 2009, 989; BGH NJW 2009, Weinreich/Klein § 1570 Rn 32, 45).

VII. Darlegungs- und Beweislast

23 Ein geschiedener Ehegatte, der nachehelichen Unterhalt verlangt, trägt die Darlegungs- und Beweislast für die Tatbestandsvoraussetzungen des § 1570 BGB. Wer eine Abweichung von dem auf Erfahrungssätzen beruhenden sog. Alters- und Phasenmodell geltend macht, muss die hierfür erforderlichen Voraussetzungen darlegen und beweisen (BGH NJW 1983, 1427). Besondere Gründe, die wegen der Betreuung eines Kindes ab etwa 16 Jahren einer vollen Erwerbstätigkeit entgegenstehen sollen, sind deshalb von dem zu beweisen, der sich auf dem Fortbestehen des Anspruchs auf Betreuungsunterhalt beruft (BGH NJW 1990,

Unterhalt wegen Betreuung eines Kindes § 1570 BGB

2752). Ebenso trägt die Darlegungs- und Beweislast, wer eine Ausnahme von dem Grundsatz in Anspruch nimmt, dass bei Betreuung eines nicht schulpflichtigen Kindes eine Erwerbsobliegenheit nicht erwartet werden kann (BGH NJW-RR 1998, 721).

Für **Unterhaltszeiträume ab 1. 1. 2008** wird bei einem unter drei Jahre alten Kind eine Betreuungsbedürftigkeit vermutet. Wegen des insoweit bestehenden Vorrangs der Elternbetreuung besteht keine Erwerbsobliegenheit und damit keine Notwendigkeit, bestehende Betreuungseinrichtungen in Anspruch zu nehmen. Für Umstände, die ausnahmsweise eine Erwerbstätigkeit zulassen, ist der Unterhaltsschuldner darlegungs- und beweispflichtig. 24

Für die Zeit ab Vollendung des dritten Lebensjahres des Kindes ist vom betreuenden Elternteil im Einzelnen darzulegen und zu beweisen, dass entweder kindbezogene Gründe aus Billigkeitsgründen (Abs. 1 S. 2 und 3) oder elternbezogene Gründe (Abs. 2) einen Anspruch auf Betreuungsunterhalt begründen (BGH NJW 2008, 3125). Dazu gehören Ausführungen, dass es wegen fehlender oder nur eingeschränkter Betreuungsmöglichkeiten nicht möglich ist, (teilweise) erwerbstätig oder weitergehend als bisher erwerbstätig zu sein oder besondere Umstände in der Person des Kindes (Wahrung der Kindeswohlbelange) oder aus Vertrauensgesichtspunkten einer Tätigkeit oder einer Ausweitung entgegenstehen (OLG Celle NJW 2008, 1456; KG FamRZ 2008, 1942). Erforderlich ist – soweit es sich um ein Problemkind handelt – ein ins Einzelne gehender Vortrag über krankheits- und entwicklungsbedingte Besonderheiten des Kindes sowie über Art und Umfang der aufgrund dieser Besonderheiten erforderlichen zusätzlichen Betreuungsleistungen, die gegenüber einem gesunden Kind gleichen Alters nicht erbracht werden müssen (OLG Celle FamRZ 2008, 1627).

VIII. Prozessuales

Eine Befristung des Anspruchs nach § 1570 Abs. 1 BGB bis zur Vollendung des dritten Lebensjahres des Kindes hat nicht zu erfolgen (BGH FPR 2009, 238; OLG Brandenburg FamRZ 2008, 1947; OLG Celle NJW 2008, 3441; OLG Jena NJW 2008, 3224; KG FamRZ 2008, 1942; OLG München FamRZ 2008, 1945; Menne FamRB 2008, 210; BGH FamRZ 2009, 1124: Gerhardt FuR 2008, 8; a. A. OLG Bremen NJW 2008, 1745 zu § 1615 l BGB; Peschel-Gutzeit FPR 2007, 24). Es handelt sich trotz der Aufspaltung in einen Basisunterhalt (Abs. 1 S. 1) und Annexunterhalt (Abs. 1 S. 1 und 2, Abs. 2) um einen einheitlichen Anspruch. Nach wie vor (s. Rn 20) ist i.d.R. der Zeitpunkt des Wegfalls der Betreuungsbedürftigkeit nicht sicher vorhersehbar. 25

Der Wegfall oder eine Reduzierung des Unterhalts ist nach § 323 ZPO – ggfls im Wege der Abänderungsstufenklage – geltend zu machen. Da ein Unterhaltsberechtigter nach Vollendung des dritten Lebensjahres den Unterhaltsanspruch nur auf die Verlängerungsmöglichkeit nach Abs. 1 S. 2 und 3, Abs. 2 stützen kann, um eine Aufrechterhaltung/Weitergeltung des Titels zu erreichen, hat ein Abänderungskläger nur darzulegen, dass wegen des Alters des Kindes grundsätzlich eine Teilerwerbsobliegenheit besteht. Es ist dann Sache des Berechtigten, die weiteren Anspruch begründenden Voraussetzungen für den Annexunterhalt darzulegen und zu beweisen (BGH FamRZ 1990, 496).

Büte

BGB § 1571 1. Teil. Ehegattenunterhalt

§ 1571 Unterhalt wegen Alters

Ein geschiedener Ehegatte kann von dem anderen Unterhalt verlangen, soweit von ihm im Zeitpunkt
1. der Scheidung,
2. der Beendigung der Pflege oder Erziehung eines gemeinschaftlichen Kindes oder
3. des Wegfalls der Voraussetzungen für einen Unterhaltsanspruch nach den §§ 1572 und 1573

wegen seines Alters eine Erwerbstätigkeit nicht mehr erwartet werden kann.

I. Normzweck

1   Die Vorschrift gewährt als Ausnahme vom Grundsatz der Eigenverantwortung als Ausfluss der (auch nachehelichen) Mitverantwortung und Solidarität einen Unterhaltsanspruch, wenn und soweit vom geschiedenen Ehegatten zu bestimmten Einsatzzeitpunkten eine Erwerbstätigkeit nicht erwartet werden kann, um nicht der öffentlichen Fürsorge zur Last zu fallen und sofern eine sonstige Altersversorgung nicht vorliegt. Das Alter muss ursächlich für die Unzumutbarkeit der Erwerbstätigkeit sein. Die Unterhaltsbedürftigkeit muss aber nicht ehebedingt sein, d. h. die Vorschrift greift auch ein, wenn der Unterhalt begehrende Ehegatte bereits im Zeitpunkt der Eheschließung wegen seines Alters einer Erwerbstätigkeit nicht mehr nachgehen konnte, sog. Altersehe (BGH NJW 1983, 683). Der Anspruch auf Altersunterhalt besteht nicht, wenn die Bedürftigkeit erst nach Durchführung des Versorgungsausgleichs eingetreten ist und der ausgleichspflichtige Ehegatte die – auch nur teilweise – Kürzung des Versorgungsausgleichs (§ 1587 c BGB) zu beantragen unterlässt (OLG Celle NJW 2006, 922). Geringfügige Einkommensdifferenzen sind – wie beim Anspruch aus § 1573 BGB – nicht auszugleichen (OLG Karlsruhe NJW-RR 2008, 1458).

II. Anspruchsvoraussetzungen

1. Einsatzzeitpunkte

2   Die drei in § 1571 BGB abschließend aufgeführten Einsatzzeitpunkte stellen den zeitlichen Zusammenhang des nachehelichen Unterhalts mit der Ehe sicher, begrenzen aber auch die nacheheliche Solidarität: Sofern der Unterhaltsberechtigte zwischenzeitlich eine wirtschaftliche Selbständigkeit erreicht hat oder diese fiktiv anzunehmen ist, ist ein späteres Wiederaufleben des Unterhaltsanspruchs ausgeschlossen (Johannsen/Henrich/Büttner Rn 3). Das Gesetz nennt als maßgebliche Einsatzzeitpunkte die Scheidung, die Beendigung der Pflege oder Erziehung eines Kindes sowie den Wegfall der Voraussetzungen eines Anspruches nach § 1572 oder § 1573 BGB.

2. Anschlussunterhalt

3   Dieser wird nur geschuldet, wenn die einzelnen Unterhaltsansprüche **ohne zeitliche Lücken** aneinander anschließen. Erforderlich ist nicht, dass tatsächlich auch Unterhalt erbracht wird. Ist der Unterhaltsverpflichtete infolge Leistungs-

Unterhalt wegen Alters **§ 1571 BGB**

unfähigkeit zeitweise nicht in der Lage, überhaupt Unterhalt zu leisten, reicht es für die Aufrechterhaltung des Anschlussunterhaltstatbestandes aus, dass dem Grunde nach ein Unterhaltstatbestand bestanden hat, ebenso, wenn nur ein Teil des Unterhalts geleistet werden kann (OLG Stuttgart FamRZ 1982, 1025; OLG Stuttgart FamRZ 1983, 503). Anschlussunterhalt wird nicht geschuldet, wenn zum Einsatzzeitpunkt die sonstigen Tatbestandsvoraussetzungen vorgelegen haben, der Anspruchsteller aber nicht bedürftig gewesen ist (str.: Kalthoener/ Büttner Rn 415; Schwab/Borth IV Rn 364). Der Anschlussunterhalt wird nur als **Teilunterhalt** geschuldet, wenn bei Beginn des Anspruchs nach § 1571 Nr. 3 BGB nur ein Anspruch auf einen Teil des vollen Bedarfs nach §§ 1572, 1573 BGB bestanden hat (BGH NJW 2001, 3260 zu § 1572 Nr. 4). Übt der Unterhaltsberechtigte altersbedingt nur eine Teilerwerbstätigkeit aus, geht der Anspruch nach § 1571 BGB nur bis zur Höhe des Mehreinkommens, das der Berechtigte durch eine volle Erwerbstätigkeit erzielen könnte (BGH NJW 1999, 1547). Sofern der Anspruch aus § 1571 BGB zusammen mit dem Teilerwerbseinkommen bis zur Deckung des vollen Unterhalts nicht ausreicht, kann daneben ein Anspruch aus § 1573 Abs. 2 BGB bestehen (BGH NJW 1990, 1847; BGH NJW-RR 1993, 893; s. aber Rn 16). Ein Anspruch auf Altersvorsorge entfällt i. d. R., wenn Unterhalt nach § 1571 BGB zuerkannt wird.

a) Einsatzzeitpunkt Scheidung, Nr. 1. Zeitpunkt der Scheidung ist der 4 **Tag der Rechtskraft** (OLG Köln NJWE-FER 2001, 305). Im Verbundverfahren kommt es, soweit die Entwicklung bis zum Eintritt der Rechtskraft des Scheidungsurteils nicht vorhersehbar ist, auf die im Zeitpunkt der letzten mündlichen Verhandlung bestehenden Verhältnisse an (BGH FamRZ 1982, 892; BGH NJW 1985, 1347).

b) Zeitpunkt der Beendigung der Pflege oder Erziehung eines ge- 5 **meinsamen Kindes, Nr. 2.** Insoweit kommt es darauf an, dass ein Anspruch nach § 1570 BGB bestanden hat und dessen Voraussetzungen – maßgeblich ist der Wegfall der rechtlichen Betreuungsnotwendigkeit, nicht die tatsächliche Beendigung der Betreuung – zu dem Zeitpunkt weggefallen sind, in dem aus Altersgründen eine Erwerbstätigkeit nicht mehr erwartet werden kann (BGH NJW 1990, 2752). Es handelt sich um einen Anschlussunterhalt.

c) Einsatzzeitpunkt Wegfall der Voraussetzungen für einen Unter- 6 **haltsanspruch nach §§ 1572, 1573, Nr. 3.** Unterhalt – ebenfalls als **Anschlussunterhalt** – steht einem Ehegatten zu, wenn er zum Zeitpunkt, in welchem aus Altersgründen eine Erwerbstätigkeit von ihm nicht mehr erwartet werden kann, wieder gesund wird und damit die Voraussetzungen des § 1572 BGB entfallen (BGH NJW 1990, 1174). Gleiches gilt, wenn ein Unterhaltsanspruch nach § 1573 Abs. 1 oder Abs. 2 BGB bestanden hat, d. h. wenn der Unterhaltsberechtigte eine angemessene Beschäftigung gefunden hatte, diese aber aus Altersgründen nicht mehr ausüben verpflichtet ist oder wenn der Berechtigte aufgrund der aktuellen Arbeitsmarktlage keine Beschäftigung finden konnte, später aber eine Stelle bekommen könnte, diese aber wegen des Alters nicht mehr annehmen muss oder wenn er arbeitslos bleibt und die Altersgrenze erreicht. Der Anspruch kann auch entstehen, wenn der Unterhaltsanspruch zunächst gem. § 1573 Abs. 5 BGB a. F. zeitlich befristet war und der Anschlusstatbestand innerhalb der Befristung entsteht (Göppinger/Bäumel Rn 1004). Der Einsatzzeitpunkt fehlt, wenn ein Unterhaltsberechtigter eine nachhaltig gesicher-

BGB § 1571

te Erwerbstätigkeit (§ 1573 Abs. 4 BGB) hatte, diese aber wieder verloren hat und dann infolge Alters keine Erwerbstätigkeit mehr finden kann.

3. Altersgrenzen

7 **a) Keine gesetzliche Altersgrenze.** Das Unterhaltsrecht kennt keine festen Altersgrenzen, bei deren Erreichen die Verpflichtung zur Aufnahme einer Erwerbstätigkeit ohne weiteres endet. Das Tatbestandselement „Alter" ist dann erfüllt, wenn ein Unterhaltsberechtigter die in der Sozialversicherung für den Bezug der Altersrente (§§ 35 ff. SGB VI) bzw. in der Beamtenversorgung (§§ 25 BRRG, 41 I BBG, 48 DRiG: für Richter) für das normale Pensionsalter festgelegte **allgemeine Altersgrenze von 65 Jahren (**schrittweise Erhöhung auf 67 Jahre ab 2012) erreicht hat (BGH NJW 1987, 2739; BGH NJW 1999, 1547). Eine dann noch ausgeübte Erwerbstätigkeit ist überobligationsmäßig und kann jederzeit reduziert werden (BGH NJW 2006, 1654; zur Anrechnung eines überobligationsmäßig erzielten Einkommens vgl. BGH NJW 2005, 2145). Wortlaut und Entstehungsgeschichte der Vorschrift lassen aber auch bei einem deutlich niedrigeren Alter einen Anspruch aus § 1571 BGB zu. Die Rechtsprechung des BGH ist einzelfallorientiert (BGH NJW 1983, 1483: 47 Jahre; BGH NJW 1985, 1340: 52 Jahre; BGH NJW 1987, 2739: 57 Jahre), ebenso die der Obergerichte (verneint: OLG Bamberg FamRZ 2002, 101: 43 Jahre; OLG Hamm FamRZ 1985, 1416: 60 Jahre; KG FamRZ 1981, 1173: 60 Jahre; OLG Köln FamRZ 1980, 1006: 54 Jahre; Unterhaltsanspruch bejaht: OLG Oldenburg FamRZ 1996, 672: 60 Jahre; unter Umständen geringfügige Beschäftigung: OLG Koblenz NJWE-FER 2000, 108; OLG Stuttgart NJWE-FER 2001, 225).

8 **b) Vorgezogene Altersgrenzen.** Zahlreiche gesetzliche Regelungen gestatten unter bestimmten Voraussetzungen ein Ausscheiden aus dem Berufsleben schon vor Vollendung des 65. Lebensjahres (§§ 36 ff. SGB VI; 39 SGB VI: Altersrente für Frauen ab 60 Jahre; § 5 PolizeivollzugsG: ab 60 Jahre; § 45 Abs. 1 Nr. 2 RKnG: 50 Jahre; Soldaten: Unteroffiziere ab 53 Jahre; Strahlenflugzeugführer ab 41 Jahre, vgl. § 45 SoldG; vgl. zur Erwerbsobliegenheit insoweit BGH NJW-RR 2004, 505). Diese auf öffentlich-rechtlichen oder arbeitsmarktpolitischen Gründen beruhenden Regelungen sind für das private Unterhaltsrecht nicht maßgebend (BGH NJW 1999, 1547; OLG Hamm NJW 1999, 2976: für Unterhaltsverpflichteten; OLG Koblenz NJWE-FER 2000, 108). Es ist etwa beim **Vorruhestand** (vgl. dazu Viefhues FF 2006, 103) zu prüfen, ob im Einzelfall eine anderweitige Weiterbeschäftigung in Betracht kommt (BGH NJW-RR 2004, 505; OLG Saarbrücken NJW 2007, 520). Eine gezahlte Abfindung ist so zu verteilen, dass sie weitgehend den Einkommensverlust bis zum Eintritt in den gesetzlichen Ruhestand abdeckt. Gem. § 34 Abs. 3 Satz 1 SGB VI kann der Berechtigte neben der Rente (bis 340 €) anrechnungsfrei aus einer geringfügigen Beschäftigung Einkommen erzielen, so dass im Falle der Inanspruchnahme vorgezogener Altersrente die Aufnahme einer sozialversicherungsfreien Nebentätigkeit verlangt werden kann (BGH NJW 1999, 1547). Für Altersteilzeit gelten die Grundsätze wie beim Vorruhestand (Johannsen/Henrich/Büttner Rn 8). Eine freiwillige Beendigung des Arbeitsverhältnisses kann gegen die unterhaltsrechtliche Verpflichtung zur Erwerbsobliegenheit verstoßen (OLG Hamm NJW 1999, 2976; OLG Hamm NJW 2001, 1476; OLG Hamm NJW 2005, 161).

Unterhalt wegen Alters **§ 1571 BGB**

c) Vorzeitiger Ruhestand aus gesundheitlichen Gründen. Bei vorzeitiger Pensionierung aus Gesundheitsgründen durch den öffentlich-rechtlichen Dienstherrn muss der Unterhaltsberechtigte das unterhaltsrechtlich hinnehmen, und zwar ohne Nachprüfung der Gesundheitsgründe, jedenfalls sofern die Versorgungsbezüge für eine angemessene Lebensführung ausreichen (BGH NJW 1984, 2358: Sparkassendirektor mit Dienstbezügen von 9000 DM netto und Versorgungsbezügen von 6400 DM). 9

d) Selbständige, freiberuflich Tätige (Ärzte, Architekten, Rechtsanwälte pp.) Sie üben ihren Beruf zwar häufig über das 65. Lebensjahr hinaus aus, es gibt aber keine feste Altersgrenze, zu der sie ihre Berufstätigkeit beenden können und dürfen. I. d. R. wird von einem freiberuflich Tätigen eine Berufung auf die gesetzlich bestimmte Altersgrenze von 65 Jahren nur bei besonderen Umständen verwehren können, so z. B. bei beengten wirtschaftlichen Verhältnissen (OLG Düsseldorf NJW-RR 2007, 1157; OLG Köln FF 2007, 117: keine ausreichende Altersvorsorge). Ist aber eine übliche und angemessene Alterssicherung vorhanden, die ausreicht, um den Unterhaltsbedarf des Berechtigten nach den ehelichen Lebensverhältnissen zu erfüllen, besteht keine Obliegenheit zur Fortsetzung der Erwerbstätigkeit (OLG Hamm NJWE-FER 1997, 26: Handelsvertreter, unter Berufung auf BGH FamRZ 1983, 146 und BGH FamRZ 1988, 256). Bei einer freiwillig fortgeführten Tätigkeit sind deshalb die daraus erzielten Einkünfte überobligationsmäßig und nicht in die Unterhaltsberechnung einzubeziehen (OLG Düsseldorf NJW-RR 2007, 1157). 10

4. Unzumutbarkeit der Erwerbstätigkeit

Es gelten für die Erwerbsobliegenheit des Unterhaltsberechtigten die gleichen Grundsätze wie für den Unterhaltsverpflichteten. Wann von einer altersbedingten Erwerbsunfähigkeit auszugehen ist, richtet sich bei **objektiver Betrachtungsweise** nach den Umständen des Einzelfalles. Das hängt vor allem von der Berufsvorbildung, von früherer Erwerbstätigkeit, der Dauer einer Arbeitsunterbrechung, von Wiedereingliederungsproblemen in die Arbeitswelt, den ehelichen Verhältnissen, der Ehedauer, dem Gesundheitszustand und sonstigen persönlichen und wirtschaftlichen Verhältnissen sowie vor allem davon ab, welche Art der Erwerbstätigkeit als angemessen i. S. des § 1574 Abs. 2 BGB anzusehen ist (Wendl/Pauling § 4 Rn 92). Eine nicht angemessene Tätigkeit i. S. des § 1574 Abs. 3 BGB kann grundsätzlich nicht erwartet werden (BGH NJW 1983, 1483). Ist wegen Alters eine Ausbildung nicht mehr sinnvoll, kann ein Anspruch nach § 1571 BGB in Betracht kommen, auch wenn das Rentenalter noch nicht erreicht ist (BGH NJW 1987, 2739). Bei einer langen Ehedauer und sehr guten wirtschaftlichen Verhältnissen kann eine altersbedingte Erwerbsunfähigkeit bereits mit Überschreiten des 50. Lebensjahres vorliegen (BGH NJW 1985, 1340). 11

5. Anrechnung von Einkünften

a) Renteneinkünfte. Renteneinkünfte des Berechtigten sind generell als Einkünfte zu berücksichtigen, und zwar sowohl die auf den vorehelichen Rentenanwartschaften beruhenden Rententeile als auch die durch den Versorgungsausgleich erworbenen Anwartschaften. Sie sind im Unterhalt nach dem Surrogatgedanken im Wege der **Differenzmethode** bei der Bedarfsbemessung zu berücksichtigen (BGH NJW 2002, 436). Soweit die Rente auf Beiträgen beruht, 12

BGB § 1571

die aus Mitteln des gezahlten **Altersvorsorgeunterhalts** erworben sind, gilt nach wie vor die **Anrechnungsmethode** (BGH NJW 2003, 1796). Beruht die Rente des Berechtigten ausschließlich auf dem Versorgungsausgleich und wird die Rente des Verpflichteten entsprechend gekürzt, kann der Unterhaltsanspruch durch Addition der Rente und anschließende Halbteilung ermittelt werden (BGH NJW-RR 1989, 322).

13 **b) Noch nicht beschiedene Rentenanträge.** Solange über den Antrag nicht entschieden ist, besteht die Bedürftigkeit fort. Der Unterhaltsverpflichtete kann dem Berechtigten ein **zinsloses Darlehen** anbieten und im Falle der Ablehnung des Rentenantrages auf dessen Rückzahlung verzichten; zugleich kann er auch zur Sicherung des Rückzahlungsanspruchs die Abtretung des Anspruchs auf Rentennachzahlung nach § 53 Abs. 2 Nr. 1 SGB VI verlangen. Dem Berechtigten obliegt es, dies anzunehmen, ansonsten gilt er als nicht bedürftig (BGH NJW 1983, 1481). Anderenfalls steht dem Unterhaltsverpflichteten ein Erstattungsanspruch zu in der Höhe, in der sich die Unterhaltspflicht bei sofortiger Bewilligung der Rente ermäßigt hätte (BGH NJW 1990, 709). Die gleichen Grundsätze gelten, soweit ein Berechtigter Altersruhegeld aufgrund des Versorgungsausgleichs beantragen kann (OLG Zweibrücken FamRZ 1997, 504). Dabei kann – solange keine Rente an den Berechtigten ausgezahlt wird – der Verpflichtete gem. § 5 VAHRG die Zahlung der ungekürzten Rente verlangen (zur Nachzahlung einer Rente in diesem Fall: BGH NJW 1990, 709).

14 **c) Rentennachzahlung an den Berechtigten.** Bei Nachzahlungen und rückwirkender Rentenauszahlung besteht ein Erstattungsanspruch (§ 242 BGB) in dem Umfang, in dem sich der Unterhaltsanspruch ermäßigt hätte, wenn die Rente schon während des fraglichen Unterhaltszeitraumes gezahlt worden wäre (BGH NJW 1990, 709). Entsprechendes gilt, wenn ein Unterhaltsberechtigter nachträglich eine höhere Rente bezieht (OLG Frankfurt OLGR 2001, 276).

6. Begrenzung, Herabsetzung und Ausschluss des Unterhalts

15 Für die Zeit bis zum 31. 12. 2007 war eine Begrenzung nicht vorgesehen, aber über § 1578 Abs. 1 Satz 2 BGB a. F. eine Herabsetzung möglich, um unbillige Ergebnisse bei relativ kurzen Altersehen auszuschließen (OLG München FamRZ 1993, 564). Allein aus der Tatsache einer Altersehe ergibt sich kein Herabsetzungs- oder Ausschlussgrund nach § 1579 Nr. 8 BGB, da das Gesetz nicht auf die Ehebedingtheit der Bedürftigkeit abstellt (BGH NJW 1982, 929). Eine kurze Ehe kann aber zur teilweisen Herabsetzung oder zum Ausschluss des Unterhalts nach § 1579 Nr. 1 BGB führen (BGH NJW 1982, 929; vgl. auch OLG Hamburg FamRZ 1981, 54; OLG Schleswig OLGR 1999, 342). Wenn eine als notwendig erkannte und Erfolg versprechende Ausbildung mutwillig unterlassen wurde, kommt eine Kürzung nach § 1579 Nr. 4 BGB in Betracht (OLG Hamburg FamRZ 1991, 445).

Für Unterhaltszeiträume ab 1. 1. 2008 gilt § 1578 b BGB (vgl. 1578 b Rn 5).

7. Konkurrenzen

16 Die Tatbestände der §§ 1570, 1571 und 1572 BGB können miteinander konkurrieren, § 1570 BGB als mehrfach privilegierter Tatbestand geht aber vor. Im Verhältnis zwischen § 1571 BGB und § 1572 BGB besteht i. d. R. ein Stufenverhältnis, als vor Erreichen des 65. Lebensjahrs bei Krankheit auch § 1572 BGB zu

Unterhalt wegen Krankheit oder Gebrechen **§ 1572 BGB**

prüfen ist; die Ansprüche können nebeneinander bestehen. Bei Konkurrenz von § 1571 und § 1573 Abs. 1 BGB ist § 1571 BGB vorrangig. Abgrenzungsschwierigkeiten treten auf, wenn ein Ehegatte über Jahre nicht erwerbstätig und die Ehe von langer Dauer war. § 1571 BGB greift ein, wenn der Unterhaltsgläubiger typischerweise (abstrakte Betrachtungsweise) in diesem Alter und der in Betracht kommenden Berufssparte keine angemessene Arbeit mehr finden kann. § 1573 BGB ist anwendbar, wenn aus konkreten Gründen im Einzelfall (konkrete Betrachtungsweise) eine sonst mögliche Erwerbstätigkeit wegen Alters ausscheidet (BGH NJW 1987, 2738; BGH NJW 1992, 1547). Über § 1571 BGB kann der Unterhaltsberechtigte, von dem nur eine Teilerwerbstätigkeit verlangt werden kann, Unterhalt nur bis zur Höhe des durch eine Vollerwerbstätigkeit erzielbaren Einkommens verlangen. Reicht der Eigenverdienst zusammen mit dem Teilerwerb nach § 1571 BGB nicht aus, kommt ein Aufstockungsunterhalt nach § 1573 Abs. 2 BGB in Betracht (BGH NJW 1999, 1547). Wegen späterer Abänderungsmöglichkeiten und der für § 1572 BGB nicht geltenden Begrenzung nach § 1573 Abs. 5 BGB a. F. sind die Anspruchsgrundlagen im Urteil zu differenzieren (BGH NJW 1988, 2369), soweit es einen Unterhaltszeitraum bis 31. 12. 2007 betrifft.

Da nach der Einführung des § 1578 b BGB alle Unterhaltstatbestände begrenzt werden können, bedarf es der Berechnung von Teilansprüchen nicht mehr, Bei einer wegen Alters eingeschränkten Erwerbstätigkeit ist § 1573 Abs. 2 BGB subsidär und nur ein einheitlicher Anspruch nach § 1571 BGB gegeben (str. FA-FamR/Gerhardt Kap. 6 Rn 355, 368; a. A. BGH NJW 2009, 989).

8. Darlegungs- und Beweislast

Der Unterhaltsgläubiger hat die Voraussetzungen zum maßgebenden Einsatz- 17
zeitpunkt (BGH NJW 2001, 3260) darzulegen und zu beweisen. Insbesondere muss er bei Zweifeln zwischen arbeitsmarktbedingter Arbeitslosigkeit und altersbedingter Arbeitslosigkeit darlegen und beweisen, dass altersbedingt eine Erwerbstätigkeit von ihm nicht mehr erwartet werden kann. Eine vorzeitige Pensionierung aus Gesundheitsgründen (60 Jahre alt) begründet eine Vermutung für den Tatbestand des §1571 BGB (OLG Hamm NJW-RR 2001, 433). Soweit ein Unterhaltsberechtigter nach § 34 Abs. 3 S. 1 SBG VI neben der Rente anrechnungsfrei im Rahmen einer sozialversicherungsfreien Tätigkeit hinzuverdienen Darf , hat er darzulegen und zu beweisen, dass er eine solche Tätigkeit nicht zu finden vermag (Hoppenz/Hülsmann § 1571 Rn 6). Vor Erreichen der Regelaltersgrenze muss er nachweisen, dass er typischerweise altersbedingt keine angemessene Erwerbstätigkeit in der in Betracht kommenden Berufssparte finden kann (BGH FamRZ 1987, 144; BGH NJW 2006, 1654). Der Unterhaltsschuldner muss die Voraussetzungen einer ausnahmsweise bestehenden Erwerbsverpflichtung über die Regelaltersgrenze hinaus darlegen und beweisen. Insoweit besteht eine Vermutung dafür, dass altersbedingt eine Erwerbstätigkeit nicht mehr erwartet werden kann (BGH NJW 2006, 1654).

§ 1572 Unterhalt wegen Krankheit oder Gebrechen

Ein geschiedener Ehegatte kann von dem anderen Unterhalt verlangen, solange und soweit von ihm vom Zeitpunkt

1. der Scheidung,

2. der Beendigung der Pflege oder Erziehung eines gemeinschaftlichen Kindes,

BGB § 1572 1. Teil. Ehegattenunterhalt

3. der Beendigung der Ausbildung, Fortbildung oder Umschulung oder
4. des Wegfalls der Voraussetzungen für einen Unterhaltsanspruch nach § 1573

an wegen Krankheit oder anderer Gebrechen oder Schwäche seiner körperlichen oder geistigen Kräfte eine Erwerbstätigkeit nicht erwartet werden kann.

I. Allgemeines

1   Die Vorschrift erstreckt die eheliche Solidarität unter Einschränkung des Gedankens der Selbstverantwortung über den Zeitpunkt der Scheidung hinaus und gewährt dem geschiedenen Ehegatten einen Anspruch auf Unterhalt wenn von diesem zu bestimmten Einsatzzeitpunkten (Nr. 1–4) wegen einer Krankheit oder einem gleichgestellten Leiden eine angemessene Erwerbstätigkeit nicht verlangt werden kann. Ansonsten lösen Erkrankungen, die zur Erwerbsunfähigkeit führen, keinen Unterhaltsanspruch nach § 1572 BGB aus. Auch ein wegen Krankheit erwerbsunfähiger Unterhaltsschuldner muss sich ein fiktives Entgelt für die Partnerversorgung anrechnen lassen (BGH NJW 2001, 3779). Der Anspruch hängt nicht davon ab, dass die Krankheit ehebedingt ist (BGH NJW-RR 1995, 449; BGH FPR 2004, 390); die Erkrankung muss nur ursächlich für die Nichterwerbstätigkeit sein (OLG Celle FamRZ 1997, 1074). Deshalb werden auch schon vor der Eheschließung vorhandene Krankheiten erfasst (BGH NJW 1982, 40: multiple Sklerose; BGH NJW 1984, 1816; BGH NJW-RR 1988, 834; BGH FPR 2004, 390; OLG Düsseldorf NJW-RR 1987, 774: Gewalttätigkeit des Partners; OLG Hamburg FamRZ 1981, 160: Aortensyndrom; OLG Nürnberg FamRZ 1981, 964: Zuckerkrankheit), ohne dass es darauf ankommt, ob der Unterhaltsverpflichtete bei der Eheschließung Kenntnis davon hatte. Das Vorliegen einer unerkannten vorehelichen Erkrankung führt i. d. R. auch nicht zu einer Anwendung des § 1579 Nr. 7 a. F. BGB (BGH NJW 1994, 1286; BGH NJW 1996, 2793; OLG Hamm FamRZ 2006, 707 = NJOZ 2006, 1116), außer bei einem bewussten Verschweigen der Krankheit bei der Eheschließung (BGH NJW 1982, 46).

II. Anspruchsvoraussetzungen

1. Krankheitsbedingte Erwerbsunfähigkeit

2   Die Vorschrift ist Anspruchsgrundlage, wenn der Unterhaltsberechtigte wegen Krankheit ganz oder teilweise nicht arbeiten kann. Die Begriffe „Krankheit oder andere Gebrechen oder Schwäche seiner körperlichen oder geistigen Kräfte" entsprechen dem Sozialversicherungsrecht (§ 240 Abs. 2 SGB VI) und dem Beamtenrecht (§ 42 Abs. 1 Satz 1 BBG). Darunter ist ein objektiv erfassbarer regelwidriger körperlicher oder geistiger Zustand zu verstehen, der entweder nur ärztlicher Behandlung bedarf oder – zugleich oder ausschließlich – eine Arbeitsunfähigkeit zur Folge hat (BSG NJW 1968, 1109). Regelwidrig ist ein Geistes- oder Körperzustand, der funktionell von dem eines gesunden Menschen abweicht. Einer Krankheit gleichgestellt sind Gebrechen. Dazu zählen Blindheit, körperliche Behinderungen wegen Amputationen und Lähmungen sowie Taubheit. Unter den Begriff der Schwäche fallen organische Leiden wie Schwachsinn, aber auch Antriebsarmut aufgrund einer schwierigen Lebenslage sowie ein starkes Nachlassen der körperli-

Unterhalt wegen Krankheit oder Gebrechen **§ 1572 BGB**

chen Kräfte. Altersbedingte Verschleißerscheinungen oder Unpässlichkeiten genügen nicht, wenn sie typischerweise auftreten und typischerweise an einer Erwerbstätigkeit nicht hindern (BGH FamRZ 1984, 353; Wendl/Pauling § 4 Rn 97).

Krankheit in diesem Sinne ist auch eine **gesteigerte Alkohol- oder Drogensucht bzw. Tablettenabhängigkeit** (OLG Düsseldorf FamRZ 1987, 1262; OLG Hamm FamRZ 1989, 631; OLG Schleswig OLGR 2001, 248), sofern der Unterhalt Begehrende infolge der dadurch hervorgerufenen Willensschwäche keine geregelte Erwerbstätigkeit durchhalten könnte. Auch **sonstige suchtbedingte Erkrankungen** können darunter fallen wie z. B. erhebliches Übergewicht (OLG Köln FamRZ 1992, 65) oder Magersucht, denn für den Krankheitsbegriff kommt es nicht darauf an, ob die Krankheit verschuldet ist (Beutler in Bamberger/Roth Rn 3). **Depressionen,** die aufgrund der ehelichen Auseinandersetzungen und als Folge der Trennung auftreten, können unter § 1572 BGB fallen (BGH NJW 1984, 1816; OLG Hamburg FamRZ 1982, 702). Bei **Renten- oder Unterhaltsneurosen** kommt es aber darauf an, ob diese echten Krankheitswert haben oder ob davon auszugehen ist, dass sie bei Aberkennung des Unterhaltsanspruches überwunden werden. Sind Willens- und Steuerungsfähigkeit krankheitsbedingt ausgeschlossen oder erheblich eingeschränkt, ist eine Überwindbarkeit i. d. R. zu verneinen (BGH NJW 1988, 1147; OLG Hamm NJW-RR 1995, 642). Diese Frage kann – wegen der Simulationsnähe zahlreicher Neurosen – nur durch Einschaltung eines Nervenfacharztes geklärt werden. Kurzfristige Erkrankungen können einen Anspruch begründen, sofern sie zum Einsatzzeitpunkt bestehen und noch keine Erwerbstätigkeit aufgenommen werden konnte (Soergel/Häberle Rn 4). Dies gilt nicht für den Zeitraum, in dem Lohnersatzleistungen (z. B. Krankengeld) bezogen wird. **Latente Erkrankungen** (z. B. Krebsgeschwulst), also solche, die im Zeitpunkt der Scheidung noch nicht bekannt waren, begründen nur bei Auftreten in nahem zeitlichen Zusammenhang – je nach den Umständen bis zu einem Jahr – einen Anspruch nach § 1572 BGB (BGH NJW 2001, 3260; KG FamRZ 2002, 460; OLG Karlsruhe NJW-RR 1999, 1599; OLG Koblenz NJW-RR 2006, 151: verneint bei Ausbruch der Krankheit 16 Monate nach Rechtskraft der Scheidung).

2. Obliegenheit zur Behandlung und Information

Den Unterhaltsberechtigten trifft eine Obliegenheit, die Krankheit behandeln 4 zu lassen. Bei Alkohol- und Tablettenabhängigkeit oder anderen Suchtkrankheiten müssen Entziehungskuren gemacht werden, auch die Durchführung einer Operation kann zumutbar sein (BGH NJW 1994, 1593), sofern diese – wie im Schadensersatzrecht – gefahrlos und hinreichend aussichtsreich ist (BGH VersR 1961, 1125; OLG Hamm FamRZ 1996, 863). Der Berechtigte ist auch verpflichtet, den Verpflichteten ausreichend über die Krankheiten und Behandlungen zu informieren (Beutler in Bamberger/Roth Rn 4). Ansprüche gegen Dritte (Schädiger) sind geltend zu machen (BGH FamRZ 1998, 1435). Bei Vorliegen einer Arbeitsunfähigkeit nur für bestimmte Berufszweige besteht eine Verpflichtung zur Umschulung oder Fortbildung, § 1574 Abs. 3 BGB (Schwab/Borth IV Rn 207).

3. Einsatzzeitpunkte

Ein Unterhaltsanspruch besteht nur, wenn und soweit von dem Berechtigten 5 wegen gesundheitlicher Beeinträchtigungen zu den in Nr. 1–4 abschließend genannten Einsatzzeitpunkten

Büte

BGB § 1572

- Scheidung der Ehe,
- Beendigung der Pflege oder Erziehung eines gemeinschaftlichen Kindes,
- Beendigung der Ausbildung, Fortbildung oder Umschulung sowie
- Wegfall der Voraussetzungen für einen Anspruch nach § 1573 BGB

eine Erwerbstätigkeit nicht erwartet werden kann. Krankheiten, die nach den Einsatzzeitpunkten auftreten, begründen keinen Anspruch (OLG Hamburg NJW-RR 1996, 323). Wird ein Ehegatte etwa zwei Jahre nach der Scheidung erwerbsunfähig, ist der zeitliche Zusammenhang zu Nr. 1 gewahrt, wenn die Erwerbsunfähigkeit im Wesentlichen auf einer Verschlimmerung derselben Leiden beruht, derentwegen der Ehegatte bereits zum Zeitpunkt der Scheidung teilweise erwerbsunfähig war (BGH NJW 1987, 2229). War die Erwerbsfähigkeit krankheitsbedingt bereits zum Einsatzzeitpunkt gemindert, liegt Großzügigkeit näher als wenn die Erkrankung sich noch nicht auf die Erwerbsfähigkeit ausgewirkt hatte (Palandt/Brudermüller Rn 8). Im Fall der Nr. 2 ist nicht auf den Zeitpunkt der Volljährigkeit abzustellen, sondern auf den Zeitpunkt, zu dem die Voraussetzungen eines auf § 1570 BGB gestützten Anspruchs entfallen, im allgemeinen in einem Alter von 15 oder 16 Jahren des Kindes (BGH NJW 1990, 1172) für den Unterhaltszeitraum bis 31. 12. 2007. Eine Verschiebung der Einsatzzeitpunkte kann sich daraus ergeben, dass der Unterhaltspflichtige trotz Wegfalls der Voraussetzungen für einen Anspruch – z. B. durch Kinderbetreuung – diesen weiter erfüllt hat ohne Erwerbsbemühungen zu verlangen (BGH NJW 2006, 1967; OLG Karlsruhe NJW-RR 2005, 1020: zu § 1570 BGB). Kommt als Einsatzzeitpunkt eines Anspruchs nach § 1572 BGB der Wegfall der Voraussetzungen nach § 1573 Abs. 1 BGB in Betracht, kann der Unterhaltspflichtige sich unter Umständen nach Treu und Glauben nicht darauf berufen, dass der Berechtigte in einer Zeit, während der der Pflichtige ihm tatsächlich Unterhalt geleistet hat, die zum Nachweis eines Anspruchs nach § 1573 Abs. 1 BGB an sich erforderlichen Erwerbsbemühungen unterlassen hat (BGH NJW 1990, 1172; BGH NJW 1990, 1752 zu Nr. 4). Das ist der Fall, wenn der Unterhaltsschuldner den Gläubiger durch Fortzahlung des Unterhalts bewusst von Erwerbsbemühungen abgehalten oder der Schuldner seine Zahlungen innerhalb einer Zeit widerspruchslos fortgesetzt hat, in welcher der Gläubiger erkennbar im Vertrauen auf einen tatsächlich nicht gegebenen Unterhalts begründenden Tatbestand von Erwerbsbemühungen abgesehen hat (BGH NJW 1990, 2752). Ein Unterhaltsanspruch nach Nr. 4 kommt i. d. R. in Betracht, wenn die Krankheit zu einem Zeitpunkt ausbricht, bevor der Unterhalt i. S. v. § 1573 Abs. 4 BGB nachhaltig gesichert ist (Palandt/Brudermüller Rn 11; BGH NJW 2003, 3481; OLG Karlsruhe NJW-RR 1999, 1599). Eine im Einsatzzeitpunkt vorliegende gesundheitliche Beeinträchtigung kann einen Anspruch aus § 1572 Nr. 2–4 BGB zu einem späteren Zeitpunkt nur begründen (Anschlussunterhalt), wenn und soweit bereits vorher ein Unterhaltsanspruch bestanden hat, sog. lückenlose Unterhaltskette (OLG Brandenburg NJW-RR 2007, 150). Dazu reicht es aus, dass sich eine zum Einsatzzeitpunkt vorhandene Krankheit in nahem zeitlichen Zusammenhang – bejaht bei knapp zwei Jahren (BGH NJW 2001, 3260; OLG Düsseldorf FamRZ 2003, 683) – verschlimmert. Bestand zum Einsatzzeitpunkt bei Beginn des Anschlussunterhalts aufgrund eines weggefallenen früheren Anspruchs (z. B. aus § 1573 Abs. 2 BGB) nur ein Anspruch auf einen Teil des vollen Bedarfs, ist nur **Teilanschlussunterhalt** geschuldet (BGH NJW 2001, 3260; BGH NJW 2003, 3481; OLG Celle FamRZ 1997, 1074; OLG Düsseldorf NJW-RR 1994, 1415). Maßgebend für die **Höhe** des Teilanschlussunterhalts ist die Quote des nach

Unterhalt wegen Krankheit oder Gebrechen **§ 1572 BGB**

Maßgabe der ehelichen Lebensverhältnisse hinzugedachten Bedarfs des Unterhaltsgläubigers zu dem Zeitpunkt, in dem sein Unterhalt im übrigen nachhaltig gesichert war, also nur im Umfang des weggefallenen Teilanspruchs (BGH NJW 2001, a. a. O.; s. auch OLG Stuttgart FamRZ 1983, 501; OLG Koblenz NJW-RR 2006, 151). Scheitert ein Anspruch wegen Krankheit nur am Einsatzzeitpunkt, kann ein Anspruch nach § 1576 BGB in Betracht kommen (BGH NJW 1990, 2755; BGH NJW 2003, 3481).

4. Teilerwerbsunfähigkeit

Ist dem Unterhaltsberechtigten trotz der Krankheit eine Teilzeittätigkeit möglich – z. B. bei orthopädischen Beschwerden –, kann nach § 1572 BGB nur Teilunterhalt gefordert werden (BGH NJW 1991, 224). Der Anspruch geht bis zur Höhe des Mehreinkommens, das der Berechtigte durch eine Vollerwerbstätigkeit erzielen könnte. Nur wenn infolge der Krankheit insgesamt eine angemessene Erwerbstätigkeit nicht ausgeübt werden kann und nicht wenn nur der bisherige Beruf nicht mehr vollschichtig ausgeübt werden kann, greift § 1572 BGB (BGH NJW 2009, 989; BGH NJW 1991, 224; BGH NJW-RR 1993, 898). Der Anspruch ist gerichtet auf den vollen Unterhalt nach den ehelichen Lebensverhältnissen. 6

5. Zeitliche Begrenzung und Begrenzung der Höhe nach

Da i. d. R. nicht zuverlässig festgestellt werden kann, ob und wann nach einer Gesundung eine Erwerbstätigkeit wieder möglich ist, ist eine zeitliche Befristung im Urteil i. d. R. nicht möglich (OLG Hamm FamRZ 1982, 170; OLG Hamburg FamRZ 1995, 1417). Es ist bei einer wesentlichen Änderung der Verhältnisse Klage nach § 323 ZPO zu erheben. Ggf. kann nach § 1579 Nr. 8 BGB eine Unterhaltsbegrenzung in Betracht kommen. Eine Begrenzung der Höhe nach war über § 1578 Abs. 1 Satz 2 BGB a. F. möglich (OLG Hamburg FamRZ 1998, 294; OLG Hamm FamRZ 1998, 295; OLG München FamRZ 2003, 1110), soweit es um Unterhaltsansprüche bis zum 31. 12. 2007 geht. 7

Ab 1. 1. 2008 gilt § 1578 b BGB und ermöglicht eine Herabsetzung und/oder Befristung (BGH NJW 2009, 989). 7a

6. Bezug von Erwerbs- oder Berufsunfähigkeitsrente

Der Bezug einer Rente wegen voller Erwerbsminderung (früher: EU-Rente) nach § 43 Abs. 2 SGB VI **indiziert** die Voraussetzungen eines Anspruches nach § 1572 BGB (OLG Brandenburg FamRZ 1996, 866; OLG Nürnberg FamRZ 1992, 682; OLG Stuttgart NJWE-FER 2001, 225). Wird – wird häufig – die Rente zeitlich begrenzt, kann nicht von einer dauerhaften Erwerbsunfähigkeit ausgegangen werden. Wird eine Rente wegen teilweiser Erwerbsminderung (früher: BU-Rente) nach § 43 Abs. 1 SGB VI gezahlt, besteht häufig eine Erwerbsobliegenheit (Schwab/Borth IV Rn 217). 8

Renteneinkünfte wegen krankheitsbedingter Erwerbsunfähigkeit sind ohne **Abzug eines Erwerbstätigenbonus** in vollem Umfang anzurechnen. Ist über einen gestellten Rentenantrag noch nicht entschieden, bleibt es bei der Bedürftigkeit. Im Falle der EU-Rente kann ein Vorschuss nach §§ 42, 43 SGB I nicht gefordert werden (JH/Büttner Rn 14). Der Verpflichtete kann dem Berechtigten ein **zins- und tilgungsfreies Darlehen** gegen Abtretung des Anspruchs auf 9

BGB § 1572

Rentenzahlung nach § 53 Abs. 2 Nr. 1 SGB VI anbieten und im Falle der Ablehnung des Rentenantrages auf eine Rückzahlung verzichten. Bei Ablehnung des Antrages gilt der Berechtigte als nicht bedürftig (BGH NJW 1983, 1481). Ansonsten besteht ein Erstattungsanspruch des Verpflichteten in der Höhe, in der sich die Unterhaltspflicht bei sofortiger Bewilligung der Rente ermäßigt hätte (BGH NJW 1990, 709). Zur unterhaltsrechtlichen Behandlung einer Rentennachzahlung vgl. OLG Düsseldorf FamRZ 2003, 683.

III. Konkurrenzen und Sonstiges

10 Ansprüche aus §§ 1571, 1572 BGB können miteinander konkurrieren, vorrangig ist der privilegierte Tatbestand des § 1570 BGB. § 1573 BGB ist bei voller Erwerbsunfähigkeit gegenüber § 1572 BGB nachrangig. Deshalb ist **für den Unterhaltszeitraum bis 31. 12. 2007** eine Klarstellung im Urteil im Hinblick auf § 1573 Abs. 5 BGB a. F. notwendig. Erzielt ein Unterhaltsgläubiger, der krankheitsbedingt vollständig an einer Erwerbstätigkeit gehindert ist, ein Einkommen aus EU-Rente und daneben Zinsen oder Gebrauchsvorteile nach § 100 (Wohnvorteil) bleibt es bei § 1572 BGB; der Anspruch beruht auch nicht ergänzend auf § 1573 BGB (OLG München FamRZ 1997, 295). Ist ein Unterhaltsberechtigter vollständig an einer Erwerbstätigkeit gehindert, geht sein Anspruch nach § 1572 BGB auch dann auf den vollen Unterhalt nach den ehelichen Lebensverhältnissen, wenn der Berechtigte eine Rente wegen Erwerbsminderung bezieht (OLG Celle FamRZ 2009, 56). Ist ein geschiedener Ehegatte zu einer nach § 1574 BGB angemessenen Vollzeitbeschäftigung in der Lage, so kann er nicht nach § 1572 BGB Unterhalt verlangen, auch wenn ihm aufgrund gesundheitlicher Beeinträchtigung eine bestimmte andere Erwerbstätigkeit, die höhere Einkünfte erbrächte, verschlossen ist. Reichen die Einkünfte aus der vollschichtigen Tätigkeit zum vollen Unterhalt nicht aus, kommt **bis 31. 12. 2007** ein Anspruch auf Aufstockungsunterhalt nach § 1573 Abs. 2 BGB in Betracht (BGH NJW 1991, 224; OLG Koblenz NJW-RR 2007, 434). Ein trotz gesundheitlicher Beeinträchtigungen aus Erwerbstätigkeit erzieltes Einkommen ist nicht überobligationsmäßig (BGH NJW 1991, 224; BGH NJW 1998, 2821).

IV. Darlegungs- und Beweislast

11 Die Darlegungs- und Beweislast für das Bestehen einer Krankheit trifft den Patienten aber auch dafür, dass eine Krankheit latent bereits im Einsatzzeitpunkt bestanden hat (BGH NJW 2001, 3260), bzw. dass neurotische Erkrankungen Krankheitswert haben (OLG Hamburg FamRZ 1982, 762). Nicht ausreichend ist es, dass sich ein Unterhalt begehrender geschiedener Ehegatte generell auf eine Erwerbsunfähigkeit beruft (BGH NJW-RR 2005, 1450). Im Hinblick darauf, dass nur eine teilweise Erwerbsunfähigkeit gegeben sein kann, hat er Art und Umfang der gesundheitlichen Beeinträchtigungen oder Leiden darzulegen. Es ist vorzutragen, inwieweit die behaupteten gesundheitlichen Störungen sich konkret auf die Erwerbsfähigkeit auswirken. Der Vortrag muss eindeutig erkennen lassen, auf welchen Zeitpunkt sich die Behauptung bezieht, nicht erwerbsfähig gewesen zu sein (BGH NJW 1988, 2369; BGH NJW 2001, 3260; BGH NJW 2007, 839). Im Streitfall ist ein fachärztliches Sachverständigengutachten einzuholen, ein hausärztliches Attest reicht i. d. R. nicht aus. Keine Beweiserleichterung er-

gibt sich daraus, dass eine Minderung der Erwerbsfähigkeit nach dem BVG festgestellt worden ist. Das Beurteilungsrisiko für das Bestehen einer Krankheit hat der Berechtigte zu tragen, wenn er z. B. wegen eines unrichtigen ärztlichen Attestes eine Erwerbstätigkeit nicht aufnimmt (Johannsen/Henrich/Büttner Rn 16). Ein Unterhaltspflichtiger trägt die Darlegungs- und Beweislast für eine behauptete dauerhafte Genesung (BGH NJW-RR 2005, 1450).

§ 1573 Unterhalt wegen Erwerbslosigkeit und Aufstockungsunterhalt

(1) **Soweit ein geschiedener Ehegatte keinen Unterhaltsanspruch nach den §§ 1570 bis 1572 hat, kann er gleichwohl Unterhalt verlangen, solange und soweit er nach der Scheidung keine angemessene Erwerbstätigkeit zu finden vermag.**

(2) **Reichen die Einkünfte aus einer angemessenen Erwerbstätigkeit zum vollen Unterhalt (§ 1578) nicht aus, kann er, soweit er nicht bereits einen Unterhaltsanspruch nach den §§ 1570 bis 1572 hat, den Unterschiedsbetrag zwischen den Einkünften und dem vollen Unterhalt verlangen.**

(3) **Absätze 1 und 2 gelten entsprechend, wenn Unterhalt nach den §§ 1570 bis 1572, 1575 zu gewähren war, die Voraussetzungen dieser Vorschriften aber entfallen sind.**

(4) **¹Der geschiedene Ehegatte kann auch dann Unterhalt verlangen, wenn die Einkünfte aus einer angemessenen Erwerbstätigkeit wegfallen, weil es ihm trotz seiner Bemühungen nicht gelungen war, den Unterhalt durch die Erwerbstätigkeit nach der Scheidung nachhaltig zu sichern. ²War es ihm gelungen, den Unterhalt teilweise nachhaltig zu sichern, so kann er den Unterschiedsbetrag zwischen dem nachhaltig gesicherten und dem vollen Unterhalt verlangen.**

I. Allgemeines

Grundsätzlich hat ein Ehegatte, soweit er nicht wegen Kinderbetreuung 1 (§ 1570 BGB), Alters (§ 1571 BGB) oder Krankheit (§ 1572 BGB) an einer Erwerbstätigkeit gehindert ist, nach dem in § 1569 BGB verankerten Grundsatz der Eigenverantwortung für seinen Unterhalt selbst aufzukommen. § 1573 BGB schließt die Versorgungslücken, die im Zusammenhang mit der Ehe entstehen können und vereinigt zwei Unterhaltstatbestände in sich. Abs. 1 gewährt (dem Grunde nach) einen Unterhaltsanspruch, wenn der Unterhaltsberechtigte trotz bestehender Erwerbsobliegenheit keine angemessene Tätigkeit findet (Arbeitslosenunterhalt), bürdet also – begrenzbar nach Abs. 5 a. F., **ab 1. 1. 2008 nach § 1578 b BGB** – dem Unterhaltsverpflichteten das Arbeitsmarktrisiko auf. Abs. 2 räumt dem Ehegatten, der im Zeitpunkt der Scheidung erwerbstätig ist, dessen Einkünfte aber nicht den vollen Unterhalt nach den ehelichen Lebensverhältnissen decken, einen selbständigen Anspruch auf Aufstockungsunterhalt in Höhe der Differenz bis zum vollen Unterhalt ein. Die Vorschrift sichert damit dem geschiedenen Ehegatten den gewohnten ehelichen Lebensstandard, ohne strikt auf eine ehebedingte Bedürftigkeit beschränkt zu sein. Ein loser Zusammenhang mit der Ehe genügt (BGH NJW 1980, 393), da der in einer Ehe erwirtschaftete Lebensstandard i.d.R. – und nicht nur in einer Doppelverdienerehe – auf der

BGB § 1573

Leistung beider Ehegatten beruht. Es wäre ungerecht, einem Ehepartner, der im Interesse der gemeinsamen Kinder oder mit Rücksicht auf die berufliche Entwicklung des anderen Ehegatten auf die eigene berufliche Weiterentwicklung verzichtet hat, diese Nachteile allein tragen zu lassen. Diesem Verständnis entspricht es, dass nunmehr der BGH (BGH NJW 2001, 2254) seine Rechtsprechung zur Anrechnungsmethode (zur Verfassungswidrigkeit vgl. BVerfG NJW 2002, 1185) geändert hat. Danach werden (jetzt) die ehelichen Lebensverhältnisse nicht nur durch die Einkünfte eines erwerbstätigen Ehegatten, sondern auch durch die Leistungen des anderen Ehegatten im Haushalt (der Kinderbetreuung) mitbestimmt. Bei Wiederaufnahme einer Berufstätigkeit ist deshalb das Einkommen des bisher nicht (oder nur teilweise) berufstätigen Ehegatten als **Surrogat** der bisherigen Familienarbeit anzusehen. Dies hat zu einer deutlichen Ausweitung der Ansprüche nach Abs. 2 (Aufstockungsunterhalt) geführt. Durch den mit dem UÄndG von 1986 eingeführten Abs. 5 ist eine Korrekturmöglichkeit eingeführt worden für die Fälle, in denen nach Dauer der Ehe und der Art ihrer Ausgestaltung eine unbefristete Unterhaltsverpflichtung unbillig wäre. Dieser Vorschrift – und auch § 1578 Abs. 1 Satz 2 BGB – ist angesichts der Änderung der Rechtsprechung des BGH erhebliche Bedeutung zugekommen, ohne dass die Praxis davon hinreichend Gebrauch gemacht hat.

2 § 1573 Abs. 3 und 4 BGB dehnen für beide Ansprüche den maßgeblichen Zeitpunkt der Ehe auf weitere Einsatzzeitpunkte aus. § 1573 Abs. 4 BGB schützt den Unterhaltsgläubiger, sofern er ernsthaft, aber erfolglos versucht hat, sich selbst zu unterhalten (OLG Hamm FamRZ 1997, 26), begrenzt aber andererseits die nacheheliche Solidarität des Unterhaltsschuldners, wenn der geschiedene Ehegatte zunächst eine wirtschaftliche Sicherung erreicht, diese später aber aus persönlichen Gründen oder wegen der wirtschaftlichen Lage wieder verloren hat.

3 Im Rahmen des § 1573 BGB sind deshalb folgende Sachverhalte möglich, die einen Unterhaltsanspruch auslösen können:
– Der Ehegatte findet überhaupt keine Tätigkeit.
– Der Ehegatte könnte eine Tätigkeit ausüben, diese ist jedoch für ihn nicht „angemessen" i. S. d. § 1574 Abs. 1 BGB.
– Der Ehegatte findet eine angemessene Tätigkeit, die erzielten Einkünfte decken aber nicht den vollen Unterhalt.
– Der Ehegatte betreut nach der Scheidung gemeinschaftliche Kinder, nach Beendigung der Betreuung findet er keine Erwerbstätigkeit oder die erzielten Einkünfte aus einer (angemessenen) Tätigkeit reichen nicht aus, um den vollen Unterhalt zu decken (§ 1573 Abs. 3 BGB).
– Der Ehegatte hat eine angemessene Tätigkeit gefunden, verliert diese aber nach kurzer Zeit (Abs. 4).

II. Unterhalt wegen Arbeitslosigkeit, Abs. 1

4 Nach dieser Bestimmung besteht bei Vorliegen folgender drei Tatbestandselemente ein Unterhaltsanspruch:
– Es darf kein vorrangiger Anspruch nach §§ 1570–1572 BGB bestehen.
– Fehlende Möglichkeit einer Erwerbstätigkeit bei bestehender Erwerbsobliegenheit.
– Bedürftigkeit zu den maßgeblichen Einsatzzeitpunkten.

Unterhalt wegen Erwerbslosigkeit und Aufstockungsunterhalt **§ 1573 BGB**

1. Subsidiarität

Der Anspruch setzt voraus, dass der Unterhaltsberechtigte sich nicht auf einen 5
Anspruch nach §§ 1570, 1571 (BGH NJW 1988, 2101: ab Erreichen der Regelaltersgrenze von 65 Jahren), 1572 BGB berufen kann. § 1573 Abs. 1 und 2 BGB sind dann gegenüber den Ansprüchen aus §§ 1570–1572 BGB subsidiär (BGH NJW 1999, 1547), gleichfalls gegenüber §§ 1575, 1576 BGB – obwohl im Gesetz nicht aufgeführt –, da bei beiden Vorschriften eine Erwerbsobliegenheit nicht besteht. Scheitert ein vorrangiger Anspruch nur daran, dass es am maßgeblichen Einsatzzeitpunkt fehlt, scheidet auch ein Anspruch aus § 1573 Abs. 1 BGB aus (Wendl/Pauling IV Rn 106).

2. Anspruchsvoraussetzungen

a) Fehlende oder nur teilweise angemessene Erwerbstätigkeit. Der An- 6
spruch setzt voraus, dass der geschiedene Ehegatte im Zeitpunkt der Scheidung nicht oder nur teilweise in angemessener Weise erwerbstätig war (BGH NJW 1985, 430), nicht jedoch, dass der Unterhaltsgläubiger unmittelbar vor oder während der Ehe erwerbstätig war. Eine „ehebedingte" Unterlassung einer Erwerbstätigkeit i. S. eines Kausalzusammenhangs mit der Ehe ist nicht erforderlich. Es genügt, wenn die Bedürfnislage des einen Ehegatten irgendwie mit der Ehe in Verbindung steht (BGH NJW 1980, 393). Ohne Bedeutung ist auch, ob der Ehegatte während der Trennungszeit einer Erwerbsobliegenheit nach § 1361 Abs. 2 BGB genügt hat, da diese Vorschrift an andere Voraussetzungen geknüpft ist. Dies kann allenfalls über § 1579 Nr. 4 BGB von Bedeutung sein (BGH FamRZ 1986, 1085).

Bei der Erwerbstätigkeit muss es sich um eine **eheangemessene** i. S. der Le- 7
galdefinition des § 1574 Abs. 2 BGB (s. dazu § 1574 Rn 2 ff.) handeln. Eine angemessene Erwerbstätigkeit vermag der geschiedene Ehegatte nicht schon dann nicht zu finden, wenn er eine bestimmte, insbesondere die bisherige Tätigkeit nicht (mehr) ausüben kann. Seine Bedürftigkeit setzt vielmehr erst ein, wenn er überhaupt keine angemessene Erwerbstätigkeit zu finden vermag (BGH FamRZ 1984, 988). Nach dem Maßstab des § 1574 Abs. 2 BGB richtet es sich auch, ob Umfangs mäßig eine volle Erwerbstätigkeit angemessen ist oder aufgrund einer Abwägung aller Umstände nur eine Teilerwerbstätigkeit in Frage kommt (BGH NJW-RR 1986, 68).

b) Notwendige Bemühungen. Da im Rahmen des nachehelichen Unter- 8
halts eine grundsätzliche Erwerbsobliegenheit besteht, muss sich der Unterhaltsberechtigte in angemessener Weise um einen Arbeitsplatz bemüht haben. Diese Obliegenheit besteht auch nach langjähriger Hausfrauentätigkeit in gehobenen Verhältnissen (BGH NJW 1991, 1049; OLG Bamberg FamRZ 2002, 101: Volljuristin). Vom **Einzelfall** hängt es ab, in welcher zeitlichen Häufigkeit Bemühungen um einen Arbeitsplatz zu entfalten sind (vgl. die Zusammenstellung in OLG Köln NJWE-FER 1997, 174). Notwendig, aber nicht ausreichend, ist eine Meldung beim Arbeitsamt (BGH NJW 1986, 718; BGH NJW 1990, 499; OLG Düsseldorf FamRZ 1998, 852; OLG Frankfurt NJWE-FER 1999, 289). Daneben sind intensive und konkrete private Bemühungen erforderlich (BGH NJW-RR 2000, 1385; OLG Brandenburg NJWE-FER 2001, 8). Dazu gehören **rechtzeitige Bewerbungen** auf Stellenangebote in örtlichen, ggf. überörtlichen Zeitungen und sonstigen Werbeträgern (OLG Hamm FamRZ 1986, 1108; OLG Oldenburg FamRZ

BGB § 1573

1988, 724). Ggf. sind – insbesondere bei der Suche nach einer qualifizierten Arbeit – im Rahmen des finanziell Möglichen auch eigene Stellenannoncen (die Kosten sind ggf. als Sonderbedarf geltend zu machen) aufzugeben (OLG Brandenburg NJWE-FER 2001, 70). „Blindbewerbungen", d.h. solche ohne Anhaltspunkte, dass ein Arbeitgeber konkret eine Stelle anbietet, sind nicht von vornherein zum Nachweis ungeeignet (a. A. OLG Zweibrücken FamRZ 1986, 811). Der **Umkreis der Arbeitsplatzsuche** hängt von schutzwürdigen persönlichen Belangen des Arbeitsplatzsuchenden ab, z.B. der Kinderbetreuung. Im Einzelfall kann bei fehlenden Bindungen ein **Ortswechsel** zumutbar sein, so dass Bewerbungen nicht nur im örtlichen Umfeld, sondern im Bereich der gesamten Bundesrepublik, ggf. auch im benachbarten Ausland, erfolgen müssen (OLG Hamm NJW-RR 1994, 901; JH/Büttner Rn 7). Die schriftlich (BGH FamRZ 1993, 789; OLG Köln NJWE-FER 1997, 174) vorzunehmenden Bewerbungen – telefonische Bewerbungen reichen allenfalls bei einer Anstellung im Privathaushalt aus – müssen zielgerichtet sein und einen konkreten Bezug zur angebotenen Stelle haben (OLG Bamberg FamRZ 1988, 725; OLG Hamm FamRZ 1992, 63). **Inhaltlich** müssen die Bewerbungen ansprechend sein und dürfen keine unwahren Tatsachen enthalten. Ungünstige wahre Tatschen können – müssen aber nicht – angegeben werden, wenn sie bei einem Vorstellungsgespräche ohnehin offenbart werden müssen. Die **objektiven Erwerbsmöglichkeiten** (Vollbeschäftigung oder hohe Arbeitslosigkeit; dicht besiedelte Gebiete mit hohem Beschäftigungsgrad oder strukturschwache Gebiete mit geringer Einwohnerzahl) und die **subjektiven Voraussetzungen** (Alter, Ausbildung, Berufserfahrung, Gesundheit, Mobilität pp.), unter denen Arbeit gesucht werden muss, bestimmen die Intensität der Arbeitsplatzsuche. Grundsätzlich wird ein vollschichtig Erwerbsverpflichteter die Zeit für die Arbeitsplatzsuche aufzuwenden haben, die ein Erwerbstätiger vollschichtig arbeitet (BGH FamRZ 1990, 499; OLG Hamm NJW-RR 1994, 901; OLG Koblenz FamRZ 2000, 313). Dies kann 20–30 Bewerbungsschreiben pro Monat erfordern (BGH NJW 1986, 3080; BGH NJW 1987, 898; OLG Koblenz FamRZ 2000, 313). Bewerbungskosten werden nach §§ 45, 46 SGB III teilweise von der Bundesagentur für Arbeit getragen.

9 Eine unzureichende Arbeitsplatzsuche muss ursächlich für die Arbeitslosigkeit sein. Daran fehlt es, wenn nach den tatsächlichen Gegebenheiten des Arbeitsmarktes sowie den persönlichen Eigenschaften und Fähigkeiten des Unterhalt begehrenden Ehegatten für ihn keine **reale Beschäftigungschance** bestanden hat (BGH NJW 2008, 3635). Dabei ist darauf abzustellen, ob eine solche bestanden hätte, wenn von Anfang an der Erwerbsobliegenheit genügt worden wäre (BGH NJW 2008, 1525) Maßgebend sind die Umstände des Einzelfalles. Es gibt keinen Grundsatz, dass Aussiedler oder ausländische Mitbewohner mit Sprachschwierigkeiten (OLG Hamm NJWE-FER 1996, 33), Langzeitarbeitslose (OLG Brandenburg NJWE-FER 2001, 70) oder ungelernte Kräfte bei schlechter Arbeitsmarktlage (OLG Karlsruhe NJWE-FER 1998, 246) nicht vermittelbar sind. Die Obliegenheitsverletzung bei unzureichenden Erwerbsbemühungen führt zur Vermutung der Ursächlichkeit für die Nichtaufnahme einer zumutbaren und angemessenen Erwerbstätigkeit und zur Zurechnung eines **fiktiven Einkommens,** solange die Ursächlichkeit fortwirkt (zur Beendigung der Fiktion bei mutwilliger Arbeitsplatzaufgabe vgl. BGH NJW 2008, 1525; OLG Hamm FamRZ 2007, 1327**).** Zugerechnet werden dürfen aber nur nach den individuellen Erwerbschancen objektiv erzielbare Einkünfte (BVerfG NJW-RR 2008, 1025; BVerfG FamRZ 2008, 1403).

Unterhalt wegen Erwerbslosigkeit und Aufstockungsunterhalt § **1573** **BGB**

Den Unterhaltsberechtigten trifft die **Beweislast** dafür, dass von vornherein 10
keine reale Beschäftigungschance bestanden hat. Jeder ernsthafte Zweifel geht zu
seinen Lasten (BGH FamRZ 1986, 885; BGH NJW-RR 1993, 898; OLG Bamberg FamRZ 1998, 289). Der Unterhaltsberechtigte ist darlegungs- und beweispflichtig für die erfolglose Arbeitsplatzsuche. Die Bewerbungen müssen nachprüfbar sein (BGH NJW-RR 1993, 898). Dazu muss er vortragen und ggf.
beweisen, welche konkreten Bemühungen er unternommen hat, eine Arbeitsstelle zu finden (BGH NJW 1996, 517; BGH NJW-RR 2000, 1385). Hat eine
Partei nicht angegeben, bei welchem Arbeitgeber Bewerbungen erfolgt sind und
werden keine Bewerbungsschreiben vorgelegt, ist das Gericht nicht verpflichtet,
Beweisantritten nachzugehen (BGH NJW 2007, 127). Ohne hinreichende Bemühungen genügt es nicht, dass eine Chance, einen Arbeitsplatz zu finden, nach
der Arbeitsmarktlage nur gering ist (OLG Karlsruhe FamRZ 2002, 1566). Unter
Umständen können jedoch allgemeine Erfahrungssätze zu beachten sein (BGH
NJW 1986, 718: Arbeitslosenquote von 20% besonderes ungünstig für weibliche
Arbeitsuchende über 50 Jahre). § 287 Abs. 2 ZPO ist nicht anwendbar (BGH
NJW 2008, 3635). Ist eine sichere rückblickende Einschätzung nicht mehr
möglich, gehen bestehende Zweifel hinsichtlich einer fehlenden realen Beschäftigungschance zulasten des Unterhaltsberechtigten (BGH NJW 2008, 3635). Insbesondere gesundheitliche Beeinträchtigungen können einer realen Beschäftigungschance entgegenstehen (OLG Dresden FamRZ 1996, 1236: keine reale
Erwerbschance für 36jährigen alkoholabhängigen Epileptiker; OLG Hamm
NJW-RR 1996, 963; OLG Hamm FamRZ 1997, 27; OLG Frankfurt FamRZ
2001, 624: keine reale Beschäftigungschance für ungelernten Arbeiter, der gesundheitsbedingt keine körperlichen Arbeiten verrichten darf). Zur Klärung
dieser Frage ist ggf. ein Sachverständiger hinzuzuziehen (OLG Zweibrücken
NJW-RR 1993, 1218).

Mit der **Arbeitsplatzsuche** ist nicht erst nach der Scheidung zu beginnen 11
(OLG Hamm FamRZ 1991, 1310; JH/Büttner Rn 6). Entscheidend ist, ab
wann der Berechtigte dem Arbeitsmarkt zur Verfügung steht. Deshalb kann,
sofern keine anderen Hindernisse einer Erwerbstätigkeit entgegenstehen, die
Verpflichtung bestehen, sich bereits ein Jahr nach der Trennung um einen Arbeitsplatz zu bemühen, ggfls. auch schon vorher, wenn die Ehe gescheitert ist,
d.h. wenn Scheidungsantrag gestellt ist oder die Eheleute sich über die Scheidungsfolgen vertraglich verständigt haben. Steht fest, wann ein auf § 1570 BGB
gestützter Unterhaltsanspruch ausläuft, ist ggf. schon ein halbes Jahr vorher mit
der Arbeitsplatzsuche zu beginnen. Hat ein Unterhaltsverpflichteter einen **Vertrauenstatbestand** geschaffen, indem er z.B. mit der Fortsetzung der Kinderbetreuung einverstanden gewesen ist und dieses durch eine freiwillige Unterhaltszahlung dokumentiert hat, beginnt die Obliegenheit ggf. erst später (OLG
Karlsruhe NJW-RR 2005, 1021; OLG Köln NJWE-FER 1999, 201).

Ein Unterhaltsanspruch nach Abs. 1 kann nicht schon deshalb versagt werden, 12
weil der Unterhaltsberechtigte nach der Trennung der Parteien statt sich um eine
Stelle zu bemühen, eine Ausbildung aufgenommen hat. Eine zeitlich begrenzte
Fortdauer der Ausbildung nach der Scheidung ist hinzunehmen, wenn die Prognose ergibt, dass er wegen der Lage auf dem Arbeitsmarkt eher eine Anstellung
in dem jetzigen Ausbildungsberuf findet als im früher ausgeübten (BGH NJW-RR 1987, 196). Auch ohne Vorliegen der Voraussetzungen des § 1575 BGB
kann ausnahmsweise Unterhalt für die Dauer der Ausbildung nach § 1573 Abs. 1
BGB verlangt werden, sofern eine Weiterbildungsobliegenheit nach § 1574

BGB § 1573 1. Teil. Ehegattenunterhalt

Abs. 3 BGB besteht, ein erfolgreicher Abschluss zu erwarten ist und auch damit zu rechnen ist, dass der Unterhaltsberechtigte im Anschluss an die Ausbildung eine Stelle finden wird (BGH NJW 1986, 985).

13 Übt ein Unterhaltsberechtigter trotz hinreichender Bemühungen um ein Vollzeitarbeitsstelle nur eine **Teilzeitbeschäftigung** aus, kann ein Anspruch nach Abs. 1 bestehen, wenn das daraus erzielte Einkommen nicht ausreicht, den Bedarf nach den ehelichen Lebensverhältnissen zu decken (BGH NJW 2001, 3260). Allerdings muss er sich um die Ausweitung seiner Erwerbstätigkeit bei seinem Arbeitgeber bemühen. Ist dies nicht möglich, muss er sich grundsätzlich um eine andere vollschichtige Tätigkeit bemühen. Ist eine Ausweitung nicht möglich, kann der Unterhaltsberechtigte über § 1573 Abs. 1 BGB einen Unterhaltsanspruch hinsichtlich des durch die Teilzeitbeschäftigung noch nicht gedeckten vollen Unterhaltsbedarfs geltend machen. Hat der Unterhaltsberechtigte einen **sicheren Teilzeitarbeitsplatz** – z. B. im öffentlichen Dienst – kann eine Obliegenheitsverletzung verneint werden, wenn er nicht bereit ist, diesen Arbeitsplatz zugunsten einer unsicheren Vollzeitstelle aufzugeben (Schwab/Borth IV Rn 224; OLG Düsseldorf FamRZ 1991, 194: bei nur geringem Mehreinkommen durch Vollzeitarbeit). Der Unterhaltsberechtigte ist aber verpflichtet, eine weitere angemessene Erwerbstätigkeit aufzunehmen, sofern eine solche gefunden werden kann.

14 Eine Obliegenheitsverletzung führt zur **Vermutung der Ursächlichkeit** für die Nichtaufnahme einer Erwerbstätigkeit und der Zurechnung eines **fiktiven Einkommens**, solange die Fiktion wirkt (s. Rn 19, vgl. zur **Beendigung der Fiktion** weiter: OLG Frankfurt FamRZ 1995, 735; OLG Hamm FamRZ 1995, 121; OLG Zweibrücken FamRZ 1999, 881).

15 c) **Einsatzzeitpunkte.** Ein Anspruch nach Abs. 1 besteht nur, wenn der Unterhaltsberechtigte zu bestimmten Einsatzzeitpunkten keine eheangemessene Arbeit hat (OLG Hamm FamRZ 2004, 375; a. A. OLG Jena FamRZ 2004, 1207). Solche Einsatzzeitpunkte sind:
– nach der Scheidung
– Wegfall eines Anspruchs nach § 1570 BGB
– Wegfall eines Anspruchs nach § 1571 BGB
– Wegfall eines Anspruchs nach § 1572 BGB.

Der Einsatzzeitpunkt „nach der Scheidung" ist nicht so eng an die Scheidung gebunden wie in den §§ 1571 Nr. 1 und 1572 Nr. 1 BGB. Es reicht aus, dass ein zeitlicher Zusammenhang zwischen der Scheidung der Ehe und den Arbeitsplatzbemühungen besteht (BGH NJW-RR 1993, 706). Ein Zeitraum von etwa 1 ½ Jahren seit Rechtskraft der Scheidung reicht nicht (BGH NJW 1987, 2229; OLG Oldenburg NJW 1986, 1919: 1 Jahr; OLG Schleswig NJW-RR 2004, 1372: 15 Monate). Danach entfällt ein originärer Anspruch nach Abs. 1, wenn sich der Betroffene in einem Jahr nach der Scheidung nicht ausreichend um eine angemessene Erwerbstätigkeit bemüht hat und der Unterhaltsbedarf durch zumutbare Erwerbstätigkeit hätte gedeckt werden können (OLG Schleswig NJW-RR 2004, 220). War der volle Bedarf des Unterhaltsberechtigten bis zur Scheidung durch eine langjährige Erwerbstätigkeit gedeckt, besteht kein Anspruch nach Abs. 1, selbst wenn der Arbeitsplatz wenige Tage nach der Scheidung wegfällt (OLG Bamberg NJW-RR 1997, 198). Der zeitliche Zusammenhang mit der Scheidung wird beim Anspruch nach Abs. 1 durch die ausdrücklich genannten Anschlusstatbestände hinausgeschoben, wobei § 1571 BGB als Voranspruch prak-

Unterhalt wegen Erwerbslosigkeit und Aufstockungsunterhalt § **1573 BGB**

tisch keine Rolle spielt. Auch § 1576 BGB kann, obwohl nicht erwähnt, Voranspruch sein, z. B. bei Wegfall der Betreuung eines gemeinschaftlich aufgenommenen Pflegekindes (Johannsen/Henrich/Büttner Rn 10).

3. Nachhaltige Sicherung des Unterhalts, Abs. 4

a) **Allgemeines.** Der Anspruch nach Abs. 1 erlischt, sobald der bedürftige 16 Ehegatte nach der Scheidung bzw. zu einem der in Abs. 3 genannten Einsatzzeitpunkte eine angemessene Tätigkeit findet, deren Einkünfte seinen vollen Unterhalt decken. Zweck der Vorschrift ist es, die nacheheliche Solidarität zu begrenzen, sofern der bedürftige Ehegatte eine wirtschaftliche Sicherung erreicht hat, die dann aber aus persönlichen oder Arbeitsmarktgründen wieder verloren gegangen ist (BGH NJW 2003, 3481). Die Vorschrift, die wegen fehlender Einsatzzeitpunkte beim Trennungsunterhalt nicht gilt (BGH NJW 1986, 718)), erfasst gleichermaßen Fälle, in denen eine Erwerbstätigkeit vor oder während der Trennung oder erst nach der Scheidung aufgenommen worden ist (BGH NJW 1985, 430). In Fällen, in denen die Erwerbstätigkeit vor der Scheidung aufgenommen wurde, ist der Zeitpunkt der Scheidung der frühestmögliche Zeitpunkt für die Beurteilung, ob der Unterhalt nachhaltig gesichert ist (BGH a. a. O.).

Die Vorschrift ist keine eigenständige Anspruchsgrundlage, sondern dient nur 17 der Klarstellung, dass der geforderte Einsatzzeitpunkt bei nicht nachhaltiger Sicherung gewahrt bleibt. Aus der Vorschrift lässt sich kein allgemeiner Grundsatz herleiten, dass ein geschiedener Ehegatte Unterhalt nicht mehr beanspruchen kann, wenn im Zeitpunkt der Scheidung zu erwarten war, sein Unterhalt werde wegen Bestehens bestimmter Lebensverhältnisse nachhaltig gesichert sein (BGH NJW 1987, 3129). Abzustellen ist auf die nachhaltige Sicherung des Unterhalts, nicht eines bestimmten Arbeitsplatzes (BGH NJW 1985, 430).

b) **Voraussetzungen.** Nachhaltig gesichert ist der Unterhalt – sog. **ex-ante-** 18 **Betrachtung** –, wenn die Erwerbstätigkeit im Zeitpunkt ihrer Aufnahme nach objektiven Maßstäben und allgemeiner Lebenserfahrung mit einer gewissen Sicherheit als dauerhaft angesehen werden konnte oder ob befürchtet werden musste, dass der Berechtigte sie durch außerhalb seiner Entschließungsfreiheit liegende Umstände in absehbarer Zeit wieder verlieren werde (BGH NJW 1985, 430; BGH NJW 2003, 3481). Dabei sind vom Standpunkt eines optimalen Betrachters auch Umstände in die Beurteilung einzubeziehen, die zu diesem Zeitpunkt bestanden, aber erst später zutage getreten sind, wie etwa eine latente Krankheit, die dazu geführt hat, dass der Arbeitsplatz später wieder aufgegeben werden musste (BGH NJW 1985, 1699). Eine nachhaltige Sicherung kann bei Antritt der Stellung noch zu verneinen, zu einem späteren Zeitpunkt, der vor der tatsächlichen Beendigung des Arbeitsverhältnisses liegt, aber zu bejahen sein. Deshalb trifft den Unterhaltsberechtigten das Risiko des unvorhergesehenen Verlustes des Arbeitsplatzes, wenn er zuvor wieder voll erwerbstätig war. Dieses **Arbeitsplatzrisiko,** z. B. die unvorhergesehene Insolvenz des Arbeitgebers trotz eines dauerhaften Arbeitsplatzes (BGH NJW 1986, 375; OLG Bamberg NJW-RR 1997, 198) oder der Verlust des Arbeitsplatzes aufgrund einer nicht vorhersehbaren Berufs- oder Erwerbsunfähigkeit, durch eine betriebsbedingte Kündigung (OLG Köln NJWE-FER 1998, 218) oder einen krankheitsbedingten Arbeitsplatzverlust (OLG Düsseldorf FamRZ 1998, 1590) trägt der Unterhaltsberechtigte. Nachhaltig gesichert ist deshalb ein Arbeitsplatz i. d. R. immer dann, wenn bei objektiver Betrachtungsweise im Zeitpunkt der Rechtskraft der

BGB § 1573

Scheidung nach Ablauf der üblichen Probezeit ein Dauerarbeitsplatz erreicht ist (BGH NJW 1985, 1699; OLG Hamm FamRZ 1997, 26). Deshalb kann eine nachhaltige Sicherung auch bejaht werden, wenn im Zeitpunkt der Scheidung ein Dauerarbeitsplatz bestand, dieser aber wenige Tage nach der Scheidung verloren geht (OLG Bamberg NJW-RR 1997, 198; OLG Köln NJWE-FER 1998, 215). Nicht ausreichend ist ein Arbeitsverhältnis auf Probe (BGH NJW 1988, 2034).

19 Nach einer gewissen Zeitspanne, in der der geschiedene Ehegatte einer Erwerbstätigkeit nachgegangen ist, muss davon ausgegangen werden, dass inzwischen eine nachhaltige Sicherung eingetreten ist. In Orientierung an der Rechtsprechung des BGH zu § 1579 Nr. 1 und Nr. 8 BGB kann das Zeitmoment im Rahmen der Unterhaltssicherung vorbehaltlich einer Einzelfallprüfung nach etwa ein bis zwei Jahren anzunehmen sein (OLG Karlsruhe NJW-RR 1999, 1599; OLG Köln FamRZ 2005, 1922).

20 c) **Einzelfälle.** Eine nachhaltige Sicherung ist **bejaht** worden:
– Volle Erwerbstätigkeit zur Zeit der Scheidung, Ausbruch der Krankheit vier Jahre später (OLG Hamm FamRZ 1997, 821).
– Aufgabe einer angemessenen Erwerbstätigkeit aus Anlass der Geburt eines nichtehelichen Kindes (OLG Hamm FamRZ 1986, 360).
– Kettenarbeitsverträge, sofern diese im Einzelfall einem Dauerarbeitsplatz gleichzustellen sind.
– Fortsetzung einer schon in der Ehe ausgeübten Tätigkeit nach der Scheidung, außer der Verlust des Arbeitsplatzes war vorhersehbar und/oder wahrscheinlich (BGH NJW 1985, 430).
– Fiktive Erwerbseinkünfte können zu einer (ebenfalls fiktiven) nachhaltigen Sicherung führen (BGH NJW 2003, 3481).

21 **Keine** nachhaltige Sicherung liegt vor:
– Bei Einkünften, die wegen der Versorgung eines neuen Partners zugerechnet werden, da diese nicht einem Einkommen aus einer angemessenen Erwerbstätigkeit gleichgestellt werden können (BGH NJW 1987, 3129).
– Bei ABM-Arbeitsplätzen, wenn es dem Bedürftigen nicht gelingt, eine Dauerbeschäftigung zu finden (OLG Frankfurt FamRZ 1987, 1042).
– Altersarbeitsplätze auch bei mehrjähriger Tätigkeit, wenn von vornherein klar war, dass eine Alterssicherung nicht erreichbar war (OLG Koblenz NJW-RR 1986, 555).
– Bei befristeten Arbeitsverhältnissen, sofern es sich nicht um Kettenarbeitsverhältnisse handelt.
– Bei Arbeitsplätzen in Krisenbranchen, sofern schon beim Arbeitsantritt der Verlust des Arbeitsplatzes drohte.
– Bei Überschätzung der Kräfte und anschließendem Verlust des Arbeitsplatzes (OLG Celle FamRZ 1983, 317; OLG Hamm FamRZ 1997, 26 und 821: krankheitsbedingter Verlust).
– Bei gesicherter Teilzeittätigkeit, die auf Verlangen des Verpflichteten zugunsten einer Vollzeittätigkeit aufgegeben wird, wenn der Vollzeitarbeitsplatz alsbald wieder verloren geht und eine Rückkehr in die vorher ausgeübte Teilzeittätigkeit nicht möglich ist (OLG Schleswig NJW-RR 1993, 837; Johannsen/Henrich/Büttner Rn 16).
– Möglicherweise bei einer Tätigkeit als Inhaber einer Diskothek, wenn die nötigen Branchenkenntnisse fehlten und das zur Verfügung stehende Startkapital zu gering war (BGH NJW 1986, 375; Staudinger/Verschraegen Rn 72).

Unterhalt wegen Erwerbslosigkeit und Aufstockungsunterhalt § **1573** **BGB**

d) Subjektive Voraussetzungen. Der Anspruch ist gegeben, wenn sich der 22 Unterhaltsschuldner ernsthaft um eine auf Dauer angelegte Erwerbstätigkeit bemüht hat („trotz seiner Bemühungen nicht gelungen"). Daran fehlt es insbesondere, wenn er ohne verständigen Grund seine Tätigkeit aufgibt oder wenn er den Verlust des Arbeitsplatzes verschuldet hat. Mit der Übernahme nur vorübergehender Tätigkeiten (Gelegenheitsarbeiten) genügt er dieser Obliegenheit nicht, sofern er einen dauerhaften Arbeitsplatz hätte finden können (Soergel/Häberle Rn 26).

e) Umfang des Anspruchs. Abs. 4 S. 2 regelt den Fall, dass der Unterhalt 23 nur teilweise gesichert war. Davon erfasst ist nur der Fall der Teilzeittätigkeit (BT-Drucks. 7/650 S. 128). Der Umfang des Unterhalts ist auf die Differenz zwischen dem vollen Unterhalt und dem erzielten bereinigten Arbeitseinkommen zu begrenzen, wenn es dem Bedürftigen nur gelungen ist, den Unterhalt teilweise zu sichern (Staudinger/Verschraegen Rn 73); dies hat der Tatrichter zu beurteilen (BGH NJW 2001, 3260).

f) Darlegungs- und Beweislast. Es obliegt dem Unterhalt begehrenden 23a Ehegatten darzulegen und zu beweisen, dass eine nachhaltige Sicherung seines Unterhalts nicht zu erreichen war (BGH NJW 2003, 3481). Das gilt auch dann, wenn ihm lediglich fiktive Einkünfte zugerechnet werden. Insoweit genügt es, auf diejenigen Umstände hinzuweisen, die unter Berücksichtigung der konkreten Situation gegen die betreffende Annahme sprechen, wobei die Gesichtspunkte, die gegen die Aufnahme einer zumutbaren Erwerbstätigkeit oder dauerhaften Einstellung vorgebracht wurden, auch insoweit von Bedeutung sind (BGH NJW 2003, 3481).

III. Aufstockungsunterhalt, Abs. 2

1. Zweck

Die Vorschrift, die nach der geänderten Rechtsprechung des BGH (BGH NJW 24 2001, 2254) zur Neubewertung der ehelichen Lebensverhältnisse in der Praxis eine noch höhere Bedeutung erlangt hat, billigt dem geschiedenen Ehegatten, der eine angemessene Erwerbstätigkeit (s. dazu § 1574 Rn 2–8) ausübt, einen Aufstockungsunterhalt zu, sofern er mit den eigenen Einkünften nicht den an den ehelichen Lebensverhältnissen ausgerichteten vollen Unterhalt erreicht, um so einen sozialen Abstieg des bedürftigen Ehegatten zu verhindern. Denn das erreichte Lebensniveau ist als Leistung beider Ehepartner anzusehen, sog. **Lebensstandardgarantie** (BVerfG NJW 1993, 2926; BGH NJW 1982, 1869). Abs. 2 sichert die Differenz zu den – auch vom Einkommen des unterhaltspflichtigen Ehegatten abgeleiteten – ehelichen Lebensverhältnissen (BGH NJW 2008, 3125).

2. Anspruchsvoraussetzungen

a) Kein vorrangiger Anspruch. Der Anspruch aus Abs. 2 ist wie der nach 25 Abs. 1 (Erwerbslosenunterhalt) subsidiär und besteht nur, sofern kein vorrangiger Anspruch nach §§ 1570–1572 BGB oder 1573 Abs. 1 BGB besteht (BGH NJW-RR 1987, 1282; BGH NJW 1990, 1847). Übt der Berechtigte wegen Kinderbetreuung, Alters oder Krankheit nur eine angemessene Teilzeittätigkeit aus, so kommt für Unterhaltszeiträume bis 31.12.2007 zusätzlich ein Anspruch nach Abs. 2 in Betracht, wenn der Unterhalt nach o.a. geführten Vorschriften zusam-

BGB § 1573 1. Teil. Ehegattenunterhalt

men mit dem Teilerwerbseinkommen zur Deckung des vollen Bedarfs nach § 1578 Abs. 1 Satz 1 nicht ausreicht (BGH NJW 1990, 1847; BGH NJW-RR 1993, 898).

26 **b) Angemessene Erwerbstätigkeit.** Der Berechtigte muss eine angemessene Erwerbstätigkeit i. S. des § 1574 Abs. 2 BGB ausüben oder es müssen ihm wegen Nichtausübung einer zumutbaren Erwerbstätigkeit fiktiv erzielbare Einkünfte zugerechnet werden (BGH NJW-RR 1986, 68; BGH FamRZ 1990, 979). Die daraus erzielten oder erzielbaren Einkünfte dürfen nicht ausreichen, um den vollen Bedarf nach den ehelichen Lebensverhältnissen zu decken. Ist die Tätigkeit nicht angemessen, beruht ein möglicher Unterhaltsanspruch auf § 1573 Abs. 1 BGB (BGH NJW 1988, 2369). Das ist der Fall, wenn ein zu einer Vollzeittätigkeit Unterhaltsverpflichteter aufgrund der Arbeitsmarktlage trotz ausreichender Bemühungen nur eine Teilerwerbsbeschäftigung findet. Ist ausnahmsweise eine Teilerwerbstätigkeit Ehe angemessen, besteht ein Anspruch aus Abs. 2 (BGH NJW 1986, 88).

27 **c) Maßgebliche Einsatzzeitpunkte.** Der Wortlaut des Abs. 2 setzt keinen bestimmten Einsatzzeitpunkt voraus. Die Gesetzessystematik erfordert aber auch hier einen zeitlichen Zusammenhang mit der Scheidung. Es gelten die Einsatzzeitpunkte des Abs. 1. Die Voraussetzungen des originären Aufstockungsunterhalts müssen bereits zum Zeitpunkt der Scheidung vorliegen, da ansonsten die Sonderfälle der Abs. 3 und 4 nicht verständlich wären (BGH NJW 1983, 2321), ohne dass der Anspruch jedoch geltend gemacht sein muss (BGH NJW 2005, 3277). Ab Rechtskraft der Ehescheidung muss durchgängig ein Unterhaltsanspruch bestanden haben (OLG Hamm NJW-RR 1994, 837; OLG Hamm FPR 2004, 220). Der Anspruch nach Abs. 2 entsteht deshalb nicht, wenn zum Zeitpunkt der Scheidung oder dem Wegfall der übrigen Unterhaltstatbestände tatsächliche oder fiktiv zurechenbare Einkünfte den vollen eheangemessenen Bedarf gedeckt haben (OLG Hamm FPR 2002, 300). Nach Abs. 3 kommen als weitere Einsatzzeitpunkte für den Aufstockungsunterhalt als Anschlussunterhalt der Zeitpunkt des Wegfalls der Voraussetzungen nach §§ 1570, 1571, 1572, 1573 Abs. 1 BGB und § 1575 BGB in Betracht, wenn der Berechtigte ein angemessene Erwerbstätigkeit aufnimmt, die seinen vollen Unterhalt nicht deckt. Ein Aufstockungsunterhaltsanspruch kommt somit nicht zur Entstehung, wenn zum Zeitpunkt der Scheidung oder Wegfall der Voraussetzungen der übrigen Unterhaltstatbestände tatsächliche oder zurechenbare Einkünfte aus einer angemessenen Erwerbstätigkeit den vollen Bedarf gedeckt haben. Nach der Scheidung kann ein Aufstockungsunterhalt nur entstehen, wenn die Einkünfte aus der angemessenen Erwerbstätigkeit zu einer Zeit wieder entfallen, in der die Einkommensquelle noch nicht nachhaltig gesichert war i. S. des Abs. 4 (OLG Bamberg NJW-RR 1997, 198).

28 **d) Keine Deckung des vollen Unterhalts.** Der volle Unterhalt soll nach Abs. 2 abgedeckt werden durch Ausgleich des Unterschiedsbetrages zu den Einkünften aus einer eigenen angemessenen Erwerbstätigkeit. Maßgeblich sind die ehelichen Lebensverhältnisse i. S. des § 1578 Abs. 1 Satz 1 BGB (BGH NJW 1981, 753). Der ergänzende Anspruch auf den Unterschiedsbetrag muss nicht ehebedingt sein. Es reicht aus, wenn – wie bei Abs. 1 – die Bedürfnislage irgendwie mit der Ehe in Verbindung steht (BGH NJW 1980, 393). Eine während der Ehe bestehende Wirtschaftsgemeinschaft ist nicht Voraussetzung (BGH FamRZ 1989, 838).

29 **e) Einkommensdifferenz.** Der Anspruch entsteht nur, wenn im Zeitpunkt der Scheidung eine erhebliche Einkommensdifferenz besteht. Die Vorschrift gilt

Unterhalt wegen Erwerbslosigkeit und Aufstockungsunterhalt **§ 1573 BGB**

auch, wenn der Berechtigte schon vor der Eheschließung erwerbstätig war, im Einsatzzeitpunkt seine Einkünfte aber geringer sind. Da der Aufstockungsunterhalt zwar den sozialen Abstieg verhindern, andererseits aber nicht zur dauerhaften Titulierung von Bagatellunterhalt und zur Stabilisierung einer unterhaltsrechtlichen Konfliktlage führen soll, sind – insbesondere nach Inkrafttreten des UÄndG – **geringfügige Unterhaltsdifferenzen** nicht auszugleichen. Ausgehend vom Maßstab der ehelichen Lebensverhältnisse sollte ein Aufstockungsunterhalt von unter 50 € auch bei niedrigen ehelichen Lebensverhältnissen nicht tituliert werden (OLG Düsseldorf FamRZ 1996, 947; OLG München FuR 2004, 179: kein Aufstockungsunterhalt unter 10% des bereinigten Nettoeinkommens des Bedürftigen; OLG Brandenburg FamRZ 2005, 210; OLG Koblenz NJW-RR 2006, 151; KG FamRZ 2008, 415: nur nach Berücksichtigung der konkreten wirtschaftlichen Verhältnisse).

f) Erlöschen des Anspruchs. Der Anspruch nach Abs. 2 erlischt, sofern das 30 Einkommen aus einer angemessenen Erwerbstätigkeit den vollen Unterhalt deckt. Später auftretende Unterschiede sind dann nicht mehr auszugleichen, sofern der Unterhalt zwischenzeitlich nachhaltig gesichert war. Als Anschlussunterhalt nach Abs. 3 kann der Anspruch aber neu entstehen.

g) Berechnungsmethoden. Das für den Aufstockungsunterhalt bestimmende 31 Maß des vollen Unterhalts richtet sich nach den ehelichen Lebensverhältnissen im Zeitpunkt der Scheidung. Dabei ist zwischen **prägenden** und **nicht prägenden** Einkünften zu unterscheiden. Nach der geänderten Rechtsprechung des BGH (BGH NJW 2001, 2254), die vom BVerfG (BVerfG NJW 2002, 1185) bestätigt worden ist, werden die ehelichen Lebensverhältnisse nicht nur durch Einkünfte des erwerbstätigen Ehegatten, sondern auch durch Leistungen des anderen Ehegatten im Haushalt (Kinderbetreuung) mitbestimmt. Wird eine Erwerbstätigkeit (wieder) aufgenommen, sind das Einkommen des bisher nicht oder nur teilweise erwerbstätigen Ehegatten als Surrogat der bisherigen Familienarbeit anzusehen.

Die **Differenzmethode** ist anzuwenden hinsichtlich der die ehelichen Le- 32 bensverhältnisse prägenden beiderseitigen Einkünfte oder wenn die Einkünfte – sei es als Surrogat – in der Ehe vorhanden waren. Der Aufstockungsunterhalt beläuft sich auf $3/7$ der Differenz der beiderseitigen Erwerbseinkünfte bzw. $1/2$ der Differenz der sonstigen Einkünfte.

Die **Additionsmethode** ist eine Berechnungsvereinfachung der Differenzme- 33 thode. Sie gelangt zum gleichen Ergebnis wie die Differenzmethode, wenn der Erwerbstätigenbonus von $1/7$ bzw. $1/{10}$ (Süddeutsche Praxis) bei beiden Einkünften abgezogen wird.

Beispiel: 34

1. Unterhaltsbedarf

– Prägende Nettoeinkünfte aus Erwerbstätigkeit des Unterhaltsverpflichteten	3000,00 €
– prägende Nettoeinkünfte aus Erwerbstätigkeit des Unterhaltsberechtigten	1500,00 €
– Abzug von $1/7$ beim Unterhaltsverpflichteten	2571,43 €
– Abzug von $1/7$ beim Unterhaltsberechtigten	1285,71 €
– Addition beider bereinigter Einkünfte	3857,14 €
– Halbteilung	1928,57 €

Büte 149

BGB § 1574 1. Teil. Ehegattenunterhalt

2. Unterhaltshöhe
Bedarf der Unterhaltsberechtigten	1928,57 €
– abzgl. eigenes anrechenbares der Unterhaltsberechtigten	1285,71 €
– endgültiger Unterhaltsanspruch	642,86 €

Abwandlung

1. Unterhaltsbedarf
– Einkommen des Unterhaltsverpflichteten	3000,00 €
– Wohnwert auf Seiten der Unterhaltsberechtigten	1500,00 €
– Abzug von ¹/₇ auf Seiten des Unterhaltsverpflichteten	2571,43 €
– zzgl. Wohnwert auf Seiten der Unterhaltsberechtigten	1500,00 €
Zwischensumme	4071,43 €
– ergibt einen Bedarf von	2035,71 €

2. Unterhaltshöhe
Bedarf der Unterhaltsberechtigten	2035,71 €
– abzgl. Wohnwert auf Seiten der Unterhaltsberechtigten	1500,00 €
– Unterhaltsanspruch	535,71 €

35 Die **Anrechnungsmethode** (= Subtraktions- oder Abzugsmethode) findet nur noch Anwendung bei Einkünften, die in der Ehe – auch nicht als Surrogat – nicht vorhanden waren, also die ehelichen Lebensverhältnisse nicht geprägt haben. Dazu zählen Einkünfte aus einer Erbschaft oder Schenkung (BGH NJW 2006, 1794), aus einem Lottogewinn nach Trennung oder Scheidung sowie ein Vermögenseinkommen, das zu Zeiten des Zusammenlebens nicht zum Konsum verwendet worden ist (BGH NJW 2008, 193).

IV. Anschlussunterhalt nach Abs. 3

36 Anschlussunterhalt sowohl als Erwerbslosenunterhalt (Abs. 1) als auch als Aufstockungsunterhalt (Abs. 2) kommt in Betracht, wenn die Anspruchsvoraussetzungen nach §§ 1570–1572 BGB und § 1575 BGB entfallen sind. Voraussetzung ist allein das Vorliegen der Unterhaltstatbestände, nicht jedoch eine tatsächliche Zahlung von Unterhalt. Die Bedürfnislage, die daraus entsteht, dass der zunächst aus anderen Gründen unterhaltsberechtigte Ehegatte nicht sogleich eine angemessene Erwerbstätigkeit findet, muss noch in Zusammenhang mit der Ehe stehen (Palandt/Brudermüller Rn 25). Hinsichtlich des Einsatzzeitpunktes gilt, dass die Erwerbsbemühungen wie bei Abs. 1 im Regelfall vor absehbarem Wegfall der Voraussetzungen des Voranspruches, in Ausnahmefällen spätestens mit dem Wegfall dieser Voraussetzungen zu beginnen haben.

37 Für die Darlegungs- und Beweislast gelten die allgemeinen Grundsätze. Der Unterhaltsberechtigte hat darzulegen und zu beweisen, dass er zum Einsatzzeitpunkt keine angemessene Erwerbstätigkeit zu finden vermochte.

§ 1574 Angemessene Erwerbstätigkeit

(1) **Der geschiedene Ehegatte braucht nur eine ihm angemessene Erwerbstätigkeit auszuüben.**

(2) ¹**Angemessen ist eine Erwerbstätigkeit, die der Ausbildung, den Fähigkeiten, einer früheren Erwerbstätigkeit, dem Lebensalter und dem Gesundheitszustand des geschiedenen Ehegatten entspricht, soweit eine solche Tätigkeit nicht nach den ehelichen Lebensverhältnissen unbillig**

Angemessene Erwerbstätigkeit   § 1574 BGB

wäre. ²Bei den ehelichen Lebensverhältnissen sind die Dauer der Ehe und die Dauer der Pflege oder Erziehung eines gemeinschaftlichen Kindes zu berücksichtigen.

(3) **Soweit es zur Aufnahme einer angemessenen Erwerbstätigkeit erforderlich ist, obliegt es dem geschiedenen Ehegatten, sich ausbilden, fortbilden oder umschulen zu lassen, wenn ein erfolgreicher Abschluss der Ausbildung zu erwarten ist.**

I. Normzweck

Die Vorschrift, die den nicht erwerbstätigen Ehegatten vor dem drohenden sozialen Abstieg bewahren soll (BGH NJW 1980, 393), ist auch nach dem UÄndG **keine Anspruchsgrundlage** (Palandt/Brudermüller Rn 1), sondern schränkt im Hinblick auf § 1569 BGB die Erwerbsobliegenheit nach der Scheidung ein, d. h. sie normiert den Umfang der nachehelichen Erwerbsobliegenheit am Maßstab der angemessenen Erwerbstätigkeit und konkretisiert damit die Unterhaltstatbestände der §§ 1571, 1572 und 1573 Abs. 1 BGB. In Mangelfällen schränkt § 1581 BGB den Anwendungsbereich der Vorschrift ein. Den geschiedenen Unterhaltsgläubiger trifft eine verstärkte Erwerbsobliegenheit. 1

Abs. 1 und 2 sind durch das UÄndG neu gefasst worden. Der Grundsatz der Eigenverantwortung wird stärker betont, die Anforderungen an eine (Wieder-) Aufnahme der Erwerbstätigkeit werden erhöht. Anhand von fünf objektiven Merkmalen in Abs. 2, die in ihrer Gesamtheit zu würdigen sind (BGH NJW 1991, 1049), wird die Angemessenheit einer Erwerbstätigkeit definiert. Das Arbeitsmarktrisiko trägt der Unterhaltspflichtige, d. h. der Unterhaltsanspruch nach § 1573 Abs. 1 BGB bleibt bestehen, wenn ein angemessener Arbeitsplatz nicht vorhanden ist. Ist ohne Ausbildung, Fortbildung oder Umschulung eine angemessene Erwerbstätigkeit nicht möglich, besteht für den Unterhaltsgläubiger eine Obliegenheit zur Fortbildung, Abs. 3 (BGH NJW 1984, 1685, d. h. der Unterhaltsgläubiger muss von sich aus tätig werden. Neu aufgenommen wurde das Merkmal der „früheren Erwerbstätigkeit", die immer angemessen ist (BGH NJW 2005, 61). Die ehelichen Lebensverhältnisse sind nunmehr nur noch in einer 2. Stufe als Billigkeitskontrolle („soweit") zu berücksichtigen (BT-Drucks. 16/1830 S. 17; Dose FamRZ 2007, 1289). 1a

II. Die angemessene Erwerbstätigkeit, Abs. 1 und 2

1. Allgemeines

Ob eine Erwerbstätigkeit angemessen ist, ist unter **Zumutbarkeitsgesichtspunkten** zu beantworten. Eine optimale berufliche Erfüllung kann nicht verlangt werden (BGH FamRZ 1984, 988). Ein Wechsel in eine Hilfsarbeitertätigkeit ist aber nicht zumutbar (OLG München FuR 2004, 179). Die Angemessenheit setzt bestimmte subjektive Kriterien – die beispielhaft in Abs. 2 aufgeführt sind – und als objektives Kriterium eine reale Beschäftigungschance voraus. Angemessen ist die für einen Ehegatten erreichbare Tätigkeit aber auch dann, wenn das damit erzielbare Einkommen den vollen Bedarf nicht deckt (BGH NJW 1985, 1695). Kommt nach den Umständen des Falles allein die Aufnahme solcher beruflicher Tätigkeiten in Betracht, die nach § 1574 Abs. 2 BGB als nicht 2

BGB § 1574 1. Teil. Ehegattenunterhalt

angemessen anzusehen sind, kann eine Erwerbstätigkeit nicht erwartet werden (BGH NJW 1983, 1483). Von besonderer Bedeutung für die Frage der Angemessenheit sind u. a. mit Bezug auf die ehelichen Lebensverhältnisse der soziale Status (BGH NJW 1984, 1685), die Freiheit der Berufswahl (BGH NJW-RR 1992, 1282) und die reale Beschäftigungschance (BGH NJW 1987, 912). Sämtliche Kriterien sind umfassend gegeneinander abzuwägen. Auch die Erreichbarkeit eines Arbeitsplatzes kann ein Kriterium für die Angemessenheit sein (BGH FamRZ 1986, 513).

2a Die Prüfung der Angemessenheit einer Erwerbstätigkeit erfolgt nunmehr in zwei Schritten (Ehinger/Rasch FamRB 2007, 46, 47). Zunächst sind ausschließlich die in der Person des bedürftigen Ehegatten liegenden (subjektiven)Kriterien zu beurteilen:
– Beruflicher Werdegang (Ausbildung, Tätigkeiten vor und während der Ehe einschließlich der Trennungszeit)
– Arbeitsmarktlage
– Verdienstmöglichkeiten(zu ermitteln z. B. bei www.boeckler.de-tarifvertrag/ z. B. Maurer)
– Bemühungen um eine Arbeitsstelle
– Umschulungs-, Fortbildungs- und Ausbildungsmöglichkeiten unter Angabe eines Zeitplanes, bestehender Förderungsmöglichkeiten nach SGB III und späterer Erwerbsmöglichkeiten.

Sodann kann eine Überlagerung einer bestehenden Erwerbsobliegenheit durch gute wirtschaftliche Verhältnisse eintreten. Die **Korrektur** des Ergebnisses durch die **ehelichen Lebensverhältnisse** stellt die Ausnahme vom Grundsatz der Eigenverantwortung dar. Kriterien:
– Lebensstandard nach den ehelichen Lebensverhältnissen
– Ehebedingte Nachteile in der beruflichen Entwicklung (Dauer der Ehe, Dauer der Kinderbetreuung, Erwerbstätigkeiten während der Ehe, Dauer der Nichterwerbstätigkeit)
– Erzielbare Einkünfte im Vergleich zum bisherigen Lebensstandard
– Fehlen von Aus- und Fortbildungsmöglichkeiten, um ehebedingte Nachteile auszugleichen
– Sonstige Gründe im Hinblick auf die ehelichen Lebensverhältnisse (z. B. Verzicht auf die eigene Karriere und Förderung der Karriere des Ehepartners)

2. Subjektive Kriterien

3 **a) Ausbildung.** Eine Erwerbstätigkeit in einem bereits früher ausgeübten Beruf mit abgeschlossener Ausbildung ist stets angemessen. Jedoch kann nicht nur eine der Ausbildung entsprechende Tätigkeit angemessen sein (BGH NJW 1991, 1049; BGH NJW-RR 1992, 1282; OLG Koblenz NJW-RR 1993, 964, da die Ausbildung in weiten Bereichen völlig an Bedeutung verloren haben kann. Wird während längerer Zeit in der Ehe eine Tätigkeit unterhalb des Ausbildungsniveaus ausgeübt, kann sich der Unterhaltsberechtigte nicht auf ein höheres Ausbildungsniveau berufen (BGH NJW 2005, 61). Angemessen kann in Übergangszeiten auch eine nicht ausbildungsverwandte Tätigkeit zur Fortbildung und anschließender Tätigkeit in verwandten Berufen sein (OLG Hamm FamRZ 1998, 243; OLG Karlsruhe FamRZ 2002, 1567). Notwendig ist es, Feststellungen über den Inhalt und Abschluss der früheren Ausbildung zu treffen. Veränderungen in den Ausbildungsgängen und Wandlungen des Berufsbildes sind zu

Angemessene Erwerbstätigkeit **§ 1574 BGB**

berücksichtigen (BGH NJW 1991, 1049; Johannsen/Henrich/Büttner Rn 7). Bei einer schon länger zurückliegenden Ausbildung kann ein Unterhaltsgläubiger darauf nicht ohne weiteres verwiesen werden. Das gilt auch, wenn die Arbeit aus Alters- oder Gesundheitsgründen nicht mehr ausgeübt werden kann.

b) Fähigkeiten. Neben der Ausbildung sind die Fähigkeiten geistiger oder 4 körperlicher Art zu berücksichtigen, die der geschiedene Ehegatte ohne oder innerhalb einer Ausbildung erworben hat. Nach den Gesetzesmaterialien (BT-Drucks. 7/650 S. 128) ist an Fähigkeiten gedacht, die die berufliche Qualifikation ausmachen. So kann für eine Hausfrau ohne Berufsausbildung ein sozialpflegerischer Beruf als Kindererzieherin oder Schwesternhelferin angemessen sein, allerdings wohl dann nicht, wenn die Parteien in überdurchschnittlichen Verhältnissen gelebt haben, die Ehe von langer Dauer gewesen ist und Kinder aus der Ehe hervorgegangen sind (BGH NJW 1987, 2739). Für eine kaufmännische Angestellte, die als Ehefrau eines Rechtsanwalts in dessen Kanzlei mitgearbeitet hat, kommt eine Tätigkeit in einer anderen Rechtsanwaltskanzlei als Bürovorsteherin in Betracht.. Sonstige Fähigkeiten und Kenntnisse, z. B. Fremdsprachenkenntnisse oder handwerkliche sowie künstlerische Begabungen sind zu berücksichtigen (BGH NJW-RR 1986, 985; OLG Karlsruhe FamRZ 2002, 1566). Unabhängig von einer Ausbildung kann auch nach den künstlerischen Fähigkeiten die Aufnahme einer Erwerbstätigkeit angemessen sein (Beutler in Bamberger/Roth Rn 6). Unangemessen kann eine Tätigkeit sein, die zwar materiell ausreichend wäre, aber keine angemessene Entfaltung der Kenntnisse und Fähigkeiten ermöglicht (BGH FamRZ 1984, 988: Arbeitsmöglichkeiten einer Russisch-Dozentin). Kann der Bedürftige trotz nachgewiesener ausreichender Bemühungen keine angemessene Tätigkeit finden und nimmt er deshalb eine untergeordnete Tätigkeit auf (z. B. Verkaufshilfe statt Kindergärtnerin), ist das Einkommen gem. § 1577 Abs. 2 BGB nur zum Teil anzurechnen (BGH NJW-RR 1992, 1286).

c) Frühere Erwerbstätigkeit. Eine früher ausgeübte Erwerbstätigkeit ist 4a stets angemessen (so schon BGH NJW 2005, 61 zum früheren Recht; OLG Saarbrücken NJW-RR 2007, 1452: Aushilfskraft, die auch eine Putztätigkeit ausübt; OLG Köln FamRZ 2009, 126: Tätigkeit als Zimmermädchen oder Haushälterin für früheres Au-pair-Mädchen). Einem Unterhaltsgläubiger ist es danach verwehrt, Unterhalt auf der Basis seiner höheren Berufqualifikation zu fordern, wenn er im Verlauf der Ehe über einen längeren Zeitraum hinweg eine geringer qualifizierte Tätigkeit ausgeübt hat. Ein Aushilfsjob während des Studiums reicht dafür nicht aus. Kann eine früher ausgeübte Tätigkeit aus gesundheitlichen Gründen nicht mehr ausgeübt werden, ist dies im Rahmen der stets vorzunehmenden und am Einzelfall orientierten Prüfung ebenso zu berücksichtigen (Wendl/Pauling § 4 Rn 138a) wie der zeitliche Abstand zur früheren Tätigkeit (Hoppenz/Hülsmann § 1574 Rn 4) und der Umstand, dass die frühere Tätigkeit aus einer Notlage heraus ausgeübt wurde (Reinken FPR 2005, 502).

d) Lebensalter. Soweit nicht das Alter eine Erwerbstätigkeit ausschließt und 5 die Voraussetzungen des § 1571 BGB gegeben sind, kann auch das Lebensalter des geschiedenen Ehegatten von Bedeutung sein. Als Maßstab der Angemessenheit lässt sich dieses jedoch nicht absolut bestimmen. Die konkret in Aussicht genommene Arbeit muss altersangemessen sein. Das ist nicht der Fall bei einer Erwerbstätigkeit, die mit einem unzumutbaren körperlichen oder seelischen

BGB § 1574

Kraftaufwand verbunden ist, der angesichts des Alters nicht mehr erwartet werden kann (OLG Zweibrücken FamRZ 1983, 600). Wegen der Umstellungsmöglichkeiten kann bei einer erstmaligen Berufsausübung die Altersgrenze niedriger anzusetzen sein (OLG Zweibrücken FamRZ 1983, 1138; JH/Büttner Rn 6). Es gibt insbesondere keinen allgemeinen Erfahrungssatz, dass bei Frauen und Männern ab Mitte Fünfzig eine erneute Erwerbstätigkeit nicht mehr alters entsprechend ist. Der Einzelfall ist konkret zu prüfen (BGH FamRZ 1987, 691: 57 Jahre alte Hausfrau ohne Ausbildung hat einen Anspruch nach § 1571 BGB; OLG Hamburg FamRZ 1991, 445: Ehefrau ohne Berufsausbildung nach 20-jähriger Ehe; vgl. auch OLG Koblenz FamRZ 1992, 950). Bestimmte Tätigkeiten können allerdings ggf. durch einen Verschleiß der Kräfte zu einer unangemessenen Tätigkeit werden. Dies kommt z. B. in Betracht bei einer Tätigkeit als Mitarbeiter/in im Personen- und Objektschutz, als Lager- oder Hafenarbeiter/in. Auch in diesem Fall kann aber eine Tätigkeit im Geringverdienerbereich möglich sein (OLG Hamm FamRZ 1999, 1275).

Beamten und Soldaten kann es bei vorgezogenen Altersgrenzen obliegen, die bisherige Einkommenshöhe durch eine berufliche Tätigkeit aufrechtzuerhalten (BGH NJW-RR 2004, 505). Bei Wiederaufnahme einer früher ausgeübten Tätigkeit kann die Altersgrenze höher bemessen werden (OLG Zweibrücken FamRZ 1983, 1138).

6   **e) Gesundheitszustand.** Entscheidend ist, ob – auch wenn kein Anspruch nach § 1572 BGB wegen Krankheit gegeben ist – die konkret in Betracht kommende Erwerbstätigkeit gesundheitlich bewältigt werden kann (BGH NJW-RR 1987, 196). Zu berücksichtigen ist also nicht nur der gegenwärtige Gesundheitszustand, sondern auch die daraus sich ergebende künftige Entwicklung. Allgemeine körperliche Verschleißerscheinungen wie Bandscheibenschäden, Arthrose und rheumatische Beschwerden stehen einer Erwerbstätigkeit nicht grundsätzlich entgegen (BGH NJW-RR 1987, 196: für den Fall psychischer Beeinträchtigungen, die nur bestimmte Tätigkeiten der Unterhalt begehrenden Ehefrau ausschließen). Die Frage der Angemessenheit einer Tätigkeit im Hinblick auf gesundheitliche Beeinträchtigungen wird sich häufig nur durch ein Sachverständigengutachten klären lassen. Für Frauen kommen vor allem Arbeiten im Haushalt und in der Kinderbetreuung in Betracht, sofern sie nur stundenweise leichte Tätigkeiten ausüben können. Diese Stellen werden überwiegend auf der Basis einer sozialversicherungsfreien Tätigkeit angeboten. Sofern dabei zusammen mit anderen Einkünften die Grenze von 400 € überschritten wird, ist die Tätigkeit steuerpflichtig. Möglich ist hingegen eine Geringverdienerstelle (ab 1. 4. 2003: 400 €) neben einer vorzeitigen Rente nach § 34 Abs. 3 Satz 1 SGB VI (OLG Koblenz NJWE-FER 2000, 108).

7   **f) Eheliche Lebensverhältnisse.** Die ehelichen Lebensverhältnisse, insbesondere gute Einkommensverhältnisse, sind seit dem UÄndG nach der Feststellung der Angemessenheit einer konkreten Tätigkeit in einer zweiten Stufe als Billigkeitskorrektiv zu berücksichtigen, um so insbesondern bei langer Ehedauer oder der Betreuung eines gemeinsamen Kindes bei gemeinsamer nachhaltiger Ehegestaltung mit starker wirtschaftlicher Abhängigkeit einen sozialen Abstieg zu vermeiden (vgl. eingehend Wendl/Pauling § 4 Rn 141 ff.). Dabei sind auch Veränderungen nach der Scheidung zu berücksichtigen, denn insbesondere unter Geltung des neuen Rechts lässt sich eine unbeschränkte Lebensstandardgarantie nicht mehr rechtfertigen (BGH NJW 2008, 1663). Der Unterhaltsberechtigte hat

den in der Ehezeit erreichten Lebensstandard darzulegen und zu beweisen und damit, dass eine an sich erreichbare Erwerbstätigkeit auf Grund der ehelichen Lebensverhältnisse unzumutbar ist (Dose FamRZ 2007, 1289).

Durch die Einbeziehung dieser Generalklausel soll ein unangemessener sozialer Abstieg des Unterhaltsberechtigten verhindert werden (BGH NJW-RR 1988, 1282). Die ehelichen Lebensverhältnisse sind – wie bei der Unterhaltsbemessung nach § 1578 Abs. 1 BGB – regelmäßig unter Einbeziehung der Entwicklung bis zur Scheidung der Ehe zu beurteilen. Außergewöhnliche, nicht vorhersehbare Veränderungen bleiben auch hier außer Betracht (BGH NJW 1983, 1483; BGH NJW 1984, 1685). Mit zunehmender Dauer der Ehe gewinnt für den Maßstab der ehelichen Lebensverhältnisse der erreichte soziale Status erheblich an Bedeutung. Aus dem Gesichtspunkt des Vertrauensschutzes muss der Unterhaltspflichtige jedenfalls bei langer Ehe (BGH NJW 1983, 1483) die Konsequenzen aus der gemeinsamen Ehegestaltung tragen, wobei es ohne Bedeutung ist, durch wessen Erwerbstätigkeit der gemeinsame soziale Status geschaffen wurde (BGH NJW-RR 1992, 1282). Deshalb kann sich bei langer Ehe der Kreis der als angemessen in Betracht kommenden Erwerbstätigkeiten verengen (BGH NJW 1991, 1049). Bei guten Verhältnissen ist eine Verweisung auf eine seit Jahren nicht ausgeübte und erheblich unter dem Lebenszuschnitt liegende Tätigkeit unangemessen. Auf den erlernten Beruf kann dann nicht verwiesen werden, wenn der Unterhaltsberechtigte während der Ehe eine qualifizierte Ausbildung erworben hat (BGH NJW 1980, 393; BGH FamRZ 1981, 439). Umgekehrt können sehr einfache eheliche Lebensverhältnisse die Übernahme von einfachen Hilfstätigkeiten auch dann zumutbar machen, wenn der Unterhaltsberechtigte trotz Berufsausbildung in seinem Beruf keine Anstellung findet (OLG Hamm FamRZ 1988, 480; Johannsen/Henrich/Büttner Rn 8). Nach den konkreten Umständen kann auch die nach der Scheidung fortlaufende Kinderbetreuung zu berücksichtigen sein.

3. Objektives Kriterium: Reale Beschäftigungschance

Objektiv muss für eine nach subjektiven Kriterien zumutbare Erwerbstätigkeit 8 eine reale Beschäftigungschance bestehen. Es muss feststehen oder zumindest nicht auszuschließen sein, dass bei genügenden Bemühungen angesichts der Verhältnisse auf dem Arbeitsmarkt und der persönlichen Eigenschaften des Unterhaltsberechtigten (Alter, Gesundheitszustand, Ausbildung, Berufserfahrung) eine reale Beschäftigungschance bestanden hätte (BGH NJW 1986, 718; BGH NJW 1987, 2739; BGH NJW 1996, 517; BGH NJW 2008, 3426).

III. Ausbildungsobliegenheit, Abs. 3

1. Voraussetzung, Zeitpunkt und Inhalt

Sofern eine angemessene Bedarfs deckende Erwerbstätigkeit ohne Ausbildung, 9 Fortbildung oder Umschulung nicht möglich ist, tritt an die Stelle der Erwerbsobliegenheit eine Ausbildungsobliegenheit nach Abs. 3 (BGH NJW 1984, 1685). Die Vorschrift stellt keinen eigenen Unterhaltstatbestand dar. Die Obliegenheit beginnt daher zum gleichen Zeitpunkt wie die Obliegenheit zur Arbeitsplatzsuche, kann aber auch schon während der Trennungszeit beginnen (BGH FamRZ 1985, 75; Reinken FPR 2005, 502). Bei einer Umschulung muss sich der Bedürftige bereits in dieser Zeit um einen Arbeitsplatz bemühen (BGH NJW 1999,

BGB § 1574

2365). Ist der Zeitpunkt der Rechtskraft der Scheidung hinreichend absehbar, kann eine Obliegenheit zur Ausbildung auch schon vor Rechtskraft der Scheidung bestehen (Johannsen/Henrich/Büttner Rn 13). Der Anspruch setzt voraus, dass sich der Ehegatte in einem Ausbildungsverhältnis bei einem Ausbilder befindet, der die Ausbildung leitet. Eine selbständige berufliche Tätigkeit genügt auch dann nicht, wenn sie die Zulassung zu einer Berufs qualifizierenden Prüfung ermöglicht (BGH NJW 1987, 2233; s. auch § 1575 Rn 4).

2. Erforderlichkeit

10   Nicht jede berufliche Qualifikation, die die Aufnahme einer angemessenen Erwerbstätigkeit ermöglicht, ist auch erforderlich; das ist eine Ausbildung nur, wenn ohne sie die Ausübung einer angemessenen Erwerbstätigkeit nicht möglich ist. Zwar braucht sich ein geschiedener Ehegatte nicht ohne Rücksicht auf seine Neigungen einem Beruf zuzuwenden, der ihm nach möglichst kurzer und kostengünstiger Ausbildung den Zugang zu einer angemessenen Erwerbstätigkeit erschließt. Vielmehr hat der Unterhaltsverpflichtete die Ausbildungsentscheidung des –berechtigten grundsätzlich hinzunehmen (BGH NJW-RR 1987, 196). Kommen aber auch andere Ausbildungsgänge in Betracht, so darf dieser sich einer besonders zeit- und kostenaufwendigen Ausbildung höchstens bei Vorliegen außergewöhnlicher Gründe unterziehen (BGH NJW 1984, 1685). Trotz Erforderlichkeit der Weiterbildung entfällt die Obliegenheit, wenn ein erfolgreicher Abschluss der Ausbildung nicht zu erwarten ist (BGH NJW 1984, 1685: Beginn des Studiums im Alter von 41 Jahren). Ein Hochschulstudium ohne konkretes Berufsziel, das erst lange nach der Trennung aufgenommen wurde, ist jedenfalls nicht als erforderlich anzusehen (OLG Karlsruhe FamRZ 2009, 120).

3. Grund und Höhe des Anspruchs

11   Der Unterhaltsanspruch während der Ausbildung besteht nach § 1573 Abs. 1 BGB (BGH NJW 1984, 1685). Daneben kann ein ergänzender Anspruch auf Aufstockungsunterhalt bestehen (BGH NJW 1985, 1695). Fallen Ausgleich der ehebedingten Nachteile nach § 1575 Abs. 1 BGB und eine Ausbildung zur Erlangung einer angemessenen Erwerbstätigkeit zusammen, werden die Ansprüche deckungsgleich. Die Höhe des Unterhalts richtet sich nach den ehelichen Lebensverhältnissen und umfasst gem. § 1578 Abs. 2 BGB auch die Kosten der Weiterbildung.

4. Verletzung der Erwerbsobliegenheit

12   Bei einem Verstoß gegen die Obliegenheit zur Ausbildung ist – sofern eine reale Beschäftigungschance besteht – ein fiktives Einkommen in der Höhe anzusetzen, das bei Erfüllung der Obliegenheit erzielt worden wäre. Dabei sind die persönlichen Eigenschaften des jeweils Betroffenen ebenso zu berücksichtigen (BGH NJW 1996, 517) wie der Umstand, dass bei einem Wiedereinstieg in das Berufsleben nach einer längeren Unterbrechung ggf. nur ein niedriges Einkommen erzielt wird (OLG Köln FamRZ 1993, 711). Daneben kann ein Anspruch auf Aufstockungsunterhalt in Betracht kommen (BGH FamRZ 1988, 927). Abzulehnen ist die Rechtsprechung des BGH (BGH NJW 1986, 985; BGH FamRZ 1988, 145), wonach die Voraussetzungen des § 1579 Nr. 3 BGB für einen teilweisen oder völligen Ausschluss vorliegen müssen (so zutreffend auch Johann-

Ausbildung, Fortbildung § 1575 BGB

sen/Henrich/Büttner Rn 17; Schwab/Borth IV Rn 262). Wird die Ausbildungsfinanzierung vom Unterhaltspflichtigen verweigert, entfällt die Obliegenheit zur Ausbildung (OLG Hamburg NJW-RR 1986, 556).

IV. Darlegungs- und Beweislast

Derjenige, der sich auf die Angemessenheit bzw. Unangemessenheit einer Erwerbstätigkeit beruft, muss die tatsächlichen Voraussetzungen dafür darlegen und beweisen. Der Unterhaltsberechtigte muss in nachprüfbarer Weise dartun, was er getan hat, um einen Arbeitsplatz zu finden oder der Ausbildung nachzukommen. Dabei obliegt ihm nur die Suche nach einer angemessenen Arbeit (BGH NJW-RR 1993, 898). Insoweit sind hohe Anforderungen an den Nachweis zu stellen, sich um eine angemessene Tätigkeit bemüht zu haben (BGH FamRZ 1991, 416). Wer behauptet, eine Erwerbstätigkeit nicht zu finden, ist darlegungs- und beweispflichtig dafür, dass eine reale Arbeitsplatzchance nicht besteht (BGH NJW 1987, 898). 13

§ 1575 Ausbildung, Fortbildung oder Umschulung

(1) ¹Ein geschiedener Ehegatte, der in Erwartung der Ehe oder während der Ehe eine Schul- oder Berufsausbildung nicht aufgenommen oder abgebrochen hat, kann von dem anderen Ehegatten Unterhalt verlangen, wenn er diese oder eine entsprechende Ausbildung so bald wie möglich aufnimmt, um eine angemessene Erwerbstätigkeit, die den Unterhalt nachhaltig sichert, zu erlangen und der erfolgreiche Abschluss der Ausbildung zu erwarten ist. ²Der Anspruch besteht längstens für die Zeit, in der eine solche Ausbildung im Allgemeinen abgeschlossen wird; dabei sind ehebedingte Verzögerungen der Ausbildung zu berücksichtigen.

(2) Entsprechendes gilt, wenn sich der geschiedene Ehegatte fortbilden oder umschulen lässt, um Nachteile auszugleichen, die durch die Ehe eingetreten sind.

(3) Verlangt der geschiedene Ehegatte nach Beendigung der Ausbildung, Fortbildung oder Umschulung Unterhalt nach § 1573, so bleibt bei der Bestimmung der ihm angemessenen Erwerbstätigkeit (§ 1574 Abs. 2) der erreichte höhere Ausbildungsstand außer Betracht.

I. Normzweck

Die Vorschrift räumt geschiedenen Ehegatten einen Anspruch auf Ausbildung und Fortbildung ein. Sie umfasst nur den Ausgleich ehebedingter Nachteile und ermöglicht eine berufliche Verbesserung, die ohne die Ehe schon früher erreicht worden wäre (BGH NJW 1985, 1695). Sie setzt nicht voraus, dass ohne die Ausbildung keine angemessene Erwerbstätigkeit ausgeübt werden könnte (BGH NJW 1985, 1695; BGH NJW 1987, 2233). Ziel ist die Erlangung einer angemessenen Erwerbstätigkeit, um die wirtschaftliche Selbständigkeit des geschiedenen Ehegatten zu sichern. Dies ist zu verneinen, wenn unter Berücksichtigung der früheren Ausbildung, der in der Ehe erworbenen Fähigkeiten, des Lebensal- 1

BGB § 1575

ters, des Gesundheitszustandes und vor allem der ehelichen Lebensverhältnisse die Aufnahme einer unqualifizierten Tätigkeit ausreichend ist, weil z. B. auch der Ehegatte nur einer Hilfsarbeitertätigkeit nachgeht (BGH FamRZ 1991, 350). Ein allgemeiner Anspruch auf Ausbildung, Umschulung oder Fortbildung nach der Scheidung besteht nicht, ebenso wenig ein Anspruch auf Finanzierung einer Zweitausbildung (BGH FamRZ 1985, 782; OLG Köln FamRZ 1996, 867).

II. Verhältnis zur öffentlich-rechtlichen Ausbildungsförderung

2   Neben dem privatrechtlichen Anspruch aus § 1575 BGB bestehen öffentlich-rechtliche Ansprüche auf Ausbildungsförderung nach dem BAföG und dem SGB III (früher: AFG). Diese Leistungen sind, soweit **subsidiär,** nicht auf den Unterhalt nach § 1575 BGB anzurechnen (BGH NJW 1980, 393). Deshalb besteht keine Obliegenheit, diese Leistungen in Anspruch zu nehmen. Staatliche Ausbildungsbeihilfen werden neben den Bestimmungen zur Förderung bestimmter Personengruppen (z. B. Erziehungsbeihilfe nach § 27 BVG, Ausbildungsbeihilfen nach §§ 302, 323 Abs. 4 und 8 LAG) auch nach allgemeinen Förderungsbestimmungen gewährt (z. B. nach §§ 33 ff. SGB III). Sieht das Förderungsgesetz keine **Überleitungsvorschriften** vor, handelt es sich um Einkommen, das den privatrechtlichen Unterhaltsanspruch berührt und den Bedarf mindert (BGH NJW 1980, 393). Vorausleistungen nach § 36 BAföG sind nicht als Einkommen anzurechnen (BGH NJW 1985, 2331), endgültige Zuschüsse sind voll anzurechnen (OLG Hamm NJW-RR 1996, 1287), Darlehen (50% der Förderung gem. § 17 Abs. 2 BAföG) sind anrechenbares Einkommen nach Billigkeitsgesichtspunkten (BGH NJW 1985, 2331). Berufsausbildungsbeihilfen nach §§ 59, 72–76 SGB III (früher: § 40 AFG) sind als Lohnersatzleistungen nur subsidiär, wenn sie als Vorauszahlungen gem. § 72 SGB III ohne Rücksicht auf bestehende Unterhaltsansprüche gewährt werden (BGH NJW-RR 1986, 426). Berufsausbildungsbeihilfen für Arbeitslose nach § 74 SGB III sind als Einkommen anrechenbar. Nach § 54 Abs. 1 Nr. 1, 2, 3 SGB XII (bis zum 31. 12. 2004: § 40 Abs. 1 Nr. 6, 7 BSHG) kann Hilfe zur Erlangung oder Sicherung eines geeigneten Platzes im Arbeitsleben bzw. Eingliederungshilfe verlangt werden. Die Aufwendungen gehen zum Teil über die für eine Berufsausbildung erforderlichen Aufwendungen hinaus. Sofern der nach den ehelichen Lebensverhältnissen zu bemessende Unterhalt höher ist als die staatliche Förderung, kann ein Ergänzungsanspruch bestehen.

III. Anspruchsvoraussetzungen

1. Fortsetzung einer ehebedingt unterbrochenen Ausbildung, Abs. 1

3   **a) Ehebedingte Ausbildungsnachteile.** Sofern ein unterhaltsberechtigter Ehegatte in Erwartung der Ehe oder während der Ehe eine Ausbildung oder einen Beruf nicht aufgenommen oder abgebrochen hat – also ehebedingte Ausbildungsnachteile erlitten hat – kann er Ausbildungsunterhalt verlangen. Ein Abbruch der Ausbildung wegen der Ehe ist aber nicht Voraussetzung (BGH NJW 1980, 393). Die Ausbildung muss geeignet sein, den Unterhalt nachhaltig zu sichern. Bei Ausbildungsabbruch oder Nichtantritt der Ausbildung vor der

Ehe muss der Berechtigte nachweisen, dass die Nichtvollendung der Ausbildung oder der Nichtantritt durch die bevorstehende Eheschließung veranlasst war. Erforderlich ist nicht, dass die Ehe der einzige Grund gewesen ist. Zur **Kausalität** sind konkrete Pläne für die Ausbildungsdurchführung vom Berechtigten darzulegen und ggf. zu beweisen; eine bloße Äußerung von Berufswünschen reicht nicht (OLG Bamberg FamRZ 1981, 150; OLG Frankfurt FamRZ 1995, 879). In der Praxis kommt hauptsächlich die Geburt eines Kindes und dessen Versorgung als Ursache in Betracht oder ein Umzug auf Wunsch des Verpflichteten, wenn dann am neuen Wohnort die Ausbildung nicht begonnen oder fortgesetzt werden kann (OLG Karlsruhe FamRZ 2009, 120). Bei einem Abbruch während der Ehe muss diese nicht ursächlich gewesen sein, so dass auch ein Abbruch wegen Krankheit oder Unzufriedenheit ausreicht (BGH NJW 1980, 393; BGH NJW 1985, 1625).

b) Anforderungen an die Ausbildung. Bei der Ausbildung muss es sich um dieselbe oder eine entsprechende wie die abgebrochene oder nicht aufgenommene handeln. Dabei kommt es nicht auf fachliche Gesichtspunkte, sondern auf die **Gleichwertigkeit in der sozialen Einordnung** des Berufsfeldes und das Niveau an (OLG Köln FamRZ 1996, 867: Rechtsanwaltsgehilfin und Krankenschwester gleichwertig; OLG Koblenz OLGR 2000, 15: keine Gleichwertigkeit einer hausinternen Ausbildung mit Ausbildungsberuf; OLG Frankfurt FamRZ 1995, 879: Medizinstudium mit Steuergehilfin nicht gleichwertig; OLG Düsseldorf FamRZ 1980, 585: BWL-Studium mit früher abgebrochenem Medizinstudium niveaugleich). Die Ausbildung setzt ein **anerkanntes Ausbildungsverhältnis** voraus; deshalb reicht die Ausübung einer selbständigen Tätigkeit selbst dann nicht aus, wenn eine Prüfung abgelegt werden kann (BGH NJW 1987, 2233). Über § 1575 Abs. 1 BGB besteht kein Anspruch zur Finanzierung einer Zweitausbildung (BGH NJW 1984, 1685). Auch die Vorbereitung zur Promotion nach Abschluss eines Hochschulstudiums, die lediglich die Arbeitsmarktchancen verbessern soll, begründet keinen Ausbildungsunterhaltsanspruch (OLG Düsseldorf FamRZ 1987, 708; Schwab/Borth IV Rn 344). Bei der Wahl der Ausbildung darf der Berechtigte grundsätzlich seinen Neigungen folgen, sofern er auf die Belange des Verpflichteten Rücksicht nimmt. Er kann keine optimale Berufsausbildung verlangen. Angesichts der Situation auf dem Arbeitsmarkt ist die Prognoseentscheidung schwierig. Von Bedeutung dafür sind insbesondere das Alter des Berechtigten, die voraussichtliche Dauer der Ausbildung und die gegenwärtigen Arbeitsmarktchancen. Eine abstrakte Möglichkeit, irgendwann eine Stelle zu finden, genügt nicht (Einzelfälle: OLG Düsseldorf NJW-RR 1991, 1287: keine Weiterbildung für 48jährige approbierte Ärztin zur Fachärztin für Psychoanalyse; OLG Hamm FamRZ 1983, 101: Ausbildung einer 45jährigen zur Steuerbevollmächtigten aussichtsreich, Ehemann Oberarzt).

c) Alsbaldige Aufnahme der Ausbildung. § 1575 BGB kennt **keinen Einsatzzeitpunkt.** Die Ausbildung muss so bald wie möglich **ohne schuldhafte Verzögerung** nach der Scheidung oder dem Ende des Betreuungs- oder Krankheitsunterhalt begonnen werden. Eine gewisse Überlegungszeit ist zuzubilligen. Ehebedingte Verzögerungen, z.B. wegen Kindesbetreuung oder Krankheit (BGH NJW 1980, 393), sind hinzunehmen (vgl. auch: OLG Köln FamRZ 1996, 867: 14 Monate nach Scheidung noch ausreichend; OLG Hamm FamRZ 1983, 181: 1 Jahr nach Scheidung ausreichend). War die abgebrochene Ausbildung bereits weit fortgeschritten, muss sie fortgesetzt werden. Grundsätzlich

BGB § 1575

umfasst der Anspruch auch die Zeit bis zur Aufnahme der Ausbildung. Ggf. muss aber – sofern z. B. Lehrgänge nur zu bestimmten Zeiten beginnen – der Berechtigte einer vorübergehenden Erwerbstätigkeit nachgehen. Die insoweit erzielbaren Einkünfte werden auf den Ausbildungsunterhalt angerechnet.

6 **d) Erwartung eines erfolgreichen Abschlusses zur Unterhaltssicherung.** Die Ausbildung muss notwendig sein, um eine angemessene Erwerbstätigkeit zu erlangen, die den Unterhalt nachhaltig sichert (OLG Frankfurt FamRZ 1985, 712). Dabei kommt es auf die realen und wirtschaftlichen Verhältnisse bei Beginn der Ausbildung an (Johannsen/Henrich/Büttner Rn 11). Abzustellen ist auf die Umstände des Einzelfalles, insbesondere wenn sich der Berechtigte schon in fortgeschrittenem Alter (45–50 Jahre) befindet. Zum einen soll sichergestellt werden, dass der Berechtigte nicht etwa ein aus reinem Vergnügen betriebenes Studium finanzieren muss (BGH NJW 1985, 1695), zum anderen soll die Aufnahme einer unterhaltsrechtlich sinnlosen Ausbildung verhindert werden. Dazu müssen **konkrete Ermittlungen über die Berufsaussichten** angestellt werden (BGH NJW 1986, 985). Angesichts der Situation auf dem Arbeitsmarkt ist die Prognoseentscheidung schwierig. Von Bedeutung dafür sind insbesondere das Alter des Berechtigten, die voraussichtliche Dauer der Ausbildung und die gegenwärtigen Arbeitsmarktschancen. Eine abstrakte Möglichkeit, irgendwo einen Arbeitsplatz zu finden, genügt nicht (vgl. auch OLG Düsseldorf NJW-RR 1991, 1281: keine Weiterbildung für 48jährige approbierte Ärztin zur Fachärztin für Psychoanalyse; OLG Hamm FamRZ 1983, 181: Ausbildung einer 45jährigen Steuerbevollmächtigten aussichtsreich – Ehemann Oberarzt).

7 **e) Dauer der Ausbildung.** Der Anspruch besteht höchstens für die Zeit, in der eine solche Ausbildung üblicherweise regelmäßig abgeschlossen wird (BGH FamRZ 1980, 126; OLG Hamm FamRZ 1990, 170). Deshalb ist eine zeitliche Befristung des Unterhalts auf die voraussichtliche Ausbildungsdauer im Urteil möglich (BGH NJW 1986, 985). Für die Dauer kommt es auf die Befähigung, den Gesundheitszustand, das Alter und die Einsatzbereitschaft an. Die voraussichtliche Dauer der beabsichtigten Ausbildung und das Lebensalter müssen in Relation gesetzt werden. Die Obliegenheiten während der Ausbildung entsprechen in etwa den zu § 1610 Abs. 2 BGB entwickelten Grundsätzen. Die Ausbildung ist **zielstrebig** und **fleißig** zu betreiben. Das ist nicht der Fall, wenn z. B. ein Vordiplom, das regelmäßig nach vier Semestern erreicht wird, am Ende des 9. Semesters noch nicht erfolgreich abgelegt ist (OLG Hamm FamRZ 1988, 1280). Der Unterhaltsanspruch **erlischt** dann schon vor Beendigung der Ausbildung. Verzögerungen, die nicht in der Person des Unterhaltsberechtigten liegen, sind bei der Dauer der Ausbildung zu berücksichtigen. Umgekehrt verlängern **Verzögerungen** aufgrund persönlicher Umstände (z. B. Fachwechsel) die Dauer nicht, außer der Berechtigte erkrankt während der Ausbildung (BGH NJW 1980, 393), wobei die krankheitsbedingte Verzögerung einen inneren Zusammenhang mit der Ehe aufweisen muss. Das ist z. B. der Fall, wenn sie von den Eheleuten planmäßig und einvernehmlich in Kauf genommen wurde (BGH a. a. O.).

8 **f) Scheitern der Ausbildung oder Unterbrechungen.** Dadurch endet der Unterhaltsanspruch nach § 1575 BGB, es kann aber ein Anschlussunterhalt wegen Arbeitslosigkeit auf dem bisherigen Niveau nach § 1573 Abs. 1 BGB oder ein Aufstockungsunterhalt nach § 1573 Abs. 2 BGB gegeben sein. Eine Rück-

forderung des Unterhalts beim Scheitern der Ausbildung nach § 812 BGB scheitert wegen der regelmäßig eingetretenen Entreicherung, außerdem, weil rückwirkend die Voraussetzungen des § 1575 BGB nicht beseitigt werden können, wenn sich die Erwartungen nicht erfüllt haben. Ggf. kann bei einem treuwidrigen Verschweigen des Abbruchs der Ausbildung ein Anspruch nach § 826 BGB bestehen.

g) Umfang und Höhe. Sie richtet sich nach den ehelichen Lebensverhältnissen einschließlich des ausbildungsbedingten Mehrbedarfs nach § 1578 Abs. 2 BGB. Möglich ist durch die Ausbildung eine Niveausteigerung. Der geschiedene Ehegatte trägt aber nicht das Risiko der Arbeitslosigkeit am Ende der Ausbildung. Nach Ende der Ausbildung darf für etwa ein Jahr ein Zugang zum Beruf auf dem erreichten Ausbildungsniveau gesucht werden (OLG Düsseldorf FamRZ 1987, 708; Kalthoener/Büttner/Niepmann Rn 523), danach muss auf dem bisherigen Niveau Arbeit gesucht werden. 9

Altersvorsorgeunterhalt (§ 1578 Abs. 3 BGB) kann nicht verlangt werden beim Ausbildungsunterhalt nach §§ 1574 Abs. 3, 1575 BGB. Jedoch hat der BGH (BGH NJW 1988, 1282) ihn zuerkannt für Fälle, in denen ausnahmsweise eine ausbildungsbedingte Bedürftigkeit von § 1361 BGB erfasst wird (zur analogen Anwendbarkeit des § 1575 BGB auf den Getrenntlebensunterhalt: BGH NJW 1985, 1695; OLG Düsseldorf NJW-RR 1991, 1283; OLG Hamm FamRZ 1990, 175). **Krankenvorsorgeunterhalt** wird nach den allgemeinen Regeln geschuldet. 10

2. Anspruch auf Fortbildung und Umschulung, Abs. 2

Danach besteht ein Unterhaltsanspruch, wenn bei einem Ehegatten durch die Ehe **berufliche Nachteile** entstanden sind, die durch Fortbildung oder Umschulung ausgeglichen werden können, wenn der Ehegatte sich der Fortbildung oder Umschulung sobald wie möglich unterzieht, um eine angemessene Erwerbstätigkeit mit dem Ziel einer nachhaltigen Unterhaltssicherung zu erlangen und wenn der erfolgreiche Abschluss zu erwarten ist. Der Anspruch setzt eine abgeschlossene Berufsausbildung (BGH NJW 1987, 2233) und/oder eine angemessene Berufserfahrung voraus. Deshalb scheidet ein Studium als Ausbildungsmaßnahme von vornherein aus. Die Begriffe Fortbildung oder Umschulung entsprechen denen der §§ 87, 92 Abs. 3 SGB III bzw. § 1 BBiG. Erforderlich ist eine Kausalität zwischen ehebedingten Nachteilen und der notwendigen Fortbildung oder Umschulung. Soweit es um berufliche Nachteile geht, ergeben sich diese aus einem Vergleich der beruflichen Stellung, die er ohne die Eheschließung innehaben könnte mit derjenigen, die ihm nun offen steht. Ein Nachteil liegt nicht nur vor, wenn die letztere ihm einen geringeren Lebensstandard ermöglicht als die Stelle, die er ohne die Heirat haben könnte, sondern auch dann, wenn sie ihm keine angemessene Entfaltung seiner Kenntnisse und Fähigkeiten erlaubt (BGH FamRZ 1984, 988). Für die Kausalität genügt, dass durch die Ehedauer Veränderungen in der Arbeitswelt oder auf dem Arbeitsmarkt eingetreten sind, die eine Anpassung der Kenntnisse oder Umstellung des Berufsbildes erforderlich machen (Johannsen/Henrich/Büttner Rn 15). 11

Nach Beendigung einer Fortbildungsmaßnahme kann ein Anspruch nach § 1575 Abs. 3 BGB i.V.m. § 1573 Abs. 1 BGB bis zum Beginn einer entsprechenden beruflichen Tätigkeit bestehen (BGH NJW-RR 1995, 835). Während 12 der Fortbildung ist dem Unterhaltsberechtigten ggf. eine Nebentätigkeit neben der Ausbildungsmaßnahme zuzumuten.

IV. Konkurrenzen

13 Besteht ein Anspruch nach § 1575 BGB, geht er dem Anspruch aus § 1573 BGB vor, so dass der Berechtigte, auch wenn ihm nach § 1573 Abs. 1 BGB eine angemessene Tätigkeit möglich wäre, zum Ausgleich ehebedingter Nachteile den Anspruch nach § 1575 BGB geltend machen kann (BGH NJW 1985, 1695; BGH NJW 1987, 2233). Im Übrigen ist ein Anspruch nach § 1575 BGB gegenüber einem Anspruch nach § 1573 Abs. 1 BGB subsidiär, da Ersterer eine Erwartung der Erwerbstätigkeit gerade nicht voraussetzt (BGH NJW 1980, 393; BGH NJW 1984, 1695; zum Anspruch auf Ausbildungsunterhalt während der Trennungszeit vgl. BGH FamRZ 1984, 561; BGH NJW 2001, 973). Besteht ein Anspruch auf Ausbildungsunterhalt gegen einen Verwandten, haftet gemäß § 1584 BGB der Ehegatte vorrangig (BGH FamRZ 1985, 353)

V. Darlegungs- und Beweislast

14 Der Ausbildungsunterhalt begehrende Ehegatte muss alle Tatbestandsvoraussetzungen darlegen und beweisen. Dazu zählt auch, dass die Ehe kausal für eine nicht aufgenommene oder abgebrochene Ausbildung gewesen ist (str.: Palandt/Brudermüller Rn 8) weiter, dass er die Ausbildung alsbald aufnehmen wird und nach erfolgreichem Abschluss mit einer Erwerbstätigkeit zu rechnen ist, die seinen Unterhalt nachhaltig sichert (Johannsen/Henrich/Büttner Rn 26). Wird eine Ausbildung während der Ehe abgebrochen, ist die Ehebedingtheit des Abbruchs zu vermuten (BGH NJW 1980, 393). Bzgl. des Abs. 2 muss der Ehegatte darlegen, dass durch die Ehe Nachteile aufgetreten sind, die durch die Maßnahme ausgeglichen werden sollen.

§ 1576 Unterhalt aus Billigkeitsgründen

¹ **Ein geschiedener Ehegatte kann von dem anderen Unterhalt verlangen, soweit und solange von ihm aus sonstigen schwerwiegenden Gründen eine Erwerbstätigkeit nicht erwartet werden kann und die Versagung von Unterhalt unter Berücksichtigung der Belange beider Ehegatten grob unbillig wäre.** ² **Schwerwiegende Gründe dürfen nicht allein deswegen berücksichtigt werden, weil sie zum Scheitern der Ehe geführt haben.**

I. Normzweck

1 Die Vorschrift stellt als sog. **positive Härteklausel** im System des nachehelichen Unterhalts einen Auffangtatbestand dar (BGH NJW 1998, 1065; BGH NJW 2003, 3481) die sicherstellen soll, dass Lücken, die sich aus dem enumerativen Tatbestandskatalog der §§ 1570 ff. BGB ergeben können, geschlossen werden. Sie stellt keine unterhaltsrechtliche Generalklausel dar; der Anspruch ist subsidiär und nicht ergänzend (BGH NJW 1984, 1538: zu § 1570 BGB; BGH NJW 2003, 3481: zu § 1572 BGB). § 1576 BGB ist als Ausnahmevorschrift eng auszulegen. Der Bedürftige, der keinen Anspruch aus §§ 1570 ff. BGB hat, soll

Unterhalt aus Billigkeitsgründen §1576 BGB

geschützt werden, ebenso aber auch der Verpflichtete vor einer zu weitgehenden Inanspruchnahme, indem er dem Grundsatz der Eigenverantwortung des Berechtigten in angemessenem Umfang Rechnung trägt. Die Maßstäbe für die Zumutbarkeit einer Erwerbstätigkeit sind auf Seiten des Berechtigten strenger als bei den anderen Unterhaltstatbeständen (BGH FamRZ 1985, 569). Auf Seiten des Unterhaltsschuldners ist diesem, insbesondere bei beengten wirtschaftlichen Verhältnissen im Rahmen der Billigkeitsabwägung regelmäßig ein höherer als der angemessene Selbstbehalt zu belassen (Palandt/Brudermüller Rn 4).

§ 1576 Satz 2 BGB betrifft nur die von dem den Unterhalt begehrenden Ehegatten vorgebrachten „schwerwiegenden Gründe", aus denen von ihm eine Erwerbstätigkeit nicht verlangt werden kann. Damit ist keine Rückkehr zum Verschuldensprinzip im Unterhaltsrecht verbunden. Die Vorschrift schließt aber nicht aus, dass eheliches Fehlverhalten des Unterhalt begehrenden Ehegatten, welches zum Scheitern der Ehe geführt hat, im Rahmen der Billigkeitsprüfung als ein gegen die Zuerkennung von Unterhalt sprechender Umstand berücksichtigt werden darf (Johannsen/Henrich/ Büttner Rn 4). 2

II. Anspruchsvoraussetzungen

Die Vorschrift setzt zwei Tatbestandsmerkmale voraus: Sonstige schwerwiegende Gründe müssen es als grob unbillig erscheinen lassen, dass im Einzelfall kein Unterhaltsanspruch nach den §§ 1570–1573, 1575 BGB besteht. Die Norm setzt keinen Einsatzzeitpunkt voraus, wohl aber eine zeitliche Nähe zur Ehe und einen sachlichen Zusammenhang (OLG Köln NJOZ 2004, 3049). 3

1. Sonstige schwerwiegende Gründe

Schwerwiegend sind die sonstigen Gründe als ein die Bedürftigkeit begründender Umstand nur, wenn ihnen das gleiche Gewicht beigemessen werden kann wie den in §§ 1570-1573, 1575 BGB geregelten Gründen für einen Unterhaltsanspruch (BGH FamRZ 1983, 800). Sie müssen **nicht ehebedingt** sein (BGH NJW 2003, a.a.O.; OLG Karlsruhe FamRZ 1994, 104), die Ehebedingtheit ist aber ein Indiz für das Vorliegen der Voraussetzungen. Langjährige Pflegedienste für den anderen Partner können die Unterhaltsversagung als grob unbillig erscheinen lassen, wenn nicht festgestellt werden kann, dass der Berechtigte ohne die Pflegetätigkeit eine eigene wirtschaftliche Existenz hätte aufbauen können (Johannsen/ Henrich/Büttner Rn 3). Streitig ist, ob § 1576 BGB einen Anspruch begründen kann, wenn die §§ 1570 ff. BGB am Einsatzzeitpunkt scheitern (offen gelassen von BGH NJW 1990, 2752). Der Billigkeitsunterhalt kennt seinem Wortlaut nach keinen bestimmten Einsatzzeitpunkt. Gleichwohl ist die zunehmende Entfernung von den Einsatzzeitpunkten der §§ 1570 ff. BGB als Abwägungskriterium im Rahmen der Billigkeitsprüfung zu berücksichtigen. Die Einsatzzeitpunkte behalten somit über die Abwägung ihre Bedeutung (so zutr. OLG Bamberg NJW-RR 1997, 198; OLG Hamm FamRZ 1997, 819; OLG Karlsruhe FamRZ 1996, 948; OLG Koblenz OLGR 2001, 508). Streitig ist allerdings, ob allein der Umstand, dass die Einsatzzeitpunkte nicht gewahrt worden sind, einen schwerwiegenden Grund darstellt, aus Billigkeitsgründen einen Unterhaltsanspruch zuzuerkennen (OLG Hamm FamRZ 1999, 230: bejaht; MünchKomm/Maurer Rn 4; a.A. OLG Zweibrücken FamRZ 2002, 823: Billigkeitsunterhalt, wenn Krankheitsunterhalt nach § 1572 BGB am Einsatzzeit- 4

BGB § 1576

punkt scheitert; bestätigt von BGH NJW 2003, 3481). Im Rahmen der Billigkeitsentscheidung soll jedoch zu berücksichtigen sein, dass ein nach der Scheidung mit einem Unterhaltsanspruch nicht belasteter Ehegatte mit fortschreitender Dauer immer weniger mit einer Inanspruchnahme auf Unterhalt zu rechnen braucht (BGH NJW 2003, a.a.O.).

2. Grobe Unbilligkeit

5 Die Versagung des Unterhalts muss wegen des Ausnahmecharakters der Vorschrift unbillig sein, d.h. die Ablehnung muss dem Gerechtigkeitsempfinden grob widersprechen. Dabei müssen die beiderseitigen Interessen abgewogen werden und bei Abwägung das Interesse des Berechtigten eindeutig überwiegen (BGH FamRZ 1983, 800 unter Hinweis auf BGH FamRZ 1980, 877). Ein schwerwiegender Grund allein reicht nicht; es ist zusätzlich eine Billigkeitsprüfung unter Berücksichtigung sämtlicher Umstände des Einzelfalles vorzunehmen. Insbesondere sind die persönlichen und wirtschaftlichen Verhältnisse der Eheleute zu berücksichtigen (OLG Hamm FamRZ 1996, 1417), insbesondere besondere Leistungen des Berechtigten in der Ehe, wie z.B. der Aufgabe der Arbeit, Vermögensopfer, die Pflege von Angehörigen des Unterhaltspflichtigen, die Ausbildungsfinanzierung pp. (OLG Düsseldorf FamRZ 1980, 56). Abwägungskriterien sind auch die Schaffung von Vertrauenstatbeständen durch den Unterhaltsverpflichteten, eine lange Ehedauer und die wirtschaftlichen Verhältnisse der Ehegatten. Trennungsverhalten und Scheidungsverantwortung können in die Abwägung mit einbezogen werden (BGH NJW 1984, 1538).

III. Fallgruppen

1. Betreuung nicht gemeinschaftlicher Kinder

6 Sie allein reicht nicht aus, um einen Unterhaltstatbestand nach § 1576 BGB zu begründen, selbst wenn die Kinder in den ehelichen Haushalt aufgenommen waren (BGH FamRZ 1983, 800), denn das Gesetz beschränkt den Anspruch aus § 1570 BGB auf gemeinschaftliche Kinder (anders bei Unterhalt nach § 58 EheG: BGH NJW 1982, 1050). Es müssen weitere besondere Umstände hinzutreten, insbesondere Betreuungsleistungen nach der Scheidung (vgl. auch OLG Koblenz NJW-RR 2005, 803).

7 **a) Pflegekinder.** Bei gemeinschaftlicher Aufnahme, insbesondere in jungem Alter des Pflegekindes und damit einer nachhaltigen Eingliederung in den neuen Lebenskreis kann ein Anspruch begründet sein (BGH NJW 1984, 1538), nicht jedoch bei Aufnahme erst kurz vor der Trennung (OLG Hamm FamRZ 1996, 1417; Beutler in Bamberger/Roth Rn 6; a.A. Johannsen/Henrich/Büttner Rn 8). Bei der Prüfung der groben Unbilligkeit kommt dem Wohl des Pflegekindes gegenüber einem etwaigen Fehlverhalten des Ehegatten besonderes Gewicht zu (BGH NJW 1984, a.a.O.). Eine Aufnahme nur mit Zustimmung des Unterhaltsverpflichteten reicht i.d.R. nicht aus (BGH NJW 1984, 2355: Frage des Einzelfalles; OLG Hamm FamRZ 1996, 1417; a.A. Johannsen/Henrich/Büttner Rn 8).

8 **b) Stiefkinder.** Deren Betreuung rechtfertigt einen Anspruch, weil es sich um eine besondere Leistung für den Verpflichteten handelt (OLG Bamberg

Unterhalt aus Billigkeitsgründen § 1576 BGB

FamRZ 1980, 587; OLG Stuttgart FamRZ 1983, 503) und insbesondere dann, wenn das Stiefkind ein natürliches Kind des Ehemannes ist (OLG Düsseldorf FamRZ 1999, 1274), denn die Ehe war durch die Kinderversorgung geprägt.

c) Gemeinschaftliches nachehelich geborenes Kind. Dessen Betreuung rechtfertigt keinen Anspruch aus § 1576 BGB (BGH NJW 1998, 1065). Allein ein die gemeinschaftliche Abstammung rechtfertigt keinen Vertrauenstatbestand. Auch besteht kein Anspruch aus § 1570 BGB. Unterhalt kann nur nach § 1615l BGB verlangt werden. Bei Betreuung eines rechtlich zwar nicht unter § 1570 BGB fallenden gemeinsamen Kindes aber faktisch praktizierter gemeinsamer Verantwortung, kommt § 1576 BGB in Betracht (h. M. OLG Düsseldorf FamRZ 1999, 1274; Palandt/Brudermüller Rn 6; Kalthoener/Büttner/Niepmann Rn 530). 9

d) Ehebruchskinder. Sofern der Unterhaltsverpflichtete einen schutzwürdigen Vertrauenstatbestand geschaffen hat (OLG Frankfurt NJW 1981, 2069), z. B. bei Aufnahme des Kindes in den gemeinsamen Haushalt wenn die Ehefrau wegen der Kindesbetreuung ihre Berufstätigkeit aufgegeben hat, kann ein Unterhaltsanspruch nach § 1576 BGB gegeben sein (vgl. auch Beutler in Bamberger/Roth Rn 7; Johannsen/Henrich/Büttner Rn 7). 10

e) Enkelkinder. Deren Betreuung kann einen Anspruch aus § 1575 BGB auch ohne Zustimmung des Verpflichteten zur Betreuung rechtfertigen, wenn die Zustimmung treuwidrig versagt wird (AG Herne-Wanne FamRZ 1996, 1016; Johannsen/Henrich/Büttner Rn 7). 11

2. Besondere Leistungen für den anderen Ehepartner

a) Pflege von Angehörigen des Unterhaltsverpflichteten. Obwohl das geltende Recht keine Unterhaltspflicht gegenüber Verschwägerten kennt, kommt – sofern die Belange beider Ehegatten berücksichtigt und betroffen sind – unter Beachtung der Umstände des Einzelfalles ein Anspruch aus § 1576 BGB in Betracht (OLG Stuttgart FamRZ 1983, 503; MünchKomm/Maurer Rn 7), wenn nämlich wegen der Pflege eine Erwerbstätigkeit unterbleibt. 12

b) Alter. Sofern ein Anspruch aus § 1571 BGB nur am Einsatzzeitpunkt scheitert, kann das Alter des Bedürftigen zu einem Anspruch aus § 1576 BGB führen (OLG Düsseldorf FamRZ 1980, 56; MünchKomm/Maurer Rn 8), wenn z. B. der Ehefrau wegen der Pflege von Angehörigen des Unterhaltsverpflichteten ein Anspruch aus § 1576 BGB zustand und danach wegen Alters eine Erwerbstätigkeit von ihr nicht mehr verlangt werden kann. 13

c) Krankheit. Scheitert der Anspruch aus § 1572 BGB am Einsatzzeitpunkt, ist § 1576 BGB zu prüfen (BGH NJW 2003, 3481). Eine krankheitsbedingte Erwerbsunfähigkeit kann einen Anspruch aus § 1576 BGB begründen, wenn die Erwerbsunfähigkeit ehebedingt ist und die Krankheit als Spätfolge auftritt, soweit sie – z. B. bei Verletzung durch den Unterhaltsverpflichteten – in die Risikosphäre des anderen Ehegatten fällt (Johannsen/Henrich/Büttner Rn 9). Auch bei Hinzutreten besonderer, die nacheheliche Solidarität begründender und über die Scheidung fortwirkender Vertrauenstatbestände (BGH NJW 1990, 2752; Palandt/Brudermüller Rn 8) kann ein Anspruch aus § 1576 BGB gegeben sein. Allein die fehlende soziale Absicherung des bedürftigen Ehegatten reicht nicht aus (OLG Hamm FamRZ 1999, 230). 14

BGB § 1576

15 **d) Erbringung außergewöhnlicher Opfer.** Dies kann einen Anspruch begründen, z. B. bei überobligationsmäßigen Leistungen („besondere Lebensleistungen"), die ein erwerbstätiger Ehegatte im Interesse des anderen während der Ehe erbracht hat und unter Umständen nach der Scheidung fortsetzt. Dazu zählen die Mitarbeit im Geschäft des anderen Ehepartners bei gleichzeitigem Verzicht auf eine eigene berufliche Kariere (BGH FamRZ 1983, 800; OLG Karlsruhe FamRZ 1994, 104; Staudinger/Verschraegen Rn 32).

16 **e) Ausbildungsfinanzierung.** Besondere Leistungen des Unterhaltsberechtigten im Interesse des Verpflichteten können einen Anspruch rechtfertigen (Johannsen/Henrich/Büttner Rn 8; MünchKomm/Maurer Rn 10; a. A. Staudinger/Verschraegen Rn 30). Je entsagungsvoller das im Rahmen von § 1576 BGB angeführte Verhalten war und ist, desto eher ist dem anderen Ehegatten eine nacheheliche Unterhaltsverpflichtung zuzumuten (Palandt/Brudermüller Rn 7), z. B. wenn die Ehefrau mit ihrer Erwerbstätigkeit das Studium des Mannes finanziert und gleichzeitig den Haushalt und die Kinder betreut hat.

IV. Höhe und Dauer des Anspruchs

17 Billigkeitsunterhalt kann nur verlangt werden, soweit und solange eine Erwerbstätigkeit nicht verlangt werden kann. Die umfangsmäßige und zeitliche Begrenzung hängt vom Einzelfall ab (BGH NJW 1984, 2355). Sowohl die Dauer als auch der Umfang des Anspruchs sind einer Billigkeitsprüfung zugänglich, ohne dass die Voraussetzungen der §§ 1573 Abs. 5, 1578 Abs. 1 Satz 2 BGB a. F., 1579 BGB vorliegen müssen.

18 Der Anspruch ist gestützt auf den „angemessenen" Unterhalt. Die Bemessung muss deshalb nicht den ehelichen Lebensverhältnissen entsprechen (Johannsen/Henrich/Büttner Rn 11). Der Mindestbedarf des Unterhaltsberechtigten kann unterschritten werden, dem Verpflichteten kann ein höherer Selbstbehalt belassen werden (OLG Düsseldorf FamRZ 1980, 56; Beutler in Bamberger/Roth Rn 14).

V. Rang

19 Der Rang des Anspruchs aus § 1576 BGB kann sich aus Billigkeitsgründen nicht ändern (BGH NJW 1985, 2268). Dies folgt aus § 1582 Abs. 1 Satz 2 BGB. Im Rahmen der Billigkeitsabwägung aber kann der nach § 1576 BGB vorrangige Anspruch zeitlich befristet und Umfangs mäßig begrenzt werden. Der Anspruch aus § 1576 BGB geht gem. § 1609 BGB a. F. dem Anspruch des volljährigen nicht privilegierten Kindes vor, ebenfalls dem Anspruch aus § 16151 (Palandt/Brudermüller Rn 10). Für Unterhaltsansprüche ab 1. 1. 2008 gilt die neue Rangfolge nach § 1609 BGB.

VI. Konkurrenzen

20 Der Anspruch auf Billigkeitsunterhalt aus § 1576 BGB ist gegenüber den Ansprüchen der §§ 1570–1572, 1575 BGB subsidiär (BGH NJW 1984, 1538). Besteht ein Anspruch aus § 1570 BGB und daneben wegen der Betreuung eines nicht gemeinschaftlichen Kindes ein Anspruch nach § 1576 BGB, ist wegen der Subsidiarität der Anspruch nach § 1570 BGB zu beziffern. Nur der darüber hinausgehende Anspruch wegen der Betreuung eines nicht gemeinschaftlichen Kindes kann nach § 1576 BGB nach Billigkeitskriterien geprüft werden. § 1579 BGB ist auf den Anspruch aus § 1576 BGB nicht anwendbar, da die Erwägungen nach § 1579 BGB schon bei der Billigkeitsprüfung zu berücksichtigen sind (BGH NJW 1984, 1538).

VI. Beweislast

Für die Darlegungs- und Beweislast gelten die allgemeinen Regeln. Der Unterhaltsberechtigte muss darlegen und beweisen, dass ihn schwerwiegende Gründe an der Ausübung einer Erwerbstätigkeit hindern. Im Rahmen der Billigkeitsabwägung obliegt es jedem Ehegatten, die zu seinen Gunsten sprechenden Umstände darzulegen und zu beweisen (Johannsen/Henrich/Büttner Rn 15; Palandt/Brudermüller Rn 12). 21

§ 1577 Bedürftigkeit

(1) Der geschiedene Ehegatte kann den Unterhalt nach den §§ 1570 bis 1573, 1575 und 1576 nicht verlangen, solange und soweit er sich aus seinen Einkünften und seinem Vermögen selbst unterhalten kann.

(2) ¹**Einkünfte sind nicht anzurechnen, soweit der Verpflichtete nicht den vollen Unterhalt (§§ 1578 und 1578 b) leistet.** ²**Einkünfte, die den vollen Unterhalt übersteigen, sind insoweit anzurechnen, als dies unter Berücksichtigung der beiderseitigen wirtschaftlichen Verhältnisse der Billigkeit entspricht.**

(3) Den Stamm des Vermögens braucht der Berechtigte nicht zu verwerten, soweit die Verwertung unwirtschaftlich oder unter Berücksichtigung der beiderseitigen wirtschaftlichen Verhältnisse unbillig wäre.

(4) ¹**War zum Zeitpunkt der Ehescheidung zu erwarten, dass der Unterhalt des Berechtigten aus seinem Vermögen nachhaltig gesichert sein würde, fällt das Vermögen aber später weg, so besteht kein Anspruch auf Unterhalt.** ²**Dies gilt nicht, wenn im Zeitpunkt des Vermögenswegfalls von dem Ehegatten wegen der Pflege oder Erziehung eines gemeinschaftlichen Kindes eine Erwerbstätigkeit nicht erwartet werden kann.**

I. Allgemeines

Die Vorschrift normiert die Bedürftigkeit als Tatbestandselement für den Anspruch auf nachehelichen Unterhalt. Eine nur vorübergehende Deckung des Bedarfs berührt einen nachehelichen Unterhaltstatbestand grundsätzlich nicht. In den Abs. 1 und 2 ist die Anrechnung eigener Einkünfte, in Abs. 3 die Verwertung des Vermögens und in Abs. 4 die nach Vermögensverfall wieder eintretende Bedürftigkeit geregelt (BGH NJW 1999, 1083). Durch das UÄndG wurde der Klammerzusatz in Abs. 2 S. 1 um § 1578b BGB ergänzt. Damit ist klargestellt, dass der volle Unterhalt nicht nur der nach den ehelichen Lebensverhältnissen sein kann, sondern auch der aus Billigkeitsgesichtspunkten herabgesetzte Unterhalt. Für den Begriff der Bedürftigkeit gelten nicht die Maßstäbe der Sozialhilfe 1

BGB § 1577

(BGH NJW 1980, 124; BGH NJW 1995, 1486). Die Zahlung von Sozialhilfe lässt den Unterhaltsanspruch unberührt, selbst wenn die Ansprüche nicht auf den Sozialhilfeträger übergehen. Der Unterhaltsanspruch des Berechtigten dient nicht dazu, Vermögen zu bilden (BGH NJW 1992, 1044; BGH NJW 1998, 753) oder damit Verbindlichkeiten zu erfüllen (BGH NJW 1985, 806 und 2265). Deshalb beeinflussen Prozesskosten, auch wenn sie regelmäßig erwachsen, den Bedarf des geschiedenen Ehegatten nicht (BGH NJW-RR 1990, 194), ebenso wenig gegen den Empfänger gerichtete Unterhaltsforderungen (BGH NJW 1985, 806). Lebt der Unterhaltsberechtigte im Ausland, sind für seinen Bedarf die dortigen tatsächlichen Versorgungsmöglichkeiten und deren Kosten maßgebend (BGH NJW-RR 1993, 5).

II. Anrechnung von Einkünften, Abs. 1

1. Alle Einkünfte

2   Grundsätzlich sind alle Einkünfte in Geld oder alle verfügbaren Sachwerte in Geldeswert anzurechnen (BGH NJW 1980, 2081), soweit sie zur Deckung des Unterhaltsbedarfs zur Verfügung stehen und dafür eingesetzt werden bzw. bei Anlegung eines objektiven Maßstabs eingesetzt werden können. Es gelten grundsätzlich dieselben Maßstäbe wie bei § 1361 BGB. Insoweit ist es ohne Belang, ob die anrechenbaren Einkünfte eheprägend sind (BGH NJW 1999, 2365), und welcher Unterhaltstatbestand erfüllt ist (BGH NJW 1993, 1920). Bedürftig ist auch, wer den Mangel verschuldet hat. Dies gilt auch, wenn ein Ehegatte Einkünfte erzielen kann, fahrlässig aber keine Erwerbsbemühungen entfaltet, so dass er sich ein fiktives Einkommen zurechnen lassen muss (BGH FamRZ 1985, 158; BGH NJW 2000, 2351). Die Bedürftigkeit entfällt auch bei erzielbaren Einkünften aus unterlassener Vermögensnutzung und Vermögensverwertung sowie bei unterlassener Inanspruchnahme sozialstaatlicher Leistungen (z. B. Wohngeld oder BAföG). Fiktive Einkünfte sind wie beim Verpflichteten anzurechnen (BGH NJW 1980, 393) und im Wege der Differenzmethode zu berücksichtigen, wenn eine Erwerbsobliegenheit schon während der Ehe bestanden hat (BGH FamRZ 2003, 434; BGH NJW-RR 2004, 505). Zur Dauer der Fiktion s. Kalthoener/Büttner/Niepmann Rn 729–731. Ein Unterhaltsgläubiger ist auch dann nicht bedürftig, wenn er eine zumutbare Forderungseinziehung unterlässt (BGH NJW 1998, 978), allerdings obliegt es dem Unterhaltsgläubiger, der aus gesundheitlichen Gründen eine Arbeitsstelle nicht antreten konnte, nicht, im Wege der Abänderungsklage eine Erhöhung seiner Unfallrente geltend zu machen (BGH NJWE-FER 1998, 214).

2. Vermögenserträge

3   Vorrangig zur Deckung des Bedarfs einzusetzen sind Vermögenserträgnisse. Dabei kommt es weder auf die Herkunft (BGH FamRZ 1985, 354: Anteils- und Veräußerungserlös des ehemaligen Familienheims) noch darauf an, ob die Anrechnung der Billigkeit entspricht (BGH NJW 1985, 909 und 1343; vgl. zur Bedarfsdeckung durch Schmerzensgeld: BGH NJW-RR 1988, 1093). Kapitalerträge mindern die Bedürftigkeit in der Höhe, in der sie dem geschiedenen Ehegatten zufließen; ein Abzug zum Ausgleich eines inflationsbedingten Wertverlustes des Vermögensstammes kommt nicht in Betracht (BGH FamRZ 1992, 423).

Bedürftigkeit **§ 1577 BGB**

Zinseinkünfte mindern die Bedürftigkeit bereits seit dem Zeitpunkt der Kapitalanlage, auch wenn die Zinsen erst im nach hinein ausgezahlt werden (BGH NJW-RR 1988, 1282). Erträge aus der Umschichtung schon vor der Trennung vorhandenen Vermögens und auch Zinseinkünfte aus dem Zugewinnausgleich sind im Wege der Differenzmethode zu berücksichtigen (BGH NJW 2008, 57). Der Unterhaltsberechtigte kann jedoch eine angemessene Frist für die Überlegung beanspruchen, auf welche Weise er das ihm aus dem Zugewinnausgleich oder aus der Auseinandersetzung einer Gütergemeinschaft zugeflossene Kapital anlegen will (BGH NJW-RR 1986, 682). Maßgebend sind die Nettoerträge, d.h. Werbungs- und Erhaltungskosten sind ebenso wie Steuern und Abgaben abzuziehen.

Folgende Unterfälle der Vermögenseinkünfte sind zu berücksichtigen:

a) Wohnvorteile. Das mietfreie Wohnen im eigenen Haus und auch die Nutzung einer Wohnung aufgrund eines schuldrechtlichen Wohnrechts (BGH NJW 1994, 935) zählen wie beim Trennungsunterhalt (s. Vorbem § 1361 Rn 142 ff.) zum anrechenbaren Einkommen. Es gelten jedoch für den nachehelichen Unterhalt folgende Besonderheiten: Maßgeblich ist der objektive Mietwert (BGH NJW 2003, 2306; BGH NJW 2007, 1974; zu den Bemessungskriterien vgl. BGH NJW 1985, 49; anders wenn der Eigentümer gegenüber einem Elternteil unterhaltspflichtig ist, BGH NJW 2003, 2306). Eine Obliegenheit zur Verwertung der Wohnung ist nach der Scheidung grundsätzlich zu bejahen, da keine Erhaltungsinteressen mehr bestehen (BGH NJW-RR 1994, 1155; BGH NJW 2000, 2349), sofern die Gesamtabwägung nicht ausnahmsweise eine Unzumutbarkeit des Auszuges ergibt. Der Wohnvorteil ist um Zahlungen auf einen Kredit zur Finanzierung des Eigenheims gemindert, soweit es sich um Zins-, nicht aber um Tilgungsaufwand handelt (BGH NJW 1992, 1044; BGH NJW 1998, 753; BGH NJW 2000, 2349); Die Tilgungsraten können jedoch in Höhe von 4% des Jahresbruttoeinkommens als zusätzliche Altersvorsorge berücksichtigt werden (BGH NJW 2005, 3277; BGH NJW 2007, 1974). 4

b) Einkünfte aus Vermietung und Verpachtung. Die Einkünfte werden als Überschusseinkünfte (§ 2 Abs. 2 Nr. 2 EStG) durch Abzug der Werbungskosten vom Bruttoeinkommen ermittelt. Werterhöhende Maßnahmen können unterhaltsrechtlich nicht als Werbungskosten berücksichtigt werden (BGH NJW 1997, 735). Absetzbar sind die Verbrauchs unabhängigen Nebenkosten (BGH FamRZ 2000, 351), allerdings nur soweit sie nicht auf den Mieter umgelegt werden können (zur Berücksichtigung von Rücklagen für Sanierungskosten: vgl. BGH FamRZ 2000, 351). Besteht der Ertrag im Mietzins z.B. für eine Eigentumswohnung, darf er um Zahlungen an eine Bausparkasse gemindert werden, soweit sie auf Schuldzinsen, nicht dagegen auf Tilgungsleistungen entfallen; dies gilt jedenfalls dann, wenn wegen guter wirtschaftlicher Verhältnisse Vollstreckungsmaßnahmen nicht zu befürchten sind. Fließen die Einnahmen aus einer im hälftigen Miteigentum der Eheleute stehenden Eigentumswohnung allein dem Unterhaltsschuldner zu, so kann dieser den Gläubiger unterhaltsrechtlich nicht auf die ihm daraus zustehenden Einkünfte verweisen. 5

c) Auswirkungen des Zugewinnausgleichs. Dem Berechtigten ist eine angemessene Frist zuzubilligen, wie er das im Zugewinn erhaltene Kapital verwenden will (BGH NJW-RR 1986, 682). Erwirbt ein Ehepartner im Zuge der Auseinandersetzung eines im Miteigentum stehenden Hauses dieses zu Alleinei- 6

BGB § 1577

gentum (zum evtl. Anfall von Spekulationssteuern: s. Büte FuR 2003, 390), so kann der Wohnwert nicht mit dem Wohnvorteil in der Ehe gleichgesetzt werden (BGH NJW 1998, 753). Gleiches gilt für die Wiederanlage des Erlösanteils in Grundeigentum. Verkaufserlöse können zur Schuldentilgung und für notwendige Anschaffungen verwendet werden (OLG Hamm NJW-RR 1998, 724), ein Restbetrag ist verzinslich anzulegen (BGH NJW-RR 1994, 1154).

7   **d) Obliegenheiten.** Eine **Umschichtung** des Vermögens kann nur verlangt werden, wenn die bisherige Anlageform eindeutig unwirtschaftlich ist und kein schutzwürdiges Interesse an der gewählten Anlageform besteht (BGH NJW 2001, 2259). Schlecht genutztes Vermögen muss besser angelegt werden, ansonsten kann nach einer Übergangsfrist ein fiktives Einkommen angesetzt werden. Eine risikofreudige oder gar spekulative Anlage kann nicht verlangt werden. Maßstab ist eine langfristig erzielbare Rendite, die sich an öffentlichen Anleihen orientiert (OLG Hamm NJWE-FER 1999, 219). Vor der Anrechnung ist eine fiktive Steuerlast abzuziehen (BGH NJW-RR 1986, 682).

8   Der über den Wohnvorteil aus der eingeschränkten Nutzung hinausgehende Wert des Hauses oder der Eigentumswohnung ist als allgemeiner Vermögensvorteil zu behandeln, für den eine Obliegenheit zu möglichst ertragreicher Nutzung und Verwertung besteht. Deshalb kann dem Ehegatten eine teilweise oder vollständige Vermietung der Ehewohnung wie bei einer Eigentumswohnung obliegen. Im Einzelfall kann sich selbst eine Veräußerung als erforderlich erweisen. Sind diese Maßnahmen nicht möglich oder nicht zumutbar, bleibt es, wie beim Trennungsunterhalt, bei dem Gebrauchswert der tatsächlichen Nutzung (BGH NJW 2000, 2349).

9   **e) Verbrauch des Kapitals.** Nach Verbrauch des Kapitals können Einkünfte daraus nicht mehr angerechnet werden (BGH NJW 1988, 2371). Insoweit ist die Sondervorschrift des § 1579 Nr. 3 BGB zu beachten, die in ihrem Geltungsbereich den Rückgriff auf allgemeine Grundsätze ausschließt. Erfüllt also das Verhalten des Bedürftigen nicht die Voraussetzungen dieser Vorschrift, kann er mithin nicht so behandelt werden, als habe er das Kapitalvermögen noch (BGH NJW-RR 1986, 746). Nur bei einer **mutwilligen Herbeiführung der Bedürftigkeit** sind nach Verbrauch des Kapitals fiktive Zinseinkünfte anzusetzen (BGH NJW 1990, 3274). Das gilt nicht, sofern das Wohl gemeinsamer, vom Bedürftigen betreuter Kinder, beeinträchtigt würde (BGH NJW-RR 1997, 897).

3. Versorgungsleistungen für Dritte

10   Haushaltsführungsleistungen für den neuen Partner sind im Rahmen der Bedarfsberechnung im Wege der **Differenzmethode** zu berücksichtigen, wenn sie an die Stelle der bisherigen Haushaltsführung treten (BGH NJW 2001, 3779; BGH NJW 2004, 2303 und 2305). Ein eheähnliches Zusammenleben allein begründet aber weder eine tatsächliche Vermutung noch einen auf die Lebenserfahrung gestützten Beweis des ersten Anscheins, dass die (frühere) Ehefrau angemessen unterhalten wird (BGH FamRZ 1980, 879). Die Leistungen müssen **tatsächlich** erbracht werden (BGH NJW 1989, 1083). Bei bloßer Wohngemeinschaft kommt die Ansetzung eines fiktiven Einkommens nur in Betracht, wenn der neue Partner den Mietzins oder die Nebenkosten allein trägt (BGH NJW 1995, 962). Liegt eine **Wirtschaftsgemeinschaft** vor, ist – sofern der neue Partner leistungsfähig ist (BGH NJW 1989, 1083) – für die erbrachten

Bedürftigkeit **§ 1577 BGB**

Leistungen eine angemessene Vergütung anzusetzen (BGH NJW 1980, 124). Bei voller Berufstätigkeit des Unterhaltsberechtigten neben der Haushaltsführung und Versorgung des neuen Partners ist davon auszugehen, dass die Haushaltsführung geteilt wird und deshalb keine Vergütungsleistung anzusetzen ist (BGH NJW-RR 2005, 945). Etwas anderes kann nur dann gelten, wenn der neue Partner in gehobenen wirtschaftlichen Verhältnissen lebt und die Unterhaltsberechtigte daran teilhaben lässt und insbesondere dann, wenn der Unterhaltspflichtige in engen wirtschaftlichen Verhältnissen lebt. Bezüglich der Bewertung der zu zahlenden Vergütung ist der Rechtsgedanke des § 850h Abs. 2 ZPO heranzuziehen (BGH NJW 1989, 1083). Praxisnahe Richtwerte werden von den Leitlinien verschiedener Oberlandesgerichte in einer Größenordnung von 200–550 € bei Vollversorgung angesetzt. Von den nach § 287 Abs. 2 ZPO zu schätzenden Werten ist **kein Erwerbstätigenbonus** abzuziehen (BGH NJW 2001, 3779). Eine darüber hinausgehende Ersparnis von Generalunkosten kann nur berücksichtigt werden, wenn im Einzelfall trennungsbedingter Mehrbedarf zugebilligt worden ist. Dieser wird durch Begründung einer Wirtschaftsgemeinschaft mit dem neuen Partner regelmäßig entfallen (BGH NJW 1995, 962). Unentgeltliche Dienste, die üblicherweise vergütet werden, sind grundsätzlich in Höhe eines angemessenen Verdienstes anzurechnen (BGH NJW 1980, 1686; BGH NJW 2004, 2303).

4. Freiwillige Leistungen Dritter

Sie lassen grundsätzlich – auch soweit damit einer sittlichen Pflicht entspro- **11** chen wird – die Unterhaltsbedürftigkeit im Verhältnis zum Unterhaltsschuldner **unberührt** (BGH NJW 1980, 124; BGH NJW 1982, 1216). Das kann auch bei mietfreiem Wohnen der Fall sein (BGH NJW-RR 1990, 578; OLG Hamburg FamRZ 2005, 927 = BeckRS 2008, 26147) sowie bei zinsloser Gewährung eines Darlehens durch einen Dritten (BGH NJW-RR 2005, 945). Zu berücksichtigen sind die durch die gemeinsame Haushaltsführung ersparten Leistungen der Lebenshaltung (BGH NJW 2008, 172). Etwas anderes gilt, wenn der Dritte seinen Willen zum Ausdruck bringt, mit seinen Leistungen den Unterhaltspflichtigen zu entlasten (BGH NJW-RR 1993, 322). Bei **Leistungen im Familienkreis** spricht eine tatsächliche Vermutung dafür, dass diese dem begünstigten Familienangehörigen allein zugute kommen soll (BGH NJW 1995, 1486). Im **Mangelfall** wird dagegen auch bei beabsichtigter Begünstigung des Unterhaltsgläubigers eine jedenfalls teilweise Anrechnung der Zuwendung auf den Unterhaltsbedarf im Hinblick auf § 1581 BGB in Betracht zu ziehen sein (BGH NJW 1999, 2365 und 2804). Gleiches gilt bei Erfüllung der Voraussetzungen des § 1579 BGB (BGH NJW 1990, 253). Dies erscheint jedoch bedenklich, da der Dritte die Voraussetzungen des § 1579 BGB nicht zu verantworten hat und ihm die Mangelsituation nicht zuzurechnen ist (so zutreffend: Johannsen/Henrich/Büttner Rn 16). Sachleistungen sowie Betreuungs- und Aufsichtsleistungen sind nicht anders als Barleistungen zu bewerten.

5. Öffentlich rechtliche Leistungen

Die Anrechnungsregeln für Kindergeld, Ortszuschlag, Erziehungsgeld, Pflege- **12** geld, Krankengeld (zum Abzug der krankheitsbedingten Mehrkosten vgl. BGH NJW-RR 1987, 194; kein Abzug eines Erwerbstätigenbonusses: BGH NJW-RR 2009, 289), Wohngeld, BAföG und ALG II entsprechen denen beim Trennungsunterhalt. Zu beachten ist, dass die BAföG-Förderung gegenüber geschiedenen Ehegatten nicht subsidiär gewährt wird.

III. Nichtanrechnung von Einkünften aus unzumutbarer Tätigkeit, Abs. 2

1. Allgemeines

13   Eine Sonderregelung für die Anrechnung aller Einkünfte aus überobligationsmäßiger Tätigkeit enthält Abs. 2. Danach sind Einkünfte nicht anzurechnen, soweit der Verpflichtete den vollen Unterhalt nicht leisten kann. Unzumutbar ist eine Tätigkeit, wenn derjenige, der sie ausübt, sie jederzeit unterhaltsrechtlich wieder beenden kann (BGH NJW 2001, 973). Insoweit gelten die Grundsätze der §§ 1570ff., 1574 Abs. 2 BGB. Sofern eine Erwerbsobliegenheit nicht besteht, ist ein gleichwohl erzieltes Einkommen nicht eheprägend (BGH NJW 2003, 1181). Das Problem stellt sich vorwiegend bei einer Erwerbstätigkeit neben der Kindesbetreuung. Auch unter Berücksichtigung des ab 1. 1. 2008 nicht mehr geltenden Altersphasenmodells (s. § 1570 Rn 10ff.) kann sich eine Erwerbstätigkeit als (teilweise) überobligationsmäßig darstellen OLG Celle FamRZ 2008, 1853). Überobligatorisch kann eine Tätigkeit sein, wenn ein behindertes Kind betreut und daneben gearbeitet wird, selbst wenn für das Kind Pflegegeld nach § 13 Abs. 6 SGB XI gezahlt wird (BGH NJW 2006, 2182) oder wenn der Bedürftige nach Verrentung mit 65 Jahren weiter arbeitet oder einer Nebentätigkeit nachgeht (BGH NJW 2006, 1654).

Die Vorschrift ist nicht anzuwenden auf die Anrechnung von Einkünften aus zumutbarer Erwerbstätigkeit (BGH NJW 1983, 933). Sie unterscheidet zwischen anrechnungsfreiem (Satz 1) und nach Billigkeitsabwägungen anzurechnendem (Satz 2) Einkommen. Die Grundsätze gelten auch beim Trennungsunterhalt (BGH NJW 1983, 933) und analog auch beim Verwandtenunterhalt (BGH NJW 1995, 1215). Die Unzumutbarkeit kann auch bereits vor der Trennung bestanden haben oder durch die Trennung verursacht sein (BGH NJW 1998, 721).

2. Berechnung im Einzelnen

14   Nach der geänderten Rechtsprechung des BGH (NJW 2005, 2145) ist nicht mehr in ein nach S. 1 anrechnungsfreies und ein nach S. 2 nach Billigkeitskriterien anzurechnendes Einkommen zu differenzieren. Nur der „unterhaltsrelevante" Teil eines überobligationsmäßig erzielten Einkommens ist im Wege der Differenzmethode in die Unterhaltsberechnung einzustellen. Der nach Billigkeit ermittelte anrechnungsfreie Teil bleibt unberücksichtigt (BGH NJW 2006, 2182) und mindert auch nicht die Bedürftigkeit.

15   Bei abnehmender Betreuungsbedürftigkeit kann eine bisher (teilweise) unzumutbare Tätigkeit zumutbar werden. Sofern ein bisher vollschichtig erwerbstätiger Ehepartner nach der Trennung eine Kindesbetreuung übernimmt, kann die Erwerbstätigkeit teilweise unzumutbar sein (OLG Koblenz FamRZ 1999, 1275; Johannen/Henrich/Büttner Rn 19). Die Anwendung von Abs. 2 hängt nicht davon ab, dass der Unterhaltspflichtige die Aufnahme der unzumutbaren Erwerbstätigkeit durch seine Säumnis oder sonst unvollständige Erfüllung der Unterhaltspflicht veranlasst hat (BGH FamRZ 1983, 146).

Bedürftigkeit **§ 1577 BGB**

Ein nach überobligationsmäßiger Tätigkeit bezogenes ALG (OLG Köln NJW- 16
RR 2006, 361), eine Abfindung (BGH NJW 2007, 2249; OLG Koblenz
FamRZ 2002, 325) oder Krankengeld sind ohne Abzug des Erwerbstätigenbonus (BGH NJW-RR 2009, 289 zu ALG II) voll anrechenbar, eine durch
überobligationsmäßige Tätigkeit erlangte Altersvorsorge ist nur im Rahmen des
Abs. 2 anzurechnen (BGH NJW-RR 1988, 514).

Der „volle Unterhalt" ist der nach der Bedarfsberechnung nach den ehelichen 17
Lebensverhältnissen geschuldete Quotenunterhalt einschließlich des Krankenvorsorge und des Pflegevorsorgeunterhalts sowie des trennungsbedingten Mehrbedarfs. Der BGH (BGH NJW 1996, 517; BGH NJW 1997, 1919) hat es abgelehnt, insoweit einen **Mindestbetrag** in Höhe der Mindestbedarfssätze der
Düsseldorfer Tabelle anzunehmen. Durch die Ergänzung in Abs. 2 (§ 1578 b) für
Zeiträume ab 1.1.2008 ist klargestellt, dass der volle Unterhalt auch der aus Billigkeitsgründen herabgesetzte Unterhalt sein kann (BT-Drucks 16/1830 S. 18;
vgl. zum Mindestbedarf im absoluten Mangelfall: BGH NJW 2003, 1112).

3. Anrechnung nach Billigkeit, Abs. 2 Satz 2

Übersteigen die Einkünfte aus unzumutbarer Erwerbstätigkeit zusammen mit 18
dem Unterhalt und dem anzurechnenden Einkommen den vollen Unterhalt, sind
sie, soweit es der Billigkeit entspricht, gem. Abs. 2 Satz 2 anzurechnen (BGH
NJW 2003, 1181). Ob das Einkommen anzurechnen ist, hängt von den besonderen Umständen des Einzelfalles ab (BGH NJW 2005, 818; BGH NJW-RR
2005, 945; OLG Stuttgart FamRZ 2007, 150; OLG Düsseldorf FamRZ 2007,
1817). Maßgeblich ist insbesondere, wie etwa die Kindesbetreuung mit den konkreten Arbeitszeiten unter Berücksichtigung der erforderlichen Fahrzeiten zu
vereinbaren ist und ob und gegebenenfalls zu welchen Zeiten die Kinder infolge
eines Kindergarten- oder Schulbesuchs zeitweise der Betreuung nicht bedürfen
(BGH NJW-RR 2005, 945; BGH NJW 2001, 973). Weitere Kriterien sind die
beiderseitigen Vermögensverhältnisse und sonstigen wirtschaftlichen Verhältnisse,
das Bestehen weiterer Unterhaltspflichten oder das Bestehen hoher Verbindlichkeiten aus der Ehezeit. Vor der Billigkeitsanrechnung sind die Einkünfte wie
andere um den Erwerbstätigenbonus ($1/7$ bzw. nach den Süddeutschen Leitlinien
$3/10$) sowie berufsbedingte Unkosten zu bereinigen.

Grundsätzlich **vorweg abzuziehen** sind die mit der Kinderbetreuung anfal- 19
lenden Kosten, die eine Erwerbstätigkeit erst ermöglichen (BGH NJW 2001,
975), soweit es sich nicht um einen Mehrbedarf des Kindes handelt (BGH NJW
2008, 2337). Im Übrigen lehnt der BGH (NJW 2005, 818; NJW 2005, 2145;
NJW 2006, 2182) den Abzug von Betreuungskosten oder eines Bonus ab. Diese
Rechtsprechung ist abzulehnen. Wie beim Unterhaltspflichtigen (BGH NJW
2001, 973) ist auch beim Berechtigten bei überobligationsmäßiger Tätigkeit ein
Betreuungsbonus abzuziehen (Wendl/Gerhardt § 1 Rn 606 ff.), auch bei einer
Betreuung durch Angehörige (OLG Celle FamRZ 2004, 1300; KG NJW 2005,
2930). Dieser richtet sich i.d.R. nach den besonderen Erschwernissen der
Kindesbetreuung und den wirtschaftlichen Verhältnissen, kann aber nicht mit
dem Bedarfssatz der Düsseldorfer Tabelle (so aber OLG Hamm NJW-RR 2003,
1226: Mindesttabellenwert der 1. Altersstufe) gleichgesetzt werden. Angemessen
ist ein Betrag von ca. 150 € pro Kind (Kalthoener/Büttner/Niepmann Rn 540
Fn 1302). Entscheidend bei der Billigkeitsprüfung ist, ob der Halbteilungsgrundsatz gewahrt ist.

IV. Verwertung des Vermögensstammes, Abs. 3

1. Allgemeines

20 Nach Abs. 1 muss der Unterhaltsberechtigte vor Inanspruchnahme des Verpflichteten grundsätzlich auch den Stamm seines Vermögens – auch in angemessenen Raten – zur Minderung seiner Bedürftigkeit einsetzen. Abs. 3 schränkt diese Obliegenheit in Ausnahmefällen ein, soweit die Verwertung unwirtschaftlich oder unter Berücksichtigung der beiderseitigen wirtschaftlichen Verhältnisse unbillig wäre (BGH NJW 2008, 57). Für die Obliegenheit des Berechtigten und des Verpflichteten zum Einsatz ihrer wirtschaftlichen Mittel gelten grundsätzlich dieselben Maßstäbe (BGH FamRZ 1985, 354). Der Vermögensstamm ist für die voraussichtliche Dauer der Unterhaltsbedürftigkeit einzusetzen (BGH NJW 1998, 978), bei unbegrenzter Dauer für die voraussichtliche Lebenszeit (OLG Frankfurt FamRZ 1987, 1179).

2. Unwirtschaftlichkeit

21 Unwirtschaftlich ist die Verwertung der Vermögenssubstanz, wenn der Erlös in keinem angemessenen Verhältnis zum Wert des Gegenstandes steht (BGH NJW 1984, 2358), wenn der Berechtigte damit die Basis für eine langfristige, wenn auch nur teilweise Unterhaltssicherung aus eigenen Mitteln aufgeben müsste (BGH NJW 1998, 978). Das gilt nicht, wenn auch der Verpflichtete zur Unterhaltssicherung den Stamm seines Vermögens angreifen müsste. Die Unwirtschaftlichkeit kann vor allem aus dem Zeitpunkt der Verwertung folgen, wenn z.B. der Erlös dem Verkehrswert nicht entspricht oder sich aufgrund des Alters des Berechtigten eine besondere Erhaltungsnotwendigkeit ergibt (BGH FamRZ 1984, 364). Ist die Verwertung eines Miteigentumsanteils am Familienheim zumutbar, kann dies nicht in Form einer Kreditaufnahme unter Belastung des Anteils oder durch dessen Verkauf verlangt werden. Wirtschaftlich ist am ehesten die Verwertung im Wege der **Aufhebung der Miteigentumsgemeinschaft** (BGH NJW 1984, 2358). Von unterhaltsbedürftigen Ehegatten kann nicht verlangt werden, einen etwaigen Anspruch des Unterhaltspflichtigen auf Rückzahlung des vor gerichtlicher Klärung geleisteten Unterhalts in einen Darlehensanspruch umzuwandeln und diesen dinglich zu sichern (BGH NJW 1988, 2376), denn darin läge keine wirtschaftlich zumutbare Verwertung des Immobilienvermögens. Von Bedeutung kann auch der Umstand sein, dass das Vermögen keinen Ertrag abwirft und dessen Wertsteigerungen sich nicht verwirklichen lassen. Es kann geboten sein, es zu veräußern, um es anderweit Ertrag bringend anzulegen, z.B. bei einer Münzsammlung.

3. Unbilligkeit

22 Trotz Bejahung der Wirtschaftlichkeit der Verwertung kann eine Pflicht zur Verwertung ausscheiden, wenn dies unter Berücksichtigung der Umstände des Einzelfalles oder der beiderseitigen wirtschaftlichen Interessen unbillig ist. Der Umstand, dass das Vermögen aus dem Zugewinn stammt, steht der Verpflichtung zur Verwertung nicht entgegen (BGH NJW 1985, 909). Stammt der Vermögenswert aus dem Verkauf des gemeinsamen Hauses der geschiedenen Ehegatten und hat ein Ehegatte einen entsprechenden Erlösanteil zur freien Verfügung erhalten, hat dies bei der Billigkeitsprüfung wesentliche Bedeutung (BGH FamRZ

Bedürftigkeit **§ 1577 BGB**

1985, 354). Die Unbilligkeit kann sich auch im Hinblick auf die Belange naher Angehöriger ergeben (BGH FamRZ 1980, 126: Verlust des Wohnrechtes der Mutter), ebenso sind Alter und Gesundheitszustand des Unterhaltsberechtigten zu berücksichtigen (BGH FamRZ 1984, 364). Auch ist ein **Pflichtteilsanspruch** zur Behebung der Bedürftigkeit zu verwerten (BGH NJW 1993, 1920), es sei denn, die aus dem Pflichtteilserwerb zu erwartenden Erträge würden die Bedürftigkeit nur geringfügig beheben. Bei der Prüfung der Billigkeit der Verwertung sind insbesondere die **Rechtsgedanken** aus **§ 180 Abs. 3 ZVG** sowie **§ 90 Abs. 2 Nr. 8 und 9 SGB XII** zu berücksichtigen. Demgemäß kommt eine Unbilligkeit in Betracht:
– Bei der Verwertung eines kleinen Hausgrundstücks, sofern dies dem Berechtigten zur Wohnung dient.
– Bei Verwertung eines Hausgrundstücks, in dem die gemeinsamen Kinder wohnen.
– Bei der Verwertung eines „Notgroschens" (BGH NJW 2006, 2037).
– I. d. R. bei der Verwertung von Schmerzensgeld (BGH NJW-RR 1988, 1096; einschr. BGH NJW 1989, 1033).
– Bei der Verwertung einer Lebensversicherung.
– Bei Verwertung eines Kunstwerkes von nicht unerheblichem Wert.

V. Verlust des Vermögens, Abs. 4

Die Vorschrift normiert eine Sonderregelung für den Wegfall anzurechnender 23 Vermögenseinkünfte auf Seiten des Unterhaltsberechtigten und entspricht in ihrer Zielsetzung § 1573 Abs. 4 BGB. Der Unterhaltspflichtige soll nicht das Risiko einer unerwarteten Bedürftigkeit nach zunächst nachhaltiger Sicherung des Unterhalts tragen. Für die Frage der Nachhaltigkeit gelten die Grundsätze des § 1574 Abs. 2 BGB. Gegen eine nachhaltige Sicherung spricht es, wenn schon im Scheidungszeitpunkt Umstände vorhanden waren, die aber noch nicht offen zutage getreten sind. Die Vorschrift ist auch anwendbar, wenn zunächst ein Unterhaltsanspruch bestand, dieser aber später wegen Vermögenserwerbs erloschen ist (str.: Johannsen/Henrich/Büttner Rn 40). Die Ausnahmeregelung des Abs. 4 gilt nicht, wenn im Zeitpunkt des Vermögenswegfalls von dem geschiedenen Ehegatten wegen der Pflege oder Erziehung eines gemeinschaftlichen Kindes keine Erwerbstätigkeit verlangt werden konnte. Dann lebt der Unterhaltsanspruch nach § 1570 BGB wieder auf und kann Ansprüche auf Anschlussunterhalt gem. §§ 1571 ff. BGB nach sich ziehen.

VI. Darlegungs- und Beweislast

Der Unterhaltsberechtigte muss seine Bedürftigkeit darlegen und ggf. beweisen 24 (BGH NJW 1980, 393; BGH NJW 1983, 653). Er trägt ferner – soweit er sich auf die Nicht- bzw. Teilanrechnung überobligationsmäßiger Einkünfte beruft – die Darlegungs- und Beweislast für die Unzumutbarkeit der Erwerbstätigkeit, weiter dafür, dass der Einsatz des Vermögens unwirtschaftlich wäre (Abs. 3) oder dass das weggefallene Vermögen seinen Unterhalt nicht nachhaltig gesichert hat (Abs. 4). Soweit es zu einer Billigkeitsabwägung kommt, hat jede Partei die zu ihren Gunsten sprechenden Umstände darzulegen und zu beweisen. Der Unterhaltsberechtigte trägt auch die Darlegungs- und Beweislast für fehlendes Ein-

BGB § 1578   1. Teil. Ehegattenunterhalt

kommen durch Haushaltsführung für den neuen Partner (BGH NJW 1995, 1148) ebenfalls dafür, dass nur eine Wohngemeinschaft mit dem neuen Partner besteht und deshalb keine Aufwendungen erspart werden (BGH NJW 1995, 962). Insoweit bedarf es jedoch zunächst eines substantiierten Vortrages zum Bestehen einer derartigen Partnerschaft oder des Bezugs von – fiktiven – Einkünften daraus. Wird behauptet, die Bedürftigkeit sei aufgrund eines strafbaren oder unredlichen Verhaltens entfallen – z. B. Wegnahme von Geld des Ehegatten – so liegt die Beweislast für eine derartige ausnahmsweise Situation bei demjenigen, der sich darauf beruft (BGH FamRZ 1983, 670).

§ 1578 Maß des Unterhalts

(1) ¹Das Maß des Unterhalts bestimmt sich nach den ehelichen Lebensverhältnissen. ²Der Unterhalt umfasst den gesamten Lebensbedarf.

(2) Zum Lebensbedarf gehören auch die Kosten einer angemessenen Versicherung für den Fall der Krankheit und der Pflegebedürftigkeit sowie die Kosten einer Schul- oder Berufsausbildung, einer Fortbildung oder einer Umschulung nach den §§ 1574, 1575 BGB.

(3) **Hat der geschiedene Ehegatte einen Unterhaltsanspruch nach den §§ 1570 bis 1573 oder § 1576, so gehören zum Lebensbedarf auch die Kosten einer angemessenen Versicherung für den Fall des Alters sowie der verminderten Erwerbsfähigkeit.**

I. Normzweck

1   Die Vorschrift ist die Grundlage für die Bedarfsbemessung des nachehelichen Unterhalts. Das Maß des vollen eheangemessenen Unterhalts bestimmt sich nach den ehelichen Lebensverhältnissen und umfasst den gesamten Lebensbedarf. Durch die Anknüpfung an die ehelichen Lebensverhältnisse soll der in der Ehe erreichte Lebensstandard als Ergebnis der gemeinsamen Arbeit auch für die Zukunft gesichert werden. Durch das UÄndG vom 20. 2. 1986 ist die Lebensstandardgarantie eingeschränkt worden.

Durch das UÄndG wurde Abs. 1 S. 2 und 3 gestrichen. Es gilt § 1578b BGB.

II. Das Maß des nachehelichen Unterhalts: Eheliche Lebensverhältnisse

1. Grundlagen

2   Die ehelichen Lebensverhältnisse werden durch alle wirtschaftlich relevanten beruflichen, gesundheitlichen oder familiären Faktoren bestimmt (BGH NJW 2001, 2254). Maßgeblich ist das zur Deckung des Lebensbedarfs eingesetzte Einkommen, das während der Ehe für den Lebenszuschnitt der Eheleute nicht nur vorübergehend zur Verfügung gestanden und den Lebensstandard nachhaltig geprägt hat (BGH NJW 2001, a. a. O.). Dazu zählen die Einkommensverhältnisse der Ehegatten (BGH NJW 1981, 753), das Einkommen und Vermögen, soweit es in die Bedarfsdeckung eingeflossen ist sowie auch Belastungen (BGH NJW 1999, 917), weiter aber auch Dienst- und Arbeitsleistungen innerhalb der Familie, insbesondere die Haushalts- und Kinderbetreuungsleistungen des nicht er-

Maß des Unterhalts § 1578 BGB

werbstätigen Ehegatten, die sonst durch Fremdleistungen erkauft werden müssten und die zudem vielfältige, nicht in Geld messbare Hilfeleistungen enthalten, die zu einer Erhöhung des Lebensstandards führen (BGH NJW 2001, a. a. O.) sowie Sachentnahmen (BGH NJW 2005, 433).

Bei Rentnern tritt an die Stelle des ursprünglichen Erwerbseinkommens das 3 an deren Stelle getretene Renteneinkommen (BGH FamRZ 1988, 817; BGH FamRZ 1989, 159). Sofern nach der Trennung oder Scheidung ein erzieltes Einkommen als **Surrogat** der früheren Haushaltsführung angesehen werden kann, prägt es die ehelichen Lebensverhältnisse (BGH NJW 2001, a. a. O.). Auf die Gründe einer vorherigen Nichterwerbstätigkeit kommt es nicht an.

Nach der neuen Rechtsprechung des BGH zu den **wandelbaren ehelichen** 3a **Lebensverhältnissen** (BGH NJW 2009, 145; BGH NJW 2008, 3213; BGH NJW 2008, 1663; BGH NJW 2007, 1961; BGH NJW 2006, 1654; BGH NJW 2003, 1518) begründet die Anknüpfung des § 1578 Abs. 1 S. 1 BGB für den unterhaltsberechtigten Ehegatten keine die früheren ehelichen Lebensverhältnisse unverändert fortschreibende Lebensstandardgarantie, die nur in den Grenzen fehlender Leistungsfähigkeit des unterhaltspflichtigen Ehegatten an dessen dauerhaft veränderte wirtschaftliche Verhältnisse angepasst und nur insoweit auch „nach unten korrigiert" werden könnte. Durch das Unterhaltsrecht soll ein Ehegatte nicht wirtschaftlich besser stehen, als er ohne die Scheidung stünde. Deshalb sind negative Einkommensentwicklungen bereits beim Bedarf zu berücksichtigen. Sie finden ihre Grenze erst in der nachträglichen Solidarität, so dass zum einen nur bei unterhaltsrechtlich vorwerfbarem Verhalten von einem fiktiven Einkommen auszugehen ist, zum anderen aber auch sonstige Änderungen der maßgeblichen Verhältnisse zu berücksichtigen sind, wenn sich dadurch das verfügbare Einkommen vermindert.

2. Maßgebende Einkünfte

Der Unterhaltsbedarf nach den ehelichen Lebensverhältnissen ist grundsätzlich 4 auf der Grundlage der **konkret verfügbaren Einkünfte** zu bemessen (BGH NJW 2008, 57; BGH NJW 2008, 3213), und zwar ohne Rücksicht auf die Herkunft oder den Verwendungszweck (BGH NJW 1988, 2799; BGH NJW 1989, 524). Eheprägend sind alle Erwerbseinkünfte der Eheleute, auch soweit sie als Surrogat der Familienarbeit erst nach der Trennung/Scheidung aufgenommen oder ausgeweitet wurden (BGH NJW 2001, 2254; BGH NJW 2005, 3639; BGH NJW 2006, 1654), einschließlich der üblichen Einkommenserhöhungen (BGH NJW 2003, 1518) und Regelbeförderungen (BGH NJW-RR 1990, 1346) sowie Einkommenssenkungen infolge nicht verschuldeter Arbeitslosigkeit oder nicht vorwerfbarer Gehaltsreduzierung (BGH NJW 2006, 1654) und Eintritt in den Ruhestand.

Handelt es sich um öffentlich-rechtliche Leistungen, ist deren soziale Zweckbestimmung nicht ohne weiteres maßgebend; ausschlaggebend ist vielmehr, ob die Einkünfte tatsächlich zur Deckung des Lebensbedarfs zur Verfügung stehen (BGH NJW 1984, 2355; BGH NJW-RR 1986, 1002). Kindergeld kann nicht zur Bedarfsberechnung nach § 1578 BGB herangezogen werden; es unterliegt der Sonderbestimmung des § 1612 b BGB (BGH NJW 1997, 1919). Erziehungsgeld (§ 9 BErzGG), der Sockelbetrag des Elterngeldes (§ 11 S. 4 BEEG) und das Pflegegeld (§ 13 Abs. 6 SGB IX) sind nicht für den Ehegattenunterhalt einzusetzen.

a) Einkommen aus unzumutbarer Tätigkeit. Es ist als überobligationsmä- 5 ßig und damit **nicht prägend** anzusehen (BGH NJW 2003, 1181; Soyka FuR

BGB § 1578 1. Teil. Ehegattenunterhalt

2003, 193; s. auch § 1577 Rn 20; anders auch noch BGH NJW 2002, 217). Erwerbseinkünfte aus trotz Eintritts in den Ruhestand fortgesetzter und deshalb überobligationsmäßiger Erwerbstätigkeit sind nur dann als bedarfsprägend anzusetzen, wenn Treu und Glauben eine Berücksichtigung erfordern (für Einkünfte des Verpflichteten: BGH NJW 1983, 1548; BGH NJW 1985, 1029; BGH NJW 2003, 1796; für Einkünfte des Berechtigten: BGH NJW 1982, 2664; BGH NJW 1983, 933).

6   **b) Fiktives Einkommen.** Gedachte wirtschaftliche Verhältnisse, die in den tatsächlichen Einkommensverhältnissen der Ehegatten während der Ehe keine Grundlage hatten, prägen die ehelichen Lebensverhältnisse nicht. Deshalb kann ein nachehelicher Unterhaltsbedarf nicht aus Mitteln hergeleitet werden, die während des Zusammenlebens nicht oder nicht nachhaltig zur Verfügung gestanden haben, z. B. wenn ein Ehegatte ein höheres Einkommen hätte erzielen können (BGH NJW 1992, 2477) oder wenn die Einkünfte erst aus der Verwertung von Vermögen und anschließendem Verbrauch des Erlöses resultieren (BGH NJW 1997, 735). Etwas anderes gilt, wenn der Verpflichtete jahrelang ein Einkommen bezogen und davon den Lebensunterhalt seiner Familie bestritten hat (BGH NJW-RR 2000, 1385). Der Bedarf ist nach dem tatsächlich erzielbaren Einkommen zu bemessen, das bei gehörigen Bemühungen hätte erzielt werden können (BVerfG NJW-RR 2007, 649; BVerfG NJW-RR 2008, 1025). Fiktive Einkünfte, die an die Stelle einer zumutbaren Erwerbstätigkeit oder der Haushalts- oder Kinderversorgung getreten sind, prägen die ehelichen Lebensverhältnisse und sind im Wege der **Differenzmethode** zu berücksichtigen (BGH NJW 2003, 1796).

7   **c) Wohnvorteil.** Soweit bei einer Gegenüberstellung der ersparten Mietaufwendungen mit den mit dem Eigentum verbundenen Unkosten der Nutzungswert eines Hauses im Einzelfall den vom Eigentümer zu tragenden Aufwand (Grundstückskosten und -lasten, Zins- und Tilgungsleistungen und sonstige verbrauchsunabhängige Kosten) übersteigt, der Eigentümer also „billiger" wohnen als Eheleute, die für eine vergleichbare Wohnung Miete zu zahlen haben, ist die Differenz zwischen dem **Nutzungswert** des Grundeigentums einerseits und dem Aufwand andererseits für die Bestimmung der ehelichen Lebensverhältnisse den Einkünften der Eheleute hinzuzurechnen (BGH NJW 1986, 1345; BGH NJW-RR 1995, 835; BGH NJW 2000, 2349). Grundsätzlich sind auch die **Tilgungsleistungen** bei der Ermittlung der ehelichen Lebensverhältnisse zu berücksichtigen. Diese dienen zwar der Vermögensbildung; die Teilhabe daran wird nach den Regeln des Güterrechts, ggf. auch nach den Grundsätzen über die Auseinandersetzung einer Miteigentumsgemeinschaft verwirklicht. Allerdings kann die sichere Erwartung des baldigen Wegfalls der Zins- und Tilgungslasten schon die ehelichen Lebensverhältnisse prägen, so dass dieser erst nach der Scheidung eintretende Umstand ausnahmsweise bei der Bemessung des nachehelichen Unterhalts mitberücksichtigt werden kann (BGH NJW-RR 1995, 835). Sofern ein Kredit zur Finanzierung notwendiger Instandhaltungskosten aufgenommen worden ist, wird der Wohnvorteil gemindert durch dadurch entstehende Zins- und Tilgungsleistungen, sofern die zugrunde liegenden Arbeiten zur Erhaltung des Wohnobjektes unaufschiebbar erforderlich sind. Eine **Instandhaltungsrücklage** als laufende monatliche Belastung des Wohnwerts kann nur berücksichtigt werden, wenn die aktuelle Notwendigkeit einer bestimmten unaufschiebbaren Instandhaltungsmaßnahme nachgewiesen ist; das Alter des Gebäudes allein reicht

Maß des Unterhalts **§ 1578 BGB**

nicht (BGH NJW 2000, 284). Bei Miteigentum sind die Wohnvorteile beiden Ehegatten je zur Hälfte als Einkommen zuzurechnen.

Zinseinkünfte infolge des **Verkaufs des gemeinsamen Hauses** nach der 8 Scheidung prägen die ehelichen Lebensverhältnisse, ebenso eine vom anderen Ehegatten gezahlte Nutzungsvergütung (BGH NJW 2005, 3277). Der bisherige Wohnvorteil setzt sich als **Surrogat** an den Zinsen fort (BGH NJW 2001, 2254), selbst wenn die Zinsen aus dem Erlös den früheren Wohnwert übersteigen (BGH NJW 2002, 436; BGH NJW 2009, 145) und bei Anschaffung einer neuen Immobilie an dem neuen Wohnvorteil (BGH NJW 2005, 2077; BGH NJW 2009, 145). Soweit neue Kredite dazu aufgenommen werden, sind nur die Zinsen vom Wohnwert abziehbar (BGH NJW 1998, 753; BGH NJW 2001, 2259; BGH NJW 2005, 2077; vgl. auch Gerhardt FamRZ 2003, 414 ff.), die Tilgungsraten darüberhinaus dann, wenn die Tilgung der zusätzlichen Altersvorsorge dient (BGH NJW 2005, 3277; BGH NJW 2007, 1974). Erwirbt ein Ehepartner den Hälfteanteil des anderen am gemeinsamen Haus, sind dem Veräußerer unterhaltsrechtlich die Erlöserträge, dem Erwerber der volle Wohnwert zuzurechnen. Dieser ist zu mindern um Zins und Tilgung des Darlehens und die Zinsen aus der zur Erwerbsfinanzierung eingegangenen Verbindlichkeit (BGH NJW 2005, 2077, 2079). Richtigerweise dürfte jedoch davon auszugehen sein, dass wie bei Veräußerung des gemeinsamen Hauses an einen Dritten sich der Wohnvorteil und der Erlösertrag aufheben (so zutr. Gerhardt FamRZ 2003, 414 ff.; AG Saarbrücken NJW-RR 2005, 444). Auf beiden Seiten sind die aus einem fiktiven Veräußerungserlös erzielbaren Zinseinkünfte anzusetzen. Die Investitionsentscheidungen der Parteien dürfen nicht dazu führen, dass zwei unterschiedlich hohe Werte eingestellt werden, da die von beiden Ehegatten erzielten Erlöse jeweils hälftiges Surrogat des eheprägenden Wohnwerts sind und daher bei einer normativen Betrachtungsweise gleich hoch angesetzt werden müssen. Kommt ein neuer Wohnvorteil nicht in Betracht, weil die Zinsbelastung der zusätzlich aufgenommenen Kredite den objektiven Mietwert übersteigt, ist zu prüfen, ob eine Obliegenheit zur Vermögensumschichtung besteht (BGH NJW 2009, 145)

d) Vermögenserträge. Diese und sonstige wirtschaftliche Nutzungen, die 9 die Ehegatten aus ihrem Vermögen ziehen und die zur Deckung des Lebensbedarfs eingesetzt werden, prägen die ehelichen Lebensverhältnisse (BGH NJW 1995, 935: Bezüge aus einer aufgrund von Veräußerung von Vermögen erlangten Leibrente des Unterhaltsverpflichteten; BGH FamRZ 1989, 1160: in der Ehe bereits vorhandene und weiter bezogene Miet- und Kapitaleinkünfte), ohne dass es auf deren Herkunft ankommt (BGH NJW-RR 1995, 835). Zinseinkünfte, die nicht der Vermögensbildung gedient (s. aber BGH NJW 2008, 57: Zinsen wurden stets dem Kapital zugeschlagen) haben und während der Ehe zur Verfügung gestanden haben, prägen die ehelichen Lebensverhältnisse selbst dann, wenn sie nur einem Ehepartner allein zugute gekommen sind. Kapitaleinkünfte sind nur bis zu der Höhe Bedarfs bestimmend, in der sie bereits im Zeitpunkt der Scheidung bezogen wurden (BGH NJW 2003, 1796). Einkünfte aus einem Erbfall nach Rechtskraft der Scheidung sind in dem Umfang bedarfsprägend, wie im Hinblick auf die Erbschaft eine Altersvorsorge unterblieben ist (BGH NJW 2006, 1794). Erträge aus einem im Zugewinnausgleich erworbenen Vermögen sind prägend, soweit sie zuvor als Erträge des ausgleichspflichtigen Ehegatten die ehelichen Lebensverhältnisse geprägt haben (BGH NJW 2008, 57).

BGB § 1578

10 **e) Vermögensbildung.** Rücklagen zur Anschaffung von Konsumgütern (z. B. Auto, Urlaubsreisen pp.) dienen der Deckung des laufenden Lebensbedarfs. Einkommensteile, die nicht der Bedarfsdeckung, sondern z. B. der Altersvorsorge (BGH NJW 1992, 1044) oder der allgemeinen Vermögensbildung (BGH NJW 1992, 2477; BGH FamRZ 2002, 1532: aber nur bei gehobenen Einkünften) dienen, sind nicht zu berücksichtigen.

11 **f) Belastungen.** Sofern Verbindlichkeiten ehebedingt sind, d. h. bis zur Trennung einvernehmlich bestanden und auf einem vernünftigen Tilgungsplan beruhen, sind sie auch beim nachehelichen Unterhalt prägend (BGH FamRZ 1987, 36). Dies gilt auch für Unterhaltslasten für vor Rechtskraft der Scheidung geborene Kinder, auch Ehebruchskinder (BGH NJW 1994, 90). Bei Wegfall von Unterhaltspflichten werden die freiwerdenden Beträge in die ehelichen Lebensverhältnisse einbezogen, falls sie nicht nach den Verhältnissen in die Vermögensbildung geflossen wären (BGH NJW 1990, 2886; BGH NJW-RR 1990, 1346). Die ehelichen Lebensverhältnisse können auch durch die Unterhaltsleistung für die Mutter eines der Ehegatten geprägt sein (BGH NJW 2003, 1660), ebenso durch eine **latente Unterhaltslast** für einen Elternteil (BGH NJW-RR 2004, 217 und 793; BGH NJW 2006, 142).

Nach der Rspr. des BGH zu den wandelbaren ehelichen Lebensverhältnissen (seit NJW 2006, 1654; NJW 2007, 1961) sind auch **nach der Scheidung entstandene Verbindlichkeiten** beim Bedarf zu berücksichtigen. Es erfolgt keine Unterscheidung mehr im Hinblick auf trennungs- oder scheidungsbedingte und Ehe prägende Verbindlichkeiten. Es ist nur – einzelfallbezogen – zu prüfen, ob es sich um berücksichtigungsfähige Verbindlichkeiten handelt. Deshalb sind berücksichtigungsfähig Darlehn für die Anschaffung von neuem Hausrat, wenn ein Hausratsteilungsverfahren durchgeführt worden ist, Darlehn für einen notwendigen Umzug und für die Anschaffung eines aus beruflichen Gründen benötigten PKW's sowie sonstige unumgängliche Schulden. Luxusausgaben und verschwenderische Ausgaben bleiben unberücksichtigt.

11a **g) Vorwegabzug von Kindesunterhalt.** Nach der geänderten Rspr. des BGH zu den wandelbaren ehelichen Lebensverhältnissen sind die Unterhaltspflichten gegenüber minderjährigen und privilegierten volljährigen Kindern, für die der Unterhaltspflichtige vor und nach der Ehe aufkommt, eheprägend und vorweg abzuziehen, unabhängig davon, ob sie aus einer früheren oder einer neuen Beziehung stammen (BGH NJW 2006, 1654). Das gilt auch für ein nachehelich adoptiertes Kind (BGH NJW 2009, 145). Abzuziehen ist der Zahlbetrag der Düsseldorfer Tabelle, d. h. der Tabellenbetrag ./. halbes Kindergeld bei minderjährigen Kindern, volles Kindergeld bei volljährigen Kindern (BGH NJW 2008, 1946: volljähriges Kind; OLG Celle NJW 2008, 1456; OLG Hamm NJW 2008, 2049; a. A. OLG Düsseldorf jurisPR – FamRZ 24/2008: Tabellenbetrag). Zugrundezulegen für die **Bemessung des Kindesunterhalts** sind alle Einkünfte, also auch der Splittingvorteil aus der Wiederverheiratung (BGH NJW 2008, 1946; BGH NJW 2008, 3213 und 3562). Die DT (Stand 1. 1. 2008) geht nach wie vor von drei Unterhaltsberechtigten aus, es ist idR jedoch nur noch eine Höher- oder Herabstufung um eine Gruppe (BGH NJW 2008, 1645), wobei es auf den Rang nicht ankommt (BGH NJW 2008, 3562).

Bei der Bemessung des Unterhaltsbedarfs nach den ehelichen Lebensverhältnissen ist der volle Unterhaltsbedarf der Kinder zu berücksichtigen. Mit dem nunmehr in § 1609 BGB geregelten Vorrang der Kinder ist keine Änderung der

Maß des Unterhalts § 1578 BGB

früheren Rechtslage eingetreten. Die Vorschrift beschränkt sich ausschließlich auf die Regelung der Rangfolge mehrerer Unterhaltsberechtigter. Konkurrieren Unterhaltsansprüche von Kindern mit Unterhaltsansprüchen getrennt lebender oder geschiedener Ehegatten oder Ansprüchen nach § 1615l BGB und reicht die Verteilungsmasse des zur Verfügung stehenden Einkommens nicht aus, um die Unterhaltsansprüche aller Berechtigten zu befriedigen, so kann eine ausgewogene Aufteilung des Einkommens mit Hilfe der Bedarfskontrollbeträge der DT erreicht werden (BGH NJW 2008, 1645). Vertretbar erscheint es jedoch, die Mindestunterhaltsbeträge nach §§ 1612a BGB, 36 Nr. 4 EGZPO abzuziehen (OLG Köln NJW 2008, 2659; OLG Düsseldorf NJW 2008, 3005; OLG Hamm NJW 2008, 2049).

h) Hinzutreten weiterer Unterhaltspflichten. Treten weitere Unterhaltsberechtigte hinzu, wirkt sich das bereits auf den Unterhaltsbedarf des geschiedenen Ehegatten aus, ohne dass es auf den Rang der Unterhaltsansprüche ankommt (BGH NJW 2008, 3213). Schuldet ein Unterhaltspflichtiger sowohl einem geschiedenen als auch einem neuen Ehegatten Unterhalt, so ist der nach den ehelichen Lebensverhältnissen zu bemessende Unterhaltsbedarf jedes Berechtigten im Wege der Dreiteilung des Gesamteinkommens des Unterhaltspflichtigen und beider Unterhaltsberechtigter zu ermitteln. Ausnahmen von der Dreiteilung ergeben sich bei unterschiedlicher Rangfolge der Ansprüche (§ 1609 Nr. 2, Nr. 3 BGB) nur im Rahmen der Leistungsfähigkeit, wenn ein Mangelfall vorliegt (BGH NJW 2008, 3213). Diese Grundsätze gelten auch für Ansprüche nach § 1615l BGB (OLG Celle NJW-RR 2009, 146). **11b**

3. Individuell angelegter Maßstab der ehelichen Lebensverhältnisse

a) Standpunkt des objektiven Betrachters. Der Maßstab für die Bemessung des nachehelichen Unterhalts richtet sich nach der tatsächlichen individuellen Lebensführung der Parteien. Allerdings bleiben nach Scheitern des gemeinsamen Lebensplans sowohl eine verschwenderische als auch eine übertrieben sparsame Lebensführung außer Betracht (BGH FamRZ 1982, 151; BGH NJW 1997, 735). Maßgebend ist derjenige Lebensstandard, der nach dem verfügbaren Einkommen vom Standpunkt eines vernünftigen Betrachters aus angemessen erscheint. Um sowohl eine zu dürftige Lebensführung als auch einen übermäßigen Aufwand als Maßstab auszuschließen, ist ein objektiver Maßstab anzulegen. Der für eine Korrektur unangemessener Vermögensbildung heranzuziehende Maßstab darf allerdings nicht dazu führen, dass der Boden der ehelichen Lebensverhältnisse als eheprägend zugrunde gelegt werden, die auch nach einem objektiven Maßstab nicht für die allgemeine Lebensführung verwendet worden wären (BGH NJW 2008, 57). **12**

b) Mindestbedarf. Nach der Rechtsprechung des BGH sind die ehelichen Lebensverhältnisse stets **konkret** zu ermitteln, so dass von einem Mindestbedarf des Berechtigten in Höhe des notwendigen Mindestbedarfs nach der Düsseldorfer Tabelle nicht ausgegangen werden kann (BGH NJW 1996, 517; BGH NJW 2006, 1645). Für den **absoluten Mangelfall** hat der BGH (BGH NJW 2003, 1112; BGH NJW 2005, 433; BGH NJW 2007, 2412) auf den der jeweiligen Lebenssituation entsprechenden **notwendigen Eigenbedarf** (Existenzminimum) als Einsatzbetrag abgestellt und in die Mangelverteilung eingestellt. Der notwendige Bedarf kann für einen nicht erwerbstätigen Ehegatten mit ab 1. 7. **13**

BGB § 1578   1. Teil. Ehegattenunterhalt

2005 mit 770 € bzw. 890 € (ab 1. 7. 2007 900 €) angenommen werden. Diese Beträge können ab 1. 7. 2005 auf 560 € bzw. 650 € gekürzt werden bei einem mit dem Schuldner zusammenlebenden Ehegatten. Infolge des ab 1. 1. 2008 weggefallenen Gleichrangs der Ehegattten mit minderjährigen Kindern sind auch die Einsatzbeträge weggefallen (Wendl/Gutdeutsch § 4 Rn 430).

14   **c) Äußerst günstige wirtschaftliche Verhältnisse.** Auch bei äußerst günstigen wirtschaftlichen Verhältnissen ist der Bedarf nicht nach oben begrenzt, sog. Sättigungsgrenze (BGH NJW 1994, 2618; BGH NJW 2003, 1796). Der Unterhaltsbedarf ist dann konkret zu ermitteln (Büte FuR 2005, 385 ff. mit „Checkliste"). Die konkrete Unterhaltsermittlung dient dazu, die nicht unterhaltsrelevanten – und der Vermögensbildung dienenden – Einkommensteile von den unterhaltsrechtlich bedeutsamen abzusondern (BGH NJW 2005, 433). Das gilt auch bei schwer durchschaubaren Einkommensverhältnissen mit hohem Lebensstandard, so bei ineinander verschachtelten unternehmerischen Tätigkeiten oder hohen negativen Einkünften zur einseitigen Vermögensbildung (Wendl/Gerhardt § 4 Rn 366). Die Bedarfsbemessung darf aber nicht losgelöst von den tatsächlichen Lebensverhältnissen erfolgen (BGH NJW 2005, 433). Für die **konkrete Bedarfsermittlung** ist eine exemplarische Schilderung der Ausgaben in den einzelnen Lebensbereichen unter Nachweis eines entsprechenden Konsumverhaltens erforderlich. Dazu zählen Aufwendungen für Haushaltsgeld, Wohnen mit Nebenkosten, Geschenke, Kleidung, Garten- und Putzhilfen, Reisen, Freizeitaktivitäten, kulturelle Bedürfnisse, PKW-Kosten, Versicherungen, Vorsorgeaufwendungen etc. (BGH FamRZ 1990, 280). Der Halbteilungsgrundsatz ist zu beachten. In der Praxis wird eine sog. **relative Sättigungsgrenze** für den Quotenunterhalt – kontrovers – diskutiert. Nach den Leitlinien des OLG Frankfurt (Stand 1. 1. 2008: Ziff. 15.3) liegt sie für den Quotenunterhalt bei 2200 €. Das erscheint deutlich zu gering (vgl. auch OLG Hamm FamRZ 2003, 1109: 8000 DM; OLG Köln FPR 2002, 63: 4000 €; OLG Koblenz FuR 2003, 128: 3600 €; grundlegend Eschenbruch/Loy FamRZ 1994, 665; vgl. weiter OLG Karlsruhe NJW-RR 2000, 1024).

Steht die Leistungsfähigkeit des Unterhaltsschuldners zweifelsfrei fest, besteht kein Anspruch auf Auskunftserteilung (BGH NJW 1994, 2618). Bei konkreter Bedarfsberechnung kann der Altersvorsorgeunterhalt nach dem gesamten Unterhaltsbedarf berechnet werden, die Beitragsbemessungsgrenze gilt nicht (BGH NJW 2007, 144). Auf den konkreten Bedarf ist das eigene Einkommen **ohne Abzug eines Erwerbstätigenbonusses** anzurechnen (OLG Köln NJW-FER 2001, 305; a. A. OLG Hamm NJW-RR 2006, 794; OLG Hamm FamRZ 2008, 1185; halbierter Bonus OLG Hamm OLGR 2004, 309).

III. Maßgebender Zeitpunkt

1. Rechtskraft der Ehescheidung

15   Sie markierte nach der früheren Rspr. des BGH (NJW 1981, 1782) den Endpunkt der ehelichen Lebensverhältnisse. Maßgeblicher Zeitpunkt war derjenige der letzten mündlichen Verhandlung vor der Rechtskraft des Scheidungsausspruchs (BGH NJW 1985, 909). Das bis dahin nachhaltig erzielte Einkommen der Ehegatten bestimmten den Bedarf. Dieses Stichtagsprinzip hat der BGH in Fortentwicklung seiner Rspr. zu den wandelbaren ehelichen Lebensverhältnisse

Maß des Unterhalts § 1578 BGB

ausdrücklich aufgegeben (BGH NJW 2008, 1654; BGH NJW 2008, 3213; BGH NJW 2009, 145).

2. Veränderungen der Lebensverhältnisse

a) Vor der Trennung. Sie prägen die ehelichen Lebensverhältnisse, selbst 16 wenn sie sich erst im Verlaufe der Trennung herausstellen (BGH NJW 2006, 1654). Die danach eintretenden weiteren Einkommensverbesserungen sind, wenn sie nicht mehr unerwartet und außergewöhnlich sind, ebenfalls prägend (BGH FamRZ 1988, 259). Dies gilt auch für latente Belastungen, selbst wenn die Inanspruchnahme erst nach der Trennung oder Scheidung erfolgt (OLG Hamm NJW-RR 1998, 6: Bürgschaft).

b) Nach der Trennung. Veränderungen der Einkommensverhältnisse und 17 sonstigen Verhältnisse, die erst nach der Trennung der Eheleute bis zur Scheidung eintreten, prägen die ehelichen Lebensverhältnisse (BGH NJW 1981, 1782; BGH NJW 1999, 717). Dabei verändert ein gescheiterter Versöhnungsversuch den Trennungszeitpunkt nicht (BGH FamRZ 1982, 376). Einkommensveränderungen aufgrund geschäftlicher, beruflicher oder wirtschaftlicher Dispositionen und Ereignisse prägen die ehelichen Lebensverhältnisse nur, soweit sie nicht auf einer **unerwarteten, vom Normalverlauf erheblich abweichenden Entwicklung** beruhen (BGH NJW 2001, 3260). Das gilt für alle Umstände, die die Einkommensverhältnisse mitbestimmen (BGH NJW 1998, 2921), also auch für Veränderungen im Ausgabenbereich (BGH NJW 1982, 2063). Je nach den Umständen des Einzelfalles kann es als eine nicht vom Normalverlauf abweichende Entwicklung beurteilt werden, wenn ein Ehegatte nach der Trennung aus wirtschaftlich vernünftigen Gründen einen vorhandenen Kapitalwert einsetzt, um damit Schulden der zwischenzeitlich getrennt lebenden Ehegatten abzulösen und auf diese Weise die beiderseitigen wirtschaftlichen Verhältnisse bereinigt (BGH NJW 1998, 2821). Unerwartete **Karrieresprünge** (s. dazu OLG Celle FamRZ 2008, 1853; OLG Koblenz FamRZ 1997, 1079; OLG Köln NJWE-FER 2001, 281; OLG Köln NJW-RR 2004, 297: Einkommenssteigerung von mehr als 20%; OLG München FamRZ 2004, 1212: Aufstieg von A 13 nach A 14; OLG Nürnberg NJW-RR 2004, 436; OLG Schleswig OLGR 2003, 194) nach der Trennung prägen die ehelichen Lebensverhältnisse nicht (BGH FamRZ 2001, 981). Die erstmalige Aufnahme einer Erwerbstätigkeit nach der Trennung oder die Ausweitung der Tätigkeit hingegen prägt die ehelichen Lebensverhältnisse, sofern es sich dabei um das Surrogat der bisherigen Haushalts- und/oder Kindesbetreuungstätigkeit handelt (BVerfG NJW 2002, 1185), unabhängig davon, ob dies auf einer einvernehmlichen und nicht mehr in der ehelichen Lebensgemeinschaft begründeten Entwicklung beruht oder nur trennungsbedingt ist (BGH NJW 2001, 2254).

Eine Minderung im Einkommen des unterhaltspflichtigen Ehegatten ist zu be- 18 rücksichtigen, sofern diese nicht auf einer Verletzung der Erwerbsobliegenheit beruht oder durch freiwillige berufliche oder wirtschaftliche Dispositionen des Unterhaltspflichtigen veranlasst ist und insbesondere durch zumutbare Vorsorge hätte aufgefangen werden können (BGH NJW 2003, 1518). Dabei kommt es nicht entscheidend darauf an, ob die entsprechende Absenkung des Einkommens des Unterhaltspflichtigen bereits im Zeitpunkt der Ehescheidung oder später eingetreten ist (BGH NJW 2003, 1518; BGH NJW 2003, 1796; BGH NJW-RR 2004, 146: Pensionierung eines Soldaten im Alter von 41 Jahren; BGH NJW 2006, 1794: krankheitsbedingt).

BGB § 1578

19 Handelt es sich hingegen nicht um ein **Surrogat** für die bisherigen, die ehelichen Lebensverhältnisse mitbestimmende Tätigkeit, prägen die daraus resultierenden Mehreinkünfte die ehelichen Lebensverhältnisse nicht (BGH NJW 1984, 292; BGH NJW 1987, 58). **Nicht prägend** sind auch zusätzliche Einkünfte nach der Trennung, z. B. aus einer Erbschaft (OLG Hamm NJW-RR 1998, 6), aus einem Lottogewinn (OLG Frankfurt NJW-RR 1992, 2). Hingegen ist bei Veräußerung des Eigenheims nach der Trennung der bei der Trennung vorhandene Wohnwert **prägend** (BGH NJW 1989, 2802; BGH NJW 1998, 753), ebenso die Geburt eines nichtehelichen Kindes in der Trennungszeit (BGH NJW 1994, 190; BGH NJW 1999, 717), sowie die **Haushaltsführung für einen neuen Partner,** soweit die geldwerten Versorgungsleistungen als Surrogat des wirtschaftlichen Wertes der früheren Haushaltstätigkeit für die Familie anzusehen sind (BGH NJW 2001, 3729; BGH NJW 2004, 2303 und 2305).

20 **c) Veränderungen nach Rechtskraft der Scheidung.** Sie sind nur zu berücksichtigen, wenn ihnen eine Entwicklung zugrunde liegt, die aus Sicht des Scheidungszeitpunkts mit hoher Wahrscheinlichkeit zu erwarten war, und wenn diese Entwicklung die ehelichen Lebensverhältnisse zum Zeitpunkt der Scheidung bereits mitgeprägt hat (BGH NJW 1987, 58 und 1855; BGH NJW 1988, 2034). Dies gilt für **Einkommensverbesserungen,** deren Grund in der Ehe angelegt und auf die sich die Ehegatten vernünftigerweise bereits einstellen konnten (BGH NJW 1987, 1555), so z. B. das in normaler Entwicklung, insbesondere aufgrund derselben Tätigkeit bei demselben Arbeitgeber fortgeschriebene Einkommen (BGH FamRZ 1990, 499). Die künftige konkrete Veränderung hat die ehelichen Lebensverhältnisse auch dann geprägt, wenn Einkünfte aus Erwerbstätigkeit nur noch für wenige Tage nach der Scheidung bis zum Beginn des Rentenbezuges zu erwarten sind (BGH NJW-RR 1986, 682). Nicht erforderlich ist es, dass sich die die ehelichen Lebensverhältnisse prägende Erwartung schon in konkreten Dispositionen für die Zukunft niedergeschlagen hat. Notwendig ist es jedoch, dass die Ehegatten den künftigen Veränderungen erkennbar schon im Voraus und noch während der Ehe einen prägenden Einfluss auf ihre Lebensverhältnisse eingeräumt haben. Dafür spricht häufig, wenn die in Frage stehende Änderung noch in engem zeitlichen Zusammenhang mit der Scheidung steht (BGH NJW 1986, 720; BGH NJW 1988, 2034). Eine nach der Scheidung eingetretene Erhöhung des Einkommens ist, sofern sie nicht von der allgemeinen Einkommensentwicklung und Steigung der Lebenshaltungskosten auffällig abweicht, zu berücksichtigen (BGH NJW-RR 1987, 516). Dies gilt insbesondere für Besoldungsverbesserungen aufgrund der Besoldungsanpassungsgesetze und des Aufrückens in die nächste höhere Besoldungsstufe. Soweit ein nachehelicher Karrieresprung lediglich einen hinzugekommenen Unterhaltsbedarf auffängt und nicht zu einer Erhöhung des Unterhalts nach den während der Ehe absehbaren Verhältnissen führt, ist das daraus resultierende Einkommen in die Unterhaltsbemessung einzubeziehen (BGH NJW 2009, 588; BGH NJW 2009, 1271).

21 Einzelfälle aus der Rechtsprechung: BGH FamRZ 1982, 684: bejaht bei Beförderung zum Hauptmann zum Oberstleutnant; BGH NJW 1985, 1699: verneint bei einem Dipl.-Mathematiker, der 2½ Jahre nach Rechtskraft der Scheidung – dort wissenschaftlicher Assistent – eine erheblich besser dotierte Stellung in der Computerindustrie findet; BGH NJW 1986, 720: bejaht, obwohl Medizinstudium im Zeitpunkt der Scheidung noch nicht abgeschlossen und die Assis-

Maß des Unterhalts § **1578 BGB**

tenzarztstelle erst 9 Monate später angetreten wurde; vgl. weiter: BGH NJW 1988, 2376; BGH NJW-RR 1991, 130; OLG Hamm NJW-RR 1994, 1029; OLG Köln FamRZ 1993, 711; OLG Celle FamRZ 2008, 1853: verneint bei Berufung eines Oberarztes zum Chefarzt 5 Jahre nach der Trennung).

Bei Selbständigen (zur Einkommensermittlung vgl. Vorbem § 1361 Rn 66 ff.) 22 mit schwankendem Einkommen ist die zukünftige Entwicklung und damit ein möglicher Einkommensrückgang zu berücksichtigen, auf den sich die Eheleute auch bei Fortbestehen der Ehe hätten einstellen müssen. Dies gilt auch für eine Einkommensverringerung bei abhängig Beschäftigten, sofern diese nicht auf einer Verletzung der Erwerbsobliegenheit beruht (BGH NJW 2003, 1518; vgl. auch BGH FamRZ 1992, 1045). Ein geschiedener unterhaltsberechtigter Ehegatte hat es auch hinzunehmen, dass der Bemessungsmaßstab der ehelichen Lebensverhältnisse, die im Zeitpunkt der Scheidung durch das Erwerbseinkommen und die Kapitaleinkünfte des Unterhaltsverpflichteten geprägt waren, mit dessen Eintritt in den Ruhestand abgesunken sind. Das gilt auch, soweit der Unterhalt konkret berechnet worden ist (s. dazu § 1577 Rn 14).

Eine Änderung der Steuerklasse von III in I ist bereits bei der **Bedarfsbemes-** 23 **sung** zu berücksichtigen (BGH NJW 1988, 2101; BGH NJW 1990, 1477 und 2886). Bei einer Wiederheirat des Unterhaltsverpflichteten ist bei der Bedarfsbemessung nicht mehr die aktuelle Lohnsteuer in Höhe der realen Belastung zu berücksichtigen (BVerfG NJW 2003, 3466). Maßgeblich für die Unterhaltsbemessung des Anspruchs des früheren Ehegatten ist **für Unterhaltszeiträume bis 31. 12. 2007** das Einkommen des Unterhaltspflichtigen ohne Splittingvorteil. Das unterhaltsrechtlich relevante Einkommen ist anhand einer fiktiven Steuerberechnung nach der **Grundtabelle** zu ermitteln (st. Rspr. des BGH seit NJW 2005, 3277).

Ist der Unterhaltspflichtige Alleinverdiener in der Ehe, muss das Einkommen 24 gem. Steuerklasse I umgerechnet werden, Steuererstattungen müssen ohne Berücksichtigung der neuen Eheschließung neu berechnet werden. Bei einzelnen Positionen, die bei der Ermittlung des steuerpflichtigen Einkommens berücksichtigt worden sind, muss geprüft werden, ob sie auf der Wiederverheiratung beruhen oder auch sonst in dieser Höhe in Ansatz gebracht werden können. Positionen wie Steuerberatungs-, Werbungskosten oder Unterhaltslasten (nach Scheidungsunterhalt) können unverändert bei der Ermittlung des steuerpflichtigen Einkommens berücksichtigt werden. Beschränkt abziehbare Sonderausgaben oder Freibeträge, deren Höhe sich durch die neue Eheschließung verändert, müssen auf den Betrag korrigiert werden, der ohne erneute Eheschließung angesetzt werden könnte. Das so ermittelte steuerpflichtige Einkommen ist nach der Grund- und nicht nach der Splittingtabelle zu versteuern. Bei der Einkommensermittlung für die Berechnung des Unterhalts für Kinder aus der geschiedenen Ehe ist der Splittingvorteil der neuen Ehe einkommenserhöhend zu berücksichtigen (BGH NJW 2008, 1663 und 3562). Zu weiteren Steuervorteilen und Zuschlägen s. § 1581 Rn 10, 10 a.

Für **Unterhaltszeiträume ab 1. 1. 2008** hat der BGH seine Rspr. ausdrück- 24a lich aufgegeben (s. näher § 1581 Rn 10 c).

Eine Änderung oder der Wegfall von Unterhaltspflichten wirken sich auf die 25 ehelichen Lebensverhältnisse aus. Fällt der Kindesunterhalt völlig weg, erhöht sich der Unterhaltsbedarf des geschiedenen Ehegatten, sofern diese Mittel nicht nach objektivem Urteil der Vermögensbildung dienen. Davon kann aber nur bei sehr günstigen wirtschaftlichen Verhältnissen ausgegangen werden (BGH NJW

BGB § 1578 1. Teil. Ehegattenunterhalt

1990, 2886 und 3020). Gleiches gilt, wenn die Einkommensverbesserung auf einen Wegfall von Verbindlichkeiten zurückzuführen ist. Hingegen prägen **spätere Belastungen,** auch wenn sie vorhersehbar waren, die ehelichen Lebensverhältnisse nicht, wie z. B. eine Pflegebedürftigkeit der Eltern des Unterhaltspflichtigen (JH/Büttner Rn 21). Zu Erwerbseinkünften nach der Scheidung vgl. die Ausführungen zu Rn 17, 18, die auch hier gelten. Bedarfsprägend sind auch die Renteneinkünfte aus dem Versorgungsausgleich (BGH NJW 2002, 436) sowie Erträgnisse aus dem Zugewinnausgleich (BGH NJW 2002, a. a. O.). Renten sind als Surrogat für die Mitarbeit in der Ehe anzusehen, bedarfsprägend und damit im Wege der Differenz- oder Additionsmethode zu berücksichtigen, und zwar auch dann, wenn sie auf einer vor oder nach der Ehe ausgeübten Erwerbstätigkeit beruhen (BGH NJW 2002, 436; BGH NJW 2003, 1796) oder aufgrund des Versorgungsausgleichs gezahlt wurden (BGH NJW 2003, 1796). Gleiches gilt, wenn die Parteien vereinbart haben, sich so behandeln zu lassen, als ob der Versorgungsausgleich durchgeführt worden wäre (BGH NJW 2003, 1796). Dies gilt nicht, soweit die Rentenanwartschaften auf Altersvorsorgeunterhalt beruhen (BGH NJW 2003, 1796).

IV. Lebensbedarf, Abs. 1 Satz 4, Abs. 2, Abs. 3

1. Allgemeiner Lebensbedarf

26   Er umfasst alle Lebensbedürfnisse wie in § 1610 BGB. Dazu zählen auch der Sonderbedarf (§ 1585 b i. V. m. § 1613 Abs. 2 BGB) sowie der trennungsbedingte Mehrbedarf. Zur Bestimmung der ehelichen Lebensverhältnisse ist in jedem Einzelfall eine konkrete Berechnung erforderlich. Der eheangemessene Bedarf eines unterhaltsberechtigten geschiedenen Ehegatten kann nicht nach generellen Mindestsätzen bemessen werden. Für die Bedarfsermittlung ist von einer Quotierung der die ehelichen Lebensverhältnisse prägenden Einkünfte auszugehen.

2. Trennungsbedingter Mehrbedarf

27   Mehrkosten, die gerade infolge der Trennung entstehen, können beim Berechtigten zu einer Erhöhung des Bedarfs bzw. beim Verpflichteten zu einer Minderung der Leistungsfähigkeit führen (BGH NJW 1983, 2321). Die Höhe eines trennungsbedingten Mehrbedarfs ist konkret vom Unterhaltsberechtigten darzulegen (BGH NJW 1995, 963), wobei der Aufwand zu Einzelpositionen nach § 287 ZPO geschätzt werden kann Trennungsbedingter Mehrbedarf (vgl. die Übersicht bei Kalthoener/Büttner(Niepmann Rn 71) kommt nach der neuen Rechtsprechung des BGH (BGH NJW 2001, 2254; BGH NJW 2004, 3106) – Surrogatrechtsprechung – nur in Betracht, wenn Einkommensteile im Wege der Anrechnungsmethode zu berücksichtigen sind. Er kann beim Berechtigten nur berücksichtigt werden, wenn neben den prägenden Einkünften der Ehegatten oder bei Berücksichtigung von Mitteln für vermögenswirksame Leistungen bei der Bildung des bereinigten Nettoeinkommens des Verpflichteten noch zusätzliche Einkünfte vorhanden sind (BGH NJW 1990, 2886; BGH NJW 1995, 962). Im Mangelfall ist ein trennungsbedingter Mehrbedarf grundsätzlich nicht zu berücksichtigen (Johannsen/Henrich/Büttner Rn 28).

3. Sonderbedarf

Gem. § 1585b i. V. m. § 1613 Abs. 2 BGB kann Sonderbedarf als Unterhalt verlangt werden. Voraussetzung dafür ist, dass es sich um einen unregelmäßigen, außergewöhnlich hohen Bedarf handelt (BGH NJW 2006, 1509), der bei der Bemessung des laufenden Unterhalts unberücksichtigt geblieben ist und der auch nach der Trennung entstehen kann (s. § 1613 Rn 21 ff.). **28**

4. Prozesskostenvorschuss

Zwischen geschiedenen Eheleuten kann ein Prozesskostenvorschuss, der grds. Sonderbedarf sein kann (BGH NJW-RR 2004, 1662), nicht geltend gemacht werden (BGH NJW 1984, 291). **29**

V. Unterhaltsbemessung

Bei der Aufteilung des Einkommens beider Ehegatten ist grundsätzlich jedem die Hälfte des verteilungsfähigen Einkommens zuzubilligen, sog. **Halbteilungsgrundsatz** (BGH NJW 1982, 242; BGH NJW-RR 1987, 1218). Dieser gebietet – schon bei der Bedarfsbemessung – beiden Ehegatten von seinem eigenen anrechenbaren Einkommen einen – die Hälfte seines verteilungsfähigen Einkommens (sogar) übersteigenden – Betrag anrechnungsfrei zu belassen (BGH NJW 2006, 1654). Ein rechtfertigender Grund für eine maßvolle Abweichung von diesem Grundsatz ist die Erwerbstätigkeit eines Unterhaltspflichtigen. Durch einen Abschlag auf Seiten des Erwerbstätigen wird dessen mit der Berufsausübung verbundener besonderer Aufwand berücksichtigt und zugleich ein Anreiz zur Erwerbstätigkeit geschaffen. Der Unterhaltsbedarf des erwerbstätigen Unterhaltsschuldners ist deshalb generell nicht in gleicher Höhe anzusetzen wie der des nichterwerbstätigen Ehegatten (BGH NJW 1988, 2369; BGH FamRZ 2004, 253). Bei sonstigen Einkünften (Krankengeld und ALG) sowie Gebrauchsvorteilen und Kapitaleinkünften ist ein **Erwerbstätigenbonus,** der mit $1/7$ bzw. nach den **Süddeutschen Leitlinien mit** $1/10$ zu berücksichtigen ist, nicht in Abzug zu bringen (BGH NJW-RR 2009, 289). Werden pauschal 5% als berufsbedingte Aufwendungen vom Nettoeinkommen abgezogen, ist der nur noch als Anreiz zur Erwerbstätigkeit zu gewährende Bonus geringer als üblich zu bemessen (BGH NJW-RR 1990, 578; BGH NJW 1997, 1919; a. A. aber vielfach die Leitlinien). Ist umgekehrt der Erwerbstätigenbonus bereits abgezogen, ist eine Vorwegkürzung des Nettoeinkommens um 5% für berufsbedingte Aufwendungen nicht mehr gerechtfertigt (BGH NJW 1995, 963). Der Erwerbstätigenbonus ist **nach dem verteilungsfähigen Nettoeinkommen** zu berechnen (BGH NJW 1997, 1919). Vorweg abzuziehen sind berufsbedingte Aufwendungen oder die Pauschale, der Barunterhalt für die Kinder sowie sonstige anzuerkennende Verbindlichkeiten. Bei **Mischeinkünften** ist der Erwerbstätigenbonus nur vom Erwerbseinkommen abzuziehen. Bei Kindern, deren Unterhalt die ehelichen Lebensverhältnisse geprägt hat, ist der volle Tabellenunterhalt vor der Quotierung zwischen den Ehegatten vom Einkommen abzuziehen, ab 1. 1. 2008 der Zahlbetrag. Auch bei volljährigen Kindern kann der Vorwegabzug stattfinden, wenn die Unterhaltsbelastung die ehelichen Lebensverhältnisse geprägt hat (BGH FamRZ 1990, 1477). **30**

BGB § 1578

VI. Krankenvorsorge- und Pflegevorsorgeunterhalt, Abs. 2

31 Zum Lebensbedarf gehören beim nachehelichen Unterhalt die Kosten einer angemessenen Versicherung für den Fall der Krankheit, des Alters sowie der Berufs- und Erwerbsunfähigkeit. Es handelt sich um Teile eines einheitlichen, den gesamten Lebensbedarf umfassenden Unterhaltsanspruch (BGH NJW 2007, 144). Maßgeblich für die Angemessenheit und damit die Höhe der Kosten der Krankenvorsorge ist der Zeitpunkt der Rechtskraft der Ehescheidung (BGH NJW 1983, 1552).

1. Kranken- und Pflegeversicherung

32 Bis zur Rechtskraft der Ehescheidung besteht bei nicht erwerbstätigen Ehegatten und Kindern eine Mitversicherung in der gesetzlichen Krankenversicherung. Diese kann aber bei Inanspruchnahme des sog. begrenzten Realsplittings entfallen (BSG FamRZ 1994, 1239), sofern der Familienangehörige ein Gesamteinkommen hat, das regelmäßig ¹/₇ der monatlichen Bezugsgrenze nach § 18 SGB IV übersteigt. Mit Rechtskraft der Scheidung endet die **Mitversicherung** (§ 9 SGB V). Ein nicht selbständig versicherter Ehegatte kann innerhalb einer Ausschlussfrist von drei Monaten der gesetzlichen Krankenversicherung als freiwilliges Mitglied beitreten (§ 9 Abs. 2 S. 2 SGB V). Da es sich um die kostengünstigste Art einer angemessenen Krankenversicherung handelt, ist der Unterhaltsberechtigte verpflichtet, von dieser Möglichkeit Gebrauch zu machen (BGH FamRZ 1983, 888). Die Höhe der zu entrichtenden Beiträge richtet sich nach den Beitragssätzen der jeweiligen Krankenkasse. Ehegatten von Beamten und Selbständige haben keine Möglichkeit, in die gesetzliche Krankenversicherung aufgenommen zu werden, wenn sie nicht pflichtversichert sind. Nach Rechtskraft der Scheidung endet die Beihilfeberechtigung. Der Unterhaltsberechtigte hat Anspruch auf eine angemessene Krankenvorsorge in Höhe einer den Beihilfeleistungen entsprechenden privaten Krankenversicherung (BGH NJW 1983, 1552; BGH NJW-RR 2005, 1450). Bei bestehender Erwerbsobliegenheit und fiktiver Zurechnung eines Erwerbseinkommens (OLG Hamm FamRZ 1994, 107) sowie bei Teilerwerbspflicht entfällt ein Anspruch auf Krankenvorsorge; allenfalls ist ein Anspruch auf eine private Zusatzversicherung gegeben (OLG Köln FamRZ 1993, 711). Sofern der Unterhaltspflichtige – wozu er verpflichtet ist – den Selbstbehalt erstattet und die Vereinbarung der Zahlung eines Selbstbehalts zu einer Kostenreduzierung führt, muss der Unterhaltsberechtigte einen Versicherungsschutz mit Selbstbeteiligung hinnehmen (OLG Brandenburg FamRZ 2008, 789).

Der Anspruch auf Krankenvorsorge einschließlich Pflegevorsorge ist nicht in der Quote enthalten, die in der Praxis üblicherweise in Anwendung von Unterhaltstabellen als Elementarunterhalt berechnet wird (zur Berechnung vgl. § 1361 Rn 57–59). Er ist vielmehr als Bestandteil des Lebensbedarfs **gesondert geltend zu machen** (BGH NJW 1982, 1983; sofern der Krankenvorsorgebedarf nachträglich auftritt im Wege der Abänderungsklage (OLG Frankfurt NJW-RR 2006, 1230). Ist dieser im Verhältnis zum Elementarunterhalt zu hoch, kann der Gesamtunterhalt angemessen anderweitig quotiert werden (BGH FamRZ 1989, 483). Wird der Krankenvorsorgeunterhalt nicht zweckgerecht verwendet, muss sich der Unterhaltsberechtigte im Versicherungsfall so behandeln lassen, als verfüge er über eine entsprechende Versicherung (BGH FamRZ 1983, 676). Daneben gilt § 1579 Nr. 4 BGB (BGH FamRZ 1989, 483).

Maß des Unterhalts **§ 1578 BGB**

Beiträge zur Pflegeversicherung gehören zum allgemeinen Lebensbedarf und sind vom Unterhaltspflichtigen im Bedarfsfall durch Leistung von Pflegevorsorgeunterhalt abzudecken. **32a**

VII. Altersvorsorgeunterhalt

1. Voraussetzungen, Beginn und Dauer

Sofern ein Anspruch auf Trennungsunterhalt besteht, beginnt der Anspruch auf Altersvorsorge mit Beginn des Monats, in dem der Scheidungsantrag rechtshängig geworden ist (BGH NJW 1982, 1988). Er dient dazu, die Nachteile auszugleichen, die dem unterhaltsberechtigten Ehegatten aus der ehebedingten Behinderung seiner Erwerbstätigkeit erwachsen (BGH NJW 2007, 511). Dieser Anspruch kann nicht im Verbund geltend gemacht werden, der Anspruch endet mit Rechtskraft der Ehescheidung (BGH NJW 1982, 1875). Für die Zeit nach Rechtskraft der Scheidung ist der Altersvorsorgeunterhalt völlig neu festzusetzen. Er kann beim nachehelichen Unterhalt, sofern ein Unterhaltsanspruch nach den §§ 1570–1573 und § 1576 BGB besteht, mit Rechtskraft der Scheidung im Verbund geltend gemacht werden. Beim Ausbildungsunterhalt nach § 1575 BGB besteht kein Anspruch auf Altersvorsorge, es sei denn, dieser kann ergänzend auch auf § 1574 Abs. 3 BGB gestützt werden. Der Anspruch endet mit Wegfall des Unterhaltsanspruchs oder wenn ein Vorsorgebedürfnis nicht besteht. I.d.R. besteht ein Bedürfnis bis zum allgemeinen Rentenneintrittsalter von 65 Jahren (BGH NJW 2006, 1794). Der Anspruch entfällt nicht schon durch den Bezug einer Erwerbsunfähigkeitsrente, sondern erst dann, wenn der Berechtigte eine Altersvorsorge zu erwarten hat, die der des Verpflichteten entspricht (BGH NJW 2000, 284). Eine anderweitige Sicherung der Altersvorsorge besteht, sofern der Elementarunterhaltsbedarf durch hohe Kapitalleistungen gedeckt ist (BGH NJW 1992, 144), Gleiches gilt, sofern der Berechtigte eine die des Verpflichteten übersteigende gesicherte Altersvorsorge zu erwarten hat (BGH NJW-RR 1988, 1282). Kann eine eigene Altersversorgung mittels Vorsorgeunterhalts nicht mehr aufgebaut werden, ist gleichwohl Altersvorsorge zu zahlen, da andere Alterssicherungen möglich sind (BGH NJW 1983, 1547). **33**

Neben der gesetzlichen Altersvorsorge sind – außer im Mangelfall – bei beiden Ehepartnern 4% des Jahresbruttoeinkommens als zusätzlicher Altersvorsorgeaufwand zu berücksichtigen (BGH NJW 2005, 3277), wobei eine Wahlfreiheit besteht, z.B. Hauserwerb (BGH NJW 2007, 511 und NJW 2007, 1961).

2. Rang des Altersvorsorgeunterhalts

Reicht im Mangelfall der nach Ermittlung der Altersvorsorge verbleibende endgültige Elementarunterhalt für den laufenden Unterhaltsbedarf nicht aus, hat der Elementarunterhalt Vorrang vor der Altersvorsorge, es verbleibt beim ursprünglichen Elementarunterhalt (BGH NJW 1987, 2229). **34**

3. Wahlrecht und Verwendungskontrolle

Der Unterhaltsberechtigte kann grundsätzlich frei wählen zwischen den verschiedenen Formen der Altersvorsorge – Einzahlung in die gesetzliche Rentenversicherung oder in eine private Lebensversicherung – und muss auch bei der erstmaligen Geltendmachung keine konkreten Angaben über die Art und Weise **35** der beabsichtigten Vorsorge machen (BGH FamRZ 1982, 1983; BGH NJW 1987, 2229). Solange kein begründeter Anlass für eine zweckwidrige Verwendung besteht, kann nicht verlangt werden, dass der Altersvorsorgeunterhalt unmittelbar an den Versicherungsträger gezahlt wird (BGH NJW 1987, 2229). Bei nicht zweckgemäßer Verwendung des Altersvorsorgeunterhalts und einer daraus zumindest zum Teil beruhenden Unterhaltsbedürftigkeit gilt § 1579 Nr. 4 BGB (BGH NJW 1987, 2229; BGH NJW 2001, 828; BGH NJW 2003, 1796).

4. Berechnung

36   Sie hat **mehrstufig** zu erfolgen (BGH NJW-RR 1999, 372), und zwar zunächst durch Anknüpfung an den laufenden Unterhalt (i. d. R. $^3/_7$-Quote vom bereinigten Nettoeinkommen). Dieser Betrag wird hochgerechnet auf ein fiktives Bruttoeinkommen entsprechend dem Verfahren nach § 14 Abs. 2 SGB IV. Aus dieser Bruttobemessungsgrundlage wird dann der Beitragssatz berechnet und als Vorsorgeunterhalt zuerkannt (siehe auch § 1361 Rn 51). In der Praxis hat sich die Errechnung mittels der sog. Bremer Tabelle (Stand 1. 1. 2008: FamRZ 2008, 328), die auch vom BGH gebilligt wird, durchgesetzt. Ab 1. 1. 2007 beläuft sich der Beitragssatz zur gesetzlichen Rentenversicherung auf 19,9%. Zur Ermittlung des tatsächlich zu zahlenden Elementarunterhalts ist der errechnete Altersvorsorgeunterhalt vom unterhaltsrechtlich relevanten Einkommen abzuziehen und danach die $^3/_7$-Quote zu bilden. Im Mangelfall geht der Elementarunterhalt vor (BGH NJW-RR 1990, 1410). Die mehrstufige Berechnung entfällt, wenn der Unterhalt konkret ermittelt wird oder wenn der Altersvorsorgeunterhalt aus bisher zur Vermögensbildung verwendeten Einkünften gezahlt werden kann oder wenn im Wege der Anrechnungsmethode nicht prägendes Einkommen von der Unterhaltsquote abzuziehen ist (BGH NJW-RR 1999, 297). Bei Einkünften aus einer geringfügigen Tätigkeit des Unterhaltsberechtigten errechnet sich der Altersvorsorgeunterhalt auf der Grundlage des nach Vorwegabzug des Geringverdienstes vom gesamten Unterhaltsbedarf restlichen Barunterhaltsbedarfs zuzüglich 7,5%. Diese 7,5% sind vom Verpflichteten als Altersvorsorge vom Geringverdienereinkommen zu zahlen (BGH NJW-RR 1999, 297; BGH NJW 1999, 717). Vermögenseinkünfte, die nicht aus Erwerbseinkommen herrühren (Kapitalzinsen, Mieterträge oder Wohnvorteil) bleiben außer Betracht (BGH NJW 2000, 284). Bei Einkünften aus einer Partnerversorgung oder sonstigen Einkünften ohne Alterssicherung ist für die Berechnung des Altersvorsorgeunterhalts an den sich dann geschuldeten Elementarunterhalt anzuknüpfen, sofern dem Berechtigten nicht fiktive Einkünfte auf fiktive Altersvorsorge zuzurechnen sind (BGH NJW 1982, 987).

5. Prozessuale Fragen

37   Für die Vergangenheit kann Altersvorsorge ab dem Zeitpunkt des Auskunftsverlangens geltend gemacht werden (BGH NJW 2007, 511). Als selbständiger Teil eines einheitlichen Unterhaltsanspruchs ist der Altersvorsorgeunterhalt betragsgemäß gesondert geltend zu machen und **im Tenor des Urteils** gesondert auszuweisen (BGH NJW 1987, 2229). Das Familiengericht ist nicht an die Berechnung und Aufteilung der Parteien gebunden (BGH NJW 1985, 2513), § 308 ZPO ist zu beachten. Ist Altersvorsorge nicht verlangt worden, kann diese nicht über eine Zusatzklage verlangt werden, sondern nur nach § 323 ZPO, sofern sich die im Vorprozess maßgebenden Umstände geändert haben (BGH NJW 1987,

Maß des Unterhalts § 1578 BGB

2229). Altersvorsorge kann auch ein berufungsbeklagter Unterhaltsberechtigter **hilfsweise** geltend machen, und zwar ohne Anschlussberufung, um so den erstinstanzlich titulierten Unterhalt aufzufüllen (BGH NJW 1999, 367, 370).

VIII. Zeitliche Begrenzung, Abs. 1 Satz 2 und 3 a. F.

Die Vorschrift, die weitgehend mit § 1573 Abs. 5 BGB a. F. identisch ist (BGH NJW 2004, 1324) und nach der Änderung der Rechtsprechung zum weitgehenden Wegfall der Anrechnungsmethode erheblich an Bedeutung gewonnen hatte, **ist ab 1. 1. 2008 aufgehoben.** Sie stellt ein Regulativ für diejenigen Fälle dar, in denen eine unbefristete Beteiligung des geschiedenen Ehegatten an Einkommenssteigerungen auf Seiten des Verpflichteten, selbst wenn sie zum Zeitpunkt der Scheidung bereits abzusehen waren, nicht angemessen wäre (BGH NJW 1987, 1555; Büte FPR 2005, 316). Sie ermöglicht eine zeitliche Begrenzung, nicht jedoch einen vollständigen Wegfall der Unterhaltspflicht (BGH NJW 1999, 1630) und gilt für alle Unterhaltstatbestände (BGH NJW 1986, 2832; zu § 1572 vgl. OLG München FuR 2003, 326; OLG Hamburg FamRZ 1988, 294). Der Anwendungsbereich kann sich mit § 1573 Abs. 5 BGB überschneiden. Möglich ist auch eine Kombination von Herabsetzung und Befristung, soweit die Voraussetzungen des § 1573 Abs. 5 BGB vorliegen (OLG Celle FamRZ 1987, 69; Beutler in Bamberger/Roth Rn 37). Die Rechtsfolgen eines Fehlverhaltens des Unterhaltsberechtigten sind hingegen abschließend in § 1579 BGB geregelt und bei der Billigkeitsabwägung nicht zu berücksichtigen (BGH NJW 1986, 2832). Eine spätere Befristung des nachehelichen Unterhalts kann nur erfolgen, wenn die Gründe dafür nach der letzten mündlichen Verhandlung im ersten Verfahren entstanden sind oder danach die Geschäftsgrundlage des Vergleichs entfallen ist (BGH NJWE-FER 2001, 25). Der Zeitpunkt, von dem an der Unterhalt zu beschränken ist, ist datumsmäßig genau festzulegen. 38

Anknüpfungspunkt für die Billigkeitsprüfung ist die Relation des vollen Unterhalts nach den ehelichen Lebensverhältnissen zu den dem Verpflichteten verbleibenden Mitteln (BGH NJW 1987, 1555; BGH NJW 1988, 2101). Entscheidend ist im Rahmen der **Gesamtabwägung** die infolge der Ehedauer eingetretene wirtschaftliche Abhängigkeit des Unterhaltsgläubigers vom Unterhaltsschuldner, d. h. die Verflechtung der gemeinsamen Lebensführung. Mit fortschreitender Ehedauer ist davon auszugehen, dass die Ehegatten wechselseitig ihre Lebensführung aufeinander eingestellt und sich in gegenseitiger Abhängigkeit entwickelt haben. Eine zeitliche Begrenzung kommt um so weniger in Betracht, je mehr die Bedürftigkeit auf ehebedingte Nachteile zurückzuführen ist, z. B. durch Aufgabe der Erwerbstätigkeit, durch Vermögensdispositionen oder Erkrankung als Folge der Mithilfe beim Bau des späteren Familienheims (BGH NJW 1986, 2832). Die Höhe des nach den ehelichen Lebensverhältnissen zu bemessenden Unterhaltsbetrags im Verhältnis zu den dem Unterhaltspflichtigen verbleibenden Mitteln ist ein für die Billigkeitsprüfung wichtiger Anhaltspunkt (BGH NJW 1988, 2101). 39

Der **Zeitraum der Ehedauer** bemisst sich wie bei § 1579 Nr. 1 BGB auf den Zeitraum zwischen Eheschließung und Rechtshängigkeit des Scheidungsantrages (BGH NJW 1986, 2833), und zwar auch bei einem verfrühten Scheidungsantrag (str.: OLG Schleswig FamRZ 2003, 763; Palandt/Brudermüller § 1579 Rn 7). Nicht ausreichend ist die Übersendung eines PKH-Antrages (OLG Köln FamRZ 40

BGB § 1578

1985, 1046). Bei einer zweimaligen Verheiratung ist nur die Dauer der zweiten Ehe von Bedeutung (OLG Karlsruhe NJW-RR 1989, 1348). Da die Dauer der Kindesbetreuung der Ehedauer gleichsteht, ist der Zeitraum der weiteren Kindesbetreuung nach der Rechtshängigkeit des Scheidungsantrages hinzuzurechnen. Bei der Betreuung gemeinschaftlicher Kinder ist eine zeitliche Begrenzung deshalb eher die Ausnahme. Denn eine nicht nur vorübergehende Betreuung gemeinschaftlicher Kinder manifestiert grundsätzlich ehebedingte Nachteile.

41   Die Absenkung auf den eheangemessenen Lebensbedarf führt zu einer Reduzierung auf einen Betrag unterhalb des Quoten- und Billigkeitsunterhalts nach §§ 1578 Abs. 1 Satz 1, 1581 BGB. Anzuknüpfen ist an die Verhältnisse des Berechtigten vor der Ehe oder ohne Ehe (BGH NJW 1986, 2832). „Angemessen" ist der Lebensbedarf, der oberhalb des Existenzminimums (notwendiger Unterhalt = Sätze der Düsseldorfer Tabelle zum Existenzminimum) liegt (OLG Düsseldorf FamRZ 1992, 951), selbst wenn der voreheliche Standard niedriger war (BGH FamRZ 1989, 483). Das Existenzminimum muss aber in jedem Fall gewahrt sein. Dieses kann mit dem notwendigen Eigenbedarf von – falls erwerbstätig – 840 € bzw. 730 € – falls nicht erwerbstätig – sowie ab 1. 7. 2005 von 890 € (ab 1. 7. 2007 900 €) bzw. 770 € oder bei besseren Einkommensverhältnissen mit dem angemessenen Eigenbedarf von 1000 € bzw. ab 1. 7. 2005 von 1100 € bemessen werden. Hatte der unterhaltsberechtigte Ehegatte vor der Eheschließung kein geregeltes Einkommen, entspricht der angemessene Bedarf i. S. d. § 1578 Abs. 1 Satz 2 BGB dem angemessenen Selbstbehalt von derzeit 1100 €. Konkret geltend gemachte Kosten für Kranken- und Altersvorsorge können den Bedarf erhöhen (OLG München FamRZ 2003, 1110). War dem unterhaltsberechtigten Ehegatten neben Elementarunterhalt auch erheblicher Krankenvorsorge- und Altersvorsorgeunterhalt zugesprochen, ist im Anwendungsbereich des § 1578 Abs. 1 Satz 2 BGB auch zu prüfen, ob nach einer Übergangszeit der Krankenvorsorgeunterhalt weniger aufwändig ausgestaltet werden oder der Altersvorsorgeunterhalt gänzlich in Fortfall geraten kann, z. B. wenn vor der Ehe aus finanziellen Gründen keine oder nur geringe Altersvorsorge betrieben worden ist (BGH FamRZ 1989, 483).

42   Über die Begrenzung ist bereits im ersten Verfahren zu entscheiden, wenn und soweit die Gründe eingetreten oder zuverlässig vorauszusehen sind (BGH NJWE-FER 2001, 25). Keine Präklusion nach § 323 Abs. 2 ZPO tritt ein, wenn das Gericht die Befristung oder Begrenzung auf eine Prognose zukünftiger Entwicklungen gestützt hat und sich diese als unrichtig erweist (OLG Düsseldorf NJW-RR 1996, 1348) oder sich die Kriterien der Angemessenheit geändert haben (OLG Hamm FamRZ 1994, 1392). Änderungen, z. B. eine nachträgliche Herabsetzung, können nur im Wege der Abänderungsklage und nicht mit der Vollstreckungsgegenklage nach § 767 ZPO geltend gemacht werden (BGH NJWE-FER 2001, a. a. O.). Eine nachträgliche Wiederheraufsetzung ist unter den Voraussetzungen des § 323 ZPO möglich, z. B. bei einem unvorhergesehenen Scheitern einer beruflichen Wiedereingliederung oder der Erkrankung eines an sich nicht mehr betreuungsbedürftigen Kindes.

IX. Beweislast

43   Für den Unterhaltsmaßstab nach § 1578 BGB ist der Unterhaltsgläubiger darlegungs- und beweispflichtig (BGH NJW 1990, 2886). Er trägt auch die Darlegungs- und Beweislast dafür, ob nach der Scheidung eingetretene Veränderungen die ehelichen Lebensverhältnisse mitgeprägt haben (BGH NJW 1988, 2034). Die Darlegungs- und Beweislast dafür, dass die für die ehelichen Lebensverhältnisse maßgeblichen Einkommensverhältnisse seit der Trennung eine unerwartete, vom Normalverlauf erheblich abweichende Entwicklung genommen haben, trägt der, der daraus Rechte herleitet (BGH NJW 1983, 2318). Für die Voraussetzungen der Billigkeitsklausel nach Abs. 1 Satz 2 und 3 ist der Unterhaltsverpflichtete darlegungs- und beweispflichtig (Johannsen/Henrich/Büttner Rn 69). Er hat auch diejenigen Umstände darzulegen und zu beweisen, die für eine Übergangsfrist sprechen. Auf hinreichend konkreten Sachvortrag des Unterhaltsschuldners muss der Unterhaltsgläubiger substantiiert erwidern. Er trägt nunmehr die Darlegungs- und Beweislast für diejenigen Umstände, die im Rahmen der Billigkeitsabwägung gegen eine zeitliche Begrenzung oder für eine längere Schonfrist sprechen (BGH FamRZ 1990, 857).

§ 1578a Deckungsvermutung bei schadensbedingten Mehraufwendungen

Für Aufwendungen infolge eines Körper- oder Gesundheitsschadens gilt § 1610a.

Die Vorschrift ist durch das Gesetz zur unterhaltsrechtlichen Berechnung von Aufwendungen für Körper- und Gesundheitsschäden vom 15. 1. 1991 (BGBl. I S. 46) eingeführt worden. Sie normiert den Grundsatz, dass bei der Bestimmung der Einkünfte im Rahmen des § 1578 BGB Aufwendungen infolge eines Körper- und Gesundheitsschadens die Vermutung in sich haben, nicht als eheprägend angesehen zu werden. Die Vorschrift gilt nicht für Unterhaltsansprüche nach dem EheG (OLG Hamm FamRZ 1991, 1198). Im Einzelnen wird auf die Kommentierung zu § 1610a BGB verwiesen. 1

§ 1578b Herabsetzung und zeitliche Begrenzung des Unterhalts wegen Unbilligkeit

(1) ¹**Der Unterhaltsanspruch des geschiedenen Ehegatten ist auf den angemessenen Lebensbedarf herabzusetzen, wenn eine an den ehelichen Lebensverhältnissen orientierte Bemessung des Unterhaltsanspruchs auch unter Wahrung der Belange eines dem Berechtigten zur Pflege oder Erziehung anvertrauten gemeinschaftlichen Kindes unbillig wäre.** ²**Dabei ist insbesondere zu berücksichtigen, inwieweit durch die Ehe Nachteile im Hinblick auf die Möglichkeit eingetreten sind, für den eigenen Unterhalt zu sorgen.** ³**Solche Nachteile können sich vor allem aus der Dauer der Pflege oder Erziehung eines gemeinschaftlichen Kindes, aus der Gestaltung von Haushaltsführung und Erwerbstätigkeit während der Ehe sowie der Dauer der Ehe ergeben.**

(2) ¹**Der Unterhaltsanspruch des geschiedenen Ehegatten ist zeitlich zu begrenzen, wenn ein zeitlich unbegrenzter Unterhaltsanspruch auch unter Wahrung der Belange eines dem Berechtigten zur Pflege oder Erziehung anvertrauten gemeinschaftlichen Kindes unbillig wäre.** ²**Absatz 1 Satz 2 und 3 gilt entsprechend.**

(3) **Herabsetzung und zeitliche Begrenzung des Unterhaltsanspruchs können miteinander verbunden werden.**

BGB § 1578b

I. Allgemeines

1 Bei der neu geschaffenen Vorschrift handelt es sich um ein Kernstück der Unterhaltsrechtsänderung 2008. Sie konzentriert die Möglichkeiten, den Unterhalt einzuschränken oder zu befristen (bisher §§ 1573 Abs. 5, 1578 Abs. 1 Satz 2 BGB) in einer Norm, erweitert sie auf alle Unterhaltstatbestände und ist Ausdruck des durch das UÄndG verfolgte Ziel der Stärkung der Eigenverantwortung der Eheleute nach der Scheidung (BT-Drucks. 16/1830 S. 14, 18).

2 Anlass zur Reform war auch der Umstand, dass die bisher in § 1573 Abs. 5 BGB a. F. und § 1578 Abs. 1 Satz 2 und 3 BGB vorhandenen Beschränkungsmöglichkeiten von der Rechtsprechung nur wenig genutzt wurden (vgl. dazu Brudermüller FamRZ 1998, 649, 650; Gerhardt FamRZ 2000, 134, 136; Büte FPR 2005, 316). Die Vorschriften – **die für Unterhaltszeiträume bis zum 31. 12. 2007 weiter anzuwenden sind** – konnten alternativ oder kumulativ angewendet werden (BGH NJW 2000, 3789). So konnte der Unterhalt nach § 1578 Abs. 1 Satz 2 BGB a. F. zunächst für eine Übergangsphase verringert und – sofern es sich um Unterhaltsansprüche nach § 1573 Abs. 1–4 BGB handelte – nach einer weiteren Zeit gem. § 1573 Abs. 5 BGB a. F. völlig gestrichen werden. Bei beiden Vorschriften handelt es sich um Anspruchs begrenzende Regelungen, die kein Ermessen eröffnen, sondern bei Vorliegen ihrer tatbestandlichen Voraussetzungen zwingend berücksichtigt werden mussten (BGH FamRZ 1990, 857). Nach § 1573 Abs. 5 BGB a. F. konnten Unterhaltsansprüche zeitlich begrenzt sodann insgesamt als auch sofort insgesamt auf Null herabgesetzt werden. Diese Begrenzungsmöglichkeit bestand jedoch nur für Ansprüche nach § 1573 Abs. 1–4 BGB.

3 Nach § 1578 Abs. 1 Satz 2 BGB konnte die Bemessung des Unterhalts nach den ehelichen Lebensverhältnissen zeitlich begrenzt und danach auf den angemessenen Lebensbedarf herabgesetzt werden. Die Vorschrift konnte zwar auf sämtliche ehelichen Unterhaltsansprüche angewendet werden (BGH FamRZ 1986, 886), sie erlaubte jedoch eine zeitlich abgestufte Unterhaltsbemessung nur dergestalt, dass der zunächst nach den ehelichen Lebensverhältnissen bestimmte Unterhalt nach einer gewissen zeitlichen Grenze auf den angemessenen Lebensbedarf ermäßigt werden konnte. Sie gestattete aber nicht den vollen Wegfall des Unterhalts, auch nicht den abs herabgesetzten (BGH NJW 1999, 1630). Nach der geänderten Rechtsprechung des BGH vom 13. 6. 2001 (NJW 2001, 2254; bestätigt vom BVerfG NJW 2002, 1185; vgl. auch BGH NJW 2004, 3106, 3108) gilt ein aktuell erzieltes Einkommen ebenso wie das bei einer ausreichenden Erwerbstätigkeit erzielbare Einkommen einer geschiedenen Ehefrau als Surrogat der früheren Haushaltstätigkeit. Auch der Wert einer für den neuen Partner erbrachten Versorgungsleistung ist als Surrogat an die Stelle einer Haushaltsführung im Wege der Differenzmethode in die Unterhaltsberechnung einzubeziehen (BGH NJW 2004, 2303). Der weitgehende Wegfall der Anrechnungsmethode hat dazu geführt, dass schon rein rechnerisch in erheblichem Umfang eine fortdauernde Unterhaltslast besteht bleibt.

4 Der Neufassung des § 1578 b BGB kommt damit eine Haftung begrenzende Funktion zu. Neben dem Grundsatz der Eigenverantwortung trägt die Neuregelung aber auch dem Grundsatz der nachehelichen Solidarität Rechnung, indem sie dem Verpflichteten eine unterhaltsrechtliche Kompensation für ehebedingte Nachteile des Bedürftigen bei der Wahrnehmung seiner verstärkten Obliegenheit zur Eigenverantwortung unter dem Gesichtspunkt der objektivierten einfachen Billigkeit überbürdet; dabei sind die Belange gemeinschaftlicher Kinder zu wahren. Damit wird die in den § 1578 b Abs. 1 Satz 1 BGB a. F. und § 1573 Abs. 2 BGB a. F. enthaltene und im Einzelfall lebenslange Lebensstandardgarantie nach dem ehelichen Lebenszuschnitt aufgehoben. Die Unterhaltsansprüche sind dauerhaft und in Höhe des in der Ehe erzielten Lebenszuschnitts auf die Fälle beschränkt, in denen durch die Ehe Nachteile in der Erwerbsbiografie eingetreten sind, so insbesondere durch eine langjährige Kinderbetreuung und Familienarbeit oder durch eine unterhalb des Ausbildungsniveaus während der Ehe ausgeübte Tätigkeit.

II. Anwendungsbereich

Die Möglichkeit, den Unterhalt einzuschränken, gilt grundsätzlich für **alle** **Unterhaltstatbestände.** Die Gesetzesbegründung geht aber davon aus, dass in der Praxis aufgrund der verschärften Erwerbsobliegenheiten bei **§ 1570 BGB** eine weitergehende Beschränkung des Anspruchs auf Betreuungsunterhalt nur in seltenen Ausnahmefällen in Betracht kommt (BT-Drucks. 16/1830 S. 19; vgl. weiter Schwab FamRZ 2005, 1420; Borth FamRZ 2006, 813, 816). Bei dem Anspruch auf Betreuungsunterhalt während der ersten drei Lebensjahre eines Kindes und dem sich anschließenden – regelmäßig in der Höhe eingeschränkten – Unterhalt nach § 1570 Abs. 1 Satz 2 und 3, Abs. 2 BGB handelt es sich um einen einheitlichen Anspruch. Angesichts der Unsicherheit, die in der Entwicklung des Kindes und dessen Reife liegen, kann i. d. R. eine sichere Prognose, ab wann eine vollständige Drittbetreuung möglich ist und wann die Betreuungsbedürftigkeit endet, nicht getroffen werden (BGH FamRZ 2009, 1124; OLG Hamm FPR 2009, 62; KG FamRZ 2008, 1942; OLG München FamRZ 2008, 1945; OLG Jena NJW 2008, 3224). Bei Fehlen ehebedingter Nachteile hat allerdings das OLG Brandenburg (NJW 2008, 3722) bei einer Ehedauer von mehr als fünf Jahren den nachehelichen Unterhalt bis zur Vollendung des 10. Lebensjahres des gemeinsamen Kindes (geb. 2000) begrenzt. Hat allerdings der Unterhaltsberechtigte überhaupt keine beruflichen Nachteile oder nur kurzfristige Einkommenseinbußen erlitten, ist eine Begrenzung grundsätzlich möglich, d. h. die Tatsache der Kinderbetreuung steht einer zeitlichen Begrenzung und Befristung des (früher auf § 1573 Abs. 2 BGB gestützten) Anspruchs nicht entgegen (BGH FamRZ 1990, 492, 494).

Der **Unterhalt nach § 1575 BGB** wegen Aus- und Fortbildung ist auf die Zeit der Ausbildung begrenzt. Da die Norm ausdrücklich dazu dient, einen durch die Eheschließung entstandenen Nachteil einer wegen einer Ehe nicht aufgenommenen oder unterbrochenen Ausbildung auszugleichen, ist für eine weitere Befristung grundsätzlich kein Raum.

Der **Unterhalt nach § 1576 BGB** ist bereits das Ergebnis einer Billigkeitsprüfung. Neben für eine Zuerkennung sprechenden Gesichtspunkten sind tatbestandlich bereits auch die entgegen sprechenden Umstände zu prüfen, dass für eine weitere Billigkeitsprüfung und damit eine Begrenzung kein Raum ist.

Der Anspruch auf Trennungsunterhalt ist nicht zu begrenzen. Die Norm ist auf § 1361 BGB nicht anwendbar (OLG Bremen FuR 2009, 217 = BeckRS 2009 06450).

BGB § 1578b

III. Grundsätze der Billigkeit

9 Ob ein Unterhaltsanspruch wegen Unbilligkeit vom eheangemessenen auf den angemessenen Lebensbedarf herabzusetzen und/oder zeitlich zu begrenzen ist, ist auf der Grundlage einer **umfassenden Billigkeitsprüfung** unter Berücksichtigung der Umstände des Einzelfalles, der Abwägung der Interessen beider Parteien und eines dem Berechtigten zur Pflege oder Erziehung anvertrauten gemeinschaftlichen Kindes zu entscheiden. Eine Unbilligkeit liegt vor, wenn die andauernden Unterhaltszahlungen den Verpflichteten unter Berücksichtigung seiner sonstigen Verpflichtungen und der ihm verbleibenden Mittel besonders belasten, ihn in seiner Lebensführung so stark einschränken, dass diese Belastungen auch unter Berücksichtigung des Anspruchsgrundes und der Belange des Berechtigten an der Aufrechterhaltung seines nach den ehelichen Lebensverhältnissen bemessenen Lebensstandards nicht mehr angemessen ist (Ehinger/Rasch Rn 525b). Nach der Rechtsprechung des BGH (NJW 2006, 2401) ist für die Frage einer Begrenzung oder Befristung des nachehelichen Unterhalts vorgreiflich auf das Vorliegen **ehebedingter Nachteile** abzustellen.

10 Die übrigen Umstände, wie z. B. die Dauer der Ehe und der Kindererziehung oder die Zeit der reinen Haushaltsführung sind lediglich **Indizien für ehebedingte Nachteile**. Liegen nach dem Vortrag der Parteien ehebedingte Nachteile vor, erzielt der unterhaltsberechtigte Ehegatte also nicht das Einkommen, das er ohne die Ehe erzielen würde, scheidet eine Befristung des nachehelichen Unterhalts regelmäßig aus. In solchen Fällen kommt – unter Berücksichtigung aller Umstände des Einzelfalles – allenfalls eine Kürzung des Unterhalts auf ein ohne die Ehe erzieltes Maß in Betracht. Andererseits ist der nacheheliche Unterhalt regelmäßig zu befristen, wenn solche ehebedingten Nachteile nicht (mehr) vorliegen, z.B. weil keine gemeinsamen Kinder vorhanden sind und der unterhaltsberechtigte Ehegatte während der Ehezeit dauerhaft berufstätig war (BGH a. a. O.). Sofern keine ehebedingten Nachteile vorliegen, scheidet eine Begrenzung oder Befristung des nachehelichen Unterhalts nach den ehelichen Lebensverhältnissen nur in wenigen Ausnahmefällen aus, z.B. dann, wenn der berechtigte Ehegatte nach besonders langer Ehe nahe dem Rentenalter ist und ihm deswegen eine Umstellung auf die Lebensverhältnisse nach seinen eigenen Möglichkeiten nicht mehr zugemutet werden kann.

11 Die Vorschrift erfordert eine Billigkeitsabwägung allein anhand bestimmter, vom Gesetzgeber vorgegebener objektiver Kriterien, denen keine Vorwerfbarkeit anhaftet. Verstöße gegen die eheliche Solidarität sind allein im Hinblick auf § 1579 BGB zu ahnden (s. zum Konkurrenzverhältnis auch Rn 20).

IV. Tatbestandsvoraussetzungen

12 Das Gesetz stellt – wie schon der BGH seit der Entscheidung vom 12. 4. 2006 (NJW 2006, 2401) – im Rahmen der Billigkeitsabwägung insbesondere auf das Vorliegen **ehebedingter Nachteile** ab. Diese können sich nach § 1578b Abs. 1 Satz 3 BGB ergeben

– aufgrund der Dauer der Pflege oder Erziehung eines gemeinschaftlichen Kindes,

– aus der Gestaltung von Haushaltsführung und Erwerbstätigkeit,

– sowie aus der Dauer der Ehe.

Begrenzung des Unterhalts wegen Unbilligkeit § 1578b BGB

Die Aufzählung ist jedoch nicht erschöpfend, andere Gründe können ursächlich sein (s. dazu Rn 19).

Ehebedingte Nachteile liegen vor, wenn durch die **Gestaltung der Ehe**, ins- 13 besondere durch die Arbeitsteilung der Ehegatten, die Fähigkeit eines Ehegatten beeinträchtigt ist, für seinen Unterhalt zu sorgen (BGH NJW 2008, 1080). Ob das der Fall ist, ist zukunftsorientiert zu beurteilen (Schürmann FuR 2008, 183). Die Dauer der Ehe ist dabei ein Anhaltspunkt für die **Intensität der wirtschaftlichen Verflechtung.** Maßgeblich ist, in welchem Umfang die beruflichen Möglichkeiten eingeschränkt sind und ob der Ehegatte dadurch nur eingeschränkt oder nicht in der Lage ist, ein Einkommen zu erzielen (BGH NJW 2007, 1961; NJW 2007, 839; Menne FF 2006, 174, 181) und inwieweit sich diese Nachteile auf die zukünftige berufliche Entwicklung auswirken. Entscheidend ist, welche berufliche Entwicklung der Unterhaltsberechtigte ohne die Ehe genommen hätte. Abzustellen ist dabei auf eine vorhandene Ausbildung. Eine nur theoretische Möglichkeit eines beruflichen Aufstiegs reicht nicht; eine fiktiv höhere Position ist nur dann zu berücksichtigen, wenn eine solche zumindest mit hoher Wahrscheinlichkeit zu erreichen gewesen wäre (Eschenbruch/Klinkhammer/Schürmann Rn 1031).

Nach der Rechtsprechung des BGH (NJW 2008, 2581; NJW 2008, 151; 14 NJW 2008, 148; NJW-RR 2008, 1; NJW 2007, 1961; NJW 2007, 839; NJW 2006, 2401) kann es einem Unterhaltsberechtigten zumutbar sein, sich nach einer **Übergangszeit** mit dem Einkommen zu begnügen, das er ohne die Ehe durch eigenes Erwerbseinkommen hätte und jetzt auch erzielt. Etwas anderes gilt nur dann, wenn die Differenz zwischen dem eigenen Einkommen und dem Unterhaltsbedarf nach den ehelichen Lebensverhältnissen einen ehebedingten Nachteil darstellt, etwa dann, wenn wegen der familienbedingten Berufspause Einbußen bei der Höhe des erzielbaren Einkommens entstehen. Beruht die nacheheliche Einkommensdifferenz nicht auf ehebedingten Nachteilen, sondern ist darauf zurückzuführen, dass beide Ehegatten schon vorehelich infolge ihrer Berufsausbildung einen **unterschiedlichen Lebensstandard** erreicht hatten, liegt es nahe, den anderen Ehegatten nach einer Übergangszeit wieder auf seinen vorehelichen Lebensstandard zu verweisen. Haben beide Ehegatten während der Ehe ihren Beruf ausgeübt und stehen sie nach der Scheidung noch in der ersten Hälfte ihres Berufslebens, ist eine Entflechtung der ehelichen Lebensverhältnisse leichter möglich (BGH NJW-RR 2008, 1) ehebedingte Nachteile liegen i. d. R. nicht vor, wenn ein Unterhaltsberechtigter wieder vollschichtig in seinem erlernten Beruf arbeitet und damit das Einkommen erzielt, das er ohne die Ehe erzielen würde. Dann ist davon auszugehen, dass dieses Einkommen seinen gesamten Bedarf nach den ehelichen Lebensverhältnissen deckt (BGH NJW 2008, 2581; vgl. auch OLG Stuttgart FamRZ 2008, 2208: die Möglichkeit einer Tätigkeit im erlernten Beruf ist ein Indiz für das Fehlen ehebedingter Nachteile; OLG Celle NJW 2008, 2449; OLG Düsseldorf FamRZ 2008, 1950: zum Vorliegen eines ehebedingten Nachteils bei 30jähriger Ehe, wenn nur eine Tätigkeit im Geringverdienerbereich möglich ist; OLG NJW 2008, 2449; OLG Bremen FamRZ 2008, 1957; OLG Brandenburg FamRZ 2008, 1945). Unterbrechungen der Erwerbstätigkeit führen zwar zu verringerten Rentenanwartschaften, diese Nachteile werden aber durch den Versorgungsausgleich ausgeglichen (BGH NJW 2008, 2644). Nachteile beim Vermögensaufbau infolge Unterbrechung einer Erwerbstätigkeit werden über den Zugewinnausgleich ausgeglichen (Viefhues/Mleczko Rn 325). Ist das Einkommen abhängig von der

Büte

Anzahl der Berufsjahre, liegt ein Nachteil nur vor, bis die Anzahl der Berufsjahre erreicht ist.

15 Zu berücksichtigen sind nur solche Nachteile, bei denen eine **Kausalität** zwischen den Erwerbsaussichten und der Lebensführung besteht. Eine Ehebedingtheit des Nachteils fehlt, wenn die Einkommensdifferenz auf einem unterschiedlichen vorehelichen Ausbildungsniveau beruht (BGH NJW 2006, 2401; NJW-RR 2008, 1). Sie ist weiter zu **verneinen** (vgl. eingehend Büte FPR 2005, 316 ff.)

– bei einer Arbeitslosigkeit aus konjunkturellen Gründen (OLG Düsseldorf NJW-RR 2006, 505).

– bei Alkoholproblemen und einem dadurch bedingten Verlust des Arbeitsplatzes (OLG Hamburg FamRZ 1987, 1250),

– bei einer freiwilligen Aufgabe des Arbeitsplatzes (OLG Düsseldorf FamRZ 1987, 954),

– bei einem Abbruch der Ausbildung (OLG Köln NJW-RR 1995, 1157),

– bei Einkommenseinbußen als Folge der Kinderbetreuung in einer früheren Ehe (OLG Celle FamRZ 2007, 832),

– wenn die Kindererziehungszeit vor der Ehe gelegen hat (OLG Frankfurt NJW 2008, 3440),

– bei der Pflege von eigenen Verwandten des Unterhaltsberechtigten (BGH NJW-RR 2008, 1),

– bei der Übernahme von Betreuungsleistungen für Kind aus der früheren Ehe des Unterhaltspflichtigen (OLG Celle FamRZ 2008, 1949).

16 Auszugleichen sind unterhaltsrechtlich ehebedingte berufliche Nachteile durch eine einvernehmliche Übernahme der Haushaltsführung (vgl. insoweit zur Inhaltskontrolle von Eheverträgen: BGH NJW 2004, 930). Sofern ein Unterhaltsberechtigter einvernehmlich eigene Berufs- und Erwerbsaussichten zurückstellt, um dem anderen Ehegatten die volle berufliche Entfaltung zu ermöglichen, steht dies – sofern die beruflichen Nachteile fortbestehen – einer zeitlichen Begrenzung entgegen (BGH NJW 1986, 2832). Ehebedingte Nachteile liegen insbesondere vor bei einem zeitweisen oder vollständigen Ausscheiden aus dem Berufsleben wegen der Versorgung des Haushalts in Abstimmung mit dem Ehegatten, bei einem zeitweise oder vollständigen Ausscheiden zur Betreuung eines ehelichen Kindes, bei einer unterlassenen Abschlussprüfung wegen der Heirat, bei der Aufgabe von beruflichen Entwicklungsmöglichkeiten und dem Verzicht auf Beförderung wegen Wegzuges aufgrund beruflicher Veränderung des Mannes (Born NJW 2008, 1, 8). Machen es die durch eine langjährige Berufsunterbrechung eingetretenen ehebedingten Nachteile unmöglich, ein ohne die Unterbrechung erzielbares Einkommen zu erreichen, scheidet eine Befristung aus (OLG Karlsruhe FamRZ 2008, 1187; vgl. auch OLG Brandenburg FamRZ 2008, 1945; OLG Karlsruhe FamRZ 2008, 2206; OLG Köln FamRZ 2009, 122; OLG Karlsruhe ZFE 2009, 73). Gegen eine Befristung können eine besondere Leistungen des Unterhaltsberechtigten sprechen, so die Finanzierung einer Ausbildung (OLG Hamm NJW-RR 1991, 1447), die Betreuung eines Partners während längerer Krankheit (Peschel-Gutzeit Rn 67), oder besondere ehebedingte Nachteile wie eine schwere Verletzung beim Bau des gemeinsamen Eigenheimes (BGH NJW 1986, 2832).

17 Bei der Billigkeitsabwägung kam schon angesichts der geänderten Rechtsprechung des BGH (NJW 2006, 2451; 2007, 1232; NJW-RR 2008, 1) der Dauer der Ehe zwar noch ein erhebliches Gewicht, aber keine allein ausschlaggebende

Bedeutung mehr zu. Eine Ankoppelung der Unterhaltsdauer an die Ehedauer fand im Gesetz keine Grundlage. Vielmehr stand schon unter Geltung des § 1573 Abs. 5 BGB a. F. die Ehedauer gleichrangig neben der Gestaltung von Haushaltsführung und Erwerbstätigkeit. Insbesondere gab es keine zeitliche absolute Obergrenze einer Ehedauer, nach der eine Befristung generell ausschied; auch bei einer kurzen Ehedauer hingegen konnte eine Befristung ausgeschlossen sein (BGH NJW 2006, 2451). Je länger die Ehe gedauert hatte, desto größer waren die wirtschaftliche Verflechtung und die sich daraus ergebende Intensität der wirtschaftlichen Abhängigkeit im Einzelfall (OLG Köln NJW 2008, 2448). **Ehedauer ist der Zeitraum von der Eheschließung bis zur Rechtshängigkeit des Scheidungsantrages** (so schon BGH NJW 1986, 2832). Insbesondere bei langjähriger Ehe und einem höheren Alter des Unterhaltsberechtigten kann (vgl. dazu auch OLG Düsseldorf FuR 2009, 219: atypischer Eheverlauf) eine Befristung ausscheiden (OLG Bremen FF 2008, 259). Dabei kann jedoch nicht darauf abgestellt werden, dass der Einsatzzeitpunkt für einen späteren Anspruch auf Altersunterhalt nach § 1571 Nr. 3 BGB entfällt (BGH FamRZ 2008, 1505).

V. Befristung des Unterhalts wegen Alters (§ 1571 BGB)

Handelt es sich um eine Ehe von langer Dauer (BGH NJW 2008, 3213: mehr als 15 Jahre) und hat die Unterhaltsberechtigte, die gemeinsame Kinder betreut hat, danach keine Erwerbstätigkeit aufgenommen, kommt eine Befristung regelmäßig nicht mehr in Betracht (vgl. auch OLG Zweibrücken FuR 2009, 60 = BeckRS 2009 03306), je nach den Umständen des Einzelfalles aber eine Herabsetzung auf den Ersatzmaßstab des § 1578 b Abs. 1 Satz 1 BGB (OLG Köln FF 2009, 79 = BeckRS 2009 06831), sofern dem nicht gute wirtschaftliche Verhältnisse während der Ehe entgegenstehen (Borth Rn 156). Handelt es sich um eine Ehe, die nicht kurz i. S. des § 1579 Nr. 1 BGB ist (2–3 Jahre: BGH FamRZ 1989, 483; NJW 1999, 1630), wobei diese Grundsätze auch für in fortgeschrittenem Alter geschlossene Ehen gelten (BGH NJW 1982, 2064), kommt eine Befristung in Betracht. Auf die Frage, ob der Unterhaltsberechtigte wegen des Bezugs von Altersrente sein Einkommen nicht mehr erhöhen kann, kommt es nicht entscheidend an (a. A. OLG Nürnberg FuR 2008, 358; OLG Naumburg FamRZ 2008, 2120 = BeckRS 2008 08358).

VI. Unterhalt wegen Krankheit (§ 1572 BGB)

§ 1578 b Abs. 2 BGB erfasst auch den Unterhaltstatbestand der Krankheit (BGH NJW 2009, 989). Dabei wird i. d. R. das Auftreten einer Erkrankung nicht ehebedingt sein i. S. einer Kausalität (OLG Stuttgart FamRZ 2008, 2208: Bandscheibenvorfälle; OLG Nürnberg NJW 2008, 2445: Krankheit nicht ehebedingt, aber keine Befristung wegen der Dauer der Ehe von mehr als 20 Jahren; s. aber auch OLG Braunschweig FamRZ 2008, 899: Erwerbsunfähigkeit infolge Auftretens einer Erkrankung nach dem Wochenbett; zur Befristung, wenn die Erkrankung nach rechtskräftiger Ehescheidung hervortritt zu einem Zeitpunkt, zu dem die Ehefrau noch ein gemeinsames Kind betreut vgl. OLG Celle NJW 2008, 3575; OLG Karlsruhe NJW 2009, 525: Auftreten der Krankheit 12 Jahre nach Rechtskraft der Scheidung; OLG München FamRZ 2008, 1959). Dass die

BGB § 1578b 1. Teil. Ehegattenunterhalt

Erkrankung während der Ehe aufgetreten ist, reicht für die Kausalität nicht aus (BGH a. a. O.; OLG Celle NJW 2009, 521; OLG Celle FamRZ 2009, 121; OLG Koblenz FamRZ 2009, 427 = BeckRS 2008 24575).

20 Ehebedingte Nachteile können vorliegen, wenn der Unterhaltsberechtigte aufgrund der Rollenverteilung in der Ehe nicht ausreichend für den Fall einer krankheitsbedingten Erwerbsminderung vorsorgen konnte. Das gilt jedoch nicht, soweit die Versorgungslücken durch den Versorgungsausgleich aufgefüllt wurden (BGH NJW 2008, 2581). Auch beim Fehlen ehebedingter Nachteile ist der Unterhalt nicht zwangsläufig nicht zu befristen. Das Fehlen der Ehebedingtheit an der Erkrankung hat Auswirkungen auf das von dem anderen Ehegatten zu fordernde Maß der nachehelichen Solidarität. Da es sich bei der Krankheit und einer dadurch bedingten Erwerbsunfähigkeit i. d. R. um eine schicksalsbedingte Entwicklung handelt, ist eine dauerhafte Unterhaltsverantwortung des geschiedenen Ehegatten nicht ohne weiteres zu rechtfertigen (BGH, Urteil v. 26. 11. 2008). Im Spannungsverhältnis zwischen der fortwirkenden Verantwortung und dem Grundsatz der Eigenverantwortung ist einzelfallbezogen eine für beide Parteien angemessene und gerechte Lösung zu finden, wobei die Dauer der Ehe nur ein einzelnes – wenn auch besonderes – Abwägungskriterium (Indizwirkung) darstellt (BT-Drucks. 16/1830 S. 19; BGH NJW 2008, 2581; OLG Celle NJW 2009, 521).

21 Einzelfälle:
– OLG Celle FamRZ 2008, 1449: Befristung bei $4^{3}/_{4}$ Jahre dauernder Ehe bis 31. 12. 2010;
– OLG Celle FamRZ 2009, 56: voller Unterhalt für eine Übergangszeit von 3 Jahren, danach Herabsetzung auf 200 €, Befristung bis 2014;
– OLG Celle FamRZ 2009, 121: Ablehnung einer Befristung wegen fehlender Angaben zur Situation während der Ehe, insbesondere zur vereinbarten Arbeitsteilung und den vorehelichen Verhältnissen;
– OLG Frankfurt FuR 2009, 45: Beschränkung des Krankheitsunterhalts nach 23jähriger Ehe und der Betreuung von zwei Kindern auf den angemessenen Bedarf von 1100 € für eine Übergangszeit von 6 Jahren ab Rechtskraft der Scheidung nach langer Trennungszeit (4 Jahre), keine Befristung;
– OLG Karlsruhe FuR 2008, 614: Auftreten der Krankheit erst 12 Jahre nach Rechtskraft der Scheidung, seit 24 Jahren Unterhalt gezahlt;
– OLG Bremen NJW 2009, 449: Befristung bei Ehedauer von knapp 9 Jahren und Betreuung eines 12-jährigen Kindes auf 3 Jahre.

VII. Sonstige Kriterien

22 Die in § 1578 b Abs. 1 Satz 3 BGB aufgeführten Kriterien sind nur beispielhaft und nicht enumerativ. Sonstige Umstände – mit Ausnahme von Verschuldensgesichtspunkten, die nur im Rahmen des § 1579 BGB zu berücksichtigen sind – sind in die Billigkeitserwägungen und insbesondere für die Dauer der Übergangszeit einzubeziehen. Insoweit gelten die von der Rechtsprechung zu § 1573 Abs. 5 BGB a. F. entwickelten Kriterien fort. Dazu zählen:
– Besondere Leistungen für den Verpflichteten (BGH NJW 1986, 2832): aufopferungsvolle Pflege des Verpflichteten oder eines (vorehelichen) Kindes;
– Betreuung eines gemeinsam aufgenommenen Pflegekindes nach der Trennung (OLG Hamm FamRZ 1994, 1108);

Begrenzung des Unterhalts wegen Unbilligkeit § 1578b BGB

– Mitarbeit im Erwerbsgeschäft des Unterhaltspflichtigen;
– Verlust eines sicheren Unterhaltsanspruchs aus früherer Ehe durch Wiederheirat (BGH NJW-RR 1989, 386; OLG Düsseldorf FamRZ 1987, 1254; 1988, 838);
– schlechte Gesundheit des Berechtigten (OLG Düsseldorf FamRZ 1987, 945; 1988, 838; OLG Hamburg FamRZ 1987, 1250; OLG Hamm FamRZ 1986, 908);
– Alter des Berechtigten (OLG Koblenz NJW-RR 1987, 132: 45 Jahre bei 5½ Jahren Ehe (OLG Hamburg FamRZ 1987, 1250: 52 Jahre; OLG Hamm FamRZ 1986, 908) insbesondere im Hinblick auf die Möglichkeit der Wiedereingliederung in den Beruf;
– Ehedauer im Verhältnis zum Alter des Verpflichteten (OLG Hamburg FamRZ 1987, 1250);
– Höhe des Unterhaltsbetrages im Verhältnis zu den dem Unterhaltspflichtigen verbleibenden finanziellen Mitteln (BGH NJW 1988, 2109).

VIII. Konkurrenz zu § 1579 BGB

Die Vorschrift ist neben § 1579 BGB anwendbar. § 1579 setzt eine grobe Unbilligkeit voraus und ermöglicht den sofortigen Ausschluss des Unterhalts. § 1578b BGB verlangt (nur) eine einfache Unbilligkeit. Eine sofortige Begrenzung ist nicht möglich (OLG Bremen NJW 2008, 1745; Born NJW 2008, 1, 8; Graba FamRZ 2008, 1217, 1220). Da § 1578b BGB verschuldensunabhängig ausgestaltet ist, können persönliche Verfehlungen nur im Rahmen des § 1579 BGB berücksichtigt werden (BGH NJW 1986, 2832). Überschneidungen mit § 1579 Nr. 1 BGB sind möglich (so schon BGH FamRZ 1989, 483, 486 zum Verhältnis § 1573 Abs. 5 BGB a. F. zu § 1579 Nr. 1 BGB). Bei einer Ehe von kurzer Dauer (2–3 Jahre) ist vorrangig § 1579 Nr. 1 BGB zu prüfen. Die Billigkeitsprüfung ist reduziert auf die in § 1579 Nr. 1 BGB genannten Billigkeitskriterien, die vor allem der Wahrung der Belange eines gemeinschaftlichen Kindes dienen (Borth Rn 175). Liegt keine kurze Ehe vor, ist § 1578b BGB maßgebend (Palandt/Brudermüller § 1579 Rn 41).

23

IX. Rechtsfolgen

Ist aufgrund der tatbestandlichen Voraussetzungen ein uneingeschränkter Unterhaltsanspruch unbillig, ist der Anspruch bei **hinreichend sicherer Prognose** (BGH NJW 2007, 2628; OLG Brandenburg NJW 2008, 2268) auf den angemessenen Lebensbedarf herabzusetzen oder zu befristen. Das Gesetz gibt dem Gericht insoweit **keinen Ermessensspielraum** (BT-Drucks. 16/1830 S. 19), wohl aber bei der konkreten Bestimmung der angemessenen Rechtsfolge. Die Rechtsfolgen der Begrenzung auf den eheangemessenen Lebensbedarf (Abs. 1) und eine zeitliche Befristung (Abs. 2) können verbunden werden (Abs. 3).

24

Selbst wenn eine an den ehelichen Lebensverhältnissen orientierte Bemessung des nachehelichen Unterhalts wegen fehlender ehebedingter Nachteile auch unter Wahrung der Belange eines gemeinschaftlichen Kindes unbillig wäre, ist im Rahmen der Herabsetzung oder zeitlichen Begrenzung des Vertrauens des Unterhaltsberechtigten auf die Fortdauer der gelebten Verhältnisse zu berücksichtigen. Einem Unterhaltsberechtigten hat deshalb genügend Zeit zu verbleiben, seinen Lebensstandard von den höheren ehelichen Lebensverhältnissen auf einen Bedarf

25

abzusenken, der nur noch ehebedingte Nachteile ausgleicht, d. h. dem Einkommen entspricht, das er ohne Kindererziehung und Ehe selbst erzielen könnte. Sofern konkrete dauerhafte Ausgaben berücksichtigt werden, sind diese alsbald auf eine nach den eigenen Lebensverhältnissen hinnehmbares Maß zu reduzieren. Bei der **Bemessung der Übergangsfrist** ist zu berücksichtigen der Zeitraum, den ein Unterhaltsberechtigter braucht, sich auf eine Reduzierung einzustellen (OLG Bremen NJW 2008, 1745: 27jährige Ehe, Übergangsfrist von 3 Jahren; OLG Celle NJW 2009, 521; OLG München NJW 2008, 2447; OLG Hamm NJW 2008, 2445; OLG Frankfurt FuR 2009, 45: 23 Jahre, Übergangsfrist 6 Jahre).

26 Ersatzmaßstab für eine **Herabsetzung** ist der angemessene Lebensbedarf. Anknüpfungspunkt ist der voreheliche Lebensstandard, der aber auch den eheangemessenen Bedarf nicht übersteigen darf. Dazu zählen auch die Kosten der Kranken- und Pflegeversicherung (§ 1578 Abs. 2 BGB) und der Altersvorsorgeunterhalt (§ 1578 Abs. 3 BGB), die hinzuzurechnen sind (OLG München FamRZ 2003, 1110; OLG Bremen NJW 2008, 1745). Maßgeblich ist, welches Bruttoeinkommen der Unterhaltsberechtigte aus seiner angemessenen (§ 1574 Abs. 2 BGB) Erwerbstätigkeit erzielt bzw. erzielen könnte. Dazu bedarf es eines substantiierten Vortrags unter Darlegung des konkret erzielbaren Einkommens. I. d. R. kommt eine Absenkung unter den für Ehegatten geltenden Selbstbehalt von 1000 € nicht in Betracht (OLG Bremen NJW 2008, 1745; OLG Nürnberg NJW-Spezial 2008, 260; a. A.: OLG Frankfurt FuR 2009, 45: 1100 €). Der Unterhalt ist nur insoweit zu kürzen, als auch der angemessene Selbstbehalt durch das Eigeneinkommen des Berechtigten und den Unterhalt sichergestellt ist (OLG Nürnberg NJW-Spezial 2008, 260; Viefhues FPR 2008, 36).

27 Die **Befristung** muss unter Berücksichtigung des Zeitraums erfolgen, der erforderlich ist, dass sich der Berechtigte auf die neue Lebenssituation einstellen kann. Sofern ehebedingte Nachteile vorliegen, sind diese auszugleichen. Dabei kann die bisherige Rechtsprechung zu § 1573 Abs. 5 BGB a. F. auch für die Auslegung des § 1578 b BGB herangezogen werden (OLG Brandenburg NJW 2008, 2268; s. dazu im Einzelnen 1. Aufl. § 1573 Rn 50 ff.). Maßgeblich ist nicht die abstrakte Dauer der Ehe, sondern der sich aus der Arbeitsbiografie des Berechtigten sowie aus seinen persönlichen Verhältnissen ergebende Maßstab. Entscheidend ist der Übergangszeitraum, innerhalb dessen es einem Unterhaltsberechtigten zumutbar ist, sich wirtschaftlich und persönlich auf die Kürzung des Unterhalts einzustellen. Entscheidend also ist, wie lange und intensiv die Eheleute ihre Lebensposition aufeinander eingestellt (BGH FamRZ 1990, 857) und auf ein gemeinsames Lebensziel ausgerichtet haben (Büte FPR 2005, 316, 318) Zu berücksichtigen ist auch, ob während der Trennung eine Entflechtung stattgefunden hat (OLG Düsseldorf NJW-RR 2006, 505). Dabei ist bei der Frage der Dauer der Übergangsfrist auch der seitherige Unterhaltszeitraum, einschließlich der Zahlung des Trennungsunterhalts zu berücksichtigen (BGH Urt. v. 26. 11. 2008; OLG Brandenburg NJW-RR 2007, 434; OLG Koblenz NJW 2008, 2268; OLG München NJW 2008, 2447; OLG Stuttgart FamRZ 2008, 2208; OLG Celle NJW 2008, 2449). Das OLG Saarbrücken (FamRZ 2009, 349) hat bei einer 28 Jahre dauernden Ehe, die nach der Trennung begonnen hat, die Tätigkeit sukzessive auf eine Vollzeittätigkeit auszuweiten, eine Begrenzung des Unterhalts auf 10 Jahre ab Rechtskraft der Scheidung vorgenommen. Das OLG Zweibrücken (NJW 2008, 1893) hat trotz Fehlens ehebedingter Nachteile angesichts der ungesicherten beruflichen Zukunft der Ehefrau bei einer 21 Jahre währenden Ehe eine Festschreibung des Aufstockungsunterhalts auf 10 Jahre und eine weitere Zahlungspflicht

Begrenzung des Unterhalts wegen Unbilligkeit **§ 1578b BGB**

auf 6 Jahre vorgenommen. Das OLG München (NJW 2008, 2447) hat bei fehlenden ehebedingten Nachteilen den Aufstockungsunterhalt bei einer 1998 geschlossenen kinderlos gebliebenen Ehe auf 3 Jahre auf Zustellung des Scheidungsantrages befristet. Das OLG Celle (FamRZ 2008, 1949) hat bei einer Ehedauer von $9^{1}/_{2}$ Jahren bei dem tatsächlichen Zusammenleben von $5^{1}/_{2}$ Jahren eine Begrenzung des nachehelichen Unterhalts bis Juni 2010 vorgenommen. Das OLG Frankfurt (NJW 2008, 3440) hat bei einer 1993 geschlossenen Ehe, Rechtskraft der Ehescheidung 3. 12. 2007, eine Befristung bis Ende 2009 vorgenommen. Das OLG Düsseldorf (FuR 2008, 563) hat bei einer 17 Jahre währenden kinderlosen Ehe und beiderseitiger Vollzeittätigkeit eine Begrenzung des Nachscheidungsunterhalts auf 4 Jahre vorgenommen. Das OLG Celle (FF 2008, 421) hat bei einer kinderlosen $17^{1}/_{2}$ Jahre dauernden Ehe und beiderseitiger Erwerbstätigkeit eine Befristung des nachehelichen Unterhalts auf 5 Jahren vorgenommen. Das OLG. Das OLG Brandenburg (NJW-RR 2009, 3) hat den nachehelichen Unterhalt bei kinderloser Ehe von 20 Jahren auf 4 Jahre befristet.

Abgelehnt wegen dauernder Nachteile haben eine Befristung das OLG **28** Karlsruhe (FamRZ 2008, 1187: ehebedingte Nachteile durch Hausfrauentätigkeit und 19 Jahren Ehe), das OLG Köln (NJW 2008, 2448: 49 Jahre alte Ehefrau, die 25 Jahre in ihrem erlernten Beruf als Justizangestellte ausgesetzt hat), das OLG Düsseldorf (FamRZ 2008, 1950: 30 Jahre Ehe, Aufgabe des Berufs einer Näherin nach Geburt der Tochter, später stundenweise Tätigkeit als Reinigungskraft, Aufgabe dieser Tätigkeit 9 Jahre vor der Trennung), das OLG Karlsruhe (FamRZ 2008, 2206: bei Verzicht auf jegliche berufliche Weiterbildung oder Eingliederung), das OLG Köln (FamRZ 2009, 122: mehr als 25-jährige Ehe, der Betreuung von 2 Kindern und nur sporadischer Erwerbstätigkeit), das OLG Zweibrücken (ZFE 2009, 77: 33 Jahre Ehe, Alter 62 Jahre) und das OLG Karlsruhe (ZFE 2009, 73: knapp 20 Jahre Ehe, Aufgabe des Berufs einer Stewardess, Betreuung von 2 Kindern).

Abgelehnt wegen nicht hinreichend sicherer Prognose haben eine Befristung das OLG Brandenburg (NJW 2008, 2268), das OLG Koblenz (NJW 2008, 3720) und das OLG Düsseldorf (FF 2008, 327).

X. Prozessuales

1. Geltendmachung

Die als **rechtsvernichtende Einwendung** ausgestaltete Norm muss nicht **29** ausdrücklich im Prozess geltend gemacht werden. Das Gericht hat insoweit bei Vorliegen der tatbestandlichen Voraussetzungen aufgrund der von den Parteien vorgetragenen Tatsachen zu § 1578b BGB kein Ermessen, sondern hat von Amts wegen über die Einwendung zu entscheiden (vgl. zur früheren Rechtslage BGH NJW 1990, 2810). Auch bedarf es grundsätzlich keines ausdrücklichen Hilfsantrages auf Befristung, da dieser als Minus im Klagabweisungsantrag enthalten ist (OLG München FamRZ 1997, 295; Büte FPR 2005, 316, 319). Er sollte jedoch vorsorglich immer gestellt werden.

2. Darlegungs- und Beweislast

Darlegungs- und beweispflichtig für die Tatsachen, die die Aufrechterhaltung **30** eines ungekürzten Unterhaltsanspruches als unbillig erscheinen lassen und damit

BGB § 1578b

eine Begrenzung rechtfertigen, ist der **Unterhaltsverpflichtete** (BGH NJW 2008, 151 und 2581; zur Darlegung bei langjähriger Berufspause während der Ehe vgl. OLG Brandenburg NJW 2008, 2268). Die **Beweisführung** wird dadurch **erleichtert,** dass der Unterhaltsberechtigte die Gründe für seine Bedürftigkeit und dessen Ursächlichkeit, z. B. den Verlust der Arbeitsstelle während der Ehezeit und das Nichtfinden einer angemessenen Erwerbstätigkeit darzulegen hat (Büte FPR 2005, a. a. O.; Schürmann FuR 2008, 183, 189). Hat der Unterhaltspflichtige Tatsachen vorgetragen, die – wie z. B. die Aufnahme einer vollschichtigen Tätigkeit im erlernten Beruf oder die Möglichkeit dazu (OLG Stuttgart FamRZ 2008, 2208; vgl. weitergehend Soyka FuR 2008, 405, 406: jede Tätigkeit, mit der ehebedingte Nachteile erkennbar nicht verbunden sind) oder ein in der Ehe ausgeübter Beruf – den Wegfall ehebedingter Nachteile nahe legen, ist es **Aufgabe des Unterhaltsberechtigten,** seinerseits Umstände darzulegen und zu beweisen, die gegen eine Unterhaltsbegrenzung oder für eine längere Übergangsfrist sprechen (BGH NJW 2008, a. a. O.; zur Problematik und der Darlegung verpasster Aufstiegschancen freiberuflicher Unterhaltsberechtigter, die zeitweise die Berufstätigkeit eingestellt haben vgl. BGH FamRZ 2004, 601, 608 = NJW 2004, 930: zum Ehevertrag BGH FamRZ 2008, 1325, 1329 = NJW 2008, 2581).

3. Präklusion

31   Der Einwand der Unbilligkeit ist grundsätzlich **im Erstverfahren** geltend zu machen, soweit die Umstände, die eine Befristung rechtfertigen, bereits eingetreten oder zuverlässig voraussehbar (Prognoseentscheidung) sind (BGH NJW 2008, 2581). Unerheblich ist, ob sich die Gründe realisiert haben (BGH NJW 2004, 3108). Sofern der Unterhaltspflichtige seiner Darlegungslast nicht nachkommt, ist er präkludiert, § 323 Abs. 2 ZPO (BGH NJW 2008, 151), selbst wenn sich das Ersturteil nicht zur Befristung verhält (BGH FamRZ 2001, 905). Zuverlässig voraussehbar sind die Dauer der Ehe und die Dauer der Kindererziehung, allerdings abhängig vom Alter des Kindes (BGH NJW 2007, 1961; Wendl/Pauling § 4 Rn 595 c), die Art der Haushaltsführung, der Erwerbstätigkeit und während der Ehe vorhandene berufliche Vorbildung. Trifft das Gericht im Ausgangsverfahren keine Prognose, weil die Frage der ehebedingten Nachteile nicht abschließend beurteilt werden kann (vgl. dazu BGH NJW 2007, 1961; OLG Brandenburg ZFE 2008, 428; OLG Brandenburg NJW 2008, 2268; OLG Düsseldorf FF 2008, 327; OLG Koblenz NJW 2008, 3720) besteht keine Präklusion. Nicht präkludiert ist der Unterhaltspflichtige auch mit einer Abänderungsklage, wenn erstmals im Abänderungsverfahren Umstände vorliegen, die eine Befristung rechtfertigen, z. B. der Wechsel der Kindesbetreuung (Brudermüller FF 2004, 101; Büte FPR 2005, 316, 319), wenn sich die Prognose als falsch herausgestellt hat (Kalthoener/ Büttner Rn 1092: zugunsten des Unterhaltsberechtigten; OLG Düsseldorf NJW-RR 1996, 1348: zugunsten des Unterhaltspflichtigen; Borth Rn 177), ebenfalls nicht, wenn der Titel aus der Zeit vor dem 12. 4. 2006 (BGH NJW 2006, 2451; NJW 2008, 2313) stammt, denn die Änderung der höchstrichterlichen Rechtsprechung stellt einen eigenständigen Abänderungsgrund dar, außer es wäre bereits vorher eine Begrenzung nach § 1573 Abs. 5 BGB a. F. mit hinreichender Sicherheit möglich gewesen. Handelt es sich bei der erstmaligen Unterhaltsfestsetzung um einen Vergleich oder eine notarielle Urkunde gilt § 323 Abs. 2 ZPO nicht.

Beschränkung oder Versagung d. Unterhalts § **1579 BGB**

4. Streitwert

Der Streitwert des Unterhalts bemisst sich gem. § 42 GKG nach dem **Jahres-** 32
wert (OLG Stuttgart FamRZ 2008, 1205). Verlangt ein Unterhaltsberechtigter
unbefristeten Unterhalt und wird dieser nur befristet zugesprochen, hat eine
Quotierung der Kosten zu erfolgen (Reinken ZFE 2008, 158, 161; OLG Stuttgart, a. a. O.).

XI. Unterhaltszeiträume bis 31. 12. 2007

Für Unterhaltszeiträume bis zum Inkrafttreten des UÄndG gelten die §§ 1573 33
Abs. 5, 1578 Abs. 1 Satz 2 BGB. Insoweit wird auf die Vorauflage (§ 1573
Rn 39–54 und § 1578 Rn 38–42) verwiesen.

§ 1579 Beschränkung oder Versagung des Unterhalts wegen grober Unbilligkeit

Ein Unterhaltsanspruch ist zu versagen, herabzusetzen oder zeitlich
zu begrenzen, soweit die Inanspruchnahme des Verpflichteten auch
unter Wahrung der Belange eines dem Berechtigten zur Pflege oder
Erziehung anvertrauten gemeinschaftlichen Kindes grob unbillig wäre,
weil

1. die Ehe von kurzer Dauer war; dabei ist die Zeit zu berücksichtigen, in welcher der Berechtigte wegen der Pflege oder Erziehung eines gemeinschaftlichen Kindes nach § 1570 Unterhalt verlangen kann,
2. der Berechtigte in einer verfestigten Lebensgemeinschaft lebt,
3. der Berechtigte sich eines Verbrechens oder eines schweren vorsätzlichen Vergehens gegen den Verpflichteten oder einen nahen Angehörigen des Verpflichteten schuldig gemacht hat,
4. der Berechtigte seine Bedürftigkeit mutwillig herbeigeführt hat,
5. der Berechtigte sich über schwerwiegende Vermögensinteressen des Verpflichteten mutwillig hinweggesetzt hat,
6. der Berechtigte vor der Trennung längere Zeit hindurch seine Pflicht, zum Familienunterhalt beizutragen, gröblich verletzt hat,
7. dem Berechtigten ein offensichtlich schwerwiegendes, eindeutig bei ihm liegendes Fehlverhalten gegen den Verpflichteten zur Last fällt oder
8. ein anderer Grund vorliegt, der ebenso schwer wiegt wie die in den Nummern 1 bis 7 aufgeführten Gründe.

Inhaltsübersicht

	Rn
I. Allgemeines	1
II. Die einzelnen Härtegründe	3
1. § 1579 Nr. 1: Kurze Ehedauer	3a
2. § 1579 Nr. 2: Verfestigte Lebenspartnerschaft	10a
3. § 1579 Nr. 3: Schwere Straftat des Unterhaltsgläubigers	11
4. § 1579 Nr. 4: Mutwillige Herbeiführung der Bedürftigkeit	14

Büte

BGB § 1579

	Rn
5. § 1579 Nr. 5: Verletzung von Vermögensinteressen des Verpflichteten	25
6. § 1579 Nr. 6: Gröbliche Verletzung von Unterhaltspflichten	31
7. § 1579 Nr. 6: Schwerwiegendes einseitiges Fehlverhalten	32
8. § 1579 Nr. 8: Ebenso schwere Gründe	41
9. Verzeihung von Verwirkungstatbeständen	50
III. Grobe Unbilligkeit	51
IV. Wahrung der Belange des Kindes	53
V. Umfang der Versagung des Unterhalts	55
VI. Wiederaufleben	56
VII. Wiederholte Geltendmachung	57
VIII. Konkurrenzen	58
IX. Beweislast	59

I. Allgemeines

1 Die sog. „negative Härteklausel" – eine unterhaltsrechtliche Sondervorschrift – soll dem Gerechtigkeitsempfinden grob widersprechende Ergebnisse vermeiden, die nach Abkehr vom Schuldprinzip bei unsolidarischem Verhalten des nachehelichen Solidarität fordernden Unterhaltsberechtigten entstehen können. Sie gilt mit Ausnahme der Nr. 1 über § 1361 Abs. 3 BGB auch für den Trennungsunterhalt, findet aber auf Ansprüche aus § 1576 BGB (BGH NJW-RR 1991, 899) und sog. Altehen (Ansprüche nach §§ 58 ff. EheG) keine Anwendung (BGH NJW-RR 1991, 899). Die Vorschrift ist durch das UÄndG vom 20. 2. 1986 neu gefasst worden. Die Einzeltatbestände sind unter Berücksichtigung der Rechtsprechung des BGH erweitert, präzisiert und konkretisiert worden, darüber hinaus ist die sog. Kinderschutzklausel der Rechtsprechung des BVerfG angepasst worden. § 1579 Nr. 2 BGB ist durch das UÄndG 2007 neu eingefügt worden.

2 Die Tatbestände der Nr. 1–8 sind zweistufig zu prüfen: Zunächst ist festzustellen, ob die dort normierten Voraussetzungen der Härtegründe vorliegen, sodann ist unter vorrangiger Berücksichtigung der Kindesbelange eine umfassende Billigkeitsprüfung vorzunehmen (BGH NJW 1998, 1309; BGH NJW 1999, 1630).

II. Die einzelnen Härtegründe

3 § 1579 BGB normiert sieben Verwirkungstatbestände (Nr. 1–7) und einen Auffangtatbestand (Nr. 8). Mehrere Verwirkungsgründe können einzeln, kumulativ oder alternativ erfüllt sein. Sofern sie jeder für sich nicht ausreichen, um einen Verwirkungseinwand zu begründen, können sie jedoch in ihrer Gesamtheit einen Grund bilden, auch wenn die einzelnen Gründe an sich präkludiert sind (OLG Brandenburg NJW-RR 2004, 581).

1. § 1579 Nr. 1: Kurze Ehedauer

3a Der Härtegrund der kurzen Ehedauer ist durch das UÄndG an die Interpretation des BVerfG (NJW 1989, 2807) angepasst worden. Die Dauer der Kindesbetreuung wird nicht in die Bemessung der Ehezeit einbezogen, sondern nur bei der Billigkeitsabwägung unter Abwägung der in der Norm enthaltenen Kinderschutzklausel berücksichtigt (s. Rn 5). Eine gesetzliche Definition der kurzen Ehedauer wird nicht vorgenommen.

a) Grundsätze. Ehedauer i. S. der Vorschrift ist die **Zeit von der Ehe-** **4** **schließung bis zur Rechtshängigkeit des Scheidungsantrages** (BGH NJW 1981, 754; BGH NJW-RR 1995, 449), also nicht die Dauer des Zusammenlebens. Rechtshängigkeit tritt ein mit Zustellung des Scheidungsantrages. Die bloße Übersendung eines PKH-Antrages genügt nicht. Auf die Rechtshängigkeit eines früheren, abgewiesenen Scheidungsantrages kommt es nicht an (BGH NJW 1986, 2832). Auch ein voreheliches Zusammenleben (BGH NJW-RR 1995, 449) oder eine lange Trennung (BGH NJW 1982, 2442) sind ohne Belang. Bei einer Wiederverheiratung bleibt die Dauer der ersten Ehe außer Betracht. Es besteht auch kein durchgreifender Grund, für Ehen, die die Parteien erst im vorgerückten Lebensalter geschlossen haben, grundsätzlich andere zeitliche Grenzen zu ziehen als bei Ehen, die in jungen Jahren geschlossen wurden (BGH NJW 1982, 2064). Bei **verfrühtem Scheidungsantrag**, d. h. vor Ablauf des Trennungsjahres, ist auf das Datum der verfrühten Zustellung abzustellen, nicht auf den Ablauf des Trennungsjahres (OLG Frankfurt NJW-RR 1991, 902; OLG Schleswig FamRZ 2003, 763; Wendl/Gerhardt § 4 Rn 638; a. A. Johannsen/Henrich/Büttner Rn 4).

Kindererziehungszeiten sind der Ehedauer nicht schematisch hinzuzu- **5** rechnen. Auszugehen ist zunächst von der tatsächlichen Ehedauer und anschließend die zur Wahrung der Belange des Kindes gesetzlich vorgeschriebene Abwägung vorzunehmen (BVerfG NJW 1989, 2807; BVerfG NJW 1990, 847; BVerfG NJW 1993, 455; BGH NJW 2005, 3639). Zeiten, in denen der geschiedene Ehegatte voraussichtlich Betreuungsunterhalt nach § 1570 BGB verlangen kann, sind der tatsächlichen Ehezeit nicht zuzurechnen (OLG Hamm NJW-RR 2006, 651). Grund dafür ist die Erfüllung einer nachwirkenden ehelichen Pflicht, die von einer eigenen Unterhaltssicherung abhält (OLG Hamm FamRZ 2007, 215).

Die Ehedauer i. S. der Nr. 1 ist nicht abstrakt zu beurteilen. Maßgeblich ist die **6** Lebenssituation der Ehegatten im Einzelfall, insbesondere die des Unterhaltsbedürftigen. Im Regelfall ist eine Ehedauer von bis zu zwei Jahren als kurz, eine solche von mehr als drei Jahren als nicht mehr kurz anzusehen (BGH NJW 1982, 823; BGH NJW 1999, 1630; vgl. auch BGH NJW 1982, 823: 41 Monate; BGH NJW 1982, 2442: $41^1/_2$ Monate; BGH NJW 1981, 754: 43 Monate; BGH NJW 1995, 449: 60 Monate; BGH NJW 1999, 1630: $5^1/_2$ Jahre; OLG Köln FamRZ 2003, 287: $4^1/_2$ Jahre). Entscheidendes Kriterium für die kurze Ehedauer ist, inwieweit die Ehepartner ihre Lebensführung aufeinander abgestellt und in wechselseitiger Abhängigkeit auf ein gemeinschaftliches Lebensziel ausgerichtet haben (BGH NJW 1982, 2064; BGH NJW 1999, 1630). Dies kann auch in Verhaltensweisen vor der Eheschließung (BGH NJW 1986, 1832) oder in einem längeren Zusammenleben vor der Heirat zum Ausdruck kommen (BGH NJW-RR 1995, 449). In Ausnahmefällen kann aber auch bei einer Ehezeit von mehr als drei Jahren diese als kurz angesehen werden, so z. B. bei einer Ehedauer von knapp 5 Jahren, wenn sich die Ehegatten in ihrer Lebensführung nicht aufeinander eingestellt und nicht in wechselseitiger Abhängigkeit auf ein gemeinsames Ziel ausgerichtet haben (BGH NJW 1999, 1630); vgl. auch OLG Koblenz OLGR 2003, 131: $4^1/_2$ Jahre).

BGB § 1579

7 **b) Grobe Unbilligkeit.** Eine kurze Ehedauer allein schließt den Unterhalt nicht aus, vielmehr muss die Inanspruchnahme des geschiedenen Ehegatten unter **Wahrung der Belange des gemeinsamen Kindes** grob unbillig sein (BGH NJW 1992, 2477; BGH NJW 2006, 3639). Hieran sind bei einer Ehedauer bis zu zwei Jahren geringere Anforderungen zu stellen (BGH NJW 1982, 2064; BGH NJW-RR 1989, 386). Bei extrem kurzer Ehedauer kann deren Kürze schon für sich allein die Inanspruchnahme des Verpflichteten grob unbillig machen (BGH a. a. O.; OLG Hamm NJW-RR 1990, 584). Je länger eine Ehe über zwei Jahre hinaus gedauert hat, desto mehr kommt es auf die Feststellung konkreter Umstände an, die eine Unterhaltszahlung als grob unbillig erscheinen lassen (BGH NJW 1981, 754; BGH NJW 1982, 2064). Nicht entscheidend ist, wie der Ehegatte stünde, wenn er nicht geheiratet hätte. Ehebedingte Nachteile (vgl. zu § 1578b BGB: BGH NJW 2007, 839), eine Bedürftigkeit infolge persönlicher Erwerbsunfähigkeit oder der allgemeinen Arbeitsmarktlage (OLG Hamm FamRZ 1984, 903; OLG Köln NJW-RR 1986, 86) sowie nicht ehebedingte Erkrankungen (OLG Hamm FamRZ 1988, 400) sind unbeachtlich. Auch der Verlust des Unterhaltsanspruchs gegen den ersten Ehemann ist ohne Bedeutung, wenn dieser längere Zeit schon leistungsunfähig gewesen ist (BGH NJW-RR 1989, 386; zur Berücksichtigung wiederauflebender Versorgungsanrechte vgl. OLG Bamberg FamRZ 2007, 1465 = BeckRS 2007, 7166).

8 **c) Sonstiges.** Der Verwirkungstatbestand der Nr. 1 ist auf alle nachehelichen Unterhaltstatbestände anwendbar (OLG Düsseldorf FamRZ 2000, 827: zu § 1572 BGB), nicht jedoch beim Trennungsunterhalt, da § 1361 Abs. 3 BGB § 1579 Nr. 1 BGB nicht in Bezug nimmt. Eine Analogie ist nicht möglich (OLG Köln NJW-RR 1995, 1157; OLG Schleswig MDR 2001, 1414). Begründet die Dauer der Ehe keinen Härtegrund nach Nr. 1, kann sie auch nicht als Härtegrund nach Nr. 8 berücksichtigt werden (BGH NJW-RR 1995, 449; BGH NJW 1999, 1630), falls nicht aus anderen Gründen dessen Voraussetzungen erfüllt sind (OLG Celle FamRZ 1990, 519: Ehefrau Alkoholikerin, nur drei Monate Eheleben). Der Unterhalt kann sowohl der Höhe nach begrenzt als auch zeitlich befristet werden (OLG Düsseldorf FF 2000, 29).

9 **d) Einzelfälle.** Kurze Ehedauer **bejaht:**
– Trotz Kindesbetreuung bei tatsächlicher Ehezeit von 18 Monaten (BGH FamRZ 1990, 492).
– Bei Zuwendung zu einem neuen Partner innerhalb der ersten zwei Jahre und dadurch bedingten Kenntlichmachen, dass die Ehe nicht als feste Beziehung angesehen wird, trotz Kindesbetreuung und Ehedauer von knapp drei Jahren (OLG München NJW-RR 1997, 69).
– Bei einer Ehedauer von 30 Monaten bei Rentnern (BGH NJW 1982, 2064).
– Bei einer Ehedauer von ca. 39 Monaten (BGH NJW 1982, 929).
– Wenn ein Unterhaltspflichtiger nach 20 Monaten Ehedauer Scheidungsantrag stellen wollte, davon aber Abstand genommen hat, weil die Bedürftige befürchtete, vor Abschluss des Studiums abgeschoben zu werden (BGH NJW 1987, 2161).
– Bei einer Ehezeit von knapp 3 Jahren, obwohl die Heirat zu einem Wegfall der Witwenrente der Ehefrau nach ihrem früheren Mann geführt hatte (OLG Hamm FamRZ 1984, 903).
– Bei einer Ehezeit von 4 Jahren und 2 Monaten und einer Eheschließung im Rentenalter (OLG Hamm FamRZ 1992, 326).

Beschränkung oder Versagung d. Unterhalts **§ 1579 BGB**

– Bei einer Ehezeit von 4 Jahren und 5 Monaten mit einem tatsächlichen Zusammenleben von nur 9 Monaten in Folge einer Suchterkrankung der Ehefrau und diversen abgebrochenen Krankenhausaufenthalten (OLG Frankfurt NJW 1989, 3226).
– Bei einer Ehedauer von knapp 4 Jahren, einem tatsächlichen Zusammenleben von ca. 2$^{1}/_{2}$ Jahren und einer bereits bei Eheschließung bestehenden 4-jährigen krankheitsbedingten Erwerbslosigkeit der Ehefrau (OLG Köln FamRZ 1992, 65).
– Bei einer Ehedauer von 3 Jahren, Eheschließung in vorgerücktem Alter (OLG Saarbrücken FamRZ 2004, 1293).

Kurze Ehedauer **verneint:** 10
– Bei einer Ehedauer von 2 Jahren und 6 Monaten, aber einem Wegfall der Witwenrente (OLG Düsseldorf FamRZ 1992, 1188).
– Bei einer Ehedauer von 2 Jahren und 11 Monaten und Aufgabe der Arbeitsstelle in Bulgarien sowie Übersiedlung in die BRD (OLG Karlsruhe FamRZ 1990, 67).

2. § 1579 Nr. 2: Verfestigte Lebenspartnerschaft

a) Gesetzliche Änderung. Durch das UÄndG wurde zur Entlastung des 10a
§ 1579 Nr. 7 BGB a. F. der in der Praxis bedeutsamste Härtegrund des Zusammenlebens mit einem anderen Partner als eigenständiger Härtegrund eingefügt (BT-Drucks. 16/1830, S. 21). Das Gesetz ordnet diesen Härtegrund unmittelbar hinter der kurzen Ehedauer nach Nr. 1 ein, weil mit dem Eingehen einer verfestigten Lebensgemeinschaft (vgl. dazu Schnitzler FamRZ 2006, 239; Büttner FamRZ 2007, 773) kein vorwerfbares Verhalten des Berechtigten sanktioniert werden soll. Es handelt sich um eine rein **objektive Gegebenheit** (BT-Drucks. a. a. O.) bzw. eine Veränderung der Lebensverhältnisse des Berechtigten mit der Folge, dass eine dauerhafte Unterhaltsleistung für den Verpflichteten unzumutbar ist. Nach der Gesetzesbegründung – eine Definition fehlt – kann eine verfestigte Lebensgemeinschaft bejaht werden, wenn objektive, nach außen tretende Umstände vorliegen, wie etwa ein über einen längeren Zeitraum geführter gemeinsamer Haushalt, das Erscheinungsbild in der Öffentlichkeit, größere gemeinsame Investitionen wie der Erwerb eines gemeinsamen Familienheims oder die Dauer der Verbindung (vgl. auch OLG Bamberg FamRZ 2008, 2037). Nr. 2 soll jedoch nicht zu einer Kontrolle der Lebensführung des geschiedenen Ehegatten führen (BT-Drucks. a. a. O.), so dass es weder auf die Leistungsfähigkeit des neuen Partners noch auf die Aufnahme intimer Beziehungen ankommt und es auch unerheblich ist, ob die Partner der neuen Lebensgemeinschaft eine Ehe miteinander eingehen können. Die Formulierung lehnt sich eng an die bisherige Rechtsprechung an, die deshalb weiter gilt. Ziel ist es, rein freundschaftliche Beziehungen oder das solidarische Zusammenleben von Geschwistern bzw. von erwachsenen Kindern mit ihren Eltern von einer neuen Partnerschaft des Berechtigten abzugrenzen. Entscheidend ist allein, dass sich ein Ehegatte sich mit der Eingehung der neuen Lebensgemeinschaft endgültig aus der ehelichen Solidarität gelöst und zu erkennen gegeben hat, dass er diese nicht mehr benötigt (BT-Drucks. a. a. O.). Auf die Bedarfsdeckung i. S. d. § 1577 Abs. 1 BGB kommt es nicht an. Anhaltspunkte für eine verfestigte Partnerschaft sehen auch § 7 Abs. 3 Nr. 3 c und Abs. 3 a SGB II in der ab 1. 8. 2006 geltenden Fassung vor, wobei allerdings das Zusammenleben über einen Zeitraum von mehr als einem Jahr in der Regel zu kurz sein dürfte.

Büte

BGB § 1579

10b **b) Nichteheliche Lebensgemeinschaft.** Hauptanwendungsfall ist die nichteheliche Lebensgemeinschaft des Unterhaltsgläubigers mit einem neuen Partner. Allein durch die Eingehung einer intensiven nichtehelichen Lebensgemeinschaft mit einem neuen Partner erlischt der Unterhaltsanspruch nicht ohne weiteres (BGH NJW 1989, 1083). Die Rechtsprechung des BGH hat dazu beispielhaft Fallgruppen gebildet. Insoweit ist die bisherige Rechtsprechung (vgl. auch OLG Karlsruhe NJW 2008, 3645) heranzuziehen.

10c **c) Fortdauer einer nichtehelichen Beziehung.** Der unterhaltsberechtigte Ehegatte, der durch die Aufnahme einer eheähnlichen Gemeinschaft während der Ehe seinen Anspruch auf Trennungsunterhalt eingebüßt oder verkürzt hat, erfüllt jedenfalls dann auch für den nachehelichen Unterhaltsanspruch die Voraussetzungen der Härteklausel, wenn das Verhältnis nach der Scheidung andauert (BGH NJW 1983, 1548; BGH NJW 1984, 297). Die wirtschaftliche Lage des neuen Partners ist hierbei nicht von entscheidender Bedeutung (BGH NJW 1989, 1083).

10d **d) Begleitumstände der neuen Partnerschaft.** Die Beziehung des Unterhaltsbedürftigen zu seinem neuen Lebensgefährten kann wegen besonderer etwa kränkender oder sonst anstößiger Begleitumstände geeignet sein, den anderen in **außergewöhnlicher** Weise zu treffen, ihn in der Öffentlichkeit bloßzustellen oder sonst in seinem Ansehen zu schädigen (BGH NJW 1989, 1083, BGH NJW 1995, 655).

10e **e) Absehen von der Heirat.** Ohne Hinzutreten besonderer Umstände stellt das Absehen von der Heirat mit dem neuen Partner keinen schwerwiegenden Grund i. S. der Nr. 2 dar (BGH NJW 1984, 1692; BGH NJW-RR 1994, 1154). Etwas anderes gilt jedoch, wenn der Unterhaltsbedürftige von einer Heirat nur deshalb absieht, um den Unterhaltsanspruch nicht zu verlieren, außer es liegen beachtliche Gründe gegen eine Wiederheirat vor, z. B. schlechte wirtschaftliche Verhältnisse des Partners (BGH NJW 1984, a. a. O.; BGH NJW 1989, 1083). Aus den Motiven, welche die ohne Eheschließung zusammenlebenden Partner zu dieser Lebens- und Wirtschaftsform bewogen haben, lassen sich zusätzliche Gesichtspunkte für die Anwendung der Härteklausel gewinnen (BGH NJW-RR 1987, 1282). Da es sich bei dem Absehen von einer Eheschließung um ein auf einem freien Willensentschluss beruhendes individuelles Verhalten handelt, das weder dem Anscheinsbeweis zugänglich ist noch einer generalisierenden Beurteilung aufgrund allgemeiner Erfahrungssätze (BGH NJW 1983, 1548), dürfte die Feststellung nur schwer zu treffen sein, eine Wiederverheiratung erfolge nur deshalb nicht, um den Unterhaltsanspruch nicht zu verlieren.

10f **f) Unterhaltsgemeinschaft.** Besteht zwischen den Partnern ein **fester sozialer und wirtschaftlicher Zusammenschluss** über eine längere Zeit, infolgedessen beide ähnlich wie in einer Ehe zu einer Unterhaltsgemeinschaft gelangen (BGH NJW 1983, 1548), indiziert dies die Unzumutbarkeit einer weiteren Unterhaltsbelastung des Ehegatten. Typisches Anzeichen ist regelmäßig ein räumliches Zusammenleben in einem gemeinsamen Haushalt, dies ist aber nicht zwingend (BGH NJW 1997, 1851; BGH NJW 2002, 217). Die Aufnahme einer intimen Beziehung ist nicht Voraussetzung (BGH NJW 2002, 1947). Der Feststellung einer solchen Lebensgemeinschaft ist jedoch **für Unterhaltszeiträume bis 31. 12. 2007** die Grundlage entzogen, wenn **der neue Partner nicht hinreichend leistungsfähig** ist, Beiträge zum Unterhalt des Ehegatten zu leisten

Beschränkung oder Versagung d. Unterhalts **§ 1579 BGB**

(BGH NJW-RR 1987, 1282; BGH NJW 1989, 1083; BGH NJW-RR 1994, 1154). Auskommen in diesem Sinne bedeutet nicht das volle, also eheangemessene Auskommen, sondern es genügt, dass der notwendige Eigenbedarf des Unterhaltsgläubigers gesichert wird. Die Zurechung eines fiktiven Einkommens beim neuen Partner scheidet aus (Palandt/Brudermüller Rn 37; a. A. OLG Celle NJW 2000, 2282).

Ab Inkrafttreten des UÄndG am 1. 1. 2008 kommt es nicht mehr auf die Leistungsfähigkeit an. Eine Wohngemeinschaft lediglich zur Senkung der Wohnkosten genügt aber nicht.

Diese Grundsätze gelten auch für **gleichgeschlechtliche Partnerschaften** (BGH NJW 2002, 1947; BGH NJW 2008, 2779). Indizien für eine Unterhaltsgemeinschaft können sein:
– ein Kind aus einer neuen Verbindung,
– der Kauf oder Bau eines gemeinsamen Hauses,
– ein Zusammenleben mit den beiderseitigen Kindern bei aus reichendem Einkommen des neuen Partners für den gemeinsamen Haushalt,
– zumindest teilweise Finanzierung des Haushalts und der Wohnung.

g) Ehe ersetzende Partnerschaft (sog. sozio-ökonomische Lebensgemeinschaft). Objektive Verhältnisse, die die Unzumutbarkeit der Unterhaltspflicht begründen, können vorliegen, wenn der Unterhaltsberechtigte mit einem neuen Partner in einer festen sozialen Verbindung zusammen lebt. Dann kann das **Erscheinungsbild dieser Verbindung in der Öffentlichkeit** dazu führen, dass die Fortdauer der Unterhaltsbelastung unzumutbar wird (BGH NJW 1983, 1548; OLG Karlsruhe NJW 2008, 3645), wobei allein die Erkennbarkeit einer solchen Partnerschaft maßgeblich ist und nicht, ob sie tatsächlich auch so bewertet wird (BGH NJW 1997, 1851). Die Annahme einer **festen sozialen Verbindung** setzt nicht notwendig einen gemeinsamen Haushalt voraus (BGH NJW 1984, 2692; OLG Bremen NJW 2007, 1890; OLG Saarbrücken FamRZ 2008, 1630). Die Verfestigung setzt jedoch i. d. R. eine Zeitdauer von 2 Jahren voraus (BGH NJW 1989, 1083: 2–3 Jahre; BGH NJW 1997, 1851; verneint beim Zusammenleben mit mehreren Partnern nacheinander: OLG Köln FamRZ 2005, 279). Ausnahmsweise kann eine solche Verfestigung schon nach kürzerer Zeit angenommen werden, wenn besondere Umstände vorliegen, insbesondere gemeinsame wirtschaftliche Dispositionen getroffen werden, z. B. der Kauf einer gemeinsamen Immobilie für gemeinsame Wohnzwecke (OLG Köln NJW-RR 2004, 1373; OLG Hamburg FamRZ 2002, 1038; OLG Schleswig FamRZ 2005, 277; OLG Schleswig 2006, 954; OLG Karlsruhe FamRZ 2006, 706). Ob eine auf Dauer angelegte, aber **bewusst auf Distanz gehaltene nichteheliche Partnerschaft** mit zwei verschiedenen, klar abgrenzbaren Lebensmittelpunkten eine Unzumutbarkeit der Unterhaltsleistung begründet, hängt von den Umständen des Einzelfalles ab (BGH NJW 2002, 217; vgl. auch OLG Frankfurt NJWE-FER 1999, 257; OLG Hamm NJW-RR 2003, 1297; OLG Koblenz NJW-RR 2004, 1374). Die wirtschaftliche Leistungsfähigkeit ist unerheblich. Indizien für „eine feste soziale Verbindung" sind das gemeinsame Auftreten als Paar, das Ausrichten gemeinsamer Feste, ein beiderseitiges Erscheinen in öffentlichen Anzeigen, die Benennung als Papa oder Mama von den Kindern des anderen Partners, die Versorgung bei Krankheit (Kalthoener/Büttner/Niepmann Rn 1117 c m. w. N.)

10e

BGB § 1579 1. Teil. Ehegattenunterhalt

3. § 1579 Nr. 3: Schwere Straftat des Unterhaltsgläubigers

11 **a) Allgemeines.** Die Vorschrift setzt ein **schuldhaftes Verhalten** und damit Schuldfähigkeit voraus. Verminderte Schuldfähigkeit reicht aus, kann aber ggf. die grobe Unbilligkeit beseitigen (BGH NJW 1982, 100; OLG Hamm NJW 1990, 1519; OLG Hamm FamRZ 2002, 240). Ein **Mitverschulden** ist zu berücksichtigen (OLG Hamm FamRZ 1995, 808). Die Vorschrift ist auf alle nachehelichen Unterhaltstatbestände, auch § 1572 BGB (BGH NJW 1997, 1439) und auch auf § 1361 BGB anwendbar. Ein Ausschluss oder eine Herabsetzung des Unterhaltsanspruchs ist grundsätzlich nur für die Zukunft möglich, während der vor der Tat bereits entstandene Unterhaltsanspruch unberührt bleibt (BGH NJW 1984, 296). Ausnahmsweise können wegen der Schwere einer vom Unterhaltsberechtigten verübten Straftat auch bereits entstandene Ansprüche verwirkt werden (BGH NJW 2004, 1324). Es muss sich um gravierende Straftaten handeln. Der Unterhaltsgläubiger muss sich eines Verbrechens oder eines schweren vorsätzlichen Vergehens gegenüber dem Unterhaltsschuldner oder einem Angehörigen, mit dem dieser eng verbunden ist (OLG Hamm FamRZ 2002, 240), schuldig gemacht haben. Dazu zählt nicht der Partner aus einer Lebensgemeinschaft (ggf. aber Anwendung der Nr. 7). Bei Vergehen ist eine Einzelfallprüfung erforderlich (BGH NJW 1997, 1439), ob dieses den Verpflichteten ebenso schwer trifft wie den Berechtigten der Verlust des Unterhalts. Ehrverletzungen oder Beleidigungen, die den Rahmen typischer Eheverfehlungen nach § 43 EheG a. F. nicht übersteigen, sind i. d. R. nicht als schwere vorsätzliche Vergehen zu behandeln. Abzustellen ist darauf, ob die beteiligten Eheleute dem Vorfall wesentliche Bedeutung beigemessen haben (OLG Düsseldorf NJW 1993, 3078). Der Verzicht auf die Einleitung eines Ermittlungsverfahrens kann ein Indiz sein (OLG Hamm NJW 1990, 111).

12 **b) Einzelfälle zu Nr. 3:**
– Betrügerische Erwirkung einer Verurteilung zu Unterhaltsleistungen durch Verschweigen des Abbruchs des Studiums (BGH NJW-RR 1991, 1410).
– Bedingt vorsätzliche Verletzung der Pflicht zur ungefragten Information (BGH NJW 1997, 1439; BGH NJW 2008, 57; BGH NJW 2008, 2581); die Beurteilung einer freiwilligen Leistung Dritter muss dem Gericht überlassen bleiben (BGH NJW 1999, 2804).
– Versuchter (OLG Hamm NJW-RR 2004, 1229: der Versuch beginnt mit der Einreichung bewusst unwahren Vorbringens bei Gericht) oder vollendeter Prozessbetrug, z. B. durch Verschweigen von Eigeneinkünften des Berechtigten (BGH NJW 1999, 2804; BGH NJW 2008, 57; OLG Celle FamRZ 1991, 1313; OLG Hamm FamRZ 2002, 242; OLG Köln NJWE-FER 2001, 276; OLG Köln NJW-RR 2003, 507; OLG Frankfurt FK 2007, 20: selbst bei überobligatorischer Tätigkeit), denn bei prozessualer Geltendmachung von Unterhalt sind alle zur Begründung des Anspruchs dienenden Umstände wahrheitsgemäß und vollständig vorzutragen (BGH NJW 1999, 2804). Es ist allein Aufgabe des Gerichts zu beurteilen, ob sich Einkünfte oder sonstige Umstände auf die Unterhaltsberechnung auswirken (BGH NJW 1999, 2804).
– Falsche Angaben zu den Erwerbsmöglichkeiten im Prozess (OLG Düsseldorf FamRZ 1989, 61).
– Leugnen der Verbindung zu einem neuen Partner (OLG Hamm FamRZ 1993, 566; 1996, 1079; 1997, 1337; OLG Frankfurt FuR 2002, 83) oder Verschweigen einer neuen Partnerschaft im Prozess (OLG Koblenz NJW-RR 1999, 1597).

Beschränkung oder Versagung d. Unterhalts   § 1579   BGB

– Diebstahl zum Nachteil des Unterhaltsschuldners und tätlicher Angriff gegen ihn (OLG Karlsruhe FamRZ 2001, 833).
– schwere Körperverletzung (BGH NJW 2004, 1324; BGH NJW 1984, 296: Schlag mit Bierflasche auf den Kopf).
– Schläge mit dem Kleiderbügel und Lederriemen (OLG Koblenz NJW-RR 1992, 2).
– Schusswaffengebrauch gegen den Unterhaltsschuldner (OLG Düsseldorf NJW 1993, 3078).
– Falschaussage im Vaterschaftsfeststellungsprozess (OLG Bremen FamRZ 1981, 953).
– Nötigung oder Drohung, dem Arbeitgeber die Homosexualität offen zu legen (KG NJW-RR 1992, 648).
– Sexueller Missbrauch der Stieftochter (OLG Hamm NJW 1990, 1119).
– Schwerwiegende und wiederholte Beleidigungen, Verleumdungen und falsche Anschuldigungen, wenn diese Ehrverletzungen mit nachteiligen Auswirkungen auf die persönliche und berufliche Entfaltung sowie die Stellung des Verpflichteten in der Öffentlichkeit verbunden sind (BGH NJW 1982, 100; KG FamRZ 1995, 355; OLG Hamm FamRZ 2000, 1370).
– Tötung eines gemeinsamen Kindes durch die Kindesmutter im Zustand der Schuldunfähigkeit auf Grund einer affektiven Psychose (OLG Bamberg FamRZ 1979, 505; OLG Hamm FamRZ 1997, 1485).
– Straftat gegen das eigene Kind (OLG Hamm FamRZ 2002, 240).
– Geplante gefährliche Körperverletzung zu Lasten des Unterhaltsverpflichteten (OLG Zweibrücken FamRZ 2002, 241) während eines für den betreuten Umgang mit dem gemeinsamen Kind vereinbarten Termins.
– Formulierung einer Strafanzeige über einen viele Jahre zurückliegenden Vorgang im zeitlichen Zusammenhang mit einem Unterhaltsverfahren (OLG Hamm FuR 1997, 304).
– Unerlaubte Kontoabhebungen (OLG Hamburg FamRZ 1987, 1250).
– Im Einzelfall auch wahrheitswidrige Angaben im Verbundverfahren zum Zugewinn (OLG Köln NJW-RR 2003, 507).
– Ungerechtfertigte Beschuldigung des sexuellen Missbrauchs eines gemeinsamen Kindes (OLG München FamRZ 2006, 1605; OLG Celle FamRZ 2008, 1627). Glaubt der Beschuldigte an die Wahrheit seiner Angaben, kann ein Verschulden fehlen (OLG Schleswig SchlHA 2006, 235; OLG Frankfurt FuR 2005, 460). Ist aber das Ermittlungsverfahren eingestellt, oder hat ein Sachverständiger einen Missbrauch verneint, ist ein Festhalten an der Beschuldigung auch subjektiv vorwerfbar (BGH NJW 1982, 100).

c) Grobe Unbilligkeit. Im Rahmen der Prüfung der groben Unbilligkeit bei 13 Bejahung eines vollendeten oder versuchten Prozessbetruges ist – insbesondere wenn das Einkommen des Unterhaltsberechtigten unter dem Existenzminimum liegt – eine genaue Abwägung vorzunehmen, ob der Anspruch insgesamt zu versagen oder nur herabzusetzen oder zeitlich zu begrenzen ist. Sofern nicht ein besonders hartnäckiges Verhalten des Unterhaltsberechtigten gegeben ist, ist zumindest bei nur versuchtem Prozessbetrug lediglich eine Herabsetzung vorzunehmen. Das gilt auch, wenn auch der Unterhaltspflichtige zu seinem eigenen Einkommen falsche Angaben gemacht hat.

BGB § 1579

4. § 1579 Nr. 4: Mutwillige Herbeiführung der Bedürftigkeit

14 a) **Voraussetzungen.** Die Vorschrift ist ein Ausfluss des Grundsatzes des Verbots des widersprüchlichen Verhaltens und greift nur ein, wenn der Unterhaltsberechtigte in der Vergangenheit Ursachen dafür gesetzt hat, dass ihm nunmehr hinreichende Unterhaltsmittel fehlen (BGH FamRZ 1987, 684; BGH FamRZ 1988, 817). Sie schließt in ihrem Geltungsbereich den Rückgriff auf allgemeine Grundsätze aus. Liegen die Voraussetzungen nicht vor, kann dem Bedürftigen kein fiktives Einkommen zugerechnet werden (BGH NJW-RR 1986, 746). Die Vorschrift umfasst nicht nur ein vorsätzliches, sondern auch ein **leichtfertiges Verhalten** des Unterhaltsberechtigten (BGH NJW 1981, 2805), worunter **bewusste Fahrlässigkeit** zu verstehen ist (BGH NJW 2000, 1789). Das Verhalten muss zu der Unterhaltsbedürftigkeit in einer Beziehung stehen, die sich nicht in bloßer Ursächlichkeit erschöpft; erforderlich ist eine unterhaltsbezogene Leichtfertigkeit. Die Vorstellungen und Antriebe, die dem Verhalten zu Grunde liegen, müssen sich auf die Bedürftigkeit als Folge dieses Verhaltens erstrecken. Der Unterhaltsbedürftige muss die Möglichkeit des Eintritts der Bedürftigkeit als Folge seines Verhaltens erkennen und im Bewusstsein dieser Möglichkeit handeln, wobei er sich unter grober Missachtung dessen, was jedem einleuchten muss, oder in Verantwortungs- und Rücksichtslosigkeit gegen den Unterhaltspflichtigen über die erkannte Möglichkeit nachteiliger Folgen für seine Bedürftigkeit hinwegsetzt (BGH FamRZ 1984, 364; BGH NJW 2003, 1796).

15 b) **Abgrenzung zu § 1577 Abs. 1 und § 1573 BGB.** Die Abgrenzung ist wegen der unterschiedlichen Rechtsfolgen bedeutsam. § 1579 BGB ist Billigkeitsregelung, § 1577 Abs. 1 BGB starres Recht mit Zumutbarkeitskorrektiv. Voraussetzung für die Anwendung von Nr. 3 ist die Bedürftigkeit des Unterhalt Begehrenden. Diese entfällt nicht erst dann, wenn sich dieser aus seinen vorhandenen Einkünften und seinem Vermögen unterhalten kann, sondern auch dann, solange und soweit er einer bestehenden Obliegenheit zur Aufnahme einer eigenen Erwerbstätigkeit nicht nachkommt bzw. in zumutbarer Weise vorhandenes Vermögen nicht zur Deckung des Bedarfs einsetzt (BGH NJW 1981, 1782). Maßgebend ist, ob der Unterhaltsbedürftige im Zeitpunkt des Bestehens seiner Bedürftigkeit eine Obliegenheit i.S. des § 1577 Abs. 1 BGB oder nach § 1573 Abs. 1 BGB besaß. Die Anwendung des § 1579 Nr. 3 kommt deshalb nur für zeitlich davor liegende Vorgänge in Betracht. Insoweit ist Nr. 3 die Spezialregelung (BGH NJW-RR 1995, 449). Kann der Bedürftige sein Verhalten wieder ändern und ist die geschaffene Maßnahme nicht endgültig, obliegt es ihm, seine Bedürftigkeit zu beseitigen, z.B. durch Aufnahme einer vorwerfbar unterlassenen Erwerbstätigkeit.

16 c) **Einseitige Trennung.** Ein Ehegatte führt nicht dadurch mutwillig seine Bedürftigkeit herbei, dass er aus der Ehewohnung auszieht und trennungsbedingten Mehrbedarf verursacht (BGH NJW 1986, 1340).

17 d) **Fallgruppen. Gibt** ein unterhaltsbedürftiger Ehegatte freiwillig einen sicheren **Arbeitsplatz auf** und zieht trotz bekannter schlechter Arbeitsmarktlage in eine andere Wohngegend, ohne zuvor einen neuen Arbeitsplatz gefunden zu haben (OLG Köln FamRZ 1985, 930) oder wird dem Bedürftigen wegen wiederholt nachlässiger Arbeitshaltung bzw. unentschuldigtem Fernbleiben vom Arbeitsplatz gekündigt und deshalb kein Arbeitslosengeld gezahlt, kann dies den

Beschränkung oder Versagung d. Unterhalts **§ 1579 BGB**

Tatbestand erfüllen (BGH NJW 1981, 2805). Gleiches gilt, wenn der unterhaltsbedürftige Ehegatte es nach der Trennung unterlassen hat, sich um einen Arbeitsplatz zu bemühen (BGH NJW-RR 1986, 196), eine Berufsausbildung wahrzunehmen (BGH NJW 1986, 985) oder während der Ehe durch zumutbare Arbeit Anwartschaften in der gesetzlichen Rentenversicherung zu begründen (BGH NJW 1983, 2315).

Verliert ein Unterhaltsberechtigter wegen einer Straftat (z. B. Alkoholfahrt) **18 selbstverschuldet** seinen **Arbeitsplatz** (BGH NJW 2001, 1789), fehlt es i. d. R. an einer unterhaltsbezogenen Mutwilligkeit. Gleiches gilt bei einer Arbeitsunfähigkeit infolge eines selbstverschuldeten Unfalls oder bei der Nichtausnutzung von Ausbildungsmöglichkeiten (OLG Hamburg FamRZ 1991, 445). Zutreffender und sachgerechter dürfte es sein, diese Fälle über eine fiktive Einkommenszurechnung zu lösen (Johannsen/Henrich/Büttner Rn 17).

Beim **fehlgeschlagenen Suizidversuch** kommt es für die Frage der mutwil- **19** ligen Herbeiführung der Bedürftigkeit allein darauf an, ob der Bedürftige ein mögliches Fehlschlagen des Versuchs und als Folge dessen seine Erwerbsunfähigkeit ins Auge gefasst, gebilligt und sich rücksichts- und verantwortungslos über die erkannte Möglichkeit derartiger nachteiliger Folgen für seine unterhaltsrechtliche Bedürftigkeit hinweggesetzt hat (BGH NJW-RR 1989, 1218; OLG Köln FamRZ 1992, 1311).

Beim **Genuss von Alkohol, Tabletten und Drogen** ist es nicht ausrei- **20** chend, dass sich der Unterhaltsberechtigte der Gefahren des Konsums von Suchtmitteln bewusst ist (BGH NJW 2000, 2351). Ist ein Ehegatte infolge Alkoholabhängigkeit erwerbsunfähig, kommt es entscheidend darauf an, ob er zu einer Zeit, in der seine Einsicht und die Fähigkeit, danach zu handeln, dies noch zuließen, eine ihm angeratene Entziehungskur unterlassen hat und sich der Möglichkeit bewusst gewesen ist, er werde infolgedessen, falls sich im Falle der Trennung das Erfordernis einer eigenen Erwerbstätigkeit ergibt, außerstande sein, eine Arbeit aufzunehmen und seinen Unterhalt selbst zu verdienen (BGH NJW 1981, 2805; BGH NJW 1988, 1147; OLG Naumburg FamRZ 2007, 472; OLG Frankfurt FF 2008, 38). Eine derartige **Einschränkung der Steuerungsfähigkeit** kann nicht ohne eine nähere, von sachverständiger Beratung begleitete Prüfung angenommen werden. Gegen die Annahme einer unterhaltsbezogenen Leichtfertigkeit spricht es, wenn der andere Ehegatte den übermäßigen Alkoholkonsum mitgefördert hat. Hat ein Unterhaltspflichtiger bei jahrelangem Alkoholmissbrauch jahrelang weiter Unterhalt gezahlt, kann eine grobe Unbilligkeit ausscheiden (OLG Hamm NJW-RR 1994, 1287). Diese Grundsätze gelten auch für **neurotische Erkrankungen** (KG FamRZ 2002, 460: zu psychisch bedingter Erwerbsunfähigkeit; KG FamRZ 2003, 876: Depressionen; KG FamRZ 1999, 237: Unterhaltsneurose; KG FamRZ 1996, 863: depressive Neurose; BGH NJW-RR 2005, 1450: Schizophrenie).

Deckt der Elementarunterhalt den Lebensbedarf ausreichend, so führt eine **21** ohne Not vorgenommene **zweckwidrige Verwendung des Altersvorsorgeunterhalts** zur Anwendung von Nr. 3 in Form einer Teilverwirkung im Rentenfall in Höhe des dadurch niedrigeren Renteneinkommens (BGH NJW 1987, 2229; OLG Bamberg NJW-RR 2003, 74). Ein mutwilliges Verhalten wird regelmäßig zu bejahen sein, wenn der Elementarunterhalt zur Finanzierung der Lebenshaltungskosten ausreichte und dem Bedürftigen bewusst ist, dass die zweckwidrige Verwendung des Altersvorsorgeunterhalts zur Schmälerung der Altersversorgung führen wird (BGH NJW 2003, 1796).

BGB § 1579   1. Teil. Ehegattenunterhalt

22   Bei Verwirklichung eines Kinderwunsches mit dem Ehemann ohne sein Einverständnis oder im Wege der **in-vitro-Fertilisation** ohne sein Einverständnis fehlt es an einer unterhaltsbezogenen Leichtfertigkeit (BGH NJW 2001, 1789). Bei einem Verstoß gegen eine Absprache zur Familienplanung, die als zum nicht zum justiziablen Intimbereich eines Partners gehörend anzusehen ist, wird es regelmäßig bereits am unterhaltsbezogenen Mutwillen fehlen (Palandt/Brudermüller Rn 18; tendenziell insoweit BGH NJW 2001, 1789).

23   Die Vorschrift kann anwendbar sein bei der **Nichtinanspruchnahme** von **Arbeitslosengeld** oder **Krankengeld** durch eine vereinbarungsgemäß voll berufstätige Ehefrau (OLG Hamm NJW-RR 1994, 707), bei der verspäteten Antragstellung und einer dadurch bedingten Versagung von Arbeitslosenhilfe (§ 134 AFG a. F. – im konkreten Fall vom BGH Urteil v. 29. 6. 1983 IVb ZR 395/81 – verneint) sowie bei der Nichtdurchsetzung eines Schadensersatzanspruches aus einem Verkehrsunfall und dem Sichzufriedengeben mit einem geringeren Entschädigungsbetrag (BGH NJW-RR 1988, 1093: im konkreten Fall verneint).

24   **Verschwendet** ein Unterhaltsgläubiger **Vermögen** und ist danach mittellos, kann § 1579 Nr. 4 BGB begründet sein (BGH NJW 1992, 1044), so bei Spielleidenschaft des Berechtigten (BGH FamRZ 1981, 1042) oder Verschwendung für Luxusausgaben (BGH NJW 2001, 1789). Dies gilt jedoch nicht, wenn der Unterhaltsgläubiger sein Vermögen oder zumindest einen bestimmten Teil davon gem. § 1577 Abs. 3 BGB unangetastet lassen durfte (BGH FamRZ 1984, 361) oder wenn die behauptete Verschwendung jahrelang zurückliegt (OLG Hamm NJW-RR 2006, 794). Die Vorschrift scheidet auch aus, wenn ererbtes Vermögen zum Erwerb eines Eigenheims verwandt wird, jedenfalls dann, wenn die wirtschaftlichen Verhältnisse des Unterhaltsschuldners besonders günstig sind (BGH FamRZ 1986, 560). Wird Vermögen aus Zugewinn, Vermögensauseinandersetzung oder Erbschaft aus anerkennenswerten Gründen, z.B. für Verfahrenskosten, Umzugskosten oder notwendiges neues Mobiliar nach der Trennung, verwandt, so scheidet eine Verschleuderung und damit § 1579 Nr. 4 BGB aus (BGH FamRZ 1990, 989). Erwirbt ein unterhaltsberechtigter Ehegatte nach Rechtskraft der Scheidung Geldbeträge aus einer Erbschaft oder Zwangsversteigerung, so ist er verpflichtet, Zinserträge hieraus, notfalls auch den Vermögensstamm, zur Deckung seines Unterhaltsbedarfs einzusetzen und darf keine Geldbeträge an die Kinder verschenken (OLG Karlsruhe ZFE 2007, 434).

5. § 1579 Nr. 5: Verletzung von Vermögensinteressen des Verpflichteten

25   **a) Voraussetzungen:** Die Vorschrift regelt die Fälle des Fehlverhaltens des Unterhalt begehrenden Ehegatten im vermögensrechtlichen Bereich. Sie setzt voraus, dass sich der Unterhaltsgläubiger über schwerwiegende Vermögensinteressen des Unterhaltsschuldners **mutwillig** hinwegsetzt, was zumindest leichtfertiges Verhalten voraussetzt (BGH NJW 2001, 1789) . Eine Gefährdung ist ausreichend (BGH NJW 2008, 2581: Verschweigen von Einkommenssteigerungen und Nichtmöglichkeit der Rückforderung von überzahltem Unterhalt; OLG Koblenz NJW-RR 1992, 2: Gefahr der Kündigung und dadurch bedingtem Wegfalls einer Betriebsrente; OLG Köln FF 2001, 211; OLG Hamm FamRZ 2002, 242: Versicherungsbetrug zum Nachteil des Verpflichteten; OLG Hamm FamRZ 2007, 215: Verschweigen von Eigeneinkünften; OLG Schleswig ZFE 2008, 154: Verschweigen von Eigeneinkünften trotz Nachfrage). Zu den Vermö-

Beschränkung oder Versagung d. Unterhalts § **1579 BGB**

gensinteressen gehören auch Einkommensinteressen (OLG Celle FamRZ 1994, 1324: Steuerersparnis durch gemeinsame Veranlagung; vgl. auch OLG Hamm NJW-RR 2004, 1229; OLG Düsseldorf FamRZ 1996, 1410). Objektiv muss das Verhalten des Berechtigten eine besondere Intensität erreicht haben, subjektiv muss Mutwilligkeit vorliegen, so dass vorsätzliches aber auch leichtfertiges Verhalten erfasst wird. Die Vorschrift setzt **Verschulden** voraus, bei Schuldunfähigkeit ist Nr. 8 zu prüfen. Anders als bei Nr. 4 muss das Verhalten nicht Unterhalts bezogen sein (str. Palandt/Brudermüller Rn 20).

b) Einzelfälle:
- **Strafanzeige gegen den Unterhaltsschuldner:** Sie fällt unter Nr. 5, sofern 26 sie leichtfertig oder wissentlich falsch erstattet wurde, insbesondere dann, wenn wirtschaftlich nachteilige Folgen nicht ausgeschlossen werden können (OLG Bamberg FamRZ 1987, 1418; OLG Celle FamRZ 1987, 69; OLG Karlsruhe NJWE-FER 1998, 52; OLG Koblenz FamRZ 1991, 1312; OLG München FamRZ 1982, 270). Das gilt auch bei einer Anzeige wegen Steuerhinterziehung (KG FamRZ 1982, 1213; OLG Köln NJWE-FER 1999, 107: im konkreten Fall verneint; OLG Zweibrücken OLGR 2002, 105), wegen unerlaubten Waffenbesitzes (OLG Celle FamRZ 1987, 69: verneint; OLG Zweibrücken FamRZ 1989, 63: bejaht), Unterschlagung zu Lasten des Arbeitgebers (OLG Koblenz NJW-RR 1992, 2) sowie Unterhaltspflichtverletzung (OLG Stuttgart FamRZ 1979, 40) und Trunkenheitsfahrt (OLG Bamberg FamRZ 1987, 1264).
- **Anschwärzen beim Arbeitgeber:** Ein Verhalten i. S. v. Nr. 5 liegt vor, wenn 27 der Berechtigte den Verpflichteten bei dessen Arbeitgeber anschwärzt und damit dessen Arbeitsplatz gefährdet (OLG Düsseldorf NJW-RR 1996, 1155), z. B. durch Verdächtigung des Diebstahls am Arbeitsplatz bzw. sexuelle Übergriffe auf Auszubildende (OLG Karlsruhe NJWE-FER 1998, 52; s. auch BGH NJW 2002, 217: Strafanzeige wegen Steuerinterziehung und anonymer Anruf beim Arbeitgeber des Unterhaltsschuldners; vgl. weiter OLG Karlsruhe FamRZ 1998, 746; OLG Hamm FamRZ 1997, 356).
- **Verschweigen von Einkünften:** Bei betrügerischem Prozessverhalten, insbe- 28 sondere bewusstem Verschweigen von Einkünften (OLG Koblenz FamRZ 1997, 1338) trotz bestehender Offenbahrungspflicht und einer Pflicht zur ungefragten Information (BGH FamRZ 1988, 270; BGH NJW 1998, 2433; BGH NJW 2008, 57; BGH NJW 2008, 2581) kann es zu Überschneidungen mit Nr. 3 kommen (BGH NJW 1990, 3020). Dies gilt insbesondere bei einem hartnäckigen und vehementen Bestreiten intensiver Beziehungen zu einem anderen Mann (OLG Frankfurt FuR 2002, 83; OLG Hamm FamRZ 1996, 1079).
- **Belastung mit Unterhaltspflichten:** Eine ohne fortdauerndes Einverständ- 29 nis des Ehemannes vorgenommene in-vitro-Fertilisation mit daraus folgender Unterhaltslast führt nicht zur Verwirkung nach Nr. 4 (BGH NJW 2001, 1789).
- **Vermögensstraftaten gegen den Verpflichteten:** Infrage kommen erheb- 30 liche Diebstähle von Eigentum des Verpflichteten (OLG Hamm FamRZ 1994, 168).
- **Verbrauch des Vermögens** zwischen Rechtshängigkeit und Ausspruch des Zugewinnausgleichs in nicht nachvollziehbarer Weise (OLG Hamm NJW 2007, 1144).

BGB § 1579

6. § 1579 Nr. 6: Gröbliche Verletzung von Unterhaltspflichten

31 Die Vorschrift setzt voraus, dass der Berechtigte bereits vor der Trennung längere Zeit hindurch seine Pflicht verletzt hat, zum Familienunterhalt beizutragen, und dass dadurch die Familie in eine nicht nur kurzfristige Notlage geraten ist. Umstände, die erst nach der Trennung entstanden sind, können eine Verwirkung nach Nr. 3 oder Nr. 7 bzw. 8 BGB begründen. Durch die Verwendung des Begriffs „Familienunterhalt" ist klargestellt, dass nicht nur eine Unterhaltspflichtverletzung gegenüber dem Unterhaltsverpflichteten, sondern auch gegenüber den gemeinsamen Kindern erfasst wird. Erfasste Handlungen sind z.B. regelmäßiges Vertrinken des Arbeitslohnes (OLG Bamberg FamRZ 1998, 370), ein arbeitsscheues Verhalten zu Lasten der Familie, die Vernachlässigung der Haushaltsführung und/oder der Sorge für die Kinder, die Verweigerung der Abgabe von Haushaltsgeld sowie Verstöße gegen die Mitarbeitspflicht im Betrieb des Ehegatten, so dass der andere Ehegatte für den Lebensunterhalt und den Haushalt aufzukommen hatte. Eine bloße Vernachlässigung des Haushaltes hingegen reicht ebenso wenig aus wie die Nichterfüllung von Aufgaben innerhalb der Ehe und einer zwischen den Ehegatten vorgenommenen Aufgabenverteilung. Die Pflichtverletzung muss gröblich, d.h. von besonderem Gewicht sein und kann vorsätzlich oder fahrlässig begangen werden. Leichtfertigkeit ist nicht erforderlich. Eine längere Zeit wird i.d.R. ab einem Jahr anzunehmen sein (OLG Celle FamRZ 1981, 576). Maßgeblich sind jedoch die Umstände des Einzelfalles.

7. § 1579 Nr. 7: Schwerwiegendes einseitiges Fehlverhalten

32 **a) Allgemeines.** Die Vorschrift sanktioniert ein offensichtlich schwerwiegendes, eindeutig beim Berechtigten liegendes Fehlverhalten (BGH NJW 1989, 1083; BGH NJW 2001, 3779). Hauptanwendungsfall sind **Verstöße gegen die eheliche Treuepflicht** und Solidarität. Der Tatbestand kombiniert den objektiven Tatbestand des schwerwiegenden Fehlverhaltens und den subjektiven Vorwurf einseitiger Verfehlung. Notwendig ist ein **schuldhaftes Verhalten** (OLG Hamm FamRZ 1996, 1080: Alkoholabhängigkeit).

33 **b) Zeitpunkt des Fehlverhaltens.** Ein Fehlverhalten **bis zur Scheidung** ist erforderlich, ein Verstoß gegen die eheliche Solidarität und gegen den Grundsatz der Gegenseitigkeit. Ein voreheliches Verhalten wird von Nr. 7 nicht erfasst. Eheaufhebungsgründe (§ 1314 Abs. 2 Nr. 2–4 BGB) erfüllen, auch wenn keine Eheaufhebungsklage erhoben wird, die Voraussetzungen der Nr. 7 nicht. § 1314 BGB geht als die speziellere Norm vor (Palandt/Brudermüller Rn 24). Wird aber erst später die Nichtehelichkeit eines untergeschobenen Kindes festgestellt, kann das berücksichtigt werden (Johannsen/Henrich/Büttner Rn 24). Obwohl die eheliche Treuepflicht bis zur Rechtskraft der Scheidung fortbesteht (BGH NJW 1983, 1548; OLG Celle NJW-RR 1988, 1097), rechtfertigt ein Fehlverhalten nach Scheitern der Ehe i.d.R. nicht die Anwendung von Nr. 7 (BGH NJW 1981, 1782). Insbesondere erfüllt die sog. „reaktive Flucht" aus gescheiterter Ehe nicht die Voraussetzungen der Nr. 6 (OLG Frankfurt FamRZ 1981, 455; OLG Koblenz FamRZ 2000, 1371). Wann die Ehe gescheitert ist, ist Tatfrage im Einzelfall (vgl. zu den Indizien dazu: BGH NJW 1981, 1782; BGH NJW 1982, 1461; BGH NJW 1983, 683). Ein Fehlverhalten nach Vollzug der Trennung durch Aufnahme einer intimen Beziehung kann eine Verwirkung begründen, wenn der Berechtigte auch schon die Trennung herbeigeführt hatte (OLG

Beschränkung oder Versagung d. Unterhalts **§ 1579 BGB**

Frankfurt FamRZ 1999, 1135). Ein Verstoß gegen die eheliche Treuepflicht nach der Scheidung wird allenfalls von Nr. 8 erfasst (BGH NJW 1989, 1083). Bei Ausschluss des Trennungsunterhalts nach §§ 1361 Abs. 3, 1579 Nr. 7 BGB ist regelmäßig auch der nacheheliche Unterhalt nach § 1579 Nr. 7 BGB ausgeschlossen (BGH FamRZ 1983, 569; BGH FamRZ 1991, 670). Eine Verzeihung des Fehlverhaltens schließt die Anwendung von Nr. 7 aus, außer es wird erneut eine Fremdbeziehung aufgenommen (OLG Nürnberg NJWE-FER 2000, 275).

c) Offensichtliches, eindeutig beim Berechtigten liegendes schwer- 34
wiegendes Fehlverhalten. Es muss ein **Fall grober Verantwortungslosigkeit und Pflichtwidrigkeit** vorliegen. Maßgebend sind die konkreten Umstände des Einzelfalles. Den Verpflichteten muss das Verhalten in erheblichem Maße treffen (OLG Celle FamRZ 1999, 508: Beziehung zum Vorgesetzten des Unterhaltsverpflichteten). Es muss ein deutliches Übergewicht beim Unterhaltsgläubiger liegen (BGH FamRZ 1989, 1279; KG FamRZ 1998, 1112). **Einseitiges Fehlverhalten** setzt aber nicht voraus, dass die Ehe bisher ohne Probleme gewesen ist (OLG Hamm OLGR 2001, 145). Nur subjektiv empfundene Beziehungsstörungen reichen aber nicht aus (OLG Koblenz FamRZ 2000, 1371). Ein **einseitiges Fehlverhalten** liegt **nicht** vor, wenn der Verpflichtete seinerseits Verfehlungen begangen hat, die dem Berechtigten das Festhalten an der Ehe erheblich erschwert haben und zugleich die Bedeutung des eigenen Fehlverhaltens mildern (BGH NJW 1981, 1214; BGH NJW 1982, 1461). Allerdings kann nicht jedes Verhalten des Verpflichteten dem Fehlverhalten des Berechtigten den Charakter der Einseitigkeit nehmen, es muss sich um Verfehlungen von einigem Gewicht handeln. Zwischen dem Fehlverhalten des Berechtigten und demjenigen des Verpflichteten muss ein innerer Zusammenhang bestehen (BGH NJW 1985, 2266; zu den **konkreten Gegenvorwürfen:** Kalthoener/Büttner/Niepmann Rn 1145–1147). Für eine hinreichende Substantiierung der Gegenvorwürfe reichen allgemeine Behauptungen nicht aus, erforderlich ist eine konkrete Schilderung einzelner Vorkommnisse (BGH FamRZ 1983, 670). Nicht ausreichend sind beleidigende und/oder herabsetzende Äußerungen im Verlauf von Streitigkeiten und Auseinandersetzungen (BGH NJW 1986, 722), ebenso wenig krankheitsbedingte Verhaltensauffälligkeiten (BGH FamRZ 1989, 1279). Als ausreichend für Verfehlungen von einigem Gewicht sind erachtet worden ein häufiges Betrunkensein des Unterhaltsverpflichteten und im Zusammenhang damit entstandene Auseinandersetzungen (BGH NJW 1982, 1461) oder körperliche Gewalttätigkeiten gegen die Ehefrau (BGH NJW 1989, 1083).

d) Typische Fallgruppen. Allein die **Zuwendung** des Unterhalt begehren- 35
den Ehegatten **zu einem neuen Partner** noch während bestehender Ehe reicht nicht aus (BGH NJW 2001, 3779). Etwas anderes gilt aber bei Zuwendung zu einem neuen Partner gegen den Willen des anderen und der Aufnahme eines nachhaltig auf Dauer angelegten intimen Verhältnisses (BGH NJW 1981, 1214; BGH NJW 1983, 1548; BGH FamRZ 1989, 1279; OLG Frankfurt NJW 2006, 3286), selbst wenn dabei keine häusliche Gemeinschaft begründet wird, beim Zusammenleben mit einem Dritten gegen den Willen des Ehepartners (BGH NJW 1989, 1083), bei auch nur kurzfristiger Aufnahme intimer Beziehungen zu wechselnden Partnern (BGH FamRZ 1983, 670; OLG Celle NJW-RR 1987, 580), ggf. auch bei einer neuen Partnerschaft ohne sexuelle Kontakte (KG NJW-RR 1989, 1350; OLG Nürnberg FamRZ 1999, 508), sowie bei der Aufnahme eines intimen Verhältnisses zu einem Freund der Familie (OLG Koblenz FamRZ

Büte

BGB § 1579

2000, 290). Es ist unerheblich, ob es sich bei der neuen Partnerschaft um eine hetero- oder homosexuelle Partnerschaft handelt (BGH NJW 2008, 2779). Ausschlaggebend ist eine einseitige Aufkündigung der ehelichen Solidarität und Gemeinschaft (KG FamRZ 2006, 1542; OLG Hamm OLGR 2007, 49; OLG Frankfurt NJW 2006, 3286).

36 Die **Begleitumstände** einer neuen Partnerschaft können zur Anwendung von Nr. 7 führen, wenn sie geeignet sind, den Unterhaltspflichtigen in besonderer Weise bloßzustellen, zu demütigen oder lächerlich zu machen (BGH NJW 1995, 655; OLG Jena NJW-RR 2005, 6: verneint bei Aufnahme einer Lebensgemeinschaft mit dem Schwiegersohn; OLG Koblenz FamRZ 2000, 290: bejaht bei Verhältnis mit Freund des Ehemanns).

37 Sieht der Unterhaltsberechtigte zwecks Vermeidung der Folge des § 1586 BGB (Erlöschen des Unterhaltsanspruches) von einer Heirat ab, kann der Anspruch verwirkt sein, wenn keine beachtliche Gründe (BGH NJW 1984, 2692) vorliegen, z. B. schlechte wirtschaftliche Verhältnisse. Als Fall vorwerfbaren Verhaltens greift insoweit Nr. 2 ein (str. Johannsen/Henrich/Büttner Rn 31; Palandt/Brudermüller Rn 31; a. A. BGH NJW 1989, 1083: Nr. 8).

38 Eine **fortgesetzte massive Vereitelung des Umgangsrechts** kann zur Herabsetzung des Unterhalts auf den Mindestbedarf führen (BGH NJW 1987, 893; BGH NJW 2002, 2566; BGH NJW 2007, 511: bloße Schwierigkeiten reichen nicht aus; BGH NJW 2007, 1969; OLG Karlsruhe NJWE-FER 1998, 121; OLG München FamRZ 2006, 1605; OLG Schleswig FamRZ 2003, 688; OLG Schleswig NJW-RR 2004, 799). Allein eine ablehnende Haltung des Kindes dafür reicht nicht. Zu klären sind folgende Fragen:
– Wie hat sich der Umgang des Kindes mit dem Vater nach der Trennung gestaltet?
– Welche Bemühungen hat der Vater gegenüber einer ablehnenden Haltung der Kindesmutter eingenommen? Hat er z. B. Briefe geschrieben?
– Welches Fehlverhalten wird der Mutter konkret vom Vater angelastet.

39 Das **Unterschieben eines** tatsächlich nicht vom Ehegatten stammenden **Kindes** kann ein einseitiges Fehlverhalten darstellen, wenn es zumindest mit bedingtem Vorsatz als ehelich ausgegeben wird (BGH NJW 1985, 226; OLG Brandenburg NJW-RR 2000, 1098; OLG Köln FamRZ 2003, 1751). Sofern für den Ehegatten die nichteheliche Abstammung erkennbar war, kann etwas anderes gelten (OLG Zweibrücken NJW-RR 1997, 1168). Die Berufung auf die Ehelichkeit eines Kindes ist aber erst nach rechtskräftiger Feststellung der Nichtvaterschaft zulässig (OLG Düsseldorf NJW-RR 1994, 197).

40 Unter Nr. 7 können weiter fallen: Die gewerbsmäßige Ausübung von Telefonsex ohne Kenntnis des Ehegatten (OLG Karlsruhe NJW 1995, 2796), die grundlose Weigerung, einen gemeinsamen Wohnsitz zu begründen (BGH NJW 1987, 1761; BGH FamRZ 1990, 492), Eingriffe in das Eigentum des Verpflichteten durch Vernichtung persönlicher Gegenstände von erheblichem Wert (OLG Oldenburg NJWE-FER 2001, 227), das Bestehen eines Ehegatten verbunden mit einem tätlichen Angriff (OLG Hamm FamRZ 1994, 168), die Beschuldigung des sexuellen Missbrauchs mit (OLG Celle FamRZ 2008, 1627: auch zur Wahrnehmung berechtigter Interessen des Kindes) und auch ohne Anzeigeerstattung (OLG Frankfurt FuR 2005, 460), eine Tätigkeit als Prostituierte (OLG Hamm FamRZ 2002, 752), ein böswilliges Prozessverhalten (OLG Celle NJW-RR 1996, 646), Kein schwerwiegendes Fehlverhalten liegt vor bei Auswanderung des sorgeberechtigten Elternteils und einer dadurch bedingten Erschwerung

Beschränkung oder Versagung d. Unterhalts **§ 1579 BGB**

der Ausübung des Umgangsrechts (BGH FamRZ 1987, 356), bei Unmutsäußerungen während ehelicher Auseinandersetzungen (BGH NJW 1987, 1761) und bei vorwurfsvollen Äußerungen gegenüber dem Ehepartner, die auf eine verständliche Verärgerung zurückzuführen sind (BGH NJW 1982, 1460). Eine eidesstattliche Versicherung, die die persönliche Einschätzung wiedergibt und nicht das Wissen von Umständen, erfüllt nicht die Nr. 7 und 8 (BGH NJW 2006, 1794).

8. § 1579 Nr. 8: Ebenso schwere Gründe

a) Allgemeines. Die Vorschrift erfasst als **Auffangtatbestand** alle sonstigen 41
Fälle der objektiven Unzumutbarkeit, wenn die aus der Unterhaltspflicht erwachsende Belastung für den Verpflichteten die Grenzen des Zumutbaren überschreitet, was sich auch aus objektiven Gegebenheiten und Veränderungen der Lebensverhältnisse der Eheleuten ergeben kann (BGH NJW 1983, 1548; BGH NJW 1987, 3129; BGH NJW 1994, 1286; BGH NJW-RR 1995, 449). Umstände, die für sich allein eine Anwendung der Nr. 1–7 nicht rechtfertigen würden, können i. d. R. den Auffangtatbestand der Nr. 8 auch nicht erfüllen (BGH NJW 1987, 1761); eine Anwendung der Nr. 8 kommt gleichwohl in Betracht bei Hinzutreten weiterer Umstände (BGH NJW-RR 1995, 449), so z. B. wenn Nr. 3 mangels Schuldfähigkeit ausscheidet (OLG Schleswig FamRZ 2000, 1375: versuchtes Tötungsdelikt im schuldunfähigen Zustand) oder wenn die Ehe nicht kurz i. S. der Nr. 1 war, das tatsächliche Zusammenleben aber nur wenige Monate gedauert hat (BGH FamRZ 1988, 930; BGH NJW-RR 1994, 644). Die Vorschrift ist nicht anwendbar, um einen Ausschluss der vermögensrechtlichen Folgen der Scheidung wie in den Fällen des § 37 Abs. 2 EheG (jetzt § 1318 BGB) zu erreichen (BGH NJW 1996, 2727). Auch eine lange Dauer des Getrenntlebens ist kein Grund für eine Kürzung des Unterhaltsanspruchs, ebenso wenig der Umstand, dass der Unterhalt 25 Jahre lang nicht geltend gemacht worden ist (BGH NJW 1985, 1345).

b) Sonstige Fälle. Sollte von Anfang an keine ernst gemeinte, dauerhafte 42
eheliche Lebensgemeinschaft aufgenommen werden, z. B. bei sog. Scheinehen oder Zweckheiraten, kann Nr. 8 eingreifen (BGH FamRZ 1988, 930; BGH NJW-RR 1994, 644: zum Trennungsunterhalt; vgl. auch OLG Celle FamRZ 2006, 703), weiter bei fehlendem Zusammenleben von Anfang an, da die Ehe nach Kirchenrecht ungültig war (BGH NJW-RR 1994, 644), bei objektiv unerträglichen Beeinträchtigungen, z. B. der Tötung gemeinsamer Kinder ohne Verschulden (Johannsen/Henrich/Büttner Rn 44), bei der Geburt eines außerehelichen Kindes, infolgedessen der Bedürftige nicht erwerbstätig sein kann (OLG München FamRZ 1994, 1108), wenn ein Unterhaltsberechtigter den Verpflichteten im Rahmen einer Hausratsteilung eigenmächtig hintergeht (OLG Schleswig NJW-RR 2004, 799), bei einer Erwerbsunfähigkeit infolge Medikamentenmissbrauchs (BGH NJW-RR 1988, 1218), bei der Geheimhaltung des Zusammenlebens mittels Deckadresse (OLG Hamm FamRZ 1995, 880), bei langer Ehe aber nur kurzem Zusammenleben (BGH NJW 1988, 1137; OLG München FamRZ 2003, 875).

c) Von der Rechtsprechung verneinte Härtefälle. Kein Härtefall ist ge- 43
geben, wenn die neue Familie des Unterhaltsverpflichteten bei Erfüllung des Anspruchs des geschiedenen Ehegatten unter der Sozialhilfeschwelle leben muss

BGB § 1579 1. Teil. Ehegattenunterhalt

(BGH NJW 1996, 2793), bei Vorliegen einer unerkannten vorehelichen Erkrankung (BGH NJW 1994, 1286), bei einer Doppelbelastung des Pflichtigen mit Kinderbetreuung und Erwerbstätigkeit infolge Erkrankung der Ehefrau (OLG Hamm FamRZ 2006, 707), bei einem sukzessiven Zusammenleben mit einem neuen Partner über jeweils kurze Zeiträume.

9. Verzeihung von Verwirkungstatbeständen

44   Eine Verzeihung kommt auch beim verschuldensunabhängigen Verwirkungstatbestand der Nr. 8 in Betracht. Voraussetzung für eine Verzeihung ist, dass der Verpflichtete zu erkennen gibt, dass er aus dem Sachverhalt keine Konsequenzen ziehen will, so bei Fortzahlung des Unterhalts (OLG Düsseldorf FamRZ 1997, 1159), Dafür reicht nicht aus, dass nur versucht wird, die Ehe zu retten. Beweispflichtig für die Verzeihung ist der Unterhaltsberechtigte (Johannsen/Henrich/Büttner Rn 45).

III. Grobe Unbilligkeit

45   Neben der Feststellung eines Härtegrundes aus § 1579 Nr. 1 bis 8 BGB ist weitere Voraussetzung eine grobe Unbilligkeit der Inanspruchnahme des Unterhaltspflichtigen (BGH FamRZ 2004, 612; BGH NJW 2008, 1663). Im Rahmen der Billigkeitsprüfung ist eine Abwägung aller Umstände des Einzelfalles vorzunehmen (BGH NJW 1998, 1309). Je schwerer ein Härtegrund wiegt, umso mehr ist es dem Unterhaltsberechtigten zuzumuten, die unterhaltsrechtlichen Folgen seines Verhaltens selbst zu tragen und entsprechend Einschränkungen auf sich zu nehmen, soweit nicht das Kindeswohl eine andere Beurteilung erfordert. Die grobe Unbilligkeit ist stets positiv festzustellen, § 242 BGB ist nicht zusätzlich zu prüfen. Von zentraler Bedeutung ist das **Maß der Verflechtung der beiderseitigen Lebenspositionen und der Grad der wirtschaftlichen Abhängigkeit**, ob die Lebenssituation der Partner während der Ehe durch den gemeinsamen Lebensplan entscheidend geprägt worden sind, und ob mit Zunahme der Ehedauer auch eine zunehmende Verflechtung der beiderseitigen Lebenspositionen einhergeht (BGH FamRZ 1981, 140; BGH FamRZ 1986, 886). **Gesichtspunkte** im Rahmen der Billigkeitsprüfung sind die lange Dauer der Ehe (BGH NJW 1986, 722), das Alter des Berechtigten (OLG Hamm FamRZ 1988, 400), Verdienste um die Familie wie eine vergangene Kinderbetreuung (BGH NJW 1986, 722), berufliche Nachteile in der Ehe (OLG Bamberg FamRZ 1987, 1153). Im Rahmen der Prüfung der wirtschaftlichen Verhältnisse beider Parteien ist das Interesse des Unterhaltsgläubigers an der Unterhaltsleistung gegen das Interesse des Unterhaltsschuldners an der finanziellen Entlastung abzuwägen (BGH FamRZ 1990, 492). Beengte finanzielle Verhältnisse i. V. m. einer Barunterhaltslast für beim Unterhaltsgläubiger lebende Kinder, d. h. zugleich eine doppelte Last für Bar- und Betreuungsunterhalt für ihn selbst, können zu einer unverhältnismäßigen Belastung führen (BGH FamRZ 1984, 34; zu dem weiteren Kriterium bei der Billigkeitsprüfung vgl. Kalthoener/Büttner/Niepmann Rn 1135; 1136).

46   Hat ein Unterhaltsverpflichteter in Kenntnis einer Verfehlung den Unterhalt weitergezahlt, ist dies auch ohne nachgewiesene Verzeihung bei der Billigkeitsprüfung zu berücksichtigen (OLG Hamm FamRZ 1994, 705; OLG Düsseldorf FamRZ 1997, 1159).

IV. Wahrung der Belange des Kindes

Bei Betreuung eines gemeinsamen Kindes ist vorrangig zu klären, ob und in- 47
wieweit die Inanspruchnahme des Verpflichteten auch unter Wahrung der Belange des dem Berechtigten zur Pflege und Erziehung anvertrauten Kindes grob unbillig ist. I. d. R. wird es sich um einen Unterhaltsanspruch nach § 1570 BGB handeln. Der Betreuungsunterhalt selbst ist privilegiert, weil im Interesse des Kindeswohls trotz Fehlverhaltens des Sorgeberechtigten die Wahrung der Elternverantwortung gesichert bleiben soll (BGH NJW-RR 1997, 897). Grundsätzlich hat die Wahrung der Kindesbelange **Vorrang** vor den Interessen des Verpflichteten an Einschränkungen oder Fortfall seiner Unterhaltslast (BVerfG NJW 1981, 1771; BGH NJW 1988, 2376). Damit soll verhindert werden, dass der betreuende Elternteil zu einer Tätigkeit gezwungen wird, die zum Nachteil des Kindes, dessen geordnete Betreuung und Erziehung erschwert (BGH NJW 1984, 2692) oder zu Lasten des Kindes Unterhalt für den eigenen Bedarf mit verwendet wird. Der Lebensstandard der Kinder soll nicht wegen eines Fehlverhaltens des betreuenden Elternteils absinken (BGH NJW-RR 1988, 70). Sofern das Kind jedoch das 3. Lebensjahr vollendet hat, sind bestehende Betreuungsmöglichkeiten zu nutzen (OLG Bremen NJW 2007, 1980).

Die Kindesbelange sind gewahrt, soweit der Unterhalt das Maß dessen über- 48
steigt, was der betreuende Elternteil zur **Deckung seines Mindestbedarfs** benötigt (BGH NJW 1997, 1851; BGH NJW 1998, 1309; BGH NJW 2005, 3639, OLG Hamm NJW-RR 2003, 1297), wenn und soweit der Berechtigte die zur Deckung des Mindestbedarfs erforderlichen Mittel von anderer Seite erhalten kann und deshalb auf den Unterhalt nicht angewiesen ist (BGH NJW 1997, a. a. O.; BGH FamRZ 1989, 1279), z. B. wenn die Berechtigte ihren Mindestbedarf durch die Versorgung ihres neuen Partners decken kann, ohne dadurch an der Betreuung der Kinder gehindert zu sein (BGH FamRZ 1984, 154 und 356), schließlich wenn die Pflege und Erziehung des Kindes in anderer Weise als durch elterliche Betreuung sichergestellt werden kann (BGH NJW 1997, a. a. O.). **Sozialhilfeleistungen** sichern die Belange des Kindes nicht, da sie auch im Rahmen des § 1579 BGB subsidiär sind (BGH NJW 1990, 253), wohl aber der Bezug von **Erziehungsgeld** (BGH NJW 1998, 1309; BGH NJW 2006, 2704; BGH NJW-RR 2006, 1225) und Elterngeld nach § 11 S. 4 BEEG oder anderweitige Unterhaltsansprüche, z. B. gegen den leiblichen Vater eines nichtehelichen Kindes (BGH NJW 1998, 1309). Eine **Herabsetzung unter die Grenze des sog. Mindestbedarfs** mit der Folge der Notwendigkeit einer Teilerwerbstätigkeit des betreuenden Ehegatten kann geboten sein, wenn es sich um ein **besonders schwerwiegendes Fehlverhalten** handelt (BGH FamRZ 1984, 34 und 154). Nach der Rechtsprechung des BVerfG (BVerfG NJW 1989, 2807) ist unter Berücksichtigung des Grundsatzes der Verhältnismäßigkeit in besonderen Härtefällen auch bei Kindesbetreuung ein Ausschluss möglich. Deshalb ist die Prüfung, ob ein solcher außergewöhnlicher Härtefall vorliegt, nicht schon deshalb entbehrlich, weil der Unterhaltsschuldner ohnehin nicht den Mindestunterhalt leisten kann (BGH NJW 1998, 1309).

BGB § 1579

V. Umfang der Versagung des Unterhalts

49 Möglich ist eine abgestufte Begrenzung des Unterhalts von der zeitlich begrenzten Herabsetzung bis zur dauerhaften vollständigen Versagung. Auch eine zeitweise volle Gewährung, eine anschließende Herabsetzung und schließlich eine volle Versagung kommen in Betracht. Möglich ist auch eine zeitliche Beschränkung des Unterhalts für den Zeitraum, den der Unterhaltsberechtigte zur Umstellung auf die volle wirtschaftliche Eigenverantwortung braucht. Dies ist im Fall der Kindesbetreuung jedoch nur dann möglich, wenn sich das Ende der Betreuungsbedürftigkeit und die Möglichkeit einer vollen Erwerbstätigkeit schon zuverlässig voraussagen lassen (BGH NJW 1997, 1851; OLG Oldenburg NJWE-FER 2001, 227). Einkünfte aus unzumutbarer Tätigkeit können voll anrechenbar sein, denn die Billigkeitsabwägung nach § 1577 Abs. 2 Satz 2 BGB wird von der Billigkeitsabwägung nach § 1579 BGB überlagert (BGH FamRZ 1990, 1091; BGH FamRZ 1992, 1045, 1049). In den Fällen des § 1579 BGB gelten die Grundsätze der Billigkeitsabwägung nach § 1577 Abs. 3 BGB beim Einsatz des Vermögensstamms nicht, so dass eine verschärfte Obliegenheit zum Einsatz des Vermögensstammes – abgestuft nach den Umständen des Einzelfalles – gegeben ist.

VI. Wiederaufleben

50 Sanktionen nach § 1579 BGB müssen nicht endgültig sein. Je nach Härteklausel, der Dauerwirkung, der Zumutbarkeit und Billigkeit sowie nach den Umständen des Einzelfalles können verwirkte Unterhaltsansprüche – ganz oder teilweise – wieder aufleben (BGH NJW 1986, 722). I. d. R. lebt allerdings ein nach Nr. 1 und 3–6 BGB ausgeschlossener Unterhaltsanspruch nicht wieder auf, es sei denn, es liegen besondere Umständen für eine Abweichung vom Regelfall vor, so z. B. wenn durch Änderung des Sorgerechts nunmehr der Ehegatte auf Unterhaltsleistungen angewiesen ist (BGH NJW-RR 1988, 70; zu Nr. 3 vgl. auch: OLG Hamm FamRZ 1997, 373; zu Nr. 6 wegen Vereitelung des Umgangsrechts vgl.: OLG München FamRZ 1998, 750; OLG Nürnberg NJWE-FER 1997, 4; OLG München FuR 2002, 329) oder wenn der Verpflichtete dem Berechtigten verziehen hat oder die Eheleute sich wieder versöhnt haben. Bei objektiver Unzumutbarkeit nach Nr. 2 kann der Unterhaltsanspruch z. B. nach Beendigung einer nichtehelichen Lebensgemeinschaft wieder aufleben (BGH NJW 1987, 3129; BGH NJW-RR 1988, 70; OLG Celle FamRZ 2008 1853) in Anlehnung an § 1586a BGB jedoch nur, wenn ein Anspruch auf Betreuungsunterhalt nach § 1570 BGB besteht (OLG Celle FamRZ 2008, 1627). Es ist umfassend zu prüfen, ob eine erneute Unterhaltsverpflichtung die Zumutbarkeitsgrenze überschreitet (BGH NJW 1986, 722; BGH NJW 1997, 1439). Bei einer erneuten Billigkeitsprüfung (OLG Celle FamRZ 2008, 1627) sind alle Umstände einzubeziehen. Dabei hat die Dauer der Ehe erhebliches Gewicht (BGH NJW 1986, 722). Eine bloß vorgetäuschte Beendigung der Beziehung, z. B. durch Anmietung einer eigenen Wohnung, reicht nicht (OLG Hamm FamRZ 2003, 455). Das Wiederaufleben ist mit der Abänderungsklage geltend zu machen. Gegen ein Wiederaufleben des Unterhaltsanspruchs kann sprechen, wenn der auf Unterhalt in Anspruch genommene Ehegatte im Vertrauen auf den endgültigen Wegfall der Unterhaltspflicht wirtschaftliche Dispositionen getroffen hat, die

Beschränkung oder Versagung d. Unterhalts § 1579 BGB

seine Leistungsfähigkeit beeinträchtigen, ohne dass er dies dem Unterhaltsgläubiger unterhaltsrechtlich entgegenhalten könnte (BGH FamRZ 1987, 689), und zwar durch Aufnahme von Krediten oder durch Übernahme neuer Unterhaltspflichten aufgrund einer neuen Ehe. Ein wieder aufgelebter Unterhaltsanspruch kann nach § 1578 b BGB begrenzt werden (OLG Hamm NJW-RR 2007, 583: Begrenzung auf 9 Monate nach Rechtskraft der Scheidung bei achtjähriger Ehe).

VII. Wiederholte Geltendmachung

Die wiederholte Geltendmachung eines Einwands nach § 1579 BGB gegen 51 denselben Anspruch nach früherer Zurückweisung ist wegen entgegenstehender Rechtskraft nur möglich, wenn die die Zurückweisung tragenden Tatsachen später eine wesentliche Änderung erfahren haben, d. h. wenn neue Tatsachen hinzugetreten sind, die nunmehr die Voraussetzungen des § 1579 BGB erfüllen. Dazu zählen insbesondere eine spätere unverschuldete wesentliche Verschlechterung der wirtschaftlichen Verhältnisse oder Eintritt der zeitlichen Voraussetzungen für das Vorliegen einer festen sozialen Verbindung. Der Einwand ist gem. § 323 ZPO im Wege der Abänderungsklage geltend zu machen.

VIII. Konkurrenzen

Die Vorschrift ist Sondervorschrift für die Verwirkung des Unterhaltsan- 52 spruchs, so dass eine allgemeine Verwirkung nach § 242 BGB ausscheidet (BVerfG NJW 1981, 1771; BGH NJW 1982, 1999). Zur Verwirkung rückständigen Unterhalts gem. § 242 BGB vgl. Vorbem. § 1360 Rn 26–28. Ein Kombination des § 1579 BGB mit den §§ 1573 Abs. 5, 1578 Abs. 1 Satz 2 BGB a. F. (jetzt § 1578 b BGB) ist möglich (BGH NJW 1999, 1630; vgl. auch Palandt/Brudermüller Rn 41).

IX. Beweislast

Den Unterhaltsverpflichteten trifft für die rechtsvernichtende Einwendung des 53 § 1579 BGB die Darlegungs- und Beweislast (BGH NJW 1991, 1290), und zwar hinsichtlich der tatsächlichen Verwirkungsvoraussetzungen als auch der Umstände, die die Inanspruchnahme als grob unbillig erscheinen lassen (OLG Frankfurt FamRZ 2007, 1169). Im Rahmen der Nr. 7 gehört dazu auch, dass er Vorbringen der Gegenpartei, das im Falle der Richtigkeit gegen die Annahme einer groben Unbilligkeit spricht, zu widerlegen hat. Soweit er ein derartiges Vorbringen nur in Abrede stellen kann, sind an die Substantiierung seiner Darlegung keine hohen Anforderungen zu stellen, da es sich im Wesentlichen um die Behauptung sog. negativer Tatsachen handelt (BGH NJW 1982, 1461). Er hat auch zu beweisen, dass das Fehlverhalten einseitig war (BGH FamRZ 1983, 670). Aus der nachgewiesenen nichtehelichen Abstammung ergibt sich ein Anscheinsbeweis für einen außerehelichen Geschlechtsverkehr (OLG Zweibrücken OLGR 1997, 152). Hingegen ist die Behauptung, der Unterhaltsberechtigte sehe von einer Eheschließung mit seinem Lebensgefährten ab, um sich den Unterhaltsanspruch zu erhalten, einem Anscheinsbeweis nicht zugänglich (BGH NJW 1983, 1584). Für das Fortbestehen eines eheähnlichen Verhältnisses spricht auch nicht eine tatsächliche Vermutung (BGH NJW 1991, 1290).

Büte

BGB § 1580

Sofern der Unterhaltsberechtigte eine Verzeihung behauptet, ist er dafür beweispflichtig. Für § 1579 Nr. 4 BGB gilt, dass der Unterhaltspflichtige zunächst die tatsächlichen Voraussetzungen der rechtsvernichtenden Einwendungen darzulegen und notfalls zu beweisen hat (BGH FamRZ 1984, 364). Dann hat der Unterhaltsberechtigte darzulegen und zu beweisen, dass er nach mutwilliger Herbeiführung der Bedürftigkeit alle erforderlichen Anstrengungen unternommen hat, seine Bedürftigkeit wieder zu beseitigen. Ebenso muss er die Umstände darlegen und beweisen, die zu einem Wiederaufleben des Unterhaltsanspruchs führen und im Rahmen der Billigkeitsabwägung die zu seinen Gunsten sprechenden Umstände dartun und beweisen (Johannsen/Henrich/Büttner Rn 66).

§ 1580 Auskunftspflicht

¹**Die geschiedenen Ehegatten sind einander verpflichtet, auf Verlangen über ihre Einkünfte und ihr Vermögen Auskunft zu erteilen.** ²**§ 1605 ist entsprechend anzuwenden.**

I. Allgemeines

1 Die Vorschrift, die nur einen bereits vor dem 1. EheRG aufgrund von § 242 BGB bestehenden Rechtszustand wiedergibt, soll die Parteien in die Lage versetzen, ihren Anspruch richtig zu berechnen, unnötige Streitigkeiten zu vermeiden und dadurch auch das Prozessrisiko einzuschränken. Satz 1 erstreckt die Auskunftspflicht auf geschiedene Ehegatten, nicht jedoch gegenüber dessen neuen Ehegatten (OLG München NJWE-FER 2000, 311). Satz 2 verweist auf die grundlegende Vorschrift des § 1605 BGB. Trotz der durch § 643 ZPO erweiterten Möglichkeiten des Gerichts, Auskünfte einzuholen, werden dadurch die Auskunftspflichten zwischen den Parteien nicht eingeschränkt. Rechtsgrund ist die durch das Unterhaltsverhältnis zwischen den Ehegatten bestehende Sonderverbindung.

2 Die Auskunftspflicht nach § 1580 BGB besteht **von der Rechtshängigkeit des Scheidungsantrages** an (BGH NJW 1982, 1645). Es handelt sich um einen anderen Streitgegenstand als das Auskunftsbegehren nach § 1361 Abs. 4 Satz 4 i. V. m. § 1605 BGB. Deshalb greift der **Einwand anderweitiger Rechtshängigkeit** nach § 261 Abs. 3 Nr. 1 ZPO nicht bei Rechtshängigkeit einer Auskunftsklage zum Trennungsunterhalt (OLG Düsseldorf FamRZ 1992, 1313). Auch der Einwand, während der Trennungszeit bereits Auskunft erteilt zu haben und eine darauf gestützte Berufung auf die Frist des § 1605 Abs. 2 BGB greift nicht (str.: OLG Düsseldorf FamRZ 2002, 1038; OLG Köln FPR 2003, 129). Etwas anderes gilt aber ausnahmsweise dann, wenn aufgrund der erteilten Auskunft und der vorliegenden Belege die für die Bemessung (auch) des nachehelichen Unterhalts bedeutsamen wirtschaftlichen Verhältnisse bekannt sind und offenkundig ist, dass sich an ihnen nichts geändert hat. Es fehlt dann das Rechtsschutzinteresse.

3 Kraft Gesetzes geht der Auskunftsanspruch auf den Träger der Sozialhilfe nach § 94 SGB XII über bzw. beim Bezug von ALG II nach § 33 Abs. 1 S. 4 SGB II. Der Träger der Sozialhilfe kann den Unterhaltspflichtigen zivilrechtlich und im Wege des Verwaltungsaktes (§ 117 SGB XII) in Anspruch nehmen.

Auskunftspflicht § 1580 BGB

II. Voraussetzungen des Anspruches

1. Erheblichkeit für den Unterhaltsanspruch

Der Anspruch setzt voraus, dass die materiell-rechtlichen Voraussetzungen für 4 einen Unterhaltsanspruch vorliegen, die von den wirtschaftlichen Verhältnissen unabhängig sind. Deshalb kann Auskunft nur verlangt werden, wenn sie **für den Unterhalt relevant** ist, also für die Bemessung des Anspruchs oder die Beurteilung der Leistungsfähigkeit von Bedeutung sein kann (BGH NJW 1982, 2271; BGH NJW 1983, 2243; OLG Karlsruhe NJW-RR 2000, 124). **Kein Auskunftsanspruch** besteht daher, wenn feststeht, dass die begehrte Auskunft den Unterhaltsanspruch unter keinem Gesichtspunkt beeinflussen kann (BGH NJW 1994, 2618), so bei uneingeschränkt eingeräumter Leistungsfähigkeit (BGH NJW 1994, a. a. O.; OLG Hamm NJW-RR 1996, 19), wenn der Unterhaltsanspruch unabhängig von den Einkommens- und Vermögensverhältnissen ausgeschlossen ist (z. B. bei wirksamem Verzicht) oder eindeutig nicht besteht (BGH NJW-RR 1994, 644; OLG Düsseldorf FamRZ 1998, 1191) oder bezüglich eines Arbeitsentgeltes, das die ehelichen Lebensverhältnisse nicht geprägt hat (BGH FamRZ 1985, 791). Dagegen berührt der Verwirkungseinwand des § 1579 BGB die Auskunftspflicht nicht, denn im Rahmen der notwendigen Abwägung aller wechselseitigen Belange bleiben die wirtschaftlichen Verhältnisse beider Parteien von wesentlicher Bedeutung (BGH NJW 1983, 2243), außer es steht zweifelsfrei fest, dass ein Unterhaltsanspruch infolge der Härteklausel sicher entfällt (BGH NJW-RR 1994, 644; OLG Bamberg FamRZ 2006, 344 = NJOZ 2005, 4389).

2. Wechselseitigkeit

Die geschiedenen Ehegatten schulden einander wechselseitig Auskunft, nicht 5 jedoch im Sinne einer Zug-um-Zug-Erfüllung. Da ein Gegenseitigkeits- oder Abhängigkeitsverhältnis nicht besteht, kann ein **Zurückbehaltungsrecht** nach § 273 BGB gegenüber einem Auskunftsbegehren nicht geltend gemacht werden (OLG Frankfurt FamRZ 1985, 483; OLG Köln FamRZ 1987, 714).

3. Auskunft zum Vermögen

Die Auskunftsverpflichtung bezieht sich auch auf das Vermögen, sofern es dar- 6 auf bei der Bemessung des Unterhalts ankommen kann. Wegen der laufenden Änderungen des Vermögensumfanges kann Auskunft nicht für einen Zeitraum, sondern nur **bezogen auf einen Stichtag** verlangt werden. Als Stichtag sollte regelmäßig der 31. 12. des Vorjahres herangezogen werden.

4. Sperrfrist

Ein Anspruch auf erneute Auskunftserteilung besteht erst nach Ablauf einer 7 Sperrfrist von zwei Jahren nach der letzten Auskunftserteilung (BGH NJW 1997, 1439; OLG Hamm FamRZ 2005, 1585 = BeckRS 2007, 18094). Die Frist beginnt, wenn ein rechtskräftiger Titel über den Auskunftsanspruch besteht mit Zeitpunkt der letzten mündlichen Verhandlung (OLG Hamburg FamRZ 1984, 1142) und im Falle eines Prozessvergleiches mit dem Tag des Vergleichsabschlusses (OLG Düsseldorf NJW 1993, 1079). Sie gilt nicht, soweit die Auskunftspflicht aus § 242 BGB hergeleitet wird, ebenso nicht wegen Nichtidentität von Trennungsunterhalt und

BGB § 1580

nachehelichem Unterhalt, wenn erstmals Auskunft zum nachehelichen Unterhalt trotz vorheriger Auskunft zum Trennungsunterhalt verlangt wird (OLG Hamm FamRZ 2004, 377; OLG Köln FPR 2003, 129; a. A. KG FamRZ 2004, 1314; s. auch Rn 2), weiter nicht bei einer zeitlich befristeten Unterhaltsregelung, da ohne eine erneute Auskunft ein weitergehender Anspruch nicht beziffert werden kann (OLG Hamm FamRZ 1990, 657; Schwab/Borth IV Rn 736). Vor Ablauf der Frist kann Auskunft verlangt werden, wenn glaubhaft gemacht wird, dass auf Seiten des Unterhaltsverpflichteten wesentliche Änderungen in den Einkommens- und Vermögensverhältnissen eingetreten sind (z. B. Arbeitsplatzwechsel, Beförderung, Erbschaft und dadurch bedingtes höheres Einkommen oder Wegfall von Verbindlichkeiten; OLG Bamberg FamRZ 1990, 775; vgl. auch OLG Köln NJW-RR 2004, 6; OLG Brandenburg NJW-RR 2003, 147: bei Wiederverheiratung).

5. Inhalt der Auskunft

8   Insoweit wird verwiesen auf die Ausführungen zu § 1605 BGB.

III. Pflicht zur ungefragten Information

9   Die sich aus § 1580 BGB ergebende Verpflichtung zur Erteilung einer Auskunft besteht nur auf Verlangen. Daneben besteht unter engen Voraussetzungen (OLG Hamm NJWE-FER 1997, 75; OLG Hamm NJW-RR 2004, 1229) zusätzlich eine Verpflichtung zur unaufgeforderten Information nach den Grundsätzen von Treu und Glauben (§ 242 BGB), wenn das Schweigen über eine grundlegende Veränderung der wirtschaftlichen Verhältnisse **evident unredlich** ist (BGH NJW 1999, 2804). Diese Verpflichtung kann sich bei einem Unterhaltsanspruch aufgrund eines Urteils aus vorangegangenem Tun ergeben (BGH FamRZ 1986, 450; OLG Bremen MDR 1999, 808), so dass für den Unterhaltsgläubiger keine Veranlassung bestanden hat, sich des Fortbestehens der den Anspruch begründenden Umstände durch ein Auskunftsverlangen zu vergewissern. Entscheidend sind die Bedeutung des Umstandes, zum anderen das Vertrauen des Unterhaltsschuldners darauf, dass die Einholung einer Auskunft sinnlos wäre, da eine Änderung der der Unterhaltspflicht zugrunde liegenden Tatsachen nicht zu erwarten ist (BGH FamRZ 1986, 450). **Aufklärungspflichtige Umstände** sind insbesondere die Aufnahme oder Wiederaufnahme einer Erwerbstätigkeit und der Abbruch einer Ausbildung. Ein **besonderes Vertrauensverhältnis** kann auch aus dem Umstand folgen, dass mit einer überraschenden Aufnahme der Erwerbstätigkeit wegen des Alters oder des Gesundheitszustandes des Unterhaltsberechtigten nicht zu rechnen war (BGH FamRZ 1986, 450). Gleiches soll gelten, wenn zwischen Schuldner und Gläubiger kein persönlicher Kontakt besteht (OLG Hamm FamRZ 1996, 809).

10   Während eines **laufenden Rechtsstreits** besteht schon nach § 138 Abs. 1 ZPO die wechselseitige Obliegenheit zur Anzeige veränderter Umstände, die sich auf den Unterhaltsanspruch auswirken können (BGH NJW 1999, 2804). Bei **Vergleichen** erhöht sich die Pflicht zur Rücksichtnahme auf die Belange des anderen Ehegatten weiter (BGH NJW 2008, 2581). Im Hinblick auf die vertragliche Treuepflicht ist der Berechtigte gehalten, jederzeit und unaufgefordert dem anderen Teil Umstände zu offenbaren, die ersichtlich dessen Verpflichtung berühren können, z. B. bei Überschreitung eines vereinbarten anrechnungsfreien Betrages (BGH NJW 1997, 1439; OLG Hamm FamRZ 2007, 215 = BeckRS

Leistungsfähigkeit § 1581 BGB

2007, 2399: Einkommensänderungen). Die Verpflichtung zur ungefragten Information besteht unabhängig davon, ob die veränderten Verhältnisse eine Abänderung der Unterhaltsvereinbarung rechtfertigen. Das zu entscheiden ist allein Sache des Familiengerichts (BGH NJW 1999, 2804).

Von besonderer Bedeutung ist die Pflicht zur ungefragten Information wegen 11 § 323 Abs. 3 ZPO im Rahmen einer Abänderungsklage. Sie besteht aber nicht schon bei jeder Änderung der wirtschaftlichen Verhältnisse, vielmehr muss der Partei, auf deren Seite die Änderungen eingetreten sind, bewusst sein, dass sich die Änderungen konkret auf den Unterhalt auswirken (OLG Bamberg NJW-RR 1994, 454; OLG Hamm FamRZ 1997, 433).

IV. Folgen der Informations- und Auskunftspflichtverletzung

Können Unterhaltsansprüche wegen verspäteter Auskunftserteilung im Hin- 12 blick auf § 1585 b Abs. 2 BGB nicht rechtzeitig geltend gemacht werden, kommt ein Schadensersatzanspruch in Betracht (BGH NJW 1984, 868), soweit er sich z.B. nicht durch die Erhebung einer Abänderungsstufenklage vermeiden lässt (OLG Köln FamRZ 1996, 50), aber auch bei nicht rechtzeitiger Auskunft nach Verzug, wenn sich erst aus der (verspäteten) Auskunft ergibt, dass kein Unterhaltsanspruch besteht (BGH NJW 1994, 2895: Schaden in Höhe der Verfahrenskosten). Daneben ist bezüglich der Kosten § 93 d ZPO zu beachten. Auch die Verletzung der Pflicht zur ungefragten Information kann Schadensersatzansprüche nach § 826 BGB begründen (BGH NJW 1988, 1965; OLG Karlsruhe NJW-RR 2004, 1441: Schadensersatz in Höhe des überzahlten Unterhalts, soweit eine Abänderungsklage wegen § 323 Abs. 3 ZPO nicht möglich ist; OLG Koblenz NJW-RR 1987, 1033) und für die Zukunft zu einer Verwirkung des Unterhalts nach § 1579 Nr. 3 und Nr. 5 BGB führen (BGH NJW 1997, 1439).

Die **Beschwer** des zur Auskunft Verurteilten richtet sich nach dem Aufwand 13 an Zeit und Kosten, den die Erteilung der Auskunft verursacht (st. Rspr. seit BGH NJW 1995, 664; BGH FamRZ 2003, 1922; BGH FamRZ 2005, 1064: auch zu den Voraussetzungen der Berücksichtigung eines Geheimhaltungsinteresses, dazu auch BGH NJW 1999, 3049; BGH NJW 2005, 3349; BGH NJW-RR 2007, 724 und 1300; vgl. auch § 254 ZPO Rn 9). Die Kosten für die Hinziehung einer sachkundigen Hilfsperson – z.B. eines Steuerberaters – können nur berücksichtigt werden, wenn sie zwangsläufig anfallen, weil der Auskunftspflichtige nicht zur sachgemäßen Auskunftserteilung in der Lage ist (BGH NJW-RR 2002, 145; BGH NJW-RR 2007, 724). Die Beschwer des zur eidesstattlichen Versicherung Verurteilten entspricht regelmäßig der Beschwer durch die vorausgegangene Auskunft (BGH FamRZ 2005, 1066).

Kapitel 3. Leistungsfähigkeit und Rangfolge

§ 1581 Leistungsfähigkeit

¹Ist der Verpflichtete nach seinen Erwerbs- und Vermögensverhältnissen unter Berücksichtigung seiner sonstigen Verpflichtungen außerstande, ohne Gefährdung des eigenen angemessenen Unterhalts dem Berechtigten Unterhalt zu gewähren, so braucht er nur insoweit Unterhalt zu leisten, als es mit Rücksicht auf die Bedürfnisse und die Erwerbs-

BGB § 1581

1. Teil. Ehegattenunterhalt

und Vermögensverhältnisse der geschiedenen Ehegatten der Billigkeit entspricht. ²Den Stamm des Vermögens braucht er nicht zu verwerten, soweit die Verwertung unwirtschaftlich oder unter Berücksichtigung der beiderseitigen wirtschaftlichen Verhältnisse unbillig wäre.

I. Normzweck

1   Die Vorschrift normiert im System des nachehelichen Unterhalts die Leistungsfähigkeit. Diese ist begrenzt auf den Betrag, den der Verpflichtete für seinen eigenen und den Unterhalt vorrangiger Berechtigter benötigt. Die Vorschrift ist als Einwendung des Verpflichteten ausgestaltet. Ist der Verpflichtete nach seinen Erwerbs- und Vermögensverhältnissen bei Berücksichtigung seiner sonstigen Belastungen außerstande, ohne Gefährdung des eigenen angemessenen Selbstbehalts den vollen Unterhalt zu leisten, liegt ein Mangelfall vor und der Unterhaltsanspruch schlägt um in einen Billigkeitsanspruch (BGH NJW 1990, 1172). Damit soll verhindert werden, dass ein Unterhaltspflichtiger Sozialhilfe in Anspruch nehmen muss (BVerfG NJW-RR 2002, 73; vgl. auch BVerfG NJW 2002, 2701: bei Überschreitung der Grenze Anwendung auch beim Trennungsunterhalt bei Berufung auf den notwendigen Selbstbehalt; vgl. auch BGH NJW 2006, 1654; BVerfG NJW-RR 2007, 649). Die Nichtbeachtung des Selbstbehalts – z. Zt. 1000 € – verstößt gegen Art. 2 Abs. 1 GG (BVerfG NJW-RR 2008, 1025), die Zurechnung eines fiktiven Einkommens bei Verletzung einer Erwerbsobliegenheit bleibt davon unangetastet (BVerfG NJW 2006, 2317), es dürfen aber nur fiktive Einkünfte zugerechnet werden, die nach Ausbildung, Berufserfahrung, Alter und Gesundheitszustand objektiv erzielbar sind (BVerfG NJW-RR 2008, 1025).

2   Zwischen den Voraussetzungen einer eingeschränkten Leistungsfähigkeit und den Folgen daraus bei der Bemessung des Unterhalts nach Billigkeitserwägungen ist zu differenzieren: Zunächst muss der nach den ehelichen Lebensverhältnissen erforderliche volle Unterhalt ermittelt werden. Dabei sind auch die Beträge des angemessenen Unterhalts für andere Unterhaltsberechtigte zu ermitteln. Erst in einer zweiten Stufe, wenn der Berechtigte den vollen Unterhalt nicht zahlen kann, kommt es zu einer Kürzung nach Billigkeitsgesichtspunkten (BGH NJW 1983, 1733). Billigkeitsunterhalt ist aber erst zu leisten, wenn kein Verwandter des Unterhaltspflichtigen haftet (§ 1584 S. 2 BGB).

II. Voraussetzungen der Leistungsfähigkeit

1. Grundsätze

3   Zur Ermittlung der Leistungsfähigkeit beim nachehelichen Unterhalt sind – wie beim Trennungsunterhalt – grundsätzlich **alle prägenden Einkünfte** einzusetzen (s. dazu Vorbem § 1361 Rn 1 ff.; BGH NJW 2006, 1654). Leistungsfähig ist, wer über die notwendigen Mittel verfügt oder sich diese unter Berücksichtigung seiner Vorbildung, Fähigkeiten, der Arbeitsmarktlage und – soweit geboten durch Vermögenseinsatz – bei gutem Willen verschaffen könnte (BGH NJW 2003, 3122). Die sozialhilferechtlichen Grundsätze gelten dabei nicht (BGH NJW 1995, 1486). Maßgeblich ist, ob die **Mittel zur Deckung des Lebensbedarfs** zur Verfügung gestanden haben und grundsätzlich geeignet sind, den Lebensbedarf des Empfängers teilweise zu decken (BGH NJW 1983, 684). Grundsätzlich gilt im Rahmen des § 1581 BGB der **Grundsatz der Gleichbe-**

Leistungsfähigkeit **§ 1581 BGB**

handlung (BGH FamRZ 1985, 354), d. h. es sind alle Einkünfte des Schuldners heranzuziehen, die – spiegelbildlich – auch bei der Feststellung der Bedürftigkeit des Gläubigers mindernd anzusetzen sind. Dabei sind bei der Leistungsfähigkeit nicht nur prägende Einkünfte, sondern auch nicht prägende – insbesondere Einkünfte aus der Vermögensauseinandersetzung – und auch zur Vermögensbildung verwendete Einkommensteile heranzuziehen (BGH FamRZ 1985, 354; BGH FamRZ 1989, 159), und Einkommen aus unzumutbarer Tätigkeit (Beutler in Bamberger/Roth § 1581 Rn 14). Kurzfristige Minderungen der Leistungsfähigkeit, die im Rahmen üblicher und angemessener Vorsorge überbrückt werden können, sind unbeachtlich (OLG Hamburg FamRZ 1989, 303; OLG Hamm FamRZ 1996, 863; OLG Köln NJW 2003, 438). Trifft den Unterhaltspflichtigen keine Obliegenheitsverletzung, so hat auch bei wiedererlangter Leistungsfähigkeit der Schuldner keine Nachzahlungen zu leisten (BVerfG NJW 2005, 1927).

2. Erwerbsfähigkeit

a) Erwerbsobliegenheit. Die Erwerbsobliegenheit ist für den nachehelichen 4
Unterhalt grundsätzlich nicht anders zu beurteilen als für die Trennungszeit. Zwar ist ein geschiedener Ehegatte grundsätzlich selbst zur Sicherstellung seines Bedarfs verpflichtet, bei bestehender Unterhaltspflicht hat aber ein Unterhaltsschuldner besondere Rücksicht auf die Belange des Gläubigers zu nehmen (BVerfG NJW 1996, 915; BGH NJW 1996, 1815). Der Schuldner darf seine bisherige Erwerbstätigkeit nach der Scheidung nicht ohne weiteres verändern, er muss seine Arbeitsfähigkeit so gut wie möglich einsetzen und sich Einkünfte anrechnen lassen, die er bei gutem Willen durch eine zumutbare Erwerbstätigkeit erzielen könnte (BGH NJW 1982, 1812). Allerdings gelten die strengen Maßstäbe wie bei der gesteigerten Unterhaltspflicht gegenüber minderjährigen Kindern nach § 1603 Abs. 2 BGB nicht (Johannsen/Henrich/Büttner Rn 6), so dass bei unverschuldetem Arbeitsplatzverlust insbesondere unter Berücksichtigung der gesteigerten Eigenverantwortung eines Unterhaltsberechtigten keine Verpflichtung besteht, z. B. Aushilfsarbeiten zu übernehmen (Palandt/Brudermüller Rn 4).

b) Verlust und Wechsel des Arbeitsplatzes. Grundsätzlich ist auch eine 5
Beschränkung der Leistungsfähigkeit erheblich, die ein Unterhaltsschuldner selbst herbeigeführt hat (BGH NJW 1982, 1812; BGH NJW 1996, 517). Darauf kann er sich gem. § 242 BGB aber dann nicht berufen, wenn ihm ein verantwortungsloses, zumindest leichtfertiges Verhalten vorzuwerfen ist (BGH FamRZ 2008, 1471), wobei sich eine solche Bewertung häufig aus dem Bezug dieses Verhaltens zu der Unterhaltspflicht ergeben kann. Eine Absicht, sich der Unterhaltspflicht zu entziehen, ist nicht erforderlich (BGH NJW 1985, 732). Für die **unterhaltsrechtliche Leichtfertigkeit** kann bewusste Fahrlässigkeit genügen (BGH NJW 1994, 258). Es bedarf einer wertenden Betrachtung des Einzelfalles (BGH NJW 2000, 235). Die Vorstellungen und Antriebe des Pflichtigen müssen sich gerade auf die dadurch verursachte Minderung seiner Leistungsfähigkeit beziehen (BGH NJW 1993, 1974; BGH NJW 1994, 258; BGH NJW 2000, 2351). Der Schuldner muss sie als mögliche Folge seines Handelns erkennen und sich über sie – sei es auch im Vertrauen auf ihren Nichteintritt – in Verantwortungslosigkeit und Rücksichtslosigkeit gegen den Unterhaltsgläubiger hinwegsetzen (BGH NJW 2000, 2351; OLG Hamm FamRZ 2005, 211: ein Wechsel in eine schlechter bezahlte Stelle ist hinzunehmen bei schlechtem Arbeitsklima). Hat ein Schuldner seinen Arbeitsplatz verloren, ohne dass ihm dies unterhaltsrechtlich vorgeworfen

BGB § 1581 1. Teil. Ehegattenunterhalt

werden kann, muss er alles Zumutbare tun, um wieder angemessene Einkünfte zu erzielen (BGH NJW 1994, 1002).

6 Bei einem mit einem **Einkommensrückgang** verbundenen **Wechsel des Arbeitsplatzes** ist von einem Unterhaltspflichtigen zu verlangen, diesen Wechsel erst vorzunehmen, wenn er die Erfüllung seiner Unterhaltspflichten durch Rücklagenbildung oder Kreditaufnahme – sofern er dazu nach seinen finanziellen Verhältnissen überhaupt in der Lage ist (OLG Brandenburg FamRZ 1995, 1220; OLG Hamm NJW-RR 1990, 964) – für die voraussichtliche Zeit der Einkommensminderung sichergestellt hat (BGH NJW 1982, 1050; BGH NJW 1992, 2477; OLG Frankfurt NJW-RR 1991, 390; OLG Hamburg NJW-RR 1991, 773). Anderenfalls muss er sich fiktive Einkünfte anrechnen lassen.

6a Dies gilt auch bei der **Aufnahme einer selbständigen Tätigkeit** (BGH NJW 1982, 1050; BGH NJW-RR 1987, 770), die einem Unterhaltspflichtigen allerdings grundsätzlich nicht verwehrt werden kann, selbst wenn diese zu einer Reduzierung des Einkommens führt. Darauf kann sich der Unterhaltspflichtige allerdings nicht berufen bei einem verantwortungslosen und leichtfertigen Verhalten (BGH NJW 2003, 3122). Wirft diese dann auch nach zwei bis drei Jahren keinen Gewinn ab, obliegt es dem Schuldner, wieder in abhängiger Stellung tätig zu werden (OLG Düsseldorf FamRZ 1997, 1078: zwei Jahre; OLG Hamm NJW-RR 1993, 776; OLG Koblenz FamRZ 2000, 288: drei Jahre; OLG Zweibrücken NJW 1992, 1902; vgl. auch OLG Köln FamRZ 2005, 215 und 1584; vgl. weiter Kalthoener/Büttner/Niepmann Rn 737 mit zahlreichen Beispielen). Ggfls. ist dann ein fiktives Einkommen aus einer besser bezahlten Tätigkeit zuzurechnen, sofern eine reale Beschäftigungschance besteht.

7 **c) Aufnahme eines Studiums.** Eine dadurch bedingte Minderung der Leistungsfähigkeit hat ein Unterhaltsberechtigter nicht hinzunehmen, sofern der Schuldner schon eine Berufsausbildung hat (BGH FamRZ 1987, 930; OLG Bremen NJW-RR 2006, 1662 zu § 1603 Abs. 2 BGB), es sei denn, der Unterhaltsschuldner nimmt durch Rücklagenbildung auf die Belange des Gläubigers hinreichend Rücksicht. Eine Erstausbildung, die den Fähigkeiten und Neigungen des Unterhaltspflichtigen entspricht und die im eigenen wirtschaftlichen Interesse im Hinblick auf eine etwaige, spätere unterhaltsrechtliche Leistungsfähigkeit gewählt wird, nötigt nicht zur Unterbrechung des Studiums, um eine Unterhaltspflicht zu erfüllen (BGH FamRZ 1987, 930). Auf ein während intakter Ehe abgegebenes Einverständnis des Ehegatten zur Aufnahme des Studiums kann sich ein Verpflichteter nach Trennung nicht mehr berufen (OLG Hamm FamRZ 1996, 863: zum Trennungsunterhalt).

8 **d) Zweitausbildung, Weiterbildung, Umschulung.** Die Aufgabe eines Berufs zum Zwecke einer Zweitausbildung mit der Folge, dass der unterhaltsberechtigte Ehegatte auf die Hilfe Dritter oder auf Sozialhilfe angewiesen ist, hat der Unterhaltsberechtigte nicht hinzunehmen (BGH NJW 1981, 1609; BGH NJW 1983, 814; OLG Karlsruhe FamRZ 1998, 560). Der Berechtigte hat eine Reduzierung seines Unterhalts aber hinzunehmen, wenn die Zweitausbildung weit fortgeschritten, nach verhältnismäßig kurzer Zeit beendet und der angestrebte Beruf bessere Einkommens- und Aufstiegschancen bietet und die Zweitausbildung jedenfalls nicht gegen den Willen des Unterhaltsberechtigten aufgenommen worden ist (BGH NJW 1983, 814; OLG Bamberg NJWE-FER 2000, 77; OLG Frankfurt NJW-RR 1989, 75: Zweitausbildung verneint). Sofern eine Umschulung oder Fortbildung arbeitsmarktpolitisch und individuell sinnvoll ist

Leistungsfähigkeit **§ 1581 BGB**

(OLG Dresden, NJW-RR 2003, 512; vgl. zur Indizwirkung durch den Bewilligungsbescheid: OLG Brandenburg NJOZ 2004, 4500; OLG Hamm FamRZ 2004, 1574; OLG Thüringen NJW-RR 2004, 76; OLG Stuttgart FamRZ 2005, 646) und dadurch die Vermittlungschancen nachhaltig gesteigert werden, kann dies unterhaltsrechtlich hinzunehmen sein, ohne dass die Verpflichtung zur Nebentätigkeit besteht, wenn die Umschulung einer Vollzeittätigkeit entspricht. Ein aus einer gebotenen Nebentätigkeit erzieltes Einkommen wird gemäß §§ 159, 141 SGB III auf das Unterhaltsgeld angerechnet, §§ 159, 141 SGB III (h.M. OLG Dresden NJW-RR 2003, 512; KG FamRZ 2001, 119). Anrechnungsfrei bleibt ein Betrag von 20%, z. Zt. 165 € pro Monat.

e) Leistungsfähigkeit infolge Straf- oder Untersuchungshaft. Sofern 9 den Unterhaltsschuldner nicht der Vorwurf eines unterhaltsbezogen verantwortungslosen, zumindest leichtfertigen Verhaltens trifft, kann sich dieser auf eine durch die Haft begründete Leistungsunfähigkeit berufen (BGH NJW 2000, 2351; BGH NJW 2002, 1799; OLG Koblenz NJW-RR 2004, 263). Ein fiktives Einkommen ist zu unterstellen, wenn eine Straftat begangen wurde, um sich der Unterhaltspflicht zu entziehen, bei einer schweren Verfehlung, z. B. Delikten gegen das Leben des Unterhaltsberechtigten oder nahe Angehöriger, sowie bei Straftaten, die in sonstiger Weise Bezug zur Unterhaltspflicht haben (BGH NJW 1982, 1812; BGH NJW 2000, 2351; OLG Karlsruhe NJW-RR 1997, 1165). Insoweit bedarf es aber einer Einzelfall bezogenen Wertung, ob die der Tat zugrunde liegenden Vorstellungen sich gerade auf die Verminderung seiner unterhaltsrechtlichen Leistungsfähigkeit als Folge seines strafbaren Handelns erstreckt haben. Die bloße Voraussehbarkeit eines Arbeitsplatzverlustes genügt nicht (BGH NJW 2000, 2351). Diese Grundsätze gelten auch bei Straftaten gegen den Arbeitgeber und einen dadurch bedingten Verlust des Arbeitsplatzes (BGH NJW 2002, 1799; OLG Düsseldorf NJW-RR 1994, 326; OLG Frankfurt FamRZ 1995, 98). Wird ein Unterhaltstitel abgeändert, weil der Schuldner wegen Strafhaft leistungsunfähig ist, so ist der Wegfall der Unterhaltspflicht auf die Dauer der Strafhaft zu begrenzen (BGH NJW 1982, 1812).

f) Splittingvorteil aus der Wiederverheiratung und andere Steuervor- 10 **teile**. Für Unterhaltszeiträume bis 31. 12. 2007 gilt, dass Steuervorteile, die der neuen Ehe eines geschiedenen Unterhaltspflichtigen durch das Ehegattensplitting erwachsen, nicht schon in der früheren Ehe angelegt sind und deshalb die Lebensverhältnisse dieser Ehe auch nicht bestimmt haben (BVerfG NJW 2003, 3466). Das unterhaltsrelevante Einkommen ist anhand einer fiktiven Steuerberechnung nach der Grundtabelle zu ermitteln (BGH NJW 2005, 3277; BGH NJW 2007, 1969 und 2249). Das gilt jedoch nicht für die Bemessung des Kindesunterhalts (BGH NJW 2008, 1663).

Der Steuerfreibetrag nach § 32 Abs. 6 Satz 1 EStG ist als Einkommen einzu- 10a beziehen, nicht aber der Freibetrag nach § 32 Abs. 6 S. 2 EStG (BGH NJW 2007, 1669). Der Familienzuschlag für Stiefkinder steht allein der neuen Ehe zu (BGH NJW 2005, 3277; OLG Hamm FamRZ 2005, 1177), der beamtenrechtliche Familienzuschlag nach § 40 Abs. 1 Nr. 1 und 3 BBesG ist hälftig anzusetzen, wenn er sowohl wegen des Unterhaltsanspruchs aus einer geschiedenen als auch für eine bestehende Ehe gezahlt wird (BGH NJW 2007, 1961). Wird dem geschiedenen Ehegatten Ehegatten wegen der zweiten Ehe Arbeitslosengeld gezahlt, steht der darauf entfallende Teil des Arbeitslosengeldes nicht der ersten Ehefrau zu (BGH NJW 2007, 1961).

Büte

BGB § 1581 1. Teil. Ehegattenunterhalt

10b Zur Errechnung des konkreten Unterhalts sind drei fiktive Berechnungen notwendig: Eine fiktive Bereinigung um den Steuervorteil der zweiten Ehe, die Ermittlung des fiktiven Realsplittingvorteils und ein fiktiver Kindesunterhalt. Ist das Einkommen des Unterhaltspflichtigen auf einen Karrieresprung zurückzuführen, ist das darauf beruhende Einkommen herauszurechnen und ein fiktives Einkommen zu ermitteln.

10c Für **Unterhaltszeiträume ab 1. 1. 2008** ist im Rahmen der gebotenen Dreiteilung das Gesamteinkommen einschließlich des Splittingvorteils aus der neuen Ehe zugrundezulegen (BGH NJW 2008, 3213) und zwar selbst dann wenn er hierdurch vollständig für den Kindesunterhalt verbraucht wird (BGH NJW 2008, 3562), soweit der Vorteil auf dem alleinigen Einkommen des Unterhaltsverpflichteten beruht. Das gilt auch für den Familienzuschlag der Stufe 1 nach § 40 Abs. 1 BBesG. Soweit dem geschiedenen Ehegatten nach der Rechtsprechung des BVerfG (NJW 2003, 3466) kein höherer Unterhalt zustehen darf, als er ihn ohne die neue Ehe des Unterhaltspflichtigen hätte, ist dies in besonders gelagerten Fällen, in denen der neue Ehegatte wegen eigener Einkünfte keinen oder nur einen sehr geringen Unterhaltsbedarf hat, durch eine Kontrollberechnung sicherzustellen (BGH NJW 2008, 3213; OLG Düsseldorf FamRZ 2008, 1254). Einem geschiedenen Ehegatten steht danach Unterhalt allenfalls in der Höhe zu, wie er sich ergäbe, wenn der Unterhaltspflichtige nicht erneut geheiratet hätte.

11 Beispiel:

Einkommen M nach Steuerklasse III und vollem Familienzuschlag 2353 €, Einkommen der F 1 915 €, Einkommen der F 2 1146 € . Bedarf von M, F 1 und F 2: $6/7 \times (2353 + 915 + 1146) : 3 = 1261$ €. Bedürftigkeit der F 1: 1261 ./. (915 × $6/7$ =) 477 €.

Kontrollberechnung nach Steuerklasse I und $1/2$ Familienzuschlag: 2100 ./. 915 = 1185 × $3/7$ = 508 €

Ergebnis: Der Unterhalt nach der Kontrollberechnung liegt höher als der im Rahmen der Ausgangsberechnung ermittelte Betrag, so dass der F 1 ein Unterhaltsanspruch in Höhe von 477 € zusteht.

g) Einkommensminderung wegen Eintritts in den Ruhestand bzw. Altersteilzeit. Diese ist grundsätzlich zu berücksichtigen. Der Unterhaltsgläubiger ist dabei verpflichtet, Anträge gem. §§ 5, 9 VAHRG bzw. § 57 BeamtVG zu stellen, um eine durch den Versorgungsausgleich bedingte Rentenkürzung hinauszuschieben (OLG Nürnberg FamRZ 1997, 961). Erachtet ein öffentlich-rechtlicher Dienstherr die Voraussetzungen für eine vorzeitige Pensionierung eines Bediensteten für gegeben und entspricht einem Ersuchen des Bediensteten, muss der bedürftige Ehegatte die mit der Pensionierung verbundene Einkommensminderung grundsätzlich hinnehmen, wenn die Versorgungsbezüge eine Höhe erreichen, die die Aufrechterhaltung eines Lebensstandards ermöglichen, wie er vom Standpunkt eines vernünftigen Betrachters auch unter Berücksichtigung der bisherigen Dienstbezüge als angemessen anzusehen ist (BGH NJW 1984, 2358). Bei altersbedingter Reduzierung der Erwerbstätigkeit (Altersteilzeit) bedarf es der Abwägung aller Umstände des Einzelfalles (BGH NJW 1999, 1547). Von Bedeutung sind u. a. die persönlichen und wirtschaftlichen Verhältnisse auf beiden Seiten, die Gründe für die Wahl, der Umfang der Alterssicherung und die Gesamtentwicklung der Ehe bis zur Scheidung (OLG Hamm NJW 1999, 2976; OLG Hamm FamRZ 2001, 1476; OLG Hamm NJW-RR 2004, 433; OLG Hamm NJW 2005, 161; OLG Koblenz FamRZ 2000, 610; OLG Koblenz NJW-RR 2004, 938: drohender Arbeitsplatzverlust).

Leistungsfähigkeit **§ 1581 BGB**

h) Freiwillige Leistungen Dritter. Sie sind bei der Prüfung der Leistungsfähigkeit nur zu beachten, wenn sie nach dem Willen des Dritten auch dem Unterhaltsberechtigten zugute kommen sollen. Liegt keine ausdrückliche Bestimmung des Zuwendenden vor, lässt sich der Wille meist aus den persönlichen Beziehungen der Beteiligten zueinander schließen (BGH NJW 1995, 1486). Bei Leistungen aus dem Familienkreis spricht eine tatsächliche Vermutung dafür, dass die dem begünstigten Familienangehörigen allein zugute kommen soll (BGH FamRZ 1995, 1486; BGH NJW-RR 1990, 578; BGH NJW 2005, 980: Gewährung eines zinslosen Darlehens ohne die Bestimmung eines Zeitpunktes für die Rückzahlung; OLG Düsseldorf NJW-RR 2007, 794). 12

i) Gewinn aus einem gemeinsam mit dem neuen Partner betriebenen Geschäft. Sofern nicht eine sachlich begründete anderweitige Verteilung des Gewinnes nachgewiesen wird, ergibt sich aus § 722 BGB, dass dem Unterhaltsverpflichteten der Gewinn zur Hälfte zuzurechnen ist (Johannsen/Henrich/Büttner Rn 14). Auf ein formell gezahltes Angestelltengehalt kommt es nicht an (OLG Hamm DAVorm 1984, 606). 13

j) Wiederheirat und Erwerbsobliegenheit. Beim Rollenwechsel in der neuen Familie hat ein Unterhaltsverpflichteter – sofern seine Erwerbstätigkeit den Familienunterhalt vorher gesichert hat – auch in der neuen Ehe auf die Belange der erstehelichen Kinder und der ihnen gleichrangigen, geschiedenen Ehegatten, Rücksicht zu nehmen (BVerfG NJW 1996, 915; BGH NJW 1996, 1815; BGH NJW 2001, 1488; BGH NJW-RR 2001, 361). Die Grundsätze zur Beurteilung der Leistungsfähigkeit wiederverheirateter Unterhaltsschuldner gegenüber ihren minderjährigen Kindern aus der früheren Ehe (sog. **Hausmann-Fälle**, vgl. dazu Büttner/Niepmann NJW 2005, 2352; 2357 m. w. N.; Eberl-Borges FamRZ 2004, 1521; BGH NJW 2004, 1160; BGH NJW 2006, 2404; BGH NJW 2007, 139; OLG Oldenburg NJW-RR 2005, 516; vgl. auch § 1603 Rn 91 ff.) können auch im Verhältnis zu einem geschiedenen unterhaltsberechtigten Ehegatten herangezogen werden; das gilt insbesondere dann, wenn die Unterhaltsberechtigung gem. § 1570 BGB auf der Betreuung eines gemeinschaftlichen Kindes beruht (BGH NJW 1996, 1815). Sie gelten auch dann, wenn der betreuende Elternteil einem nichtehelichen Kind zum Unterhalt verpflichtet ist. Betreut der geschiedene Ehegatte aber keine Kinder und leitet sich der Anspruch deshalb nicht aus § 1570 BGB her, haben die Betreuungsinteressen der Kinder aus zweiter Ehe stärkeres Gewicht, so dass die Rollenwahl in der Regel hinzunehmen ist. Gibt der Unterhaltsschuldner seine Erwerbstätigkeit in der neuen Ehe auf, und sind in der neuen Ehe keine Kinder zu betreuen, hat der Unterhaltsberechtigte die Rollenwahl nur ganz ausnahmsweise hinzunehmen, wenn anerkennenswerte Gründe dafür vorliegen. Aber selbst dann ist der Unterhaltsverpflichtete gehalten, die häusliche Tätigkeit in der neuen Ehe auf das Notwendigste zu beschränken und eine Nebentätigkeit aufzunehmen (BGH NJW-RR 2001, 361; OLG Düsseldorf FamRZ 2004, 1574). Ist der angemessene Bedarf des Unterhaltspflichtigen durch den neuen Ehegatten gedeckt, sind die Einkünfte aus der Nebentätigkeit in vollem Umfang für den Unterhalt zu verwenden (BGH NJW 2002, 1646; zur Anwendung dieser Grundsätze bei nichtehelicher Lebensgemeinschaft vgl. BGH NJW 2001, 1488). 14

Für die Zeit ab 1. 1. 2008 gilt aufgrund der Neuregelung der Rangfolge durch das UÄndG diese Rechtsprechung nicht mehr uneingeschränkt. Nunmehr gehen minderjährige Kinder und privilegierte volljährige Kinder dem Ehegatten vor 14a

BGB § 1581

(§ 1609 Nr. 1 BGB). Die Betreuung eines Kindes aus der neuen Ehe kann beim Ehegattenunterhalt infolge der geänderten Rangfolge hinzunehmen sein, aber nicht beim Kindesunterhalt (Hoppenz/Hülsmann § 1581 Rn 17 a).

3. Einsatz des Vermögens

15 § 1581 S. 2 BGB normiert aufseiten des Unterhaltsschuldners – auch beim Trennungsunterhalt (BGH NJW 2005, 433) – die Obliegenheit, das Vermögen im Rahmen der Leistungsfähigkeit für Unterhaltszwecke einzusetzen, wobei der Vermögenseinsatz nach Auflösung der Ehe eher zumutbar ist als nach der Trennung (OLG Frankfurt NJW-RR 1993, 7). Die Verpflichtung besteht nicht, soweit die Verwertung unwirtschaftlich oder unter Berücksichtigung der beiderseitigen wirtschaftlichen Verhältnisse unbillig wäre (BGH FamRZ 1986, 560). Insoweit ist bei Einkünften aus Kapitalvermögen der Durchschnittswert für einen längeren Zeitraum (i. d. R. 3 Jahre) in Ansatz zu bringen. Die künftige Entwicklung ist einzubeziehen (BGH NJW 1984, 303). Eine Fiktion von Erträgen ist entsprechend der Fiktion von Einkünften aus nicht genutzter Arbeitskraft möglich (BGH NJW 1986, 1342). Dies gilt jedoch nur, wenn eine Beleihung oder eine Umschichtung des Vermögens nicht in Betracht kommt (BGH FamRZ 1984, 663; 1986, 560). Der Grundsatz gilt nicht, wenn die Verwertung einen wirtschaftlich nicht mehr vertretbaren Nachteil brächte (BGH NJW 1980, 340) oder wenn dadurch die Sicherung des eigenen angemessenen Unterhalts des Vermögensinhabers auf die voraussichtliche Dauer seines Lebens in Frage gestellt würde (BGH NJW 1985, 2029: Zum Einsatz des Vermögens bei Arbeitsunfähigkeit infolge Krankheit und nicht beschiedenem Antrag auf Erwerbsunfähigkeitsrente; OLG Hamm OLGR 2003, 224: zur Verpflichtung, eine Immobilie nicht unentgeltlich, auch nicht an die eigenen Kinder, zur Verfügung zu stellen; OLG Schleswig FuR 2004, 278: zur Verwertung ab Rentenbeginn).

4. Aufnahme von Krediten zur Sicherstellung des Unterhalts

16 Ein Unterhaltsschuldner ist nicht von vornherein der Pflicht enthoben, durch Aufnahme eines Krediten, insbesondere im Wege der Beleihung seines Vermögens, Mittel für den Unterhalt zu beschaffen und einzusetzen. Dies gilt jedoch nicht, wenn er ohnehin schon mit Schulden belastet ist, deren Abtrag seine finanziellen Möglichkeiten übersteigt (BGH NJW 1982, 814: Kredit für Zweitausbildung; BGH NJW 1982, 1641; BGH NJW-RR 1988, 519; OLG Köln NJW-RR 2006, 1664: Kredit bei Aufnahme einer selbständigen Tätigkeit). Etwas anderes kann jedoch dann gelten, wenn die Leistungsfähigkeit eines Unterhaltsschuldners nur zeitweise abgesunken ist und konkrete Aussicht auf Besserung besteht oder wenn die Zeit bis zur Durchsetzung von Ansprüchen des Unterhaltsschuldners selbst oder einer Vermögensverwertung/Umschichtung überbrückt werden muss oder der Unterhaltsschuldner Dispositionen im Rahmen seines Erwerbslebens treffen will, die jedenfalls zunächst zu eingeschränkter Leistungsfähigkeit führen.

5. Berücksichtigung von Verbindlichkeiten

17 Für die Frage der Leistungsfähigkeit ist zwischen berücksichtigungsfähigen und nicht zu berücksichtigenden Schulden zu unterscheiden (vgl. auch Vorbem § 1361 Rn 186, 191 ff.). Ob diese zu berücksichtigen sind, ist unter einer umfas-

Leistungsfähigkeit **§ 1581 BGB**

senden Interessenabwägung zu prüfen (OLG Hamm FamRZ 1997, 821). Sind die Schulden bereits während des Zusammenlebens entstanden und rühren sie aus der gemeinsamen Lebensführung her, sind sie grundsätzlich – auch schon auf der Bedarfsebene – zu berücksichtigen (BGH NJW 1982, 232 und 1641). Dasselbe gilt für Schulden, die mit der Scheidung zusammenhängen (BGH NJW 1985, 2268). Auch bei einem nur zur Deckung des notwendigen Unterhalts ausreichendem Einkommen des Verpflichteten sind dessen sonstige Schulden zu berücksichtigen. Grundsätzlich kommt **Unterhaltsansprüchen kein Vorrang** vor anderen Verbindlichkeiten des Verpflichteten zu. Diese dürfen jedoch nicht ohne Rücksicht auf die Unterhaltsinteressen getilgt werden, insoweit bedarf es eines Ausgleichs der Belange von Unterhaltsgläubiger, Unterhaltsschuldner und drittem Gläubiger (BGH NJW 1982, 380; BGH NJW 1984, 2351). Leichtfertig, für luxuriöse Zwecke ohne vernünftigen Grund eingegangene Verbindlichkeiten sind nicht zu berücksichtigen (BGH NJW-RR 1996, 320; OLG Düsseldorf NJW-RR 2007, 794). Im Rahmen der Interessenabwägung sind bedeutsame Umstände der Zweck der Verbindlichkeit, der Zeitpunkt und die Art ihrer Entstehung, die Dringlichkeit der beiderseitigen Bedürfnisse, die Kenntnis des Unterhaltspflichtigen von Grund und Höhe der Unterhaltsschuld, die Möglichkeit, die Leistungsfähigkeit in zumutbarer Weise ganz oder teilweise wiederherzustellen, und ggf. auch schutzwürdige Belange des dritten Gläubigers (BGH NJW 1982, 380). Schulden, die der Vermögensbildung dienen, sind im Grundsatz nicht zu berücksichtigen (BGH NJW 1995, 129). Diese Grundsätze gelten auch für Verbindlichkeiten aus der Anschaffung von Verbrauchsgütern wie Kraftfahrzeuge und Fernsehgeräte (BGH NJW-RR 1995, 129). Soweit es um Verbindlichkeiten aus der privaten Lebensführung geht, sind diese nur zu berücksichtigen, dass die Eingehung der Verbindlichkeit unvermeidbar gewesen ist, d.h. die Anschaffungen zur normalen Haushaltsführung dringend erforderlich waren und nicht mit verfügbaren Mitteln finanziert werden konnten. Diese Voraussetzungen hat der Unterhaltsschuldner darzulegen (BGH NJW-RR 1998, 721).

Soweit **Kreditverbindlichkeiten** im Rahmen der Leistungsfähigkeit überhaupt zu berücksichtigen sind, kann sich der Unterhaltspflichtige darauf nur im Rahmen eines vernünftigen Tilgungsplanes berufen. Die Höhe der Beträge ist anhand des verfügbaren oder erzielbaren Einkommens und unter Berücksichtigung der Art und Höhe der Schulden zu schätzen (BGH NJW 1982, 232). Dabei ist zu berücksichtigen, dass dem Schuldner genügend Mittel zur Verfügung stehen müssen, um ein Anwachsen der Schulden zu verhindern (BGH NJW 1982, 1641; OLG Hamm NJW 1995, 1843; OLG Nürnberg FamRZ 1982, 312). Hinsichtlich der Höhe der Tilgungsraten kommt es nicht darauf an, in welcher Höhe die Schulden bisher getilgt worden sind. Ergibt sich, dass während des Zusammenlebens ein nach objektivem Maßstab unvertretbar geringer Teil des Einkommens zur Rückführung der Verbindlichkeiten aufgewandt worden ist, so kann der Unterhaltspflichtige nicht auch in Zukunft daran festgehalten und bei der Beurteilung seiner Leistungsfähigkeit auch dann nur in Höhe der bisherigen Beiträge entlastet werden, wenn er nunmehr zur Zahlung angemessener Tilgungsraten entschlossen ist (BGH NJW 1982, 1641). 18

Bei nachhaltiger und dauerhafter Überschuldung eines Unterhaltspflichtigen besteht in der Regel gegenüber minderjährigen und privilegiert volljährigen Kindern die Obliegenheit, eine Verbraucherinsolvenz durchzuführen (BGH NJW 2005, 1279; OLG Dresden FamRZ 2003, 1028; OLG Hamm NJW-RR 2007, 18a

Büte

BGB § 1581

866), da der Unterhaltsschuldner 6 Jahren von der Schuld frei wird (§§ 300, 201 InsO). Diese Verpflichtung besteht nicht im Verhältnis zu getrennt lebenden oder geschiedenen Ehegatten (BGH NJW 2008, 851).

19 **Unterhaltspflichten** gegenüber dem geschiedenen Ehegatten mindern die Leistungsfähigkeit. Dies gilt auch für Unterhaltsverpflichtungen gegenüber nach Rechtskraft der Ehescheidung geborenen Kindern (BGH FamRZ 1987, 472). Die häufig anzutreffende **Vereinbarung des Vorwegabzugs des Kindesunterhalts** ist – bis zum 31. 12. 2007 – auch dann zu berücksichtigen, wenn an sich eine Kürzung auch des Kindesunterhalts nach den Regeln der Mangelverteilung erfolgen müsste. Treffen Barunterhaltspflicht und die Betreuung gemeinsamer Kinder zusammen, ist das Einkommen aus einer Erwerbstätigkeit bei Gleichrangigkeit der Berechtigten anrechenbar, jedoch um die anfallenden Kosten der Kinderbetreuung oder einen Freibetrag – sog. Bonus – zu vermindern, z. B. bei der Übernahme der Betreuung durch den neuen Partner oder Großeltern, selbst wenn keine Kosten anfallen (BGH NJW 2001, 973).

20 Die **Kosten des Umgangsrechts** können bei erheblicher räumlicher Entfernung und dadurch bedingtem hohem Aufwand in engen Grenzen leistungsmindernd geltend gemacht werden, um einer faktischen Vereitelung des Umgangsrechts vorzubeugen (vgl. dazu BVerfG NJW 2002, 1863 grundlegend BGH NJW 1995, 717; weitergehend BGH NJW 2002, 2566; BGH NJW 2005, 1493; BGH NJW 2007, 511; BGH NJW 2008, 1373). Ist der Pflichtige ohne Gefährdung seines notwendigen Selbstbehalts nicht in der Lage, die Kosten des Umgangsrechts zu tragen, erhält er darüber hinaus nach § 1612b Abs. 5 BGB a. F. kein Kindergeld zu seiner finanziellen Unterstützung, können die Kosten des Umgangsrechts zu einer angemessenen Minderung des unterhaltsrechtlich bedeutsamen Einkommens oder zu einer Erhöhung des Mindestselbstbehaltes bis zur Höhe des hälftigen Kindergeldes führen (BGH NJW 2005, 1493). Entstehen dem umgangsberechtigten Unterhaltspflichtigen durch den Umgang Fahrtkosten, sind diese bei der Einkommensermittlung zu berücksichtigen, wenn sie weder aus dem Kindergeld noch aus sonstigen Mitteln getragen werden können (OLG Bremen NJW 2008, 1237). Dabei sind die Fahrtkosten nur mit den notwendigen Betriebskosten des PKW anzusetzen, die auf 0,15 € geschätzt werden können (OLG Koblenz NJW-RR 2008, 159). Zwar ist das Kindergeld ab 1. 1. 2008 bedarfsdeckend, die frühere Rechtsprechung hat aber weiter Bedeutung. Das Kindergeld kommt einem Unterhaltspflichtigen dann nicht zugute, wenn er nicht einmal den Zahlbetrag des Unterhalts leisten kann. Auch stehen hier idR weitere Einkünfte zur Finanzierung der Umgangskosten nicht zur Verfügung. Besonders hohe Fahrtkosten sind angemessen zu berücksichtigen.

III. Grenze der Leistungsfähigkeit

21 Aus Gründen der Gleichbehandlung ist der eigene angemessene Unterhalt des Verpflichteten nach dem auch für den Berechtigten geltenden Maßstab zu bestimmen. Der **eigene angemessene Unterhalt** i. S. des § 1581 BGB, dessen Gefährdung dazu führt, dass der Unterhaltsanspruch in einen Billigkeitsanspruch umschlägt, ist grundsätzlich mit dem eheangemessenen Unterhalt nach § 1578 BGB gleichzusetzen (BGH NJW 2004, 3106). Er entspricht also nicht dem aus § 1603 Abs. 2 BGB entlehnten angemessenen (großen) Selbstbehalt (BGH NJW 1990, 1172). Einem Unterhaltsschuldner hat auch gegenüber einem ein minderjäh-

Leistungsfähigkeit § 1581 BGB

riges Kind betreuenden Ehegatten ein zwischen dem notwendigen (900 €) und dem angemessenen (1100 €) liegender Selbstbehalt zu verbleiben, der mit 1000 € zu bemessen ist (BGH NJW 2006, 1654; BGH NJW-RR 2009, 289 zu § 1570 BGB). Ist der Unterhaltsschuldner nicht erwerbstätig, beträgt der Selbstbehalt bei 770 €. Arbeitet der Unterhaltsschuldner teilweise oder bezieht der Unterhaltspflichtige Krankengeld, ist der dem Pflichtigen zu belassende Selbstbehalt mit einem Betrag zu bemessen, der zwischen dem angemessenen (1100 €) und dem notwendigen Selbstbehalt (derzeit 770 € für Nichterwerbstätige) liegt. Er beträgt also 935 €. (BGH NJW-RR 2009, 289). Die finanzielle Leistungsfähigkeit des Schuldners endet jedenfalls dort, wo er nicht mehr in der Lage ist, seine eigene Existenz zu sichern (BVerfG NJW-RR 2002, 73). Schuldet der Unterhaltsschuldner mehreren Gläubigern Unterhalt (z. B. dem geschiedenen Ehegatten und minderjährigen Kindern), sind die Selbstbehalte in unterschiedlicher Höhe anzusetzen (vgl. dazu die unterhaltsrechtlichen Leitlinien der Oberlandesgerichte, FamRZ 2008, 333 ff.). In der Praxis war bis zum 31. 12. 2007 aber auch die Anwendung eines einheitlichen Selbstbehaltes verbreitet.

Der **Selbstbehalt** kann sich – wie auf Seiten des Berechtigten – durch geltend 22 gemachten und konkret bezeichneten trennungsbedingten Mehrbedarf erhöhen (BGH NJW-RR 1990, 578). Maßgeblich für die Frage der Gefährdung des eigenen angemessenen Unterhalts ist der Zeitpunkt der Inanspruchnahme unter besonderer Berücksichtigung einer absehbaren künftigen Entwicklung. Abzustellen ist stets auf den Einzelfall. Bessern sich die wirtschaftlichen Verhältnisse des Schuldners später, wirkt dies nicht zurück. Sonderbedarf wird dementsprechend nur geschuldet, soweit der Schuldner zum Zeitpunkt der Fälligkeit ausreichend leistungsfähig ist. Deshalb schuldet er auch dann keine Nachzahlung, wenn die Leistungsfähigkeit später wieder eintritt (BGH FamRZ 1985, 155; OLG Nürnberg NJWE-FER 1997, 169).

Eine Herabsetzung notwendigen Selbstbehalts bis auf den notwendigen Lebens- 22a bedarf nach sozialhilferechtlichen Grundsätzen kommt in Betracht, wenn der Unterhaltspflichtige in einer neuen Lebensgemeinschaft wohnt und dadurch Kosten für die Wohnung oder die allgemeine Lebensführung erspart und sich deswegen auch sozialhilferechtlich auf einen – im Rahmen seiner Bedarfsgemeinschaft – geringeren Bedarf verweisen lassen muss, wobei die Reduzierung des Selbsthalts nicht voraussetzt, dass der Unterhaltspflichtige mit dem neuen Partner verheiratet ist (BGH NJW 2008, 1373; s. auch § 1603 Rn 69, 70; vgl. weiter OLG Brandenburg NJW-RR 2007, 510: bei Bezug von ALG II; OLG Dresden NJW-RR 2007, 1303; OLG Hamm FamRZ 2005, 53: 27% insgesamt; OLG Karlsruhe NJW 2008, 3290; OLG Koblenz NJW-RR 2003, 146; OLG Stuttgart NJW-RR 2004, 1515).

Ausnahmsweise kann einem Unterhaltsverpflichteten, wenn die besonderen 23 Umstände des Einzelfalles und eine Abwägung der beiderseitigen Interessen und Bedürfnisse dies rechtfertigen, eine Unterhaltsverpflichtung bis zur Grenze des eigenen notwendigen Selbstbehalts auferlegt werden (BGH NJW 1997, 1919). Dies gilt insbesondere, wenn der Unterhaltsberechtigte aus besonderen Gründen ähnlich bedürftig und hilflos wie ein minderjähriges Kind ist (BGH NJW 1990, 1172) oder wenn er in äußerst beengten wirtschaftlichen Verhältnissen lebt und ihm und den bei ihm lebenden gemeinsamen Kindern im Vergleich zum Unterhaltspflichtigen immer noch erheblich weniger zur Bedarfsdeckung verbleibt (BGH NJW 1997, 1990).

Der Unterpflichtige ist grundsätzlich frei, wie er den ihm zustehenden Selbst- 23a behalt im Einzelfall verwendet. Insbesondere kann er seine Bedürfnisse anders als

Büte

BGB § 1581   1. Teil. Ehegattenunterhalt

in den Unterhaltstabellen vorgesehen gewichten und sich mit einer günstigeren Wohnung begnügen (BGH NJW-RR 2004, 217; NJW 2006, 3651; NJW 2008, 1373).

IV. Andere Verpflichtete

24   Verwandte (Kinder oder Eltern des Berechtigten) sind gem. § 1584 S. 2 BGB nur dann bei eigener Leistungsfähigkeit zum Unterhalt verpflichtet, wenn der Verpflichtete nicht in der Lage ist, dem bedürftigen geschiedenen Ehegatten Unterhalt ohne Gefährdung seines angemessenen Selbstbehalts zu zahlen. Sind solche Verwandte nicht vorhanden, verwandelt sich der Quotenunterhalt in einen Billigkeitsunterhalt nach § 1581 BGB (Johannsen/ Henrich/Büttner Rn 24).

V. Bemessung des Billigkeitsunterhalts

1. Billigkeitsabwägungen

25   Der Billigkeitsunterhalt ist 2-stufig zu ermitteln. Zunächst ist der angemessene Unterhalt für den anderen Ehegatten zu ermitteln, danach hat eine Kürzung nach Billigkeit unter Berücksichtigung der Leistungsfähigkeit des Verpflichteten zu erfolgen (BGH NJW 1979, 1985; BGH NJW 1983, 1733). Die Vorschrift zählt die berücksichtigungsfähigen Kriterien für die Billigkeitsabwägung nur beispielhaft und nicht abschließend auf. Deshalb können auch Gesichtspunkte einbezogen werden, die bereits bei der Leistungsfähigkeit und Bedürftigkeit berücksichtigt werden konnten, dort aber nicht voll berücksichtigt worden sind. So sind Schulden nach strengerem Maßstab zu berücksichtigen, so dass ggf. eine Tilgungsstreckung verlangt werden kann, berufsbedingte Aufwendungen (z. B. höhere Fahrtkosten) sind nur eingeschränkt zu berücksichtigen, so dass der Verpflichtete eher auf öffentliche Verkehrsmittel verwiesen werden kann (BGH NJW-RR 1989, 386). Unter Abwägung der beiden Ehegatten zur Verfügung stehenden Mittel und der zu befriedigenden Bedürfnisse ist der Umfang des Anspruchs zu bestimmen (BGH NJW 1990, 1172; BGH NJW 2004, 3106).

2. Mangelverteilung

26   Die Mangelverteilung erfolgt für Unterhaltszeiträume bis zum 31. 12. 2007 nach einer **mehrstufigen Berechnung** (BGH NJW 2003, 1112 unter Aufgabe von BGH NJW 1997, 1919):

27   **1. Stufe:** Ermittlung des Quotenunterhalts nach dem bereinigten Einkommen und unter Vorwegabzug des Tabellenunterhalt für die Kinder ohne Berücksichtigung des Kindergeldausgleichs. Die Tabellensätze für den Kindesunterhalt richten sich nach der Einkommensgruppe, in die der Unterhaltsverpflichtete eingeordnet wird. Bei Beachtung der Bedarfskontrollbeträge handelt es sich dabei immer um die Tabellenbeträge der 1. Einkommensgruppe, da in einem Mangelfall die höheren Bedarfskontrollbeträge der weiteren Einkommensgruppen nicht gewahrt wären.

28   Besteht ein Missverhältnis zum Kindesunterhalt, muss der Ehegattenunterhalt ohne Vorwegabzug des Kindesunterhalts ermittelt werden. Ein solches liegt vor, wenn der Ehegattenunterhalt weniger als 541 € beträgt. Dieser Betrag errechnet sich wie folgt: Das Existenzminimum des getrennt lebenden oder geschiedenen

Ehegatten beträgt 770 €. Beim Kindesunterhalt dient als Vergleichsgröße der Tabellensatz der Einkommensgruppe 1, das Existenzminimum der Kinder beträgt aber gem. der 6. Einkommensgruppe 135%. Von dem Existenzminimum muss daher ein Abschlag vorgenommen werden, der sich wie folgt errechnet: 770 € : 135 × 100 = 570 € (fester Bedarfssatz). Liegt der Ehegattenunterhalt über dem reduzierten Existenzminimum von 570 €, ist dieser Betrag maßgebend. Es erübrigt sich eine Berechnung des Ehegattenunterhalts ohne Vorwegabzug des Kindesunterhalts, wenn das für Unterhaltszwecke verfügbare Einkommen des Verpflichteten vor Abzug der Unterhaltsverpflichtung mehr als 1330 € beträgt. Denn die $^3/_7$ –Quote aus 1330 € entspricht 570 €.

2. Stufe: Bei der Mangelfallberechnung werden die Einsatzbeträge mit dem Existenzminimum berechnet. Der Kindesunterhalt ist der 6. Einkommensgruppe der Düsseldorfer Tabelle zu entnehmen. Der Einsatzbetrag des Ehegatten beträgt 770 € bei Nichterwerbstätigkeit und 900 € bei Erwerbstätigkeit.

3. Stufe: Das Ergebnis ist auf die Billigkeit zu überprüfen, denn die Unterhaltsberechtigten dürfen durch eine Mangelfallberechnung nicht besser stehen als nach der Bedarfsermittlung. In diesem Rahmen wird geprüft, ob ein Kindergeldausgleich stattfinden muss. Bis zur Erreichung des Regelbedarfs muss das Kindergeld zur Aufstockung des Kindesunterhalts eingesetzt werden.

Ab 1. 1. 2008 gilt die Rangfolge des § 1609 BGB.

VI. Darlegungs- und Beweislast

Der Unterhaltsschuldner trägt die Darlegungs- und Beweislast für alle Tatsachen, auf die er seine fehlende oder begrenzte Leistungsfähigkeit stützt (BGH NJW 1980, 2083). Dies gilt insbesondere für die unterhaltsrechtliche Erheblichkeit eingegangener Verbindlichkeiten (BGH NJW-RR 1990, 323). Beruft sich ein Schuldner auf sein steuerpflichtiges Einkommen aus seinem Gewerbe und eine sich daraus ergebende Beschränkung der Leistungsfähigkeit, hat er die Einnahmen und Aufwendungen im einzelnen so darzustellen, dass die allein steuerlich beachtlichen Aufwendungen von solchen, die unterhaltsrechtlich von Bedeutung sind, abgegrenzt werden können (BGH NJW 1980, 2083; BGH NJW 1985, 909). Im Fall der Arbeitslosigkeit ist in nachprüfbarer Weise vorzutragen, welche Schritte im Einzelnen unternommen worden sind, um einen zumutbaren Arbeitsplatz zu finden (BGH NJW 1996, 517). Im Rahmen der Billigkeitsabwägung trägt jede Partei die Darlegungs- und Beweislast für die ihr günstigen Tatsachen.

§ 1582 aF *Rangverhältnisse mehrerer Unterhaltsbedürftiger*

(1) ¹ Bei Ermittlung des Unterhalts des geschiedenen Ehegatten geht im Falle des § 1581 der geschiedene Ehegatte einem neuen Ehegatten vor, wenn dieser nicht bei entsprechender Anwendung der §§ 1569 bis 1574, § 1576 und des § 1577 Abs. 1 unterhaltsberechtigt wäre. ² Hätte der neue Ehegatte nach diesen Vorschriften einen Unterhaltsanspruch, so geht ihm der geschiedene Ehegatte gleichwohl vor, wenn er nach § 1570 oder nach § 1576 unterhaltsberechtigt ist oder die Ehe mit dem geschiedenen Ehegatten von langer Dauer war. ³ Der Ehedauer steht die Zeit gleich, in der ein Ehegatte wegen der Pflege oder Erziehung eines gemeinschaftlichen Kindes nach § 1570 unterhaltsberechtigt war.

(2) § 1609 bleibt im Übrigen unberührt.

BGB § 1582

§ 1582 nF Rang des geschiedenen Ehegatten bei mehreren Unterhaltsberechtigten

Sind mehrere Unterhaltsberechtigte vorhanden, richtet sich der Rang des geschiedenen Ehegatten nach § 1609.

I. Allgemeines

1   Die Vorschrift des § 1582 aF BGB regelte als Spezialvorschrift im Mangelfall (BGH NJW 1983, 1733) die Rangfolge des geschiedenen und des neuen Ehegatten für die Zeit bis zum 31. 12. 2007. Grundsätzlich bestand gem. Abs. 1 Satz 1 ein Vorrang des geschiedenen Ehegatten vor dem neuen. Der Gesetzgeber hatte den begrenzten Vorrang des geschiedenen Ehegatten damit begründet, dass der neue Ehegatte die wirtschaftlichen Belastungen aus einer gescheiterten Ehe mittragen muss. Die neue Ehe ist quasi mit einer „wirtschaftlichen Hypothek" belastet (BT-Drucks. 7/650 S. 143).

2   Diese Regelung war verfassungsgemäß (BVerfG NJW 1984, 1523), jedenfalls für den Fall, dass sowohl der geschiedene als auch der neue Ehegatte wegen Kinderbetreuung an einer Erwerbstätigkeit gehindert sind und es sich um einen echten Mangelfall (vgl. auch BVerfG NJW 2003, 3466) handelt. Der BGH (BGH NJW 1986, 2054) geht weitergehend auch bei einem unechten Mangelfall bei langjähriger Ehe mit dem vorherigen Ehepartner gegenüber einer Kinderbetreuung durch den neuen Ehepartner von einer Verfassungsgemäßheit aus, selbst wenn die vorrangig geschiedene Ehefrau den vollen angemessenen Unterhalt verlangt und der nachrangigen Ehefrau nicht einmal der Mindestbedarf verbleibt (BGH NJW 1988, 1722). Die Verfassungsgemäßheit wird auch nicht dadurch in Frage gestellt, dass der Vorrang des geschiedenen Ehegatten entgegen § 1581 S. 1 BGB zu einer Änderung des eigenen angemessenen Selbstbehalts des Verpflichteten führt (BGH FamRZ 1987, 916). Der neue Ehegatte genießt keinen geringeren Schutz als der frühere (BVerfG FPR 2004, 495).

II. Vorrang des geschiedenen Ehegatten

3   Treffen Ansprüche eines geschiedenen und eines neuen Ehegatten zusammen, dann ist der geschiedene Ehegatte nach § 1582 BGB a. F. vorrangig (BVerfG NJW 2003, 3466; BGH NJW 2005, 2145),
– wenn ihm ein Anspruch nach § 1570 BGB (Kindesbetreuung) zusteht,
– wenn ihm ein Anspruch nach § 1576 BGB (positive Billigkeitsklausel) zusteht,
– bei langer Ehedauer, wobei die Zeit der Kindesbetreuung der Ehedauer gleichsteht und
– wenn der zweite Ehegatte bei entsprechender Anwendung der §§ 1569–1574, 1576 und § 1577 Abs. 1 BGB nicht unterhaltsberechtigt wäre.

4   In allen anderen Fällen – auch bei Altehen (BVerfG NJW 1984, 1523) – sind der geschiedene und der neue Ehegatte gleichrangig (BGH NJW 1983, 1733; BGH NJW 1985, 2268). Gleichrang besteht auch gem. § 86 Abs. 2 FGB (BGH NJW-RR 1992, 1474). § 1582 BGB gilt auch bei mehrfachen Scheidungen. Eine Änderung der Rangverhältnisse durch Parteivereinbarung ist möglich, allerdings nicht zu Lasten Dritter, z. B. des Sozialhilfeträgers (Johannsen/Henrich/Büttner Rn 12b).

5   Die **Vorrangstellung** des geschiedenen Ehegatten setzt sich im **Mangelfall** uneingeschränkt durch, selbst wenn der neue Ehegatte im äußersten Fall darauf

verwiesen wird, für seinen Unterhalt Sozialhilfe in Anspruch nehmen zu müssen und wenn der Verpflichtete gehalten ist, den ihm für seinen eigenen Bedarf zustehenden Selbstbehalt mit seinem neuen Ehegatten zu teilen (BGH FamRZ 1992, 538). Eine Korrektur ist nur über die Härteklausel des § 1579 Nr. 7 BGB möglich (BGH NJW 1988, 1722), allerdings nur in Ausnahmefällen, da der Gesetzgeber eine Korrektur über eine allgemeine Härteklausel abgelehnt hat (BGH NJW 1985, 2226). Der Unterhalt bei Gleichrang ist so zu bemessen, dass an die Stelle des Halbteilungsgrundsatzes ein Dreiteilungsgrundsatz tritt (Hampel FamRZ 1995, 1177; Gutdeutsch FamRZ 1995, 327), wobei der Erwerbstätigenbonus dergestalt berücksichtigt wird, dass eine Verteilung im Verhältnis 4 : 3 : 3 vorgenommen wird (so auch die Leitlinien des OLG Hamm Ziff. 24) mit der Folge, dass eine Verminderung des Erwerbstätigenbonus auf $1/_{10}$ eintritt.

III. Ehe von langer Dauer

Die Ehedauer wird – wie bei § 1579 Nr. 1 BGB – von der Eheschließung bis 6
zur Rechtshängigkeit des Scheidungsantrages gerechnet (BGH NJW 1984, 1813). Die anschließende Zeit der Unterhaltsberechtigung wegen Kindeserziehung ist hinzuzurechnen (§ 1582 Abs. 1 Satz 3 BGB), nicht jedoch die Zeit einer früheren Ehe zwischen den Parteien (OLG Düsseldorf NJW-RR 1996, 1348). Eine Ehe von langer Dauer besteht jedenfalls nach Ablauf von 15 Jahren (BGH NJW 1983, 2321; BGH NJW 1985, 1029; BGH NJW 1986, 2054; BGH NJW 2008, 3213). Sie ist zu verneinen bei weniger als 10 Jahren (BGH NJW 1983, 1733: 8 Jahre; OLG Hamm NJWE-FER 1997, 76). Bei einer Ehedauer zwischen 10 und 15 Jahren ist maßgebend, ob sich schon eine ehebedingte wirtschaftliche Abhängigkeit ergeben hat (BGH NJW 1983, 2321: Ehedauer $13^1/_2$ Jahre).

IV. Zusammentreffen mit Ansprüchen minderjähriger Kinder

Bei Zusammentreffen von Unterhaltsansprüchen minderjähriger unverheirate- 7
ter Kinder sowie nach § 1603 Abs. 2 BGB privilegierter volljähriger Kinder sowohl mit einem nach § 1582 BGB a. F. bevorrechtigten geschiedenen Ehegatten als auch mit einem neuen Ehegatten des Unterhaltsschuldners besteht ein **gesetzlicher Rangwiderspruch**. Denn die Kinder und die Ehegatten sind nach § 1609 Abs. 2 Satz 1 gleichrangig, andererseits ist der geschiedene Ehegatte in bestimmten Fällen nach § 1582 BGB gegenüber dem neuen Ehegatten vorrangig. Der BGH (BGH NJW 1988, 1722) hat diesen Widerspruch durch eine berichtigende Auslegung aufgelöst. Danach sind alle Kinder erstrangig, die zweite Ehefrau tritt hinter den eigenen Kindern zurück, selbst dann, wenn der geschiedene Ehegatte einen Unterhaltsanspruch nicht geltend macht (BGH NJW 2005, 2145). Der Gleichrang mit den Kindern gilt nur für den vorrangigen, geschiedenen (alten) Ehegatten. Besteht kein Unterhaltsanspruch des geschiedenen Ehegatten, sind der neue Ehegatte und die minderjährigen unverheirateten sowie die nach § 1603 Abs. 2 BGB privilegierten volljährigen Kinder gem. § 1609 Abs. 2 BGB gleichrangig (BGH NJW 2005, 2145; OLG Hamm FamRZ 1998, 1252; OLG München FamRZ 1999, 251). Wegen weiterer Einzelheiten wird auf die Kommentierung zu § 1609 BGB verwiesen.

BGB § 1583 1. Teil. Ehegattenunterhalt

V. Rechtslage ab 1. 1. 2008

8   Seit Inkrafttreten des UÄndG 2007 hat die Norm keine eigenständige Bedeutung mehr. Sie ist reduziert auf eine Verweisungsnorm. Die Rangfolge ist nunmehr in § 1609 BGB abschließend geregelt. (s. § 1609 Rn 1 ff.). Sie hat Bedeutung nur für die Frage der Leistungsfähigkeit, nicht aber für den Bedarf (BGH NJW 2008, 2313). Nur bei Ranggleichheit kommt eine Kürzung in Betracht, bei Nachrang ist der vorrangige Anspruch vorab voll zu befriedigen (BGH NJW 2008, a. a. O.; BGH NJW 2008, 3562). selbst wenn dadurch nachrangige Ansprüche völlig unbefriedigt bleiben (so schon BGH NJW 1986, 985).

§ 1583 Einfluss des Güterstands

Lebt der Verpflichtete im Falle der Wiederheirat mit seinem neuen Ehegatten im Güterstand der Gütergemeinschaft, so ist § 1604 entsprechend anzuwenden.

I. Normzweck

1   Die Vorschrift stellt klar, dass eine neue Eheschließung des Unterhaltsverpflichteten sich auf seine Unterhaltspflicht gegenüber der früheren Ehefrau grundsätzlich nicht auswirkt. Für die Rangfolge von Ansprüchen des früheren und des jetzigen Ehepartners gilt § 1609 BGB. Bei Vereinbarung des Wahlgerichtsstandes der Gütergemeinschaft (§§ 1415 ff. BGB) und bei Wiederverheiratung des Unterhaltspflichtigen wird durch die Vorschrift einer Schmälerung der Leistungsfähigkeit des Unterhaltsschuldners vorgebeugt. Dies ist insbesondere von Bedeutung, weil auch Lohn- und Gehaltszahlungen, die der Pfändung unterliegen, in das Gesamtgut fallen (Johannsen/Henrich/Büttner Rn 1). Deshalb werden das Gesamtgut und seine Erträgnisse analog § 1604 BGB für die Beurteilung der Leistungsfähigkeit dem Unterhaltspflichtigen zugerechnet (Beutler in Bamberger/Roth Rn 1).

II. Anwendung von § 1604 BGB

1. Alleininhaberstellung des Verpflichteten, Satz 1

2   Die Vorschrift sieht vor, dass sich die Unterhaltspflicht eines in gewöhnlicher oder fortgesetzter Gütergemeinschaft lebenden Ehegatten so bestimmt, wie wenn das Gesamtgut dem Unterhaltspflichtigen allein gehört. Die Leistungsfähigkeit nach Wiederverheiratung und Vereinbarung der Gütergemeinschaft in einer neuen Ehe bestimmt sich also nicht nur nach dem Sonder- und Vorbehaltsgut (§§ 1417, 1418 BGB), sondern auch nach dem Gesamtgut. Sondergut (§ 1417 BGB) und Vorbehaltsgut (§ 1418 BGB) sind nur dem Ehegatten zuzurechnen, dem die Gütermassen gehören. Die Regelung kann zu einer Besserstellung des Unterhaltsberechtigten führen, weil unter Umständen erst durch die Fiktion eine Leistungsfähigkeit des Unterhaltsverpflichteten begründet wird. Sie kann im Falle des § 1576 BGB oder wenn das Gesamtgut überwiegend oder ganz vom anderen Ehegatten herrührt, den Unterhaltsanspruch auch erst begründen.

2. Mitberücksichtigung der Unterhaltspflichten, Satz 2

Die Besserstellung des Unterhaltsberechtigten wird durch Satz 2 relativiert. Ist 3 auch der andere Ehegatte der Folgeehe gegenüber Verwandten oder einem anderen Ehegatten unterhaltspflichtig, so ist nach Satz 2 der Unterhalt aus dem Gesamtgut so zu gewähren, als wenn die Bedürftigen zu beiden Ehegatten in dem Verwandtschaftsverhältnis stünden, auf dem die Unterhaltspflicht des Verpflichteten beruht (Staudinger/Verschraegen Rn 4), d. h. das Gesamtgut ist je nach Umfang und Stärke der Unterhaltspflichten nicht notwendig gleichmäßig für die jeweiligen Unterhaltsberechtigten heranzuziehen (MünchKomm/Maurer Rn 3). Die Anteile sind unter Berücksichtigung des unterschiedlich hohen Bedarfs der Unterhaltsberechtigten nach Billigkeit zu bemessen. Für die Rangfolge der Berechtigten bei der Unterhaltsverpflichtung beider Ehegatten gilt § 1609 BGB.

III. Sonstiges

Setzt der Unterhaltpflichtige die Gütergemeinschaft mit gemeinsamen Abkömmlingen fort (§ 1483 Abs. 1 BGB), ist § 1583 BGB entsprechend anzuwenden, wenn der neue Ehegatte verstirbt. Der überlebende Ehegatte haftet zwar für Gesamtgutsverbindlichkeiten grundsätzlich persönlich, kann aber die Haftung auf das Gesamtgut (§ 1489 Abs. 1 und 2 BGB) beschränken. Das Gesamtgut haftet für die Unterhaltsverbindlichkeiten des verstorbenen Ehegatten (§ 1488 i. V. m. § 1604 BGB). Endet die Gütergemeinschaft mit dem Tod des Unterhaltsverpflichteten (§ 1482 BGB), können die §§ 1583, 1604 BGB nicht mehr angewandt werden. Es gilt dann § 1586 b BGB, wobei die Unterhaltspflicht auf die Erben als Nachlassverbindlichkeit übergeht und die Beschränkungen des § 1581 BGB entfallen. Ist der neue Ehegatte verstorben, ist zur Beurteilung der Leistungsfähigkeit des Schuldners sein Anteil am Gesamtgut zu berücksichtigen. 4

§ 1584 Rangverhältnisse mehrerer Unterhaltsverpflichteter

¹**Der unterhaltspflichtige geschiedene Ehegatte haftet vor den Verwandten des Berechtigten.** ²**Soweit jedoch der Verpflichtete nicht leistungsfähig ist, haften die Verwandten vor dem geschiedenen Ehegatten.** ³§ 1607 Abs. 2 und 4 gilt entsprechend.

I. Allgemeines

Die Vorschrift regelt, in welcher **Rangfolge** bei bestehenden Unterhaltsansprüchen ein geschiedener Ehegatte den anderen sowie seine Verwandten auf Unterhalt in Anspruch nehmen kann. Der **Vorrang** der Haftung des geschiedenen Ehegatten (Satz 1) vor den Verwandten des Berechtigten ist das Grundprinzip der Haftungsreihenfolge, da die Bedürftigkeit typischerweise ehebedingt ist. Satz 2 regelt die Haftung der Verwandten bei Leistungsunfähigkeit des Unterhaltsverpflichteten, ohne dass dadurch ein Rückgriffsrecht des Verwandten gegen dessen Verschwägerte – also des unterhaltspflichtigen Ehegatten – geschaffen wurde (Staudinger/Verschraegen Rn 2). Nach Satz 1 i. V. m. § 1607 BGB kann gegen subsidiär unterhaltspflichtige Verwandte Unterhalt geltend gemacht werden, wenn die Rechtsverfolgung gegen den vorrangig haftenden Ehegatten im Inland ausgeschlossen oder erheblich erschwert ist. Leistet dieser Verwandte Un- 1 terhalt, tritt gem. § 1607 Abs. 2 BGB ein gesetzlicher Forderungsübergang ein, der aber nicht zum Nachteil des Unterhaltsberechtigten geltend gemacht werden kann (§ 1607 Abs. 4 BGB). Die Vorschrift gilt für alle gesetzlichen Unterhaltsansprüche, auch für solche, die Gegenstand einer Vereinbarung zwischen den geschiedenen Ehegatten geworden sind (Johannsen/Henrich/Büttner Rn 1). Sie gilt nicht für rein vertragliche Ansprüche.

II. Die Haftung des geschiedenen Ehegatten, Satz 1

2 Bei Leistungsfähigkeit des geschiedenen Ehegatten haftet er dem anderen Ehegatten vorrangig und unbedingt, gleichgültig wie wohlhabend die Verwandten sind (Johannsen/Henrich/Büttner Rn 1). Der Umfang richtet sich nach den ehelichen Lebensverhältnissen, § 1578 Abs. 1 Satz 1 BGB bzw. des angemessenen Lebensbedarfs, § 1578 Abs. 1 Satz 2 BGB.

III. Vorrang der Haftung der Verwandten, Satz 2

1. Allgemeines

3 Soweit der geschiedene Ehegatte nicht leistungsfähig ist, sieht das Gesetz eine vorrangige Unterhaltsverpflichtung der Verwandten vor. **Nicht leistungsfähig** ist der geschiedene Ehegatte, wenn ihm der eigene angemessene Selbstbehalt nicht verbleibt. Dieser bemisst sich nicht nach dem eheangemessenen Unterhalt i. S. des § 1581 BGB, sondern nach allgemeinen Maßstäben für den angemessenen Unterhalt (Johannsen/Henrich/Büttner Rn 2). Verwandte haften nur, wenn sie ohne Gefährdung des eigenen angemessenen Unterhalts bei Berücksichtigung ihrer sonstigen Verpflichtungen Unterhalt leisten können, § 1603 Abs. 1 BGB. Kann der Ehegatte aber einen Teil des Unterhalts ohne Gefährdung des eigenen Bedarfs erbringen, bleibt es insoweit bei der vorrangigen Haftung nach Satz 1; nur wegen des Restes besteht ein Anspruch gegen die Verwandten (MünchKomm/Maurer Rn 5).

2. Umfang und Grenzen der Verpflichtung

4 Die Verwandten haften nur für den Unterhalt, der zum Verwandtenunterhalt nach §§ 1601 ff. BGB gehört, also nicht für die Kosten einer angemessenen Versicherung für den Fall des Alters sowie der Erwerbs- und Berufsunfähigkeit nach § 1578 Abs. 3 BGB (Johannsen/Henrich/Büttner Rn 3).

3. Haftung der Verwandten bei Verwirkung

5 Ist ein Unterhaltsanspruch des geschiedenen Ehegatten wegen grober Unbilligkeit nach § 1579 BGB ganz oder teilweise nicht gegeben, ist streitig, ob § 1611 Abs. 3 BGB im Verhältnis der Ehegatten und hinsichtlich der Drittwirkung der Unterhaltsbeschränkung analog anwendbar ist. Stellt der auf § 1579 BGB bezogene Ausschlussgrund gleichzeitig einen Grund i. S. des § 1611 BGB dar, scheidet eine Haftung der Verwandten aus. Ansonsten stellt § 1611 BGB eine abschließende Regelung dar, so dass sich die Verwandten nicht auch auf § 1579 BGB berufen können (Johannsen/Henrich/Büttner Rn 4 m. w. N.).

IV. Ersatzhaftung der Verwandten, Satz 3

1. Voraussetzungen

Ist der geschiedene Ehegatte zwar leistungsfähig, ist aber die Durchsetzung des 6
Anspruchs im Inland gegen ihn ausgeschlossen oder zumindest erheblich erschwert (§ 1607 Abs. 2 Satz 1 BGB), tritt eine Ersatzhaftung der Verwandten ein. Die **Rechtsverfolgung** ist **im Inland** ausgeschlossen bei fehlender internationaler örtlicher Zuständigkeit nach der lex fori oder wenn die Zwangsvollstreckung im Inland unmöglich ist. Erheblich erschwert ist die Rechtsverfolgung bei bzw. Vollstreckung bei einem ständigen Wechsel des Aufenthaltsortes oder Arbeitsplatzes des Unterhaltsschuldners oder wenn dieser es unterlässt, bestehende Erwerbsmöglichkeiten zu nutzen (MünchKomm/Maurer Rn 7).

2. Gesetzlicher Forderungsübergang

Der Unterhaltsanspruch, der von Verwandten anstelle des vorrangig verpflich- 7
teten Ehegatten befriedigt worden ist, geht kraft Gesetzes auf ihn über, § 1607 Abs. 2 Satz 2 BGB. Der Anspruch kann entgegen §§ 400, 1274 Abs. 2, 1069 Abs. 2, 394 Satz 1 BGB nunmehr abgetreten, gepfändet und verpfändet werden. Gegen ihn kann aufgerechnet werden, das Pfändungsverbot des § 850d ZPO entfällt. Für die Verjährung gilt § 197 BGB. Ein Forderungsübergang tritt nur ein bei Erfüllung der Unterhaltspflicht durch einen Verwandten, nicht aber bei einer Erfüllung durch Dritte. Deren Ansprüche richten sich nach den §§ 677ff., 812ff. BGB (Staudinger/Verschraegen Rn 13; MünchKomm/Maurer Rn 11). Nach §§ 404, 412 BGB kann der Unterhaltspflichtige dem neuen Gläubiger Einwendungen entgegensetzen, die zum Zeitpunkt des Forderungsübergangs begründet waren. Dazu zählt auch der Einwand fehlenden Verzuges (MünchKomm/Maurer Rn 9).

3. Keine Geltendmachung zum Nachteil des Unterhaltsberechtigten

Gem. § 1607 Abs. 4 BGB kann der Übergang des Unterhaltsanspruchs nicht 8
zum Nachteil des Unterhaltsberechtigten geltend gemacht werden. Zweck der Regelung ist es zu verhindern, dass nach Erbringung einer Teilleistung durch einen Verwandten dieser aufgrund der Legalzession vorrangig gegen den Verpflichteten vorgeht. Deshalb geht bei nur teilweiser Erfüllung des Unterhaltsanspruchs durch Verwandte die Forderung auch nur in dieser Höhe über; der Restanspruch des Berechtigten, der gegen den Verpflichteten unmittelbar geltend gemacht wird, geht bei der Befriedigung aus Sicherheiten im Rang vor (Johannsen/Henrich/Büttner Rn 6; MünchKomm/Maurer Rn 10).

V. Darlegungs- und Beweislast

Nimmt ein unterhaltsberechtigter geschiedener Ehegatte einen Verwandten in 9
Anspruch, muss er die Leistungsunfähigkeit des vorrangig haftenden Ehegatten nach § 1581 BGB sowie die Erschwernisse bei der Rechtsverfolgung in Inland bzw. Ausland darlegen und beweisen (OLG Hamm NJW-RR 1996, 67; Johannsen/Henrich/ Büttner Rn 8). Im Rechtsstreit der geschiedenen Ehegatten muss der Unterhaltspflichtige seine Leistungsunfähigkeit darlegen und beweisen (OLG

BGB § 1585 1. Teil. Ehegattenunterhalt

Düsseldorf FamRZ 1982, 611; MünchKomm/Maurer Rn 13). Beruft er sich auf den Vorrang unterhaltspflichtiger Verwandter, muss er die Gefährdung des eigenen eheangemessenen Unterhalts und das Vorhandensein anderer unterhaltspflichtiger Verwandter darlegen und beweisen. Dagegen hat der Berechtigte die Leistungsunfähigkeit der Verwandten bzw. die Aussichtslosigkeit der Rechtsverfolgung gegen sie zu beweisen (OLG Zweibrücken FamRZ 1987, 590; Johannsen/Henrich/Büttner Rn 7). Im Regress, d. h. wenn ein Verwandter einen übergegangenen Anspruch gegen den Verpflichteten geltend macht, muss der Verwandte darlegen und beweisen, dass der Ehegatte unterhaltspflichtig war und er selbst für den Ehegatten Unterhalt geleistet hat.

Kapitel 4. Gestaltung des Unterhaltsanspruchs

§ 1585 Art der Unterhaltsgewährung

(1) ¹Der laufende Unterhalt ist durch Zahlung einer Geldrente zu gewähren. ²Die Rente ist monatlich im Voraus zu entrichten. ³Der Verpflichtete schuldet den vollen Monatsbetrag auch dann, wenn der Unterhaltsanspruch im Laufe des Monats durch Wiederheirat oder Tod des Berechtigten erlischt.

(2) Statt der Rente kann der Berechtigte eine Abfindung in Kapital verlangen, wenn ein wichtiger Grund vorliegt und der Verpflichtete dadurch nicht unbillig belastet wird.

I. Allgemeines

1   Die Bestimmung regelt die Art der Unterhaltsgewährung. Der laufende Unterhalt ist grundsätzlich monatlich im Voraus durch eine Geldrente zu zahlen. Ausnahmsweise (Abs. 2) ist auch eine Kapitalabfindung möglich. Da § 1585 BGB nur den laufenden Unterhalt regelt, kann der Unterhaltsberechtigte unter Umständen auch eine einmalige Zahlung wegen Sonderbedarfs verlangen (BT-Drucks. 7/650, S. 146). Bei Tod des Berechtigten oder Wiederheirat ist der volle Monatsbetrag trotz Erlöschens des Unterhaltsanspruchs zu zahlen.

II. Laufender Unterhalt, Abs. 1

1. Art der Unterhaltsleistung

2   Der Unterhalt ist grundsätzlich in Form einer monatlichen Geldrente zu zahlen. Die Ehegatten können aber im Rahmen des § 1585 c BGB eine andere Art der Unterhaltsgewährung vereinbaren, z. B. die Überlassung einer Wohnung (OLG Düsseldorf NJW-RR 1994, 326) oder die Leistung von Naturalien oder die Begründung eines Arbeitsverhältnisses (BGH FamRZ 1984, 874). Anders als der Berechtigte nach Abs. 2 kann der Verpflichtete die Zahlung des Unterhalts in anderer Weise nicht verlangen.

2. Zeitraum und rechtzeitige Leistung

3   Der Unterhalt ist **monatlich im Voraus** zu zahlen, also grundsätzlich bis zum 1. eines jeden Monats. Die Rechtzeitigkeit richtet sich nach den allgemei-

Art der Unterhaltsgewährung § 1585 BGB

nen Regeln für Geldschulden, d. h. für die Rechtzeitigkeit der Leistung kommt es auf die Absendung an (OLG Köln FamRZ 1990, 1242; Johannsen/Henrich/ Büttner Rn 2). Ein verspäteter Eingang belastet den Schuldner nicht. Das gilt auch, wenn die Parteien z. B. in einem Vergleich einen anderen Zahlungszeitpunkt oder Zeitraum festgelegt haben. Abs. 1 gilt aber nur, wenn die Parteien nicht eine andere Art der Leistung vereinbart haben (BGH NJW 1997, 731). Bei dem Regelfall der Kontoüberweisung kommt es auf den Überweisungsauftrag an die eigene Bank an. Allerdings muss der Unterhaltsgläubiger der Überweisung auf ein bestimmtes Konto vorab zugestimmt haben, sonst handelt es sich nur um eine Leistung an Erfüllung Statt (OLG Hamm NJW 1988, 2115). Bezüglich des nachehelichen Unterhalts hat die Zahlung, sofern Verzug gegeben ist, nicht erst am 1. des der Rechtskraft folgenden Monats zu erfolgen, sondern mit dem Tag der rechtskräftigen Scheidung (BGH NJW 1988, 1138). Vorauszahlungen auf monatlich fälligen nachehelichen Unterhalt muss der Unterhaltsberechtigte nur für einen Zeitraum von sechs Monaten entgegennehmen (BGH NJW-RR 1993, 1218). Eine Erfüllung durch Aufrechnung ist grundsätzlich nicht möglich, da die auf gesetzlicher Vorschrift beruhende Unterhaltsrente gem. § 850b Abs. 1 Nr. 2 ZPO – abgesehen von § 850b Abs. 2 ZPO – unpfändbar sind. Eine Ausnahme davon macht § 850b Abs. 3 ZPO. Auch für den gesetzlichen Unterhaltsanspruch vertraglich modifizierende einmalige Leistungen gilt das Aufrechnungsverbot (BGH NJW 1997, 1441: Erstattung der Realsplittingnachteile).

3. Unterhalt in Form eines Darlehens

Wird Unterhalt geschuldet, dient dieser zur Deckung des Lebensbedarfs. Der Unterhaltsberechtigte ist grundsätzlich nicht verpflichtet, den Unterhalt zurückzuzahlen. Die Rechtsprechung behandelt in besonderen Fällen bis zur Auszahlung einer Rente die Unterhaltszahlung als Überbrückungsdarlehen. Das gilt insbesondere dann, wenn der Unterhaltsberechtigte einen Rentenantrag gestellt hat, die Rente aber erst nach Zahlung des Unterhalts bewilligt worden ist. Die Nachzahlung mindert den Bedarf nicht rückwirkend (BGH FamRZ 1990, 269). Deshalb kann der Unterhaltsverpflichtete ab Rentenantragstellung dem Berechtigten ein zinsloses Darlehen anbieten mit der Verpflichtung, im Falle der Ablehnung des Rentenantrages auf die Rückzahlung zu verzichten. 4

Mit der Rentenzahlung erwirbt der Unterhaltsverpflichtete einen eigenständigen Erstattungsanspruch gem. § 242 BGB, dessen Höhe sich danach bestimmt, inwieweit sich der Unterhaltsanspruch ermäßigt hätte, wenn die Rente schon während des fraglichen Zeitraums gezahlt worden wäre (BGH NJW 1989, 1990). Solch ein Erstattungsanspruch ist insbesondere gegeben, wenn die Nachzahlung aus dem Versorgungsausgleich herrührt und zu einer Kürzung der laufenden Altersrente des Verpflichteten führt (BGH a. a. O.). 5

III. Kapitalabfindung, Abs. 2

1. Voraussetzungen

Nur der Unterhaltsberechtigte (BGH NJW 1993, 2105), nicht auch der -verpflichtete, kann bei Vorliegen eines wichtigen Grundes und wenn der Verpflichtete dadurch nicht unbillig belastet wird, eine Kapitalabfindung verlangen. Als **wichtiger Grund** kommt auf Seiten des Unterhaltsberechtigten in Betracht, 6

BGB § 1585

dass dieser das Kapital zum Aufbau einer selbständigen Stellung im Erwerbsleben (Existenzgründung) benötigt, bei einer geplanten Auswanderung, zur Bestreitung von Ausbildungskosten, sofern der Anspruch auf § 1575 BGB gestützt ist. Auf Seiten des Verpflichteten ist Voraussetzung ein Verhalten, dass die Dauer der Erfüllung des Unterhaltsanspruches gefährdet erscheinen lässt sowie die Unfähigkeit zur Sicherheitsleistung (MünchKomm/Maurer Rn 9). Die Abfindung darf den Unterhaltsverpflichteten nicht unbillig belasten. Sie muss für diesen tragbar sein und darf nicht zu einer Gefährdung des eigenen angemessenen Unterhalts und seiner sonstigen Verpflichtungen führen (Johannsen/Henrich/Büttner Rn 9).

2. Höhe der Abfindung

7   Diese richtet sich nach Höhe und Dauer der Rente sowie allen für eine Änderung oder einen Wegfall des Anspruchs maßgeblichen Gesichtspunkten. Dazu zählen die Lebenserwartung und die voraussichtliche Entwicklung der Bedürftigkeit des Berechtigten (Dauer der Betreuung von Kindern, der Ausbildung oder der Krankheit und der Erwerbsaussichten), nicht jedoch die Heiratsaussichten. Nur konkret nachweisbare Heiratspläne wirken sich negativ auf die Höhe der Abfindung aus (MünchKomm/Maurer Rn 14). Für die Höhe sind die allgemeinen Grundsätze für die Kapitalisierung von Renten heranzuziehen. Die erforderliche Abzinsung ist entsprechend Anlage 9 des Bewertungsgesetzes vorzunehmen (Abdruck und weitere Hinweise bei Wendl/Pauling § 6 Rn 618 ff.).

3. Wirkung der Abfindung

8   Folge der Vereinbarung einer Abfindung und nicht erst deren Erfüllung ist das endgültige Erlöschen des Unterhaltsanspruches, so dass danach nur noch ein Anspruch auf Zahlung aus der Vereinbarung besteht (BGH NJW 2004, 3282), und zwar mit Zugang des Verlangens des Unterhaltspflichtigen beim Berechtigten (§ 130 Abs. 1 Satz 2 BGB). Die Abfindung ist endgültig, so dass spätere Änderungen der Bedürftigkeit oder Änderungen der Leistungsfähigkeit nicht zu einem Wiederaufleben des Unterhaltsanspruchs führen, ebenso wenig das nachträgliche Vorliegen der Voraussetzungen des § 1579 BGB. Der Fortbestand der Unterhalts relevanten Umstände ist nicht Geschäftsgrundlage (BGH NJW 2005, 3282). Bei arglistiger Täuschung z. B. über eine bevorstehende Wiederheirat kommt eine Anfechtung nach § 123 BGB in Betracht, auch kann ein Schadensersatzanspruch aus § 826 BGB gegeben sein, wenn ein Urteil erschlichen wurde.

4. Beweislast

9   Der eine Kapitalabfindung begehrende Unterhaltsberechtigte hat die Voraussetzungen eines wichtigen Grundes darzulegen und zu beweisen, der Verpflichtete das Vorliegen einer unbilligen Belastung.

IV. Sonstiges

10   Für Streitigkeiten über den Barunterhalt und die Abfindung sind ohne Rücksicht auf den Streitwert die **Familiengerichte** zuständig. Überweisungen ins Ausland müssen dem anwendbaren ausländischen Devisenrecht entsprechen (BGH FamRZ 1987, 370; 1987, 682). Besoldungsrechtliche Nachteile (§ 40 Abs. 1 Nr. 3 BBesG) sind bei der Vereinbarung einer Kapitalabfindung möglich (OVG Münster

Sicherheitsleistung **§ 1585a BGB**

MDR 2002, 342), denn ein geschiedener Beamter ohne Unterhaltsverpflichtungen erhält nur den Ortszuschlag nach Stufe 1 (vgl. auch BVerwG NJW 2003, 1886: kein Familienzuschlag nach § 40 Abs. 1 Nr. 3 BBesG bei Kapitalabfindung). Steuerrechtliche Nachteile sind möglich bei der Geltendmachung des Unterhalts als außergewöhnliche Belastung (BGH NJWE-FER 1998, 211) und beim Realsplitting. Abfindungen für Unterhaltsleistungen an den geschiedenen oder getrennt lebenden Ehegatten sind nur im Rahmen des § 33a Abs. 1 EStG abzugsfähig (BFH NJW 2009, 623). Vereinbarungen über Abfindungsbeträge, die den nachehelichen Unterhalt betreffen, können schenkungssteuerpflichtig sein (BFH NJW 2008, 943). Eine Pfändung des Abfindungsanspruches und die Aufrechung sind unzulässig (§§ 850b Abs. 1 Nr. 2 ZPO, 394 BGB), sofern die Abfindung einen gesetzlichen Unterhaltsanspruch betrifft. Wird ein Unterhaltsverzicht gegen Abfindung vereinbart, unterbleibt die Kürzung der Versorgungsbezüge gemäß § 5 VAHRG, solange die Unterhaltsberechtigung ohne die Abfindung bestanden hätte (BVerwG NJW 2003, 1886; BSG NJW-RR 1996, 897).

§ 1585a Sicherheitsleistung

(1) ¹**Der Verpflichtete hat auf Verlangen Sicherheit zu leisten.** ²**Die Verpflichtung, Sicherheit zu leisten, entfällt, wenn kein Grund zu der Annahme besteht, dass die Unterhaltsleistung gefährdet ist oder wenn der Verpflichtete durch die Sicherheitsleistung unbillig belastet würde.** ³**Der Betrag, für den Sicherheit zu leisten ist, soll den einfachen Jahresbetrag der Unterhaltsrente nicht übersteigen, sofern nicht nach den besonderen Umständen des Falles eine höhere Sicherheitsleistung angemessen erscheint.**

(2) **Die Art der Sicherheitsleistung bestimmt sich nach den Umständen; die Beschränkung des § 232 gilt nicht.**

I. Allgemeines

Die Vorschrift dient dem Schutz des Unterhaltsberechtigten – auch ohne 1 sichtbare Gefährdung – vor dem Ausbleiben von Unterhaltszahlungen. Dem Anspruch auf Sicherheitsleistung muss der Verpflichtete ohne weiteres nachkommen, es sei denn, die Unterhaltsleistung ist nicht gefährdet oder der Schuldner würde durch eine Sicherheitsleistung unbillig belastet. Der Verpflichtete kann das Fehlen der Gefährdung oder die Unbilligkeit der Belastung nur anspruchsvernichtend geltend machen. Die Vorschrift gilt nur für den **nachehelichen Unterhalt**. Sie ist auf den Trennungsunterhalt und den Verwandtenunterhalt nicht anwendbar (h.M., OLG Düsseldorf FamRZ 1981, 67; Palandt/Brudermüller Rn 1). Für vertraglich geregelte nacheheliche Ansprüche ist die Vorschrift anwendbar (Johannsen/Henrich/Büttner Rn 2).

II. Anspruchsvoraussetzungen

Eine **Gefährdung der Unterhaltsleistung** liegt vor bei Verschleuderung des 2 Vermögens durch den Verpflichteten oder wenn dieser über seine Verhältnisse lebt, wenn er sich durch Verlegung des Wohnsitzes ins Ausland dem direkten Zugriff entzieht oder bei einer dauerhaften Nichterfüllung der Unterhaltsver-

BGB § 1585a

pflichtungen sowie bei einer ernsthaften Ankündigung, dieser Verpflichtung nicht nachzukommen. Hat der Schuldner ein regelmäßiges Erwerbseinkommen oder andere sichere Einkünfte, ist i.d.R. eine Gefährdung zu verneinen. Bei unbilliger Belastung entfällt die Verpflichtung zur Sicherheitsleistung, z.B. wenn diese den Kreditrahmen des Schuldners bis zur Existenzgefährdung einengt (BT-Drucks. 7/650 S. 146) oder bei Verlust des Arbeitsplatzes aus betriebsbedingten Gründen (MünchKomm/Maurer Rn 2) oder der Notwendigkeit, das Vermögen verlustbringend zu liquidieren.

III. Höhe der Sicherheitsleistung, Abs. 1 Satz 3

3 Die Höhe der Sicherheitsleistung richtet sich grundsätzlich nach dem **einfachen Jahresbetrag** der Unterhaltsrente. Unter konkreten Umständen kann dieser Betrag erhöht oder unterschritten werden. Eine Erhöhung kommt in Betracht, wenn der Schuldner verschwenderisch lebt, sein Vermögen verschleudert und die Unterhaltspflicht noch längere Zeit dauert. Ähnlich wie bei einem Arrestverfahren ist eine Sicherungsdauer von bis zu fünf Jahren zulässig (Beutler in Bamberger/Roth Rn 3; OLG Düsseldorf NJW-RR 1994, 450). Erstreckt sich die Unterhaltsverpflichtung auf weniger als ein Jahr, ist die Sicherheitsleistung herabzusetzen.

IV. Art der Sicherheitsleistung, Abs. 2

4 Das Gericht kann diese **nach freiem Ermessen** ohne Rücksicht auf die Beschränkungen des § 232 BGB festlegen. So kommt z.B. die Verpfändung einer Lebensversicherung, von Wertpapieren oder von Miet- und Pachtforderungen in Betracht. Auch die Beibringung einer Bürgschaft kann angeordnet werden. Nicht zulässig ist die Anordnung der Abtretung von künftigen Lohn- und Gehaltsansprüchen, da sie über die Sicherung des Unterhaltsanspruches hinausgeht (BT-Drucks. 7/650, S. 147f.). Ein Gläubiger, der bereits einen vollstreckbaren Titel besitzt, kann aber das künftige Arbeitseinkommen wegen der dann fällig werdenden Unterhaltsraten pfänden (§ 850 Abs. 3 ZPO), sog. Vorratspfändung (vgl. dazu BGH NJW 2004, 369), sofern der Schuldner in Unterhaltsrückstand geraten ist. Vollstreckungsgegenstand sind das Arbeitseinkommen und Sozialleistungen nach § 54 Abs. 3 SGB. Falls das Gericht die Art der Sicherheitsleistung nicht näher bestimmt, gilt § 232 BGB.

V. Verfahren

5 Die Sicherheitsleistung ist **auf Antrag** zuzusprechen (§ 308 Abs. 1 ZPO), ggf. ist bei Übergehen des Antrages das Urteil zu ergänzen (§ 321 ZPO). Das Verlangen auf Sicherheitsleistung kann unmittelbar mit der Unterhaltsklage verbunden werden, bei nachträglicher Geltendmachung nur unter den Voraussetzungen des § 324 ZPO. In diesem Rahmen kann bei Änderung der Verhältnisse auch eine Erhöhung oder Herabsetzung der Sicherheitsleistung verlangt werden (Staudinger/Verschraegen Rn 9). Will ein Unterhaltsgläubiger die Zwangsvollstreckung seiner Unterhaltsansprüche sichern, kann er neben dem Begehren nach einer Sicherheitsleistung auch einen Arrest (§ 916 ZPO) ausbringen (OLG Düsseldorf NJW-RR 1994, 450). Dazu ist der Arrestgrund (§ 917 ZPO) – Vereitelung oder

Unterhalt für die Vergangenheit **§ 1585b BGB**

wesentliche Erschwerung der Vollstreckung eines Urteils oder Vollstreckung im Ausland – glaubhaft zu machen (OLG Düsseldorf FamRZ 1980, 1116). Entfallen die Gründe für die Anordnung der Sicherheitsleistung nachträglich, kann mit der Vollstreckungsgegenklage Aufhebung verlangt werden. Die Kosten der Sicherheitsleistung trägt der Unterhaltsschuldner. Dieser hat auch darzulegen und zu beweisen, dass keine Umstände vorliegen, die eine Gefährdung oder unbillige Belastung darstellen. Der Unterhaltsberechtigte muss die Voraussetzungen des Abs. 1 Satz 2 darlegen und beweisen (MünchKomm/Maurer Rn 7).

§ 1585 b Unterhalt für die Vergangenheit

(1) **Wegen eines Sonderbedarfs (§ 1613 Abs. 2) kann der Berechtigte Unterhalt für die Vergangenheit verlangen.**

(2) **Im Übrigen kann der Berechtigte für die Vergangenheit Erfüllung oder Schadensersatz wegen Nichterfüllung nur entsprechend § 1613 Abs. 1 fordern.**

(3) **Für eine mehr als ein Jahr vor der Rechtshängigkeit liegende Zeit kann Erfüllung oder Schadensersatz wegen Nichterfüllung nur verlangt werden, wenn anzunehmen ist, dass der Verpflichtete sich der Leistung absichtlich entzogen hat.**

I. Allgemeines

Die Vorschrift, die durch das UÄndG 2007 in Abs. 2 neugefasst worden ist (s. Rn 2a), schützt den Unterhaltsverpflichteten für die Vergangenheit, insbesondere gegen Härten, wenn er in Anspruch genommen würde für Zeiträume, in denen er nicht mit einer Inanspruchnahme rechnen musste (BGH FamRZ 1985, 1232). Davon werden im Interesse des Unterhaltsgläubigers in drei Fällen Ausnahmen gemacht, für den Sonderbedarf (Abs. 1), für den laufenden Unterhalt ab Verzug oder Rechtshängigkeit des Erfüllungs- oder Schadensersatzanspruches (Abs. 2); insoweit aber auch nur für bis zu einem Jahr, es sei denn, die Leistung wurde willentlich entzogen (Abs. 3). 1

Durch die Verweisung in Abs. 1 ist § 1613 Abs. 2 BGB auch für den nachehelichen Unterhalt anwendbar; die Erleichterungen, die durch das KindUG in § 1613 BGB für die rückwirkende Geltendmachung von Kindesunterhalt geschaffen wurden (isoliertes Auskunftsverlangen statt Mahnung; Wegfall des Verzugserfordernisses bei Verhinderung einer rechtzeitigen Mahnung, Rückwirkung auf jeweiligen Monatsanfang) und die kraft Verweisung in §§ 1361 Abs. 4, 1360 a Abs. 3 BGB auch für den Trennungs- und Familienunterhalt gelten, wurden von § 1585 b BGB nicht übernommen. § 1613 Abs. 1 BGB war auch nicht analog anwendbar, da der Unterhaltsgläubiger die Möglichkeit hatte, den nachehelichen Unterhalt im Verbund geltend zu machen (Johannsen/Henrich/Büttner Rn 1). § 323 Abs. 3 Satz 2 ZPO (s. dazu § 323 Rn 25) bestimmt, dass rückständiger Unterhalt gem. § 1585 b Abs. 2 BGB im Abänderungsverfahren auch für die Zeit vor Erhebung der Abänderungsklage geltend gemacht werden kann. Für die Zeit ab 1. 1. 1999 fallen Unterhaltsschulden in die Restschuldbefreiung nach §§ 286 ff., 304 ff. InsO. 2

Für Unterhaltszeiträume ab dem 1. 1. 2008 kann der Unterhaltsgläubiger nunmehr für die Vergangenheit bzgl. des nachehelichen Unterhalts durch die Verwei- 2a

BGB § 1585b

sung auf § 1613 Abs. 1 BGB Erfüllung oder Schadensersatz wegen Nichterfüllung von dem Zeitpunkt an verlangen, in dem der Unterhaltsschuldner in Verzug gekommen, der Anspruch rechtshängig geworden oder Auskunft verlangt worden ist.

II. Sonderbedarf, Abs. 1

3   Unterhalt kann – auch – für die Vergangenheit wegen Sonderbedarfs verlangt werden. Darunter ist – wie beim Verwandtenunterhalt – nach § 1613 Abs. 2 Satz 1 BGB ein unregelmäßiger, außergewöhnlich hoher Bedarf zu verstehen, der überraschend und der Höhe nach nicht abschätzbar auftritt (BGH NJW 2006, 1509). **„Unregelmäßig"** ist ein Bedarf, wenn er nicht mit Wahrscheinlichkeit vorauszusehen war und deshalb bei der Bemessung der laufenden Unterhaltsrente nicht berücksichtigt werden konnte. Ob er **„außergewöhnlich hoch"** ist, richtet sich letztlich danach, ob und inwieweit dem Berechtigten bei einer Gesamtbetrachtung zugemutet werden kann, den Bedarf selbst zu bestreiten. Dazu zählen Krankheitskosten (BGH NJW 1982, 328) und Umzugskosten (BGH NJW 1983, 224). Krankheitskosten können nicht dadurch aus dem Bereich des Sonderbedarfs ausgeschieden werden, dass sie nachträglich (fiktiv) auf einen längeren Zeitraum verteilt werden und auf diese Weise eine tragbare monatliche Durchschnittsbelastung des Unterhaltsberechtigten errechnet wird. Schulden des Unterhaltsberechtigten begründen keinen Sonderbedarf, denn die Unterhaltspflicht umfasst grundsätzlich nicht die Verpflichtung, Schulden des anderen Ehegatten zu tilgen (BGH NJW 1992, 1044). Der Unterhaltsgläubiger muss innerhalb eines Jahres nach Entstehen des Sonderbedarfs Klage erheben, außer der Verpflichtete hat sich der Leistung absichtlich entzogen, Abs. 3.

III. Verzug oder Rechtshängigkeit, Abs. 2

4   Rückstände von laufendem Unterhalt und Schadensersatz wegen Nichterfüllung kann der Berechtigte gemäß § 1613 Abs. 1 BGB nach einem Auskunftsbegehren sowie **nach Rechtshängigkeit** des Anspruchs oder Verzugs des Schuldners fordern. Die Rechtshängigkeit richtet sich nach §§ 253 Abs. 1, 261 Abs. 1 ZPO. Sie tritt ein mit Zustellung der Zahlungsklage – auch einer konkludenten (OLG Hamm NJW-RR 1995, 1157) – oder einer Erweiterung der Klage in der mündlichen Verhandlung (§ 261 Abs. 2 ZPO). Es genügt aber auch, wenn sich der Unterhaltsgläubiger gegen eine Vollstreckungsgegenklage (§ 767 ZPO) des Unteraltsschuldners verteidigt (OLG Karlsruhe FamRZ 1988, 400). Im Fall der **Aufrechnung mit einer Unterhaltsforderung** kommt es auf den Zeitpunkt der Aufrechnungserklärung an (BGH NJWE-FER 1996, 15). Rechtshängigkeit des Zahlungsantrages tritt auch bei Zustellung einer Stufenklage ein (BGH NJW-RR 1990, 323; s. auch § 254 ZPO Rn 2). § 167 ZPO – Rückbeziehung auf das Datum der Zustellung, wenn diese demnächst erfolgt – ist analog anwendbar (OLG Düsseldorf FamRZ 2002, 327; OLG Naumburg FamRZ 2006, 490; a. A. OLG Schleswig FamRZ 2002, 1635; Beutler in Bamberger/Roth Rn 3; Palandt/Brudermüller Rn 6). Nicht ausreichend ist ein PKH-Gesuch (OLG Karlsruhe FamRZ 2002, 1039; OLG Nürnberg FuR 2005, 423). Etwas anderes gilt, wenn das Gericht über das Gesuch nicht entscheidet (OLG Hamm FamRZ 2007, 1468). Das Gesuch wird aber i. d. R. die Voraussetzungen einer Mahnung erfüllen (BGH NJW 1992, 1956).

Unterhalt für die Vergangenheit **§ 1585b BGB**

§ 1585b Abs. 2 Satz 2 BGB behandelt den Fall des Verzuges und der Rechts- 5
hängigkeit gleich. Verzug setzt i. d. R. eine Mahnung oder einen gleichgestellten
Tatbestand voraus. Sie ist nicht formbedürftig (BGH NJW 1993, 1974) und kann
in eng begrenzten Fällen auch konkludent erklärt werden. Um wirksam zu sein,
muss die Mahnung die Unterhaltsschuld genau bezeichnen. Sie muss aber nicht
ausnahmslos beziffert werden, sofern nach dem Inhalt der Mahnung und den
gesamten Umständen des Falles für den Unterhaltsschuldner klar ist, welchen
Betrag der Gläubiger fordert (BGH NJW 1982, 1938; BGH NJW 1985, 486).
Da der Schuldner nur durch eine Mahnung in Verzug gerät, die **nach Eintritt
der Fälligkeit** erfolgt, begründet eine vor Rechtskraft des Scheidungsausspruchs
zugegangene Mahnung keinen Verzug wegen des nachehelichen Unterhalts
(BGH NJW 1992, 1956). Deshalb setzt eine Mahnung wegen Trennungsunterhalts den Schuldner nicht auch wegen des nachehelichen Unterhalts in Verzug
(BGH NJW 1988, 1137). Der Unterhaltsberechtigte kann den nachehelichen
Unterhalt nach § 621 Nr. 5 ZPO im Verbund oder durch vorgerichtliche Stufenmahnung geltend machen (BGH NJW 2007, 1273). Unter den in § 286
Abs. 2 BGB geregelten Fällen tritt Verzug auch ohne Mahnung ein: Wenn für
die Leistung eine Zeit nach dem Kalender bestimmt ist, Nr. 1 (BGH NJW 1983,
2318; BGH NJW 1989, 526), wenn der Leistung ein Ereignis voraus zu gehen
hat und eine angemessene Zeit für die Leistung in der Weise bestimmt ist, dass
sie sich von dem Ereignis an nach dem Kalender berechnen lässt, Nr. 2; wenn
der Schuldner die Leistung ernsthaft und endgültig verweigert, Nr. 3 (BGH
NJW 1985, 486) oder wenn aus besonderen Gründen unter Abwägung der beiderseitigen Interessen der sofortige Eintritt des Verzuges gerechtfertigt ist, Nr. 4.
Dazu zählen die Fälle der sog. Selbstmahnung (OLG Köln NJW-RR 2000, 73),
d. h. wenn der Schuldner ausdrücklich die alsbaldige Leistung angekündigt hat,
dann aber gleichwohl nicht leistet.

Einer Mahnung gleichgestellt ist die formlose Übersendung eines Antrages auf 6
Erlass einer einstweiligen Anordnung (BGH NJW 1983, 2318; BGH NJW 1995,
2032). Vertraglich geregelter nachehelicher Unterhalt kann für die Vergangenheit
grundsätzlich ohne Mahnung oder Rechtshängigkeit geltend gemacht werden.
Soweit es um Unterhalt für eine länger als ein Jahr vor Rechtshängigkeit liegende
Zeit geht, gilt § 1585 b Abs. 3 BGB, soweit der Unterhaltspflichtige nicht auf die
Anwendung der Vorschrift verzichtet hat. Insoweit bedarf es jedoch eindeutiger
Anhaltspunkte für einen derartigen Willen (BGH NJW 1989, 526). Solange ein
Unterhaltsanspruch fortbesteht, braucht eine Mahnung grundsätzlich nicht
monatlich wiederholt zu werden (BGH NJW 1988, 1137). Die einseitige Rück-
nahme einer Mahnung oder der Klage beendet deren Wirkung nur für die
Zukunft, beseitigt aber nicht rückwirkend die bereits ausgelösten Rechtsfolgen. Dazu bedarf es eines Erlassvertrages, § 397 Abs. 1 BGB (BGH NJW 1987,
1546).

Ein den Verzug ausschließender **unverschuldeter Rechtsirrtum** kommt nur 7
unter engen Voraussetzungen in Betracht. Wenn mit einer abweichenden Beurteilung anderer Gerichte gerechnet werden muss, darf ein Unterhaltsgläubiger
nicht einmal einer Rechtsauffassung vertrauen, die in gerichtlichen Urteilen –
auch in zwischen den Parteien ergangenen – zum Ausdruck gekommen ist
(BGH NJW 1985, 486), erst recht nicht auf die Ablehnung eines Antrages des
Berechtigten auf Erlass einer einstweiligen Anordnung nach § 620 Satz 1 Nr. 6
ZPO (BGH NJW 1983, 2321).

Büte

BGB § 1585b   1. Teil. Ehegattenunterhalt

IV. Zeiträume des Abs. 3

1. Zweck

8   Die Beschränkung der Nachforderung auf ein Jahr ist ein Sonderfall der Verwirkung. Angesichts der schwächeren Verbindung zwischen geschiedenen Ehegatten soll ein Anwachsen der Unterhaltsschuld vermieden werden, wenn sich der Unterhaltsberechtigte nicht zeitnah um die Durchsetzung bemüht hat (BGH NJW 1992, 1956).

2. Anwendungsbereich

9   Abs. 3 gilt nur für nicht bereits titulierte Ansprüche (str.: MünchKomm/ Maurer Rn 22; a. A. OLG Hamburg FamRZ 2002, 327) auf laufenden nachehelichen Unterhalt (Abs. 2), auf Sonderbedarf (Abs. 1) und Unterhaltsrückstände (Palandt/Brudermüller Rn 5), weiter für auf den Sozialhilfeträger übergegangene Ansprüche (BGH NJW-RR 1987, 1220) und – obwohl Abs. 2 nicht anwendbar ist – für vertragliche Unterhaltsregelungen, weiter für Schadensersatzansprüche aus Verzug (str.: Palandt/Brudermüller Rn 5; a. A. OLG Hamm FamRZ 1995, 613). Auf den Anspruch des Unterhaltsberechtigten auf Ausgleich der steuerlichen Nachteile des Realsplittings (OLG Hamm FamRZ 1985, 1232) und auf Freistellung von Steuernachteilen aus dem begrenzten Realsplitting ist die Vorschrift nicht anwendbar (BGH NJW 2005, 2223), auch nicht auf länger zurückliegende Ansprüche auf einen Verzugsschaden, der durch die verspätete Geltendmachung des Unterhaltsschuldners entstanden ist (OLG Hamm FamRZ 1995, 613). Die Vorschrift ist abdingbar. Der Schuldner kann auf die Einhaltung der Jahresfrist verzichten. Notwendig dafür sind deutliche Anhaltspunkte für einen Verzichtswillen (BGH NJW 1989, 576).

3. Inhalt

10   Nachehelicher Unterhalt kann rückwirkend nur für die Zeit **von einem Jahr ab Rechtshängigkeit** – ein PKH-Gesuch reicht nicht (OLG Nürnberg FamRZ 2005 423) – verlangt werden, außer der Unterhaltspflichtige hat sich der Leistung **absichtlich entzogen.** Dafür genügt jedes zweckgerichtete Handeln, dass die zeitnahe Realisierung der Unterhaltsschuld verhindert oder zumindest wesentlich erschwert (BGH NJW 1986, 526; BGH NJW-RR 2005, 718: zu § 850 d ZPO). Allein die **Einstellung der Zahlungen** reicht nicht aus (h. M. OLG Köln NJWE-FER 1997, 124), wohl aber, wenn der Schuldner trotz Bestehens der Zahlungsmöglichkeit die ihm zur Verfügung stehenden Mittel für andere als Unterhaltszwecke verwendet und so die zeitnahe Realisierung der Rückstände zumindest wesentlich erschwert. Jedoch kann die Nichterfüllung einer vom Schuldner in einem Vergleich übernommenen Verpflichtung genügen, jede Einkommensänderung unaufgefordert anzuzeigen und die aus ihr folgende Unterhaltsschätzung von sich vorzunehmen, weil nach der Lebenserfahrung davon ausgegangen werden kann, dass der Schuldner erhöhte Zahlungen vermeiden will (BGH NJW 1986, 526; MünchKomm/Maurer Rn 24). Die Berufung auf Abs. 3 ist nicht rechtsmissbräuchlich, wenn der Unterhaltsberechtigte auf eine gütliche Einigung gehofft hat (OLG Hamburg FamRZ 2001, 1217).

Vereinbarungen über den Unterhalt § 1585c BGB

V. Beweislast

Der Unterhaltsberechtigte muss Fälligkeit und Mahnung darlegen und beweisen, der Schuldner hingegen, dass er den Verzug nicht zu vertreten hat. Sofern über die 1-Jahresfrist des Abs. 3 hinausgehende Ansprüche geltend gemacht werden, muss der Gläubiger Tatsachen darlegen, die den Schluss zulassen, der Schuldner habe sich der Leistung absichtlich entzogen. Sofern der Schuldner die gegen ihn sprechende Vermutung erschüttert, muss der Berechtigte den vollen Beweis führen, dass der andere sich der Leistung absichtlich entzogen hat (BGH FamRZ 1989, 150; Johannsen/Henrich/Büttner Rn 11). 11

§ 1585c Vereinbarungen über den Unterhalt

¹Die Ehegatten können über die Unterhaltspflicht für die Zeit nach der Scheidung Vereinbarungen treffen. ²Eine Vereinbarung, die vor der Rechtskraft der Scheidung getroffen wird, bedarf der notariellen Beurkundung. ³§ 127a findet auf eine Vereinbarung Anwendung, die in einem Verfahren in Ehesachen vor dem Prozessgericht protokolliert wird.

I. Normzweck

Die Vorschrift gewährt im Gegensatz zum Trennungs- und Verwandtenunterhalt für nacheheliche Unterhaltsvereinbarungen eine volle Dispositionsfreiheit (BGH FamRZ 1998, 903) innerhalb der Grenzen der §§ 134, 138 BGB. Eine möglichst frühzeitige und gültige vertragliche Lösung der nachehelichen Unterhaltsbeziehungen ist aus Gründen der Rechtsklarheit und Rechtssicherheit wünschenswert und ist so geeignet, spätere Unterhaltsstreitigkeiten zu vermeiden. Dem entsprechen die §§ 630 ZPO, 1566 Abs. 2 BGB, die bei einer Einigung über die Scheidungsfolgen eine Scheidung nach Ablauf eines Trennungsjahres erleichtern. Durch das UÄndG 2008 sind Satz 2 und 3 eingefügt worden. 1

II. Zeitpunkt, Form und Inhalt der Vereinbarung

1. Zeitpunkt

Das Gesetz schreibt keinen Zeitpunkt vor. Deshalb können Unterhaltsvereinbarungen über den nachehelichen Unterhalt auch schon vor der Eheschließung – sog. vorsorgende Vereinbarungen – getroffen werden (BGH NJW 1991, 913; BGH NJW 1995, 1148), vor Einleitung eines Eheaufhebungsverfahrens (§ 1318 Abs. 1 BGB) sowie in diesem Verfahren und auch nach rechtskräftiger Scheidung. 2

2. Form

Vereinbarungen über den nachehelichen Unterhalt sind **formfrei** möglich und wirksam, sofern sie vor dem 31. 12. 2007 geschlossen worden sind sowie – auch nach dem 1. 1. 2008 – bei Abschluss nach Rechtskraft der Ehescheidung. Das gilt auch, wenn dadurch eine vor Rechtskraft der Scheidung getroffene Regelung abgeändert wird. Deshalb sind auch mündliche Absprachen und auch ein konkludenter Abschluss einer Vereinbarung möglich (zur Frage, ob in der Wei- 3

BGB § 1585c

terzahlung eines vereinbarten Trennungsunterhalts über die Rechtskraft der Scheidung hinaus ein stillschweigendes Angebot zum Abschluss einer Vereinbarung über den nachehelichen Unterhalt zu sehen ist (OLG Hamm FamRZ 1998, 1520). Die widerruflich erteilte Vollmacht zum Abschluss eines Ehevertrages bedarf nicht der notariellen Beurkundung (BGH FamRZ 1998, 903).

Formbedürftigkeit durch gerichtliche oder notarielle Beurkundung besteht, wenn gem. § 630 Abs. 1 Satz 3, Abs. 3 ZPO ein Vollstreckungstitel geschaffen werden soll (OLG Saarbrücken FamRZ 1985, 1071). Werden im Rahmen eines Ehevertrages oder einer Scheidungsvereinbarung Gütertrennung, Zugewinnausgleich, Versorgungsausgleich und Unterhalt geregelt, kann eine solche Regelung nur im Gesamtzusammenhang gesehen werden (OLG Nürnberg FamRZ 1996, 296), die der notariellen Beurkundung bedarf. Gleiches gilt, wenn die Unterhaltsvereinbarung ein Schenkungsversprechen (§ 518 BGB) enthält, die Verpflichtung zum Erwerb oder zur Übertragung des Eigentums (§ 313 BGB) oder die Vereinbarung einer Leibrente (§§ 759 ff. BGB).

3a Ab 1. 1. 2008 bedürfen Vereinbarungen, die vor Rechtskraft der Scheidung getroffen werden, der notariellen Form (Satz 2). Durch die Mitwirkung eines Notars soll eine fachliche und unparteiische Beratung der Vertragsparteien sichergestellt werden.

3b Der notariellen Beurkundung steht gleich (Satz 3) eine Vereinbarung, die in einem Verfahren in Ehesachen (§ 606 Abs. 1 S. 1 ZPO; § 121 FamFG ab 1. 9. 2009) protokolliert worden ist (§ 127a BGB). Damit wollte der Gesetzgeber Unterhaltsvereinbarungen bzgl. des Formzwangs gleichbehandeln mit Vereinbarungen über den Versorgungsausgleich (§§ 1408 Abs. 2, 1587o BGB) und den güterrechtlichen Regelungen (§§ 1410, 1378 Abs. 3 BGB). Somit kann selbst bei Anhängigkeit der Folgesache Unterhalt im Verbund keine Vereinbarung zum nachehelichen Unterhalt im Trennungsunterhaltsverfahren geschlossen werden (Weinreich/Klein § 1585c Rn 3d; Bergschneider FamRZ 2008, 235; Palandt/ Brudermüller § 1585c Rn 5; a. A. Borth Rn 235). Ein nach § 278 Abs. 6 ZPO geschlossener Vergleich erfüllt die Voraussetzungen des § 127a BGB (BAG NJW 2007, 1831: zu §§ 1587o Abs. 2 S. 2, 127a BGB; a.A. OLG Brandenburg FamRZ 2008, 1192). Ein Anwaltsvergleich nach § 796a ZPO genügt nicht.

3. Inhalt

4 Grundsätzlich sind Vereinbarungen über **alle** Unterhaltstatbestände der §§ 1570–1573, 1575, 1576 BGB möglich (BGH NJW 1985, 787; BGH NJW 1995, 1148; BGH NJW 2004, 930). Durch einen Ehevertrag darf aber keine evident einseitige und durch die individuelle Gestaltung der ehelichen Lebensverhältnisse nicht gerechtfertigte Lastenverteilung entstehen (BVerfG NJW 2001, 957 und 2248).

5 **a) Konkretisierung und Modifizierung.** Die Vereinbarung kann den gesetzlichen Unterhaltsanspruch konkretisieren oder modifizieren (OLG Bamberg FamRZ 1998, 25; OLG Hamm FamRZ 1997, 1282). Die allgemeinen unterhalts- und verfahrensrechtlichen Bestimmungen bleiben anwendbar (§§ 1582–1585b, 1586a–b BGB). Im Zweifel liegt eine unselbständige vertragliche Ausgestaltung vor (BGH NJW-RR 1988, 1026; OLG Bamberg NJW-RR 1999, 1095). Eine Vereinbarung, dass bei Wiederheirat § 1586 BGB nicht zur Anwendung kommt, spricht dann nicht gegen eine unselbständige Vereinbarung, wenn ein Vorrang nach § 1582 BGB in Betracht kommt. Die Ehegatten können Grund, Höhe, Dauer und Art der

Vereinbarungen über den Unterhalt **§ 1585 c BGB**

Unterhaltsleistung abweichend vom Unterhaltsmaßstab des § 1578 BGB regeln, z. B. bestimmte Einkommensarten (z. B. Kapitalerträge, Erträge aus Vermietung und Verpachtung) oder bestimmte Schulden (BGH FamRZ 1984, 657) nicht berücksichtigen, weiter eine Beschränkung auf bestimmte Unterhaltsarten vornehmen (z. B. Betreuungsunterhalt nach § 1570 BGB, vgl. auch OLG Hamburg NJW-RR 1996, 323), die Anwendbarkeit des § 1579 BGB zum Grund und zur Höhe nach regeln sowie die Unterhaltsverpflichtung zeitlich begrenzen (z. B. nach § 1578 b) und die Bedingungen über die Art und Weise der Zahlung (§ 1585 BGB) regeln (BGH NJW 2005, 3282). Statt einer Geldrente kommen Naturalleistungen oder das Überlassen einer Wohnung in Betracht (zur Vereinbarung über Vorsorgeunterhalt nach § 1578 Abs. 3 BGB: OLG Köln FamRZ 1986, 577). Hinsichtlich der Nutzung eines den Parteien gemeinschaftlich gehörenden und bisher gemeinschaftlich genutzten Hauses kann nach Auszug eines Ehegatten eine abweichende Art der Unterhaltsgewährung vereinbart werden, z. B. die Kompensation eines Teils des Barunterhaltsanspruchs durch eine gem. § 745 Abs. 2 BGB geschuldete Nutzungsentschädigung (BGH NJW 1997, 731). Da der Charakter als gesetzlicher Unterhaltsanspruch durch die Vereinbarung nicht geändert wird, bleibt es nach § 850 Abs. 1 Nr. 2 ZPO bei der grundsätzlichen Unpfändbarkeit (BGH NJW 1997, 1441) und dem Pfändungsprivileg des § 850 d ZPO. Die Anpassung solcher Vereinbarungen an veränderte Umstände erfolgt nach den Grundsätzen über den Wegfall der Geschäftsgrundlage (BGH NJW 1986, 2054; OLG Hamm FamRZ 1997, 1282).

b) Selbständiger Vertrag. Die Vereinbarung kann auch einen selbständigen 6 Unterhaltsvertrag beinhalten (BGH NJW 1979, 2046), sog. **Novation.** Das ist der Fall, wenn unter gleichzeitigem Unterhaltsverzicht gesetzlich nicht geschuldete Leistungen zum Lebensunterhalt versprochen werden, die völlig von der gesetzlichen Regelung losgelöst und ohne rechtlichen Bezug zu Grund und Höhe eines gesetzlichen Unterhaltsanspruchs sind (BGH NJW 1979, 659). Eine Absicht der Ehegatten, den Unterhalt vertraglich zu regeln, kann nur bei besonderen Umständen angenommen werden, die nicht ihren Grund in einer gesetzlichen Regelung haben (BGH NJW 1984, 2350), so z. B. bei einer in einem Ehevertrag festgelegten Kapitalabfindung ohne Bezug auf Bedarf und Bedürftigkeit oder wenn einem Ehegatten nach der Scheidung eine finanzielle Unterstützung bis zur eigenen Selbständigkeit gewährt wird. Streitpunkte über derartige vertragliche Unterhaltsansprüche sind keine Familiensachen (BGH FamRZ 1986, 1082). Die vollstreckungsrechtlichen Vorzugsregelungen nach §§ 850 b Abs. 1 Nr. 2, 850 d ZPO gelten nicht (Johannsen/Henrich/Büttner Rn 11).

c) Unterhaltsverzicht. Inhalt der Vereinbarung kann auch ein Unterhaltsver- 7 zicht sein, und zwar zeitlich befristet, aufschiebend oder auflösend bedingt sowie der Höhe nach und auch beschränkt nur auf Teile der Unterhaltsberechtigung (BGH NJW 1992, 3164; BGH NJW 1997, 192) oder ein vertragliches Anerkenntnis, dass ein Unterhaltsanspruch nicht besteht (negatives Schuldanerkenntnis, § 397 Abs. 2 BGB). Dafür reicht eine nur einseitige Erklärung nicht aus. Notwendig ist (BGH NJW 1985, 1835) ein Erlassvertrag (§ 397 BGB). Mit dem Unterhaltsverzicht erlischt neben dem Unterhaltsanspruch auch das sog. **Stammrecht.** Das hat zur Folge, dass im Falle zukünftiger Unterhaltsbedürftigkeit das Stammrecht nicht wieder auflebt. Es handelt sich um ein kausales Rechtsgeschäft, das einem schuldrechtlichen Vergleich nahe kommt (Johannsen/Henrich/Büttner Rn 7). Jeder allgemeine Unterhaltsverzicht schließt auch

BGB § 1585c

grundsätzlich Unterhaltsansprüche für den Fall der Not aus, ohne dass es einer ausdrücklichen Erklärung in der Verzichtsvereinbarung bedarf (BGH NJW 1985, 1835). Zur Klarstellung ist aber der ausdrückliche Verzicht auf Unterhalt auch für den Fall der Not empfehlenswert. Ist auf den sog. Notunterhalt nicht verzichtet, z. B. durch Formulierungen wie „Mit Ausnahme des Falles der Not" oder „Ausgenommen der Fall etwaigen Notbedarfs", hat ein in Not geratener Unterhaltsberechtiger Anspruch auf den notwendigen Eigenbedarf (BGH NJW 1981, 51). Diese Vereinbarung ist so auszulegen, dass der Erlassvertrag durch den Eintritt der Notlage des Berechtigten auflösend bedingt ist (§ 158 Abs. 2 BGB). Entfällt die Notlage, wird der Verzicht erneut wirksam (MünchKomm/Maurer Rn 23).

8 Der Abschluss eines Erlassvertrages und das negative Schuldanerkenntnis sind grundsätzlich formfrei möglich. Ab 1. 1. 2008 gelten Satz 2 und 3. Sie können auch durch schlüssige Handlungen zustande kommen, z. B. durch Erteilung einer Quittung. Allein, dass Unterhaltsansprüche längere Zeit nicht geltend gemacht worden sind, reicht dafür nicht (BGH FamRZ 1981, 763). An die Feststellung eines rechtsgeschäftlichen Verzichtswillens sind strenge Anforderungen zu stellen; er ist im Zweifel nicht zu vermuten (BGH NJW 1984, 1346). Erforderlich ist ein unzweideutiges Verhalten des Berechtigten, welches vom Verpflichteten als Aufgabe und nicht nur als derzeitige Nichtgeltendmachung des Rechts verstanden werden kann (BGH NJW 1994, 379). Vereinbaren Ehegatten, beiderseits zur Erwerbstätigkeit verpflichtet zu sein und sich selbst zu unterhalten, so liegt dann weder ein einseitiger noch ein wechselseitiger Unterhaltsverzicht vor (OLG Schleswig NJW-RR 1993, 836). Die bloße Nichtzahlung des titulierten Unterhalts führt auch dann nicht zur Annahme eines stillschweigenden Verzichts, wenn der Berechtigte nichts unternimmt (OLG Stuttgart FamRZ 1999, 1136). Bei Abschluss eines umfassenden Verzichtsvertrages – ausgenommen nur der Fall der Betreuungsbedürftigkeit gemeinschaftlicher Kinder – ist dieser so auszulegen, dass trotz der Betreuungsbedürftigkeit der Verzicht für den Fall gilt, dass der Berechtigte sein Auskommen in einer neuen Partnerschaft findet (BGH NJW-RR 1995, 833). Bei einer Einigung, dass der Verpflichtete ab einem bestimmten Zeitpunkt keinen Unterhalt mehr zu zahlen hat, kommt es darauf an, ob die Parteien ab diesem Zeitpunkt von einem Wegfall der Unterhaltspflicht oder nur von einem vorübergehenden Wegfall der Bedürftigkeit (z. B. Aufnahme eines befristeten Arbeitsverhältnisses) ausgegangen sind (BGH NJW 2001, 2259; OLG München OLGR 2001, 231: Begrenzung des Unterhalts auf 2 Jahre). Das bloße Ruhenlassen des Unterhalts für die Zeit des Zusammenlebens mit einem neuen Partner ist nicht als Verzicht anzusehen (OLG Köln FamRZ 2001, 1618). Bei gleichzeitigem Verzicht auf Trennungsunterhalt (Verstoß gegen § 1614 BGB) und nachehelichen Unterhalt kann der Verzicht auf nachehelichen Unterhalt wirksam sein (OLG Hamm NJW 2007, 2052; OLG Frankfurt OLGR 2007, 748). Auf einen Unterhaltsverzicht kann vertraglich verzichtet werden (OLG Düsseldorf FamRZ 1996, 734).

9 Bei fehlendem Rechtsbindungswillen (Erklärungsbewusstsein) ist es erforderlich, dass der Berechtigte bei Anwendung der im Verkehr erforderlichen Sorgfalt hätte erkennen können, dass auch nach Treu und Glauben das Verhalten als Verzicht aufgefasst werden durfte und auch so verstanden worden ist (BGH NJW 1995, 953). Ohne ausdrückliche Erklärung der Annahme eines Verzichtsangebotes (§ 151 BGB) ist eine nach außen erkennbare Bestätigung des Verzichtsannahmewillens erforderlich (vgl. zum Schweigen als stillschweigende Annahme: BGH NJW 1995, 1281).

Vereinbarungen über den Unterhalt **§ 1585c BGB**

Ein Verzicht auf den Betreuungsunterhalt nach § 1570 BGB bedarf nach der 10 neueren Rechtsprechung des BVerfG (NJW 2001, 957 und 2248) der Inhaltskontrolle, die deutlich ausgeweitet worden ist. Diese kann zur Nichtigkeit oder zur Anpassung nach § 313 BGB führen (s. näher Rn 19). Hauptanwendungsfall ist es, wenn ein Vertragspartner zu einer seinen Interessen deutlich zuwiderlaufenden Verfügung gedrängt wird. Das kann gegeben sein bei Ausnutzung einer überlegenen Verhandlungsposition. Entscheidend ist, unter welchem Druck eine der Parteien stand und welche Vertragsfolgen absehbar waren. Für die Frage der Wirksamkeit einer Vereinbarung zwischen Verlobten oder Ehegatten ist im Einzelfall entscheidend, ob eine **Unterlegenheitsposition** anzunehmen ist (BVerfG a. a. O.). Damit ist die frühere Rechtsprechung des BGH (vgl. nur BGH NJW 1995, 1148; BGH NJW 1997, 192) überholt, nach der ein Verzicht wegen der Eheschließungsfreiheit grundsätzlich wirksam war, die Berufung auf den Verzicht gem. § 242 BGB allerdings eingeschränkt wurde, wenn der Verzicht sich zu Lasten der Kinder auswirkte.

Beim Übergang des Unterhaltsanspruchs auf einen Dritten, bei einer Pfändung sowie beim Übergang gesetzlicher Unterhaltsansprüche als auch bei Ansprüchen aus modifizierenden Vereinbarungen (OLG Hamm FamRZ 2002, 983) gemäß § 94 SGB XII auf den Sozialhilfeträger ist der Verzicht diesem gegenüber unwirksam, soweit er deren Rechte aus bereits übergegangenen Ansprüchen beeinträchtigen würde, so wenn der Verzicht nach dem Übergang erklärt wurde.

d) Wertsicherungsklauseln. Am 14. 9. 2007 ist das Preisklauselgesetz (PrKG) 11 vom 7. 9. 2007 (BGBl. I 2007, 2246) in Kraft getreten. Seither sind Wertsicherungsklauseln ohne Genehmigung der Landeszentralbank zulässig (vgl. eingehend Wendl/Pauling § 6 Rn 610–613). Die Prüfung der Rechtmäßigkeit der Klausel obliegt den Beteiligten. Erst mit rechtskräftiger Feststellung eines Verstoßes gegen die §§ 1–7 PrKG durch ein Gericht tritt für die Zukunft die Unwirksamkeit ein (zur hinreichenden Bestimmtheit wertgesicherter Titel für die Zwangsvollstreckung vgl. BGH NJW-RR 2004, 649).

e) Vereinbarung einer Kapitalabfindung. Im Rahmen der Vertragsfreiheit 12 ist auch die Vereinbarung einer Kapitalabfindung möglich. Sofern damit der Unterhaltsanspruch für die Zukunft vorbehaltlos abgegolten und beendet werden soll, erlischt der Unterhaltsanspruch (BVerwG NJW 1991, 2718; BGH 2005, 3282). Eine Anpassung an veränderte Umstände wie etwa die Wiederverheiratung, scheidet aus. Bei einer Täuschung über eine beabsichtigte Wiederheirat kommt neben der Anfechtung auch ein Schadensersatzanspruch nach § 826 BGB in Betracht (BGH NJW 2005, a. a. O.). Ein unterhaltspflichtiger Beamter verliert mit der Vereinbarung einer Kapitalabfindung seinen Anspruch auf Familienzuschlag der Stufe 1 (BVerwG NJW 1991, a. a. O.; BVerwG NJW 2003, 1886). Zur sachgemäßen Bemessung der Höhe der Kapitalabfindung vgl. Wendl/Pauling § 6 Rn 616 ff.).

III. Auswirkungen von Unterhaltsvereinbarungen

Ein Unterhaltsverzicht kann sich auch auf Versorgungsleistungen des Unter- 13 haltsverpflichteten auswirken (BVerwG NJW-RR 1994, 1219; BSG NJW-RR 1995, 840). Ist der VA durchgeführt, muss der Unterhaltsverpflichtete eine Kürzung seiner Anwartschaften auch dann hinnehmen, wenn der Berechtigte noch

BGB § 1585c

keine Rentenleistungen bezieht. Nach § 5 VAHRG gilt dies aber nicht, wenn der Verpflichtete dem Berechtigten Unterhalt schuldet. Wird eine Abfindung vereinbart, verbleibt es bei der Anwendung des § 5 VAHRG (BGH NJW 1994, 2374); zu den Auswirkungen eines Unterhaltsverzichts auf die Hinterbliebenenrente nach §§ 243 Abs. 1, 2 SGB VI = 1265 Abs. 1 Satz 1 RVO: BSG NJW 1992, 3285; BSG NJW-RR 1994, 1346; zur Geschiedenen- und Hinterbliebenenversorgung aus der Unfallversicherung nach §§ 592 Abs. 1 Satz 1 RVO a. F. = § 66 Abs 1 Satz 1 SGB VII oder § 42 BVG: Staudinger/Baumann Rn 226; zum Wiederaufleben der Witwenrente: BGH FamRZ 1986, 889; OLG Hamm NJW-RR 1995, 578; zur Anrechnung des Unterhaltsanspruchs nach der zweiten Ehe auf die wiederauflebende Witwenrente (BSG NJW 1985, 2286; BSG FamRZ 1993, 1067; zu Witwenpensionsansprüchen nach § 61 Abs. 3 Satz 1 BeamtVG: Staudinger/Baumann Rn 230).

14 Unterhaltsvereinbarungen können für Beamte und Angestellte (§ 29 B Abs. 2 Nr. 3 BAT) des öffentlichen Dienstes besoldungsrechtliche Nachteile haben.

Bei Wegfall der Unterhaltspflicht oder Zahlung eines einmaligen Abfindungsbetrages ergeben sich Auswirkungen auf den Ortszuschlag nach § 40 Abs. 1 Nr. 3 BBesG (BVerwG NJW 1991, 2718; BVerwG NJW 2003, 1886). Familienzuschlag der Stufe 1 wird nur gezahlt, solange eine Unterhaltspflicht besteht; zu steuerlichen Nachteilen bei Unterhaltsverzichten und Abfindungsvereinbarungen: Johannsen/Henrich/Büttner Rn 15; BFH NJWE-FER 1998, 211).

IV. Anfechtbarkeit der Vereinbarung

15 Die Unterhaltsvereinbarung und der Unterhaltsverzicht sind nach den allgemeinen Vorschriften der §§ 119, 123 BGB wegen Irrtums, arglistiger Täuschung oder Drohung anfechtbar (BGH NJW-RR 1986, 1258). Das Sonderrecht der Anfechtung geht einer Sittenwidrigkeit vor. Eine arglistige Täuschung kann im Verschweigen von Einkünften sowohl auf Seiten des Unterhaltspflichtigen als auch des Unterhaltsberechtigten liegen, sofern sich die Täuschung auf den Vertrag und das Ergebnis der Verhandlung tatsächlich ausgewirkt hat (BGH FamRZ 1986, 1082; BGH NJW 1999, 2804: Verschweigen eines Vermögenserwerbs). Durfte bei grundsätzlich bestehender Aufklärungspflicht der Aufklärungspflichtige annehmen, der andere Vertragsteil sei bereits informiert, entfällt eine arglistige Täuschung (OLG Brandenburg FamRZ 2003, 764). Ein Unterhaltsverpflichteter ist jedoch nicht gehalten, Beziehungen zu einem neuen Partner zu offenbaren (BGH a.a.O.). Wird z.B. ein Ehepartner durch einen vorgetäuschten Selbstmordversuch zum Abschluss einer Unterhaltsvereinbarung veranlasst, ist dies als arglistige Täuschung anzusehen (BGH NJWE-FER 1997, 2). Auch bei der Verletzung der Verpflichtung zur ungefragten Information über wichtige Elemente des Unterhaltsanspruchs kommt eine Anfechtung wegen arglistiger Täuschung in Betracht. Dabei ist es von Bedeutung, ob sich die Täuschung auf die Vergleichsgrundlage, also die streitigen und ungeklärten Punkte, deren Beseitigung der Vergleich bezweckte, oder auf eine andere als feststehend angenommene, für den Vergleich relevante Tatsache bezog hat (BGH NJW 1999, 2805).

16 Eine widerrechtliche Drohung liegt vor bei einer Einflussnahme auf existenzielle Lebensumstände (OLG Karlsruhe FamRZ 1983, 174). Allein die Ausnutzung einer seelischen Zwangslage genügt nicht (BGH NJW 1988, 2599). Eine solche Zwangssituation kann aber zur Sittenwidrigkeit eines Unterhaltsverzichts führen (OLG Zweibrücken FamRZ 1996, 869). Eine Vereinbarung kann wegen widerrechtlicher Drohung angefochten werden, wenn der bedrohte Ehegatte – z. B. durch Gewaltandrohung, Drohung mit Strafanzeige an das Finanzamt, Drohung mit Kindesentziehung – in eine Zwangslage versetzt worden ist, die ihn zum Abschluss der Vereinbarung veranlasst hat (zur Anfechtung bei fehlender Adäquanz von Mittel und Zweck vgl. BGH NJW 1983, 384; zum Bewusstsein von der Ursächlichkeit vgl. BGH NJW 1964, 811).

V. Wegfall der Geschäftsgrundlage und Abänderung nach § 323 ZPO

Unterhaltsvereinbarungen können bei maßgebender Veränderung der tatsächlichen Verhältnisse nach den Regeln des Wegfalls der Geschäftsgrundlage (§ 313 BGB) angepasst werden. Voraussetzung ist, dass konkrete Vorstellungen und Erwartungen, von denen die Parteien bei Vertragsschluss übereinstimmend ausgegangen sind, fehlgeschlagen sind (BGH NJW 1997, 126 zu Vereinbarungen über den Versorgungsausgleich). Bei tief greifenden Änderungen kann der Unterhalt wie bei einer Erstfestsetzung nach den gesetzlichen Grundlagen bemessen werden (BGH NJW 1994, 1530). Die Berufung auf eine Vereinbarung kann gegen Treu und Glauben verstoßen und damit eine Anpassung an die veränderten Umstände notwendig sein (BGH FamRZ 1985, 788). Diese Grundsätze gelten auch für Selbständige, von der gesetzlichen Grundlage losgelöste Unterhaltsvereinbarungen und für Leibrentenversprechen (Palandt/Sprau § 759 Rn 6). Im Ergebnis kommt eine Berufung auf den Wegfall der Geschäftsgrundlage aber nur in Extremfällen, z. B. bei Existenzbedrohung in Betracht (MünchKomm/Maurer Rn 32). 17

Bei Unterhaltsvereinbarungen ist eine Abänderung nach § 323 ZPO möglich, sofern die Anwendung nicht ausdrücklich ausgeschlossen ist. Beim vertraglichen Ausschluss der Abänderbarkeit einer Unterhaltsvereinbarung kann es eine unzulässige Rechtsausübung darstellen, wenn sich der Unterhaltsberechtigte darauf beruft, § 242 BGB. Grundsätzlich ist es unerheblich, ob es sich um die Ausgestaltung eines gesetzlichen Unterhaltsanspruches oder um rein vertragliche Ansprüche handelt. 18

Erfüllen Vereinbarungen den Tatbestand des § 1579 BGB, so kann dies zur Verwirkung und zur Verpflichtung zur Rückzahlung des in der Vergangenheit gezahlten Unterhaltsbetrages (§ 826 BGB) führen, ohne dass der Wegfall der Bereicherung eingewandt werden kann. 18a

VI. Sittenwidrigkeit

1. Allgemeines

Die grundsätzlich bestehende Vertragsfreiheit bei Eheverträgen (BVerfG NJW 2001, 957), Scheidungsvereinbarungen (OLG Celle FamRZ 2004, 1002; OLG Celle NJW-RR 2004, 1585), nachehelich getroffenen Vereinbarungen (OLG München FamRZ 2005, 215) und Trennungsvereinbarungen findet ihre Grenze, sofern die freie Selbstbestimmung eines Vertragspartners infolge einseitiger Lastenverteilung nicht mehr gegeben ist (BVerfG NJW 2001, 957 und 2248). Derartige Vereinbarungen, in denen der nacheheliche Unterhalt isoliert oder mit 19 weiteren Regelungen zum Güterrecht oder Versorgungsausgleich geregelt wird, unterliegen der Wirksamkeits- und Ausübungskontrolle (§ 242 BGB). Je nach Schwere der Benachteiligung ist die Vereinbarung entweder sittenwidrig (§ 138 BGB) und damit nichtig (§ 134 BGB) oder es ist eine Anpassung vorzunehmen. Beurteilungszeitpunkt für die Frage der Nichtigkeit ist der Zeitpunkt des Vertragsabschlusses (BGH NJW 2004, 930), wobei es für die Beurteilung unmaßgeblich ist, dass der Ehegatte durch einen Notar vor Abschluss belehrt worden ist (BGH NJW 2004, 930).

2. Rechtsgrundsätze

20 Nunmehr hat der BGH (BGH NJW 2004, 930; BGH NJW 2005, 137 und 139 und 1370 und 2391 und 2386; BGH NJW 2006, 2331 und 3142; BGH NJW 2007, 907 und 2848 und 2851; BGH NJW 2008, 1076 und 1080 und 3426; BGH NJW 2009, 842) die Vorgaben des BVerfG in konkrete Rechtsanwendung umgesetzt. Ist ein Ehevertrag für ein Unterhaltsrechtsverhältnis zu prüfen, hat sich die Prüfung auf die Wirksamkeit des Vertrages bei Vertragsabschluss und die Prüfung der Wirksamkeit des Vertrages bei der Scheidung zu beziehen. Grundsätzlich haben Ehegatten das Recht, ihre eheliche Lebensgemeinschaft frei von gesetzlichen Vorgaben nach ihren individuellen Vorstellungen zu gestalten. Dazu zählt auch die auf die Scheidungsfolgen bezogene Vertragsfreiheit. Es ist jedoch nicht zulässig, den Schutzzweck der gesetzlichen Regelungen durch vertragliche Vereinbarungen zu unterlaufen. Die Grenze der Vertragsfreiheit ist erreicht, wenn und soweit dadurch eine evident einseitige und durch die individuelle Gestaltung der ehelichen Lebensverhältnisse nicht zu rechtfertigende Lastenverteilung entsteht, die für den belasteten Ehegatten unter angemessener Berücksichtigung der Belange des anderen und seines Vertrauens in die Vereinbarung bei verständiger Würdigung des Wesens der Ehe unzumutbar erscheint. Je direkter und unmittelbarer in den Kernbereich der Scheidungsfolgen eingegriffen wird, umso schwerer wiegen die Belastungen für den einen Ehegatten. Zum **Kernbereich** gehören die nachehelichen Unterhaltstatbestände in der Rangabstufung Betreuungsunterhalt (§ 1570 BGB), Krankheitsunterhalt (§ 1572 BGB) und Unterhalt wegen Alters (§ 1571 BGB). An zweiter Rangstelle steht der Versorgungsausgleich. Demgegenüber – an dritter Rangestelle – haben der Anspruch wegen Erwerbslosigkeit nach § 1573 Abs. 1 und der Anspruch auf eine angemessene Krankenvorsorge und Altersvorsorgeunterhalt – vierte angstelle – ein geringeres Gewicht. Am ehesten verzichtbar sind die Ansprüche nach § 1572 Abs. 2 BGB und § 1575 BGB – fünfte Rangestelle –. An sechser und letzter Rangestelle steht der Zugewinnausgleich. Hier bestehen weitehende Eingriffsmöglichkeiten. Bei der Inhaltskontrolle teilt der Alters- und Krankenvorsorgeunterhalt den Rang des Elementarunterhalts, soweit die Unteraltspflicht ehebedingte Nachteile ausgleichen soll (BGH NJW 2005, 2391).

21 Eingriffe in den Kernbereich des Scheidungsfolgenrechts sind aber nicht zwangsläufig unwirksam. Eine Rechtfertigung für einen Eingriff in den Kernbereich besteht, sofern die Nachteile durch Vorteile anderer Art gemildert werden oder besondere Verhältnisse bestehen. Eine Rechtfertigung kann sich auch aus dem angestrebten oder gelebten Ehetyp ergeben und daraus, dass gewichtige Belange des begünstigten Ehegatten bestehen. Eine Kompensierung der Nachteile durch Vorteile anderer Art ist insbesondere beim Ausschluss des Versorgungsausgleichs (z. B. durch den Abschluss einer Lebensversicherung) mög-

Vereinbarungen über den Unterhalt   § 1585c   BGB

lich, ebenso der Ausschluss des Kranken- und Altersvorsorgeunterhalts, sofern die Eheleute bei ihrer Lebensplanung im Zeitpunkt des Vertragsabschlusses davon ausgegangen sind, beide würden während der Ehe berufstätig und damit abgesichert sein.

Bei Nichtigkeit z. B. des Unterhaltsverzichts sind auch bei einer salvatorischen Klausel sämtliche Regelungen nichtig (BGH NJW 2006, 2331; BGH NJW 2008, 3426; OLG Bremen OLGR 2007, 52). **21a**

3. Einzelfälle nach BGH

a) Nichtigkeit bejaht **21b**
- BGH NJW 2006, 3145: Ehevertrag mit Schwangerer, Drucksituation, Unterhalt knapp über dem Selbstbehalt, Wegfall des eigenen Einkommens, Nachteile in der beruflichen Entwicklung beim Aufbau der Altersversorgung und – infolge Gütertrennung – beim eigenen Vermögen.
- BGH NJW 2007, 907: Globalverzicht mit russischer Klavierlehrerin, untersuchungsbedürftige Krankheit bei Abschluss des Vertrages, die sich später als Multiple Sklerose herausstellt, völlige Erwerbsunfähigkeit, gehunfähig, Rollstuhl, pflegebedürftig.
- BGH NJW 2008, 3426: Kompensationlos vereinbarter Ausschluss des Versorgungsausgleichs bei bewusstem Inkauf nehmen, dass die Ehefrau wegen Kindesbetreuung alsbald aus dem Berufsleben ausscheiden und bis auf Weiteres keine eigenen Versorgungsanrechte (abgesehen von Kindererziehungszeiten) erwerben wird.

b) Wirksamkeit bejaht **21c**
- BGH NJW 2008, 1076: Ausschluss des Zugewinnausgleichs.
- BGH NJW 2007, 904: wechselseitiger Unterhaltsverzicht beim Bezug von Sozialhilfe durch Unterhaltsberechtigten schon vor Eheschließung, einkommensloser Ehemann.

c) Wirksamkeit mit Ausübungskontrolle **21d**
- BGH NJW 2007, 2846: Vereinbarung eines den Einkommensverhältnissen entsprechenden Unterhalts und Ausschluss einer Anpassung bei Einkommenssteigerungen.
- BGH NJW 2008, 1080: Ausschluss des nachehelichen Unterhalts und des VA, Krebserkrankung der Ehefrau, Anpassung begrenzt auf ehebedingte Nachteile, Bezug einer EU-Rente, die niedriger ist als bei einer Rente nach Erwerbstätigkeit in der Ehe.
- BGH NJW 2007, 2851: Ausschluss des Betreuungsunterhalts ab Vollendung des 6. Lebensjahres des Kindes, Zahlung einer Abfindung für den Fall der Scheidung, Ausschluss des Krankheitsunterhalts zum Ausschluss vorehelicher Unfallfolgen, Ausschluss des Unterhalts wegen Alters bei geplanter Fortführung einer Erwerbstätigkeit.
- BGH NJW 2005, 1370: Unterhaltsverzicht, Gütertrennung, Ausschluss des VA, Abfindung iHv 10 000 DM pro Ehejahr, begrenzt auf 80 000 DM Einzahlung in gesetzliche Rente, Alter der Parteien 44 und 42 Jahre.
- BGH NJW 2005, 137; BGH NJW 2005, 139: Ausschluss des VA.
- BGH NJW 2005, 2386: Schwangerschaft, gestufter Betreuungsunterhalt.
- BGH NJW 2005, 2391: Unterhaltsausschluss, keine Kinder, beiderseitige Erwerbstätigkeit.

BGB § 1585c   1. Teil. Ehegattenunterhalt

22   Weitere Einzelfälle:
- OLG Koblenz FF 2003, 138: Ehevertrag am Tage der Hochzeit, Vereinbarung der Gütertrennung sowie gestaffelter Vermögensausgleich (höchstens 40 000 €) für den Fall der Scheidung, Ausschluss des Versorgungsausgleichs und Verzicht auf Unterhalt mit Ausnahme des Betreuungsunterhalts: Gesamtvertrag sittenwidrig.
- OLG Hamm FamRZ 2004, 1297: Nichtigkeit eines Ehevertrages bei gleichzeitigem Verzicht auf Unterhalt und Durchführung des Versorgungsausgleichs sowie vertraglich vereinbartem Ausschluss des Zugewinnausgleichs.
- OLG Oldenburg NJW-RR 2004, 650: Unwirksamkeit einer vor Eheschließung vereinbarten Gütertrennung, weil sich die Frau bei Vertragsschluss wegen des aus ihrer Schwangerschaft resultierenden starken Interesses an der Heirat in einer unterlegenen Position befunden habe.
- OLG Düsseldorf FamRZ 2005, 516: Wirksamer Ehevertrag zwischen einem Multimillionär und einer Ärztin.
- OLG Hamm FamRZ 2005, 1181: Wirksame Trennungs- und Scheidungsvereinbarung kurz vor der Trennung, wonach kein Partner von dem anderen im Fall der Scheidung etwas verlangen konnte.
- OLG Hamm FamRZ 2005, 1567: Zur Wirksamkeit des Abschlusses eines Ehevertrages während einer Ehekrise.
- OLG Nürnberg FamRZ 2005, 454: Zur Inhaltskontrolle bei einer Vereinbarung mit einer schwangeren Philippinin.
- OLG Stuttgart FamRZ 2005, 455: Verzicht einer Schwangeren auf Unterhalt und Zugewinn.
- OLG München FamRZ 2006, 1449: Schwangerschaft ohne angemessene Kompensation.
- OLG Stuttgart FamRZ 2007, 291: wirksamer Globalverzicht.
- OLG München FamRZ 2007, 1244: Nichtigkeit eines Ehevertrages mit Ausländerin bei einseitiger Schlechterstellung und Drucksituation.
- OLG Hamm NJW 2006, 3012: Abdingbarkeit des Aufstockungsunterhalts.
- OLG Hamm FuR 2007, 177: Schwangerschaft allein genügt nicht.
- OLG Naumburg FamRZ 2007, 473: einseitige Lastenverteilung und Verstoß gegen Transparenzgebot zu Ungunsten des Berechtigten.
- OLG Karlsruhe FamRZ 2007, 477: Zahlung einer Leibrente für den Fall der Scheidung.
- OLG Koblenz NJW 2007, 2052: zur Wirksamkeit einer Vereinbarung mit dem eindeutigen Wortlaut „erlischt der Anspruch auf Unterhalt endgültig".
- OLG Bremen OLGR 2007, 52: Globalverzicht beim Plan Kinder zu haben.
- OLG Saarbrücken FamRZ 2008, 1189: wechselseitiger Verzicht auf nachehelichen Unterhalt und Versorgungsausgleich
- OLG Celle NJW-RR 2008, 881: Gütertrennung und Ausschluss des Versorgungsausgleichs: Ausübungskontrolle und Ausgleich über den Zugewinn.
- OLG Karlsruhe FamRZ 2008, 522: Wirksamkeit bejaht bei Ausschluss der wesentlichen Scheidungsfolgensachen aber Zahlung von Betreuungsunterhalt.
- OLG Düsseldorf FamRZ 2008, 519: Wirksamkeit eines Ehevertrages und keine Beanstandung im Wege der Ausübungskontrolle bei Ausschluss des Versorgungsausgleichs und des Zugewinns aber hinreichender Differenzierung zwischen Betreuungs- und Aufstockungsunterhalt.

Vereinbarungen über den Unterhalt **§ 1585c BGB**

4. Weitere Fallgruppen für die Annahme der Sittenwidrigkeit

Zusätzliche, die Lastenverteilung als sittenwidrig qualifizierende Umstände lassen sich aus den von den Ehegatten mit der Abrede verfolgen Zweck und den Beweggründen für das Verlangen nach der betreffenden vertraglichen Gestaltung und das Einverständnis mit ihr gewinnen (BGH NJW 2004, 930). Sittenwidrig können unterhaltsrechtliche Abreden sein, wenn dem scheidungswilligen Partner für den Fall der Einleitung eines Scheidungsverfahrens eine Art Konventionalstrafe angedroht wird (OLG Oldenburg FamRZ 1994, 1454), weiter solche Verträge, in denen ein gemeinsames Kind zum „Gegenstand des Handelns" wird, indem ein gemeinschaftlicher Vorschlag zur Regelung des Sorge- oder Umgangsrechts ausdrücklich von der Vereinbarung einer bestimmten Unterhaltszahlung oder eines Unterhaltsverzichts abhängig gemacht wird (BGH NJW 1984, 1951; BGH NJW 1986, 1167; OLG Hamburg FamRZ 1984, 1223; OLG Karlsruhe NJWE-FER 2001, 6). Allein die Verbindung eines Unterhaltsverzichts in derselben Urkunde mit einer Sorgerechtsregelung für ein gemeinsames Kind reicht nicht aus (BGH NJW 1985, 1833; FamRZ 1991, 306), auch nicht, dass ein Unterhaltsanspruch davon abhängig gemacht wird, dass den Berechtigten kein Verschulden am Scheitern der Ehe trifft (Luthin/Margraf Rn 6029), weiter nicht, dass die Eheschließung von einem Unterhaltsverzicht abhängig gemacht wird (BGH NJW 1992, 3164). Dasselbe gilt, wenn ein Ehegatte jedenfalls nach verhältnismäßig kurzer Dauer der Ehe in einer Ehekrise die Fortsetzung der Ehe vom Abschluss eines Ehevertrages Gütertrennung, Ausschluss des Versorgungsausgleichs und Unterhaltsverzicht abhängig macht (BGH NJW 1997, 192). Sittenwidrig ist die Übernahme von Leistungspflichten oder der Verzicht auf Rechte, wenn der betroffene Ehegatte nach Art einer Vertragsstrafe von der Scheidung abgehalten werden soll (BGH FamRZ 1990, 372), weiter bei einer Vereinbarung, in der der scheidungswillige Partner sich gegen hohe wirtschaftliche Vorteile in der Vermögensauseinandersetzung der Zusage geben lässt, falsche Angaben zum Ablauf des Trennungsjahres zu machen (BGH NJW 2003, 1860). 23

Sittenwidrig können Unterhaltsverzichte zu Lasten Dritter sein, wenn ein nicht erwerbsfähiger und nicht vermögender Ehegatte auf nachehelichen Unterhalt verzichtet mit der Folge, dass er zwangsläufig der Sozialhilfe anheim fällt, selbst wenn keine Schädigungsabsicht der Ehegatten zu Lasten des Trägers der Sozialhilfe besteht sofern es sich um ehebedingte Risiken gehandelt hat (BGH NJW 2007, 904) und dies absehbar waren oder billigend in Kauf genommen worden sind (BGH NJW 2007, 2848). Maßgebender Zeitpunkt für die Erkennbarkeit des Eintritts der Sozialhilfebedürftigkeit ist der Vertragsabschluss. Deshalb liegt i. d. R. eine Sittenwidrigkeit nicht vor, wenn die Unterhaltsbedürftigkeit erst ein Jahr nach Vertragsabschluss auftritt (OLG Koblenz a. a. O.; OLG Naumburg a. a. O.). Sittenwidrig kann eine Vereinbarung sein, durch die ein Unterhaltsgläubiger, der Sozialhilfe bezogen hat, nach Erlass einer Rechtswahrungsanzeige, aber vor Überleitung der Ansprüche (nach früherem Recht) für die Vergangenheit auf Unterhalt verzichtet hat (BGH NJW 1987, 1546). Im Fall der Nichtigkeit können Unterhaltszahlungen nach den §§ 812 Abs. 1 Satz 2, 1. Altern., 818 Abs. 2, 3, 4, 819, 820 BGB zurückverlangt werden (BGH NJW 1998, 2433; OLG Braunschweig FamRZ 1999, 1058; OLG Köln NJW-RR 1998, 1701). § 138 BGB schützt zugleich auch den Unterhaltsverpflichteten vor übermäßigen Unterhaltszahlungen. Verpflichtet er sich aber, Unterhalt im Falle eines Einkommensrückganges zu zahlen, kann er sich auf § 138 BGB zumindest dann nicht berufen, wenn ihm zur 24

BGB § 1585c

Existenzsicherung Leistungen Dritter oder Vermögen zur Verfügung stehen (OLG Karlsruhe NJWE-FER 1998, 147: bei Naturalleistungen durch die Ehefrau; OLG Stuttgart FamRZ 1998, 1296: bei Vorhandensein eigenen Vermögens).

VII. Verstoß gegen Treu und Glauben bei Berufung auf einen Unterhaltsverzicht

25 Hält der Ehevertrag der Prüfung des § 138 BGB stand ist in einem 2. Schritt zu prüfen, ob und inwieweit der Unterhaltspflichtige gehindert wird, sich auf den vereinbarten Ausschluss zu berufen (**Ausübungskontrolle,** s. auch Rn 21 d), wobei es sowohl auf den Zeitpunkt des Zustandekommens als auch auf den des Scheiterns der Ehe ankommt (BGH NJW 2005, 2386). Maßgeblich ist, ob und inwieweit die Berufung auf den Ausschluss gesetzlicher Scheidungsfolgen angesichts der aktuellen Verhältnisse missbräuchlich erscheint und deshalb das Vertrauen des Begünstigten in den Fortbestand des Vertrages schutzbedürftig ist (BGH NJW 2004, 930; BGH NJW 2005, 2386). Maßstab ist § 242 BGB. Bedeutsam sind die im Zeitpunkt des Scheiterns der ehelichen Lebensgemeinschaft bestehenden Verhältnisse, die zu einer evident einseitigen Lastenverteilung führen müssen (BGH NJW 2005, 2386). Diese Voraussetzungen können insbesondere dann bestehen, wenn die einvernehmliche Gestaltung der ehelichen Lebensverhältnisse von der bei Vertragsabschluss geplanten Gestaltung grundlegend abweicht oder ein Ehegatte durch schicksalhafte Entwicklungen besondere Lasten zu tragen hat. Zu berücksichtigen bei der Ausübungskontrolle ist auch, ob der belastete Ehegatte die eheliche Solidarität verletzt hat. Hier dürften Gesichtspunkte von Bedeutung sein, die auch bei der Verwirkung nach § 1579 Nr. 7 BGB eine Rolle spielen. Anders als bei der Wirksamkeitskontrolle nach § 138 BGB führt die Versagung der Berufung auf den vertraglichen Ausschluss nicht zu einer vollständigen Unwirksamkeit des Vertrages. Das Gericht hat die Rechtsfolge anzuordnen, die den jetzigen berechtigten Belangen beider Parteien in angemessener Weise Rechnung trägt (BGH NJW 2004, 930). Da ein Unterhaltsschuldner einen bedürftigen Ehegatten nach der Scheidung nicht besser stellen soll als er ohne die Scheidung stünde, ist ein Ausgleich ehebedingter Nachteile vorzunehmen (BGH NJW 2007, 2848).

VIII. Beweislast

26 Eine schriftliche Unterhaltsvereinbarung hat die Vermutung der Vollständigkeit und Richtigkeit in sich (OLG Zweibrücken FamRZ 1984, 728). Deshalb muss den Abschluss des Unterhaltsvertrages der beweisen, der sich darauf beruft (BGH NJW 1989, 1728). Bei einer Schwangerschaft ist die Zwangslage indiziert (BGH NJW 2005, 2386). Der Ehegatte, der sich auf die Sittenwidrigkeit des Vertrages beruft oder auf eine Ausübungskontrolle, muss diese Voraussetzungen darlegen und beweisen (BGH NJW 2004, 930).

IX. Prozessuale Fragen

27 Die Nichtigkeit eines Ehevertrages kann bei nicht nur vorübergehender Trennung mit der Feststellungsklage (OLG Düsseldorf NJW-RR 2005, 1; Palandt/

Wiederverheiratung **§ 1586 BGB**

Brudermüller § 1408 Rn 32; a. A. OLG Frankfurt FamRZ 2005, 457 m. abl. Anm. Herr; NJW-RR 2007, 289; OLG Naumburg NJW-RR 2008, 385: Leistungsklage, wenn Ehe geschieden oder das Scheidungsverfahren noch rechtshängig ist) und mit der Zwischenfeststellungsklage analog § 256 ZPO (BGH NJW 2005, 1370; OLG Bremen NJW-RR 2007, 725) geltend gemacht werden.

Kapitel 5. Ende des Unterhaltsanspruchs

§ 1586 Wiederverheiratung, Begründung einer Lebenspartnerschaft oder Tod des Berechtigten

(1) Der Unterhaltsanspruch erlischt mit der Wiederheirat, der Begründung einer Lebenspartnerschaft oder dem Tode des Berechtigten.

(2) ¹Ansprüche auf Erfüllung oder Schadensersatz wegen Nichterfüllung für die Vergangenheit bleiben bestehen. ²Das Gleiche gilt für den Anspruch auf den zur Zeit der Wiederheirat, der Begründung einer Lebenspartnerschaft oder des Todes fälligen Monatsbetrag.

I. Allgemeines

Die Vorschrift regelt das Ende der Unterhaltspflicht durch Tod des Berechtigten oder dessen Wiederverheiratung, Abs. 1. Bei Tod ist das Erlöschen endgültig; nach Wiederheirat kann der Unterhaltsanspruch bei Auflösung dieser (neuen) Ehe gem. § 1586a BGB neu entstehen nach § 1570 BGB. Die Vorschrift ist abdingbar und auch auf selbständige, von der gesetzlichen Regelung losgelöste Unterhaltsverträge sowie Vereinbarungen, die den gesetzlichen Unterhaltsanspruch näher ausgestalten (BGH FamRZ 1988, 46), anwendbar, ebenso auch analog auf den Anspruch nach § 1615l Abs. 2 BGB (BGH NJW 2005, 503). Die bei Wiederheirat oder Tod bereits bestehenden Ansprüche bleiben unberührt, Abs. 2. **1**

II. Tod des Unterhaltsberechtigten

Er lässt in allen – auch vertraglich geregelten – Unterhaltsverhältnissen, soweit nicht abbedungen, den Anspruch endgültig erlöschen. Bei Tod des Unterhaltsverpflichteten geht der Unterhaltsanspruch als Nachlassverbindlichkeit (§ 1586b Abs. 1 Satz 1 BGB) auf die Erben und Erbeserben über (BGH FamRZ 1985, 164). War ein Anspruch auf Kapitalabfindung bei Tod des Berechtigten noch nicht vollständig erfüllt, kann der Erbe den Anspruch geltend machen, selbst wenn die Fälligkeit erst nach dem Tode eintritt (str.: MünchKomm/Maurer Rn 7; a. A. OLG Hamburg FamRZ 2002, 234). **2**

III. Wiederheirat des Unterhaltsberechtigten

Durch die Wiederheirat erlangt der geschiedene Ehegatte gegen den neuen Ehegatten einen Unterhaltsanspruch gem. §§ 1360ff. BGB. Gegenüber dem geschiedenen Ehegatten erlischt der Unterhaltsanspruch mit rechtswirksamer Eheschließung hinsichtlich aller Unterhaltsansprüche (BGH FamRZ 1988, 46). **3**

BGB § 1586

1. Teil. Ehegattenunterhalt

Auf eine eheähnliche Lebensgemeinschaft ist § 1586 BGB nicht, auch nicht analog anzuwenden (BGH NJW 1980, 124), da keine Unterhaltsansprüche gegen den Partner bestehen. Sie ist aber im Rahmen der Bedürftigkeit oder über § 1579 Nr. 2 oder 8 BGB zu berücksichtigen. Bei vertraglichen Unterhaltsansprüchen unter der auslösenden Bedingung der Wiederverheiratung ist der Rechtsgedanke des § 162 BGB anzuwenden, wenn der Unterhaltsgläubiger nach einer gewissen Zeit den neuen Lebenspartner nicht heiratet (OLG Düsseldorf NJW 1981, 463; Staudinger/Baumann Rn 16). Eine Unterhaltsverpflichtung, die ein Beamter bei einer Scheidung auch für den Fall der Wiederheirat des bisherigen Ehegatten diesem gegenüber abweichend von der gesetzlichen Regelung des § 1586 Abs. 1 BGB vertraglich eingegangen ist, ist keine Verpflichtung zum Unterhalt „aus der Ehe" i. S. von § 40 Abs. 1 BBesG. Die Vorschrift ist analog anwendbar auf den Unterhaltsanspruch nach § 1615l Abs. 2 BGB (BGH NJW 2005, 503). Ist eine Kapitalabfindung bei Wiederheirat noch nicht vollständig gezahlt, erlischt der Restanspruch nicht nach § 1586 Abs. 1 BGB, weil der Rentenanspruch mit Zugang des Abfindungsbegehrens in einen Abfindungsanspruch umgewandelt wird (Schwab/Borth IV Rn 1203; MünchKomm/Maurer Rn 6; a. A. OLG Hamburg FamRZ 2002, 234).

IV. Ansprüche für die Vergangenheit, Abs. 2

4 Abs. 2 lässt Ansprüche auf Erfüllung oder Schadensersatz wegen Nichterfüllung für die Vergangenheit (§ 1585 b BGB) zugunsten des Berechtigten, bei Wiederheirat oder Tod zugunsten der Erben fortbestehen, und zwar ohne Verzug oder Rechtshängigkeit. Dies gilt auch für den Anspruch auf den zu Zeit der Wiederheirat oder des Todes fälligen Monatsbetrag, Satz 2. Damit sollen kleinliche Abrechnungen vermieden werden (BGH NJW 1988, 1137).

V. Sonstiges

5 Im Voraus gezahlte Beträge können nach Bereicherungsrecht zurückgefordert werden. Kapitalabfindungen verbleiben dem Berechtigten oder seinem Erben auch dann, wenn bei regelmäßigen Unterhaltszahlungen der Wert noch nicht voll geflossen wäre (Johannsen/Henrich/Büttner Rn 5). Bestattungskosten hat der Erbe gem. § 1968 BGB zu tragen, in den Fällen des § 1615 m BGB subsidiär der Vater des Kindes. Dies gilt selbst dann, wenn der Unterhaltsberechtigte vermögenslos stirbt. Eine analoge Anwendung des § 1615 Abs. 2 BGB kommt nicht in Betracht (str.: Beutler in Bamberger/Roth Rn 3). Der Unterhaltsverpflichtete hat auch nicht die Beiträge für eine Sterbeversicherung zu tragen, sie gehören nicht zum Lebensbedarf i. S. des Vorsorgeunterhalts (MünchKomm/Maurer § 1586 Rn 8). Gegen einen rechtskräftigen Unterhaltstitel ist das Erlöschen der Unterhaltspflicht mit der Vollstreckungsgegenklage nach § 767 ZPO geltend zu machen (h. M. OLG Naumburg FamRZ 2006, 1402).

6 § 1586 Abs. 1 BGB kann vertraglich abbedungen werden. Dazu ist eine klare und eindeutige Regelung notwendig. Die gesetzliche Regelung gilt nur dann nicht, wenn der Unterhaltsanspruch i. S. einer Novation verselbständigt worden ist (OLG Bamberg NJW-RR 1999, 1095), was der Fall sein kann, wenn nach einem wechselseitigen Unterhaltsverzicht die Zahlung einer Leibrente bis zum Tode vereinbart worden ist (OLG Koblenz NJW-RR 2002, 797).

§ 1586a Wiederaufleben des Unterhaltsanspruchs

(1) Geht ein geschiedener Ehegatte eine neue Ehe oder Lebenspartnerschaft ein und wird die Ehe oder Lebenspartnerschaft wieder aufgelöst, so kann er von dem früheren Ehegatten Unterhalt nach § 1570 verlangen, wenn er ein Kind aus der früheren Ehe oder Lebenspartnerschaft zu pflegen oder zu erziehen hat.

(2) ¹Der Ehegatte der später aufgelösten Ehe haftet vor dem Ehegatten der früher aufgelösten Ehe. ²Satz 1 findet auf Lebenspartnerschaften entsprechende Anwendung.

I. Normzweck

Die Vorschrift, die nur auf Ehen Anwendung findet, die nach dem 1. 7. 1977 geschieden worden sind, stellt als Ausdruck der nachehelichen Solidarität bei Betreuung eines gemeinsamen Kindes eine Ausnahme von dem Grundsatz dar, dass mit Wiederheirat der Anspruch auf nachehelichen Unterhalt erlischt. Durch das UÄndG 2008 ist der frühere Abs. 1 S. 2 ersatzlos gestrichen worden. Im Gegensatz zu dem vor allem aus Kindeswohlgründen gebotenen Betreuungsunterhaltsanspruch gegen den früheren Ehegatten fehlt es für einen Anschlussunterhalt an einer inneren Rechtfertigung. Der unterhaltsberechtigte Ehegatte löst sich mit der Eingehung einer neuen Ehe endgültig von der aus früheren, geschiedenen Ehe abgeleiteten nachehelichen Solidarität: der Grundsatz der Eigenverantwortung des geschiedenen Ehegatten steht dem Wiederaufleben von Anschlussunterhaltsansprüchen entgegen. Abs. 2 stellt den subsidiären Charakter des Anspruchs klar, weil die Lebensverhältnisse der geschiedenen Ehegatten durch die zuletzt aufgelöste Ehe am stärksten geprägt sind.

1

II. Anspruchsvoraussetzungen

1. Auflösung der neuen Ehe

Die Unterhaltspflicht lebt wieder auf bei Auflösung der späteren Ehe. Auflösungsgründe sind der Tod des neuen Ehegatten, die Scheidung und auch die Auflösung der Ehe nach §§ 1313 ff. BGB (OLG Saarbrücken FamRZ 1987, 1046). Bei Aufhebung der zweiten Ehe gilt § 1586 a BGB nicht, wenn die Folgen der Eheaufhebung nach § 1318 Abs. 2 BGB ausgeschlossen sind. Die geschiedenen Ehegatten aus der früheren Ehe werden so behandelt, als sei die neue Ehe nicht geschlossen worden (h. M. Göppinger/Bäumel Rn 1095).

2

2. Betreuungs- oder Betreuungsanschlussunterhalt gegen den früheren Ehegatten

Der Unterhaltsberechtigte muss ein gemeinsames Kind aus der früheren Ehe pflegen oder zu erziehen haben und deshalb an einer Erwerbstätigkeit gehindert sein, § 1570 BGB (OLG Hamm FamRZ 2004, 1726). Der Zeitpunkt des Eintritts der Hinderung der Erwerbsfähigkeit ist unerheblich. Der Anspruch entsteht mit Eintritt der Betreuungsbedürftigkeit eines gemeinsamen Kindes, frühestens jedoch mit Auflösung der späteren Ehe (h. M. MünchKomm/Maurer Rn 5). Nach Abs. 2 haftet auch bei mehreren Kindern aus verschiedenen Ehen grund-

3

BGB § 1586a

sätzlich nur ein Ehegatte für den Ehegattenunterhalt. Damit wird im Interesse einer klaren Regelung die gesamtschuldnerische Haftung mehrerer geschiedener Ehegatten vermieden. Ein Ausgleichsanspruch des vorrangig haftenden Ehegatten ist nicht vorgesehen (h. M.: Beutler in Bamberger/Roth Rn 11). Wird der betreuende Elternteil allein durch die Kinder aus der zweiten Ehe an einer Erwerbstätigkeit gehindert, kommt nur ein Anspruch gegen den Ehegatten aus der zweiten Ehe in Betracht.

4 Begründet die Betreuung der Kinder aus der zweiten Ehe nur eine Teilerwerbsunfähigkeit, die Betreuung aller Kinder aber eine vollständige Erwerbsunfähigkeit, kommt aus dem Verhältnis der nachehelichen Mitverantwortung heraus ein Teilunterhaltsanspruch gegen beide Ehepartner proportional zum Betreuungsaufwand der Kinder in Betracht (Palandt/Brudermüller Rn 3). Die Unterhaltspflicht des zweiten Ehegatten lebt wieder auf, wenn der zweite Ehegatte begrenzt oder gar nicht leistungsfähig ist (str.: Johannsen/Henrich/Büttner Rn 6). Voraussetzung dafür ist allerdings nicht eine rechtskräftige Abweisung einer Unterhaltsklage gegen den zweiten Ehegatten (OLG Hamm FamRZ 1986, 364). Auch die Nichtdurchsetzbarkeit eines bestehenden Anspruchs führt zu einem Wiederaufleben des Anspruchs gegen den ersten Ehegatten (MünchKomm/Maurer Rn 11), allerdings ist dem Ehegatten analog § 1607 Abs. 2 Satz 2 BGB ein familienrechtlicher Ausgleichsanspruch zuzubilligen (Johannsen/Henrich/Büttner Rn 6).

5

III. Höhe des Anspruchs

6 Sie richtet sich angesichts der nur subsidiären Haftung des ersten Ehegatten grundsätzlich nach den ehelichen Lebensverhältnissen der früher aufgelösten Ehe. Ist der Lebensstandard in der Folgeehe jedoch geringer gewesen, bildet dieser die Obergrenze für den Anspruch (str.: Beutler in Bamberger/Roth Rn 8).

IV. Verfahrensfragen

7 Der durch die Wiederheirat gem. § 1586 Abs. 1 BGB erloschene ursprüngliche Unterhaltsanspruch und der gem. § 1586a BGB nach aufgelöster Zweitehe entstehende Unterhaltsanspruch sind nicht identisch (BGH NJW 1988, 557). Ein Titel über den nachehelichen Unterhalt umfasst daher nicht den Anspruch nach Abs. 1. Das gilt ohne anders sichtbaren Parteiwillen auch für eine vergleichsweise Regelung (BGH NJW 1988, a. a. O.). Deshalb ist der Unterhaltsberechtigte darlegungs- und beweispflichtig für die Voraussetzungen der (erneuten) Unterhaltspflicht (Johannsen/Henrich/Büttner Rn 8). Da ein neuer Unterhaltsanspruch entsteht, kommt eine Vollstreckung aus einem Titel über den ursprünglichen Anspruch nach aufgelöster Zweitehe nicht in Betracht (BGH a. a. O.). Gegen die Vollstreckung aus dem Titel kann im Wege der Vollstreckungsgegenklage (§ 767 ZPO) vorgegangen werden. Eine negative Feststellungsklage, dass nach Scheitern der neuen Ehe ein Anspruch nach § 1586a BGB nicht gegeben ist, ist ohne konkrete Inanspruchnahme unzulässig (OLG Karlsruhe NJW-RR 1989, 696). Ob der Partner der später aufgelösten Ehe unterhaltspflichtig ist, kann im Unterhaltsrechtsstreit gegen den Partner der früher aufgelösten Ehe als Vorfrage geklärt werden (OLG Hamm FamRZ 1986, 364).

§ 1586b Kein Erlöschen bei Tod des Verpflichteten

(1) ¹Mit dem Tode des Verpflichteten geht die Unterhaltspflicht auf den Erben als Nachlassverbindlichkeit über. ²Die Beschränkungen nach § 1581 fallen weg. ³Der Erbe haftet jedoch nicht über einen Betrag hinaus, der dem Pflichtteil entspricht, welcher dem Berechtigten zustünde, wenn die Ehe nicht geschieden worden wäre.

(2) Für die Berechnung des Pflichtteils bleiben Besonderheiten auf Grund des Güterstands, in dem die geschiedenen Ehegatten gelebt haben, außer Betracht.

I. Normzweck

Da der geschiedene Ehegatte mit der Scheidung sämtliche gesetzlichen erbrechtlichen Ansprüche verliert, soll bei Tod des Unterhaltsverpflichteten quasi als Äquivalent für diesen Verlust die Unterhaltsverpflichtung so lange gesichert werden, wie die Voraussetzungen eines Unterhaltstatbestandes vorliegen und der Berechtigte bedürftig ist. Die Unterhaltpflicht geht in beschränktem Umfang auf den Erben – anders als beim Verwandtenunterhalt und beim Unterhalt während bestehender Ehe, bei dem die Unterhaltspflicht mit dem Tode endet, §§ 1615 Abs. 1, 1360a Abs. 3, 1361 Abs. 4 Satz 4 BGB – über, der Unterhaltsanspruch wird in eine Nachlassverbindlichkeit auf Unterhalt umgestellt. Der Unterhaltsanspruch des geschiedenen Ehegatten ist beschränkt, er soll nicht mehr erhalten, als er bei einer Auflösung der Ehe durch Tod statt durch Scheidung gehabt hätte (BT-Drucks. 7/650 S. 152). Die Haftung des Erben unterliegt nicht den Beschränkungen des § 1581 BGB (Abs. 1 Satz 2). Der Anspruch ist seiner Höhe nach durch den Wert des fiktiven Pflichtteils begrenzt (Abs. 1 Satz 3), der Güterstand hat keinen Einfluss auf die Höhe des Unterhalts (Abs. 2).

II. Allgemeines

Die Vorschrift regelt die **passive Vererblichkeit des Geschiedenenunterhaltsanspruchs** und gilt auch für den Erbeserben (BGH FamRZ 1985, 164). Durch den Tod des geschiedenen Ehegatten ändert sich an der Rechtsnatur des Unterhaltsanspruchs nichts. Dieser bleibt ein familienrechtlicher Unterhaltsanspruch und umfasst auch den Vorsorgeunterhalt (§ 1578 Abs. 3 BGB). Der gesetzliche Übergang auf die Erben erfolgt neben dem Geschiedenenunterhalt nach §§ 1570 ff. BGB auch beim getrennt lebenden Ehegatten, der sein gesetzliches Erbrecht gem. § 1933 BGB verloren hat (MünchKomm/Maurer Rn 2). Die Vorschrift kann nach Maßgabe des § 1318 Abs. 2 BGB auch auf Unterhaltsansprüche nach Aufhebung der Ehe Anwendung finden. Die Unterhaltsverpflichtung kann während des Fortbestehens als Nachlassverbindlichkeit den wirtschaftlichen Verhältnissen angepasst werden (OLG Celle FamRZ 1987, 1038). Ein Unterhaltstitel gegen den geschiedenen Ehegatten kann nach dem Tod des Unterhaltspflichtigen gegen den Erben als Pflichtigen umgeschrieben werden (BGH NJW 2004, 2896).

BGB § 1586b

III. Der Übergang der Unterhaltspflicht auf den Erben, Abs. 1

1. Anwendungsbereich

3   Die Vorschrift gilt für alle **gesetzlichen Unterhaltsansprüche** nach §§ 1570 ff. BGB, auch für § 1576 BGB und auch für vertragliche Unterhaltsvereinbarungen, jedenfalls dann, wenn sie nur die Ausformung gesetzlicher Unterhaltsansprüche sind (OLG Koblenz NJW 2003, 439). Bei **rein vertraglichen Ansprüchen** gilt die Vorschrift analog, sofern sie nicht abbedungen ist (str.: OLG Köln FamRZ 1983, 1036; MünchKomm/Maurer Rn 2). Bei **selbständigen Unterhaltsvereinbarungen,** soweit sie einen vom gesetzlichen unabhängigen Anspruch schaffen, ist ohne entsprechenden Willen der Parteien die Vorschrift nicht anzuwenden (Johannsen/Henrich/Büttner Rn 2). Die passive Vererblichkeit des Geschiedenenunterhalts kann z. B. schon dadurch ausgeschlossen sein, dass der Unterhaltspflichtige seiner geschiedenen Ehefrau zu ihrer dauernden Sicherung eine Rente für die Zeit ihres Lebens zugesichert hat (Staudinger/Verschraegen Rn 20). Nicht erfasst von der Vorschrift werden rückständige Unterhaltsansprüche; sie gehören zu denen reinen Nachlassverbindlichkeiten (§ 1967 BGB), ferner der bereits entstandene, aber noch nicht beglichene Abfindungsanspruch nach § 1585 Abs. 2 BGB (h. M. Schwab/Borth IV Rn 1241). Sie sind vorab zu erfüllen, mindern den Wert des Nachlasses und damit den Betrag des fiktiven Erbteils. Ausgeschlossen ist die Anwendung bei einem vorbehaltslosen Verzicht des Unterhaltsberechtigten auf das gesetzliche Erbrecht (§ 2346 Abs. 1 BGB) oder auf den Pflichtteil nach § 2346 Abs. 2 BGB (str.: Palandt/Brudermüller Rn 8; MünchKomm/Maurer Rn 2; a. A. Johannsen/Henrich/Büttner Rn 9).

2. Rechtsnatur

4   Bei der Unterhaltspflicht handelt es sich um eine **reine Nachlassverbindlichkeit.** Mehrere Erben haften gem. § 2058 BGB als Gesamtschuldner. Ist der Nachlass noch nicht auseinandergesetzt, kann jeder Miterbe seine Haftung auf seinen Erbteil beschränken (§ 2059 Abs. 1 BGB). Bei Testamentsvollstreckung kann der Anspruch gem. § 2213 BGB sowohl gegen den Erben als auch gegen den Testamentsvollstrecker geltend gemacht werden. Als Nachlassverbindlichkeit kann der Erbe die Beschränkungen nach §§ 1975 ff. BGB geltend machen, bei fortgesetzter Gütergemeinschaft kann die Haftung nach § 1489 BGB beschränkt werden.

3. Wegfall der Beschränkung des § 1581 (Satz 2)

5   Die Beschränkung des Anspruchs durch verminderte Leistungsfähigkeit entfällt mit dem Tode des verpflichteten geschiedenen Ehegatten, da der eigene angemessene Unterhalt des Verpflichteten mit dessen Tode nicht mehr gefährdet sein kann. Auch die Beschränkungen des Unterhaltsanspruchs wegen des Vorrangs minderjähriger Kinder oder wegen des Gleichrangs eines neuen Ehegatten bleiben außer Betracht, da deren Unterhaltsansprüche mit dem Tod des Verpflichteten erlöschen und erbrechtlich ausgeglichen werden (Palandt/Brudermüller Rn 5). Auch der Erbe kann sich nicht auf seine schlechten Erwerbs- und Vermögensverhältnisse berufen.

IV. Begrenzung der Erbenhaftung, Abs. 1 Satz 3, Abs. 2

Die Haftung des Erben ist auf einen **fiktiven Pflichtteil** begrenzt, der dem Un- 6
terhaltsberechtigten ohne Scheidung der Ehe zustünde. Zur Ermittlung der Pflichtteilsbegrenzung kommt es auf die Pflichtteilsquote und die Höhe des plichtteilserheblichen Nachlasses an. Maßgebend ist für die **Quote** der kleine Pflichtteil bei gesetzlichem Erbrecht nach § 1931 Abs. 1 und 2 BGB, und zwar ohne Rücksicht auf den Güterstand, so dass eine Anwendung von § 1371 Abs. 1 BGB ausscheidet (Johannsen/Henrich/Büttner Rn 7). Bei der Berechnung sind andere Pflichtteilsberechtigte zu berücksichtigen. Hat der Verpflichtete erneut geheiratet, wird der ihn überlebende Ehegatte bei der Ermittlung des fiktiven Pflichtteils als Haftungsquote nicht berücksichtigt, weil von der Fiktion des Fortbestehens der Ehe ausgegangen wird. Pflichtteilsberechtigte Kinder, auch nicht ehelich geborene oder Kinder aus einer anderen Ehe, sind zu berücksichtigen (MünchKomm/Maurer Rn 9). Bei mehreren unterhaltsberechtigten Ehegatten aus aufgelösten Ehen ist für später geschiedene Ehegatten regelmäßig von einem niedrigeren Nachlasswert und damit einer niedrigeren Haftungssumme auszugehen als beim früher geschiedenen Ehegatten, weil bei der Berechnung des Nachlasses nach § 2311 BGB das vorab abzuziehen ist, was jenem zusteht (BT-Drucks. 7/650 S. 153).

Für die **Höhe** der Haftungsquote (§ 2303 BGB) ist maßgeblich der Wert des ge- 7
samten Nachlasses im Zeitpunkt des Erbfalles, d. h. der Ist-Bestand nach Abzug sämtlicher Nachlassverbindlichkeiten. Einzubeziehen in die Berechnung der Haftungsquote sind (fiktive) Ansprüche auf Pflichtteilsergänzung nach § 2325 BGB (BGH NJW 2001, 828; BGH NJW 2003, 1769), nicht aber ein (subsidiärer) Anspruch nach § 2329 BGB, da sich der Anspruch nur gegen die Erben oder Erbeserben richtet (Johannsen/Henrich/Büttner Rn 8). Gegenüber (nur fiktiven) Ergänzungsansprüchen des Unterhaltsberechtigten können sich die Erben, die selbst pflichtteilsberechtigt sind, nicht auf § 2328 BGB berufen (BGH NJW 2007, 3207).

4. Verwirkungseinwand

Auch der nach § 1585 b BGB haftende Erbe des Unterhaltsverpflichteten kann 8
sich grundsätzlich auf eine Verwirkung nach § 1579 Nr. 7 a. F. BGB berufen (BGH NJW-RR 2003, 505; BGH NJW 2004, 1320). Zahlt der geschiedene Ehegatte bis zu seinem Tode den Unterhalt an seine geschiedene Ehefrau trotz Vorliegens des Verwirkungstatbestandes des § 1579 Nr. 7 a. F. BGB weiter, um seinerseits in den Genuss der Auswirkungen des § 5 VAHRG und damit des temporären Ausfalls der Versorgungsausgleichs bedingten Kürzung seiner Rente zu kommen, so kann der Unterhaltsberechtigte hieraus keinen Vertrauensschutz dafür herleiten, dass der Erblasser, bzw. dessen Erben – auch künftig – nach Eintritt der Rentenvoraussetzungen beim Unterhaltsberechtigten, auf Dauer auf die Geltendmachung seines Verwirkungseinwandes verzichten würden. Von einer „Verzeihung" der die Verwirkung begründenden Umstände kann nicht ausgegangen werden.

V. Verfahrensfragen

Es handelt sich um einen familienrechtlichen Unterhaltsanspruch, so dass die 9
Familiengerichte zuständig sind. Eine Haftungsbeschränkung muss ein Erbe im

Rahmen einer Abänderungsklage geltend machen (BGH NJW 2004, 2896). Ist ein Titel gegen den Erblasser auf die Erben gemäß § 727 ZPO umgeschrieben (zur Zulässigkeit vgl. BGH NJW 2004, 2896) ist die Haftungsbeschränkung von Erben im Wege der Klage nach § 767 ZPO oder der Einwendung nach § 732 ZPO geltend zu machen. Die Geltendmachung der Haftungsbeschränkung kann der Zwangsvollstreckung vorbehalten bleiben (§§ 780, 781, 785 ZPO), wenn in dem gegen den Erben geführten Prozess weder die Nachlasshöhe noch der Wert der zur Pflichtteilsergänzung führenden Schenkungen feststeht (OLG Koblenz NJW 2003, 439).

10 Bei einer wesentlichen Änderung der für die Unterhaltsbemessung maßgeblichen Umstände können beide Parteien eine Abänderung verlangen. Die Klage kann von einem Miterben allein erhoben werden (OLG Zweibrücken ZFE 2007, 399: auch zum vorzunehmenden Abzug des Erwerbstätigenbonusses).

Zweiter Teil. Kindes- und Verwandtenunterhalt

§ 1601 Unterhaltsverpflichtete
Verwandte in gerader Linie sind verpflichtet, einander Unterhalt zu gewähren.

I. Normzweck und Unterhaltsberechtigte

Die Vorschrift regelt das Unterhaltsgrundverhältnis. Sie knüpft an die Verwandtschaft (§§ 1589 ff.) an und begrenzt den Kreis der Unterhaltsberechtigten gleichzeitig auf gradlinig Verwandte aufsteigender und absteigender Linie (BGH NJW 2003, 128). Der Grad der Verwandtschaft ist bedeutsam nur für die Rangfolge im Rahmen der §§ 1606 ff. Verwandte in der Seitenlinie, d. h. Geschwister und Verschwägerte (§ 1590) sind einander nicht unterhaltspflichtig. **1**

II. Anspruchsverpflichtete

1. Eltern-Kind-Verhältnis

Der Unterhaltsanspruch dem Grunde nach setzt eine rechtliche Eltern-Kind-Beziehung voraus. Diese wird für die Eltern definiert in den §§ 1591 und 1592. Eine ausdrückliche Definition des Kindes fehlt im Gesetz, ergibt sich indes aus dem Umkehrschluss der vorgenannten Bestimmungen. Kinder sind daher Abkömmlinge 1. Grades i. S. des § 1589. **2**

a) Elternbegriff. Die Eltern des Kindes werden definiert als Mutter und Vater, denen nach der Rangregelung des § 1606 zunächst die Unterhaltsverpflichtung gegenüber den Kindern obliegt. Dazu zählen auch Adoptiveltern, deren Unterhaltspflicht schon vor der rechtlichen Wirkung der Annahme eintritt, wenn die leiblichen Eltern zugestimmt haben und das Kind sich in der Obhut des Annehmenden befindet. Ein Adoptivkind ist unterhaltsrechtlich dem leiblichen Kind gleichgestellt (BGH FamRZ 1984, 378). Der daraus den leiblichen Kindern entstehende Nachteil ist nicht im Unterhaltsprozess zu prüfen oder zu werten. **3**

b) Scheinvater. Unabhängig von der tatsächlichen biologischen Vaterschaft ist zunächst auch der Scheinvater zum Unterhalt verpflichtet. Dies gilt auch während der Anhängigkeit eines Anfechtungsverfahrens. Für eine Übernahme der Unterhaltspflichten durch den biologischen Vater ist es weder ausreichend, dass ein Anfechtungsverfahren anhängig ist oder dass bereits ein die Vaterschaft des Scheinvaters negierendes Abstammungsgutachten vorliegt (OLG Koblenz NJW-RR 2004, 146; OLG Celle NJW-RR 2000, 451). **4**

c) Großeltern. Auch die Großeltern gehören zum Kreis der gesetzlichen Unterhaltspflichtigen und -berechtigten, wobei wegen des bestehenden Alterssicherungssystems Großeltern seltener bedürftig sind als deren Enkelkinder. Die Er- **5**

BGB § 1601

satzhaftung tritt erst ein, wenn vorrangig Verpflichtete nicht leistungsfähig sind (§ 1607 Abs. 1) bzw. trotz Titulierung gegen sie nicht vollstreckt werden kann, § 1607 Abs. 2 Satz 1 BGB (vgl. § 1607 Rn 6 ff.).

6   **d) Sonderfälle.** Andere Angehörige, die nicht zu den Verwandten in gerader Linie gehören, sind nicht zum Unterhalt verpflichtet. Allerdings können unter bestimmten Voraussetzungen vertragliche Unterhaltsansprüche entstehen.
   - **Unterhaltspflicht bei Umgehung der förmlichen Adoption.**
   Nehmen Eltern unter Umgehung der förmlichen gesetzlichen Adoption ein Kind bei sich auf und geben es als ihr eigenes aus, so begründen sie damit konkludent eine vertragliche Unterhaltsverpflichtung gegenüber dem Kind (BGH NJW-RR 1995, 1089). Dies gilt auch dann, wenn im Unterhaltsprozess die Nichtehelichkeit vorgetragen wird, sich aus dem Geburtenbuch aber ergibt, dass das Kind ehelich geboren ist (OLG Bremen FamRZ 1995, 1291).
   - **Unterhaltspflicht bei Insemination.**
   Das durch heterologe Insemination gezeugte Kind ist jedenfalls dann, wenn der rechtliche Vater zugestimmt hat, unterhaltsberechtigt (BGH NJW 1995, 2028 und 2031). Ein Ehemann, der der heterologen Insemination zugestimmt hat, kann die Vaterschaft nicht mehr anfechten (§ 1600 Abs. 4 BGB). Wird die Vaterschaft durch das Kind angefochten, kann der Unterhaltsanspruch entfallen (BGH NJW 2002, 1489), da der Wegfall der Geschäftsgrundlage durch das Kind hervorgerufen wurde (so auch Kalthoener/Büttner/Niepmann Rn 173).
   - **Unterhalt als Schadensersatz.**
   Kommt es im Rahmen einer ärztlichen Behandlung infolge eines Kunstfehlers zu einer ungewollten Geburt, stellt die nunmehr bestehende Unterhaltspflicht einen ersatzfähigen Schaden dar (BVerfG NJW 1998, 519; BGH NJW 1994, 788; BGH NJW 1995, 1609; a. A. BVerfG – 2. Senat – NJW 1993, 1751). Anspruchsgrundlage ist der abgeschlossene Vertrag allerdings nur, wenn er auf den Schutz vor einer ungewollten Geburt und die dadurch begründete Unterhaltspflicht gerichtet war (BGH NJW 2000, 1782). Dies gilt bei einer fehlerhaften genetischen Beratung (BGH NJW 1994, 788; NJW 1977, 1635, 1638), bei misslungener Sterilisation (BGH NJW 2008, 2846; NJW 1995, 2409), bei fehlerhafter Behandlung mit einem empfängnisverhütenden Mittel (BGH NJW 2007, 989) sowie bei einem nicht durchgeführten oder fehlgeschlagenen rechtmäßigen Schwangerschaftsabbruch (BGH NJW 2002, 886 und 2636). Bei einer nicht den Anforderungen des § 218 a Abs. 2 oder 3 StGB entsprechenden Indikation entfällt die Ersatzpflicht (BGH FamRZ 2003, 1378 = BeckRS 2003, 06074). Der Höhe nach ist der Anspruch begrenzt auf den nach durchschnittlichen Anforderungen für das betreffende Kind erforderlichen Betrag (BGH NJW 1997, 1638). Eine fehlende Leistungsfähigkeit der Eltern oder der Umstand, dass Dritte oder die Allgemeinheit den Unterhaltsbedarf des Kindes sicherstellen, steht dem Anspruch nicht entgegen (BGH NJW 2004, 3176, 3178). Die Verweigerung der Adoption begründet kein Mitverschulden (BGH NJW 1980, 1450). Das Kindergeld ist ungekürzt anzurechnen (BGH NJW 1997, a. a. O.; OLG Oldenburg NJW-RR 2003, 1090).

III. Voraussetzungen

7   Der Unterhaltsanspruch dem Grunde nach besteht grundsätzlich lebenslang (BGH NJW 1984, 682), allerdings nur bei einer zeitlichen Kongruenz von

Bedürftigkeit und Leistungsfähigkeit (BGH NJW 2006, 3344). Eine Leistungsfähigkeit ergibt sich deshalb nicht daraus, dass einem Unterhaltspflichtigen seitens des Sozialamtes ein Zweckdarlehen gewährt worden ist (BVerfG NJW 2005, 1927). Eine erneute Bedürftigkeit kann zu einem Wiederaufleben führen.

IV. Verhältnis zum Familienunterhalt

Die Unterhaltsverpflichtung der Eltern gegenüber den im Haushalt lebenden Kindern ist bei verheirateten Eltern Teil des Unterhaltsanspruchs nach §§ 1360, 1360a (vgl. § 1360a Rn 2). Das Kind kann einen derartigen Anspruch nicht einklagen. Wird der Unterhaltsanspruch durch die Eltern im Rahmen des Familienunterhalts geleistet, tritt Erfüllung ein (BGH NJW 1997, 735). Anderenfalls hat das Kind einen eigenen einklagbaren Anspruch nicht aus § 1360, sondern aus §§ 1601 ff. Das bedeutet, dass ein Titel über Kindesunterhalt, der während des Getrenntlebens der Eltern erwirkt wurde, nicht durch ein erneutes Zusammenziehen der Familie entfällt – anders als ein Titel über den Trennungsunterhalt –, sondern bei einer erneuten Trennung wieder auflebt und ggfls. der Abänderung unterliegt (BGH NJW 1997, a. a. O.). 8

§ 1602 Bedürftigkeit

(1) **Unterhaltsberechtigt ist nur, wer außerstande ist, sich selbst zu unterhalten.**

(2) **Ein minderjähriges unverheiratetes Kind kann von seinen Eltern, auch wenn es Vermögen hat, die Gewährung des Unterhalts insoweit verlangen, als die Einkünfte seines Vermögens und der Ertrag seiner Arbeit zum Unterhalt nicht ausreichen.**

I. Normzweck und Inhalt

In der Vorschrift des § 1602 Abs. 1 BGB findet das Prinzip der wirtschaftlichen **Eigenverantwortung** im Verwandtenunterhalt seinen Ausdruck (BGH NJW 1985, 806). Nur wer das, was er zum Leben braucht, nicht selbst aufbringen kann oder wem dies ausnahmsweise nicht zuzumuten ist, kann von einem anderen Verwandten Unterhalt verlangen. Damit wird gleichzeitig der Begriff der **Bedürftigkeit** umschrieben, der in anderen Vorschriften des Verwandtenunterhalts verwendet wird. Der Bedürftigkeit des Berechtigten entspricht auf der Seite des Verpflichteten die Leistungsfähigkeit (§ 1603 BGB). Beide müssen genau in dem Zeitraum vorliegen, für den Unterhalt verlangt wird (vgl. BGH NJW 2006, 3344); anderes gilt nur für den Sonderbedarf nach § 1613 Abs. 2 BGB, für den es auf den Zeitpunkt der Entstehung ankommt. 1

Die Bedürftigkeit beruht allein auf dem Fehlen von Einkünften oder Vermögen, wobei § 1602 Abs. 2 BGB die Anrechnung des Vermögens bei minderjährigen unverheirateten Kindern einschränkt. Die Beurteilung der Bedürftigkeit des Berechtigten hängt dagegen im Verwandtenunterhalt weder von bestimmten Bedarfslagen oder Einsatzzeitpunkten noch von einem Verschulden des Berechtigten ab (vgl. aber § 1611 BGB). 2

II. Bedarfsdeckung durch Erwerbseinkünfte

1. Erwerbsobliegenheit

3 Eigene Einkünfte des Unterhaltsberechtigten mindern dessen Unterhaltsbedürftigkeit und damit dessen Unterhaltsanspruch; dies gilt grundsätzlich für Einkünfte jeder Art (BGH NJW 2006, 3421). Der Regelfall der Bedarfsdeckung ist die Erzielung von Einkommen aus Erwerbstätigkeit. Ob für den Unterhaltsberechtigten eine Obliegenheit zur eigenverantwortlichen Sicherung seines Lebensunterhalts durch Erwerbstätigkeit besteht, beurteilt sich vor allem danach, ob der Berechtigte minderjährig oder volljährig ist.

4 **a) Minderjährige.** Minderjährigen Kindern wird in vielen Fällen schon kraft Gesetzes nicht angesonnen werden können, nachhaltige Einkünfte durch Erwerbstätigkeit zu erzielen. Nach §§ 2 Abs. 1, 5 Abs. 1 JArbSchG ist die Beschäftigung von Kindern unter fünfzehn Jahren generell verboten. Den Kindern unter fünfzehn Jahren stehen gemäß § 2 Abs. 3 JArbSchG alle Jugendlichen zwischen fünfzehn und achtzehn Jahren gleich, die einer Vollzeitschulpflicht unterliegen; diese dürfen nur in den Schulferien und höchstens für vier Wochen im Kalenderjahr beschäftigt werden.

5 Soweit keine Beschäftigungsverbote nach dem Jugendarbeitsschutzgesetz betroffen sind, ist die Frage nach der Erwerbsobliegenheit von Minderjährigen außerhalb einer schulischen und beruflichen Ausbildung sehr umstritten. Die wohl überwiegende Auffassung in Rechtsprechung und Literatur geht davon aus, dass auch minderjährige Kinder nach Abbruch einer Ausbildung oder zur Überbrückung der Wartezeit bis zur Aufnahme einer geplanten Ausbildung eine Obliegenheit zur Erzielung bedarfsdeckender Einkünfte trifft und bei Verstößen gegen diese Erwerbsobliegenheit ein fiktives Einkommen zugerechnet werden könne (OLG Rostock FamRZ 2007, 1265; OLG Köln FuR 2005, 570; OLGR Brandenburg 2004, 425; OLG Düsseldorf FamRZ 2000, 442; OLG Karlsruhe FamRZ 1988, 758; Palandt/Diederichsen § 1602 Rn 7; Bamberger/Roth/Reinken § 1602 Rn 50). Die Gegenmeinung (OLG Saarbrücken FamRZ 2000, 40; OLG Stuttgart FamRZ 1997, 440; OLG Hamburg FamRZ 1995, 959; MünchKomm/Born § 1602 Rn 8; Erman/Hammermann § 1602 Rn 19; Walter ZFE 2008, 168) lehnt – sofern eine Erwerbsobliegenheit überhaupt angenommen wird – im Hinblick auf § 1611 Abs. 2 BGB jedenfalls die Zurechnung eines fiktiven Einkommens ab. Dieser Ansicht wird zwar mit Recht entgegengehalten, dass § 1611 Abs. 2 BGB keine Anwendung finden kann, weil es nicht um die Verwirkung eines bestehenden Unterhaltsanspruches geht, sondern darum, dass ein Unterhaltsanspruch des Kindes wegen Verletzung des unterhaltsrechtlichen Gegenseitigkeitsverhältnisses (vgl. dazu § 1610 Rn 38) überhaupt nicht zur Entstehung gelangt. Dieses Argument erscheint allerdings eher formaler Natur, da sich aus § 1611 Abs. 2 BGB durchaus ein allgemeiner Rechtsgedanke dahingehend entnehmen lässt, dass die Eltern für das Fehlverhalten ihrer minderjährigen Kinder die erzieherische Mitverantwortung tragen und deshalb die finanzielle Verantwortung des Familienverbundes für das minderjährige Kind unabhängig von seiner Verhaltensweise grundsätzlich bestehen bleiben soll. Es wird unter Erziehungsaspekten deshalb auch weniger darauf abzustellen sein, dass es für die Entwicklung eines minderjährigen Schul- oder Ausbildungsverweigerers förderlich sein könnte, durch eigene Erwerbstätigkeit zum Lebensunterhalt beizutragen (so etwa OLG Rostock FamRZ 2007, 1267), sondern vielmehr darauf, dass die Eltern durch die fortdauernde finanzielle Einstandspflicht zur erzieherischen Einwirkung auf das Kind motiviert werden können (Walter ZFE 2008, 168).

b) Volljährige. Volljährige müssen primär für ihren Lebensunterhalt selbst aufkommen. Abhängig von ihrer konkreten Lebenssituation können sich aber auch für Volljährige Einschränkungen in Bezug auf ihre Erwerbsobliegenheit ergeben. 6

Ein Volljähriger, der sich in einer berechtigten, d.h. in einer von den unterhaltspflichtigen Eltern geschuldeten **Schul- oder Berufsausbildung** befindet, muss sich außerhalb seines Ausbildungsganges nicht auf eine anderweitige Erwerbstätigkeit verweisen lassen, und zwar grundsätzlich auch nicht auf eine Nebentätigkeit im Geringverdienerbereich, was unter Umständen beim Besuch einer Abendschule anders beurteilt werden kann (sehr streng: OLG Köln FamRZ 2006, 504). Geht das volljährige Kind dagegen einer nicht berechtigten Ausbildung nach, z.B. einer von den Eltern nicht geschuldeten Zweitausbildung (vgl. dazu § 1610 Rn 44 ff.), muss es sich so behandeln lassen, als könne es Einkünfte durch Erwerbstätigkeit erzielen. 7

Sehr unterschiedlich wird die Frage beurteilt, ob ein volljähriges Kind verpflichtet sein kann, die **Übergangszeit** zwischen einzelnen schulischen oder beruflichen Ausbildungsabschnitten durch Erwerbstätigkeit zu überbrücken. Die Entscheidung wird nach den Verhältnissen des Einzelfalls und unter Beachtung des Gegenseitigkeitsprinzips zu treffen sein. Bei einem jungvolljährigen Kind wird eine Wartezeit von zwei bis drei Monaten zwischen Beendigung des Schulbesuchs und Aufnahme der Berufsausbildung bzw. eines Studiums als angemessene **Erholungsphase** vom Unterhaltspflichtigen regelmäßig hinzunehmen sein (OLG Hamm NJW-RR 2006, 509); fünf Monate zwischen Beendigung eines berufsvorbereitenden Praktikums und Antritt der Ausbildungsstelle können allerdings zu lang sein (OLG Zweibrücken NJW-RR 2006, 1660). Ist der von dem Kind angestrebte Besuch einer weiterführenden Bildungseinrichtung von einer Aufnahmeentscheidung abhängig, darf der Volljährige nach Erhalt eines ablehnenden Bescheides nicht lediglich den Ausgang eines deswegen angestrengten Rechtsstreits abwarten, sondern muss sich umgehend neben der Beschreitung des Rechtsweges um die Aufnahme einer Erwerbstätigkeit bemühen (OLG Düsseldorf FamRZ 2006, 59). 8

An die Erfüllung der Erwerbsobliegenheit durch einen Volljährigen, der sich nicht in einer Schul- und Berufsausbildung befindet oder diese Ausbildung abgeschlossen hat, sind durchweg strenge Anforderungen zu stellen. Für die Obliegenheit des volljährigen Unterhaltsgläubigers zur Nutzung seiner Arbeitskraft gelten die gleichen Maßstäbe wie für den barunterhaltspflichtigen Elternteil im Verhältnis zu minderjährigen Kindern (BGH NJW 1985, 807; BGH FamRZ 1985, 1245; OLG Frankfurt FamRZ 2006, 566). Der Volljährige ist verpflichtet, berufsfremde Tätigkeiten und Arbeiten unterhalb seiner gewohnten Lebensstellung aufzunehmen, bevor eine Inanspruchnahme der Verwandten in Betracht kommt (OLG Frankfurt NJW 2009, 235; OLG Oldenburg NJW-RR 1992, 261; Wendl/Scholz § 2 Rn 48). Beruht die Bedürftigkeit auf einer **Krankheit** des volljährigen Kindes, trifft den Unterhaltsberechtigten die Obliegenheit, sich einer Erfolg versprechenden und zumutbaren ärztlichen Behandlung zu unterziehen (Wendl/Scholz § 2 Rn 44). 9

BGB § 1602

10 Eine volljährige Tochter, die ihrerseits **Kleinkinder zu versorgen** hat, muss sich wegen ihres Unterhalts zunächst an ihren Ehemann bzw. an den mit ihr nicht verheirateten Vater der Kinder halten. Sind solcherart vorrangig unterhaltspflichtigen Personen nicht (mehr) vorhanden oder nicht leistungsfähig, kann auch die Betreuung von eigenen Kindern bedürftig machen und somit Unterhaltsansprüche gegenüber weiteren Verwandten, insbesondere den Eltern der Kindesmutter begründen. Allerdings besteht für diesen Unterhaltsanspruch keine dem Betreuungsunterhalt nach § 1570 BGB oder § 1615l Abs. 2 BGB vergleichbare Situation einer gesteigerten elterlichen Mitverantwortung des Unterhaltsschuldners für das bei der Unterhaltsgläubigerin lebende Kind und dessen Betreuungsinteressen (BGH NJW 1985, 807; BGH FamRZ 1985, 1245; OLG Hamm NJW-RR 1991, 580). Aus diesem Grunde kann die erwachsene Tochter im unterhaltsrechtlichen Verhältnis zu ihren Eltern auch während der ersten drei Lebensjahre des Kindes nicht frei darüber entscheiden, ob sie ihr Kind selbst versorgen möchte, sondern es sind im Rahmen einer Billigkeits- und Zumutbarkeitsprüfung auch schon vorher bestehende anderweitige Betreuungsmöglichkeiten (anderer Elternteil, Verwandte, Kinderkrippe, Tagesmutter) in Anspruch zu nehmen (vgl. OLG München FamRZ 1999, 1166: Erwerbspflicht regelmäßig nach Ablauf von achtzehn bis vierundzwanzig Monaten nach der Geburt). Maßgeblich sind dabei stets die konkreten Betreuungsmöglichkeiten. Indessen wird eine Erwerbsobliegenheit des Tochter gegenüber den eigenen Eltern während der Bezugsdauer von Elterngeld regelmäßig zu verneinen sein, weil die Tochter in dieser Zeit trotz verschärfter Unterhaltspflicht nach § 1603 Abs. 2 BGB nicht einmal gegenüber minderjährigen Geschwistern des betreuten Kindes arbeiten müsste (vgl. dazu BGH NJW 2006, 2404).

2. Anrechnung von Erwerbseinkommen

11 Erwerbseinkünfte des Unterhaltsberechtigten sind grundsätzlich nach ihrer Bereinigung um Steuern und Sozialabgaben sowie um berufsbedingte Aufwendungen auf den Unterhaltsbedarf anzurechnen, so dass der Unterhaltspflichtige nur noch für einen etwaigen ungedeckten Restbedarf haftet. Besonderheiten ergeben sich bei der Anrechnung von Ausbildungsvergütungen sowie von Nebeneinkünften aus Schüler- und Studentenarbeit.

12 **a) Ausbildungsvergütung.** Die Ausbildungsvergütung eines Volljährigen ist grundsätzlich als Erwerbseinkommen voll auf den Unterhaltsbedarf anzurechnen (BGH NJW 2006, 57). Sehr uneinheitlich verhält sich die Rechtsprechung zu der Frage, ob ein Auszubildender seine Ausbildungsvergütung ungekürzt auf seinen Bedarf anrechnen lassen muss oder ob diese vor der Anrechnung um konkret darzulegende bzw. pauschale **ausbildungsbedingte Aufwendungen** zu bereinigen ist. Viele Oberlandesgerichte lassen für ausbildungsbedingten Mehrbedarf einen Pauschalbetrag in Höhe von 90 € gelten, wobei allerdings einige Leitlinien (Oberlandesgerichte Düsseldorf und Hamm) davon ausgehen, dass dieser Betrag im Regelbedarf eines Auszubildenden mit eigenem Hausstand bereits enthalten ist (vgl. § 1610 Rn 23). Andere Leitlinien setzen – teilweise mit Obergrenzen – Pauschalsätze von 5% oder 10% der Ausbildungsvergütung an oder verlangen für den Abzug ausbildungsbedingter Aufwendungen Nachweise bzw. konkrete Darlegungen.

13 Erfüllt bei einem minderjährigen Auszubildenden ein Elternteil seine Unterhaltspflicht durch Pflege und Erziehung des Kindes und haftet der nicht betreu-

Bedürftigkeit **§ 1602 BGB**

ende Elternteil auf den gesamten Barunterhalt des Kindes, müssen beide Eltern wegen der Gleichwertigkeit von Bar- und Betreuungsunterhalt (§ 1606 Abs. 3 Satz 2 BGB) zu gleichen Teilen durch das Einkommen des Kindes entlastet werden. Daher wird die – gegebenenfalls um ausbildungsbedingten Mehraufwand bereinigte – Ausbildungsvergütung nur zur Hälfte auf den Barunterhalt angerechnet (BGH NJW 1988, 2371).

Beispiel: M ist seinem 16-jährigen Sohn S allein zum Barunterhalt verpflichtet; er bezieht ein Nettoeinkommen in Höhe von 1100 €. S erhält als Auszubildender eine Ausbildungsvergütung in Höhe von 350 € und lebt im Haushalt seiner ihn betreuenden Mutter, die auch das staatliche Kindergeld für S bezieht. Der Unterhaltsbedarf des S ermittelt sich nach der ersten Einkommensgruppe der Düsseldorfer Tabelle mit 377 €; eine Höhergruppierung wegen unterdurchschnittlicher Unterhaltslast unterbleibt im Hinblick auf die beengten Verhältnisse des M (vgl. § 1610 Rn 19). Nach Anrechnung pauschaler ausbildungsbedingter Aufwendungen in Höhe von 90 € verbleibt eine bereinigte Ausbildungsvergütung von 260 € (entspricht 350 € ./. 90 €), die dem barunterhaltspflichtigen M zur Hälfte (130 €) gutzubringen ist. Der ungedeckte Restbedarf und damit auch der Unterhaltsanspruch des S beträgt daher noch 165 € (entspricht 377 € ./. 130 € anzurechnende Ausbildungsvergütung ./. 82 € hälftiges Kindergeld). Der notwendige Selbstbehalt des M von 900 € ist gewahrt.

b) Einkommen aus Schüler- und Studentenarbeit. Schüler und Studenten trifft neben ihrer Ausbildung grundsätzlich keine Erwerbsobliegenheit. Gleichwohl erzielte Einkünfte aus einer Nebenerwerbstätigkeit stammen aus **unzumutbarer Tätigkeit** und bleiben nach dem Rechtsgedanken des § 1577 Abs. 2 Satz 1 BGB jedenfalls anrechnungsfrei, wenn und soweit der Verpflichtete nicht den vollen Unterhalt zahlt; im Übrigen kann solches Einkommen entsprechend § 1577 Abs. 2 Satz 2 BGB nach Billigkeit teilweise auf den Unterhaltsanspruch angerechnet werden (BGH NJW 1995, 1215). 14

Dabei ist allerdings Zurückhaltung geboten. Die Anrechnung von **Schülereinkünften** entspricht grundsätzlich nur dann der Billigkeit, wenn der Unterhaltspflichtige dartut und beweist, dass ihn die Unterhaltspflicht hart trifft, ihm unterhaltsbezogene Vorteile (z. B. Kindergeld, kindbezogene Bestandteile im Familienzuschlag) verloren gehen oder sich der Unterhaltszeitraum deshalb verlängert, weil der Berechtigte sich nicht hinreichend der Ausbildung widmet und deshalb schlechte Schulleistungen erbringt. Allein besondere Tüchtigkeit oder ungewöhnlicher außerschulischer Arbeitseinsatz eines Schülers rechtfertigen während der Schulzeit auch dann keine Teilhabe des Verpflichteten am Schülereinkommen, wenn der Schüler sich mit den Einkünften gehobene Bedürfnisse (z. B. Kraftfahrzeuge, teuere Sportarten) erfüllt (OLG Zweibrücken NJWE-FER 2001, 4; OLG Köln NJW-RR 1996, 707; deutlich strenger OLG Köln NJW-RR 1995, 1027: Nebeneinkünfte anrechnungsfrei nur in der Größenordnung eines großzügigen Taschengeldes). 15

Bei **Studenten** gilt im Grundsatz nichts anderes. In der Regel trifft einen Studenten neben dem Studium keine Erwerbsobliegenheit, weil er sich auch im Interesse des Unterhaltspflichtigen mit ganzer Kraft sowie dem gehörigen Fleiß dem Studium widmen soll; dies gilt auch für die Semesterferien, die neben der notwendigen Erholung auch studienbedingten Arbeiten sowie der Wiederholung und Vertiefung des Stoffes dienen (BGH NJW 1995, 1215). Auch hier gelten die Maßstäbe des § 1577 Abs. 2 BGB, so dass zunächst darauf ankommt, ob der Pflichtige den vollen Unterhalt zahlt. Im Übrigen kann es für die Billigkeitsabwägung entsprechend § 1577 Abs. 2 Satz 2 BGB von Bedeutung sein, ob sich 16

Botur

die Studienzeit als Folge der zusätzlichen Belastung durch eine ohne Not aufgenommene Nebentätigkeit zu verlängern droht, in welcher Höhe der Student Nebeneinkünfte erzielt und in welchen wirtschaftlichen Verhältnissen die unterhaltspflichtigen Eltern leben (OLG Hamm FamRZ 1994, 1279). Einkünfte aus einer Nebenbeschäftigung mit einem sachlichen Bezug zum Studium werden eher angerechnet werden können als Einkünfte aus einer vollständig studienfremden Tätigkeit (OLG Karlsruhe Urteil vom 18. 12. 2002 – 16 UF 138/02 – BeckRS 2004, 06930).

3. Bedarfsdeckung während Wehr-, Zivil- und Freiwilligendienst

17 a) **Wehr- und Zivildienst.** Das volljährige Kind, das seinen Grundwehrdienst ableistet, hat im Regelfall gegen seine Eltern keinen ergänzenden Anspruch auf Unterhalt. Dies gilt auch bei günstigen wirtschaftlichen Verhältnissen der Eltern, denn einem kasernierten Wehrpflichtigen stehen bei der durch den Dienstherrn gewährleisteten Deckung seiner elementaren Lebensbedürfnisse wie Wohnung, Ernährung, Dienstkleidung und Heilfürsorge zur Befriedigung seiner Freizeitbedürfnisse mit dem Wehrsold (derzeit bei einer neunmonatiger Dienstzeit zwischen 282 € und 328 €) bereits freie Mittel in einer Höhe zur Verfügung, wie sie etwa ein Student mit eigenem Hausstand im Hinblick auf den ihm üblicherweise zuerkannten festen Bedarfssatz von 640 € schwerlich für derartige Zwecke erübrigen kann (BGH NJW 1990, 713). Die gleichen Grundsätze gelten auch für einen Zivildienstleistenden (BGH NJW 1994, 938).

18 Im Einzelfall kann ein besonderer Unterhaltsbedarf bestehen, wenn die unterhaltspflichtigen Eltern dem Kind vor seiner Dienstzeit die Eingehung von nicht unbedeutenden, wiederkehrenden Verpflichtungen ermöglicht haben (etwa Bezug von Zeitschriften, Mitgliedschaft in einem Sportverein, Musikunterricht), die aus den vom Dienstherrn zur Verfügung gestellten Mitteln nicht zu tragen sind und deren Beendigung nicht möglich, wirtschaftlich unvernünftig oder unzumutbar wäre (BGH NJW 1990, 713). Gleiches gilt für Zivildienstleistende wegen des ungedeckten Wohnbedarfs, wenn der Dienstherr keine unentgeltliche Unterkunft zur Verfügung stellt und der Anspruch auf Mietbeihilfe die Wohnkosten nicht deckt; ein Zivildienstleistender ist in diesen Fällen auch nicht verpflichtet, die Einberufung zu einer Beschäftigungsstelle anzustreben, welche eine dienstliche Unterkunft gewährt (BGH NJW 1994, 938).

19 b) **Freiwilligendienst.** Ein freiwilliges soziales oder ökologisches Jahr ist mit dem Wehr- und Zivildienst schon wegen der Freiwilligkeit nicht ohne weiteres zu vergleichen. Während eines Freiwilligendienstes hat ein Kind nur dann einen Anspruch auf (Ausbildungs-)Unterhalt, wenn die Eltern mit der Absolvierung des freiwilligen sozialen oder ökologischen Jahres einverstanden gewesen sind oder wenn die Freiwilligentätigkeit als Vorbereitung zu einem Studium oder als Voraussetzung für eine Ausbildung dient (vgl. hierzu § 1610 Rn 40). Leistet das Kind einen nach diesen Maßstäben berechtigten Freiwilligendienst ab, wird das an ihn gezahlte Taschengeld bedarfsdeckend angerechnet (OLGR Schleswig 2008, 196). Werden zusätzlich Unterkunft und Verpflegung gestellt, kann der Unterhaltsbedarf des Kindes wie beim Wehr- oder Zivildienstleistenden auch vollständig gedeckt sein (OLG München FamRZ 2002, 1425).

III. Bedarfsdeckung durch öffentliche Sozialleistungen und ähnliche Leistungen

1. Leistungen mit Lohnersatzfunktion

Hat eine Sozialleistung die Funktion des Einkommensersatzes, ist sie grundsätzlich uneingeschränkt bedarfsdeckend als Einkommen des Unterhaltsberechtigten anzurechnen. Dazu gehören insbesondere Arbeitslosengeld I, Übergangsgeld, Kurzarbeitergeld, Insolvenzgeld, Mutterschaftsgeld sowie Renten aus einer privaten oder gesetzlichen Unfallversicherung und Altersbezüge jeder Art. 20

Seit dem 1. 1. 2005 sind die frühere Arbeitslosenhilfe und die Sozialhilfe für Erwerbsfähige zu einer einheitlichen Leistung, dem **Arbeitslosengeld II**, zusammengeführt worden. § 33 SGB II sieht seit dem 1. 8. 2006 einen gesetzlichen Übergang des Unterhaltsanspruchs auf den Hilfeträger vor. Dadurch und mit der Subsidiarität des Arbeitslosengeldes II ist die Lohnersatzfunktion der früheren Arbeitslosenhilfe entfallen. Auf Seiten des Unterhaltsberechtigten ist Arbeitslosengeld II daher grundsätzlich kein bedarfsdeckendes Einkommen. Dies gilt insbesondere für den im Arbeitslosengeld II enthaltenen Wohnkostenanteil, auch soweit er gemäß § 40 Abs. 2 SGB II bei rückwirkender Unterhaltsgewährung von dem Hilfeempfänger nicht erstattet werden muss (OLG Celle NJW 2006, 1356). Allerdings werden dem erwerbsfähigen Hilfesuchenden auch nach der Einführung des Arbeitslosengeldes II noch einzelne Leistungen gewährt, denen weiterhin eine gewisse Lohnersatzfunktion zukommt und die deshalb beim Berechtigten als Einkommen anzurechnen sind. Dies gilt namentlich für den gemäß § 24 SGB II gezahlten befristeten Zuschlag nach dem Bezug von Arbeitslosengeld I (OLG München NJW-RR 2006, 439; OLG Zweibrücken FamRZ 2006, 135) und für das als Arbeitsanreiz gedachte Einstiegsgeld gemäß § 29 SGB II (OLG Celle NJW 2006, 1356). 21

Elterngeld soll während des Auszahlungszeitraumes in der Elternzeit an die Stelle des Einkommens treten, das der bezugsberechtigte Elternteil vor der Geburt des Kindes erzielt hat, so dass ihm grundsätzlich Lohnersatzfunktion zukommt. Eine Ausnahme gilt gemäß § 11 Satz 1 bis 3 BEEG für den einkommensunabhängig gewährten Sockelbetrag (im Regelfall 300 €, bei Verdoppelung des Auszahlungszeitraumes 150 € und bei Mehrlingsgeburten ein der Kinderzahl entsprechendes Vielfaches von 300 € bzw. 150 €), und zwar auch für solche Eltern, denen aufgrund ihres vor der Geburt des Kindes erzielten Einkommens ein über den Sockelbetrag hinausgehender Elterngeldanspruch zusteht. Der Sockelbetrag ist kein unterhaltsrechtliches Einkommen und deshalb nicht anzurechnen. Etwas anderes gilt für den Unterhaltsberechtigten im Verwandtenunterhalt grundsätzlich nur in den Fällen der Verwirkung nach § 11 Satz 4 BEEG i. V. m. § 1611 BGB. Darüber hinaus wird der Sockelbetrag des Elterngeldes auch in solchen Fällen beim Unterhaltsberechtigten als Einkommen anzurechnen sein, in denen Eltern ihrer volljährigen Tochter Kindesunterhalt schulden, weil diese wegen der Betreuung eines eigenen Kleinkindes nicht erwerbstätig sein und vom vorrangig haftenden Ehemann bzw. nichtehelichen Vater keinen Unterhalt erlangen kann (Rn 10). Da ein volljähriges und nicht in Ausbildung befindliches Kind gegenüber seinen unterhaltspflichtigen Eltern eine gesteigerte und den Maßstäben des § 1603 Abs. 2 BGB entsprechende Erwerbsobliegenheit trifft (Rn 9), kommt hier eine entsprechende Anwendung von § 11 Satz 4 BEEG i. V. m. § 1603 Abs. 2 BGB in Betracht. 22

BGB § 1602

2. Leistungen mit Unterhaltsersatzfunktion

23 Die Anrechnung von sozialstaatlichen oder anderen Leistungen, welche gegenüber dem Unterhaltsberechtigten die Funktion des Unterhaltsersatzes haben, hängt davon ab, ob sie gegenüber dem Unterhalt subsidiär sind (MünchKomm/Born § 1602 Rn 40). Ist dies der Fall, kommt eine Anrechnung auf den Unterhaltsbedarf nicht in Betracht, in anderen Fällen durchaus.

24 **a) Waisenrente.** Die Voll- oder Halbwaisenrente aus der gesetzlichen Rentenversicherung hat Unterhaltsersatzfunktion, ist aber als nicht subsidiäre Sozialleistung bedarfsdeckend. Eine Halbwaisenrente wird in voller Höhe auf den Unterhaltsanspruch des auswärts untergebrachten Kindes gegen den überlebenden Elternteil angerechnet, wobei in diesem Fall allerdings der Tabellenbetrag regelmäßig zu verdoppeln ist (BGH NJW 2006, 3421). Wird das minderjährige Kind dagegen von dem überlebenden Elternteil persönlich betreut, ist die Rente zur Hälfte auf den (einfachen) Tabellenbetrag des Barunterhalts und zur Hälfte auf den Betreuungsunterhalt anzurechnen (BGH FamRZ 2009, 762). Ähnliches gilt, wenn einem minderjährigen Kind eine Halbwaisenrente wegen Todes des Stiefvaters gezahlt (vgl. § 48 Abs. 3 Nr. 1 SGB VI) und das Kind weiter von der leiblichen Mutter betreut wird; hier ist die Rente zur Hälfte auf den Unterhaltsanspruch gegen den leiblichen Vater anzurechnen (BGH NJW 1981, 168).

25 **b) Ausbildungsförderung.** Leistungen nach dem **BAföG** sind grundsätzlich als Einkommen anzurechnen, soweit sie als **Regelleistungen** gewährt werden. Dies gilt auch, soweit die Förderung zur Hälfte nur als Darlehen (vgl. § 17 Abs. 2 BAföG) geleistet wird. Die Abwägung zwischen den Interessen der unterhaltspflichtigen Eltern und einem studierenden Kind führt im Regelfall dazu, dass dem volljährigen (nicht dem minderjährigen) Kind die Inanspruchnahme des Darlehens wegen seiner besonders günstigen Bedingungen (Unverzinslichkeit bis zum Zahlungstermin, Möglichkeit des Teilerlasses, einkommensabhängige Rückzahlungspflicht) zumutbar ist (BGH NJW 1985, 2331; OLG Schleswig FamRZ 2006, 571). Nicht bedürftigkeitsmindernd sind **Vorausleistungen** nach den §§ 36, 37 BAföG, weil sie nach Anspruchsübergang gemäß § 37 BAföG von den unterhaltspflichtigen Eltern zurückverlangt werden können und deshalb nur subsidiär gewährt werden. Gegenüber Verwandten zweiten oder entfernteren Grades (z. B. Großeltern) gilt die Subsidiarität der vorausgeleisteten Ausbildungsförderung allerdings nicht; sie dürfen das Kind auch auf Vorausleistungen nach § 36 BAföG verweisen (Wendl/Scholz § 2 Rn 603). Das Kind trifft eine **Obliegenheit,** nicht subsidiäre BAföG-Leistungen zu beantragen; verletzt es diese Obliegenheit, sind ihm fiktive Einkünfte in Höhe der ihm zustehenden Leistungen anzurechnen (OLG Schleswig FamRZ 2006, 571). Ohne Aufforderung durch den Unterhaltspflichtigen muss das Kind allerdings keinen (neuen) BAföG-Antrag stellen, wenn ein solcher Antrag in der Vergangenheit bereits abgelehnt wurde (OLGR Karlsruhe 2009, 280; OLG Hamm FamRZ 1998, 1612). Das Kind ist auch grundsätzlich nicht verpflichtet, Rechtsmittel gegen einen ablehnenden BAföG-Bescheid einzulegen, wenn dies von dem Unterhaltspflichtigen nicht ausdrücklich verlangt wird (BGH NJW-RR 1989, 578).

26 Nach der Einführung von Studiengebühren in einigen Bundesländern stellt sich die Frage, ob das studierende Kind auf die Inanspruchnahme von **Studienbeitragsdarlehen** verwiesen werden kann, um diesen zusätzlichen und im Regelsatz eines Studenten nicht enthaltenen Bedarf (vgl. § 1610 Rn 23) zu decken.

Die Darlehenskonditionen von Studienbeitragsdarlehen weichen allerdings trotz Schuldenobergrenzen zwischen 10 000 € und 15 000 € von den Bedingungen eines BAföG-Darlehens in wesentlichen Punkten ab. Zum einen werden diese Darlehen nicht zinslos, sondern (teilweise mit Zinsobergrenzen) mit einem marktnahen variablen Zinssatz zwischen 5,5% und 6,92% (Stand: Januar 2009) gewährt. Zum anderen sehen die Bedingungen der Studienbeitragsdarlehen keine von der Prüfungsleistung oder vom Rückzahlungstermin abhängigen Möglichkeiten eines Teilerlasses der Darlehensschuld vor. Die Verweisung auf ein Studienbeitragsdarlehen zur Bedarfsdeckung wird daher in der Regel unzumutbar sein (ebenso Waldeyer/Waldeyer-Gellmann NJW 2007, 2957; a. A. Weinreich FuR 2008, 268).

Stipendien sind grundsätzlich bedarfsdeckendes Einkommen (OLG Koblenz NJW-RR 1992, 389; OLG Bamberg FamRZ 1986, 1028). Dabei ist es unschädlich, dass das Stipendium freiwillig geleistet wird, da die Leistung jedenfalls beim Vorliegen einer Förderungszusage durch die Stiftung auch eingeklagt werden kann. **27**

c) Unterhaltsvorschuss. Unterhaltsvorschussleistungen sind grundsätzlich subsidiär und deshalb kein anrechenbares Einkommen. Diese Subsidiarität gilt aber nur gegenüber dem nicht betreuenden Elternteil (arg. §§ 2 Abs. 3 Nr. 1, 7 Abs. 1 UVG), so dass Unterhaltsvorschussleistungen gegenüber anderen Verwandten (insbesondere Großeltern) bedarfsdeckend sind (OLG Dresden NJW-RR 2006, 221). **28**

d) Sozialhilfe. Sozialhilfe ist gemäß § 2 Abs. 1 SGB XII grundsätzlich nachrangig, so dass Sozialhilfeleistungen die Bedürftigkeit des Unterhaltsberechtigten nicht mindern. Auch in den zahlreichen Fällen, in denen das Sozialhilferecht durch Ausschluss des Anspruchsübergangs (§ 94 SGB XII) dem Hilfeträger einen Rückgriff auf den Unterhaltspflichtigen verweigert, kommt der Sozialhilfe keine bedarfsdeckende Wirkung zu. Daran ändert auch der Umstand nichts, dass gewährte Sozialhilfe nicht an den Hilfeträger zurückgezahlt werden muss und die erfolgreiche Geltendmachung von Unterhaltsrückständen durch den Berechtigten deshalb bei ihm zu einer doppelten Bedarfsdeckung führen kann. Dies hat der Bundesgerichtshof ausdrücklich für die Fälle des § 94 Abs. 3 Nr. 1 SGB XII ausgesprochen, in denen der Übergang nicht stattfindet, weil der Unterhaltspflichtige selbst sozialhilfebedürftig ist oder es durch die Unterhaltszahlungen werden würde; nur unter dem Gesichtspunkt von Treu und Glauben kommt im Einzelfall eine (Teil-)Anrechnung der in der Vergangenheit gewährten Sozialhilfe auf den Unterhaltsanspruch in Betracht, wobei für den Bundesgerichtshof die Gefahr einer den Pflichtigen erdrückenden Schuldenlast durch Unterhaltsrückstände im Vordergrund der Billigkeitsabwägungen steht (BGH NJW-RR 2000, 1385; BGH NJW 1999, 2365). Auch die übrigen Fälle eines ausgeschlossenen Anspruchsübergangs – insbesondere gemäß § 94 Abs. 1 Satz 3 SGB XII bei Unterhaltsansprüchen gegen bestimmte Verwandte (Enkel gegen Großeltern, Großeltern gegen Enkel, schwangere oder kleinkindbetreuende Kinder gegen die eigenen Eltern) – werden in ähnlicher Weise nach den Grundsätzen von Treu und Glauben gelöst werden können. Dabei wird man zu erwägen haben, dass es dem Unterhaltspflichtigen jedenfalls ab Rechtshängigkeit der Unterhaltsklage freisteht, durch Zahlung von Unterhalt für die Zukunft eine doppelte Bedarfsdeckung beim Berechtigten durch Sozialhilfe und Unterhalt zu vermeiden. Für die Vergangenheit, in der von dem Berechtigten bereits nicht rückzahlbare Sozialhilfe vereinnahmt worden ist, wird dem Unterhaltspflichtigen der Einwand unzuläs- **29**

siger Rechtsausübung in Höhe der erhaltenen Sozialhilfe in der Regel zuzubilligen sein (Wendl/Scholz § 8 Rn 127 f.).

30 **e) Grundsicherung.** Leistungen zur Grundsicherung im Alter und bei Erwerbsminderung (§§ 41 ff. SGB XII) sollen den grundlegenden Lebensbedarf des Betroffenen sicherstellen, ohne dass dieser mit einem Rückgriff des Hilfeträgers auf seine Verwandten rechnen muss, was in der Vergangenheit gerade viele bedürftige ältere Menschen von der Inanspruchnahme von Sozialhilfe abgehalten hat. Um für die Grundsicherung einen derartigen Rückgriff für den Regelfall auszuschließen, bleiben gemäß § 43 Abs. 2 SGB XII Unterhaltsansprüche gegenüber Kindern und Eltern unberücksichtigt, sofern deren jährliches Gesamteinkommen unter 100 000 € liegt, was nach § 43 Abs. 2 Satz 2 SGB XII gesetzlich vermutet wird; diese Privilegierung gilt über den Wortlaut des Gesetzes hinaus erst recht für entferntere Verwandte in gerader Linie wie Enkelkinder oder Großeltern (Wendl/Dose § 1 Rn 467 a; Klinkhammer FamRZ 2002, 997). Die dem Berechtigten gewährten Grundsicherungsleistungen sind daher Einkommen im unterhaltsrechtlichen Sinne und mindern seinen Unterhaltsbedarf gegenüber den gemäß § 43 Abs. 2 SGB XII privilegierten Verwandten (BGH NJW-RR 2007, 1517). Umgekehrt schließen allerdings die in der Vergangenheit tatsächlich geleisteten Unterhaltszahlungen den Anspruch auf Grundsicherung in der Höhe aus, in der sie tatsächlich geflossen sind (BGH a. a. O.). Privilegierte Verwandte können den Unterhaltsberechtigten auf die vorrangige Inanspruchnahme der Grundsicherung verweisen, was bei einer Verletzung dieser Obliegenheit zur Anrechnung fiktiver Einkünfte in Höhe der nicht in Anspruch genommenen Leistungen führen kann (OLG Hamm NJW 2004, 1604; OLG Nürnberg FamRZ 2004, 1988; OLG Naumburg Beschluss vom 25. 6. 2008 – 4 WF 42/08 – BeckRS 2008, 22963).

IV. Einsatz des Vermögens

31 **Vermögenserträge** müssen zur Bedarfsdeckung für den eigenen Unterhalt stets eingesetzt werden, wobei es auf die Herkunft des Vermögens nicht ankommt. Dies gilt grundsätzlich auch bei Erträgen aus der Anlage von Schmerzensgeld (vgl. BGH NJW-RR 1988, 1093 zum Ehegattenunterhalt). Einem schwerbehinderten Kind kann allerdings ausnahmsweise gestattet werden, aus einem Teil seiner Kapitaleinkünfte Rücklagen für vorhersehbare spätere Aufwendungen zu bilden (OLG Hamm FamRZ 2003, 1771).

32 Beim Einsatz des **Vermögensstammes** unterscheidet die Vorschrift zwischen minderjährigen Kindern einerseits und volljährigen Kindern und sonstigen Verwandten andererseits. Minderjährige Kinder müssen ihren Vermögensstamm für Unterhaltszwecke nicht einsetzen (§ 1602 Abs. 2 BGB). Etwas anderes gilt gemäß § 1603 Abs. 2 Satz 3 BGB nur dann, wenn der angemessene Unterhaltsbedarf des Pflichtigen gefährdet wäre. Volljährige Kinder und sonstige Verwandte müssen – im Umkehrschluss zu § 1602 Abs. 2 BGB – grundsätzlich zunächst ihren Vermögensstamm für den Unterhalt einsetzen, bevor sie die Zahlung von Unterhalt verlangen können. Allerdings kann die Vermögensverwertung im Einzelfall unzumutbar sein. Diese Beurteilung unterliegt im Verwandtenunterhalt allerdings strengeren Regeln als in den Fällen des § 1577 Abs. 3 BGB. Nur dann, wenn die Verwertung des Vermögensstammes unter Berücksichtigung aller bedeutsamen Umstände und insbesondere auch der Lage des Unterhaltsverpflichte-

Leistungsfähigkeit **§ 1603 BGB**

ten grob unbillig erscheint, kann von einem Vermögenseinsatz des Berechtigten abgesehen werden (BGH NJW 1998, 978).

Die Höhe eines dem Unterhaltsberechtigten zu belassenden **Notgroschens** 33 wird man bei durchschnittlichen Verhältnissen der Unterhaltspflichtigen grob an sozialhilferechtlichen Maßstäben und damit an den Geldbeträgen nach § 90 Abs. 2 Nr. 9 SGB XII i.V.m. der dazu ergangenen DVO orientieren können. Diese Beträge stellen allerdings nur die untere Grenze des geschonten Betrages dar (BGH NJW 2006, 2037; BGH NJW 2004, 677, jeweils zum Elternunterhalt). In Einzelfällen belässt die obergerichtliche Rechtsprechung dem Unterhaltsberechtigten nach den Umständen des Einzelfalls deutlich höhere Beträge; dies gilt insbesondere bei jungvolljährigen Kindern. In die Billigkeitsabwägung einzubeziehen sind neben Affektionsinteressen auch die berechtigten Interessen des Berechtigten daran, seine Kapitalreserve für andere Zwecke als für den laufenden Unterhalt zu verwenden, etwa zum Erwerb eines Führerscheins (OLG Celle FamRZ 2001, 47). Einer Abiturientin kann ein Bankguthaben von 5800 € im Hinblick auf die mit der Begründung eines eigenen Haushalts und der Aufnahme eines Studiums verbundenen Mehraufwendungen belassen werden (OLG Koblenz NJW-RR 2005, 586; ähnlich OLG Karlsruhe FamRZ 1996, 1235: 5000 € für Studenten bei guten Einkommensverhältnissen der Eltern). Ein Auszubildender mit einem Geldvermögen von rund 15000 € kann dagegen für die letzten zwei Jahre seiner Ausbildung keinen Ausbildungsunterhalt beanspruchen, wenn er seinen restlichen Bedarf in dieser Zeit durch Einsatz von rund 4000 € selbst decken könnte (OLG Hamm NJW 2007, 1217). Anders als bei der Anrechnung von Vermögenserträgen kann es beim Einsatz des Vermögensstammes auch darauf ankommen, ob das Vermögen durch eine freiwillige Leistung Dritter erworben worden ist, die den Unterhaltspflichtigen nicht entlasten soll (OLG Frankfurt NJOZ 2007, 400).

§ 1603 Leistungsfähigkeit

(1) **Unterhaltspflichtig ist nicht, wer bei Berücksichtigung seiner sonstigen Verpflichtungen außerstande ist, ohne Gefährdung seines angemessenen Unterhalts den Unterhalt zu gewähren.**

(2) ¹**Befinden sich Eltern in dieser Lage, so sind sie ihren minderjährigen unverheirateten Kindern gegenüber verpflichtet, alle verfügbaren Mittel zu ihrem und der Kinder Unterhalt gleichmäßig zu verwenden.** ²**Den minderjährigen unverheirateten Kindern stehen volljährige unverheiratete Kinder bis zur Vollendung des 21. Lebensjahres gleich, solange sie im Haushalt der Eltern oder eines Elternteils leben und sich in der allgemeinen Schulausbildung befinden.** ³**Diese Verpflichtung tritt nicht ein, wenn ein anderer unterhaltspflichtiger Verwandter vorhanden ist; sie tritt auch nicht ein gegenüber einem Kind, dessen Unterhalt aus dem Stamme seines Vermögens bestritten werden kann.**

Inhaltsübersicht

	Rn
I. Normzweck und Inhalt	1
II. Einkommen und Einkommensfiktionen	3
1. Tatsächliche Einkünfte	3
2. Fiktive Einkünfte	7

BGB § 1603

2. Teil. Kindes- und Verwandtenunterhalt

	Rn
III. Einsatz des Vermögens	32
1. Grundsätze	32
2. Schonvermögen	36
IV. Berücksichtigung sonstiger Verpflichtungen	39
1. Berufsbedingte Aufwendungen	39
2. Vorsorgeaufwendungen	47
3. Schulden	52
4. Umgangskosten	59
V. Selbstbehalt	60
1. Angemessener Selbstbehalt	60
2. Notwendiger Selbstbehalt	64
3. Erhöhung und Absenkung von Selbstbehalten	68
VI. Die gesteigerte Unterhaltspflicht (§ 1603 Abs. 2 BGB)	75
1. Anwendungsbereich	75
2. Auswirkungen der gesteigerten Unterhaltspflicht	82
3. Ausnahmen von der gesteigerten Unterhaltspflicht	97

I. Normzweck und Inhalt

1   Jede Auferlegung von Unterhaltsleistungen schränkt den Unterhaltspflichtigen in seiner durch Art. 2 Abs. 1 GG geschützten Handlungsfreiheit ein. Eine unverhältnismäßige Belastung des Unterhaltsschuldners mit der Verpflichtung zu Unterhaltszahlungen kann vor diesem Grundrecht nicht bestehen (BVerfG NJW-RR 2008, 1025). In diesem Sinne stellt § 1603 BGB die unterhaltsrechtliche Ausprägung des verfassungsrechtlichen Verhältnismäßigkeitsgrundsatzes dar.

2   Die Leistungsfähigkeit des Unterhaltspflichtigen ist eine negative materielle Anspruchsvoraussetzung eines jeden Unterhaltsanspruchs; sie muss während derjenigen Zeiträume vorliegen, für die Unterhalt verlangt wird (BGH NJW 2006, 3344). Leistungsfähig ist der Unterhaltspflichtige nach § 1603 Abs. 1 BGB nur insoweit, als seine anrechenbare Einkünfte und sein einzusetzendes Vermögen den Betrag übersteigen, den er unter Berücksichtigung seiner sonstigen Verpflichtungen für seinen eigenen angemessenen Unterhalt benötigt. § 1603 Abs. 2 BGB verschärft die Unterhaltspflicht gegenüber unverheirateten minderjährigen und den ihnen gleichgestellten volljährigen Kindern bis zur Vollendung des 21. Lebensjahres, die sich in der allgemeinen Schulausbildung befinden und im Haushalt der Eltern oder eines Elternteils leben. Ihnen gegenüber kann sich der Pflichtige nicht auf seinen angemessenen Unterhalt berufen, sondern er muss alle verfügbaren Mittel zu seinem und der Kinder Unterhalt gleichmäßig verwenden und sich mit der Deckung seiner notwendigen Bedürfnisse begnügen.

II. Einkommen und Einkommensfiktionen

1. Tatsächliche Einkünfte

3   Unter **Einkommen** im Sinne des Unterhaltsrechts sind grundsätzlich alle dem Unterhaltspflichtigen zufließenden finanziellen oder sonstigen geldwerten Mittel unabhängig von ihrer Herkunft oder Zweckbestimmung zu verstehen. Wegen der Einkommensarten und der Grundzüge der Einkommensermittlung kann auf die Kommentierung vor § 1361 BGB (Rn 27 ff.) verwiesen werden.

Leistungsfähigkeit **§ 1603 BGB**

Freiwillige Leistungen, die dem Unterhaltspflichtigen von Dritten ohne 4 rechtliche Verpflichtung erbracht werden, stehen für den Unterhalt in der Regel nicht zur Verfügung, weil sie dem Pflichtigen nach allgemeiner Lebenserfahrung nur zu dessen eigener Entlastung und nicht zur Erweiterung seiner unterhaltsrechtlichen Leistungsfähigkeit zugewendet worden sind. Dies betrifft beispielsweise Ersparnisse, die einem pflegebedürftigen Unterhaltspflichtigen durch überobligationsmäßige Betreuungsleistungen seines Ehegatten erwachsen (BGH NJW 1995, 1486). Hierher gehört es auch, wenn Eltern freiwillig laufende Zahlungen auf Schulden ihres unterhaltspflichtigen Kindes leisten, ihm ein zinsloses Darlehen (BGH NJW-RR 2005, 945) oder kostenfreien Wohnraum (OLGR Schleswig 2008, 15) gewähren oder ihm ihr Kraftfahrzeug für den Weg zur Arbeit zur Verfügung stellen. Eine freiwillige Zuwendung Dritter kann auch darin liegen, dass ein anderer bevorrechtigter oder gleichrangiger Unterhaltsgläubiger von der Geltendmachung seiner Ansprüche Abstand nimmt (BGH NJW 2005, 2145). Allerdings können im Mangelfall aus Billigkeitsgründen auch freiwillige Leistungen ganz oder teilweise bei der Beurteilung der Leistungsfähigkeit berücksichtigt werden (Wendl/Dose § 1 Rn 468). Die damit notwendigerweise verbundene Missachtung des geäußerten oder mutmaßlichen Willens des Zuwendenden gebietet es jedoch, von solchen Billigkeitserwägungen nur sehr zurückhaltend Gebrauch zu machen, wobei es auch eine Rolle spielen kann, ob der Zuwendende selbst mit dem Unterhaltsberechtigten verwandt ist.

Auch **Unterhaltsleistungen,** die der Unterhaltspflichtige von einem Dritten 5 (etwa dem getrenntlebenden oder geschiedenen Ehegatten) erhält, sind grundsätzlich anrechenbares Einkommen. Dies gilt aber nur dann, wenn der Unterhaltsanspruch nicht bereits unter Vorwegabzug des Kindesunterhalts berechnet worden ist (OLG Hamm NJW-RR 1992, 708). Ist indessen der Vorwegabzug unterblieben, muss der seinerseits unterhaltsberechtigte Elternteil seine auf Unterhaltszahlungen beruhenden Einkünfte einsetzen, und zwar nicht nur für minderjährige, sondern auch für volljährige Kinder (Wendl/Klinkhammer § 2 Rn 149).

Nicht zu den freiwilligen Zuwendungen Dritter gehört die Vergütung, die un- 6 terhaltsrechtlich für **Haushaltsführungs- und Versorgungsleistungen** des Unterhaltspflichtigen für seinen neuen Partner anzusetzen ist. Für solche Leistungen ist analog § 850h ZPO ein Einkommen anzurechnen, wenn der neue Partner zur Zahlung eines Entgelts für die ihm erbrachten Leistungen finanziell im Stande ist. An das wirtschaftliche Leistungsvermögen des neuen Partners sind keine besonders strengen Anforderungen zu stellen (BGH NJW-RR 1987, 1282; OLG Hamm NJW-RR 1994, 707). Dem neuen Partner wird aber die Zahlung einer Vergütung für Versorgungsleistungen regelmäßig nicht möglich sein, wenn er mit seinen bereinigten Eigeneinkünften den nach seiner konkreten Lebenssituation bemessenen notwendigen Lebensbedarf nicht decken kann. Die Höhe der Vergütung hängt vom Umfang und vom Wert der erbrachten Leistungen ab. Die meisten unterhaltsrechtlichen Leitlinien sehen (jeweils unter Ziffer 6) Pauschalsätze zwischen 200 € und 550 € vor, wobei ein Ansatz im oberen Bereich dieses Rahmens bei durchschnittlichen Verhältnissen regelmäßig nur bei einer Vollversorgung des neuen Partners durch einen Nichterwerbstätigen in Betracht kommen dürfte.

2. Fiktive Einkünfte

a) Grundsätze. Für die Beurteilung der Leistungsfähigkeit sind nicht nur die 7 tatsächlichen Einkünfte des Unterhaltsschuldners maßgebend, sondern auch seine

BGB § 1603

Arbeitsfähigkeiten und Erwerbsmöglichkeiten, die der Unterhaltsschuldner bestmöglich einzusetzen hat (BGH NJWE-FER 1998, 64). Wenn der Unterhaltsschuldner eine nach den Umständen des Einzelfalls zumutbare Erwerbstätigkeit nicht aufnimmt oder nicht aufrecht erhält, obwohl er dies könnte, können ihm fiktive Einkünfte in Höhe desjenigen Einkommens zugerechnet werden, das er bei gutem Willen erzielen könnte (BVerfG NJW-RR 2005, 1448). Da eine auf die Unzulänglichkeit der tatsächlichen Einkünfte gegründete Leistungsunfähigkeit nach ständiger Rechtsprechung allerdings auch dann zu beachten ist, wenn der Unterhaltsschuldner sie selbst schuldhaft herbeigeführt hat, kann dem Schuldner nur bei einem **unterhaltsbezogen verantwortungslosen** oder zumindest **leichtfertigen** Verhalten nach Treu und Glauben die Berufung auf seine Leistungsunfähigkeit verwehrt werden (BGH NJW 1994, 1002). Das Unterhaltsrecht stellt für den Unterhaltsschuldner im Zusammenhang mit dem Einsatz seiner Arbeitskraft allerdings eine Reihe von erwerbsbezogenen **Obliegenheiten** auf, an deren Verletzung eine Einkommensfiktion angeknüpft werden kann.

8 b) Arbeitssuche. Der erwerbslose Unterhaltsschuldner muss in subjektiver Hinsicht ausreichende Bemühungen um einen Arbeitsplatz entfalten. Nur ein durchgängiges, von Ernsthaftigkeit geprägtes Bewerbungsverhalten ist ausreichend, wobei der in der Praxis häufig anzutreffende zeitlich beschränkte Einsatz im Zusammenhang mit einem Unterhaltsrechtsstreit diesen Anforderungen nicht gerecht wird (Reinken FPR 2006, 320).

9 *aa) Bewerbungsbemühungen.* Die **Intensität** und der **Umfang** der Bewerbungsbemühungen eines erwerbslosen Unterhaltsschuldners sollen dem Arbeitseinsatz eines vollschichtig Erwerbstätigen entsprechen (OLGR Saarbrücken 2009, 103; OLG Brandenburg NJW 2006, 976). Die bloße Meldung bei der Arbeitsagentur zum Zwecke der Arbeitsvermittlung reicht nicht aus. Der Unterhaltsschuldner muss die Stellenangebote in den Printmedien laufend überprüfen und sich auch in Privatinitiative, etwa durch Erkundigungen im Bekanntenkreis, durch die Teilnahme an Bewerbermessen und durch eigene Stellenanzeigen oder persönliche Vorsprache bei potentiellen Arbeitgebern, um eine Stelle bemühen (OLG Hamm FamRZ 2005, 279). In heutiger Zeit hat insbesondere das **Internet** als Medium für die Arbeitsvermittlung erheblich an Bedeutung gewonnen. Es kann deshalb auch erwartet werden, dass der Unterhaltsschuldner die in den Räumen der Arbeitsagentur kostenfrei bereitgestellten Internetzugänge planmäßig nutzt und sich auf der Webseite der Arbeitsagentur und bei privaten Stellenbörsen im Internet laufend über Stellenangebote informiert. Der Unterhaltspflichtige muss sich grundsätzlich gezielt auf geeignete offene Arbeitsstellen bewerben; Bewerbungsvorgänge, die sich im Wesentlichen auf serienweise gefertigte Initiativ- oder **Blindbewerbungen** beschränken, sind nicht ausreichend (OLG Hamm FamRZ 2004, 298). Allerdings sollten die von der Rechtsprechung teilweise anzutreffenden Vorgaben, nach denen von einem erwerbslosen Unterhaltsschuldner zwanzig bis dreißig gezielte Bewerbungen im Monat gefordert werden müssten (OLG Naumburg OLG-NL 2005, 138), allenfalls als Richtgröße verstanden werden, weil diese Anzahl an Bewerbungsvorgängen gerade bei spezialisierten Berufsbildern ohne Initiativbewerbungen vielfach kaum erreicht werden kann. Wichtiger als die Quantität ist die Qualität der Bewerbungen.

10 Den **Umkreis** seiner Arbeitssuche muss der erwerbslose Unterhaltspflichtige grundsätzlich über die eigene Heimatregion hinaus ausdehnen, und zwar auch im Geringverdienerbereich (MünchKomm/Born § 1603 Rn 85). Die Frage, ob

Leistungsfähigkeit **§ 1603 BGB**

der Unterhaltsschuldner zu einem **Wohnortwechsel** verpflichtet sein kann, beurteilt sich nach der Rechtsprechung des Bundesverfassungsgerichts im Übrigen in jedem Einzelfall danach, ob dem Unterhaltpflichtigen ein Umzug unter Berücksichtigung seiner anerkennenswerten persönlichen Bindungen am Wohnort – insbesondere zu seinen Kindern – sowie den Kosten des Umgangsrechts und den Kosten des Umzugs zumutbar ist (BVerfG NJW 2006, 2317). Insbesondere die mit einem Wohnsitzwechsel verbundene Steigerung der **Umgangskosten** spielt in der Praxis eine beachtliche Rolle, so dass es Bedenken begegnet, Unterhaltspflichtige mit geringer beruflicher Qualifikation und beschränkten Verdienstmöglichkeiten zur Arbeitsaufnahme quer durch das Bundesgebiet oder gar in das deutschsprachige Ausland (OLG Dresden FamRZ 2008, 173) verweisen zu wollen. Es wird allerdings regelmäßig zu fordern sein, dass der Unterhaltsschuldner seine Arbeitsplatzsuche wenigstens auf wirtschaftsstarke Standorte in weniger entfernt gelegenen Regionen ausdehnt (OLG Schleswig NJW-RR 2007, 660). Demgegenüber wird der Belastung des Unterhaltsschuldners mit **Umzugskosten** ein geringeres Gewicht bei der Beurteilung der Zumutbarkeit eines Wohnortwechsels beizumessen sein. Unabhängig davon, dass es für Arbeitslose entsprechende öffentliche Hilfen (sog. Mobilitätsbeihilfe, § 16 SGB II und § 53 SGB III) gibt, entspricht es der Lebenserfahrung, dass auch andere einkommensschwache Bevölkerungsgruppen (z. B. Auszubildende oder Studenten) durchaus in der Lage sind, Wohnortwechsel mit bescheidenen Mitteln durchzuführen. Gerade bei einer noch längere Zeit bestehenden verschärften Unterhaltspflicht wird man die Verpflichtung zum Ortswechsel für die Arbeitsaufnahme nicht an den Umzugskosten scheitern lassen können. Auch das **Fehlen eines Führerscheins** oder Kraftfahrzeuges wird regelmäßig kein unüberwindbares Hindernis für eine überregionale Arbeitssuche darstellen; der Unterhaltspflichtige muss jedenfalls die günstigere Stellenlage in großstädtischen Regionen mit einem guten Angebot an öffentlichen Verkehrsmitteln nutzen (OLG Hamm FamRZ 2004, 298).

Der Unterhaltspflichtige trägt die **Darlegungs- und Beweislast** für seine 11 Bewerbungsbemühungen. Aus diesem Grunde muss er in nachprüfbarer Weise vortragen, welche Schritte er im einzelnen unternommen hat, um einen Arbeitsplatz zu finden (BGH NJW 2000, 1385). Erforderlich ist eine ausführliche Dokumentation, die bei schriftlichen Bewerbungen sowohl die Vorlage der Bewerbungsschreiben als auch die Vorlage der Absageschreiben beinhalten sollte (OLG Jena FamRZ 2005, 1110). Gestaltung und Text dieser Schreiben lassen häufig Rückschlüsse auf die subjektive Arbeitsbereitschaft des Unterhaltspflichtigen zu. Das Voranstellen von tatsächlichen oder vermeintlichen Vermittlungshemmnissen im Bewerbungsschreiben oder die ausnahmslose Verwendung von Textbausteinen ohne individuellen Bezug zur ausgeschriebenen Tätigkeit können Indizien für eine fehlende Ernsthaftigkeit der Bewerbungsbemühungen sein. Bei mündlichen oder fernmündlichen Bewerbungen sind Angaben zum angestrebten Arbeitsplatz bzw. zum betreffenden Stellenangebot, zum Datum der Bewerbung und zur Person des Gesprächspartners im Unternehmen zu fordern (Erman/Hammermann § 1603 Rn 82). Zweifel an der Ernsthaftigkeit von Bewerbungsbemühungen gehen zu Lasten des Arbeitsuchenden, der sich auf fehlende Einkünfte berufen will (Wendl/Dose § 1 Rn 528).

bb) Reale Erwerbschance. Ob der Arbeitsuchende einen geeigneten Arbeitsplatz 12 zu finden vermag, ist nicht nur von der subjektiven Komponente ausreichender,

BGB § 1603

aber erfolgloser Erwerbsbemühungen abhängig, sondern auch von objektiven Voraussetzungen, insbesondere den Verhältnissen auf dem Arbeitsmarkt und den persönlichen Eigenschaften des Arbeitsuchenden wie z. B. Alter, Ausbildung, Gesundheit oder Berufserfahrung (BGH NJW 1996, 517). Wäre der Unterhaltsschuldner auf dem Arbeitsmarkt objektiv nicht vermittelbar, würde es an der Kausalität unzureichender Bewerbungsbemühungen für die Fortdauer der Arbeitslosigkeit fehlen, so dass ihm unzureichende Bewerbungsbemühungen unterhaltsrechtlich nicht zum Vorwurf gemacht werden könnten. Für die Feststellung, dass für einen Unterhaltsschuldner keine reale Beschäftigungschance bestehe, sind allerdings strenge Maßstäbe anzulegen. Für gesunde Arbeitnehmer im mittleren Erwerbsalter werden auch in Zeiten hoher Arbeitslosigkeit regelmäßig keine Erfahrungssätze dahingehend gebildet werden können, dass sie nicht in eine vollschichtige Tätigkeit zu vermitteln seien (KG FamRZ 2007, 1469; OLG Köln NJWE-FER 1997, 174). Dies gilt auch für ungelernte Kräfte oder für Aussiedler und Ausländer mit eingeschränkten deutschen Sprachkenntnissen (OLG Hamm FamRZ 2002, 1427; OLG Hamm FamRZ 1996, 958). In der Regel wird deshalb das Fehlen einer realen Beschäftigungschance nicht festgestellt werden können, wenn dies nicht durch erfolglose Bewerbungen belegt ist (OLG Köln NJW-RR 2007, 291; Reinken FPR 2006, 320).

13 c) **Aufgabe und Verlust des Arbeitsplatzes.** Dem Unterhaltsschuldner ist es in der Regel nicht gestattet, seine Einkünfte durch freiwillige Aufgabe seines Arbeitsplatzes oder durch Einschränkung seiner Erwerbstätigkeit zu vermindern. Der Unterhaltsschuldner darf daher seinen Arbeitsvertrag nicht einfach auflösen (OLG Stuttgart FamRZ 2007, 1908). Etwas anderes gilt aber dann, wenn die Aufgabe des Arbeitsplatzes durch besondere wirtschaftliche oder persönliche Gründe gerechtfertigt erscheint. Es ist daher unterhaltsrechtlich nicht vorwerfbar, wenn zwingende gesundheitliche Gründe für eine Aufgabe oder Einschränkung der bisherigen Tätigkeit vorliegen (BGH NJW 2003, 3122) oder wenn sich der Unterhaltspflichtige nach der Übertragung der elterlichen Sorge im Wege einstweiliger Anordnung zunächst berechtigterweise auf die Leistung von Betreuungsunterhalt für die unterhaltsberechtigten Kinder einrichten durfte und aus diesem Grunde seine Erwerbstätigkeit eingeschränkt oder aufgegeben hat (BVerfG NJW 1996, 915). Eine nach dem Erreichen des 65. Lebensjahres ausgeübte Tätigkeit darf grundsätzlich ohne unterhaltsrechtliche Nachteile eingestellt werden (BGH NJW 2006, 1654), und zwar auch bei selbständiger Tätigkeit.

14 Im Übrigen werden – gerade im Bereich der verschärften Unterhaltspflicht gemäß § 1603 Abs. 2 BGB – an die unterhaltsbezogene Leichtfertigkeit des Verhaltens keine zu strengen Anforderungen zu stellen sein (Wendl/Klinkhammer § 2 Rn 253). Der Unterhaltsschuldner darf ohne zwingenden äußeren Anlass (z. B. Erschwernisse durch Kündigungsandrohung des Arbeitgebers oder durch Krankheit) oder sonstige triftige Gründe keine einkommensmindernden Vorruhestands- oder Altersteilzeitmodelle (OLG Saarbrücken NJW 2007, 520; OLG Koblenz NJW-RR 2004, 938) in Anspruch nehmen oder sonst Berufspausen (sog. Sabbatjahre; OLGR Schleswig 2002, 26) einlegen. Er darf seine Arbeitsstelle nicht vorzeitig kündigen, ohne die durch Abschluss eines Arbeitsvertrages verfestigte Aussicht auf eine Anschlussbeschäftigung bei einem neuen Arbeitgeber zu haben (OLG Karlsruhe FamRZ 2006, 953).

15 Der freiwilligen Aufgabe des Arbeitsplatzes steht der selbstverschuldete, aber doch ungewollte Verlust des Arbeitsplatzes in Folge einer **Arbeitgeberkündi-**

Leistungsfähigkeit **§ 1603 BGB**

gung nicht gleich; vielmehr muss sich das für den Verlust des Arbeitsplatzes verantwortliche Verhalten seinerseits als Verletzung der Unterhaltspflicht darstellen (BGH NJW 2002, 1799). Dafür reicht es nicht aus, dass der Unterhaltsschuldner mit dem Verlust seines Arbeitsplatzes als Folge seines Fehlverhaltens rechnen musste, so dass es bei einer Kündigung wegen **vorsätzlicher Eigentumsdelikte** gegenüber dem Arbeitgeber oder Kollegen in der Regel an dem erforderlichen Unterhaltsbezug fehlen wird (BGH NJW 2000, 2351). Gleiches gilt beim Verlust des Führerscheins und einem darauf beruhenden Verlust des Arbeitsplatzes (MünchKomm/Born § 1603 Rn 75). Ähnlich werden auch andere Fälle der verhaltensbedingten Kündigung wegen arbeitsvertragswidrigen Fehlverhaltens zu beurteilen sein, wie z. B. wegen Verstößen gegen Internetrichtlinien des Arbeitgebers. Der erforderliche Unterhaltsbezug kann dagegen vorliegen, wenn der Unterhaltsschuldner die Beendigung des Arbeitsverhältnisses durch den Arbeitgeber durch **fehlenden Arbeitseinsatz** oder **unentschuldigte Fehlzeiten** provoziert (OLG Schleswig NJW-RR 2007, 152).

Auch wenn der Verlust des Arbeitsplatzes auf einer **Strafhaft** des Unterhalts- **16** schuldners beruht, ist nach der Unterhaltsbezogenheit des Verhaltens zu differenzieren. Die auf einer Inhaftierung beruhende Leistungsunfähigkeit ist in erster Linie unbeachtlich, wenn der Unterhaltsschuldner wegen Unterhaltspflichtverletzung (§ 170 b StGB) verurteilt worden ist oder wenn sich die zur Verurteilung führende vorsätzliche Straftat gegen den Unterhaltsberechtigten gerichtet und zu dessen (vermehrter) Unterhaltsbedürftigkeit geführt hat. Im Übrigen bedarf es einer auf den Einzelfall bezogenen Wertung, ob sich die der Tat zugrunde liegenden Vorstellungen und Antriebe gerade auch auf die Verminderung der unterhaltsrechtlichen Leistungsfähigkeit als Folge der Straftat erstreckt haben (BGH NJW 2002, 1799).

Dem Unterhaltsschuldner wird unterhaltsrechtlich nur in eingeschränktem **17** Maße angesonnen, sich gegen eine Arbeitgeberkündigung rechtlich zur Wehr zu setzen, um die Fortsetzung des Arbeitsverhältnisses zu erreichen oder wenigstens eine Abfindung zu erzielen. Der Verzicht auf eine **Kündigungsschutzklage** wird dem Unterhaltspflichtigen nur dann als unterhaltsbezogene Leichtfertigkeit zum Vorwurf gemacht werden können, wenn sie offensichtlich Aussicht auf Erfolg versprochen hätte (OLG Dresden NJWE-FER 2000, 256). Allerdings muss der Unterhaltsschuldner im Unterhaltsprozess den kündigungsrelevanten Sachverhalt so konkret darlegen, dass die Beurteilung der Erfolgsaussichten einer Kündigungsschutzklage möglich ist (OLG Hamm FamRZ 2002, 1427).

d) Berufswechsel. Gegenstand einer unterhaltsrechtlichen Obliegenheit kön- **18** nen sowohl das **Unterlassen** als auch das **Herbeiführen** eines Berufswechsels sein. Bei Eingriffen in die berufliche Stellung des Unterhaltsschuldners ist stets eine Abwägung zwischen den familienrechtlichen Unterhaltspflichten und dem Recht des Unterhaltsschuldners auf freie Entfaltung seiner Persönlichkeit und auf freie Berufswahl erforderlich. In welchem Umfange der Unterhaltspflichtige in seinen beruflichen Dispositionen frei ist, hängt von der Ausgestaltung der betroffenen Unterhaltspflicht ab. Bei gesteigerter Leistungspflicht (§ 1603 Abs. 2 BGB) kommt der Erfüllung der Unterhaltspflichten grundsätzlich der Vorrang zu (Wendl/Dose § 1 Rn 492).

Ein mit Einkommenseinbußen verbundener Berufswechsel kann unterhalts- **19** rechtlich hinzunehmen sein, wenn er der Vorbereitung eines beruflichen Aufstieges dient (OLG Bamberg NJWE-FER 2000, 77) oder wenn die neue

BGB § 1603

Arbeitsstelle krisensicherer ist (OLG Karlsruhe FamRZ 1993, 836) und die Unterhaltsberechtigten durch den Einkommensverlust keine gravierende Einschnitte – insbesondere im Hinblick auf die Wahrung des Mindestunterhalts minderjähriger Kinder – hinnehmen müssen. Der Wechsel in eine geringer entlohnte Beschäftigung kann auch dann gerechtfertigt sein, wenn der Unterhaltspflichtige bislang in einem Tendenzbetrieb beschäftigt war und dort in schwerwiegende weltanschauliche Konflikte mit seinem Arbeitgeber geraten ist (BVerfG FamRZ 2008, 131); bloße Streitigkeiten am Arbeitsplatz reichen aber in der Regel noch nicht aus (OLG Hamm FamRZ 1997, 357). Der Wunsch eines Unterhaltsschuldners aus den neuen Bundesländern, aufgrund familiärer oder persönlicher Bindungen in die **Heimatregion** zurückkehren und dort arbeiten zu wollen, kann jedenfalls bei verschärfter Unterhaltpflicht die Kündigung eines besser dotierten Arbeitsplatzes in den alten Bundesländern nicht rechtfertigen (OLG Dresden FamRZ 1998, 979). Als unterhaltsrechtlich unbeachtlich wird bei gesteigerter Unterhaltpflicht auch ein Berufs- und Ortswechsel zum Zwecke der Verfestigung einer neuen Partnerschaft anzusehen sein (OLG Nürnberg FamRZ 2004, 1312); anders kann es bei nachrangigen Unterhaltspflichten liegen (OLG Zweibrücken FamRZ 2008, 1863). Die Aufgabe einer abhängigen Beschäftigung mit auskömmlichen Einkommensverhältnissen zugunsten einer **Selbständigkeit** darf grundsätzlich nicht zu einer Gefährdung der Leistungsfähigkeit führen; der Unterhaltsschuldner muss durch Kreditaufnahme oder Rücklagenbildung zumindest für eine Übergangszeit von zwei oder drei Jahren Vorsorge dafür treffen, dass er im Falle einer rückläufigen Einkommensentwicklung oder im Falle der Erkrankung den Unterhalt in der bisherigen Höhe weiterzahlen kann (OLG Celle FamRZ 2007, 1121).

20 Der Unterhaltsschuldner kann umgekehrt unterhaltsrechtlich auch zur Herbeiführung eines Berufswechsels verpflichtet sein. Gerade bei verschärfter Unterhaltpflicht darf sich der Unterhaltsschuldner nicht mit Einkünften am Rande des Selbstbehaltes einrichten, wenn ihm eine Ausbildung die Ausübung einer besser bezahlten Beschäftigung ermöglichen würde (OLG Hamm NJW-RR 2008, 227; OLG Karlsruhe FamRZ 2006, 857). Insbesondere bei dem in der Praxis recht häufigen anzutreffenden Fall der persönlichen Nähebeziehung des Unterhaltsschuldners zu seinem Arbeitgeber (Lebenspartner, Verwandter) ist eine sorgfältige Prüfung veranlasst, ob der Unterhaltsschuldner mit seinen beruflichen Qualifikationen nicht Zugang zu einem besser dotierten Arbeitsplatz haben könnte (BGH NJW 2003, 3122). Einem in der Vergangenheit selbständigen Unterhaltsschuldner kann angesonnen werden, einen absehbar unrentabel gewordenen Betrieb zugunsten einer abhängigen Beschäftigung aufzugeben (BGH NJW-FER 1998, 64; BGH NJW-RR 1993, 1283). Ist die unterhaltsrechtliche Beziehung aber längere Zeit von der Selbständigkeit des Unterhaltsschuldners geprägt gewesen, kann ihm dabei eine angemessene Überlegungsfrist zuzubilligen sein (OLG Hamm FamRZ 2004, 1514).

21 Der Unterhaltsschuldner ist grundsätzlich zu einer Vollzeittätigkeit verpflichtet; dies gilt auch gegenüber volljährigen Kindern (OLG Hamm FamRZ 1998, 42). Ob der Unterhaltsschuldner eine krisensichere, aber aus betrieblichen Gründen nicht auszuweitende **Teilzeittätigkeit** zugunsten einer vollschichtigen Beschäftigung mit einem höheren Risiko des Arbeitsplatzverlustes aufgeben muss, ist eine Frage der Interessenabwägung im Einzelfall (OLGR Schleswig 2007, 325; OLG Frankfurt NJWE-FER 1999, 289). Wenn danach das Interesse des Unterhaltsschuldners am Erhalt seiner sozialen Absicherung an der bisherigen

Leistungsfähigkeit **§ 1603 BGB**

Arbeitsstelle überwiegen sollte, wird ihm aber regelmäßig zuzumuten sein, sein Teilzeiteinkommen durch eine Nebenbeschäftigung aufzubessern.

e) Aus- und Weiterbildung. Der **Erstausbildung** des Unterhaltspflichtigen ist grundsätzlich der Vorrang gegenüber der Erwerbsobliegenheit zur Sicherstellung der Bedürfnisse des Unterhaltsberechtigten einzuräumen. Sie muss nicht zugunsten der Aufnahme einer ungelernten Tätigkeit abgebrochen werden, weil der Erwerb einer beruflichen Qualifikation auch im Interesse der Unterhaltsberechtigten an einer nachhaltigen Unterhaltssicherung liegt (OLG Hamm FamRZ 2006, 726). Das mag allerdings anders sein, wenn der Unterhaltspflichtige sich in der Vergangenheit stets auf die Ausübung von ungelernten Tätigkeiten beschränkt hat und sich erst später zur Aufnahme einer Berufsausbildung entschließt, obwohl sich der Anlass, seine Arbeits- und Verdienstchancen durch eine Ausbildung zu verbessern, für ihn nicht verändert hat (BGH NJW 1994, 1002; OLG Jena NJW-RR 2004, 76). Auch von einem Studenten, der mit 37 Jahren sein Studium noch nicht abgeschlossen hat, kann die Unterbrechung seines Studiums verlangt werden (OLG Hamm FamRZ 2007, 1122). 22

Die Interessen des Unterhaltsschuldners an einer **Zweitausbildung** oder **Weiterbildung** müssen jedenfalls bei verschärfter Unterhaltspflicht im Regelfall zurücktreten (OLG Bremen NJW-RR 2006, 1662). Die Bewilligung einer Weiterbildungsmaßnahme durch die Arbeitsverwaltung ist zunächst lediglich ein Indiz dafür, dass der Unterhaltspflichtige durch die Arbeitsagentur nicht zu vermitteln war (OLG Brandenburg NJW-RR 2008, 160) bzw. dass die **Umschulung** arbeitsmarktpolitisch und individuell sinnvoll ist und bessere Beschäftigungsmöglichkeiten als die bisherige Ausbildung bieten wird (OLG Thüringen FPR 2000, 49). Es muss aber auch in diesen Fällen anhand konkreter Darlegungen zu den Erwerbsbemühungen und den realen Erwerbschancen festgestellt werden können, dass mit der bisherigen beruflichen Qualifikation kein auskömmlicher Verdienst zu erzielen ist (OLG Brandenburg FuR 2004, 38; OLG Hamm 2003, 173). Ist die Teilnahme an einer Umschulungsmaßnahme nach diesen Maßstäben von dem Unterhaltsberechtigten hinzunehmen, scheidet die Zurechnung eines fiktiven Einkommens für die Dauer der Maßnahme aus, so dass für die Leistungsfähigkeit des Unterhaltspflichtigen grundsätzlich nur noch das tatsächlich gezahlte Unterhaltsgeld maßgeblich ist. 23

f) Rechtsfolgen. Für die Bemessung fiktiver Einkünfte und für die Möglichkeiten der Beendigung der Einkommensfiktion ist danach zu unterscheiden, welche Obliegenheitsverletzung dem Unterhaltsschuldner vorzuwerfen ist. 24

Hat der Unterhaltsschuldner mutwillig seinen Arbeitsplatz aufgegeben oder trifft ihn bei einem nicht freiwilligen Verlust seines Arbeitsplatzes ausnahmsweise der **Vorwurf unterhaltsbezogener Leichtfertigkeit,** wird er im Rahmen der Einkommensfiktion so behandelt, als wenn er die frühere Arbeitsstelle behalten hätte. Für die Höhe der fingierten Einnahmen sind die Einkünfte auf der früheren Arbeitsstelle maßgeblich. Eine vorübergehende Erkrankung des Unterhaltsschuldners führt in diesen Fällen zunächst zu einer fiktiven Lohnfortzahlung und dann zu einem fiktiven Krankengeldbezug (OLG Hamm FamRZ 2008, 171). Die Einkommensfiktion kann der Unterhaltspflichtige nur dadurch beenden, indem er geltend macht, dass er die frühere Arbeitsstelle – etwa aus gesundheitlichen Gründen oder wegen Personalabbaus – in der Zwischenzeit ohnehin verloren hätte. Dagegen reicht es zur Beendigung der Fiktion nicht aus, wenn der Unterhaltsschuldner eine neue Stelle angenommen hat, mit ihr aber das frühere 25

BGB § 1603

Einkommen nicht erzielen kann (BGH NJW 2008, 1525; Reinken ZFE 2008, 411).

26 Kann der Verlust des Arbeitsplatzes dem Unterhaltspflichtigen demgegenüber nicht als unterhaltsbezogene Leichtfertigkeit angelastet werden, kann eine Einkommensfiktion grundsätzlich nur an die Verletzung der Obliegenheit zur Beendigung der eingetretenen Arbeitslosigkeit angeknüpft werden. Bei der Höhe der fiktiven Einkünfte ist in solchen Fällen zu prüfen, welche Einkünfte der Unterhaltspflichtige nach seinen persönlichen Fähigkeiten und seiner Erwerbsbiographie unter den obwaltenden Verhältnissen auf dem Arbeitsmarkt konkret erzielen kann (BGH NJW 1996, 517).

27 In der Praxis orientiert sich die Bemessung des fiktiven Einkommens vielfach – gerade beim Mindestunterhalt für minderjährige Kinder – stark am Ergebnis. Gerade ungelernten Unterhaltsschuldnern mit Vermittlungshemmnissen (Sprachschwierigkeiten, lange Arbeitslosigkeit) eröffnet sich ein realistischer Zugang zum ersten Arbeitsmarkt meist nur über die Zeitarbeitsbranche. Nach dem für die größten deutschen Zeitarbeitsunternehmen geltenden Tarifvertrag liegt der Bruttostundenlohn in der untersten Entgeltgruppe für Tätigkeiten ohne oder mit nur kurzer Anlernzeit (z. B. Produktionsarbeiter, Lagerhelfer, Staplerfahrer) im Jahre 2009 bei 7,38 € in Westdeutschland und 6,42 € in Ostdeutschland, wobei sich dieser Stundensatz durch einsatzbezogene Zuschläge und Sonderzahlungen noch geringfügig erhöhen kann. Bestehen keine besonderen Vermittlungshemmnisse oder werden solche – wie bei Sprachschwierigkeiten trotz langjähriger Aufenthalts in Deutschland – unterhaltsrechtlich nicht als beachtlich angesehen, werden derzeit für Arbeitskräfte ohne besondere Qualifikationen in der obergerichtlichen Rechtsprechung Bruttostundenlöhne von 7,65 € (KG FuR 2005, 464) über 8,00 € (OLG Schleswig NJW-RR 2007, 660) bis zu 10,00 € (OLGR Düsseldorf 2006, 766; dagegen OLG Frankfurt NJW 2007, 382) fingiert.

28 Tatsächliche Grundlagen für eine Einkommensfiktion im Einzelfall können – insbesondere für ausgebildete oder berufserfahrene Arbeitskräfte – aus den im Internet (beispielsweise auf gewerkschaftlichen Webseiten) abrufbaren Tarifverträgen für die jeweiligen Branchen gewonnen werden; es ist allerdings in jedem Fall sorgfältig zu prüfen, ob der Unterhaltsschuldner überhaupt Zugang zu einer tarifgebundenen Entlohnung hat (OLG Frankfurt NJW 2007, 382). In einigen Branchen sind durch Rechtsverordnungen auf der Grundlage des Arbeitnehmer-Entsendegesetzes Mindestentgelte festgelegt, die auch für Leiharbeitnehmer gelten, so z. B. im Gebäudereinigerhandwerk (8,15 € in Westdeutschland, 6,58 € in Ostdeutschland). Im Übrigen können sich Anhaltspunkte auch aus im Internet veröffentlichten Lohnspiegeln oder aus dem Einkommen ergeben, das von dem Unterhaltsschuldner in der Vergangenheit nachhaltig erzielt werden konnte.

29 Werden dem Unterhaltsschuldner wegen unzureichender Erwerbsbemühungen fiktive Einkünfte zugerechnet, kann die Zurechnung nach angemessener Zeit beendet werden, wenn der Unterhaltsschuldner nachweist, dass er sich in der Zwischenzeit ernsthaft um eine Anstellung bemüht hat, aber trotz gehöriger Anstrengungen keine Arbeit oder nur einen Arbeitsplatz mit geringeren Einkünften finden konnte (BGH NJW 2008, 1525; OLG Celle NJW-RR 2009, 7; OLG Karlsruhe FamRZ 1983, 931).

30 **g) Weitere Besonderheiten bei Einkommensfiktionen.** In der Praxis wird oftmals übersehen, dass die Zurechnung fiktiver Einkünfte auch die Zurechnung **fiktiver Verbindlichkeiten** nach sich ziehen kann. Dies betrifft nicht

Leistungsfähigkeit **§ 1603 BGB**

nur fiktive berufsbedingte Aufwendungen, sondern auch und gerade solche Kreditverpflichtungen, auf die der Unterhaltspflichtige aufgrund seiner tatsächlichen Einkommenssituation keine Zahlungen mehr leistet, die er bei Zurechnung von fiktiven höheren Einkünften jedoch weiterhin bedienen dürfte und könnte (OLG Hamm FamRZ 1995, 1203).

Unterhaltsansprüche, die allein auf der Zurechnung fiktiver Einkünfte beruhen, gehen regelmäßig nicht kraft Gesetzes auf den Träger der öffentlichen Hilfe über, wenn der Unterhaltsberechtigte Sozialhilfe (vgl. § 94 Abs. 3 Satz 1 Nr. 1 SGB XII) oder Arbeitslosengeld II (vgl. § 33 Abs. 2 Satz 3 SGB II) bezieht, weil der Unterhaltspflichtige durch den **Anspruchsübergang** nicht selbst hilfebedürftig werden soll (vgl. BGH NJW 1999, 2365 zu § 91 Abs. 2 Satz 1 BSHG). Bezieht der Berechtigte dagegen Unterhaltsvorschussleistungen, bestehen keine entsprechende Einschränkungen, so dass sich die Legalzession nach § 7 UVG auch bei einer fingierten Leistungsfähigkeit vollzieht (BGH NJW-RR 2001, 1081). 31

III. Einsatz des Vermögens

1. Grundsätze

Der Unterhaltsschuldner hat zum Unterhalt in erster Linie die Erträge seines Vermögens heranzuziehen. Zieht er die ihm zumutbaren Erträge nicht – etwa weil er ihm gehörende Wohnungen mietfrei an Dritte überlässt, denen gegenüber keine (vorrangige) Unterhaltpflicht besteht – können ihm fiktive Vermögenseinkünfte zugerechnet werden (BGH NJW 2004, 2306). 32

Soweit die laufenden Einkünfte aus Erwerbstätigkeit und Vermögenserträgen zur Befriedigung des Unterhaltsbedarfs der Unterhaltsberechtigten indessen nicht ausreichen, hat der Unterhaltspflichtige grundsätzlich auch den Stamm seines Vermögens zur Aufbringung des Unterhalts einzusetzen. Eine allgemeine Billigkeitsgrenze wie beim nachehelichen Unterhalt (§ 1581 Satz 2 BGB) gibt es beim Verwandtenunterhalt nicht. Nach den Maßstäben des § 1603 Abs. 1 BGB kann eine Verwertung des Vermögensstammes – etwa durch Veräußerung, Verbrauch oder Belastung (OLG Dresden OLG-NL 1998, 82) – allerdings dann nicht verlangt werden kann, wenn sie den Unterhaltsschuldner von **fortlaufenden Einkünften abschneiden** würde, die er zur Erfüllung weiterer, mindestens gleichrangiger Unterhaltsansprüche oder anderer berücksichtigungswürdiger Verbindlichkeiten oder zur Bestreitung seines eigenen Unterhalts benötigt (BGH NJW 2004, 2306). Für diese Beurteilung ist der eigene Unterhaltsbedarf des Unterhaltspflichtigen während seiner gesamten voraussichtlichen Lebensdauer zu berücksichtigen (BGH NJW 1989, 524). Eine vermietete Immobilie braucht deshalb nicht veräußert zu werden, wenn der Unterhaltspflichtige ohne die Mieteinnahmen seinen eigenen Selbstbehalt nicht dauerhaft sicherstellen könnte (OLG Hamm FamRZ 2006, 885). Anders kann es sich bei einer Immobilie verhalten, die weder als Einkommensquelle noch zur Deckung des Wohnbedarfs der Familie unbedingt benötigt wird (BGH NJW-RR 1986, 66 [Ferienhaus]; OLG Brandenburg Beschluss vom 27. 12. 2007 – 9 WF 361/07 [Mehrfamilienhaus]). Nach diesen Maßstäben kann unter Umständen auch die Veräußerung eines Nebenerwerbsbetriebes in Betracht kommen (OLG Karlsruhe NJW 2004, 296). 33

Der Vermögensstamm braucht allgemein auch dann nicht verwertet zu werden, wenn dies für den Unterhaltspflichtigen mit einem **unvertretbaren wirt-** 34

BGB § 1603

schaftlichen Nachteil verbunden wäre; der Pflicht zur Veräußerung einer nicht selbst genutzten Immobilie des Unterhaltsschuldners können daher die zu erwartenden hohen Veräußerungsverluste und erhebliche Steuernachteile entgegenstehen (OLG Celle FamRZ 2002, 887: Anlageobjekte in den neuen Bundesländern). Auch bei gesteigerter Unterhaltspflicht braucht der aus seinem laufenden Einkommen nur eingeschränkt leistungsfähige Elternteil sein Vermögen zur Aufbringung des (restlichen) Barunterhalts nicht einzusetzen, wenn der betreuende Elternteil aus seinem laufenden Einkommen leistungsfähig ist (OLG Nürnberg NJW-RR 2008, 884).

35 Hat der Unterhaltsschuldner sein Vermögen in einer unterhaltsrechtlich nicht hinnehmbaren Weise verbraucht, kann ihm auch ein fiktives Vermögen zugerechnet werden (OLG Köln Beschluss vom 14. 7. 2005 – 4 WF 103/05 – BeckRS 2005, 09837).

2. Schonvermögen

36 **a) Geldvermögen.** Unabhängig von den Gesichtspunkten der laufenden Bedarfsdeckung und der wirtschaftlichen Unvertretbarkeit ist dem Unterhaltsschuldner auch ein Schonvermögen als **Vermögensreserve** zu belassen, das als Rücklage für unvorhergesehene Ausgaben dient oder aus allgemeinen Zumutbarkeitserwägungen nicht eingesetzt werden muss. Die Höhe dieser Vermögensreserve hängt sowohl vom Grad der Unterhaltspflicht als auch von den individuellen Verhältnissen des Unterhaltspflichtigen ab (BGH NJW 2006, 3344). Bei gesteigerter Unterhaltspflicht gegenüber minderjährigen Kindern wird es in der Regel sachgerecht sein, die Höhe des geschonten Vermögens an **sozialhilferechtlichen Maßstäben** zu orientieren (Erman/Hammermann § 1603 Rn 108), so dass ein Geldvermögen bis zur Höhe von derzeit 2600 € (§ 90 Abs. 2 Nr. 9 SGB XII i. V. m. der dazu ergangenen DVO) nicht eingesetzt werden braucht. Dann muss konsequenterweise auch ein in zertifizierten und steuerlich geförderten Anlageprodukten (Riester- oder Rürup-Rente) angesammeltes Altersvorsorgevermögen (§ 90 Abs. 2 Nr. 2 SGB XII) geschont bleiben, solange sich der Vertrag in der Ansparphase befindet. Auch **Schmerzensgeld** muss für den Unterhalt von minderjährigen Kindern eingesetzt werden. Ist der Unterhaltspflichtige aufgrund des zum Schmerzensgeldempfang führenden Ereignisses dauerhaft körperlich beeinträchtigt, kann diesen Belastungen durch eine Anhebung der Schonvermögensgrenze Rechnung getragen werden (BGH NJW 1989, 524).

37 Gegenüber schwächer ausgestalteten Unterhaltspflichten können deutlich höhere Beträge vertreten werden. Gerade bei solchen Unterhaltspflichten, auf die der Unterhaltsschuldner – insbesondere beim Unterhalt gegenüber Eltern oder Enkelkindern – seine Lebensführung nicht zwingend einstellen musste, ist bei der Bemessung der Vermögensreserve zu berücksichtigen, dass der Unterhaltspflichtige in seinen vor Entstehung der Unterhaltspflicht getroffenen Vermögensdispositionen schutzwürdig ist. Es können ihm deshalb **Ansparrücklagen** für die Anschaffung teurer Konsumgüter und insbesondere ein privat gebildetes **Altersvorsorgevermögen** in angemessener Höhe belassen werden (BGH NJW 2006, 3344). Hat der Unterhaltsschuldner keine Altersvorsorge durch Immobilieneigentum betrieben, kann ihm beim Elternunterhalt als zusätzliche Altersvorsorge (vgl. dazu Rn 49) ein Geldvermögen bis zu der Höhe verbleiben, die sich durch verzinsliche Anlage einer unterhaltsrechtlich anzuerkennenden Sparrate in Höhe von 5% des Bruttoeinkommens im Laufe seines Berufslebens ergeben würde. Pauschalierungen sind

Leistungsfähigkeit **§ 1603 BGB**

hier kaum möglich. Die Rechtsprechung schont – teilweise in Anlehnung an die im jeweiligen Bundesland geltenden Richtlinien für die Sozialhilfebehörden zur Heranziehung von Unterhaltspflichtigen zum Elternunterhalt – im Einzelfall Geldvermögen in Höhe von 75 000 € (OLG Koblenz NJW-RR 2000, 293), 80 000 € (OLG München FamRZ 2005, 299) oder 91 700 € (BGH NJW 2006, 3344).

b) Familienheim. Die Verwertung eines Familienheims für den Unterhalt **38** kommt jedenfalls dann nicht in Betracht, wenn es sich bei der betreffenden Immobilie um ein angemessenes Hausgrundstück im Sinne von § 90 Abs. 2 Nr. 8 SGB XII handelt (OLG Köln FamRZ 2003, 471). Die Beurteilung, wann ein Familienheim unterhaltsrechtlich als angemessen anzusehen ist, lässt sich indessen nicht an die vom Sozialhilferecht vorgegebenen Grenzwerte binden (BGH NJW 2000, 3488). Dies gilt insbesondere in den Fällen, in denen die betroffene Immobilie überhaupt erst durch den Auszug der Unterhaltsberechtigten für den Unterhaltspflichtigen zu groß geworden ist. Die Veräußerung eines nach den übrigen Verhältnissen des Unterhaltsschuldners und seiner Familie angemessenen Eigenheims kann bei einfacher Leistungspflicht im Allgemeinen nicht verlangt werden (BGH NJW-RR 1986, 66). Im Übrigen steht der Verwertung eines Familienheims selbst bei gesteigerter Unterhaltspflicht meistens schon entgegen, dass dieser Vermögenseinsatz den Unterhaltspflichtigen von bedarfsnotwendigen Einkünften in Form seines Wohnvorteils abschneidet.

IV. Berücksichtigung sonstiger Verpflichtungen

1. Berufsbedingte Aufwendungen

a) Fahrtkosten. Bei den mit der Berufsausübung verbundenen Aufwendun- **39** gen sind in erster Linie die notwendigen Fahrtkosten zwischen Wohnort und Arbeitsstätte zu berücksichtigen, für die von dem Arbeitgeber keine Erstattung geleistet oder geschuldet wird. Der Unterhaltsschuldner ist grundsätzlich verpflichtet, diese Kosten auf das notwendige Maß zu beschränken. Hat er über eine Wohnung in der Nähe seines Arbeitsortes verfügt, können jedenfalls bei gesteigerter Unterhaltspflicht keine Fahrtkosten berücksichtigt werden, die in beträchtlicher Höhe erst durch einen Umzug an den weit entfernten Wohnort seines neuen Lebenspartners veranlasst wurden (OLG Köln FamRZ 2006, 1760).

Grundsätzlich besteht für den Unterhaltspflichtigen die Verpflichtung zur Be- **40** nutzung günstiger **öffentlicher Verkehrsmittel,** wenn ihm dies zumutbar ist (BGH NJW 1998, 521); bei einer kürzeren Fahrtstrecke und gesteigerter Unterhaltspflicht kann einem jüngeren Unterhaltspflichtigen die überwiegende Benutzung eines **Fahrrades** angesonnen werden (OLG Stuttgart NJW-RR 2008, 527 für 8 km einfache Fahrt; abgelehnt von OLG Brandenburg NJOZ 2003, 3022 für 20 km einfache Fahrt).

Der Ersatz von **Kraftfahrzeugkosten** kann grundsätzlich nur dann verlangt **41** werden, wenn zwischen Wohnort und Arbeitsplatz zu Beginn und am Ende der Arbeitszeit keine zumutbare öffentliche Verkehrsverbindung besteht, das Fahrzeug auch für die Berufstätigkeit benötigt wird oder der Unterhaltspflichtige aus gesundheitlichen Gründen auf das Kraftfahrzeug dringend angewiesen ist (Wendl/Dose § 1 Rn 97). Bei gesteigerter Unterhaltspflicht oder im Mangelfall muss der Unterhaltspflichtige für die Benutzung öffentlicher Verkehrsmittel auch

BGB § 1603

Unbequemlichkeiten und längere Fahrtzeiten in Kauf nehmen (OLG Brandenburg NJWE-FER 1999, 236); als grober Beurteilungsrahmen für die Zumutbarkeit können etwa die Maßstäbe des § 121 Abs. 4 SGB III herangezogen werden. Die **Höhe** der anzuerkennenden Kraftfahrzeugkosten kann in Ermangelung sonstiger konkreter Anhaltspunkte mit den nach § 5 Abs. 2 Satz 1 JVEG anzuwendenden Beträgen, derzeit also zwischen 0,25 € und 0,30 € pro gefahrenen Kilometer, bemessen werden. Die meisten unterhaltsrechtlichen Leitlinien (Ziffer 10.2.2) arbeiten derzeit mit einer Kilometerpauschale von 0,30 €. Im Regelfall kann der monatliche Fahrtkostenaufwand deshalb mit der Formel 2 × 0,30 € × einfache Entfernung zum Arbeitsplatz × 220 Tage/12 Monate ermittelt werden.

42 Mit der Kilometerpauschale für die berufsbezogene Nutzung sind auch Abnutzung und Finanzierungsaufwand abgegolten (BGH NJW 2006, 2182). Es können dadurch grundsätzlich neben der Pauschale keine **Anschaffungs- oder Wiederbeschaffungskosten** für das Kraftfahrzeug geltend gemacht werden. Können statt dessen die vollen Kosten für einen Anschaffungskredit vom Einkommen abgesetzt werden, kann hinsichtlich der berufsbezogenen Fahrtkosten nur noch mit einem auf die reinen Betriebskosten reduzierten Kilometersatz (etwa 0,15 €) gerechnet werden (OLG Hamm FamRZ 1997, 835; der dort seinerzeit angesetzte Kilometersatz von rund 0,08 € dürfte aber schon durch die Entwicklung der Kraftstoffpreise obsolet geworden sein).

43 Bei weiten Entfernungen zum Arbeitsplatz kann der Ansatz der vollen Kilometerpauschale für die gesamte Strecke zu **unangemessen hohen Abzügen** vom Einkommen führen, weil die festen Kosten der Fahrzeugnutzung von der Laufleistung unabhängig sind und der in der Pauschale enthaltene kalkulatorische (Wieder-) Beschaffungsaufwand für ein angemessenes Klein- oder Mittelklassefahrzeug ab einer bestimmten Fahrleistung erreicht wird (OLG Frankfurt NJW-RR 2006, 1663; OLGR Hamm 2001, 128). Zahlreiche Leitlinien (Ziffer 10.2.2) sehen deshalb Korrekturen dergestalt vor, dass von einer bestimmten Entfernung an entweder durchgängig oder nur wegen der Mehrkilometer mit einem reduzierten Kilometersatz gearbeitet wird.

44 Führen die berufsbedingten Fahrtkosten auch bei einer abgesenkten Kilometerpauschale weiterhin zu unangemessen hohen Abzügen vom Einkommen und kommt weder die Benutzung öffentlicher Verkehrsmittel noch die Bildung von Fahrgemeinschaften in Betracht, muss zumindest bei gesteigerter Unterhaltspflicht ausnahmsweise der **Umzug** in eine näher gelegene Wohnung erwogen werden (BGH NJW 2002, 1269; BGH NJW-RR 1998, 721). Ob ein Wohnungswechsel für den Unterhaltspflichtigen im Einzelfall zumutbar ist, richtet sich nach den gleichen Kriterien, die auch für die Verpflichtung zur überregionalen Arbeitssuche gelten (Rn 10). Trifft den Unterhaltsschuldner keine Verpflichtung zum Wohnortwechsel, kann er ausnahmsweise verpflichtet sein, sich um eine neue Arbeitsstelle in der Nähe seines Wohnortes zu bemühen (OLGR Brandenburg 2007, 132).

45 **b) Sonstige Aufwendungen, Pauschalierungen.** Zu den berufsbedingten Aufwendungen sind neben den Fahrtkosten insbesondere Arbeitsmittel, Arbeitskleidung, Beiträge zu Berufsverbänden und Gewerkschaften, Fortbildungskosten, Beiträge zu Berufshaftpflichtversicherungen und in Einzelfall auch Kosten der doppelten Haushaltsführung zu zählen, soweit sie zur Erzielung des Einkommens erforderlich sind und sich nach objektiven Merkmalen eindeutig von den Kosten

privater Lebensführung abgrenzen lassen. Lässt sich eine solche Abgrenzung nicht ohne weiteres durchführen, wie es etwa bei der Anschaffung und Reinigung beruflich getragener Privatkleidung oder der Benutzung des privaten Telefons zu beruflichen Zwecken der Fall ist, fehlt es regelmäßig auch an den tatsächlichen Grundlagen für die Schätzung eines beruflichen Mehraufwands (BGH NJW 2007, 511).

Der BGH hat es in ständiger Rechtsprechung gebilligt, für die Ermittlung berufsbedingter Aufwendungen aus Vereinfachungsgründen pauschalierende Berechnungsweisen anzuwenden (BGH NJW 2006, 369; BGH NJW 2002, 1269). Einige Leitlinien (Ziffer 10.2.1) sehen eine Pauschale in Höhe von **5% des Nettoeinkommens** – teilweise mit Ober- (150 €) und Untergrenzen (50 €) – vor, wenn hinreichende Anhaltspunkte für das Entstehen berufsbedingter Aufwendungen bestehen. Mit dem Ansatz der Pauschale sind ausnahmslos alle berufsbedingten Aufwendungen einschließlich der Fahrtkosten abgegolten. Will der Unterhaltspflichtige höhere berufsbedingte Aufwendungen geltend machen, müssen sie im Einzelnen dargelegt werden. Auch im **Mangelfall** wird eine Pauschalierung berufsbedingter Aufwendungen jedenfalls dann nicht in Betracht kommen, wenn der Unterhaltspflichtige den Mindestunterhalt für minderjährige Kinder nicht zahlen kann (OLG Dresden FamRZ 2001, 47; OLG Stuttgart FamRZ 2000, 1247). 46

2. Vorsorgeaufwendungen

a) Versicherungen. Eine Berufsunfähigkeitsversicherung gehört zu den sinnvollsten Vorsorgeaufwendungen gerade für jüngere Unterhaltsschuldner; die für sie gezahlten Beiträge sollten unterhaltsrechtlich als Abzugsposten berücksichtigt werden (OLGR Hamm 2001, 89), wenn und soweit diese Versicherung dazu dient, im Invaliditätsfall das bisherige Einkommensniveau des Unterhaltsschuldners für die Dauer der Unterhaltspflicht aufrechtzuerhalten. Beiträge, die ein gesetzlich Krankenversicherter für eine private Krankenzusatzversicherung und für eine private Unfallversicherung aufwendet, können nach den Umständen des Einzelfalls berücksichtigt werden, wenn sie wegen der Höhe der Prämien eine besondere Belastung darstellen (Kalthoener/Büttner/Niepmann Rn 981); ist allerdings die Zahlung des Mindestunterhalts für minderjährige Kinder gefährdet, wird der Verzicht auf solche Versicherungen regelmäßig zumutbar sein. Sonstige Versicherungen, wie etwa Hausrat-, Privathaftpflicht- oder Rechtsschutzversicherungen gehören zum allgemeinen Lebensbedarf, der aus dem Selbstbehalt zu decken ist. 47

b) Zusätzliche Altersvorsorge. Auch im Verwandtenunterhalt herrscht der Grundsatz vor, dass der Unterhaltspflichtige nicht auf Kosten des Unterhaltsberechtigten einseitig Vermögen bilden darf (BGH NJW 2004, 677). Im Hinblick darauf, dass die alleinige Absicherung durch die primären Alterssicherungssysteme – gesetzliche Rentenversicherung und Beamtenversorgung – gemeinhin nicht mehr als ausreichende Altersvorsorge gilt und der Gesetzgeber diesem Umstand durch die besondere steuerliche Förderung bestimmter Arten der sekundären Altersvorsorge Rechnung getragen hat, berücksichtigt die Rechtsprechung des BGH in jüngerer Zeit Aufwendungen für eine private zusätzliche Altersvorsorge. Unterhaltsrechtlich anerkennenswerte Vermögensbildung für die **sekundäre Altersvorsorge** kann nicht nur mit den steuerlich geförderten Produkten (Riester- oder Rürup-Rente), sondern in allen zweckmäßigen Anlageformen betrieben werden, insbesondere mit der Tilgung von Immobilienkrediten (BGH NJW 2008, 1946), mit einer im Wege der Entgeltumwandlung bedienten Di- 48

BGB § 1603

rektversicherung (BGH NJW 2005, 3217), aber auch mit anderen kapitalbildenden Versicherungen, Bausparverträgen, geeigneten Fondsanlagen oder sogar Geldsparplänen (BGH NJW 2003, 1660). Berücksichtigung können aber nur tatsächliche Aufwendungen finden; eine fiktive Altersvorsorge kommt nicht in Betracht (BGH NJW 2007, 511; BGH NJW 2003, 1660). Einer sekundären Altersvorsorge bedarf es auch dann nicht, wenn der Unterhaltspflichtige anderweitig – etwa durch lastenfreies Immobilienvermögen – ausreichend für das Alter abgesichert ist (BGH NJW 2006, 1794).

49 Hinsichtlich der Höhe der Altersvorsorgeaufwendungen hat der BGH beim **Elternunterhalt** eine Gesamtversorgungsleistung von 25% anerkannt, so dass bei einem Nichtselbständigen neben den Beiträgen zur gesetzlichen Rentenversicherung grundsätzlich 5% des Bruttoeinkommens für die Ansammlung eines privaten Altersvorsorgekapitals verwendet werden dürfen (BGH NJW 2006, 3344; BGH NJW-RR 2004, 793). Bei allen anderen einfachen Leistungspflichten im **Verwandtenunterhalt** können die Aufwendungen zur sekundären Altersvorsorge in Anlehnung an die steuerlichen Förderungsmöglichkeiten wie beim Ehegattenunterhalt 4% des Bruttoeinkommens betragen (vgl. BGH NJW 2007, 1961). Der höhere Satz von 5%, den der BGH beim Elternunterhalt mit der schwachen Ausgestaltung dieses Unterhaltsanspruches gerechtfertigt hat, wird gegenüber volljährigen Kindern jedenfalls dann nicht in Betracht kommen, wenn diese sich in Ausbildung befinden.

50 Bei **gesteigerter Unterhaltspflicht** hat der Unterhaltspflichtige grundsätzlich alle Mittel zum Unterhalt seiner minderjährigen Kinder einzusetzen, so dass er jedenfalls zu Lasten des Mindestunterhaltes keine zusätzliche Altersvorsorge betreiben darf (OLG Düsseldorf FamRZ 2006, 1685; Borth FPR 2004, 549; Götsche ZFE 2008, 170). Dies muss grundsätzlich auch dann gelten, wenn der Unterhaltsschuldner Altersvorsorge in zertifizierten steuerlich geförderten Anlageprodukten betreibt, weil eine Aussetzung der sekundären Altersvorsorge zugunsten des laufenden Minderjährigenunterhalts für die absehbare Dauer der Unterhaltspflicht meistens zumutbar ist (vgl. Wendl/Klinkhammer § 2 Rn 262a). Betreibt der Unterhaltsschuldner gleichwohl eine staatlich geförderte Altersvorsorge, muss ihm allerdings der auf den unterhaltsrechtlich nicht anerkannten Altersvorsorgebeiträgen beruhende Steuervorteil verbleiben.

51 c) **Vermögenswirksame Leistungen.** Vermögenswirksame Leistungen sind mit dem steuer- und sozialabgabenbereinigten Arbeitgeberanteil – der Nettoquote – vom Einkommen abzuziehen (BGH NJW 2005, 2145). Sofern der Mindestunterhalt minderjähriger Kinder nicht berührt ist, wird es sich aus Praktikabilitätsgründen oftmals anbieten, den Bruttobetrag der Arbeitgeberleistungen oder den gesamten monatlichen Sparbeitrag vom Einkommen abzuziehen, wenn der Pflichtige durch seine sonstige Vermögensbildung eine ihm zuzubilligende sekundäre Altersvorsorge nicht ausschöpft.

3. Schulden

52 Unterhaltsansprüchen kommt kein grundsätzlicher Vorrang vor den Forderungen anderer Gläubiger zu (BGH NJW 2008, 227). Andererseits dürfen Schulden nur unter Berücksichtigung von Unterhaltsinteressen getilgt werden, so dass die unterhaltsrechtliche Berücksichtigungsfähigkeit von Schulden einer umfassenden Interessenabwägung bedarf. Dabei sind von Bedeutung insbesondere der Zweck der Verbindlichkeiten, der Zeitpunkt und die Art ihrer Entstehung, die Kenntnis

Leistungsfähigkeit **§ 1603 BGB**

des Unterhaltspflichtigen vom Bestehen des Unterhaltsschuld und seine Möglichkeiten, seine Leistungsfähigkeit ganz oder teilweise wiederherzustellen (BGH NJW 2002, 1269; BGH NJW-RR 1996, 321). Maßgeblich ist daher die Betrachtung des Einzelfalls; im Allgemeinen lassen sich für die Berücksichtigung von Schulden folgende Grundsätze aufstellen:

Bei schwächer ausgestalteten Unterhaltspflichten wird es für die Berücksichtigungsfähigkeit zumeist ausreichen, dass diese zu einem Zeitpunkt aufgenommen wurden, als der Pflichtige mit seiner Inanspruchnahme nicht rechnen brauchte (BGH NJW 2003, 2306 zum Elternunterhalt). Umgekehrt wird es die **Kenntnis der Unterhaltsverpflichtung** dem Pflichtigen in der Regel verwehren, sich auf eine infolge von Schulden eingetretene Verminderung der Leistungsfähigkeit zu berufen, es sei denn, deren Eingehung ist notwendig und unausweichlich gewesen. Dies ist bei der Anschaffung eines beruflich nicht benötigten Kraftfahrzeuges regelmäßig nicht der Fall (BGH FamRZ 1994, 824), ebenso wenig bei Konsumkrediten, mit denen der Unterhaltsschuldner ohnehin nur die vom Selbstbehalt erfassten allgemeinen Lebenshaltungskosten finanziert (vgl. dazu Stollenwerk FPR 2006, 466). 53

Verbindlichkeiten für die Errichtung eines **Familienheims** sind zu berücksichtigen, wenn sie zur Deckung eines angemessenen Wohnbedürfnisses eingegangen worden sind. Zins und Tilgung können die Leistungsfähigkeit indessen bis zur Höhe der ersparten Wohnkosten nicht mindern (BGH NJW 2002, 2026). Auch im Übrigen werden Tilgungsleistungen, die der einseitigen Vermögensbildung des Unterhaltspflichtigen dienen, beim Kindesunterhalt regelmäßig nicht zu berücksichtigen sein (OLG Hamm NJWE-FER 2000, 309; OLG Brandenburg Urteil vom 21. 11. 2006 – 10 UF 40/05). Dies gilt bei Kindern nicht verheirateter Eltern auch dann, wenn die Hauskredite vor Kenntnis der Unterhaltspflicht aufgenommen worden sind (Wendl/Gerhardt § 1 Rn 645). Anders verhält es sich beim Elternunterhalt: Bei der Bedienung von Hausschulden, die vor der Inanspruchnahme des Unterhaltspflichtigen eingegangen worden sind, können im angemessenen Rahmen auch Tilgungsleistungen anerkannt werden, welche die ersparten Wohnkosten übersteigen (BGH NJW 2003, 2306). 54

Minderjährige Kinder müssen sich grundsätzlich diejenigen Kreditverbindlichkeiten entgegenhalten lassen, die in der Zeit des Zusammenlebens der Eltern zum Zwecke gemeinsamer Lebensführung – und nicht nur zur Befriedigung persönlicher Bedürfnisse des barunterhaltspflichtigen Elternteils – eingegangen worden sind (BGH NJW 2002, 1269; NJW-RR 1996, 321). Dies gilt auch für die Aufwendungen zur gemeinsamen Vermögensbildung der Eltern. Andererseits ist bei Kindern zu berücksichtigen, dass sie jedenfalls bis zum Ende der Schulpflicht keine Möglichkeit haben, durch eigene Anstrengungen zur Deckung ihres Unterhaltsbedarfs beizutragen und auf die Entstehung der von ihren Eltern eingegangenen Schulden keinen Einfluss nehmen konnten. Deshalb wird die Billigkeitsabwägung bei ihnen im Allgemeinen dazu führen, dass wenigstens der Mindestunterhalt (§ 1612a Abs. 1 BGB) zu zahlen ist, sofern dies nicht auf Kosten einer ständig weiterwachsenden Verschuldung geschieht, weil der Schuldner nicht einmal die Zinsen auf die anderen Forderungen leisten kann (BGH NJW-RR 1986, 428). 55

Dabei spielt es im Rahmen der Interessenabwägung eine besondere Rolle, ob für den Unterhaltspflichtigen die Obliegenheit besteht, sich zur Steigerung seiner unterhaltsrechtlichen Leistungsfähigkeit gegenüber den anderen Gläubigern auf die Pfändungsfreigrenzen gemäß §§ 850 c, 850 f ZPO zu berufen. Dies ist dann 56

BGB § 1603

der Fall, wenn die rechtlichen Voraussetzungen für die Eröffnung eines **Verbraucherinsolvenzverfahrens** mit der Möglichkeit der Restschuldbefreiung gegeben sind. In diesem Fall muss der Unterhaltsschuldner darlegen, dass eine solche Obliegenheit im Einzelfall unzumutbar ist (BGH NJW 2005, 1279). Bei dieser Zumutbarkeitsabwägung ist insbesondere abzustellen auf die Dauer des Insolvenzverfahrens im Vergleich zur restlichen Dauer der (gesteigerten) Unterhaltspflicht (BGH a. a. O.). Darüber hinaus muss die Überschuldung nachhaltig sein, d. h. die Verbindlichkeiten müssen im Verhältnis zum Einkommen unangemessen hoch erscheinen und sich über einen langen Zeitraum erstrecken. Davon wird regelmäßig nicht die Rede sein können, wenn die Verbindlichkeiten innerhalb von drei bis fünf Jahren vollständig zurückgeführt werden können (OLG Dresden OLG-NL 2003, 251). Gegen die Zumutbarkeit kann auch sprechen, dass der betreuende Elternteil für die Schulden mithaftet (OLG Nürnberg FamRZ 2005, 1502) oder dass der Arbeitsplatz des Unterhaltsschuldners bei einem Insolvenzverfahren gefährdet wäre (OLG Oldenburg FamRZ 2006, 1223).

57 Der mit der Durchführung des Insolvenzverfahrens verbundene erhebliche Eingriff in die wirtschaftliche Handlungsfreiheit des Unterhaltsschuldners (Art. 2 GG) hat bei gesteigerter Unterhaltspflicht gegenüber minderjährigen oder privilegiert volljährigen Kindern kein entscheidendes Gewicht (BGH NJW 2005, 1279). Dieser Gesichtspunkt führt aber bei allen im Rang nachstehenden Unterhaltsgläubigern dazu, dass bei einfacher Leistungspflicht keine Obliegenheit zur Einleitung der Verbraucherinsolvenz besteht (BGH NJW 2008, 851). Das schließt es allerdings nicht aus, dass sich auch für nachrangige Unterhaltsgläubiger Vorteile ergeben können, wenn sich der Unterhaltspflichtige tatsächlich zu einem Insolvenzverfahren entschlossen hat (vgl. BGH NJW 2008, 227).

58 Versäumt der Unterhaltspflichtige die zumutbare Durchführung der Privatinsolvenz, ist er fiktiv so zu behandeln, als wäre das Verfahren eröffnet worden (OLG Hamm NJW-RR 2007, 866).

4. Umgangskosten

59 Kosten, die einem barunterhaltspflichtigen Elternteil zur Ausübung eines dem **Kindeswohl entsprechenden Umgangs** entstehen, können nach der Rechtsprechung des Bundesgerichtshofs zu einer maßvollen Erhöhung des Selbstbehalts oder zu entsprechenden Abzügen vom Einkommen führen, wenn der Unterhaltsberechtigte diese Kosten nicht aus einem ihm verbleibenden Kindergeldanteil decken kann (BGH NJW 2007, 511; BGH NJW 2005, 1493). Diese Rechtsprechung hatte die bis zum 31. 12. 2007 geltende Anrechnungsvorschrift des § 1612b Abs. 5 BGB a. F. im Blick, nach der dem barunterhaltspflichtigen Elternteil bei beengten Einkommensverhältnissen das anteilige Kindergeld ganz oder teilweise nicht zugute kommen konnte. Sie gilt auch nach dem 1. 1. 2008 zumindest im Grundsatz fort. Durch die Neufassung des § 1612a Abs. 1 BGB wird der Unterhaltspflichtige zwar vordergründig immer dadurch entlastet, dass nunmehr in jedem Fall eine bedarfsdeckende Anrechnung des anteiligen Kindergeldes erfolgt; für den Unterhaltsschuldner, dem nach Abzug des Zahlbetrages für den Kindesunterhalt keine oder keine ausreichenden über dem Selbstbehalt liegenden freien Mittel zur Verfügung stehen würden, ändert sich in wirtschaftlicher Hinsicht nichts. Die Kosten des Umgangsrechts, z. B. Fahrtkosten, Verpflegungs- oder Übernachtungskosten können in solchen Fällen weiterhin zu Abzügen vom Einkommen oder zu einer Erhöhung des Selbstbehalts führen,

Leistungsfähigkeit **§ 1603 BGB**

wenn sie **angemessen** sind und sich aufgrund ihrer Höhe als eine **besondere Belastung** des Unterhaltspflichtigen darstellen. Vorhaltekosten für ein Kinderzimmer in der Wohnung des Pflichtigen können in der Regel nicht berücksichtigt werden (BGH NJW 2005, 1493). Auch im Übrigen ist der Unterhaltspflichtige gehalten, die Kosten des Umgangs unter Berücksichtigung des Kindeswohls so niedrig wie möglich zu halten, etwa durch die Benutzung öffentlicher Verkehrsmittel (Wendl/Klinkhammer § 2 Rn 170).

V. Selbstbehalt

1. Angemessener Selbstbehalt

In welcher Höhe dem Pflichtigen Mittel zur Deckung des angemessenen Eigenbedarfs verbleiben müssen, ist grundsätzlich eine Frage der Beurteilung des Einzelfalls (BGH NJW 2003, 128). Dem praktischen Bedürfnis nach pauschalierenden Festlegungen wird von den Leitlinien der Oberlandesgerichte allerdings durch die Festlegung von festen Sätzen Rechnung getragen.   60

Seit dem 1. 1. 2008 beträgt der angemessene Selbstbehalt gegenüber **volljährigen Kindern** sowohl in den alten als auch in den neuen Bundesländern nach den unterhaltsrechtlichen Leitlinien nahezu einheitlich 1100 € (Ausnahme OLG Schleswig: 1000 €). Dieser Richtsatz wird von den Leitlinien fast aller Oberlandesgerichte in gleicher Weise auf Erwerbstätige und Nichterwerbstätige angewandt (Ausnahme OLG Braunschweig: 980 € für Nichterwerbstätige). Der in den Leitlinien festgelegte Selbstbehalt von 1100 € ist auf den Regelfall eines volljährigen Kindes in der Erstausbildung zugeschnitten. Gegenüber erwachsenen bedürftigen Kindern, die sich nicht mehr in einer Ausbildung befinden, kann ein höherer Selbstbehalt angesetzt werden, und zwar insbesondere dann, wenn sich die Eltern bereits auf einen Wegfall der Unterhaltspflicht einrichten durften (OLG Hamm NJW-RR 2002, 650; OLG Düsseldorf FamRZ 2001, 1724).   61

Im Rahmen der schwächer ausgestalteten Unterhaltspflicht gegenüber **Eltern** hat es der Bundesgerichtshof seit jeher für geboten erachtet, dass dem Unterhaltspflichtigen ein monatlicher Freibetrag verbleibt, der über dem angemessenen Selbstbehalt gegenüber volljährigen Kindern liegt (BGH NJW 1992, 1393). Die Leitlinien der Oberlandesgerichte gehen durchweg von einem erhöhten Selbstbehalt in Höhe von 1400 € aus, wobei ebenfalls nicht zwischen Erwerbstätigen und Nichterwerbstätigen unterschieden wird (Ausnahme OLG Jena: 1300 € für Nichterwerbstätige). Diese Pauschalierung wird vom Bundesgerichtshof mit der Maßgabe akzeptiert, dass es sich dabei um einen Mindestbetrag handelt, der unter Berücksichtigung der Lebensstellung des Pflichtigen (Einkommen, Vermögen, sozialer Rang) und seiner konkreten Lebensumstände durch den Tatrichter erhöht werden kann (BGH NJW 2004, 674). Für die Erhöhung des Mindestbetrages sehen die meisten Leitlinien wiederum Pauschalierungen vor, indem sie dem Pflichtigen die Hälfte des den Mindestselbstbehalt übersteigenden bereinigten Einkommens anrechnungsfrei belassen, was der Bundesgerichtshof aus Praktikabilitätsgründen ebenfalls gebilligt hat (BGH NJW 2003, 2306; BGH NJW 2003, 128).   62

Auch den Großeltern ist bei ihrer Inanspruchnahme für den Unterhalt von **Enkelkindern** zur Deckung ihres angemessenen Lebensbedarfs zumindest der erhöhte Mindestselbstbehalt zuzubilligen, der auch für erwachsene Kinder gegenüber ihren unterhaltsbedürftigen Eltern gilt (BGH NJW-RR 2007, 433; BGH NJW 2006, 142). Die Leitlinien der Oberlandesgerichte gehen dement-   63 sprechend auch beim Enkelunterhalt von einem Mindestselbstbehalt in Höhe von 1400 € aus. Noch keine Stellung hat der BGH zu der Frage bezogen, ob Großeltern gegenüber Enkelkindern neben dem erhöhten Mindestselbstbehalt generell auch die Hälfte ihres überschießenden Einkommens verteidigen können (dafür: OLG Dresden NJW-RR 2006, 221; Luthin FamRB 2005, 19). Die in den Leitlinien dazu getroffenen Festlegungen sind uneinheitlich. Sachgerecht erscheint die in den Leitlinien des OLG Hamburg (Ziffer 21.3.4) vorgenommene Differenzierung nach der Minderjährigkeit oder Volljährigkeit des unterhaltsbedürftigen Enkelkindes: Auch wenn Großeltern keine verschärfte Haftung nach § 1603 Abs. 2 Satz 1 BGB trifft, hindert das nicht zwingend die Berücksichtigung des Gesichtspunktes, dass minderjährigen Kindern in aller Regel jede Möglichkeit fehlt, ihren Unterhalt mit eigenen Mitteln zu bestreiten (Günther FPR 2006, 347). Eine zusätzliche quotenmäßige Beschränkung der Haftung sollte daher auf volljährige Enkel beschränkt bleiben (OLGR Koblenz 2005, 22; Wendl/Pauling § 2 Rn 620; Günther FPR 2006, 347).

2. Notwendiger Selbstbehalt

64 Die verschärfte Unterhaltspflicht gegenüber minderjährigen und privilegiert volljährigen Kindern findet erst dort ihre Grenze, wo der Unterhaltspflichtige nicht mehr in der Lage ist, seine eigene Fortexistenz zu sichern. Der notwendige Selbstbehalt ist deshalb grundsätzlich mit Beträgen zu bemessen, die dem sozialhilferechtlichen Bedarf entsprechen oder diesen allenfalls geringfügig übersteigen (BGH NJW 2008, 1373).

65 Die Sätze für den notwendigen Selbstbehalt liegen nach den unterhaltsrechtlichen Leitlinien seit dem 1. 1. 2008 im gesamten Bundesgebiet bei 900 € für einen Erwerbstätigen und bei 770 € für einen Nichterwerbstätigen (Ausnahmen OLG Frankfurt und OLG Schleswig: einheitlich 900 €). Eine Differenzierung zwischen Erwerbstätigen und Nichterwerbstätigen bei der Bemessung des notwendigen Selbstbehalts hat der Bundesgerichtshof ausdrücklich gebilligt, wenn nicht sogar für geboten erachtet (BGH NJW 2008, 1373), weil ein nicht erwerbstätiger Unterhaltsschuldner regelmäßig mehr Zeit zur Verfügung hat, seine Ausgaben durch sparsame Lebensführung zu reduzieren und der Mehrbetrag zugleich diejenigen Funktionen ausfüllt, die im Ehegattenunterhalt dem Erwerbstätigenbonus zugedacht werden, nämlich die Schaffung eines zusätzlichen Arbeitsanreizes und die Abgeltung nicht quantifizierbarer berufsbezogener Mehraufwendungen (vgl. BGH NJW 1997, 1919).

66 Nach diesen Maßstäben wird der Ansatz des vollen Selbstbehalts nicht in Betracht kommen, wenn der Pflichtige endgültig aus dem Erwerbsleben ausgeschieden ist (Rentner, Pensionär) oder in einem längerfristigen Bezug von **Krankengeld** steht (BGH FamRZ 2009, 307; OLG Bamberg NJW 2007, 3650). Der höhere Selbstbehalt eines Erwerbstätigen kann dagegen einem **Umschüler,** der an einer vollschichtigen berufsqualifizierenden Maßnahme teilnimmt (OLG Hamm FamRZ 2005, 2015; OLG Dresden OLG-NL 2006, 177), aber auch einem Bezieher von **Arbeitslosengeld** zustehen, wenn dies im Hinblick auf den Umfang seiner Bewerbungsbemühungen gerechtfertigt ist (Kalthoener/Büttner/Niepmann Rn 54).

67 Besteht die Erwerbstätigkeit des Schuldners nur in einer geringfügigen oder teilschichtigen Beschäftigung, ist der Ansatz des vollen Selbstbehaltes für Erwerbstätige grundsätzlich nicht gerechtfertigt; vielmehr kommt ein Zwischenbe-

Leistungsfähigkeit **§ 1603 BGB**

trag in Betrag (OLG Karlsruhe NJW 2008, 3290; Wendl/Klinkhammer § 2 Rn 267).

3. Erhöhung und Absenkung von Selbstbehalten

a) Wohnkosten. Viele Leitlinien weisen in den Selbstbehaltssätzen einen be- 68
zifferten Anteil für die Unterkunft einschließlich umlagefähiger Betriebskosten und Heizung (Warmmiete) aus, zumeist 360 € im notwendigen und 450 € im angemessenen Selbstbehalt. Muss der Pflichtige für die Deckung seines Wohnbedarfs dauerhaft unvermeidbare Mehrkosten in erheblichem Umfang aufbringen, kann ausnahmsweise eine Erhöhung des Selbstbehaltes in Betracht zu ziehen sein. Umgekehrt führt es indessen auch bei verschärfter Unterhaltspflicht nicht zu einer Absenkung des Selbstbehalts, wenn sich der Unterhaltspflichtige mit bescheidenen Wohnverhältnissen begnügt oder in eine Wohngemeinschaft eintritt, um zusätzliche Mittel für andere Zwecke verwenden zu können (BGH FamRZ 2009, 314; BGH NJW 2006, 3561; BGH NJW-RR 2004, 217). Eine Absenkung des Selbstbehaltes wird allenfalls noch in dem – in der Praxis wohl kaum anzutreffenden – Fall für möglich gehalten, dass der gesteigert Unterhaltspflichtige den im Selbstbehalt enthaltenen Wohnkostenanteil wegen einer günstigen Situation auf dem Mietwohnungsmarkt nicht ausschöpfen muss, um seinen Wohnbedarf ohne Einschränkungen seiner Wohnbedürfnisse zu decken (OLG Hamm FamRZ 2006, 1704).

b) Haushaltsersparnisse. Lebt der Unterhaltspflichtige mit einem Partner in 69
einer ehelichen oder nichtehelichen Gemeinschaft, kann eine Absenkung des Selbstbehalts in Betracht kommen. Dies beruht auf Haushaltsersparnissen und Synergieeffekten, die sich nach allgemeiner Lebenserfahrung dadurch ergeben, dass mehrere Personen in einem gemeinsamen Haushalt günstiger wirtschaften können als in mehreren Einzelhaushalten. Diese Ersparnisse müssen sich nicht auf die Unterkunftskosten beschränken, so dass es der Annahme von Haushaltsersparnissen nicht entgegensteht, wenn der von dem Unterhaltspflichtigen geleistete Kostenanteil für die gemeinsame Wohnung nicht geringer ist als der Aufwand, den er für eine allein bezogene Wohnung betreiben würde (BGH NJW 2008, 1373). Beim gemeinsamen Wirtschaften in einem Haushalt werden typischerweise auch Ersparnisse bei den **allgemeinen Lebenshaltungskosten** zu erwarten sein, was sich im Sozialrecht in der Herabsetzung der Regelleistungen für Angehörige einer Bedarfsgemeinschaft (vgl. § 20 Abs. 3 SGB II, § 3 Abs. 3 der DVO zu § 28 SGB XII) niederschlägt.

Der Unterhaltsschuldner trägt die **Darlegungs- und Beweislast** dafür, dass 70
ihm durch das Zusammenleben in der Bedarfsgemeinschaft keine Ersparnisse erwachsen (Wendl/Klinkhammer § 2 Rn 270). Voraussetzung für den Eintritt einer Haushaltsersparnis beim Unterhaltspflichtigen ist es aber in jedem Fall, dass sich der Partner durch sein eigenes Einkommen zumindest in eingeschränktem Umfang an den Kosten beteiligen kann; hierfür können der Bezug von Sozialhilfe (vgl. BGH NJW 2008, 1373) oder Arbeitslosengeld II (OLG Brandenburg NJW-RR 2007, 510) oder Einkünfte aus einer geringfügigen sozialversicherungsfreien Tätigkeit ausreichen. Wenn bei solcherart beengten Verhältnissen für den Unterhaltspflichtigen z. B. keine Ersparnisse bei den Unterkunfts- und Heizkosten eintreten, wird eine etwaige verbleibende Ersparnis bei den allgemeinen Lebenshaltungskosten für ihn kaum höher sein als die Differenz zwischen dem vollen (derzeit 351 €) und dem abgesenkten (derzeit 316 €) Regelsatz nach § 20

Botur

BGB § 1603 2. Teil. Kindes- und Verwandtenunterhalt

SGB II, was in etwa einer Absenkung des notwendigen Selbstbehaltes um 5% entspricht (OLG Brandenburg NJW-RR 2007, 510; OLG Karlsruhe NJW 2008, 3290). Bei günstigeren wirtschaftlichen Verhältnissen des Partners, die dessen weitergehende Beteiligung an den gemeinsamen Kosten zulassen, kann beim Unterhaltpflichtigen eine höhere Absenkung des Selbstbehalts in Betracht zu ziehen sein (OLG Dresden NJW-RR 2007, 1303; vgl. ausführlich Hütter FamRZ 2009, 5: Ersparnis bei allgemeinen Lebenshaltungskosten, Unterkunfts- und Heizkosten in der Regel 15%).

71 **c) Bedarfsdeckung durch Familienunterhalt.** Von der Absenkung des Selbstbehalts infolge von Haushaltsersparnissen sind die Fälle zu unterscheiden, in denen sich der **verheiratete Pflichtige** bei der Verwendung seiner Mittel nicht auf den – ggf. infolge von Haushaltsersparnissen schon abgesenkten – Selbstbehalt berufen kann, weil sein Eigenbedarf durch seinen Ehegatten gedeckt wird. Diese Grundsätze gelten im Verwandtenunterhalt für die einfache und für die gesteigerte Leistungspflicht des Unterhaltsschuldners gleichermaßen (BGH NJW 2003, 3770).

72 Verfügt der (wieder) verheiratete Unterhaltspflichtige nur über geringes Einkommen, kann sein ggf. bereits abgesenkter notwendiger oder angemessener Selbstbehalt schon durch den Anspruch auf **Familienunterhalt** (§§ 1360, 1360a BGB) gegen seinen gut verdienenden Ehegatten ganz oder teilweise gedeckt sein. Der Familienunterhalt ist dabei als Rechengröße grundsätzlich mit dem Geldbetrag zu veranschlagen, welcher der Hälfte des gemeinsamen bereinigten Nettoeinkommens des Pflichtigen und seines Ehegatten entspricht; ein Erwerbstätigenbonus wird nicht in Ansatz gebracht (BGH NJW 2002, 1646) und überobligatorische Einkünfte bleiben außer Betracht. Dem Ehegatten des Unterhaltspflichtigen muss jedoch bei beengten Verhältnissen mindestens der Ehegattenselbstbehalt in Höhe von derzeit 1000 € verbleiben (BGH NJW 2007, 139; a. A. Wendl/Klinkhammer § 2 Rn 184: angemessener Selbstbehalt von derzeit 1100 €). Der Einkommensteil des besser verdienenden Ehegatten, der seinen eigenen Hälfteanteil am bereinigten gemeinsamen Nettoeinkommen übersteigt, kann zur Deckung des Eigenbedarfs dem Pflichtigen zugewiesen werden. Der jeweils maßgebliche Selbstbehalt des Pflichtigen kann dann im Umfang der anderweitigen Deckung durch seinen Ehegatten herabgesetzt werden, bei günstigen Verhältnissen des besser verdienenden Ehegatten sogar bis auf Null. Die dem Pflichtigen zur Verfügung stehenden Einkünfte müssen dann, wenn und soweit sie zur Verteidigung des Selbstbehalts nicht mehr benötigt werden, für den Unterhalt eingesetzt werden.

Beispiel:
Die erwerbsunfähige F ist ihrem 15-jährigen Sohn S aus geschiedener erster Ehe zum Barunterhalt verpflichtet. Sie bezieht eine EU-Rente in Höhe von 450 € und ist in zweiter Ehe mit M verheiratet, der seinerseits über bereinigte Einkünfte in Höhe von 1750 € verfügt. Das gemeinsame Familieneinkommen beträgt 2200 €, wovon M die Hälfte, also 1100 €, verbleiben muss. In Höhe von 650 € (entspricht 1750 € ./. 1100 €) kann M zur Bedarfsdeckung der F beitragen. Setzt man den notwendigen Selbstbehalt der nicht erwerbstätigen F gegenüber S mit 770 € an, wird dieser schon in Folge der Bedarfsdeckung durch den Familienunterhalt auf 120 € herabgesetzt. F benötigt daher zur Verteidigung ihres Selbstbehalts von ihren eigenen Renteneinkünften nur noch 120 € und kann aus dem freien Restbetrag von 330 € den Zahlbetrag für den Mindestunterhalt für S in Höhe von 295 € aufbringen, ohne dass es noch darauf ankäme, ob der Selbstbehalt der F wegen Haushaltsersparnissen zusätzlich abzusenken gewesen wäre.

Verfügt der Unterhaltsschuldner nicht über eigene Einkünfte und wird demzufolge das gesamte Familieneinkommen durch den nicht unterhaltspflichtigen Ehegatten erwirtschaftet, kann der Anspruch auf Familienunterhalt allein keine Leistungsfähigkeit des Pflichtigen begründen, weil sein (neuer) Ehegatte der Verwendung von baren Mitteln aus dem Familieneinkommen zur Bedienung von familienfremden Unterhaltspflichten nicht zustimmen muss. Hiervon nicht erfasst ist allerdings der allgemeine unterhaltsrechtliche Anspruch des Unterhaltspflichtigen auf Zahlung eines angemessenen **Taschengeldes,** welches dem Unterhaltspflichtigen zur freien Verfügung zu überlassen ist und auf dessen Verwendung der Ehegatte keinen Einfluss nehmen kann. Dieses Taschengeld, dessen Höhe üblicherweise mit 5–7% des dem zahlungspflichtigen Ehegatten zur Verfügung stehenden bereinigten Nettoeinkommens bemessen wird (Kalthoener/Büttner/Niepmann Rn 816), ist grundsätzlich für Unterhaltszwecke einzusetzen, und zwar auch bei nachrangigen Unterhaltspflichten (**BGH NJW 2004, 674:** Elternunterhalt).

d) Krankheit, Heimunterbringung. Eine Erhöhung des Selbstbehalts kommt bei einem kranken Unterhaltsschuldner in Höhe seines krankheitsbedingten Mehrbedarfs in Betracht. Ist der Unterhaltsschuldner dauerhaft in einem Pflegeheim untergebracht und werden die Heimkosten durch Leistungen der Pflegeversicherung und Eigeneinkommen vollständig gedeckt, braucht ihm der Selbstbehalt nicht in voller Höhe belassen zu werden, sondern er wird konkret nach dem von den Heimleistungen nicht gedeckten Eigenbedarf (z. B. Kleidung, Körperpflege, Getränke) einschließlich eines angemessenen Taschengeldes zu bemessen sein (OLG Saarbrücken FamRZ 2004, 1293).

VI. Die gesteigerte Unterhaltspflicht (§ 1603 Abs. 2 BGB)

1. Anwendungsbereich

a) Minderjährige Kinder. Die gesteigerte Unterhaltspflicht gilt nach § 1603 Abs. 2 Satz 1 BGB zunächst gegenüber minderjährigen unverheirateten Kindern. Unverheiratet im Sinne dieser Vorschrift ist das Kind, wenn es niemals verheiratet war und sich die Eltern deshalb zu keinem Zeitpunkt auf den Wegfall der gesteigerten Unterhaltspflicht einstellen konnten. Eine gesteigerte Unterhaltspflicht kann deshalb nach der Scheidung des Kindes nicht wieder aufleben (MünchKomm/Born § 1603 Rn 100).

b) Privilegiert volljährige Kinder. Gemäß § 1603 Abs. 2 Satz 2 BGB sind den minderjährigen Kindern volljährige unverheiratete Kinder bis zur Vollendung des 21. Lebensjahres gleichgestellt, die sich in allgemeiner Schulausbildung befinden und im Haushalt eines Elternteils leben. Dieser Regelung liegt die Annahme zugrunde, dass sich die Lebensstellung jungvolljähriger Kinder beim Vorliegen dieser Voraussetzungen ungeachtet der rechtlichen Beendigung der elterlichen Sorge nicht wesentlich von der Lebensstellung minderjähriger Kinder unterscheidet (BT-Drucks. 13/7338, S. 21).

aa) Der Begriff der **allgemeinen Schulausbildung** ist unter Heranziehung der zu § 2 Abs. 1 BAföG entwickelten Grundsätze auszulegen und in drei Richtungen einzugrenzen, nämlich nach dem Ausbildungsziel, der zeitlichen Beanspruchung des Schülers und der Organisationsstruktur der Schule.

BGB § 1603

78 **Ausbildungsziel** muss der Erwerb eines allgemeinen Schulabschlusses als Zugangsvoraussetzung für die Aufnahme einer Berufsausbildung oder den Besuch einer Hochschule oder Fachhochschule sein, also jedenfalls der Hauptschulabschluss, der Realschulabschluss, die fachgebundene oder die allgemeine Hochschulreife. Diese Voraussetzung ist beim Besuch der Hauptschule, der Gesamtschule, des Gymnasiums und der Fachoberschule immer erfüllt (BGH NJW 2002, 2026; BGH NJW 2001, 2633), nicht aber beim Besuch einer Schule, die neben allgemeinen Ausbildungsinhalten bereits eine berufsbezogene Ausbildung vermittelt. Die föderale Vielfalt der Schullandschaft und die Verzahnung von Schul- und Berufsausbildung kann im Einzelfall zu Abgrenzungsschwierigkeiten führen. Die Absolvierung des **Berufsgrundschuljahres,** in dem keine auf ein konkretes Berufsbild bezogenen Kenntnisse vermittelt werden, kann als allgemeine Schulausbildung gelten, wenn das Kind dadurch einen bisher überhaupt noch nicht (OLG Celle NJOZ 2005, 1602) oder noch nicht in dieser Form (OLGR Koblenz 2000, 291; OLGR Zweibrücken 2001, 15: Hauptschulabschluss nach der 10. Klasse) erlangten Hauptschulabschluss erwerben kann. Der Besuch einer mehrjährigen **Berufsfachschule** mit dem Ausbildungsziel eines staatlichen geprüften Assistenten soll dagegen bereits eine konkrete Berufsausbildung vermitteln und ist selbst dann keine allgemeine Schulausbildung, wenn daneben (sog. integratives Modell) die Fachhochschulreife erlangt werden kann (OLG Dresden OLG-NL 2005, 90; KGR Berlin 2002, 113).

79 Die **Arbeitszeit** des Schülers muss durch die schulische Ausbildung überwiegend in Anspruch genommen werden, was bei einer reinen Unterrichtszeit von 20 Wochenstunden unter Berücksichtigung der erforderlichen Vor- und Nacharbeit und der Fahrtzeiten regelmäßig der Fall sein wird (BGH NJW 2001, 2633). Ist diese Voraussetzung erfüllt, spielt es keine Rolle, ob die Schulausbildung in einer Regel- oder Erwachsenenschule, als Tages- oder Abendunterricht durchgeführt wird (OLG Naumburg FamRZ 2007, 497; OLG Brandenburg NJW-RR 2008, 161).

80 *bb)* Das Kind muss in **Haushaltsgemeinschaft** mit den Eltern oder mit einem Elternteil leben. In der Familienwohnung muss das Kind seinen Lebensmittelpunkt haben, d. h. es muss dort üblicherweise übernachten und den größten Teil seiner persönlichen Sachen untergebracht haben. Es ist allerdings nicht erforderlich, dass das Kind in dieser Wohnung durch den zum Haushalt gehörenden Elternteil auch versorgt wird. Nach verbreiteter Auffassung soll ein Fall der privilegierten Volljährigkeit über den Wortlaut der Vorschrift hinaus auch dann vorliegen, wenn sich das Kind im Haushalt der Großeltern oder anderer naher Verwandter aufhält (OLG Dresden NJWE-FER 2001, 309; Wendl/Klinkhammer § 2 Rn 456; Erman/Hammermann § 1603 Rn 151; dagegen OLG Stuttgart FamRZ 2006, 1706; Kalthoener/Büttner/Niepmann Rn 178; einschränkend OLG Hamm NJW-RR 2005, 1670). Eine solche, auf die Lebenssituation des Kindes gegründete Einzelfallanalogie wird aber allenfalls dann in Betracht zu ziehen sein, wenn das Kind in diesem Haushalt seit frühester Jugend wie im Elternhaus versorgt worden ist.

81 *cc)* Im Übrigen stellt § 1603 Abs. 2 Satz 2 BGB eine **abschließende gesetzliche Regelung** dar, die keiner Erweiterung um andere Fallgruppen zugänglich ist. Auf volljährige behinderte Kinder kann die Vorschrift deshalb ebenso wenig analog angewendet werden wie auf volljährige Kinder, die auch nach Vollendung des 21. Lebensjahres noch eine Allgemeinschule besuchen.

Leistungsfähigkeit § 1603 BGB

2. Auswirkungen der gesteigerten Unterhaltspflicht

a) Verstärkter Mitteleinsatz. Der Unterhaltspflichtige ist bei gesteigerter 82
Unterhaltspflicht gehalten, auch solche Einkünfte für den Unterhalt des Berechtigten einzusetzen, die wegen ihrer besonderen sozialpolitischen Funktionen ansonsten beim Unterhaltspflichtigen unterhaltsrechtlich nicht als Einkommen zu behandeln sind. Dies gilt für den Sockelbetrag des Elterngeldes (§ 11 Satz 4 BEEG; vgl. BGH NJW-RR 2006, 1225 zur vergleichbaren Konstellation bei § 9 Satz 2 BErzGG) ebenso wie für das an die Pflegeperson weitergeleitete Pflegegeld (§ 13 Abs. 6 Satz 2 Nr. 1 SGB XI). Voraussetzung für den Einsatz dieser Leistungen ist es selbstverständlich, dass sie vom Pflichtigen nicht vorrangig zur Deckung des eigenen notwendigen Unterhalts benötigt werden.

b) Verstärkung der Erwerbsobliegenheit. Die Verschärfung der Unter- 83
haltspflicht nach § 1603 Abs. 2 Satz 1 BGB bewirkt insbesondere eine Steigerung der Erwerbsobliegenheit. Der Unterhaltsschuldner ist seinen minderjährigen Kindern gegenüber verpflichtet, gegebenenfalls unter Zurückstellung seines Rechts auf freie Berufswahl und freie Entfaltung seiner Persönlichkeit alle zumutbaren Einkünfte zu erzielen und zu diesem Zweck seine Arbeitsfähigkeit so gut wie möglich einzusetzen. Er muss sich nötigenfalls auch auf solche Tätigkeiten verweisen lassen, die nicht seiner bisherigen sozialen Stellung entsprechen, Hilfs- und Gelegenheitsarbeiten annehmen und auch zur Arbeitsleistung am Wochenende oder an Tagesrandzeiten bereit sein. Von ihm kann grundsätzlich auch ein Umzug (dazu Rn 10) oder ein Berufswechsel (dazu Rn 18 ff.) erwartet werden.

In der familiengerichtlichen Praxis häufen sich die Fälle, in denen ein Unter- 84
haltsschuldner trotz Ausübung einer angemessen entlohnten vollschichtigen Erwerbstätigkeit nicht genügend Einkünfte zur Verfügung hat, um den Mindestunterhalt seiner minderjährigen Kinder sichern. Es stellt sich dann die Frage, ob er eine zusätzliche **Nebentätigkeit** aufnehmen muss. Die Kasuistik in der Rechtsprechung der Familiensenate an den Oberlandesgerichten ist breit gestreut; sie reicht von vollständiger Ablehnung einer Nebentätigkeitsverpflichtung (OLG Brandenburg FamRZ 2007, 71; OLG Nürnberg FPR 2002, 273) bis hin zu der Annahme, dass im Normalfall Haupt- und Nebentätigkeit bis zur Grenze von 48 Wochenstunden bzw. 200 Stunden im Monat grundsätzlich zumutbar seien (OLG Köln NJW 2007, 444; OLG Hamm FamRZ 2001, 565). Das Bundesverfassungsgericht hat in seiner grundlegenden Entscheidung vom 5. 3. 2003 (BVerfG FamRZ 2003, 661) keine grundsätzlichen verfassungsrechtlichen Bedenken gegen die Annahme geäußert, dass Eltern zur Sicherstellung des Mindestunterhalts ihrer minderjährigen Kinder zur Aufnahme einer Nebenbeschäftigung neben einer vollschichtigen Haupttätigkeit verpflichtet sein können. Die Entscheidung erfordert in jedem Einzelfall eine Würdigung der Umstände am Maßstab des Verhältnismäßigkeit, für die im Wesentlichen die nachstehenden Kriterien heranzuziehen sind:

Äußerste Grenze für die Belastung des Unterhaltsschuldners mit einer zusätzli- 85
chen Nebenbeschäftigung sind die Bestimmungen, welche die Rechtsordnung zum Schutz der Arbeitskraft vorgibt (BVerfG FamRZ 2003, 661). Gemäß § 3 Abs. 1 ArbZG darf die werktägliche **Arbeitszeit** eines Arbeitnehmers acht Stunden nicht überschreiten; daraus folgt – da Sonnabende zu den Werktagen zählen – für die Summe aus Haupt- und Nebenbeschäftigung eine wöchentliche Höchstarbeitszeit von insgesamt 48 Stunden (vgl. BAG NZA 2004, 164).

BGB § 1603

86 Für die Beurteilung, welche Erholungsphasen einem Unterhaltsschuldner auch in Ansehung seiner gesteigerten Unterhaltspflicht zuzubilligen sind, ist neben der gesundheitlichen Belastung auch die konkrete **Arbeitssituation** in die Abwägung einzubeziehen. Leistet der Unterhaltsschuldner schwere körperliche Arbeit oder ist er als Nachtarbeitnehmer eingesetzt, wird die Ausübung einer Nebentätigkeit nicht in Betracht kommen. Auch die Tätigkeit im Wechselschichtsystem wird der zusätzlichen Ausübung von Nebentätigkeiten meist entgegenstehen (OLG Dresden FamRZ 2007, 1476; OLG Düsseldorf FamRZ 2004, 1514; einschränkend OLG Hamm FamRZ 2004, 299); sie wird allenfalls dann als zumutbar erscheinen können, wenn die tatsächliche wöchentliche Arbeitszeit des im Schichtbetrieb tätigen Unterhaltsschuldners deutlich unter 40 Stunden liegt (OLGR Düsseldorf 2006, 572). Auch in diesen Fällen wird allerdings anhand der Schichtzeiten zu prüfen sein, ob der Arbeitnehmer seine arbeitsfreie Zeit so disponieren kann, dass ihm die geregelte Ausübung einer Nebentätigkeit überhaupt möglich ist. Es kann neben der Ableistung von Überstunden und dem Erfordernis der Rufbereitschaft bei der Zumutbarkeitsprüfung auch erwogen werden, welche Fahrtzeiten der Arbeitnehmer für den Weg von und zur Arbeitsstelle aufwenden muss (OLG Oldenburg NJW-RR 2003, 226; einschränkend OLG Hamburg FamRZ 2008, 1274)

87 Auch die sonstige **Lebenssituation** ist in die Abwägung einzubeziehen, so dass insbesondere zu prüfen ist, ob die Aufnahme einer Nebentätigkeit das Umgangsrecht des Unterhaltsschuldners in einer für das Kindeswohl unverträglichen Weise einschränken würde. Die Aufnahme einer zusätzlichen Nebentätigkeit neben einer angemessenen vollschichtigen Tätigkeit wird regelmäßig auch dann nicht erwartet werden können, wenn der Unterhaltsschuldner ein minderjähriges Geschwisterkind des Unterhaltsberechtigten betreut; Stiefkinder können bei dieser Beurteilung allerdings nicht berücksichtigt werden (OLG Hamburg FamRZ 2008, 1274). Eine zusätzliche Nebentätigkeit wird vom barunterhaltspflichtigen Elternteil auch dann nicht erwartet werden können, wenn der Betreuungselternteil – auch ohne anderer leistungsfähiger Verwandter im Sinne von § 1603 Abs. 2 Satz 3 BGB zu sein – über eigene Einkünfte verfügt, mit denen er den ungedeckten (Rest-)Bedarf des Kindes ohne Gefährdung seines angemessenen Unterhalts aufbringen kann.

88 Es wird auch zu berücksichtigen sein, ob der Aufnahme einer Nebenbeschäftigung **arbeitsrechtliche Hindernisse** aus dem Bereich der Hauptbeschäftigung entgegenstehen. Ob es dem Arbeitnehmer zumutbar ist, gegen seinen Arbeitgeber wegen der Versagung einer Nebentätigkeitsgenehmigung vorzugehen (OLG Dresden NJW-RR 2005, 951; wohl auch OLG Naumburg FamRZ 2007, 1038; dagegen OLG Hamm FamRZ 2005, 649), wird sich danach zu beurteilen haben, ob die Unrechtmäßigkeit des Nebentätigkeitsverbotes offenkundig und dem Unterhaltsschuldner ein arbeitsgerichtliches Vorgehen gegen seinen Arbeitgeber im Hinblick auf die Sorge um den Bestand des Arbeitsverhältnisses zumutbar ist.

89 Die **Darlegungs- und Beweislast** dafür, dass die Aufnahme einer Nebentätigkeit nach den konkreten Umständen des Einzelfalls unzumutbar ist, trägt der Unterhaltsschuldner (BVerfG FamRZ 2003, 661; OLG Brandenburg NJW 2008, 3366). Verletzt der Unterhaltsschuldner eine etwaige Obliegenheit zur Aufnahme einer Nebentätigkeit, kann ihm ein **fiktives Nebenerwerbseinkommen** zugerechnet werden. Wie bei allen Einkommensfiktionen im Unterhaltsrecht ist auch hier darauf Bedacht zu nehmen, dass sich die Bemessung fiktiver Nebenerwerbseinkünfte an den tatsächlichen Erwerbsmöglichkeiten des Unterhaltsschuldners

Leistungsfähigkeit **§ 1603 BGB**

orientieren muss (BGH FamRZ 2009, 314), so dass es nicht realistisch erscheint, dem Unterhaltsschuldner anzusinnen, sein Nettoeinkommen aus einer vollschichtigen Tätigkeit durch eine Nebenbeschäftigung fast um die Hälfte steigern zu können (BVerfG FamRZ 2008, 1403; die in dieser Entscheidung des BVerfG enthaltenen Hinweise zur Steuer- und Sozialversicherungspflicht von Nebentätigkeiten müssen allerdings relativiert werden: Besteht neben einem sozialversicherungspflichtigen Haupterwerb nur ein weiteres geringfügig entlohntes Beschäftigungsverhältnis bei einem anderen Arbeitgeber, wird dieser erste neben der Haupttätigkeit ausgeübte Minijob nach § 40a Abs. 2 EStG pauschal versteuert und bleibt nach § 8 Abs. 2 Satz 1 SGB IV für den Arbeitnehmer sozialversicherungsfrei).

Verletzt der Unterhaltsschuldner seine Erwerbsobliegenheit bereits hinsichtlich seiner Hauptbeschäftigung, sind auch **Doppelfiktionen** bezüglich Haupt- und Nebenerwerb möglich (OLG Köln ZFE 2008, 195; OLG Köln NJW-RR 2007, 291). 90

c) Hausmann-Rechtsprechung. Die Verpflichtung, seine Arbeitskraft für den Unterhalt minderjähriger oder privilegiert volljähriger unverheirateter Kinder aus einer früheren Familie einzusetzen, entfällt nicht ohne weiteres dadurch, dass der Unterhaltpflichtige im Einverständnis mit dem neuen Ehegatten in der neuen Familie die Führung des Haushalts und die Betreuung der Kinder übernommen hat. Der Unterhaltpflichtige kann sich nicht auf die Betreuung der Kinder aus der neuen Familie beschränken, weil die minderjährigen Kinder aus der früheren Familie unterhaltsrechtlich im gleichen Rang (§ 1609 Nr. 1 BGB) stehen wie ihre Halbgeschwister aus der neuen Verbindung. 91

Hat der Unterhaltpflichtige einen **Rollentausch** vorgenommen, weil er in der früheren Familie den Familienunterhalt durch seine eigene Erwerbstätigkeit sichergestellt hat, kann er dies den minderjährigen und privilegiert volljährigen Kindern aus erster Ehe nur unter engen Voraussetzungen entgegenhalten. Der Rollenwechsel muss von den Unterhaltsberechtigten nur dann hingenommen werden, wenn sich durch die Erwerbstätigkeit des neuen Ehegatten die **Einkommenssituation** in der neuen Familie **wesentlich günstiger** gestaltet oder sonstige vergleichbare Gesichtspunkte von gleichem Gewicht (z.B. berufliche Aufstiegschancen des neuen Ehegatten) vorliegen, die für die neue Familie einen erkennbaren Vorteil mit sich bringt (BGH NJW 2007, 139; BGH NJW 2006, 2404). Müssen die Unterhaltsberechtigten den Rollentausch nach diesen Maßstäben nicht hinnehmen, bleibt der in zweiter Ehe haushaltsführende Ehegatte ihnen gegenüber zu einer Erwerbstätigkeit in früherem Umfange verpflichtet, so dass ihm auf dieser Grundlage ein fiktives Einkommen zugerechnet werden kann; bei der Verteilung dieses fiktiven Einkommens muss dann aber die Barunterhaltspflicht gegenüber den gleichrangigen Kindern aus zweiter Ehe berücksichtigt werden (BGH NJW 1996, 1815). 92

Muss der Rollenwechsel von den Unterhaltsberechtigten hingenommen werden oder liegt gar kein Rollenwechsel vor, weil der Unterhaltpflichtige schon in früherer Ehe nicht in nennenswertem Umfang erwerbstätig war (BGH NJW 1996, 1815), muss der Unterhaltpflichtige gleichwohl zum Unterhalt der Kinder aus erster Ehe beitragen. Der neue Ehegatte hat es dem Unterhaltpflichtigen zu ermöglichen, neben seiner Hausmannrolle durch geringfügige Beschäftigungen in den Abendstunden und am Wochenende, Heimarbeit am Computer oder häusliche Erledigung einfacher Lohnarbeiten (Wendl/Klinkhammer § 2 Rn 182) **Ne-** 93

BGB § 1603

beneinkünfte zu erzielen, gegebenenfalls unter Zuhilfenahme von Fremdbetreuungsmöglichkeiten. Unterlässt der Unterhaltspflichtige eine ihm zumutbare Nebenerwerbstätigkeit, sind ihm fiktive Einkünfte zuzurechnen. Zumindest während des Bezuges von **Elterngeld** nach dem BEEG wird dem Hausmann die Ausübung einer Nebenerwerbstätigkeit allerdings nicht zuzumuten sein (vgl. BGH NJW 2006, 2404 zum Bezugszeitraum von Erziehungsgeld); indessen ist das Elterngeld – und zwar nach § 11 Satz 4 BEEG auch der Sockelbetrag – gegenüber den minderjährigen Kinder aus erster Ehe grundsätzlich als Einkommen zu berücksichtigen. Der Unterhaltsschuldner muss seine Eigeneinkünfte aber nur dann und nur insoweit einsetzen, als sein eigener notwendiger Bedarf durch den von seinem zweiten Ehegatten geleisteten Familienunterhalt gedeckt ist. Der zweite Ehegatte muss daher mit seinem Einkommen in der Lage sein, seinen Eigenbedarf, den notwendigen Bedarf des unterhaltspflichtigen Hausmannes und gegebenenfalls den Bedarf der aus zweiter Ehe hervorgegangenen Kinder zu decken.

Beispiel:

M ist seinem 13-jährigen Sohn S aus geschiedener erster Ehe zum Barunterhalt verpflichtet. M betreut die aus zweiter Ehe mit F hervorgegangene noch nicht 1-jährige Tochter T. Der Rollentausch ist von S hinzunehmen, da F die deutlich besseren Verdienstmöglichkeiten besitzt und über ein Nettoeinkommen in Höhe von 2400 € verfügt. M bezieht Elterngeld in Höhe von monatlich 300 €. Das gemeinsame Familieneinkommen beträgt somit 2700 €, wovon der Kindesunterhalt für T in Höhe von 242 € (Zahlbetrag) abzusetzen ist. Von dem um den Kindesunterhalt bereinigten Familieneinkommen in Höhe von 2458 € muss F die Hälfte, also 1229 €, verbleiben. In Höhe von 929 € (entspricht 2400 € ./. 242 € ./. 1229 €) kann F zur Bedarfsdeckung bei M beitragen. Damit ist dessen notwendiger Selbstbehalt auch ohne Berücksichtigung von Haushaltsersparnissen auf jeden Fall auf Null abzusenken, so dass M seine Eigeneinkünfte (Elterngeld) voll einsetzen muss und den Zahlbetrag für den Mindestunterhalt für S in Höhe von 295 € aufbringen kann.

94 Seine frühere Rechtsprechung, wonach der Unterhaltsberechtigte durch den Rollentausch des Unterhaltspflichtigen nicht besser stehen dürfe als in den Fällen, in denen der Unterhaltspflichtige weiter voll erwerbstätig gewesen wäre, hat der Bundesgerichtshof in seiner Entscheidung vom 5. 10. 2006 (BGH NJW 2007, 139) ausdrücklich aufgegeben. Einer Kontrollberechnung anhand eines für den Pflichtigen fiktiv erzielbaren Erwerbseinkommens bei nicht stattgefundenem Rollentausch bedarf es daher nicht mehr.

95 Die Grundsätze der Hausmannrechtsprechung gelten jedoch nur, wenn das unterhaltsberechtigte Kind aus der früheren Ehe den ebenfalls unterhaltsberechtigten Angehörigen der neuen Familie, die der Hausmann durch seine Haushalts- und Betreuungsleistungen versorgt, im Range gleichsteht. Deshalb wird neben der Betreuung von kleinen Kindern aus zweiter Ehe keine Nebenerwerbsobliegenheit angenommen werden können, wenn es um nachrangige Unterhaltsansprüche nicht privilegiert volljähriger Kinder geht (BGH NJW 1987, 1549).

96 Der Bundesgerichtshof wendet die Grundsätze der Hausmannrechtsprechung auch auf einen Rollentausch im Rahmen einer **nichtehelichen Lebensgemeinschaft** an (BGH NJW 2001, 1488).

3. Ausnahmen von der gesteigerten Unterhaltspflicht

97 Die gesteigerte Unterhaltspflicht tritt nach § 1603 Abs. 2 Satz 3 BGB nicht ein, wenn der Unterhalt des Kindes aus dem Vermögensstamm bestritten werden kann oder wenn ein **anderer unterhaltspflichtiger Verwandter** vorhanden ist.

Das Vorhandensein eines anderen leistungsfähigen Verwandten lässt nur die Verschärfung der Unterhaltspflicht entfallen; die einfache Haftung des Unterhaltspflichtigen mit solchen Einkünften, die über seinem angemessenen Selbstbehalt liegen, bleibt von dieser Vorschrift unberührt.

Zu den anderen unterhaltspflichtigen Verwandten zählen insbesondere die Großeltern (BGH NJW 2006, 142). Es kommt aber auch der **betreuende Elternteil** als anderer unterhaltspflichtiger Verwandter in Betracht, wenn dieser seinerseits in der Lage ist, unter Berücksichtigung seiner sonstigen Verpflichtungen neben dem Betreuungsunterhalt auch den Barunterhalt des minderjährigen Kindes ohne Gefährdung seines eigenen angemessenen Selbstbehalts zu leisten (BGH NJW 1991, 697). Um die Regel des § 1606 Abs. 3 Satz 2 BGB allerdings nicht ins Leere laufen zu lassen, setzt eine anteilige oder vollständige Haftung des Betreuungselternteils für den Barunterhalt des minderjährigen Kindes zusätzlich voraus, dass ein erhebliches wirtschaftliches Ungleichgewicht der beiderseitigen Einkünfte vorliegt (BGH NJW 2008, 227; BGH NJW-RR 1998, 505). Diese Einschränkung gilt auch dann, wenn der barunterhaltspflichtige Elternteil nach Zahlung des Kindesunterhalts seinen angemessenen Selbstbehalt nicht verteidigen könnte. Ein erhebliches wirtschaftliches Ungleichgewicht liegt bei einem Einkommensunterschied von 20 % noch nicht vor, so dass der barunterhaltspflichtige Elternteil in diesen Fällen auf den notwendigen Selbstbehalt verwiesen werden kann (OLG Hamm NJW-RR 2003, 1161). Anderes soll dagegen bei einem Einkommensunterschied von rund 90% gelten (OLG Hamm FamRZ 2006, 1628: 993 € einerseits, 1860 € andererseits) 98

Kann der Unterhaltspflichtige trotz Zahlung des vollen Kindesunterhalts seinen angemessenen Selbstbehalt verteidigen, kommt eine Beteiligung des Betreuungselternteils am Barunterhalt nur in besonderen Ausnahmefällen in Betracht (BGH NJW 2002, 1646). Dies mag der Fall sein, wenn die Einkünfte des Betreuungselternteils die Einkünfte des an sich barunterhaltspflichtigen Elternteils um das Dreifache übersteigen (Wendl/Klinkhammer § 2 Rn 303). 99

Die Rechtsprechung zur Einschränkung der Barunterhaltspflicht des betreuenden Elternteils soll nicht für **privilegiert volljährige** Kinder gelten, weil beide Elternteile dem privilegiert volljährigen Kind bis zur Grenze des notwendigen Selbstbehalts auf Unterhalt anteilig nach ihren Erwerbs- und Vermögensverhältnissen haften und das notwendige Korrektiv durch die Berechnung der Haftungsquote hergestellt wird (BGH NJW 2008, 227). 100

§ 1604 Einfluss des Güterstands

¹**Lebt der Unterhaltspflichtige in Gütergemeinschaft, bestimmt sich seine Unterhaltspflicht gegenüber Verwandten so, als ob das Gesamtgut ihm gehörte.** ²**Haben beide in Gütergemeinschaft lebende Personen bedürftige Verwandte, ist der Unterhalt aus dem Gesamtgut so zu gewähren, als ob die Bedürftigen zu beiden Unterhaltspflichtigen in dem Verwandtschaftsverhältnis stünden, auf dem die Unterhaltspflicht des Verpflichteten beruht.**

I. Normzweck

Die Vorschrift enthält – ohne noch große praktische Bedeutung zu haben – Regelungen zur Unterhaltspflicht gegenüber Verwandten bei bestehender Güter- 1

BGB § 1605

gemeinschaft. Die bislang nur auf Ehegatten bezogene Vorschrift ist zum 1. 1. 2008 neu gefasst worden, um dem Umstand Rechnung zu tragen, dass auch eingetragene Lebenspartner Gütergemeinschaft vereinbaren können. Sachliche Änderungen sind dadurch nicht eingetreten (BT-Drucks. 16/1830, S. 22).

II. Inhalt der Vorschrift

2   Nach § 1604 Satz 1 BGB haftet der in Gütergemeinschaft lebenden Unterhaltspflichtige (Ehegatte oder Lebenspartner) seinem unterhaltsberechtigten Verwandten nicht nur mit dem Sonder- oder Vorbehaltsgut, sondern es kann auf das volle Gesamtgut zurückgegriffen werden. Für die Beurteilung der Leistungsfähigkeit ist deshalb das zusammengerechnete Einkommen beider Angehöriger der Gütergemeinschaft maßgeblich, wobei aus diesem Einkommen dann allerdings auch der Selbstbehalt beider Ehegatten zu wahren ist (OLGR Frankfurt 2002, 25). Die Unterhaltsschuld ist Gesamtgutsverbindlichkeit mit der Folge, dass der andere Ehegatte bzw. Lebenspartner im Rahmen seiner Pflicht zur Mitwirkung an einer ordnungsgemäßen Verwaltung des Gesamtgutes (§ 1451 BGB) der Verwendung des Gesamtgutes zu Unterhaltsleistungen zustimmen muss (BGH NJW 1990, 2252).

3   § 1604 Satz 2 BGB regelt den Fall, in dem beide Angehörige der Gütergemeinschaft Verwandten gegenüber zum Unterhalt verpflichtet sind. Die Vorschrift fingiert ein gleiches Verwandtschaftsverhältnis der Unterhaltsberechtigten zu beiden Ehegatten bzw. Lebenspartnern. Die unterhaltsrechtliche Rangfolge richtet sich dann für alle Unterhaltsberechtigten, gleichgültig von welchem Angehörigen der Gütergemeinschaft sie an sich ihren Unterhaltsanspruch ableiten, insgesamt nach § 1609 BGB (Palandt/Diederichsen § 1604 Rn 1; Bamberger/Roth/Reinken § 1602 Rn 4).

§ 1605 Auskunftspflicht

(1) **¹Verwandte in gerader Linie sind einander verpflichtet, auf Verlangen über ihre Einkünfte und ihr Vermögen Auskunft zu erteilen, soweit dies zur Feststellung eines Unterhaltsanspruchs oder einer Unterhaltsverpflichtung erforderlich ist. ²Über die Höhe der Einkünfte sind auf Verlangen Belege, insbesondere Bescheinigungen des Arbeitgebers, vorzulegen. ³Die §§ 260, 261 sind entsprechend anzuwenden.**

(2) **Vor Ablauf von zwei Jahren kann Auskunft erneut nur verlangt werden, wenn glaubhaft gemacht wird, dass der zur Auskunft Verpflichtete später wesentlich höhere Einkünfte oder weiteres Vermögen erworben hat.**

I. Normzweck und Grundlagen

1   Das deutsche Recht kennt keine allgemeine Auskunftspflicht. Niemand ist rechtlich verpflichtet, bestimmte Tatsachen einem anderen schon deshalb zu offenbaren, weil der Andere daran ein berechtigtes Interesse hat (BGH FamRZ 1983, 352). Die durch das 1. EheRG eingeführte Norm ist zentrale Anspruchsgrundlage für Auskunftsansprüche und gilt unter Verweisungen für alle gesetzlichen Unterhaltsansprüche. Die Auskunftsverpflichtung besteht wechselseitig.

Auskunftspflicht **§ 1605 BGB**

Zweck der Vorschrift ist es, die beteiligten Parteien in die Lage zu versetzen, ihren Anspruch richtig zu bemessen und einen Rechtsstreit durch Abschluss einer gütlichen Einigung zu vermeiden.

Ein wechselseitiger Anspruch auf Auskunft über Einkünfte und das Vermögen 2 besteht
- nach § 1605 Abs. 1 für den Kindesunterhalt,
- nach §§ 1361 Abs. 4 Satz 4, 1605 Abs. 1 beim Unterhaltsanspruch zwischen getrennt lebenden Eheleuten,
- nach §§ 1580, 1605 Abs. 1 für den nachehelichen Unterhalt ab Rechtshängigkeit des Scheidungsverfahrens (BGH FamRZ 1982, 151),
- nach §§ 1615 l Abs. 3, Abs. 4 Satz 2, 1605 Abs. 1 für den Unterhaltsanspruch von Mutter und Vater aus Anlass der Geburt eines nichtehelichen Kindes (BGH NJW 1998, 1309),
- nach §§ 1580, 1615 Abs. 1 analog für Unterhaltsansprüche nach §§ 58 ff. EheG (BGH NJW 1986, 1751),
- nach §§ 16 LPartG, 1605 Abs. 1 für den nachpartnerschaftlichen Unterhaltsanspruch,
- nach §§ 12 LPartG, 1605 Abs. 1 bei getrennt lebenden Lebenspartnern,
- nach § 1353 zwischen nicht getrennt lebenden Ehegatten, etwa zur Bemessung des Wirtschaftsgeldes (BGH FamRZ 1976, 516; OLG Karlsruhe FamRZ 1990, 161).

Nach § 242 besteht weiter ein Auskunftsanspruch, wenn zwischen den Beteiligten besondere rechtliche Beziehungen vertraglicher oder außervertraglicher Art vorhanden sind, die es mit sich bringen, dass der Auskunftsbegehrende über das Bestehen und den Umfang seines Rechts im Unklaren und deshalb auf die Auskunft des Verpflichteten angewiesen ist, während dieser die Auskunft unschwer erteilen kann und dadurch nicht unbillig belastet wird (BGH NJW 2003, 3624; FamRZ 1983, 352). Das gilt für den Anspruch eines vom volljährigen gemeinsamen Kind auf Unterhalt in Anspruch genommenen Elternteil gegen den anderen Elternteil zur Ermittlung der Haftungsquote (BGH NJW 1988, 1906), zwischen Geschwistern, soweit dies für die Berechnung des eigenen Haftungsanteils für den Unterhalt der Eltern erforderlich ist, nicht jedoch zwischen Schwägern und Schwägerinnen (BGH NJW 2003, 3624).

Beim Bezug von ALG II geht der Auskunftsanspruch nach § 33 Abs. 1 Satz 4 4 SGB II, beim Bezug von Hilfe zum Lebensunterhalt nach § 94 SGB XII (OLG Karlsruhe FamRZ 2001, 924, 926), beim Bezug von Unterhaltsvorschuss nach § 7 UVG kraft Gesetzes auf den Leistungsträger über. Beim Bezug von BAföG hat das Land kraft übergegangenen Rechts (§ 37 BAföG) neben dem Auskunftsanspruch aus § 47 BAföG i. V. m. § 60 SGB I auch einen unterhaltsrechtlichen Auskunftsanspruch (BGH FamRZ 1991, 1117). Daneben bestehen eigene Auskunftsansprüche für den Sozialhilfeträger nach § 117 SGB II (BGH FamRZ 1993, 1067) und für die Arbeitsagentur nach §§ 315 ff. SGB III. Dem Unterhaltsberechtigten verbleibt der Auskunftsanspruch zwecks Überprüfung der Geltendmachung weitergehender Ansprüche (KG FamRZ 1997, 1405; OLG München FamRZ 2002, 1213).

Die in § 643 ZPO geregelte Vorschrift der Auskunftsverpflichtung gegenüber 5 den Gerichten ist anwendbar auf Streitverfahren wegen der gesetzlichen Unterhaltspflicht, § 621 Abs. 1 Nr. 4, 5 und 11 ZPO (s. § 643 Rn 1 ff.), aber auch bei überzahltem Unterhalt. Der unterhaltsrechtliche Auskunftsanspruch wird davon nicht tangiert. Die Norm stellt eine Konkretisierung der §§ 273 ff. ZPO dar und

BGB § 1605

begründet eine verfahrensrechtliche Auskunftsverpflichtung der Parteien. Kommt eine Partei nach Hinweis auf die Folgen durch das Gericht seiner Auskunftsverpflichtung nicht nach, kann das Gericht gem. § 643 Abs. 2 ZPO unmittelbar bei den in der Norm genannten Stellen Auskünfte einholen. Beim Minderjährigenunterhalt (OLG Celle NJW-FER 2000, 218) kann zurzeit noch keine Auskunft beim Finanzamt eingeholt werden, **ab 1. 9. 2009** aber auch für volljährige Kinder **(§ 236 Abs. 1 Nr. 5 FamFG).**

6   In besonderen Fällen, in denen das Schweigen über eine günstigere, für den Unterhaltsanspruch ersichtlich grundlegende Änderung der wirtschaftlichen Verhältnisse evident unredlich erscheint, nimmt die Rechtsprechung (BGH NJW 1986, 1751 und 2047) eine **Verpflichtung zur ungefragten Information** an. Wegen der Einzelheiten wird auf die Anmerkungen in § 1580 Rn 9–11 verwiesen.

II. Rechtsnatur der Auskunft und Anspruchsvoraussetzungen

7   Der Auskunftsanspruch ist ein unselbständiger Hilfsanspruch zum Unterhaltsanspruch (BGH NJW 1987, 1132), der nur besteht, wenn die materiell-rechtlichen Voraussetzungen eines Anspruchs auf Barunterhalt bestehen, die von den wirtschaftlichen Verhältnissen der Parteien unabhängig sind (BGH NJW 1982, 2771). Deshalb besteht **kein Auskunftsanspruch,** wenn feststeht, dass die begehrte Auskunft den Unterhaltsanspruch unter keinem Gesichtspunkt beeinflussen kann (BGH FamRZ 1982, 996; BGH NJW 1994, 2618). Das ist der Fall, wenn die Grenze zum „Luxusunterhalt" für ein Kind offensichtlich überschritten ist (BGH FamRZ 1983, 473), bei Vorliegen eines wirksamen Unterhaltsverzichts (BGH NJW 1994, 2618), bei Streit über die Höhe eines Pflichtteils, wenn diese Beträge nicht zur Deckung des Unterhalts der Familie herangezogen wurden und damit die ehelichen Lebensverhältnisse nicht geprägt haben (BGH NJW 1982, 2771), bei Ausscheiden eines Unterhaltsanspruchs, weil der auf Unterhalt in Anspruch Genommene evident nicht leistungsfähig ist (BGH NJW 1983, 1429), wenn der Unterhalt aufgrund sehr günstiger wirtschaftlicher Verhältnisse allein nach dem konkreten Bedarf des Unterhaltsgläubigers zu errechnen ist und die Leistungsfähigkeit außer Streit steht (BGH NJW 1994, 2618; OLG Karlsruhe NJW-RR 2000, 1024), wenn im Rahmen des Ehegattenunterhalts kein Ehe prägendes Einkommen des Unterhaltsschuldners erfragt wird, wenn also das Einkommen ersichtlich auf einem Karrieresprung beruht (BGH FamRZ 1985, 791), bei Vorliegen der Voraussetzungen des § 1579 nur dann, wenn Umstände vorliegen, die auch ohne Einbeziehung der Einkommens- und Vermögensverhältnisse den Unterhaltsanspruch zweifelsfrei entfallen lassen (BGH NJW-RR 1994, 644; FamRZ 1983, 996).

8   Ein Auskunftsanspruch entfällt mangels Rechtsschutzbedürfnisses, wenn dem Auskunftsberechtigten alle Umstände bekannt sind, um den Unterhalt berechnen zu können (OLG Köln FamRZ 2001, 1713). Ist zweifelhaft, ob ein Unterhaltsanspruch besteht, verbleibt es bei dem Grundsatz der wechselseitigen Auskunftspflicht (BGH FamRZ 1983, 996). Eine Auskunft kann nicht unter Berufung auf ein **Zurückbehaltungsrecht** nach §§ 273, 320 verweigert werden (OLG Bamberg FamRZ 1985, 610; OLG Brandenburg FamRZ 2002, 1270; MüKo/Born § 1605 Rn 43).

III. Inhalt und Umfang der Auskunftspflicht

Nach dem Wortlaut hat der Pflichtige Auskunft über seine Einkünfte und sein 9
Vermögen zu erteilen. Über die Einkommensarten des § 2 Abs. 1 EStG hinaus hat sich die Auskunft auf alle mit einer gewissen Regelmäßigkeit erzielten Einnahmen und alle damit zusammenhängenden Ausgaben (Steuern, Vorsorgeaufwendungen, Werbungskosten, berufsbedingte Aufwendungen pp.) zu erstrecken (OLG Köln FamRZ 2003, 235). Einmalige Einnahmen, z. B. ein Spielgewinn oder der Erlös aus einer Veräußerung von Grundvermögen oder eines Handelsgeschäftes, zählen nicht zu den Einkünften, sondern zu den auskunftspflichtigen Vermögenswerten (OLG Karlsruhe NJW-RR 1986, 870).

1. Einkommen

a) Nichtselbständige. Arbeitnehmer und Rentner müssen über ihr Gesamt- 10
einkommen (BGH NJW 1983, 2243) Auskunft erteilen. Bei Einkünften aus abhängiger Beschäftigung sind – nach Monaten getrennt (BGH NJW 1982, 1642; OLG Köln FamRZ 2003, 236) – neben dem Bruttogehalt, der Art und dem Umfang der Abzüge auch Sonderzahlungen wie Weihnachts- und Urlaubsgeld, Spesen, Auslösungen und Tantiemen pp. mitzuteilen, weiterhin Einkünfte aus Kapitalvermögen, aus Vermietung und Verpachtung, Einkünfte aus Nebentätigkeiten, Steuererstattungsbeträge, Wegegeld, Sitzungsgeld und Aufwandsentschädigungen (Bamberger/Roth/Reinken § 1605 Rn 8). In der Regel erstreckt sich die Auskunftspflicht auf ein Jahr, sofern sich das laufende Einkommen nicht mit Sicherheit wesentlich oder nachhaltig geändert hat.

b) Selbständige. Bei Selbständigen mit schwankenden Einkommen sind die 11
Einkommens- und die für den Unterhalt relevanten Vermögensverhältnisse durch eine Aufschlüsselung der Einnahmen und der damit zusammenhängenden Ausgaben i. d. R. über einen Zeitraum von drei Jahren, ggflls. auch darüber hinaus, mitzuteilen (BGH FamRZ 1985, 357 und 470). Die Einnahmen und Aufwendungen sind so darzustellen, dass die allein steuerrechtlich beachtlichen Aufwendungen von den unterhaltsrechtlich relevanten Aufwendungen abgegrenzt werden können. Nicht ausreichend ist deshalb die Aufzählung einzelner Kostenarten wie Abschreibung, allgemeine Kosten, Versicherungskosten pp.; notwendig ist eine genaue Kennzeichnung der einzelnen Ausgabearten und der darauf entfallenden Beträge (BGH FamRZ 1980, 770; OLG München FamRZ 1996, 737). Dem Auskunftspflichtigen ist es jedoch gestattet, in der Auskunft auf beigefügte Anlagen wie Einnahme-/Überschussrechnungen zu verweisen (Kleffmann FuR 1999, 403, 405). Darzustellen sind der Stand des Kapitalkontos und die Höhe der getätigten Entnahmen (OLG Celle NJW-RR 1992, 1478).

Die Auskunft von einem Selbständigen kann unabhängig davon verlangt wer- 12
den, ob der Steuerberater die Gewinnermittlung fertig gestellt hat. Es ist eine angemessene Frist zur Auskunftserteilung zu setzen. Spätestens ab Ende Juni eines jeden Jahres muss die Gewinn- und Verlustrechnung für das Vorjahr vorliegen, um die nachteiligen Folgen einer fehlenden Sachaufklärung zu vermeiden (OLG Bamberg FamRZ 1989, 423; OLG München FamRZ 1992, 1207). Bei Land- und Forstwirten beziehen sich die Auskünfte nicht auf das Kalenderjahr, sondern auf das vom 1. 7.–30. 6. des folgenden Jahres laufende Wirtschaftsjahr.

BGB § 1605

2. Vermögen

13 Über das Vermögen ist nur Auskunft zu erteilen, wenn und soweit es für den Unterhalt relevant sein kann, üblicherweise auf den 31. 12. des Jahres, weil sich auf diesen Termin regelmäßig die Bankabrechnungen zu Schulden, Geschäftskonten, Wertpapieren pp. beziehen (OLG München FamRZ 1996, 738). Da keine allgemeine Offenbarungspflicht hinsichtlich der Vermögensverhältnisse besteht, wird weder eine Negativauskunft der Bank hinsichtlich weiterer Zinseinkünfte geschuldet noch ist Rechenschaft zu legen über den Verbleib früherer Vermögensgegenstände (OLG Karlsruhe FamRZ 1986, 1271; FamRB 2003, 2; OLG Hamburg FamRZ 1985, 394). Die Erklärung, Einkommen oder Vermögen sei nicht vorhanden, ist eine umfassende Auskunft. Nach dem Zweck der Vorschrift gehören zum Vermögen auch die **Schulden,** deren Mitteilung ohnehin im Interesse des Unterhaltsschuldners liegt (Staudinger/Engler § 1605 Rn 25).

3. Sonstige Umstände

14 Soweit es sich um persönliche Umstände handelt, die für die Bedürftigkeit von Bedeutung sind, z. B. Wiederheirat oder Geburt eines weiteren Kindes (OLG Düsseldorf FamRZ 1997, 361), erstreckt sich die Auskunftsverpflichtung darauf nicht; auch nicht auf Bemühungen um eine Arbeitsstelle (OLG Düsseldorf FamRZ 1997, a. a. O.) und auch nicht auf mögliche unterhaltsrechtliche Obliegenheitsverletzungen (OLG Bamberg NJW-RR 1986, 689). Als Ausfluss von § 242 BGB (BGH FamRZ 1987, 433) ist Auskunft zu erteilen über alle Umstände, deren Kenntnis zur Bemessung des Unterhaltsanspruches notwendig ist. Zwar ist grundsätzlich ein Unterhaltspflichtiger darlegungs- und beweispflichtig für eine eingeschränkte oder fehlende Leistungsfähigkeit (BGH FamRZ 1998, 357) und damit an sich auch für das Vorhandensein von Verbindlichkeiten. Um den Unterhaltsanspruch aber richtig bemessen zu können und einen möglichen Rechtsstreit zu vermeiden, ist die Auskunftsverpflichtung auch auf bestehende **Verbindlichkeiten** zu erstrecken, weil diese die Leistungsfähigkeit und damit die Höhe des Unterhaltsanspruchs beeinflussen. Nur so wird der Unterhaltsberechtigte in die Lage versetzt, seine Unterhaltsforderungen zuverlässig zu berechnen (OLG Köln NJW-RR 2001, 365: zu § 93d ZPO; OLG Brandenburg FamRZ 2003, 239: zu § 93d ZPO; Schürmann FuR 2005, 49; § 93d Rn 1).

IV. Art der Auskunft

Zur Erfüllung der Auskunft bedarf es der Vorlage einer systematischen Aufstellung aller erforderlichen Angaben zu Einkünften und Vermögen, die notwendig sind, um dem Gegner ohne übermäßigen Arbeitsaufwand die Berechnung des Einkommens zu ermöglichen (BGH NJW 1983, 2243).

1. Bestandsverzeichnis

15 Das Verzeichnis muss geordnet, leserlich, vollständig, zutreffend und übersichtlich sein (OLG Karlsruhe FamRZ 2004, 106). Deshalb sind die gesamten Einnahmen und alle damit zusammenhängenden Ausgaben (Steuern, Vorsorgeaufwendungen, Werbungskosten pp.) sowie sonstige Ausgabeposten (OLG Köln FamRZ 2003, 235) so genau darzulegen, dass der Auskunftsgläubiger im Stande ist, deren unterhaltsrechtliche Relevanz nachzuprüfen. Die Vorlage nur einer Reihe von Belegen (Steuerbescheide oder Lohnabrechnungen) genügt nicht. Diese müssen zu einem geschlossenen Werk zusammengefügt werden (BGH FamRZ 1983, 1232). In der Regel ist die Auskunft in einer einzigen Erklärung und nicht in mehreren Teilauskünften zu erteilen (OLG Köln FamRZ 2003, 235; Schürmann FuR 2005, 49; a. A. OLG Hamm FuR 2004, 269). Sofern die Übersichtlichkeit gewahrt ist, kann das Bestandsverzeichnis ausnahmsweise aus einer Mehrheit von Teilverzeichnissen bestehen (BGH NJW 1962, 245; Bamberger/Roth/Mayer § 1379 Rn 6).

2. Persönliche Unterzeichnung

Die Auskunft ist als Wissenserklärung höchstpersönlicher Natur (BGH FamRZ 1989, 731) und erfordert eine eigene und schriftlich verkörperte Erklärung des Schuldners, die jedoch nicht die gesetzliche Schriftform (§ 126) erfüllen muss und deshalb durch einen Boten, z. B. durch einen Rechtsanwalt übermittelt werden darf (BGH NJW 2008, 917 zu § 1379; OLG Köln FamRZ 2003, 235; a. A. OLG Karlsruhe FamRZ 2004, 106; OLG Hamm FamRZ 2005, 1194; OLG Nürnberg FuR 2003, 294). 16

3. Erneute Auskunft

Sofern keine wesentliche Änderung der Einkünfte/des Vermögens glaubhaft gemacht wird, kann eine erneute Auskunft grundsätzlich erst nach Ablauf von zwei Jahren nach der letzten Auskunftserteilung verlangt werden (BGH NJW 1997, 1439; OLG Hamm FamRZ 2005, 1585). Die Frist beginnt, sofern ein rechtskräftiger Titel über den Auskunftsanspruch besteht, mit Zeitpunkt der letzten mündlichen Verhandlung (BGH FamRZ 1987, 483) und im Falle eines Prozessvergleichs mit dem Tage des Vergleichsabschlusses (OLG Düsseldorf NJW 1993, 1079). Die Sperrfrist gilt nicht, soweit die Auskunftsverpflichtung aus § 242 hergeleitet wird, ebenso nicht wegen Nichtidentität von Trennungsunterhalt und nachehelichem Unterhalt (BGH FamRZ 1988, 370), wenn erstmals Auskunft zum nachehelichen Unterhalt trotz vorheriger Auskunft zum Trennungsunterhalt verlangt wird (OLG Hamm FamRZ 2004, 377; OLG Köln FPR 2003, 129). Sie gilt weiter nicht bei einer zeitlich befristeten Unterhaltsregelung (OLG Hamm FamRZ 1990, 657) sowie bei einem in einem einstweiligen Anordnungsverfahren geschlossenen Unterhaltsvergleich, soweit dieser den Unterhaltsanspruch nur vorläufig regelt (OLG Karlsruhe FamRZ 1992, 684). 17

Vor Ablauf der Frist kann Auskunft verlangt werden, wenn glaubhaft gemacht wird, dass auf Seiten des Unterhaltspflichtigen wesentliche Änderungen in den Einkommens- und Vermögensverhältnissen eingetreten sind, z. B. bei einem Arbeitsplatzwechsel, einer Beförderung, dem Anfall einer Erbschaft oder einem dadurch bedingten höheren Einkommen oder dem Wegfall von Verbindlichkeiten (OLG Bamberg FamRZ 1990, 775; OLG Köln NJW-RR 2004, 6). Die Sperrfrist des Abs. 2 hindert einen Unterhaltsgläubiger im Laufe eines Auskunftsprozesses, sei es isoliert oder im Rahmen einer Stufenklage, nicht, sein Auskunftsbegehren zeitlich zu erweitern, solange das Auskunftsverlangen noch nicht prozessual erledigt ist (OLG Düsseldorf FamRZ 1997, 1281). 18

BGB § 1605

V. Vorlage von Belegen, Abs. 1 Satz 2

19 Der Auskunftspflichtige muss auf Verlangen auch Belege über die Höhe seiner Einkünfte vorlegen. Auskunfts- und Belegansspruch sind getrennte Ansprüche, die einzeln geltend gemacht, jedoch verbunden werden können (OLG München FamRZ 1996, 307). Notwendig ist deshalb eine besondere **Titulierung des Belegansspruches**. Eine pauschale Aufforderung, geeignete Belege vorzulegen, ist zu unbestimmt, um den Pflichtigen für den Anspruch auf Vorlage von Belegen in Verzug zu setzen (OLG München FamRZ 1996, a. a. O.). Die Belegpflicht umfasst regelmäßig nicht die Verpflichtung zur Vorlage von Originalbelegen (OLG Frankfurt NJWE-FER 1997, 30; a. A. KG FamRZ 1982, 614).

1. Arbeitnehmer

Soweit eine Verdienstbescheinigung vorgelegt wird, die für den nachzuweisenden Zeitraum lückenlos sämtliche Einkünfte aus dem Arbeitsverhältnis ausweist, wird die Verpflichtung zur Vorlage von Belegen i. d. R. damit erfüllt sein mit der Folge, dass der Auskunftsberechtigte nicht die Vorlage weiterer Dokumente – etwa des Arbeitsvertrages – verlangen kann. Liegt aber keine Verdienstbescheinigung vor, aus der sich zweifelsfrei entnehmen lässt, in welcher Höhe der Auskunftspflichtige für einen bestimmten Zeitraum Einkünfte aus dem Arbeitsverhältnis bezogen hat, kann grundsätzlich auch die Vorlage solcher Schriftstücke verlangt werden, aus denen sich entsprechende Erkenntnisse gewinnen lassen (BGH NJW 1993, 3262). Diese Grundsätze gelten auch bei einer Arbeit im Ausland (BGH a. a. O.). Vorzulegen ist der Einkommensteuerbescheid (BGH NJW 1982, 1642; OLG Hamm FamRZ 2007, 73: zu Einkommen aus Vermietung aus Verpachtung) sowie auf Verlangen die Einkommensteuererklärung (BGH NJW-RR 2000, 1300; NJW 1983, 1554).

2. Selbständige

20 Ein selbständiger Gewerbetreibender hat auf Verlangen den Einkommensteuerbescheid (BGH FamRZ 1982, 151) und daneben im Regelfall auch die Vorlage der Kopie der zugrunde liegenden Einkommensteuererklärung (BGH FamRZ 1982, 680) vorlegen. Die Bilanz mit den dazu gehörigen Gewinn- und Verlustrechnungen ist vorzulegen (BGH NJW 1982, 1642). Von einem Gesellschafter und Geschäftsführer einer GmbH, der vom Gewinn der GmbH abhängige Einkünfte bezieht, kann auch die Vorlage von Bilanzen nebst Gewinn- und Verlustrechnungen der GmbH verlangt werden (BGH FamRZ 1982, 680). Zur Ermittlung des Einkommens muss der Schuldner die Einnahmen-Überschussrechnung gem. § 4 Abs. 3 EStG vorlegen, ggfls. nach dem Umständen des Einzelfalles neben der Bilanz und der Überschussrechnung auch einzelne Buchungsunterlagen sowie Sachkonten.

Wird einem zur Auskunft Verurteilten aufgegeben, seine Einkünfte durch die Anlagen „N" und „GSE" nebst den dazugehörigen Einnahme-Überschussrechnungen und den Jahresabschluss, bestehend aus Bilanz nebst Gewinn- und Verlustrechnung, zu belegen, so hat er die vorhandenen Belege vorzulegen. Er ist nicht verpflichtet, Unterlagen zu erstellen, so dass die Kosten für die Fertigung einer Bilanz zur Begründung seiner Beschwer nicht herangezogen werden können, wenn der Schuldner in der Vergangenheit Einnahme-Überschussrechnungen nach § 4 Abs. 3 EStG vorgelegt hat (BGH NJW-RR 2007, 1300).

3. Geheimhaltungsinteresse

In der Regel tritt das Geheimhaltungsinteresse des Unterhaltsberechtigten zurück und lässt deshalb weder den Auskunftsanspruch noch die Verpflichtung zur Belegvorlage entfallen (BGH NJW 2005, 3349; FamRZ 1994, 27: Vorlage von Gesellschaftsbilanzen). Das Steuergeheimnis besteht nur im Verhältnis der Finanzbehörde zum Steuerpflichtigen (BGH NJW 1982, 1624). Umfasst der Auskunftsanspruch auch die Vorlage des Einkommensteuerbescheides (BGH NJW 1982, 1654), muss der Auskunftspflichtige den Bescheid auch dann vorlegen, wenn er zusammen mit seinem Ehegatten veranlagt worden ist. Er darf jedoch solche Betragsangaben abdecken oder sonst unkenntlich machen, die ausschließlich seinen Ehegatten betreffen oder in denen Werte für ihn und seinen Ehegatten zusammengefasst sind, ohne dass sein eigener Anteil daraus entnommen werden kann (BGH NJW 1983, 1554).

4. Musterantrag

Ein dem Erfordernis der inhaltlichen Bestimmtheit des Auskunftsanspruchs und des Anspruchs auf Belegvorlage entsprechender Antrag könnte folgendermaßen aussehen (vgl. FA-FamR/Gerhardt Kap. 6 Rn 532):

> Der Beklagte wird verurteilt, dem Kläger Auskunft zu erteilen durch Vorlage einer systematischen Aufstellung über
> a) seine sämtlichen Brutto- und Nettoeinkünfte einschließlich aller Nebeneinkünfte aus nicht selbständiger Tätigkeit in der Zeit vom ... bis ... und die erteilte Auskunft zu belegen durch Vorlage der Lohnsteuerkarte nebst Lohnsteuerbescheinigung für das Jahr ... und der Lohn- bzw. Gehaltsabrechnungen des Arbeitgebers sowie der Bescheide über bezogenes Kranken- und/oder Arbeitslosengeld
> b) seine Einnahmen und Aufwendungen aus Vermietung und Verpachtung, Kapitaleinlagen und selbständiger Arbeit vom ... bis ... und die erteilte Auskunft zu belegen durch Vorlage der gefertigten Einkommensteuererklärung und der erhaltenen Einkommensteuerbescheide sowie der etwaigen Bilanzen nebst den Gewinn- und Verlustrechnungen bzw. der Einnahme-Überschuss-Rechnungen für die Jahre ...

VI. Ergänzende Auskunft

Ein Anspruch auf Ergänzung der Auskunft besteht, wenn anzunehmen ist, dass die Auskunft infolge unverschuldeter Unkenntnis oder eines entschuldbaren Irrtums unvollständig ist (BGH NJW 1984, 484).

VII. Eidesstattliche Versicherung

Besteht Grund zu der Annahme, dass die Auskunft in einzelnen Teilen nicht mit der erforderlichen Sorgfalt erstellt worden ist, kann gem. §§ 259, 260, 261 eine eidesstattliche Versicherung verlangt werden. Maßgebend ist dabei, dass aufgrund fehlender Sorgfalt die Auskunft unvollständig oder unrichtig ist (BGH FamRZ 1984, 144). Hat ein Verpflichteter ein von ihm selbst verfasstes oder amtlich aufgestelltes Verzeichnis vorgelegt, dass nicht von vornherein unbrauchbar ist, kann regelmäßig nicht dessen Ergänzung oder Erneuerung wegen be-

BGB § 1606

haupteter Mängel verlangt werden, außer der Verpflichtete ist selbst zur Beseitigung der Mängel bereit. Derartige ggflls. vorliegende Mängel sind im Verfahren über die Abgabe einer eidesstattlichen Versicherung oder im Rechtsstreit über die Ausgleichsforderung selbst zu klären (OLG Köln FamRZ 1997, 1336). Unvollständige und mehrfach berichtigte Angaben können die Annahme mangelnder Sorgfalt begründen, ebenso das Verschweigen wesentlicher Tatsachen (BGH FamRZ 1983, 998; 1984, 144). Zum schlüssigen Vortrag gehört daher neben der Darlegung der Unvollständigkeit und/oder Unrichtigkeit der Auskunft auch, dass sich die Unrichtigkeit und/oder Unvollständigkeit bei gehöriger Sorgfalt hätte vermeiden lassen (BGH FamRZ 1984, 144).

VIII. Vollstreckung

25 Der Auskunftsanspruch ist nach § 888 ZPO zu vollstrecken, der auf Belegvorlage nach § 887 ZPO. Zwingend notwendig ist ein Antrag des Gläubigers (OLG Celle FamRZ 2006, 1689). Der Titel muss auf eine unvertretbare Handlung (OLG Brandenburg NJW-RR 2007, 943) gerichtet und so bestimmt sein, dass sich der Umfang der Auskunftsverpflichtung aus ihm ergibt. Dem Schuldner muss die Vornahme der Handlung möglich sein (OLG Köln MDR 2003, 114), und zwar im Zeitpunkt der Zwangsmittelfestsetzung (OLG Celle MDR 1998, 923). Der Schuldner kann Erfüllung einwenden (BGH NJW 2005, 367). Bei Unmöglichkeit der Auskunftsverpflichtung gilt § 893 ZPO, es kann Klage auf Leistung des Interesses erhoben werden.

26 Die eidesstattliche Versicherung kann freiwillig vor dem Gericht der freiwilligen Gerichtsbarkeit abgegeben werden (§§ 163, 79 FGG), sofern der Berechtigte sie durch Klage oder in sonstiger Weise die Abgabe verlangt hat. Die freiwillige Abgabe kann auch bei Klageerhebung erfolgen, solange noch kein Titel vorliegt. Trotz Titels ist ein Verfahren nach § 163 FGG möglich bei einer Einigung der Parteien auf ein Verfahren nach dem FGG. Erscheint ein Schuldner trotz ordnungsgemäßer Ladung nicht zur Abgabe der eidesstattlichen Versicherung im FGG-Verfahren oder verweigert er die Abgabe, kann der Anspruch im Wege der Klage geltend gemacht werden. Die Vollstreckung erfolgt, sofern der Schuldner nicht erschienen ist oder die Abgabe verweigert hat (OLG Düsseldorf FamRZ 1997, 1495) nach § 888 ZPO durch das AG als Vollstreckungsgericht. Zuständig ist gem. § 20 Nr. 17 RpflG der Rechtspfleger. Die Anordnung der Erzwingungshaft ist dem Richter vorbehalten (§ 4 Abs. 2 Nr. 2 RPflG). Die Kosten der eidesstattlichen Versicherung trägt derjenige, der sie verlangt hat, i. d. R. also der Gläubiger (BGH NJW 2000, 2113).

§ 1606 Rangverhältnisse mehrerer Pflichtiger

(1) **Die Abkömmlinge sind vor den Verwandten der aufsteigenden Linie unterhaltspflichtig.**

(2) **Unter den Abkömmlingen und unter den Verwandten der aufsteigenden Linie haften die näheren vor den entfernteren.**

(3) ¹**Mehrere gleich nahe Verwandte haften anteilig nach ihren Erwerbs- und Vermögensverhältnissen.** ²**Der Elternteil, der ein minderjähriges unverheiratetes Kind betreut, erfüllt seine Verpflichtung, zum Unterhalt des Kindes beizutragen, in der Regel durch die Pflege und Erziehung des Kindes.**

I. Normzweck

Die Vorschrift legt die Reihenfolge fest, in der die unterhaltspflichtigen Verwandten zur Leistung von Unterhalt herangezogen werden.

II. Grundzüge; Überblick über die Haftungsordnung

1. Grundsätze

Abs. 1 regelt das Verhältnis zwischen Nachkommen und Vorfahren; die Verwandten der absteigenden Linie (Abkömmlinge: Tochter/Sohn, Enkel, Urenkel) haften vor den Verwandten der aufsteigenden Linie (Vorfahren: Mutter/Vater, Großeltern, Urgroßeltern). Nach **Abs. 2** haften innerhalb der auf- oder absteigenden Linie die näheren Verwandten vor den entfernteren Verwandten. **Abs. 3 Satz 1** regelt schließlich, wie zu verfahren ist, wenn zwei gleich nahe Verwandte (Beispiel: Mutter und Vater für den Unterhalt des volljährigen, studierenden Kindes bzw. zwei Geschwister für den Unterhalt eines im Pflegeheim lebenden Elternteils) zur Unterhaltsleistung herangezogen werden; sie haften nicht als Gesamt-, sondern als Teilschuldner anteilig nach ihren Erwerbs- und Vermögensverhältnissen. **Abs. 3 Satz 2** legt für den Unterhalt des minderjährigen, unverheirateten Kindes die Gleichwertigkeit von Bar- und Betreuungsunterhalt fest.

2. Reichweite

Die Haftung der Pflichtigen für die Unterhaltsschuld wird durch § 1606 nicht abschließend geregelt. Die Haftung des Ehegatten des Unterhaltsberechtigten (§ 1608 Abs. 1 Satz 1), auch des geschiedenen Ehegatten (§ 1584 Satz 1), des Lebenspartners (§ 1608 Abs. 1 Satz 4, § 16 Satz 2 LPartG) oder von Vater und Mutter aus Anlass der Geburt (§ 1615l Abs. 3 Satz 2) sowie des Annehmenden (§§ 1751 Abs. 4 Satz 1, 1770 Abs. 3) sind gesondert geregelt; deren jeweilige unterhaltsrechtliche Einstandspflicht geht derjenigen der Verwandten des Unterhaltsberechtigten vor. Die Rangfolge zwischen den Unterhaltsberechtigten ist demgegenüber in § 1609 geregelt.

3. Haftungsordnung

§ 1606 wird durch § 1607 ergänzt: Ein nachrangiger Verwandter haftet erst, wenn und soweit der vorrangige Verwandte leistungsunfähig ist (§ 1607 Abs. 1) bzw. die Rechtsverfolgung gegen ihn im Inland ausgeschlossen oder erheblich erschwert ist (§ 1607 Abs. 2 Satz 1). Solange ein vorrangiger Verwandter in Anspruch genommen werden kann, entsteht keine Unterhaltsverpflichtung des nachrangigen Verwandten. Damit ergibt sich folgende unterhaltsrechtliche Haftungsordnung (ausführl. Göppinger/Wax-Kodal, Rn 1623 ff.; Scholz/Stein, Teil K Rn 2):

- Der **Ehegatte** bzw. **Lebenspartner** und zwar ohne dass es darauf ankäme, ob der unterhaltspflichtige Ehegatte/Lebenspartner mit dem bedürftigen Ehegatten/Lebenspartner zusammen oder getrennt lebt (§ 1608 Abs. 1 Satz 1, 4) oder ob die Ehe geschieden bzw. die Lebenspartnerschaft aufgehoben ist (§§ 1584 Satz 1, 16 Satz 2 LPartG);
- Vater oder Mutter für den Unterhalt des anderen, **betreuenden Elternteils** (§ 1615l Abs. 3 Satz 2, Abs. 4). Soweit der unterhaltsberechtigte, betreuende

BGB § 1606

Elternteil daneben noch einen Unterhaltsanspruch gegen seinen Ehegatten hat, haften der unterhaltsverpflichtete Elternteil und der Ehegatte anteilig (vgl. näher § 1615l, XII.2, Rn 43);
- Der **Annehmende** für den Unterhalt des angenommenen Kindes bzw. des angenommenen Volljährigen und dessen Abkömmlinge (§§ 1751 Abs. 4, 1770 Abs. 3);
- **Kinder,** Enkel bzw. Urenkel (§ 1606 Abs. 1, 2);
- **Eltern** (§ 1606);
- **Weitere Vorfahren:** Großeltern, Urgroßeltern (§ 1606).

III. Anteilige Haftung gleichrangiger Verwandter

1. Teilschuldnerschaft

5   Gleich nahe Verwandte haften gleichrangig (Abs. 3 Satz 1). Sie sind keine Gesamtschuldner, von denen jeder verpflichtet wäre, die ganze Leistung zu bewirken (§ 421), sondern Teilschuldner, die nur auf denjenigen Teil des Unterhalts haften, der auf sie entfällt (BGH NJW 1981, 923).

6   Rechnerisch erfolgt das in der Weise, dass von den Einkünften des Pflichtigen zunächst der jeweilige Selbstbehalt sowie berücksichtigungsfähige sonstige Verbindlichkeiten und vorrangige Unterhaltspflichten (BGH NJW-RR 2004, 217; Erman/Hammermann, § 1606 Rn 25; Bamberger/Roth-Reinken, § 1606 Rn 8 f.) abgesetzt werden, bevor die verbliebenen Einkünfte zueinander ins Verhältnis gesetzt werden. Es sind nur die für Unterhaltszwecke tatsächlich verfügbaren Mittel zu berücksichtigen (BGH FamRZ 1988, 1039). Durch den Vorwegabzug des Selbstbehalts soll verhindert werden, dass der weniger leistungsfähige Pflichtige einen höheren Prozentsatz seines den Selbstbehalt übersteigenden Einkommens einzusetzen hat als der leistungsstärkere Pflichtige (BGH NJW-RR 1986, 293).

7   Die Haftungsquoten gleichrangiger Verpflichteter, beispielsweise von Mutter und Vater für den Unterhalt eines volljährigen, studierenden Kindes, sind damit unter Zugrundelegung der Selbstbehaltsätze der Düsseldorfer Tabelle (Anm. 5; Stand 1. 1. 2009) wie folgt zu berechnen:

Verfügbares Einkommen der Eltern nach Abzug des angemessenen Eigenbedarfs:
Vater:	3500–1100 =	2400
Mutter:	1800–1100 =	700
Insgesamt verfügbares Einkommen:		3100
Berechnung der Haftungsquoten:		
Vater:	2400 : 3100 =	ca. 77%
Mutter:	700 : 3100 =	ca. 23%.

8   Im Ergebnis haften der Vater damit zu 77%, die Mutter zu 23% für den Unterhalt des Kindes.

9   Die **Darlegungs- und Beweislast** für die Höhe des Einkommens des nicht am Prozess beteiligten Verpflichteten, um die jeweiligen Haftungsanteile bestimmen zu können, trägt grundsätzlich der Unterhaltsberechtigte (OLG Hamm FamRZ 2003, 1025; OLG Zweibrücken FamRZ 2001, 249; vgl. ausführl. MünchKomm/Born, § 1606 Rn 52; Bamberger/Roth-Reinken, § 1606 Rn 28).

2. Verteilung der Unterhaltslast

10   **a) Minderjähriges Kind.** Als Ergänzung zu der anteiligen Haftung beider Elternteile stellt Abs. 3 Satz 2 das Prinzip der Gleichwertigkeit von Bar- und Betreu-

ungsunterhalt auf. Der Elternteil, der das minderjährige, unverheiratete Kind betreut, schuldet daher grundsätzlich keinen Barunterhalt. Das gilt grundsätzlich solange das Kind minderjährig ist (BGH NJW 1980, 2306). Für den Barbedarf des Kindes haftet daher allein der andere, nicht betreuende Elternteil nach Maßgabe seiner Einkommens- und Vermögensverhältnissen. Nur ausnahmsweise haften trotz Minderjährigkeit des Kindes beide Eltern anteilig auf Barunterhalt und zwar dann, wenn das Kind von keinem der beiden Eltern betreut wird, weil es beispielsweise einen eigenen Haushalt hat, bei Dritten oder in einem Heim lebt, ohne dass ein nennenswerter Rest an Betreuungsleistung durch einen Elternteil verbleibt (OLG Brandenburg FamRZ 2004, 396 = BeckRS 2003, 6688; OLG Hamm FamRZ 1991, 104; vgl. näher unten, IV.1, 2, Rn 13, 14 f.).

b) Volljähriges, nach § 1603 Abs. 2 Satz 2 privilegiertes Kind. Das volljährige, unverheiratete Kind bis zur Vollendung des 21. Lebensjahres, das im elterlichen Haushalt lebt und sich noch in der allgemeinen Schulausbildung befindet (§ 1603 Abs. 2 Satz 2), ist dem minderjährigen Kind nur im Hinblick auf den Unterhaltsrang (§ 1609 Nr. 1) und die gesteigerte Unterhaltpflichtigkeit der Eltern (§ 1603 Abs. 2 Satz 1) gleichgestellt, nicht aber hinsichtlich der anteiligen (Bar-)Unterhaltsverpflichtung beider Elternteile. Daher werden mit der Volljährigkeit des Kindes grundsätzlich beide Elternteile barunterhaltspflichtig (§ 1606 Abs. 3 Satz 1). Denn mit der Volljährigkeit endet die elterliche Sorge und damit auch das Recht und die Pflicht der Eltern, das Kind zu pflegen und zu erziehen (§§ 1626, 1631). Damit ist die rechtliche Grundlage für die Gleichwertigkeit von Betreuungs- und Barunterhalt entfallen und zwar ohne Rücksicht darauf, ob das Kind weiterhin im elterlichen Haushalt lebt und gewisse Betreuungsleistungen erhält (BGH NJW 2006, 57; BGH NJW 202, 2026; OLG Karlsruhe FamRZ 1999, 45). 11

c) Volljähriges Kind. Im Verhältnis zu volljährigen, nicht-privilegierten Kindern – beispielsweise einem studierenden Sohn oder Tochter – haften die Eltern entsprechend ihren jeweiligen Einkommensverhältnissen anteilig für den jeweiligen Unterhaltsbedarf des Kindes (zur Berechnung vgl. oben, III.1, Rn 7). Naturalleistungen, die derjenige Elternteil erbringt, bei dem das Kind lebt, können im Einverständnis mit dem Kind mit dem geschuldeten Barunterhalt verrechnet werden (Götz, S. 49). Da die Eltern nicht mehr gesteigert unterhaltpflichtig sind, steht ihnen der angemessene Selbstbehalt zu (Düsseldorfer Tabelle, Anm. 5: 1100 EUR; Stand 1. 1. 2009). 12

IV. Gleichwertigkeit von Bar- und Betreuungsunterhalt

1. Grundsatz

Solange das unterhaltsbedürftige Kind minderjährig und nicht verheiratet ist, sind Bar- und Betreuungsunterhalt kraft gesetzlicher Entscheidung gleichwertig (Abs. 3 Satz 2), um auf diese Weise eine gerechte Verteilung der Unterhaltslasten auf beide Elternteile sicherzustellen (MünchKomm/Born, § 1606 Rn 6; Johannsen/Henrich-Graba, § 1606 Rn 1). Mit Pflege- und Erziehung ist die gesamte persönliche Fürsorgeleistung desjenigen Elternteils gemeint, bei dem das Kind lebt; dass der Betreuungsbedarf eines Kindes kurz vor Vollendung des 18. Lebensjahres reduziert ist, ändert hieran nichts (BGH NJW 1994, 1530; BGH NJW 1980, 2306; vgl. auch MünchKomm/Born, § 1606 Rn 25). 13

BGB § 1606

Die Gleichwertigkeit von Bar- und Betreuungsunterhalt entfällt auch nicht dadurch, dass der betreuende Elternteil erwerbstätig ist und deshalb zeitweilig auf Hilfe und Unterstützung von Dritten oder von Verwandten zurückgreift (BGH NJW 1981, 1559). Auch ein längerer Schüleraustausch (OLG Braunschweig OLG-Report 2008, 322 = FamRZ 2007, 2004 [LS]: einjähriger USA-Aufenthalt; OLG Hamm FamRZ 1999, 1449: dreimonatiger Schüleraustausch) oder Ferienaufenthalte des Kindes, etwa beim anderen, barunterhaltspflichtigen Elternteil lassen die Gleichwertigkeit unberührt (BGH NJW 2006, 2258; BGH NJW 1984, 2826). Entscheidend ist, dass ein nennenswerter Teil der Betreuung durch den betreffenden Elternteil selbst vorgenommen wird und der Schwerpunkt der Betreuung bei diesem liegt (Wendl/Klinkhammer, § 2 Rn 283; Bamberger/Roth-Reinken, § 1606 Rn 17).

2. Sonderfälle, Ausnahmen

14 a) **Auswärtige Unterbringung des minderjährigen Kindes.** Bei Unterbringung des Kindes in einem Internat bleibt es jedenfalls dann, wenn das Kind die Wochenenden und die Ferien beim betreuenden Elternteil lebt, bei der Gleichwertigkeit von Betreuungs- und Barunterhalt (Luthin/Schumacher, Rn 3176).

15 Anderes gilt jedoch dann, wenn das **Kind zur Gänze von Dritten betreut** wird, ohne dass bei einem Elternteil eine nennenswerte Restbetreuung verbleibt. Das kann der Fall sein, wenn beispielsweise das Kind einen eigenen Hausstand hat, dauerhaft bei den Großeltern, bei Dritten oder in einer betreuten Wohneinrichtung des Jugendamtes lebt (OLG Hamm FamRZ 1991, 104; OLG Hamm NJW-RR 1990, 900; KG FamRZ 1989, 778; KG FamRZ 1984, 1131). In derartigen Konstellationen haften beide Elternteile anteilig auf Barunterhalt.

16 b) **Wechselmodell.** Wenn das **Kind** in der Weise betreut wird, dass es **in etwa gleich langen Phasen bei dem einen und dem anderen Elternteil lebt**, also ein Wechselmodell in einer reinen Form vorliegt, gilt nicht § 1606 Abs. 3 Satz 2, sondern es bleibt bei einer anteiligen Haftung beider Elternteile. Der Unterhaltsbedarf des Kindes ist an den beiderseitigen, zusammengerechneten Einkünften der Elternteile auszurichten zuzüglich eventueller Mehrkosten aufgrund der Versorgung des Kindes in zwei getrennten Haushalten. Für diesen Bedarf haften die Eltern sodann anteilig nach ihren Einkommensverhältnissen und unter Berücksichtigung der jeweils erbrachten Naturalleistungen (BGH NJW 2006, 2258).

17 Wenn dagegen der **Schwerpunkt der Betreuung eindeutig bei einem Elternteil** liegt, gilt zu dessen Gunsten das Prinzip der Gleichwertigkeit von Betreuungs- und Barunterhalt. Dabei bleibt es auch dann, wenn der andere Elternteil einen weit über das übliche Maß hinausreichenden, sich einer Mitbetreuung nähernden Umgang ausübt; auch in diesem Fall gilt § 1606 Abs. 3 Satz 2 und der Barunterhalt des Kindes ist allein am Einkommen dieses Elternteils auszurichten (BGH NJW 2007, 1882; OLG Schleswig NJW-RR 2008, 1322). Wenn der andere, barunterhaltspflichtige Elternteil überobligatorische Betreuungsleistungen erbringt, ist es jedoch möglich, auf eine eigentlich gebotene Höhergruppierung in der Düsseldorfer Tabelle zu verzichten (OLG Brandenburg FamRZ 2007, 1354; vgl. auch Rakete-Dombek, FF 2007, 200 f.). Weiter kommt in Betracht, konkrete Mehraufwendungen des barunterhaltspflichtigen Elternteils zu berücksichtigen (Wendl/Klinkhammer, § 2 Rn 316 b; Eschenbruch/Wohlgemuth, Rn 3–131. S. weiter Hamm, § 6 Rn 14 f.; Born, FPR 2008, 88 ff.; Viefhues, FPR 2006, 287 ff.).

c) **Geschwistertrennung.** Betreut jeder Elternteil eines von mehreren gemeinsamen, minderjährigen Geschwisterkindern, erfüllt er die Unterhaltspflicht dem von ihm betreuten Kind gegenüber durch Pflege und Erziehung. Gegenüber dem Geschwisterkind, das bei dem anderen Elternteil lebt, bleibt er barunterhaltspflichtig entsprechend seinen Einkommens- und Vermögensverhältnissen. Insbesondere dann, wenn die jeweiligen Einkünfte der Elternteile annähernd gleich hoch sind, werden in der Praxis häufig wechselseitige **Freistellungsvereinbarungen** abgeschlossen. Diese binden jedoch nicht das Kind (§ 1614 Abs. 1), sondern nur den jeweiligen Elternteil (OLG Zweibrücken FamRZ 1997, 178; näher MünchKomm/Born, § 1606 Rn 37). 18

d) **Haftung auf Barunterhalt neben Betreuung.** Der Grundsatz der Gleichwertigkeit von Betreuungs- und Barunterhalt gilt nur *in der Regel* (§ 1606 Abs. 3 Satz 2). Eine Einschränkung erfährt er insbesondere dann, wenn beim Kind ein erheblicher, anzuerkennender **Mehr- oder Sonderbedarf** besteht, beispielsweise aufgrund einer Behinderung oder aufgrund des Besuchs eines Kindergartens bzw. einer sonstigen Betreuungseinrichtung. In diesem Fall hat sich der betreuende Elternteil, soweit er über Einkünfte verfügt, an diesem zusätzlichen Bedarf angemessen zu beteiligen (BGH NJW 2008, 2337; BGH NJW-RR 1998, 505; BGH NJW 1983, 2082; Wendl/Scholz, § 6 Rn 13; MünchKomm/Born, § 1606 Rn 33). 19

Darüber hinaus kann die Barunterhaltspflicht des nicht betreuenden Elternteils sich ausnahmsweise auch dann ermäßigen oder ganz entfallen, wenn die **Einkommens- und Vermögensverhältnisse des betreuenden Elternteils deutlich günstiger** sind als diejenigen des anderen Elternteils. Das kommt insbesondere dann in Betracht, wenn der nicht betreuende Elternteil zur Unterhaltszahlung nicht ohne Beeinträchtigung des eigenen, angemessenen Unterhalts in der Lage wäre, wohingegen der andere Elternteil neben der Betreuung des Kindes auch den Barunterhalt leisten könnte, ohne dass dadurch sein eigener, angemessener Unterhalt gefährdet wäre (BGH NJW-RR 1998, 505; BGH NJW 1991, 697; BGH NJW 1984, 303). Denn die Inanspruchnahme des nicht betreuenden Elternteils zum Barunterhalt darf nicht zu einem erheblichen wirtschaftlichen Ungleichgewicht zwischen den Eltern führen. Hierbei handelt es sich allerdings stets um eine Ausnahme von der Grundregel der Gleichwertigkeit von Betreuungs- und Barunterhalt, die deshalb nur innerhalb sehr enger Grenzen greift (BGH NJW 1980, 2306). Eine Beteiligung des betreuenden Elternteils am Barunterhalt wird regelmäßig nur in Betracht kommen ab einem Einkommen des betreuenden Elternteils, dass dasjenige des barunterhaltspflichtigen Elternteils um das doppelte bis dreifache übersteigt (MünchKomm/Born, § 1606 Rn 29; Bamberger/Roth-Reinken, § 1606 Rn 18; vgl. auch Göppinger/Wax-Kodal, Rn 1650 ff.; Scholz, FamRZ 2006, 1728, 1730 ff.). Bei diesen Fällen handelt es sich stets um eine wertende Betrachtung des Einzelfalles; eine Verallgemeinerung kommt nicht in Betracht. 20

Eine Haftung auf Barunterhalt trotz Betreuung kommt schließlich auch beim Eingreifen der Ersatzhaftung nach § 1607 in Betracht (s. dazu § 1607 3 ff.). 21

V. Familienrechtlicher Ausgleichsanspruch

1. Allgemeines

Soweit ein Elternteil der ihm obliegenden anteiligen Unterhaltspflicht nicht nachkommt und deshalb der andere Elternteil an dessen Stelle leistet, kann dem 22

BGB § 1606

leistenden Elternteil ein familienrechtlicher Ausgleichsanspruch gegen den anderen Elternteil zustehen. Es handelt sich hierbei um einen richterrechtlich entwickelten Ausgleichsmechanismus außerhalb bzw. neben dem Bereicherungsrecht und dem Aufwendungsersatz nach §§ 683, 670, der auf der gemeinsamen Unterhaltspflicht der Eltern gegenüber ihren Kindern und der Notwendigkeit beruht, die Unterhaltslast im Innenverhältnis entsprechend ihrem Leistungsvermögen zu verteilen (BGH NJW 1960, 957; BGH NJW 1968, 1780; Göppinger/Wax-van Els, Rn 1787; vgl. zur Kritik Roth, FamRZ 1994, 793).

23 Praktisch relevant wird der familienrechtliche Ausgleichsanspruch insbesondere dann, wenn das Kind während des Unterhaltsprozesses volljährig wird oder zum anderen Elternteil wechselt. Mit dem Eintritt der Volljährigkeit bzw. mit dem Obhutswechsel (§ 1629 Abs. 2 Satz 2) erlischt die Vertretungsmacht des bislang betreuenden Elternteils und die gesetzliche Prozessstandschaft (§ 1629 Abs. 3 Satz 1) endet (AG Montabaur NJW 2008, 1539; Wendl/Scholz, § 2 Rn 538; Gießler, FamRZ 1994, 800 ff.). Für den Ausgleich des Kindergeldbezugs zwischen den Eltern nach einem Obhutswechsel des Kindes bedarf es des familienrechtlichen Ausgleichsanspruchs dagegen seit dem 1. Januar 2008 und dem Reform des § 1612b Abs. 1 in der Regel nicht mehr (ausf. Wendl/Scholz, § 2 Rn 539a).

2. Anspruchsvoraussetzungen

24 Der Anspruch setzt voraus, dass ein Elternteil Unterhalt geleistet und damit zugleich eine Verpflichtung erfüllt hat, die im Innenverhältnis dem anderen Elternteil oblag. Es ist daher zu prüfen, ob der andere Elternteil dem Kind im maßgeblichen Zeitraum gegenüber unterhaltspflichtig und insbesondere auch leistungsfähig war (OLG Köln FamRZ 2009, 619). Es kann nur die Erstattung von geleistetem Barunterhalt, nicht jedoch Ersatz für erbrachten Betreuungsaufwand gefordert werden (BGH NJW 1994, 2234; **a. A.** Wendl/Scholz, § 2 Rn 536; Johannsen/Henrich-Graba, § 1606 Rn 12). Weiter muss die Unterhaltsleistung in der Absicht erfolgt sein, von dem anderen Elternteil Erstattung zu fordern. Die Beweislast hierfür liegt beim Kläger. Nach der Trennung der Eltern sind an die Darlegungs- und Beweislast jedoch keine zu hohen Anforderungen zu stellen (Göppinger/Waxvan Els, Rn 1788; Wendl/Scholz, § 2 Rn 537; Kalthoener/Büttner/Niepmann, Rn 1210).

25 Ein Erstattungsanspruch ist ausgeschlossen, soweit der leistende Elternteil aufgrund einer rechtskräftigen Entscheidung oder eines gerichtlichen Vergleichs zur Unterhaltsleistung verpflichtet ist. Denn der familienrechtliche Ausgleichsanspruch dient nicht dazu, gerichtlich festgesetzte Unterhaltsverpflichtungen zu unterlaufen; in diesem Fall ist vielmehr Abänderungsklage zu erheben (BGH NJW 1994, 2234; BGH NJW 1981, 2348).

26 Der Anspruch verjährt gemäß §§ 195, 197 Abs. 2 in drei Jahren (BGH NJW 1996, 1894). Zum Schutz des Schuldners gilt § 1613 Abs. 1 entsprechend mit der Folge, dass Ausgleich nur ab dem Zeitpunkt verlangt werden kann, zu dem der andere Elternteil in Verzug geraten ist oder der Anspruch rechtshängig gemacht wurde (BGH NJW 1984, 2158).

VI. Darlegungs- und Beweislast

27 Wenn mehrere anteilig haftende Verwandte vorhanden sind, trifft den Kläger die Darlegungs- und Beweislast für die Höhe des Einkommens der nicht am

Prozess beteiligten Verwandten, damit die jeweiligen Haftungsanteile bestimmt werden können. Soweit es daran fehlt, ist die Klage unschlüssig (HK-FamR/ Pauling, § 1606 Rn 14 sowie oben, III.1, Rn 9).

§ 1607 Ersatzhaftung und gesetzlicher Forderungsübergang

(1) **Soweit ein Verwandter aufgrund des § 1603 nicht unterhaltspflichtig ist, hat der nach ihm haftende Verwandte den Unterhalt zu gewähren.**

(2) ¹**Das gleiche gilt, wenn die Rechtsverfolgung gegen einen Verwandten im Inland ausgeschlossen oder erheblich erschwert ist.** ²**Der Anspruch gegen einen solchen Verwandten geht, soweit ein anderer nach Abs. 1 verpflichteter Verwandter den Unterhalt gewährt, auf diesen über.**

(3) **Der Unterhaltsanspruch eines Kindes gegen einen Elternteil geht, soweit unter den Voraussetzungen des Abs. 2 Satz 1 an Stelle des Elternteils ein anderer, nicht unterhaltspflichtiger Verwandter oder der Ehegatte des anderen Elternteils Unterhalt leistet, auf diesen über. Satz 1 gilt entsprechend, wenn dem Kind ein Dritter als Vater Unterhalt gewährt.**

(4) **Der Übergang des Unterhaltsanspruchs kann nicht zum Nachteil des Unterhaltsberechtigten geltend gemacht werden.**

I. Rangverhältnis und Normzweck

Nach § 1606 Abs. 2 BGB haften unter den Verwandten der aufsteigenden Linie die näheren vor den entfernten. Deshalb haben zunächst die Eltern für den Unterhalt eines Kindes aufzukommen, bevor eine Inanspruchnahme anderer Verwandter in Betracht kommt (Johannsen/Henrich/Graba § 1606 Rn 3). Während § 1606 das Rangverhältnis zwischen mehreren dem Grunde nach unterhaltspflichtigen Verwandten betrifft, regelt § 1607 die Ersatzhaftung. Die Vorschrift will zum einen den Unterhalt unter Verwandten dadurch sichern, dass bei Ausfall eines vorrangigen Verwandten andere Verwandte zum Unterhalt herangezogen werden können; zum anderen sichert die Vorschrift die Regressinteressen nachrangig haftender Verwandter und Dritter, die freiwillig Unterhalt gezahlt haben, indem Unterhaltsansprüche auf sie übergehen. Damit soll die Bereitschaft der Sekundärschuldner gefördert werden, den vom Primärschuldner geschuldeten Unterhalt vorzuschießen (BGH NJW 2003, 969). 1

II. Anwendungsbereich

Die Vorschrift gilt für alle unter Verwandten bestehenden Unterhaltspflichten, also auch für Unterhaltsansprüche nach § 1615l, so dass die Kindesmutter bei Leistungsunfähigkeit des Erzeugers des Kindes einen Ersatzanspruch gegen ihre Eltern hat (OLG München FamRZ 1999, 1166; 2001, 1332; OLG Nürnberg NJW-R 2001, 1010). 2

BGB § 1607

III. Unterhaltspflicht der nachrangig haftenden Verwandten

1. Mangelnde Leistungsfähigkeit, Abs. 1

3   Verwandte haften nur, wenn ein vorrangig Unterhaltsverpflichteter nicht leistungsfähig und daher nicht unterhaltspflichtig ist. Die Vorschrift ordnet eine originäre Unterhaltspflicht des nachrangig haftenden Verwandten an (MüKo/Born § 1607 Rn 4). Sie setzt zwingend voraus, dass der vorrangig haftende Verwandte nicht nur tatsächlich, sondern auch rechtlich wegen – voller oder teilweiser – Leistungsunfähigkeit teilweise oder insgesamt ausfällt, obwohl alle Erwerbsobliegenheiten ausgeschöpft sind (BGH FamRZ 1985, 273; OLG Celle BeckRS 2009, 11461; Palandt/Diederichsen § 1607 Rn 5). Ist ein Elternteil nicht leistungsfähig, erhöht sich der Haftungsanteil des anderen (BGH NJW 1971, 2067; Bamberger/Roth/Reinken § 1607 Rn 3).

4   Eltern sind nicht unterhaltspflichtig, soweit sie bei Berücksichtigung ihrer sonstigen Verpflichtungen außer Stande sind, ohne Gefährdung ihres eigenen angemessenen Unterhalts den Kindesunterhalt zu gewähren. Gegenüber minderjährigen und privilegierten volljährigen Kindern müssen sie sich mit dem notwendigen Eigenbedarf von 770 € bei einem nicht erwerbstätigen Unterhaltsverpflichteten und 900 € bei einem erwerbstätigen Unterhaltsverpflichteten begnügen (OLG Hamm FamRZ 2005, 57; a. A. BGH NJW 2006, 142: angemessener Eigenbedarf 1100 €). Beim volljährigen Kind ist der angemessene Selbstbehalt mit 1100 € zu berücksichtigen.

5   Im Wege der Ausfallhaftung ist der betreuende Elternteil nur dann auf Barunterhalt in Anspruch zu nehmen, wenn und soweit der an sich allein zum Barunterhalt Verpflichtete ohne Gefährdung seines notwendigen Selbstbehalts den Unterhalt nicht erbringen kann. Die ein Kind Betreuende muss daher, wenn z. B. der Vater erkrankt und deshalb nicht leistungsfähig ist, trotz der Betreuung kleiner Kinder eine Erwerbstätigkeit aufnehmen und für den Unterhalt der Kinder sorgen, soweit ihr dies möglich ist. Dabei gilt § 1606 Abs. 3 Satz 2 BGB, der die Betreuung der Unterhaltsgewährung ausreichen lässt, nicht nur im Verhältnis der Eltern untereinander, sondern auch und gerade im Verhältnis zu den nachrangigen Großeltern (OLG Frankfurt FamRZ 2004, 1745).

2. Erschwerung oder Unmöglichkeit der Rechtsverfolgung, Abs. 2

6   Die Ersatzhaftung tritt ein, wenn die Rechtsverfolgung gegen die vorrangig haftenden Eltern im Inland ausgeschlossen oder erheblich erschwert ist. Ausgeschlossen ist sie bei Stillstand bei Rechtspflege, bei Auslandswohnsitz des Unterhaltspflichtigen und bei unbekanntem Aufenthalt (BGH NJW 1989, 2816). Das gilt auch, wenn und solange die Vaterschaft eines Kindes nicht anerkannt (§ 1594 Abs. 1) oder gerichtlich festgestellt (§ 1600d Abs. 1) ist (BGH NJW 1993, 1195), weiter bei voraussichtlicher Erfolglosigkeit der Zwangsvollstreckung gegen einen an sich leistungsfähigen oder als leistungsfähig zu behandelnden Pflichtigen bei fehlender Vollstreckungsmöglichkeit im Inland, weil der Pflichtige im Inland kein Vermögen hat (Wendl/Pauling § 2 Rn 608), bei häufigem Wohnsitzwechsel des Unterhaltspflichtigen (Bamberger/Roth/Reinken § 1607 Rn 7) und wenn der primär Unterhaltspflichtige den Unterhaltsgläubiger auf Leistungen nach dem UVG verweist (OLG München NJW-RR 2000, 1248) sowie dann, wenn auf Seiten des vorrangig Unterhaltsverpflichteten ein Einkommen fingiert worden

ist, dieser aber tatsächlich Sozialhilfe bezieht (OLG Hamm FamRZ 2005, 57; OLG Nürnberg NJW-RR 2000, 598); schließlich im Falle der Herbeiführung der Leistungsunfähigkeit durch Untersuchungshaft oder Strafhaft (Wendl/Pauling § 2 Rn 608) und dann, wenn der Unterhaltsberechtigte mit einem – auf der Zurechnung fiktiven Einkommens beruhenden – Vollstreckungstitel keinen Unterhalt erlangen kann, weil der Unterhaltspflichtige kein vollstreckungsfähiges Vermögen besitzt oder von dem Berechtigten nicht erwartet werden kann, die Zwangsvollstreckung in auch ihm dienende Vermögenswerte (etwa ein von ihm mitbewohntes Haus) zu betreiben; (BGH NJW-RR 2007, 433; NJW 2006, 142; OLG Dresden NJW-RR 2006, 221).

Die Ersatzhaftung gilt nur für den Zeitraum der erschwerten Rechtsverfolgung gegen den vorrangig (gleichrangigen) Unterhaltspflichtigen und umfasst – wie bei Abs. 1 – keine vorher entstandenen Rückstände. Sie endet mit dem Wegfall der Erschwerung.

IV. Sonderfall: Haftung der Großeltern

Beruht die Ersatzhaftung der Großeltern auf § 1607 Abs. 1, kommt ein Regress der Großeltern nicht in Betracht, da die Vorschrift auf die mangelnde Leistungsfähigkeit des an sich vorrangig Haftenden abstellt. Nach Abs. 2 führt aber eine Unterhaltsleistung zum Übergang des Unterhaltsanspruchs. Bei der Gewährung von Sozialhilfe und Ausbildungsförderung ist der **Rückgriff** gegen Verwandten 2. Grades ausgeschlossen, §§ 94 SGB XII, 37 BAföG (Kalthoener/Büttner/Niepmann Rn 190). Dem Anspruch gegenüber können analog § 404 alle im Zeitpunkt des Forderungsübergangs bestehenden Einwendungen geltend gemacht werden. Der Anspruch kann abgetreten, verpfändet und ohne die Privilegien des § 850d ZPO gepfändet werden. Gegen den Anspruch ist die Aufrechnung zulässig. Ansprüche aus GoA und Bereicherungsrecht sind ausgeschlossen. Der Anspruch unterliegt der kurzen Verjährung nach § 197 Abs. 2. 7

Wird Unterhalt nach § 1607 Abs. 1 geltend gemacht, ist zur Leistungsfähigkeit von Kindesvater und Kindesmutter vorzutragen (BGH NJW 1980, 934; FamRZ 1991, 182). Großeltern väterlicher- und mütterlicherseits **haften anteilig** (OLG Frankfurt FamRZ 2004, 1745). Zur Ermittlung des Haftungsanteils kann das Enkelkind gem. § 1605 BGB Auskunft verlangen (OLG Hamm NJW-RR 2006, 871). Großeltern untereinander steht gem. § 242 ein Auskunftsrecht zu. 8

Der **Selbstbehalt** der Großeltern beträgt 1400 € (BGH NJW 2006, 142; FamRZ 2006, 1099: auch bei Nichterwerbstätigkeit) zuzüglich 50% des darüber hinausgehenden vorhandenen Einkommens (OLG Dresden NJW-RR 2006, 221; zum Elternunterhalt vgl. BGH NJW-RR 2004, 793; NJW 2003, 128). 9

Der **Bedarf des Enkelkindes** richtet sich nach den Einkommensverhältnissen der Eltern und nicht nach denen der Großeltern (OLG Karlsruhe FamRZ 2001, 782). Bei minderjährigen Kindern ist der Mindestunterhalt nach § 1612a die unterste Grenze. Sonderbedarf erhöht den Bedarf des Kindes und damit den Anspruch gegen die Großeltern (OLG Hamm NJW 2004, 858), Mehrbedarf ebenfalls. Dazu zählen die Internats- und Privatschulunterbringung (AG Wuppertal FamRZ 2004, 1746), der Kindergartenbeitrag für einen Ganztagsplatz (OLG Stuttgart NJW 1998, 3229), die Kosten für eine Kindertagesstätte (OLG Karlsruhe NJW-RR 1999, 4), Nachhilfeunterricht (OLG Zweibrücken FamRZ 1994, 770) sowie teure Musikinstrumente zur Berufsausbildung und die Kosten für die Ausbildung zum Konzertpi- 10

BGB § 1607

anisten neben der Schule (BGH FamRZ 2001, 1603) sowie eine längere psychotherapeutische Behandlung (OLG Düsseldorf FamRZ 2001, 444).

Bedarfsmindernd wirken sich aus: Leistungen nach dem UVG (OLG Dresden NJW-RR 2006, 221), als Darlehen empfangene BAföG-Leistungen (auch Vorausleistungen) sowie Leistungen der Grundsicherung bei Erwerbsminderung. Nicht bedarfsdeckend sind vereinnahmte Sozialhilfe sowie Ansprüche auf Leistungen zur Sicherung des Lebensunterhalts nach §§ 19 ff. SGB II.

11 Die Ermittlung des Einkommens der Großeltern erfolgt nach allgemeinen Grundsätzen (Reinken ZFE 2005, 183). Verbindlichkeiten, die diese vor Inanspruchnahme durch den Enkel eingegangen sind, mindern das unterhaltsrechtlich relevante Einkommen (OLG Dresden NJW-RR 2006, 221). Im Rahmen des Wohnvorteils sind die vollständigen Zins- und Tilgungsraten jedenfalls dann zu berücksichtigen, wenn und soweit sie in einem angemessenen Verhältnis zu dem vorhandenen Einkommen stehen und zu einer Zeit begründet worden sind, als mit einer Inanspruchnahme noch nicht gerechnet werden musste (BGH NJW 2006, 142). Als abzugsfähig beachtliche Verbindlichkeit ist auch der Anspruch der Großmutter auf Familienunterhalt nach §§ 1360, 1360a zu berücksichtigen mit einem pauschalierten Mindestbedarfssatz von 1050 €. Darauf ist eigenes Einkommen anzurechnen (BGH a.a.O.; BGH NJW 2003, 1660). Abzuziehen sind die Leistungen für Altersvorsorge und Pflegeversicherung, soweit konkret dargelegt. Über 440 € hinausgehende Wohnkosten sind durch eine Erhöhung des Selbstbehalts zu berücksichtigen.

12 Unterhaltsrückstände können nur bei Verzug i.S. des § 1613 verlangt werden. Die örtliche Zuständigkeit bei Klagen richtet sich nach den §§ 12, 13 ZPO (OLG Brandenburg NJW-RR 2003, 1515; OLG Köln NJW-RR 2004, 869). Großeltern sind Streitgenossen. Über § 36 Abs. 1 Nr. 3, Abs. 2 ZPO kann ein einheitlicher Gerichtsstand bestimmt werden.

V. Anspruchsübergang auf Dritte, Abs. 3

Die Vorschrift regelt die Fälle, in denen der Kindesunterhalt freiwillig durch andere Verwandte geleistet wurde, erweitert den Anwendungsbereich in Abs. 3 Satz 2 aber auch auf den sog. Scheinvater, der dem Kind als „Vater" Unterhalt leistet (vgl. dazu Schwonberg FuR 2006, 395).

1. Übergang auf Verwandte, Satz 1

13 Haben andere nicht unterhaltspflichtige Verwandte – Onkel, Tante, älterer Bruder, ältere Schwester – den Unterhalt sichergestellt, erwerben sie einen Ersatzanspruch gegen den eigentlichen Unterhaltsschuldner. Dabei ist es unerheblich, ob der Unterhalt gegenüber einem minderjährigen oder volljährigen Kind geleistet wurde (Bamberger/Roth/Reinken § 1607 Rn 11). Die Vorschrift erfasst auch die Unterhaltsansprüche gegenüber beiden Elternteilen (MüKo/Born § 1607 Rn 16). Wird der Unterhalt von nachrangig haftenden Verwandten der aufsteigenden Linie geleistet, ist Abs. 1 oder Abs. 2 einschlägig.

2. Schein-Vater-Regress

14 Die Unterhaltspflicht geht auf einen Dritten über, der dem Kind als Vater Unterhalt leistet. Dritter ist derjenige, der – ohne Vater zu sein – Zahlungen als

Ersatzhaftung und gesetzlicher Forderungsübergang **§ 1607 BGB**

vermeintlicher Vater leistet oder die Vaterschaft anerkannt hat. Die Leistung muss darauf beruhen, dass die **Rechtsverfolgung** gegen den wirklichen Vater nach Abs. 2 Satz 1 ausgeschlossen oder erheblich erschwert ist (Bamberger/Roth/Reinken § 1607 Rn 19), so gegenüber dem nichtehelichen Vater vor Anerkennung oder gerichtlicher Feststellung der Vaterschaft (BGH NJW 1993, 1195; OLG Hamm FamRZ 2007, 1764). In Abkehr von der früheren Rechtsprechung (BGH NJW 1993, 1195; vgl. auch Schwonberg FamRZ 2008, 449), wonach § 1600d Abs. 4 eine inzidente Feststellung der Vaterschaft im Regressprozess verbietet, lässt der BGH nunmehr (NJW 2008, 2433; FamRZ 2009, 32) diese in besonders gelagerten Einzelfällen zu. Das kommt in Betracht, wenn der Kläger anderenfalls rechtlos gestellt wird, weil weder die Kindesmutter noch der mutmaßliche Erzeuger bereit sind, die Vaterschaft feststellen zu lassen. Der Höhe nach ist der Regressanspruch begrenzt auf die Höhe des Unterhaltsanspruches des Kindes gegen den wirklichen Vater (OLG Celle – Urt. v. 15. 2. 2006 – 15 UF 143/05 –; OLG München FamRZ 2001, 251).

Erbrachte Naturalleistungen sind in einen Geldanspruch umzurechnen (MüKo/Born § 1607 Rn 19). Erstattungsfähig sind die verauslagten Kosten einer Säuglingserstausstattung (LG Heilbronn FamRZ 1990, 1556) und die Kosten des Anfechtungsverfahrens (OLG Schleswig NJW-RR 2007, 1017), allerdings nicht, wenn die Vaterschaft anerkannt worden ist (OLG Celle FamRZ 2005, 1853; OLG Jena NJW-RR 2005, 1671). **15**

Hat der sog. Scheinvater in einer Doppelverdienerehe Unterhaltsleistungen für ein Kind erbracht, geht nur ein anteiliger Unterhaltsanspruch auf ihn über. Dieser errechnet sich § 1606 Abs. 3 Satz 1 aus dem Einkommen der Kindesmutter und dem Einkommen des Scheinvaters (OLG München FamRZ 2001, 251).

Der **Erstattungsanspruch** des Scheinvaters gegen den leiblichen Vater kann gem. § 1613 Abs. 3 herabgesetzt oder gestundet werden (OLG Schleswig NJW-RR 2007, 1013). Er ist pfändbar, kann verpfändet und auch wieder an das Kind abgetreten werden (BGH NJW 1982, 515). Ein gezahlter Prozesskostenvorschuss kann zurückgefordert werden (BGH FamRZ 1968, 78). **16**

Der Scheinvaterregress gegen den wirklichen Vater ist ausgeschlossen, wenn der Scheinvater in Kenntnis der Vaterschaft Unterhalt gewährt hat, unabhängig davon, ob er mit der Mutter verheiratet ist oder nicht (AG Wipperfürth FamRZ 2001, 783).

Der Scheinvater kann vom Kind Auskunft verlangen, wer der Vater ist und ob die Vaterschaft anerkannt oder festgestellt ist (OLG Köln FamRZ 2002, 1214), nicht jedoch von der Mutter die Bekanntgabe des Vaters verlangen (LG Heilbronn FamRZ 2005, 474; Palandt/Diederichsen § 1607 Rn 16). Ist rechtskräftig eine Unwirksamkeit einer Vaterschaftsanerkennung festgestellt, so ist ein durch Versäumnisurteil titulierter Anspruch auf Nennung des Namens des Kindesvaters nach § 888 ZPO vollstreckbar (BGH NJW 2008, 2919).

VI. Die Schutzklausel des Abs. 4

Die Vorschrift beinhaltet den allgemein bei Legalzession geltenden Grundsatz, dass ein Anspruchsübergang nicht zum Nachteil des Unterhaltsberechtigten geltend gemacht werden darf. Dieser soll nicht schlechter stehen, als wenn der Schuldner selbst geleistet hätte, so dass die Regressforderung des Leistenden nachrangig ist gegenüber dem Anspruch des Berechtigten auf laufenden Unter- **17**

BGB § 1608

halt. Zwar ist grundsätzlich der Vorrang erst in der Zwangsvollstreckung zu berücksichtigen und der übergegangene (rückständige) Unterhalt zu titulieren (Wendl/Scholz § 2 Rn 557a), der Schutzklausel des Abs. 4 kann aber durch einen Vorbehalt im Urteil Rechnung getragen werden (BGH NJW 2006, 3561). Die Norm ist auch gegenüber dem familienrechtlichen Ausgleichsanspruch des „Scheinvaters" auf Ersatz der Kosten des Vaterschaftsfeststellungsprozesses anzuwenden (KG FamRZ 2000, 441).

VII. Beweislast

18   Sofern ein Unterhaltsberechtigter einen nachrangig haftenden Unterhaltspflichtigen in Anspruch nimmt, trägt er die Beweislast für die fehlende Leistungsfähigkeit (Abs. 1) des vorrangig haftenden Unterhaltspflichtigen (BGH FamRZ 1981, 341). Das gilt auch bei behaupteter Leistungsunfähigkeit der bei gleichrangig haftenden Großeltern in Anspruch genommenen Großelternteile (OLG Frankfurt FamRZ 2004, 1745). Die Darlegungs- und Beweislast für die Voraussetzungen einer Ersatzhaftung nach Abs. 2 trägt der Berechtigte (BGH NJW 2006, 142).

§ 1608 Haftung des Ehegatten und Lebenspartners

(1) ¹Der Ehegatte des Bedürftigen haftet vor dessen Verwandten. Soweit jedoch der Ehegatte bei Berücksichtigung seiner sonstigen Verpflichtungen außer Stande ist, ohne Gefährdung seines angemessenen Unterhalts den Unterhalt zu gewähren, haften die Verwandten vor den Ehegatten. ² § 1607 Abs. 2 und 4 gilt entsprechend. ³Der Lebenspartner des Bedürftigen haftet in gleicher Weise wie ein Ehegatte.

(2) *(weggefallen)*

I. Normzweck

1   Die Vorschrift regelt die Rangfolge der Unterhaltspflichtigen bei Verwandtschaft, bestehender Ehe und Lebenspartnerschaft. Bei Scheidung der Ehe gilt § 1584 i. V. m. § 1581, bei Auflöse der Ehe § 1318 Abs. 1 Satz 1 und bei aufgelöster Lebenspartnerschaft § 16 Abs. 3 LPartG. Bei einem Zusammentreffen von Unterhaltsansprüchen der Ehegatten mit Ansprüchen anderer unterhaltsberechtigter Ehegatten gilt § 1609.

II. Rangfolge und Anspruchsverpflichtete

2   Nach Satz 1 haftet grundsätzlich der Ehegatte des Unterhaltsberechtigten vor den Verwandten für den Familienunterhalt, §§ 1360, 1361 (BGH NJW 2001, 973; NJW 1985, 803). Die vorrangige Verpflichtung des Ehegatten umfasst auch die Kosten der nach §§ 1361, 1575 geschuldeten Ausbildung (BGH NJW 1985, 803; OLG Stuttgart FamRZ 1983, 1030: Studentenehe). Der sich in einer Ausbildung befindliche vorrangig haftende Ehegatte ist nicht verpflichtet, zwecks Erzielung von Erwerbseinkünften seine Ausbildung abzubrechen (OLG Hamburg FamRZ 1989, 95; Palandt/Diederichsen § 1608 Rn 2) und dadurch die nachrangig haftenden Eltern von der Unterhaltspflicht zu entlasten. Der durch

Haftung des Ehegatten und Lebenspartners § 1608 BGB

die Heirat eingetretene Nachrang der Eltern ist durch die Abänderungsklage (§ 323 ZPO) zu verfolgen (OLG Koblenz NJW-RR 2007, 439).

Der vorrangig unterhaltsverpflichtete Ehegatte schuldet Unterhalt nur bis zur 3 Grenze seines angemessenen Selbstbehalts (OLG Köln FamRZ 1990, 54). Ihm muss nach Abzug von Verbindlichkeiten – dazu zählen auch Forderungen von Unterhaltsgläubigern, die mit dem anderen Ehegatten gleichrangig sind (MüKo/Born § 1608 Rn 8) – im Rahmen eines vernünftigen Tilgungsplanes der angemessene Unterhalt verbleiben (S. 2). Darunter ist der eheangemessene Unterhalt i. S. v. § 1581 BGB zu verstehen (Johannsen/Henrich/Graba § 1608 Rn 7) und nicht der angemessene Unterhalt i. S. v. § 1603 Abs. 1, sog. großer Selbstbehalt (so aber Wendl/Pauling § 2 Rn 605).

Die Verwandtenhaftung nach § 1601 tritt ein, wenn der Ehegatte leistungsfä- 4 hig ist (S. 2), sog. Primärhaftung, oder die Rechtsverfolgung i. S. v. § 1607 Abs. 2 BGB (s. dazu § 1607 Rn 6) erschwert ist (S. 3), sog. sekundäre Ausfallhaftung. Die Höhe des Verwandtenunterhalts richtet sich nach § 1601 BGB (Bamberger/Roth/Reinken § 1608 Rn 3). Die Verwandten haften aber nur im Umfang des Anspruchs auf Ehegattenunterhalt (BGH NJW 1964, 1129). Kinder müssen für die Kosten der stationären Pflege ihrer Mutter aufkommen, wenn der vorrangig haftende Ehemann dafür nicht leistungsfähig ist (OLG Düsseldorf NJW 2002, 1353).

Nach § 1606 Abs. 1 haften innerhalb der Verwandten die Abkömmlinge vor 5 Verwandten aufsteigender Linie und nach Abs. 2 jeweils die näheren vor den entfernteren.

Der Partner in einer nichtehelichen Lebensgemeinschaft steht einem Ehegat- 6 ten i. S. der Vorschrift nicht gleich (OLG Oldenburg NJW-RR 1992, 261). Allerdings kann durch das Zusammenleben die Unterhaltsbedürftigkeit teilweise oder ganz entfallen, soweit es sich dabei nicht um eine freiwillige Leistung eines Dritten handelt. Maßgeblich ist insoweit der vom Dritten verfolge Zweck (BGH NJW 1995, 1486; NJW-RR 1993, 322). Soll eine solche Leistung der Entlastung des Unterhaltspflichtigen dienen, ist sie zu behandeln wie eine Leistung des Verpflichteten selbst, die dem Bedürftigen nur mittels eines Dritten zugewandt wird. Der Dritte muss dann den Willen haben, die fremde Schuld zu tilgen und dies auch zum Ausdruck bringen (BGH NJW 1980, 344). Soll die Leistung dem Berechtigten zusätzlich zugute kommen, ist sie grundsätzlich nicht anrechenbar, da Wille und Zweckbestimmung des Dritten nicht missachtet werden dürfen (BGH NJW 1988, 2377). Unter diesen Gesichtspunkten kann es im Rahmen einer nichtehelichen Lebensgemeinschaft kaum zu einer Haftung der Eltern kommen, da regelmäßig ein Pflichtverhältnis zwischen Partnern einer nichtehelichen Lebensgemeinschaft nicht besteht.

Entscheidungen zum Vorrang der Unterhaltspflicht des Partners einer einge- 7 tragenen Lebensgemeinschaft sind – soweit ersichtlich – noch nicht ergangen. Da das Gesetz im Wesentlichen auf den Unterhalt zwischen Ehegatten abstellt, wird man die dazu entwickelten Grundsätze heranziehen können.

III. Ersatzanspruch

Erfüllt ein Verwandter – wie im Falle des § 1607 Abs. 1 – eine eigene Unter- 8 haltspflicht, weil er aufgrund des Satz 2 Unterhalt leistet, besteht kein Rückgriffsanspruch. Leistet der Verwandte Unterhalt, weil die Rechtsverfolgung gegen den anderen Ehegatten erheblich erschwert ist (vgl. dazu § 1607 Rn 6) so geht der Unterhaltsanspruch auf ihn über, § 1608 S. 3 i. V. m. § 1607 Abs. 2). Der Übergang darf nicht zum Nachteil des Unterhaltsberechtigten geltend gemacht werden, § 1608 S. 3 i. V. m. § 1607 Abs. 4 (s. dazu § 1607 Rn 17).

IV. Verwirkung des Ehegattenunterhalts

9 Nach § 1361 Abs. 3 i. V. m. § 1579 Nr. 2–8 kann der Unterhaltsanspruch eines Ehegatten wegen grober Unbilligkeit herabgesetzt oder ausgeschlossen werden. § 1611 Nr. 3 normiert, dass dem Berechtigten kein Ersatzanspruch gegen nachrangig Verpflichtete (§ 1607 Abs. 1) zusteht, so dass es beim Ausschluss bzw. der Herabsetzung verbleibt (vgl. auch Staudinger/Engler § 1611 Rn 54). In analoger Anwendung dieser Norm schuldet der Verwandte keinen Unterhalt (MüKo/Born § 1608 Rn 10; Wendl/Pauling § 2 Rn 606; a. A. Johannsen/Henrich/Graba: Ersatzhaftung des Ehegatten schließt Haftung von Verwandten von vornherein aus).

V. Darlegungs- und Beweislast

10 Wird ein Verwandter auf Unterhalt in Anspruch genommen, muss der Berechtigte die fehlende Unterhaltspflicht des geschiedenen Ehegatten ebenso darlegen und beweisen wie die eines gleichrangig haftenden Verwandten (OLG Hamm NJW-RR 1996, 67). Dabei muss es sich bei der Leistungsunfähigkeit des Ehegatten um eine rechtlich beachtliche handeln, der Hinweis auf eine bestehende Arbeitslosigkeit genügt nicht (OLG Oldenburg NJW-RR 1992, 261). Ist die Rechtsverfolgung gegen Verwandte erheblich erschwert, trifft den Unterhalt verlangenden Ehegatten dafür die Darlegungs- und Beweislast. Hat der unterhaltsberechtigte Ehegatte Verwandte i. S. des § 1601, obliegt es ihm darzutun und zu beweisen, dass diese nicht in der Lage sind, ihm ohne Gefährdung ihres angemessenen Selbstbehalts Unterhalt zu gewähren (OLG Köln FamRZ 1990, 54).

§ 1609 Rangverhältnisse mehrerer Unterhaltsberechtigter

Sind mehrere Unterhaltsberechtigte vorhanden und ist der Unterhaltspflichtige außerstande, allen Unterhalt zu gewähren, gilt folgende Rangfolge:

1. **minderjährige unverheiratete Kinder und Kinder im Sinne des § 1603 Abs. 2 Satz 2,**
2. **Elternteile, die wegen der Betreuung eines Kindes unterhaltsberechtigt sind oder im Fall einer Scheidung wären, sowie Ehegatten und geschiedene Ehegatten bei einer Ehe von langer Dauer; bei der Feststellung einer Ehe von langer Dauer sind auch Nachteile im Sinne des § 1578b Abs. 1 Satz 2 und 3 zu berücksichtigen,**
3. **Ehegatten und geschiedene Ehegatten, die nicht unter Nummer 2 fallen,**
4. **Kinder, die nicht unter Nummer 1 fallen,**
5. **Enkelkinder und weitere Abkömmlinge,**

6. Eltern,
7. weitere Verwandte der aufsteigenden Linie; unter ihnen gehen die Näheren den Entfernteren vor.

I. Normzweck

§ 1609 trifft Bestimmungen für den Fall, dass vom Pflichtigen mehrere Unterhaltsberechtigte zu unterhalten sind. Die Norm setzt den Bestand eines Unterhaltsanspruchs voraus. Sie regelt, in welcher Reihenfolge verschiedene Unterhaltsansprüche zu bedienen sind und zwar sowohl bei der Zuerkennung eines Unterhaltsanspruchs als auch, über die Verweisung in § 850 d Abs. 2 ZPO, für die Vollstreckung von Unterhaltsforderungen. In der Zwangsvollstreckung erlangt § 1609 Bedeutung für die Bestimmung des dem unterhaltspflichtigen Schuldner pfandfrei zu belassenden Arbeitseinkommens (§ 850 d Abs. 1 Satz 2 ZPO; vgl. AG Lörrach ZKJ 2009, 215) und für die vollstreckungsrechtliche Rangordnung, wenn mehrere Unterhaltsgläubiger pfänden (§ 850 d Abs. 2 ZPO; vgl. auch AG Lörrach ZKJ 2008, 257 m. Anm. Menne). 1

Gegenstück zu § 1609 sind die §§ 1606 bis 1608, in denen die Haftungsordnung zwischen mehreren potentiell Unterhaltspflichtigen gegenüber einem Berechtigten festgelegt ist.

II. Grundzüge

1. Grundprinzipien

Die gesetzliche Rangfolge geht von dem Grundsatz aus, dass zunächst der volle Bedarf des Berechtigten der jeweiligen Rangstufe zu erfüllen ist, bevor ein Berechtigter der nachfolgenden Rangstufe zum Zuge kommt. Zwischen mehreren Berechtigten innerhalb einer Rangstufe herrscht Gleichrang. Der Unterhaltsanspruch eines Berechtigten der nachrangigen Stufe ist vom Pflichtigen nur zu erfüllen, soweit er hierzu aufgrund seiner Leistungsfähigkeit noch in der Lage ist; soweit es daran fehlt, fällt der Berechtigte (und alle weiteren, nachrangigen Berechtigten) mit dem Unterhaltsanspruch aus (OLG Celle NJW-RR 2009, 146). 2

Praktische Relevanz erlangt die unterhaltsrechtliche Rangordnung daher in erster Linie im „Mangelfall", also dann, wenn der Unterhaltspflichtige nicht in ausreichendem Maße leistungsfähig ist, um die Unterhaltsansprüche aller Berechtigten zu erfüllen, ohne den eigenen Unterhalt zu gefährden. Richtschnur für die Einstufung der verschiedenen Unterhaltsansprüche ist dabei das unterschiedliche Schutzbedürfnis der jeweils Berechtigten. Die gesetzliche Rangfolge gewichtet das Unterhaltsinteresse der Berechtigten und setzt Prioritäten dort, wo die Sicherung der Unterhaltsansprüche besonders dringlich erscheint (Bamberger/Roth-Reinken, § 1609 Rn 13; Schürmann, FamRZ 2008, 313, 314; Menne, FamRZ 2006, 504 f.).

2. Rechtsentwicklung

Die Vorschrift wurde durch das Gesetz zur Änderung des Unterhaltsrechts vom 21. 12. 2007 (BGBl. I 3189) mit Wirkung zum 1. 1. 2008 vollständig neu gefasst. An die Stelle der bisherigen unübersichtlichen, in sich widersprüchlichen 3 und über mehrere Bestimmungen (§§ 1582 Abs. 1, 1609, 1615l Abs. 3 BGB, § 16 Abs. 2 LPartG alter Fassung) verteilten Einzelnormierungen zum unterhaltsrechtlichen Rang ist eine übersichtliche, in einer Norm zusammengefasste Aufreihung getreten, in der die Rangverhältnisse zwischen mehreren Unterhaltsberechtigten zentral festgelegt werden.

Im Gesetzgebungsverfahren war dabei insbesondere der in § 1609 Nr. 2 vorgesehene Vorrang des betreuenden Elternteils vor einem geschiedenen Ehegatten, der keine Kinder betreut (§ 1609 Nr. 3) sowie der in § 1609 Nr. 2 postulierte Gleichrang zwischen allen betreuenden Elternteilen ungeachtet ihres Personenstandes sehr stark umstritten. Der Streit, an dem die Unterhaltsrechtsreform beinahe zu scheitern drohte, wurde mit der Entscheidung des Bundesverfassungsgerichts (BVerfG NJW 2007, 1735) beigelegt; erst damit war klar, dass der Betreuungsunterhalt Vorrang erhält und die Ansprüche von verheirateten bzw. verheiratet gewesenen Eltern gleichrangig neben denen nicht miteinander verheirateter, betreuenden Eltern zu berücksichtigen sind (Menne/Grundmann, S. 10 f., 29 ff., 84 ff.; Granold, FF 2008, 11, 12) (vgl. auch § 1615l I. 2, Rn 4).

III. Überblick über die Rangordnung

§ 1609 enthält sieben Rangstufen, die im Wesentlichen selbsterklärend sind:

1. Erster Rang

4   Als wirtschaftlich schwächste Mitglieder der Gesellschaft, die im Gegensatz zu anderen Unterhaltsberechtigten ihre wirtschaftliche Lage nicht aus eigener Kraft verändern können (BT-Drs. 16/1830, S. 23), stehen **Kinder** an erster Stelle. Der 1. Rang umfasst minderjährige unverheiratete und privilegierte volljährige Kinder, also Kinder bis zur Vollendung des 21. Lebensjahres, die sich in der allgemeinen Schulausbildung befinden und noch im elterlichen Haushalt leben (§ 1603 Abs. 2 Satz 2). Es spielt keine Rolle, ob es sich um leibliche oder angenommene Kinder (§ 1754 Abs. 1, 2) handelt. **Stief-** und **Pflegekinder** sind nicht zu berücksichtigen, weil sie gegenüber ihren Stief- oder Pflegeeltern keine gesetzlichen Unterhaltsansprüche haben (BGH NJW 1969, 2007; Muscheler, Familienrecht Rn 298).

2. Zweiter Rang

5   a) **Kinderbetreuende Elternteile.** Ebenfalls aus Kindeswohlgesichtspunkten, nämlich zur Sicherung der materiellen Grundlagen für die Pflege und Erziehung von Kindern (BT-Drs. 16/1830, S. 23) zählen zur 2. Rangstufe alle Elternteile, die wegen der Betreuung eines Kindes unterhaltsberechtigt sind und zwar ohne Rücksicht darauf, ob sie verheiratet, getrennt lebend oder geschieden sind oder ob sie zu keinem Zeitpunkt verheiratet waren.

In der Regel wird es sich dabei um die Betreuung eines gemeinsamen Kindes handeln. Die Betreuung eines **Stief-** oder **Pflegekindes** kann nur ausnahmsweise – beispielsweise im Fall, dass ein gemeinsames Pflegekind betreut und Unterhalt nach § 1576 geleistet wird (BGH NJW 1984, 1538) – eine Einstufung in den 2. Rang rechtfertigen (Bamberger/Roth-Reinken, § 1609 Rn 21; Erman/Hammermann, § 1609 Rn 15, 20; Schwab, FamRZ 2005, 1417, 1422; **a. A.** Palandt/Diederichsen, § 1609 Rn 16; Schürmann, FamRZ 2008, 313, 316 f.).

In Betracht kommen demnach Unterhaltsansprüche nach §§ 1360, 1361, 1570, § 1615l einschließlich der Verlängerungsmöglichkeiten aus Billigkeitsgründen (§§ 1570 Abs. 2, 1615l Abs. 2 Satz 4, 5) und im Einzelfall auch nach § 1576.

Zu den Unterhaltsansprüchen betreuender, nicht verheirateter Elternteile zählen dabei nicht nur Unterhaltsansprüche nach § 1615l Abs. 2 Satz 2 bis 5, Abs. 4, sondern nach dem eindeutigen Hinweis in den Materialien zur Unterhaltsrechtsreform (BT-Drs. 16/1830, S. 24, 32) auch die Unterhaltsansprüche gemäß § 1615l Abs. 1, Abs. 2 Satz 1 und, aufgrund der Verweisung, weiterhin die Ansprüche nach § 1615n (MünchKomm/Born, § 1615l Rn 14; Menne/Grundmann, S. 89; Eschenbruch/Menne, Kap. 4–63 ff.; sowie – mit Abweichungen im einzelnen – Erman/Hammermann, § 1609 Rn 19; Bamberger/Roth-Reinken, § 1609 Rn 21. A. A. Palandt/Diederichsen, § 1609 Rn 16, § 1615l Rn 36. Vgl. auch § 1615l XI.2, Rn 40, § 1615n III.3, Rn 5).

In den 2. Rang können schließlich auch Unterhaltsansprüche von Lebenspartnern fallen, die ein angenommenes Kind des anderen Partners (§ 9 Abs. 7 LPartG) betreuen (BT-Drs. 16/1830, S. 24, 32; Schürmann, FamRZ 2008, 313, 316).

b) Ehe von langer Dauer. Aus Gründen des Vertrauensschutzes (BT-Drs. 16/1830, S. 13, 23 f.) stehen im 2. Rang auch die Unterhaltsansprüche von Ehegatten, die in einer Ehe von langer Dauer leben oder bis zur Scheidung gelebt haben. Dabei kommt es nicht darauf an, aufgrund welchen Unterhaltstatbestands Unterhalt geschuldet ist oder ob Kinder betreut werden bzw. wurden oder nicht (Palandt/Diederichsen, § 1609 Rn 19). Aufgrund der ausdrücklichen Nennung des § 1609 in §§ 5 Satz 2, 12 Satz 2, 16 Satz 2 LPartG gehören hierher auch die Unterhaltsansprüche von Lebenspartnern bei einer Lebenspartnerschaft von langer Dauer (BT-Drs. 16/1830, S. 32). Nichtverheiratete, kinderbetreuende Elternteile fallen nicht unter diese Regelung.

3. Dritter Rang

Der 3. Rang umfasst Unterhaltsansprüche von Ehegatten und geschiedenen Ehegatten, deren Ansprüche von der 2. Rangstufe nicht erfasst sind sowie, nachdem im LPartG (§§ 5 Satz 2, 12 Satz 2, 16 Satz 2 LPartG) § 1609 für entsprechend anwendbar erklärt wird, auch die entsprechenden Unterhaltsansprüche von Lebenspartnern, soweit sie nicht in der 2. Rangstufe zu berücksichtigen sind.

4. Vierter Rang

Im 4. Rang finden sich die Unterhaltsansprüche von Kindern, deren Ansprüche in der 1. Rangstufe nicht berücksichtigt werden; insbesondere also volljährige Kinder, die eine weiterführende Ausbildung oder ein Studium absolvieren, aber auch volljährige behinderte Kinder (BGH NJW 1987, 1549; BGH NJW 1984, 1813; Menne, FamRZ 2006, 504) und einkommenslose, aber erwerbsfähige Kinder sowie minderjährige, verheiratete Kinder.

5. Fünfter bis Siebter Rang

Die weiteren Rangstufen sind aus sich selbst heraus verständlich. Sachlich enthalten sie nichts Neues, da auch nach dem bisherigen Recht die Unterhaltsansprüche von weiteren Abkömmlingen und Verwandten der aufsteigenden Linie

BGB § 1609

nachrangig waren (§ 1609 Abs. 1 a. F.). Aufgrund der gestiegenen praktischen Bedeutung wurden lediglich die Unterhaltsansprüche von Eltern in einer eigenen Rangstufe gesondert erwähnt (BT-Drs. 16/1830, S. 25).

IV. Besonderheiten einzelner Rangstufen

1. Minderjährige und privilegierte volljährige Kinder (§ 1609 Nr. 1)

10 **a) Vorrang des vollen Unterhalts.** Aus den der Rangordnung zugrunde liegenden Prinzipien (vgl. oben II.1, Rn 2) folgt zwingend, dass der Vorrang nach § 1609 Nr. 1 stets den gesamten Unterhaltsanspruch des Berechtigten umfasst. Rechtspolitische Forderungen, den Vorrang des Kindesunterhalts auf das Existenzminimum zu beschränken, haben sich zu Recht nicht durchgesetzt. Vorrangig ist vielmehr der volle, angemessene Kindesunterhalt gemäß § 1610 (BGH NJW 2008, 1663 sowie Wendl/Gutdeutsch, § 5 Rn 104, 131; Erman/Hammermann, § 1609 Rn 28; MünchKomm/Born, § 1609 Rn 5; Dose, JAmt 2009, 1, 5. **A. A.** Schwab, FamRZ 2007, 1053, 1057; Schwab, FamRZ 2005, 1417, 1423f.).

11 **b) Einfluss nachrangiger Unterhaltsansprüche auf den Bedarf vorrangig Berechtigter.** Der Grundsatz, dass der unterhaltsrechtliche Vorrang stets den vollen Unterhaltsanspruch erfasst, bedeutet nicht, dass nachrangige Unterhaltspflichten bei der Ermittlung des Unterhaltsanspruchs zu ignorieren wären. Es widerspräche der sozialen Realität, wenn man den Unterhaltsanspruch des Kindes ohne Rücksicht darauf bestimmen wollte, dass der Unterhaltspflichtige von den ihm verfügbaren Mitteln nicht nur sein Kind, sondern ggf. auch noch die Betreuungsperson bzw. den Ehegatten zu unterhalten hat. Das Postulat „Vorrang ist Vorrang" (Schürmann, FamRZ 2008, 313, 321) ist in diesem Zusammenhang missverständlich. Dabei wird nämlich ausgeblendet, dass eine nachrangige Unterhaltspflicht im Einzelfall den Bedarf des vorrangig Berechtigten beeinflussen kann. § 1609 regelt nur, wie bei fehlender Leistungsfähigkeit des Unterhaltspflichtigen zu verfahren ist (BGH NJW 2008, 1663); der in den einzelnen Rangstufen zu deckende unterhaltsrechtliche Bedarf ist hingegen ausschließlich nach den jeweils einschlägigen Bestimmungen, insbesondere also nach §§ 1578, 1610, zu ermitteln.

Konkret heißt dies, dass bei der Unterhaltsbemessung stets auf ein ausgewogenes Verhältnis zwischen den vorrangigen Ansprüchen minderjähriger Kinder und nachrangigen Ansprüchen beispielsweise auf Betreuungsunterhalt, nachehelichen Unterhalt oder auf Ausbildungsunterhalt (§ 1609 Nr. 4) zu achten ist (sehr str.: wie hier Wendl/Gutdeutsch, § 5 Rn 122ff.; Handbuch Fachanwalt Familienrecht/Gerhardt, Rn 6-503b; MünchKomm/Born, § 1609 Rn 15; Bamberger/Roth-Reinken, § 1609 Rn 17; Erman/Hammermann, § 1609 Rn 30, 37, 47; Borth, Rn 273; Ehinger/Griesche/Rasch-Ehinger, Rn 93, 155, 416; Menne/Grundmann, S. 91; Dose, JAmt 2009, 1, 5f. Brudermüller, FamPra.ch 2008, 816, 831; Klinkhammer, FamRZ 2008, 193, 197f.; Büte, FuR 2008, 309, 313; Hohloch, FPR 2005, 486, 490; **a. A.** Palandt/Diederichsen, § 1609 Rn 13; Vor § 1601 Rn 18; Schürmann, FamRZ 2008, 313, 320ff.; Grandel, NJW 2008, 796; Vossenkämper, FamRZ 2008, 201, 210; Kemper, FuR 2007, 49, 52f.). Die Notwendigkeit, auf ein ausgewogenes Verhältnis zwischen den Unterhaltsansprüchen der verschiedenen Rangstufen zu achten, besteht nicht nur im Verhältnis zwischen der ersten und der zweiten Rangstufe, sondern gilt allgemein und damit beispielsweise auch dann, wenn ein Großelternteil dem Enkelkind gegenüber zu Unterhalt verpflichtet ist – hier ist auf eine Ausgewogenheit zwischen dem Anspruch des Enkelkindes (§ 1609 Nr. 5) und einem vorrangigen Anspruch des Ehegatten des pflichtigen Großelternteils (§ 1609 Nr. 2, 3) zu achten.

Das Spannungsverhältnis zwischen der rangmäßigen Verortung des Unterhaltsanspruchs und der Ermittlung des konkreten Unterhaltsbedarfs wurde bei den Vorarbeiten zu der Unterhaltsrechtsreform vom 1. 1. 2008 durchaus erkannt. Der Gesetzgeber hat die Praxis ausdrücklich aufgefordert, bei der Umsetzung der neuen Rangordnung in besonderem Maße auf den Rechenweg Bedacht zu nehmen, um in Mangelfällen, namentlich im Verhältnis vorrangiger Kinder zu nachrangigen Unterhaltsberechtigten wie etwa dem betreuenden Elternteil oder im Verhältnis von Erst- zu Zweitfamilie, zu gerechten Ergebnissen zu gelangen (BT-Drs. 16/1830, S. 24).

In der Praxis lässt sich ein ausgewogenes Verhältnis zwischen den einzelnen Unterhaltsansprüchen durch eine **Bedarfskorrektur im Mangelfall** erzielen. Das erfolgt in der Weise, dass auf die – aufgrund der geringen Anzahl von Unterhaltsberechtigten eigentlich gebotene (Anm. A 1 zur Düsseldorfer Tabelle) – Höhergruppierung des Kindesbedarfs innerhalb der Düsseldorfer Tabelle verzichtet wird bzw. der Bedarf des Kindes bis zur 1. Einkommensgruppe herabgesetzt wird (vgl. Wendl/Gutdeutsch, § 5 Rn 123 ff.; Menne/Grundmann, S. 91; Menne, FamRB 2008, 145, 149). In der Rechtsprechung hat unter der Geltung des neuen, reformierten Rechts inzwischen das OLG Düsseldorf entschieden, dass dem Kind im Interesse einer angemessenen Verteilung der vorhandenen Mittel zwischen den Kindern und dem unterhaltsberechtigten Ehegatten im Mangelfall lediglich der Mindestunterhalt zugesprochen werden kann (OLG Düsseldorf NJW 2008, 3005; vgl. auch BGH NJW 2008, 1663 sowie OLG Brandenburg FuR 2009, 211). 12

2. Kinderbetreuende Elternteile (§ 1609 Nr. 2, 1. Alt.)

Weitgehend ungeklärt ist die rangmäßige Behandlung von Unterhaltsteilansprüchen. Der BGH hat diese Frage in der Entscheidung NJW 2009, 989 noch offen gelassen. Es geht hierbei um Konstellationen, in denen der unterhaltsberechtigte Elternteil nicht nur Betreuungsunterhalt, sondern – etwa, weil ihn bereits eine Teilerwerbsobliegenheit trifft – zur Deckung seines vollen Unterhaltsbedarfs daneben noch Unterhalt wegen Erwerbslosigkeit oder Aufstockungsunterhalt bezieht. Das Problem, dass der Betreuungsunterhaltsanspruch in der zweiten Rangstufe zu berücksichtigen ist, wohingegen der Anspruch auf Unterhalt wegen Erwerbslosigkeit oder Aufstockungsunterhalt in der Regel (soweit nicht eine Ehe von langer Dauer vorliegt) in den dritten Unterhaltsrang fällt, ließe sich durch die Bildung von Teilansprüchen lösen. Dabei würde jeder einzelne Teilanspruch der entsprechenden Rangstufe zugewiesen. In diesem Fall würde sich der Gesamtanspruch auf unterschiedliche Rangstufen verteilen mit der Folge, dass der Rang der Einzelansprüche aufgrund der Änderung ihrer Gewichtung – etwa, weil bei steigendem Alter des zu betreuenden Kindes die Erwerbsobliegenheit des unterhaltsberechtigten Elternteils zunimmt – kontinuierlichen Verschiebungen unterläge (Palandt/Diederichsen, § 1609 Rn 11, 14; Maurer, FamRZ 2008, 2157, 2165). 13

Indessen wäre das höchst kompliziert, wenig praxisfreundlich und würde zu einer Renaissance der „Lehre von den Teilansprüchen" (Handbuch Fachanwalt Familienrecht/Gerhardt, Rn 6-420 b-420 c; Gerhardt, FuR 2005, 529, 532) führen, die mit der Unterhaltsrechtsreform vom 1. 1. 2008 gerade überwunden worden ist. Daher erscheint es zutreffend, für die Zwecke der Rangordnung nicht auf den einzelnen Unterhaltsanspruch, sondern entsprechend dem Gesetzeswortlaut („Elternteile, die wegen der Betreuung eines Kindes unterhaltsberechtigt sind ...") allein **auf die Person des Unterhaltsberechtigten abzustellen.** Konkret bedeutet das: Ohne Rücksicht darauf, ob der Unterhaltsanspruch des betreuenden Elternteils sich einzig auf die Kinderbetreuung gründet oder ob er teilweise Unterhalt aus anderen Unterhaltstatbeständen fordern kann, fällt der Gesamtanspruch solange in den zweiten Rang, wie im Gesamtunterhaltsanspruch noch ein Rest Betreuungsunterhalt enthalten ist (Bamberger/Roth-Reinken, § 1609 Rn 22; Göppinger/Wax-Kodal, Rn 1711 sowie ausführl. Menne/Grundmann, S. 89; Menne, FamRB 2008, 110, 117 f.).

3. Ehegatten bei einer Ehen von langer Dauer (§ 1609 Nr. 2, 2. Alt.)

14 a) **Zweck der Regelung.** Aus Gründen des Vertrauensschutzes soll die zweite Rangstufe nicht nur betreuenden Elternteilen, sondern auch für Unterhaltsansprüche von Ehegatten offen stehen, die lange verheiratet sind bzw. waren (zur Reichweite in persönlicher Hinsicht vgl. bereits oben, III.2 b), Rn 6)

Im Kern geht es bei dieser Sonderregelung um die Sicherstellung einer angemessenen rangmäßigen Absicherung der Unterhaltsansprüche von Ehegatten, die im „traditionellen" Modell der Einverdienerehe leben bzw. gelebt haben. Ohne eine derartige Sonderregelung zur „langen Ehedauer" würden die Unterhaltsansprüche dieser Ehegatten, soweit von ihnen nicht auch Kinder betreut werden, in den dritten Unterhaltsrang fallen. Bei realistischer Betrachtung bietet der dritte Unterhaltsrang jedoch kaum Aussicht, dass vorortete Unterhaltsansprüche auch tatsächlich bedient werden können. Vielfach wird der Unterhaltspflichtige, nachdem er die Ansprüche der Berechtigten der ersten und zweiten Rangstufe erfüllt hat, nicht mehr in der Lage sein, auch noch auf Ansprüche drittrangig Berechtigter zu leisten. Diese Folge erschien dem Gesetzgeber im Hinblick auf die gebotene nacheheliche Solidarität schlechterdings nicht hinnehmbar. Deshalb wurden die Unterhaltsansprüche von Ehegatten, auch von geschiedenen, bei langer Ehedauer ebenfalls in den zweiten Rang eingestellt (BT-Drs. 16/1830, S. 13, 23 f.; BT-Drs. 16/6980, S. 10). Dadurch sollte vermieden werden, dass Unterhalts- oder Anschlussunterhaltsansprüche von Ehegatten und geschiedenen Ehegatten, die sich nicht bzw. nicht mehr auf die Kinderbetreuung gründen, allein durch eine schlechte Rangposition bzw. die fehlende Leistungsfähigkeit des Pflichtigen ausfallen. Eine im Einzelfall möglicherweise gebotene Beschränkung eines derartigen, nicht auf die Kinderbetreuung gegründeten Unterhaltsanspruchs sollte nicht durch das „grobe Schwert" der Rangordnung erfolgen, sondern allenfalls nach Maßgabe von § 1578 b, unter Berücksichtigung aller Umstände des konkreten Falles. Diese gesetzgeberische Zielvorstellung lässt sich indessen nur erreichen, wenn der unterhaltsberechtigte, langjährige Ehegatte in die zweite Rangstufe eingruppiert wird und ihm (vorbehaltlich der Herabsetzung und zeitlichen Begrenzung des Unterhalts nach § 1578 b) dadurch die Chance eröffnet wird, auf einen bestehenden Unterhaltsanspruch auch tatsächlich Zahlung erhalten zu können und nicht mangels fehlender Leistungsfähigkeit auszufallen.

15 b) **Auslegung der Bestimmung.** Die Auslegung des Begriffs der „langen Ehedauer" hat sich allein an dem dargestellten Regelungszweck zu orientieren:

- Im Referenten- und im Regierungsentwurf zum Gesetz zur Änderung des Unterhaltsrechts vom 21. 12. 2007 (vgl. oben, II.2, Rn 3). war zunächst nur von „Ehegatten bei einer Ehe von langer Dauer" die Rede, deren Ansprüche im zweiten Rang stehen sollten (Synopse bei Menne/Grundmann, S. 206). In der Gesetzesbegründung heißt es hierzu, das Gesetz verzichte bewusst auf eine zeitliche Vorgabe, wann von einer langen Ehedauer im Sinne von § 1609 Nr. 2, 2. Alt. BGB auszugehen sei. Denn die Zeitspanne könne nicht absolut gefasst werden, sondern ihre Bestimmung sei immer ein Akt wertender Erkenntnis, der anhand aller Umstände des Einzelfalles zu treffen sei. Neben der absoluten zeitlichen Dauer der Ehe seien deshalb auch das Lebensalter der Parteien im Zeitpunkt der Scheidung zu berücksichtigen und der Umstand, ob sie in jungen Jahren oder erst im Alter geheiratet haben, die Dauer der Pflege und Erziehung eines gemeinschaftlichen Kindes, das Ausmaß der gegenseitigen wirtschaftlichen Verflechtungen und Abhängigkeiten sowie schließlich auch die Art der konkurrierenden Unterhaltsverhältnisse, also etwa, ob Ansprüche auf Familienunterhalt, Betreuungsunterhalt oder Ansprüche nach § 1615l BGB aufeinander treffen (BT-Drs. 16/1830, S. 24f.). Gewollt war, dass die lange Ehedauer nicht rein schematisch allein anhand der Zahl der Ehejahre bestimmt wird, sondern dass – ähnlich wie dies in der Literatur bereits zur „langen Dauer" nach § 1582 Abs. 1 Satz 2 a. F. vertreten worden war (Staudinger/Verschraegen, § 1582 Rn 26; AnwKomm BGB Familienrecht/Lier, § 1582 Rn 8) – neben der reinen Zeitdauer auch weitere Gesichtspunkte gewürdigt werden, um den Gerichten in bestimmten, kritischen Konkurrenzfällen ein geeignetes Korrektiv an die Hand zu geben (Brudermüller, FamPra.ch 2008, 816, 830; Grundmann, DRiZ 2006, 146, 148; Menne, FF 2006, 220, 221; Menne, ZFE 2006, 244, 246; Willutzki, FPR 2005, 505, 507; Grundmann, FF 2005, 213, 215; Menne, KindPrax 2005, 174, 175f.). Im Verlauf des Gesetzgebungsverfahrens hat dieser Ansatz indessen immer wieder Kritik erfahren. Bemängelt wurde, dass unsicher sei, was unter langer Ehedauer zu verstehen sei; durch das Hineintragen von Ungewissheiten in das schwierige Geflecht der Rangfolgen werde eine unübersehbare Kette von Rechtsstreitigkeiten vorprogrammiert (Borth, FamRZ 2006, 813, 818; Peschel-Gutzeit, ZRP 2005, 177, 180; Schwab, FamRZ 1417, 1424).

- Der Gesetzgeber hat hierauf reagiert und in der endgültig verabschiedeten **16** Gesetzesfassung an § 1609 Nr. 2, 2. Alt. einen weiteren Halbsatz zur näheren Erläuterung des Begriffs der „Ehe von langer Dauer" angefügt. Bei der Feststellung, ob eine Ehe von langer Dauer vorliegt, sollen auch Nachteile im Sinne des § 1578b Abs. 1 Satz 2, 3 berücksichtigt werden (BT-Drs. 16/6980, S. 10). Nach dem Gesetz soll danach die tatsächliche zeitliche Dauer der Ehe das Hauptkriterium für die Zuordnung eines ehelichen Unterhaltsanspruchs in den zweiten Rang bilden (Wendl/Gutdeutsch, § 5 Rn 115c, 116). Folgerichtig prüfen die Gerichte bei einer Ehedauer von 10 bis 15 Jahren daher auch, ob sich schon eine ehebedingte besonders enge wirtschaftliche Abhängigkeit ergeben hat; soweit dies zu bejahen sei, läge eine lange Ehedauer vor und der Unterhaltsanspruch sei in den zweiten Rang einzustellen (OLG Koblenz ZFE 2009, 112; OLG Celle NJW-RR 2009, 146). Entsprechendes gilt, wenn ein Ehegatte sich der Familienarbeit angenommen hat oder während der Ehe unter Verzicht auf die eigene berufliche Entwicklung die gemeinsamen Kinder betreut hat. In derartigen Konstellationen ist es gerechtfertigt, auch eine kürzere Zeitspanne als lange Ehedauer im Sinne von § 1609 Nr. 2, 2. Alt. anzusehen und dem Unterhaltsanspruch den zweiten Rang zuzuerkennen (Gerhardt, FuR 2008, 62, 64).

17 • Der BGH hat indessen einen anderen Ansatz gewählt. Nach Meinung des BGH soll nicht die tatsächliche Ehedauer den Ansatzpunkt für die Rangeinstufung bilden, sondern entscheidend soll die Frage nach eventuellen ehebedingten Nachteilen sein, die im Verfahren positiv festzustellen sind. Die tatsächliche Ehedauer soll dahinter praktisch völlig zurücktreten; ihr soll keine entscheidende Bedeutung mehr zukommen. Das führt beispielsweise dazu, dass Unterhaltsansprüche bei einer Ehedauer von mehr als 15 Jahren in Fällen, in denen der unterhaltsberechtigte Ehegatte wieder in vollem Umfang erwerbstätig ist und keine ehebedingten Nachteile vorliegen, nicht in den zweiten, sondern in den dritten Unterhaltsrang fallen (BGH NJW 2008, 3213 sowie Dose, JAmt 2009, 1, 6; Hahne, FF 2009, 178, 183f.; Maurer, FamRZ 2008, 2157, 2165). Vor dem Hintergrund der Entstehung des Gesetzes vermag diese Auffassung indessen kaum zu überzeugen. Denn der BGH zieht nicht das eigentliche Hauptkriterium – die lange Ehedauer – heran, sondern stellt auf das Hilfskriterium ehebedingte Nachteile ab, das in den Gesetzestext nur deshalb eingefügt worden war, um den Begriff der langen Ehedauer in Zweifelsfällen besser konturieren zu können. Im Übrigen stößt sich die Auffassung des BGH auch am Gesetzeswortlaut von § 1609 Nr. 2, 2. Alt. Ehebedingte Nachteile sind danach nicht das alleinige Kriterium, um die Ehedauer festzustellen, sondern sind (lediglich) „auch" zu berücksichtigen. Die Auslegung, die der BGH der Bestimmung gibt, birgt die Gefahr, dass absolut lange Ehen von mehr als zwei Jahrzehnten Dauer dann, wenn keine ehebedingten Nachteile (mehr) vorliegen, zu Unrecht in den Nachrang gestellt werden und damit der Schutz „traditioneller" Ehemodelle verkürzt wird. Das war aber sicher nicht Absicht des Gesetzgebers (zu Recht kritisch Born, FF 2008, 464, 465f.; Coester-Waltjen, Jura 2008, 816, 819. S. auch Viefhues, ZFE 2009, 4, 7f.).

4. Volljährige Kinder in Ausbildung (§ 1609 Nr. 4)

18 Die Einordnung von Unterhaltsansprüchen volljähriger, studierender oder in Ausbildung befindlicher Kinder in den vierten Unterhaltsrang war rechtspolitisch umstritten. Kritisiert wurde, dass der Gedanke der Förderung des Kindeswohls (BT-Drs. 16/1830, S. 13, 23f.) insoweit nicht konsequent durchgehalten worden und insbesondere der Ausbildungsunterhalt rangmäßig besser zu stellen sei (BR-Drs. 253/1/06, S. 3f. = Menne/Grundmann, S. 83 sowie Eickelberg, RNotZ 2009, 1, 8f.; Schürmann, FamRZ 2008, 313, 319; Schubert/Moebius, NJ 2006, 289, 290). Indessen darf nicht verkannt werden, dass in Ausbildung befindliche Kinder Anspruch auf Ausbildungsvergütung oder staatliche Ausbildungsförderung haben und die Absicherung ihres Unterhaltsinteresses daher weniger dringlich erscheint als beispielsweise diejenige von Berechtigten nach § 1609 Nr. 2, 3, die ohne eine Unterhaltsleistung auf staatliche Sozialleistungen angewiesen wären (Bamberger/Roth-Reinken, § 1609 Rn 29; Menne, FF 2006, 220, 221f.; Willutzki, FPR 2005, 505, 507. S. weiter auch Götz, S. 70f.).

V. Vereinbarungen zum Rang

19 Die gesetzliche Rangordnung ist für das Gericht bindend (Palandt/Diederichsen, § 1609 Rn 5. **A. A.** AG Altena, FamRZ 1985, 196). Durch Vereinbarung der

Beteiligten ist eine Abänderung jedoch möglich, soweit nicht Verzichtsverbote (§ 1614, §§ 1361 Abs. 4 Satz 4, 1360 a Abs. 3, § 1615 l Abs. 3) entgegenstehen oder die Vereinbarung zu Lasten Dritter, etwa des Sozialhilfeträgers, geht (Münch-Komm/Born, § 1609 Rn 25 ff.; Bamberger/Roth-Reinken, § 1609 Rn 6; Schürmann, FamRZ 2008, 313, 319 f.). So können beispielsweise Eltern vereinbaren, dass Unterhaltsansprüche minderjähriger und volljähriger Kinder gleichrangig behandelt werden sollen (Wendl/Gutdeutsch, § 5 Rn 111).

VI. Beweislast

Es ist am Unterhaltspflichtigen, zu beweisen, dass er tatsächlich an vor- oder gleichrangig Berechtigte Unterhalt leistet und deshalb nicht mehr ausreichend leistungsfähig ist (Baumgärtel/Laumen-Pruskowski, § 1609 Rn 1 f.; Reinken, FPR 2009, 82, 84). **20**

Soweit der Unterhaltspflichtige im Rahmen des § 1609 Nr. 2, 2. Alt. jedoch Tatsachen vorgetragen hat, die einen Wegfall ehebedingter Nachteile nahe legen, ist es am Unterhaltsberechtigten, Umstände darzulegen und zu beweisen, die für fortdauernde ehebedingte Nachteile und damit für die Einordnung seines Unterhaltsanspruchs in den zweiten Rang sprechen (BGH NJW 2008, 3213; s. auch Wendl/Dose, § 6 Rn 712).

§ 1610 Maß des Unterhalts

(1) Das Maß des zu gewährenden Unterhalts bestimmt sich nach der Lebensstellung des Bedürftigen (angemessener Unterhalt).

(2) Der Unterhalt umfasst den gesamten Lebensbedarf einschließlich der Kosten einer angemessenen Vorbildung zu einem Beruf, bei einer der Erziehung bedürftigen Person auch die Kosten der Erziehung.

I. Normzweck und Inhalt

Unterhaltsleistungen sollen den Empfänger in die Lage versetzen, seine Lebensbedürfnisse zu erfüllen. § 1610 Abs. 1 BGB bestimmt, auf welchem Niveau der Berechtigte die Erfüllung dieser Bedürfnisse verlangen kann und damit insbesondere die Höhe (Ausmaß) des Unterhaltsanspruchs. § 1610 Abs. 2 BGB regelt zum einen, welche einzelnen materiellen Bedarfspositionen vom Unterhaltsanspruch umfasst sind (Umfang) und beantwortet zum anderen die Frage, welche Ausbildung vom Unterhaltspflichtigen unterhaltsrechtlich geschuldet wird. Damit strahlt § 1610 Abs. 2 BGB auch auf andere Regelungen des Verwandtenunterhaltes aus, denn die Vorschrift entscheidet darüber, welchen Umfang der Eigenbedarf des Unterhaltspflichtigen bei der Beurteilung seiner Leistungsfähigkeit (§ 1603 BGB) hat und wann der Unterhaltsberechtigte im Rahmen der Bedürftigkeitsprüfung (§ 1602 BGB) auf Erwerbseinkünfte jenseits seiner Ausbildung verwiesen werden kann. **1**

Bei einem minderjährigen Kind bezieht sich § 1610 BGB auf den Gesamtbedarf, d.h. Bar- und Betreuungsbedarf (BGH NJW 1988, 2371). Da die Eltern die Versorgung des minderjährigen Kindes bei intakter Familie üblicherweise nach ihren individuellen Lebensverhältnissen regeln, spielt die Vorschrift in der Praxis vor allem bei der Bemessung von Barunterhaltspflichten in gescheiterten Familien eine Rolle. **2**

BGB § 1610

II. Unterhalt nach Lebensstellung

1. Grundsätze

3 Nach § 1610 Abs. 1 BGB richtet sich das Maß des Unterhaltsanspruchs nach der Lebensstellung des Bedürftigen. Die Lebensstellung entspricht grundsätzlich dem Einkommen, dem Vermögen und dem sozialen Rang (BGH NJW 2003, 128).

4 **a) Abgeleitete Lebensstellung.** Minderjährige Kinder haben in Ermangelung eigener Einkünfte regelmäßig noch keine eigene Lebensstellung erlangt. Sie leiten ihre Lebensstellung daher grundsätzlich von den Einkommens- und Vermögensverhältnissen ihre Eltern ab. Bei einem volljährigen Kind kommt es in erster Linie darauf an, ob es bereits eine wirtschaftliche Selbständigkeit im Sinne einer weitgehenden Unabhängigkeit von elterlichen Unterhaltszahlungen erreicht hat. Dies ist vor dem Abschluss einer beruflichen Ausbildung regelmäßig nicht der Fall, so dass die Lebensstellung volljähriger Schüler, Auszubildender oder Studenten weiterhin von den Einkünften der Eltern abhängig ist, und zwar auch dann, wenn sie bereits einen eigenen Haushalt führen (BGH NJW-RR 1986, 1261 und 426). Neben dieser Verknüpfung mit den Einkommens- und Vermögensverhältnissen der Eltern werden die Bedürfnisse des Kindes aber auch durch den Besuch des Kindergartens, der Schule oder durch die Berufsausbildung bestimmt.

5 Kinder, die ihre Lebensstellung von einem oder beiden Elternteilen ableiten, nehmen an der kontinuierlichen Entwicklung der Einkommensverhältnisse ihrer Eltern teil. So ist der Lebensstandard der minderjährigen Kinder nicht auf die zum Zeitpunkt der Scheidung ihrer Eltern vorhandenen Einkommensquellen begrenzt. Vielmehr sind auch erst nach der Scheidung beim Unterhaltspflichtigen entstandene Vorteile zu berücksichtigen, so dass die Lebensstellung des Kindes auch durch den **Splittingvorteil** aus neuer Ehe beeinflusst wird, soweit er auf dem alleinigen Einkommen des Unterhaltspflichtigen beruht (BGH NJW 2008, 3562). Lediglich fingierte Einkommensverhältnisse, die dem unterhaltspflichtigen Elternteil tatsächlich nie oder jedenfalls nicht nachhaltig zur Verfügung gestanden haben, können für die Lebensstellung des unterhaltsberechtigten Kindes grundsätzlich nicht maßgeblich sein (BGH NJW 1997, 735). Daraus folgt aber nicht, dass ein über dem Mindestunterhalt liegender Bedarf aus einem **fiktiv zugerechneten Einkommen** nicht hergeleitet werden könne; wird dem Unterhaltspflichtigen wegen Verletzung seiner erwerbsbezogenen Obliegenheiten ein Einkommen auf dem Niveau seiner bisherigen Bezüge zugerechnet, ist diese Fiktion auch für den Bedarf der Kinder maßgeblich (BGH NJW 2003, 3122; BGH NJW-RR 2000, 1385).

6 Nach ständiger Rechtsprechung des Bundesgerichtshofs richtet sich der Unterhaltsbedarf minderjähriger Kinder regelmäßig nur nach den Einkommensverhältnissen des baruntehaltspflichtigen Elternteils, und zwar auch dann, wenn der Betreuungselternteil zwar über eigenes Einkommen verfügt, sich aber wegen § 1606 Abs. 3 Satz 2 BGB nicht am Barunterhalt beteiligen muss (BGH NJW 2007, 1882; BGH NJW 2003, 1177; BGH NJW 2002, 1269). Diese Sichtweise führt in der Praxis zwar gelegentlich zu schwer verständlich erscheinenden Ergebnissen, wenn etwa in Fällen der Geschwistertrennung der Bedarf desjenigen Geschwisterkindes geringer ist, das von dem besser verdienenden Elternteil versorgt und betreut wird (Wendl/Klinkhammer § 2 Rn 113a). Noch weniger einleuchtend wäre es aber, wenn der Betreuungselternteil durch Einschränkung oder Ausweitung seiner eigenen Erwerbstätigkeit den Barunterhaltsanspruch des minderjährigen Kindes gegen den anderen Elternteil beeinflussen könnte (Münch-Komm/Born § 1610 Rn 22; Erman/Hammermann § 1610 Rn 19).

Bei volljährigen Kindern gilt § 1606 Abs. 3 Satz 2 BGB nicht, so dass grundsätzlich das zusammengerechnete Einkommen der leistungsfähigen Eltern maßgeblich ist (BGH NJW 2008, 227; BGH NJW 2006, 57). Allerdings schuldet ein Elternteil höchstens den Unterhalt, der sich allein auf der Grundlage seines Einkommens ergeben würde (BGH NJW 2006, 57). Eine Bemessung des Unterhaltsbedarfs nach den zusammengerechneten Einkünften der Eltern kommt aber nicht in Betracht, wenn die Tabellen und Richtlinien den Bedarf des Kindes mit festen Beträgen ansetzen (vgl. aber Rn 24).   7

In den Fällen, in denen § 1606 Abs. 3 Satz 2 BGB auch beim minderjährigen Kind ausnahmsweise nicht zur Anwendung kommt und beide Elternteile barunterhaltspflichtig sind, ist bei der Bemessung des Unterhaltsbedarfs grundsätzlich ebenfalls auf das zusammengerechnete Einkommen beider leistungsfähiger Elternteile abzustellen. Dies gilt namentlich bei einem strengen Wechselmodell mit gleichen Betreuungsanteilen zweier leistungsfähiger Elternteile (BGH NJW 2006, 2258; daneben sind die durch das Wechselmodell bedingten Mehrkosten zu berücksichtigen) und in den Fällen der Drittbetreuung, z. B. bei der Unterbringung des Kindes bei den Großeltern. Keine einheitliche Praxis gibt es bei der Bemessung des Bedarfs, wenn sich der Betreuungselternteil ausnahmsweise als anderer unterhaltspflichtiger Verwandter im Sinne von § 1603 Abs. 2 Satz 3 BGB am Barunterhalt des minderjährigen Kindes beteiligen muss. Teilweise wird die Ansicht vertreten, dass sich der Unterhaltsbedarf auch in diesem Fall nach dem zusammengerechneten Einkommen beider Elternteile bemisst (OLG Bamberg NJW 1995, 1433), teilweise wird ausschließlich auf das Einkommen des nicht betreuenden Elternteils abgestellt (OLGR Brandenburg 2006, 979; Kalthoener/Büttner/Niepmann Rn 974). Muss der Betreuungselternteil sogar allein für den Barunterhalt des minderjährigen Kindes aufkommen, sind auch allein seine Einkommensverhältnisse für den Bedarf maßgeblich, was etwa für den Vorwegabzug des Kindesunterhalts bei der Bedarfsbemessung für den Ehegattenunterhalt von Bedeutung sein kann (OLG Celle NJW 2009, 521; Wendl/Klinkhammer § 2 Rn 219).   8

b) Eigene Lebensstellung. Mit Abschluss der unterhaltsrechtlich geschuldeten Berufsausbildung endet die Anknüpfung an die Lebensverhältnisse der Eltern. Hat das volljährige Kind bereits durch eine Berufsausbildung oder durch die längerfristige Ausübung einer ungelernten Tätigkeit eine eigene Lebensstellung erlangt, kehrt es auch dann nicht in eine von seinen Eltern abgeleitete Lebensstellung zurück, wenn es – etwa infolge von Krankheit oder Arbeitslosigkeit – wieder unterhaltsbedürftig wird (OLG Bamberg NJW-RR 1993, 1093). Auch ältere **behinderte Kinder** können nach entsprechender Verselbständigung, z. B. durch dauerhafte Beschäftigung in einer Behindertenwerkstatt, eine eigene Lebensstellung erreichen (OLG Karlsruhe FamRZ 1986, 496; OLG Brandenburg FamRZ 2008, 174). Ihr Bedarf setzt sich dann aus dem notwendigen Selbstbehalt und einem etwaigen behinderungsbedingten Mehrbedarf zusammen (OLG Brandenburg FPR 2004, 474 und FamRZ 2008, 174).   9

Das Maß des Elternunterhalts bestimmt sich grundsätzlich nach der Lebensstellung der **Eltern,** wobei diese Lebensstellung allerdings auch durch nachteilige Veränderungen der Einkommensverhältnisse mit dem Eintritt in den Ruhestand geprägt ist. Mit Rücksicht darauf können Eltern von ihren Kindern keinen Unterhalt nach ihrem früheren Lebensstandard verlangen, wohl aber eine Heimunterbrin-   10 gung, die ihren wirtschaftlichen Verhältnissen vor Eintritt der Pflegebedürftigkeit entspricht (OLG Schleswig NJW-RR 2004, 866). Als Untergrenze des angemessenen Unterhalts müssen allerdings diejenigen Mittel angesehen werden, die zur Sicherstellung des Existenzminimums erforderlich sind (BGH NJW 2003, 1660).

2. Bedarfsbemessung nach Pauschalbeträgen

11   a) **Düsseldorfer Tabelle.** Es entspricht der vom Bundesgerichtshof gebilligten Praxis aller Oberlandesgerichte, sich bei der Bemessung des Kindesunterhalts an der Düsseldorfer Tabelle zu orientieren. Die darin ausgewiesenen Richtsätze lassen sich als Erfahrungswerte verstehen, die den Lebensbedarf des Kindes – ausgerichtet an den wirtschaftlichen Verhältnissen der Eltern und dem Alter des Kindes – auf der Grundlage durchschnittlicher Lebenshaltungskosten typisieren, um so eine möglichst gleichmäßige Behandlung gleicher Lebenssachverhalte zu erreichen (BGH NJW 2000, 954). Die Düsseldorfer Tabelle ist eine Richtlinie, aber keine Rechtsquelle und kein Gewohnheitsrecht. Unumstritten war sie bis vor kurzem nur wegen der Tabellenwerte für den Unterhalt minderjähriger Kinder, weil das Kammergericht Berlin und die Oberlandesgerichte Naumburg und Rostock die vierte Altersstufe (ab 18 Jahre) der Tabelle bis zum 31. 12. 2007 nicht übernommen haben. Dies hat sich seit dem 1. 1. 2008 geändert, so dass die gesamte Tabelle mit dort ausgewiesenen Zahlenwerten für minderjährige und volljährige Kinder nunmehr einheitlich im gesamten Bundesgebiet angewendet wird; nur das Oberlandesgericht Oldenburg wendet die vierte Altersstufe für privilegiert volljährige Kinder im Sinne von § 1603 Abs. 2 Satz 2 BGB weiterhin nicht an, sondern entnimmt die Tabellenwerte der dritten Altersstufe. Dagegen sind die Bedarfskontrollbeträge und die Anmerkungen zur Düsseldorfer Tabelle von vornherein nur zum Teil in die Leitlinien der Oberlandesgerichte übernommen worden. Die Berliner Tabelle als Vortabelle zur Düsseldorfer Tabelle wird seit dem 1. 1. 2008 nicht mehr angewendet.

Düsseldorfer Tabelle (Stand: 1. 1. 2009)

Nettoeinkommen des Barunterhaltspflichtigen	Altersstufen in Jahren (§ 1612a Abs. 1 BGB)				Prozentsatz	Bedarfskontrollbetrag
	0–5	6–11	12–17	ab 18		
Alle Beträge in EURO						
1. bis 1500	281	322	377	432	100	770/900
2. 1501–1900	296	339	396	454	105	1000
3. 1901–2300	310	355	415	476	110	1100
4. 2301–2700	324	371	434	497	115	1200
5. 2701–3100	338	387	453	519	120	1300
6. 3101–3500	360	413	483	553	128	1400
7. 3501–3900	383	438	513	588	136	1500
8. 3901–4300	405	464	543	623	144	1600
9. 4301–4700	428	490	574	657	152	1700
10. 4701–5100	450	516	604	692	160	1800
ab 5101	nach den Umständen des Falles					

Maß des Unterhalts **§ 1610 BGB**

b) Anwendungsgrundsätze. Die Richtsätze der Düsseldorfer Tabelle weisen 12 nur den vom unterhaltspflichtigen Elternteil zu zahlenden **Barunterhalt** aus, wobei für minderjährige Kinder (erste bis dritte Altersstufe) vorausgesetzt wird, dass sich das Kind beim anderen Elternteil aufhält und dieser seine Unterhaltspflicht gleichwertig durch Pflege und Erziehung des Kindes erfüllt. Erbringt kein Elternteil Betreuungsleistungen, müssen neben dem Barunterhalt auch die Kosten der Fremdbetreuung aufgebracht werden. Ist ein Elternteil verstorben und das Kind bei Großeltern untergebracht, schuldet der überlebende Elternteil seinem Kind neben dem Barunterhalt auch den pauschal in gleicher Höhe zu monetarisierenden Betreuungsunterhalt, mithin den doppelten Tabellenbetrag (BGH NJW 2006, 3421). Auch bei volljährigen Kindern (vierte Altersstufe) geht die Tabelle davon aus, dass das Kind in den Haushalt eines der beiden Elternteile aufgenommen worden ist.

aa) Die Tabellensätze der ersten Einkommensgruppe entsprechen in den ersten 13 drei Altersstufen seit dem 1. 1. 2008 dem **Mindestunterhalt** minderjähriger Kinder nach § 1612a Abs. 1 BGB. Abweichend von der in § 1612a Abs. 1 BGB vorgesehenen Ableitung des Mindestunterhalts aus dem doppelten Freibetrag für das sächliche Existenzminimum eines Kindes (Kinderfreibetrag) gemäß § 32 Abs. 6 EStG war der Mindestunterhalt bis zum 31. 12. 2008 noch durch die Übergangsregelung des § 36 Nr. 4 EGZPO festgelegt; diese Vorschrift ist durch die Erhöhung des Kinderfreibetrages zum 1. 1. 2009 gegenstandslos geworden. Die Tabellenbeträge berücksichtigen nicht das gesetzliche Kindergeld und entsprechen deshalb nicht den Zahlbeträgen.

bb) Die in den Tabellenbeträgen enthaltenen Anteile zur Deckung des **Wohn-** 14 **bedarfs** sind nicht gesondert ausgewiesen. Einige Leitlinien (z. B. Ziffer 21.5.2 der Süddeutschen Leitlinien) setzen für den Wohnkostenanteil 20% des Barunterhalts an, was zumindest beim Mindestunterhalt in der untersten Einkommensgruppe eher zu hoch erscheint (vgl. Erman/Hammermann § 1610 Rn 43). In der Praxis wird es ohnehin nur selten zu einer Kürzung des Barunterhalts im Hinblick auf die anderweitige Deckung des Wohnbedarfs kommen können. Lebt das Kind mietfrei in einer dem Betreuungselternteil gehörenden Wohnung, kann der Barunterhalt schon unter dem rechtlichen Gesichtspunkt der freiwilligen Leistung Dritter nicht gekürzt werden; im Übrigen kann der Betreuungselternteil den Barunterhalt in eigener Verantwortung für das Wohnen und Wirtschaften verwenden (MünchKomm/Born § 1610 Rn 72). Lebt das Kind mit dem Betreuungselternteil mietfrei in einer dem Unterhaltspflichtigen oder beiden Elternteilen gehörenden Immobilie, deren Belastungen vom Unterhaltspflichtigen allein getragen werden, wird der Wohnbedarf des Kindes zwar an sich durch Naturalleistungen des Unterhaltspflichtigen gedeckt. Lässt sich der Betreuungselternteil indessen bei der Bemessung des Ehegattenunterhalts eine angemessene ersparte Miete für eine größere Wohnung mit zusätzlichem Kinderzimmer oder die volle objektive Marktmiete für die gemeinsam mit dem Kind bewohnte Immobilie entgegenhalten, kommt daneben eine Kürzung des Kindesbarunterhalts nicht in Betracht (OLGR Koblenz 2002, 323; OLG München FamRZ 1998, 824; vgl. auch Wendl/Gerhardt § 1 Rn 398f.).

Die Tabellensätze enthalten keine Kosten für die **Krankenversicherung** des 15 Kindes. Üblicherweise sind Kinder gemäß § 10 Abs. 2 SGB IV in der gesetzlichen Familienversicherung über ihre Eltern mitversichert. Ist dies ausnahmsweise nicht der Fall, weil kein Elternteil Mitglied einer gesetzlichen Krankenversiche-

BGB § 1610

rung ist, besteht neben dem Tabellenunterhalt ein Anspruch auf Finanzierung der Beiträge für eine angemessene Krankenversicherung. Dies können auch die Prämien für eine private Krankenversicherung sein, und zwar insbesondere dann, wenn das Kind schon vor der Trennung der Eltern privat versichert gewesen ist (OLG Naumburg NJW-RR 2007, 728).

16 **c) Altersstufen und Einkommensgruppen.** Die Tabelle bestimmt den Kindesunterhalt zunächst nach dem Alter des Kindes. Beim Eintritt eines minderjährigen Kindes in eine neue Altersstufe wird der höhere Unterhalt nach § 1612a Abs. 3 BGB von Beginn des Monats an geschuldet, in dem das Kind das maßgebliche Lebensjahr vollendet. Für den Zeitpunkt des Eintritts in die Volljährigkeit gilt § 1612a Abs. 3 BGB nicht, so dass Volljährigenunterhalt nach der vierten Altersstufe taggenau vom 18. Geburtstag an und bis zum Tage zuvor Minderjährigenunterhalt nach der dritten Altersstufe geschuldet wird (Wendl/ Klinkhammer § 2 Rn 202).

17 Für die Einordnung in eine bestimmte Einkommensgruppe sind grundsätzlich die Einkünfte maßgeblich, die dem Unterhaltspflichtigen nach Abzug seiner Verbindlichkeiten – insbesondere Schulden und Vorsorgeaufwendungen – verbleiben, sofern diese Abzüge unterhaltsrechtlich zu berücksichtigen sind. Muss der Unterhaltspflichtige ausnahmsweise die Krankenversicherungsbeiträge für das Kind aufbringen, sind diese vor dem Einlesen in die Tabelle abzuziehen. Ist über das Vermögen des Unterhaltspflichtigen das Insolvenzverfahren eröffnet worden, kommt es für den Unterhaltsbedarf der Kinder nur noch auf den insolvenzfreien Teil des Einkommens an, der dem Unterhaltsschuldner nach Abzug der an den Treuhänder auszukehrenden Beträge verbleibt (OLG Koblenz NZI 2003, 60). Zur Frage fiktiver Einkünfte siehe Rn 5.

18 **d) Umgruppierungen; Bedarfskontrollbetrag.** Die Bedarfssätze der Düsseldorfer Tabelle sind auf eine durchschnittliche Unterhaltsbelastung zugeschnitten, nach der ein Unterhaltspflichtiger aus seinem Einkommen insgesamt drei Berechtigten Unterhalt gewähren muss; der Rang der Unterhaltsberechtigten spielt bei dieser Beurteilung grundsätzlich keine Rolle, wenn auch in einigen Leitlinien darauf abgestellt wird, ob für die Bedienung der nachrangigen Unterhaltsgläubiger Mittel vorhanden sind. Da die Werte der Düsseldorfer Tabelle lediglich Hilfsmittel für die Unterhaltsbemessung sind, sind die durch das Einlesen in die Tabelle gewonnenen Ergebnisse nach den Umständen des Einzelfalles auf seine Angemessenheit und Ausgewogenheit zu überprüfen (BGH NJW 2000, 3140). Um auch diese Angemessenheitskontrolle weitgehend schematisieren zu können, hält die Düsseldorfer Tabelle mit der Höher- und Herabgruppierung und mit dem Bedarfskontrollbetrag zwei Instrumente bereit, die der Bundesgerichtshof seit jeher gebilligt hat (BGH NJW 2008, 1663).

19 Bei mehr als drei Unterhaltsberechtigten wird wegen überdurchschnittlicher Belastung eine Herabgruppierung, bei weniger als drei Unterhaltsberechtigten wegen unterdurchschnittlicher Belastung eine Höhergruppierung in Betracht zu ziehen sein. Angesichts des Umstandes, dass die Spanne innerhalb einer Einkommensgruppe nach der neuen Tabellenstruktur seit dem 1. 1. 2008 auch in den unteren und mittleren Einkommensgruppen nunmehr einheitlich 400 € statt wie vorher 200 € beträgt, wird man allerdings bei Umgruppierungen deutlich zurückhaltender verfahren müssen als noch nach der alten Düsseldorfer Tabelle (vgl. auch BGH NJW 2008, 1663). Wenn das Einkommen am unteren Rand einer Einkommensgruppe liegt, wird eine Höhergruppierung oftmals ausschei-

Maß des Unterhalts **§ 1610 BGB**

den (Kalthoener/Büttner/Niepmann Rn 133). Dies gilt vor allem in der ersten Einkommensgruppe; so verlangen beispielsweise die Leitlinien des OLG Frankfurt (Ziffer 11.2) eine besondere Prüfung, wenn ein Unterhaltspflichtiger mit einem monatlichen Nettoeinkommen von weniger als 1300 € höher eingruppiert werden soll. Ist das zusammengerechnete Einkommen getrennt lebender Eltern für die Einordnung maßgeblich, findet wegen der Belastung der Eltern durch die kostensteigernde Führung getrennter Haushalte in der Regel ebenfalls keine Höhergruppierung mehr statt (BGH NJW-RR 1986, 426).

Ein anderes Institut, das die ausgewogene Verteilung der Mittel des Unterhalts- 20 pflichtigen gewährleisten soll, ist der sog. Bedarfskontrollbetrag. Der Bedarfskontrollbetrag ist ab der zweiten Einkommensgruppe nicht mehr mit dem Eigenbedarf bzw. mit dem Selbstbehalt des Pflichtigen identisch, sondern stellt eine reine Rechengröße dar, mit deren Hilfe über die Angemessenheit einer Umgruppierung befunden werden soll. Wird der Bedarfskontrollbetrag nach Abzug aller – auch nachrangiger – Unterhaltspflichten vom Einkommen des Pflichtigen unterschritten, ist für den Kindesunterhalt der Tabellenbetrag der nächst niedrigeren Gruppe anzusetzen, deren Kontrollbetrag nicht unterschritten wird. Maßgeblich für die Kontrollberechnung ist der Zahlbetrag des Kindesunterhalts, also der Tabellenbetrag abzüglich des hälftigen gesetzlichen Kindergelds (Wendl/Klinkhammer § 2 Rn 239 a).

Die Verwendung von Bedarfskontrollbeträgen ist in den Leitlinien des KG 21 Berlin und der Oberlandesgerichte Frankfurt, Oldenburg, Jena, Naumburg und Rostock nicht vorgesehen. In die anderen Leitlinien sind Bedarfskontrollbeträge aufgenommen worden, teilweise aber nur in Gestalt einer Anwendungsempfehlung, so dass sie auch bei anderen Oberlandesgerichten nicht von allen Familiensenaten verwendet werden.

f) Bedarf oberhalb der Tabellenwerte. Die Düsseldorfer Tabelle zieht die 22 Grenze der Verallgemeinerung bei einem Nettoeinkommen in Höhe von 5100 €. Jenseits dieses Elterneinkommens können die Tabellenwerte nicht ohne Weiteres schematisch fortgeschrieben werden, sondern es muss eine konkrete Bedarfsbemessung erfolgen. Bei der Bedarfsbemessung ist sicherzustellen, dass die Kinder in einer ihrem Alter entsprechenden Weise an der gehobenen Lebensführung teilnehmen, die den besonders günstigen Einkommensverhältnissen ihrer Eltern entspricht; nur eine Teilhabe am bloßen Luxus ist nicht geschuldet (BGH NJW-RR 1986, 1261; OLGR Schleswig 2001, 374). Allerdings ist die Darlegungslast für das Kind nicht zu überspannen (BGH NJWE-FER 2001, 253), so dass das allerdings das Kind seine kostenintensiven Lebensbedürfnisse nur exemplarisch darlegen muss (BGH NJW 2000, 954). Nach diesen Maßstäben können dann auch die Kosten für kostspielige Freizeitaktivitäten wie Reitunterricht, Tennis oder Skiurlaube zum Bedarf des Kindes gehören (KG Urteil vom 30. 4. 2002 – 18 UF 190/01 – BeckRS 2002, 30256953). Eine berechtigte Überschreitung des Höchstbetrages nach der zehnten Einkommensgruppe der Düsseldorfer Tabelle wird bei Kleinkindern weniger in Betracht kommen als bei älteren Kindern (Wendl/Klinkhammer § 2 Rn 229).

g) Unterhalt nach festen Bedarfssätzen. Für auswärts studierende Kinder 23 oder sonstige volljährige Kinder mit eigenem Hausstand sehen die unterhaltsrechtlichen Leitlinien aller Oberlandesgerichte in den alten und neuen Bundesländern seit dem 1. 1. 2008 einheitlich einen festen und vom Elterneinkommen unabhängigen Bedarfssatz in Höhe von 640 € vor. Hierin enthalten ist ein

Wohnkostenanteil, der in vielen Leitlinien mit 270 € Warmmiete angegeben wird. Nicht in dem Regelsatz von 640 € enthalten sind die Aufwendungen für die **Kranken- und Pflegeversicherung.** Sehr uneinheitlich verhalten sich die Leitlinien zu Frage, ob mit dem Regelsatz von 640 € auch ausbildungsbedingte Aufwendungen abgegolten sind, was für die Frage bedeutsam ist, ob sich ein Auszubildender mit eigenem Hausstand seine Ausbildungsvergütung ungekürzt auf seinen Bedarf anrechnen lassen muss oder ob diese vor der Anrechnung um konkret darzulegende bzw. pauschale ausbildungsbedingte Aufwendungen zu bereinigen ist. Weitestgehend Einigkeit besteht darüber, dass **Studiengebühren** nicht in dem Festbetrag von 640 € enthalten sind, weil diese üblicherweise in einer Höhe anfallen, die von einem Studenten aus dem Regelsatz nicht zusätzlich aufgebracht werden (Wendl/Klinkhammer § 2 Rn 370; Erman/Hammermann § 1610 Rn 46; Waldeyer/Waldeyer-Gellmann NJW 2007, 2957; Reinken FPR 2008, 334); in vielen Leitlinien werden Studiengebühren bereits ausdrücklich als zusätzlich zu deckender Bedarf erwähnt. Dagegen sind Aufwendungen für Fachliteratur u. ä. für einen Studenten im Regelsatz enthalten (MünchKomm/Born § 1610 Rn 228).

24 Der Regelsatz von 640 € liegt unter dem Tabellenbetrag der neunten und zehnten Einkommensgruppe (657 € bzw. 692 €) für ein im Haushalt eines Elternteils lebendes Kind, so dass die letztgenannten Beträge bei einem entsprechenden Elterneinkommen weiterhin maßgeblich sein müssen, weil der Bedarf des Kindes durch einen eigenen Haushalt typischerweise steigen und nicht sinken wird. Im Übrigen kommt auch bei einem auswärts wohnenden Kind bei sehr günstigen Einkommensverhältnissen der Eltern eine Erhöhung des Satzes aufgrund der konkreten Bedarfslage in Betracht (OLG Hamm FamRZ 1995, 1005).

25 Ein fester Bedarf von 640 € kann auch bei minderjährigen Kindern angenommen werden, wenn sie ausnahmsweise mit Zustimmung der Sorgeberechtigten einen eigenen Hausstand führen und keine nennenswerten Betreuungsleistungen durch die Eltern mehr erbracht werden (Wendl/Klinkhammer § 2 Rn 226 a).

III. Gesamter Lebensbedarf

26 Nach § 1610 Abs. 2 BGB umfasst der Unterhalt den gesamten Lebensbedarf. Zum **Regelbedarf** gehören dabei grundsätzlich alle Lebenshaltungskosten, insbesondere die Kosten für Nahrung, Wohnung, Kleidung, Körperpflege, Unterrichtsmaterialien, musische und sportliche Interessen sowie Taschengeld, die durch die Sätze der Düsseldorfer Tabelle pauschal abgegolten sind (BGH NJW 1983, 1429). Neben dem Regelbedarf kann aber auch Zusatzbedarf in Form des regelmäßiger Mehrbedarfs oder des Sonderbedarfs anfallen. Während **Mehrbedarf** regelmäßig und laufend auftritt, ist **Sonderbedarf** demgegenüber nach der Legaldefinition des § 1613 Abs. 2 Nr. 1 BGB ein unregelmäßiger, außergewöhnlich hoher Bedarf.

27 Soweit zusätzlicher Bedarf – als Mehrbedarf oder als Sonderbedarf – aufgebracht werden muss, gilt der allgemeine Grundsatz der Gleichwertigkeit von Betreuungs- und Barunterhalt (§ 1606 Abs. 3 Satz 2 BGB) nicht mehr ohne weiteres (BGH NJW-RR 1998, 505; BGH NJW 1983, 2082). Es ist deshalb stets zu prüfen, ob sich ein leistungsfähiger Betreuungselternteil an dem Zusatzbedarf beteiligen muss. Das wird jedenfalls dann stets der Fall sein, wenn der Betreuungselternteil durch die den Zusatzbedarf auslösende Maßnahme in seinen Betreuungsaufgaben entlastet wird. Möglicherweise ist auch das Kind selbst an der Aufbringung von Zusatzbedarf zu beteiligen, und zwar insbesondere dann, wenn bei günstigeren wirtschaftlichen Verhältnissen aus seinem laufenden Unterhalt kleinere Beträge für Positionen des zusätzlichen Bedarfs abgezweigt werden können (OLG Düsseldorf NJW-RR 2005, 1529).

1. Mehrbedarf

a) Allgemeines. Als Mehrbedarf ist der Teil des Lebensbedarfs anzusehen, der 28
regelmäßig während eines längeren Zeitraums anfällt und das Übliche derart übersteigt, dass er mit den Regelsätzen nicht erfasst werden kann, andererseits aber kalkulierbar ist und deshalb bei der Bemessung des laufenden Unterhalts berücksichtigt werden kann (BGH NJW 2007, 1969). Mehrbedarf ist zusätzlich zum Regelbedarf zu zahlen, wenn dieser berechtigt ist, d.h. wenn für die den Mehraufwand verursachende Maßnahme so gewichtige Gründe im Interesse des Berechtigten sprechen, dass die zusätzliche finanzielle Belastung vom Barunterhaltspflichtigen hingenommen werden muss (BGH NJW 1983, 393). Bei dieser Abwägung müssen insbesondere die wirtschaftlichen Verhältnisse des Unterhaltspflichtigen berücksichtigt werden. Mehrbedarf eines Kindes wird regelmäßig als gerechtfertigt anzuerkennen sein, wenn der barunterhaltspflichtige Elternteil selbst mit der Mehrkosten auslösenden Maßnahme einverstanden war.

Zum Mehrbedarf von Kindern sind neben Aufwendungen für eine notwendi- 29
ge Kranken- und Pflegeversicherung sowie den Studiengebühren (Rn 23) insbesondere zu rechnen: Regelmäßig entstehende krankheitsbedingte Mehrkosten, z. B. nicht erstattungsfähige Medikamente, Naturheilverfahren und besondere Nahrungsmittel bei Allergikern (OLGR Schleswig 1996, 201). Zum Mehrbedarf gehören auch die Kosten für erforderlichen Nachhilfeunterricht (OLG Hamm FamRZ 2007, 77; OLG Düsseldorf NJW-RR 2005, 1529). Die Kosten für die Pflege von aufwendigen musikalischen oder sportlichen Interessen des Kindes können neben dem laufenden Unterhalt grundsätzlich nur dann verlangt werden, wenn beide Elternteile diese Beschäftigung gefördert haben; unter diesen Voraussetzungen können dann aber sogar die Kosten für den Unterhalt eines Reitpferdes berechtigter Mehrbedarf sein (OLG Naumburg Urteil vom 26. 4. 2007 – 3 UF 26/07 – BeckRS 2008, 03046; OLG Karlsruhe FamRZ 2005, 233). Auch die Mehrkosten für den Besuch einer Privatschule muss der barunterhaltspflichtige Elternteil ausnahmsweise als berechtigten Mehrbedarf hinnehmen, wenn gewichtige Gründe in der Person des Kindes für die Wahl einer privaten Bildungseinrichtung im Vergleich zu einer von Schulgeld freigestellten staatlichen Schule sprechen (BGH NJW 1983, 393; OLG Naumburg NJW 2009, 1285; OLG Koblenz NJW-RR 2005, 88); wegen der erheblichen finanziellen Belastung ist aber besonders sorgfältig zu prüfen, ob nicht andere Möglichkeiten der schulischen Förderung eines Kindes bestehen, die zu einem vergleichbaren Erfolg führen.

b) Kinderbetreuungskosten. Sonderprobleme ergeben sich bei den Kosten 30
für die Betreuung eines Kindes in der Kinderkrippe, im Kindergarten, im Schulhort oder bei einer Tagesmutter, wobei der Bedarf des Kindes von dem Bedarf des Betreuungselternteils abzugrenzen ist. Maßgeblich für diese Abgrenzung ist, wessen anerkennenswertes Unterhaltsbedürfnis im Vordergrund steht (Reinken FPR 2008, 90). Wird die konkrete Betreuungssituation in erster Linie geschaf-

fen, um dem Betreuungselternteil die Möglichkeit zur Ausübung einer Erwerbstätigkeit zu geben, ist der Bezug zu berufsbedingten Aufwendungen dieses Elternteils stärker. Dies wird regelmäßig der Fall sein bei der Betreuung eines noch nicht dreijährigen Kindes in einer Kinderkrippe (Maurer FamRZ 2006, 663) und beim Einsatz einer Tagesmutter oder Kinderfrau (Kalthoener/Büttner/Niepmann Rn 349), weil in diesen Fällen der Beaufsichtigungs- und Entlastungseffekt überwiegt. Anders verhält es sich mit den Beiträgen für einen **Kindergarten.** Der Bundesgerichtshof rechnet die für den Besuch eines Kindergartens entstehenden Kosten wegen der Übernahme von erzieherischen und bildungsmäßigen Aufgaben durch solche Einrichtungen grundsätzlich dem Bedarf des Kindes zu, und zwar unabhängig davon, ob es sich um eine Halbtags- oder eine Ganztagsbetreuung handelt (BGH NJW 2008, 2337).

31 Auf den Umfang der Kindergartenbetreuung kam es nach der früheren Rechtsprechung des Bundesgerichtshofs insoweit an, als sozialverträglich gestaltete Beiträge für einen Halbtagskindergarten bis zur Höhe von monatlich 50 € bereits im laufenden Tabellenunterhalt enthalten sein sollten; die mit einer Ganztagsbetreuung gegenüber den Beiträgen für einen Halbtagskindergarten verbundenen Zusatzkosten wurden als Mehrbedarf des Kindes angesehen (BGH NJW 2007, 1969; BGH NJW 2008, 2337). Mit dieser Beurteilung war es indessen schwerlich zu vereinbaren, dass sich der am 1. 1. 2008 eingeführte Mindestunterhalt gemäß § 1612a Abs. 1 BGB vom sächlichen Existenzminimum des Kindes ableiten sollte, das seinerseits den Betreuungs-, Ausbildungs- und Erziehungsbedarf nicht umfasst. In seiner Entscheidung vom 26. 11. 2008 (BGH FamRZ 2009, 962) hat der Bundesgerichtshof seine bisherige Rechtsauffassung aufgegeben, und zwar ausdrücklich auch für die Zeit vor dem 31. 12. 2007. Beiträge für den Besuch eines Kindergartens sind nunmehr – mit Ausnahme des Verpflegungskostenanteils – selbst in den höheren Einkommensgruppen nicht mehr im laufenden Tabellenunterhalt enthalten, sondern in jedem Fall als Mehrbedarf des Kindes zu behandeln. Auch hier ist zu beachten, dass sich ein leistungsfähiger Betreuungselternteil unter Umständen an der Aufbringung dieses Mehrbedarfs beteiligen muss (Rn 27).

2. Prozesskostenvorschuss als Sonderbedarf

32 Sonderbedarf als unregelmäßiger außergewöhnlich hoher Bedarf liegt nur dann vor, wenn der Bedarf nicht mit Wahrscheinlichkeit vorauszusehen war und deshalb bei der Bemessung der laufenden Unterhaltsrente nicht berücksichtigt werden konnte (vgl. zum Sonderbedarf im Einzelnen § 1613 Rn 19 ff.). Eine besondere Form des Sonderbedarfs stellt der Anspruch auf Zahlung eines **Prozesskostenvorschusses** dar (BGH NJW-RR 2004, 1662), der im Verwandtenunterhalt nach herrschender Ansicht aus einer Analogie zu § 1360a Abs. 4 BGB, nach anderer Auffassung aus § 1610 Abs. 2 BGB herzuleiten ist.

33 Nach einhelliger Ansicht haben minderjährige Kinder gegen ihre Eltern einen Anspruch auf Prozesskostenvorschuss (BGH NJW-RR 2004, 1662), und zwar konsequenterweise auch gegen den Betreuungselternteil, weil der Prozesskostenvorschuss als Sonderbedarf von der Gleichwertigkeitsregel des § 1606 Abs. 3 Satz 2 BGB nicht erfasst ist (OLG Koblenz NJWE-FER 2000, 173). Volljährige Kinder haben einen Anspruch auf Prozesskostenvorschuss gegen ihre Eltern nicht nur dann, wenn sie als privilegierte Volljährige im Sinne von § 1603 Abs. 2 Satz 2 BGB den minderjährigen Kindern gleichstehen, sondern auch dann, wenn sie wegen Fortdauer ihrer Ausbildung noch keine eigene Lebensstellung (vgl. Rn 4) erlangt haben (BGH NJW 2005, 1722; OLG München NJW-RR 2007, 657). Leistungsfähige Eltern müssen für den Anspruch auf Prozesskostenvorschuss nur als Teilschuldner nach Maßgabe ihrer Einkommens- und Vermögensverhältnisse einstehen, so dass das gegen den einen Elternteil prozessierende Kind dessen Haftungsanteil am Vorschussanspruch darzulegen hat (OLG Düsseldorf FamRZ 1999, 1215). Kann das Kind den (anteiligen) Vorschussanspruch gegen den einen Elternteil nicht zeitnah durchsetzen, haftet ihm der andere Elternteil im Wege der vorläufigen Ausfallhaftung auf den gesamten Vorschuss, wenn er leistungsfähig ist.

Eltern haben ihrerseits gegen ihre minderjährigen oder volljährigen Kinder 34 keinen Anspruch auf Prozesskostenvorschuss (OLG München FamRZ 1993, 821; OLGR Oldenburg 1997, 157). Wegen der ähnlich schwach ausgestalteten Intensität ihrer unterhaltsrechtlichen Beziehung wird auch Enkeln keinen Prozesskostenvorschussanspruch gegen ihre Großeltern zustehen (Wendl/Scholz § 6 Rn 24; Kalthoener/Büttner/Niepmann Rn 443; anders OLG Koblenz NJW-RR 1997, 263; Palandt/Diederichsen § 1610 Rn 14). Wegen der sonstigen Voraussetzungen des Prozesskostenvorschussanspruchs kann auf die Kommentierung zu § 1360a BGB (Rn 24 ff.) verwiesen werden.

IV. Ausbildungsunterhalt

1. Anspruch des Kindes auf Ausbildung

a) **Angemessene Ausbildung.** Der Unterhaltsanspruch des Kindes umfasst 35 auch die Kosten einer angemessenen Vorbildung zu einem Beruf. Angemessen ist eine Ausbildung, die der Begabung und den Fähigkeiten, dem Leistungswillen und den beachtenswerten Neigungen des Kindes am besten entspricht, ohne dass sämtliche, möglicherweise nur vorübergehende Neigungen und Wünsche berücksichtigt werden müssen (BGH NJW 1989, 2253; NJW 1977, 1744). Ob das Kind eine begabungsbezogene Ausbildung anstrebt, ist eine Frage des Einzelfalls; so folgt aus dem Erwerb der allgemeinen Hochschulreife allein noch nicht zwangsläufig die Verpflichtung der Eltern, dem Kind auch ein Studium zu finanzieren (BGH NJW-RR 2000, 593). Der Ausbildungsgang muss zudem grundsätzlich geeignet sein, die Selbsterhaltungsfähigkeit des Kindes nach Beendigung der Ausbildung herbeizuführen (OLG Stuttgart FamRZ 1988, 758). Unter dem Gesichtspunkt der künftigen Unterhaltssicherung wird die Angemessenheit der geplanten Ausbildung aber noch nicht allein dadurch in Frage gestellt werden können, dass das Kind eine Ausbildung in einem abgelegenen, wenig aussichtsreich erscheinenden Wissenschaftszweig („Orchideenstudium") oder eine künstlerische Ausbildung wählt. Hier müssen allerdings Begabungen und Neigung des Kindes deutlicher hervortreten (Strohal FPR 2008, 331).

Die Angemessenheit der Ausbildung hängt auch davon ab, ob die Finanzie- 36 rung der Ausbildung den Eltern wirtschaftlich zugemutet werden kann (BGH NJW 1977, 1744). Dies bedeutet aber nicht, dass Kinder gegen solche, in wirtschaftlich beengten Verhältnissen lebende Eltern schon dem Grunde nach keinen Anspruch auf Ausbildungsunterhalt hätten, wenn sich die von ihnen angestrebte Ausbildung im Rahmen durchschnittlicher Ausbildungsgänge hält; hier hat das erforderliche Regulativ über die durch die Leistungsfähigkeit (§ 1603 BGB) gezogenen Grenzen zu erfolgen (OLG Karlsruhe NJWE-FER 1998, 148).

BGB § 1610

37 **b) Berufswahl.** Solange das Kind minderjährig ist, bestimmen die sorgeberechtigten Eltern die Art der Ausbildung, wobei die Eltern gemäß § 1631a BGB auf die Eignung und Neigung des Kindes Rücksicht zu nehmen haben. Sie haben deshalb auch den Willen des Kindes zu beachten und in die Entscheidungsfindung mit einzubeziehen (Borth FPR 2008, 341). Das volljährige Kind trifft die Entscheidungen zur Berufswahl selbst; dies gilt insbesondere bezüglich der Wahl des Studienganges (BGH NJW 1996, 1817). Auch das volljährige Kind hat gemäß § 1618a BGB auf die berechtigten Belange der Eltern Rücksicht zu nehmen, den Ausbildungswunsch mit den Eltern abzustimmen (Strohal FPR 2008, 331) und an den Kriterien für die Angemessenheit der Ausbildung auszurichten.

2. Ausbildungspflichten des Kindes

38 Das unterhaltsrechtliche Verhältnis zwischen Eltern und Kindern ist beim Ausbildungsunterhalt vom Gegenseitigkeitsprinzip geprägt: Mit dem Anspruch des Kindes gegen die Eltern auf Finanzierung einer angemessenen Berufsausbildung korrespondiert die Obliegenheit des Kindes, die Ausbildung planvoll und zielstrebig aufzunehmen und durchzuführen und binnen angemessener und üblicher Zeit zu beenden (BGH NJW 1998, 1555; BGH NJW 1987, 1557).

39 **a) Beginn des Ausbildungsabschnitts.** Dem Kind ist nach dem Abgang von der Schule oder nach der Beendigung von Wehr- oder Zivildienst grundsätzlich eine angemessene **Orientierungsphase** zuzubilligen. Die Orientierungsphase soll es dem Kind ermöglichen, mögliche Fehleinschätzungen bezüglich seiner Begabungen und Neigungen zu erkennen oder falsche Vorstellungen über den gewählten Ausbildungsgang zu korrigieren. Spätestens am Ende der Orientierungsphase muss die angestrebte Ausbildung aufgenommen worden sein. Die Dauer der Orientierungsphase ist von Fall zu Fall unterschiedlich und richtet sich jeweils nach Alter, Entwicklungsstand und den gesamten Lebensumständen des Kindes (BGH NJW 2001, 2170; BGH NJW 1998, 1555). Je älter der Berechtigte bei Schulabgang ist und je weniger die Eltern noch mit einer Inanspruchnahme auf Ausbildungsunterhalt rechnen müssen, desto eher kann eine zu lange Verzögerung bei der Aufnahme der Erstausbildung dazu führen, dass der Ausbildungsanspruch entfällt. Dabei kann es auch eine Rolle spielen, dass den Eltern auf Grund des fortgeschrittenen Alters des Kindes keine steuerlichen Erleichterungen, kein Kindergeld oder keine kindbezogenen Gehaltsbestandteile mehr zugute kommen (BGH NJW 1998, 1555). Bei einem jungvolljährigen Schulabgänger wird eine Orientierungsphase von rund einem Jahr aber regelmäßig als angemessen anzusehen sein (BGH NJW 2001, 2170). Eine rund zweieinhalbjährige grundlose Unterbrechung zwischen den Ausbildungsabschnitten muss bei älteren Kindern aber regelmäßig nicht mehr hingenommen werden (BGH NJW 1998, 1555; OLG Frankfurt FamRZ 1994, 1116). Soweit die Ausbildungsunterbrechung in die Zeit der Minderjährigkeit des Kindes fällt, können großzügigere Maßstäbe angelegt werden, wobei es auch darauf ankommt, ob die Eltern wegen der Aufnahme einer Berufsausbildung erzieherisch genügend auf das Kind eingewirkt haben (OLG Naumburg FamRZ 2001, 440).

40 Auch während der Orientierungsphase ist das Kind in der Wahl seiner Beschäftigung nicht frei, wenn es sich den Unterhaltsanspruch in dieser Zeit erhalten will. Während eines **freiwilligen sozialen Jahres** hat ein Kind nur dann Anspruch auf Ausbildungsunterhalt, wenn die Eltern mit dessen Absolvierung einverstanden gewesen sind (OLG Stuttgart FamRZ 2007, 1353) oder wenn die

Maß des Unterhalts **§ 1610 BGB**

soziale Tätigkeit als Vorbereitung zu einem Studium oder als Voraussetzung für eine Ausbildung dient (OLG Naumburg NJW-RR 2007, 1380; OLGR Schleswig 2008, 196; vgl. auch Möller FPR 2008, 347). Auch für die Dauer eines nicht vergüteten **Praktikums** wird Unterhalt nur geschuldet, wenn das Praktikum Voraussetzung für den Erhalt eines Ausbildungsplatzes ist (OLG Zweibrücken NJW-RR 2006, 1660; OLG Frankfurt FamRZ 2007, 1839; großzügiger bei Studienwunsch: OLGR Rostock 2007, 999). Auf ein nicht berufsbezogenes und nicht mit den Eltern abgesprochenes Parkstudium müssen sich die Unterhaltspflichtigen nicht einlassen (OLG Koblenz FamRZ 1991, 108).

b) **Ausbildungswechsel.** Ein Wechsel des Ausbildungsganges stellt sich nicht 41 als Verletzung des Gegenseitigkeitsprinzips dar, wenn er auf sachlich gerechtfertigten Gründen beruht, die dadurch veranlasste Verlängerung der Ausbildungszeit den Eltern wirtschaftlich zumutbar ist und das Kind den Versuch unternommen hat, sich mit den Eltern über die geänderten Ausbildungspläne zu verständigen (BGH NJW 2001, 2170; BGH FamRZ 1981, 344). Dabei wird ein Ausbildungswechsel von den Eltern um so eher zu akzeptieren sein, je früher er stattfindet, wobei es auch darauf ankommen kann, dass zwischen abgebrochener und angestrebter neuer Ausbildung ein innerer Zusammenhang besteht (BGH NJW 2001, 2170: Abbruch der Lehre als Heilpraktikerin und Aufnahme eines Medizinstudiums). Ein Ausbildungswechsel innerhalb der Orientierungsphase wird von den Eltern aber in der Regel hingenommen werden müssen. Wechselt das Kind allerdings innerhalb von zwei Jahren dreimal den Studiengang, kann dies zu einem Verlust des Ausbildungsunterhalts führen (Reinken FPR 2008, 334). Auch beim Abbruch von zwei Berufsausbildungen ohne zureichenden Grund muss ein dritter Ausbildungsversuch von den Eltern nicht mehr akzeptiert werden (OLG Hamm FamRZ 1989, 1219); eine großzügigere Beurteilung ist geboten, wenn der erste Ausbildungsversuch bereits nach wenigen Monaten zu einem Zeitpunkt abgebrochen wurde, als das Kind noch minderjährig war (OLG Jena OLG-NL 2005, 110). Befindet sich das Kind bereits in der zweiten Studienhälfte oder ist schon ein beachtlicher Teil der Ausbildungszeit verstrichen, kommt ein Ausbildungswechsel ohne Zustimmung der Eltern in der Regel nicht mehr in Betracht, und zwar auch bei einem behaupteten Neigungswandel des Kindes nicht, wenn es ihm möglich und zumutbar war, die gegen den gewählten Ausbildungsgang sprechenden Gründe vorher zu erkennen (Wendl/Scholz § 2 Rn 71). Das Kind hat dann nur die Wahl zwischen Fortsetzung der begonnenen Ausbildung oder Selbstfinanzierung einer anderen Ausbildung.

c) **Dauer der Ausbildung.** Die Verpflichtung des Kindes, seine Ausbildung 42 binnen angemessener und üblicher Zeit zu beenden, wirft häufig die Frage nach der unterhaltsrechtlichen Relevanz von Ausbildungsverzögerungen auf. Unterhalt wird grundsätzlich nur für die übliche Ausbildungsdauer geschuldet. Als Anhaltspunkt für die Zeit, innerhalb derer ein Studium abgeschlossen werden sollte, kann die Höchstförderungsdauer nach § 15a BAföG bzw. die nach § 10 Abs. 2 HRG festzulegende Regelstudienzeit herangezogen werden (OLG Hamm NJW-RR 1994, 1417; OLG Brandenburg Urteil vom 5. 6. 2007 – 10 UF 6/07 – BeckRS 2008, 09685). Allerdings stellen die dort genannten Zeiten keine absoluten Grenzen für den Ausbildungsunterhalt dar. Unterhaltsrechtlich hinzunehmende Verlängerungen der Ausbildungszeit können in Betracht kommen bei Verzögerungen, die auf einer Krankheit des Kindes (OLG Hamm NJW-RR 1990, 1228; OLG München NJW-RR 2007, 657), auf einer Schwangerschaft

Botur

BGB § 1610

(OLG Koblenz FamRZ 2004, 1892) oder auf den psychischen Folgen erzieherischer Fehlleistungen der Eltern oder problematischer Familienverhältnisse (BGH NJW 2000, 593) beruhen. Allgemein wird ein leichteres und nur vorübergehendes Versagen des Kindes hingenommen werden müssen, so insbesondere bei einmaligem Nichtbestehen einer Prüfung oder einer geringfügigen Überschreitung der Regelstudienzeit (Wendl/Scholz § 2 Rn 68b).

43 **d) Kontrollrechte der Eltern.** Da die Leistung des Ausbildungsunterhalts einer konkreten Zweckbindung unterliegt, sind die Eltern nach § 242 BGB grundsätzlich berechtigt, die planvolle und zielvolle Durchführung der von ihnen finanzierten Ausbildung durch das Kind in einem gewissen Umfange zu kontrollieren (BGH NJW 1987, 1557; OLG Celle FamRZ 1980, 914). Der Unterhaltspflichtige kann deshalb die Vorlage von geeigneten Ausbildungsnachweisen verlangen, z. B. Zwischenprüfungszeugnisse, Studienpläne, Studienbescheinigungen oder Nachweise über die Teilnahme an Übungen und Seminaren. Zweifelhaft ist, ob die Eltern berechtigt sind, in diesem Zusammenhang ein Zurückbehaltungsrecht an den laufenden Unterhaltsleistungen geltend zu machen, wenn ihnen die angeforderten Nachweise nicht erbracht werden (dafür Wendl/Scholz § 2 Rn 72; einschränkend OLG Hamm NJW-RR 1996, 4; dagegen wohl Strohal FPR 2008, 331). Praktisch wird diese Frage aber eine eher geringe Rolle spielen, da im Streitfall die vom Kind darzulegende und zu beweisende Ernsthaftigkeit seiner Ausbildungsbemühungen ohnehin Voraussetzung für seinen weiteren Unterhaltsanspruch ist (Strohal FPR 2008, 331). Geht das Kind seinem Ausbildungsgang nicht ordnungsgemäß nach („Bummelstudium"), entfällt sein Anspruch auf Ausbildungsunterhalt (BGH NJW 1987, 1557). Nimmt das Kind Unterhaltsleistungen entgegen, obwohl es sich schon längere Zeit nicht mehr ausbilden lässt, kann sein weiterer Unterhaltsanspruch nach § 1611 Abs. 1 BGB ganz oder teilweise verwirkt sein (OLG Köln FamRZ 2005, 301).

3. Kosten der weiteren Ausbildung

44 **a) Grundsatz.** Eltern, die ihrem Kind eine begabungs- und neigungsgerechte Berufsausbildung haben zukommen lassen, sind ohne Rücksicht auf die Höhe der Kosten, die sie für die Ausbildung haben aufwenden müssen, ihrer Unterhaltspflicht grundsätzlich in ausreichendem Maße nachgekommen und deshalb im Normalfall nicht verpflichtet, die Kosten einer weiteren Ausbildung zu tragen (BGH NJW 1992, 501; BGH NJW 1989, 2253). Von diesem Grundsatz sind von der Rechtsprechung des Bundesgerichtshofs Ausnahmen nur unter besonderen Umständen zugelassen worden.

45 **b) Zweitausbildung aus persönlichen Gründen.** Eine weitere Ausbildung ist dann geschuldet, wenn der von dem Kind erlernte Erstberuf aus gesundheitlichen Gründen nicht mehr ausgeübt werden kann oder aus sonstigen, bei Ausbildungsbeginn nicht vorhersehbaren Gründen keine Lebensgrundlage mehr bietet (BGH NJW 2006, 2984; BGH NJW 1977, 1774; OLG Karlsruhe FamRZ 1990, 555). Ferner besteht die Verpflichtung zur Finanzierung einer weiteren Ausbildung, wenn die Elternteile das Kind gegen dessen Willen in eine unbefriedigende und dessen Neigungen und Begabungen nicht entsprechende Ausbildung gedrängt haben; dem steht es gleich, wenn die Eltern durch ihre Weigerung, ein Hochschulstudium zu finanzieren, dem Kind eine angemessene Ausbildung versagt und zur Aufnahme einer Lehre veranlasst haben (BGH NJW-RR 1991,

194). Eine fortdauernde Unterhaltspflicht der Eltern wird auch in den Fällen angenommen, in denen die erste Ausbildung auf einer deutlichen Fehleinschätzung der Begabung des Kindes beruht; dabei kommt es ausschließlich auf eine etwaige Fehleinschätzung durch die Eltern, nicht auf eine Fehleinschätzung durch das Kind selbst an (BGH NJW-RR 1992, 1090). Die Frage nach der Begabung des Kindes ist zwar regelmäßig aus der Sicht bei Beginn der Ausbildung und den zu dieser Zeit zutage getretenen Anlagen zu beantworten; bei den sogenannten Spätentwicklern kann indessen auch auf das Ende der Erstausbildung oder erst den Beginn der Zweitausbildung abgestellt werden kann, um eine unangemessene Benachteiligung zu vermeiden (BGH NJW-RR 2000, 593; BGH NJW-RR 1991, 194).

c) Gestufte Ausbildungsgänge. Über die vorbenannten Fälle der Zweitausbildung aus persönlichen Gründen hinaus ist eine über den Abschluss der ersten Ausbildung hinausgehende Unterhaltspflicht in Betracht gezogen worden, wenn die weitere Ausbildung zweifelsfrei als eine bloße in engem **sachlichen und zeitlichen Zusammenhang** stehende **Weiterbildung** zu dem bisherigen Ausbildungsweg anzusehen ist und von vornherein von dem Kind angestrebt war, oder während der ersten Ausbildung eine besondere, die Weiterbildung erfordernde Begabung des Kindes deutlich wurde. Auch in diesen Fällen ist die bereits erreichte Ausbildung im ersten Beruf noch nicht als begabungsgerechte Ausschöpfung der Fähigkeiten des Kindes anzusehen (BGH NJW 1995, 718; BGH NJW-RR 1991, 770). 46

aa) Abitur-Lehre-Studium. Um einen den Unterhaltsanspruch tragenden gestuften Ausbildungsgang handelt es sich insbesondere in den sogenannten Abitur-Lehre-Studium-Fällen. Mit der Entwicklung dieser besonderen Fallgruppe wollte der Bundesgerichtshof dem geänderten Ausbildungsverhalten von Abiturienten seit den 1980er Jahren Rechnung tragen, sich vor Studienbeginn durch eine praktische Berufsausbildung abzusichern. Gegenüber den sonstigen Weiterbildungsfällen besteht in den Abitur-Lehre-Studium-Fällen eine Auflockerung dergestalt, dass der Entschluss zur Aufnahme des Studiums weder durch eine besondere während der praktischen Berufsausbildung hervorgetretenen Begabung veranlasst noch vor Beginn der praktischen Berufsausbildung im Rahmen eines vorgefassten Gesamtplans bereits gefallen sein musste. Festgehalten hat der Bundesgerichtshof allerdings am Merkmal der Einheitlichkeit des Ausbildungsganges, so dass die einzelnen Ausbildungsabschnitte wie in allen Weiterbildungsfällen weiterhin in engem zeitlichen und sachlichen Zusammenhang stehen müssen (ständige Rechtsprechung seit BGH NJW 1989, 853; vgl. BGH NJW-RR 2002, 1; BGH NJW 2006, 2984). 47

Der erforderliche **zeitliche Zusammenhang** kann fehlen, wenn das Kind nach Abschluss der praktischen Ausbildung bereits längere Zeit im erlernten Beruf gearbeitet hat (BGH NJW-RR 2002, 1: zwei Jahre; OLG Stuttgart FamRZ 1991, 1472: ein Jahr) oder nach erfolgreicher Beendigung der Lehre längere Zeit arbeitsuchend gewesen ist (OLG Brandenburg FamRZ 2008, 87: ein Jahr). Auch bei einer längeren Unterbrechung ist der zeitliche Zusammenhang noch als gewahrt anzusehen, wenn die Verzögerungen bei der Studienaufnahme auf zwangsläufige, beispielsweise auf familiäre Belastungssituationen zurückgehende Umstände zurückzuführen sind und das Verhalten des Kindes deshalb als nicht vorwerfbar oder doch als nur leichteres Versagen erscheinen lassen (BGH NJW-RR 2002, 1). 48

BGB § 1610

49 Ein enger **sachlicher Zusammenhang** ist gegeben, wenn die praktische Ausbildung und das Studium derselben Berufssparte angehören oder jedenfalls so zusammenhängen, dass das eine für das andere eine fachliche Ergänzung, Weiterführung oder Vertiefung bedeutet oder dass die praktische Ausbildung eine sinnvolle Vorbereitung auf das Studium darstellt (BGH NJW 1993, 2238). Die Kasuistik hierzu ist vielfältig. Ein sachlicher Zusammenhang wird anzunehmen sein zwischen dem Jurastudium und der Ausbildung zum Bankkaufmann (BGH NJW 1992, 501) oder zum Versicherungskaufmann; zwischen dem Studium der Betriebswirtschaft und der Ausbildung zum Bankkaufmann (OLG Bremen FamRZ 1989, 892) oder in anderen kaufmännischen Berufen; zwischen dem Medizinstudium und der Ausbildung zum Heilpraktiker (BGH NJW 2001, 2170) oder zum Krankenpfleger; zwischen dem pädagogischen Lehramtsstudium Schwerpunkt Kunst und der Ausbildung zum Assistenten für Grafikdesign (OLG Köln FamRZ 2003, 1409); zwischen dem Anglistikstudium und der Ausbildung zum Fremdsprachenassistenten (BGH NJW 1994, 2362); zwischen dem Architekturstudium und der Ausbildung zum Bauzeichner (BGH NJW 1989, 2253); zwischen dem Studium der Ernährungs- und Hauswirtschaftswissenschaften und der Ausbildung zur Diätassistentin (OLG Brandenburg Urteil vom 4. 3. 2008 – 10 UF 132/07 – BeckRS 2008, 05181). Kein sachlicher Zusammenhang ist gegeben zwischen dem Jurastudium und der Ausbildung zum Speditionskaufmann (BGH NJW-RR 1992, 1090); zwischen dem Medizinstudium und der Ausbildung zum Industriekaufmann, auch wenn diese in einem Pharmaunternehmen erfolgte (BGH NJW-RR 1991, 1156); zwischen dem Maschinenbaustudium und der Ausbildung zum Industriekaufmann (BGH NJW 1993, 2238); zwischen dem Studium der Volkswirtschaftslehre und der Ausbildung zur Europasekretärin (BGH NJW-RR 2002, 1).

50 *bb) Realschule-Lehre-Fachoberschule-Fachhochschule.* Die für die Fallgruppe Abitur-Lehre-Studium entwickelten gelockerten Grundsätze können nach der Rechtsprechung des Bundesgerichtshofs nicht auf solche Fälle übertragen werden, in denen nach der Mittleren Reife eine praktische Berufsausbildung und danach das Fachabitur und ein Fachhochschulstudium angeschlossen wird. Denn der Schwerpunkt der schulischen Vorbildung liegt beim Realschulabschluss auf der Schaffung von Grundlagen für eine praktischen Berufsausbildung, so dass Eltern von Realschülern anders als Eltern von Abiturienten nicht von vornherein mit einer Hochschulausbildung rechnen müssen (BGH NJW 2006, 2984; BGH NJW 1995, 718). In diesen Fällen der gestuften Ausbildung bleibt es dabei, dass ein Anspruch auf Finanzierung der Weiterbildung nur dann besteht, wenn die Eltern mit diesem Ausbildungsverhalten des Kindes aufgrund der bisherigen schulischen Entwicklung oder aufgrund einer in der Lehre hervorgetretenen Begabung rechnen mussten oder wenn das Kind von vornherein die Absicht geäußert hatte, nach der Lehre die Fachoberschule zu besuchen und anschließend zu studieren (BGH NJW 2006, 2984; BGH NJW 1995, 718). Dabei reicht es aus, dass das Kind seine entsprechenden Ausbildungswünsche einem der beiden Elternteile mitgeteilt hat, auch wenn dieser Elternteil nicht auf Barunterhalt in Anspruch genommen wird (BGH NJW-RR 1991, 195; OLG Celle FamRZ 2007, 929). Der entgegen den Obliegenheiten des Kindes (Rn 37) nicht informierte Elternteil kann jedoch einwenden, dass seine Inanspruchnahme wegen verspäteter Kenntnis von den Ausbildungsplänen unzumutbar sei (BGH NJW-RR 1991, 195).

§ 1610a Deckungsvermutung bei schadensbedingten Mehraufwendungen

Werden für Aufwendungen infolge eines Körper oder Gesundheitsschadens Sozialleistungen in Anspruch genommen, wird bei der Feststellung eines Unterhaltsanspruchs vermutet, dass die Kosten der Aufwendungen nicht geringer sind als die Höhe dieser Sozialleistungen.

I. Normzweck

Als Einkommen werden im Unterhaltsrecht grundsätzlich alle Einkünfte herangezogen, die sich tatsächlich zur Deckung des allgemeinen Lebensbedarfs eignen (vgl. § 1603 Rn 3). Daraus können sich für Körper- und Gesundheitsbeschädigte im Streitfall vielfach Probleme ergeben, weil sie oftmals selbst unter großzügiger Anwendung des § 287 ZPO nur schwer beweisen können, ob und gegebenenfalls in welcher Höhe die zum Ausgleich ihrer schadensbedingten Mehraufwendungen bezogenen Sozialleistungen tatsächlich zur Deckung eines behinderungsbedingten Mehrbedarfes benötigt werden (BT-Drucks. 11/6153, S. 4). Diesem als unbillige Härte empfundenen Umstand wollte der Gesetzgeber durch den im Jahre 1991 eingefügten § 1610a BGB abhelfen. Bei der Fassung der Vorschrift wurde allerdings bewusst darauf verzichtet, sich von der Einzelfallbetrachtung vollständig zu lösen und schadensbedingte Sozialleistungen generell von der unterhaltsrechtlichen Anrechnung auszunehmen (wie etwa in § 11 BEEG). Vielmehr beschränkt sich § 1610a BGB darauf, den Körper- und Gesundheitsbeschädigten durch eine Änderung der Darlegungs- und Beweislast die Beweisführung zu erleichtern, indem zu seinen Gunsten widerlegbar vermutet wird, dass die bezogenen Sozialleistungen durch schadensbedingte Mehraufwendungen in mindestens gleicher Höhe aufgezehrt werden. 1

II. Anwendungsbereich

1. Persönlicher Anwendungsbereich

Die Vorschrift gilt für den Unterhaltsberechtigten und für den Unterhaltspflichtigen gleichermaßen, so dass sie sich sowohl leistungsfähigkeitsmindernd als auch bedürftigkeitserhöhend auswirkend kann. Sie gilt für den gesamten Verwandtenunterhalt, und zwar auch im Bereich der gemäß § 1603 Abs. 2 BGB verschärften Unterhaltspflicht gegenüber **minderjährigen oder privilegiert volljährigen Kindern** (Johannsen/Henrich/Graba § 1610a Rn 4; MünchKomm/Born § 1610a Rn 6; Erman/Hammermann § 1610a Rn 3; dagegen Palandt/Diederichsen § 1603 Rn 2). Schon die Begründung des Gesetzentwurfes ging eindeutig davon aus, dass sich die geplante unterhaltsrechtliche Besserstellung von Körper- und Gesundheitsbeschädigten auch zu Lasten unterhaltsberechtigter minderjähriger Kinder auswirken könnte und nahm gerade diesen Gesichtspunkt zum Anlass, von einer generellen Nichtanrechenbarkeit von schadensbedingten Sozialleistungen abzusehen und sich auf eine Änderung der Darlegungs- und Beweislast zu beschränken (BT-Drucks. 11/6153, S. 6). 2

Über Verweisungen gilt die Vorschrift auch für den Trennungs- und Nachscheidungsunterhalt (§§ 1361 Abs. 1 Satz 1, 1578a BGB), für den Unterhaltsanspruch der nicht verheirateten Mutter (§ 16151 Abs. 3 Satz 1 BGB) und für das 3

BGB § 1610a

Recht der eingetragenen Lebenspartnerschaft (§§ 12 Satz 2, LPartG, 1361 Abs. 1 Satz 1 BGB und §§ 16 Satz 2 LPartG, 1578 a BGB).

2. Sachlicher Anwendungsbereich

4   Die Vorschrift gilt nur für Sozialleistungen (Geld- oder Sachleistungen), die nach ihrem Bestimmungszweck entweder ausschließlich oder neben einem Ausgleich immaterieller Beeinträchtigungen einen Ausgleich für den Mehraufwand wegen einer Beschädigung von Körper und Gesundheit schaffen sollen. Hat die Sozialleistung daneben auch eine **Einkommensersatzfunktion,** gilt die gesetzliche Vermutung des § 1610a BGB nicht, so dass der Verletzte weiterhin die Höhe seiner schadensbedingten Mehraufwendungen darlegen und beweisen muss (Wendl/Dose § 1 Rn 444).

5   **a) Privilegierte Leistungen.** In erster Linie fallen unter § 1610a BGB zahlreiche – aber nicht alle – Leistungen nach dem Bundesversorgungsgesetz, so insbesondere die Grundrente nach § 31 Abs. 1 BVG (OLG Hamm FamRZ 1991, 1198; OLGR München 1994, 126; OLG Nürnberg FuR 1993, 170) und die Kleiderverschleißpauschale nach § 15 BVG (OLG Hamm NJW-RR 1992, 1352) die Führzulage für Blinde nach § 14 BVG, die Schwerstbeschädigtenzulage nach § 31 Abs. 5 BVG und die Pflegezulage nach § 35 BVG sowie der Anspruch auf Kostenerstattung für Heilbehandlungen, Krankenbehandlungen oder Badekuren nach § 18 BVG. Der Anwendungsbereich des Bundesversorgungsgesetzes wird über verschiedene Verweisungen (z. B. in § 80 Soldatenversorgungsgesetz, §§ 47, 47a, 50 Zivildienstgesetz, § 52 Bundesseuchengesetz, § 59 Bundesgrenzschutzgesetz, § 1 Opferentschädigungsgesetz) erweitert. Daneben zählen insbesondere das Landesblindengeld (OLG Schleswig NJW-RR 1992, 390) und die Conterganrente (Palandt/Diederichsen § 1610a Rn 3) zu den privilegierten Leistungen.

5   Bei Leistungen aus der **gesetzlichen Pflegeversicherung** (§ 37 SGB XI) ist danach zu unterscheiden, ob das Einkommen der pflegebedürftigen Person oder das Einkommen der Pflegeperson betrachtet werden soll. Nur die pflegebedürftige Person kann sich hinsichtlich des Pflegegeldes auf die Vermutung des § 1610a BGB stützen (OLG Koblenz FamRZ 2005, 1482; OLGR Saarbrücken 2005, 826; Wendl/Dose § 1 Rn 463b). Für die Pflegeperson, an die das nach § 37 SGB XI bewilligte Pflegegeld weitergeleitet wird, gilt § 1610a BGB nicht; das weitergeleitete Pflegegeld bleibt aber gemäß § 13 Abs. 6 SGB VI für die Ermittlung von Unterhaltsansprüchen bei der Pflegeperson grundsätzlich unberücksichtigt, sofern keine der in § 13 Abs. 6 Satz 2 SGB XI genannten Ausnahmen vorliegt.

6   **b) Nicht privilegierte Leistungen.** Nicht unter § 1610a BGB fallen wegen ihrer Einkommensersatzfunktion aus dem Bundesversorgungsgesetz das Versorgungskrankengeld nach § 16 BVG, der Berufsschadensausgleich nach § 30 BVG (OLG Hamm NJW 1992, 515) und die Ausgleichsrente nach § 32 BVG. Hierher gehören auch die Rente wegen vollständiger oder teilweiser Erwerbsminderung (vgl. zur Erwerbsunfähigkeitsrente alten Rechts: VGH München, Beschluss vom 3. 8. 2006 – 12 C 06.761 – BeckRS 2009, 33935; OLG Köln NJWE-FER 2001, 67) und die Verletztenrente der gesetzlichen Unfallversicherung (vgl. OLG Hamm NJW-RR 2001, 220; OLG Schleswig FamRZ 1993, 712).

… **§ 1611 BGB**

III. Rechtsfolgen

Die Vorschrift enthält eine **gesetzliche Vermutung** zugunsten des Verletzten 7
und kehrt damit die Darlegungs- und Beweislast um. Diese Vermutung kann
nur durch den vollen Beweis des Gegenteils (§ 292 ZPO) entkräftet werden
(Bamberger/Roth/Reinken § 1610a Rn 5; Johannsen/Henrich/Graba § 1610a
Rn 5; Erman/Hammermann § 1610a Rn 11; anders OLG Schleswig NJW-RR
1992, 390; Kalthoener/Büttner/Niepmann Rn 886: Beweis der überwiegenden
Wahrscheinlichkeit des Gegenteils genügt).

Der Gegner des Leistungsempfängers muss deshalb darlegen und zur vollen 8
Überzeugung des Gerichts beweisen, dass die Aufwendungen zur Deckung des
behinderungsbedingten Mehrbedarfs geringer sind als die Sozialleistung und somit
ein Teil der Mittel zweckwidrig – etwa zur allgemeinen Lebenshaltung oder zur
Vermögensbildung – verwendet wird. Dieser Nachweis wird je nach dem Zweck
der betroffenen Sozialleistung schwer zu führen sein (vgl. OLGR München 1994,
126; OLG Nürnberg FuR 1993, 170 zur Grundrente nach § 31 BVG). Unzureichend ist grundsätzlich die nicht näher substantiierte Behauptung, es entstünden
dem Leistungsempfänger überhaupt keine oder nur geringfügige und durch die
Sozialleistung überkompensierte schadensbedingten Mehraufwendungen, und
zwar auch dann nicht, wenn sich der Leistungsempfänger der Anordnung einer auf
Erhebung eines Ausforschungsbeweises hinauslaufenden ärztlichen Untersuchung
widersetzt (OLG Schleswig FamRZ 2000, 1367). Anders mag es sein, wenn sich
der Gegner im Rahmen des Negativbeweises auf allgemeine Erfahrungswerte berufen kann, die er z.B. aus der Zeit des Zusammenlebens mit dem Leistungsempfänger gewonnen hat; in diesem Falle ist es Sache des Leistungsempfängers, das
Entstehen von schadensbedingten Mehraufwendungen konkret darzulegen (OLG
Hamm FamRZ 1991, 1198; Palandt/Diederichsen § 1610a Rn 5).

Beim Bezug von Landesblindengeld reicht zur Widerlegung der Vermutung der 9
Nachweis einer fehlenden Betreuungsbedürftigkeit des Sehbehinderten in bekannter Umgebung nicht aus, da das Blindengeld nicht nur den durch eine etwaige persönliche Betreuung veranlassten Mehraufwand, sondern auch andere Mehrkosten
abdecken soll (OLG Schleswig NJW-RR 1992, 390). Beim Bezug von Pflegegeld
nach § 37 SGB XI kann der Gegenbeweis dagegen durch den Nachweis geführt
werden, dass der Leistungsempfänger den aus der gesetzlichen Pflegeversicherung
erhaltenen Betrag zur Vergütung der für ihn tätigen Pflegepersonen nicht oder nicht
vollständig benötigt (OLG Hamm NJWE-FER 1999, 294); allerdings sind hier die
Grundsätze der freiwilligen Leistung Dritter zu beachten (vgl. § 1603 Rn 4).

Hat der Gegner des Leistungsempfängers dem Gericht die volle Überzeugung 10
davon vermittelt, dass die Mehraufwendungen die Sozialleistungen nicht vollständig aufzehren, gelten zugunsten des Geschädigten immer noch die im Rahmen
des § 287 ZPO geschaffenen Erleichterungen, vor allem das Gebot großzügiger
Schätzung, nicht nur hinsichtlich etwaiger immaterieller Beeinträchtigungen (BT-Drucks. 11/6153, S. 6).

§ 1611 Beschränkung oder Wegfall der Verpflichtung

(1) ¹Ist der Unterhaltsberechtigte durch sein sittliches Verschulden
bedürftig geworden, hat er seine eigene Unterhaltspflicht gegenüber
dem Unterhaltspflichtigen gröblich vernachlässigt oder sich vorsätzlich
einer schweren Verfehlung gegen den Unterhaltspflichtigen oder einen

BGB § 1611

nahen Angehörigen des Unterhaltspflichtigen schuldig gemacht, so braucht der Verpflichtete nur einen Beitrag zum Unterhalt in der Höhe zu leisten, die der Billigkeit entspricht. ²Die Verpflichtung fällt ganz weg, wenn die Inanspruchnahme des Verpflichteten grob unbillig wäre.

(2) Die Vorschriften des Absatzes 1 sind auf die Unterhaltspflicht von Eltern gegenüber ihren minderjährigen unverheirateten Kindern nicht anzuwenden.

(3) Der Bedürftige kann wegen einer nach diesen Vorschriften eintretenden Beschränkung seines Anspruchs nicht andere Unterhaltspflichtige in Anspruch nehmen.

I. Normzweck und Anwendungsbereich

1   Die Vorschrift enthält eine dem § 1579 BGB für den Ehegattenunterhalt vergleichbare negative Billigkeitsklausel, bei deren Vorliegen der Unterhalt begrenzt oder ausgeschlossen werden kann. Sie stellt keine Einrede, sondern eine von Amts wegen zu beachtende **Einwendung** gegen das Bestehen der Unterhaltspflicht dar (KG FamRZ 2002, 1357) und lässt in ihrem Regelungsbereich keinen Rückgriff auf allgemeine Verwirkungsgrundsätze zu (BGH NJW 1985, 806). Nicht zum Anwendungsbereich des § 1611 BGB gehört die Einwendung illoyal verspäteter Geltendmachung des Unterhaltsanspruchs, die auch im Verwandtenunterhalt nach den aus § 242 BGB hergeleiteten Grundsätzen für die Verwirkung von Rechten wegen widersprüchlichen Verhaltens erhoben werden kann (vgl. dazu die Kommentierung vor §§ 1360 ff. Rn 28 ff.).

2   Die Vorschrift gilt für den gesamten Verwandtenunterhalt und kraft gesetzlicher Verweisung (§ 1615l Abs. 3 Satz 1 BGB) entsprechend auch für den Betreuungsunterhaltsanspruch des nichtehelichen Elternteils gemäß § 1615l Abs. 2 BGB. Angesichts der Angleichung der Unterhaltsansprüche aus § 1615l Abs. 2 BGB und § 1570 BGB erscheint diese Verweisung auf das Verwirkungsrecht des Verwandtenunterhalts allerdings als wenig passend. Einerseits geht § 1611 BGB gegenüber § 1579 BGB von strengeren Tatbestandsvoraussetzungen aus, so dass die Eingriffsschwelle für die Verwirkung beim Unterhaltsanspruch des nichtehelichen Elternteils höher liegt als beim ähnlich ausgestalteten Unterhaltsanspruch des geschiedenen Elternteils. Andererseits fehlt § 1611 BGB als einer Vorschrift des Verwandtenunterhalts naturgemäß die in § 1579 BGB enthaltene Kinderschutzklausel, so dass die Belange der betreuten Kinder bei der Billigkeitsabwägung über den Wortlaut des § 1611 BGB hinaus allenfalls über den Weg einer verfassungskonformen Auslegung Berücksichtigung finden können (vgl. dazu OLGR Rostock 2007, 639; Wendl/Pauling § 7 Rn 40). Der Gesetzgeber hat – trotz entsprechender Vorschläge aus der Literatur (Peschel-Gutzeit FPR 2005, 344) – auch die Unterhaltsrechtsreform nicht zum Anlass genommen, an der Verweisung etwas zu ändern. Ob gleichwohl wegen der großen Nähe zum nachehelichen Betreuungsunterhalt auf den Unterhaltsanspruch des nichtehelichen Elternteils das nacheheliche Verwirkungsrecht (§ 1579 BGB) analog anwendbar ist, hat der Bundesgerichtshof bislang ausdrücklich offen gelassen (BGH NJW 2008, 3125).

Beschränkung oder Wegfall der Verpflichtung § **1611 BGB**

II. Verwirkungstatbestände

Den Tatbestand der Verwirkung regelt § 1611 Abs. 1 BGB in drei voneinander 3 abzugrenzenden Alternativen, wobei in jedem Fall ein Verschulden des Unterhaltsberechtigten vorausgesetzt wird (MünchKomm/Born § 1611 Rn 27; Wendl/Pauling § 2 Rn 626).

1. Herbeiführung der Bedürftigkeit durch sittliches Verschulden

Im Fall einer selbst verschuldeten Bedürftigkeit des Unterhaltsberechtigten 4 kommt eine Beschränkung des Unterhaltsanspruchs in Betracht, wenn das Verhalten, das die Bedürftigkeit herbeigeführt hat, den Vorwurf besonderer sittlicher Missbilligung verdient, wobei ein einfaches Verschulden nicht ausreicht (BGH NJW 1985, 806). Zudem muss das vorwerfbare Verhalten für die eingetretene Bedürftigkeit ursächlich, zumindest aber mitursächlich geworden sein.

Ein denkbarer Anwendungsfall dieser Fallgruppe ist die durch **Alkoholab-** 5 **hängigkeit, Spiel- oder Drogensucht** verursachte Bedürftigkeit des Berechtigten. Zu bedenken ist allerdings, dass die Frage des sittlichen Verschuldens wegen des Krankheitswertes der Suchtproblematik besonders sorgfältig zu prüfen ist. Eine Anwendung der negativen Billigkeitsklausel kommt jedenfalls dann in Betracht, wenn der Unterhaltsberechtigte trotz Einsichtsfähigkeit eine gebotene Therapie verweigert (Wendl/Pauling § 2 Rn 626), in fortgeschrittenem Alter nach durchgeführter Entziehung wieder rückfällig wird (OLG Celle FamRZ 1990, 1142) oder wegen Drogenschmuggels inhaftiert worden ist (OLG Hamm FamRZ 2007, 165). Die durch einen **Suizidversuch** des Berechtigten herbeigeführte Bedürftigkeit (Erwerbsunfähigkeit) stellt nur dann ein sittliches Verschulden dar, wenn der Berechtigte ein mögliches Fehlschlagen seines Versuchs und als dessen Folge den Eintritt seiner Bedürftigkeit bewusst ins Auge gefasst, gebilligt und sich rücksichtslos und verantwortungslos darüber hinweggesetzt hat (BGH NJW-RR 1989, 1218; OLG Brandenburg FamRZ 2008, 174).

Die negative Billigkeitsklausel ist nicht schon deshalb anzuwenden, weil ein im 5 Alter bedürftig gewordener Elternteil nur über eine geringe eigene Rente verfügt, selbst wenn der fehlende Aufbau eines eigenen Versorgungsvermögens auf Sorglosigkeit beruhte (OLG Koblenz NJW-RR 2002, 940). Ein sittliches Verschulden kann aber dann vorliegen, wenn der Unterhaltsberechtigte in besonders vorwerfbarer Weise **Lebensführungsrisiken** auf Kosten des Unterhaltspflichtigen auf sich nimmt. Dies kann dann der Fall sein, wenn das volljährige Kind mit abgeschlossener Berufsausbildung den durch ein zielloses Langzeitstudium erworbenen Studentenstatus dazu genutzt hatte, jahrelang ohne Abführung von Beiträgen in die gesetzliche Rentenversicherung erwerbstätig zu sein und deshalb bei Eintritt der Erwerbsunfähigkeit im Alter von 41 Jahren über keine soziale Grundsicherung verfügte; eine Verwirkung kommt dann in Betracht, wenn und soweit eine ansonsten erworbene (fiktive) Erwerbsminderungsrente zur Deckung des Bedarfs ausgereicht hätte (OLG Hamm NJW-RR 2002, 650)

2. Gröbliche Vernachlässigung der Unterhaltspflicht durch den Berechtigten

Der Tatbestand erfasst solche Fälle, in denen der Unterhaltsberechtigte in früherer Zeit seine eigene Unterhaltspflicht gegenüber dem Unterhaltspflichtigen ver- 6

BGB § 1611

letzt hat; er spielt praktisch nur beim Elternunterhalt eine Rolle. Eine gröbliche Vernachlässigung der Unterhaltspflicht kann nicht nur dann gegeben sein, wenn der Unterhalt überhaupt nicht geleistet worden ist, sondern beispielsweise auch dann, wenn er häufig oder über einen längeren Zeitraum nicht freiwillig geleistet wurde, sondern zwangsweise beigetrieben werden musste (Erman/Hammermann § 1603 Rn 8). Die Anwendung des Tatbestandes ist nicht auf die Verletzung der Barunterhaltspflicht beschränkt, so dass auch die Vernachlässigung der Betreuung Verwirkungsfolgen nach sich ziehen kann (BGH NJW 2004, 3109).

3. Schwere vorsätzliche Verfehlung gegen den Pflichtigen

7 Diese Tatbestandsalternative hat die größte praktische Bedeutung. Zwar kann der Anspruch auf Verwandtenunterhalt nicht von einem Wohlverhalten des Berechtigten abhängig gemacht werden (OLG Frankfurt FamRZ 1993, 1214); schwere Verfehlungen gegen den Unterhaltspflichtigen oder dessen nahe Angehörigen können gleichwohl Verwirkungsfolgen nach sich ziehen. Der geschützte Personenkreis der nahen Angehörigen ist dabei nicht auf die Verwandtschaft im engeren Sinne beschränkt, so dass auch schwere Verfehlungen gegen den neuen Ehegatten, den Lebensgefährten oder sonstige langjährige Haushaltsangehörige des Pflichtigen den Tatbestand erfüllen können (MünchKomm/Born § 1611 Rn 19). Es ist auf Seiten des Berechtigten stets **Vorsatz** erforderlich; grobe Fahrlässigkeit genügt nicht. Die Beurteilung, ob eine schwere Verfehlung vorliegt, setzt stets eine umfassende Abwägung aller maßgeblichen Umstände voraus, die auch das eigene Verhalten des Unterhaltspflichtigen angemessen zu berücksichtigen hat (BGH NJW 1995, 1215; NJW-RR 1991, 174).

8 **a) Kontaktverweigerung.** Die wichtigste Fallgruppe stellt das Unterlassen der Kontaktaufnahme des unterhaltsberechtigten Kindes zum unterhaltspflichtigen Elternteil dar. Die fehlende Bereitschaft zur persönlichen Kontakt mit dem Pflichtigen stellt für sich genommen noch keine schwere Verfehlung dar (BGH NJW 1995, 1215; OLG Koblenz FamRZ 2001, 1164; OLG Köln NJWE-FER 2000, 144; kritisch Budde FuR 2007, 348), und zwar auch dann noch nicht, wenn sie mit taktlosen oder unangemessenen Verhaltensweisen des Kindes einhergeht, wie etwa dem Siezen des pflichtigen Elternteils (OLG Hamm FamRZ 1995, 1439) oder dem Nichtgrüßen von nahen Angehörigen des Pflichtigen (OLG Köln NJW-RR 1996, 707). Die Kontaktverweigerung wird nur dann ausnahmsweise als schwere Verfehlung angesehen werden können, wenn besonders beleidigenden oder verletzende Verhaltensweisen des Kindes hinzutreten oder wenn sie den Verpflichteten überdurchschnittlich hart trifft, wie z.B. bei einer lebensgefährlichen Erkrankung des Unterhaltspflichtigen (MünchKomm/Born § 1611 Rn 22). Erforderlich ist auch hier in jedem Fall eine umfassende Abwägung der Gesamtumstände, in deren Rahmen beim Kindesunterhalt nicht nur das eigene Verhalten des unterhaltspflichtigen Elternteils gegenüber dem berechtigten Kind, sondern auch gegenüber dem anderen, das Kind lange Jahre versorgenden Elternteil zu würdigen ist (BGH NJW 1995, 1215).

9 **b) Sonstige Fälle.** Im Übrigen ist darauf abzustellen, ob dem Unterhaltsberechtigten eine tiefgreifende Beeinträchtigung schutzwürdiger wirtschaftlicher und persönlicher Interessen des Pflichtigen anzulasten ist, die von einem besonders groben Mangel an verwandtschaftlicher Gesinnung und menschlicher Rücksichtnahme gekennzeichnet ist. Unter diesem Gesichtspunkt können schwere

Beschränkung oder Wegfall der Verpflichtung **§ 1611 BGB**

Verfehlungen bei tätlichen Angriffen auf den Unterhaltspflichtigen, bei ständigen groben Beleidigungen und Bedrohungen sowie bei solchen, auf berufliche oder wirtschaftliche Schädigung zielender Denunziationen angenommen werden (OLG Celle NJW-RR 1994, 324). In Erwägung zu ziehen sind ferner bewusst unwahre Strafanzeigen (OLG Hamm NJW-RR 2006, 509), der ungerechtfertigte Vorwurf sexuellen Missbrauchs durch den Pflichtigen, sofern er nicht auf einer neurotischen Fehlentwicklung des Kindes mit Krankheitswert beruht (OLG Hamm NJW-RR 1996, 198) und der versuchte oder vollendete Prozessbetrug (OLG Koblenz FamRZ 1999, 402). Ferner kommt eine schwere Verfehlung auch dann in Betracht, wenn das volljährige Kind Ausbildungsunterhalt entgegennimmt, ohne den Pflichtigen darüber zu informieren, dass es sich schon längere Zeit nicht mehr ausbilden lässt (OLG Köln FamRZ 2005, 301; § 1610 Rn 43) oder dass es neben seinem Studium erhebliche Nebeneinkünfte bezieht (OLG Jena Urteil vom 10. 10. 2008 – 1 UF 121/08 – BeckRS 2009, 12011). Nicht ausreichend sind dagegen das Unterlassen einer Information über Studienabsichten (OLG Stuttgart NJWE-FER 2000, 80) sowie mehrfache Eigentumsdelikte eines drogensüchtigen Kindes bei nahen Angehörigen des Pflichtigen, sofern diese Taten strafrechtlich gesühnt sind und die Bedürftigkeit erst mehrere Jahre nach den Taten entstanden ist (KG FamRZ 2002, 1357).

Im Bereich des Elternunterhalts neigt die Rechtsprechung einer relativ großzügigen Auslegung des Begriffes der schweren vorsätzlichen Verfehlung zu, und zwar insbesondere dann, wenn sich der unterhaltsbedürftig gewordene Elternteil längere Zeit nicht um das auf Elternunterhalt in Anspruch genommene Kind gekümmert oder seinerseits schon in früher Kindheit den Kontakt abgebrochen und das Kind bei anderen Verwandten (Großeltern) zurückgelassen hat. Dies gilt auch dann, wenn das Kind bei diesen Verwandten gut versorgt war (BGH NJW 2004, 3109; vgl. Nachweise aus der Rechtsprechung der Instanzgerichte bei Griesche FPR 2005, 335). **10**

III. Rechtsfolgen

Liegt einer der Härtegründe nach § 1611 Abs. 1 Satz 1 BGB vor, kommt zunächst nur eine Begrenzung auf den Billigkeitsunterhalt in Betracht kommt; dabei können sowohl eine Herabsetzung als auch eine Befristung des Unterhalts in Erwägung gezogen werden (Johannsen/Henrich/Graba § 1611 Rn 3). Erst bei grober Unbilligkeit für den Unterhaltspflichtigen entfällt die Unterhaltspflicht insgesamt, was dann der Fall ist, wenn jegliche Zahlungspflicht dem Gerechtigkeitsempfinden unerträglich widersprechen würde (BGH NJW 2004, 3109). **11**

Die Billigkeitsabwägung setzt eine umfassende Abwägung sämtlicher Umstände voraus. Bevor deshalb über die Begrenzung oder den Wegfall des Unterhaltsanspruchs entschieden werden kann, müssen zunächst Feststellungen zur genauen Höhe des an sich geschuldeten Unterhalts (OLG Hamm NJW-RR 2002, 650) und zu den wirtschaftlichen Verhältnissen des Pflichtigen getroffen werden; aus diesem Grunde steht die Einwendung aus § 1611 BGB dem Auskunftsanspruch des Unterhaltsberechtigten (§ 1605 BGB) in der Regel nicht entgegen (vgl. OLG Hamm FamRZ 2007, 165). **12**

Es ist grundsätzlich nicht ausgeschlossen, dass ein nach § 1611 BGB verwirkter Unterhaltsanspruch ausnahmsweise wieder auflebt (MünchKomm/Born § 1611 Rn 38). Dies ist aber nicht schon allein durch bloßen Zeitablauf seit der zur Verwirkung führenden Verfehlung der Fall (Erman/Hammermann § 1611 Rn 15). **13**

Botur

BGB § 1612

Ein Wiederaufleben kommt insbesondere entsprechend §§ 532, 2337 BGB bei einer **Verzeihung** durch den Unterhaltspflichtigen in Betracht (OLGR Koblenz 2000, 254), doch muss der Unterhaltsberechtigte den vollen Beweis dafür erbringen, dass der Pflichtige aus dem Fehlverhalten keine Rechtsfolgen mehr zu ziehen beabsichtigt (Palandt/Diederichsen § 1611 Rn 10).

IV. Minderjährigenprivileg (§ 1611 Abs. 2 BGB)

14 Die Verwirkungsvorschriften des § 1611 Abs. 1 BGB finden nach § 1611 Abs. 2 BGB keine Anwendung auf die Unterhaltspflicht von Eltern gegenüber minderjährigen unverheirateten Kindern. Der Ausschluss des Verwirkungseinwandes beruht insoweit auf dem Gesichtspunkt der erzieherischen Mitverantwortung von Eltern für das Verhalten ihres minderjährigen unverheirateten Kindes. Weil alle volljährigen Kinder dem Erziehungsrecht der Eltern entwachsen sind, kann die Ausnahmevorschrift des § 1611 Abs. 2 BGB konsequenterweise auch dann nicht zugunsten volljähriger Kinder angewendet werden, wenn diese nach § 1603 Abs. 2 Satz 2 BGB unterhaltsrechtlich privilegiert sind (vgl. Münch-Komm/Born § 1611 Rn 45). Andererseits kann der Unterhaltspflichtige dem Kind ein Fehlverhalten aus den Zeiten der Minderjährigkeit des Kindes auch nach dem Eintritt seiner Volljährigkeit nicht entgegenhalten (BGH NJW 1998, 978; NJW 1988, 2371). Erst recht gilt dies für ein Fehlverhalten, das nicht dem minderjährigen Kind selbst, sondern seinem gesetzlichen Vertreter vorgeworfen werden kann (Wendl/Pauling § 2 Rn 628).

V. Sperrwirkung (§ 1611 Abs. 3 BGB)

15 Liegen die Voraussetzungen für eine Begrenzung oder den Wegfall des Unterhaltsanspruchs nach § 1611 Abs. 1 BGB vor, kann der Unterhaltsberechtigte nach § 1611 Abs. 3 BGB für seinen deswegen ungedeckt bleibenden Bedarf keine anderen gleichrangigen oder nachrangigen Verwandten in Anspruch nehmen. Die Sperrwirkung zugunsten der anderen Verwandten greift allerdings nicht ein, wenn ein Unterhaltsanspruch gegen den Pflichtigen unabhängig von den Voraussetzungen des § 1611 Abs. 1 BGB schon wegen fehlender Leistungsfähigkeit nicht besteht. In diesem Falle trifft die ersatzweise haftenden Verwandten nach § 1607 Abs. 1 BGB eine originäre Unterhaltspflicht gegenüber dem Berechtigten; wegen dieser Unterhaltspflicht können sie sich nur darauf berufen, dass die Voraussetzungen des § 1611 Abs. 1 BGB auch ihnen gegenüber erfüllt seien, nicht aber allein auf einen Verwirkungstatbestand gegenüber dem wegen Leistungsunfähigkeit ausfallenden Hauptunterhaltspflichtigen (Wendl/Pauling § 2 Rn 627).

§ 1612 Art der Unterhaltsgewährung

(1) ¹**Der Unterhalt ist durch Entrichtung einer Geldrente zu gewähren.** ²**Der Verpflichtete kann verlangen, dass ihm die Gewährung des Unterhalts in anderer Art gestattet wird, wenn besondere Gründe es rechtfertigen.**

(2) ¹**Haben Eltern einem unverheirateten Kind Unterhalt zu gewähren, können sie bestimmen, in welcher Art und für welche Zeit im Voraus der Unterhalt gewährt werden soll, sofern auf die Belange des**

Art der Unterhaltsgewährung § 1612 BGB

Kindes die gebotene Rücksicht genommen wird. ²Ist das Kind minderjährig, kann ein Elternteil, dem die Sorge für die Person des Kindes nicht zusteht, eine Bestimmung nur für die Zeit treffen, in der das Kind in seinen Haushalt aufgenommen ist.

(3) ¹Eine Geldrente ist monatlich im Voraus zu zahlen. ²Der Verpflichtete schuldet den vollen Monatsbetrag auch dann, wenn der Berechtigte im Laufe des Monats stirbt.

I. Verwandtenunterhalt allgemein

1. Geldrente (Abs. 1 S. 1)

Grundsätzlich wird Verwandtenunterhalt in Form eines bestimmten Geldbetrages geschuldet. Die Unterhaltsrente muss **nicht in einer bestimmten Währung** bezahlt werden. Nach deutschem Recht sind Unterhaltsschulden Geldwertschulden. Der Unterhaltsberechtigte kann deshalb verlangen, dass der Unterhalt in der Währung des Aufenthaltsorts des Unterhaltspflichtigen gezahlt wird. Dieses **Wahlrecht des Unterhaltsberechtigten** wird nur eingeschränkt, wenn der Unterhaltspflichtige ein besonderes Interesse hat, den Unterhaltsbedarf durch Leistungen in der am Aufenthaltsort des Berechtigten geltenden Währung zu befriedigen, etwa weil er in jenem Land über Vermögen verfügt (BGH NJW 1990, 2197). 1

2. Ausnahmen von der Verpflichtung zum Barunterhalt (Abs. 1 S. 2)

Der Verpflichtete kann abweichend vom Grundsatz der Zahlung einer **Geldrente** verlangen, dass ihm gestattet wird, den Unterhalt **in anderer Weise** als Naturalunterhalt zu leisten. Gerechtfertigt ist dieses Verlangen, wenn **besondere Gründe** vorliegen. Eine Abwägung muss ergeben, dass die Interessen des Pflichtigen, keine Geldrente zahlen zu müssen, die Interessen des Berechtigten überwiegen. Üblicherweise hat der Berechtigte bei Zahlung einer **Geldrente eine größere Unabhängigkeit**. Der Berechtigte hat keine Möglichkeit, auf eine andere Art der Unterhaltsgewährung als Zahlung einer Geldrente hinzuwirken. 2

3. Fälligkeit des Unterhalts (Abs. 3)

Die Geldrente ist monatlich im voraus zu entrichten. Aus Abs. 3 folgt, dass die Zahlung jeweils **zum Monatsersten** erfolgen muss (Müko-Born § 1612 Rn. 96; a. A. OLG Bamberg FamRZ 1980, 916). Wie bei der Begleichung jeder Geldschuld liegt in einer **Überweisung** lediglich eine **Leistung an Erfüllung statt**. Zahlungen auf ein überzogenes, nicht vom Unterhaltsberechtigten benanntes Konto haben daher keine Erfüllungswirkung (OLG Hamm NJW 1988, 2115). Da es sich um eine **Schickschuld** handelt, reicht es für die Rechtzeitigkeit der Zahlung, wenn der Unterhaltsschuldner den Überweisungsauftrag vor Fristablauf seinem Geldinstitut vorlegt und für das belastete Konto ausreichend Deckung besteht (OLG Köln FamRZ 1990, 1243). **Verstirbt der Unterhaltsberechtigte** während des laufenden Monats, schuldet der Verpflichtete **den vollen Monatsbetrag** (Abs. 3 S. 2). 3

Poppen

BGB § 1612

II. Unterhaltsbestimmung gegen über Kindern (Abs. 2 S. 1)

1. Allgemeines

4   Nach Abs. 2 haben **Eltern gegenüber unverheirateten Kindern** das **Bestimmungsrecht**, in welcher Art und Weise sie den Unterhalt leisten. Gegenüber verheirateten Kindern entfällt das Recht der Eltern auf Unterhaltsbestimmung. Das folgt bei verheirateten minderjährigen Kindern aus § 1633, bei volljährigen verheirateten Kindern haben die §§ 1360 ff. Vorrang.

5   Bei der Ausübung des Bestimmungsrechts ist danach zu differenzieren, ob die Eltern **in einer intakten Ehe oder getrennt leben**. Ferner ist danach zu fragen, ob die Art der Gewährung des Unterhalts **für ein minderjähriges oder für ein volljähriges Kind** bestimmt werden soll. Aus besonderen Gründen kann das **Familiengericht** die Bestimmung der Eltern **auf Antrag des Kindes** ändern.

2. Unterhaltsbestimmung gegenüber minderjährigem Kind

6   a) **während intakter Ehe.** Während intakter Ehe wird die **Unterhaltsbestimmung** in aller Regel **konkludent** vorgenommen. Die Eltern kommen ihrer Unterhaltspflicht durch Gewährung von **Naturalunterhalt** nach. Barunterhalt wird üblicherweise in Form eines Taschengeldes gewährt. Hält das Kind sich nicht im Haushalt der Eltern auf, sondern unterhält es mit Zustimmung der Eltern einen **eigenen Haushalt** oder lebt es in einem Internat oder bei einem Dritten, hat das Kind einen Anspruch auf Barunterhalt.

7   b) **Getrenntleben der Eltern.** Mit der Trennung der Eltern wird die Unterhaltslast kraft Gesetzes aufgeteilt. Der Elternteil, der das minderjährige unverheiratete Kind betreut, erfüllt seine Unterhaltsverpflichtung in der Regel durch **Pflege und Erziehung des Kindes** (§ 1606 Abs. 3 S. 2).

8   Der andere Elternteil ist grundsätzlich **barunterhaltspflichtet**. Bei **gemeinsamer elterlicher Sorge** kann eine anderweitige Bestimmung nur **einverständlich** getroffen werden. Wenn die Eltern sich nicht einigen, muss das Familiengericht eine Regelung nach § 1628 treffen (BGH NJW 1983, 2200). Eine trotzdem getroffene **einseitige Naturalunterhaltsbestimmung** ist unwirksam (OLG Hamm, FamRZ 1982, 837). Bei minderjährigen Kindern kann ein Elternteil, dem die Sorge für das Kind nicht zusteht, eine Bestimmung nur für die Zeit treffen, in der das Kind in seinen Haushalt aufgenommen worden ist.

3. Unterhaltsbestimmung gegenüber einem volljährigen Kind

9   Das **Bestimmungsrecht** nach § 1612 Abs. 2 S. 1 gilt auch für die Unterhaltsgewährung **nach Eintritt der Volljährigkeit des Kindes** (BGH NJW 1983, 2200). Bestimmungsberechtigt ist in der Regel der Elternteil, den das Kind auf Barunterhalt in Anspruch nimmt (BGH NJW 1988, 1974). Verletzt diese Bestimmung Belange des anderen unterhaltspflichtigen Elternteils, kann die Bestimmung unwirksam sein (BGH a. a. O.). Von einer **einvernehmlichen Bestimmung** über die Art der Unterhaltsgewährung, kann sich ein Elternteil ohne besondere Gründe nicht lösen (BGH NJW 1983, 2200).

Art der Unterhaltsgewährung § 1612 BGB

III. Wirksamkeit der Unterhaltsbestimmung

1. Überblick

Eine Unterhaltsbestimmung ist nur dann wirksam, wenn sie den **gesamten** 10
Lebensbedarf des Kindes umfasst. Die Art der Unterhaltsgewährung muss für das unterhaltsberechtigte Kind **tatsächlich erreichbar** und **für den anderen Elternteil zumutbar** sein. Sie darf nicht **rechtsmissbräuchlich** erfolgt sein. Eine wirksame Unterhaltsbestimmung wirkt auch gegenüber Dritten. Haben die Eltern bestimmt, dass Naturalunterhalt geleistet wird, scheidet ein **Rückgriff des Bafög-Amtes** wegen Bafög-Leistungen aus. Es gibt dann keinen Barunterhaltsanspruch, der übergehen könnte (BGH NJW 1981, 574). Leistet ein unterhaltsverpflichteter Kindergeldberechtigter weder Bar- noch Naturalunterhalt, ist das Kindergeld nach § 34 Abs. 1 S. 1 und 3 EStG an das Kind auszuzahlen (FG Münster EFG 2008, 1642).

2. Gesamter Lebensbedarf

Der Unterhaltsverpflichtete muss grundsätzlich eine Bestimmung treffen, die 11
den **gesamten Lebensbedarf des Kindes** umfasst, d.h. Unterkunft, Verpflegung, Taschengeld und Geldleistungen für weitere notwendige Ausgaben („**Gesamtkonzept**"). Allein das Angebot von Kost und Logis reicht nicht (OLG Hamm FamRZ 1989, 1331; OLG Schleswig OLGR 2001, 3; OLG Frankfurt FamRZ 2001, 116). Möglich ist allerdings eine Unterhaltsbestimmung, die sich auf **abgrenzbare Teile** des Unterhalts beschränkt, z.B. auf die beitragsfreie Mitversicherung in der gesetzlichen Krankenversicherung (OLG Düsseldorf FamRZ 1994, 396).

3. Tatsächliche Erreichbarkeit

Der Unterhalt muss bei der von den Eltern bestimmten Form aus tatsächlichen und rechtlichen Gründen erreichbar sein.

a) Belange des Kindes. Ist einem Kind durch die zentrale Vergabestelle von 12
Studienplätzen ein vom Wohnort der Eltern **entfernter Studienplatz** zugewiesen worden, entfällt dies (OLG Hamburg FamRZ 1987, 1183). Auch ein **Wechsel des Studienortes** ist unzumutbar (BayObLG FamRZ 1989, 1222). Eine **dreistündige Reisezeit** zum Studienort muss das Kind nicht hinnehmen (OLG Celle FamRZ 2001, 116). Auf die Belange des Kindes ist zudem nicht genügend Rücksicht genommen, wenn die Eltern den **Freund der erwachsenen Tochter** nicht akzeptieren und gleichwohl eine Naturalunterhaltsbestimmung treffen (OLG Brandenburg FuR 2006, 314). Steht einem 18jährigen Mädchen in der elterlichen Wohnung nur ein Zimmer zur Verfügung, das sie nur durch ein Zimmer ihrer Brüder erreichen und das nicht verschlossen werden kann, ist eine Naturalunterhaltsbestimmung unwirksam (OLG Düsseldorf FamRZ 1994, 460). **Je älter** ein volljähriges Kind ist, **desto höher** ist das **Recht des Kindes auf Selbstbestimmung** von Aufenthaltsort und Wohnsitz zu gewichten (OLG Hamm NJW 1985, 1348; KG FamRZ 2000, 979).

b) Belange der Eltern. Zugunsten der unterhaltsbestimmenden Eltern ist zu 13
berücksichtigen, dass diese ein **Recht auf Einflussnahme** auf das mit den Unterhaltsleistungen geförderte Berufs- und Ausbildungsziel haben. Der nicht näher

BGB § 1612

begründete **Wunsch** eines Kindes **auf Begründung eines eigenen Hausstandes** steht einer Naturalunterhaltsbestimmung deshalb nicht entgegen (OLG Frankfurt FamRZ 1982, 1231). Auch der **Generationenkonflikt** als solcher führt nicht zur Unwirksamkeit einer Unterhaltsbestimmung (BayObLG FamRZ 1985, 513). Eine Naturalunterhaltsbestimmung ist vor diesem Hintergrund auch wirksam, wenn es zwischen den Eltern und dem Kind zu **Spannungen und verbalen Entgleisungen** gekommen ist (OLG Brandenburg NJW 2008, 2722). Hinzunehmen sind auch Spannungen zwischen einem Kind und der **zweiten Ehefrau** des Vaters (BayObLG FamRZ 1991, 1224).

14   c) **Zusammenfassung.** Ein Anspruch auf Barunterhalt besteht nach alledem nicht, wenn ein **minderjähriges Kind grundlos** gegen den Willen der Eltern **auszieht** oder wenn ein **volljähriger Student**, obwohl er am Ort studieren kann, **gegen den Willen der Eltern** einen **eigenen Hausstand** gründet.

4. Rechtsmissbrauch

15   Rechtsmissbräuchlich ist eine Unterhaltsbestimmung, wenn ein Kind über Jahre hinweg bei seinen Großeltern gelebt hat und die Eltern bei der Inanspruchnahme auf Barunterhalt nunmehr die **Rückkehr in den Haushalt** fordern (OLG Frankfurt FamRZ 2001, 116).

IV. Form und Zeitpunkt der Unterhaltsbestimmung

16   Wirksam ist eine Unterhaltsbestimmung nur, wenn der Unterhaltspflichtige seine Unterhaltspflicht grundsätzlich anerkennt (Palandt/Diederichsen § 1612 Rn 15). Die Unterhaltsbestimmung ist **empfangsbedürftige Willenserklärung**; sie kann formlos oder durch schlüssiges Verhalten erfolgen (BGH NJW 1983, 2198). Haben Eltern einem minderjährigen Kind Naturalunterhalt geleistet, bedarf es deshalb nach Eintritt der Volljährigkeit keiner erneuten ausdrücklichen Bestimmung (KG FamRZ 1982, 423). Die Bestimmung durch einen Elternteil kann **jederzeit abgeändert** werden. Haben die **Eltern übereinstimmend** die Art der Unterhaltsgewährung festgelegt, kann sich ein Elternteil nicht ohne Vorliegen besonderer Gründe von dieser Einigung lösen (OLG Brandenburg FamRZ 2008, 1558). Treffen Eltern, die beide barunterhaltspflichtig sind, **gegenläufige Bestimmungen**, sind in die Abwägung die berechtigten Belange des jeweils anderen Elternteils mit einzubeziehen (BGH FamRZ 1988, 831; OLG Celle FamRZ 1997, 966). Hinsichtlich des Zeitpunktes sind die Eltern frei. Es reicht eine **Erklärung in einem laufenden Unterhaltsverfahren** (OLG Celle FamRZ 2007, 762), auch noch in der Berufungsinstanz (OLG Hamburg FamRZ 1982, 1112).

V. Änderung auf Antrag des Unterhaltsgläubigers (Abs. 2 S. 2)

17   Ob eine von den Eltern getroffene Unterhaltsbestimmung wirksam ist, wird als **Vorfrage im Unterhaltsverfahren** geklärt. Will ein Kind eine Naturalunterhaltsbestimmung der Eltern nicht hinnehmen, kann es unmittelbar Zahlung von Barunterhalt verlangen. Im Unterhaltsverfahren sind die Einwände gegen die Naturalunterhaltsbestimmung geltend zu machen. **Das Familiengericht entscheidet dann einheitlich** über eine etwaige Änderung der Natrualunterhaltsbestimmung und die mögliche Höhe des Barunterhalts (BT-Drs 16/1830 S. 25 f.). Geht das Gericht von einer **wirksamen Unterhaltsbestimmung** aus, wird der **Antrag des Kindes auf Barunterhalt abgewiesen**. Eine die Bestimmung ändernde Entscheidung des Gerichts wirkt auf den **Zeitpunkt des Änderungsbegehrens** zurück (OLG Dresden FamRZ 2004, 209).

§ 1612a Mindestunterhalt minderjähriger Kinder

(1) ¹**Ein minderjähriges Kind kann von einem Elternteil, mit dem es nicht in einem Haushalt lebt, den Unterhalt als Prozentsatz des jeweiligen Mindestunterhalts verlangen.** ²Der Mindestunterhalt richtet sich nach dem doppelten Freibetrag für das sächliche Existenzminimum eines Kindes (Kinderfreibetrag) nach § 32 Abs. 6 Satz 1 des Einkommensteuergesetzes. ³Er beträgt monatlich entsprechend dem Alter des Kindes

- 1. für die Zeit bis zur Vollendung des sechsten Lebensjahrs (erste Altersstufe) 87 Prozent,
- 2. für die Zeit vom siebten bis zur Vollendung des zwölften Lebensjahrs (zweite Altersstufe) 100 Prozent und
- 3. für die Zeit vom 13. Lebensjahr an (dritte Altersstufe) 117 Prozent

eines Zwölftels des doppelten Kinderfreibetrags.

(2) ¹Der Prozentsatz ist auf eine Dezimalstelle zu begrenzen; jede weitere sich ergebende Dezimalstelle wird nicht berücksichtigt. ²Der sich bei der Berechnung des Unterhalts ergebende Betrag ist auf volle Euro aufzurunden.

(3) Der Unterhalt einer höheren Altersstufe ist ab dem Beginn des Monats maßgebend, in dem das Kind das betreffende Lebensjahr vollendet.

I. Normzweck

§ 1612a in seiner jetzigen Form ist durch das UÄndG 2008 eingeführt worden. Das Gesetz enthält die Bestimmung eines **Mindestunterhalts**. Dieser Mindestunterhalt ist durch die Ableitung aus dem **steuerlichen Existenzminimum** in das Gesamtsystem des Sozial- und Steuerrechts eingebunden. Damit hat der Gesetzgeber einer Forderung des Bundesverfassungsgerichts entsprochen (BT-Drs 16/1830, 26 f.). Neu gegenüber dem früheren Recht ist zudem, dass die Höhe des Existenzminimums für ein minderjähriges Kind **einheitlich für Deutschland** festgelegt worden ist. Beibehalten worden ist das System der **Dynamik**, welches Änderungsverfahren wegen Erreichung einer höheren Altersstufe und bei Veränderung der Bezugsgröße vermeidet sowie die **einkommensabhängige individuelle Bestimmung** der Unterhaltshöhe. 1

II. Mindestunterhalt

Der Mindestunterhalt wird aus dem **einkommensteuerrechtlichen Kinderfreibetrag** nach § 32 Abs. 6 S. 1 EStG abgeleitet. Dieser Kinderfreibetrag ge- 2

BGB § 1612a

währleistet, dass die Summe, die zur Sicherung des **Existenzminimums** eines minderjährigen Kindes notwendig ist, von der Besteuerung ausgenommen wird. Der Betrag wird in den jeweiligen **Existenzminimumberichten** als das tatsächliche Existenzminimum von Kindern ausgewiesen. Die Existenzminimumberichte werden alle zwei Jahre von der Bundesrepublik auf der **Grundlage der durchschnittlichen sozialhilferechtlichen Regelsätzen der Bundesländer** und statistischer Berechnungen der durchschnittlichen Aufwendungen für Wohn- und Heizkosten erstellt. Der letzte Bericht ist im Jahr 2008 verfasst worden. Da jedem einzelnen einkommensteuerpflichtigen Elternteil der Kinderfreibetrag zusteht, ist das **sächliche Existenzminimum** zur Bestimmung des Steuerfreibetrages **halbiert worden**. § 1612a Abs. 1 S. 2 legt daher den doppelten Kinderfreibetrag nach § 32 Abs. 6 S. 1 EStG für den Mindestunterhalt zugrunde.

3   Aus dem früheren Recht erhalten geblieben ist die **Altersabstufung**. Der altersabhängige Mindestunterhalt beläuft sich für die Zeit bis zur Vollendung des 6. Lebensjahres (1. Altersstufe) auf 87%, für die Zeit vom 07. bis zur Vollendung des 12. Lebensjahres (2. Altersstufe) auf 100% und für die Zeit vom 13. Lebensjahr an (3. Altersstufe) auf 117%. Diese Prozentsätze dürften nicht mit den **individuellen Prozentsätzen** für die Bestimmung der Höhe des altersabhängigen Kindesunterhalts verwechselt werden; letztere definieren den nach den Einkommensverhältnissen geschuldeten Prozentsatz des Mindestunterhalts.

4   **Anspruch auf eine Dynamisierung** seines Unterhalts hat nur ein **minderjähriges Kind**. Möglich ist auch die Titulierung zugunsten der Unterhaltsvorschusskasse in dynamischer Form (OLG Celle Nds. RPfl. 2009, 135). Für volljährige Kinder gilt § 1612a nicht. Daraus folgt, dass es nicht möglich ist, einen Titel zu schaffen, der mit Eintritt der Volljährigkeit automatisch dem volljährigen Kind Unterhalt nach **der vierten Altersstufe** der Düsseldorfer Tabelle zuspricht. Andererseits kann aus einem dynamischen Unterhaltstitel der zuletzt festgelegte Unterhaltsbetrag auch nach der Volljährigkeit weiter vollstreckt werden (§ 798a ZPO; BGH NJW-RR 2006, 217).

III. Dynamisierter Unterhalt

5   Ein minderjähriges Kind kann von seinem barunterhaltspflichtigen Elternteil **Unterhalt als Prozentsatz** des jeweiligen Mindestunterhalts verlangen. Durch diese Dynamisierung wird der Unterhaltsanspruch an vorhersehbare bzw. allgemein gültige Veränderungen von Bemessungsgrößen angepasst. Erfasst werden dabei das **Alter** des unterhaltsberechtigten Kindes und die **Höhe des jeweiligen Mindestunterhalts**. Durch die Angabe des Alters des Kindes und des Prozentsatzes im Titel kann der aktuell geschuldete Unterhalt von jedem, auch von Arbeitgebern als Drittschuldnern im Rahmen von Pfändungsverfahren, ermittelt werden (OLG Jena NJW-RR 2000, 1025).

6   Der für das unterhaltsberechtigte Kind **maßgebliche Prozentsatz** leitet sich ab aus dem unterhaltsrelevanten Einkommen des Pflichtigen und seinem Selbstbehalt. Auf der Basis des Einkommens wird im ersten Schritt die maßgebliche Einkommensgruppe nach der Düsseldorfer Tabelle festgestellt. Der sich so ergebende Unterhaltsbetrag wird **prozentual ins Verhältnis zum Mindestunterhalt** gesetzt. Ist der Unterhaltspflichtige nicht zur Zahlung des Mindestunterhalts leistungsfähig, kann ein **unter 100%** liegender Prozentsatz festgeschrieben wer-

den. Der Prozentsatz ist auf eine Dezimalstelle zu begrenzen (§ 1612a Abs. 2 S. 1). Der sich auf diese Weise errechnende Unterhalt ist auf volle EUR aufzurunden (§ 1612a Abs. 2 S. 2). Das **staatliche Kindergeld** ist bei der Berechnung des Zahlbetrages durch Anrechnung auf den Bedarf nach § 1612 b zu berücksichtigen.

Die **Düsseldorfer Tabelle** – Stand 1. 1. 2009 ist vorne auf S. 352 abgedruckt.

Der **Antrag für den dynamischen Unterhaltstitel** kann wie folgt aussehen: 7
Der Antragsgegner wird verpflichtet, an den Antragsteller, gesetzlich vertreten durch die Kindesmutter, eine zum 01. eines jeden Monats im voraus fällige Unterhaltsrente

für die Zeit ab ... in Höhe von 100% des jeweiligen Mindestunterhalts der 1. Altersstufe,
für die Zeit ab ... in Höhe von 100% des jeweiligen Mindestunterhalts der 2. Altersstufe,
für die Zeit ... in Höhe von 100% des jeweiligen Mindestunterhalts der 3. Altersstufe

abzüglich der Hälfte des jeweiligen gesetzlichen Kindergeldes für ein erstes Kind (§§ 66 EStG, 6 BKGG) zu zahlen.

Teilweise wird die Auffassung vertreten, dass bei einem dynamischen Titel **der anzurechnende Kindergeldbetrag beziffert werden muss** (OLG Naumburg BeckRS 2008, 08294; a. A. Müko/Born § 1612a Rn 47).

IV. Beweislast

Einen **Bedarf in der Höhe des Mindestunterhalts** muss ein minderjähriges 8
Kind nicht darlegen. Verlangt ein minderjähriges Kind allein den Mindestunterhalt, trägt der Unterhaltsverpflichtete die Darlegungs- und Beweislast dafür, dass er diesen Mindestunterhalt nicht aufbringen kann (BGH FamRZ 1998, 357). Einen **höheren Bedarf** als den Mindestunterhalt, muss **das minderjährige Kind darlegen und beweisen**. Zum Streitwert für Verfahren zur Festlegung des Mindestunterhalts gilt, dass maßgeblich ist der sich nach Abzug des anzurechnenden Kindergeld ergebende Zahlbetrag (OLG Köln FamRZ 2008, 1645).

§ 1612b Deckung des Barbedarfs durch Kindergeld

(1) **Das auf das Kind entfallende Kindergeld ist zur Deckung seines Barbedarfs zu verwenden:**
1. **zur Hälfte, wenn ein Elternteil seine Unterhaltspflicht durch Betreuung des Kindes erfüllt (§ 1606 Abs. 3 Satz 2);**
2. **in allen anderen Fällen in voller Höhe.**
In diesem Umfang mindert es den Barbedarf des Kindes.

(2) **Ist das Kindergeld wegen der Berücksichtigung eines nicht gemeinschaftlichen Kindes erhöht, ist es im Umfang der Erhöhung nicht bedarfsmindernd zu berücksichtigen.**

BGB § 1612b

I. Normzweck

1 Die durch das UÄndG 2007 neu gefasste Vorschrift ersetzt eine nur schwer durchschaubare und komplizierte Regelung (insbesondere § 1612b Abs. 5), die vom BVerfG (NJW 2003, 2733) im Hinblick auf die fehlende Normenklarheit (Art. 20 Abs. 3 GG) als bedenklich angesehen worden ist. Die Neufassung bezweckt wie die bisherige Vorschrift den internen Ausgleich des staatlich gewährten Kindergeldes zwischen dem nach § 64 EStG bezugsberechtigten Elternteil und dem anderen Elternteil, dem das Gesetz in § 32 Abs. 4 EStG und § 62 Abs. 1 EStG bzw. § 1 BKGG ebenfalls einen eigenen Anspruch auf Kindergeld zubilligt. Dabei erfolgt der notwendige interne Ausgleich unterhaltsrechtlich über den Barunterhalt für das Kind. Gehen öffentliche Hilfeträger allerdings aus übergegangenem Recht gegen den zum Barunterhalt verpflichteten Elternteil vor, weil sie das Kindergeld als Einkommen des Kindes betrachten (§§ 11 Abs. 1 SGB II, 82 Abs. 1 Satz 2 SGB XII) und das Kindergeld im vollen Umfang auf den öffentlich-rechtlich bemessenen Kindesbedarf anrechnen, ist die Art des Ausgleichs äußerst problematisch.

Die gesetzliche Neuregelung knüpft an eine Entscheidung des BGH (NJW 2006, 57) zur Anrechnung des Kindergeldes beim Volljährigenunterhalt an und überträgt diese Anrechnungsmodalität auch auf den Minderjährigenunterhalt. § 1612b Abs. 5 ist ersatzlos entfallen. Das Kindergeld soll als zweckgebundene staatliche Leistung im wirtschaftlichen Ergebnis zur Existenzsicherung des Kindes zur Verfügung stehen. Eltern haben es deshalb für den Kindesunterhalt zu verwenden, so dass das Kind insoweit nicht mehr unterhaltsbedürftig ist und der Bedarf des Kindes sich um das Kindergeld mindert. Je nachdem, ob das Kind noch der Betreuung bedarf oder nur ein Elternteil oder beide Eltern barunterhaltspflichtig sind, ergeben sich für die Bedarfs mindernde Berücksichtigung des Kindergeldes nach § 1612b Abs. 1 verschiedene Varianten.

II. Rechtsgrundlagen des Kindergeldes

2 Durch das Jahressteuergesetz 1996 vom 11. 10. 1995 (BGBl. I S. 1250) wurde entsprechend einer Forderung des BVerfG (NJW 1992, 2153) – Freistellung des Existenzminimums eines Kindes – die früher bestehende Möglichkeit der Inanspruchnahme von Kindergeld **und** Steuerfreibetrag ersetzt. Seither kann ohne eine Wahlmöglichkeit nur noch Kindergeld (§§ 62 ff. EStG) **oder** ein Kinderfreibetrag (§ 32 Abs. 6 EStG) geltend gemacht werden. Das BKGG (BGBl. 2002 I Nr. 1 S. 8 ff.) ist Rechtsgrundlage für die Auszahlung an Eltern, die nur beschränkt steuerpflichtig sind (§ 1 Abs. 1 BKGG) sowie für die Auszahlung an Kinder unter den Voraussetzungen des § 1 Abs. 2 BKGG. Für alle übrigen Fälle gelten die §§ 62 ff. EStG.

3 Kindergeld berechtigt sind Eltern – unabhängig vom eigenen Einkommen – mit Wohnsitz oder gewöhnlichem Aufenthalt im Inland (§ 62 Abs. 1 Nr. 1 EStG) sowie Eltern, die trotz Auslandsaufenthalts Kindergeld berechtigt sein sollen (Nr. 2) (vgl. dazu näher Linderer in Heiß/Born, Kap. 44 Rn 12). Ausländer und Staatenlose sind Kindergeld berechtigt bei bestehender Aufenthaltserlaubnis (§§ 9 AufenthG) oder Niederlassungserlaubnis (§ 9 AufenthG). Anerkannte Flüchtlinge sind Deutschen gleichgestellt, asylberechtigte Ausländer und politisch Verfolgte i. S. v. § 3 AsylVfG sind vom Monat der bestandskräftigen Anerkennung Kindergeld berechtigt, Staatenlose nicht (BFH FamRZ 2008, 990).

Deckung des Barbedarfs durch Kindergeld § **1612b** **BGB**

Unter anderem mit der Türkei, der Schweiz, Tunesien, Marokko, Jugoslawien (BFH FamRZ 2008, 1251: verneint bei geringfügiger Beschäftigung) bestehen Abkommen über die soziale Sicherheit. Sofern die aufenthaltsrechtlichen Voraussetzungen erfüllt sind, besteht ein Anspruch auf Kindergeld.

Kindergeld und Freibetrag können nur von einem Anspruchsberechtigten (im 4 Regelfall einem Elternteil) bezogen werden, § 64 Abs. 1 EStG, vorrangig von dem Elternteil, bei dem das Kind im Haushalt lebt (zur Haushaltsaufnahme eines auswärts studieren Kindes vgl. BFH FamRZ 2008, 1071 und 1439) – sog. Obhutprinzip – (§ 64 Abs. 2 EStG). Lebt das Kind nicht im Haushalt eines anspruchsberechtigten Elternteils, ist anspruchsberechtigt derjenige, der den höheren Unterhalt zahlt, § 64 Abs. 3 EStG (BFH NJW 2005, 3742).

Kindergeld wird grundsätzlich bis Vollendung des 18. Lebensjahres gezahlt (§ 32 Abs. 3 EStG), im Falle der Arbeitslosigkeit bis zur Vollendung des 21. Lebensjahres (§ 32 Abs. 4 Satz 1 Nr. 1 EStG; vgl. dazu BFH FamRZ 2008, 1929; 2008, 1930) und unter den Voraussetzungen des § 32 Abs. 4 Satz 1 Nr. 2 EStG bis zur Vollendung des 27. Lebensjahres, außer das Kind erzielt Einkommen und Bezüge von mehr als 7680 € brutto (§ 32 Abs. 4 Satz 2 EStG; BFH FamRZ 2008, 508: kein Abzug von Beiträgen für die private Krankenversicherung und Pflegeversicherung sowie für die Kfz-Haftpflicht). Ohne Altersbegrenzung wird Kindergeld gezahlt bei körperlicher, geistiger und seelischer Behinderung, falls die Behinderung bereits vor der Vollendung des 25. Lebensjahres bestanden hat (§ 32 Abs. 4 Satz 1 Nr. 3 EStG). Mit der Heirat des Kindes erlischt der Kindergeldanspruch (BFH NJW 2007, 3231), außer die Eltern müssten weiterhin wegen fehlender Einkünfte des Ehegatten für den Unterhalt aufkommen.

Eine von den Eltern bei gleich hohen Unterhaltszahlungen getroffene Bestimmung, wer das Kindergeld erhalten soll, bleibt bis zu ihrem Widerruf wirksam (BFH NJW 2005, 2175). Bei Haushaltswechsel des Kindes ist die Kindergeldfestsetzung aufzuheben (§ 70 Abs. 2 EStG), zu viel an einen Elternteil gezahltes Kindergeld kann von der Familienkasse zurückgefordert werden (§ 37 Abs. 2 AO).

Kindergeld wird nach dem Monatsprinzip nur für die Monate gezahlt, in de- 5 nen die Voraussetzungen vorliegen (§ 66 Abs. 2 EStG). Gem. § 32 Abs. 3 EStG gilt das auch für den Kinderfreibetrag und Betreuungsbetrag. Kindergeld ist bei der örtlich zuständigen Familienkasse schriftlich zu beantragen (§ 67 Abs. 1 Satz 1 EStG). Zuständig für eine Klage gegen die Kindergeldbescheide ist das Finanzgericht.

Das Kindergeld für das 1.–3. Kind beträgt 154 € **(ab 1. 1. 2009 für das** 6 **1. und 2. Kind 164 €, für das 3. Kind 170 €)**, ab dem 4. Kind 179 € **(ab 1. 1. 2009 195 €)**. Der Steuerpflichtige erhält ab 1. 1. 2002 gem. § 32 Abs. 6 EStG für jedes zu berücksichtigende Kind jeweils pro Jahr für das Existenzminimum einen Kinderfreibetrag von 1824 € **(ab 1. 1. 2009 1932 €)** sowie einen weiteren Freibetrag von 1080 € für den Erziehungs-, Betreuungs- oder Ausbildungsbedarf. Dieser Freibetrag wird unabhängig davon gewährt, ob das Kind in seinem Haushalt lebt (BGH NJW 2007, 2249). Nach § 32 Abs. 6 Satz 2 EStG verdoppeln sich die Freibeträge bei verheirateten und zusammen veranlagten Eltern.

Steuerrechtlich bedeutet die Kindergeldzahlung eine vorweggenommene 7 Steuervergütung (§ 31 Satz 3 EStG) auf den Kinderfreibetrag. Bei der Veranlagung zur Einkommensteuer wird durch die **Günstigerprüfung** nach § 31 Satz 2, 4 EStG festgestellt, ob der Kinderfreibetrag für das sächliche Existenz-

BGB § 1612b

minimum und der weitere Freibetrag ungünstiger sind. Wird die steuerliche Freistellung durch das Kindergeld nicht erreicht, wird bei der Einkommensteuerprüfung der Kinderfreibetrag abgezogen. Bereits gezahltes Kindergeld wird der Steuerschuld hinzugerechnet, soweit es im Wege des zivilrechtlichen Ausgleichsanspruchs dem Steuerpflichtigen zusteht (§ 31 Satz 5 EStG).

III. Anrechnung des Kindergeldes

8 Nach der ab 1. 1. 2008 geltenden Neuregelung ist das Kindergeld zweckgebunden und zur Deckung des Barbedarfs eines Kindes zu verwenden und zwar unter den Voraussetzungen des Abs. 1 Satz 1 Nr. 1 zur Hälfte, im Übrigen nach Abs. 1 Satz 1 Nr. 2 ganz. Es ist als Einkommen des Kindes zu behandeln und wird deshalb bedarfsmindernd vom Unterhalt vorweg abgezogen (BT-Drucks. 16/1830 S. 28). Das Kind hat Anspruch auf Auskehrung des Kindergeldes, wenn der Kindergeld berechtigte Elternteil das Kindergeld nicht für den Barbedarf des Kindes verwendet (so schon früher BGH NJW 2006, 57).

1. Anrechnung nach Abs. 1 Satz 1 Nr. 1

9 Die Norm regelt den Ausgleich des Kindergeldes bei minderjährigen unverheirateten Kindern i. S. v. § 1606 Abs. 3 Satz 2, die von einem Elternteil betreut werden. Lebt das Kind bei dem betreuenden Elternteil, erhält dieser i. d. R. auch das Kindergeld von der Familienkasse nach dem Obhutsprinzip des § 64 Abs. 2 EStG. Das Kind hat dann gegen den nicht betreuenden Elternteil einen Barunterhaltsanspruch, wobei von diesem Barbedarf bedarfsmindernd die Hälfte des Kindergeldes abgezogen, denn der betreuende Elternteil hat diesen Teil des Kindergeldes für den Barunterhalt zu verwenden. Hingegen verbleibt dem ein Kind betreuenden Elternteil die andere Hälfte des Kindergeldes zur Unterstützung der von ihm erbrachten Betreuungsleistung für das Kind, denn diese ist mit der Barunterhaltsleistung des anderen Elternteils nach wie vor gleichwertig.

Beispiel: Unterhalt im Jahre 2008

Das Kind hat gegen den nicht betreuenden Elternteil einen Barbedarf nach § 36 Nr. 4 EGZPO von 279 €. Nach Abzug des hälftigen Kindergeldes beträgt der Bedarf (279 € ./. 77 € =) 202 €. In dieser Höhe hat das Kind einen Mindestunterhaltsanspruch, nur insoweit ist es bedürftig. Bei einem Kind der 2. Altersstufe beläuft sich der Bedarf auf (322 € ./. 77 € =) 245 €, bei einem Kind der 3. Altersstufe auf (365 € ./. 77 € =) 288 €.

Bezieht der Barunterhaltspflichtige das Kindergeld, hat das Kind einen Anspruch gegen diesen Elternteil auf Auskehrung, solange die Bezugsberechtigung nicht dergestalt mit der Kindergeldkasse mit geregelt ist, dass der betreuende Elternteil das Kindergeld bezieht. Der Anspruch ist unabhängig von der Leistungsfähigkeit des Kindergeldbeziehers (vgl. zum Auskehrungsanspruch: Scholz FamRZ 2006, 106, 107).

10 Bei nur eingeschränkter Leistungsfähigkeit des barunterhaltspflichtigen Elternteils kann dieser auch nur einen geringeren Betrag als den Mindestunterhalt abzüglich des anteiligen Kindergeldes zahlen. Die frühere komplizierte Anrechnungsregelung des § 1612b Abs. 5 ist entfallen. Das anteilige Kindergeld verbleibt ohne weitere Anrechnung auf den zu zahlenden Betrag beim Kind, so dass die Eltern vom Kindergeld nur noch in der Weise profitieren, dass sich der Bedarf des Kindes verringert.

Deckung des Barbedarfs durch Kindergeld § 1612b BGB

Beispiel:
Bei einem Einkommen des Kindesvaters von 1050 € und einem Selbstbehalt von 900 € schuldet der Kindesvater für ein Kind nach der 2. Altersstufe nach § 36 Nr. 4 EGZPO nach Abzug des anteiligen Kindergeldes 245 €. Er kann jedoch nur 150 € zahlen. Bei diesem Betrag bleibt es, denn ein anteiliger Kindergeldabzug von diesem Betrag kommt nicht mehr in Betracht, weil der geschuldete Unterhalt hinter dem gesetzlich geregelten Mindestunterhalt abzüglich des anteiligen Kindergeldes zurückbleibt. Bei einem Kind der 3. Altersstufe müsste er 288 € zahlen. Auch hier schuldet er nur die verfügbaren 150 €.

2. Anrechnung nach Abs. 1 Satz 1 Nr. 2

Die Vorschrift regelt den Ausgleich des Kindergeldes im Falle der beiderseitigen 11
Barunterhaltspflicht, d. h. wenn das Kind volljährig ist und keiner Betreuung bedarf oder bei Minderjährigkeit und Fremdunterbringung, selbst wenn das Kindergeld z. B. bei Heimunterbringung an einen Dritten gezahlt wird (BT-Drucks. 16/1830 S. 30). In diesen Fällen wird das Kindergeld in voller Höhe vom Bedarf abgezogen. Der volle Abzug des Kindergeldes ist auch dann gerechtfertigt, wenn das Kind noch im Haushalt eines Elternteils lebt, der mangels Leistungsfähigkeit nicht unterhaltspflichtig ist (BGH NJW 2007, 1747; NJW 2006, 57). Die Grundsätze des § 1612b Abs. 1 gelten auch für die in § 1612c geregelten kindbezogenen Leistungen, wie z. B. Kinderzulagen bei Schwerverletzen. Lebt das Kind in einem eigenen Haushalt, gilt nichts anderes. Das Kind kann von dem bezugsberechtigten Elternteil im Falle eingeschränkter oder fehlender Leistungsfähigkeit die Auskehrung des Kindergeldes an sich verlangen oder aber sogleich einen Antrag bei der Kindergeldkasse auf Abzweigung und Auszahlung an sich direkt stellen (§ 74 Abs. 1 EStG).

Sofern ein minderjähriges Kind nicht von den Eltern betreut wird, wird der Barunterhaltsbedarf durch das volle Kindergeld gemindert (§ 1612b Abs. 1 Nr. 2). In welcher Höhe die Eltern für den Restbetrag entsprechend dem Verhältnis ihres Einkommens aufzukommen haben, wird erst nach Abzug des Kindergeldes ermittelt.

Beispiel: Unterhalt 2008
Das Kind lebt in einer betreuten Wohngemeinschaft. Der Kindesvater hat das höhere Einkommen (§ 64 Abs. 3 Satz 2 EStG) und erhält deshalb das Kindergeld. Der Bedarf des Kindes beläuft sich nach dem Gesamteinkommen der Eltern auf 600 €. Nach Abzug des Kindergeldes von 154 € haften beide Elternteile für den ungedeckten Bedarf von 446 € anteilig, entsprechend der Höhe ihrer Einkünfte: der Kindesvater z. B. in Höhe von 300 € und die Mutter in Höhe von 146 €. Der Kindesvater hat zusätzlich zu den 300 € noch das Kindergeld an das Kind zu zahlen, also insgesamt 454 €. Wird das Kindergeld an das Jugendamt gezahlt, sind von den Eltern 300 € bzw. 146 € zu zahlen.

IV. Kindergeld und Ehegattenunterhalt

Bei der Berechnung des Ehegattenunterhalts ist nicht der Tabellenunterhalt 12
vom Einkommen des Unterhaltspflichtigen abzuziehen, sondern der Zahlbetrag, d. h. der Tabellenbetrag abzüglich des zu berücksichtigen Kindergeldes (BGH NJW 2008, 1946; OLG Hamm NJW-RR 2008, 882; vgl. aber auch die davon teilweise abweichenden Leitlinien der Oberlandesgerichte). Dadurch erhöht sich der Ehegattenunterhalt.

BGB § 1612b

Beispiel: Unterhalt 2008

Das Einkommen des M bereinigt beträgt 3000 €. Die F betreut das 3jährige Kind K und ist nicht erwerbstätig. F und K verlangen Unterhalt.
Der Bedarf des Kindes nach der Düsseldorfer Tabelle und Höherstufung um eine Rangstufe nach Gruppe $^6/_1$ beläuft sich auf (358 € ./. 77 € =) 281 €. Daraus errechnet sich ein Unterhalt der M von (3000 € ./. 281 € = 2.719 € × $^3/_7$ =) 1165 € und nach den Süddeutschen Leitlinien ein Unterhalt von (2.719 € × $^9/_{10}$: 2 =) 1224 €.

V. Zählkindvorteil

13 § 1612b Abs. 2 entspricht dem früheren § 1612b Abs. 4. Kindergeld ist zwischen den Eltern nur auszugleichen, soweit es für gemeinsame Kinder gezahlt wird. Der sog. Zählkindvorteil, der sich daraus ergibt, dass sich – anders als die gleich bleibenden Kinderfreibeträge – das Kindergeld mit der Anzahl der Kinder steigert und bei jedem Unterhaltsberechtigten auch Kinder aus anderen Verbindungen mitgezählt werden – wird nicht in den Kindergeldausgleich einbezogen, sondern erhöht das Einkommen des Elternteils, dem er zugute kommt. Er ist jedoch kein unterhaltsrechtlich relevantes Einkommen, das den Bedarf erhöht (BGH NJW 2000, 3140). Das gilt auch dann, wenn das Kind noch vor Rechtskraft der Scheidung geboren wurde (BGH a.a.O., 3142). Auf den Unterhaltsanspruch des gemeinsamen Kindes ist also nur die Hälfte des fiktiven Kindergeldes anzurechnen, das der Elternteil ohne Berücksichtigung des Zählkindvorteiles hat. Daraus sich ergebende Ungereimtheiten sind hinzunehmen (BGH FamRZ 1997, 806).

Bei Leistungsunfähigkeit des Kindergeldempfängers kann das Zählkind nicht die Auskehrung des Zählkindvorteils an sich verlangen. Dieser ist allein im Rahmen eines Unterhaltsanspruchs – erhöht die Leistungsfähigkeit – zu berücksichtigen (BGH FamRZ 1985, 1243; MüKo/Born § 1612b Rn 58; a.A. Wendl/Scholz § 2 Rn 512).

VI. Sonstiges

14 Eine Klage des Kindes auf Auskehrung des Kindergeldes ist Unterhaltssache i.S. des § 23b Abs. 1 Nr. 5 GVG (Bamberger/Roth/Reinken § 1612b Rn 17). Zuständig für einen Antrag zur Bestimmung des Kindergeldbezugsberechtigten gemäß §§ 3 Abs. 2 S. 3 BKKG, 64 Abs. 2 S. 3 EStG sind die Vormundschaftsgerichte, **ab 1. 9. 2009 gemäß § 231 Abs. 2 FamFG die Familiengerichte.**

15 Grundsätzlich – Ausnahmen nach § 1 Abs. 2 BKGG – kann das Kind keine Auszahlung des Kindergeldes an sich verlangen (BGH NJW 1988, 2799), da das Kindergeld keinen besonderen von den sonstigen Einkommensverhältnissen unabhängigen Zugriff des Berechtigten darstellt. Leistet der kindergeldberechtigte Unterhaltsschuldner mehr als 12 Wochen einem volljährigen Kind keinen Unterhalt und leitet er auch das Kindergeld nicht an das Kind weiter, so kann die Familienkasse nach pflichtgemäßem Ermessen das Kindergeld unmittelbar an das Kind auszahlen (§ 74 EStG) bis zur Höhe des Betrages, der sich bei entsprechender Anwendung des § 76 EStG ergibt.

16 Eine Pfändung des Kindergeldes ist nur zugunsten des unterhaltsberechtigten Kindes möglich (§§ 54 Abs. 5 SGB I, 76 EStG), das bei der Festsetzung des Kindergeldes berücksichtigt worden ist. Eine Pfändung für andere Gläubiger ist ausgeschlossen. Für die Dauer von 7 Tagen unpfändbar ist das Kindergeld, wenn es auf das Konto des Berechtigten überwiesen worden ist (§ 76 a Abs. 1 EStG). Eine Aufrechnung mit Rückzahlungsansprüchen durch die Familienkasse gegenüber dem Kindergeld ist nur bis zu dessen Hälfte vorzunehmen, soweit der Berechtigte dadurch nicht bedürftig wird.

Kindergeld, das eine um Prozesskostenhilfe nachsuchende Partei bezieht, ist deren Einkommen i. S. des § 115 Abs. 1 Satz 2 ZPO, soweit es nicht zur Bestreitung des notwendigen Unterhalts eines minderjährigen Kindes zu verwenden ist (BGH NJW 2005, 2393). Der notwendige Lebensunterhalt des minderjährigen Kindes mit Ausnahme von Leistungen für Unterkunft und Heizung sowie Sonderbedarf nach §§ 30–34 SGB XII drückt sich in den Regelsätzen aus, die durch RechtsVO nach § 40 SGB XII zum 1. Juli eines jeden Jahres festgesetzt werden. **17**

§ 1612 c Anrechnung anderer kindbezogener Leistungen

§ 1612 b gilt entsprechend für regelmäßig wiederkehrende kindbezogene Leistungen, soweit sie den Anspruch auf Kindergeld ausschließen.

I. Normzweck

Die am 1. 7. 1998 durch das KindUG in Kraft getretene Vorschrift stellt Leistungen, die nicht auf den §§ 62 ff. EStG bzw. dem BKGG beruhen, sondern auf anderen betrieblichen oder gesetzlichen Leistungen, und die einen Anspruch auf Kindergeld ausschließen (Kindergeldersatzleistung) durch Verweisung auf § 1612 b in Höhe eines fiktiven Kindergeldes dem Kindergeld gleich. **1**

II. Kindergeld ersetzende Leistungen

Die das Kindergeld ersetzenden Leistungen sind in § 65 EStG, § 4 Abs. 1 BKGG, 60 RKnG abschließend geregelt. Dazu zählen insbesondere Kinderzuschüsse für Schwerverletzte (§ 583 RVO i. V. m. § 17 Abs. 3 SGB VII, Kinderzulagen gem. §§ 269 Abs. 2, 301, 301 a LAG, Kinderzulagen aufgrund von Tarifverträgen, Kinderzuschüsse aus der gesetzlichen Rentenversicherung (§§ 35 ff., 270 SGB VI) sowie gem. § 65 Abs. 1 Satz 1 Nr. 3 EStG im Ausland oder z. B. von der Nato oder EU gewährte Leistungen für Kinder. **2**

Soweit die Leistungen das Kindergeld übersteigen, sind sie als Einkommen des Unterhaltsberechtigten anzusehen (BGH NJW 2007, 1969). Sind die Leistungen geringer als das Kindergeld, wird ein Teilkindergeld gezahlt (§ 65 Abs. 2 EStG, § 4 Abs. 2 BKGG). **3**

Nicht unter § 1612 c und damit als unterhaltsrechtlich relevantes Einkommen anzusehen sind sonstige kindbezogene Zuschläge, die als Nettobezüge dem Berechtigten ausgezahlt werden. Gleiches gilt für Waisenrenten nach §§ 589 ff. RVO, 33 SGB VI, 60 BVG, 1 Abs. 1 OEG. **4**

III. Anrechnung

Die das Kindergeld ersetzenden Leistungen sind in Höhe des anzurechnenden Betrages anzusetzen, soweit sie das Kindergeld ausschließen. **5**

BGB § 1613

§ 1613 Unterhalt für die Vergangenheit

(1) ¹Für die Vergangenheit kann der Berechtigte Erfüllung oder Schadensersatz wegen Nichterfüllung nur von dem Zeitpunkt an fordern, zu welchem der Verpflichtete zum Zwecke der Geltendmachung des Unterhaltsanspruchs aufgefordert worden ist, über seine Einkünfte und sein Vermögen Auskunft zu erteilen, zu welchem der Verpflichtete in Verzug gekommen oder der Unterhaltsanspruch rechtshängig geworden ist. ²Der Unterhalt wird ab dem 1. des Monats, in den die bezeichneten Ereignisse fallen geschuldet, wenn der Unterhaltsanspruch dem Grunde nach zu diesem Zeitpunkt bestanden hat.

(2) Der Berechtigte kann für die Vergangenheit ohne die Einschränkung des Abs. 1 Erfüllung verlangen:

1. wegen eines unregelmäßigen außergewöhnlich hohen Bedarfs (Sonderbedarf); nach Ablauf eines Jahres seit seiner Entstehung kann dieser Anspruch geltend gemacht werden, wenn vorher der Verpflichtete in Verzug gekommen oder der Anspruch rechtshängig geworden ist;
2. für den Zeitraum, in dem er
   a) aus rechtlichen Gründen oder
   b) aus rechtlichen Gründen, die in den Verantwortungsbereich des Unterhaltspflichtigen fallen,
   an der Geltendmachung des Unterhaltsanspruchs gehindert war.

(3) ¹In den Fällen des Abs. 2 Nr. 2 kann Erfüllung nicht, nur in Teilbeträgen oder erst zu einem späteren Zeitpunkt verlangt werden, soweit die volle oder die sofortige Erfüllung für den Verpflichteten eine unbillige Härte bedeuten würde. ²Dies gilt auch, soweit ein Dritter vom Verpflichteten Ersatz verlangt, weil er an Stelle des Verpflichteten Unterhalt gewährt hat.

I. Normzweck

1   Unterhalt dient grundsätzlich der Befriedigung des laufenden Bedarfs. Normzweck ist deshalb der Schutz des Unterhaltspflichtigen vor hohen Nachforderungen. Unterhalt für die Vergangenheit kann nur ab Verzug oder Rechtshängigkeit verlangt werden sowie ab 1. 7. 1998 (KindUG) auch ab Zugang des Auskunftsverlangens zum Zwecke der Unterhaltsberechnung. In allen drei Fällen ist die Schutzmöglichkeit des Unterhaltsschuldners entfallen, er muss mit der Geltendmachung von Unterhalt rechnen und kann so Rücklagen bilden. Bei übergegangenen oder übergeleiteten Ansprüchen kann Unterhalt auch ab Zugang der Rechtswahrungsanzeige verlangt werden, §§ 33 Abs. 3 Satz 1 SGB II, 94 Abs. 4 Satz 1 SGB XII, 37 Abs. 4 BAföG, 7 Abs. 2 UVG, 96 Abs. 3 SGB VIII.

2   Darüber hinaus normiert Abs. 2 Ausnahmen, die von Grundsatz abweichen, also definieren, wann Unterhalt für die Vergangenheit ohne die Einschränkungen des Abs. 1 geltend gemacht werden kann. Die Regelung ist nicht an die Einschränkungen des § 1614 gebunden, so dass auf rückständigen Unterhalt verzichtet werden kann (BGH FamRZ 1987, 40).

Unterhalt für die Vergangenheit **§ 1613 BGB**

II. Anwendungsbereich

Die Vorschrift gilt für den Verwandtenunterhalt, den Familienunterhalt 3 (§§ 1360a, 1361 Abs. 4 Satz 3, 1613), den Anspruch auf Trennungsunterhalt (Bamberger/Roth/Reinken § 1613 Rn 3), den Anspruch der nichtehelichen Mutter/des nichtehelichen Vaters nach § 1615l sowie iVm § 1585b Abs. 2 ab 1. 1. 2008 auch für den Anspruch auf nachehelichen Unterhalt (für die Zeit bis zum 31. 12. 2007 reicht ein Auskunftsverlangen nicht aus: OLG Saarbrücken NJW 2008, 304). Damit gilt nunmehr die Regelung des § 1613 Abs. 1 einheitlich für alle Unterhaltsansprüche. Sie gilt weiter für den familienrechtlichen Ausgleichsanspruch (BGH NJW 1984, 2158; FamRZ 1988, 834; 1989, 850), für Schadensersatzansprüche aus pVV innerhalb eines Unterhaltsverhältnisses, für auf Sozialhilfeträger übergegangene Ansprüche sowie für Ansprüche aus GoA und §§ 812ff. (BGH NJW 1984, 2158; FamRZ 1994, 775), nicht aber für Schadensersatzansprüche (BGH FamRZ 2004, 526) wegen nicht erhaltener oder falscher Auskunft (BGH FamRZ 1984, 163) sowie nicht für vertragliche Unterhaltsansprüche (BGH FamRZ 1989, 150, 152; MüKo/Born § 1613 Rn 7). Es gilt aber auch hier die Jahresfrist des § 1585b Abs. 3.

III. Voraussetzungen für das Verlangen von rückständigem Unterhalt

Abs. 1 regelt die Möglichkeiten, unter denen ein Gläubiger von dem Schuldner rückständigen Unterhalt verlangen kann.

1. Auskunft

Mit dem KindUG hat der Gesetzgeber ab 1. 7. 1998 die vom BGH (FamRZ 4 1990, 283) zur Stufenmahnung entwickelten Grundsätze in die Vorschrift eingefügt. Danach kann bei Geltendmachung einer hinreichend konkreten und auf einen bestimmten Unterhaltstatbestand bezogenen Auskunft rückwirkend Unterhalt verlangt werden. In dem Begehren auf Auskunft ist deshalb anzugeben, zu welchem Zweck – Trennungsunterhalt, nachehelicher Unterhalt pp. – die Auskunft verlangt wird (OLG Frankfurt FuR 2002, 534). Sofern die Auskunft vor Ablauf der 2-Jahresfrist des § 1605 Abs. 2 verlangt wird, ist darzulegen, dass das Begehren wegen höherer Einkünfte/Vermögen begründet ist (OLG Köln NJW-RR 2004, 6). Zahlt der Unterhaltsverpflichtete nach erteilter Auskunft aufgrund einer falschen Berechnung des Gläubigers, kann nachgefordert werden (Palandt/Diederichsen § 1613 Rn 7). Auch für die rückwirkende Geltendmachung von Altersvorsorgeunterhalt reicht der Zugang (§ 130) eines Auskunftsverlangens aus, wenn zu diesem Zeitpunkt bereits das Scheidungsverfahren rechtshängig war (BGH NJW 2007, 511). Die Voraussetzungen des Zugangs hat der Unterhaltsberechtigte darzulegen und zu beweisen.

2. Verzug

a) Mahnung. Rückständiger Unterhalt kann verlangt werden ab dem Zeit- 5 punkt, von dem der Schuldner in Verzug (§§ 286, 287) gesetzt worden ist. Notwendig dafür ist eine Mahnung durch den Berechtigten oder seinen gesetzlichen Vertreter (OLG Brandenburg FamRZ 2007, 75) nach Fälligkeit (BGH FamRZ

BGB § 1613

1992, 920), ohne dass diese wegen der weiteren Raten wiederholt werden muss (BGH FamRZ 1988, 370). Die Mahnung kann auch mündlich erfolgen (BGH NJW 1993, 1974). Sie muss eine eindeutige (BGH NJW 1998, 2132) und der Höhe nach bestimmte Leistungsaufforderung enthalten (BGH NJW 1984, 868) und konkret den Zeitpunkt enthalten, ab dem Unterhalt verlangt wird (OLG Brandenburg FamRZ 2006, 1784). Eine Bezifferung zwei Jahre nach dem Auskunftsbegehren reicht nicht (OLG Karlsruhe NJW-RR 2006, 872). Auch die Einleitung eines Strafverfahrens wegen Unterhaltspflichtverletzung nach § 170b StGB ist keine Mahnung (BGH NJW 1987, 1549), die Übersendung eines PKH-Gesuches steht einer Mahnung gleich (BGH NJW-RR 2004, 1227), ebenso die Versendung eines Antrags einer einstweiligen Anordnung nach § 620 Nr. 4 und 6 ZPO, selbst wenn der Antrag dann abgewiesen wird (BGH NJW 1995, 2032). Betrifft die Mahnung mehrere Unterhaltsberechtigte, reicht die Nennung eines einheitlichen Betrages nicht aus (OLG Hamm FamRZ 1995, 106). Es muss konkret für jeden Unterhaltsberechtigten der Einzelbetrag angemahnt werden. Sofern die Unterhaltsansprüche mehrerer Unterhaltsberechtigter voneinander abhängig sind, kann es zweckmäßig sein, mit einem Hilfsantrag eine andere Verurteilung zu begehren. Eine Zuvielforderung ist unschädlich, Verzug tritt nur in der geschuldeten Höhe ein (BGH FamRZ 1982, 887).

6 Ist ein Kind minderjährig, muss ein nicht sorgeberechtigter Elternteil für die Wirksamkeit der Mahnung das Kind in Obhut (vgl. dazu BGH NJW 2006, 2258) haben, § 1629 Abs. 2 Satz 2 (vgl. auch OLG Düsseldorf FamRZ 2000, 442; zu weiteren Einzelheiten vgl. Wendl/Gutdeutsch § 6 Rn 128). Das volljährige Kind muss selbst mahnen. Eine vom Jugendamt als Beistand erklärte Mahnung begründet keinen Verzug (OLG Brandenburg NJW-RR 2007, 75), wohl aber, wenn das Jugendamt als Beistand und damit gesetzlicher Vertreter des minderjährigen Kindes tätig wird (KG NJW-RR 2005, 155; zu den Verzugswirkungen einer nach § 18 Abs. 1 SGB VIII entfalteten Tätigkeit des Jugendamtes vgl. OLG Celle ZFE 2003, 377).

7 **b) Verzug ohne Mahnung.** Eine Mahnung ist entbehrlich bei Kalenderfälligkeit, so bei einer vertraglichen Regelung des Unterhalts (BGH NJW 1989, 526), da die Schuld sowohl hinsichtlich der Existenz als auch der Höhe nach bekannt ist; weiter bei der Einstellung freiwilliger Zahlungen (sog. Selbstmahnung: wohl auch unter § 286 Abs. 2 Nr. 4 einzuordnen) nach mehreren Zahlungen (OLG Köln NJW-RR 2000, 73) und bei titulierten Ansprüchen (Nr. 2).

8 Bei ernsthafter und endgültiger Erfüllungsverweigerung, an die strenge Voraussetzungen zu stellen sind, tritt Verzug ohne Mahnung ein, so bei der Erklärung des Schuldners auf ein Unterhaltserhöhungsverlangen, er werde keine höheren Zahlungen erbringen (BGH NJW 1993, 1974). Verzug tritt allerdings erst für die Zukunft ein (BGH NJW 1985, 486). Ausreichend ist die Stellung eines Klagabweisungsantrages (BGH NJW 1984, 1460). Sofern keine Auskunft verlangt worden ist, liegt in der Nichtzahlung des Unterhalts keine ernsthafte und endgültige Erfüllungsverweigerung (OLG Hamm FamRZ 2001, 1616).

3. Rechtshängigkeit

9 Dem Verzug steht gleich die Rechtshängigkeit, die gem. §§ 253 Abs. 1, 261 Abs. 1 ZPO mit Zustellung der Klage eintritt bzw. mit Zustellung eines Klageerweiternden Schriftsatzes oder gem. § 261 Abs. 2 ZPO mit der Antragstellung

Unterhalt für die Vergangenheit §1613 BGB

im Termin. Dabei kommt es auf die Schlüssigkeit nicht an (BGH NJW-RR 1996, 1209). Die formlose Übersendung eines PKH-Gesuches reicht nicht aus (BGH FamRZ 1990, 283). Bei der Erhebung einer Stufenklage wird auch der noch unbezifferte Zahlungsanspruch rechtshängig (BGH FamRZ 1990, 283). Tritt ein Unterhaltsberechtigter einer Vollstreckungsgegenklage gegen einen vermeintlichen – Unterhaltstitel entgegen, liegt ebenfalls Rechtshängigkeit vor (OLG Karlsruhe FamRZ 1988, 400). Ein Elternteil, der ein eheliches Kind allein unterhalten hat, kann von dem anderen Elternteil Ausgleich ab dem Zeitpunkt verlangen, zu dem der gesetzliche Vertreter des Kindes Klage gegen den anderen auf Kindesunterhalt erhoben hat (BGH FamRZ 1989, 850).

4. Vertrag

Eine vertragliche Anerkennung der Unterhaltsverpflichtungen steht einer Aufforderung zur Auskunft, dem Verzug und der Rechtshängigkeit gleich (BGH FamRZ 1989, 150), ohne dass § 1613 unmittelbar gilt, da sich der Schuldner auf eine konkrete Zahlungsverpflichtung einstellen musste (Johannsen/Henrich/Graba § 1613 Rn 6). **10**

5. Wegfall des Verzuges

Durch eine einseitige Rücknahme einer Mahnung wird der Verzug für die Vergangenheit nicht beseitigt. Eingetretene Verzugsfolgen können nur durch einen Erlassvertrag (§ 397) beseitigt werden (BGH NJW 2007, 1273; 1987, 1546). Eine Verwirkung nach § 242 (s. Vorbem. §§ 1360 Rn 28) beseitigt nicht die Verzugsfolgen, sondern nur den vor diesem Zeitpunkt liegenden Anspruch (BGH NJW 2007, 1273). **11**

Durch die Abweisung eines Antrags auf Erlass einer einstweiligen Anordnung werden die Verzugsfolgen auch dann nicht beseitigt, wenn der Unterhaltsberechtigte innerhalb von sechs Monaten Leistungsklage erhebt (BGH FamRZ 1983, 352). Bei zu langer Untätigkeit kommt aber eine Verwirkung der Verzugsfolgen in Betracht (BGH NJW 1995, 1486). Die Rücknahme einer Klage, bei der die Mahnung in der Erhebung der Klage lag (§ 286 Abs. 1 Satz 2) lässt auch die Wirkung des Verzuges ab Rechtshängigkeit für die Zukunft entfallen (BGH FamRZ 1983, 352). **12**

6. Verwirkung des Anspruchs auf rückständigen Unterhalt

Eine Verwirkung rückständigen Unterhalts vor Ablauf der Verjährungsfrist (dazu Vorbem. §§ 1360 Rn 26, 27) kommt in Betracht, wenn zum Zeitablauf besondere, auf dem Verhalten des Berechtigten beruhende Umstände hinzutreten, die das Vertrauen des Verpflichteten rechtfertigen, der Berechtigte werde seinen Anspruch nicht mehr geltend machen (BGH NJW 2007, 1273; vgl. Vorbem. §§ 1360 Rn 28, 29). **13**

III. Sonderbedarf, Abs. 2 Nr. 1

1. Allgemeines

Nach §§ 1578 Abs. 1 Satz 2 und 1610 umfasst der Unterhalt den gesamten Lebensbedarf, der sich aus dem laufenden Unterhalt und dem Sonderbedarf zusammensetzt, wobei die Abgrenzung schwierig, aber von erheblicher Bedeutung **14** ist im Hinblick auf die Geltendmachung u.a. für Rückstände und die Frage der Abänderbarkeit. Im Gesetz nicht geregelt ist die Frage, unter welchen Voraussetzungen der bei allen Unterhaltstatbeständen geschuldete Sonderbedarf (BGH NJW 1983, 224) neben dem laufenden Unterhalt verlangt werden kann.

2. Anspruchsvoraussetzungen und Definition

15 **Sonderbedarf** als unregelmäßiger, außergewöhnlich hoher Bedarf liegt nur dann vor, wenn der Bedarf nicht mit hoher Wahrscheinlichkeit vorauszusehen war und deshalb bei der Bemessung der laufenden Unterhaltsrente nicht berücksichtigt werden konnte (BGH NJW 2006, 1509).

Für die Frage der außergewöhnlichen Höhe sind maßgeblich die Umstände des Einzelfalles, insbesondere die Höhe der laufenden Unterhaltsrente und die sonstigen Einkünfte des Berechtigten, der Lebenszuschnitt der Beteiligten sowie der Anlass und der Umfang der besonderen Aufwendungen. Um eine **angemessene Lastenverteilung** zwischen Verpflichtetem und Berechtigtem zu ermöglichen, ist für die Frage der außergewöhnlichen Höhe bei an sich gegebener Leistungsfähigkeit im Rahmen einer Gesamtbetrachtung zu prüfen, ob dem Berechtigten zugemutet werden kann, den Bedarf selbst zu decken (BGH NJW 2007, 1969; NJW 1982, 328). Dies kommt beim Ehegattenunterhalt bei vorhandenem Vermögen in Betracht (MüKo/Born § 1613 Rn 80; zu weiteren Einzelheiten vgl. Wendl/Scholz § 6 Rn 10-12). Beim Kindesunterhalt kommt eine Beteiligung am Sonderbedarf bei eingeschränkter Leistungsfähigkeit in Betracht (offen gelassen von BGH NJW 2006, 1969). Maßgeblich sind die beiderseitigen Erwerbs- und Vermögensverhältnisse (OLG Hamm FamRZ 1992, 346), wobei die Erbringung von Betreuungsunterhalt eine Beteiligung am Sonder- oder Mehrbedarf nicht ausschließt (Wendl/Scholz § 6 Rn 13).

16 Der Anspruch auf Erstattung des Sonderbedarfs wird fällig, wenn die Grundlage feststeht und er beziffert werden kann (OLG Karlsruhe OLGR 2000, 10; Kalthoener/Büttner/Niepmann Rn 333). Zu diesem Zeitpunkt muss der Verpflichtete leistungsfähig sein (OLG Karlsruhe NJW-RR 1998, 1226). Für die Vergangenheit kann Sonderbedarf auch ohne die Voraussetzungen des § 1613 Abs. 1 verlangt werden, § 1613 Abs. 2 Nr. 1.

17 **Mehrbedarf** ist Teil des Lebensbedarfs, der regelmäßig während eines längeren Zeitraums anfällt und das Übliche derart übersteigt, dass er mit den Regelsätzen nicht erfasst werden kann, andererseits aber kalkulierbar ist und deshalb bei der Bemessung des laufenden Unterhalts nicht berücksichtigt werden kann (BGH NJW 2007, 1969).

3. Prozessuale Fragen

18 Mehrbedarf ist bei Vorliegen eines Titels mit der Abänderungsklage geltend zu machen. Dabei sind § 323 Abs. 2 und Abs. 3 ZPO zu beachten. Sonderbedarf kann mit einer Zusatzklage verlangt werden.

4. Einzelfälle

19 Sonderbedarf wurde **bejaht** (vgl. weitergehend Wendl/Scholz § 6 Rn 14 ff.; Kalthoener/Büttner/Niepmann Rn 353):
  • Kosten einer Klassenfahrt (OLG Hamm NJW-RR 2004, 1446; OLG Koblenz OLGR 2003, 32; OLG Köln NJW 1999, 293; vgl. zur Vorhersehbarkeit aber

Unterhalt für die Vergangenheit **§ 1613 BGB**

BGH NJW 2006, 1509; a. A. OLG Hamm FamRZ 2007, 77; OLG Jena FamRZ 1997, 448)
- Nachhilfeunterricht, soweit er vorübergehend und nicht aus dem laufenden Unterhalt bezahlt werden kann (OLG Köln NJW 1999, 295; OLGR 2001, 80). Ist das Kind ständig auf Nachhilfe angewiesen, besucht es die Privatschule oder ein Internat, liegt regelmäßig Mehrbedarf vor (OLG Düsseldorf NJW-RR 2005, 1529; OLG Hamm FamRZ 2007, 77).
- Kieferorthopädische Behandlung eines minderjährigen Kindes (OLG Celle NJW-RR 2008, 378).
- Schüleraustausch (OLG Dresden ZFE 2006, 474; OLG Schleswig FamRZ 2006, 888)
- Säuglingsausstattung (BVerfG NJW 1999, 3112; OLG Oldenburg NJW-RR 1999, 1163)
- Kosten der Schwangerschaft und Entbindung, wenn der Kostenaufwand konkret dargelegt ist (KG FamRZ 2007, 77)
- Orthopädische Hilfsmittel (BGH FamRZ 1982, 145)
- Prozesskostenvorschuss (BGH NJW-RR 2004, 1662), geregelt in § 1360a Abs. 4
- Bei Lernbehinderung die Anschaffung eines Computers (OLG Hamm NJW 2004, 858)
- Kosten des Vaterschaftsanfechtungsprozesses (BGHZ 103, 160)
- Notwendige Umzugskosten (BGH NJW 1983, 224; OLG Karlsruhe NJW-RR 1998,1226).

Sonderbedarf wurde **verneint:** 20
- Konfirmationskosten (BGH NJW 2006, 1509)
- Kosten für den Reitsport eines Kindes nach Trennung (OLG Naumburg BeckRS 2008, 03046)
- Kosten für Ganztagskindergarten (BGH NJW 2008, 2337: Mehrbedarf des Kindes)
- Auslandsstudium (OLG Hamm NJW 1994, 2627; vgl. auch BGH NJW-RR 1992, 1026)
- Ausbildung zur Konzertpianistin neben der Schule (BGH FamRZ 2001, 1603)
- Schulgeld für Privatschule (OLG Karlsruhe FamRZ 2008, 1209)

IV. Rechtliche und tatsächliche Hinderungsgründe

Die Vorschrift gilt auch für die gem. § 1607 ersatzweise haftenden Verwandten des Unterhaltspflichtigen (BGH NJW 2004, 1735).

1. Hinderung aus rechtlichen Gründen, Abs. 2 Nr. 2 a

Die Vorschrift hat im Wesentlichen Bedeutung für ein nichteheliches Kind. 21
Zwar entsteht der Anspruch auf Kindesunterhalt mit der Geburt des Kindes und wird fällig (BT-Drucks. 13/7338 S. 31), der Anspruch kann aber erst ab Anerkennung (§ 1594 Abs. 1) oder Feststellung der Vaterschaft (§ 1600d) geltend gemacht werden. Rückwirkend kann der Unterhalt auch ohne Verzug und Rechtshängigkeit verlangt werden. Um aber eine zu weitgehende Inanspruchnahme des Unterhaltspflichtigen zu vermeiden, kann der Anspruch nach § 1615l rückwirkend ohne die Voraussetzungen des § 1613 Abs. 1 nur für ein Jahr ab Entstehung des Unterhaltsanspruchs geltend gemacht werden (OLG Schleswig

BGB § 1613 2. Teil. Kindes- und Verwandtenunterhalt

NJW 2003, 3715; OLG Zweibrücken NJW 1998, 318). Beim Übergang des Unterhaltsanspruches gegen den Vater auf einen Dritten (§ 1607 Abs. 3) gilt auch für Dritte Abs. 2 (BT-Drucks. 13/7338 S. 31).

2. Hinderung aus tatsächlichen Gründen, Abs. 2 Nr. 2 b

22   Keiner Inverzugsetzung bedarf es auch, wenn sich der Schuldner durch ein in seinen Verantwortungsbereich fallendes Verhalten der Verpflichtung entzieht und deshalb die Geltendmachung des Anspruchs aus tatsächlichen Gründen nicht möglich ist, so beim Aufenthalt an einem unbekannten Ort, einem Auslandsaufenthalt oder dem Verschweigen einer wesentlichen Gehaltserhöhung (OLG Bremen OLGR 1999, 150: Schadensersatz nach § 826). Hält der Pflichtige den Berechtigten von einer rechtzeitigen Mahnung ab, stellt das einen Verstoß gegen § 242 dar (OLG Hamm FamRZ 2007, 1468).

V. Stundung und Erlass, Abs. 3

23   Hat ein Dritter an Stelle des Unterhaltsschuldners Unterhalt geleistet, kann der Schuldner gegenüber dem Ersatzanspruch den Einwand der unbilligen Härte erheben, unabhängig davon, ob der Ersatzanspruch auf der Legalzession des § 1607 Abs. 3, auf GoA oder § 812 beruht (Palandt/Diederichsen § 1613 Rn 26). Die Härteregelung gilt auch – obwohl § 1615l in Abs. 3 Satz 4 nicht erwähnt ist – auch für den Unterhaltsanspruch nach § 1615l.

24   Die Vorschrift stellt ein Korrektiv für den Unterhaltspflichtigen dar, um den durch Abs. 2 für den Berechtigten erweiterten und zu Härtefällen führenden Möglichkeiten begegnen zu können. Sie beschränkt sich als materiell-rechtliche Einwendung auf den Anspruch auf rückständigen Unterhalt i. S. v. Abs. 2 Nr. 2, nicht aber auf den Sonderbedarf nach Abs. 2 Nr. 1. Außerhalb des Regressbereichs des Abs. 3 bleibt es bei den allgemeinen Regeln, z. B. der Verwirkung (BGH FamRZ 1981, 763) oder Verjährung. Für die Frage der unbilligen Härte sind sämtliche Umstände beider Parteien zu würdigen, insbesondere die wirtschaftliche Lage des Pflichtigen sowie die Höhe des Unterhalts, weiter von wann an der Pflichtige mit seiner Inanspruchnahme rechnen musste (OLG Oldenburg FamRZ 2006, 1561). Deshalb liegt keine unbillige Härte vor, wenn der leibliche Vater damit einverstanden war, dass das Kind dem Scheinvater untergeschoben wurde (OLG Karlsruhe NJWE-FER 2001, 147).

25   Das FamG hat von Amts wegen auszuwählen, ob bei Bejahung einer unbilligen Härte eine Stundung oder eine Ratenzahlung in Betracht kommt. Ein Erlass ist nur ausnahmsweise möglich.

VI. Beweislast

26   Der Unterhaltsberechtigte hat den Zugang der Auskunftsaufforderung, den Verzug und die Rechtshängigkeit (OLG Brandenburg FamRZ 2001, 1078) oder eine vertragliche Anerkennung zu beweisen, ebenfalls die Voraussetzungen für den Entstehen und die Geltendmachung von Sonderbedarf. Der Unterhaltsschuldner trägt die Darlegungs- und Beweislast für die Tatsachen, die für die Billigkeitsabwägung maßgeblich sind (Bamberger/Roth/Reinken § 1613 Rn 38).

Verzicht auf den Unterhaltsanspruch § 1614 BGB

§ 1614 Verzicht auf den Unterhaltsanspruch; Vorausleistung
(1) Für die Zukunft kann auf Unterhalt nicht verzichtet werden.
(2) Durch eine Vorausleistung wird der Verpflichtete bei erneuter Bedürftigkeit des Berechtigten nur für den in § 760 Abs. 2 bestimmten Zeitabschnitt oder, wenn er selbst den Zeitabschnitt zu bestimmen hatte, für einen den Umständen nach angemessenen Zeitabschnitt befreit.

I. Normzweck und systematische Stellung

Die Vorschrift verfolgt den Zweck, den Gläubiger vor Manipulationen durch 1
den Schuldner zu schützen und hat darüber hinaus die Aufgabe, Vereinbarungen zu Lasten Dritter insbesondere der Öffentlichen Hand zu verhindern. Das Verzichtsverbot (Abs. 1) gilt für Unterhaltsansprüche von Kindern, verheirateten, wie nicht miteinander verheirateten Eltern, weiter entsprechend für den Familienunterhalt und den Trennungsunterhalt, nicht jedoch für vertragliche Unterhaltsansprüche sowie den nachehelichen Unterhalt (BGH NJW 1993, 2105: Vorausleistungen für sechs Monate sind zulässig). Dieser unterliegt nur den Schranken der §§ 134, 138 BGB. Zulässig sind Vereinbarungen, die eine Konkretisierung des gesetzlichen Unterhalts darstellen (OLG Brandenburg FamRZ 2004, 558), sofern sie den Unterhaltsanspruch zutreffend festlegen (OLG Karlsruhe NJW-RR 2006, 1586). Das Verzichtsverbot gilt nur für die Zukunft, auf Unterhaltsrückstände kann rechtswirksam verzichtet werden. Die Unwirksamkeit ist unabhängig davon, ob der Verzicht (als Abfindung) entgeltlich oder unentgeltlich erfolgt (OLG Naumburg NJW-RR 2003, 1089).

II. Möglichkeit von Vereinbarungen

Vereinbarungen über die Höhe des gesetzlichen Unterhalts dürfen keinen – 2
auch nur teilweisen – Verzicht für die Zukunft enthalten oder auf einen solchen hinauslaufen, da auch ein Teilverzicht zur Unwirksamkeit nach § 134 BGB führt (BGH NJW 1985, 64), selbst wenn dafür eine Gegenleistung (Abfindung) vereinbart worden ist. Auch eine Vereinbarung, in der Parteien vertraglich vereinbaren, Unterhaltsansprüche nicht geltend zu machen, stellt einen Verstoß gegen das Gesetz dar, weil die vertragliche Vereinbarung eine Umgehung des gesetzlichen Verbots darstellt (Weinreich/Klein § 1614 Rn 1; Deisenhofer FamRZ 2000, 1368; a. A. OLG Köln FamRZ 2000, 609 m. abl. Anm. Bergschneider).

Einen unzulässigen Verzicht stellt auch die Möglichkeit dar, bei veränderten 3
Verhältnissen keine Erhöhung zu verlangen (BGH NJW 1985, 64) oder nur für einen bestimmten zukünftigen Zeitabschnitt keinen Unterhalt zu fordern (MüKo/Born § 1614 Rn 8).

Die Vorschrift schließt allerdings die Möglichkeit, gesetzliche Unterhalts- 4
pflicht der Höhe nach nähern zu regeln, nicht aus. Nach § 1610 Abs. 1 wird der angemessene Unterhalt geschuldet; und dies ist kein fester Betrag. Eine Unterhaltsvereinbarung ist deshalb für die Zukunft nur insoweit unwirksam, als sie die dem Maßstab der Angemessenheit innewohnende Toleranzgrenze überschreitet (OLG Celle FamRZ 1992, 94; OLG Hamm NJWE-FER 2000, 227; BGH FamRZ 1984, 997). Vereinbaren Eltern unabhängig von den Einkom-

BGB § 1614

mensverhältnissen, Kindesunterhalt lediglich in Höhe von bestimmten Unterhaltstabellensätzen zu leisten, ist dieser Teilverzicht unwirksam und entfaltet auch keine Bindungswirkung für eine Abänderungsklage (OLG Celle FamRZ 1992, 94).

5   Da grundsätzlich im Unterhaltsrecht ein Verzicht nicht zu vermuten ist, sind daran strenge Anforderungen zu stellen. Allein eine längere Nichtgeltendmachung von Unterhalt genügt dafür nicht (BGH FamRZ 1988, 478; NJW 1984, 1346; FamRZ 1981, 763; zur Nichtgeltendmachung von Unterhalt wegen Abtragung der Schulden des anderen: vgl. BGH NJW 2005, 2307).

6   Verzichtet ein unterhaltsberechtigtes minderjähriges Kind zum Zwecke der Vermeidung einer Abänderungsklage für einen bestimmten Zeitraum auf die Geltendmachung seiner Recht aus einem Unterhaltsurteil, liegt darin kein unzulässiger Verzicht (OLG Karlsruhe FamRZ 2002, 845). Wird ein Träger der Sozialhilfe objektiv durch eine Verzichtsvereinbarung geschädigt, kann die Vereinbarung nach § 138 nichtig sein (BGH FamRZ 1983, 137). Die Vorschrift schließt allerdings die Möglichkeit, die gesetzliche Unterhaltspflicht der Höhe nach näher zu regeln, nicht aus. Nach § 1610 Abs. 1 wird der angemessene Unterhalt geschuldet und dies ist kein fester Betrag.

7   Halten sich die Vereinbarungen über die Höhe des gesetzlich geschuldeten Unterhalts im Rahmen des gesetzlichen Spielraums, sind sie wirksam (OLG Koblenz NJW 2005, 686; OLG Zweibrücken NJW-RR 2006, 1659). Den Parteien steht grundsätzlich ein angemessener Spielraum für die Bemessung des Unterhalts nach § 1610 BGB zu (BGH NJW 1985, 64; OLG Brandenburg FamRZ 2004, 558). Der Umfang des Spielraums beläuft sich in der Rechtsprechung auf 20–33%. Unterschreiten die vereinbarten Unterhaltsleistungen den angemessenen Bedarf, der sich aus den Tabellen ergibt, in unangemessener Weise, handelt es sich um eine unzulässige Vereinbarung. Ein solcher Verstoß ist immer dann anzunehmen, wenn der vereinbarte Unterhalt wesentlich geringer ist als derjenige, der dem Berechtigten Kraft Gesetzes zustünde (KG FamRZ 1997, 627: bei einem Unterschreiten von 63%; OLG Koblenz FamRZ 1988, 761: bei einem Unterschreiten von fast 75%). Ein Unterschreiten von 20 % ist dagegen zulässig (OLG Celle FamRZ 1992, 94; OLG Düsseldorf NJW-FER 2000, 307).

III. Ausländische Unterhaltstitel

8   Ein im Ausland erklärter Unterhaltsverzicht, der gegen den ordre public verstößt, ist unwirksam (OLG Nürnberg FamRZ 1996, 353: rumänischer Titel über Kindesunterhalt). Unbeachtlich kann der Verzicht sein aufgrund einer unterbliebenen Anwendung deutschen Rechts bei gewöhnlichem Aufenthalt des Unterhaltsschuldners im Inland – sog. Wandelbarkeit des Unterhaltsstatuts – (Weinreich/Klein § 1614 Rn 12).

IV. Vorausleistungen, Abs. 2

9   Die Vorschrift beschränkt die Erfüllungswirkungen für Unterhaltsvorausleistungen. Unterhaltszahlungen im Voraus über mehr als drei Monate hinaus (§ 760 Abs. 2) wirken nicht befreiend. Verbraucht der Empfänger das Geld, kann der Schuldner nochmals in Anspruch genommen werden (BGH FamRZ 1993,

III. Freistellung

Freistellungsvereinbarungen der Eltern untereinander über die von ihnen zu leistenden Unterhaltsbeträge sind zulässig, da die Ansprüche der Kinder davon unberührt bleiben (BGH FamRZ 1986, 254; BVerfG NJW 2001, 957; OLG Stuttgart NJW-RR 2007, 151; OLG Naumburg FamRZ 2007, 1903; OLG Brandenburg FamRZ 2003, 1965: Auslegung kann auch Teilfreistellung ergeben), selbst wenn der Freistellungsanspruch an das Kind abgetreten ist. Es handelt sich um eine Erfüllungsübernahme (§§ 329, 415 Abs. 3). Bei einer rückwirkenden Inanspruchnahme gilt § 1613 (BGH NJW 2008, 3635). Zahlt ein Elternteil den Unterhalt ab Volljährigkeit des Kindes, ohne den anderen mithaftenden Elternteil in Anspruch nehmen zu wollen, liegt eine stillschweigende Freistellungsvereinbarung vor (BGH NJW 2008, 3635). Die Freistellung beseitigt nicht das Rechtschutzinteresse des Kindes an einer Verurteilung des freigestellten Elternteils (BGH NJW 1986, 1168; OLG Celle FamRZ 2001, 1614; zur Klage eines zur Freistellung verpflichteten Elternteils in gesetzlicher Prozessstandschaft gegen den anderen Ehegatten vgl. OLG Stuttgart NJW-RR 2007, 151). Der freigestellte Elternteil kann die vertragliche Vereinbarung nicht im Wege der Widerklage gegen den das Kind gesetzlich vertretenden Elternteil geltend machen (OLG Düsseldorf FamRZ 1999, 1165). 10

Freistellungsvereinbarungen können unter dem Gesichtspunkt des Wegfalls der Geschäftsgrundlage (§ 313) angepasst werden (OLG Köln NJW-RR 1995, 1474). Sind diese Teil einer Trennungs- oder Scheidungsfolgenvereinbarung, so kommt eine Abänderung nur bei ganz unerwarteten und außergewöhnlichen Entwicklungen in Betracht (OLG Hamm FamRZ 1999, 163). 11

Freistellungsvereinbarungen sind grundsätzlich nicht sittenwidrig (§ 138) oder nichtig (§ 134), selbst wenn sie mit einem Sorgerechtsvorschlag verbunden sind (BGH NJW 1986, 1167), außer das Wohl der Kinder wird missachtet oder es wird die Nichtausübung des Umgangsrechts verlangt (BGH FamRZ 1989, 499; NJW 1984, 1951). Unwirksam ist die Vereinbarung der Zahlung des Kindesunterhalts auf ein Sperrkonto bis zur Vollendung des 18. Lebensjahres des Kindes (OLG Frankfurt FamRZ 1994, 1131). Sittenwidrig kann eine Freistellungsvereinbarung sein, wenn aufgrund einer ungleichen Verhandlungsposition der betreuende Elternteil einseitig belastet wird, z.B. die schwangere Frau oder wenn das Kindeswohl gefährdet ist, weil ein den Verhältnissen beider Eltern angemessener Barunterhalt beeinträchtigt ist (BVerfG NJW 2001, 957). 12

Der Freistellungsanspruch wird nach § 887 ZPO vollstreckt (OLG Zweibrücken NJW-RR 2000, 180; OLG Hamburg FamRZ 1983, 212). Zuständig für Klagen aus den Freistellungsvereinbarungen ist das Familiengericht (BGH FamRZ 1978, 672). 13

§ 1615 Erlöschen des Unterhaltsanspruchs

(1) **Der Unterhaltsanspruch erlischt mit dem Tod des Berechtigten oder des Verpflichteten, soweit er nicht auf Erfüllung oder Schadensersatz wegen Nichterfüllung für die Vergangenheit oder auf solche im**

BGB § 1615

Voraus zu bewirkende Leistungen gerichtet ist, die zur Zeit des Todes des Berechtigten oder des Verpflichteten fällig sind.

(2) Im Falle des Todes des Berechtigten hat der Verpflichtete die Kosten der Beerdigung zu tragen, soweit ihre Bezahlung nicht von dem Erben zu erlangen ist.

I. Normzweck und Strukturen

1   Der Unterhaltsanspruch ist höchstpersönlicher Natur und erlischt grundsätzlich mit dem Tod des Unterhaltsverpflichteten mit dem Ende des Sterbemonats. Die Norm gilt auch für den Trennungsunterhalt und den Familienunterhalt (§§ 1360a Abs. 3, 1361 Abs. 4 Satz 4). Der Familienunterhalt endet mit der Trennung, der Trennungsunterhalt mit der Scheidung (BGH NJW 1988, 1188), sowie nach § 1586 Abs. 1 mit der Wiederverheiratung. Unterhaltsberechtigung und -verpflichtung sind grundsätzlich nicht vererblich, Ansprüche auf bereits fällige Leistungen und Unterhaltsleistungen für die Vergangenheit fallen nach § 1922 oder § 1967 in den Nachlass. Ausnahmen gelten nach § 1586a (s. § 1586 Rn 1) und nach § 1615l Abs. 3 Satz 4. Stirbt ein Elternteil, tritt die Ausfallhaftung des anderen ein, § 1608.

II. Beerdigungskosten

2   Die Kosten der Beerdigung fallen gem. § 1968 dem Erben zur Last (vgl. zu sozialhilferechtlichen Beschränkungen § 74 SGB XII und § 8 SGB XII). Ist der Erbe dazu nicht in der Lage oder ist kein Vermögen vorhanden, haftet der Unterhaltspflichtige im Rahmen des § 1610 (LG Dortmund NJW-RR 1996, 775; Palandt/Diederichsen § 1615 Rn 2). Ist ein Elternteil nicht leistungsfähig, hat der andere alle Beerdigungskosten allein zu tragen (LG Münster NJW-RR 2008, 597). Sofern der Unterhaltsschuldner zugleich Erbe ist, kann er sich auf die Beschränkung der Erbenhaftung nicht berufen. Der Unterhaltspflichtige kann sich auf die Wahrung seines eigenen angemessenen Unterhalts (§ 1603 Abs. 1) berufen (Bamberger/Roth/Reinken § 1615 Rn 3). Anspruchsberechtigt ist grundsätzlich derjenige, der die Kosten getragen hat. Eine entsprechende Regelung gilt auch für die nichteheliche Mutter.

3   Zahlt ein Unterhaltspflichtiger die Kosten, obwohl der Erbe dazu in der Lage ist, kann nach §§ 1968, 677 ff. (AG Neustadt FamRZ 1995, 731: Beerdigungskosten des gemeinsamen Kindes) oder §§ 812 ff. Ersatz vom Erben verlangt. Möglich ist auch ein Anspruch der Eltern untereinander.

4   Maßgeblich für den zu tragenden Umfang der Beerdigungskosten (Grabausstattung, Sarg pp.) sind die Lebensverhältnisse des Verstorbenen. Nicht zu zahlen sind die Kosten der Grabpflege (Johannsen/Henrich/Graba § 1615 Rn 3), wohl aber die Überführungskosten, wenn der Lebensmittelpunkt des Verstorbenen am Ort der Beerdigung war und der dort wohnende Elternteil sich so um die Grabpflege kümmern kann (BGH NJW-RR 2008, 597).

III. Beweislast

5   Der Anspruchsteller hat die Voraussetzungen der Norm darzulegen und zu beweisen, im Falle des Abs. 2, dass vom Erben nichts zu erlangen ist. Dafür ge-

nügt der Nachweis, dass der Nachlass nicht ausreicht, eine Zwangsvollstreckung keine Aussicht auf Erfolg bietet oder dem Erben keine Mittel zur Verfügung stehen. Der Ausfall des Erben ist durch eine Vorausklage zu beweisen (MüKo/Born § 1615 Rn 12).

§ 1615 l Unterhaltsanspruch von Mutter und Vater aus Anlass der Geburt

(1) ¹Der Vater hat der Mutter für die Dauer von sechs Wochen vor und acht Wochen nach der Geburt des Kindes Unterhalt zu gewähren. ²Dies gilt auch hinsichtlich der Kosten, die infolge der Schwangerschaft oder der Entbindung außerhalb dieses Zeitraums entstehen.

(2) ¹Soweit die Mutter einer Erwerbstätigkeit nicht nachgeht, weil sie infolge der Schwangerschaft oder einer durch die Schwangerschaft oder die Entbindung verursachten Krankheit dazu außerstande ist, ist der Vater verpflichtet, ihr über die in Absatz 1 Satz 1 bezeichnete Zeit hinaus Unterhalt zu gewähren. ²Das gleiche gilt, soweit wegen der Pflege oder Erziehung des Kindes eine Erwerbstätigkeit nicht erwartet werden kann. ³Die Unterhaltspflicht beginnt frühestens vier Monate vor der Geburt und besteht für mindestens drei Jahre nach der Geburt. ⁴Sie verlängert sich, solange und soweit dies der Billigkeit entspricht. ⁵Dabei sind insbesondere die Belange des Kindes und die bestehenden Möglichkeiten der Kinderbetreuung zu berücksichtigen.

(3) ¹Die Vorschriften über die Unterhaltspflicht zwischen Verwandten sind entsprechend anzuwenden. Die Verpflichtungen des Vaters geht der Verpflichtung der Verwandten der Mutter vor. ² § 1613 Abs. 2 gilt entsprechend. ³Der Anspruch erlischt nicht mit dem Tod des Vaters.

(4) ¹Wenn der Vater das Kind betreut, steht ihm der Anspruch nach Absatz 2 Satz 2 gegen die Mutter zu. ²In diesem Falle gilt Absatz 3 entsprechend.

Inhaltsübersicht

	Rn
I. Allgemeines	1
1. Normzweck	1
2. Rechtsentwicklung	2
3. Bedeutung der Norm	5
II. Allgemeine Anspruchsvoraussetzungen	6
1. Eltern nicht miteinander verheiratet	6
2. Feststellung der Vaterschaft	7
III. Überblick und Bedeutung	8
1. Überblick über die einzelnen Unterhaltstatbestände	8
2. Die Bedeutung der einzelnen Unterhaltstatbestände	9
IV. Mutterschutzunterhalt (§ 1615 l Abs. 1 Satz 1)	10
1. Anspruchsdauer	10
2. Anspruchsvoraussetzungen	11
V. Ersatz von Schwangerschafts- und Entbindungskosten (§ 1615 l Abs. 1 Satz 2)	12

BGB § 1615 l

2. Teil. Kindes- und Verwandtenunterhalt

	Rn
VI. Erweiterter Unterhalt wegen Schwangerschaft oder Krankheit (§ 1615 l Abs. 2 Satz 1)	13
1. Anspruchsvoraussetzungen	13
2. Anspruchsdauer	14
VII. Betreuungsunterhalt (§ 1615 l Abs. 2 Satz 2 bis 5, Abs. 4)	15
1. Allgemeines	15
2. Basisunterhalt	16
3. Verlängerter Betreuungsunterhalt	17
a) Allgemeines	17
b) Verlängerung aus kindbezogenen Gründen	19
c) Verlängerung aus elternbezogenen Gründen	27
4. Keine Befristung des Betreuungsunterhalts	30
5. Kein Altersphasenmodell	32
VIII. Unterhaltsbedarf	33
1. Grundsatz	33
2. Einzelfälle	34
3. Umfang	36
IX. Bedürftigkeit	37
X. Leistungsfähigkeit	38
XI. Rangverhältnisse: Mehrere Unterhaltsberechtigte	39
1. Vorrangig Berechtigte	39
2. Gleichrangig Berechtigte	40
3. Nachrangig Berechtigte	41
XII. Rangverhältnisse: Mehrere Unterhaltsverpflichtete	42
1. Vorrangige Haftung des nach § 1615 l Unterhaltspflichtigen	42
2. Anteilige Haftung des nach § 1615 l Unterhaltspflichtigen neben weiteren Pflichtigen	43
3. Praktische Durchführung der anteiligen Haftung	44
XIII. Entsprechende Anwendung des Verwandtenunterhaltsrechts; Tod des Unterhaltspflichtigen (§ 1615 l Abs. 3 Satz 1, Satz 4)	45
1. Auskunftsanspruch	45
2. Unterhaltsverwirkung	46
3. Unterhalt für die Vergangenheit; Verjährung	47
4. Unterhaltsverzicht, Vereinbarungen über den Unterhalt	48
5. Tod des Unterhaltspflichtigen	49
XIV. Unterhaltsanspruch des Vaters gegen die Mutter (§ 1615 l Abs. 4)	50

I. Allgemeines

1. Normzweck

1 § 1615 l dient zwei Zielen: Einmal geht es um die Interessen der Mutter, die aufgrund von Schwangerschaft und Entbindung in besonderem Maße schutzbedürftig ist (MünchKomm/Born, § 1615 l Rn 1). Dieser, vor allem in Abs. 1 zum Ausdruck kommende Gedanke wird allerdings inzwischen zunehmend von sozialrechtlichen, krankenversicherungsrechtlichen oder arbeitsrechtlichen Ansprüchen ergänzt bzw. überlagert.

In der jüngsten Zeit hat daher das zweite Ziel von § 1615 l zunehmend an Gewicht gewonnen; die Sicherstellung der persönlichen Betreuung des außerhalb

Unterhaltsanspruch aus Anlass der Geburt § 1615 l BGB

einer bestehenden Ehe geborenen Kindes durch seine Mutter oder seinen Vater. Bei § 1615 l handelt es sich zwar um einen Anspruch des betreuenden Elternteils, der aber ausschließlich im Interesse und zum Wohl des Kindes gewährt wird. § 1615 l soll die materiellen Grundlagen dafür schaffen, dass das Kind für einen bestimmten Zeitraum persönlich von seiner Mutter oder seinem Vater betreut werden kann. Der Unterhalt ist damit am Kind und seinem Bedarf an persönlicher Betreuung ausgerichtet (BVerfG NJW 2007, 1735, 1737).

2. Rechtsentwicklung

Das Unterhaltsrecht von nicht miteinander verheirateten Eltern entwickelte 2 sich nur zögerlich und schrittweise (Eschenbruch/Menne, Kap. 4-1 ff.; Klinkhammer, FamRZ 2007, 1205, 1209):

- Das **BGB** in seiner **ursprünglichen Fassung** sah keine Unterhaltsansprüche zwischen nicht verheirateten Eltern vor. Der Vater des Kindes war lediglich zur Zahlung der sogenannten „Sechswochenkosten" verpflichtet (§ 1715 Abs. 2 BGB idF. bis zum 30. 6. 1970). Er schuldete der Mutter Ersatz für die Kosten der Entbindung, die Unterhaltskosten für die ersten sechs Wochen nach der Entbindung und eventuelle weitere Aufwendungen. Es handelte sich nicht um einen Unterhalts-, sondern um einen von der Leistungsfähigkeit des Vaters und der Bedürftigkeit der Mutter losgelösten Entschädigungsanspruch eigener Art.
- Erst mit dem **Nichtehelichengesetz** vom **19. 8. 1969** (BGBl. I 1243) wurde ein echter Unterhaltsanspruch eingeführt. Die „Sechswochenkosten" wurden auf den noch heute geltenden Zeitraum von sechs Wochen vor bis acht Wochen nach der Entbindung erstreckt, um einen Gleichlauf mit dem arbeits- und sozialrechtlichen Mutterschutz zu erreichen. Mit dem damals neu geschaffenen § 1615 l Abs. 2 erlangte die nicht verheiratete Mutter erstmals richtige Unterhaltsansprüche. Die Ansprüche waren allerdings auf einen Zeitraum von vier Monaten vor bis längstens ein Jahr nach der Geburt des Kindes beschränkt und zudem musste die Mutter nachweisen, dass ihre Unterhaltsbedürftigkeit auf eine schwangerschafts- oder entbindungsbedingte Krankheit bzw. eine fehlende Fremdbetreuungsmöglichkeit für das Kind zurückzuführen war.
- Durch das **Schwangeren- und Familienhilfeänderungsgesetz** vom **21. 8.** 3 **1995** (BGBl. I 1050) wurde die höchstmögliche Anspruchsdauer für die Unterhaltsansprüche auf drei Jahre ausgedehnt, um den Gleichlauf mit dem sozialrechtlichen Anspruch des Kindes auf einen Kindergartenplatz herzustellen (§ 24 Abs. 1 SGB VIII). Auf das bisherige „Kausalitätserfordernis" wurde verzichtet. Ähnlich wie bei § 1570 konnte die Mutter Unterhalt verlangen, sobald von ihr „wegen der Pflege oder Erziehung des Kindes eine Erwerbstätigkeit nicht erwartet werden" konnte.
- Das **Kindschaftsrechtsreformgesetz** vom **16. 12. 1997** (BGBl. I 2942) führte zur Aufhebung der starren Befristung des Unterhaltsanspruchs auf drei Jahre seit der Geburt des Kindes. Unterhalt für die Zeit nach der Vollendung des dritten Lebensjahres konnte gefordert werden, soweit die Versagung von Unterhalt nach Ablauf dieser Frist „grob unbillig" wäre. Weiter wurde erstmals die Möglichkeit geschaffen, dass auch ein betreuender Vater Unterhaltsansprüche geltend machen konnte (§ 1615 l Abs. 4).
- Mit dem **Gesetz zur Änderung des Unterhaltsrechts** vom **21. 12. 2007** 4 (BGBl. I 3189) hat der Unterhaltsanspruch nach § 1615 l eine ganz wesentliche

Stärkung und Ausweitung erfahren. Zwischen dem Betreuungsunterhaltsanspruch nach § 1615l Abs. 2, 4 und dem funktional entsprechenden Anspruch verheiratet gewesener Eltern nach § 1570 bestehen keine signifikanten Unterschiede mehr; vielmehr sind beide Unterhaltstatbestände praktisch weitestgehend deckungsgleich (Bamberger/Roth-Reinken, § 1615l Rn 3; Heger, ZKJ 2009, 13, 15; Menne, ZKJ 2009, 244; Hahne, FF 2009, 178, 184; Brudermüller, FamPra.ch 2008, 816, 825). Die Unterhaltsrechtsreform hat zu einer Zweiteilung der Zeitspanne geführt, innerhalb der ein betreuender Elternteil Unterhalt für sich beanspruchen kann. Soweit Bedürftigkeit besteht, hat der betreuende Elternteil – entsprechend der Rechtslage bei § 1570 – mindestens für die ersten drei Lebensjahre des Kindes Anspruch auf einen (zeitlichen) „Basisunterhalt". Im Anschluss daran kann der Betreuungsunterhalt verlängert werden, solange und soweit dies der Billigkeit entspricht (§ 1615l Abs. 2 Satz 4). Politisch hoch umstritten (Menne/Grundmann S. 10 f., 16, 29 ff.) war die Gleichstellung des Betreuungsunterhaltsanspruchs mit dem funktional entsprechenden Anspruch nach § 1570. Erst nach der Entscheidung des Bundesverfassungsgerichts (BVerfG NJW 2007, 1735) war klar, dass der Rang des Unterhaltsanspruchs verbessert und mit denjenigen verheirateter bzw. verheiratet gewesener Eltern gleichgestellt wird. Damit war eine ganz entscheidende, wesentliche Stärkung erreicht; die Unterhaltsansprüche nach § 1615l gingen nun nicht mehr den Unterhaltsansprüchen von Ehefrau und minderjährigen, unverheirateten Kindern nach (§ 1615l Abs. 3 Satz 3 a. F.), sondern alle Betreuungsunterhaltsansprüche stehen gemeinsam im zweiten Rang, nach den Unterhaltsansprüchen minderjähriger Kinder und von Kindern im Sinne von § 1603 Abs. 2.

3. Bedeutung der Norm

5   Die konsequente Stärkung der unterhaltsrechtlichen Position nicht verheirateter, kinderbetreuender Mütter und Väter gewinnt in dem Maße an Bedeutung, wie die Zahl der Kinder ansteigt, deren Eltern im Zeitpunkt ihrer Geburt nicht miteinander verheiratet sind. Tatsächlich hat der Anteil der außerhalb einer Ehe geborenen Kinder in den letzten Jahren in Deutschland stark zugenommen; eine Heirat scheint nicht mehr unbedingt als Voraussetzung für die Gründung einer Familie angesehen zu werden:
Im Jahr 2006 wurden deutschlandweit bereits etwa 30% aller Kinder außerhalb einer Ehe geboren. Dabei bestehen zwischen Ost- und Westdeutschland deutliche Unterschiede. Während der Anteil der nichtehelich geborenen Kinder 2006 in Westdeutschland bei etwa 24% lag, betrug er in Ostdeutschland im gleichen Zeitraum etwa 60%. Seit dem Jahr 2000 ist der Anteil der außerhalb einer Ehe geborenen Kinder in Ostdeutschland höher als der Anteil ehelich geborener Kinder (Eschenbruch/Menne, Kap. 4–10 mit statistischen Angaben auch zur Situation in anderen europäischen Staaten; Kull, FPR 2005, 517 ff.).

II. Allgemeine Anspruchsvoraussetzungen

1. Eltern nicht miteinander verheiratet

6   Bereits in der Überschrift über dem Untertitel, in den § 1615l eingestellt ist, kommt zum Ausdruck, dass die Bestimmung nur zur Anwendung gelangt, wenn die Eltern des Kindes im Zeitpunkt seiner Geburt nicht miteinander verheiratet

sind. Daher gilt § 1615 l (und nicht § 1570), wenn frühere Ehegatten nach Rechtskraft der Scheidung Eltern eines gemeinsamen Kindes werden (BGH NJW 1998, 1065).

2. Feststellung der Vaterschaft

Voraussetzung für einen Unterhaltsanspruch nach § 1615 l ist weiter, dass der Vater des Kindes seine Vaterschaft anerkannt hat (§ 1594) oder die Vaterschaft gerichtlich festgestellt wurde (§ 1600 d). Denn vor wirksamer Anerkennung oder gerichtlicher Feststellung können die Wirkungen der Vaterschaft nicht geltend gemacht werden (§§ 1594 Abs. 1, 1600 d Abs. 4; Wendl/Pauling, § 7 Rn 3; HK-FamR/Pauling, § 1615 l Rn 3; Ehinger/Griesche/Rasch, Rn 296 ff.; Johannsen/Henrich-Graba, § 1615 l Rn 2; Huber, FPR 2005, 189, 190. **A. A.** Münch-Komm/Born, § 1615 l Rn 3; Palandt/Diederichsen, § 1615 l Rn 2, wonach das Nichtbestreiten der Vaterschaft genügen soll; eine Auffassung, die § 1600 d Abs. 4 widerspricht). Statthaft ist allerdings der Erlass einer einstweiligen Anordnung nach §§ 247, 248 FamFG (vgl. § 1615 o Rn 4, 8 f.). 7

III. Überblick und Bedeutung

1. Überblick über die einzelnen Unterhaltstatbestände

§ 1615 l enthält vier gesonderte Unterhaltstatbestände: 8
- Den „Mutterschutzunterhalt", § 1615 l Abs. 1 Satz 1 (die Bezeichnung ist uneinheitlich);
- den Ersatz von Kosten der Schwangerschaft oder der Entbindung, § 1615 l Abs. 1 Satz 2;
- den erweiterten Unterhalt wegen Schwangerschaft oder Krankheit, § 1615 l Abs. 2 Satz 1;
- den Betreuungsunterhaltsanspruch, § 1615 l Abs. 2 Satz 2 bis 5, Abs. 4.

2. Die Bedeutung der einzelnen Unterhaltstatbestände

Die ersten drei Unterhaltstatbestände knüpfen an die besondere, biologisch bedingte Situation der schwangeren bzw. gebärenden Frau an und können deshalb auch nur dieser zustehen. In der gerichtlichen Praxis werden diese drei Ansprüche häufig durch vorrangige sozialrechtliche, krankenversicherungsrechtliche oder arbeitsrechtliche Ansprüche verdrängt; soweit derartige Ansprüche zum Tragen kommen, entfällt regelmäßig die unterhaltsrechtliche Bedürftigkeit der Mutter. 9

Der in der Praxis weitaus bedeutsamste Anwendungsfall des § 1615 l ist der Betreuungsunterhaltsanspruch nach § 1615 l Abs. 2 Satz 2 bis 5, Abs. 4 (Schnitzler/Wever, § 10 Rn 6). Seine innere Berechtigung leitet er aus der Notwendigkeit der Kinderbetreuung ab und deshalb steht dieser Anspruch nicht nur der Mutter, sondern auch dem Vater zu, soweit dieser das Kind betreut.

IV. Mutterschutzunterhalt (§ 1615 l Abs. 1 Satz 1)

1. Anspruchsdauer

Der Vater hat der Mutter für die Dauer von sechs Wochen vor bis acht Wochen nach der Geburt Unterhalt zu gewähren. Der Zeitraum deckt sich mit 10

BGB § 1615 l 2. Teil. Kindes- und Verwandtenunterhalt

demjenigen, in dem die Mutter arbeitsrechtlich einem Beschäftigungsverbot unterliegt (§§ 3 Abs. 2, 6 Abs. 1 MuSchG).

2. Anspruchsvoraussetzungen

11 Neben den allgemeinen unterhaltsrechtlichen Voraussetzungen von Bedürftigkeit und Leistungsfähigkeit und den allgemeinen Anspruchsvoraussetzungen des § 1615l (vgl. oben, II Rn 6 f.) setzt der Mutterschutzunterhalt lediglich Schwangerschaft bzw. Geburt voraus (BGH NJW 1998, 1309). Der Anspruch besteht deshalb auch dann, wenn die Mutter an der eigenverantwortlichen Bestreitung ihres Lebensbedarfs aus Gründen gehindert ist, die nichts mit Schwangerschaft oder Geburt zu tun haben wie beispielsweise Pflege und Erziehung eines anderen Kindes, Arbeitslosigkeit oder Krankheit (Wendl/Pauling, § 7 Rn 17 a).

V. Ersatz von Schwangerschafts- und Entbindungskosten (§ 1615 l Abs. 1 Satz 2)

12 Nach § 1615l Abs. 1 Satz 2 hat der Vater der Mutter die Kosten zu ersetzen, die ihr durch Schwangerschaft oder Entbindung auch außerhalb des in Abs. 1 Satz 1 vorgesehenen 14-Wochen-Zeitraums entstehen. Hierbei handelt es sich in erster Line um die Kosten der ärztlichen Behandlung der Mutter (nicht des Kindes!), von Medikamenten, Kosten der Hebamme (OLG Naumburg BeckRS 2006, 14065), Umstandskleidung (KG FamRZ 2007, 77) oder Schwangerschaftsgymnastik (Göppinger/Wax-Maurer, Rn 1288). Eine selbständig tätige Mutter kann u. U. auch Anspruch auf die Kosten für die Einstellung einer Ersatzkraft zur Aufrechterhaltung einer Praxis oder eines Gewerbebetriebes haben (sehr str.; Göppinger/Wax-Maurer, Rn 1290). Anders als bei Abs. 1 Satz 1 ist beim Anspruch nach Abs. 1 Satz 2 Kausalität zwischen der Schwangerschaft oder der Entbindung und den entstandenen Kosten erforderlich; soweit dies gegeben ist, sind die Kosten jedoch ohne zeitliche Begrenzung zu ersetzen. Da es sich um einen unterhaltsrechtlichen Anspruch handelt, hängt er von der Bedürftigkeit der Mutter und der Leistungsfähigkeit des Vaters ab. Der Anspruch ermäßigt sich daher um Leistungen, die die Mutter von der Krankenkasse oder dem Arbeitgeber erhält (Palandt/Diederichsen, § 1615l Rn 6).

VI. Erweiterter Unterhalt wegen Schwangerschaft oder Krankheit (§ 1615 l Abs. 2 Satz 1)

1. Anspruchsvoraussetzungen

13 Soweit die Mutter infolge – Mitursächlichkeit genügt – der Schwangerschaft oder infolge einer durch Schwangerschaft oder Entbindung verursachten Erkrankung nicht erwerbstätig sein kann, kann sie nach Abs. 2 Satz 1 über die Zeit des Mutterschutzes hinaus vom leistungsfähigen Vater Unterhalt verlangen. Der Anspruch scheidet aus, soweit die Mutter aus anderen Gründen an einer Erwerbstätigkeit gehindert ist, etwa wegen einer schwangerschaftsunabhängigen Erkrankung, einer bereits zuvor bestehenden Erwerbslosigkeit oder wegen der Betreuung weiterer Kinder (**a. A.** Palandt/Diederichsen, § 1615l Rn 8). Denn insoweit fehlt es an der Ursächlichkeit von Schwangerschaft oder Erkrankung für die Bedürftigkeit (BGH NJW 1998, 1309).

2. Anspruchsdauer

In zeitlicher Hinsicht erfasst der Anspruch den Zeitraum von vier Monaten 14 vor bis mindestens drei Jahre nach der Geburt des Kindes; aus Billigkeitsgründen kann der Anspruch auch darüber hinaus verlängert werden, Abs. 2 Satz 3, 4 (MünchKomm/Born, § 1615 l Rn 33; HK-FamR/Pauling, § 1615 l Rn 12; Göppinger/Wax-Maurer, Rn 1304; Schnitzler/Wever, § 10 Rn 15. A. A. Palandt/Diederichsen, § 1615 l Rn 8: Die Befristungsregelung nach Abs. 2 Satz 2 bis 5 soll für den Krankheitsunterhalt des Abs. 2 Satz 1 nicht gelten). Eine Schutzlücke entsteht dadurch nicht, weil eine Mutter, die ihre Berufstätigkeit beispielsweise wegen einer Risikoschwangerschaft bereits früher als vier Monate vor der Geburt aufgeben muss, über einen Unterhaltsanspruch nach Abs. 1 Satz 2 verfügt (AnwK-BGB/Schilling, § 1615 l Rn 10; Schwab/Borth, Rn IV-1426).

VII. Betreuungsunterhalt (§ 1615 l Abs. 2 Satz 2 bis 5, Abs. 4)

1. Allgemeines

Mit der im Zuge der Unterhaltsrechtsreform 2008 erfolgten Neufassung von 15 § 1615 l Abs. 2 Satz 2 bis 5 hat der Gesetzgeber die Konsequenzen aus dem Beschluss des Bundesverfassungsgerichts vom 23. 5. 2007 zur unterschiedlichen Dauer der Unterhaltsansprüche für die Betreuung ehelicher und nichtehelicher Kinder (BVerfG NJW 2007, 1735) gezogen und die Betreuungsunterhaltsansprüche nach § 1615 l und § 1570 im wesentlichen gleich ausgestaltet (BGH NJW 2008, 3125; Göppinger/Wax-Maurer, Rn 1306; Wendl/Pauling, § 7 Rn 22; Kemper, Rn 395 f.; Menne/Grundmann, S. 123; Heger, ZKJ 2009, 13, 15; Brudermüller, FamPra.ch 2008, 816, 825; Maurer, FamRZ 2008, 2157, 2157). Differenzierungen zwischen den beiden Betreuungsunterhaltsansprüchen sind daher nur noch dort möglich, wo der Gesetzgeber sie ausdrücklich zugelassen hat (Coester-Waltjen, Jura 2008, 816, 818).

Der betreuende Elternteil hat für mindestens drei Jahre nach der Geburt des Kindes Anspruch auf einen (zeitlichen) „Basisunterhalt". Die Drei-Jahres-Frist ist mit dem Kindeswohl vereinbar (BVerfG NJW 2007, 1735). Mit ihr wird an zahlreiche sozialstaatliche Leistungen und Regelungen wie etwa den Anspruch des Kindes auf einen Kindergartenplatz (§ 24 Abs. 1 SGB VIII) angeknüpft. Nach Ablauf der ersten drei Jahre seit der Geburt besteht die Möglichkeit, den Unterhaltsanspruch insbesondere unter Berücksichtigung der Belange des Kindes und der bestehenden Möglichkeiten der Kinderbetreuung zu verlängern. Es handelt sich um einen einheitlichen Unterhaltsanspruch, der in zeitlicher Hinsicht gestuft ist (Schwab, Rn 364; Hamm, § 4 Rn 15).

2. „Basisunterhalt"

In den ersten drei Lebensjahren haben die betreuende Mutter bzw. der betreu- 16 ende Vater (Abs. 4) ein freies Wahlrecht, ob sie das Kind selbst betreuen möchten oder sich für eine Fremdbetreuung entscheiden; eine Erwerbsobliegenheit besteht nicht (BT-Drs. 16/6980, S. 10; BGH NJW 2008, 3125). Vielmehr kann der betreuende Elternteil, soweit Bedürftigkeit und Leistungsfähigkeit gegeben sind, stets Unterhalt verlangen (Schilling, FF 2008, 279, 280). Eine Kausalität zwischen Kinderbetreuung und Nichterwerbstätigkeit ist nicht erforderlich. Ein Anspruch auf Betreuungsunterhalt besteht daher beispielsweise auch dann, wenn

BGB § 1615 l

der berechtigte Elternteil vor Übernahme der Betreuung erwerbslos oder krank ist, er bereits durch die Betreuung eines anderen Kindes an einer Erwerbstätigkeit gehindert ist (BGH NJW 1998, 1309) oder er noch die Schule besucht (OLG Hamm FamRZ 1997, 632). Ein gleichwohl erzieltes Einkommen ist überobligatorisch und entsprechend § 1577 Abs. 2 nur nach Billigkeit anzurechnen (BGH NJW 2005, 818; OLG Bremen NJW 2008, 1745).

3. Verlängerter Betreuungsunterhalt

17 a) **Allgemeines.** Mit der Vollendung des dritten Lebensjahres des Kindes tritt unterhaltsrechtlich eine Zäsur ein. Mit diesem Zeitpunkt endet grundsätzlich der Betreuungsunterhaltsanspruch und die unterhaltsrechtliche Eigenverantwortlichkeit des bislang unterhaltsberechtigten Elternteils beginnt, solange und soweit nicht die Billigkeit eine Verlängerung des Betreuungsunterhalts notwendig macht. Möglich ist einmal, dass der bislang betreuende Elternteil die **fortdauernde** Leistung von Unterhalt wegen der Pflege und Erziehung des Kindes über das dritte Lebensjahr hinaus verlangt, aber auch, dass der betreuende Elternteil **erstmals** die Zahlung von Betreuungsunterhalt fordert; etwa, weil das zu betreuende Kind im maßgeblichen Zeitpunkt bereits älter als drei Jahre ist. Einen besonderen Einsatzzeitpunkt kennt der Betreuungsunterhaltsanspruch nicht (Erman/Hammermann, § 1615 l Rn 20; Schwab/Borth, Rn IV-1427; Menne, FamRB 2008, 110, 112).

Die Gründe, die eine Verlängerung des Betreuungsunterhaltsanspruchs aus Billigkeit rechtfertigen können, werden in Abs. 2 Satz 5 genannt; maßgeblich hierfür sind insbesondere die Belange des Kindes und die Berücksichtigung der bestehenden Möglichkeiten der Kinderbetreuung. Das Wort ‚insbesondere' stellt dabei klar, dass es außer den ausdrücklich genannten, kindbezogenen Belangen auch andere – elternbezogene – Belange geben kann, die eine Verlängerung des Betreuungsunterhalts über drei Jahre hinaus erlauben (Wever, FamRZ 2008, 553, 554 f.; Menne, FamRB 2008, 110, 112). Mit der gewählten Formulierung wollte der Gesetzgeber es ermöglichen, die in der Rechtspraxis bewährte Differenzierung nach kind- und elternbezogenen Gründen fortzuführen und im Lichte der Entscheidung des Bundesverfassungsgerichts (BVerfG NJW 2007, 1735) weiterzuentwickeln (BT-Drs. 16/6980, S. 10). Kind- und elternbezogene Billigkeitserwägungen werden häufig im Zusammenhang stehen, sie können aber auch einzeln zum Zuge kommen.

18 Maßstab für die **Durchbrechung der Drei-Jahres-Frist** und die Verlängerung des Unterhaltsanspruchs war nach dem bisherigen Recht (§ 1615 l Abs. 2 Satz 3, 2. HS a. F.), dass die Versagung von weiterem Unterhalt ‚grob unbillig' gewesen wäre; dass also die Ablehnung eines Unterhaltsanspruchs dem Gerechtigkeitsempfinden in unerträglicher Weise widersprochen hätte (BGH FamRZ 1983, 800 – zu § 1576). Diesen strengen Maßstab wollte der Gesetzgeber mit der Neufassung der Bestimmung deutlich abmildern (BT-Drs. 16/1830, S. 31). Er wurde daher auf eine (schlichte) ‚Billigkeit' abgesenkt mit der Folge, dass im Vergleich zur früheren Rechtslage eine insgesamt großzügigere Handhabung geboten ist. Nunmehr genügt es, dass die Vorenthaltung von Betreuungsunterhalt für den Berechtigten unzumutbar ist (Göppinger/Wax-Maurer, Rn 1311). Die Beurteilung, ob die Versagung weiteren Betreuungsunterhalts unzumutbar ist, erfordert eine umfassende Abwägung aller Umstände des Einzelfalles (BT-Drs. 16/1830, S. 31). Daher kommt, soweit mehrere, kind- oder elternbezogene

Gründe gegeben sind oder ein Umstand vorliegt, der sich in besonderer Weise auf die Betreuungssituation des Kindes auswirkt, eine Unterhaltsverlängerung eher in Betracht wie wenn nur ein einzelner, weniger gewichtiger Umstand angeführt werden kann (Eschenbruch/Menne, Kap. 4-33). Die kindbezogenen Gründe haben dabei grundsätzlich mehr Gewicht als die elternbezogenen Gründe, weil der Betreuungsunterhalt – trotz seiner Ausgestaltung als Anspruch des betreuenden Elternteils – im Interesse des Kindes an einer alters- und persönlichkeitsentsprechenden Pflege und Erziehung gewährt wird (BVerfG NJW 2007, 1735; BGH NJW 2008, 3125; Wever, FamRZ 2008, 553, 555). Insgesamt ist bei der praktischen Anwendung jedoch stets zu beachten, dass die gesetzliche Regel, wonach der Betreuungsunterhalt grundsätzlich nur für drei Jahre geschuldet ist und eine Verlängerung über diesen Zeitraum hinaus ausdrücklich begründet werden muss, nicht überdehnt und in ihr Gegenteil verkehrt werden darf (BGH NJW 2008, 3125).

b) Verlängerung aus kindbezogenen Gründen. Unter der Geltung des bisherigen Rechts kam es zu einer Verlängerung des Betreuungsunterhalts aus kindbezogenen Gründen zumeist in Fällen, in denen das Kind krank oder behindert war oder es unter Entwicklungs- und Verhaltensstörungen litt. Die Dauer, für die der Betreuungsunterhalt verlängert wurde, war dabei durchaus unterschiedlich; die Spanne reichte von einer Verlängerung um lediglich wenige Monate bis hin zu einer Verlängerung bis zum Grundschulbesuch des Kindes oder eine unbefristete Verlängerung (Übersicht über die bisherige Rechtsprechung bei Eschenbruch/Menne, Kap. 4-26 f.; Menne, KindPrax 2005, 174, 176). 19

Nach neuem Recht kommt eine Anspruchsverlängerung nicht nur bei individuellen Umständen auf Seiten des Kindes in Betracht, sondern insbesondere auch dann, wenn die notwendige Betreuung des Kindes selbst unter Berücksichtigung staatlicher Hilfen nicht ausreichend gesichert werden kann. Innerhalb der Gerichtspraxis hat sich hierzu bislang noch keine einheitliche Linie herausgebildet; die Rechtsprechung ist vielmehr von einem vorsichtigen Herantasten gekennzeichnet. Allerdings scheinen sich bereits erste Fallgruppen abzuzeichnen:
- Eine besondere, aus der **Behinderung des Kindes** resultierende Betreuungsbedürftigkeit hat der Gesetzgeber stets als Grund für eine Anspruchsverlängerung angesehen (BT-Drs. 13/4899, S. 89; 13/8511, S. 71; Schwab/Borth, Rn IV-1427). Allerdings sind dabei immer auch die bestehenden Möglichkeiten der Kinderbetreuung, etwa in einer integrativen Kindertagesstätte, zu berücksichtigen (Göppinger/Wax-Maurer, Rn 1315; Peschel-Gutzeit, FPR 2008, 24, 25). Unter Geltung des neuen Rechts soll die leichte Behinderung eines 6-jährigen Kindes daher noch nicht automatisch zu einer Verlängerung des Betreuungsunterhaltsanspruchs führen; vielmehr sei von dem betreuenden Elternteil grundsätzlich zu erwarten, dass er in den Zeiten, zu denen das Kind fremdbetreut wird, berufstätig ist. Dass der betreuende Elternteil dadurch nicht uneingeschränkt flexibel in Bezug auf die Arbeitszeiten ist, sei jedoch zu berücksichtigen (OLG Hamm NJW 2008, 2049 – zu § 1570). 20
- Längere bzw. schwere **Erkrankungen oder Entwicklungsstörungen des Kindes** rechtfertigten bereits nach bisherigem Recht die Verlängerung des Betreuungsunterhaltsanspruchs. So führten beispielsweise eine rheumatische Polyarthritis (OLG Hamm NJW 2005, 297 – Verlängerung ohne zeitliche Befristung, weil der besondere Betreuungsbedarf auch bei fortgeschrittenem Kindesalter fortbestehe), motorische Defizite des Kindes, die eine Langzeittherapie 21

BGB § 1615 l

erforderlich machen (OLG Düsseldorf FamRZ 2003, 184 – ab dem vierten Lebensjahr des Kindes wurde von der betreuenden Mutter jedoch eine halbschichtige Erwerbstätigkeit erwartet), eine Hauterkrankung und Verhaltensstörungen des Kindes (OLG Rostock OLG Report 2007, 639 – Verlängerung um fast zwei Jahre bis zum Beginn des Kindergartenzeit) oder eine verzögerte Sprachentwicklung sowie Eingewöhnungsschwierigkeiten im Kindergarten (OLG Celle FamRZ 2002, 636 – Verlängerung um fünf Monate) zu einer Anspruchsverlängerung über drei Jahre hinaus. Allerdings gilt auch insoweit, dass ein krankheitsbedingt erhöhter Betreuungsbedarf des Kindes nicht automatisch zu einer Verlängerung des Betreuungsunterhaltsanspruchs führen soll. Vielmehr soll § 45 SGB V die gesetzliche Wertung entnommen werden können, dass die Pflege eines erkrankten Kindes nur bis zu dessen 12. Lebensjahr Vorrang vor der Erwerbsverpflichtung des betreuenden Elternteils hat (AG Euskirchen ZKJ 2009, 39 – zu § 1570). Auch dann, wenn das elfjährige Kind an einer Aufmerksamkeitsdefizitstörung leidet und zwischen den Eltern Einverständnis über die ausschließliche Kindesbetreuung bestand, kann vom betreuenden Elternteil jedenfalls eine Halbtagstätigkeit erwartet werden (OLG Brandenburg FamRZ 2008, 1947; OLG Braunschweig FuR 2009, 213 – jeweils zu § 1570). Bei der Betreuung von zwei 14 und 17 Jahren alten Kindern besteht regelmäßig auch dann kein Betreuungsunterhaltsanspruch mehr, wenn die Kinder an Borreliose bzw. einer Hörschädigung leiden (OLG Hamm FamRZ 2009, 519 – zu § 1570). Einigkeit besteht, dass vorübergehende Erkrankungen wie beispielsweise Erkältungserkrankungen jedenfalls keine Anspruchsverlängerung rechtfertigen (Kemper, Rn 398; MünchKomm/Born, § 1615 l Rn 35).

22 • Eine psychische **Erkrankung des betreuenden Elternteils,** die diesem lediglich eine Teilzeittätigkeit erlaubt, soll nach bisherigem Recht eine Verlängerung des Unterhaltsanspruchs aus kindbezogenen Gründen gerechtfertigt haben, wenn zwangsläufig davon auszugehen sei, dass sich der Gesundheitszustand des betreuenden Elternteils im Falle der Übernahme einer Ganztagstätigkeit verschlechtern und sich daraus negative Folgerungen für das Kindeswohl ergeben würden (OLG Schleswig FamRZ 2004, 975 – Verlängerung bis zur Vollendung des 7. Lebensjahres des Kindes; in der Revision von BGH NJW 2006, 2687 bestätigt). Unter Geltung des reformierten Rechts dürfte wohl eher ein elternbezogener Umstand anzunehmen sein (Gegen eine Berücksichtigung von allein in der Person des betreuenden Elternteils liegenden Gründen Kemper, Rn 398).

23 • **Erziehungs- oder Schulschwierigkeiten des Kindes** wurden bislang schon als Grund für eine Anspruchsverlängerung angesehen (OLG Celle FamRZ 2002, 636 – Verlängerung um fünf Monate bei u. a. Eingewöhnungsschwierigkeiten des Kindes im Kindergarten). Nach den Gesetzesmaterialien zur Unterhaltsrechtsreform soll eine Durchbrechung der Drei-Jahres-Grenze künftig weiter in Betracht kommen, wenn das Kind unter den Folgen der Trennung seiner Eltern in besonderem Maße zu leiden hat (BT-Drs. 16/6980, S. 9 – zu § 1570 Abs. 1 Satz 3) oder eine Reifeverzögerung vorliegt. Insbesondere in dieser Fallgruppe ist allerdings die Gefahr nicht von der Hand zu weisen, dass die Kindesbelange instrumentalisiert werden, um sich auf diese Weise der zeitlichen Erstreckung des Betreuungsunterhaltsanspruchs zu vergewissern. Dem ist entgegenzutreten und ein entsprechend substantiierter Sachvortrag zu fordern (Erman/Graba, § 1570 Rn 6; Hauß, FamRB 2007, 367, 368; Viefhues, ZFE 2008, 44, 48; Menne, FamRB 2008, 110, 114).

Unterhaltsanspruch aus Anlass der Geburt **§ 1615 l BGB**

- **Besondere Begabungen des Kindes,** beispielsweise musischer oder sportlicher Art, die einen intensiveren Einsatz des betreuenden Elternteils erforderlich machen, können einen verlängerten Betreuungsunterhaltsanspruch begründen (Schnitzler/Wever, § 10 Rn 30; Borth, FamRZ 2008, 2, 6; Eschenbruch/ Klinkhammer, Kap. 1–223; zweifelnd Erman/Graba, § 1570 Rn 8). 24
- **Ein zwischen den Eltern vereinbartes bzw. praktiziertes Betreuungs- und Erziehungskonzept** ist bei der notwendigen Abwägung ebenfalls angemessen zu berücksichtigen. Aus ihm kann sich eine nachwirkende unterhaltsrechtliche Verantwortung insbesondere dann ergeben, wenn es um Entscheidungen geht, die vom betreuenden Elternteil nicht oder nicht so schnell wieder geändert werden können (Bamberger/Roth-Reinken, § 1615l Rn 18; Eschenbruch/Menne, Kap. 4-28; Meier, FamRZ 2008, 101, 104). 25

  Im Interesse des Kindes ist, wenn das bisherige Betreuungsmodell aufgrund der Trennung der Eltern nicht bzw. nur mit Modifikationen fortgeführt werden kann, auf jeden Fall zu gewährleisten, dass es nicht zu einem abrupten Wechsel kommt. Vielmehr sind stets angemessene Übergangsfristen zu gewähren (BGH FamRZ 2009, 770; OLG Köln FamRZ 2009, 518; OLG Köln FF 2009, 80; OLG Jena NJW 2008, 3224; OLG Düsseldorf NJW 2008, 1861; AG Düsseldorf FF 2008, 211 – jeweils zu § 1570). Auch bei Zubilligung einer Übergangsfrist bleibt der betreuende Elternteil verpflichtet, rechtzeitig mit der Suche nach einer angemessenen Betreuungsmöglichkeit für das Kind zu beginnen (OLG Köln FPR 2008, 455 – zu § 1570; Reinken, FPR 2005, 502, 504).
- Schließlich gelten auch **fehlende Möglichkeiten der Fremdbetreuung** als kindbezogener Grund, der geeignet ist, eine Durchbrechung der Drei-Jahres-Frist zu rechtfertigen (BGH NJW 2008, 3125). Denn bei der Abwägung, ob der Unterhaltsanspruch zu verlängern ist, sind die bestehenden Möglichkeiten der Kinderbetreuung zu berücksichtigen (Abs. 2 Satz 5). Eine danach zu berücksichtigende Fremdbetreuung liegt allerdings nur vor, wenn die **Betreuungsmöglichkeit existiert, zumutbar und verlässlich** ist (Menne, FamRB 2008, 110, 114). Neben der Verfügbarkeit der Einrichtung und deren allgemeiner Ausrichtung kommt es auch auf die Vereinbarkeit der Öffnungszeiten mit den Arbeitszeiten des Unterhaltsberechtigten und die Erreichbarkeit der Einrichtung an (Menne/Grundmann, S. 122; Kemper, FuR 2008, 169, 173; Wever, FamRZ 2008, 553, 555). Deshalb stellt ein Ganztageskindergarten, der für den betreuenden Elternteil nur nach einem Wohnsitzwechsel erreichbar ist, keine geeignete Möglichkeit der Kinderbetreuung dar; der Umzug ist regelmäßig unzumutbar (Kemper, Rn 184 f.; Peschel-Gutzeit, Rn 302; Schilling, FF 2008, 279, 281; anders noch OLG Nürnberg NJW 2003, 3065 zum alten Recht). 26

  Bislang ist noch nicht abschließend geklärt, inwieweit sich der Unterhalt fordernde Elternteil auf die Möglichkeit einer **Kinderbetreuung durch den anderen, unterhaltspflichtigen Elternteil oder** die mütterliche bzw. väterliche **Verwandtschaft** verweisen lassen muss. In ersten Entscheidungen haben die Gerichte zu Recht größte Zurückhaltung geübt. Das Angebot des unterhaltspflichtigen Elternteils, die zeitweise Betreuung der beiden 8 bzw. 9 Jahre alten Kinder zu übernehmen, um dem bereits halbtags erwerbstätigen, betreuenden Elternteil eine vollschichtige Berufstätigkeit zu ermöglichen, kann als rein hypothetische Möglichkeit unbeachtet bleiben, wenn zwischen den Kindern und dem Unterhaltspflichtigen nicht einmal unbegleiteter Umgang stattfindet (OLG Celle NJW 2008, 3441). Auch wenn der Elternkonflikt noch

BGB § 1615 l

nicht aufgearbeitet ist, stellt das Angebot des unterhaltspflichtigen Elternteils, die Kinderbetreuung zeitweilig zu übernehmen, keine zumutbare Alternative dar; die Feststellungen aus einem rechtskräftigen Sorgerechtsverfahren können insoweit auch der Unterhaltsentscheidung zugrundegelegt werden (KG ZKJ 2009, 168 – zu § 1570). Der Unterhaltsberechtigte muss sich auch nicht auf eine wechselnde Betreuung des Kindes durch Großeltern oder den Unterhaltspflichtigen selbst verweisen lassen, wenn über deren Verlässlichkeit nichts bekannt ist (AG Tempelhof-Kreuzberg FamRZ 2008, 1862). Gerade in diesen Konstellationen bietet es sich für die erforderliche Abgrenzung zwischen einer echten Betreuungsalternative und unbeachtlichen „Lippenbekenntnissen" an, maßgeblich auf die zwischen den Eltern bislang geübte Praxis abzustellen. Soweit sich diese auch unter dem Einfluss der Trennungssituation als längerfristig verlässlich und praktisch handhabbar erwiesen hat, bestehen nur geringe Bedenken (AG Halle ZKJ 2008, 337 – zu § 1570; der 11-jährige Sohn besucht die Realschule und wird in großem Umfang vom baruntertahltspflichtigen Vater betreut. S. weiter Borth, Rn 63, 78; Schilling, FF 2008, 279, 281). Anders dagegen, wenn die bisherige Regelung sich als konfliktträchtig herausgestellt hat, sie nicht mit dem Kindeswohl vereinbar oder zu befürchten ist, dass das Unterhaltsrecht auf diese Weise für Fragen des Umgangs instrumentalisiert werden soll. Eine zumutbare Betreuungsmöglichkeit wird dann nicht mehr angenommen werden können (Erman/Graba, § 1570 Rn 7; Kemper, FuR 2008, 169, 173 f.; Gerhardt, FuR 2008, 9, 11).

In allen Fällen fehlender Möglichkeiten der Fremdbetreuung kann indessen vom unterhaltsberechtigten Elternteil erwartet werden, dass er sich alsbald und ernsthaft um eine zumutbare Fremdbetreuung bemüht (Viefhues/Mleczko, Rn 188).

27 **c) Verlängerung aus elternbezogenen Gründen.** Nachdem Art. 6 Abs. 1 GG nicht nur die Ehe, sondern auch die Familie schützt und damit auch nicht verheiratete Eltern, die mit ihrem Kind zusammenleben, können die aus dem familiären Zusammenleben sich ergebenden nachwirkenden Umstände für eine Verlängerung des Betreuungsunterhaltsanspruchs sprechen (BVerfG NJW 2007, 1735; BGH NJW 2008, 3125). Die Wertungen, die insoweit im Rahmen von § 1615l Abs. 2 Satz 2 bis 5, Abs. 4 anzustellen sind, decken sich weitgehend mit denen, die für § 1570 Abs. 2 maßgeblich sind. In beiden Fällen kommt es auf die Dauerhaftigkeit der Verbindung sowie auf die Ausgestaltung von Kinderbetreuung und Erwerbstätigkeit an (BT-Drs. 16/6980, S. 10; Hahne, FF 2008, 178, 186; Zypries, ZKJ 2008, 5, 5; Granold, FF 2008, 11, 13; Willutzki, ZKJ 2008, 7, 8; Menne, FamRB 2008, 110, 112 f; **a. A.** Schwab, Rn 856).

- In erster Linie kommt es daher auf eine Bewertung des **Verhältnisses der Eltern zueinander** an, also auf die individuellen Umstände und das Maß ihrer Bindung (BGH NJW 2008, 3125): Je mehr die Partnerschaft dem Bild einer Ehe gleicht, desto eher wird eine Anspruchsverlängerung in Betracht kommen. Umgekehrt wird in Fällen einer bloß kurzen, flüchtigen Beziehung eine Anspruchsverlängerung aus elternbezogenen Gründen dagegen weniger wahrscheinlich sein (Eschenbruch/Menne, Kap. 4-34; Dose, JAmt 2009, 1, 2 f.). Eine Verlängerung des Unterhaltsanspruchs wurde daher bereits nach bisherigem Recht anerkannt bei einem mehrjährigen eheähnlichen Zusammenleben der Eltern mit dem gemeinsamen Kind (BGH NJW 2006, 2687 – Anspruchsverlängerung um etwa vier Jahre bis zur Vollendung des 7. Lebensjahres des Kindes), wenn eine Lebensgemeinschaft der Eltern beabsichtigt war, der Vater

Unterhaltsanspruch aus Anlass der Geburt § 1615 l BGB

einen besonderen Vertrauenstatbestand schuf, die Mutter zwei gemeinsame Kinder betreute und es sich bei dem zweiten Kind um ein „Wunschkind" handelte (OLG Frankfurt/M. FamRZ 2000, 1522 – Unterhaltsverlängerung um weitere drei Jahre bis zur Einschulung des jüngsten Kindes) oder wenn die Mutter zwei gemeinsame Kinder betreut und der Vater versprochen hat, für die gesamte Familie sorgen zu wollen (OLG Düsseldorf FamRZ 2005, 1772 – Verlängerung bis zum 10. Lebensjahr des Kindes; in der Revision von BGH NJW 2008, 3125 bestätigt). Gewichtige Indizien, die eine Verlängerung des Unterhaltsanspruchs nahe legen, sind dabei neben einem langjährigen Zusammenleben oder der Schaffung eines Vertrauenstatbestandes der gemeinsame Kinderwunsch, die Abgabe einer Sorgeerklärung oder eine abgesprochene bzw. praktizierte Rollenverteilung zwischen den Eltern (Empfehlungen des 15. Deutschen Familiengerichtstages, FamRZ 2003, 1906; des 13. Deutschen Familiengerichtstages, FamRZ 2000, 273).

- Ein weiterer, von der Rechtsprechung zum bisherigen Recht anerkannter Grund für die Zuerkennung von weiterem Betreuungsunterhalt soll vorliegen bei einem **drohenden Ausbildungsabbruch** auf Seiten des betreuenden Elternteils für den Fall, dass kein Unterhalt geleistet werden sollte (in Erwägung gezogen von OLG Karlsruhe NJW 2004, 523; **a. A.** MünchKomm/Born, § 1615l Rn 36). Auch **besonders gute wirtschaftliche Verhältnisse des unterhaltpflichtigen Elternteils** bilden anerkanntermaßen einen Gesichtspunkt, der für eine Anspruchsverlängerung sprechen kann (BGH NJW 2006, 2687; Wever/Schilling, FamRZ 2002, 581, 583; Puls, FamRZ 1998, 865, 873). Dass das **Kind aus einer Vergewaltigung hervorgegangen** ist, wurde nach bisherigem Recht in der Literatur ebenfalls als ein Umstand angesehen, der einen verlängerten Betreuungsunterhalt rechtfertigen könne (Wever/ Schilling, FamRZ 2002, 581, 583; Büttner, FamRZ 2000, 781, 783. **A. A.** Derleder, DEuFamR 1999, 84, 90). In diese Gruppe gehört schließlich auch die Konstellation, dass der **unterhaltpflichtige Elternteil dem anderen, betreuenden Elternteil** gegenüber besonders verpflichtet ist, weil dieser ihm **die Ausbildung finanziert** hat (HK-FamR/Pauling, § 1615l Rn 32; grdlg. Schwenzer, FamRZ 1998, 1114, 1118 f.). Ob diese Umstände nach der Reform des Betreuungsunterhalts geeignet sind, für sich allein eine Einstandspflicht über das dritte Lebensjahr des Kindes hinaus zu begründen, ist zu bezweifeln (Schnitzler/Wever, § 10 Rn 34); neben weiteren Gründen mögen diese Erwägungen jedoch von Belang sein. 28

- Bislang ist noch nicht abschließend geklärt, wie sich das **Alter** und die **Zahl der zu betreuenden Kinder** zu einer Verlängerung des Betreuungsunterhaltsanspruchs verhält: Einerseits heißt es zwar in den Gesetzesmaterialien (BT-Drs. 16/6980, S. 10), dass die Betreuung mehrerer gemeinsamer Kinder die Unterhaltsverlängerung zu rechtfertigen vermag und die Gerichte haben unter Geltung des bisherigen Rechts wiederholt auch so entschieden (OLG Frankfurt/M. FamRZ 2000, 1522; BGH NJW 2008, 3125). Andererseits wurde aber auch entschieden, dass bei einer verlässlichen Fremdbetreuung, etwa durch einen Hort, vom alleinerziehenden Elternteil trotz zweier zu betreuender Kinder eine Teilzeitbeschäftigung erwartet werden könne (OLG Düsseldorf FamRZ 2005, 234 – zum alten Recht) bzw. dass der die beiden, acht bzw. elf Jahre alten Kinder betreuende Elternteil nach Ablauf einer längeren Übergangsphase zu einer Vollzeittätigkeit verpflichtet sei (OLG Köln NJW 2008, 2659 – zu § 1570). 29

Menne 409

BGB § 1615 l

Entscheidungserheblich dürfte in derartigen Fällen in erster Linie die Prüfung sein, inwieweit es trotz bestehender Betreuungsmöglichkeit zu einer unzumutbaren Doppelbelastung des alleinerziehenden Elternteils durch Erwerbstätigkeit und die verbleibende Kinderbetreuung in den Nachmittags- bzw. Abendstunden oder bei Krankheit eines der Kinder kommt (BGH FamRZ 2009, 770; BGH NJW 2008, 3125; AG Garmisch-Partenkirchen FF 2008, 214; AG Tempelhof-Kreuzberg FamRZ 2008, 1862 – jeweils zu § 1570). Im Interesse des Kindeswohls muss dem betreuenden Elternteil neben der Erwerbstätigkeit noch ausreichend Zeit für Hausarbeiten und die Förderung der Kinder bei Freizeitaktivitäten verbleiben (KG ZKJ 2009, 168; OLG Düsseldorf NJW 2008, 2658; KG NJW 2008, 3793 – jeweils zu § 1570). Hierauf ist angemessen Rücksicht zu nehmen. Im Einzelfall kann das zu einer Anspruchsverlängerung führen bzw. dazu, dass bei mehreren zu betreuenden Kindern anstelle einer Vollzeitbeschäftigung lediglich eine Teilzeittätigkeit erwartet werden kann (Viefhues/Mleczko, Rn 199 ff.; Borth, Rn 66 f.; HK-FamR/Pauling, § 1615 l Rn 31; Bamberger/Roth-Beutler, § 1570 Rn 15; Schnitzler/Wever, § 10 Rn 33; Menne, ZKJ 2009, 162, 163 f.; Meier, FamRZ 2008, 101, 102 ff.; Borth, FamRZ 2008, 2, 9). Der Bundesgerichtshof hat – ausdrücklich auf die Frage nach einer überobligationsmäßigen Belastung des alleinerziehenden Elternteils durch Betreuung und Erwerbstätigkeit beschränkt – der Praxis die Möglichkeit eröffnet, zu diesem Zweck einen pauschalisierenden, am Kindesalter orientierten Maßstab anzulegen (BGH NJW 2008, 3125; vgl. auch Hahne/Schnitzler, FF 2009, 5, 6).

4. Keine Befristung des Betreuungsunterhalts

30 Durch die Unterhaltsrechtsreform wurde § 1615 l Abs. 2 völlig neu strukturiert. Der Unterhaltsanspruch endet jetzt nicht mehr nach Ablauf von drei Jahren seit der Geburt des Kindes (§ 1615 l Abs. 2 Satz 3, Hs. 2 aF), sondern die drei Jahre kennzeichnen lediglich den Zeitraum, für den die Unterhaltspflicht **mindestens** besteht. Es handelt sich also um einen einheitlichen Anspruch. Dennoch ist bislang äußerst umstritten, ob der Betreuungsunterhalt zu befristen ist oder nicht:
- Teilweise wird argumentiert, die Anspruchsverlängerung über das dritte Lebensjahr hinaus sei nach der Gesetzesformulierung die Ausnahme. Da deren Voraussetzungen vom betreuenden Elternteil darzulegen und zu beweisen seien und auch nicht sicher abgeschätzt werden könne, wie sich die Belange des Kindes und die Möglichkeiten der Fremdbetreuung darstellen würden, sei der Betreuungsunterhalt in der Regel bis zur Vollendung des dritten Lebensjahres des Kindes zu befristen (OLG Bremen NJW 2008, 1745; Palandt/Diederichsen, § 1615 l Rn 13; Göppinger/Wax-Maurer, Rn 1309; Schnitzler/Wever, § 10 Rn 125; Schilling, FF 2008, 279, 292; Maurer, FamRZ 2008, 2157, 2160 – zu § 1570).

31
- Die weit überwiegende Rechtsprechung zu dem insoweit wortgleichen § 1570 Abs. 1 hat sich indessen zu Recht gegen eine Befristung ausgesprochen mit dem zutreffenden Argument, gerade weil der künftige Betreuungsbedarf und die Möglichkeiten der Fremdbetreuung noch nicht sicher prognostizierbar seien, komme eine Befristung in der Regel nicht in Betracht (KG ZKJ 2009, 168; OLG Hamm FPR 2009, 62; OLG Zweibrücken FuR 2009, 298; KG FamRZ 2008, 1942; OLG München FamRZ 2008, 1945; OLG Brandenburg FamRZ 2008, 1947; OLG Jena NJW 2008, 3224; OLG Celle NJW 2008,

Unterhaltsanspruch aus Anlass der Geburt **§ 1615 l BGB**

3441; AG Tempelhof-Kreuzberg FamRZ 2008, 1862 – jeweils zu § 1570. Vgl. zu einem Sonderfall zu § 1570 aber auch OLG Brandenburg NJW 2008, 3722: Befristung des Unterhalts bis zur Vollendung des 10. Lebensjahres des betreuten Kindes). Inzwischen lehnt auch der BGH eine Befristung des Betreuungsunterhaltsanspruch für den Regelfall ausdrücklich ab (BGH FamRZ 2009, 770 – zu § 1570). In der Literatur hat diese Auffassung ebenfalls breite Zustimmung gefunden (Bamberger/Roth-Reinken, § 1615l Rn 45; Erman/Hammermann, § 1615l Rn 20a; Borth, Rn 364, 81 ff.; Menne/Grundmann, S. 123; Schwab, Rn 368 – Befristung nur, wenn Betreuungsverhältnisse absehbar; HK-FamR/Streicher, § 1570 Rn 41; Eschenbruch/Klinkhammer, Kap. 1-228; Dose, JAmt 2009, 1, 5; Menne, ZKJ 2009, 244 f.; Schnitzler, FF 2008, 270, 278 f.; Büte, FuR 2008, 309, 310; Menne, FamRB 2008, 110, 116 f.). Diese Meinung überzeugt, weil sie mit dem Kindeswohl im Einklang steht. Die Interessen des Unterhaltsschuldners stehen nicht entgegen. Vielmehr kann dieser nach Vollendung des dritten Lebensjahres des Kindes mit der Behauptung, der betreuende Elternteil sei nunmehr zu einer (Teil-)Erwerbstätigkeit verpflichtet, Abänderungsklage erheben. Denn die Darlegungs- und Beweislast dafür, dass der Anspruch auf Betreuungsunterhalt fortbesteht, trifft auch im Abänderungsverfahren denjenigen Elternteil, der weiteren Unterhalt begehrt (OLG Bremen NJW 2009, 925 sowie Bamberger/Roth-Reinken, § 1615l Rn 45; Erman/Hammermann, § 1615l Rn 20a; Borth, Rn 364, 73; Eschenbruch/Menne, Kap. 4-38).

5. Kein Altersphasenmodell

Dadurch, dass die beiden Betreuungsunterhaltsansprüche nunmehr gleich ausgestaltet sind (vgl. oben, I.2, VII.1 Rn 4, 15), stellt sich auch bei § 1615l die Frage nach pauschalisierten Richtwerten für den Betreuungsbedarf des Kindes. Der Gesetzgeber der Unterhaltsrechtsreform 2008 forderte eine Korrektur des bislang schematisch und unflexibel gehandhabten Altersphasenmodells (Einzelheiten: Palandt/Brudermüller, § 1570 Rn 8); die bisherige Praxis sei neu zu überdenken und der konkrete Einzelfall stärker zu berücksichtigen (BT-Drs. 16/1830, S. 16 f.; s. auch Hahne/Schnitzler, FF 2009, 5, 6; Zimmermann, FPR 2009, 97, 99; Menne, ZKJ 2009, 168 f.; Hahne, FF 2009, 178, 186 f.; Heger, ZKJ 2009, 13, 15; Grundmann, FF 2008, 134, 135; Brudermüller, FamPra.ch 2008, 523, 535 f.; Schilling, FF 2008, 279, 282). Die Rechtsprechung hat sich hierauf eingestellt und geht nunmehr ganz überwiegend davon aus, dass sich der betreuende Elternteil zur Begründung des Unterhaltsanspruchs nicht mehr auf das überkommene Altersphasenmodell berufen kann (OLG Frankfurt/M. FamRZ 2009, 524; OLG Jena NJW 2008, 3224; OLG Düsseldorf NJW 2008, 3005; OLG Hamm NJW 2008, 2049; AG Tempelhof-Kreuzberg FamRZ 2008, 1862 – jeweils zu § 1570. **A.A.** möglicherweise OLG Nürnberg FuR 2008, 512; OLG Düsseldorf NJW 2009, 600 – jeweils zu § 1570). In der Leitentscheidung vom 18. 3. 2009 hat der BGH inzwischen festgestellt, dass es im Hinblick auf den eindeutigen Willen des Gesetzgebers nicht mehr haltbar ist, wenn die Verlängerung des Betreuungsunterhalts allein vom Kindesalter abhängig gemacht wird (BGH FamRZ 2009, 770). Im Interesse einer gleichmäßigen, verlässlichen und voraussehbaren Rechtsanwendung bedarf es indessen gewisser Orientierungshilfen, an denen sich auch die Beratungspraxis orientieren kann. Zu einer endgültigen Klärung, ob an die Stelle des aufgegebenen Altersphasenmodells

32

BGB § 1615 l

neue Richtwerte treten und wie diese ggf. auszugestalten sein werden, ist es bislang noch nicht gekommen. Insoweit werden verschiedene Ansätze vertreten:

- Teilweise wird eine **Neujustierung des** tradierten **Altersphasenmodells** gefordert (Borth, Rn 69 ff.; Börger, FPR 2009, 71, 73; Borth, FamRZ 2008, 2, 9; Handbuch Fachanwalt Familienrecht/Gerhardt, Rn 6-363; Klein, S. 52 f.). Ähnlich wie das bisherige Altersphasenmodell orientiert sich auch die überarbeitete Variante allein am Alter und der Anzahl der zu betreuenden Kinder. Indessen vermag das kaum zu überzeugen. Da weder das bislang praktizierte Betreuungsmodell, die vorhandenen örtlichen Betreuungsmöglichkeiten noch eventuelle individuelle Besonderheiten Berücksichtigung finden, birgt jede Neujustierung die Gefahr einer pauschalen Verkürzung des Unterhalts zu Lasten des betreuenden Elternteils (zutreffend daher Meier, FamRZ 2008, 101, 104). Darüber hinaus ermöglicht eine bloße Neujustierung des Altersphasenmodells auch keine angemessene Reaktion auf fortbestehende regionale Unterschiede und Angebotslücken bei den Betreuungsmöglichkeiten (Einzelheiten: Menne, FF 2006, 175, 177).
- Den Vorzug verdienen daher Ansätze, die sich nicht mehr nur am Kindesalter orientieren, sondern weitere Kriterien in die Beurteilung einbeziehen (**„Kriterienmodell";** Willutzki, ZRP 2008, 264, 265; Schilling, FF 2008, 279, 282 f.; Schnitzler, FF 2008, 270, 279; Menne, ZKJ 2009, 244, 246; Menne, FamRB 2008, 110, 116). Neben dem Kindesalter und der Zahl der zu betreuenden Kinder sind auch das bisher praktizierte Betreuungsmodell, die konkrete örtliche Betreuungssituation und eventuelle besondere Bedürfnisse des Kindes in die Beurteilung einzubeziehen. Es handelt sich hierbei um verhältnismäßig einfach zu ermittelnde, den Parteien vertraute Kriterien, die deshalb gut handhabbar sind und zu gerechten, angemessenen Ergebnissen führen.

VIII. Unterhaltsbedarf

1. Grundsatz

33 Das Maß des nach § 1615 l geschuldeten Unterhalts bestimmt sich aufgrund der Verweisung auf das Verwandtenunterhaltsrecht nach der **Lebensstellung des unterhaltsberechtigten Elternteils** (§§ 1615 l Abs. 3 Satz 1, 1610 Abs. 1). Anders als beim Trennungs- oder dem nachehelichen Unterhalt, bei dem der Bedarf von den ehelichen Lebensverhältnissen bestimmt wird (§§ 1361 Abs. 1, 1578 Abs. 1), ist die Bedarfsbemessung grundsätzlich nicht von den wirtschaftlichen Verhältnissen des unterhaltspflichtigen Elternteils abhängig. Ausschlaggebend ist vielmehr, wie sich die wirtschaftlichen Verhältnisse des betreuenden Elternteils bis zur Geburt des Kindes entwickelt hatten (BGH NJW 2008, 3125).

Der Bedarfsbemessung an der Lebensstellung des Unterhaltsberechtigten wird nach oben **durch den Halbteilungsgrundsatz begrenzt** (BGH NJW 2005, 818; MünchKomm/Born, § 1615 l Rn 38; Wohlgemuth, FuR 2007, 195, 198. **A. A.** OLG Düsseldorf NJW-RR 2008, 379; kritisch auch Göppinger/Wax-Maurer, Rn 1331). Dadurch soll verhindert werden, dass der Unterhaltspflichtige in Fällen, in denen dieser wirtschaftlich deutlich schlechter gestellt ist als der betreuende, unterhaltsberechtigte Elternteil bis zur Grenze der Leistungsfähigkeit zur Unterhaltszahlung herangezogen wird und seine Unterhaltsleistungen deshalb uU. höher sind als der Betrag, der dem Pflichtigen für den eigenen Bedarf verbleibt. Der Unterhaltsanspruch wird damit bereits auf der Ebene des Bedarfs des

Unterhaltsanspruch aus Anlass der Geburt § 1615 l BGB

Berechtigten und nicht erst auf der Ebene der Leistungsfähigkeit des Unterhaltspflichtigen begrenzt.

2. Einzelfälle

- Soweit der **unterhaltsberechtigte Elternteil erwerbstätig** war, wird die 34 Lebensstellung durch das nachhaltig erzielte Erwerbseinkommen geprägt (BGH NJW 2008, 3125; BGH NJW 2007, 2409).
- Wenn der **unterhaltsberechtigte Elternteil nicht erwerbstätig** war oder sein Einkommen so niedrig war, dass von einer eigenen Lebensstellung keine Rede sein kann oder er staatliche Transferleistungen bezogen hat, ist nach h. M. in der Regel ein Mindestbedarf entsprechend den Vorgaben der Düsseldorfer Tabelle (derzeit 770 € nach Anm. D.II der Düsseldorfer Tabelle, Stand 1. 1. 2009) zuzusprechen (Palandt/Diederichsen, § 1615l Rn 25).
- Soweit der **unterhaltsberechtigte Elternteil verheiratet** oder zwar **geschieden** ist, aber nachehelichen Unterhalt bezieht und deshalb seinen Bedarf noch aus der Ehe ableitet, richtet sich der Bedarf nach den ehelichen Lebensverhältnissen (BGH NJW 2007, 2409; BGH NJW 1998, 1309).
- Streitig ist, wie zu verfahren ist, wenn die **Eltern in** einer **nichtehelichen** 35 **Lebensgemeinschaft** zusammen leben oder zusammengelebt haben:
  – Der BGH und Teile der Literatur (Erman/Hammermann, § 1615l Rn 22; Palandt/Diederichsen, § 1615l Rn 24; Dose, JAmt 2008, 557, 560) lehnen einen Quotenunterhalt nach den Einkommens- und Lebensverhältnissen innerhalb der nichtehelichen Lebensgemeinschaft auch dann ab, wenn die Eltern über mehrere Jahre hinweg zusammengelebt haben und aus ihrer Verbindung ein Kind hervorgegangen ist (BGH NJW 2008, 3125 s. auch OLG Karlsruhe NJW 2004, 523; OLG Naumburg FamRZ 2001, 1321; OLG Hamm FF 2000, 137). Zur Begründung wird darauf verwiesen, dass sich die Lebensstellung des Berechtigten nicht allein aus den tatsächlichen Umständen ergebe, sondern stets eine nachhaltig gesicherte Position voraussetze. Hieran fehle es, weil die Teilhabe am Einkommen des Partners jederzeit verloren gehen könne.
  – Die obergerichtliche Rechtsprechung tendierte demgegenüber bislang eher dazu, den Bedarf des Berechtigten in derartigen Fällen am Einkommen des Lebenspartners auszurichten, soweit sich die Lebensgemeinschaft ausreichend verfestigt hatte und von einer gewissen Nachhaltigkeit der Absicherung ausgegangen werden konnte (OLG Bremen NJW 2008, 1745; OLG Düsseldorf FamRZ 2005, 1772; OLG Schleswig OLG-Report 2000, 443; OLG Zweibrücken FuR 2000, 286; s. auch LL OLG Schleswig Nr. 18 [Stand 1. 1. 2009]). In der Literatur findet diese Ansicht Bestätigung (MünchKomm/Born, § 1615l Rn 40; Ehinger/Griesche/Rasch-Ehinger, Rn 316; Hamm, § 4 Rn 35; Göppinger/Wax-Maurer, Rn 1328; Zimmermann, FPR 2009, 97, 100; Graba, NJW 2008, 3105; Maurer, FamRZ 2008, 1831; Schilling, FamRZ 2006, 1, 2). Auch der 67. Deutsche Juristentag (FamRZ 2008, 2004, 2005) sowie der 14. Deutsche Familiengerichtstag (FamRZ 2002, 296, 297) haben sich dafür ausgesprochen, den Betreuungsunterhalt an den Lebensverhältnissen beider Elternteile auszurichten, soweit sie in nichtehelicher Lebensgemeinschaft leben. Für diese Auffassung spricht, dass der Unterhaltsbedarf entscheidend von den tatsächlichen Umständen geprägt wird. Auch wenn die während des Zusammenlebens, vor der Geburt des Kindes, erbrachten freiwilligen Leistungen des besser verdie-

nenden Partners jederzeit eingestellt werden können, lässt sich nicht leugnen, dass diese tatsächlich Maßstab für den Lebensstandard auch des wirtschaftlich schwächeren Teils waren. Daher erscheint es unbillig, den Berechtigten in Konstellationen, in denen dessen Lebensstellung dauerhaft und nachhaltig am Einkommen des Partners ausgerichtet war, auf den Mindestbedarf zu verweisen.

3. Umfang

36 Der Unterhalt umfasst den gesamten Lebensbedarf (§§ 1615l Abs. 3 Satz 1, 1610 Abs. 2). Dazu gehört auch der Aufwand für die **Kranken- und Pflegeversicherung** (HK-FamR/Pauling, § 1615l Rn 17), nicht jedoch Kosten der **Altersvorsorge** (MünchKomm/Born, § 1615l Rn 41; a. A. mit beachtlichen Argumenten Göppinger/Wax-Maurer, Rn 1332) oder ein **Prozesskostenvorschuss.**

IX. Bedürftigkeit

37 Die Bedürftigkeit des Unterhaltsberechtigten kann entfallen, soweit der Lohn fortgezahlt wird (§§ 11 ff. MuSchG) oder **Mutterschafts-** (§ 200 RVO) bzw. **Kranken-** oder **Arbeitslosengeld** bezogen wird. Beim **Elterngeld** ist der Sockelbetrag anrechnungsfrei zu belassen (§ 11 Satz 1, 2 BEEG). Den Sockelbetrag übersteigende Leistungen mindern dagegen die Bedürftigkeit. Anderes gilt nur, wenn der Unterhaltsanspruch verwirkt ist (§ 1611 Abs. 1 BGB; vgl. unten, XIII.2 Rn 46); in diesem Fall ist das Elterngeld in voller Höhe auf den Bedarf anzurechnen (§ 11 Satz 4 BEEG). Einkünfte, die der Berechtigte neben der Kinderbetreuung aus einer **überobligatorischen Erwerbstätigkeit** erzielt, sind nur teilweise, nämlich nach Maßgabe von § 1577 Abs. 2 BGB bedarfsdeckend anzurechnen (BGH NJW 2005, 818).

Vorhandenes **Vermögen** ist bedürftigkeitsmindernd anzurechnen. Bevor vom anderen Elternteil Unterhalt gefordert werden kann, ist vom Berechtigten daher grundsätzlich auch der Stamm des Vermögens anzugreifen (§§ 1615l Abs. 3 Satz 1, 1602). Bei der gebotenen Interessenabwägung ist jedoch zu berücksichtigen, dass im Rahmen des § 1615l kein Anspruch auf Altersvorsorgeunterhalt besteht (vgl. oben, VIII.3 Rn 36) und der Berechtigte deshalb für eine angemessene Altersabsicherung auf sein Vermögen angewiesen ist (BGH NJW 2006, 2687; KG FPR 2003, 671; OLG Hamm FF 2000, 137; Eschenbruch/Menne, Kap. 4-53 f.).

X. Leistungsfähigkeit

38 Die Leistungsfähigkeit des Unterhaltspflichtigen bestimmt sich nach dessen Erwerbs- und Vermögensverhältnissen. Ihm muss ein angemessener **Selbstbehalt** verbleiben, der zwischen dem angemessenen und dem notwendigen Selbstbehalt anzusiedeln ist (BGH NJW 2005, 500; BGH NJW 2005, 502). Die Düsseldorfer Tabelle (Anm. D.II; Stand 1. 1. 2009) setzt diesen unabhängig davon, ob der Unterhaltspflichtige erwerbstätig ist oder nicht, derzeit bei 1000 EUR monatlich an.

Den Unterhaltspflichtigen trifft eine **Erwerbsobliegenheit**, bei deren Verletzung die Zurechnung eines fiktiven Einkommens in Betracht kommt (Schnitzler/Wever, § 10 Rn 74). Allerdings gilt im Rahmen des § 1615l nicht die gesteigerte Unterhaltspflicht des § 1603 Abs. 2. Deshalb dürfen an den Pflichtigen keine zu strengen Anforderungen gestellt werden (OLG Oldenburg NJW-RR 2000, 1249; OLG Frankfurt FamRZ 1982, 732).

Wie es sich auf die Leistungsfähigkeit auswirkt, wenn der Unterhaltspflichtige verheiratet ist und die **steuerlichen Vorteile des Ehegattensplittings** (§ 32a EStG) in Anspruch nimmt, ist bislang höchstrichterlich noch nicht abschließend geklärt:

- Entschieden ist bislang erst der Fall, dass der nach § 1615l Berechtigte dem Ehegatten des Unterhaltspflichtigen vorgeht. In diesem Fall sollen die Vorteile des Ehegattensplittings allein der bestehenden Ehe verbleiben. Daher ist beim Pflichtigen nicht das tatsächlich bezogene Einkommen maßgeblich, sondern eine fiktive Einkommensberechnung auf der Basis der Grundtabelle vorzunehmen (BGH NJW 2008, 3125).
- Den Fall, dass der nach § 1615l Unterhaltsberechtigte und der Ehegatte des Pflichtigen unterhaltsrechtlich gleichrangig sind – etwa, weil beide Kinder betreuen –, hat der BGH ausdrücklich offen gelassen. In dieser Konstellation wäre zu überlegen, ob der Splittingvorteil nicht zu berücksichtigen und der Unterhaltsberechnung das tatsächlich vorhandene Einkommen zugrunde zu legen ist (**A. A.** Schnitzler/Wever, § 10 Rn 73d; Bamberger/Roth-Reinken, § 1615l Rn 26; Palandt/Diederichsen, § 1615l Rn 23. Ausführl. Dose, JAmt 2008, 557, 565 f.).

XI. Rangverhältnisse: Mehrere Unterhaltsberechtigte

Der Rang zwischen mehreren Unterhaltsberechtigten, etwa den Kindern und dem betreuenden Elternteil oder einem Ehegatten des Unterhaltspflichtigen, richtet sich nach § 1609 (§ 1615l Abs. 3 Satz 1). Danach gilt: **39**

1. Vorrangig Berechtigte

Vorrangig gegenüber dem Unterhaltsanspruch des nach § 1615l Berechtigten sind die Ansprüche des zu betreuenden Kindes sowie die Ansprüche weiterer, minderjähriger unverheirateter oder privilegierter volljähriger (§ 1603 Abs. 2 Satz 2) Kinder des Unterhaltspflichtigen (§ 1609 Nr. 1).

Zur Wahrung eines angemessenen Verhältnisses zwischen den Unterhaltsansprüchen nachrangig Berechtigter, etwa betreuender Elternteile, Ehegatten oder volljähriger Kinder (§ 1609 Nr. 2, 3, 4) und um zu vermeiden, dass es unter den nachrangig Berechtigten zur Entstehung von Mangellagen kommt, hat der Reformgesetzgeber in den Materialien zum Gesetz zur Änderung des Unterhaltsrechts vom 21. 12. 2007 (vgl. oben, I.2 Rn 4) darauf hingewiesen, dass „das rechnerische Gesamtergebnis im Wege einer ,Gesamtschau' daraufhin zu überprüfen (ist), ob im konkreten Einzelfall die Aufteilung des verfügbaren Einkommens auf die minderjährigen Kinder und den oder die unterhaltsberechtigten Ehegatten insgesamt billig und angemessen ist (BT-Drs. 16/1830, S. 24)." Damit ist keine nachgeschaltete Angemessenheitsprüfung zur Korrektur der gesetzlichen Rangordnung gemeint, sondern bei der Rechtsanwendung ist auf ein rangübergreifend ausgewogenes Verhältnis zu achten. Erreichen lässt sich das, indem in der ersten Rangstufe auf eine Höhergruppierung des Kindesunterhalts innerhalb der Düsseldorfer Tabelle verzichtet wird oder sogar eine Herabgruppierung des

BGB § 1615 l

Kindesunterhalts in eine niedrigere Einkommensgruppe, notfalls bis hinunter zum Mindestunterhalt, erfolgt (OLG Düsseldorf NJW 2008, 3005; OLG Köln NJW 2008, 2659 – jeweils zu § 1570; Menne/Grundmann, S. 91; Klinkhammer, FamRZ 2008, 193, 197 f.). (Vgl. im einzelnen § 1609 Rn 11 f.).

2. Gleichrangig Berechtigte

40 Gleichrangig sind die Unterhaltsansprüche aller anderen, wegen der Betreuung eines gemeinschaftlichen Kindes unterhaltsberechtigten Elternteile (§ 1609 Nr. 2). Dabei spielt es keine Rolle, ob sich der Anspruch aus dem Familien- oder Trennungsunterhalt, dem nachehelichen Unterhaltsrecht oder aus § 1615 l ergibt. Gleichrangig sind weiterhin auch die Unterhaltsansprüche von Ehegatten und geschiedenen Ehegatten, soweit eine Ehe von langer Dauer vorliegt.

Der Gleichrang gilt, dem ausdrücklichen Hinweis in den Gesetzesmaterialien zufolge (BT-Drs. 16/1830, S. 24) wegen des Sachzusammenhangs nicht nur für den Betreuungsunterhalt nach § 1615 l Abs. 2 Satz 2 bis 5, Abs. 4, sondern auch für den Mutterschutzunterhalt nach § 1615 l Abs. 1 und – wegen der „Kindbezogenheit" des Anspruchs – auch für den erweiterten Unterhalt nach § 1615 l Abs. 2 Satz 1 aufgrund von Schwangerschaft oder Krankheit (MünchKomm/Born, § 1615 l Rn 14; Hamm, § 4 Rn 44; Menne/Grundmann, S. 89; Wever, FamRZ 2008, 553, 561; Schilling, FPR 2008, 27, 31. **A. A.** Palandt/Diederichsen, § 1615 l Rn 36; Göppinger/Wax-Maurer, Rn 1356). Dadurch entstehende Wertungswidersprüche zur Einordnung von Unterhaltsansprüchen eines Ehegatten, die auf eine schwangerschaftsbedingte Erkrankung zurückzuführen sind, kann letztlich nur der Gesetzgeber auflösen (Eschenbruch/Menne, Kap. 4-66).

3. Nachrangig Berechtigte

41 Nachrangig sind eheliche Unterhaltsansprüche, soweit sie weder auf eine Kinderbetreuung (OLG Celle NJW-RR 2009, 146) noch auf eine Ehe von langer Dauer gestützt werden sowie die Unterhaltsansprüche volljähriger, nicht-privilegierter Kinder und diejenigen sonstiger Berechtigter (§ 1609 Nr. 3 bis 7).

XII. Rangverhältnisse: Mehrere Unterhaltsverpflichtete

1. Vorrangige Haftung des nach § 1615 l Unterhaltspflichtigen

42 Der nach § 1615 l Unterhaltspflichtige haftet nach **§ 1615 l Abs. 3 Satz 2**, Abs. 4 Satz 2 vor den Verwandten des Unterhaltsberechtigten. Wenn also beispielsweise eine 18-jährige Schülerin ein Kind bekommt, ist in erster Linie der Kindesvater unterhaltspflichtig und nicht die Eltern der Schülerin. Dies gilt auch dann, wenn die Schülerin gegen ihre Eltern noch einen Anspruch auf Ausbildungsunterhalt haben sollte.

Die Eltern des Unterhaltsberechtigten (*nicht* des Unterhaltspflichtigen: OLG Nürnberg NJW-RR 2001, 1024) haften nachrangig im Wege der **Ersatzhaftung** (§ 1607 Abs. 1). Die Ersatzhaftung greift ein, wenn der vorrangig Haftende nicht ausreichend leistungsfähig ist, der ausgeurteilte Unterhaltsbetrag bei ihm nicht beigetrieben werden kann (§ 1607 Abs. 2 Satz 1; Palandt/Diederichsen, § 1607 Rn 12) oder wenn der Vater unbekannt bzw. die rechtliche Vaterschaft noch nicht förmlich feststeht (OLG Brandenburg NJW-RR 2003, 1515). Mehrere ersatzweise in Anspruch genommene Elternteile haften anteilig (§ 1606

Unterhaltsanspruch aus Anlass der Geburt § 1615 l BGB

Abs. 3 Satz 1). Die Beweislast dafür, dass der Unterhaltsanspruch gegen den in erster Linie Pflichtigen nicht durchgesetzt werden kann, liegt beim Unterhaltsberechtigten (KG FamRZ 1998, 556).

2. Anteilige Haftung des nach § 1615 l Unterhaltspflichtigen neben weiteren Pflichtigen

Die Konstellation, dass der nach § 1615 l Berechtigte daneben noch Unterhaltsansprüche gegen weitere Verpflichtete geltend machen kann, ist nur bruchstückhaft geregelt: 43

- Wenn die Mutter unterhaltsberechtigt ist wegen der Pflege und Erziehung mehrerer Kinder verschiedener Väter, mit denen sie nicht verheiratet war, haften die Väter anteilig für den Bedarf der Mutter (§§ 1615 l Abs. 3 Satz 1, 1606 Abs. 3 Satz 1; BGH NJW 2007, 2409; BGH NJW 2005, 502; BGH NJW 1998, 1309).
- Die anteilige Haftung der Väter gilt auch, wenn die Mutter sowohl ein außerhalb der Ehe geborenes Kind betreut und wegen der Betreuung eines ehelichen Kindes Anspruch auf Trennungsunterhalt (§ 1361; BGH NJW 2007, 2409) oder auf nachehelichen Betreuungsunterhalt (§ 1570; OLG Bremen NJW-RR 2006, 723; OLG Hamm NJW 2005, 297) hat.
- Im Fall, dass ein Unterhaltsanspruch der Mutter nach § 1615 l mit einem ehelichen Unterhaltsanspruch ohne Kinderbetreuung konkurriert, wurde bislang ebenfalls eine anteilige Haftung von Vater bzw. Ehemann angenommen (OLG Jena NJW-RR 2006, 584; KG FamRZ 2001, 29; Wendl/Pauling, § 7 Rn 34; Handbuch Fachanwalt Familienrecht/Gerhardt, Rn 6-210b; HK-FamR/Pauling, § 1615 l Rn 39).
Inzwischen wird dies teilweise unter Hinweis auf den Vorrang des betreuenden Elternteils nach § 1609 Nr. 2 in Zweifel gezogen (MünchKomm/Born, § 1615 l Rn 52; s. auch Göppinger/Wax-Maurer, Rn 1352). Das erscheint jedoch nicht berechtigt; § 1609 betrifft nicht die Haftung mehrerer Unterhaltspflichtiger, sondern regelt den Rang zwischen mehreren Berechtigten. Bei der Frage, wer von mehreren Unterhaltspflichtigen haftet, sind Betreuungsunterhaltsansprüche nicht privilegiert. Daher sollte es auch insoweit grundsätzlich bei einer anteiligen Haftung verbleiben. Erst bei der Gewichtung der Haftungsquoten (vgl. unten, XII.3 Rn 44) ist zu berücksichtigen, dass aus der Ehe keine Kinder hervorgegangen sind (Wever/Schilling, FamRZ 2002, 581, 589).
- Weitgehend ungeklärt ist die Konkurrenz zwischen einem Unterhaltsanspruch nach § 1615 l und einem Anspruch auf Familienunterhalt (§§ 1360, 1360 a). Zu dieser Konstellation kann es kommen, wenn die verheiratete Mutter von einem Dritten ein Kind bekommt und mit ihrem Ehemann weiter zusammenlebt. Auch in diesem Fall sollte es bei einer anteiligen Haftung des nach § 1615 l pflichtigen Dritten und dem Ehemann verbleiben (Schnitzler/Wever, § 10 Rn 89 b; Erman/Hammermann, § 1615 l Rn 43; Schilling, FamRZ 2006, 1, 5. **A. A.** AG Vechta FamRZ 2007, 1840; Göppinger/Wax-Maurer, Rn 1352).
- Wenn der nach § 1615 l Unterhaltsberechtigte später, nach der Geburt des Kindes einen Dritten heiratet, erlischt der Unterhaltsanspruch nach § 1615 l (BGH NJW 2005, 503. **A. A.** Kemper, Rn 414 f.; MünchKomm/Born, § 1615 l Rn 53). Der BGH wendet hier § 1586 Abs. 1 analog an und behandelt diesen Fall zu Recht genauso wie den Fall des geschiedenen Ehegatten,

BGB § 1615 l der mit der Wiederheirat die aus der geschiedenen Ehe hergeleiteten Unterhaltsansprüche verliert.

3. Praktische Durchführung der anteiligen Haftung

44 Bei der Umsetzung der anteiligen Haftung ist zweistufig vorzugehen (BGH NJW 2007, 2409; BGH NJW 1998, 1309): In der ersten Stufe sind die Haftungsquoten entsprechend der Leistungsfähigkeit zu ermitteln. In der zweiten Stufe, bei der Festlegung der genauen Haftungsanteile, können die Besonderheiten des Einzelfalles wie beispielsweise die Anzahl und das Alter der zu betreuenden Kinder (OLG Bremen NJW-RR 2006, 723), deren Entwicklungsstand und Betreuungsbedürftigkeit (OLG Hamm NJW 2005, 297: Behinderung eines Kindes) berücksichtigt werden, um auf diese Weise dem jeweiligen Verantwortungsgrad des Pflichtigen angemessen Rechnung zu tragen. An dieser Stelle ist auch der Umstand zu berücksichtigen, dass den Berechtigten in einem Unterhaltsverhältnis bereits eine Erwerbsobliegenheit trifft (Handbuch Fachanwalt Familienrecht/Gerhardt, Rn 6-210b mit Berechnungsbeispiel) bzw. er allein das außerhalb der Ehe geborene Kind und kein eheliches Kind zu betreuen hat (OLG Bremen NJW 2004, 1601: Alleinhaftung des nichtehelichen Vaters).

Wenn die Mutter den ehelichen Unterhaltsanspruch verwirkt (§§ 1579, 1361 Abs. 3) oder hierauf verzichtet (§ 1585c) hat, ist ebenfalls eine zweistufige Berechnung vorzunehmen; die Unterhaltskürzung ist erst auf der zweiten Stufe zu berücksichtigen (BGH NJW 1998, 1309). Die damit einhergehende Minderung des Unterhaltsanteils ist allein vom Berechtigten zu tragen (Eschenbruch/Menne, Kap. 4-85; Schilling, FamRZ 2006, 1, 5f.).

Die **Darlegungs- und Beweislast** für die Haftungsanteile trifft den Unterhaltsberechtigten. Von ihm sind die Einkommensverhältnisse der anteilig Mithaftenden vorzutragen. Soweit er dazu nicht im Stande ist, wird der Unterhaltsanspruch insgesamt versagt (OLG Koblenz NJW-RR 2005, 1457).

XIII. Entsprechende Anwendung des Verwandtenunterhaltsrechts; Tod des Unterhaltspflichtigen (§ 1615 l Abs. 3 Satz 1, Satz 4)

1. Auskunftsanspruch

45 Der Unterhaltsberechtigte kann vom anderen Elternteil Auskunft über dessen Einkünfte und Vermögen verlangen (§§ 1615l Abs. 3 Satz 1, 1605). Von Bedeutung ist der Auskunftsanspruch für den Berechtigten insbesondere, um Gewissheit über die Leistungsfähigkeit des Pflichtigen zu erlangen (OLG Nürnberg FF 2005, 69) und, im Fall von mehreren Pflichtigen, um deren jeweilige Haftungsquote darlegen zu können (vgl. oben, XII.3, Rn 44). Im Verhältnis der Pflichtigen untereinander besteht dagegen kein gegenseitiger Auskunftsanspruch (BGH NJW 1998, 1309).

2. Unterhaltsverwirkung

46 Nach §§ 1615l Abs. 3 Satz 1, 1611 kann der Unterhaltsanspruch des Berechtigten verwirkt sein. Dabei ist in zwei Schritten vorzugehen. Zunächst ist das Vorliegen eines Härtegrundes festzustellen, bevor sodann in einer umfassenden Abwägung aller maßgeblichen Umstände eine Billigkeitsprüfung zu erfolgen hat (BGH NJW 1995, 1215; MünchKomm/Born, § 1611 Rn 2). Dabei sind insbesondere auch die Belange des Kindes zu berücksichtigen (Wendl/Pauling, § 7 Rn 40; Menne, FamRZ 2007, 173, 177; Schilling, FPR 2005, 513, 515; Peschel-Gutzeit, FPR 2005, 344 ff.; a. A. Erman/Hammermann, § 1615 l Rn 49).

3. Unterhalt für die Vergangenheit; Verjährung

Unterhalt für die Vergangenheit kann ab Zugang eines Auskunftsverlangens 47 sowie dann gefordert werden, wenn der Verpflichtete in Verzug gesetzt oder die Unterhaltsklage rechtshängig ist (§§ 1615 l Abs. 3 Satz 1, 1613 Abs. 1). Rückständiger Unterhalt kann weiter auch dann eingefordert werden, soweit der Berechtigte aus rechtlichen oder tatsächlichen Gründen an der Geltendmachung des Unterhaltsanspruchs gehindert war (§ 1613 Abs. 2). Neben dem Fall, dass der Pflichtige unbekannten Aufenthalts ist (MünchKomm/Born, § 1615 l Rn 60) geht es hierbei in erster Linie um die Feststellung der Vaterschaft. Die förmliche Feststellung der Vaterschaft ist Anspruchsvoraussetzung (§§ 1594 Abs. 1, 1600 d Abs. 4; vgl. oben II.2, Rn 7).

Für sämtliche Einzelansprüche des § 1615 l gilt die regelmäßige Verjährungsfrist von drei Jahren (§ 195). Die 30-jährige Frist für familienrechtliche Ansprüche (§ 197 Abs. 1 Nr. 2) ist auf Unterhaltsansprüche nicht anwendbar (§ 197 Abs. 2). Die Verjährung beginnt mit dem Schluss des Jahres, in dem der jeweilige Unterhaltsanspruch entstanden ist, jedoch nicht vor der förmlichen Vaterschaftsfeststellung (§§ 1594 Abs. 1, 1600 d Abs. 4).

4. Unterhaltsverzicht; Vereinbarungen über den Unterhalt

Auf rückständigen Unterhalt kann verzichtet werden, jedoch nicht auf künftig 48 fällig werdende Unterhaltsansprüche (§§ 1615 l Abs. 1 Satz 1, 1614 Abs. 1). Für die kautelarjuristische Praxis ist das nicht unproblematisch, da damit eine sachgerechte, vertragliche Ausgestaltung insbesondere des verlängerten Betreuungsunterhaltsanspruchs erschwert wird (Berringer/Menzel, MittBayNot 2008, 165, 170; Bergschneider, DNotZ 2008, 946, 948).

5. Tod des Unterhaltspflichtigen

Nach § 1615 l Abs. 3 Satz 4 erlischt der Unterhaltsanspruch nicht mit dem 49 Tod des Vaters, sondern die Haftung geht auf dessen Erben als Nachlassverbindlichkeit über (§ 1967). Die Erben haften auch dann, wenn der Vater bereits vor der Geburt des Kindes gestorben ist (§ 1615 n Satz 1; vgl. § 1615 n Rn 3). Sollte der Vater unterhaltsberechtigt sein, gilt entsprechendes beim Tod der Mutter (§ 1615 l Abs. 4 Satz 2) (vgl. zu den Rechtsfolgen § 1615 n Rn 3).

§ 1615 l Abs. 3 Satz 4 weicht von dem Grundsatz des § 1615 – Erlöschen des Unterhaltsanspruchs mit dem Tod des Pflichtigen – ab; er entspricht vom Ansatz her der funktional entsprechenden Vorschrift des § 1586 b. Anders als im nachehelichen Unterhaltsrecht (§ 1586 b Abs. 1 Satz 3: Haftung nur bis zur Höhe eines fiktiven Pflichtteils) ist die Erbenhaftung jedoch betragsmäßig nicht beschränkt. Nachdem der Unterhaltsanspruch nach § 1615 l mit der Unterhaltsrechtsreform deutlich ausgeweitet worden ist, erscheint die fehlende Begrenzung problematisch, weil die Erben Gefahr laufen, dass ihr Erbrecht durch die Ansprüche des nach § 1615 l Berechtigten weitestgehend ausgehöhlt wird. In der Literatur wird deshalb Abhilfe durch den Gesetzgeber gefordert (Eschenbruch/Menne,

BGB § 1615m

Kap. 4-105) und die entsprechende Anwendung von § 1586 b Abs. 1 Satz 3 vorgeschlagen (Wendl/Pauling, § 7 Rn 5; HK-FamR/Pauling, § 1615l Rn 37).

XIV. Unterhaltsanspruch des Vaters gegen die Mutter (§ 1615l Abs. 4)

50 Mangels schwangerschafts- oder entbindungsbedingter Anknüpfungspunkte kann dem Vater von den einzelnen Unterhaltsansprüchen des § 1615l nur der Anspruch auf Betreuungsunterhalt zustehen (§§ 1615l Abs. 2 Satz 2 bis 5, Abs. 4; vgl. oben, III.2 Rn 9). Der Betreuungsunterhaltsanspruch des Vaters kann allerdings, entgegen dem insoweit missverständlichen, am Bild der betreuenden Mutter orientierten Gesetzeswortlaut ggf. auch innerhalb der ersten acht Wochen nach der Geburt des Kindes bestehen (Büdenbender, FamRZ 1998, 129, 133).

Anspruchsvoraussetzung ist, dass das Kind **vom Vater tatsächlich betreut** wird; auf die sorgerechtliche Zuordnung des Kindes kommt es nicht an (Göppinger/Wax-Maurer, Rn 1320, 1322; Büdenbender, FamRZ 1998, 129, 134. **A. A.** HK-FamR/Pauling, § 1615l Rn 34).

§ 1615 m Beerdigungskosten für die Mutter

Stirbt die Mutter infolge der Schwangerschaft oder der Entbindung, so hat der Vater die Kosten der Beerdigung zu tragen, soweit ihre Bezahlung nicht von dem Erben der Mutter zu erlangen ist.

I. Normzweck

1 Bei § 1615m handelt es sich nicht um einen Unterhalts-, sondern um einen **schuldrechtlichen Erstattungsanspruch** für den Fall, dass die Kosten nicht von den Erben der Mutter erlangt werden können. Auf die Leistungsfähigkeit des Vaters oder die Bedürftigkeit der Mutter kommt es daher nicht an (Wendl/Pauling, § 7 Rn 4, 30; MünchKomm/Born, § 1615m Rn 2).

Der gegenüber der Erbenhaftung subsidiäre Anspruch bezweckt, andere Unterhaltspflichtige wie insbesondere Verwandte (§§ 1615 Abs. 2, 1601, 1606) oder den Ehemann (§§ 1615 Abs. 2, 1608 Abs. 1) bzw. eine eingetragene Lebenspartnerin der Mutter (§ 1608 Abs. 1 Satz 4) von den Kosten der Beerdigung zu entlasten, soweit sie nicht zur Erbschaft berufen sind und der Tod der Mutter auf die Schwangerschaft oder die Entbindung zurückzuführen ist (Bamberger/Roth-Reinken, § 1615m Rn 1; MünchKomm/Born, § 1615m Rn 1).

II. Anspruchsvoraussetzungen

2 Zur Geltendmachung des Anspruchs ist derjenige berechtigt, der die Kosten der Beerdigung tatsächlich getragen hat; in der Regel sind das die Totensorgeberechtigten und damit die nächsten Angehörigen oder der nach öffentlichem Recht Bestattungspflichtige (Wendl/Pauling, § 7 Rn 30).

Der Anspruch setzt neben der Feststellung der Vaterschaft (AnwK-BGB/Schilling, § 1615m Rn 9) voraus, dass der Tod der Mutter auf Schwangerschaft oder Entbindung zurückzuführen ist.

Dass der **Tod durch** einen **Schwangerschaftsabbruch** verursacht wurde, lässt die Kausalität nicht entfallen (allgemeine Meinung; Staudinger/Engler, § 1615 m Rn 5; Erman/Hammermann, § 1615 m Rn 3). Vielfach wird allerdings danach differenziert, ob der Schwangerschaftsabbruch vom Vater gewollt bzw. gebilligt wurde oder ob der Schwangerschaftsabbruch aufgrund einer sozialen Indikation erfolgte bzw. der Abbruch gegen den Willen des Vaters vorgenommen wurde; in den zuletzt genannten Fällen soll eine Kostentragungspflicht entfallen (Staudinger/Engler, § 1615 m Rn 6; MünchKomm/Born, § 1615 m Rn 8; HK-FamR/Pauling, § 1615 n Rn 3; Erman/Hammermann, § 1615 m Rn 3). Das überzeugt nicht. Die Verantwortlichkeit des Vaters wird nämlich auch in diesen Fällen nicht ungeschehen gemacht, zumal die Entscheidung über die Durchführung eines Schwangerschaftsabbruchs allein bei der Mutter liegt (Johannsen/Henrich-Graba, § 1615 m Rn 1; AnwK-BGB/Schilling, § 1615 m Rn 4). Daher besteht die Haftung des Vaters grundsätzlich in allen Konstellationen.

Der Anspruch richtet sich nur dann gegen den Vater, wenn die Bezahlung der Kosten der Beerdigung nicht von den vorrangig haftenden Erben der Mutter zu erlangen ist. Das ist der Fall, sobald die Zwangsvollstreckung gegen die Erben aussichtslos erscheint (Baumgärtel/Laumen-Pruskowski, § 1615 m Rn 1) (vgl. zur Reihenfolge der Haftung für die Bestattungskosten im übrigen MünchKomm/Born, § 1615 m Rn 5).

III. Rechtsfolgen

Zu den vom Vater zu tragenden Kosten der Beerdigung gehören die Kosten 3 der Bestattung, also für Sarg, Grabstätte und Grabstein, nicht aber die Kosten der Grabpflege. Die Höhe der Kosten orientiert sich dabei in entsprechender Anwendung von § 1610 Abs. 1 an der Lebensstellung der Mutter (Wendl/Pauling, § 7 Rn 30; Staudinger/Engler, § 1615 m Rn 14; Brüggemann, FamRZ 1971, 140, 149).

Der Anspruch verjährt innerhalb der regelmäßigen Verjährungsfrist von drei Jahren (§ 195; Palandt/Diederichsen, § 1615 m Rn 1; HK-FamR/Pauling, § 1615l Rn 2. **A. A.** Brüggemann, FamRZ 1971, 140, 149; Schnitzler/Wever, § 10 Rn 119: 30 Jahre gemäß § 197 Abs. 1 Nr. 2).

§ 1615 n Kein Erlöschen bei Tod des Vaters oder Totgeburt

¹Die Ansprüche nach den §§ 1615 l, 1615 m bestehen auch dann, wenn der Vater vor der Geburt des Kindes gestorben oder wenn das Kind tot geboren ist. ²Bei einer Fehlgeburt gelten die Vorschriften der §§ 1615 l, 1615 m sinngemäß.

I. Normzweck

In Abweichung von den Grundsätzen des § 1615 – Erlöschen des Unterhalts- 1 anspruchs im Fall des Todes des Berechtigten oder des Verpflichteten – bleibt nach § 1615 n die Haftung des Vaters für die Ansprüche nach §§ 1615l, 1615 m auch dann unverändert bestehen, wenn der Vater bereits vor der Geburt des Kindes verstorben ist oder wenn das Kind tot geboren wird. Die bereits in § 1615l Abs. 3 Satz 4 normierte Haftung des Vaters für den Unterhalt über den Tod hin-

Menne

BGB § 1615n 2. Teil. Kindes- und Verwandtenunterhalt

aus wird durch § 1615n auf den Fall erstreckt, dass der Vater schon vor der Geburt des Kindes gestorben ist. Über § 1615l Abs. 3 Satz 4, Abs. 4 Satz 3 gilt § 1615n, soweit die Vaterschaft feststeht, entsprechend, wenn die Mutter bei oder nach der Geburt stirbt (Wendl/Pauling, § 7 Rn 5; HK-FamR/Pauling, § 1615m Rn 1, § 1615l Rn 36).

II. Anspruchsvoraussetzungen

2   Voraussetzung des Anspruchs ist, dass die **Vaterschaft festgestellt** wurde. Soweit sie nicht schon vor der Geburt des Kindes anerkannt wurde (§ 1594 Abs. 4), kann sie auch noch nach dem Tod eines Beteiligten im Verfahren nach §§ 169 ff. FamFG gerichtlich festgestellt werden (Begründung §§ 169 ff. FamFG, Art. 50 Nr. 25 FGG-RG, BT-Drs. 16/6308, S. 243 f., 345; vgl. auch AG Pankow/ Weißensee KindPrax 2004, 112). Streitig ist, ob über die Vaterschaft in diesem Fall inzident im Unterhaltsprozess entschieden werden kann oder ob ein gesonderter Statusprozess erforderlich ist (Bamberger/Roth-Reinken, § 1615n Rn 4).

III. Rechtsfolgen

1. Ansprüche bei Tod des betreuenden Elternteils

3   Entsprechend der Rechtslage bei § 1615l Abs. 3 Satz 4 geht die Haftung für den Unterhalt als Nachlassverbindlichkeit auf die **Erben des Vaters** über (§ 1967; vgl. auch OLG Hamm FF 2000, 137). Dessen Erben (dazu kann auch das Kind gehören, §§ 1924 Abs. 1, 1923 Abs. 2) haften daher für die Entbindungskosten und damit zusammenhängende weitere Aufwendungen der Mutter (§ 1615l Abs. 1), sowie ggf. für den Unterhalt der Mutter nach § 1615l Abs. 2 und, soweit die Mutter infolge der Schwangerschaft oder der Entbindung verstorben ist, auch für deren Beerdigungskosten (§ 1615m). Die Haftung der Erben des Vaters ist summenmäßig nicht beschränkt (vgl. § 1615l Rn 49).

Entsprechendes gilt, falls der Vater das Kind betreut und die Mutter bei oder nach der Geburt stirbt; in diesem Fall haften die **Erben der Mutter** für den Betreuungsunterhaltsanspruch des Vaters (Wendl/Pauling, § 7 Rn 5; Schnitzler/ Wever, § 10 Rn 116).

2. Ansprüche bei Tot- oder Fehlgeburt des Kindes

4   Die Fehlgeburt ist der Totgeburt gleichgestellt (Satz 2; vgl. zu der personenstandsrechtlichen Differenzierung MünchKomm/Born, § 1615n Rn 9). Der Vater hat der Mutter die im Zusammenhang mit der Fehl- oder Totgeburt entstandenen **Behandlungs- und Klinikkosten** zu ersetzen. Der Betreuungsunterhaltsanspruch nach § 1615l Abs. 2 Satz 2 bis 5 ist bei einer Tot- oder Fehlgeburt tatbestandlich ausgeschlossen.

Die **Kosten der Beerdigung des Kindes** sind vom Vater nicht nach § 1615n zu tragen, da es sich bei den Beerdigungskosten nicht, wie § 1615m dies voraussetzt, um eine Folge der Schwangerschaft oder der Entbindung handelt. Für diese Kosten haften vielmehr die unterhaltspflichtigen Eltern gemäß § 1615 Abs. 2 gemeinsam (AnwK-BGB/Schilling, § 1615n Rn 3; Eschenbruch/Menne, Kap. 4-100. **A.A.** Wendl/Pauling, § 7 Rn 31; Scholz/Stein-Scholz, Teil K Rn 838: alleinige Haftung des Vaters).

Einstweilige Verfügung **§ 1615o BGB**

Da § 1615n nicht danach differenziert, aufgrund welcher Umstände es zu einer Fehl- oder Totgeburt gekommen ist, besteht die Unterhaltspflicht des Vaters auch bei einem Schwangerschaftsabbruch, soweit die Mutter dadurch im Sinne des § 1615l BGB bedürftig wird und sie deshalb beispielsweise nicht arbeitsfähig ist (AG Brake FamRZ 1976, 288; AnwK-BGB/Schilling, § 1615n Rn 5; Brüggemann, FamRZ 1971, 140, 142). Hierbei ist freilich zu beachten, dass sozial-, krankenversicherungsrechtliche und arbeitsrechtliche Ansprüche der Mutter vorgehen.

3. Rang der Ansprüche

Aus den Materialien zum Gesetz zur Änderung des Unterhaltsrechts vom 21. 12. 2007 (BT-Drs. 16/1830, S. 24, 32) ergibt sich, dass aufgrund des Sachzusammenhangs Ansprüche nach § 1615n ebenfalls vom zweiten Unterhaltsrang (§ 1609 Nr. 2) erfasst werden (Menne/Grundmann, S. 89. **A. A.** Erman/Hammermann, § 1615o Rn 4, § 1609 Rn 19; Palandt/Diederichsen, § 1615l Rn 36). 5

[§ 1615o Einstweilige Verfügung

(1) ¹Auf Antrag des Kindes kann durch einstweilige Verfügung angeordnet werden, dass der Mann, der die Vaterschaft anerkannt hat oder der nach § 1600d Abs. 2 als Vater vermutet wird, den für die ersten drei Monate dem Kind zu gewährenden Unterhalt zu zahlen hat. ²Der Antrag kann bereits vor der Geburt des Kindes durch die Mutter oder einen für die Leibesfrucht bestellten Pfleger gestellt werden; in diesem Falle kann angeordnet werden, dass der erforderliche Betrag angemessene Zeit vor der Geburt zu hinterlegen ist.

(2) Auf Antrag der Mutter kann durch einstweilige Verfügung angeordnet werden, dass der Mann, der die Vaterschaft anerkannt hat oder der nach § 1600d Abs. 2 als Vater vermutet wird, die nach § 1615l Abs. 1 voraussichtlich zu leistenden Beträge an die Mutter zu zahlen hat; auch kann die Hinterlegung eines angemessenen Betrags angeordnet werden.

(3) Eine Gefährdung des Anspruchs braucht nicht glaubhaft gemacht zu werden.]

I. Hinweis

Durch Art. 50 Nr. 25 des FGG-Reformgesetzes vom 17. 12. 2008 (BGBl. I 2586) wurde der bisherige § 1615o mit Wirkung ab dem 1. 9. 2009 **ersatzlos aufgehoben.** Dessen Funktion, den Unterhalt von Kind und Mutter in der Zeit unmittelbar vor und nach der Geburt sicherzustellen, weil in diesem Zeitraum eine besondere Schutzbedürftigkeit besteht, wird in ihrem verfahrensrechtlichen Regelungsgehalt nunmehr von § 247 FamFG übernommen (Begründung Art. 50 Nr. 25 FGG-RG, BT-Drs. 16/6308, S. 345). 1

II. Überblick über den vorläufigen Rechtsschutz nach dem FamFG

Das bisherige, komplizierte System der vorläufigen Sicherstellung des Unterhalts von Kind und betreuendem Elternteil wird durch das FGG-Reformgesetz gestrafft und deutlich übersichtlicher gestaltet: 2

BGB § 1615o   2. Teil. Kindes- und Verwandtenunterhalt

1. Einstweilige Anordnung nach § 246 FamFG

3   In erster Linie kann der Unterhalt des Kindes oder des betreuenden Elternteils durch einstweilige Anordnung nach § 246 FamFG vorläufig geregelt werden. Voraussetzung ist, dass die Vaterschaft anerkannt ist oder gerichtlich festgestellt wurde. Vom Gericht kann der volle, laufende Unterhalt ab dem Zeitpunkt der Antragstellung ohne zeitliche Begrenzung geregelt werden (Begründung § 246 FamFG, BT-Drs. 16/6308, S. 259 f.; Büte, FuR 2008, 537, 539; Schürmann, FamRB 2008, 375 ff.; Gießler, FPR 2006, 421 ff.; s. auch KG KindPrax 2005, 182). Die einstweilige Anordnung nach § 246 FamFG kommt insbesondere dann in Betracht, wenn es darum geht, den Unterhalt des Kindes außerhalb des von § 247 FamFG erfassten Zeitraums, also über die ersten drei Monate hinaus zu regeln oder wenn der betreuende Elternteil einen Unterhaltsanspruch nach § 1615l Abs. 2 Satz 2 bis 5 geltend macht.

2. Einstweilige Anordnung nach § 247 FamFG

4   **a) Allgemeines.** Der verfahrensrechtliche Gehalt des bisherigen § 1615o findet sich nunmehr in § 247 FamFG. § 247 Abs. 1 FamFG ermöglicht die Regelung des in den ersten drei Monaten dem Kind zu gewährenden Unterhalts sowie die Regelung der Unterhaltsbeträge, die der Mutter nach § 1615l Abs. 1 zustehenden. Die Regelung des Unterhalts wird im Vergleich zu § 246 FamFG erleichtert, weil die Ansprüche – ähnlich, wie dies der frühere § 1615o Abs. 1 Satz 2, Abs. 2 vorsah – bereits vor der Geburt des Kindes geltend gemacht werden können (§ 247 Abs. 1 FamFG) und weil es in Fällen, in denen die Vaterschaft vor der Geburt nicht anerkannt wurde (§ 1594 Abs. 4), genügt, dass die Vaterschaftsvermutung nach § 1600d Abs. 2, 3 glaubhaft gemacht wird (§§ 247 Abs. 2 Satz 2, 51 Abs. 1 Satz 2 FamFG).

5   **b) Vorläufige Sicherstellung des Kindesunterhalts.** Es ist davon auszugehen, dass entsprechend der Rechtslage bei § 246 FamFG auch bei einer einstweiligen Anordnung nach § 247 FamFG der gesamte, in den ersten drei Monaten anfallende Unterhalt des Kindes in voller Höhe entsprechend seinem Bedarf (§ 1610 Abs. 1) geltend gemacht werden kann. Es besteht keine Beschränkung auf den Mindestunterhalt; sobald ein höherer Bedarf glaubhaft gemacht wird, ist dieser geschuldet (Erman/Hammermann, § 1615o Rn 6; **a. A.** Bamberger/Roth-Reinken, § 1615o Rn 3). Der Antrag kann bereits vor der Geburt des Kindes durch die Mutter geltend gemacht werden; deren Handlungsbefugnis wird durch § 247 Abs. 2 Satz 1 FamFG für das einstweilige Anordnungsverfahren auf den Zeitraum vor der Geburt erweitert (Begründung § 247 FamFG, BT-Drs. 16/6308, S. 260). Ähnlich wie dies bereits § 1615o Abs. 1 Satz 2 bestimmte, kann das Gericht anordnen, dass die geschuldeten Beträge vor der Geburt des Kindes hinterlegt werden (§ 247 Abs. 2 Satz 3 FamFG). Allerdings soll das die Ausnahme sein; Regelfall ist die Zahlungsanordnung (Begründung § 247 FamFG, BT-Drs. 16/6308, S. 260).

6   **c) Vorläufige Sicherstellung des Unterhalts der betreuenden Mutter.** Hinsichtlich der vorläufigen Sicherstellung des Unterhalts der Mutter ist ebenfalls Voraussetzung, dass die Vaterschaft anerkannt wurde oder die Vaterschaftsvermutung des § 1600d Abs. 2 glaubhaft gemacht wird. Die Mutter kann Zahlung des Mutterschutzunterhalts (§ 1615l Abs. 1 Satz 1) und der Schwangerschafts- und Entbindungskosten (§ 1615l Abs. 1 Satz 2) verlangen; die einstweilige Anordnung erstreckt sich also im Wesentlichen auf einen Zeitraum von etwa drei Mo-

Vertretung des Kindes § 1629 BGB

naten. Unterhaltsansprüche nach § 1615 l Abs. 2, insbesondere also der Betreuungsunterhalt (§ 1615 l Abs. 2 Satz 2 bis 5), können dagegen nicht tituliert werden. Die Mutter kann ebenfalls Unterhalt in voller Höhe beanspruchen und ist nicht auf die Geltendmachung eines Notbedarfs beschränkt.

d) Situation beim betreuenden Vater. Eine vorläufige Sicherstellung des Unterhalts eines betreuenden Vaters ist dagegen nicht vorgesehen und zwar auch dann nicht, wenn der Vater das Kind (voraussichtlich) vom Zeitpunkt der Geburt an tatsächlich betreut. Grund hierfür ist, dass vom Wortlaut des § 247 Abs. 1 FamFG ausdrücklich nur Unterhaltsansprüche nach § 1615 l Abs. 1 erfasst werden und damit Ansprüche, die ausschließlich der gebärenden Frau zustehen können (Eschenbruch/Menne, Kap. 4-121). 7

Die praktischen Auswirkungen des Ausschlusses des Vaters sind allerdings eher gering, weil der betreuende Vater eine einstweilige Anordnung zur Zahlung von Unterhalt nach § 246 FamFG erwirken kann (Ebert, Einstweiliger Rechtsschutz in Familiensachen, § 2 Rn 502; Büdenbender, FamRZ 1998, 129, 138).

3. Einstweilige Anordnung nach § 248 FamFG

Soweit die Vaterschaft des in Anspruch genommenen Mannes noch nicht feststeht, aber ein Verfahren auf Feststellung der Vaterschaft nach § 1600 d BGB anhängig ist, kann das Gericht – ähnlich, wie das bislang § 641 d ZPO vorsah – den Unterhalt von Kind oder Mutter durch einstweilige Anordnung nach § 248 FamFG regeln (Begründung § 248 FamFG, BT-Drs. 16/6308, S. 260; Koritz, Das neue FamFG, § 22 Rn 40 ff.). 8

4. Sicherung des Unterhaltsanspruchs

a) Die Vaterschaft steht noch nicht fest. Soweit die Vaterschaft noch nicht festgestellt ist, der Unterhalt von Kind oder Mutter aber gesichert werden soll, kann vom Gericht die **Sicherheitsleistung** in Höhe eines bestimmten Betrages angeordnet werden (§ 248 Abs. 4 FamFG; bislang § 641 d Abs. 1 Satz 2 ZPO). 9

b) Die Vaterschaft steht fest. Sobald die Vaterschaft feststeht, kommt eine Sicherung des Unterhaltsanspruchs durch **Arrest** in Betracht (§ 916 ZPO; Menne, FamRZ 2004, 6 ff.).

Titel 5. Elterliche Sorge

§ 1629 Vertretung des Kindes

(1) ¹Die elterliche Sorge umfasst die Vertretung des Kindes. ²Die Eltern vertreten das Kind gemeinschaftlich; ist eine Willenserklärung gegenüber dem Kind abzugeben, so genügt die Abgabe gegenüber einem Elternteil. ³Ein Elternteil vertritt das Kind allein, soweit er die elterliche Sorge allein ausübt oder ihm die Entscheidung nach § 1628 übertragen ist. ⁴Bei Gefahr im Verzug ist jeder Elternteil dazu berechtigt, alle Rechtshandlungen vorzunehmen, die zum Wohl des Kindes notwendig sind; der andere Elternteil ist unverzüglich zu unterrichten.

(2) ¹Der Vater und die Mutter können das Kind insoweit nicht vertreten, als nach § 1795 ein Vormund von der Vertretung des Kindes ausgeschlossen ist. ²Steht die elterliche Sorge für ein Kind den Eltern ge-

BGB § 1629

meinsam zu, so kann der Elternteil, in dessen Obhut sich das Kind befindet, Unterhaltsansprüche des Kindes gegen den anderen Elternteil geltend machen. ³Das Familiengericht kann dem Vater und der Mutter nach § 1796 die Vertretung entziehen; dies gilt nicht für die Feststellung der Vaterschaft.

(3) ¹Sind die Eltern des Kindes miteinander verheiratet, so kann ein Elternteil, solange die Eltern getrennt leben oder eine Ehesache zwischen ihnen anhängig ist, Unterhaltsansprüche des Kindes gegen den anderen Elternteil nur im eigenen Namen geltend machen. ²Eine von einem Elternteil erwirkte gerichtliche Entscheidung und ein zwischen den Eltern geschlossener gerichtlicher Vergleich wirken auch für und gegen das Kind.

I. Normzweck

1   Die durch Art. 1 Nr. 12 KindRG geänderte Vorschrift regelt die Befugnis der Eltern, Rechtshandlungen zu Dritten mit Rechtswirkungen für und gegen das Kind vorzunehmen und stellt klar, dass die gesetzliche Vertretung des Kindes Ausfluss der elterlichen Sorge ist (§ 1629 Abs. 1 Satz 1 BGB). Sie umschreibt in Abs. 1 Satz 2 den Grundsatz der gemeinschaftlichen Vertretung (Gesamtvertretung), weiter – und darauf bezieht sich die Thematik des vorliegenden Kommentars – in Abs. 2 Satz 2 das Alleinvertretungsrecht für die Geltendmachung von Kindesunterhalt bei fortbestehender gemeinsamer elterlicher Sorge sowie in Abs. 3 die gesetzliche Prozessstandschaft bei gemeinsamer elterlicher Sorge und bestehender Ehe (BT-Drucks. 13/4899 S. 96). Zweck der Regelung ist es, es wegen der Unterhaltsfrage nicht zu einem vorherigen Entzug der elterlichen Sorge des barunterhaltspflichtigen Elternteils kommen zu lassen.

II. Alleinvertretung bei der Geltendmachung von Unterhaltsansprüchen, Abs. 2 Satz 2

1. Gemeinsame elterliche Sorge

2   Das Alleinvertretungsrecht setzt die gemeinsame elterliche Sorge der Eltern voraus. Das ist der Fall, wenn nach nicht nur vorübergehender Trennung oder Scheidung die gemeinsame elterliche Sorge der Eltern beibehalten wurde oder wenn nicht miteinander verheiratete Eltern eine Sorgerechtserklärung abgegeben haben, § 1626a BGB (Palandt/Diederichsen § 1629 Rn 30). Die Vertretungsmacht des Elternteils nach § 1629 Abs. 2 Satz 2 BGB stellt eine Ausnahme sowohl vom Grundsatz der Gesamtvertretung (§ 1629 Abs. 1 BGB) als auch von dem in § 1629 Abs. 2 BGB normierten Vertretungsverbot dar (KG NJW 1998, 2062). Die Regelung gilt für alle unterhaltsrechtlichen Verfahren, unabhängig davon, in welcher Parteirolle sich das Kind bzw. der es vertretende Elternteil befindet (OLG Brandenburg FamRZ 2000, 1377; OLG Naumburg FamRZ 2003, 1115). § 1629 Abs. 2 Satz 2 BGB ist nicht anwendbar, wenn einem Elternteil die Entscheidung nach § 1628 Abs. 1 BGB übertragen, eine die Vertretungsmacht betreffende summarische Anordnung (z.B. nach § 620 Nr. 1 ZPO) erlassen oder eine diesen Gegenstand betreffende Maßnahme nach § 1666 BGB getroffen worden ist. Die Vorschrift hat lediglich eine Hilfsfunktion. Allein die

Vertretung des Kindes **§ 1629 BGB**

Übertragung nur des Aufenthaltsbestimmungsrechts berechtigt noch nicht zur Geltendmachung von Unterhaltsansprüchen (OLG Zweibrücken FamRZ 1997, 570).

2. Obhut

Das Alleinvertretungsrecht steht dem Elternteil zu, in dessen Obhut sich das 3 Kind befindet. Bemühen sich beide Elternteile erst um die Obhut, ist § 1629 Abs. 2 Satz 2 BGB nicht anwendbar (OLG Zweibrücken NJWE-FER 2001, 68). Der dem § 42 SGB VIII entnommene Begriff bestimmt sich nach den tatsächlichen Verhältnissen, nicht nach den rechtlichen (KG FamRZ 2003, 53; OLG Stuttgart NJW-RR 1996, 67; OLG Zweibrücken FamRZ 1997, 570). Unerheblich ist deshalb, wer Inhaber des Aufenthaltsbestimmungsrechts ist (vgl. auch OLG Stuttgart NJW-RR 1996, 67). Kinder befinden sich in der Obhut des Elternteils, der sich um das tatsächliche Wohl des Kindes (Pflege, Ernährung, Kleidung, emotionale Zuwendung) kümmert (BT-Drucks. 7/650 S. 175; BT-Drucks. 13/4899 S. 176; OLG Düsseldorf FamRZ 1988, 1092: bei Getrenntleben innerhalb einer Wohnung; OLG Frankfurt FamRZ 1992, 575). Dabei genügt die Organisation und Überwachung einer Drittbetreuung (JH/Jaeger Rn 6; OLG Düsseldorf NJW 2001, 3344). Leben die Eltern zusammen und kümmern sich beide in etwa gleichen Umfang um das Kind, lebt es in der Obhut beider. Das gilt nicht, wenn die Eltern zwar in einer gemeinsamen Wohnung leben, sich aber in unterschiedlichem Umfang um das Kind kümmern (OLG Hamburg FamRZ 2001, 1235: Beweislast für die überwiegende tatsächliche Fürsorge bei dem Elternteil, der Unterhalt verlangt). Dabei reicht ein nur geringfügiger Betreuungsvorsprung eines Elternteils aus (BGH NJW 2006, 2258; Palandt/Diederichsen Rn 31; OLG Düsseldorf JAmt 2001, 298; a. A. KG FamRZ 2003, 53: es bedarf für das Kriterium der Obhut einer eindeutigen Zuordnung). Die Beweislast trägt derjenige, der sich darauf beruft, mehr als der andere Betreuungsleistungen erbracht zu haben (OLG Düsseldorf NJW 2001, 3344; OLG Hamburg FamRZ 2001, 1235). Lässt sich ein Schwergewicht der Fürsorge durch einen Elternteil nicht hinreichend sicher ermitteln, bleibt es beim Grundprinzip des § 1629 Abs. 2 Satz 1 BGB (OLG Zweibrücken NJWE-FER 2001, 68). Leben die Eltern in verschiedenen Wohnungen dauernd getrennt und ist der Aufenthalt des Kindes so geregelt, dass es sich vorwiegend bei dem einen Elternteil – unterbrochen durch regelmäßige Aufenthalte in der Wohnung des anderen – aufhält **(sog. Residenzmodell)** übt die Obhut der Elternteil aus, bei dem der Schwerpunkt der tatsächlichen Betreuung liegt (OLG Düsseldorf NJW 2001, 3344; OLG Stuttgart NJW-RR 1996, 67). Hält sich das Kind im wesentlichen in etwa gleichlangen Phasen in den jeweiligen Haushalten der Eltern auf – **sog. Wechselmodell** (vgl. dazu: Rakete-Dombek FF 2001, 16; Viefhues FPR 2006, 287) – (OLG Düsseldorf NJW 2001, 3344; OLG Frankfurt NJWE-FER 2001, 232; KG FamRZ 2003, 53; OLG München FamRZ 2003, 248), übt kein Elternteil die Obhut aus, keiner ist zur Alleinvertretung berechtigt. Zur Geltendmachung von Unterhaltsansprüchen ist ein Unterhaltspfleger (OLG Koblenz NJW 2006, 3649) zu bestellen oder aber der Elternteil, der den anderen für barunterhaltspflichtig hält, muss beim Familiengericht beantragen, ihm gem. § 1628 BGB die Entscheidung für die Geltendmachung von Kindesunterhalt allein zu übertragen (BGH NJW 2006, 2258).

BGB § 1629

3. Wechselmodell und Unterhalt

3 Ein Wechselmodell ist zu verneinen, wenn sich das Kind zeitlich zu ²/₃ bei einem Elternteil bei dem anderen zu ¹/₃ aufhält. Der Barbedarf kann vermindert sein, wenn der barunterhaltspflichtige Elternteil den Unterhalt in Natur befriedigt (BGH NJW 2006, 2258). Eine Reduzierung der Barunterhaltspflicht kommt erst in Betracht, wenn eine hälftige Mitbetreuung des Kindes durch den anderen Elternteil vorliegt (BGH NJW 2007, 1882). Der Barbedarf bemisst sich nach dem zusammengerechneten Einkommen zuzüglich der Mehrkosten (z. B. Wohn- und Fahrtkosten) durch die Versorgung in getrennten Haushalten. Für diesen Barbedarf haften die Eltern anteilig nach ihren Einkommensverhältnissen und unter Beachtung der erbrachten Naturalleistungen (vgl. zur Berechnung: OLG Düsseldorf NJW-RR 2000, 74; vgl. auch OLG Karlsruhe NJW-RR 2006, 1155).

4. Rechtsfolge

4 Der die Obhut ausübende Elternteil ist befugt, die Unterhaltsansprüche des Kindes gegen den anderen Elternteil gerichtlich – sei es durch Klage oder einstweilige Anordnung nach § 620 Nr. 4 ZPO – und außergerichtlich geltend zu machen (Johannsen/Henrich/Jaeger Rn 7; OLG Hamburg FamRZ 1981, 490). Er kann sich dabei gem. § 1712 Abs. 1 Nr. 2 BGB der Hilfe des Jugendamtes als Beistand bedienen (str.: Veit in: Bamberger/Roth Rn 42). Über den Wortlaut hinaus gilt die Vorschrift auch für Passivprozesse, z. B. für eine negative Feststellungsklage oder Abänderungsklage (Johannsen/Henrich/Jaeger Rn 7). Da Voraussetzung der Vertretungsbefugnis ist, dass einem Elternteil die Sorgerecht zusteht (OLG Bremen FamRZ 1995, 1515), steht einem Elternteil, dem die elterliche Sorge gem. § 1666 BGB entzogen wurde, kein Vertretungsrecht zu, selbst wenn sich die Kinder in seiner Obhut befinden.

5. Ende der Alleinvertretung

5 Diese endet mit Wegfall der gemeinsamen elterlichen Sorge, bei einem Wechsel des Kindes in die Obhut des anderen Elternteils, mit Wegfall der Elternstellung (Anfechtung der Vaterschaft, Einigung nach § 1599 Abs. 2 BGB sowie einer gerichtlichen Entziehung des Vertretungsrechts nach §§ 1629 Abs. 2 Satz 3, 1796 BGB). Eine zulässigerweise erhobene **Klage** auf Kindesunterhalt wird mit Wegfall der gesetzlichen Vertretung des Kindes insgesamt und nicht nur für die Zeit ab Obhutwechsel **unzulässig** (OLG Hamm FamRZ 1990, 890; OLG München NJW-RR 2003, 1010). Mit dem Betreuungswechsel wechselt auch die Aktivlegitimation. Der bisher klagende Elternteil muss den Rechtsstreit für **erledigt erklären** (Johannsen/Henrich/Jaeger Rn 8; BGH NJW 2006, 2258).

III. Gesetzliche Prozessstandschaft, Abs. 3

1. Grundsätze

6 Der durch Art. 1 Nr. 12 KindRG neu gefasste Abs. 3 Satz 1 enthält eine verfahrensrechtliche Ergänzung und ist lex spezialis zu Abs. 2 Satz 2. Er gilt nur für Unterhaltsansprüche, nicht für das vereinfachte Verfahren nach §§ 645 ff. ZPO (Palandt/Diederichsen Rn 37). Die gesetzliche Prozessstandschaft trägt dem Umstand Rechnung, dass gemeinschaftliche minderjährige Kinder den Streitigkeiten der Eltern entzogen werden und sie nicht als Partei auftreten müssen (BT-Drucks. 13/4899 S. 46; BT-Drucks. 7/650 S. 176; BGH NJW-RR 2005, 1237; OLG Dresden FamRZ 1997, 1287), sofern die Eltern miteinander verheiratet sind, aber getrennt leben oder eine Ehesache zwischen ihnen anhängig ist. Die Prozessstandschaft – auch für Passivprozesse (KG FamRZ 1988, 313; OLG Naumburg FamRZ 2003, 1115) – setzt die Vertretungsbefugnis voraus und verleiht die Befugnis, ein fremdes Recht im eigenen Namen geltend zu machen, ohne Auswirkungen auf die materielle Rechtslage zu haben. Der Unterhaltsanspruch kann auch im Verbund geltend gemacht werden (BGH NJW 1983, 2084). Die Vorschrift gilt auch für einstweilige Anordnungen nach § 620 Nr. 4 ZPO (BGH NJW 1986, 3084). Da das Kind Inhaber der Unterhaltsansprüche bleibt, kann der Prozessstandschafter mit diesen Ansprüchen nicht gegen Zugewinnausgleichsansprüche des Unterhaltsschuldners aufrechnen (OLG Naumburg FamRZ 2001, 1236). Die von einem Elternteil erwirkte gerichtliche Entscheidung oder ein zwischen den Eltern abgeschlossener Vergleich wirkt für und gegen das Kind. Es ist Zahlung an den klagenden Elternteil für das Kind oder Zahlung an das Kind zu Händen des klagenden Elternteils zu beantragen. Im Rahmen einer auch außerhalb des Scheidungsverbundes in gesetzlicher Prozessstandschaft erhobenen Klage auf Kindesunterhalt ist für die Bewilligung der Prozesskostenhilfe auf die Einkommens- und Vermögensverhältnisse des klagenden Elternteils abzustellen (BGH NJW-RR 2005, 1237). Tritt nach § 1714 BGB eine Beistandschaft des Jugendamtes ein, verliert der betreuende Elternteil nach § 53a ZPO die Befugnis, den Prozess als Vertreter des Kindes zu führen (OLG Stuttgart JAmt 2007, 40).

2. Dauer und Wegfall der Prozessstandschaft

Die Prozessstandschaft dauert während der Trennungszeit der Eltern (§ 1567 BGB) oder bei Abhängigkeit einer Ehesache bis zu deren rechtskräftigem Abschluss. Wird während eines im Prozessstandschaft zulässigerweise begonnenen Unterhaltsverfahrens die **Ehe rechtskräftig geschieden,** dauert die Prozessstandschaft in analoger Anwendung des § 265 Abs. 2 Satz 1 ZPO bis zum Ende des Prozesses fort, wenn sich am Obhutsverhältnis nichts geändert hat oder ihm im Scheidungsverbund die elterliche Sorge übertragen worden ist (BGH NJW-RR 1990, 323; OLG Hamm FamRZ 1998, 379; OLG Koblenz FamRZ 2002, 965). **Ändert sich die Sorgerechtslage** (vgl. dazu OLG Nürnberg NJW-RR 2002, 1158), wird die zunächst zulässig erhobene Klage – auch für die Zeit vor der Änderung – unzulässig (OLG Hamm FamRZ 1990, 890). Gleiches gilt, wenn sich das Obhutsverhältnis – ohne gesetzliche Sorgerechtsregelung – ändert (OLG München FamRZ 1997, 1493). Der klagende Elternteil muss die Hauptsache für erledigt erklären und kann im Wege der sachdienlichen (OLG Frankfurt FamRZ 2007, 909) **Klageänderung** einen **familienrechtlichen Ausgleichsanspruch** geltend machen (JH/Jaeger Rn 11; zu den Voraussetzungen: BGH NJW 1994, 2234; BGH NJW 1981, 2348; BGH NJW 1989, 2816). Eine subjektive Klageänderung in Form eines Parteiwechsels ist zulässig (BGH NJW-RR 1990, 323; NJW 1983, 2084: für selbständige Unterhaltsstreitigkeiten; BGH NJW 1985, 1347: für den Verbund; zu den Voraussetzungen des gewillkürten Klägerwechsels im zweiten Rechtszug und zu den Möglichkeiten, ein Urteil anzufechten, das die Klage des vermeintlichen gesetzlichen Prozessstandschafters als unbegründet abgewiesen hat, vgl. BGH NJW 2003, 2172). Die Prozessstandschaft endet weiter mit der **Volljährigkeit des Kindes** (BGH NJW 1983, 2084; BGH NJW 1985, 1347), und zwar auch für die schon zuvor fällig gewordenen Unterhaltsansprüche. Das volljährige Kind kann in das aus dem Verbund abzutrennende Verfahren (§ 623 Abs. 1 S 2 ZPO) eintreten mit der Möglichkeit, selbst Rechtsmittel gegen das von einem Elternteil erwirkte Urteil einzulegen (BGH NJW-RR 1990, 323).

3. Vollstreckungsbefugnis

Nach Abs. 3 S. 2 wirkt eine von einem Elternteil erwirkte gerichtliche Entscheidung für und gegen das Kind.

8   Der Elternteil, der einen Titel erwirkt hat, kann aus diesem vollstrecken, solange nicht die Vollstreckungsklausel auf das Kind umgeschrieben ist (BGH NJW 1991, 839). Ihm ist deshalb auch die Vollstreckungsklausel (§§ 724 f ZPO) zu erteilen (LG Konstanz NJW-RR 2002, 6; OLG Brandenburg FamRZ 1997, 509) und er kann die Eintragung einer Zwangssicherungshypothek verlangen. Macht ein Unterhaltsschuldner gemäß § 1629 Abs.3 BGB Unterhaltsansprüche des Kindes geltend und zahlt der Unterhaltsschuldner auf ein Konto dieses Elternteils, kann der Unterhaltsschuldner wegen der treuhänderischen Zweckbindung zugunsten des Kindes nicht als Vollstreckungsgläubiger wegen anderer Forderungen gegen den Kontoinhaber in diesen Betrag vollstrecken (BGH NJW 2006, 2040).Vollstreckt der frühere Prozessstandschafter trotz Wegfalls der Prozessstandschaft aus dem Titel, kann der danach barunterhaltspflichtige Elternteil Vollstreckungsgegenklage nach § 767 ZPO erheben (OLG Celle FamRZ 1992, 842; OLG Hamm FamRZ 1992, 843; OLG Nürnberg NJW-RR 2002, 1158; Veit in Bamberger/Roth § 1629 Rn 51).

Dritter Teil. Nebenvorschriften

Einführungsgesetz zum Bürgerlichen Gesetzbuche (EGBGB)

Art. 18 Unterhalt

(1) ¹Auf Unterhaltspflichten sind die Sachvorschriften des am jeweiligen gewöhnlichen Aufenthalt des Unterhaltsberechtigten geltenden Rechts anzuwenden. ²Kann der Berechtigte nach diesem Recht vom Verpflichteten keinen Unterhalt erhalten, so sind die Sachvorschriften des Rechts des Staates anzuwenden, dem sie gemeinsam angehören.

(2) Kann der Berechtigte nach dem gemäß Absatz 1 Satz 1 oder 2 anzuwendenden Recht vom Verpflichteten keinen Unterhalt erhalten, so ist deutsches Recht anzuwenden.

(3) Bei Unterhaltspflichten zwischen Verwandten in der Seitenlinie oder Verschwägerten kann der Verpflichtete dem Anspruch des Berechtigten entgegenhalten, dass nach den Sachvorschriften des Rechts des Staates, dem sie gemeinsam angehören, oder, mangels einer gemeinsamen Staatsangehörigkeit, des am gewöhnlichen Aufenthalt des Verpflichteten geltenden Rechts eine solche Pflicht nicht besteht.

(4) ¹Wenn eine Ehescheidung hier ausgesprochen oder anerkannt worden ist, so ist für die Unterhaltspflichten zwischen den geschiedenen Ehegatten und die Änderung von Entscheidungen über diese Pflichten das auf die Ehescheidung angewandte Recht maßgebend. ²Dies gilt auch im Fall einer Trennung ohne Auflösung des Ehebandes und im Fall einer für nichtig oder als ungültig erklärten Ehe.

(5) Deutsches Recht ist anzuwenden, wenn sowohl der Berechtigte als auch der Verpflichtete Deutsche sind und der Verpflichtete seinen gewöhnlichen Aufenthalt im Inland hat.

(6) Das auf eine Unterhaltspflicht anzuwendende Recht bestimmt insbesondere

1. ob, in welchem Ausmaß und von wem der Berechtigte Unterhalt verlangen kann,
2. wer zur Einleitung des Unterhaltsverfahrens berechtigt ist und welche Fristen für die Einleitung gelten,
3. das Ausmaß der Erstattungspflicht des Unterhaltsverpflichteten, wenn eine öffentliche Aufgaben wahrnehmende Einrichtung den ihr nach dem Recht, dem sie untersteht, zustehenden Erstattungsanspruch für die Leistungen geltend macht, die sie dem Berechtigten erbracht hat.

(7) Bei der Bemessung des Unterhaltsbetrags sind die Bedürfnisse des Berechtigten und die wirtschaftlichen Verhältnisse des Unterhaltsverpflichteten zu berücksichtigen, selbst wenn das anzuwendende Recht etwas anderes bestimmt.

EGBGB Art. 18

I. Zweck

1 Art. 18 regelt die Frage, nach welchem Recht sich familienrechtliche Unterhaltsansprüche in Konstellationen mit Bezug zu verschiedenen Rechtsordnungen richten. In die Vorschrift ist das Haager Übereinkommen über das auf Unterhaltspflichten anwendbare Recht eingearbeitet worden, so dass Art. 18 die **umfassende Anknüpfungsregelung** für alle familienrechtlichen Unterhaltspflichten, insbesondere auch den Kindesunterhalt darstellt.

II. Staatsvertraglicher Charakter

1. Verhältnis zum HaagUntPflÜbk

2 Art. 18 geht auf das Haager Übereinkommen über das auf Unterhaltspflichten anwendbare Recht vom 2.10. 1973 (abgedruckt bei Palandt/Heldrich Anh zu Art. 18 Rn 6) zurück. Daraus folgt der **staatsvertragliche Charakter** der Vorschrift. Dogmatisch korrekt wäre es, unmittelbar auf die Bestimmungen dieses Übereinkommens zurückzugreifen (Art. 3 Abs. 2 Satz 1 EGBGB; vgl. BGH NJW-RR 1987, 1474). Da Art. 18 inhaltlich mit den Bestimmungen des HaagUntPflÜbk übereinstimmt (OLGR Stuttgart 2003, 235), ist jedoch vertretbar, allein Art. 18 heranzuziehen. Das entspricht verbreiteter Praxis (Palandt/Thorn Art. 18 Rn 2) und dem Ziel des Gesetzgebers, das gesamte IPR im EGBGB zu kodifizieren.

2. Vorrangige Regelungen

3 Vorrang gegenüber Art. 18 und dem HaagUntPflÜbk genießt als andere internationale Übereinkunft (Art. 19 HaagUntPflÜbk; Art. 3 Abs. 2 Satz 1 EGBGB) allein das **deutsch-iranische** Niederlassungsabkommen vom 17.2. 1929 (RGBl. 30 II 1006), nach dem das gemeinsame Heimatrecht der Parteien maßgeblich ist (vgl. dazu BGH FamRZ 1986, 345).

3. Konsequenzen des staatsvertraglichen Charakters

4 Seinem staatsvertraglichen Charakter entsprechend verweist Art. 18 bei allen Anknüpfungen, nicht nur im Falle des Abs. 1, unmittelbar auf die unterhaltsrechtlichen Sachvorschriften der anzuwendenden Rechtsordnung. Das dortige Kollisionsrecht ist damit nicht anwendbar (Art. 3 Abs. 1 Satz 2 EGBGB), weshalb es nicht zu **Weiter- und Rückverweisungen** kommen kann (OLGR Stuttgart 2003, 235). Ebenfalls aufgrund des staatsvertraglichen Charakters des Art. 18 sind **Vorfragen** der Unterhaltspflicht, wie Gültigkeit einer Ehe, Vaterschaft und Wirksamkeit einer Adoption **unselbständig anzuknüpfen** (Palandt/Thorn Art. 18 EGBGB Rn. 14). Das für sie maßgebliche Statut ist deshalb nach dem IPR der für den Unterhalt maßgeblichen Rechtsordnung zu ermitteln, nicht, wie bei der sonst üblichen selbständigen Anknüpfung, nach den Bestimmungen des EGBGB (Johannsen/Henrich Art. 18 EGBGB Rn 18 ff.).

III. Inhaltlicher Anwendungsbereich

5 Art. 18 umfasst den **gesamten Bereich** familienrechtlicher Unterhaltspflichten, also den Ehegattenunterhalt in allen seinen Erscheinungsformen, den Ver-

wandtenunterhalt, insbesondere den Unterhalt für eheliche und nichteheliche Kinder, die wechselseitigen Unterhaltspflichten der Eltern eines nichtehelichen Kindes, sowie den Verschwägertenunterhalt. Aufgrund Art. 17b Abs. 1 Satz 2 EGBGB gilt Art. 18 zudem für Unterhaltspflichten im Rahmen Eingetragener Lebenspartnerschaften (Palandt/Thorn Art. 17b EGBGB Rn 9). Auf nichteheliche Lebensgemeinschaften findet Art. 18 keine Anwendung (BGH NJW-RR 2005, 1089; Palandt/Thorn, Art. 18 EGBGB Rn 14). Wegen der Art. 1 Haag-UntPflÜbk zu entnehmenden Beschränkung auf **familienrechtliche Unterhaltsansprüche**, die mangels erkennbarer anderweitiger Absicht des Gesetzgebers auch bei Art. 18 anzunehmen ist, findet Art. 18 auch keine Anwendung auf sonstige Unterhaltspflichten, die nicht in familienrechtlichen Beziehungen wurzeln, sondern etwa in deliktischen oder vertraglichen Schadensersatzpflichten, wie sie im deutschen Recht §§ 843, 844 Abs. 2 BGB normieren (Palandt/Thorn Art. 18 EGBGB Rn 15). Wie die Unterhaltsansprüche rechtlich konstruiert sind, ist ohne Belang. Art. 18 gilt auch für Unterhaltsansprüche, die in dem jeweiligen Unterhaltsstatut als **Schadensersatzansprüche** ausgestaltet sind. Es muss sich jedoch um unterhaltsrechtlich zu qualifizierende Ansprüche handeln. Unanwendbar ist Art. 18 deshalb auf güterrechtliche Ausgleichsansprüche, wie sie etwa das französische Recht in Art. 273 Code civil normiert (OLG Karlsruhe FamRZ 1989, 748, 749). Im Hinblick auf Schadensersatzansprüche wegen der Verletzung von Unterhaltspflichten ist die Vorschrift bei der Vorfrage anwendbar, ob eine Unterhaltspflicht besteht.

IV. Die Bestimmung des Unterhaltsstatuts

1. Überblick

Die Struktur der Bestimmung des maßgeblichen Unterhaltsstatuts nach Art. 18 stellt sich im Überblick wie folgt dar: Abs. 1 und 2 enthalten die in sich abgestufte **Grundregel**, die für den nachehelichen Unterhalt durch die Sonderregelung in Abs. 4 verdrängt wird. Abs. 5 schließlich trifft eine gegenüber Abs. 1 und 2, wie auch Abs. 4 (OLG Hamm FamRZ 2000, 29, 30; OLG Karlsruhe FamRZ 1989, 748, 749) **vorrangige Bestimmung** bei starkem Inlandsbezug. Der systematisch unglückliche Abs. 3 berührt das Unterhaltsstatut nicht, sondern gibt dem Unterhaltspflichtigen lediglich eine Einwendung gegen bestimmte Unterhaltsansprüche. Die folgende Darstellung beginnt entsprechend der Rechtsanwendung mit der speziellsten Regelung.

2. Fälle mit überwiegendem Inlandsbezug (Abs. 5)

Art. 18 Abs. 5 bestimmt bei Fällen mit starkem Inlandsbezug für alle Arten von Unterhaltsansprüchen die Anwendbarkeit deutschen Rechts. Voraussetzung ist, dass Unterhaltsberechtigter und -verpflichteter **Deutsche** i. S. d. Art. 116 GG sind und der Verpflichtete seinen gewöhnlichen Aufenthalt in Deutschland hat. Deutsche im Sinne des Art. 18 Abs. 5 sind auch Mehrstaater, die unter anderem die deutsche Staatsangehörigkeit besitzen, und sonstige Personen mit ausländischer Staatsangehörigkeit, die zugleich Deutsche im Sinne des Art. 116 GG sind (Art. 5 Abs. 1 Satz 2 EGBGB), sowie Staatenlose und Flüchtlinge mit deutschem Personalstatut nach Art. 5 Abs. 2 EGBGB bzw. Art. 12 Genfer Flüchtlingskonvention. Erforderlich ist des weiteren, dass der Verpflichtete seinen **gewöhnlichen Aufenthalt** in Deutschland hat (Johannsen/Henrich Art. 17 EGBGB Rn 7).

EGBGB Art. 18 3. Teil. Nebenvorschriften

8   Treten die Voraussetzungen des Art. 18 Abs. 5 nachträglich ein, z. B. durch **Einbürgerung** oder Verlagerung des gewöhnlichen Aufenthalts, so richtet sich das Unterhaltsstatut ex nunc nach dieser Bestimmung. Das begründet, sofern es Auswirkungen auf Art und Umfang des Unterhalts hat, einen **Abänderungsantrag** (vgl. zur Abänderung ausländischer Urteile durch deutsche Gerichte, Thomas/Putzo/Hüßtege, § 323 Rn 12). Im laufenden Unterhaltsverfahren ist diese Änderung vom Gericht für die danach fällig werdenden Unterhaltsansprüche zu beachten (OLG Düsseldorf NJW-RR 1995, 903). Die Regelung des Abs. 5 ist abschließend. Gibt das deutsche Recht keinen Unterhaltsanspruch, kann nicht subsidiär auf Art. 18 Abs. 1 oder 4 zurückgegriffen werden.

3. Maßgeblichkeit des Scheidungsstatuts (Abs. 4)

9   Von großer praktischer Bedeutung ist Art. 18 Abs. 4 Satz 1. Diese Bestimmung trifft eine Spezialregelung für den **nachehelichen Unterhalt,** wenn die Scheidung in Deutschland ausgesprochen oder anerkannt worden ist. In diesem Fall wird das **Unterhaltsstatut,** vorbehaltlich des Art. 18 Abs. 5, allein durch das Scheidungsstatut bestimmt. Maßgeblich ist das bei der Scheidung **tatsächlich angewandte Recht;** ob richtigerweise ein anderes Recht hätte Anwendung finden müssen, ist unerheblich (BGH NJW-RR 1987, 1474; OLG Hamm FamRZ 2000, 29, 30; OLG Karlsruhe FamRZ 1989, 748, 749). Das gilt auch für eine in Deutschland anerkannte Privatscheidung durch Verstoßung (OLG Hamm NJW-RR 1992, 710, marokkanisches Recht).

10   Sobald die Scheidung unanfechtbar geworden ist, ist eine **Korrektur des Unterhaltsstatuts** nicht mehr möglich. Diese Bedeutung des Scheidungsstatuts für das Unterhaltsstatut ist schon bei einer Rechtswahl nach Art. 14 Abs. 2, 3 EGBGB, durch die nach Art. 17 Abs. 1 Satz 1 EGBGB auch das Scheidungsstatut bestimmt wird, zu beachten. Auch im Zusammenhang mit dem Scheidungsverfahren kommt ihr erhebliches Gewicht zu: ist die Stellung des Scheidungsantrages in mehreren Staaten möglich, so ist bereits im Vorfeld zu untersuchen, welches das unter Einbeziehung der unterhaltsrechtlichen Folgen günstigste Scheidungsstatut ist **(forum shopping).** Im laufenden Scheidungsverfahren sind aus anwaltlicher Sicht die Folgen des vom Gericht unzutreffend angewandten Scheidungsstatuts für den Unterhalt zu prüfen. Gegebenenfalls ist nach Abwägung sämtlicher Folgen der Einordnung Rechtsmittel einzulegen. Unterhaltsrechtliche Nachteile des Scheidungsstatuts können bei der Abwägung etwa durch güterrechtliche Vorteile aufgewogen werden.

11   Abs. 4 S. 2 stellt dem Scheidungsunterhalt den Unterhalt bei Nichtigkeit oder Auflösung der Ehe sowie bei einer Trennung ohne Auflösung des Ehebandes, wie sie das italienische Recht mit der Trennung von Tisch und Bett (Art. 151 Codice civile) kennt (vgl. OLG Karlsruhe FamRZ 1999, 605, 606), gleich. Dagegen richtet sich der **Trennungsunterhalt** nach Art. 18 I, II (OLG Hamm NJW-RR 1992, 710, 711; OLG Karlsruhe FamRZ 1992, 316). Auch Abs. 4 trifft eine abschließende Regelung. Bestehen nach dem danach maßgeblichen Recht keine Unterhaltsansprüche, wie es insbesondere in Rechtsordnungen der Fall sein kann, die das Verschuldensprinzip anwenden, kann nicht auf Abs. 1 und 2 Rückgriff genommen werden (BGH NJW 1991, 2212, 2213; OLG Karlsruhe FamRZ 1989, 748, 749; a. A. wohl irrtümlich OLG Hamm FamRZ 2000, 29, 31).

Unterhalt Art. 18 EGBGB

4. Grundregel (Abs. 1, 2)

Liegen die Voraussetzungen keiner dieser Spezialregelungen vor, findet die 12
Grundregel der Abs. 1 und 2 Anwendung, deren Grundgedanke darin liegt, ein
dem Berechtigten **günstiges Unterhaltsstatut** zu bestimmen.

a) Anknüpfung an den gewöhnlichen Aufenthalt des Berechtigten. 13
Nach Abs. 1 S. 1 wird das Unterhaltsstatut grundsätzlich durch den gewöhnlichen Aufenthalt des Unterhaltsberechtigten bestimmt. Das ist der Ort, an dem eine Person ihren Daseinsmittelpunkt hat. Maßgeblich für die Bestimmung des gewöhnlichen Aufenthalts sind **tatsächliche Gesichtspunkte,** insbesondere die Dauer und Beständigkeit des Aufenthalts, aber auch berufliche und familiäre Bindungen (BGH NJW 1993, 2048; OLG Karlsruhe FamRZ 1990, 1351, 1352). Als Faustregel kann nach einer Aufenthaltsdauer von etwa 6 Monaten angenommen werden, dass es sich um den gewöhnlichen Aufenthalt handelt (OLG Hamm NJW 1992, 637; vgl. aber auch BGH NJW 1997, 3024). Ein auf längere Dauer angelegter Aufenthalt kann aber auch schon von Beginn an der gewöhnliche Aufenthalt sein (BGH NJW 1993, 2049; OLG Hamm NJW-RR 1992, 711). Die **Meldung mit dem Hauptwohnsitz** ist weder ausreichend noch erforderlich, kann allerdings als Indiz herangezogen werden.

Ob eine Person mehr als einen gewöhnlichen Aufenthalt gleichzeitig haben 14
kann, ist umstritten (abl. Palandt/Thorn Art. 18 EGBGB Rn. 10), wird allerdings in der Rechtsprechung bejaht (BayObLG 1996, 124; KG FamRZ 1987, 603); für das Unterhaltsstatut wird in derartigen Fällen primär der Aufenthalt heranzuziehen sein, an dem der Berechtigte den wesentlicheren Teil seiner Aufwendungen für den Lebensunterhalt trifft. Es ist auch denkbar, dass eine Person **keinen gewöhnlichen Aufenthalt** hat (BGH NJW 1993, 2049), so dass unmittelbar auf Art. 18 Abs. 1 Satz 2 abzustellen ist.

Wegen der Anknüpfung an den gewöhnlichen Aufenthalt wechselt das Unter- 15
haltsstatut bei dessen Verlegung mit Wirkung ex nunc, sog. **Wandelbarkeit des Unterhaltsstatuts** (OLG Karlsruhe FamRZ 1992, 316, 317). Verlagert also ein Unterhaltsberechtigter seinen gewöhnlichen Aufenthalt z.B. von Deutschland nach Spanien, so findet von diesem Zeitpunkt an nach Art. 18 Abs. 1 Satz 1 spanisches Recht Anwendung. Das kann ein **Änderungsverfahren** nach § 323 ZPO, §§ 238, 239 FamFG begründen und ist auch im laufenden Verfahren für die nach dem Umzug fällig werdenden Unterhaltsansprüche zu berücksichtigen. Trotz Verlagerung des gewöhnlichen Aufenthalts bleiben allerdings **Unterhaltsvereinbarungen** wirksam, die unter dem bisherigen Unterhaltsstatut zustande gekommen sind (OLG Hamm FamRZ 1998, 1532; OLG Düsseldorf FamRZ 2003, 1287; a. A. OLG Karlsruhe FamRZ 1992, 316, 317 bei Unterhaltsverzicht und OLGR Schleswig 2004, 226 für die Anfechtbarkeit). Es empfiehlt sich deshalb, eine bereits absehbare Änderung des gewöhnlichen Aufenthaltes in der Unterhaltsvereinbarung zu berücksichtigen, etwa durch eine Rechtswahl.

b) subsidiär: gemeinsames Heimatrecht. Art. 18 Abs. 1 Satz 2 enthält 16
eine gegenüber Abs. 1 S. 1 subsidiäre Anknüpfung für den Fall, dass der Berechtigte nach dem gem. Abs. 1 S. 1 anzuwendenden Recht von dem Unterhaltspflichtigen überhaupt keinen Unterhalt erhalten kann (vgl. OLG Hamm FamRZ 1999, 888, 889), insbesondere weil dieses Recht eine Unterhaltspflicht der fraglichen Art nicht kennt (OLG Oldenburg NJW-RR 1996, 1220). Dafür genügt es nicht, wenn nach dem gem. Abs. 1 S. 1 maßgeblichen Recht Ansprüche nur in

Poppen 435

geringerer Höhe bestehen oder mangels Bedürftigkeit abgelehnt werden. Unerheblich sind Unterhaltspflichten Dritter. Abs. 1 S. 2 bestimmt die Anwendbarkeit des Rechts des Staates, dessen Staatsangehörigkeit sowohl der Unterhaltsberechtigte als auch der -verpflichtete haben. Voraussetzung ist also eine **gemeinsame Staatsangehörigkeit** von Berechtigtem und Verpflichtetem. Das für Mehrstaater maßgebliche Recht ist nach Art. 5 EGBGB zu ermitteln. Bei Personen, die auch Deutsche im Sinne des Art. 16 GG sind, ist deshalb die deutsche Staatsangehörigkeit maßgeblich (Art. 5 Abs. 1 Satz 2 EGBGB). Unter mehreren, ausschließlich ausländischen Staatsangehörigkeiten entscheidet dagegen die **effektive Staatsangehörigkeit,** also die des Landes, mit dem die Person am engsten verbunden ist (Art. 5 Abs. 1 Satz 1 EGBGB). Bei dessen Bestimmung kommt dem gewöhnlichen Aufenthalt eine starke Indizwirkung zu (Palandt/Thorn Art. 5 EGBGB Rn 2 zu weiteren Kriterien).

17 c) **subsidiär: deutsches Recht.** Gewährt auch die Anknüpfung an das gemeinsame Heimatrecht dem Berechtigten keinen Unterhalt, sei es weil keine gemeinsame Staatsangehörigkeit besteht, sei es, weil die Rechtsordnung des gemeinsamen Staates eine Unterhaltspflicht nicht begründet, kommt schließlich nach Art. 18 Abs. 2 **deutsches Recht** zur Anwendung. Für das Nichterhalten von Unterhalt gelten die gleichen Maßstäbe wie bei Art. 18 Abs. 1 Satz 2 erörtert.

18 d) **Rechtsquellen.** Das Unterhaltsrecht verschiedener ausländischer Staaten findet sich ausführlich in der Sammlung Bergmann/Ferid. Einen Überblick über das materielle Recht ausgewählter Staaten findet sich ferner bei Wendl/Dose § 9 Rn 36 ff.

5. Sonderregelung für Eingetragene Lebenspartnerschaften

19 Bei Eingetragenen Lebenspartnerschaften ist Art. 17b Abs. 1 Satz 2 2. Hs. EGBGB zu beachten, der durch den Verweis auf Art. 17b Abs. 1 Satz 1 EGBGB die subsidiäre Anwendbarkeit der Sachvorschriften des **registerführenden Staates** bestimmt. Diese (verfassungsrechtlich wegen der unterhaltsrechtlichen Besserstellung des Lebenspartners gegenüber dem Ehepartner bedenkliche) Regelung wird nur relevant, wenn bei im Ausland registrierten Lebenspartnerschaften das nach Art. 18 Abs. 1, 2 bzw. 5 anzuwendende deutsche Recht eine Unterhaltspflicht verneint.

6. Mehrrechtsstaaten

20 Weist der Staat, dessen Unterhaltsstatut nach Art. 18 Abs. 1, 4 begründet ist, mehr als eine Unterhaltsrechtsordnung auf, so bestimmt sich das anzuwendende Recht gem. Art. 16 HaagUntPflÜbk primär nach den Regelungen dieses Staates und subsidiär nach der Rechtsordnung, zu der die Beteiligten die engste Bindung haben. Anders als nach der dadurch verdrängten generellen Regelung des Art. 4 Abs. 3 EGBGB kommt es also nicht auf den engeren Sachbezug an (Palandt/Thorn Art. 4 EGBGB Rn 16).

Unterhalt Art. 18 EGBGB

V. Die weiteren Regelungen

1. Einrede bei entfernter Beziehung (Abs. 3)

Art. 18 Abs. 3 betrifft die nur in wenigen Rechtsordnungen anerkannten Un- 21
terhaltsansprüche unter Verwandten in der Seitenlinie oder **Verschwägerten**.
Diese können sich nur aus der Anwendung des Art. 18 Abs. 1 ergeben, da dem
deutschen Recht solche Ansprüche unbekannt sind. Zum Schutz des Verpflichteten vor derartigen Ansprüchen ermöglicht es Art. 18 Abs. 3 dem Unterhaltspflichtigen, sich auf **fehlende Gegenseitigkeit** zu berufen, die sonst im Rahmen des
Art. 18 unerheblich ist. Er kann im Wege der Einrede geltend machen, dass nach
dem Recht des Staates, dem beide angehören, oder subsidiär nach dem Recht
seines eigenen gewöhnlichen Aufenthaltes eine Unterhaltspflicht nicht besteht.

2. Reichweite der Verweisung (Abs. 6)

Art. 18 Abs. 6 enthält einen nicht abschließenden („insbesondere") Katalog 22
der Materien auf die sich die Verweisung auf das Unterhaltsstatut bezieht.

a) Nr. 1. Nach Art. 18 Abs. 6 Nr. 1 regelt das Unterhaltsstatut Bestehen und 23
Ausmaß der Unterhaltspflicht. Fragen des **Bestehens** sind u. a. Beginn und Beendigung, insbesondere wegen des Erreichens der Volljährigkeit (OLG Hamm
FamRZ 1999, 888), Auswirkungen des Todes eines der Beteiligten, Vorliegen
und Wirkungen eines Verzichts, Verjährung und Verwirkung.

Fragen des **Ausmaßes** sind solche nach Art und Höhe des geschuldeten Unter- 24
halts, einschließlich der maßgeblichen Währung, sowie nach dem Bestehen von
Auskunfts- und Verfahrenskostenvorschusspflichten. Grundsätzlich bestimmt sich
das Maß des Unterhalts nach den Verhältnissen am **tatsächlichen Aufenthaltsort**
des Berechtigten (BGH FamRZ 1987, 682, 683; OLG Karlsruhe FamRZ 1990,
1351, 1353), wobei auch eine gewisse Teilhabe an einem höheren Lebensstandard
am Aufenthaltsort des Verpflichteten zu gewähren ist (Palandt/Thorn, Art. 18
EGBGB Rn 16 m. w. Nachw. auch zu einzelnen Staaten). Letzteres gilt hinsichtlich
des Ehegattenunterhalts allerdings nicht, wenn die eheliche Lebensgemeinschaft
nur am gewöhnlichen Aufenthalt des Berechtigten bestanden hat und deshalb die
ehelichen Lebensverhältnisse nicht von dem höheren Lebensstandard am aktuellen Aufenthaltsort des Verpflichteten geprägt sind (OLG Hamm FamRZ 1989,
625, 626). Ist umgekehrt der Lebensstandard am Ort des Unterhaltsstatuts wesentlich höher als an den tatsächlichen Aufenthaltsort des Unterhaltspflichtigen, so ist
eine Überforderung des Verpflichteten durch die in jedem Fall (Art. 18 Abs. 7
EGBGB) zu beachtende **Grenze der Leistungsfähigkeit** zu verhindern (vgl.
OLG Hamm FamRZ 1990, 1137, 1138; OLG Hamm NJW-RR 1992, 710, 712).

Bei der Bestimmung der Unterhaltshöhe wird teilweise auf die **Länderübersicht** 25
des BMdF zurückgegriffen (Fassung ab 1. 1. 2009: BStBl. 2008 I S. 1077); z. B.
OLG Koblenz FamRZ 2007, 1592; OLG Zweibrücken FamRZ 2004, 729).
Danach entspricht der örtliche Unterhaltsbedarf in der Türkei oder Kroatien dem
Inländischen zu ca. der Hälfte (differenzierend OLG München FamRZ 2002, 55).
Verbreitet ist ferner die Bedarfsbestimmung mit Hilfe der Verbrauchergeldparität
(Wendl/Dose § 9 Rn 23 ff.; OLG Hamm NJW 2008, 2049). Die Werte der **Verbrauchergeldparität** werden regelmäßig vom statistischen Bundesamt veröffentlicht (Preise, Fachserie 17, Reihe 10 im Internet abrufbar unter www.destatis.de).
Die für den Vergleich maßgeblichen Devisenkurse errechnet und veröffentlicht die

EGBGB Art. 18 3. Teil. Nebenvorschriften

Deutsche Bundesbank (www.bundesbank.de). Das Verhältnis (x) zwischen Verbrauchergeldparität (b) und Devisenkurs (a) ist nach der Formel x = ((100 a − 100 b)/b) zu berechnen (zu Einzelheiten vergleiche Dose a. a. O. Rn 24 a). In den Fällen, in denen Ehegatten bereits während der Ehe in verschiedenen Staaten gelebt haben, ist die Abweichung der Verbrauchergeldparität nicht der **Bedarfskorrektur** gleichzusetzen. In diesen Fällen steht einer Bedarfskorrektur auf Seiten des Berechtigten eine gegenläufige Bedarfskorrektur auf Seiten des Verpflichteten gegenüber. Der konkrete Korrekturbedarf kann in diesen Fällen den Tabellen von Gutdeutsch/Zieroth FamRZ 1993, 1152 entnommen werden (Berechnungsbeispiele bei Dose a. a. O. Rn 30 ff.).

26 **b) Nr. 2.** Darüber hinausgehend weist Art. 18 Abs. 6 Nr. 2 dem Unterhaltsstatut auch die dem Verfahrensrecht angehörende Regelungen der **Antragsberechtigung,** einschließlich der Vertretung eines minderjährigen Kindes und eventueller für die Einleitung von Unterhaltsverfahren maßgeblicher Fristen zu.

27 **c) Nr. 3.** Schließlich richten sich nach dem Unterhaltsstatut auch die **Erstattungsansprüche,** die öffentliche Aufgaben wahrnehmende Einrichtungen, wie etwa Kommunen, Sozialbehörden u. ä., gegen den Unterhaltspflichtigen geltend machen können.

3. Ordre public

28 **a) Konkretisierung durch Abs. 7.** Art. 18 Abs. 7 konkretisiert den ordre-public-Vorbehalt des Art. 6 EGBGB für die Unterhaltshöhe (OLG Celle FamRZ 1990, 1390, 1391). Danach sind bei der Bemessung des Unterhaltsbetrages sowohl die **Bedürfnisse** des Berechtigten als auch die **Leistungsfähigkeit** des Verpflichteten auch dann zu berücksichtigen, wenn das anzuwendende Recht das nicht vorsieht. Der Begriff des Unterhaltsbetrages wird dabei erweiternd dahingehend auszulegen sein, dass auch der Umfang von Ansprüchen auf Naturalunterhalt umfasst ist. Die **Reichweite** des Art. 18 Abs. 7 ist noch nicht abschließend geklärt. Teilweise wird angenommen, er sei nur einschlägig, wenn das anzuwendende Recht diese Gesichtspunkte überhaupt nicht berücksichtigt (OLG Köln NJW-RR 1996, 325), teilweise wird weitergehend eine Korrektur bis hin zum angemessenen Unterhalt für möglich erachtet (BGH NJW 1991, 2212, 2214; OLG Hamm NJW-RR 1992, 710, 711). Richtigerweise wird man dem Wortlaut entsprechend im Grundsatz der ersten Auffassung folgen müssen. Von einer Berücksichtigung dieser Umstände durch das Unterhaltsstatut kann allerdings erst dann ausgegangen werden, wenn sie sich bei der **Bemessung der Unterhaltshöhe** tatsächlich auswirken. Zu beachten ist, dass Art. 18 Abs. 7 nur die Höhe des Unterhalts betrifft. Wird ein Unterhaltsanspruch schon dem Grunde nach nicht gewährt, kann diese Wertung nicht korrigiert werden.

29 **b) Art. 6 EGBGB.** Neben Art. 18 Abs. 7 ist grundsätzlich auch der generelle ordre-public-Vorbehalt gem. Art. 6 EGBGB anwendbar. Diesem kommt wegen Abs. 7 und der Auffangfunktion des deutschen Rechts nur ein geringer Anwendungsbereich zu (Palandt/Thorn, Art. 18 EGBGB Rn 3). Zu denken ist etwa an **besondere Härtefälle,** in denen das nach Art. 18 Abs. 4 maßgebliche Unterhaltsstatut keinen Unterhalt gewährt. Dabei ist jedoch Vorsicht geboten, weil im Fall des Art. 18 Abs. 4 grundsätzlich die Versagung von Unterhalt durch das maßgebliche Recht hinzunehmen ist, nachdem gerade auf eine subsidiäre Auffangregelung nach dem Vorbild des Art. 18 Abs. 1 und 2 verzichtet wurde.

Gesetz zur Regelung von Härten im Versorgungsausgleich (VAHRG)

> Außer Kraft gem. Art. 22 Nr. 2
> VAStrRefG ab 1. 9. 2009

§ 5 [Unterhaltsfälle]

(1) *Solange der Berechtigte aus dem im Versorgungsausgleich erworbenen Anrecht keine Rente erhalten kann und er gegen den Verpflichteten einen Anspruch auf Unterhalt hat oder nur deshalb nicht hat, weil der Verpflichtete zur Unterhaltsleistung wegen der auf dem Versorgungsausgleich beruhenden Kürzung seiner Versorgung außerstande ist, wird die Versorgung des Verpflichteten nicht auf Grund des Versorgungsausgleichs gekürzt.*

(2) *§ 4 Abs. 3 gilt entsprechend.*

I. Zweck

Die Vorschrift dient der Vermeidung verfassungswidriger Härtefälle nach einem durchgeführten Versorgungsausgleich, die dadurch entstehen könnten, dass der Versorgungsausgleich ohne Rücksicht auf Unterhaltsverpflichtungen durchgeführt wird. § 5 stellt diese Verbindung her, indem die **Auswirkungen des Versorgungsausgleichs** für die Zeit ausgesetzt werden, in der die Ausgleichsberechtigte selbst keine Rente erhalten kann und gleichzeitig entweder ein Unterhaltsanspruch gegen den Ausgleichsverpflichteten besteht oder nur infolge der durch den Versorgungsausgleich verminderten Leistungsfähigkeit nicht besteht. Im ersten Fall dient § 5 dem **Schutz des Ausgleichsverpflichteten.** Er soll nicht dadurch doppelt belastet werden, dass sich einerseits sein eigener Versorgungsanspruch durch den Versorgungsausgleich vermindert, andererseits aber die Unterhaltsverpflichtung gegenüber dem Ausgleichsberechtigten fortbesteht, weil dieser aus den für ihn begründeten Versorgungsanwartschaften noch keinen Leistungsanspruch hat. In der zweiten Alternative bezweckt § 5 den **Schutz des Ausgleichsberechtigten.** Er soll davor geschützt werden, dass sich sein Unterhaltsanspruch wegen der durch den Versorgungsausgleich verminderten Leistungsfähigkeit des Ausgleichsverpflichteten verringert, ohne dass er zum Ausgleich höhere Rentenbezüge erhält. 1

II. Anwendungsbereich

Die Vorschrift findet Anwendung auf alle Versorgungen, die nach § 1587b Abs. 2 BGB oder §§ 1 Abs. 3, 3b Abs. 1 Nr. 1 VAHRG gemindert worden sind. Sie ist nicht anwendbar, wenn der Versorgungsausgleich im Wege der **Realteilung** durchgeführt worden ist, in diesen Fällen sind die speziellen Regelungen der jeweiligen Versorgungssysteme maßgeblich (Münch Komm/Gräper § 5 VAHRG Rn 8). Die Vorschriften des § 101 Abs. 3 SGB VI, des § 57 Abs. 1 2

VAHRG § 5 3. Teil. Nebenbestimmungen

BeamtVG und des § 55 c Abs. 1 SVG (sog. „**Rentnerprivileg**") sind gegenüber § 5 vorrangig. Danach erfolgt keine Kürzung einer zum Zeitpunkt der Rechtskraft der Ehescheidung schon bezogenen Rente des Ausgleichsverpflichteten, wenn der Berechtigte selbst noch keine Rente bezieht. Keine Anwendung findet § 5 auf Versorgungen, die nicht der Ausgleichsverpflichtete selbst bezieht, sondern seine Hinterbliebenen (BVerwG FamRZ 1991, 429).

III. Voraussetzungen

1. Kein Rentenanspruch des Ausgleichsberechtigten

3   Dem Ausgleichsberechtigten darf kein eigener Versorgungsanspruch zustehen, wobei es nur auf solche Ansprüche ankommt, die durch den Versorgungsausgleich übertragene oder begründete Entgeltpunkte enthalten (MünchKomm/ Gräper § 5 VAHRG Rn 17).

2. Unterhaltsansprüche des Ausgleichsberechtigten

4   **a) Unterhaltsansprüche** im Sinne des § 5 sind nur **gesetzliche** Unterhaltsansprüche (BSG NJW-RR 1995, 840), auch wenn diese auf ausländischem Recht beruhen. Vertragliche Unterhaltsansprüche genügen nicht, es sei denn sie konkretisieren lediglich die gesetzlichen Ansprüche (OVG Münster FamRZ 2001, 1151). Ob der Unterhalt von dem Verpflichteten tatsächlich geleistet oder der Anspruch überhaupt geltend gemacht wird, ist unerheblich (Palandt/Brudermüller § 5 VAHRG Rn 3). Auf die Höhe des Unterhaltsanspruches kommt es nicht an (BSG a. a. O.). Die volle Versorgungskürzung entfällt auch dann, wenn der Unterhaltsverpflichtete nur einen geringen Unterhalt zu leisten hat (Johannsen/Henrich/ Hahne § 5 VAHRG Rn 9). Es kann für den Ausgleichsverpflichteten daher sogar von **wirtschaftlichem Vorteil** sein, einer Unterhaltsverpflichtung ausgesetzt zu sein, wenn diese geringer ist, als der ansonsten zu berücksichtigende Kürzungsbetrag.

5   Ein **vertraglicher Verzicht** auf Unterhaltsansprüche schließt die Anwendbarkeit des § 5 aus. Anders ist dies nur, wenn der Verzicht gegen eine Abfindung erfolgt (BVerwG NJW 2008, 1975; BGH NJW 1994, 2481). Diese Abfindung muss an dem gesetzlichen Unterhaltsanspruch der Ehefrau orientiert sein. In diesem Fall ist § 5 allerdings nur für den Zeitraum anwendbar, in dem ohne den Verzicht ein Unterhaltsanspruch bestanden hätte (BVerwG NJW-RR 2000, 145; BSG NJW-RR 1996, 897; a. A. Johannsen/Henrich/Hahn § 5 VAHRG Rn 8).

6   **b) Kausalität.** Besteht **kein Unterhaltsanspruch** des Ausgleichsberechtigten, muss dies auf der Durchführung des Versorgungsausgleichs beruhen. Der Ausgleichsverpflichtete müsste also bei Zugrundelegung seiner ungekürzten Versorgungsbezüge zur Leistung von Unterhalt an den Ausgleichsberechtigten verpflichtet sein. Das ist z. B. nicht der Fall, wenn ein Anspruch des Ausgleichsberechtigten auch dann ausscheidet, weil die ungekürzte Versorgung unter dem Selbstbehalt liegt.

7   **c) Prüfungskompetenz Versorgungsträger.** Ob dem Ausgleichsberechtigten gegen den Ausgleichsverpflichteten ein Unterhaltsanspruch zusteht, ist von den Versorgungsträgern **eigenständig zu prüfen.** Es besteht weder eine Bindung an Entscheidungen anderer Versorgungsträger noch an eine gerichtliche

Entscheidung eines eventuell vorausgegangenen Unterhaltsverfahrens (BVerwG NJW-RR 2000, 145). Liegt ein Unterhaltstitel vor, so beweist dieser zunächst das Bestehen eines Anspruches, die Versorgungsträger haben jedoch nach den Grundsätzen der §§ 323, 767 ZPO zu prüfen, ob eine wesentliche Veränderung der Verhältnisse der Parteien eingetreten ist, nach der ein Unterhaltsanspruch nicht besteht (BSG NJW-RR 1996, 899; BVerwG NJW 2005, 2411).

3. Antrag

Die Aussetzung der Kürzung der Versorgung nach § 5 erfolgt nur auf Antrag. Antragsberechtigt sind nach § 9 Abs. 2 VAHRG sowohl der Ausgleichsverpflichtete als auch der Ausgleichsberechtigte.

8

IV. Nachversicherungsfälle (Abs. 2)

§ 5 Abs. 2 erstreckt die Regelung des Abs. 1 auf diejenigen Fälle, in denen vor 1992 nach vorausgegangenem Versorgungsausgleich ein Beamter bei seinem Ausscheiden aus dem Beamtenverhältnis nur zu gekürzten Entgelten nachversichert worden ist. Solange die Voraussetzungen des § 5 Abs. 1 vorliegen, ist die Rente nach den ungekürzten Nachversicherungsentgelten zu zahlen.

9

§ 6 *[Nachzahlungen in den Unterhaltsfällen]*

Sind Nachzahlungen zu leisten, so erfolgen sie in den Fällen des § 5 an den Verpflichteten und an den Berechtigten je zur Hälfte.

I. Zweck

§ 6 regelt in erster Linie die Fälle, in denen wegen der Verfahrensdauer des Rentenfeststellungsverfahrens Rückstände ab Antragstellung anfallen (BSG NJW 1992, 2110). Diese Nachzahlungen stehen ohne die Regelung in § 6 ausschließlich dem Ausgleichspflichtigen zu. § 6 ordnet die **pauschale hälftige Auszahlung** der Nachzahlung an beide Ehegatten an. Damit wird der Rentenversicherungsträger einer komplizierten Überprüfung enthoben, welche Auswirkungen die Versorgungskürzung jeweils beim Verpflichteten oder Berechtigten verursacht hat. Die Vorschrift ist **reine Ordnungsvorschrift** (BGH NJW-RR 2003, 1155; BSG NJW 1992, 2110).

1

II. Einzelfragen

Aus dem Charakter des § 6 als reine Ordnungsvorschrift folgt, dass die **materiell-rechtlichen Unterhaltsansprüche** unberührt bleiben. Der Unterhaltspflichtige wird durch die Pauschalierung nicht von einer höheren Unterhaltsverpflichtung frei, der Unterhaltsberechtigte darf seinen Unterhaltsanspruch übersteigende Zahlungen nicht behalten. Dem Unterhaltsverpflichteten steht insoweit ein Anspruch aus § 816 Abs. 2 BGB zu (Johannsen/Henrich/Hahne § 6 VAHRG Rn 2). Der Unterhaltsberechtigte kann diesem Anspruch, wenn ihm rückständiger Unterhalt in Höhe der Nachzahlung zusteht, entgegenhalten, dass eine „Berechtigung" gemäß § 816 BGB besteht (BGH NJW-RR 2003, 1155). Die Parteien können eine materiell richtige Aufteilung der Nachzahlung durch **Partei-**

2

VersAusglG §§ 33, 34

vereinbarung herbeiführen, etwa durch Vereinbarung einer anderen Quotierung oder teilweiser Abtretung des Nachzahlungsanspruches (MünchKomm/Gräper § 6 VAHRG Rn 5).

3 In der gesetzlichen Rentenversicherung wird der Nachzahlbetrag unter Einbehalt des Eigenanteils des Ausgleichspflichtigen an den Kosten für seine Mitgliedschaft in der Rentenversicherung der Rentner errechnet. **Beitragszuschüsse** zur freiwilligen oder privaten Krankenversicherung nach § 6 SGB VI stehen wegen ihrer Zweckbindung allein dem Ausgleichspflichtigen zu. Soweit der Nachzahlungsbetrag nach § 19 Abs. 2 EStG zu **versteuern** ist, erfolgt die Besteuerung entsprechend der Aufteilung anteilig beim Ausgleichspflichtigen und Ausgleichsberechtigten (MünchKomm/Gräper § 6 VAHRG Rn 9).

Gesetz über den Versorgungsausgleich (VersAusglG)

§ 33 Anpassung wegen Unterhalt

(1) **Solange die ausgleichsberechtigte Person aus einem im Versorgungsausgleich erworbenen Anrecht keine laufende Versorgung erhalten kann und sie gegen die ausgleichspflichtige Person ohne die Kürzung durch den Versorgungsausgleich einen gesetzlichen Unterhaltsanspruch hätte, wird die Kürzung der laufenden Versorgung der ausgleichspflichtigen Person auf Antrag ausgesetzt.**

(2) **Die Anpassung nach Absatz 1 findet nur statt, wenn die Kürzung am Ende der Ehezeit bei einem Rentenbetrag als maßgeblicher Bezugsgröße mindestens 2 Prozent, in allen anderen Fällen als Kapitalwert mindestens 240 Prozent der monatlichen Bezugsgröße nach § 18 Abs. 1 des Vierten Buches Sozialgesetzbuch betragen hat.**

(3) **Die Kürzung ist in Höhe des Unterhaltsanspruchs auszusetzen, höchstens jedoch in Höhe der Differenz der beiderseitigen Ausgleichswerte aus denjenigen Anrechten im Sinne des § 32, aus denen die ausgleichspflichtige Person eine laufende Versorgung bezieht.**

(4) **Fließen der ausgleichspflichtigen Person mehrere Versorgungen zu, ist nach billigem Ermessen zu entscheiden, welche Kürzung ausgesetzt wird.**

§ 34 Durchführung einer Anpassung wegen Unterhalt

(1) **Über die Anpassung und deren Abänderung entscheidet das Familiengericht.**

(2) ¹**Antragsberechtigt sind die ausgleichspflichtige und die ausgleichsberechtigte Person.** ²**Die Abänderung einer Anpassung kann auch von dem Versorgungsträger verlangt werden.**

(3) **Die Anpassung wirkt ab dem ersten Tag des Monats, der auf den Monat der Antragstellung folgt.**

(4) **Der Anspruch auf Anpassung geht auf die Erben über, wenn der Erblasser den Antrag nach § 33 Abs. 1 gestellt hatte.**

(5) **Die ausgleichspflichtige Person hat den Versorgungsträger, bei dem die Kürzung ausgesetzt ist, unverzüglich über den Wegfall oder Ände-**

Durchführung einer Anpassung w. Unterhalt §§ 33, 34 VersAusglG

rungen seiner Unterhaltszahlungen, über den Bezug einer laufenden Versorgung aus einem Anrecht nach § 32 sowie über den Rentenbezug, die Wiederheirat oder den Tod der ausgleichsberechtigten Person zu unterrichten.

(6) ¹Über die Beendigung der Aussetzung aus den in Absatz 5 genannten Gründen entscheidet der Versorgungsträger. ²Dies gilt nicht für den Fall der Änderung von Unterhaltszahlungen.

Ab 1. 9. 2009 treten an die Stelle der §§ 5, 6 VAHRG die §§ 33, 34 Vers- **1** AusglG. Neu ist, dass nicht mehr wie nach § 5 VAHRG die Rentenkürzung in voller Höhe ausgesetzt wird. Nach der Neufassung erfolgt die **Aussetzung nur in Höhe des Unterhaltsanspruchs**, der sich ohne die Kürzung ergeben hätte, begrenzt auf die Differenz der beiderseitigen Ausgleichswerte aus Anrechten nach § 32 VersAusglG, aus denen der Ausgleichspflichtige eine laufende Versorgung bezieht. Fälle, wie sie bisher möglich waren, dass wegen einer geringen Unterhaltsverpflichtung eine erheblich höhere Rentenkürzung ausgesetzt wird, können daher nicht mehr auftreten.

Die Neuregelung enthält eine **Bagatellklausel.** Die Kürzung muss mindes- **2** tens 2% der monatlichen Bezugsgröße nach § 18 Abs. 1 SGB IV (50,40 EUR im Jahr 2009), in den anderen Fällen einen Kapitalwert von mindestens 240% der Bezugsgröße (6.048,00 EUR im Jahr 2009) betragen haben. **Zuständig** für die Entscheidung über den Antrag auf Aussetzung der Kürzung ist nicht mehr der Versorgungsträger sondern **das Familiengericht.**

Die Neuregelung des Versorgungsausgleichs zum 1. 9. 2009 bringt noch eine **3** weitere wesentliche Veränderung mit sich; es entfällt das **Rentnerprivileg** nach den §§ 101 Abs. 3 SGB VI, 57 Abs. 1 BeamtVG und 55c Abs. 1 SVG. Nach § 268a Abs. 2 SGB VI greift das Rentnerprivileg allerdings noch in den Fällen, in denen der Rentenberechtigte die Rente am 1. 9. 2009 bereits bezogen hat, der Versorgungsausgleich allerdings erst nach dem 31. 8. 2009 wirksam wird. Voraussetzung ist weiter, dass das Verfahren bis zum 1. 9. 2009 eingeleitet worden ist. Unter Einleitung des Verfahrens ist die Einreichung des Scheidungsantrages zu verstehen (Borth FamRZ 2009, 566).

Gesetz zur Sicherung des Unterhalts von Kindern allein stehender Mütter und Väter durch Unterhaltsvorschüsse oder -ausfallleistungen (Unterhaltsvorschussgesetz)

§ 1 Berechtigte

(1) Anspruch auf Unterhaltsvorschuss oder -ausfallleistung nach diesem Gesetz (Unterhaltsleistung) hat, wer

1. das zwölfte Lebensjahr noch nicht vollendet hat,
2. im Geltungsbereich dieses Gesetzes bei einem seiner Elternteile lebt, der ledig, verwitwet oder geschieden ist oder von seinem Ehegatten dauernd getrennt lebt, und
3. nicht oder nicht regelmäßig
   a) Unterhalt von dem anderen Elternteil oder,
   b) wenn dieser oder ein Stiefelternteil gestorben ist, Waisenbezüge mindestens in der in § 2 Abs. 1 und 2 bezeichneten Höhe erhält.

(2) Ein Elternteil, bei dem das Kind lebt, gilt als dauernd getrennt lebend im Sinne des Absatzes 1 Nr. 2, wenn im Verhältnis zum Ehegatten oder Lebenspartner ein Getrenntleben im Sinne des § 1567 des Bürgerlichen Gesetzbuchs vorliegt oder wenn sein Ehegatte oder Lebenspartner wegen Krankheit oder Behinderung oder auf Grund gerichtlicher Anordnung für voraussichtlich wenigstens sechs Monate in einer Anstalt untergebracht ist.

(2 a) ¹Ein Ausländer hat einen Anspruch nach diesem Gesetz nur, wenn er oder der in Absatz 1 Nr. 2 bezeichnete Elternteil im Besitz

1. einer Niederlassungserlaubnis,
2. einer Aufenthaltserlaubnis zum Zwecke der Erwerbstätigkeit,
3. einer Aufenthaltserlaubnis nach § 25 Abs. 1 und 2, den §§ 31, 37, 38 des Aufenthaltsgesetzes oder
4. einer Aufenthaltserlaubnis zum Zwecke des Familiennachzugs zu einem Deutschen oder zu einer von den Nummern 1 bis 3 erfassten Person ist.

²Abweichend von Satz 1 besteht der Anspruch für Angehörige eines Mitgliedstaates der Europäischen Union oder eines anderen Vertragsstaates des Abkommens über den Europäischen Wirtschaftsraum mit Beginn des Aufenthaltsrechts. ³Auch bei Besitz einer Aufenthaltserlaubnis hat ein Ausländer keinen Anspruch auf Unterhaltsleistung nach diesem Gesetz, wenn der in Absatz 1 Nr. 2 bezeichnete Elternteil ein Saisonarbeitnehmer, ein Werkvertragsarbeitnehmer oder ein Arbeitnehmer ist, der zur vorübergehenden Dienstleistung nach Deutschland entsandt ist.

(3) Anspruch auf Unterhaltsleistung nach diesem Gesetz besteht nicht, wenn der in Absatz 1 Nr. 2 bezeichnete Elternteil mit dem anderen Elternteil zusammenlebt oder sich weigert, die Auskünfte, die zur Durch-

führung dieses Gesetzes erforderlich sind, zu erteilen oder bei der Feststellung der Vaterschaft oder des Aufenthalts des anderen Elternteils mitzuwirken.

(4) Anspruch auf Unterhaltsleistung nach diesem Gesetz besteht nicht für Monate, für die der andere Elternteil seine Unterhaltspflicht gegenüber dem Berechtigten durch Vorausleistung erfüllt hat.

I. Zweck

Mit dem Unterhaltsvorschussgesetz soll den **Schwierigkeiten** begegnet werden, die sich für **alleinerziehende Eltern** und ihre Kinder ergeben, wenn sich der andere Elternteil seinen Zahlungsverpflichtungen gegenüber einem unterhaltsberechtigten Kind entzieht oder ihnen nicht nachkommen kann, entweder weil er verstorben oder aus finanziellen oder sonstigen Gründen zu Unterhaltsleistungen nicht bereit oder in der Lage ist. In diesen Fällen, in denen die Kinder nicht wenigstens den **Mindestunterhalt** erhalten, wird die ohnehin schon erschwerte Situation alleinerziehender Eltern zusätzlich belastet. Diese müssen – neben der ihnen allein obliegenden persönlichen Betreuung – im Rahmen ihrer eigenen Leistungsfähigkeit zusätzlich für den von dem anderen Elternteil geschuldeten Unterhalt aufkommen. Sofern der andere Elternteil sich seinen Unterhaltspflichten entzieht, erfolgt eine weitere Belastung durch die Notwendigkeit der **zwangsweisen Durchsetzung** der Unterhaltsansprüche. 1

Diese Belastungen sollen dadurch gemildert werden, dass der **Mindestunterhaltsbedarf** der bedürftigen Kinder als Sozialleistung aus öffentlichen Mitteln geleistet wird, und zwar unabhängig von der Höhe des Einkommens des alleinerziehenden Elternteils. Durch den **Anspruchsübergang** nach § 7 wird der alleinerziehende Elternteil zudem von den mit der zwangsweisen Durchsetzung der Unterhaltsansprüche verbundenen Belastungen befreit. 2

Leistungen nach dem UVG sollen nur die ausfallende Mindestleistung ersetzen, die ein unterhaltspflichtiger Elternteil typischerweise schuldet. Sie sollen hingegen nicht den unter Umständen höheren **individuellen Unterhaltsbedarf** decken. Für diesen Unterhaltsteil muss der alleinerziehende Elternteil, falls der andere Elternteil nicht leistet, im Rahmen seiner Leistungsfähigkeit einstehen, hilfsweise ist er durch Inanspruchnahme von Sozialhilfe abzudecken. 3

II. Anspruchsvoraussetzungen

1. Allgemein

§ 1 regelt die Voraussetzungen des Anspruchs auf Unterhaltsleistungen. Unterhaltsvorschussleistungen erhält ein Kind bis zum Alter von **12 Jahren,** das im Geltungsbereich des UVG bei einem seiner Elternteile lebt, der ledig, verwitwet oder geschieden ist oder von seinem Ehegatten dauernd getrennt lebt, und nicht oder nicht regelmäßig Unterhaltsleistungen oder Waisenbezüge zumindest in der in § 2 Abs. 1 und 2 bezeichneten Höhe erhält. Die anspruchsbegründenden Tatsachen sind von dem Antragsteller nachzuweisen, § 60 Abs. 1 Nr. 3 SGB I. **Anspruchsberechtigt** ist nicht der alleinerziehende Elternteil, sondern **das Kind** selbst. 4

2. Territorialitätsprinzip

5   Das UVG knüpft mit dem Erfordernis des Lebens in seinem Geltungsbereich an das Territorialitätsprinzip an. Das Tatbestandsmerkmal ist erfüllt, wenn das Kind in Deutschland seinen Wohnsitz oder gewöhnlichen Aufenthalt hat.

3. Haushaltsgemeinschaft zwischen Elternteil und Kind

6   Bei seinem Elternteil lebt das Kind, wenn zwischen beiden eine auf Dauer angelegte **häusliche Gemeinschaft** besteht. Ein Anspruch ist **ausgeschlossen,** wenn der betreuende **Elternteil wiederverheiratet ist** und mit dem neuen Ehegatten zusammenlebt. Dies gilt auch für das Zusammenleben eines Elternteils mit einem gleichgeschlechtlichen Lebenspartner in einer Lebenspartnerschaft (BVerwG NJW 2005, 2938). Es wird dann davon ausgegangen, dass die bei alleinerziehenden Elternteilen typischerweise vorliegenden erschwerten Bedingungen nicht gegeben sind, da sich der **Stiefelternteil** in aller Regel an der Betreuung und Erziehung des Kindes beteiligt (BVerwG NJW 2001, 3205). Wann ein **dauerndes Getrenntleben** vorliegt, definiert § 1 Abs. 2. Danach leben Ehegatten getrennt, wenn entweder die Voraussetzungen des § 1567 BGB erfüllt sind oder ein Elternteil voraussichtlich für die Dauer von zumindest 6 Monaten in einer Anstalt untergebracht ist. Eine Trennung lediglich aus beruflichen Gründen genügt demnach nicht (Trennung angenommen bei Einreiseverbot des Ehemannes: OVG Münster NJW 2002, 3564). Ausreichend ist aber eine **Trennung** der Eltern **in einer Wohnung** (VG München 27. 2. 2008 M 18 K 07.3646). Praktizieren die Eltern das **Wechselmodell,** besteht kein Anspruch (OVG Münster BeckRS 2008, 34082).

4. Unregelmäßige Unterhaltszahlung

7   Eine nicht regelmäßige Zahlung des Unterhalts im Sinne von § 1 Abs. 1 Nr. 3 liegt vor, wenn die Zahlung in Abweichung von § 1612 Abs. 3 Satz 1 BGB nicht monatlich im voraus – in aller Regel in Form einer Geldrente – erfolgt. Lediglich **geringfügige Abweichungen** von dieser Zahlweise begründen keinen Anspruch auf Leistungen nach dem UVG. Zins- und Tilgungsleistungen für eine Immobilie, in der die unterhaltsvorschussberechtigten Kinder mietzinsfrei wohnen, stellen keine Unterhaltszahlung dar (BVerwG NJW 2005, 2027).

8   Kein anspruchsbegründendes Ausbleiben von Unterhalt ist gegeben, wenn bei zwei gemeinsamen Kindern geschiedener oder getrennt lebender Elternteile jeder Elternteil aufgrund **vertraglicher Vereinbarung** oder gerichtlicher Entscheidung für den vollen Unterhalt eines dieser Kinder aufkommt. Jedes Kind ist dann so zu behandeln, als zahle der andere Elternteil den Mindestunterhalt gemäß § 2 Abs. 1. Das gilt allerdings nur solange, wie beide Elternteile leistungsfähig sind.

9   Nicht anspruchsbegründend ist das Fehlen von Einkünften des Kindes. Auf diese kommt es ebensowenig an wie darauf, ob das Kind Vermögen hat. Außer Betracht bleiben auch **Einkommen und Vermögen des betreuenden Elternteils** und sonstiger unterhaltspflichtiger Verwandter, insbesondere Großeltern.

5. Zusammenleben der Eltern

10   Nach § 1 Abs. 3 ist ein Anspruch auf Unterhaltsleistungen ausgeschlossen, wenn der betreuende Elternteil mit dem anderen Elternteil zusammenlebt. Die Vorschrift ergänzt § 1 Abs. 1 Nr. 2 und schließt einen Anspruch auch im Falle des Zusammenlebens **unverheirateter oder geschiedener** Elternteile aus.

Der Anspruch ist nach dieser Vorschrift weiterhin ausgeschlossen, wenn der betreuende Elternteil entgegen § 6 Abs. 4 seiner **Mitwirkungsverpflichtung** nicht nachkommt, d. h. die zur Durchführung des UVG notwendigen Auskünfte verweigert oder nicht an der Feststellung der Vaterschaft oder der Ermittlung des Aufenthalts des anderen Elternteils mitwirkt. In den beiden letzten Fällen folgt der Anspruchsausschluss daraus, dass die Leistungen nach dem UVG in erster Linie eine Entlastung des alleinerziehenden Elternteils bezwecken. Es ist deshalb angemessen, diesem die Leistungen zu versagen, wenn er nicht das seinerseits mögliche und zumutbare tut, um den Unterhaltsanspruch des Kindes gegen den anderen Elternteil festzustellen und durchsetzen zu lassen. Bei **ungeklärter Vaterschaft** wäre unter Umständen nicht festzustellen, ob es sich bei der Person, mit der der betreuende Elternteil zusammenlebt, um den „anderen Elternteil" handelt. 11

6. Vorausleistungen

§ 1 Abs. 4 stellt klar, dass ein Anspruch auf Unterhaltsleistungen für solche Monate nicht besteht, in denen der andere Elternteil seine Unterhaltspflicht durch **Vorauszahlungen** erfüllt hat. Die Vorschrift soll verhindern, dass die Eltern die Rückgriffsmöglichkeit der öffentlichen Hand unterlaufen. Bei vorzeitigem Verbrauch geleisteter Vorauszahlungen wäre ein Rückgriff gegen den zahlungspflichtigen Elternteil ausgeschlossen, weil er seine Verpflichtungen erfüllt hat. 12

§ 2 Umfang der Unterhaltsleistung

(1) ¹Die Unterhaltsleistung wird vorbehaltlich der Absätze 2 und 3 monatlich in Höhe der für Kinder der ersten und zweiten Altersstufe jeweils geltenden Regelbeträge (§ 1 oder § 2 der Regelbetrag-Verordnung) gezahlt. ²Liegen die Voraussetzungen des § 1 Abs. 1 Nr. 1 bis 3, Abs. 2 bis 4 nur für den Teil eines Monats vor, wird die Unterhaltsleistung anteilig gezahlt.

(2) ¹Wenn der Elternteil, bei dem der Berechtigte lebt, für den Berechtigten Anspruch auf volles Kindergeld nach dem Einkommensteuergesetz oder nach dem Bundeskindergeldgesetz in der jeweils geltenden Fassung oder auf eine der in § 65 Abs. 1 des Einkommensteuergesetzes oder § 4 Abs. 1 des Bundeskindergeldgesetzes bezeichneten Leistungen hat, mindert sich die Unterhaltsleistung um die Hälfte des für ein erstes Kind zu zahlenden Kindergeldes nach § 66 des Einkommensteuergesetzes oder § 6 des Bundeskindergeldgesetzes. ²Dasselbe gilt, wenn ein Dritter mit Ausnahme des anderen Elternteils diesen Anspruch hat.

(3) Auf die sich nach den Absätzen 1 und 2 ergebende Unterhaltsleistung werden folgende in demselben Monat erzielte Einkünfte des Berechtigten angerechnet:

1. **Unterhaltszahlungen des Elternteils, bei dem der Berechtigte nicht lebt,**
2. **Waisenbezüge einschließlich entsprechender Schadenersatzleistungen, die wegen des Todes des in Nummer 1 bezeichneten Elternteils oder eines Stiefelternteils gezahlt werden.**

UVG § 3 3. Teil. Nebenbestimmungen

I. Ausgangsbetrag

1 Die Vorschrift regelt die Höhe der Unterhaltsleistung. Es ist grundsätzlich Unterhalt in Höhe der für Kinder der ersten (bis zum vollendeten sechsten Lebensjahr) und zweiten (ab 6 Jahre) Altersstufe jeweils geltenden **Mindestunterhaltsbeträge** nach §§ 1, 2 VO zu zahlen. Liegen die Anspruchsvoraussetzungen nach § 1 nur für den Teil eines Monats vor, so ist Unterhalt in **anteiliger Höhe** zu zahlen. Dabei ist für jeden Tag ein Dreißigstel der monatlichen Unterhaltsleistung in Ansatz zu bringen. Werden Leistungen nach dem UVG nur für einen Teil eines Monats gewährt, sind Kindergeld, kindergeldähnliche Leistungen und Unterhaltszahlungen gleichfalls nur in anteiliger Höhe in Abzug zu bringen, wobei auch hier jeweils ein Dreißigstel der betreffenden Leistungen pro Tag in Ansatz zu bringen ist.

II. Kindergeldverrechnung

2 Von der nach § 2 Abs. 1 zu gewährenden Unterhaltsleistung ist gemäß Abs. 2 die Hälfte des **Erstkindergeldes** abzusetzen, wenn der betreuende Elternteil Kindergeld nach dem EStG oder BKGG oder eine Leistung nach § 65 Abs. 1 EStG oder § 4 Abs. 1 BKGG bezieht. Auf das höhere Kindergeld bei drei oder mehr Kindern kommt es nicht an. Im Rahmen der Leistungen nach dem Unterhaltsvorschussgesetz spielt auch die **eingeschränkte Kindergeldanrechnung** nach § 1612b BGB keine Rolle. Daraus folgt das Interesse des betreuenden Elternteils, Unterhaltsansprüche gegen den Barunterhaltspflichtigen durchzusetzen. Diese sind, wenn wenigstens eine Leistungsfähigkeit zur Zahlung des Mindestunterhalts besteht, höher als die Leistungen nach dem UVG.

3 Werden die vorgenannten **Leistungen** nicht dem betreuenden Elternteil sondern **einem Dritten** gewährt, findet nach § 2 Abs. 2 Satz 2 gleichfalls eine Anrechnung statt. Der betreuende Elternteil kann als Berechtigter jederzeit die Zahlung dieser Leistungen an sich durch Antrag erreichen.

4 Gemäß § 2 Abs. 2 werden Unterhaltszahlungen des anderen Elternteils und diese surrogierende Waisenbezüge einschließlich entsprechender Schadensersatzleistungen angerechnet. Die **Tilgung von Verbindlichkeiten** für ein Familieneigenheim, in dem die unterhaltsvorschussberechtigten Kinder mietzinsfrei wohnen, durch den Barunterhaltsverpflichteten Elternteil ist **keine Unterhaltsleistung** (BVerwG NJW 2005, 2027). **Zahlungen sonstiger Dritter** gelten nur dann als Unterhaltsleistungen, wenn sie mit eindeutiger Zweckbestimmung erbracht werden, den Schuldner von seiner Unterhaltpflicht zu befreien. Unterhaltszahlungen der Großeltern werden deshalb nicht angerechnet; im Gegenteil, das Enkelkind muss sich Unterhaltsvorschussleistungen als Einkommen anrechnen lassen, wenn es seine Großeltern auf Unterhalt in Anspruch nimmt (OLG Dresden NJW-RR 2006, 221).

§ 3 Dauer der Unterhaltsleistung

Die Unterhaltsleistung wird längstens für insgesamt 72 Monate gezahlt.

§ 4 Beschränkte Rückwirkung

Die Unterhaltsleistung wird rückwirkend längstens für den letzten Monat vor dem Monat gezahlt, in dem der Antrag hierauf bei der zuständigen Stelle oder bei einer der in § 16 Abs. 2 Satz 1 des Ersten Buches Sozialgesetzbuch bezeichneten Stellen eingegangen ist; dies gilt nicht, soweit es an zumutbaren Bemühungen des Berechtigten gefehlt hat, den in § 1 Abs. 1 Nr. 3 bezeichneten Elternteil zu Unterhaltszahlungen zu veranlassen.

§ 4 bestimmt, dass Unterhaltsleistungen **rückwirkend** längstens für den Mo- 1
nat gezahlt werden, der demjenigen voraus geht, in dem der Antrag gestellt worden ist. Ausgeschlossen ist eine rückwirkende Gewährung von Unterhaltsleistungen dann, wenn der Berechtigte **zumutbare Bemühungen** nicht unternommen hat, den unterhaltspflichtigen Elternteil zu Unterhaltszahlungen zu veranlassen. Insoweit muss der Berechtigte, das Kind, sich ein Verschulden des ihn betreuenden Elternteils zurechnen lassen. Es handelt sich um eine **Ausschlussfrist**, von der keine Ausnahmen zulässig sind. Insbesondere scheiden eine Wiedereinsetzung in den vorherigen Stand oder ein sozialrechtlicher Herstellungsanspruch bei Falschberatung durch das Jugendamt aus (OVG Münster FamRZ 2000, 777).

§ 5 Ersatz- und Rückzahlungspflicht

(1) Haben die Voraussetzungen für die Zahlung der Unterhaltsleistung in dem Kalendermonat, für den sie gezahlt worden ist, nicht oder nicht durchgehend vorgelegen, so hat der Elternteil, bei dem der Berechtigte lebt, oder der gesetzliche Vertreter des Berechtigten den geleisteten Betrag insoweit zu ersetzen, als er

1. die Zahlung der Unterhaltsleistung dadurch herbeigeführt hat, dass er vorsätzlich oder fahrlässig falsche oder unvollständige Angaben gemacht oder eine Anzeige nach § 6 unterlassen hat, oder

2. gewusst oder infolge Fahrlässigkeit nicht gewusst hat, dass die Voraussetzungen für die Zahlung der Unterhaltsleistung nicht erfüllt waren.

(2) Haben die Voraussetzungen für die Zahlung der Unterhaltsleistung in dem Kalendermonat, für den sie gezahlt worden ist, nicht vorgelegen, weil der Berechtigte nach Stellung des Antrages auf Unterhaltsleistungen Einkommen im Sinne des § 2 Abs. 3 erzielt hat, das bei der Bewilligung der Unterhaltsleistung nicht berücksichtigt worden ist, so hat der Berechtigte insoweit den geleisteten Betrag zurückzuzahlen.

I. Systematische Einordnung

§ 5 regelt Ersatz- und Rückzahlungspflichten des Kindes und des betreuenden 1
Elternteils bzw. des gesetzlichen Vertreters des Kindes für den Fall, dass die Anspruchsvoraussetzungen von vornherein nicht vorgelegen haben oder nachträglich entfallen sind.

Es handelt sich um einen **Sondertatbestand** des allgemeinen öffentlich-rechtlichen **Erstattungsanspruchs**. Die Einrede des Wegfalls der Bereicherung gemäß § 818 Abs. 3 BGB kann ihm deshalb nicht entgegengehalten werden. § 5 trifft eine abschließende Regelung der Ersatz- und Rückforderungsansprüche, so dass nur bei Vorliegen seiner Voraussetzungen eine Rückforderung in Betracht kommt. Eine Rückforderung auf der Grundlage des § 50 SGB X ist ausgeschlossen.

2   Wie sich aus der einschränkenden Formulierung („insoweit") ergibt, ist immer nur **der zu Unrecht gezahlte Betrag zu erstatten**. Ein weitergehender Anspruchsverlust tritt nicht ein.

II. Voraussetzungen der Rückforderung

1. Ersatzpflicht aufgrund eigenen Handelns

3   § 5 Abs. 1 betrifft die Ersatzpflicht des betreuenden Elternteils bzw. des gesetzlichen Vertreters des Kindes, nicht diejenige des Kindes selbst. Nach § 5 Abs. 1 Nr. 1 sind diese zum Ersatz der Unterhaltsleistungen verpflichtet, soweit sie deren Auszahlung durch **vorsätzlich oder fahrlässig falsche oder unvollständige anspruchsbegründende Angaben** oder die Unterlassung einer Anzeige nach § 6 Abs. 4 herbeigeführt hat. Im Hinblick auf §§ 50, 44ff., 45 SGB X, nach denen das Bestehen einer Rückzahlungspflicht grobe Fahrlässigkeit voraussetzt, genügt auch im Rahmen des § 5 Abs. 1 nur eine **Sorgfaltspflichtverletzung** von einigem Gewicht, um Fahrlässigkeit zu bejahen. Im Allgemeinen wird insoweit allerdings die Nichtbeachtung von Pflichten, die sich aus den einschlägigen Merkblättern der Behörde ergeben, hin reichen.

2. Ersatzpflicht aufgrund Unterlassung

4   Als Auffangtatbestand bestimmt § 5 Abs. 1 Nr. 2, dass der betreuende Elternteil bzw. der gesetzliche Vertreter des Kindes zur Erstattung verpflichtet ist, wenn er die Zahlung von Unterhaltsleistungen zwar nicht durch eigenes vorwerfbares Verhalten verursacht hat, jedoch wusste oder fahrlässig nicht wusste, dass ein Anspruch auf Unterhaltsleistungen nicht bestand. § 5 Abs. 1 Nr. 2 knüpft damit nicht an die schuldhafte Verursachung einer unberechtigten Leistungserbringung an, sondern ist Ausdruck des **allgemeinen Grundsatzes**, dass derjenige, der Sozialleistungen erhält, von denen er weiß oder wissen muss, dass sie ihm nicht zu stehen, diese Leistungen entweder zurückweisen oder zumindest zur Rückzahlung bereithalten muss.

III. Veränderung der Verhältnisse

5   Nach § 5 Abs. 2 hat der Berechtigte Unterhaltsleistungen zurückzuzahlen, wenn er nach Antragstellung Einkommen im Sinne des § 2 Abs. 3 erzielt hat, das bei der Bewilligung der Unterhaltsleistungen nicht berücksichtigt worden ist. Die Rückzahlungspflicht ergibt sich einerseits aus dem Zweck des Gesetzes, den **typisierten Mindestunterhaltsbedarf** des Kindes zu decken, während eine darüber hinausgehende Besserstellung jedoch nicht erreicht werden soll. Andererseits besteht kein Erstattungsanspruch gegen den unterhaltspflichtigen Elternteil, da nach § 7 übergegangene Unterhaltsansprüche durch Erfüllung erloschen sind.

IV. Verjährung

Ersatzansprüche nach § 5 Abs. 1 Nr. 1 verjähren nach bisheriger Rechtsprechung analog § 852 Abs. 1 BGB a. F., also nach drei Jahren ab Kenntnis der Tatsachen (BVerwG NJW 1993, 2328). Ob die Rechtsprechung weiterhin die **bürgerlich-rechtlichen Verjährungsfristen** für Schadensersatzansprüche analog anwenden wird bleibt abzuwarten, nachdem durch das Schuldrechtsmodernisierungsgesetz eine erhebliche Verlängerung der Verjährungsfristen eingetreten ist. Gemäß § 199 Abs. 3 BGB n. F. beträgt diese zehn Jahre ab Entstehung des Anspruchs bzw. ohne Rücksicht auf die Entstehung dreißig Jahre nach Begehung der Handlung (dafür: VG München 16. 3. 2005 M 66 E 05.495).

Für Ansprüche nach **§ 5 Abs. 1 Nr. 2** tritt Verjährung entsprechend § 50 IV SGB X in **vier Jahren** nach Ablauf des Kalenderjahres ein, in dem der Anspruch entstanden ist.

Entsprechend des allgemeinen im sozialrechtlichen Verfahren geltenden **Grundsatzes des Vertrauensschutzes** können Ansprüche nach § 5 in analoger Anwendung der §§ 48 Abs. 4 Satz 1; 45 Abs. 4 Satz 2 SGB X nur innerhalb eines Jahres seit Kenntnis der Tatsachen bei der Behörde, die die Ersatz- bzw. Rückzahlungspflicht begründen, geltend gemacht werden.

§ 7 Übergang von Ansprüchen des Berechtigten

(1) **¹Hat der Berechtigte für die Zeit, für die ihm die Unterhaltsleistung nach diesem Gesetz gezahlt wird, einen Unterhaltsanspruch gegen den Elternteil, bei dem er nicht lebt, oder einen Anspruch auf eine sonstige Leistung, die bei rechtzeitiger Gewährung nach § 2 Abs. 3 als Einkommen anzurechnen wäre, so geht dieser Anspruch in Höhe der Unterhaltsleistung nach diesem Gesetz auf das Land über. ²Satz 1 gilt nicht, soweit ein Erstattungsanspruch nach den §§ 102 bis 105 des Zehnten Buches Sozialgesetzbuch besteht.**

(2) **Für die Vergangenheit kann der in Absatz 1 bezeichnete Elternteil nur von dem Zeitpunkt an in Anspruch genommen werden, in dem**

1. die Voraussetzungen des § 1613 des Bürgerlichen Gesetzbuchs vorgelegen haben oder

2. der in Absatz 1 bezeichnete Elternteil von dem Antrag auf Unterhaltsleistung Kenntnis erhalten hat und er darüber belehrt worden ist, dass er für den geleisteten Unterhalt nach diesem Gesetz in Anspruch genommen werden kann.

(3) **¹Ansprüche nach Absatz 1 sind rechtzeitig und vollständig nach den Bestimmungen des Haushaltsrechts durchzusetzen. ²Der Übergang eines Unterhaltsanspruchs kann nicht zum Nachteil des Unterhaltsberechtigten geltend gemacht werden, soweit dieser für eine spätere Zeit, für die er keine Unterhaltsleistung nach diesem Gesetz erhalten hat oder erhält, Unterhalt von dem Unterhaltspflichtigen verlangt.**

(4) **¹Wenn die Unterhaltsleistung voraussichtlich auf längere Zeit gewährt werden muss, kann das Land bis zur Höhe der bisherigen monatlichen Aufwendungen auch auf künftige Leistungen klagen. ²Das Land kann den auf ihn übergegangenen Unterhaltsanspruch im Einvernehmen mit dem Unterhaltsleistungsempfänger auf diesen zur gerichtli-**

chen Geltendmachung rückübertragen und sich den geltend gemachten Unterhaltsanspruch abtreten lassen. ³Kosten, mit denen der Unterhaltsleistungsempfänger dadurch selbst belastet wird, sind zu übernehmen.

I. Zweck

1   Die Vorschrift regelt den Übergang von Ansprüchen des Berechtigten und die Konkurrenz zwischen Unterhaltsleistungen und Sozialhilfe.

II. Anspruchsübergang

1. Voraussetzungen

2   Nach § 7 Abs. 1 Satz 1 gehen zivilrechtliche Unterhaltsansprüche nebst dem zugehörigen unterhaltsrechtlichen Auskunftsanspruch im Sinne des § 2 Abs. 3 Nr. 2 in Höhe der Unterhaltsleistungen auf das jeweiligen Land über. Der Anspruchsübergang findet **kraft Gesetzes** statt; er erfolgt in dem Zeitpunkt, in dem die Unterhaltsleistungen nach dem UVG tatsächlich bewirkt werden. Ob die Voraussetzungen nach dem UVG für die Gewährung von Unterhaltsleistungen tatsächlich vorlagen, ist für den Anspruchsübergang ohne Bedeutung. Der **Anspruchsübergang** findet demnach auch dann statt, wenn Ersatz- bzw. Rückzahlungsansprüche nach § 5 bestehen (BVerwG NJW 1993, 1026 zu der Parallelvorschrift § 90 BSHG a. F.). Gemäß § 7 Abs. 3 Satz 2 kann der Anspruchsübergang **nicht zum Nachteil des unterhaltsberechtigten Kindes** geltend gemacht werden, wenn und soweit dadurch der laufende Unterhaltsanspruch des Kindes beeinträchtigt würde. Das ist bereits bei der Prüfung der materiellen Voraussetzungen des Rückgriffsanspruchs des Landes gegen den Unterhaltsverpflichteten zu prüfen. Kann der Unterhaltsverpflichtete neben dem laufenden Kindesunterhalt keine Zahlungen auf die Rückstände leisten, ist im Tenor des Urteils zum Ausdruck zu bringen, dass aus dem Urteil nur vollstreckt werden darf, wenn und soweit der Unterhaltsgläubiger bei der Durchsetzung seiner Unterhaltsansprüche nicht benachteiligt wird. Das Gesetz räumt mithin der **Sicherung des laufenden Unterhalts** des Kindes **Vorrang** vor der Durchsetzung der auf die öffentliche Hand übergegangenen Ansprüche ein. Im Hinblick auf Unterhaltsansprüche für die Vergangenheit gilt diese Vorrangsregelung nicht.

2. Höhe des Anspruches

3   Ob und in welcher Höhe ein übergangsfähiger Unterhaltsanspruch besteht, richtet sich allein nach den Vorschriften der §§ 1601 ff. BGB. Der Unterhaltsanspruch behält auch nach dem Übergang auf die öffentliche Hand seine **privatrechtliche Rechtsnatur**. Bestand und Durchsetzbarkeit richten sich deshalb nach dem BGB. In Abweichung zu § 407 Abs. 1 BGB bleibt allerdings eine befreiende Leistung an das Kind, wie sich aus der Regelung des § 5 Abs. 2 ergibt, stets möglich.

4   Da das UVG keine besondere Schuldnerschutzvorschrift wie den § 94 Abs. 3 Satz 1 Nr. 1 SGB XII enthält, findet nach h. M. keine **öffentlich-rechtliche Vergleichsberechnung** statt. Folglich geht auch ein Unterhaltsanspruch, der auf **fiktivem Einkommen** des Schuldners beruht, auf das Land über. Nach der Rechtsprechung des BGH ist der Schuldnerschutz durch den zivilrechtlich zu

Übergang von Ansprüchen des Berechtigten § 7 UVG

beachtenden notwendigen Selbstbehalt hinreichend gewährleistet (BGH NJW-RR 2001, 1061). Diese Rechtsprechung des BGH steht im Widerspruch zu der Auffassung des BGH zu § 91 Abs. 2 Satz 1 BSHG (jetzt: § 94 Abs. 3 Nr. 1 SGB XII; BGH NJW 1999, 2365). Richtigerweise ist § 91 Abs. 2 BSHG (jetzt: § 94 Abs. 3 Nr. 1 SGB XII) wegen des Grundsatzes, dass niemand durch die Erfüllung einer Unterhaltspflicht selbst sozialhilfebedürftig werden darf, auch im Rahmen des UVG entsprechend anwendbar (Wendl/Scholz § 8 Rn 270; siehe § 94 SGB XII Rn 5).

III. Verzug

Für die Vergangenheit kann der unterhaltspflichtige Elternteil nur unter den 5
Voraussetzungen des § 7 Abs. 2 in Anspruch genommen werden. Danach ist eine **Inanspruchnahme** für die **Vergangenheit** möglich, wenn die Voraussetzungen des § 1613 BGB **(Verzug)** erfüllt waren oder der unterhaltspflichtige Elternteil von dem Antrag auf Unterhaltsleistungen Kenntnis erhalten hat und darüber belehrt worden ist, dass er für den nach dem UVG geleisteten Unterhalt in Anspruch genommen werden kann.

IV. Konkurrenz zur Sozialhilfe

Die Konkurrenz zwischen Unterhaltsleistungen nach dem UVG und Sozialhil- 6
fe regelt § 7 Abs. 1 Satz 2. Danach geht der Unterhaltsanspruch nicht auf das Land über, wenn und solange Sozialhilfe gezahlt wird, da der Sozialhilfeträger einen Erstattungsanspruch gemäß § 104 SGB X gegen das Land hat. Für diese Zeit verbleibt es beim Anspruchsübergang auf den Sozialhilfeträger nach § 93 SGB XII. Praktisch bedeutsam ist dies in den Fällen, in denen das **Kind** aufgrund der ausbleibenden Zahlungen des unterhaltsverpflichteten Elternteils **sozialhilfebedürftig** wird, da die Zahlung des Unterhaltsvorschusses in der Praxis oft erst nach mehreren Monaten aufgenommen wird, während der Sozialhilfeträger in der Regel sofort Hilfe gewährt. Erst nach Aufnahme der Unterhaltsleistungen nach dem UVG und damit korrespondierender Kürzung der Sozialhilfe geht der Anspruch in Höhe der vom Land erbrachten Leistungen auf dieses über. Dabei liegt der Sozialhilfeanspruch in aller Regel über dem Anspruch auf Unterhaltsvorschuss (Wendl/Scholz § 8 Rn 276 ff.). Kann der Unterhaltsverpflichte den Anspruch nur **teilweise erfüllen,** geht der auf das Land übergegangene Anspruchsanteil vor (OLG Düsseldorf NJW-RR 1996, 452).

V. Rückübertragung

Soweit der Unterhaltsanspruch auf das Land übergegangen ist, kann er grund- 7
sätzlich nur noch von diesem als neuen Inhaber im Klagewege geltend gemacht werden. Nach § 7 Abs. 4 Satz 2 kann das Land allerdings den Anspruch im Einvernehmen mit dem Unterhaltsleistungsempfänger auf diesen zur gerichtlichen Geltendmachung **zurückübertragen** und sich den geltend gemachten Unterhaltsanspruch abtreten lassen. Praktisch bedeutsam ist dabei die Verpflichtung des Landes, den Unterhaltsleistungsempfänger von allen **Kosten** freizuhalten, die ihm selbst in diesem Zusammenhang entstehen (§ 7 Abs. 4 Satz 3). Das Land muss

daher im Fall des Verfahrensverlustes die Kosten des Gegners übernehmen, im Fall der Verweigerung der Verfahrenskostenhilfe für den Antrag des Unterhaltsleistungsempfängers die für die Anfertigung des Verfahrenskostenhilfegesuchs beim Verfahrensbevollmächtigten des Unterhaltsleistungsempfängers entstandene Gebühr. Zur **Verfahrenskostenhilfebewilligung** für den Unterhaltsberechtigten nach Rückübertragung des Anspruches stellen sich die gleichen Probleme wie bei der Rückübertragung nach § 93 Abs. 5 SGB XII (siehe dortige Kommentierung Rn 52 ff.; Verfahrenskostenhilfebedürftigkeit bejaht: OLGR Schleswig 2008, 319; OLG Stuttgart FamRZ 2004, 1297; verneint: OLGR Naumburg 2008, 690).

Einkommensteuergesetz (EStG)

§ 10 [Sonderausgaben]

(1) ¹Sonderausgaben sind die folgenden Aufwendungen, wenn sie weder Betriebsausgaben noch Werbungskosten sind:

1. Unterhaltsleistungen an den geschiedenen oder dauernd getrennt lebenden unbeschränkt einkommensteuerpflichtigen Ehegatten, wenn der Geber dies mit Zustimmung des Empfängers beantragt, bis zu 13 805 Euro im Kalenderjahr. ²Der Antrag kann jeweils nur für ein Kalenderjahr gestellt und nicht zurückgenommen werden. ³Die Zustimmung ist mit Ausnahme der nach § 894 Abs. 1 der Zivilprozessordnung als erteilt geltenden bis auf Widerruf wirksam. ⁴Der Widerruf ist vor Beginn des Kalenderjahres, für das die Zustimmung erstmals nicht gelten soll, gegenüber dem Finanzamt zu erklären. ⁵Die Sätze 1 bis 4 gelten für Fälle der Nichtigkeit oder der Aufhebung der Ehe entsprechend;

...

I. Ausgangslage

Unterhaltsleistungen sind nach § 12 Nr. 1 EStG grundsätzlich einkommensteuerrechtlich unbeachtlich. Die beiden Ausnahmen sind der **Sonderausgabenabzug** nach § 10 Abs. 1 Nr. 1 EStG, das **begrenzte Realsplitting**, und der Abzug von Unterhaltsleistungen nach §§ 33, 33 a EStG als **außergewöhnliche Belastung**. Die Durchführung des begrenzten Realsplittings bedarf der Zustimmung des Unterhaltsberechtigten. Denn es gilt das **Korrespondenzprinzip**, d. h. der als Sonderausgabe abgezogene Unterhalt muss beim Unterhaltsberechtigten nach § 22 Ziffer 1 EStG (sonstige Einkünfte) versteuert werden. Abzugsfähig sind Unterhaltsleistungen bis zu einem Höchstbetrag von **13 805,00 EUR** pro Jahr. Der Sinn der Geltendmachung des begrenzten Realsplittings liegt vor dem Hintergrund des Korrespondenzprinzips und des von der zivilrechtlichen Rechtsprechung entwickelten Anspruchs auf Nachteilsausgleich des Unterhaltsberechtigten darin (siehe unten Rn 8 ff.), dass die Ehepartner die Vorteile der unterschiedlichen Höhe der **Grenzsteuersätze** ausnutzen. Der Unterhaltsverpflichtete hat in aller Regel einen wesentlich höheren Grenzsteuersatz als der Unterhaltsberechtigte. 1

II. Voraussetzungen

Beide Ehegatten müssen unbeschränkt steuerpflichtig sein. Das begrenzte Realsplitting scheidet deshalb aus, wenn einer der Ehegatten dauernd im **Ausland** lebt und den Unterhalt dort nicht versteuern muss (BFH DStRE 2006, 769). An diesen gezahlter Unterhalt ist nur als außergewöhnliche Belastung nach § 33 a Abs. 1 EStG absetzbar. Ist der Unterhalt im Ausland steuerbar, kann das Realsplitting durchgeführt werden (Schmidt/Heinicke § 10 Rn 52). Diese Regelung widerspricht nicht europäischem Recht (EuGH DStR 2005, 1265). Der 2

EStG § 10

Unterhaltspflichtige ist durch seinen Antrag für das in Frage stehende Kalenderjahr gebunden. Er kann den Antrag nicht zurücknehmen (BFH BStBl. II 2000, 218). Der Antrag kann auch der Höhe nach nicht begrenzt werden. Er kann allein nachträglich erweitert werden (BFH NJW-RR 2007, 217). Der Unterhaltspflichtige muss daher vor der Antragstellung prüfen, ob das steuerliche Realsplitting ihm Vorteile bringt. Der Antrag kann andererseits noch **nachgeholt** werden, wenn die Steuerbescheide beider Ehegatten bereits bestandskräftig sind. Antrag und Zustimmungserklärung führen dann zu einer Änderung der steuerlichen Veranlagungen nach § 175 Abs. 1 Satz 1 Nr. 2 AO (BFH BStBl. II 1989, 957).

3 Die Ehegatten müssen geschieden sein oder dauernd getrenntleben. Voraussetzung ist weiter ein **formloser Antrag** beider Ehegatten. Es besteht kein Zwang zur Verwendung des von der Finanzverwaltung entwickelten Formulares **Anlage U** (BGH NJW 1998, 1153).

Die Zustimmung des Unterhaltsempfängers bindet diesen auf Dauer. Der Unterhaltsempfänger kann nur vor Beginn eines Kalenderjahres, für das seine Zustimmung nicht mehr gelten soll, diese widerrufen (BFH/NV 2007, 903; BFH FPR 2004, 274).

4 Das begrenzte steuerliche Realsplitting kann auch durch **Eintragung eines Freibetrages auf der Lohnsteuerkarte** geltend gemacht werden (§ 39a EStG). Freibeträge können mit Wirkung für das gesamte Kalenderjahr noch bis zum 30. November eines jeden Jahres eingetragen werden. Unterhaltsrechtlich besteht die **Obliegenheit** zur Eintragung eines Freibetrages, wenn die Höhe des zu zahlenden Unterhalts feststeht (vor § 1361 Einkommensermittlung Rn 42). Besteht Streit über die Unterhaltspflicht dem Grunde nach oder über die Höhe insgesamt, besteht keine Obliegenheit zur Geltendmachung des Freibetrages (BGH NJW 2008, 1663). Die Vorteile aus der Geltendmachung des steuerlich begrenzten Realsplittings können in einem derartigen Fall auch nicht fiktiv berechnet werden. Denn das begrenzte steuerliche Realsplitting kann immer nur in dem Kalenderjahr geltend gemacht werden, in dem die Unterhaltszahlung erfolgt. Wann das ist, ist zum Zeitpunkt der Berechnung des Unterhalts ungewiss (BGH NJW 2007, 1961). Ist ein **Sockelbetrag** unstreitig und wird über den Spitzenbetrag gestritten, ist wegen des unstreitigen Sockelbetrages ein Freibetrag einzutragen (BGH NJW 2002, 2319).

III. Zustimmungsverpflichtung

1. Anspruchsgrundlage

5 Die Zustimmungsverpflichtung des unterhaltsberechtigten Ehegatten ergibt sich aus der Verpflichtung zur **nachehelichen Solidarität** (§§ 1353, 242 BGB). Danach muss der Unterhaltsberechtigte alle Gestaltungsmöglichkeiten mittragen, die die finanziellen Belastungen des Unterhaltsverpflichteten mindern und damit seine Leistungsfähigkeit erhöhen, sofern ihm selbst keine Nachteile erwachsen (BGH FamRZ 1983, 576; BGH NJW-RR 1998, 1153).

6 Der **Unterhaltsberechtigte** ist nicht befugt, darüber zu entscheiden, ob vom Unterhaltspflichtigen als Unterhaltsleistung angesehene Beträge tatsächlich abzugsfähig sind. Die Entscheidung darüber obliegt allein den Finanzbehörden. Der Unterhaltsberechtigte muss ungeachtet etwaiger **Zweifel an der Abzugsfähigkeit** die Zustimmung zum begrenzten Realsplitting erteilen, in derartigen

Zweifelsfällen kann er allein die Zurverfügungstellung des Formulares Anlage U verweigern (BGH NJW 1998, 1153).

Dem Unterhaltsberechtigten steht **kein Zurückbehaltungsrecht** gegenüber 7 dem Anspruch auf Zustimmung zum begrenzten Realsplitting zu, wenn der Unterhaltsverpflichtete in anderen Zeiträumen, für die er die Zustimmung nicht verlangt, seinen Unterhaltsverpflichtungen nicht nachgekommen ist (OLG Stuttgart NJW-RR 2001, 365).

2. Nachteilerstattung

a) Steuerliche Nachteile. Aus dem Vorstehenden folgt, dass der unterhalts- 8 verpflichtete Ehegatte seine Zustimmung davon abhängig machen kann, dass **Zug um Zug** gegen Abgabe der Zustimmungserklärung der unterhaltsverpflichtete Ehegatte den **Ausgleich** sämtlicher aus der Durchführung des begrenzten Realsplittings resultierenden **Nachteile** zusichert. Dies sind in erster Linie die Einkommensteuern, der Solidaritätszuschlag und die Kirchensteuer, die auf der Versteuerung der Unterhaltsleistungen beruhen. Der Ausgleich beschränkt sich auf die Nachteile, die ohne die Wiederheirat entstanden wären, wenn der Unterhaltsberechtigte in dem Kalenderjahr wieder heiratet (sog. **Splittingschaden;** BGH FamRZ 1992, 534). Die Freistellungserklärung hat allerdings nur **deklaratorischen Charakter;** die Freistellungsverpflichtung besteht auch dann, wenn vorher die Freistellungserklärung nicht abgegeben worden ist (BGH FamRZ 1985, 1232).

Zum **Nachweis der steuerlichen Nachteile** ist der Steuerbescheid des Un- 9 terhaltsberechtigten vorzulegen (OLG Düsseldorf NJW-RR 1999, 1234). Muss der unterhaltsberechtigte Ehegatte wegen der Inanspruchnahme nicht in der Ehe angelegter steuerlicher Vorteile keine Einkommensteuer zahlen, kommt dies dem unterhaltsverpflichteten Ehegatten nicht zugute. Der steuerliche Nachteil ist dann fiktiv ohne die personengebundene steuerliche Entlastung, etwa aus einem „**Steuersparmodell**", zu berechnen (OLG Hamm NJW 1997, 2761).

Steuervorauszahlungen des Unterhaltsberechtigten muss der Unterhaltspflichtige übernehmen, wenn der Unterhaltsberechtigte die Vorauszahlungen nur aus Mitteln aufbringen könnte, die er zur Sicherung seines laufenden Unterhalts benötigt. Verfügt er über finanzielle Rücklagen, muss der Unterhaltsberechtigte die Steuervorauszahlungen zunächst verauslagen (OLG Frankfurt NJW-RR 2007, 219).

Der Nachteilsausgleich kann nach Scheidung der Ehegatten auch nach Ablauf 10 der **Jahresfrist des § 1585 b BGB** geltend gemacht werden. Der Zweck dieser Vorschrift, der Schutz des Vertrauens des in Anspruchgenommenen darauf, nicht in erheblichem Umfang für in der Vergangenheit liegende Zeiträume zur Zahlung herangezogen zu werden, greift hier nicht ein. Der Unterhaltsverpflichtete muss, wenn er das steuerliche Realsplitting geltend macht, von vornherein damit rechnen, auf Nachteilsausgleich in Anspruch genommen zu werden (BGH NJW 1986, 294; BGH NJW 2005, 2223).

b) Kosten des Steuerberaters. Die Kosten eines Steuerberaters sind nur in 11 Ausnahmefällen ersatzpflichtig. Nicht ersatzpflichtig sind die Kosten insbesondere dann, wenn der Unterhaltsberechtigte bereits vor seiner Zustimmungserklärung eine eigene Steuererklärung abgegeben hat (BGH NJW 1988, 2886).

c) Sozialrechtliche Nachteile. Häufig nicht beachtet werden sozialrechtli- 12 che Nachteile. Die Gewährung zahlreicher öffentlicher Leistungen knüpft an das

EStG § 10   3. Teil. Nebenvorschriften

zu versteuernde Einkommen an. Da der Unterhalt nach § 22 EStG (sonstige Einkünfte) zu versteuern ist, kann der Unterhaltsberechtigte durch die Durchführung des begrenzten Realsplittings Ansprüche verlieren. Das gilt für Wohnungsbauprämie, Sparprämien, Arbeitnehmersparzulagen und Renten nach dem Bundesversorgungsgesetz.

13 Wegfallen kann insbesondere der Anspruch auf **beitragsfreie Familienversicherung** (§§ 10 Abs. 1 SGB V, 25 Abs. 1 SGB XI). Bei der Bestimmung der Einkommensgrenze zählen die im Wege des Realsplittings versteuerten Unterhaltsleistungen zum Gesamteinkommen (§§ 10 Abs. 1 SGB V, 25 Abs. 1 SGB XI). Wird die Einkommensgrenze für die beitragsfreie Familienversicherung überschritten (360,00 EUR in den alten und 305,00 EUR in den neuen Ländern, Stand 2009) muss der unterhaltsberechtigte Ehegatte eine eigene **freiwillige Kranken- und Pflegeversicherung** in einer gesetzlichen oder privaten Krankenversicherung abschließen (BSG FamRZ 1994, 1239). Die darauf zu zahlenden **Beiträge** gehören zu den zu erstattenden Nachteilen (§ 1361 BGB Rn 55).

14 Keine Nachteile drohen mehr bei geringfügig Beschäftigten. Durch die Neufassung des § 8 SGB IV zum 1. 4. 2003 können neben einer **geringfügigen Beschäftigung** weitere Einkünfte im steuerrechtlichen Sinn erzielt werden, ohne dass dadurch die geringfügige Beschäftigung sozialversicherungspflichtig wird (Kasseler Kommentar/Seewald § 8 SGB IV Rn 22).

3. Auskunftsanspruch

15 Damit der Unterhaltsberechtigte überprüfen kann, ob sich unter diesen Voraussetzungen die Durchführung des begrenzten Realsplittings überhaupt rechnet, hat er einen **Auskunftsanspruch** gegen den Unterhaltsberechtigten darauf, welche Nachteile drohen. Der Unterhaltsberechtigte muss konkret die drohenden Nachteile, soweit ihm das möglich ist auch der Höhe nach, darlegen (OLG Köln FamRZ 1999, 31).

4. Steuerersparnis

16 Der Unterhaltsberechtigte hat **keinen Anspruch auf direkte Teilhabe** an der Steuerersparnis. Er profitiert von der Geltendmachung des begrenzten Realsplittings allein indirekt dadurch, dass Unterhaltsbemessungsgrundlage das Einkommen des Unterhaltspflichtigen unter Berücksichtigung der steuerlichen Vorteile aus dem begrenzten Realsplitting ist (BGH NJW 1986, 254).

5. Sicherheitsleistung

17 Ausnahmsweise steht dem unterhaltsberechtigten Ehegatten ein Zurückbehaltungsrecht hinsichtlich seiner Zustimmungserklärung dahingehend zu, dass er die Abgabe der Zustimmungserklärung von einer **Sicherheitsleistung** in Höhe der ihm voraussichtlich entstehenden Nachteile abhängig macht. Voraussetzung ist, dass bei objektiver Betrachtungsweise die Erfüllung des Anspruchs auf Nachteilsausgleich durch den Unterhaltsverpflichteten **gefährdet** ist (OLG Schleswig NJW-RR 2007, 660). Eine derartige Gefährdung liegt vor, wenn der unterhaltsverpflichtete Ehegatte laufenden **Zwangsvollstreckungsmaßnahmen** ausgesetzt, **Insolvenzantrag** gestellt oder die **eidesstattliche Versicherung** abgegeben worden ist. Die Gefährdung ist auch dann anzunehmen, wenn der unterhaltsberechtigte Ehegatte im Schriftwechsel zu erkennen gibt, dass er gegenüber dem Anspruch auf Nachteilerstattung mit Gegenansprüchen aufrechnen will. Denn bei dem Anspruch auf Nachteilerstattung handelt es sich um einen unterhaltsähnlichen Anspruch, so dass eine **Aufrechnung** nach § 394 BGB ausscheidet (BGH NJW 1997, 1441).

6. Klagweise Durchsetzung

Weigert der unterhaltsberechtigte Ehegatte sich zu Unrecht, die Zustimmungs- 18
erklärung abzugeben, kann der unterhaltsverpflichtete Ehegatte seinen Anspruch durch **Antrag auf Abgabe einer Willenserklärung** (§ 894 ZPO) durchsetzen. Zuständig für dieses Verfahren ist das Familiengericht (BGH NJW-RR 1998, 1153; ab 1. 9. 2009 ergibt sich dies aus § 266 FamFG).

IV. Absetzbare Leistungen

1. Barunterhaltsleistungen

Im Wege des begrenzten steuerlichen Realsplittings unzweifelhaft absetz- 19
bar sind laufende **Barunterhaltsleistungen**. Dabei kommt es auf die tatsächliche Leistung im Veranlagungszeitraum an, nicht auf eine möglicherweise höhere oder geringere Verpflichtung. Unterhaltsnachzahlungen sind daher in dem Jahr zu berücksichtigen, in dem sie tatsächlich gezahlt werden, nicht in dem Jahr, für das sie gezahlt werden (OLG Bamberg NJW-RR 2003, 74; „**In-Prinzip**").

Abzugsfähig ist nur **Ehegattenunterhalt.** Dabei macht es keinen Unter- 20
schied, ob es sich um laufende Zahlungen, Nachzahlungen oder Teilzahlungen einer Abfindung handelt. Nicht absetzbar ist Kindesunterhalt oder der nach § 1615 l BGB der Mutter eines nichtehelichen Kindes geschuldete Unterhalt. Diese Zahlungen können als außergewöhnliche Belastungen nach § 33a Abs. 1 EStG absetzbar sein (§ 33a Abs. 1 EStG Rn 6).

Absetzbar ist zudem allein Unterhalt aufgrund einer Unterhaltspflicht nach 21
deutschem Recht. Resultiert die Unterhaltspflicht aus **ausländischem Recht,** entfällt die Abzugsfähigkeit (OLG Köln NJW-RR 1996, 325).

2. Sonstige Leistungen

Berücksichtigungsfähig ist ferner die **unentgeltliche Wohnraumüberlas-** 22
sung wenn sie Unterhaltscharakter hat. In diesem Zusammenhang sind abzugsfähig die als Unterhalt gezahlten Verbrauchskosten, die Zins- und Tilgungsleistungen für den Anteil des Unterhaltsberechtigten an gemeinschaftlichen Darlehn sowie der hälftige, eigentlich dem Unterhaltsverpflichteten zustehende Mietwert einer Immobilie (BFH/NV 2007, 1283; BFH NJW 2000, 3735).

Abzugsfähig sind weiter in dem Veranlagungszeitraum erbrachte **Nachteilsausgleichsleistungen** für frühere Kalenderjahre (BFH FamRZ 2008, 888). Nicht abzugsfähig sind **Rechtsanwaltskosten** für die Durchsetzung der Durchführung des begrenzten Realsplittings.

§ 24b Entlastungsbetrag für Alleinerziehende

(1) ¹Allein stehende Steuerpflichtige können einen Entlastungsbetrag in Höhe von 1308 Euro im Kalenderjahr von der Summe der Einkünfte abziehen, wenn zu ihrem Haushalt mindestens ein Kind gehört, für das ihnen ein Freibetrag nach § 32 Abs. 6 oder Kindergeld zusteht. ²Die Zugehörigkeit zum Haushalt ist anzunehmen, wenn das Kind in der Wohnung des allein stehenden Steuerpflichtigen gemeldet ist. ³Ist das Kind bei mehreren Steuerpflichtigen gemeldet, steht der Entlastungsbetrag nach Satz 1 demjenigen Alleinstehenden zu, der die Voraussetzungen auf Auszahlung des Kindergeldes nach § 64 Abs. 2 Satz 1 erfüllt oder erfüllen würde in Fällen, in denen nur ein Anspruch auf einen Freibetrag nach § 32 Abs. 6 besteht.

(2) ¹Allein stehend im Sinne des Absatzes 1 sind Steuerpflichtige, die nicht die Voraussetzungen für die Anwendung des Splitting-Verfahrens (§ 26 Abs. 1) erfüllen oder verwitwet sind und keine Haushaltsgemeinschaft mit einer anderen volljährigen Person bilden, es sei denn, für diese steht ihnen ein Freibetrag nach § 32 Abs. 6 oder Kindergeld zu oder es handelt sich um ein Kind im Sinne des § 63 Abs. 1 Satz 1, das einen Dienst nach § 32 Abs. 5 Satz 1 Nr. 1 und 2 leistet oder eine Tätigkeit nach § 32 Abs. 5 Satz 1 Nr. 3 ausübt. ²Ist die andere Person mit Haupt- oder Nebenwohnsitz in der Wohnung des Steuerpflichtigen gemeldet, wird vermutet, dass sie mit dem Steuerpflichtigen gemeinsam wirtschaftet (Haushaltsgemeinschaft). ³Diese Vermutung ist widerlegbar, es sei denn, der Steuerpflichtige und die andere Person leben in einer eheähnlichen Gemeinschaft oder in einer eingetragenen Lebenspartnerschaft.

(3) Für jeden vollen Kalendermonat, in dem die Voraussetzungen des Absatzes 1 nicht vorgelegen haben, ermäßigt sich der Entlastungsbetrag um ein Zwölftel.

1 Bis zum 31. 12. 2003 stand einem Steuerpflichtigen, der der Einzelveranlagung unterlag und mindestens für ein Kind kindergeld- oder kinderfreibetragsberechtigt war, ein **Haushaltsfreibetrag** von 2340,00 EUR zu (§ 32 Abs. 7 EStG). Bei nicht selbständig Tätigen wurde die Inanspruchnahme dieses Freibetrages durch die **Steuerklasse II** gewährleistet, in die der Haushaltsfreibetrag bereits eingerechnet war. Ab dem Veranlagungszeitraum 2004 ist § 32 Abs. 7 EStG, der diese Regelung beinhaltete, aufgehoben worden. An seine Stelle ist § 24b EStG getreten, ein **Entlastungsbetrag für Alleinerziehende**.

2 Dieser Entlastungsbetrag ist an die Kindergeldberechtigung geknüpft, so dass anders als nach früherem Recht eine Übertragung nicht mehr möglich ist. Voraussetzung für die Gewährung ist ferner, dass der alleinerziehende Elternteil nicht mit einer anderen Person in einer **Haushaltsgemeinschaft** lebt (§ 24b Abs. 2 Nr. 2 EStG). Damit scheidet die Inanspruchnahme dieses Entlastungsbetrages aus, wenn der Berechtigte z.B. in einer nichtehelichen Lebensgemeinschaft lebt (BFH/NV 2007, 1647: Regelung ist verfassungsgemäß). Die Verfahrensvorschriften für die Steuerklasse II sind entsprechend geändert (Engels FamRZ 2004, 328, 330). Liegen die Voraussetzungen nur für einen Teil des Jahres vor, wird der Freibetrag monatsweise gewährt (Schmidt/Looschelder, § 24b Rn 25).

§ 26 Veranlagung von Ehegatten

(1) ¹Ehegatten, die beide unbeschränkt einkommensteuerpflichtig im Sinne des § 1 Abs. 1 oder 2 oder des § 1a sind und nicht dauernd getrennt leben und bei denen diese Voraussetzungen zu Beginn des Veranlagungszeitraums vorgelegen haben oder im Laufe des Veranlagungszeitraums eingetreten sind, können zwischen getrennter Veranlagung (§ 26a) und Zusammenveranlagung (§ 26b) wählen; für den Veranlagungszeitraum der Eheschließung können sie stattdessen die besondere Veranlagung nach § 26c wählen. ²Eine Ehe, die im Laufe des Veranlagungszeitraums aufgelöst worden ist, bleibt für die Anwendung des Satzes 1 unberücksichtigt, wenn einer der Ehegatten in demselben Veranlagungszeitraum wieder geheiratet hat und bei ihm und dem neuen Ehegatten die Voraussetzungen des Satzes 1 ebenfalls vorliegen. ³Satz 2 gilt nicht, wenn eine Ehe durch Tod aufgelöst worden ist und die Ehegatten der neuen Ehe die besondere Veranlagung nach § 26c wählen.

(2) ¹Ehegatten werden getrennt veranlagt, wenn einer der Ehegatten getrennte Veranlagung wählt. ²Ehegatten werden zusammen veranlagt oder – für den Veranlagungszeitraum der Eheschließung – nach § 26c veranlagt, wenn beide Ehegatten die betreffende Veranlagungsart wählen. ³Die zur Ausübung der Wahl erforderlichen Erklärungen sind beim Finanzamt schriftlich oder zu Protokoll abzugeben.

(3) Werden die nach Absatz 2 erforderlichen Erklärungen nicht abgegeben, so wird unterstellt, dass die Ehegatten die Zusammenveranlagung wählen.

§ 26a Getrennte Veranlagung von Ehegatten

(1) ¹Bei getrennter Veranlagung von Ehegatten in den in § 26 bezeichneten Fällen sind jedem Ehegatten die von ihm bezogenen Einkünfte zuzurechnen. ²Einkünfte eines Ehegatten sind nicht allein deshalb zum Teil dem anderen Ehegatten zuzurechnen, weil dieser bei der Erzielung der Einkünfte mitgewirkt hat.

(2) ¹Außergewöhnliche Belastungen (§§ 33 bis 33c) werden in Höhe des bei einer Zusammenveranlagung in Betracht kommenden Betrags bei beiden Veranlagungen jeweils zur Hälfte abgezogen, wenn die Ehegatten nicht gemeinsam eine andere Aufteilung beantragen. ²Die nach § 33b Abs. 5 übertragbaren Pauschbeträge stehen den Ehegatten insgesamt nur einmal zu; sie werden jedem Ehegatten zur Hälfte gewährt. ³Die nach § 34f zu gewährende Steuerermäßigung steht den Ehegatten in dem Verhältnis zu, in dem sie erhöhte Absetzungen nach § 7b oder Abzugsbeträge nach § 10e Abs. 1 bis 5 oder nach § 15b des Berlinförderungsgesetzes in Anspruch nehmen. ⁴Die nach § 35a zu gewährende Steuerermäßigung steht den Ehegatten jeweils zur Hälfte zu, wenn die Ehegatten nicht gemeinsam eine andere Aufteilung beantragen.

(3) Die Anwendung des § 10d für den Fall des Übergangs von der getrennten Veranlagung zur Zusammenveranlagung und von der Zusammenveranlagung zur getrennten Veranlagung, wenn bei beiden Ehegatten nicht ausgeglichene Verluste vorliegen, wird durch Rechtsverordnung der Bundesregierung mit Zustimmung des Bundesrates geregelt.

EStG §§ 26–26b

§ 26b Zusammenveranlagung von Ehegatten

Bei der Zusammenveranlagung von Ehegatten werden die Einkünfte, die die Ehegatten erzielt haben, zusammengerechnet, den Ehegatten gemeinsam zugerechnet und, soweit nichts anderes vorgeschrieben ist, die Ehegatten sodann gemeinsam als Steuerpflichtiger behandelt.

I. Wahl der Veranlagung

1. Grundsätze

1   Haben Ehegatten jedenfalls einen Tag in einem steuerlichen Veranlagungszeitraum zusammengelebt und sind sie beide unbeschränkt steuerpflichtig, können sie zwischen **getrennter Veranlagung** (§ 26a EStG) und **Zusammenveranlagung** (§ 26b EStG) wählen. Geben die Ehegatten keine Erklärungen ab, werden sie nach § 26 Abs. 3 EStG zusammen veranlagt. Die getrennte Veranlagung erfolgt, wenn einer der Ehegatten diese beantragt (§ 26 Abs. 2 Satz 1 EStG). Die Erklärung erfolgt durch den Ehegatten schriftlich gegenüber dem Finanzamt (§ 26 Abs. 2 Satz 3 EStG). Eingetragene Lebenspartner können sich nicht zusammen veranlagen lassen; Unterhaltsaufwendungen sind nach § 33a Abs. 1 EStG berücksichtigungsfähig (FG Hamburg DStRE 2005, 501; § 33a EStG Rn 6).

2. Dauerndes Getrenntleben

2   Eine Zusammenveranlagung von Ehegatten ist nur möglich, wenn diese nicht **dauernd getrenntleben**. Der steuerliche Begriff des „dauernden Getrenntlebens" entspricht nicht dem „Getrenntleben" im Sinne des § 1567 Abs. 1 BGB. Ob ein dauerndes Getrenntleben der Ehegatten vorliegt, ist von der Finanzverwaltung **von Amts wegen** zu ermitteln (§§ 88 Abs. 1 AO, 76 Abs. 1 FGO). Solange Ehegatten in einem Haushalt leben, spricht nach der Rechtsprechung des BFH eine Vermutung dafür, dass die Ehegatten nicht dauernd getrenntleben (Schmidt/Seeger § 26 Rn 11). Erklärungen der Ehegatten im Rahmen ihrer Anhörung nach § 613 ZPO im Rahmen des **Ehescheidungsverfahrens** sind wegen der unterschiedlichen Voraussetzungen nur ein **Indiz.** Die Finanzverwaltung muss den Ehegatten die Unrichtigkeit ihrer Angaben nachweisen. Dabei dürfen im finanzgerichtlichen Verfahren die Akten des Scheidungsverfahrens nicht beigezogen werden, wenn ein Ehegatte widerspricht (BFH DStR 1991, 1149).

3   Ein **Versöhnungsversuch** unterbricht im Rahmen des § 26 EStG anders als bei § 1567 Abs. 2 BGB das dauernde Getrenntleben. Voraussetzung ist allerdings, dass der Versöhnungsversuch nachhaltig war. Die Ehegatten müssen vorbehaltlos für längere Zeit wieder eine **Wirtschaftsgemeinschaft** aufgenommen haben (Schmidt/Seeger § 26 Rn 11; Wendl/Kemper § 1 Rn 573c).

3. Änderung der Veranlagung

4   **Bis zur Bestandskraft** eines Zusammenveranlagungsbescheides oder aber im Fall der getrennten Veranlagung beider Bescheide kann die Wahl der **Veranlagungsart geändert** werden. Hat ein Ehegatte mithin zunächst entgegen familienrechtlichen Verpflichtungen die getrennte Veranlagung gewählt, der andere aber noch keine Steuererklärung abgegeben, kann nachträglich die Zusammen-

veranlagung durchgeführt werden (BFH/NV 2006, 933). Der bestandskräftige Bescheid über die getrennte Veranlagung des einen Ehegatten ist nach § 175 Abs. 1 Nr. 2 AO aufzuheben (Schmidt/Seeger § 26 Rn 25).

4. Unwirksamkeit des Antrages

Beantragt ein Ehegatte die **getrennte Veranlagung**, der keine Einkünfte oder 5 so geringe Einkünfte hat, dass sie nicht steuerbar sind, darf die Finanzverwaltung dem Antrag nicht entsprechen (BFH DStR 2005, 1359). Hergeleitet wird dies aus dem Rechtsgedanken des § 226 BGB **(Schikaneverbot).** In allen anderen Fällen ist dem Antrag zu entsprechen. So kann sich in den praktisch bedeutsamen Fällen der Veranlagung im Trennungsjahr, wenn die Ehegatten ihre **laufenden Einkünfte nach Steuerklasse III und V versteuert haben,** der Ehegatte, der nach Steuerklasse V veranlagt war, nachträglich getrennt veranlagen lassen (BFH FamRZ 2008, 888, zur familienrechtlichen Seite s. Rn 8).

5. Familienrechtliche Zustimmungsverpflichtung

a) Anspruchsgrundlage. Die familienrechtliche Verpflichtung zur Zustim- 6 mung in diesen oder vergleichbaren Fällen ergibt sich aus der Verpflichtung zur **ehelichen Lebensgemeinschaft** (§ 1353 BGB; BGH NJW 1977, 378). Ein Ehegatte muss, wenn ihm daraus keine steuerlichen Nachteile erwachsen und dem anderen Ehegatten steuerliche Vorteile entstehen, der Zusammenveranlagung zustimmen. Die Zustimmungsverpflichtung besteht auch als **Nachwirkung der Ehe nach rechtskräftiger Scheidung** (BGH a. a. O.). Neuerdings wird die Zustimmungsverpflichtung auch aus der gemeinsamen Steuerklassenwahl, mithin einer **Vereinbarung der Ehepartner,** hergeleitet. Kein Ehegatte soll berechtigt sein, sich allein von dieser gemeinsamen Entscheidung zu lösen (BGH NJW 2002, 2319). Der Bundesgerichtshof hat in einem derartigen Fall zudem die Grundsätze der Innengesellschaft angewandt (BGH NJW 2003, 2982; anders Wever FamRZ 2003, 1457 und Spieker FamRZ 2004, 174). Bis zum 31. 8. 2009 ist für ein Verfahren zur Durchsetzung das Prozessgericht zuständig (OLG Düsseldorf NJW-RR 1990, 1027). Ab 1. 9. 2009 ist der Antrag an das Familiengericht zu richten (§ 266 FamFG).

Der Anspruch **verjährt** analog § 197 Abs. 2 i. V. mit § 195 BGB in drei Jahren 7 mit der Hemmungsmöglichkeit nach § 207 BGB.

b) Voraussetzungen. Die Verpflichtung, der Zusammenveranlagung zuzu- 8 stimmen, hängt nach der Rechtsprechung des Bundesgerichtshofes allein davon ab, dass dem zur Zustimmung verpflichteten Ehegatten **keine** zusätzlichen **steuerlichen Belastungen** und die Zusammenveranlagung dem anderen Ehegatten **steuerliche Vorteile** erwachsen (BGH NJW 1977, 378). Die Zustimmungsverpflichtung besteht auch dann, wenn zweifelhaft ist, ob überhaupt eine gemeinsame Veranlagung möglich ist; nur wenn sicher feststeht, dass diese ausscheidet, darf der eine Ehegatte seine Zustimmung verweigern (BGH NJW-RR 2005, 225). Der zur Zustimmung Verpflichtete kann **keine direkte Teilhabe** an der Steuerersparnis verlangen. Er profitiert mittelbar, weil Steuererstattungen die Leistungsfähigkeit erhöhen bzw. die Bedürftigkeit mindern (vor § 1361 Einkommensermittlung Rn 39). Der Zustimmungspflichtige kann auch nicht verlangen, so gestellt zu werden, wie er bei Durchführung einer getrennten Veranlagung stehen würde (BGH NJW 2007, 2554). Für den praktisch bedeutsamen

Fall des Lohnsteuerabzuges nach Lohnsteuerklasse III/V bedeutet dies, dass diese **Steuerklassenwahl** auch über das Scheitern der Ehe hinaus **verbindlich** ist. Ist auf dieser Grundlage Ehegattenunterhalt gezahlt worden, gilt das auch für die Zeit nach der Trennung. Ansonsten besteht ab der Trennung ein Anspruch des Ehegatten, der nach Steuerklasse V veranlagt worden ist, so gestellt zu werden, wie er bei getrennter Veranlagung stehen würde (BGH a. a. O.).

9   Grundsätzlich besteht auch kein Anspruch auf die Übernahme von **Steuerberaterkosten**. Steuerberaterkosten sind nur dann ersatzfähig, wenn die steuerliche Veranlagung so kompliziert ist, dass es dem Ehegatten nicht zuzumuten ist, ohne steuerliche Beratung zu bleiben. Diese Voraussetzung liegt in den Fällen der nachträglichen gemeinsamen Veranlagung nicht vor, weil die steuerlichen Verhältnisse des zustimmungsverpflichteten Ehegatten bereits im Zusammenhang mit seiner getrennten Veranlagung geklärt sind (BGH NJW 2002, 2319).

10   Es besteht zudem kein Anspruch auf **Sicherheitsleistung** für finanzielle Nachteile. Dies gilt – anders bei der Verpflichtung zur Mitwirkung am begrenzten Realsplitting – auch dann, wenn konkrete Zweifel an der Zahlungswilligkeit und -fähigkeit des die Zustimmung begehrenden Ehegatten bestehen. Der zustimmungsverpflichtete Ehegatte wird auf die **Haftungsbegrenzungsmöglichkeit** nach den §§ 268 ff. AO verwiesen (BGH a. a. O.).

11   Insbesondere ist es kein Grund, der Zusammenveranlagung nicht zuzustimmen, wenn ein Ehegatte befürchtet, dass der andere Ehegatte **Steuerhinterziehung** begeht. Jeder Ehegatte ist allein, wenn er sich darauf beschränkt, die gemeinsame Einkommensteuererklärung zu unterschreiben, für die Richtigkeit der Angaben zu seinem Einkommen verantwortlich. Er haftet nicht für die Richtigkeit der Angaben des anderen Ehegatten (BFH NJW 2002, 2495).

II. Aufteilung von Steuererstattungen

1. Verhältnis zur Finanzverwaltung

12   **Steuererstattungen** werden von der Finanzverwaltung dem Ehegatten ausgezahlt, auf dessen Rechnung die Steuer an das Finanzamt gezahlt worden ist. Haben beide Ehegatten Steuern bezahlt, sind sie **Teilgläubiger** im Verhältnis der von Ihnen gezahlten Steuern (BFH NJW 1990, 2491). Haben beide Ehegatten im Veranlagungszeitraum Lohnsteuern bezahlt, bestimmt sich das Verhältnis der Aufteilung der Steuererstattung nach dem Verhältnis der **gezahlten Lohnsteuerbeträge**. Sind Einkommensteuervorauszahlungen geleistet worden, werden diese dem Ehegatten zugeordnet, der die **Einkommensteuervorauszahlung** aus seinen Mitteln erbracht hat. Bei intakter Ehe spricht eine Vermutung dafür, dass mit der Zahlung eine gemeinsame Steuerschuld für Rechnung beider Ehegatten beglichen wird (BFH NJW 1990, 2491; FG Düsseldorf DStRE 2005, 297). Erstattungsberechtigt sind die Ehegatten dann zu gleichen Teilen (BFH DStRE 2008, 2257). Nach der Trennung der Ehegatten greift diese Vermutung nicht mehr. Der Erstattungsanspruch steht dann allein dem zahlenden Ehegatten zu.

13   Zu beachten ist in diesem Zusammenhang die gesetzliche Vermutung einer **Einziehungsvollmacht** nach § 36 Abs. 4 Satz 3 EStG. Ist in einer gemeinsamen Steuererklärung ein Konto angegeben worden, auf das die Steuererstattung überwiesen werden soll, ist eine Zahlung durch die Finanzverwaltung auf dieses Konto schuldbefreiend. Haben die Ehegatten eine **anderweitige interne Auf-**

2. Innenverhältnis der Ehegatten

Im Innenverhältnis der Ehegatten steht nach herrschender Meinung die Steuererstattung den Ehegatten im Verhältnis ihrer beiderseitigen steuerpflichtigen Einkünfte zu (ausführlich: Verfügung OFD Chemnitz NJW 1998, 1692; OLG Köln NJW-RR 1995, 1027). Hat ein Ehegatte nur **negative Einkünfte** gehabt, wird teilweise die Auffassung vertreten, dass die Steuererstattung dem Ehegatten zusteht, der die steuerlich geltend gemachten Verluste tatsächlich erlitten hat. Er erhält daher eine Steuererstattung, obwohl er selbst gar keine Steuern gezahlt hat (LG Tübingen NJW-RR 1990, 1221; Liebelt NJW 1993, 1741, 1744).

Richtigerweise ist im Innenverhältnis erstattungsberechtigt allerdings der Ehegatte, der die **Steuern tatsächlich entrichtet** hat. Die Zusammenveranlagung soll unterhaltsrechtlich einen **Nachteilsausgleich** bewirken und nicht zu einer Vorteilsteilhabe führen (OLG Karlsruhe FamRZ 1991, 191). Lässt sich nicht feststellen, wer die Zahlung erbracht hat, erfolgt die Erstattung an die Ehegatten je zur Hälfte (BFH NJW 1996, 742).

III. Steuernachforderungen

1. Verhältnis zur Finanzverwaltung

Hinsichtlich Steuernachforderungen sind die Ehegatten **Gesamtschuldner** (§ 44 Abs. 1 Satz 1 AO). Das Finanzamt kann sich daher nach seiner Wahl wegen der gesamten Steuerschulden an einen der Ehegatten halten. Ist dieser materiell nicht Schuldner der gesamten Steuerschuld, kann er einen Antrag auf **Aufteilung der Steuerschuld** stellen. Die Steuerschuld wird dann in dem Verhältnis aufteilt, in dem die fiktiven Steuerschulden der Ehegatten bei getrennter Veranlagung zueinander stünden. Möglich ist auch ein gemeinsamer Vorschlag der Ehegatten (§§ 268 ff. AO).

2. Verhältnis zwischen den Ehegatten

Im Verhältnis der Ehegatten zueinander erfolgt die Aufteilung nach den Grundsätzen des § 270 AO, es wird mithin eine **fiktive steuerliche getrennte Veranlagung** durchgeführt (BGH NJW 2006, 2623).

§ 31 Familienleistungsausgleich

[1] **Die steuerliche Freistellung eines Einkommensbetrags in Höhe des Existenzminimums eines Kindes einschließlich der Bedarfe für Betreuung und Erziehung oder Ausbildung wird im gesamten Veranlagungszeitraum entweder durch die Freibeträge nach § 32 Abs. 6 oder durch Kindergeld nach Abschnitt X bewirkt.** [2] **Soweit das Kindergeld dafür nicht erforderlich ist, dient es der Förderung der Familie.** [3] **Im laufenden Kalenderjahr wird Kindergeld als Steuervergütung monatlich gezahlt.** [4] **Bewirkt der Anspruch auf Kindergeld für den gesamten Veranlagungszeitraum die nach Satz 1 gebotene steuerliche Freistellung nicht voll-**

ständig und werden deshalb bei der Veranlagung zur Einkommensteuer die Freibeträge nach § 32 Abs. 6 vom Einkommen abgezogen, erhöht sich die unter Abzug dieser Freibeträge ermittelte tarifliche Einkommensteuer um den Anspruch auf Kindergeld für den gesamten Veranlagungszeitraum; bei nicht zusammenveranlagten Eltern wird der Kindergeldanspruch im Umfang des Kinderfreibetrags angesetzt. ⁵ Satz 4 gilt entsprechend für mit dem Kindergeld vergleichbare Leistungen nach § 65. ⁶ Besteht nach ausländischem Recht Anspruch auf Leistungen für Kinder, wird dieser insoweit nicht berücksichtigt, als er das inländische Kindergeld übersteigt.

§ 32 Kinder, Freibeträge für Kinder

(1) Kinder sind

1. im ersten Grad mit dem Steuerpflichtigen verwandte Kinder,
2. Pflegekinder (Personen, mit denen der Steuerpflichtige durch ein familienähnliches, auf längere Dauer berechnetes Band verbunden ist, sofern er sie nicht zu Erwerbszwecken in seinen Haushalt aufgenommen hat und das Obhuts- und Pflegeverhältnis zu den Eltern nicht mehr besteht).

(2) ¹ Besteht bei einem angenommenen Kind das Kindschaftsverhältnis zu den leiblichen Eltern weiter, ist es vorrangig als angenommenes Kind zu berücksichtigen. ² Ist ein im ersten Grad mit dem Steuerpflichtigen verwandtes Kind zugleich ein Pflegekind, ist es vorrangig als Pflegekind zu berücksichtigen.

(3) Ein Kind wird in dem Kalendermonat, in dem es lebend geboren wurde, und in jedem folgenden Kalendermonat, zu dessen Beginn es das 18. Lebensjahr noch nicht vollendet hat, berücksichtigt.

(4) ¹ Ein Kind, das das 18. Lebensjahr vollendet hat, wird berücksichtigt, wenn es

1. noch nicht das 21. Lebensjahr vollendet hat, nicht in einem Beschäftigungsverhältnis steht und bei einer Agentur für Arbeit im Inland als Arbeitsuchender gemeldet ist oder
2. noch nicht das 25. Lebensjahr vollendet hat und
   a) für einen Beruf ausgebildet wird oder
   b) sich in einer Übergangszeit von höchstens vier Monaten befindet, die zwischen zwei Ausbildungsabschnitten oder zwischen einem Ausbildungsabschnitt und der Ableistung des gesetzlichen Wehr- oder Zivildienstes, einer vom Wehr- oder Zivildienst befreienden Tätigkeit als Entwicklungshelfer oder als Dienstleistender im Ausland nach § 14b des Zivildienstgesetzes oder der Ableistung eines freiwilligen Dienstes im Sinne des Buchstaben d liegt, oder
   c) eine Berufsausbildung mangels Ausbildungsplatzes nicht beginnen oder fortsetzen kann oder
   d) ein freiwilliges soziales Jahr oder ein freiwilliges ökologisches Jahr im Sinne des Jugendfreiwilligendienstegesetzes oder einen Freiwilligendienst im Sinne des Beschlusses Nr. 1719/2006/EG des Europäischen Parlaments und des Rates vom 15. November 2006 zur Einführung des Programms „Jugend in Aktion" (ABl. EU

Nr. L 327 S. 30) oder einen anderen Dienst im Ausland im Sinne von § 14b des Zivildienstgesetzes oder einen entwicklungspolitischen Freiwilligendienst „weltwärts" im Sinne der Richtlinie des Bundesministeriums für wirtschaftliche Zusammenarbeit und Entwicklung vom 1. August 2007 (BAnz. 2008 S. 1297) leistet oder

3. wegen körperlicher, geistiger oder seelischer Behinderung außerstande ist, sich selbst zu unterhalten; Voraussetzung ist, dass die Behinderung vor Vollendung des 25. Lebensjahres eingetreten ist.

²Nach Satz 1 Nr. 1 und 2 wird ein Kind nur berücksichtigt, wenn es Einkünfte und Bezüge, die zur Bestreitung des Unterhalts oder der Berufsausbildung bestimmt oder geeignet sind, von nicht mehr als 7 680 Euro im Kalenderjahr hat. ³Dieser Betrag ist zu kürzen, soweit es nach den Verhältnissen im Wohnsitzstaat des Kindes notwendig und angemessen ist. ⁴Zu den Bezügen gehören auch steuerfreie Gewinne nach den §§ 14, 16 Abs. 4, § 17 Abs. 3 und § 18 Abs. 3, die nach § 19 Abs. 2 *und § 20 Abs. 4* steuerfrei bleibenden Einkünfte sowie Sonderabschreibungen und erhöhte Absetzungen, soweit sie die höchstmöglichen Absetzungen für Abnutzung nach § 7 übersteigen. ⁵Bezüge, die für besondere Ausbildungszwecke bestimmt sind, bleiben hierbei außer Ansatz; Entsprechendes gilt für Einkünfte, soweit sie für solche Zwecke verwendet werden. ⁶Liegen die Voraussetzungen nach Satz 1 Nr. 1 oder 2 nur in einem Teil des Kalendermonats vor, sind Einkünfte und Bezüge nur insoweit anzusetzen, als sie auf diesen Teil entfallen. ⁷Für jeden Kalendermonat, in dem die Voraussetzungen nach Satz 1 Nr. 1 oder 2 an keinem Tag vorliegen, ermäßigt sich der Betrag nach Satz 2 oder 3 um ein Zwölftel. ⁸Einkünfte und Bezüge des Kindes, die auf diese Kalendermonate entfallen, bleiben außer Ansatz. ⁹Ein Verzicht auf Teile der zustehenden Einkünfte und Bezüge steht der Anwendung der Sätze 2, 3 und 7 nicht entgegen. ¹⁰Nicht auf Euro lautende Beträge sind entsprechend dem für Ende September des Jahres vor dem Veranlagungszeitraum von der Europäischen Zentralbank bekannt gegebenen Referenzkurs umzurechnen.

(5) ¹In den Fällen des Absatzes 4 Satz 1 Nr. 1 oder Nr. 2 Buchstabe a und b wird ein Kind, das

1. den gesetzlichen Grundwehrdienst oder Zivildienst geleistet hat, oder
2. sich an Stelle des gesetzlichen Grundwehrdienstes freiwillig für die Dauer von nicht mehr als drei Jahren zum Wehrdienst verpflichtet hat, oder
3. eine vom gesetzlichen Grundwehrdienst oder Zivildienst befreiende Tätigkeit als Entwicklungshelfer im Sinne des § 1 Abs. 1 des Entwicklungshelfer-Gesetzes ausgeübt hat,

für einen der Dauer dieser Dienste oder der Tätigkeit entsprechenden Zeitraum, höchstens für die Dauer des inländischen gesetzlichen Grundwehrdienstes oder bei anerkannten Kriegsdienstverweigerern für die Dauer des inländischen gesetzlichen Zivildienstes über das 21. oder 25. Lebensjahr hinaus berücksichtigt. ²Wird der gesetzliche Grundwehrdienst oder Zivildienst in einem Mitgliedstaat der Europäischen Union

EStG § 32

oder einem Staat, auf den das Abkommen über den Europäischen Wirtschaftsraum Anwendung findet, geleistet, so ist die Dauer dieses Dienstes maßgebend. ³ Absatz 4 Satz 2 bis 10 gilt entsprechend.

(6) ¹ Bei der Veranlagung zur Einkommensteuer wird für jedes zu berücksichtigende Kind des Steuerpflichtigen ein Freibetrag von 1932 Euro für das sächliche Existenzminimum des Kindes (Kinderfreibetrag) sowie ein Freibetrag von 1 080 Euro für den Betreuungs- und Erziehungs- oder Ausbildungsbedarf des Kindes vom Einkommen abgezogen. ² Bei Ehegatten, die nach den §§ 26, 26 b zusammen zur Einkommensteuer veranlagt werden, verdoppeln sich die Beträge nach Satz 1, wenn das Kind zu beiden Ehegatten in einem Kindschaftsverhältnis steht. ³ Die Beträge nach Satz 2 stehen dem Steuerpflichtigen auch dann zu, wenn

1. der andere Elternteil verstorben oder nicht unbeschränkt einkommensteuerpflichtig ist oder
2. der Steuerpflichtige allein das Kind angenommen hat oder das Kind nur zu ihm in einem Pflegekindschaftsverhältnis steht.

⁴ Für ein nicht nach § 1 Abs. 1 oder 2 unbeschränkt einkommensteuerpflichtiges Kind können die Beträge nach den Sätzen 1 bis 3 nur abgezogen werden, soweit sie nach den Verhältnissen seines Wohnsitzstaates notwendig und angemessen sind. ⁵ Für jeden Kalendermonat, in dem die Voraussetzungen für einen Freibetrag nach den Sätzen 1 bis 4 nicht vorliegen, ermäßigen sich die dort genannten Beträge um ein Zwölftel. ⁶ Abweichend von Satz 1 wird bei einem unbeschränkt einkommensteuerpflichtigen Elternpaar, bei dem die Voraussetzungen des § 26 Abs. 1 Satz 1 nicht vorliegen, auf Antrag eines Elternteils der dem anderen Elternteil zustehende Kinderfreibetrag auf ihn übertragen, wenn er, nicht jedoch der andere Elternteil seiner Unterhaltspflicht gegenüber dem Kind für das Kalenderjahr im Wesentlichen nachkommt; bei minderjährigen Kindern wird der dem Elternteil, in dessen Wohnung das Kind nicht gemeldet ist, zustehende Freibetrag für den Betreuungs- und Erziehungs- oder Ausbildungsbedarf auf Antrag des anderen Elternteils auf diesen übertragen. ⁷ Die den Eltern nach den Sätzen 1 bis 6 zustehenden Freibeträge können auf Antrag auch auf einen Stiefelternteil oder Großelternteil übertragen werden, wenn dieser das Kind in seinen Haushalt aufgenommen hat; dies kann auch mit Zustimmung des berechtigten Elternteils geschehen, die nur für künftige Kalenderjahre widerrufen werden kann.

Inhaltsübersicht

	Rn
I. Gesetzeshistorie	1
II. Grundprinzip	3
1. Auszahlung von Kindergeld	3
2. Günstigerprüfung	4
a) Grundzüge	4
b) Beispiel	5
III. Voraussetzungen der steuerlichen Entlastung	6
1. Situation des Kindes	6

Kinder, Freibeträge für Kinder § 32 EStG

	Rn
2. Einkünfte volljähriger Kinder	9
a) Anrechenbare Einkünfte	9
b) Kürzungsmonate	11
c) Rückforderung	12
IV. Konkurrenzen	13
1. Kinderzulagen bei Renten	13
2. Kinderbezogene Einkommensbestandteile	14

I. Gesetzeshistorie

Seit dem zum 1.1.1996 in Kraft getretenen Jahressteuergesetz 1996 wird der **1** **Familienleistungsausgleich** im Rahmen der Einkommensteuerfestsetzung vorgenommen. Das **Bundeskindergeldgesetz** gilt nur noch für einen beschränkten Kreis von Steuerpflichtigen. Ferner enthält es die Regelungen über Organisation und Verfahren der Kindergeldgewährung (§§ 7 ff. BKGG). Diese erfolgt bei Arbeitnehmern außerhalb des öffentlichen Dienstes durch die **Familienkasse** (§ 7 Abs. 2 BKGG). Sie ist, obwohl sie in die Arbeitsverwaltung eingegliedert ist, Bundesfinanzbehörde (§ 6 Abs. 2 Nr. 6 AO, § 5 Abs. 1 Nr. 11 FVG). Daraus folgt, dass Bescheide der Familienkasse vor den **Finanzgerichten** angefochten werden müssen (§ 155 Abs. 4 AO, § 33 Abs. 1 Nr. 1, Abs. 2 FGO). Nur in den Ausnahmefällen, in denen die Kindergeldberechtigung auf dem Bundeskindergeldgesetz beruht, erfolgt die Anfechtung der Bescheide vor dem Sozialgericht (§ 15 BKGG).

Der Familienleistungsausgleich ist durch den Gesetzgeber durch das Gesetz zur **2** Familienförderung, in Kraft getreten am 1.1.2000, und durch das zweite Gesetz zur Familienförderung, in Kraft getreten zum 1.1.2002, den Forderungen des Bundesverfassungsgerichts nach der völligen **Freistellung des steuerlichen Existenzminimums** eines Kindes entsprechend unter Berücksichtigung von Betreuungs- und Erziehungsbedarf verbessert worden (BVerfG NJW 1999, 557 und 561).

II. Grundprinzip

1. Auszahlung von Kindergeld

Das Existenzminimum der Kinder wird grundsätzlich durch die **Auszahlung** **3** **von Kindergeld** sichergestellt. Kindergeld wird während des laufenden Kinderjahres ohne Rücksicht auf das Einkommen der Eltern oder des Kindes in Monatsbeträgen als eine Vorausleistung auf eine Steuervergütung ausgezahlt. Das Kindergeld ist in den letzten Jahren regelmäßig angehoben worden (§ 66 EStG):

	1996	1997/98	1999	2000/01	2002	2009
1. und 2. Kind	200 DM	220 DM	250 DM	270 DM	154 EUR	164 EUR
3. Kind	300 DM	300 DM	300 DM	300 DM	154 EUR	170 EUR
ab 4. Kind	350 DM	350 DM	350 DM	350 DM	179 EUR	195 EUR

2. Günstigerprüfung

a) Grundzüge. Bei der endgültigen Durchführung des steuerlichen Familien- **4** leistungsausgleichs wird bei jedem Steuerpflichtigen, bei zusammenlebenden Ehegatten mithin zweimal für jedes Kind ein **Kinderfreibetrag** für das **tatsäch-**

liche Existenzminimum des Kindes von 1932,00 EUR sowie ein Freibetrag für den **Betreuungs- und Erziehungs- oder Ausbildungsbedarf** des Kindes von 1080,00 EUR vom Einkommen abgezogen (§ 32 Abs. 4 Satz 1 EStG). Bei der Einkommensteuerveranlagung wird für jedes Kind gesondert geprüft, ob nach einer **Vergleichsberechnung** die Gewährung der Kinderfreibeträge zu einer höheren steuerlichen Entlastung führt, als sie durch das bereits ausgezahlte Kindergeld bewirkt wurde (§ 31 S. 4 EStG). Für diesen Fall werden die steuerlichen Kinderfreibeträge berücksichtigt und das bezogene Kindergeld im Umfang des Kinderfreibetrages der festzusetzenden Einkommensteuer hinzugerechnet (§§ 2 Abs. 4 Satz 2, 36 Abs. 2, 31 S. 4 EStG). Ergibt diese **Günstigerprüfung,** dass die größere Entlastung durch die Auszahlung des Kindergeldes erfolgt, wird das Kindergeld als Sozialleistung gewährt und die steuerliche Veranlagung ohne Berücksichtigung der Steuerfreibeträge durchgeführt (§ 31 S. 2 und 4 EStG). Diese Prüfung erfolgt auch dann, wenn das Kindergeld nach § 64 Abs. 2 Satz 1 EStG an den anderen Elternteil gezahlt wird. In diesem Fall nimmt der Steuerpflichtige an dem Kindergeld aufgrund der **Kindergeldverrechnung nach § 1612b Abs. 1 und 2 BGB** teil (§ 31 S. 6 EStG). Bei **getrennt veranlagten Eltern** wird jeweils das halbe Kindergeld und der halbe Freibetrag berücksichtigt (§ 36 Abs. 2 Satz 1 EStG „in entsprechendem Umfang"). Hat ein Ehegatte die vollen Kinderfreibeträge bei getrennter Veranlagung geltend gemacht und wirkt sich das auf seine Steuerfestsetzung nicht aus, besteht ein Anspruch des anderen Ehegatten auf Übertragung (LG Konstanz FamRZ 2005, 799).

5 **b) Beispiel:** Das Verfahren verdeutlicht folgendes Beispiel (nach Wendl/Scholz § 2 Rn 495):

Die minderjährigen Kinder K1 und K2 leben bei der M, die über kein Einkommen verfügt und von ihrem Lebensgefährten unterhalten wird. M erhält das Kindergeld von 1968,00 EUR pro Kind und Jahr. Der Vater V, der über ein zu versteuerndes Einkommen von 34 000,00 EUR verfügt, zahlt Kindesunterhalt, auf den das Kindergeld zur Hälfte angerechnet wird.

Bei der einkommenslosen M können sich die Freibeträge nicht auswirken. Die ihr zustehende Kindergeldhälfte ist also Sozialleistung (§ 31 S. 2 EStG).

Die Günstigkeitsprüfung bei V sieht wie folgt aus:

K 1	Einkommen	Einkommensteuer
Ohne Freibeträge	34 000 EUR	7199 EUR
nach Abzug der halben Freibeträge von		6099 EUR
1932,00 EUR und 1080,00 EUR	30 988 EUR	
Differenz		1100 EUR
hinzuzurechnendes Kindergeld		984 EUR
Steuererstattung		116 EUR

K 2	Einkommen	Einkommensteuer
ohne Freibeträge	30 988 EUR	6099 EUR
nach Abzug der halben Freibeträge von	27 976 EUR	5172 EUR
1932,00 EUR und 1080,00 EUR		
Differenz		927 EUR
hinzuzurechnendes Kindergeld		984 EUR
Steuererstattung		0 EUR

Für K 1 werden mithin die Freibeträge gewährt, für K 2 verbleibt es beim Kindergeld als Sozialleistung.

Kinder, Freibeträge für Kinder **§ 32 EStG**

Diese Grundsätze gelten für die Finanzverwaltung auch dann, wenn der zum Barunterhalt verpflichtete Elternteil vergleichsweise auf die **Anrechnung des hälftigen Kindergeldes** auf den Kindesunterhaltstabellenbetrag **verzichtet hat** (BFH NJW 2004, 2472).

III. Voraussetzungen der steuerlichen Entlastung

1. Situation des Kindes

Die Voraussetzungen der steuerlichen Entlastung sind in § 32 EStG geregelt. **6** Absatz 1 enthält die Legaldefinition des Begriffes „Kind". Absatz 2 regelt Konkurrenzverhältnisse.

In Absatz 3 und 4 werden die Voraussetzungen der **Kindergeldgewährung 7** bei **minderjährigen Kindern** und bei **volljährigen Kindern** gestaffelt nach Alter und bestimmten persönlichen Voraussetzungen erfasst. Kindergeldberechtigt sind Kinder
– bis zur Vollendung des **18. Lebensjahres** (§ 32 Abs. 3 EStG)
– bis zur Vollendung des **21. Lebensjahres** bei Arbeitslosigkeit (§ 32 Abs. 4 S. 1 Nr. 1 EStG
– bis zur Vollendung des **25. Lebensjahres** während einer Berufsausbildung, einer Übergangszeit zwischen zwei Ausbildungsabschnitten bis zu vier Monaten, bei dem Fehlen eines Ausbildungsplatzes, während eines freiwilligen sozialen oder ökologischen Jahres (§ 32 Abs. 4 S. 1 Nr. 2 EStG)
– **ohne Altersbegrenzung** bei körperlicher, geistiger oder seelischer Behinderung und dadurch bedingter Unfähigkeit, sich selbst zu unterhalten, falls die Behinderung bereits vor Vollendung des 25. Lebensjahres bestanden hat (§ 32 Abs. 4 S. 1 Nr. 3 EStG).

Die Rechtsprechung hat wiederholt die Frage beschäftigt, wann sich ein voll- **8** jähriges Kind in einer **Ausbildung** befindet. Danach soll die Promotion keine Ausbildung sein (BSG NJW 1995, 2655). Zur Ausbildung zählt dagegen ein **Sprachaufenthalt** im Ausland (BFH NJW 1999, 3214). Sprachunterricht während eines Au-pair-Aufenthaltes berechtigt zum Kindergeldbezug (BFH/NV 2006, 2256) Kindergeldberechtigt ist auch ein Volljähriger, der ernsthaft und zielstrebig **neben der Ableistung des Zivildienstes** einem Studium nachgeht (BFH NJW 2002, 3575). Bewirbt sich ein Kind neben der Ausübung einer Erwerbstätigkeit (keine Vollzeittätigkeit) um einen Studienplatz, steht ihm Kindergeld zu (BFH NJW 2006, 2350). **Arbeitssuchend** ist ein volljähriges Kind, wenn es sich bei der Agentur für Arbeit als Arbeitssuchender gemeldet hat (BFH NJW 2008, 3311).

2. Einkünfte volljähriger Kinder

a) Anrechenbare Einkünfte. Bei volljährigen Kindern ist die Gewährung **9** des Kindergeldes zudem daran geknüpft, dass **Einkünfte und Bezüge des Kindes,** die zur Bestreitung des Unterhalts oder der Berufsausbildung bestimmt sind, einen Betrag von ab 1. 1. 2004 7680,00 EUR nicht übersteigen (§ 32 Abs. 4 Satz 2 EStG). Diese starre Grenze (**„Fallbeil"**) ist verfassungsgemäß (BFH NJW 2000, 3516; NV 2007, 2274). Der Begriff Einkünfte in § 32 Abs. 4 Satz 2 EStG entspricht der Legaldefinition des § 2 Abs. 2 EStG. Danach mindert sich bei abhängiger Beschäftigung das **Bruttoeinkommen** nur um die

EStG § 32   3. Teil. Nebenvorschriften

Werbungskosten (konkret oder pauschal). Abzuziehen ist weiter der Arbeitnehmeranteil der **Gesamtsozialversicherungsbeiträge** (BFH NJW 2007, 798). Aufwendungen für die private Rentenversicherung und eine Krankenzusatzversicherung sind nicht absetzbar (BFH NJW 2008, 1022). Erwerbseinkünfte des volljährigen Kindes sind jedenfalls pauschal um den **Arbeitnehmerpauschbetrag** von ab 1.1. 2004 920,00 EUR zu verringern (§ 9a Satz 1 Nr. 1 EStG). Von seinen Einkünften kann das volljährige Kind zudem konkret berechnete **besondere Ausbildungskosten** absetzen (BFH NJW 2001, 1301). Absetzbar sind nicht nur **Studiengebühren** sondern auch Semesterbeiträge und auch Kosten für einen studienbedingt benötigten **PC** (FG München BeckRS 2007, 26024311). Ein **Verzicht** auf Einkommensbestandteile, etwa auf ein arbeitsvertraglich zugesichertes Weihnachtsgeld, um die Einkommensgrenze nicht zu überschreiten, ist unwirksam (§ 32 Abs. 4 Satz 9 EStG; BFH NJW 2003, 3151).

10 Berücksichtigt werden auch **Waisenrenten** aus der gesetzlichen Rentenversicherung (BFH BeckRS 2008, 25014196: Ertragsanteil) und Renten aus der gesetzlichen **Unfallversicherung** sowie laufende Schadensersatzrenten (Schmidt/Glanegger § 32 Rn 28). Derartige Renten werden – ebenso wie Kapitaleinkünfte – allerdings nur berücksichtigt, soweit sie den **Versorgungsfreibetrag** und den **Freibetrag für Kapitaleinkünfte** übersteigen (BFH NJW 2001, 95).

11 b) **Kürzungsmonate.** Bei der **Ermittlung der Einkommensgrenze** ist im ersten Schritt zu prüfen, ob eine Kindergeldberechtigung während des gesamten Jahres oder nur einiger Monate bestand. Einkünfte in Monaten, in denen ohnehin die Leistungsvoraussetzungen nicht vorliegen, bleiben unberücksichtigt (**Kürzungsmonate;** § 32 Abs. 4 Satz 6 EStG). Vollendet das Kind z.B. innerhalb eines Jahres das 18. Lebensjahr und war es während der Minderjährigkeit gegen Entgelt beschäftigt, spielen die Einkünfte für die Kindergeldberechtigung ab Volljährigkeit keine Rolle (BFH NJW 2000, 2293). Ist dem Grunde nach eine Kindergeldberechtigung im gesamten Kalenderjahr gegeben, ist das Einkommen auf das Jahr umzurechnen (**Jahresprinzip**; BFH NJW 2008, 3664).

12 c) **Rückforderung.** Ergibt eine Prüfung nach Ablauf eines Kalenderjahres, dass das Einkommen des volljährigen Kindes den Grenzwert des § 32 Abs. 4 Satz 2 überschritten hat, kann das Kindergeld vollständig **zurückgefordert** werden (§ 70 Abs. 4 EStG; BFH NJW 2002, 1071). Heiratet das Kind, erlischt der Kindergeldanspruch (BFH NJW 2000, 2294).

IV. Konkurrenzen

1. Kinderzulagen bei Renten

13 Das Kindergeld wird nicht gezahlt, wenn die Eltern Anspruch auf **Kinderzulagen** aus der **gesetzlichen Rentenversicherung** oder bei Altrenten auf Kinderzuschüsse aus der gesetzlichen Rentenversicherung haben (§ 65 Abs. 1 Satz 1 EStG). Daraus folgt, dass diese Zuschläge in Höhe des Kindergeldes nicht als Einkommen zu berücksichtigen sind; sie sind **unterhaltsrechtlich wie Kindergeld** zu betrachten (§ 1612c BGB Rn 2ff.). Nur darüber hinausgehende Beträge sind Einkommen (BGH NJW 2007, 196).

Außergewöhnliche Belastungen **§ 33 EStG**

2. Kinderbezogene Einkommensbestandteile

Kinderbezogene Teile des **Familienzuschlages** für Beamte, Richter oder Soldaten sind ebenso Einkommen wie **kinderbezogene Teile des Ortszuschlages** bei Angestellten und Arbeitenden im öffentlichen Dienst. Nach der Rechtsprechung des BGH sind sie bei der Unterhaltsbemessung auch der ersten Ehefrau berücksichtigungsfähiges Einkommen, auch wenn sie für **Stiefkinder** bezogen werden, denen der Bezieher des Zuschlages nicht unterhaltspflichtig ist (BGH NJW 1989, 1033). Der Familienzuschlag der Stufe 1 nach § 40 Abs. 1 Bundesbesoldungsgesetz wird sowohl an (wieder-)verheiratete als auch geschiedene Beamte gezahlt. Er kann daher **nicht** eindeutig **einer zweiten Ehe zugeordnet** werden, wenn der Beamte etwa seiner geschiedenen Ehefrau unterhaltspflichtig ist. Dieser Familienzuschlag ist daher im Verhältnis zu allen Unterhaltsberechtigten als Einkommen zu berücksichtigen (BGH NJW 2008, 3213 unter Aufgabe von BGH NJW 2007, 1961). Besteht nur eine **Unterhaltspflicht** gegenüber einem **geschiedenen Ehegatten**, ist zunächst zu prüfen, welche Unterhaltsverpflichtung ohne den Familienzuschlag besteht, weil die Gewährung des Familienzuschlages davon abhängt, dass ein **Schwellenwert** für den Unterhalt überschritten ist. Erst wenn der ohne Berücksichtigung des Familienzuschlages errechnete Unterhalt den Schwellenwert überschreitet, ist der Unterhalt in einer zweiten Stufe unter Einbeziehung des Familienzuschlages zu berechnen (OLG Celle NJW-RR 2006, 721).

§ 33 Außergewöhnliche Belastungen

(1) Erwachsen einem Steuerpflichtigen zwangsläufig größere Aufwendungen als der überwiegenden Mehrzahl der Steuerpflichtigen gleicher Einkommensverhältnisse, gleicher Vermögensverhältnisse und gleichen Familienstands (außergewöhnliche Belastung), so wird auf Antrag die Einkommensteuer dadurch ermäßigt, dass der Teil der Aufwendungen, der die dem Steuerpflichtigen zumutbare Belastung (Absatz 3) übersteigt, vom Gesamtbetrag der Einkünfte abgezogen wird.

(2) ¹Aufwendungen erwachsen dem Steuerpflichtigen zwangsläufig, wenn er sich ihnen aus rechtlichen, tatsächlichen oder sittlichen Gründen nicht entziehen kann und soweit die Aufwendungen den Umständen nach notwendig sind und einen angemessenen Betrag nicht übersteigen. ²Aufwendungen, die zu den Betriebsausgaben, Werbungskosten oder Sonderausgaben gehören, bleiben dabei außer Betracht; das gilt für Aufwendungen im Sinne des § 10 Abs. 1 Nr. 7 und 9 nur insoweit, als sie als Sonderausgaben abgezogen werden können. ³Aufwendungen, die durch Diätverpflegung entstehen, können nicht als außergewöhnliche Belastungen berücksichtigt werden.

(3) ¹Die zumutbare Belastung beträgt

bei einem Gesamtbetrag der Einkünfte	bis 15 340 EUR	über 15 340 EUR bis 51 130 EUR	über 51 130 EUR
1. bei Steuerpflichtigen, die keine Kinder haben und bei denen die Einkommensteuer a) nach § 32 a Abs. 1,	5	6	7

bei einem Gesamtbetrag der Einkünfte	bis 15 340 EUR	über 15 340 EUR bis 51 130 EUR	über 51 130 EUR
b) nach § 32a Abs. 5 oder 6 (Splitting-Verfahren) zu berechnen ist;	4	5	6
2. bei Steuerpflichtigen mit a) einem Kind oder zwei Kindern,	2	3	4
b) drei oder mehr Kindern	1	1	2

vom Hundert des Gesamtbetrags der Einkünfte.

² Als Kinder des Steuerpflichtigen zählen die, für die er einen Freibetrag nach § 32 Abs. 6 oder Kindergeld erhält.

I. Abzugsfähige Kosten

1 **Scheidungskosten** sind als außergewöhnliche Belastung absetzbar. Anerkannt werden die Kosten der Scheidung selbst. Sie erfüllen das Tatbestandsmerkmal „zwangsläufig", weil für die Vertretung im Scheidungsverfahren Anwaltszwang besteht (Schmidt/Drenseck § 33 Rn 35 Stichwort Ehescheidung). Nicht abzugsfähig sind die Kosten **sonstiger Auseinandersetzungen unter Ehegatten** (so z. B. nicht im Scheidungsverbund angefallene Kosten einer vermögensrechtlichen Auseinandersetzung, Kosten aus der Erfüllung einer Scheidungsfolgenregelung; BFH NJW-RR 2005, 1597).

2 Nicht zwangsläufig sind auch Kosten, die der steuerpflichtige Ehegatte vertraglich übernommen hat, etwa die Erstattung von Kosten des anderen Ehegatten. Nicht abzugsfähig sind ferner **Detektivkosten.** Zwangsläufig sind dagegen wieder **Prozesskostenvorschüsse,** die aufgrund gerichtlicher Anordnung an den getrenntlebenden Ehegatten zu zahlen sind, wenn der Prozess für den Ehegatten zwangsläufig ist, also z. B. für das Scheidungsverfahren gezahlt wird (BFH EzFamR BGB § 1360a Nr. 8). Nicht zwangsläufig ist dagegen eine vergleichsweise vereinbarte **Unterhaltsabfindung** (BFH DStR 2008, 1961). Geltend gemacht werden kann sie nur in den Grenzen des § 10 Abs. 1 Nr. 1 EStG (**begrenztes Realsplitting**). Auch Billigkeitsregelungen sind ausgeschlossen (BFH EzFamR EStG §§ 33, 33a, 33b, 33c Nr. 44). Bei Abfindungen sollte die Fälligkeit deshalb auf mehrere Kalenderjahre verteilt werden. Anderes gilt nur, wenn ein untypischer Bedarf abgegolten werden soll, wie z. B. Krankheits- und Pflegekosten (BFH a. a. O). Zahlungen aufgrund einer Vereinbarung gemäß § 1587o BGB können ebenfalls abgesetzt werden (BFH NJW 2006, 1839). Wiederum nicht abzugsfähig sind Aufwendungen für die Ausübung des **Besuchsrechts** (BFH EzFamR EStG §§ 33, 33a, 33b, 33c Nr. 41).

3 Da eine Abzugsfähigkeit nach § 33 EStG nur besteht, wenn die Kosten die zumutbare Belastung nach III der Vorschrift übersteigen, muss bei der Beratung von Ehegatten und, soweit möglich bei der Rechnungsstellung, darauf geachtet werden, dass die Kosten insgesamt in **einem Kalenderjahr** bezahlt werden, damit die Grenze der zumutbaren Belastung überschritten wird.

Außergewöhnliche Belastungen **§ 33a EStG**

II. Auswirkungen bei der Unterhaltsberechnung

Bei der Hinzurechnung von **Steuererstattungen** zum unterhaltsrechtlich re- 4
levanten Einkommen sind Steuererstattungen, die auf § 33 EStG beruhen, in
aller Regel **nicht zu berücksichtigen.** Denn die nach § 33 Abs. 1 EStG abzugsfähigen Belastungen sind für die Bestimmung des unterhaltsrechtlich maßgeblichen Einkommens ohne Bedeutung. Die Steuererstattung wird daher durch
Aufwendungen erkauft, die bei der Unterhaltsbemessung keine Berücksichtigung
finden können. **Korrespondierend zur Nichtabzugsfähigkeit der Belastung** müssen auch die damit verbundenen **Vorteile unberücksichtigt** bleiben.
Insbesondere gilt dies für nicht zwangsläufige Kosten für Maßnahmen der Heilung und Linderung, soweit dafür kein Kostenträger einsteht (BFH NJW 1998,
1814; BFH NJW 1999, 896).

§ 33a Außergewöhnliche Belastung in besonderen Fällen

(1) ¹Erwachsen einem Steuerpflichtigen Aufwendungen für den Unterhalt und eine etwaige Berufsausbildung einer dem steuerpflichtigen oder seinem Ehegatten gegenüber gesetzlich unterhaltsberechtigten Person, so wird auf Antrag die Einkommensteuer dadurch ermäßigt, dass die Aufwendungen bis zu 7680 Euro im Kalenderjahr vom Gesamtbetrag der Einkünfte abgezogen werden. ²Der gesetzlich unterhaltsberechtigten Person gleichgestellt ist eine Person, wenn bei ihr zum Unterhalt bestimmte inländische öffentliche Mittel mit Rücksicht auf die Unterhaltsleistungen des Steuerpflichtigen gekürzt werden.
³Voraussetzung ist, dass weder der Steuerpflichtige noch eine andere Person Anspruch auf einen Freibetrag nach § 32 Abs. 6 oder auf Kindergeld für die unterhaltene Person hat und die unterhaltene Person kein oder nur ein geringes Vermögen besitzt. ⁴Hat die unterhaltene Person andere Einkünfte oder Bezüge im Sinne des § 32 Abs. 4 Satz 2 und 4, so vermindert sich der Betrag von 7680 Euro um den Betrag, um den diese Einkünfte und Bezüge den Betrag von 624 Euro im Kalenderjahr übersteigen, sowie um die von der unterhaltenen Person als Ausbildungshilfe aus öffentlichen Mitteln oder von Förderungseinrichtungen, die hierfür öffentliche Mittel erhalten, bezogenen Zuschüsse.
⁵Ist die unterhaltene Person nicht unbeschränkt einkommensteuerpflichtig, so können die Aufwendungen nur abgezogen werden, soweit sie nach den Verhältnissen des Wohnsitzstaates der unterhaltenen Person notwendig und angemessen sind, höchstens jedoch der Betrag, der sich nach den Sätzen 1 bis 4 ergibt; ob der Steuerpflichtige zum Unterhalt gesetzlich verpflichtet ist, ist nach inländischen Maßstäben zu beurteilen. ⁶Werden die Aufwendungen für eine unterhaltene Person von mehreren Steuerpflichtigen getragen, so wird bei jedem der Teil des sich hiernach ergebenden Betrags abgezogen, der seinem Anteil am Gesamtbetrag der Leistungen entspricht.

(2) ¹Zur Abgeltung des Sonderbedarfs eines sich in Berufsausbildung befindenden, auswärtig untergebrachten, volljährigen Kindes, für das Anspruch auf einen Freibetrag nach § 32 Abs. 6 oder Kindergeld besteht, kann der Steuerpflichtige einen Freibetrag in Höhe von 924 Euro je Kalenderjahr vom Gesamtbetrag der Einkünfte abziehen. ²Dieser

EStG § 33a 3. Teil. Nebenvorschriften

Freibetrag vermindert sich um die eigenen Einkünfte und Bezüge im Sinne des § 32 Abs. 4 Satz 2 und 4 des Kindes, soweit diese 1848 Euro im Kalenderjahr übersteigen, sowie um die von dem Kind als Ausbildungshilfe aus öffentlichen Mitteln oder von Förderungseinrichtungen, die hierfür öffentliche Mittel erhalten, bezogenen Zuschüsse. ³ Für ein nicht unbeschränkt einkommensteuerpflichtiges Kind mindern sich die vorstehenden Beträge nach Maßgabe des Absatzes 1 Satz 5. ⁴ Erfüllen mehrere Steuerpflichtige für dasselbe Kind die Voraussetzungen nach Satz 1, so kann der Freibetrag insgesamt nur einmal abgezogen werden. ⁵ Jedem Elternteil steht grundsätzlich die Hälfte des Abzugsbetrags nach den Sätzen 1 bis 3 zu. ⁶ Auf gemeinsamen Antrag der Eltern ist eine andere Aufteilung möglich.

(3) ...

(4) ¹ Für jeden vollen Kalendermonat, in dem die in den Absätzen 1 bis 3 bezeichneten Voraussetzungen nicht vorgelegen haben, ermäßigen sich die dort bezeichneten Beträge um je ein Zwölftel. ² Eigene Einkünfte und Bezüge der unterhaltenen Person oder des Kindes, die auf diese Kalendermonate entfallen, vermindern die nach Satz 1 ermäßigten Höchstbeträge und Freibeträge nicht. ³ Als Ausbildungshilfe bezogene Zuschüsse mindern nur die zeitanteiligen Höchstbeträge und Freibeträge der Kalendermonate, für die die Zuschüsse bestimmt sind.

(5) In den Fällen der Absätze 1 bis 3 kann wegen der in diesen Vorschriften bezeichneten Aufwendungen der Steuerpflichtige eine Steuerermäßigung nach § 33 nicht in Anspruch nehmen.

I. Unterschiede zu § 10 Abs. 1 Ziffer 1 EStG (Realsplitting)

1 Ehegattenunterhaltszahlungen sind alternativ, sofern die unterschiedlichen Voraussetzungen der Vorschriften vorliegen, nach § 10 Abs. 1 Ziffer 1 EStG **(Realsplitting)** oder § 33 a Abs. 1 **(außergewöhnliche Belastung in besonderen Fällen)** absetzbar. Während Voraussetzung des begrenzten Realsplittings die uneingeschränkte Steuerpflicht beider Ehegatten ist (§ 1 Abs. 1 EStG), muss im Fall des §§ 33 a EStG der Unterhaltsberechtigte diese Voraussetzungen nicht erfüllen. Deshalb können nach § 33 a Abs. 1 auch Unterhaltsleistungen an einen im **Ausland** lebenden Ehegatten abgezogen werden (Schmidt/Loschelder § 33 a Rn 29). Der Anspruch muss allerdings nach deutschem Recht bestehen (BVerfG FamRZ 2005, 1813).

2 Beide Vorschriften unterscheiden sich zudem in Bezug auf die Höhe des Abzugsbetrages. Während nach § 10 Abs. 1 Ziffer 1 EStG 13805,00 EUR abzugsfähig sind, sind nach § 33 a ab 1. 1. 2004 **7680,00 EUR** pro Kalenderjahr abziehbar.

3 Ein weiterer Unterschied liegt darin, dass im Rahmen des § 10 Abs. 1 Ziffer 1 EStG **eigenes Einkommen** des Unterhaltsberechtigten keine Rolle spielt. Im Fall des § 33 a vermindert sich der Abzugsbetrag von 7680,00 EUR um den Betrag, um den die Eigeneinkünfte des Unterhaltsberechtigten die Summe von 624,00 EUR im Kalenderjahr übersteigen (§ 33 a Abs. 1 Satz 4). Für den Abzug nach § 33 a bedarf es im Gegensatz zu § 10 Abs. 1 Ziffer 1 EStG (Realsplitting) keiner Zustimmung des Unterhaltsberechtigten.

Der Abzug ist auch nur dann möglich, wenn der Unterhaltsempfänger über **kein** **4** **oder nur geringes Vermögen** verfügt. Die Finanzverwaltung geht dabei nach den Richtlinien 2006 von einem Grenzwert von 15 500,00 EUR aus (gebilligt von BFH NJW 2008, 3375). Dabei ist § 90 Abs. 2 Nr. 9 SGB XII nicht entsprechend anwendbar. Auch das **sozialhilferechtlich als Schonvermögen** geltende angemessene selbst bewohnte **Einfamilienhaus** auf Seiten des Unterhaltsberechtigten ist mit seinem Wert **zu berücksichtigen** (BFH NJW 2003, 1414).

II. Wahlmöglichkeit

Aus alledem folgt, dass es für den Unterhaltsverpflichteten günstiger ist, von **5** der Abzugsmöglichkeit nach § 33a Gebrauch zu machen, wenn der **unterhaltsbedürftige** Ehegatte **keine eigenen Einkünfte** hat und seine Unterhaltsleistungen 7680,00 EUR nicht übersteigen. Es entfällt dann die Zustimmungsverpflichtung und die Notwendigkeit für den Unterhaltsberechtigten, eine Einkommensteuererklärung abzugeben. § 10 Abs. 1 Ziffer 1 EStG und § 33a sind allerdings immer nur **alternativ** anwendbar. Es ist nicht möglich, Unterhaltsaufwendungen, die etwa über 13 805,00 EUR hinausgehen, nach § 33a geltend zu machen (Schmidt/Glanegger § 33a Rn 5 am Ende). Das folgt aus dem Nachrang der außergewöhnlichen Belastungen gegenüber dem Abzug von Sonderausgaben (§§ 33 Abs. 2 Satz 2 EStG).

III. Abzugsfähige Belastungen

Abzugsfähig sind Unterhaltsleistungen, wobei hier das Gleiche gilt, was zu **6** § 10 Abs. 1 Ziffer 1 EStG gesagt worden ist (vgl. § 10 EStG Rn 19ff.). Im Unterschied zu dieser Vorschrift sind allerdings abzugsfähig auch Unterhaltszahlungen an **andere gesetzliche Unterhaltsberechtigte** als den Ehegatten, so alle Verwandten in gerader Linie (Kinder, Eltern, Großeltern, Urgroßeltern, § 1589 BGB). Abzugsfähig sind auch Unterhaltszahlungen nach § 16151 BGB und an **eingetragene Lebenspartner** (§ 25 EStG Rn 1) sowie nach § 33a Abs. 1 Satz 2 unter bestimmten Umständen an **nicht eheliche Lebenspartner** (ausführlich Schmidt/Glanegger § 33a Rn 22). Nicht abzugsfähig sind Unterhaltszahlungen an Geschwister, auch wenn erst durch diese Zahlungen die Sozialhilfebedürftigkeit der Geschwister entfällt (BFH NJW 2003, 1415). Anderes gilt nur für atypische Unterhaltsleistungen (BFH FamRZ 2008, 1529).

§ 62 Anspruchsberechtigte

(1) **Für Kinder im Sinne des § 63 hat Anspruch auf Kindergeld nach diesem Gesetz, wer**

1. **im Inland einen Wohnsitz oder seinen gewöhnlichen Aufenthalt hat oder**

2. **ohne Wohnsitz oder gewöhnlichen Aufenthalt im Inland**
   a) **nach § 1 Abs. 2 unbeschränkt einkommensteuerpflichtig ist oder**
   b) **nach § 1 Abs. 3 als unbeschränkt einkommensteuerpflichtig behandelt wird.**

(2) ¹**Ein Ausländer erhält Kindergeld nur, wenn er im Besitz**
1. **einer Niederlassungserlaubnis,**

2. einer Aufenthaltserlaubnis zum Zwecke der Erwerbstätigkeit,

3. einer Aufenthaltserlaubnis nach § 25 Abs. 1 und 2, den §§ 31, 37, 38 des Aufenthaltsgesetzes oder

4. einer Aufenthaltserlaubnis zum Zwecke des Familiennachzugs zu einem Deutschen oder zu einer von den Nummern 1 bis 3 erfassten Person ist.

²Ein Saisonarbeitnehmer, ein Werkvertragsarbeitnehmer und ein Arbeitnehmer, der zur vorübergehenden Dienstleistung nach Deutschland entsandt ist, erhält kein Kindergeld.

§ 63 Kinder

(1) ¹Als Kinder werden berücksichtigt

1. Kinder im Sinne des § 32 Abs. 1,

2. vom Berechtigten in seinen Haushalt aufgenommene Kinder seines Ehegatten,

3. vom Berechtigten in seinen Haushalt aufgenommene Enkel.

²§ 32 Abs. 3 bis 5 gilt entsprechend. ³Kinder, die weder einen Wohnsitz noch ihren gewöhnlichen Aufenthalt im Inland, in einem Mitgliedstaat der Europäischen Union oder in einem Staat, auf den das Abkommen über den Europäischen Wirtschaftsraum Anwendung findet, haben, werden nicht berücksichtigt, es sei denn, sie leben im Haushalt eines Berechtigten im Sinne des § 62 Abs. 1 Nr. 2 Buchstabe a. ⁴Kinder im Sinne von § 2 Abs. 4 Satz 2 des Bundeskindergeldgesetzes werden nicht berücksichtigt.

(2) Die Bundesregierung wird ermächtigt, durch Rechtsverordnung, die nicht der Zustimmung des Bundesrates bedarf, zu bestimmen, dass einem Berechtigten, der im Inland erwerbstätig ist oder sonst seine hauptsächlichen Einkünfte erzielt, für seine in Absatz 1 Satz 3 erster Halbsatz bezeichneten Kinder Kindergeld ganz oder teilweise zu leisten ist, soweit dies mit Rücksicht auf die durchschnittlichen Lebenshaltungskosten für Kinder in deren Wohnsitzstaat und auf die dort gewährten dem Kindergeld vergleichbaren Leistungen geboten ist.

§ 64 Zusammentreffen mehrerer Ansprüche

(1) Für jedes Kind wird nur einem Berechtigten Kindergeld gezahlt.

(2) ¹Bei mehreren Berechtigten wird das Kindergeld demjenigen gezahlt, der das Kind in seinen Haushalt aufgenommen hat. ²Ist ein Kind in den gemeinsamen Haushalt von Eltern, einem Elternteil und dessen Ehegatten, Pflegeeltern oder Großeltern aufgenommen worden, so bestimmen diese untereinander den Berechtigten. ³Wird eine Bestimmung nicht getroffen, so bestimmt das Vormundschaftsgericht auf Antrag den Berechtigten. ⁴Den Antrag kann stellen, wer ein berechtigtes Interesse an der Zahlung des Kindergeldes hat. ⁵Lebt ein Kind im gemeinsamen Haushalt von Eltern und Großeltern, so wird das Kindergeld vorrangig einem Elternteil gezahlt; es wird an einen Großelternteil gezahlt, wenn der Elternteil gegenüber der zuständigen Stelle auf seinen Vorrang schriftlich verzichtet hat.

Kindergeld §§ 62–77 EStG

(3) ¹Ist das Kind nicht in den Haushalt eines Berechtigten aufgenommen, so erhält das Kindergeld derjenige, der dem Kind eine Unterhaltsrente zahlt. ²Zahlen mehrere Berechtigte dem Kind Unterhaltsrenten, so erhält das Kindergeld derjenige, der dem Kind die höchste Unterhaltsrente zahlt. ³Werden gleich hohe Unterhaltsrenten gezahlt oder zahlt keiner der Berechtigten dem Kind Unterhalt, so bestimmen die Berechtigten untereinander, wer das Kindergeld erhalten soll. ⁴Wird eine Bestimmung nicht getroffen, so gilt Absatz 2 Satz 3 und 4 entsprechend.

§ 65 Andere Leistungen für Kinder

(1) ¹Kindergeld wird nicht für ein Kind gezahlt, für das eine der folgenden Leistungen zu zahlen ist oder bei entsprechender Antragstellung zu zahlen wäre:

1. Kinderzulagen aus der gesetzlichen Unfallversicherung oder Kinderzuschüsse aus den gesetzlichen Rentenversicherungen,
2. Leistungen für Kinder, die im Ausland gewährt werden und dem Kindergeld oder einer der unter Nummer 1 genannten Leistungen vergleichbar sind,
3. Leistungen für Kinder, die von einer zwischen- oder überstaatlichen Einrichtung gewährt werden und dem Kindergeld vergleichbar sind.

²Soweit es für die Anwendung von Vorschriften dieses Gesetzes auf den Erhalt von Kindergeld ankommt, stehen die Leistungen nach Satz 1 dem Kindergeld gleich. ³Steht ein Berechtigter in einem Versicherungspflichtverhältnis zur Bundesagentur für Arbeit nach § 24 des Dritten Buches Sozialgesetzbuch oder ist er versicherungsfrei nach § 28 Nr. 1 des Dritten Buches Sozialgesetzbuch oder steht er im Inland in einem öffentlich-rechtlichen Dienst- oder Amtsverhältnis, so wird sein Anspruch auf Kindergeld für ein Kind nicht nach Satz 1 Nr. 3 mit Rücksicht darauf ausgeschlossen, dass sein Ehegatte als Beamter, Ruhestandsbeamter oder sonstiger Bediensteter der Europäischen Gemeinschaften für das Kind Anspruch auf Kinderzulage hat.

(2) Ist in den Fällen des Absatzes 1 Satz 1 Nr. 1 der Bruttobetrag der anderen Leistung niedriger als das Kindergeld nach § 66, wird Kindergeld in Höhe des Unterschiedsbetrags gezahlt, wenn er mindestens 5 Euro beträgt.

§ 66 Höhe des Kindergeldes, Zahlungszeitraum

(1) Das Kindergeld beträgt für erste, zweite und dritte Kinder jeweils 154 Euro monatlich und für das vierte und jedes weitere Kind jeweils 179 Euro monatlich.

(2) Das Kindergeld wird vom Beginn des Monats an gezahlt, in dem die Anspruchsvoraussetzungen erfüllt sind, bis zum Ende des Monats, in dem die Anspruchsvoraussetzungen wegfallen.

§ 67 Antrag

¹Das Kindergeld ist bei der zuständigen Familienkasse schriftlich zu beantragen. ²Den Antrag kann außer dem Berechtigten auch stellen, wer ein berechtigtes Interesse an der Leistung des Kindergeldes hat.

EStG §§ 62–77

§ 68 Besondere Mitwirkungspflichten

(1) ¹Wer Kindergeld beantragt oder erhält, hat Änderungen in den Verhältnissen, die für die Leistung erheblich sind oder über die im Zusammenhang mit der Leistung Erklärungen abgegeben worden sind, unverzüglich der zuständigen Familienkasse mitzuteilen. ²Ein Kind, das das 18. Lebensjahr vollendet hat, ist auf Verlangen der Familienkasse verpflichtet, an der Aufklärung des für die Kindergeldzahlung maßgebenden Sachverhalts mitzuwirken; § 101 der Abgabenordnung findet insoweit keine Anwendung.

(2) Soweit es zur Durchführung des § 63 erforderlich ist, hat der jeweilige Arbeitgeber der in dieser Vorschrift bezeichneten Personen der Familienkasse auf Verlangen eine Bescheinigung über den Arbeitslohn, einbehaltene Steuern und Sozialabgaben sowie den auf der Lohnsteuerkarte eingetragenen Freibetrag auszustellen.

(3) Auf Antrag des Berechtigten erteilt die das Kindergeld auszahlende Stelle eine Bescheinigung über das für das Kalenderjahr ausgezahlte Kindergeld.

(4) Die Familienkassen dürfen den die Bezüge im öffentlichen Dienst anweisenden Stellen Auskunft über den für die jeweilige Kindergeldzahlung maßgebenden Sachverhalt erteilen.

§ 69 Überprüfung des Fortbestehens von Anspruchsvoraussetzungen durch Meldedaten-Übermittlung

Die Meldebehörden übermitteln in regelmäßigen Abständen den Familienkassen nach Maßgabe einer auf Grund des § 20 Abs. 1 des Melderechtsrahmengesetzes zu erlassenden Rechtsverordnung die in § 18 Abs. 1 des Melderechtsrahmengesetzes genannten Daten aller Einwohner, zu deren Person im Melderegister Daten von minderjährigen Kindern gespeichert sind, und dieser Kinder, soweit die Daten nach ihrer Art für die Prüfung der Rechtmäßigkeit des Bezuges von Kindergeld geeignet sind.

§ 70 Festsetzung und Zahlung des Kindergeldes

(1) ¹Das Kindergeld nach § 62 wird von den Familienkassen durch Bescheid festgesetzt und ausgezahlt. ²Von der Erteilung eines schriftlichen Bescheides kann abgesehen werden, wenn

1. dem Antrag entsprochen wird, oder
2. der Berechtigte anzeigt, dass die Voraussetzungen für die Berücksichtigung eines Kindes nicht mehr erfüllt sind, oder
3. ein Kind das 18. Lebensjahr vollendet, ohne dass der Berechtigte die Voraussetzungen für eine weitere Berücksichtigung des Kindes nachgewiesen hat.

(2) Soweit in den Verhältnissen, die für den Anspruch auf Kindergeld erheblich sind, Änderungen eintreten, ist die Festsetzung des Kindergeldes mit Wirkung vom Zeitpunkt der Änderung der Verhältnisse aufzuheben oder zu ändern.

(3) ¹Materielle Fehler der letzten Festsetzung können durch Neufestsetzung oder durch Aufhebung der Festsetzung beseitigt werden. ²Neu festgesetzt oder aufgehoben wird mit Wirkung ab dem auf die Bekanntgabe der Neufestsetzung oder der Aufhebung der Festsetzung folgenden Monat. ³Bei der Neufestsetzung oder Aufhebung der Festsetzung nach Satz 1 ist § 176 der Abgabenordnung entsprechend anzuwenden; dies gilt nicht für Monate, die nach der Verkündung der maßgeblichen Entscheidung eines obersten Gerichtshofes des Bundes beginnen.

(4) Eine Kindergeldfestsetzung ist aufzuheben oder zu ändern, wenn nachträglich bekannt wird, dass die Einkünfte und Bezüge des Kindes den Grenzbetrag nach § 32 Abs. 4 über- oder unterschreiten.

§ 71 Zahlungszeitraum

Das Kindergeld wird monatlich gezahlt.

§ 72 Festsetzung und Zahlung des Kindergeldes an Angehörige des öffentlichen Dienstes

(1) ¹Steht Personen, die

1. in einem öffentlich-rechtlichen Dienst-, Amts- oder Ausbildungsverhältnis stehen, mit Ausnahme der Ehrenbeamten, oder
2. Versorgungsbezüge nach beamten- oder soldatenrechtlichen Vorschriften oder Grundsätzen erhalten oder
3. Arbeitnehmer des Bundes, eines Landes, einer Gemeinde, eines Gemeindeverbandes oder einer sonstigen Körperschaft, einer Anstalt oder einer Stiftung des öffentlichen Rechts sind, einschließlich der zu ihrer Berufsausbildung Beschäftigten,

Kindergeld nach Maßgabe dieses Gesetzes zu, wird es von den Körperschaften, Anstalten oder Stiftungen des öffentlichen Rechts festgesetzt und ausgezahlt. ²Die genannten juristischen Personen sind insoweit Familienkasse.

(2) Der Deutschen Post AG, der Deutschen Postbank AG und der Deutschen Telekom AG obliegt die Durchführung dieses Gesetzes für ihre jeweiligen Beamten und Versorgungsempfänger in Anwendung des Absatzes 1.

(3) Absatz 1 gilt nicht für Personen, die ihre Bezüge oder Arbeitsentgelt

1. von einem Dienstherrn oder Arbeitgeber im Bereich der Religionsgesellschaften des öffentlichen Rechts oder
2. von einem Spitzenverband der Freien Wohlfahrtspflege, einem diesem unmittelbar oder mittelbar angeschlossenen Mitgliedsverband oder einer einem solchen Verband angeschlossenen Einrichtung oder Anstalt

erhalten.

(4) Die Absätze 1 und 2 gelten nicht für Personen, die voraussichtlich nicht länger als sechs Monate in den Kreis der in Absatz 1 Satz 1 Nr. 1 bis 3 und Absatz 2 Bezeichneten eintreten.

EStG §§ 62–77

(5) Obliegt mehreren Rechtsträgern die Zahlung von Bezügen oder Arbeitsentgelt (Absatz 1 Satz 1) gegenüber einem Berechtigten, so ist für die Durchführung dieses Gesetzes zuständig:

1. bei Zusammentreffen von Versorgungsbezügen mit anderen Bezügen oder Arbeitsentgelt der Rechtsträger, dem die Zahlung der anderen Bezüge oder des Arbeitsentgelts obliegt;
2. bei Zusammentreffen mehrerer Versorgungsbezüge der Rechtsträger, dem die Zahlung der neuen Versorgungsbezüge im Sinne der beamtenrechtlichen Ruhensvorschriften obliegt;
3. bei Zusammentreffen von Arbeitsentgelt (Absatz 1 Satz 1 Nr. 3) mit Bezügen aus einem der in Absatz 1 Satz 1 Nr. 1 bezeichneten Rechtsverhältnisse der Rechtsträger, dem die Zahlung dieser Bezüge obliegt;
4. bei Zusammentreffen mehrerer Arbeitsentgelte (Absatz 1 Satz 1 Nr. 3) der Rechtsträger, dem die Zahlung des höheren Arbeitsentgelts obliegt oder – falls die Arbeitsentgelte gleich hoch sind – der Rechtsträger, zu dem das zuerst begründete Arbeitsverhältnis besteht.

(6) ¹Scheidet ein Berechtigter im Laufe eines Monats aus dem Kreis der in Absatz 1 Satz 1 Nr. 1 bis 3 Bezeichneten aus oder tritt er im Laufe eines Monats in diesen Kreis ein, so wird das Kindergeld für diesen Monat von der Stelle gezahlt, die bis zum Ausscheiden oder Eintritt des Berechtigten zuständig war. ²Dies gilt nicht, soweit die Zahlung von Kindergeld für ein Kind in Betracht kommt, das erst nach dem Ausscheiden oder Eintritt bei dem Berechtigten nach § 63 zu berücksichtigen ist. ³Ist in einem Fall des Satzes 1 das Kindergeld bereits für einen folgenden Monat gezahlt worden, so muss der für diesen Monat Berechtigte die Zahlung gegen sich gelten lassen.

(7) ¹In den Abrechnungen der Bezüge und des Arbeitsentgelts ist das Kindergeld gesondert auszuweisen. ²Der Rechtsträger hat die Summe des von ihm für alle Berechtigten ausgezahlten Kindergeldes dem Betrag, den er insgesamt an Lohnsteuer einzubehalten hat, zu entnehmen und bei der nächsten Lohnsteuer-Anmeldung gesondert abzusetzen. ³Übersteigt das insgesamt ausgezahlte Kindergeld den Betrag, der insgesamt an Lohnsteuer abzuführen ist, so wird der übersteigende Betrag dem Rechtsträger auf Antrag von dem Finanzamt, an das die Lohnsteuer abzuführen ist, aus den Einnahmen der Lohnsteuer ersetzt.

(8) ¹Abweichend von Absatz 1 Satz 1 werden Kindergeldansprüche auf Grund über- oder zwischenstaatlicher Rechtsvorschriften durch die Familienkassen der Bundesagentur für Arbeit festgesetzt und ausgezahlt. ²Das gilt auch für Fälle, in denen Kindergeldansprüche sowohl nach Maßgabe dieses Gesetzes als auch auf Grund über- oder zwischenstaatlicher Rechtsvorschriften bestehen.

§ 74 Zahlung des Kindergeldes in Sonderfällen

(1) ¹Das für ein Kind festgesetzte Kindergeld nach § 66 Abs. 1 kann an das Kind ausgezahlt werden, wenn der Kindergeldberechtigte ihm gegenüber seiner gesetzlichen Unterhaltspflicht nicht nachkommt. ²Kindergeld kann an Kinder, die bei der Festsetzung des Kindergeldes be-

rücksichtigt werden, bis zur Höhe des Betrages, der sich bei entsprechender Anwendung des § 76 ergibt, ausgezahlt werden. ³Dies gilt auch, wenn der Kindergeldberechtigte mangels Leistungsfähigkeit nicht unterhaltspflichtig ist oder nur Unterhalt in Höhe eines Betrages zu leisten braucht, der geringer ist als das für die Auszahlung in Betracht kommende Kindergeld. ⁴Die Auszahlung kann auch an die Person oder Stelle erfolgen, die dem Kind Unterhalt gewährt.

(2) Für Erstattungsansprüche der Träger von Sozialleistungen gegen die Familienkasse gelten die §§ 102 bis 109 und 111 bis 113 des Zehnten Buches Sozialgesetzbuch entsprechend.

§ 75 Aufrechnung

(1) Mit Ansprüchen auf Rückzahlung von Kindergeld kann die Familienkasse gegen Ansprüche auf laufendes Kindergeld bis zu deren Hälfte aufrechnen, soweit der Berechtigte nicht hilfebedürftig im Sinne der Vorschriften des Zwölften Buches Sozialgesetzbuch über die Hilfe zum Lebensunterhalt oder im Sinne der Vorschriften des Zweiten Buches Sozialgesetzbuch über die Leistungen zur Sicherung des Lebensunterhalts wird.

(2) Absatz 1 gilt für die Aufrechnung eines Anspruchs auf Erstattung von Kindergeld gegen einen späteren Kindergeldanspruch eines mit dem Erstattungspflichtigen in Haushaltsgemeinschaft lebenden Berechtigten entsprechend, soweit es sich um laufendes Kindergeld für ein Kind handelt, das bei beiden berücksichtigt werden kann oder konnte.

§ 76 Pfändung

¹Der Anspruch auf Kindergeld kann nur wegen gesetzlicher Unterhaltsansprüche eines Kindes, das bei der Festsetzung des Kindergeldes berücksichtigt wird, gepfändet werden. ²Für die Höhe des pfändbaren Betrags gilt:

1. Gehört das unterhaltsberechtigte Kind zum Kreis der Kinder, für die dem Leistungsberechtigten Kindergeld gezahlt wird, so ist eine Pfändung bis zu dem Betrag möglich, der bei gleichmäßiger Verteilung des Kindergeldes auf jedes dieser Kinder entfällt. ²Ist das Kindergeld durch die Berücksichtigung eines weiteren Kindes erhöht, für das einer dritten Person Kindergeld oder dieser oder dem Leistungsberechtigten eine andere Geldleistung für Kinder zusteht, so bleibt der Erhöhungsbetrag bei der Bestimmung des pfändbaren Betrages des Kindergeldes nach Satz 1 außer Betracht.

2. Der Erhöhungsbetrag nach Nummer 1 Satz 2 ist zugunsten jedes bei der Festsetzung des Kindergeldes berücksichtigten unterhaltsberechtigten Kindes zu dem Anteil pfändbar, der sich bei gleichmäßiger Verteilung auf alle Kinder, die bei der Festsetzung des Kindergeldes zugunsten des Leistungsberechtigten berücksichtigt werden, ergibt.

§ 77 Erstattung von Kosten im Vorverfahren

(1) ¹Soweit der Einspruch gegen die Kindergeldfestsetzung erfolgreich ist, hat die Familienkasse demjenigen, der den Einspruch erhoben hat, die zur zweckentsprechenden Rechtsverfolgung oder Rechtsvertei-

EStG §§ 62–77

digung notwendigen Aufwendungen zu erstatten. ²Dies gilt auch, wenn der Einspruch nur deshalb keinen Erfolg hat, weil die Verletzung einer Verfahrens- oder Formvorschrift nach § 126 der Abgabenordnung unbeachtlich ist. ³Aufwendungen, die durch das Verschulden eines Erstattungsberechtigten entstanden sind, hat dieser selbst zu tragen; das Verschulden eines Vertreters ist dem Vertretenen zuzurechnen.

(2) Die Gebühren und Auslagen eines Bevollmächtigten oder Beistandes, der nach den Vorschriften des Steuerberatungsgesetzes zur geschäftsmäßigen Hilfeleistung in Steuersachen befugt ist, sind erstattungsfähig, wenn dessen Zuziehung notwendig war.

(3) ¹Die Familienkasse setzt auf Antrag den Betrag der zu erstattenden Aufwendungen fest. ²Die Kostenentscheidung bestimmt auch, ob die Zuziehung eines Bevollmächtigten oder Beistandes im Sinne des Absatzes 2 notwendig war.

1   Anspruchsberechtigt ist nach § 62 Abs. 1 EStG für das Kindergeld nur derjenige, der im Inland einen Wohnsitz hat. Voraussetzung für den Bezug des Kindergeldes ist ferner, dass sich das Kind in der **Obhut des Anspruchstellers** befindet (§ 64 Abs. 2 EStG). Bei Trennung und Scheidung von Eltern wird das Kindergeld daher an denjenigen gezahlt, bei dem das Kind verbleibt. Es gibt keine Möglichkeit, über die Bezugsberechtigung des Kindergeldes zu disponieren. Praktizieren die Eltern das **Wechselmodell**, ist der Elternteil kindergeldberechtigt, der den höheren Barunterhalt zahlt (Klatt FPR 2006, 298). Ein **Obhutswechsel** ist nach § 68 Abs. 1 Satz 1 EStG der Familienkasse mitzuteilen. Bei verspäteter Mitteilung wird der Kindergeldbescheid **mit Rückwirkung aufgehoben** und der Elternteil, der das Kindergeld zu Unrecht bezogen hat, muss es nach § 37 Abs. 2 AO der Familienkasse erstatten. Dieser Anspruch der Familienkasse erlischt nicht dadurch, dass das Kindergeld bei der **Bemessung des Barkindesunterhalts** verrechnet und damit indirekt auch dem eigentlich kindergeldberechtigten Elternteil zugute gekommen ist. Dieser Umstand kann allein im Rahmen einer **Billigkeitserwägung** als Erfüllung des Rückzahlungsanspruchs berücksichtigt werden (Hess. FG FamRZ 1999, 1547). Haben die Eltern eine Verrechnung des Kindergeldes vereinbart, kann der Elternteil, der das Kindergeld bezogen hat, wenn er durch die Kindergeldkasse auf Rückzahlung in Anspruch genommen wird, von dem anderen Elternteil verlangen, dass ihm unter Verwendung des Anhanges 14 zur DA-FamEStG die **Weiteleitung des Kindergeldes** bestätigt wird (OLG Oldenburg FamRZ 2007, 147).

2   Unterhält ein volljähriges Kind einen **eigenen Hausstand** und erfüllen die Eltern ihre gesetzliche Unterhaltspflicht nicht, kann nach § 74 EStG das festgesetzte **Kindergeld an das Kind ausgezahlt werden.** Durch diese Regelung soll vermieden werden, dass das volljährige Kind das Kindergeld bei dem Kindergeldberechtigten zivilrechtlich einfordern muss. Tritt ein Dritter für den Unterhaltspflichtigen ein, kann er im Wege der **Abzweigung** das Kindergeld für sich beanspruchen (§ 74 Abs. 1 Ziffer 4 EStG). Abzweigungsberechtigt sind auch Privatpersonen, die für einen leistungsunwilligen Unterhaltsverpflichteten eintreten. Bei der Inanspruchnahme von Sozialleistungen geht der Anspruch kraft Gesetzes über (§ 74 Abs. 2 EStG).

Eigenheimzulagengesetz (EigZulG)

§ 4 Nutzung zu eigenen Wohnzwecken

¹Der Anspruch besteht nur für Kalenderjahre, in denen der Anspruchsberechtigte die Wohnung zu eigenen Wohnzwecken nutzt. ²Eine Nutzung zu eigenen Wohnzwecken liegt auch vor, soweit eine Wohnung unentgeltlich an einen Angehörigen im Sinne des § 15 der Abgabenordnung zu Wohnzwecken überlassen wird.

I. Überblick über das Eigenheimzulagengesetz

1. Allgemeines

Das Eigenheimzulagengesetz ist im Falle der **Herstellung** von Wohnraum anwendbar, wenn der Bauantrag nach dem 31. 12. 1995 gestellt und im Fall der **Anschaffung**, wenn der Kaufvertrag nach dem 31. 12. 1995 abgeschlossen worden ist (§ 19 Abs. 1 EigZulG). Es ersetzt die als sozial ungerecht empfundene frühere Förderung durch **Steuerfreibeträge**. Die Förderung ist zum 31. 12. 2005 entfallen.

2. Einkommensgrenze bis 31. 12. 2003

Zum 1. 1. 1996 sind die Einkommensgrenzen für den Bezug der Eigenheimzulage neu geregelt worden (§ 5 EigZulG). Während vorher der Schwellenwert, die Summe des **Gesamtbetrages der Einkünfte** für einen Zeitraum von zwei Jahren, bei getrennter Veranlagung bei 240 000,00 DM (122 710,05 EUR) und bei Zusammenveranlagung bei 480 000,00 DM (245 420,10 EUR) lag, ist diese Grenze auf 160 000,00 DM (81 806,70 EUR)/320 000,00 DM (63 613,40 EUR) gesenkt worden. Andererseits erhöhen sich die neuen Einkommensgrenzen grundsätzlich um 60 000,00 DM (30 677,51 EUR) für jedes berücksichtigungsfähige Kind.

3. Anspruchshöhe bis 31. 12. 2003

Die Zulage belief sich bis 31. 12. 2003 auf 5% der **Bemessungsgrundlage** bei der Herstellung von Wohnraum und 2,5% bei der Anschaffung (§ 9 Abs. 2 EigZulG). Bemessungsgrundlage sind die Herstellungs- bzw. Anschaffungskosten der Wohnung zuzüglich der Anschaffungskosten für den dazugehörenden Grund und Boden (§ 8 EigZulG). Die Höhe der Zulage belief sich damit bei Neubauten auf höchstens 5000,00 DM/2556,00 EUR pro Jahr, bei der Anschaffung von gebrauchten Immobilien, die zwei Jahre und älter sind, auf höchstens 2500,00 DM/1278,00 EUR pro Jahr. Für jedes Kind wurde eine **Kinderzulage** von 1500,00 DM/767,00 EUR gezahlt. Die Förderung erfolgt für **acht Jahre** (§ 3 EigZulG).

4. Neuregelung zum 1. 1. 2004

Zum 1. 1. 2004 ist durch das **Haushaltsbegleitgesetz** (BGBl. 2003 I S. 3076) die Wohnungsbauförderung durch die Eigenheimzulage erneut neu geregelt worden. Es sind folgende wesentliche Änderungen erfolgt:

EigZulG § 4 3. Teil. Nebenbestimmungen

- **Wegfall der Differenzierung** zwischen Neubauten und Altbauten.
- **Reduzierung** des Förderungshöchstbetrages (§ 9 Abs. 2 EigZulG) auf einheitlich 1% (bisher 5%) der Bemessungsgrundlage, maximal 1250,00 EUR (bisher 2556,00 EUR). Der Förderungshöchstbetrag wird damit bei einer Bemessungsgrundlage ab 125 000,00 EUR erreicht.
- **Erhöhung** der Kinderzulage von 767,00 EUR auf 800,00 EUR.
- **Absenkung der Einkommensgrenze** im Zweijahreszeitraum auf 70 000,00 EUR (bisher 81 807,00 EUR) für Alleinstehende und 140 000,00 EUR (bisher 163 614,00 EUR) im Fall der Zusammenveranlagung zuzüglich einer Erhöhung für jedes Kind von 30 000,00 EUR (bisher 30 678,00 EUR).
- **Änderung der Ermittlung** der Einkommensgrenze. Bisher war maßgeblich die Summe der positiven Einkünfte, d. h. ohne Abzug etwaiger Verluste.

5. Tabellarische Übersicht

5

	ab 1. Januar 2004	bis 31. Dezember 2003
Maximale Eigenheimzulage für Neubau pro Jahr	1250 EUR	2556 EUR
Maximale Eigenheimzulage für Altbau pro Jahr	1250 EUR	1278 EUR
Zulage je Kind pro Jahr	800 EUR	767 EUR
Einkommensgrenze (alleinstehend/verheiratet)	70 000/140 000 EUR	81 807/163 614 EUR
Erhöhung der Einkommensgrenze pro Kind	30 000 EUR	30 678 EUR

6. Verhältnis zum Unterhalt

6   Die Eigenheimzulage ist **unterhaltsrechtlich relevantes Einkommen,** sei es in Form der Erhöhung des Mietwertes, sei es in Form einer Verringerung der aufzubringenden Belastungen (bundeseinheitliche Leitlinienstruktur Ziffer 5).

7   Für die Praxis bedeutsam ist, dass die Eigenheimzulage durch einen **gesonderten Bescheid** des Finanzamtes festgesetzt wird (§ 11 EigZulG). Ist sie einmal festgesetzt worden, wird sie jeweils zum 15. 3. des Folgejahres ohne weiteren Bescheid ausgezahlt. Die Eigenheimzulage taucht daher in keiner Verdienstbescheinigung und keinem Steuerbescheid auf. Bestehen, weil eine Immobilie nach dem 31. 12. 1995 neu hergestellt oder angeschafft worden ist, Anhaltspunkte dafür, dass eine Förderung nach dem Eigenheimzulagengesetz in Anspruch genommen worden ist, ist dieser Gesichtspunkt bei der Unterhaltsbemessung gesondert aufzuklären. Ein **Auskunftsverlangen** ist daher auch auf die Frage nach dem Bezug und der Höhe der Eigenheimzulage zu erstrecken, verlangt werden sollte auch die Vorlage des Grundbescheides und etwaiger Neufestsetzungsbescheide (Wendl/Gerhardt § 1 Rn 333).

II. Eigene Wohnnutzung

1. Allgemeines

Materielle Voraussetzung des Anspruches auf Eigenheimzulage ist die **eigene Wohnnutzung.** Diese Anspruchsgrundlage muss in jedem Kalenderjahr des achtjährigen Förderzeitraumes erfüllt sein. Nicht als haushaltszugehörig gelten Kinder, die sich besuchsweise und zeitlich begrenzt beim barunterhaltsverpflichteten Elternteil aufhalten (BFH BStBl. II 2005, 326). Die Kinderzulage nach § 9 Abs. 5 Satz 2 EigZulG entfällt nicht, wenn ein studierendes Kind am Studienort keinen unabhängigen Haushalt führt und es regelmäßig an den Wochenenden in die elterliche Wohnung zurückfährt (BFH NJW 2002, 3576). Da die Eigenheimzulage an die Stelle der Grundförderung nach § 10 EStG und der Steuerbegünstigung nach § 10h EStG getreten ist, stellt § 4 S. 2 die **unentgeltliche Überlassung der Wohnung an Angehörige** der Wohnnutzung durch den Eigentümer gleich.

8

2. Eigener Lebensmittelpunkt

Eine eigene Wohnnutzung setzt nicht voraus, dass das Objekt den räumlichen Mittelpunkt des Lebensinteresses der Steuerpflichtigen bildet. Erforderlich ist allerdings eine tatsächliche eigene **Wohnnutzung durch den Anspruchsberechtigten,** d. h. den zivilrechtlichen oder wirtschaftlichen Eigentümer des Objektes. Die eigene Wohnnutzung und damit die Anspruchsberechtigung entfällt daher grundsätzlich im Fall der Trennung von Eheleuten mit dem **Auszug eines der Ehepartner** für diesen Ehegatten. Der andere behält seinen Anspruch. Im Rahmen des Eigenheimzulagengesetzes sind sämtliche Anspruchsvoraussetzungen in der Person jedes Ehegatten gesondert zu prüfen, auch wenn nach § 11 Abs. 4 Satz 3 EigZulG die **Eigenheimzulage bei Ehegatten,** die die Voraussetzungen der Zusammenveranlagung nach § 26 EStG erfüllen, durch einen Bescheid gemeinsam festgesetzt wird (BFH NJW 2001, 1445). Diese Veränderung ist dem Finanzamt unverzüglich mitzuteilen (§ 12 Abs. 2 EigZulG). Dabei gilt das **materielle Jahresprinzip** (§ 11 Abs. 2 Satz 2 EigZulG). Die Neufestsetzung erfolgt ab dem Kalenderjahr, das dem Kalenderjahr folgt, in dem die Voraussetzung entfallen ist (§ 11 Abs. 3 Satz 1 EigZulG). Es kann sich daher empfehlen, mit einem Auszug bis zum **Beginn eines neuen Kalenderjahres** zu warten, um die anteilige Eigenheimzulage für ein weiteres Jahr zu erhalten.

9

3. Unentgeltliche Überlassung an Angehörige

a) Angehörige. § 4 S. 2 stellt der Nutzung zu eigenen Wohnzwecken die **unentgeltliche Überlassung an Angehörige** im Sinne von § 15 AO zu Wohnzwecken gleich. Angehörige nach § 15 AO sind u. a. Verlobte, der Ehegatte, Verwandte oder Verschwägerte in gerader Linie und Geschwister. Nach § 15 Abs. 2 AO ist auch der **geschiedene Ehegatte Angehöriger.** Die Angehörigeneigenschaft wird durch die Beendigung der Ehe nicht aufgehoben. Daraus folgt, dass im Fall der Trennung und Scheidung die unentgeltliche **Überlassung des eigenen Miteigentumsanteils** an einer gemeinschaftlichen Immobilie durch den einen Ehegatten an den anderen bzw. an die Kinder die Voraussetzungen für den Bezug der Eigenheimzulage in der Person des ausziehenden Ehegatten nicht entfallen lässt.

10

11 **b) Unentgeltlichkeit.** Unentgeltlich ist die Überlassung nicht, wenn der Tatbestand der Überlassung bei der Unterhaltsbemessung berücksichtigt wird. Wird die Wohnungsüberlassung und die Lastentragung – wie üblich – bei der **Bemessung des Ehegattenunterhalts** berücksichtigt, liegt keine unentgeltliche Überlassung im Sinne von § 4 S. 2 vor (Schleswig Holsteinisches Finanzgericht EFG 2005, 257). Begründet wird diese Auffassung u. a. damit, dass die Wohnungsüberlassung und die **Übernahme der Wohnungskosten** im Sinne des § 10 Abs. 1 Nr. 1 EStG als Unterhalt berücksichtigt werden können (§ 10 Abs. 1 Nr. 1 EStG Rn 22). Eine unentgeltliche Überlassung ist aber in den Fällen denkbar, in denen – aus welchen Gründen auch immer – kein Ehegattenunterhalt geschuldet wird und die Lasten entsprechend den Einkommensverhältnissen gezahlt werden. Die Unentgeltlichkeit entfällt nicht, wenn der Angehörige nur die **Nebenkosten** zahlt (Wacker EigZulG § 4 Rn 27).

12 In derartigen Fällen der unentgeltlichen Überlassung ist bei der Unterhaltsbemessung zu berücksichtigen, dass mit der Trennung der Ehegatten die Voraussetzungen des § 26 EStG entfallen, so dass die Eigenheimzulage für jeden der Ehepartner neu **gesondert festzusetzen ist** (§ 11 Abs. 6 Satz 4 EigZulG). Bleiben beide Ehegatten, der eine, weil er die gemeinsame Immobilie bewohnt und der andere, weil er seinen Anteil dem anderen unentgeltlich überlässt, zulageberechtigt, wird der bisherige gemeinschaftliche Festsetzungsbescheid durch einen **Neuveranlagungsbescheid** abgelöst, in dem die Eigenheimzulage auf die Ehepartner verteilt wird.

§ 6 Objektbeschränkung

(1) ¹**Der Anspruchsberechtigte kann die Eigenheimzulage nur für eine Wohnung oder einen Ausbau oder eine Erweiterung (Objekt) in Anspruch nehmen.** ²**Ehegatten, bei denen die Voraussetzungen des § 26 Abs. 1 des Einkommensteuergesetzes vorliegen, können die Eigenheimzulage für insgesamt zwei Objekte beanspruchen, jedoch nicht gleichzeitig für zwei in räumlichem Zusammenhang belegene Objekte, wenn bei den Ehegatten im Zeitpunkt der Fertigstellung oder Anschaffung der Objekte die Voraussetzungen des § 26 Abs. 1 des Einkommensteuergesetzes vorliegen.**

(2) ¹**Sind mehrere Anspruchsberechtigte Eigentümer einer Wohnung, steht jeder Anteil an dieser Wohnung einer Wohnung gleich; Entsprechendes gilt bei dem Ausbau oder der Erweiterung der Wohnung.** ²**Satz 1 ist nicht anzuwenden, wenn Ehegatten Eigentümer der Wohnung sind und bei den Ehegatten die Voraussetzungen des § 26 Abs. 1 des Einkommensteuergesetzes vorliegen.** ³**Erwirbt im Fall des Satzes 2 ein Ehegatte infolge Erbfalls einen Miteigentumsanteil an der Wohnung hinzu, so kann er den auf diesen Anteil entfallenden Fördergrundbetrag nach § 9 Abs. 2 bis 4 weiter in der bisherigen Höhe in Anspruch nehmen.** ⁴**Absatz 1 Satz 1 findet insoweit keine Anwendung.** ⁵**Satz 3 gilt entsprechend, wenn im Fall des Satzes 2 während des Förderzeitraums die Voraussetzungen des § 26 Abs. 1 des Einkommensteuergesetzes wegfallen und ein Ehegatte den Anteil des anderen Ehegatten an der Wohnung erwirbt.**

(3) **Der Eigenheimzulage stehen die erhöhten Absetzungen nach § 7b des Einkommensteuergesetzes in der jeweiligen Fassung ab Inkrafttre-**

ten des Gesetzes vom 16. Juni 1964 (BGBl. I S. 353) und nach § 15 Abs. 1 bis 4 des Berlinförderungsgesetzes in der jeweiligen Fassung ab Inkrafttreten des Gesetzes vom 11. Juli 1977 (BGBl. I S. 1213), die Abzugsbeträge nach § 10 e des Einkommensteuergesetzes und nach § 15 b des Berlinförderungsgesetzes in der jeweiligen Fassung ab Inkrafttreten des Gesetzes vom 15. Mai 1986 (BGBl. I S. 730) sowie eine steuerliche Begünstigung von Aufwendungen für dasselbe selbstgenutzte Wohneigentum in einem anderen Staat gleich.

I. Grundsatz

Jeder Anspruchsberechtigte kann die Eigenheimzulage nur für **ein Objekt** in Anspruch nehmen. Die Objektbeschränkung ist **personenbezogen** in dem Sinn, dass die Begünstigung nach dem Eigenheimzulagengesetz grundsätzlich nur **einmal im Leben** und objektbezogen in dem Sinn, dass sie nur für **ein Objekt je Kalenderjahr** in Anspruch genommen werden kann. Nach § 6 Abs. 1 Satz 2 können Ehegatten, bei denen die Voraussetzungen des § 26 Abs. 1 EStG vorliegen, die Eigenheimzulage für insgesamt zwei Objekte in Anspruch nehmen. Das gilt ungeachtet der Eigentumsverhältnisse (Wacker § 6 Rn 22). 1

II. Alleineigentum eines Ehegatten

Mit Wegfall der Voraussetzungen zur Zusammenveranlagung entfällt diese Ausnahme für Ehegatten. Sie werden dann wieder nach der Grundregel des § 6 Abs. 1 Satz 1 behandelt. Bei Alleineigentum eines Ehegatten folgt daraus, dass für den Alleineigentümer **Objektverbrauch** eintritt. Der Ehegatte, dem das Objekt während der Ehezeit nicht zivilrechtlich oder wirtschaftlich als Eigentümer zuzurechnen war, kann für ein Folgeobjekt dagegen noch einmal die Förderung nach dem Eigenheimzulagengesetz in Anspruch nehmen. Bei ihm tritt kein Objektverbrauch ein. Kein Objektverbrauch tritt für ein Kalenderjahr ein, in dem die Ehegatten noch einen ernsthaften **Versöhnungsversuch** unternehmen. Mit diesem Versöhnungsversuch besteht die Möglichkeit der Zusammenveranlagung nach § 26 EStG fort (§ 26 EStG Rn 3). Damit verbleibt es auch bei der Möglichkeit der Förderung nach dem EigZulG. 2

III. Miteigentum von Ehegatten

1. Objektverbrauch durch Trennung

§ 6 Abs. 2 enthält gesonderte Regelungen für **Miteigentumsanteile von Ehegatten** am nämlichen Objekt. Grundsätzlich gilt jeder Miteigentumsanteil bei Anspruchsberechtigten als eigene Wohnung. Das gilt nur bei Ehegatten, bei denen die Voraussetzung der **Zusammenveranlagung** nach § 26 Abs. 1 EStG vorliegen, nicht. Für diese tritt Objektverbrauch nur für ein Objekt mit der Folge ein, dass sie für ein zweites Objekt die Förderung in Anspruch nehmen können. Ehegatten können mithin zunächst für acht Jahre eine im gemeinschaftlichen Miteigentum stehende Wohnung fördern lassen und nach Verkauf dieser Wohnung für weitere acht Jahre die Anschaffung oder Herstellung eines eigenen Hauses. 3

4 Im Fall der Trennung entfällt für die Ehegatten allerdings auch die Möglichkeit, für ein Folgeobjekt die Förderung nach dem EigZulG in Anspruch zu nehmen. Mit der Trennung greift wiederum die Grundregel des § 6 Abs. 2 S. 1 ein **(doppelter Objektverbrauch).**

2. Übertragung des Miteigentumsanteils auf den Ehepartner

5 Allerdings eröffnet § 6 Abs. 2 Satz 3 den Ehegatten die für die Gestaltungsberatung interessante Möglichkeit, den doppelten Objektverbrauch dadurch zu vermeiden, dass der eine Ehegatte dem anderen seine Miteigentumshälfte überträgt. Erforderlich ist eine **Anteilsübertragung in sachlichem Zusammenhang** mit Trennung und Scheidung (Wacker a. a. O. Rn 81), d. h. während des Zeitraums, in dem noch die gemeinsame Veranlagung nach § 26 Abs. 1 EStG möglich ist (BFH NJW 2000, 3520). Dies kann mithin auch ein Jahr sein, welches nach dem eigentlichen Trennungsjahr liegt, wenn in diesem Jahr noch ein ernsthafter **Versöhnungsversuch** unternommen wird.

Der übertragende Ehepartner kann danach für ein Folgeobjekt wieder die Förderung nach dem Eigenheimzulagengesetz in Anspruch nehmen. Heiratet er erneut, kann er mit seinem neuen Ehegatten, wenn bei diesem noch kein Objektverbrauch eingetreten ist, die Förderung sogar wiederum zweimal in Anspruch nehmen.

6 Erfolgt, etwa weil die Ehegatten sich im Zusammenhang mit Trennung und Scheidung nicht einigen konnten, die Übertragung erst **lange Zeit nach Trennung und Scheidung,** kann der übernehmende Ehegatte die Eigenheimzulage für diesen Anschaffungstatbestand grundsätzlich nicht erhalten. Etwas anderes gilt, wenn er wiederverheiratet ist und mit seinem neuen Partner berechtigt ist, die Zulagenförderung für zwei Objekte zu erhalten.

Sozialgesetzbuch (SGB) 2. Buch (II)
Grundsicherung für Arbeitssuchende

§ 24a Zusätzliche Leistung für die Schule

¹Schüler, die das 25. Lebensjahr noch nicht vollendet haben und die eine allgemeinbildende oder eine andere Schule mit dem Ziel des Erwerbs eines allgemeinbildenden Schulabschlusses besuchen, erhalten bis zum Abschluss der Jahrgangsstufe 10 eine zusätzliche Leistung für die Schule in Höhe von 100 Euro, wenn mindestens ein im Haushalt lebender Elternteil am 1. August des jeweiligen Jahres Anspruch auf Leistungen zur Sicherung des Lebensunterhalts nach diesem Buch hat. ²Schüler, die nicht im Haushalt ihrer Eltern oder eines Elternteils leben, erhalten unter den Voraussetzungen des § 22 Abs. 2a die Leistung nach Satz 1, wenn sie am 1. August des jeweiligen Jahres Leistungen zur Sicherung des Lebensunterhalts nach diesem Buch erhalten. ³Der zuständige Träger der Grundsicherung für Arbeitsuchende kann im begründeten Einzelfall einen Nachweis über eine zweckentsprechende Verwendung der Leistung verlangen.

§ 33 Übergang von Ansprüchen

(1) ¹Haben Empfänger von Leistungen zur Sicherung des Lebensunterhalts einen Anspruch gegen einen Anderen, der nicht Leistungsträger ist, können die Träger der Leistungen nach diesem Buch durch schriftliche Anzeige an den anderen bewirken, dass der Anspruch bis zur Höhe der erbrachten Leistungen auf sie übergeht. ²Der Übergang des Anspruchs darf nur bewirkt werden, soweit bei rechtzeitiger Leistung des anderen Leistungen zur Sicherung des Lebensunterhalts nicht erbracht worden wären. ³Der Übergang wird nicht dadurch ausgeschlossen, dass der Anspruch nicht übertragen, verpfändet oder gepfändet werden kann.

(2) ¹Der Übergang eines Unterhaltsanspruchs nach bürgerlichem Recht darf nicht bewirkt werden, wenn die unterhaltsberechtigte Person
1. mit dem Verpflichteten in einer Bedarfsgemeinschaft lebt,
2. mit dem Verpflichteten verwandt ist und den Unterhaltsanspruch nicht geltend macht; dies gilt nicht für Unterhaltsansprüche
   a) minderjähriger Hilfebedürftiger,
   b) von Hilfebedürftigen, die das 25. Lebensjahr noch nicht vollendet und die Erstausbildung noch nicht abgeschlossen haben
gegen ihre Eltern,
3. in einem Kindschaftsverhältnis zum Verpflichteten steht und
   a) schwanger ist oder
   b) ihr leibliches Kind bis zur Vollendung seines sechsten Lebensjahres betreut.

²Der Übergang darf nur bewirkt werden, soweit das Einkommen und Vermögen der unterhaltsverpflichteten Person das nach den §§ 11 und

SGB II §§ 24a, 33

12 zu berücksichtigende Einkommen und Vermögen übersteigt. ³Die Träger der Leistungen nach diesem Buch können den Übergang eines Unterhaltsanspruchs für die Vergangenheit nur unter den Voraussetzungen des § 1613 des Bürgerlichen Gesetzbuchs bewirken. ⁴Sie können bis zur Höhe der bisherigen Leistungen zur Sicherung des Lebensunterhalts auch auf zukünftige Leistungen klagen, wenn die Leistungen zur Sicherung des Lebensunterhalts voraussichtlich noch längere Zeit erbracht werden müssen.

(3) Die schriftliche Anzeige an den anderen bewirkt, dass der Anspruch für die Zeit übergeht, für die dem Hilfebedürftigen Leistungen zur Sicherung des Lebensunterhalts ohne Unterbrechung erbracht werden; als Unterbrechung gilt ein Zeitraum von mehr als zwei Monaten.

(4) Die §§ 115 und 116 des Zehnten Buches gehen der Regelung des Absatzes 1 vor.

I. Leistungsvoraussetzungen

1 Seit 1. 1. 2005 ist die **Grundsicherung für Arbeitsuchende** im SGB II normiert. Gegenüber der Arbeitslosenhilfe ist der wesentliche Unterschied, dass die Höhe der Leistung sich nicht mehr nach dem früheren Entgelt sondern an einem nach sozialhilferechtlichen Maßstäben ermittelten Bedarf orientiert.

2 Leistungsberechtigt sind alle Personen zwischen 15 und 65 Jahren, die **erwerbsfähig und hilfebedürftig** sind sowie ihren gewöhnlichen Aufenthalt in der Bundesrepublik Deutschland haben (§ 7 Abs. 1 SGB II). Erwerbsfähig ist jeder, der unter den üblichen Bedingungen des allgemeinen Arbeitsmarktes mindestens **drei Stunden täglich erwerbstätig sein kann** (§ 8 Abs. 1 SGB II). Hilfebedürftig ist nur, wer seinen Lebensunterhalt nicht aus eigener Kraft durch Arbeit oder durch Leistungen der mit ihm in einer Bedarfsgemeinschaft lebenden Personen bestreiten kann (§ 9 Abs. 1 SGB II). Grundsätzlich ist dem Hilfebedürftigen **jede Arbeit zumutbar** (§ 10 Abs. 1 SGB II). Als Einkommen sind bis auf die Grundrente nach dem Bundesversorgungsgesetz praktisch alle laufenden Einnahmen anzurechnen (§ 11 SGB II). Nach Randziffer 11.5 der Durchführungshinweise der Bundesagentur für Arbeit zum SGB II sind **titulierte Unterhaltsforderungen** von vorhandenen Einkünften abzuziehen, wenn der Anspruchsteller nachweist, dass er die Unterhaltszahlungen tatsächlich erbringt. Daraus folgt, dass Anspruchsberechtigte, die über **geringfügige Einnahmen** verfügen, sich **nicht** ohne weiteres auf **Leistungsunfähigkeit** berufen können. Es kann durchaus sein, dass sie aufgrund der ergänzenden Leistungen nach dem SGB II, weil die Unterhaltsverpflichtungen von ihrem ansonsten anzurechnenden Einkommen vorab abgesetzt werden, den Unterhalt weiter aufbringen können.

3 Vermögen muss nicht eingesetzt werden in Höhe eines **Grundfreibetrages** in Höhe von 150,00 EUR je vollendetem Lebensjahr des erwerbsfähigen Hilfebedürftigen und seines Partners, mindestes in Höhe von 3100,00 EUR. Der **Höchstbetrag des Schonvermögens** liegt nach Alter gestaffelt bei maximal 10 050,000 EUR für den Hilfebedürftigen und seinen Partner. Geschont werden ferner im Rahmen der Angemessenheit Hausrat, Kfz und das selbst genutzte Hausgrundstück (§ 12 Abs. 3 SGB II). Hinzu kommen weitere Freibeträge für Altersvorsorge und ältere Arbeitnehmer.

Übergang von Ansprüchen §§ 24a, 33 SGB II

Die Höhe des Schonvermögens ergibt sich aus der folgenden Tabelle:

Was	Wer	Wieviel
Anschaffungsrücklage	Jeder Angehörige	750 EUR
Grundfreibetrag	Jeder erwerbsfähige Bedürftige	150,00 EUR pro Lebensjahr, 3100 EUR Minimum, 10 050 EUR Maximum
Altersvorsorgefreibetrag	Jeder erwerbsfähige Bedürftige	250 EUR pro Lebensjahr, 16 750 Maximum
Immobilie	Bedarfsgemeinschaft	wenn selbst genutzt, in angemessener Größe 1–2 Personen 80 qm, 3 Personen 100 qm, 4 Personen 120 qm
Hausrat	Jeder Angehörige	angemessen
Auto	Jeder erwerbsfähige Bedürftige	7500 EUR

Um gerade den Altersvorsorgefreibetrag optimal ausnutzen zu können, können (potentielle) Bezieher von Leistungen nach dem SGB II **einen Verzicht auf die Kündigungsklausel** bei laufenden Lebensversicherungsverträgen nach § 165 Abs. 3 VVG vereinbaren. Eine derartige nicht kündbare Lebensversicherung wird je nach Alter bis zur Höhe von 16.750,00 EUR als Altersvorsorge anerkannt.

Kraft ausdrücklicher gesetzlicher Regelung ist bei der Prüfung der Angemessenheit nicht der Lebensstandard vor der Arbeitslosigkeit maßgeblich. Zugrunde gelegt werden die **Lebensumstände während des Bezuges der Leistungen** zur Grundsicherung für Arbeitsuchende. Neben den Leistungen nach dem SGB II scheiden insbesondere Sozialhilfeleistungen aus (§ 5 Abs. 2 SGB II).

II. Leistungsumfang

1. Leistungen an den Arbeitslosen

Die **Regelleistung** des Arbeitslosengeldes II beträgt ab 1. 7. 2009 359,00 EUR **4** (§§ 19, 20 Abs. 2 SGB II). Neben einem Katalog eng begrenzter Leistungen für den **Mehrbedarf** (§ 23 SGB II) werden Leistungen für **Unterkunft und Heizung** in angemessenem Umfang erbracht (§ 22 SGB II). Arbeitslose, die Arbeitslosengeld II innerhalb von zwei Jahren nach dem Ende des Bezuges von Arbeitslosengeld beziehen, bekommen **einen befristeten Zuschlag** von zwei Jahren, der sich nach einem Jahr halbiert (§ 24 Abs. 1 SGB II). Der Zuschlag beläuft sich im ersten Jahr auf ²/₃ des Unterschiedsbetrages zwischen den früheren Leistungen an den erwerbsfähigen Hilfebedürftigen zuzüglich Wohngeld und den Leistungen nach dem SGB II auf Arbeitslosengeld II nach § 19 Abs. 1 Nr. 1 und 2 SGB II und dem Sozialgeld nach § 28 SGB II für nicht erwerbsfähige Angehörige in Bedarfsgemeinschaft. Von daher reicht allein der **Hinweis auf den Bezug von Arbeitslosengeld II nicht** zum Nachweis **fehlender Leistungsfähigkeit** zur Zahlung von Unterhalt (OLG Brandenburg NJW-RR 2005, 949). Bei der Prüfung der Leistungsfähigkeit ist beim Zusammentreffen von Leistungen nach dem

SGB II §§ 24a, 33 3. Teil. Nebenbestimmungen

SGB II und Einkünften aus Erwerbstätigkeit zu berücksichtigen, dass nach § 30 SGB II Teile eines neben dem Bezug von Leistungen nach dem SGB II **erzielten Arbeitseinkommens anrechnungsfrei** bleiben.

5   Nach der Konzeption des SGB II können neben den ausdrücklich normierten Leistungen **keine weiteren Bedarfspositionen** anerkannt werden (§ 3 Abs. 3 SGB II). Dementsprechend hat ein Bezieher von Arbeitslosengeld II, dem die notwendigen Mittel zur Ausübung seines **Umgangsrechts** mit den bei dem anderen Elternteil lebenden Kindern fehlen, keinen Anspruch nach dem SGB II auf Ersatz dieser Kosten (BSG FamRZ 2007, 465). Es kann jedoch ein Anspruch nach § 73 SGB XII bestehen, der sich gegen den **Sozialhilfeträger** richtet und nicht nach § 5 Abs. 2 S. 2 SGB II ausgeschlossen ist. Dieser Anspruch erfasst die Kosten zur Abholung der Kinder. Daneben können auch Ansprüche der Kinder selbst auf Übernahme ihrer eigenen Fahrtkosten bestehen. Die Lebenshaltungskosten der Kinder während des Aufenthalts beim umgangsberechtigten Elternteil können wegen des Bestehens einer **zeitweisen Bedarfsgemeinschaft** nach den §§ 20 bis 22 SGB II ersetzt werden (LSG Baden-Württemberg 1. 10. 2008 L 13 AS 2559/08; LSG Berlin-Brandenburg 5. 2. 2009 L 5 AS 97/09 B PUH).

2. Leistungen an Angehörige

6   Das **Sozialgeld** nach § 28 Abs. 1 SGB II bemisst sich bis zur Vollendung des 14. Lebensjahres auf 60% der Regelleistung des Arbeitslosengeldes II nach §§ 19, 20 SGB II, im 15. Lebensjahr auf 80 % und nach Vollendung des 15. Lebensjahres auf 100% des Regelsatzes. Das Sozialgeld steht **nicht erwerbsfähigen Angehörigen** zu, die mit dem Anspruchsberechtigten in einer Bedarfsgemeinschaft leben, soweit sie keine Leistungen der Grundsicherung für das Alter erhalten (§§ 41 ff. SGB XII).

7   Durch das **Familienleistungsgesetz** ist mit Wirkung vom 1. 8. 2009 **§ 24 a** neu eingefügt worden. Danach erhalten Schüler bis zum 25. Lebensjahr, die einen allgemeinbildenden Schulabschluss anstreben, bis zum Abschluss der 10. Jahrgangsstufe 100,00 EUR, wenn mindestens ein im Haushalt lebender Elternteil zum Stichtag 1. 8. eines jeden Jahres Anspruch auf Leistungen zur Sicherung des Lebensunterhalts hat. Die Leistung dient insbesondere dem Erwerb von Gegenständen zur **persönlichen Ausstattung** für die Schule (Schulranzen, Schulrucksack, Turnzeug u. s. w.). Nach der Rechtslage bis zum 31. 12. 2008 bestand ein Anspruch auf derartige Leistungen aufgrund der Grundkonzeption des SGB II nicht (LSG Niedersachsen-Bremen 4. 9. 2008 L 13 AS 104/08). Da die Ausstattung für jedes Schuljahr nach § 1613 Abs. 2 BGB kein Sonderbedarf ist, **scheidet ein Anspruchsübergang aus** (zum Sonderbedarf: § 1613 Rn 19).

III. Anspruchsübergang

8   Nach § 33 Abs. 2 SGB II gehen Unterhaltsansprüche gegen Dritte auf den Leistungsträger **kraft Gesetzes über.** Diese Vorschrift ist zum 1. 8. 2006 an die Stelle der früheren Regelung getreten, wonach Unterhaltsansprüche durch Verwaltungsakt übergeleitet werden mussten. Anspruchsinhaber werden damit die Bundesagentur für Arbeit einerseits und der kommunale Träger andererseits. Haben sich diese Träger zu einer Arbeitsgemeinschaft zusammengeschlossen (§ 44 b SGB II), wird diese neue Gläubigerin des Unterhaltsanspruchs. Die cessio legis umfasst **alle Unterhaltsansprüche** mit Ausnahme der Verwandtenunter-

Übergang von Ansprüchen **§§ 24a, 33 SGB II**

haltsansprüche, die nicht minderjährige oder volljährige Kinder bis zum 25. Lebensjahr, die die Erstausbildung noch nicht abgeschlossen haben, betreffen. Die **nicht erfassten Verwandtenunterhaltsansprüche** gehen nur dann über, wenn der Berechtigte den Pflichtigen **selbst gemahnt** oder ihn nach §§ 1605, 1613 Abs. 1 S. 1 BGB aufgefordert hat, über sein Einkommen und Vermögen Auskunft zu erteilen. Hat der Berechtigte seinen Anspruch in dieser Form verfolgt, kann er die darauf beruhende Wirkung des Überganges nicht durch einen Verzicht oder eine Antragsrücknahme wieder beseitigen. Anderseits hat der Träger der Grundsicherung nicht das Recht, diesen Kreis Unterhaltsbedürftiger auf die vorrangige Geltendmachung der zivilrechtlichen Unterhaltsansprüche zu verweisen.

Der Anspruch geht nur in dem Maße über, in dem der **Leistungsträger Aufwendungen gerade für den zivilrechtlich Berechtigten** geleistet hat. Lebt dieser in einer Bedarfsgemeinschaft, muss der Leistungsträger den Anteil an den Leistungen, der auf den nach bürgerlichem Recht Unterhaltsberechtigten entfällt, aufschlüsseln. Auch in einer **Bedarfsgemeinschaft** hat jedes Mitglied der Bedarfsgemeinschaft einen **Einzelanspruch** (Wendl/Scholz § 8 Rn 212). 9

Der **Übergang des Unterhaltsanspruches** soll nicht dazu führen, dass der Unterhaltsverpflichtete **selbst hilfebedürftig** nach dem SGB II wird. Deshalb geht der Unterhaltsanspruch nach § 33 Abs. 2 S. 3 SGB II nur insoweit über, als das Einkommen und Vermögen der unterhaltsverpflichteten Person das nach §§ 11, 12 SGB II zu berücksichtigende Einkommen und Vermögen übersteigen. Es muss daher für den Schuldner eine **Vergleichsberechnung** vorgenommen werden, welche Ansprüche er selbst nach den §§ 11, 12 SGB II hätte (Wendl/Scholz § 8 Rn 249). In die Vergleichsberechnung sind Einkommen und Vermögen von Mitgliedern der Bedarfsgemeinschaft einzubeziehen. Das zu berücksichtigende Einkommen und Vermögen des Unterhaltsschuldners muss nicht nur zur Deckung seines eigenen Bedarfs sondern auch zur Deckung des Bedarfs der Mitglieder der Bedarfsgemeinschaft ausreichen. 10

§ 33 Abs. 4 S. 1 SGB gibt seit der Novellierung zum 1. 8. 2006 dem Träger der Grundsicherung die Möglichkeit, die übergegangenen Unterhaltsansprüche auf den zivilrechtlich Berechtigten mit dessen Einvernehmen **zur gerichtlichen Geltendmachung zurück zu übertragen**. Die Regelung entspricht dem § 94 Abs. 5 SGB XII. 11

Ein **Abänderungsantrag** ist, wenn die Änderung ab Rechtskraft der Änderungsklage erlangt wird, gegen den Unterhaltsberechtigten zu richten (§§ 113 FamFG, 265 Abs. 2, 325 ZPO). Wird die Änderung eines Vergleichs nach § 313 BGB auch für Zeiträume begehrt, die vor Rechtshängigkeit des Änderungsantrages liegen, ist der Antrag für diese Zeiträume gegen den **Träger der Grundsicherung** zu richten, soweit der Unterhaltsanspruch auf diesen übergegangen ist (OLG Jena NJW-RR 2008, 1176). 12

IV. Verhältnis zu Unterhaltsansprüchen

Wird das **Einkommen** eines Unterhaltspflichtigen, der in einer Bedarfsgemeinschaft lebt, für die Berechnung der Ansprüche nach dem SGB II teilweise **anderen Mitgliedern der Bedarfsgemeinschaft zugerechnet**, so führt das nicht zu einer Verminderung des unterhaltsrechtlich maßgeblichen Einkommens (OLG Bremen NJW-RR 2007, 511). Würde man das anders sehen, würde dies 13 zu einer rangmäßigen Benachteiligung der außerhalb der Bedarfsgemeinschaft lebenden gleichrangigen Unterhaltsberechtigten führen. Auf der anderen Seite werden bei der Ermittlung des anrechenbaren Einkommens im Rahmen des SGB II **Unterhaltsverpflichtungen als Belastung** anerkannt (OLG Koblenz NJOZ 2006, 2143).

14 Erzielt ein Anspruchsberechtigter **Einnahmen**, die er für die **Bestreitung von Minderjährigenkindesunterhalt** verwendet, werden diese Einnahmen bei der Prüfung des Vorliegens der **Voraussetzungen für Leistungen** nach dem SGB II **nicht berücksichtigt** (OLG Koblenz FamRZ 2006, 1296; OLG Brandenburg 30. 1. 2007 10 UF 151/06). Das entspricht Nr. 11.5 der Verwaltungshinweise der Bundesagentur für Arbeit. Ein Bezieher von Leistungen nach dem SGB II kann daher, ohne dass er seinen Leistungsanspruch verliert, auf eine **Nebentätigkeit** zur Aufbringung des Minderjährigenunterhalts verwiesen werden.

Sozialgesetzbuch (SGB) 3. Buch (III) Arbeitsförderung

§ 117 Anspruch auf Arbeitslosengeld

(1) Arbeitnehmer haben Anspruch auf Arbeitslosengeld
1. bei Arbeitslosigkeit oder
2. bei beruflicher Weiterbildung.

(2) Arbeitnehmer, die das 65. Lebensjahr vollendet haben, haben vom Beginn des folgenden Monats an keinen Anspruch auf Arbeitslosengeld.

§ 118 Anspruchsvoraussetzungen bei Arbeitslosigkeit

(1) Anspruch auf Arbeitslosengeld bei Arbeitslosigkeit haben Arbeitnehmer, die
1. arbeitslos sind,
2. sich bei der Agentur für Arbeit arbeitslos gemeldet und
3. die Anwartschaftszeit erfüllt haben.

(2) Der Arbeitnehmer kann bis zur Entscheidung über den Anspruch bestimmen, dass dieser nicht oder zu einem späteren Zeitpunkt entstehen soll.

§ 119 Arbeitslosigkeit

(1) Arbeitslos ist ein Arbeitnehmer, der
1. nicht in einem Beschäftigungsverhältnis steht (Beschäftigungslosigkeit),
2. sich bemüht, seine Beschäftigungslosigkeit zu beenden (Eigenbemühungen) und
3. den Vermittlungsbemühungen der Agentur für Arbeit zur Verfügung steht (Verfügbarkeit).

(2) Eine ehrenamtliche Betätigung schließt Arbeitslosigkeit nicht aus, wenn dadurch die berufliche Eingliederung des Arbeitslosen nicht beeinträchtigt wird.

(3) [1] Die Ausübung einer Beschäftigung, selbständigen Tätigkeit oder Tätigkeit als mithelfender Familienangehöriger (Erwerbstätigkeit) schließt die Beschäftigungslosigkeit nicht aus, wenn die Arbeits- oder Tätigkeitszeit (Arbeitszeit) weniger als 15 Stunden wöchentlich umfasst; gelegentliche Abweichungen von geringer Dauer bleiben unberücksichtigt. [2] Die Arbeitszeiten mehrerer Erwerbstätigkeiten werden zusammengerechnet.

(4) [1] Im Rahmen der Eigenbemühungen hat der Arbeitslose alle Möglichkeiten zur beruflichen Eingliederung zu nutzen. [2] Hierzu gehören insbesondere

1. die Wahrnehmung der Verpflichtungen aus der Eingliederungsvereinbarung,
2. die Mitwirkung bei der Vermittlung durch Dritte und
3. die Inanspruchnahme der Selbstinformationseinrichtungen der Agentur für Arbeit.

(5) Den Vermittlungsbemühungen der Agentur für Arbeit steht zur Verfügung, wer

1. eine versicherungspflichtige, mindestens 15 Stunden wöchentlich umfassende zumutbare Beschäftigung unter den üblichen Bedingungen des für ihn in Betracht kommenden Arbeitsmarktes ausüben kann und darf,
2. Vorschlägen der Agentur für Arbeit zur beruflichen Eingliederung zeit- und ortsnah Folge leisten kann,
3. bereit ist, jede Beschäftigung im Sinne der Nummer 1 anzunehmen und auszuüben und
4. bereit ist, an Maßnahmen zur beruflichen Eingliederung in das Erwerbsleben teilzunehmen.

§ 144 Ruhen bei Sperrzeit

(1) ¹Hat der Arbeitnehmer sich versicherungswidrig verhalten, ohne dafür einen wichtigen Grund zu haben, ruht der Anspruch für die Dauer einer Sperrzeit. ²Versicherungswidriges Verhalten liegt vor, wenn

1. der Arbeitslose das Beschäftigungsverhältnis gelöst oder durch ein arbeitsvertragswidriges Verhalten Anlass für die Lösung des Beschäftigungsverhältnisses gegeben und dadurch vorsätzlich oder grob fahrlässig die Arbeitslosigkeit herbeigeführt hat (Sperrzeit bei Arbeitsaufgabe),
2. der bei der Agentur für Arbeit als arbeitssuchend gemeldete Arbeitnehmer (§ 38 Abs. 1) oder der Arbeitslose trotz Belehrung über die Rechtsfolgen eine von der Agentur für Arbeit unter Benennung des Arbeitgebers und der Art der Tätigkeit angebotene Beschäftigung nicht annimmt oder nicht antritt oder die Anbahnung eines solchen Beschäftigungsverhältnisses, insbesondere das Zustandekommen eines Vorstellungsgespräches, durch sein Verhalten verhindert (Sperrzeit bei Arbeitsablehnung),
3. der Arbeitslose trotz Belehrung über die Rechtsfolgen die von der Agentur für Arbeit geforderten Eigenbemühungen nicht nachweist (Sperrzeit bei unzureichenden Eigenbemühungen),
4. der Arbeitslose sich weigert, trotz Belehrung über die Rechtsfolgen an einer Maßnahme nach § 46 oder einer Maßnahme zur beruflichen Ausbildung oder Weiterbildung oder einer Maßnahme zur Teilhabe am Arbeitsleben teilzunehmen (Sperrzeit bei Ablehnung einer beruflichen Eingliederungsmaßnahme),
5. der Arbeitslose die Teilnahme an einer in Nummer 4 genannten Maßnahme abbricht oder durch maßnahmewidriges Verhalten Anlass für den Ausschluss aus einer dieser Maßnahmen gibt (Sperrzeit bei Abbruch einer beruflichen Eingliederungsmaßnahme),

6. der Arbeitslose einer Aufforderung der Agentur für Arbeit, sich zu melden oder zu einem ärztlichen oder psychologischen Untersuchungstermin zu erscheinen (§ 309), trotz Belehrung über die Rechtsfolgen nicht nachkommt oder nicht nachgekommen ist (Sperrzeit bei Meldeversäumnis),
7. der Arbeitslose seiner Meldepflicht nach § 38 Abs. 1 nicht nachgekommen ist (Sperrzeit bei verspäteter Arbeitsuchendmeldung).
³Beschäftigungen im Sinne des Satzes 2 Nr. 1 und 2 sind auch Arbeitsbeschaffungsmaßnahmen (§ 27 Abs. 3 Nr. 5). ⁴Der Arbeitnehmer hat die für die Beurteilung eines wichtigen Grundes maßgebenden Tatsachen darzulegen und nachzuweisen, wenn diese in seiner Sphäre oder in seinem Verantwortungsbereich liegen.

(2) ¹Die Sperrzeit beginnt mit dem Tag nach dem Ereignis, das die Sperrzeit begründet, oder, wenn dieser Tag in eine Sperrzeit fällt, mit dem Ende dieser Sperrzeit. ²Werden mehrere Sperrzeiten durch dasselbe Ereignis begründet, folgen sie in der Reihenfolge des Absatzes 1 Satz 2 Nr. 1 bis 7 einander nach.

(3) ¹Die Dauer der Sperrzeit bei Arbeitsaufgabe beträgt zwölf Wochen. ²Sie verkürzt sich
1. auf drei Wochen, wenn das Arbeitsverhältnis innerhalb von sechs Wochen nach dem Ereignis, das die Sperrzeit begründet, ohne eine Sperrzeit geendet hätte,
2. auf sechs Wochen, wenn
   a) das Arbeitsverhältnis innerhalb von zwölf Wochen nach dem Ereignis, das die Sperrzeit begründet, ohne eine Sperrzeit geendet hätte oder
   b) eine Sperrzeit von zwölf Wochen für den Arbeitslosen nach den für den Eintritt der Sperrzeit maßgebenden Tatsachen eine besondere Härte bedeuten würde.

(4) ¹Die Dauer der Sperrzeit bei Arbeitsablehnung, bei Ablehnung einer beruflichen Eingliederungsmaßnahme oder bei Abbruch einer beruflichen Eingliederungsmaßnahme beträgt
1. im Falle des erstmaligen versicherungswidrigen Verhaltens dieser Art drei Wochen,
2. im Falle des zweiten versicherungswidrigen Verhaltens dieser Art sechs Wochen,
3. in den übrigen Fällen zwölf Wochen.

²Im Falle der Arbeitsablehnung oder der Ablehnung einer beruflichen Eingliederungsmaßnahme nach der Meldung zur frühzeitigen Arbeitsuche (§ 38 Abs. 1) im Zusammenhang mit der Entstehung des Anspruchs gilt Satz 1 entsprechend.

(5) Die Dauer einer Sperrzeit bei unzureichenden Eigenbemühungen beträgt zwei Wochen.

(6) Die Dauer einer Sperrzeit bei Meldeversäumnis oder bei verspäteter Arbeitsuchendmeldung beträgt eine Woche.

Arbeitslosengeld ist Einkommen in unterhaltsrechtlichem Sinn. Es wird unter folgenden Voraussetzungen gewährt:

I. Arbeitslosmeldung

1   Erste Voraussetzung für den Bezug von Arbeitslosengeld ist die **persönliche Arbeitslosmeldung** (§ 122 SGB III). Erfolgt die Meldung nicht unverzüglich nach Kenntnis des Beendigungsgrundes, d. h. der Kündigung (§ 37 b SGB III), ruht der Anspruch für eine **Sperrzeit** von einer Woche (§ 144 VI SGB III). Sperrzeiten treten ferner ein bei **Arbeitsaufgabe,** Ablehnung eines Arbeitsangebotes oder einer Eingliederungsmaßnahme (3–12 Wochen) oder **unzureichenden Eigenbemühungen** (2 Wochen). Für die Dauer von Sperrzeiten ist das Arbeitslosengeld fiktiv anzurechnen, weil Sperrzeiten auf vorwerfbaren Obliegenheitspflichtverletzungen beruhen.

Bei der Unterhaltsbemessung wird Arbeitslosengeld auch in vollem Umfang angerechnet, wenn es Ersatz für weggefallene Einkünfte aus unzumutbarer Tätigkeit ist (OLG Düsseldorf FamRZ 2002, 99; OLG Stuttgart FamRZ 1996, 415).

II. Arbeitslosigkeit

3   Weitere Voraussetzung für den Bezug von Arbeitslosengeld ist, dass der Anspruchsteller arbeitslos ist (§§ 117 Abs. 1, 119 SGB III). Arbeitslos ist derjenige, der vorübergehend nicht in einem Beschäftigungsverhältnis steht **(Beschäftigungslosigkeit)** und eine versicherungspflichtige Beschäftigung sucht **(Beschäftigungssuche).** Letzteres verlangt, dass der Arbeitslose selbst alle Möglichkeiten nutzt, seine Beschäftigungslosigkeit zu beenden und den Vermittlungsbemühungen des Arbeitsamtes zur Verfügung steht **(Verfügbarkeit).**

III. Anwartschaftszeit

4   Schließlich ist Voraussetzung für den Bezug von Arbeitslosengeld die Erfüllung der **Anwartschaftszeit** (§ 118 Abs. 1 Nr. 3 SGB III). Die Anwartschaft ist erfüllt, wenn der Arbeitslose innerhalb einer Zeit von drei Jahren vor dem ersten Tag der Arbeitslosigkeit **(Rahmenfrist)** mindestens zwölf Monate in einem versicherungspflichtigen Arbeitsverhältnis gestanden hat.

IV. Anspruchsdauer

5   Arbeitslosengeld wird gestaffelt nach der Dauer der vorherigen versicherungspflichtigen Beschäftigung und dem Lebensalter gewährt. Es gelten folgende Werte (§ 127 II SGB III):

nach Versicherungspflichtverhältnissen mit einer Dauer von insgesamt mindestens … Monaten	und nach Vollendung des … Lebensjahres	… Monate
12		6
16		8
20		10
24		12
30	50.	15
36	55.	18
48	58.	24

V. Höhe des Arbeitslosengeldes

Die Höhe der Leistung richtet sich nach 6
- der Lohnsteuerklasse
- dem Vorhandensein eines Kindes im Sinne des Einkommensteuergesetzes
- der Höhe des bisherigen versicherungspflichtigen Arbeitsentgelts
(§ 151 SGB III). Dabei gilt folgende Tabelle zur Einstufung der Lohnsteuerklassen:

Steuerklasse	I/IV	II	III	V	VI
Leistungsgruppe	A	B	C	D	E

Bei der Einkommensermittlung zur Unterhaltsbemessung ist zu berücksichtigen, dass mit dem **Wechsel der Steuerklasse** nach Ablauf des Trennungsjahres von Steuerklasse V zu Steuerklasse I sich auch das Arbeitslosengeld des arbeitslosen Ehegatten erhöht, weil er dann Arbeitslosengeld statt nach Leistungsgruppe D nach Leistungsgruppe A erhält (Münder NJW 1998, 5, 8).

Das Arbeitslosengeld beträgt für Leistungsempfänger mit mindestens einem Kind **67% des pauschalierten Nettoentgelts,** für die übrigen Leistungsempfänger **60%** (§ 129 SGB III). Für die Erhöhung ist es unerheblich, ob e sich um eheliche oder nicht eheliche Kinder handelt (BGH NJW 2007, 2249). Wird der erhöhte Leistungssatz gewährt, weil es sich um ein leibliches Kind des Arbeitslosen handelt, ist das Arbeitslosengeld in voller Höhe auch bei der Bemessung von Ehegattenunterhaltsansprüchen zu berücksichtigen. Denn der Kindesunterhalt wird bei der Berechnung des Ehegattenunterhalts vorab berücksichtigt. Erhält der Arbeitslose den höheren Satz, weil sein zweiter Ehegatte ein Kind in die Ehe eingebracht hat, dem der Arbeitslose nicht unterhaltsverpflichtet ist, ist fiktiv mit einem Arbeitslosengeld in Höhe von 60% zu rechnen. Die Situation ist entsprechend zu behandeln, wie die Berücksichtigung des Splittingvorteils aus einer Zweitehe (Wendl/Dose § 1 Rn. 81).

VI. Nebenbeschäftigung

Während des Bezuges von Arbeitslosengeld ist eine **Nebenbeschäftigung** erlaubt. Sie darf einen zeitlichen Umfang von **15 Stunden wöchentlich** nicht erreichen. Anrechnungsfrei ist ein Hinzuverdienst von **165,00 EUR** (§ 141 SGB III). Zur Ermittlung des anzurechnenden Nettoeinkommens wird der Arbeitsverdienst um Sozialversicherungsabgaben, etwaige Steuern, Fahrtkosten und sonstige berufsbedingte Aufwendungen bereinigt. 7

Einem Unterhaltsberechtigten oder -verpflichteten ist es in aller Regel zumutbar, jedenfalls in diesem geringfügigen Umfang Nebentätigkeiten aufzunehmen, so dass dann, wenn den Unterhaltsberechtigten/-verpflichteten keine **Obliegenheitspflichtverletzung** hinsichtlich seiner Arbeitslosigkeit dem Grunde nach trifft, ihm **fiktiv** ein Betrag in Höhe der Hinzuverdienstgrenzen zugerechnet werden kann, wenn er sich nicht hinreichend um eine derartige geringfügige Nebentätigkeit bemüht (OLG Köln NJW 1998, 3127). Es gilt dann aber einheitlich der Selbstbehaltssatz eines Nichterwerbstätigen (OLG Dresden NJW-RR 2003, 512). 8

VII. Progressionsvorbehalt

9   Arbeitslosengeld ist, wenn daneben in einem Kalenderjahr andere zu versteuernde Einnahmen erzielt werden, bei der Versteuerung durch einen **Progressionsvorbehalt** nach § 32b Abs. 1 Nr. 1, Abs. 2 Nr. 1 EStG zu berücksichtigen. Diese Vorschrift ist verfassungsgemäß (BVerfG NJW 1996, 449). Vorübergehender Bezug von Arbeitslosengeld in einem Kalenderjahr ist deshalb aus den **Anmerkungen des Steuerbescheides** ersichtlich. Dort wird – wie bei anderen Lohnersatzleistungen – der Gesamtbetrag des Jahresbezuges aufgeführt.

Sozialgesetzbuch (SGB) 8. Buch (VIII) Kinder- und Jugendhilfe

§ 23 Förderung in Kindertagespflege

(1) Die Förderung in Kindertagespflege nach Maßgabe von § 24 umfasst die Vermittlung des Kindes zu einer geeigneten Tagespflegeperson, soweit diese nicht von der erziehungsberechtigten Person nachgewiesen wird, deren fachliche Beratung, Begleitung und weitere Qualifizierung sowie die Gewährung einer laufenden Geldleistung.

(2) ¹Die laufende Geldleistung nach Absatz 1 umfasst

1. die Erstattung angemessener Kosten, die der Tagespflegeperson für den Sachaufwand entstehen,
2. einen angemessenen Beitrag zur Anerkennung ihrer Förderungsleistung und
3. die Erstattung nachgewiesener Aufwendungen für Beiträge zu einer Unfallversicherung sowie die hälftige Erstattung nachgewiesener Aufwendungen zu einer angemessenen Alterssicherung der Tagespflegeperson.

²Die Höhe der laufenden Geldleistung wird vom Träger der öffentlichen Jugendhilfe festgelegt, soweit Landesrecht nicht etwas anderes bestimmt. ³Über die Gewährung einer Geldleistung an unterhaltspflichtige Personen entscheidet der Träger der öffentlichen Jugendhilfe nach pflichtgemäßem Ermessen.

(3) ¹Geeignet im Sinne von Absatz 1 sind Personen, die sich durch ihre Persönlichkeit, Sachkompetenz und Kooperationsbereitschaft mit Erziehungsberechtigten und anderen Tagespflegepersonen auszeichnen und über kindgerechte Räumlichkeiten verfügen. ²Sie sollen über vertiefte Kenntnisse hinsichtlich der Anforderungen der Kindertagespflege verfügen, die sie in qualifizierten Lehrgängen erworben oder in anderer Weise nachgewiesen haben.

(4) ¹Erziehungsberechtigte und Tagespflegepersonen haben Anspruch auf Beratung in allen Fragen der Kindertagespflege. ²Für Ausfallzeiten einer Tagespflegeperson ist rechtzeitig eine andere Betreuungsmöglichkeit für das Kind sicherzustellen. ³Zusammenschlüsse von Tagespflegepersonen sollen beraten, unterstützt und gefördert werden.

§ 39 Leistungen zum Unterhalt des Kindes oder des Jugendlichen

(1) ¹Wird Hilfe nach den §§ 32 bis 35 oder nach § 35a Abs. 2 Nr. 2 bis 4 gewährt, so ist auch der notwendige Unterhalt des Kindes oder Jugendlichen außerhalb des Elternhauses sicherzustellen. ²Er umfaßt auch die Kosten der Erziehung.

(2) ¹Der gesamte regelmäßig wiederkehrende Bedarf soll durch laufende Leistungen gedeckt werden. ²Sie umfassen außer im Fall des § 32 und des § 35a Abs. 2 Nr. 2 auch einen angemessenen Barbetrag zur

persönlichen Verfügung des Kindes oder des Jugendlichen. ³Die Höhe des Betrages wird in den Fällen der §§ 34, 35, 35a Abs. 2 Nr. 4 von der nach Landesrecht zuständigen Behörde festgesetzt; die Beträge sollen nach Altersgruppen gestaffelt sein. ⁴Die laufenden Leistungen im Rahmen der Hilfe in Vollzeitpflege (§ 33) oder bei einer geeigneten Pflegeperson (§ 35a Abs. 2 Nr. 3) sind nach den Absätzen 4 bis 6 zu bemessen.

(3) Einmalige Beihilfen oder Zuschüsse können insbesondere zur Erstausstattung einer Pflegestelle, bei wichtigen persönlichen Anlässen sowie für Urlaubs- und Ferienreisen des Kindes oder des Jugendlichen gewährt werden.

(4) ¹Die laufenden Leistungen sollen auf der Grundlage der tatsächlichen Kosten gewährt werden, sofern sie einen angemessenen Umfang nicht übersteigen. ²Die laufenden Leistungen umfassen auch die Erstattung nachgewiesener Aufwendungen für Beiträge zu einer Unfallversicherung sowie die hälftige Erstattung nachgewiesener Aufwendungen zu einer angemessenen Alterssicherung. ³Sie sollen in einem monatlichen Pauschalbetrag gewährt werden, soweit nicht nach der Besonderheit des Einzelfalls abweichende Leistungen geboten sind. ⁴Ist die Pflegeperson unterhaltsverpflichtet, so kann der monatliche Pauschalbetrag angemessen gekürzt werden. ⁵Wird ein Kind oder ein Jugendlicher im Bereich eines anderen Jugendamts untergebracht, so soll sich die Höhe des zu gewährenden Pauschalbetrages nach den Verhältnissen richten, die am Ort der Pflegestelle gelten.

(5) ¹Die Pauschalbeträge für laufende Leistungen zum Unterhalt sollen von den nach Landesrecht zuständigen Behörden festgesetzt werden. ²Dabei ist dem altersbedingt unterschiedlichen Unterhaltsbedarf von Kindern und Jugendlichen durch eine Staffelung der Beträge nach Altersgruppen Rechnung zu tragen. ³Das Nähere regelt Landesrecht.

(6) ¹Wird das Kind oder der Jugendliche im Rahmen des Familienleistungsausgleichs nach § 31 des Einkommensteuergesetzes bei der Pflegeperson berücksichtigt, so ist ein Betrag in Höhe der Hälfte des Betrages, der nach § 66 des Einkommensteuergesetzes für ein erstes Kind zu zahlen ist, auf die laufenden Leistungen anzurechnen. ²Ist das Kind oder der Jugendliche nicht das älteste Kind in der Pflegefamilie, so ermäßigt sich der Anrechnungsbetrag für dieses Kind oder diesen Jugendlichen auf ein Viertel des Betrages, der für ein erstes Kind zu zahlen ist.

(7) Wird ein Kind oder eine Jugendliche während ihres Aufenthaltes in einer Einrichtung oder einer Pflegefamilie selbst Mutter eines Kindes, so ist auch der notwendige Unterhalt dieses Kindes sicherzustellen.

Werden Kinder nicht von ihren leiblichen Eltern sondern einer Pflegeperson im Rahmen einer Maßnahme nach dem SGB VIII betreut, steht dem Kind **Pflege- und Erziehungsgeld** nach den §§ 23 Abs. 3, 39 SGB VIII zu. Soweit diese Leistungen den Betrag übersteigen, der zur Bestreitung des Lebensunterhalts des Pflegekindes benötigt wird, handelt es sich um Einkommen der Pflegeperson (OLGR Hamm 1999, 313). In welchem Umfang in den Leistungen eine

Vergütung für die Pflege selbst enthalten ist, ist, wenn das Landesrecht keine Aufschlüsselung vorsieht, im Wege einer Schätzung zu ermitteln (§§ 113 FamFG; 287, 290 ZPO). Teilweise wird der Betrag als Einkommen angerechnet, der 135% des Regelbedarfs der Düsseldorfer Tabelle in der Fassung bis 31. 12. 2007 übersteigt (OLG Hamm NJW-RR 2006, 796).

Dagegen spricht, dass das Pflegegeld unabhängig vom Einkommen gewährt wird. In der Düsseldorfer Tabelle ist zudem nur ein geringer Mietanteil berücksichtigt. In den unteren Gruppen wird eine teilweise Bedarfsdeckung durch den betreuenden Elternteil unterstellt. Als Faustregel können deshalb richtigerweise $1/3$ **des Pflegegeldes** als Einkommen der Pflegeperson angesetzt werden (Wendl/Dose § 1 Rn 463 a; OLG Karlsruhe FamRZ 2004, 645; OLG Hamm NJW 1997, 1081: hälftige Anrechnung nach Abzug des Mietanteils).

Pflegegeld ist Erwerbseinkommen, so dass es um **berufsbedingte Aufwendungen** und den **Erwerbstätigenbonus** zu bereinigen ist (OLG Braunschweig FamRZ 1996, 1216).

Sozialgesetzbuch (SGB) 11. Buch (XI)
Soziale Pflegeversicherung

§ 13 Verhältnis der Leistungen der Pflegeversicherung zu anderen Sozialleistungen

(1)–(5) ...

(6) ¹Wird Pflegegeld nach § 37 oder eine vergleichbare Geldleistung an eine Pflegeperson (§ 19) weitergeleitet, bleibt dies bei der Ermittlung von Unterhaltsansprüchen und Unterhaltsverpflichtungen der Pflegeperson unberücksichtigt. ²Dies gilt nicht
1. in den Fällen des § 1361 Abs. 3, der §§ 1579, 1603 Abs. 2 und des § 1611 Abs. 1 des Bürgerlichen Gesetzbuchs,
2. für Unterhaltsansprüche der Pflegeperson, wenn von dieser erwartet werden kann, ihren Unterhaltsbedarf ganz oder teilweise durch eigene Einkünfte zu decken und der Pflegebedürftige mit dem Unterhaltspflichtigen nicht in gerader Linie verwandt ist.

§ 19 Begriff der Pflegepersonen

¹Pflegepersonen im Sinne dieses Buches sind Personen, die nicht erwerbsmäßig einen Pflegebedürftigen im Sinne des § 14 in seiner häuslichen Umgebung pflegen. ²Leistungen zur sozialen Sicherung nach § 44 erhält eine Pflegeperson nur dann, wenn sie eine pflegebedürftige Person wenigstens 14 Stunden wöchentlich pflegt.

§ 37 Pflegegeld für selbst beschaffte Pflegehilfen

(1) ¹Pflegebedürftige können anstelle der häuslichen Pflegehilfe ein Pflegegeld beantragen. ²Der Anspruch setzt voraus, daß der Pflegebedürftige mit dem Pflegegeld dessen Umfang entsprechend die erforderliche Grundpflege und hauswirtschaftliche Versorgung in geeigneter Weise selbst sicherstellt. ³Das Pflegegeld beträgt je Kalendermonat:
1. für Pflegebedürftige der Pflegestufe I 205 Euro,
2. für Pflegebedürftige der Pflegestufe II 410 Euro,
3. für Pflegebedürftige der Pflegestufe III 665 Euro.

(2) ¹Besteht der Anspruch nach Absatz 1 nicht für den vollen Kalendermonat, ist der Geldbetrag entsprechend zu kürzen; dabei ist der Kalendermonat mit 30 Tagen anzusetzen. ²Das Pflegegeld wird bis zum Ende des Kalendermonats geleistet, in dem der Pflegebedürftige gestorben ist.

(3)–(6) ...

§ 41 Tagespflege und Nachtpflege

(1) ¹Pflegebedürftige haben Anspruch auf teilstationäre Pflege in Einrichtungen der Tages- oder Nachtpflege, wenn häusliche Pflege nicht in ausreichendem Umfang sichergestellt werden kann oder wenn dies zur

Ergänzung oder Stärkung der häuslichen Pflege erforderlich ist. ²Die teilstationäre Pflege umfaßt auch die notwendige Beförderung des Pflegebedürftigen von der Wohnung zur Einrichtung der Tagespflege oder der Nachtpflege und zurück.

(2) Die Pflegekasse übernimmt die pflegebedingten Aufwendungen der teilstationären Pflege, die Aufwendungen der sozialen Betreuung sowie in der Zeit vom 1. Juli 1996 bis zum 30. Juni 2007 die Aufwendungen für die in der Einrichtung notwendigen Leistungen der medizinischen Behandlungspflege:

1. für Pflegebedürftige der Pflegestufe I im Wert bis zu 384 Euro,

2. für Pflegebedürftige der Pflegestufe II im Wert bis zu 921 Euro,

3. für Pflegebedürftige der Pflegestufe III im Wert bis zu 1432 Euro

je Kalendermonat.

(3) ¹Wird die Leistung nach Absatz 2 neben der Sachleistung nach § 36 in Anspruch genommen, dürfen die Aufwendungen insgesamt je Kalendermonat den in § 36 Abs. 3 und 4 für die jeweilige Pflegestufe vorgesehenen Höchstbetrag nicht übersteigen. ²Wird die Leistung nach Absatz 2 neben dem Pflegegeld nach § 37 in Anspruch genommen, gilt § 38 Satz 2 entsprechend.

§ 43 Inhalt der Leistung

(1) Pflegebedürftige haben Anspruch auf Pflege in vollstationären Einrichtungen, wenn häusliche oder teilstationäre Pflege nicht möglich ist oder wegen der Besonderheit des einzelnen Falles nicht in Betracht kommt.

(2) ¹Für Pflegebedürftige in vollstationären Einrichtungen übernimmt die Pflegekasse im Rahmen der pauschalen Leistungsbeträge nach Satz 2 die pflegebedingten Aufwendungen, die Aufwendungen der sozialen Betreuung und die Aufwendungen für Leistungen der medizinischen Behandlungspflege. ²Der Anspruch beträgt je Kalendermonat

1. für Pflegebedürftige der Pflegestufe I 1023 Euro,

2. für Pflegebedürftige der Pflegestufe II 1279 Euro,

3. für Pflegebedürftige der Pflegestufe III
   a) 1470 Euro ab 1. Juli 2008,
   b) 1510 Euro ab 1. Januar 2010,
   c) 1550 Euro ab 1. Januar 2012,

4. für Pflegebedürftige, die nach Absatz 3 als Härtefall anerkannt sind,
   a) 1750 Euro ab 1. Juli 2008,
   b) 1825 Euro ab 1. Januar 2010,
   c) 1918 Euro ab 1. Januar 2012.

³Der von der Pflegekasse einschließlich einer Dynamisierung nach § 30 zu übernehmende Betrag darf 75 vom Hundert des Gesamtbetrages aus Pflegesatz, Entgelt für Unterkunft und Verpflegung und gesondert berechenbaren Investitionskosten nach § 82 Abs. 3 und 4 nicht übersteigen.

(3) ...

SGB XI §§ 13ff.

Die gesetzliche Pflegeversicherung erbringt an **pflegebedürftige Personen** (§ 14 SGB XI) Leistungen bei häuslicher Pflege, teil- oder vollstationärer Pflege. Der Pflegebedürftige erhält, um sich selbst die nötige häusliche Pflege beschaffen zu können, nach Pflegestufe I 215,00 EUR, nach Pflegstufe II 420,00 EUR und nach Pflegestufe III 675,00 EUR (§ 37 Abs. 1 Satz 3 SGB XI). Auf Seiten des Pflegebedürftigen greift hinsichtlich dieser Leistungen die **Vermutung des § 1610a BGB**. Auf Seiten des Pflegebedürftigen ist das Pflegegeld kein Einkommen (OLG Koblenz FamRZ 2005, 1482).

Beschäftigt der Pflegebedürftige auf arbeitsvertraglicher Basis eine fremde **Pflegeperson**, sind auf Seiten dieser Pflegeperson gezahlte Beträge grundsätzlich ebenfalls kein unterhaltsrelevantes Einkommen, wenn der Pflegebedürftige mit der Pflegeperson in gerader Linie verwandt ist (**Privilegierung der Betreuung** des gemeinsamen behinderten Kindes oder der Eltern des Unterhaltspflichtigen: OLG Koblenz FamRZ 2000, 826). Deshalb ist das Pflegegeld nach § 13 Abs. 2 SGB XI kein Einkommen der Mutter, die ihr Kind pflegt (BGH NJW 2006, 2182; OLGR Saarbrücken 2004, 192).

Das gilt nicht, wenn der Unterhaltsberechtigte teilzeittätig ist, ihn aber eine **Ganztagsobliegenheit** trifft (OLG Hamm NJW 1996, 3016 für die Zeit vor Einfügung des § 13 Abs. 6 SGB XI). Pflegegeld ist allerdings nach § 13 Abs. 3 SGB XI immer dann als Einkommen zu berücksichtigen, wenn der Unterhaltsanspruch **grundsätzlich verwirkt** ist (§§ 1361 Abs. 3, 1579 und 1611 Abs. 1 BGB) oder wenn die Pflegeperson einem minderjährigen Kind **gesteigert unterhaltsverpflichtet** ist (§ 1603 Abs. II BGB; OLG Köln FamRZ 2008, 1276).

Sozialgesetzbuch (SGB) 12. Buch (XII)
Sozialhilfe

§ 41 Leistungsberechtigte

(1) Zur Sicherung des Lebensunterhaltes im Alter und bei dauerhafter Erwerbsminderung können Personen mit gewöhnlichem Aufenthalt im Inland, die

1. das 65. Lebensjahr vollendet haben oder
2. das 18. Lebensjahr vollendet haben, unabhängig von der jeweiligen Arbeitsmarktlage voll erwerbsgemindert im Sinne des § 43 Abs. 2 des Sechsten Buches sind und bei denen unwahrscheinlich ist, dass die volle Erwerbsminderung behoben werden kann,

auf Antrag die Leistungen der Grundsicherung im Alter und bei Erwerbsminderung nach diesem Kapitel erhalten.

(2) Anspruch auf Leistungen haben Leistungsberechtigte nach Absatz 1, soweit sie ihren Lebensunterhalt nicht aus ihrem Einkommen und Vermögen gemäß §§ 82 bis 84 und 90 beschaffen können.

(3) Keinen Anspruch auf Leistungen nach diesem Kapitel haben Personen, die in den letzten zehn Jahren ihre Bedürftigkeit vorsätzlich oder grob fahrlässig herbeigeführt haben.

§ 42 Umfang der Leistungen

[1] Die Leistungen der Grundsicherung im Alter und bei Erwerbsminderung umfassen:

1. den für den Leistungsberechtigten maßgebenden Regelsatz nach § 28,
2. die angemessenen tatsächlichen Aufwendungen für Unterkunft und Heizung entsprechend § 29, bei Leistungen in einer stationären oder teilstationären Einrichtung sind als Kosten für Unterkunft und Heizung Beträge in Höhe der durchschnittlichen angemessenen tatsächlichen Aufwendungen für die Warmmiete eines Einpersonenhaushalts im Bereich des nach § 98 zuständigen Trägers der Sozialhilfe zu Grunde zu legen,
3. die Mehrbedarfe entsprechend § 30 sowie die einmaligen Bedarfe entsprechend § 31,
4. die Übernahme von Kranken- und Pflegeversicherungsbeiträgen entsprechend § 32,
5. Hilfe zum Lebensunterhalt in Sonderfällen nach § 34.

[2] Reichen die Leistungen nach Satz 1 nicht aus, um diesen Bedarf des Leistungsberechtigten zu decken, können weitere Leistungen als ergänzende Darlehen entsprechend § 37 erbracht werden.

SGB XII §§ 41–43 3. Teil. Nebenbestimmungen

§ 43 Besonderheiten bei Vermögenseinsatz und Unterhaltsansprüchen

(1) Einkommen und Vermögen des nicht getrennt lebenden Ehegatten oder Lebenspartners sowie des Partners einer eheähnlichen Gemeinschaft, die dessen notwendigen Lebensunterhalt nach diesem Buch übersteigen, sind nach den §§ 19 und 20 Satz 1 zu berücksichtigen; § 36 Satz 1 ist nicht anzuwenden.

(2) ¹Unterhaltsansprüche der Leistungsberechtigten gegenüber ihren Kindern und Eltern bleiben unberücksichtigt, sofern deren jährliches Gesamteinkommen im Sinne des § 16 des Vierten Buches unter einem Betrag von 100 000 Euro liegt. ²Es wird vermutet, dass das Einkommen der Unterhaltspflichtigen nach Satz 1 die dort genannte Grenze nicht überschreitet. ³Zur Widerlegung der Vermutung nach Satz 2 kann der zuständige Träger der Sozialhilfe von den Leistungsberechtigten Angaben verlangen, die Rückschlüsse auf die Einkommensverhältnisse der Unterhaltspflichtigen nach Satz 1 zulassen. ⁴Liegen im Einzelfall hinreichende Anhaltspunkte für ein Überschreiten der in Satz 1 genannten Einkommensgrenze vor, sind die Kinder oder Eltern der Leistungsberechtigten gegenüber dem Träger der Sozialhilfe verpflichtet, über ihre Einkommensverhältnisse Auskunft zu geben, soweit die Durchführung dieses Buches es erfordert. ⁵Die Pflicht zur Auskunft umfasst die Verpflichtung, auf Verlangen des Trägers der Sozialhilfe Beweisurkunden vorzulegen oder ihrer Vorlage zuzustimmen. ⁶Leistungsberechtigte haben keinen Anspruch auf Leistungen der bedarfsorientierten Grundsicherung, wenn die nach Satz 2 geltende Vermutung nach Satz 4 und 5 widerlegt ist.

I. Zweck

1   Die Grundsicherung im Alter und bei Erwerbsminderung (§§ 41 ff., früher Grundsicherungsgesetz) soll **Altersarmut** vermeiden. Sie soll älteren Menschen zugute kommen, die bestehende Sozialhilfeansprüche wegen der **Furcht vor dem Unterhaltsrückgriff** auf ihre Kinder nicht geltend machen. Auch bei Älteren und Volljährigen, die aus medizinischen Gründen unabhängig von der jeweiligen Arbeitsmarktlage dauerhaft **voll erwerbsgemindert** sind, soll die Grundsicherung einen Verzicht auf den Unterhaltsrückgriff gegenüber Kindern und Eltern und damit einen leichteren Zugang zu den Leistungen bewirken.

II. Voraussetzungen (§ 41)

2   **Anspruchsvoraussetzungen** nach § 41 sind
– der gewöhnliche Aufenthalt in Deutschland (§ 30 Abs. 3 SGB I)
– die Vollendung des **65. Lebensjahres** (§ 41 Abs. 1 Nr. 1) bzw. das Erreichen der geburtsjahrgangsabhängigen Altersgrenze bei den ab 1947 Geborenen.
– Vollendung des **18. Lebensjahres** und **volle Erwerbsminderung** im Sinne des § 43 Abs. 2 SGB VI (unbefristeter Bezug einer Rente wegen voller Erwerbsminderung oder Vorliegen der medizinischen Voraussetzungen für eine derartige Rente bei Fehlen der versicherungsrechtlichen Voraussetzungen; § 41 Abs. 1 Nr. 2).

Keinen Anspruch haben diejenigen, die ihre Bedürftigkeit in den letzten zehn Jahren vorsätzlich oder grob fahrlässig herbeigeführt haben (§ 41 Abs. 3).

Leistungsberechtigte **§§ 41–43 SGB XII**

Die Anspruchsberechtigten müssen außerstande sein, ihren Lebensunterhalt 3
aus eigenem Einkommen oder Vermögen zu bestreiten (§ 41 Abs. 2). Insoweit
gelten die §§ 82 bis 84 und 90 SGB XII entsprechend. Verlangt wird vor allen
Dingen der **Einsatz von Einkommen und Vermögen** des nicht getrenntlebenden Ehegatten oder des Partners einer eheähnlichen Lebensgemeinschaft
(**Bedarfsgemeinschaft** nach § 20 SGB XII).

III. Leistungsumfang (§ 42)

Der Lebensunterhalt nach dem Grundsicherungsgesetz umfasst nach § 42 Abs. 1: 4
1. Den für die antragsberechtigte Person maßgeblichen **Sozialhilferegelsatz** gemäß § 28 SGB XII (ab 1. 7. 2009 = 359,00 EUR); der frühere pauschale Zuschlag von 15% für die Abgeltung einmaliger Leistungen nach dem Bundessozialhilfegesetz entfällt, nachdem die Ansprüche auf derartige einmalige Leistungen durch eine Erhöhung des Regelsatzes ersetzt worden sind.
2. Die angemessenen und tatsächlichen Aufwendungen für die **Unterkunft und Heizung,** bei voll stationärer Unterbringung sind als Kosten für Unterkunft und Heizung Beträge in Höhe der durchschnittlichen angemessenen tatsächlichen Aufwendungen für die Warmmiete eines Ein-Personen-Haushaltes im Bereich der nach § 98 SGB XII zuständigen Behörde zugrunde zu legen.
3. Mehrbedarf in den Fällen des §§ 30, 31 SGB XII, d. h. z. B. für **Gehbehinderte** und die verbliebenen einmaligen Leistungen u. a. für die Erstausstattung einer Wohnung.
4. die Übernahme von **Kranken- und Pflegeversicherungsbeiträgen** entsprechend § 32 SGB XII.
5. **Schuldübernahme** in den in § 34 SGB XII geregelten Fällen.

1. Regelsatz

Grundsätzlich maßgeblich ist der **Regelsatz für Haushaltsvorstände,** der 5
auch für Alleinlebende gilt. Bei voll stationärer Unterbringung gelten nach dem
SGB XII die Regelsätze nicht. In derartigen Fällen wird im Rahmen der Grundsicherung, weil es wegen des Verweises auf § 28 SGB XII an einer eindeutigen
Festlegung fehlt, diskutiert, ob statt des Regelsatzes für einen Haushaltsvorstand
der Regelsatz für einen Haushaltsangehörigen (80% des Regelsatzes für einen
Haushaltsvorstand) zugrunde gelegt werden kann. Da allerdings auch bei einer
voll **stationären Unterbringung** Kosten der allgemeinen Haushaltsführung
anfallen, wie z. B. der Bezug von Tageszeitungen und ähnliches, ist richtiger
weise auch in diesen Fällen der Regelsatz für einen Alleinstehenden anzusetzen.

Nach § 35 SGB XII erhält der voll stationär Untergebrachte einen **Barbetrag zur persönlichen Verfügung.** Nach den Regeln der Grundsicherung gibt es
diesen Barbetrag nicht. Auch das spricht dafür, bei voll stationärer Unterbringung
den Regelsatz eines Allein stehenden anzusetzen.

2. Unterkunft und Heizung

Die Grundsicherung umfasst die angemessenen tatsächlichen **Aufwendungen** 6
für die Unterkunft und Heizung. Bei dem Bewohnen eines Eigenheims oder
einer Eigentumswohnung umfassen die Kosten der Unterkunft die zu zahlenden
Zinsen, Steuern und Gebühren sowie die Kosten für notwendige Reparaturen

SGB XII §§ 41–43   3. Teil. Nebenbestimmungen

und Instandhaltungsarbeiten. **Tilgungsbeträge** für Darlehn als Leistungen zur Vermögensbildung sind nicht zu berücksichtigen (BVerwGE 41, 23).

7 Maßstab der Angemessenheit ist in der Praxis die Anwendung der Tabellen des Wohngeldgesetzes und, wo vorhanden, ein **Mietspiegel.** Abzustellen ist immer auf die örtlichen Verhältnisse im Bereich der zuständigen Behörde. Maßgeblich sind nur **tatsächliche Kosten.** Lebt der Anspruchsberechtigte mietfrei bei einem Angehörigen, sind keine Unterkunftskosten zu berücksichtigen. Wohngeld wird in diesem Zusammenhang nicht angerechnet. Übersteigt der tatsächliche Aufwand die angemessenen Kosten, wird nach § 29 Abs. 2 SGB XII eine monatliche **Pauschale in Höhe des angemessenen Aufwandes** gezahlt.

8 Bei **stationärer Unterbringung** sind bei den Kosten für Unterkunft und Heizung Beträge in Höhe der durchschnittlichen angemessenen tatsächlichen Aufwendungen für die Warmmiete eines Ein-Personen-Haushaltes im Bereich der zuständigen Behörde zugrunde zu legen.

3. Kranken- und Pflegeversicherung

9 Unzweifelhaft zu übernehmen sind die Kranken- und Pflegeversicherungsbeiträge der **gesetzlichen Krankenversicherung.** Bei Bestehen einer freiwilligen Krankenversicherung können diese Beträge übernommen werden (§ 42 Nr. 4 i. V. mit § 32 Abs. 2 SGB XII). Voraussetzung ist, dass die Beiträge angemessen sind. Freiwillige Beiträge zu gesetzlichen Krankenkassen dürften stets als angemessen anzusehen sein. Bei **privaten Krankenversicherungen** ist die Angemessenheit unter Berücksichtigung der Höhe der Beiträge und des Leistungsumfanges zu prüfen. Zu übernehmen sind die Beiträge jedenfalls dann, wenn damit das gleiche Risiko abgedeckt wird, welches die gesetzliche Krankenversicherung erfasst.

IV. Verhältnis zu Unterhaltsansprüchen (§ 43 Abs. 2)

1. Privilegierte Unterhaltsansprüche

10 Das Verhältnis zu Unterhaltsansprüchen richtet sich nach § 43 Abs. 2. Danach werden **privilegierte** und **nicht privilegierte Ansprüche** unterschieden. Nachrangig sind Unterhaltsansprüche gegen Kinder, Eltern und gemäß § 94 Abs. 1 Satz 3 und 4 SGB XII entferntere Verwandte. Kinder sind dann nicht mehr privilegiert, wenn ihr jährliches Gesamteinkommen im Sinne des § 16 SGB IV über 100 000,00 EUR liegt. Dass das Einkommen diese Größenordnung unterschreitet, wird gesetzlich aber durch die Behörde **widerlegbar vermutet** (§ 43 Abs. 2 Satz 2). Bei hinreichenden Anhaltspunkten für ein höheres Einkommen kann die Behörde den gesetzlich Unterhaltspflichtigen zur Auskunft auffordern (§ 43 Abs. 2 Satz 3 und 4). Leistet der nachrangig Unterhaltsverpflichtete aufgrund eines Titels Unterhalt, ist der Betrag bei der Berechnung der Grundsicherung als Einkommen zu berücksichtigen (BGH NJW-RR 2007, 1513; a. A. OLGR Saarbrücken 2005, 88).

2. Nicht privilegierte Unterhaltsansprüche

11 **Nicht privilegiert** sind Unterhaltsansprüche gegen getrennt lebende oder geschiedene Ehegatten (§§ 1361, 1570 ff. BGB) und zusammen-, getrenntlebende oder Partner einer aufgehobenen Lebenspartnerschaft (§§ 5, 12, 16 LPartG). Gegenüber diesen Ansprüchen ist die Grundsicherung eine **subsidiäre Sozialleistung.** Vorrangig sind die Unterhaltsansprüche auch dann, wenn ihr Bestehen und

Leistungsberechtigte **§§ 41–43 SGB XII**

die Höhe noch nicht abschließend geklärt sind oder ihre Durchsetzung zweifelhaft ist. Allerdings besteht ein Anspruch auf Leistungen der Grundsicherung, wenn **Unterhaltsansprüche** gegen den geschiedenen Ehegatten **nicht realisierbar sind** (VG Karlsruhe BeckRS 2005, 24999). Wird Unterhalt, von wem auch immer, geleistet, auch wenn kein Anspruch besteht, ist dieser tatsächlich geleistete Unterhalt als Einkommen anzurechnen (BGH NJW-RR 2007, 1513).

3. Sozialrechtliche Vergleichsberechnung

Der Rückgriff auf einen Unterhaltsverpflichteten darf allerdings nie dazu führen, dass dieser selbst sozialhilfebedürftig wird. Das ergibt sich aus dem Verweis auf die §§ 19, 20 S. 1 SGB XII. Deshalb ist in diesen Fällen immer eine **sozialrechtliche Vergleichsberechnung** vorzunehmen (Grube/Wahrendorf § 43 Rn 5). Dabei ist eine individuelle Betrachtung notwendig. Der notwendige Bedarf kann – etwa bei Heimunterbringung des pflichtigen Ehegatten – über den sozialhilferechtlichen Regelsätzen liegen (OVG Lüneburg FEVS 56, 322). 12

4. Kein gesetzlicher Forderungsübergang

Bezieht der Unterhaltsberechtigte **während des Unterhaltsverfahrens** bereits **Leistungen zur Grundsicherung**, sind diese gegenüber nicht privilegierten Unterhaltsansprüchen **nicht bedarfsdeckend** anzusetzen. Zwar sehen die §§ 41 ff. keinen gesetzlichen Forderungsübergang vor. Es besteht allerdings ein Rückforderungsanspruch des Trägers der Grundsicherung gegen den Unterhaltsberechtigten (OLG Zweibrücken NJW-RR 2003, 1299). 13

5. Auswirkungen auf Unterhaltsverpflichtete

Die Auswirkungen der Inanspruchnahme der Grundsicherung ergeben sich anhand folgenden Beispiels nach Klinkhammer FamRZ 2002, 997: 14

Die 70jährige O ist verwitwet. Sie hat einen Bedarf von 730,00 EUR, wohnt in einer Mietwohnung (Wohnungskosten: 300,00 EUR) und bezieht eine Rente von 400,00 EUR. Tochter T ist allein stehend und bezieht ein bereinigtes Einkommen von 2100,00 EUR.

a) Unterhaltsberechnung ohne Grundsicherung:

Bedarf der O	730,00 EUR
abzüglich Rente	400,00 EUR
ungedeckter Bedarf	330,00 EUR
Leistungsfähigkeit der T	
Einkommen	2100,00 EUR
abzüglich Selbstbehalt	1400,00 EUR
Leistungsfähigkeit	700,00 EUR
Unterhaltsanspruch	330,00 EUR

b) Unterhaltsberechnung mit Grundsicherung:

Ungedeckter Bedarf (s. o.)		330,00 EUR
Grundsicherung Regelsatz nach § 28 SGB XII	359,00 EUR	
Kosten Unterkunft/Heizung	300,00 EUR	
Summe der Grundsicherung	659,00 EUR	
abzüglich Rente	400,00 EUR	
abzüglich zu leistende Grundsicherung	259,00 EUR	259,00 EUR
Unterhaltsanspruch		71,00 EUR.

Poppen

SGB XII § 90

§ 90 Einzusetzendes Vermögen

(1) Einzusetzen ist das gesamte verwertbare Vermögen.

(2) Die Sozialhilfe darf nicht abhängig gemacht werden vom Einsatz oder von der Verwertung

1. eines Vermögens, das aus öffentlichen Mitteln zum Aufbau oder zur Sicherung einer Lebensgrundlage oder zur Gründung eines Hausstandes erbracht wird,
2. eines Kapitals einschließlich seiner Erträge, das der zusätzlichen Altersvorsorge im Sinne des § 10a oder des Abschnitts XI des Einkommensteuergesetzes dient und dessen Ansammlung staatlich gefördert wurde,
3. eines sonstigen Vermögens, solange es nachweislich zur baldigen Beschaffung oder Erhaltung eines Hausgrundstücks im Sinne der Nummer 8 bestimmt ist, soweit dieses Wohnzwecken behinderter (§ 53 Abs. 1 Satz 1 und § 72) oder pflegebedürftiger Menschen (§ 61) dient oder dienen soll und dieser Zweck durch den Einsatz oder die Verwertung des Vermögens gefährdet würde,
4. eines angemessenen Hausrats; dabei sind die bisherigen Lebensverhältnisse der nachfragenden Person zu berücksichtigen,
5. von Gegenständen, die zur Aufnahme oder Fortsetzung der Berufsausbildung oder der Erwerbstätigkeit unentbehrlich sind,
6. von Familien- und Erbstücken, deren Veräußerung für die nachfragende Person oder ihre Familie eine besondere Härte bedeuten würde,
7. von Gegenständen, die zur Befriedigung geistiger, insbesondere wissenschaftlicher oder künstlerischer Bedürfnisse dienen und deren Besitz nicht Luxus ist,
8. eines angemessenen Hausgrundstücks, das von der nachfragenden Person oder einer anderen in den § 19 Abs. 1 bis 3 genannten Person allein oder zusammen mit Angehörigen ganz oder teilweise bewohnt wird und nach ihrem Tod von ihren Angehörigen bewohnt werden soll. Die Angemessenheit bestimmt sich nach der Zahl der Bewohner, dem Wohnbedarf (zum Beispiel behinderter, blinder oder pflegebedürftiger Menschen), der Grundstücksgröße, der Hausgröße, dem Zuschnitt und der Ausstattung des Wohngebäudes sowie dem Wert des Grundstücks einschließlich des Wohngebäudes,
9. kleinerer Barbeträge oder sonstiger Geldwerte; dabei ist eine besondere Notlage der nachfragenden Person zu berücksichtigen.

(3) ¹Die Sozialhilfe darf ferner nicht vom Einsatz oder von der Verwertung eines Vermögens abhängig gemacht werden, soweit dies für den, der das Vermögen einzusetzen hat, und für seine unterhaltsberechtigten Angehörigen eine Härte bedeuten würde. ²Dies ist bei der Leistung nach dem Fünften bis Neunten Kapitel insbesondere der Fall, soweit eine angemessene Lebensführung oder die Aufrechterhaltung einer angemessenen Alterssicherung wesentlich erschwert würde.

Einzusetzendes Vermögen **§ 90 SGB XII**

I. Allgemeines

§ 90, der ab 1. 1. 2005 an die Stelle des § 88 BSHG getreten ist, regelt die Frage, 1
in welchem Umfang ein Sozialhilfeempfänger **vorhandenes Vermögen** verwerten muss, um seinen **sozialhilferechtlichen Bedarf** aus eigenen Mitteln zu erbringen. Vergleichbare Regelungen enthalten für das Einkommen die §§ 82 ff. SGB XII (früher §§ 76 ff. BSHG). Da die Vorschriften von wenigen Änderungen abgesehen identisch sind, kann die zu § 88 BSHG ergangene Rechtsprechung und Kommentierung auch zur Auslegung des § 90 herangezogen werden.

Im Unterhaltsrecht gewinnt § 90 vor allem im Rahmen des **Übergangs von Unterhaltsansprüchen** auf den Sozialhilfeträger (§ 94 SGB XII) Bedeutung, da gem. § 94 Abs. 3 Nr. 1 SGB XII ein solcher Übergang nur erfolgt, soweit der Unterhaltspflichtige nach sozialhilferechtlichen Maßstäben Einkommen und Vermögen einzusetzen verpflichtet ist bzw. die unterhaltspflichtige Person selbst leistungsberechtigt würde.

II. Verwertbares Vermögen (§ 90 Abs. 1)

1. Vermögen

Vermögen ist der Inbegriff der in **Geld oder Geldeswert** errechenbaren Gü- 2
ter im Eigentum einer Person. Darunter fallen in erster Linie das bürgerlichrechtliche Eigentum sowie sonstige vermögenswerte Rechte, ggf. auch der bloße Besitz an beweglichen und unbeweglichen Sachen. Des weiteren zählen zum Vermögen auch die Inhaberschaft von Forderungen und sonstigen vermögenswerten Rechten, wie etwa Geschäftsanteile oder Urheberrechte. Auch der Rückkaufwert einer **Lebensversicherung** und erhaltene **Schmerzensgeldleistungen** sind Vermögen (BVerwG NJW 1998, 1879 und BVerwG NJW 1995, 3001; Schmerzensgeld erst nach dem Tode des Zahlungsempfängers: BVerwG BeckRS 2005, 27883).

Zu Vermögen wird auch **Einkommen** gerechnet, das nicht verbraucht sondern 3
angespart wird. Unerheblich ist, ob es als Einkommen unverwertbar war (aus Sozialhilfeleistungen angespartes **Vermögen**). War das Einkommen, aus dem das Vermögen herrührt, nicht verwertbar, ist jedoch an eine Anwendung der Härteklausel des § 90 Abs. 3 zu denken (BVerwG NJW 1998, 397).

Erfolgen im Prüfungszeitraum **Nachzahlungen** auf ansonsten als Einkommen 4
anzusehende Ansprüche, sind diese Nachzahlungen kein Vermögen. Sie ersetzen kein zuvor vorhandenes Vermögen, sondern dem Berechtigten fließt erstmals eine Leistung in Geld oder Geldeswert zu (BVerwG NJW 1999, 3137 für eine Kindergeldnachzahlung und BVerwG NJW 1999, 3649 für eine Steuererstattung).

Eine **Erbschaft** ist kein einzusetzendes Vermögen, wenn dem Erblasserwillen 5
zu entnehmen ist, dass der Nachlass nicht für die Bestreitung der allgemeinen Unterbringungskosten eines im Heim lebenden Behinderten verwendet werden soll **(Behindertentestament).** Der Wille des Erblassers ist in diesen Fällen bindend (BGH NJW-RR 2005, 369; OVG Saarland MittBayNot 2007, 65).

2. Verwertbarkeit

Verwertbar ist ein Vermögensgegenstand, wenn durch seine wirtschaftliche 6
Nutzung der Notlage abgeholfen oder sie gemildert wird. Daraus folgt, dass es

gerade zum **Zeitpunkt des Bedarfs** zur Verfügung stehen muss. Eine nur früher mögliche Verwertbarkeit ist unerheblich, weitgehend auch eine spätere Verwertbarkeit (Ausnahme § 91 SGB XII). **Verwertbarkeit** ist nicht gleichbedeutend mit Veräußerlichkeit. In Betracht kommen auch andere Formen wirtschaftlicher Nutzung, wie die Verpfändung oder die Bestellung eines Grundpfandrechts.

7 Der Verwertbarkeit können rechtliche oder wirtschaftliche Gründe entgegenstehen. Erkennbar **vorübergehende Hindernisse** reichen nicht aus, wie aus § 91 SGB XII folgt, der für diesen Fall vorsieht, dass Sozialhilfe in Form eines **Darlehens** gewährt werden kann. Ein rechtliches Verwertungshindernis liegt vor bei einer dauerhaften Verfügungsbeschränkung, aber auch bei nach §§ 811, 812 ZPO unpfändbaren Gegenständen. Ein wirtschaftliches Verwertungshindernis ist anzunehmen, wenn die Verwertung **wirtschaftlich sinnlos** wäre, eine Veräußerung etwa weit unter Wert erfolgen müsste. In vertretbarem Rahmen werden dem Hilfesuchenden Wertverluste zugemutet, etwa beim Verkauf von Aktien zum Zeitpunkt des Eintritts der Sozialhilfebedürftigkeit (Grube/Wahrendorf § 90 Rn 14).

8 Bei der Frage der Verwertbarkeit bleiben mit dem Vermögen verbundene **Verbindlichkeiten** grundsätzlich außer Betracht. Vermögen wird nicht durch eine Saldierung von Aktiva und Passiva ermittelt. Es gilt das **Bruttoprinzip** (Grube/Wahrendorf § 90 Rn 11). Etwas anderes gilt nur, soweit Verbindlichkeiten zwingend vorrangig vor der Bedarfsdeckung aus dem Erlös befriedigt werden müssen und deshalb der Vermögensgegenstand nicht zur Bedarfsdeckung zur Verfügung steht.

III. Schonvermögen (§ 90 Abs. 2)

9 Der Grundsatz des § 90 Abs. 1 wird durch § 90 Abs. 2 deutlich eingeschränkt. Dieser enthält einen Katalog von Vermögensgegenständen, die zwar begrifflich zum verwertbaren Vermögen rechnen, von deren Verwertung die Gewährung von Sozialhilfe aber nicht abhängig gemacht werden kann, deren Verwertung der Sozialhilfeträger also nicht verlangen darf (sog. **Schonvermögen**).

1. Vermögen aus bestimmten öffentlichen Mitteln (Nr. 1)

10 § 90 Abs. 2 Nr. 1 schützt Vermögen, das aus **öffentlichen Mitteln** zum Aufbau oder zur Sicherung der Lebensgrundlage oder zur Gründung eines Hausstandes gewährt wurde, ohne dass es auf den Rechtsgrund der Leistung ankäme.

2. Altersvorsorgevermögen (Nr. 2)

11 Der durch das Altersvermögensgesetz vom 29. 6. 2001 (BGBl. I S. 1310) neu eingefügte frühere § 88 Abs. 2 Nr. 1a BSHG und jetzige § 90 Abs. 2 Nr. 2 erklärt zur zusätzlichen Alterworsorge (§ 10a EStG bzw. Abschnitt XI EStG) mit staatlicher Förderung angesammeltes Vermögen zum Schonvermögen **(Riester-Rente).** Andere zur Altersvorsorge angesparten Beträge, etwa **Lebensversicherungen,** sind grundsätzlich zu verwerten, wenn nicht die **Härtefallregelung** des § 90 Abs. 3 eingreift. Bei dem Rückgriff auf die Kinder im Rahmen des Elternunterhalts ist schon zivilrechtlich eine Summe von 5% des Bruttoeinkommens pro Jahr als angemessene Altersvorsorge zu berücksichtigen (BGH NJW 2006, 3344).

3. Vermögen zur Beschaffung oder Erhaltung eines Hausgrundstücks (Nr. 3)

Die Vorschrift bewirkt unter **engen Voraussetzungen** eine **Vorverlagerung** 12
des Schutzes eines angemessenen Hausgrundstückes (§ 90 Abs. 2 Nr. 8) bereits auf Vermögen, dass zur Beschaffung oder Erhaltung eines solchen Grundstücks bestimmt ist. Erforderlich ist, dass das zu beschaffende Grundstück **Wohnzwecken** Behinderter, Blinder oder Pflegebedürftiger dienen soll. Das Vermögen muss zudem zur **baldigen Verwendung** bestimmt sein. Diese Voraussetzung darf nicht zu eng ausgelegt werden, es kann sich durchaus um einen Zeitraum von mehreren Monaten handeln, der etwa für die Suche nach einem geeigneten Objekt genutzt werden kann (OLG Karlsruhe FamRZ 2003, 715). Für den **Nachweis** von Verwendungszweck und nahem Bevorstehen der Verwendung reicht die Glaubhaftmachung nicht aus, vielmehr müssen sie dem Sozialhilfeträger bewiesen werden, etwa durch Vorlage von Bauplänen oder Finanzierungszusagen.

4. Hausrat (Nr. 4)

Geschützt ist auch der **angemessene Hausrat** des Hilfesuchenden. Bei Ermitt- 13
lung der Angemessenheit sind aufgrund ausdrücklicher gesetzlicher Regelung die bisherigen Lebensverhältnisse des Hilfesuchenden zu berücksichtigen, nicht die Stellung eines Sozialhilfeempfängers. Hausrat können aber nur Gegenstände sein, die zur Haushaltsführung und zum Wohnen notwendig oder üblich sind. Nicht zum Hausrat zählen **Kraftfahrzeuge** und typischerweise **Antiquitäten.**

5. Gegenstände zur Berufsausübung (Nr. 5)

Nach dieser Norm zählen Gegenstände, die zur Aufnahme oder Fortsetzung 14
der Berufsausbildung oder der Erwerbstätigkeit unentbehrlich sind, zum Schonvermögen. **Unentbehrlichkeit** ist nur anzunehmen, wenn ohne den Gegenstand eine Aufnahme oder Fortführung der Erwerbstätigkeit nicht möglich ist. Nicht ausreichend ist, dass die Gegenstände die Berufstätigkeit erleichtern oder sonst zu Berufszwecken nützlich sind. Das gilt etwa in vielen Fällen für das zu Fahrten zum Arbeitsplatz genutzte **Kfz,** wenn auch andere Verkehrsmittel zur Verfügung stehen (Grube/Wahrendorf § 90 Rn 24).

6. Familien- und Erbstücke (Nr. 6)

Durch den Schutz von Familien- und Erbstücken nimmt der Gesetzgeber 15
Rücksicht auf deren gesteigerten **ideellen Wert,** der häufig den Verkehrswert übersteigt. Da ein umfassender Schutz dieser Gegenstände den Zugriff auf vorhandenes Vermögen jedoch zu weitgehend einschränken würde, zählen sie nur dann zum Schonvermögen, wenn die Verwertung eine **besondere Härte** darstellen würde. Geschützt sind danach typischerweise **persönlicher Schmuck und Erinnerungsstücke,** Bilder und Möbel. Geld oder Forderungen, aber auch Grundstücke fallen nicht darunter.

7. Gegenstände zur Befriedigung geistiger oder künstlerischer Bedürfnisse (Nr. 7)

Geschützt sind auch Gegenstände zur Befriedigung geistiger oder künstleri- 16
scher Bedürfnisse, soweit ihr Besitz nicht Luxus ist. Um **Luxusgegenstände**

handelt es sich, wenn ein grobes Missverhältnis zwischen dem Wert des Gegenstandes und Lebensweise und -situation besteht und die Gegenstände nach Art, Qualität und Anzahl das bei vergleichbaren Bevölkerungsgruppen Übliche weit übertrifft.

8. Angemessenes Hausgrundstück (Nr. 8)

17 a) **Hausgrundstück.** Die Regelung ist von erheblicher praktischer Bedeutung gerade auch in Fällen der Inanspruchnahme Unterhaltspflichtiger durch den Sozialhilfeträger. Sie entzieht ein vom Hilfesuchenden bewohntes angemessenes Hausgrundstück der Verwertungspflicht.

Der Begriff des Hausgrundstücks geht weiter als der **bürgerlich-rechtliche Grundstücksbegriff.** Insbesondere sind neben dem Grundstückseigentum auch Eigentumswohnungen unter den Begriff des Hausgrundstücks zu fassen, nicht aber ein dem Hilfeempfänger gehörendes **Mehrfamilienhaus** (Grube/Wahrendorf § 90 Rn 30).

18 b) **Angemessenheit.** Satz 2 bestimmt die Kriterien, nach denen die Angemessenheit zu beurteilen ist. Der Gesetzgeber hat durch diesen Katalog die schon zuvor vom BVerwG vertretene **Kombinationstheorie** festgeschrieben (Grube/Wahrendorf § 90 Rn 28). Maßgeblich sind die **Zahl der Bewohner** und deren Wohnbedarf, der bei den im Gesetz hervorgehobenen Personen gesteigert sein kann. Des Weiteren sind die **Grundstücks- und die Hausgröße** zu berücksichtigen. Übersteigt die Grundstücksgröße den angemessenen Rahmen, so kann die selbständige wirtschaftliche Verwertung eines Grundstücksteils verlangt werden, soweit diese möglich ist (OVG Münster NVwZ-RR 1994, 503). Als Grenzwert der Wohnfläche wird eine Fläche von **130 qm für eine vierköpfige Familie** angenommen. Wird die Wohnfläche von weniger Personen genutzt, vermindert sich der Grenzwert in der Regel um je 20 qm pro Person (OVG Lüneburg NJW 1995, 3202). Schließlich sind Zuschnitt und Ausstattung des Wohngebäudes sowie der **Wert** von Grundstück und Wohngebäude zu berücksichtigen (BSG SozR 4-4200 § 12 Nr. 10 = 90 m^2 für 2 Personen). Der Wert eines Grundstücks ist angemessen, wenn der Verkehrswert im unteren Bereich des Vermögenswertes vergleichbarer Grundstücke am gleichen Wohnort liegt.

19 c) **Wohnzweck.** Der Hilfesuchende muss dass Hausgrundstück allein oder mit seinen Angehörigen bewohnen, was bei längerfristiger Aufnahme in einem **Alten- oder Pflegeheim** nicht mehr der Fall ist. Der Kreis der **Angehörigen** umfasst über die Mitglieder der Bedarfsgemeinschaft (§§ 19, 20 SGB XII) hinaus sämtliche Personen, mit denen der Hilfeempfänger verwandt oder verschwägert ist.

9. Kleinere Barbeträge (Nr. 9)

20 Zum Schonvermögen zählen auch kleinere Barbeträge und Geldwerte. Zu letzteren zählen etwa angelegte vermögenswirksame Leistungen, Sparguthaben, Wertpapiere, aber auch Prämiensparverträge und Lebensversicherungen, soweit sie die **Wertgrenze für die kleinen Barbeträge** nicht übersteigen.

Die **Höhe** des geschützten Vermögens richtet sich nach der aktuellen Fassung (BGBl. I 2003 S. 3060) der Verordnung zur Durchführung des § 88 Abs. 2 Nr. 8 BSHG vom 11. 2. 1988 (BGBl. I S. 150); Zusammenstellung nach Grube/Wahrendorf § 90 Rn 40:

Einzusetzendes Vermögen § 90 SGB XII

Wenn die Sozialhilfe vom Vermögen der nachstehenden Personen abhängt	Bei der Hilfe zum Lebensunterhalt allgemein	Zum Lebensunterhalt bei der über 60jährigen und voll Erwerbsgehinderten sowie 5–9 Kapitel	Bei der Blindenhilfe und dem Pflegegeld für Schwerstbehinderte	
			Allgem.	Wenn beide Ehegatten oder Elternteile blind oder behindert sind
1	EUR 2	EUR 3	EUR 4	EUR 5
a) des Nachfragenden allein Grundbetrag	1600	2600	2600	
für jede Person, die vom Nachfragenden überwiegend unterhalten wird	je 256	je 256	je 256	–
b) des Nachfragenden und seinem nicht getrenntlebenden Eheg. oder Lebensp. Grundbetrag	1600	2600	2600	2600
Ehegatte/ Lebensp.	614	614	614	1534
für jede Person, die Hilfesuchenden oder seinem Ehegatten/ Lebensp. überwiegend unterhalten wird	je 256	je 256	je 256	je 256
c) eines minderjähr. Nachfragenden und seine Eltern Grundbetrag	1600	2600	2600	2600
ein Elternteil	614	614	614	1534
Nachfragende Person	256	256	256	256
Für jede Person, die von den Eltern oder dem Nachfragenden unterhalten wird	je 256	je 256	je 256	je 256
d) eines minderjähr. unverheirateten Nachfragenden und des Elternteils, bei dem er lebt				

SGB XII § 90

IV. Härtefallregelung (§ 90 Abs. 3)

1. Allgemeines

21 Die Vorschrift enthält eine allgemeine Härtefallregelung, die nur zur Anwendung gelangt, wenn der betreffende Vermögensgegenstand nicht oder nicht vollständig zum Schonvermögen zählt. Diese Regelung soll unangemessene Ergebnisse vermeiden, die sich in **atypischen Einzelfällen** ergeben könnten.

2. § 90 Abs. 3 Satz 1

22 Nach § 90 Abs. 3 Satz 1 können Einsatz oder Verwertung des Vermögens nicht verlangt werden, wenn das für den Betroffenen oder seine unterhaltsberechtigten Angehörigen eine Härte bedeuten würde. Bei dem Begriff der Härte handelt es sich um einen **unbestimmten Rechtsbegriff,** dessen Ausfüllung durch die Behörden der vollen Nachprüfung durch die Gerichte unterliegt. Ob eine Härte vorliegt, richtet sich nach den Umständen des Einzelfalls.

23 Eine Härte liegt in der Regel vor, wenn die Verwertung von **Schmerzensgeld** verlangt würde (BVerwG NJW 1995, 3001; OLG Jena FamRZ 2005, 1199). Eine Härte kann auch vorliegen bei Vermögen, das zur Finanzierung der eigenen **Grabpflege** angespart wurde (BSG ZEV 2008, 539). Auf Rentennachzahlungen ist nur ein Zugriff in dem Umfang möglich, in dem die laufenden Renten bei sofortiger Zahlung an den Sozialhilfeträger zu zahlen gewesen wären (OLG Zweibrücken FGPrax 2007, 232).

24 Dagegen bedeuten die Verwertung eines **Bausparvertrages** oder einer **Lebensversicherung** regelmäßig keine Härte, auch wenn sie mit dem Verlust der bislang angesparten Bausparprämie verbunden ist bzw. der Rückkaufwert erheblich hinter den bisherigen Prämienzahlungen zurückbleibt. Keine Härte begründet es, dass der Rückkaufwert einer Lebensversicherung um mehr als die Hälfte hinter den Beitragszahlungen zurückbleibt (OVG Mecklenburg-Vorpommern NVwZ-RR 2005, 420). Anderes gilt, wenn die Lebensversicherung nachweislich zur Sicherung einer **angemessenen Altersversorgung** erforderlich ist (BVerwG NJW 1998, 1879). Auch die Verwertung eines nicht durch § 90 Abs. 2 Nr. 8 geschützten Hausgrundstücks oder eines PKW stellt allenfalls in Ausnahmefällen eine Härte dar.

3. § 90 Absatz 3 Satz 2

25 Für die **Hilfe in besonderen Lebenslagen** konkretisiert diese Vorschrift den Begriff der Härte dahingehend, dass eine solche vorliegt, wenn durch die Verwertung des Vermögens eine angemessene Lebensführung oder die Aufrechterhaltung einer angemessenen Alterssicherung wesentlich erschwert würde. Das ist nur dann anzunehmen, wenn durch die Verwertung des Vermögens diesbezüglich eine **ungerechtfertigte Verschlechterung** eintreten würde (Grube/Wahrendorf § 90 Rn 42). Auch diese Regelung ist nur in atypischen Konstellationen anwendbar, denn Lebensführung und Altersversorgung werden regelmäßig nicht aus dem Vermögen, sondern aus davon unabhängigen Quellen finanziert. Grundsätzlich sind daher Lebensversicherungen zu verwerten, insbesondere dann, wenn noch eine jahrelange weitere Verpflichtung zur Beitragszahlung besteht.

§ 90 Abs. 3 Satz 2 würde missverstanden, zöge man daraus den Umkehrschluss, dass die genannten Gesichtspunkte bei der **Hilfe zum Lebensunterhalt**

Übergang von Ansprüchen § 93 SGB XII

nicht heranzuziehen wären. Er streicht vielmehr nur heraus, dass ihnen bei der Hilfe in besonderen Lebenslagen besondere Bedeutung zukommt.

§ 93 Übergang von Ansprüchen

(1) ¹Hat eine leistungsberechtigte Person oder haben bei Gewährung von Hilfen nach dem Fünften bis Neunten Kapitel auch ihre Eltern, ihr nicht getrennt lebender Ehegatte oder ihr Lebenspartner für die Zeit, für die Leistungen erbracht werden, einen Anspruch gegen einen anderen, der kein Leistungsträger im Sinne des § 12 des Ersten Buches ist, kann der Träger der Sozialhilfe durch schriftliche Anzeige an den anderen bewirken, dass dieser Anspruch bis zur Höhe seiner Aufwendungen auf ihn übergeht. ²Er kann den Übergang dieses Anspruchs auch wegen seiner Aufwendungen für diejenige Hilfe zum Lebensunterhalt bewirken, die er gleichzeitig mit den Leistungen für die in Satz 1 genannte leistungsberechtigte Person, deren nicht getrennt lebenden Ehegatten oder Lebenspartner und deren minderjährigen unverheirateten Kindern erbringt. ³Der Übergang des Anspruchs darf nur insoweit bewirkt werden, als bei rechtzeitiger Leistung des anderen entweder die Leistung nicht erbracht worden wäre oder in den Fällen des § 19 Abs. 5 und des § 92 Abs. 1 Aufwendungsersatz oder ein Kostenbeitrag zu leisten wäre. ⁴Der Übergang ist nicht dadurch ausgeschlossen, dass der Anspruch nicht übertragen, verpfändet oder gepfändet werden kann.

(2) ¹Die schriftliche Anzeige bewirkt den Übergang des Anspruchs für die Zeit, für die der leistungsberechtigten Person die Leistung ohne Unterbrechung erbracht wird. ²Als Unterbrechung gilt ein Zeitraum von mehr als zwei Monaten.

(3) Widerspruch und Anfechtungsklage gegen den Verwaltungsakt, der den Übergang des Anspruchs bewirkt, haben keine aufschiebende Wirkung.

(4) Die §§ 115 und 116 des Zehnten Buches gehen der Regelung des Absatzes 1 vor.

I. Allgemeines

Übergehen können nach § 93 (bis 31. 12. 2004: § 90 BSHG) Rechtsansprü- 1
che des Sozialhilfeempfängers, seiner Eltern oder seines nicht getrennt lebenden Ehegatten gegen jeglichen Dritten. Die **Ansprüche** müssen **auf gesetzlicher oder vertraglicher Grundlage** auf Geldleistung oder geldeswerte Leistungen gerichtet sein. Unerheblich ist, ob es sich um Ansprüche auf einmalige oder laufende Leistungen handelt.

II. Übergehende Ansprüche

1. Vertragliche Rechte

Vorrangig gegenüber § 93 ist der gesetzliche Forderungsübergang nach § 94. 2
Unterhaltsansprüche nach bürgerlichem Recht fallen daher nicht unter diese Vorschrift. Übergehen können Ansprüche auf **Naturalleistungen** wie Wohnungsgewährung sowie Hege und Pflege, wenn sie in Geldleistungen um-

gewandelt worden sind. Daraus folgt, dass die Ansprüche aus einem **Wohnungsrecht** grundsätzlich nicht nach § 93 übergeleitet werden können. Ein Wohnungsrecht im Sinne von § 1093 BGB ist persönlich auszuüben und bei fehlender Gestattung zur Vermietung der Räume nicht auf eine Geldleistung gerichtet (OLG Braunschweig FamRZ 1997, 27). Bei **dauerndem Aufenthalt in einem Pflegeheim** wandelt sich das Wohnrecht regelmäßig nicht in einen Geldanspruch um (BGH NJW 2009, 1348).

3 Überleitungsfähig sind ferner z.B. vertragliche **Leibrentenansprüche**. Ist eine wirksame Überleitung erfolgt, steht dem Sozialhilfeträger auch die vertraglich eingeräumte Befugnis der Anpassung der Leibrente im Fall einer Steigerung des Lebenshaltungskostenindex zu (BGH NJW 1995, 2790). Der Sozialhilfeempfänger kann auch Pflichtteilsansprüche überleiten und gegen den Willen des Pflichtteilsberechtigten geltend machen (BGH NJW-RR 2005, 369; vgl. aber § 90 SGB XII Rn 5).

2. Rückforderungsansprüche nach § 528 BGB

4 Einer der Hauptanwendungsbereiche des § 93 ist die Überleitung von **Rückforderungsansprüchen** des Sozialhilfeempfängers nach **§ 528 BGB**. Derartige Ansprüche sind auch noch nach dem Tod des Schenkers überleitbar, obwohl der Anspruch nur unter den Beschränkungen des § 852 II ZPO pfändbar ist (BGH NJW 1995, 2287). Für das Vorliegen der **Anspruchsvoraussetzungen** des § 528 BGB kommt es im Fall der Überleitung auf den Zeitpunkt der Überleitung, nicht auf den Zeitpunkt der letzten mündlichen Verhandlung in einem über die Wirksamkeit geführten Zivilrechtsverfahren an (BGH NJW 2003, 2449). Nicht als Schenkung anzusehen ist eine lang andauernde unentgeltliche Wohnungsüberlassung durch den Sozialhilfeempfänger an einen Dritten. Mithin besteht kein überleitungsfähiger Anspruch auf nachträgliche Vergütung (OLG Hamm NJW-RR 1996, 717). Der Sozialhilfeträger genießt in Verfahren, in denen er übergeleitete Ansprüche nach § 528 BGB vor den Zivilgerichten geltend macht, **Gerichtskostenfreiheit** (OLG Düsseldorf NJW-RR 1999, 1669).

III. Gleichzeitigkeit der Ansprüche

5 Überleitungsfähig sind nur Ansprüche, die für dieselbe Zeit bestehen, für die Sozialhilfe gewährt wurde oder wird **(Gleichzeitigkeitsprinzip)**. Das Prinzip ist gewahrt, wenn Ansprüche übergeleitet werden, die schon vor der Leistung von Sozialhilfe fällig geworden, im Zeitpunkt der Überleitung allerdings noch nicht erfüllt worden sind (BVerwG NJW 2000, 601). Erforderlich ist allerdings, dass die Sozialhilfe deshalb gewährt wird oder wurde, weil die Erfüllung des übergeleiteten Anspruchs die Gewährung von Sozialhilfe entbehrlich gemacht hätte (BVerwG NJW 1990, 3288).

IV. Überleitung

1. Ermessensausübung

6 Ob der Sozialhilfeträger und ggf. in welchem Umfang er den Übergang bewirkt, steht in seinem pflichtgemäßen Ermessen. Die Ermessensausübung ist im Streitfall nur **beschränkt** nach § 114 VwGO **verwaltungsgerichtlich überprüfbar**.

Übergang von Ansprüchen § 94 SGB XII

2. Überleitungsanzeige

a) Inhalt. Bewirkt wird die Überleitung durch eine schriftliche Anzeige des 7
Sozialhilfeträgers an den Schuldner des überzuleitenden Anspruchs. Die Überleitungsanzeige ist eine **empfangsbedürftige Willenserklärung,** die erst mit Zugang beim Schuldner wirksam wird (§ 130 Abs. 1 BGB). Der Sozialhilfeträger sollte die Anzeige daher gegen einen den Anforderungen der Verwaltungszustellungsgesetze entsprechenden Nachweis übermitteln. Die Überleitungsanzeige ist ein **Verwaltungsakt** im Sinne der §§ 31 ff. SGB X. Sie muss daher den Bestimmtheitsgeboten des § 33 Abs. 1 SGB X genügen. Wichtig ist die **genaue Bezeichnung** des Hilfeempfängers, des Schuldners, des Zeitraums der Sozialhilfegewährung sowie die eindeutige Erklärung, dass der Sozialhilfeträger den genau bezeichneten Anspruch des Hilfeempfängers bis zur Höhe der jeweiligen Aufwendungen des Sozialhilfeträgers überleitet. Ziffernmäßig bezeichnet werden muss weder der Umfang des Übergangs noch die Höhe der Sozialhilfeleistung (BVerwGE 42, 148).

b) Verfahrensfragen. Vor Erlass der Anzeige sind der Hilfeempfänger, der 8
Unterhaltsverpflichtete oder sonstige Dritte nach § 24 SGB X **anzuhören.**
Die Überleitungsanzeige ist **isoliert anfechtbar** (§ 93 Abs. 3). Eine derartige Anfechtung führt allerdings allenfalls zu einer Verzögerung der Sachentscheidung. Die Rechtmäßigkeit der Überleitungsanzeige kann in Zweifelsfällen auch als Vorfrage im Rahmen der Geltendmachung des übergeleiteten Anspruchs gerichtlich überprüft werden. Im Wege der Anfechtung der Überleitungsanzeige wird nur die **fehlerfreie Ermessensbetätigung** überprüft, nicht dagegen Bestehen oder Überleitungsfähigkeit des übergeleiteten Anspruchs.

c) Wirkung. Mit Zugang der Anzeige beim Schuldner geht der übergeleitete 9
Anspruch auf den Sozialhilfeträger über. Der Umfang des Überganges richtet sich nach den Vorschriften des BGB über den **gesetzlichen Forderungsübergang** (§§ 412, 399 bis 304, 406 bis 410 BGB) mit den Einschränkungen aus § 93 Abs. 4.
Der Übergang des übergeleiteten Anspruchs gilt nur für die Zeit, für die dem 10
Hilfeempfänger **Sozialhilfe ohne Unterbrechung** gewährt wird (§ 93 Abs. 2). Dauert die Unterbrechung über den dort genannten Zeitraum an, bedarf es einer neuen Anzeige. Die Anzeige bewirkt im Übrigen einen **Anspruchsübergang auch für die Vergangenheit** rückwirkend auf den Beginn der Sozialhilfeleistung. Bei wiederholten Überleitungsanzeigen führt dies zu einem Übergang der Ansprüche jeweils ab Beginn der Unterhaltsleistungen nach der vorherigen Unterbrechung.

§ 94 Übergang von Ansprüchen gegen einen nach bürgerlichem Recht Unterhaltspflichtigen

(1) ¹Hat die leistungsberechtigte Person für die Zeit, für die Leistungen erbracht werden, nach bürgerlichem Recht einen Unterhaltsanspruch, geht dieser bis zur Höhe der geleisteten Aufwendungen zusammen mit dem unterhaltsrechtlichen Auskunftsanspruch auf den Träger der Sozialhilfe über. ²Der Übergang des Anspruchs ist ausgeschlossen, soweit der Unterhaltsanspruch durch laufende Zahlung erfüllt wird. ³Der Übergang des Anspruchs ist auch ausgeschlossen, wenn die unterhaltspflichtige Person zum Personenkreis des § 19 gehört oder die unterhalts-

SGB XII § 94

pflichtige Person mit der leistungsberechtigten Person vom zweiten Grad an verwandt ist; der Übergang des Anspruchs des Leistungsberechtigten nach dem Vierten Kapitel gegenüber Eltern und Kindern ist ausgeschlossen. ⁴ Gleiches gilt für Unterhaltsansprüche gegen Verwandte ersten Grades einer Person, die schwanger ist oder ihr leibliches Kind bis zur Vollendung seines sechsten Lebensjahres betreut. ⁵ § 93 Abs. 4 gilt entsprechend. ⁶ Für Leistungsempfänger nach dem Dritten Kapitel gilt für den Übergang des Anspruchs § 105 Abs. 2 entsprechend.

(2) ¹ Der Anspruch einer volljährigen unterhaltsberechtigten Person, die behindert im Sinne von § 53 oder pflegebedürftig im Sinne von § 61 ist, gegenüber ihren Eltern wegen Leistungen nach dem Sechsten und Siebten Kapitel geht nur in Höhe von bis zu 26 Euro, wegen Leistungen nach dem Dritten Kapitel nur in Höhe von bis zu 20 Euro monatlich über. ² Es wird vermutet, dass der Anspruch in Höhe der genannten Beträge übergeht und mehrere Unterhaltspflichtige zu gleichen Teilen haften; die Vermutung kann widerlegt werden. ³ Die in Satz 1 genannten Beträge verändern sich zum gleichen Zeitpunkt und um denselben Vomhundertsatz, um den sich das Kindergeld verändert.

(3) ¹ Ansprüche nach Absatz 1 und 2 gehen nicht über, soweit

1. die unterhaltspflichtige Person Leistungsberechtigte nach dem Dritten Kapitel ist oder bei Erfüllung des Anspruchs würde oder

2. der Übergang des Anspruchs eine unbillige Härte bedeuten würde.

² Der Träger der Sozialhilfe hat die Einschränkung des Übergangs nach Satz 1 zu berücksichtigen, wenn er von ihren Voraussetzungen durch vorgelegte Nachweise oder auf andere Weise Kenntnis hat.

(4) ¹ Für die Vergangenheit kann der Träger der Sozialhilfe den übergegangenen Unterhalt außer unter den Voraussetzungen des bürgerlichen Rechts nur von der Zeit an fordern, zu welcher er dem Unterhaltspflichtigen die Erbringung der Leistung schriftlich mitgeteilt hat. ² Wenn die Leistung voraussichtlich auf längere Zeit erbracht werden muss, kann der Träger der Sozialhilfe bis zur Höhe der bisherigen monatlichen Aufwendungen auch auf künftige Leistungen klagen.

(5) ¹ Der Träger der Sozialhilfe kann den auf ihn übergegangenen Unterhaltsanspruch im Einvernehmen mit der leistungsberechtigten Person auf diesen zur gerichtlichen Geltendmachung rückübertragen und sich den geltend gemachten Unterhaltsanspruch abtreten lassen. ² Kosten, mit denen die leistungsberechtigte Person dadurch selbst belastet wird, sind zu übernehmen. ³ Über die Ansprüche nach den Absätzen 1 bis 4 ist im Zivilrechtsweg zu entscheiden.

Inhaltsübersicht

	Rn
I. Allgemeines	1
II. Verhältnis zu anderen Vorschriften	2
1. § 93 SGB XII	2
2. § 7 UVG	3
3. §§ 115, 116 SGB X	6

Übergang von Ansprüchen § 94 SGB XII

	Rn
III. Tatsächliche Erbringung von Sozialhilfeleistungen	7
1. Grundsatz	7
2. Ausnahmen	8
3. Rechtmäßigkeit	9
4. Höhe	10
5. Teilweiser Übergang	11
IV. Unterhaltsanspruch	12
1. Erfasste Unterhaltsansprüche	12
2. Beschränkung des Kreises der Unterhaltspflichtigen	13
3. Bestehen eines Unterhaltsanspruches	17
4. Gleichzeitigkeit	27
V. Sozialhilferechtliche Vergleichsberechnung	28
1. Grundsatz	28
2. Bezieher von Arbeitslosengeld II	29
3. Grundsicherungsberechtigte	30
VI. Härtefallregelungen	31
1. Allgemeine Härteklausel	32
2. § 94 Abs. 2 SGB XII	36
VII. Rechtsfolgen	38
1. Übergang des Unterhaltsanspruchs	38
2. Übergang des Auskunftsanspruchs	40
3. Auswirkung des nicht erfolgenden Überganges auf den Unterhaltsanspruch	42
4. Rechtswahrungsanzeige	43
VIII. Unterhalt für die Vergangenheit und zukünftige Ansprüche	44
1. § 94 Abs. 4 Satz 1	44
2. § 94 Abs. 4 Satz 2	45
IX. Rückübertragung	46
1. § 94 Abs. 5 Satz 1	46
2. § 94 Abs. 5 Satz 2	51
X. Rechtsweg	55

I. Allgemeines

§ 94 (bis 31. 12. 2004: § 91 BSHG) normiert einen kraft Gesetzes eintretenden Übergang von Unterhaltsansprüchen des Hilfeempfängers auf den Sozialhilfeträger, der in einer Notlage Leistungen erbracht hat **(cessio legis)**. Das ermöglicht dem Sozialhilfeträger einen gegenüber der allgemeinen Regelung des § 93 erleichterten Rückgriff auf den Unterhaltspflichtigen. Auf diesem Weg wird der **Nachrang der Sozialhilfe** gegenüber Unterhaltsansprüchen (§ 2 Abs. 1 SGB XII) wiederhergestellt. 1

Voraussetzung eines Anspruchsübergangs ist damit zunächst das Bestehen eines **Unterhaltsanspruchs** nach bürgerlichem Recht. Darüber hinaus macht § 94 den Übergang von einer Reihe sozialhilferechtlicher Voraussetzungen abhängig, die ihn in vielen Fällen einschränken oder ausschließen. Bei der Anwendung des § 94 müssen diese beiden Ebenen immer berücksichtigt werden.

II. Verhältnis zu anderen Vorschriften

1. § 93 SGB XII

2   § 94 verdrängt als **Spezialregelung** für Unterhaltsansprüche die allgemeine Überleitungsvorschrift des § 93. Er regelt das Schicksal der ihm unterfallenden Unterhaltsansprüche abschließend. Das gilt unabhängig davon, ob die sonstigen Voraussetzungen des § 94 vorliegen, bereits dann, wenn es sich bei dem betreffenden Anspruch um einen **grundsätzlich § 94 Abs. 1 Satz 3 unterfallenden Unterhaltsanspruch** handelt. So kann der Sozialhilfeträger etwa Unterhaltsansprüche gegen Verwandte zweiten Grades nicht nach § 93 SGB XII überleiten, weil diese in § 94 Abs. 1 Satz 3 erfasst und von dem Anspruchsübergang nach § 94 ausgenommen sind.

2. § 7 UVG

3   Dagegen wird § 94 von der **spezielleren Regelung** des § 7 UVG verdrängt. Sind für ein minderjähriges Kind Unterhaltsvorschussleistungen erbracht worden, richtet sich der Rückgriff auf den Unterhaltsschuldner allein nach § 7 UVG. Leistungen nach dem Unterhaltsvorschussgesetz sind vorrangige andere Sozialleistungen im Sinne von § 2 Abs. 2 Satz 1 SGB XII. Da die Leistungen nach dem Unterhaltsvorschussgesetz der Höhe nach in aller Regel hinter den Leistungen nach dem SGB XII zurückbleiben, kommt es zu einem **gestuften Forderungsübergang**. In Höhe der Leistungen nach dem UVG gehen die Ansprüche auf das Land über, in Höhe der überschießenden Sozialhilfe auf den Träger der Sozialhilfe (Wendl/Scholz § 8 Rn 277). Kann der Unterhaltsverpflichtete nur teilweise seinen Verpflichtungen nachkommen, geht der Anspruchsübergang auf das Land vor (OLG Düsseldorf NJW-RR 1996, 452).

4   Folgen Leistungen nach dem Unterhaltsvorschussgesetz und dem SGB XII zeitlich nacheinander, richtet sich der Anspruchsübergang nach dem **Prioritätsprinzip**. Leistet, wie in der Regel, der Sozialhilfeträger während der Bearbeitungsdauer des Antrages nach dem Unterhaltsvorschussgesetz Sozialhilfe in voller Höhe des Bedarfs, geht der Anspruch für diesen Zeitraum insgesamt auf ihn über. Erst nach Aufnahme der Leistungen nach dem Unterhaltsvorschussgesetz kommt es zu dem oben dargestellten gestuften Anspruchsübergang.

5   Nach der Rechtsprechung des Bundesgerichtshofes ist im Rahmen des § 7 UVG § 94 Abs. 3 Satz 1 Nr. 1 nicht analog anwendbar (BGH NJW-RR 2001, 1061). Deshalb kann im Rahmen des UVG auch ein Unterhaltsanspruch auf **fiktiver Grundlage** übergehen (OLG Brandenburg 6. 12. 2007 9 UF 38/07). Der Grundsatz, dass niemand wegen der Erfüllung einer Unterhaltspflicht selbst sozial hilfebedürftig werden soll, ist nach der Auffassung des Bundesgerichtshofes durch die **zivilrechtlichen Selbstbehaltssätze** hinreichend gewahrt. Diese Auffassung ist falsch; richtigerweise muss sich der in § 94 Abs. 3 Satz 1 Nr. 1 normierte Grundsatz auch im Rahmen des § 7 UVG durchsetzen. Die Vorschrift ist daher analog anwendbar (Wendl/Scholz § 8 Rn 271; OLG Oldenburg FamRZ 2002, 275, 276).

3. §§ 115, 116 SGB X

6   Eine Konkurrenz zu dem Anspruchsübergang nach den §§ 115, 116 SGB X besteht nicht. § 94 gilt nur für **gesetzliche Unterhaltsansprüche**. Er bezieht

Übergang von Ansprüchen § 94 SGB XII

sich nicht auf Erstattungs- und Ersatzansprüche gegen Dritte aus schädigenden Ereignissen (Münder NJW 2001, 2201 Fn 4).

III. Tatsächliche Erbringung von Sozialhilfeleistungen (§ 94 Abs. 1 Satz 1)

1. Grundsatz

Grundvoraussetzung eines Anspruchsübergangs ist, dass der Sozialhilfeträger 7 tatsächlich Sozialhilfeleistungen erbracht hat. § 94 spricht allgemein von der Gewährung von Hilfe bzw. Leistungen und gilt damit grundsätzlich für beide Grundformen der Sozialhilfe, also sowohl für die **Hilfe zum Lebensunterhalt** als auch für die **Hilfe in besonderen Lebenslagen**.

2. Ausnahmen

Ein Übergang von Unterhaltsansprüchen tritt allgemein dann nicht ein, wenn 8 Sozialhilfe und Unterhaltsanspruch nicht den **gleichen Bedarf** betreffen, die Sozialhilfe also keine unterhaltsersetzende Funktion erfüllt. Das ist der Fall, wenn die gewährte Leistung nicht als Unterhalt beansprucht werden könnte. Bei der Hilfe zum Lebensunterhalt betrifft das vornehmlich die Übernahme **rückständiger Mietschulden**, § 34 SGB XII.

3. Rechtmäßigkeit

Die umstrittene Frage, ob die **Rechtmäßigkeit der Sozialhilfeleistung** 9 Voraussetzung des Anspruchsübergangs ist, ist zu bejahen. Anderenfalls würden die finanziellen Folgen von Fehlern des Sozialhilfeträgers dem Unterhaltsschuldner aufgebürdet, ohne dass dieser die Möglichkeit hätte, sich dagegen zur Wehr zu setzen (Münder NJW 2001, 2201, 2202). Dieses Problem wird in der Praxis allerdings selten relevant. Bei **fehlender Bedürftigkeit** als dem wichtigsten Fall unrechtmäßiger Sozialhilfegewährung besteht in der Regel auch kein zivilrechtlicher Unterhaltsanspruch, so dass spätestens daran ein Anspruchsübergang scheitert (Grube/Wahrendorf § 94 Rn 12).

4. Höhe

Die Höhe der erbrachten Aufwendungen stellt zugleich die **Obergrenze** des 10 Anspruchsübergangs dar. Das gilt auch innerhalb einer Bedarfsgemeinschaft i. S. d. §§ 19, 20 SGB XII. Maßgeblich sind jeweils die dem einzelnen Hilfeempfänger erbrachten Aufwendungen. Die **Bedarfsgemeinschaft** dient nur dazu, die Leistungsfähigkeit des gemeinsamen Haushaltes von Eheleuten bzw. Eltern und ihren nicht von ihnen getrennt lebenden Kindern zu ermitteln. Die Hilfegewährung erfolgt nicht an die Bedarfsgemeinschaft, sondern an ihre einzelnen Mitglieder. Bei der Hilfegewährung an mehrere Mitglieder einer Bedarfsgemeinschaft müssen die auf die einzelnen Personen entfallenden Beträge **aufgeschlüsselt** werden (Grube/Wahrendorf § 94 Rn 13). Das gilt insbesondere für die **Unterkunftskosten.** Verbleibende Unklarheiten hinsichtlich der Höhe der dem Unterhaltsgläubiger gewährten Sozialhilfe gehen bei der Geltendmachung des Unterhaltsanspruchs zu Lasten des Sozialhilfeträgers, was eine (teilweise) Antragsabweisung zur Folge haben kann (ausführlich Scholz FamRZ 2004, 751, 755).

5. Teilweiser Übergang

11 Übersteigt der übergangsfähige Unterhaltsanspruch die erbrachten Sozialhilfeleistungen, geht er nur in Höhe der Hilfeleistung auf den Sozialhilfeträger über. Der **überschießende Teil** verbleibt bei dem Hilfeempfänger, der nicht gehindert ist, ihn gerichtlich geltend zu machen. In derartigen Fällen empfiehlt sich eine enge Abstimmung des Vorgehens mit dem Sozialhilfeempfänger mit einer **Rückabtretung** gem. § 94 Abs. 5 zur einheitlichen Geltendmachung.

IV. Unterhaltsanspruch

1. Erfasste Unterhaltsansprüche

12 § 94 findet auf alle **gesetzlichen Unterhaltsansprüche** Anwendung, die dem Hilfeempfänger zustehen unabhängig davon, ob sie auf Verwandtschaft einschließlich nichtehelicher Vaterschaft oder auf Eheschließung bzw. Lebenspartnerschaft beruhen. **Vertragliche Unterhaltsansprüche** fallen dann unter die Vorschrift, wenn sie eine Ausformung der gesetzlichen Unterhaltspflicht sind (Deutscher Verein für öffentliche und private Fürsorge FamRZ 2005, 1387, 1390 Rn 51). Wird vertraglich ein Unterhaltsanspruch unabhängig von gesetzlichen Regelungen begründet, wie z. B. bei einem **Altenteilsvertrag**, richtet sich der Rückgriff des Sozialhilfeträgers nach § 93 SGB XII; es bedarf einer Überleitungsanzeige. Nicht mit über geht der Anspruch auf **Zinsen** für rückständige Unterhaltsbeträge (OLG Hamm FamRZ 2002, 983). Im Gesetz heißt es ausdrücklich „gesetzliche Unterhaltsansprüche", so dass der Verzugsschaden nicht davon erfasst ist.

2. Beschränkung des Kreises der Unterhaltspflichtigen (§ 94 Abs. 1 Satz 3)

13 a) **Bedarfsgemeinschaft.** Eine wesentliche Einschränkung des Anspruchsübergangs nach § 94 Abs. 1 Satz 1 ergibt sich, wie § 94 Abs. 1 Satz 3 ausdrücklich klarstellt, aus der sozialhilferechtlichen Anknüpfung an die Bedarfs- bzw. Einsatzgemeinschaft (§§ 19, 20 SGB XII). Unterhaltsansprüche gegen Mitglieder der Bedarfsgemeinschaft gehen nicht auf den Sozialhilfeträger über. Hintergrund dieser Regelung ist, dass innerhalb der Bedarfsgemeinschaft Einkommen und Vermögen der ihr zuzurechnenden Personen bereits bei der **Feststellung der Sozialhilfebedürftigkeit** berücksichtigt werden. Unterhaltsansprüche gegen eine zur Bedarfsgemeinschaft zählende Person führen deshalb unmittelbar zu einer **Verringerung** oder einem Entfallen der **Bedürftigkeit** des Hilfesuchenden. Ein Übergang von Unterhaltsansprüchen gegen Mitglieder der Bedarfsgemeinschaft des Hilfeempfängers auf den Sozialhilfeträger würde deshalb eine **Doppelberücksichtigung** des Einkommens und Vermögens des Unterhaltsschuldners bedeuten (Grube/Wahrendorf § 94 Rn 23).

14 Erbringen leistungsfähige Mitglieder der Bedarfsgemeinschaft ihren Beitrag zur Bedarfsdeckung nicht, so kann der Sozialhilfeträger trotz des rechnerisch nicht bestehenden Hilfebedarfs eintreten und den Unterhaltsschuldner zum **Aufwendungsersatz** heranziehen (§ 19 Abs. 3 SGB XII). Dieser Weg ist vorrangig gegenüber dem Übergang von Unterhaltsansprüchen gegen nachrangige Unterhaltsverpflichtete nach § 94.

b) Entfernte Verwandtschaft. § 94 Abs. 1 Satz 3 schließt den Anspruchs- 15
übergang außerdem dann aus, wenn der Unterhaltspflichtige mit dem Hilfeempfänger im **zweiten oder einem entfernteren Grade** verwandt ist. Die darin liegende **Einschränkung gegenüber dem bürgerlichen Recht** ist vor allem für das Verhältnis zwischen Großeltern und ihren Enkeln bedeutsam. Da die Norm den Übergang von Unterhaltsansprüchen abschließend regelt, kann der Sozialhilfeträger in diesen Fällen auch nicht auf eine Überleitung nach § 93 ausweichen. Der **Kreis** der gesetzlichen Unterhaltsschuldner, auf die der Sozialhilfeträger zurückgreifen kann, ist damit **beschränkt** auf Eltern und Kinder des Hilfeempfängers, sowie auf den (früheren) Ehegatten bzw. Lebenspartner und den Unterhaltsschuldner gem. § 1615l BGB.

c) Mütter und Schwangere. Eine noch weiterreichende Einschränkung gilt 16
nach § 94 Abs. 1 Satz 4 bei der Hilfeleistung an eine Schwangere oder eine Mutter, die ein Kind versorgt, welches das 6. Lebensjahr noch nicht vollendet hat. In diesem Fall entfällt ein Anspruchsübergang auch im Hinblick auf gesetzliche Unterhaltsansprüche gegen Verwandte 1. Grades, insbesondere die Eltern. Unberührt bleibt der Übergang der nicht auf Verwandtschaft beruhenden Unterhaltsansprüche gegen den (früheren) Ehegatten oder nichtehelichen Vater. Diese durch das Schwangeren- und Familienhilfegesetz vom 27. 7. 1992 (BGBl. I S. 1398) eingeführte Regelung ist vor dem Hintergrund der **Regelung des Schwangerschaftsabbruches** zu sehen (Schellhorn § 91 BSHG Rn 62). Der Ausschluss des Rückgriffs auf die Eltern soll innerfamiliärem Druck in Richtung auf einen Schwangerschaftsabbruch entgegenwirken, wie er infolge einer finanziellen Belastung der Eltern der Schwangeren entstehen könnte. Das soll in einer **Schwangerschaftskonfliktsituation** die Entscheidung für das Kind erleichtern. Dabei handelt es sich jedoch allein um die gesetzgeberische Motivation, nicht um ein Tatbestandsmerkmal (Schellhorn § 91 BSHG Rn 67). Der Ausschluss des Anspruchsübergangs ist unabhängig davon, ob im Einzelfall tatsächlich ein Schwangerschaftskonflikt besteht.

3. Bestehen eines Unterhaltsanspruchs

a) Umfang des Anspruchs. Ob und in welcher Höhe ein Unterhaltsan- 17
spruch gegen einen von § 94 erfassten Unterhaltsschuldner besteht, richtet sich nach den **bürgerlich-rechtlichen Vorschriften.** Der Umfang des Unterhaltsanspruchs stellt auch dann die Obergrenze der möglichen Inanspruchnahme des Unterhaltsschuldners dar, wenn ihn die erbrachten Sozialhilfeleistungen übersteigen.

Nur wenn unter Berücksichtigung sämtlicher bürgerlich-rechtlicher Voraus- 18
setzungen ein Unterhaltsanspruch besteht, kommt ein Anspruchsübergang in Betracht. Bei der **Ermittlung des Unterhaltsanspruchs** ist eine genaue Berechnung nach zivilrechtlichen Maßstäben unter Einbeziehung auch fiktiver Einkünfte vorzunehmen, da der Umfang der bürgerlich-rechtlichen Unterhaltspflicht gesondert von der **sozialhilferechtlichen Vergleichsberechnung** nach § 94 Abs. 3 zu bestimmen. Soweit der Unterhaltsanspruch nach zivilrechtlichen Maßstäben auf fiktiven Einkünften beruht, scheidet ein Anspruchsübergang nach § 94 Abs. 3 aus. Beruht der Unterhaltsanspruch teilweise auf tatsächlichen und teilweise auf fiktiven Einkünften, kann er teilweise übergehen (vgl. OLG Hamm FamRZ 2002, 751, 752).

SGB XII § 94

19 b) Rangfolge der Unterhaltsberechtigten. Zu beachten ist die bürgerlich-rechtliche Rangfolge der gegen den Unterhaltsschuldner bestehenden Unterhaltsforderungen verschiedener Unterhaltsgläubiger (§§ 1581, 1603, 1609 BGB). **Vorrangige Unterhaltsansprüche** Dritter verringern die unterhaltsrechtliche Leistungsfähigkeit und können dadurch in Mangelfällen die Höhe des Unterhaltsanspruchs des Hilfeempfängers und damit den Umfang des Anspruchsübergangs beschränken. Gleiches gilt für gleichrangige Unterhaltsansprüche.

20 c) Unterhaltsverzicht. In diesem Zusammenhang stellt sich häufig die Frage, welche Auswirkungen ein Unterhaltsverzicht hat. Da § 94 lediglich bestehende Unterhaltsansprüche erfasst, nicht aber eigenständige Unterhaltspflichten begründet, muss sich der Sozialhilfeträger einen **wirksamen Unterhaltsverzicht** entgegenhalten lassen. Die Wirksamkeit des Verzichts ist allein nach den allgemeinen bürgerlich-rechtlichen Maßstäben zu beurteilen. Dabei ist insbesondere zu berücksichtigen, dass ein Verzicht nur hinsichtlich des **nachehelichen Unterhalts** zulässig ist (§ 1585 c BGB, der auf die Lebenspartnerschaft entsprechend anwendbar ist, § 16 Abs. 1 LPartG). In allen anderen Fällen ist er gemäß §§ 1614 Abs. 1, 1360a Abs. 3, 1361 Abs. 4 Satz 4, 1615l Abs. 3 Satz 1 BGB, §§ 5 S. 2, 12 S. 1 LPartG unwirksam. Unwirksam ist ein Unterhaltsverzicht des Hilfeempfängers im übrigen immer dann, wenn er zeitlich nach dem Anspruchsübergang erklärt wird (Schellhorn § 91 BSHG Rn 27).

21 Daneben kommt gerade in diesen Fällen der Rechtsprechung des BVerfG (BVerfG NJW 2001, 957 ff.) zur **Sittenwidrigkeit** von Unterhaltsverzichtsverträgen (§ 138 Abs. 1 BGB) wegen Benachteiligung des Verzichtenden oder eines Dritten erhebliche Bedeutung zu. In sittenwidriger Weise benachteiligter Dritter kann auch der Sozialhilfeträger sein. Das ist anzunehmen, wenn dem Verzicht eine **Schädigungsabsicht** zu Lasten des Sozialhilfeträgers zugrunde liegt (Deutscher Verein für öffentliche und private Fürsorge, FamRZ 2005, 1387, 1390 Rn 54). Dafür reicht es aus, wenn der Verzicht zwangsläufig zu Lasten des Sozialhilfeträgers wirkt und die Ehegatten diese Auswirkung erkannt oder sich dieser Erkenntnis verschlossen haben (BGH NJW 1983, 1851, 1853; OLG Köln FamRZ 2003, 767).

22 Unabhängig von der Zielrichtung, den Sozialhilfeträger zu benachteiligen, kann natürlich auch wegen der **einseitigen Benachteiligung eines der Ehepartner** ein Ehevertrag oder auch eine Scheidungsfolgenvereinbarung gerade, was den Ausschluss von Unterhalt wegen Kindesbetreuung und wegen Alters oder Krankheit anbetrifft, unwirksam sein (BVerfG NJW 2001, 957 und BVerfG NJW 2001, 2248 sowie die daran anschließende Rechtsprechung des BGH, etwa BGH NJW 2005, 139; BGH NJW 2005, 137; BGH NJW 2005, 1370; BGH NJW 2005, 2386 und BGH NJW 2005, 2391 sowie die ausführliche Kommentierung zu § 1585 c BGB Rn 19 ff.).

23 Schließlich kann es auch dem Sozialhilfeträger gegenüber gegen **Treu und Glauben** verstoßen, wenn sich der Unterhaltsschuldner auf einen wirksamen Verzicht beruft. Ein Verstoß gegen § 242 BGB kann vorliegen, wenn der Unterhaltsverzicht sich zum Nachteil eines gemeinsamen Kindes auswirkt, indem er den das Kind versorgenden Elternteil zwingt, zur Gewährleistung des eigenen Lebensunterhalts eine Erwerbstätigkeit aufzunehmen, aufgrund derer die notwendige Betreuung des Kindes nicht mehr gewährleistet ist (BGH NJW 1992, 3164, 3166). Dagegen reicht die objektive Benachteiligung des Sozialhilfeträgers als solche nicht aus (BGH a. a. O.).

Übergang von Ansprüchen **§ 94 SGB XII**

d) Rangfolge der Unterhaltsverpflichteten. Sind mehrere Unterhalts- 24
schuldner vorhanden, ist der Sozialhilfeträger in der Auswahl des heranzuziehenden Schuldners nicht frei. Es bleibt bei der bürgerlich-rechtlichen Rangfolge der Unterhaltsansprüche. **Nachrangige Unterhaltsschuldner** dürfen nur herangezogen werden, wenn die vorrangigen nach unterhaltsrechtlichen Maßstäben nicht leistungsfähig sind, § 1607 Abs. 1 BGB.

Würde ein vorrangiger Unterhaltsschuldner durch die Inanspruchnahme selbst 25
sozialhilfebedürftig werden und scheidet deshalb ein Anspruchsübergang aus, darf der Sozialhilfeträger nicht auf einen nachrangigen Unterhaltsschuldner zurückgreifen, da in diesem Fall ein zivilrechtlicher Unterhaltsanspruch nicht besteht. § 94 bewirkt den Übergang bestehender Unterhaltsansprüche auf den Sozialhilfeträger, erweitert sie aber nicht durch **Veränderung der Rangfolge.** Dementsprechend haften auch gleichrangige Unterhaltsschuldner den allgemeinen Regeln entsprechend nicht gesamtschuldnerisch, sondern anteilig nach ihren Erwerbs- und Vermögensverhältnissen.

e) Laufende Zahlungen. Lediglich **klarstellende Funktion** kommt § 94 zu, 26
wonach der Anspruchsübergang ausgeschlossen ist, wenn der Unterhaltsanspruch durch laufende Zahlungen an den Hilfeempfänger erfüllt wird. Da der Unterhaltsanspruch mit der **Erfüllung** erlischt (§ 362 BGB), kann er schon nach allgemeinen Regeln nicht mehr übergehen. Das gilt, soweit diese reicht, auch bei teilweiser Erfüllung. Da die erfolgenden Zahlungen bei der Festsetzung der Sozialhilfe als Einkommen des Hilfeempfängers bedarfsmindernd zu berücksichtigen sind, kommt es dadurch auch nicht zu einer Benachteiligung des Sozialhilfeträgers.

4. Gleichzeitigkeit

Weitere Voraussetzung eines Anspruchsübergangs ist, dass Sozialhilfeleistung 27
und Unterhaltsanspruch sich auf den **gleichen Zeitraum** beziehen. Entscheidend ist dabei nicht der Zeitpunkt der Bewilligungsentscheidung oder der Auszahlung, sondern der **Bewilligungszeitraum,** also der Zeitraum, für den die Hilfe geleistet wird. Nur bei Vorliegen dieser Gleichzeitigkeit, die auch die Fälligkeit des Unterhaltsanspruchs voraussetzt, tritt der Sozialhilfeträger entgegen dem Grundsatz des Nachrangs der Sozialhilfe an die Stelle des Unterhaltspflichtigen, so dass der Anspruchsübergang den Nachrang wieder herstellen kann.

V. Sozialhilferechtliche Vergleichsberechnung (§ 94 Abs. 3)

1. Grundsatz

Die Vorschrift des § 94 Abs. 3 S. 1 Nr. 1 lässt gegenüber dem früheren § 91 28
Abs. 2 S. 1 BSHG die Notwendigkeit der **sozialhilferechtlichen Vergleichsberechnung** entfallen. Der Übergang des Anspruchs ist nach der Novellierung nur noch ausgeschlossen, wenn der Pflichtige bei Durchgreifen des Anspruchsüberganges selbst sozialhilfebedürftig oder aber nach zivilrechtlichen Maßstäben unterhaltsbedürftig würde (Grube/Wahrendorf § 94 Rn 26).

2. Bezieher von Arbeitslosengeld II

In § 94 Abs. 3 ist der **Bezieher** von **Arbeitslosengeld II** nicht erwähnt. Die- 29
ser kann nach § 5 Abs. 2 Satz 1 SGB II keine Hilfe zum Lebensunterhalt nach

dem dritten Kapitel des SGB XII beziehen. Vom Wortlaut her greift daher auch in diesem Fall der Anspruchsübergang. Praktisch bedeutsam ist das für die ersten beiden Jahre, in denen der Unterhaltpflichtige nach Ende des Arbeitslosengeldes gemäß § 24 SGB II einen **befristeten Zuschlag zum Arbeitslosengeld II** erhält. Nach Ablauf dieser Frist entspricht das Arbeitslosengeld II der Höhe der Hilfe zum Lebensunterhalt, so dass dann faktisch der Anspruchsübergang ins Leere geht (Scholz FamRZ 2004, 751, 758).

3. Grundsicherungsberechtigte

30 Die Regelungen der §§ 41 ff. SGB XII (Grundsicherung im Alter und bei Erwerbsminderung) zwingen zu einer ausdehnenden Interpretation des § 94 Abs. 3. Richtigerweise muss dem Unterhaltsschuldner, der die **persönlichen Voraussetzungen der §§ 41 ff.** SGB XII erfüllt, Einkommen und Vermögen in dem Umfang verbleiben, der es ihm ermöglicht, die gem. § 42 SGB XII zur Grundsicherung erforderlichen Mittel aus eigener Kraft aufzubringen. Anderenfalls würde er durch die Erfüllung der Unterhaltspflichten an den Sozialhilfeträger seinerseits Grundsicherungsberechtigter. Auch insoweit scheidet daher ein Anspruchsübergang aus.

VI. Härtefallregelungen (§ 94 Abs. 3 S. 1 Nr. 2)

31 Auch wenn aufgrund der bisherigen Prüfung rechnerisch ein übergangfähiger Unterhaltsanspruch besteht, ist der Übergang ausgeschlossen, wenn und soweit er eine **unbillige Härte** bedeuten würde (§ 94 Abs. 3 Satz 1 Nr. 2).

1. Allgemeine Härteklausel (§ 94 Abs. 3 Satz 1 Nr. 2)

32 a) **Voraussetzungen.** Die unbillige Härte kann materieller oder immaterieller Art sein und beim Unterhaltsschuldner oder beim Hilfeempfänger selbst drohen. Dabei greift diese Härtefallklausel erst, wenn die den bürgerlich-rechtlichen Unterhaltsanspruch beschränkenden Härtefallklauseln nicht eingreifen, etwa §§ 1577 Abs. 3, 1611 Abs. 1 S. 2 BGB (Deutscher Verein für öffentliche und private Fürsorge, FamRZ 2005, 1387, 1388 Rn 16 ff.). Wann eine solche Härte vorliegt, bemisst sich nach den sich wandelnden Anschauungen der Gesellschaft zur **innerfamiliären Solidarität.** Dabei ist jedoch zu berücksichtigen, dass die allgemeine Härteklausel eine Sonderregelung für atypische Fallkonstellationen trifft und deshalb **eng auszulegen** ist (BVerwGE 23, 149, 158). Entscheidend sind deshalb die Umstände des Einzelfalls, insbesondere die persönlichen und wirtschaftlichen Verhältnissen der Beteiligten zueinander und ihre jeweilige soziale Lage. Regelmäßig kann eine Härte nur angenommen werden, wenn mit der Heranziehung des Unterhaltsschuldners **soziale Belange** vernachlässigt werden müssten (Grube/Wahrendorf § 94 Rn 29). Da es sich um einen unbestimmter Rechtsbegriff handelt, unterliegt das Vorliegen einer unbilligen Härte der **vollen gerichtlichen Nachprüfung.**

33 b) **Beispiele:** Eine unbillige Härte kann etwa angenommen werden, wenn der Unterhaltpflichtige bereits in der Vergangenheit in außergewöhnlichem Umfang **Pflege- oder Betreuungsleistungen** zugunsten des Hilfeempfängers erbracht hat. Gleiches gilt, wenn die laufende Heranziehung den Unterhaltspflichtigen und seine Familienmitglieder unter Berücksichtigung ihrer sozialen und

Übergang von Ansprüchen § 94 SGB XII

wirtschaftlichen Lage nachhaltig und unzumutbar beeinträchtigen würde oder wenn der Hilfeempfänger seine **sittlichen Pflichten** gegenüber dem Unterhaltspflichtigen grob verletzt hat. So ist der Übergang des Unterhaltsanspruchs eines Elternteils ausgeschlossen, wenn der Elternteil wegen einer auf Kriegserlebnisse zurückzuführenden psychischen Erkrankung nicht in der Lage war, für das auf Elternunterhalt in Anspruch genommene Kind zu sorgen (BGH NJW-RR 2004, 1298). Ein gesetzlich normiertes Regelbeispiel für das Vorliegen einer unbilligen Härte enthält § 94 Abs. 2.

Nach § 94 Abs. 3 Satz 1 Nr. 2 zu beurteilen sind die Fälle, in denen ein **volljähriges behindertes Kind** von einem Elternteil in seinem Haushalt gepflegt wird. Gewährt der Sozialhilfeträger Hilfe zum Lebensunterhalt, ist in derartigen Fällen in aller Regel der Übergang des Unterhaltsanspruchs eine unbillige Härte und daher ausgeschlossen (BGH FamRZ 2003, 1441; OLG Koblenz FamRZ 2001, 1237; Klinkhammer FamRZ 2004, 266). 34

Demgegenüber reicht die **tiefe Entfremdung** zwischen erwachsenen Kindern und ihren Eltern nicht aus. Gleiches gilt für Beeinträchtigungen familiärer Bindungen, da diese teilweise (vgl. insbes. § 1611 BGB) bereits bei der unterhaltsrechtlichen Prüfung berücksichtigt werden. Die sozialhilferechtliche Härteklausel darf die **bürgerlich-rechtliche Wertung** des Gesetzgebers, welche Beeinträchtigungen beachtlich sind, nicht unterlaufen. 35

2. § 94 Abs. 2

§ 94 Abs. 2 enthält eine Sonderregelung für unterhaltspflichtige Eltern **volljähriger Kinder.** Erfasst werden von § 94 Abs. 2 im Gegensatz zur Vorgängerregelung des § 91 Abs. 2 S. 3 BSHG alle volljährigen Kinder ab dem 18. Lebensjahr. Es wird dem Grunde nach kein Unterschied mehr zwischen der Art der Hilfe gemacht. Die **Pauschalierung des Überganges** bezieht sich auf Hilfen zur Gesundheit (5. Kapitel) und Eingliederungshilfe (6. Kapitel) – dann beläuft sich der pauschale Anspruchsübergang auf bis zu 26,00 EUR – als auch auf die Hilfe zum Lebensunterhalt (3. Kapitel) – in diesem Fall ist der Anspruchsübergang auf pauschal 20,00 EUR monatlich begrenzt. 36

Eine Einzelprüfung der wirtschaftlichen Voraussetzungen des nach bürgerlichem Recht Unterhaltspflichtigen entfällt. Voraussetzung für den Anspruchsübergang ist allein, dass der nach bürgerlichem Recht Unterhaltspflichtige nach bürgerlichem Recht **leistungsfähig** ist. Die Verpflichtung zur Zahlung der Pauschalbeträge gilt grundsätzlich lebenslang. 37

VII. Rechtsfolgen

1. Übergang des Unterhaltsanspruchs

Anders als § 93 SGB XII führt § 94 zu einem **gesetzlichen Anspruchsübergang,** einer cessio legis. Einer Überleitungsanzeige bedarf es deshalb nicht. Der Übergang tritt im Moment der **tatsächlichen Erbringung** der Sozialhilfeleistung ein, sofern dieser eine Bewilligung zugrunde liegt. 38

Infolge der Legalzession verliert der Hilfeempfänger und bisherige Unterhaltsgläubiger die **Forderungszuständigkeit** und ist nicht mehr zur Geltendmachung des Anspruchs berechtigt. Die Geltendmachung obliegt dem Sozialhilfeträger. Etwas anderes gilt nur, wenn der Sozialhilfeträger dem Hilfeempfänger die Forderung 39 zur **gerichtlichen Geltendmachung** überträgt (§ 94 Abs. 5). Erhält der Unterhaltsberechtigte erstmals während eines laufenden Unterhaltsverfahrens Sozialhilfe und geht demgemäß der rechtshängige Anspruch auf den Sozialhilfeträger über, so bleibt auch ohne Rückabtretung die **Verfahrensführungsbefugnis** beim Hilfeempfänger (§§ 113 FamFG; 265 Abs. 2 ZPO), der den Antrag allerdings in Höhe des Anspruchsübergangs auf Zahlung an den Sozialhilfeträger umstellen muss, um die Abweisung zu vermeiden (BGH NJW-RR 2001, 1081). Dies gilt bis zum Ende des Monats, in dem die letzte mündliche Verhandlung stattfindet. Für die Folgezeit ist der Unterhaltsberechtigte wiederum uneingeschränkt aktiv legitimiert (Wendl/Scholz § 8 Rn 121). Ist der Anspruch im Moment des Übergangs bereits für den Hilfeempfänger tituliert, kann der Sozialhilfeträger die **Titelumschreibung** nach §§ 120 FamFG; 727 ZPO veranlassen (OLG Stuttgart NJW-RR 2001, 868). Dabei reicht für die Titelumschreibung eine spezifiziert aufgeschlüsselte Aufstellung des Sozialamtes über die gezahlten Sozialhilfeleistungen (OLG Karlsruhe FamRZ 2004, 556). Ist ein Unterhaltsanspruch auf den Träger der Sozialhilfe übergegangen, ist dieser auch für ein Änderungsverfahren nach § 323 ZPO (ab 1. 9. 2009 §§ 238, 239 FamFG) passiv legitimiert (OLG Karlsruhe NJW-RR 2005, 1020).

2. Übergang des Auskunftsanspruchs (§ 94 Abs. 1 Satz 1)

40 a) **Bürgerlich-rechtlicher Auskunftsanspruch.** Neben dem Unterhaltsanspruch geht auch der bürgerlich-rechtliche Auskunftsanspruch (§§ 1580, 1605 BGB) auf den Sozialhilfeträger über. Dieser erhält so die Möglichkeit, die zur Bezifferung des Unterhaltsanspruchs erforderlichen Informationen zu erhalten. Er kann den Auskunftsanspruch vor den **Familiengerichten** geltend machen, und insbesondere einen **Stufenantrag** (§§ 113 FamFG; 254, 280 ZPO) stellen. Im Hinblick auf einen ihm eventuell verbliebenen **überschießenden Unterhaltsanspruch** behält auch der Hilfeempfänger den Auskunftsanspruch (OLG München FamRZ 2002, 1213).

41 b) **Öffentlich-rechtlicher Auskunftsanspruch.** Daneben steht dem Sozialhilfeträger der **öffentlich-rechtliche Auskunftsanspruch** gem. **§ 117 SGB XII** zu. Dieser geht teilweise über den unterhaltsrechtlichen Auskunftsanspruch hinaus, indem er auch die Einholung von Auskünften anderer Personen als der Unterhaltspflichtigen ermöglicht und bei ihm die zeitliche Beschränkung des § 1605 Abs. 2 BGB nicht gilt (§ 1605 BGB Rn 17). So kann der Sozialhilfeträger Auskünfte auch von nicht getrennt lebenden Ehegatten des Unterhaltspflichtigen und Personen, die mit dem Unterhaltspflichtigen in Haushaltsgemeinschaft leben, vom Arbeitgeber und vom Finanzamt erlangen (§ 117 Abs. 1 und 4 SGB XII, § 21 Abs. 4 SGB X). Der öffentlich-rechtliche Auskunftsanspruch kann von dem Sozialhilfeträger durch **Verwaltungsakt** geltend gemacht werden.

3. Auswirkung des nicht erfolgenden Überganges auf den Unterhaltsanspruch

42 Kommt es aufgrund der **sozialhilferechtlichen Einschränkungen** des § 94 nicht zum Übergang eines nach zivilrechtlichen Maßstäben bestehenden Unterhaltsanspruchs, bleibt dieser dem Hilfeempfänger erhalten. Dieser ist nicht gehindert, den Anspruch geltend zu machen (BGH NJW 1999, 2365). Das gilt insbesondere auch dann, wenn der Übergang nicht erfolgt, weil fiktive Einkünfte des Unterhaltsschuldners nur unterhaltsrechtlich nicht aber sozialhilferechtlich be-

Übergang von Ansprüchen **§ 94 SGB XII**

rücksichtigt werden (BGH NJW 1999, 2365). Zwar wird teilweise vertreten, in diesen Fällen entfalle der Nachrang der Sozialhilfe und die empfangenen Sozialhilfeleistungen seien unterhaltsrechtlich als bedarfsdeckend anzusehen, so dass keine Bedürftigkeit mehr gegeben sei (OLG Köln FamRZ 1997, 1101); demgegenüber hält der BGH zu Recht am gesetzlich uneingeschränkt angeordneten **Nachrang der Sozialhilfe** fest, der ihrer unterhaltsrechtlichen Wertung als bedarfsdeckend entgegensteht. Es soll dem Unterhaltsschuldner nicht befreiend zugute kommen, dass der Sozialhilfeträger – gerade weil er nicht rechtzeitig geleistet hat – eingetreten ist. Darin läge ein erheblicher Anreiz zur **Leistungsverzögerung** (OLG München FamRZ 1998, 553, 554; Zeranski FamRZ 2000, 1057, 1058). Diese Lösung führt regelmäßig auch nicht zu einer nennenswerten **doppelten Bedarfsbefriedigung** (so aber Zeranski FamRZ 2000, 1057, 1058). Zum einen sind eingehende Unterhaltszahlungen als Einkommen des Hilfeempfängers bei der laufenden Sozialhilfeberechnung zu berücksichtigen, so dass sie in der Zeit ihrer Erfüllung die sozialhilferechtliche Bedürftigkeit entfallen lassen (Steymans FamRZ 2001, 672, 674). Zudem hat der Sozialhilfeträger ggf. die Möglichkeit, bei Erhebung einer Unterhaltsklage durch den Hilfeempfänger Hilfe zum Lebensunterhalt nur noch als **Darlehen** (§ 38 SGB XII) und nach Vorliegen eines Titels, dessen Vollstreckung nicht von vornherein aussichtslos erscheint, Sozialhilfe nur noch gegen Aufwendungsersatz (§ 19 Abs. 5 SGB XII) zu gewähren (vgl. Steymans FamRZ 2001, 672, 673 f.). Nur bei **Unterhaltsrückständen** aus der Vergangenheit kann nach der Rechtsprechung des BGH in Mangelfällen eine **(Teil-)Anrechnung gewährter Sozialhilfe als Einkommen** nach dem Grundsatz von Treu und Glauben in Betracht kommen, wenn anderenfalls der Unterhaltsschuldner in Gefahr geriete, „mit derart hohen Forderungen aus der Vergangenheit belastet zu werden, dass es ihm voraussichtlich auf Dauer unmöglich gemacht würde, diese Schulden zu tilgen und daneben noch seinen laufenden Verpflichtungen nachzukommen" (BGH NJW-RR 2001, 1081).

4. Rechtswahrungsanzeige

Eine schriftliche Mitteilung des Übergangs an den Unterhaltsschuldner **43** **(Rechtswahrungsanzeige)** ist nicht Voraussetzung des Anspruchsübergangs. Es ist dem Sozialhilfeträger jedoch aus zwei Gründen dringend anzuraten, eine solche Mitteilung, die kein Verwaltungsakt ist (Münder NJW 2001, 2201, 2204), vorzunehmen. Zum einen schließt sie aus, dass der Unterhaltsschuldner noch mit **befreiender Wirkung** an den Hilfeempfänger leisten kann (§§ 412, 407 Abs. 1 BGB). Der Sozialhilfeträger wäre ansonsten auf den wenig aussichtsreichen Weg verwiesen, einen Bereicherungsanspruch gegen den Hilfeempfänger verfolgen zu müssen. Zum anderen ermöglicht die Rechtswahrungsanzeige dem Sozialhilfeträger gem. § 94 Abs. 4 die **rückwirkende Geltendmachung** der Unterhaltsansprüche auch über die Grenzen des bürgerlichen Rechts hinaus.

VIII. Unterhalt für die Vergangenheit und zukünftige Ansprüche (§ 94 Abs. 4)

1. 94 Abs. 4 Satz 1 SGB XII

Die Vorschrift regelt die Voraussetzungen, unter denen der Sozialhilfeträger **44** Unterhalt für die Vergangenheit fordern kann. Insoweit verweist die Vorschrift zunächst auf die im **bürgerlichen Recht** geregelten Fälle, in denen Unterhaltsansprüche für die Vergangenheit bestehen (§§ 1585b; 1613 BGB). Über diese Fälle geht § 94 Abs. 4 Satz 1 dadurch hinaus, dass er die Geltendmachung von Unterhaltsansprüchen rückwirkend vom **Zugang** der **Rechtswahrungsanzeige** an erlaubt. Wegen der erheblichen Bedeutung des Zugangsnachweises empfiehlt es sich, dem Unterhaltsschuldner die Rechtswahrungsanzeige förmlich zuzustellen. Obwohl die Rechtswahrungsanzeige ihrer Funktion nach einer Mahnung entspricht, gelten für sie die an eine Mahnung nach bürgerlichem Recht zu stellenden **Bestimmtheitsanforderungen** nicht, insbesondere muss der übergangene Unterhaltsanspruch nicht beziffert werden (BGH NJW 1985, 2589).

2. § 94 Abs. 4 Satz 2

45   Die Norm gestattet dem Sozialhilfeträger ein **Antrag auf künftige Leistung,** wenn die Hilfe voraussichtlich auf längere Zeit gewährt werden muss. Diese Möglichkeit ist jedoch nur bis zur Höhe der bisherigen monatlichen Aufwendungen eingeräumt. Voraussichtlich auf längere Zeit ist die Hilfe zu gewähren, wenn anzunehmen ist, **dass** die Hilfeleistung für einen **Zeitraum von mindestens 6 Monaten fortzusetzen** ist. Der Antrag auf zukünftige Leistung und ein eventuell stattgebendes Urteil hindern den Unterhaltsschuldner nicht, die Unterhaltspflicht direkt dem Hilfeempfänger gegenüber zu erfüllen, solange der Anspruchsübergang in Hinblick auf die konkrete Unterhaltsforderung noch nicht erfolgt ist, mithin der Sozialhilfeträger noch nicht geleistet hat. Auch der Hilfeempfänger kann seinerseits den Unterhaltsschuldner auf zukünftigen Unterhalt in Anspruch nehmen (BGH NJW 1983, 1785).

IX. Rückübertragung (§ 94 Abs. 5)

1. § 94 Abs. 5 Satz 1

46   a) **Voraussetzungen.** § 94 Abs. 5 Satz 1 erlaubt eine **Rückübertragung** des Unterhaltsanspruches auf den Hilfeempfänger **zur gerichtlichen Geltendmachung,** die der BGH nach früherem Recht für ausgeschlossen hielt (BGH NJW 1994, 1733, 1734).

47   Die Rückübertragung kann nur im **Einvernehmen** von Sozialhilfeträger und Hilfeempfänger erfolgen (OLG Frankfurt FamRZ 1999, 1283, 1284). Sie ist schriftlich vorzunehmen (§ 410 BGB). Die Rückübertragung darf nur zum Zweck der gerichtlichen Geltendmachung und nur gegen **Abtretung** des geltend gemachten Unterhaltsanspruchs erfolgen. Die letztgenannte irreführend formulierte Voraussetzung betrifft nur das **Innenverhältnis** zwischen Hilfeempfänger und Sozialhilfeträger (OLG Frankfurt FamRZ 1999, 1283, 1284). Die Berechtigung des Hilfeempfängers im Außenverhältnis bleibt unberührt.

48   Eine Rückübertragung kann insbesondere sinnvoll sein, wenn der Unterhaltsanspruch nur **teilweise übergegangen** und im Übrigen beim Hilfeempfänger verblieben ist. Dadurch wird die Geltendmachung des gesamten Anspruchs in einem einzigen Verfahren ermöglicht. Auf diese Weise können zum einen doppelte Prozesse mit möglicherweise divergierenden Entscheidungen vermieden werden, zum anderen führt die Gebührendegression regelmäßig dazu, dass bei einer einheitlichen Geltendmachung insgesamt **geringere Verfahrenskosten** entstehen. Gegen eine Rückübertragung kann allerdings sprechen, dass der Sozi-

Übergang von Ansprüchen **§ 94 SGB XII**

alhilfeträger seinerseits gem. § 64 Abs. 3 Satz 2 SGB X von den Gerichtskosten befreit ist, also ggf. geringere Verfahrenskosten entstehen.

b) Rechtsnatur der Rückübertragung. Umstritten ist, ob der Sozialhilfeempfänger durch die Rückübertragung **Vollrechtsinhaber** wird oder ob es sich dabei um eine rein **prozessuale Einziehungsermächtigung** handelt (Flieser/ Hartl FamRZ 2000, 335, 339). Zutreffenderweise ist der Sozialhilfeempfänger als Vollrechtsinhaber anzusehen, der allerdings aus dem zugrunde liegenden **Auftragsverhältnis** treuhänderisch gebunden ist (Luthin/Seidel Rn 5022; Wendl/ Scholz § 8 Rn 114). Daraus folgt, dass der Sozialhilfeberechtigte im Verfahren im Außenverhältnis wirksame Vergleiche schließen kann, im Innenverhältnis allerdings an Weisungen des Sozialhilfeträgers gebunden ist (§ 665 BGB). Aus dem **Auftragsverhältnis** ergibt sich zudem die Rechenschaftslegungspflicht und die Pflicht auf Herausgabe empfangener Zahlungen (§§ 666, 667 BGB). Ferner ergibt sich daraus auch die in § 94 Abs. 5 Satz 2 noch einmal gesetzlich geregelte Kostenübernahmepflicht durch den Sozialhilfeträger (§ 670 BGB). 49

Zur Klärung der beiderseitigen Pflichten empfiehlt sich nach alledem eine umfassende **schriftliche Vereinbarung.** In der Vereinbarung muss insbesondere geregelt werden, inwieweit Vergleiche ohne Zustimmung des Sozialhilfeträgers geschlossen werden können (Empfehlungen des Deutschen Vereins FamRZ 2005, 1387, 1401 Rn 194). 50

2. § 94 Abs. 5 Satz 2

a) Allgemeines. Aufgrund der besonderen Regelung in § 94 Abs. 5 Satz 2 sind die dem Hilfeempfänger aus der Verfolgung des rückübertragenen Anspruchs entstehenden Kosten vom Sozialhilfeträger zu erstatten. Die **Kostentragungspflicht** trifft den Sozialhilfeträger unmittelbar **kraft Gesetzes.** Einer zusätzlichen Kostenübernahmeerklärung bedarf es nicht. 51

b) Verfahrenskostenhilfe. Umstritten ist die Frage der Verfahrenskostenhilfe. Nach dem **Willen des Gesetzgebers** schränkt § 94 Abs. 5 Satz 2 den grundsätzlichen Anspruch auf vollständige Kostenübernahme durch den Sozialhilfeträger aus § 670 BGB ein. Die Vorschrift soll nur für die Kosten eingreifen, die dem Sozialhilfeempfänger nicht im Wege der Verfahrenskostenhilfe oder von anderer Seite erstattet werden (Wendl/Scholz § 8 Rn 117). Die herrschende Meinung bejaht daher einen Anspruch des Sozialhilfeempfängers auf Gewährung von Verfahrenskostenhilfe für den **laufenden Unterhalt** (BGH NJW 2008, 1950). 52

Umstritten ist weiter, inwieweit der Anspruch auf Verfahrenskostenhilfe auch die Geltendmachung von **Unterhaltsrückständen** im Sinne von § 42 Abs. 5 GKG/§ 51 Abs. 2 FamGKG erfasst. Nach der Rechtsprechung des Bundesgerichtshofes scheidet eine Verfahrenskostenhilfebewilligung für den Leistungsberechtigten immer aus, soweit dieser Unterhaltsrückstände geltend macht (BGH NJW 2008, 1950). Der Bundesgerichtshof lehnt auch die in der Literatur verbreitete Meinung ab, dass Verfahrenskostenhilfe dann bewilligt werden soll, wenn im Sinne der Prozessökonomie laufender Unterhalt und Unterhaltsrückstände in einem Verfahren geltend gemacht werden (OLG Karlsruhe NJW-RR 1999, 1226; OLG Stuttgart FamRZ 2004, 1297). 53

Da die Frage der Verfahrenskostenhilfe umstritten ist, empfiehlt es sich, in der **Rückabtretungsvereinbarung** mit dem Sozialhilfeträger eine klare Regelung 54 zu den Kosten zu treffen, insbesondere auch für den Fall der Verfahrenskostenhilfeversagung. Geklärt werden sollte auch, ob der Verfahrensbevollmächtigte des Sozialhilfeberechtigten, soweit er rückübertragene Ansprüche geltend macht, sich mit den niedrigeren Gebühren im Rahmen der Verfahrenskostenbeiordnung bescheiden muss oder ob er die **Differenz zu den regulären Gebühren** vom Sozialhilfeträger erstattet erhält. Einen Anspruch darauf hat er (Wendl/Scholz § 8 Rn 117). In der Praxis ist dieser Anspruch allerdings wohl kaum durchsetzbar.

X. Rechtsweg (§ 94 Abs. 5 Satz 3)

55   § 94 Abs. 5 Satz 3 verweist die Beteiligten auf den **Zivilrechtsweg**. Damit wird insbesondere klargestellt, dass der Sozialhilfeträger nicht berechtigt ist, den Anspruchsübergang und/oder die Höhe des übergegangenen Anspruchs durch **Verwaltungsakt** festzustellen. Die Familiengerichte sind zur Entscheidung nicht nur über die zivilrechtlichen Voraussetzungen des Unterhaltsanspruchs, sondern auch über die sozialhilferechtlichen Voraussetzungen des Anspruchsüberganges berufen.

Bundesgesetz über individuelle Förderung der Ausbildung (Bundesausbildungsförderungsgesetz – BAföG)

§ 37 Übergang von Unterhaltsansprüchen

(1) ¹Hat der Auszubildende für die Zeit, für die ihm Ausbildungsförderung gezahlt wird, nach bürgerlichem Recht einen Unterhaltsanspruch gegen seine Eltern, so geht dieser zusammen mit dem unterhaltsrechtlichen Auskunftsanspruch mit der Zahlung bis zur Höhe der geleisteten Aufwendungen auf das Land über, jedoch nur soweit auf den Bedarf des Auszubildenden das Einkommen der Eltern nach diesem Gesetz anzurechnen ist. ²Die Zahlungen, welche die Eltern auf Grund der Mitteilung über den Anspruchsübergang erbringen, werden entsprechend § 11 Abs. 2 angerechnet. ³Die Sätze 1 und 2 gelten nicht, soweit der Auszubildende Ausbildungsförderung als Bankdarlehen nach § 18 c erhalten hat.

(2) *(aufgehoben)*

(3) *(aufgehoben)*

(4) Für die Vergangenheit können die Eltern des Auszubildenden nur von dem Zeitpunkt an in Anspruch genommen werden, in dem

1. die Voraussetzungen des bürgerlichen Rechts vorgelegen haben oder
2. sie bei dem Antrag auf Ausbildungsförderung mitgewirkt haben oder von ihm Kenntnis erhalten haben und darüber belehrt worden sind, unter welchen Voraussetzungen dieses Gesetz eine Inanspruchnahme von Eltern ermöglicht.

(5) *(aufgehoben)*

(6) ¹Der Anspruch ist von der Fälligkeit an mit 6 vom Hundert zu verzinsen. ²Zinsen werden jedoch erst vom Beginn des Monats an erhoben, der auf die Mitteilung des Amtes für Ausbildungsförderung über den erfolgten Anspruchsübergang folgt.

I. Geförderte Ausbildung

Ausbildungsförderung wird für den Besuch der in § 2 Abs. 1 Nr. 1 genannten weiterführenden Schulen und Hochschulen gewährt. Gefördert wird der Schulbesuch grundsätzlich bis zum **ersten berufsqualifizierenden Abschluss** (§ 7 BAföG). In Ausnahmefällen hindert auch ein Abbruch der Ausbildung oder Fachrichtungswechsel bis zum Beginn des dritten Fachsemesters nicht (BVerwG NJW 2003, 1826). Gefördert wird die Ausbildung für die Dauer der Regelstudienzeit nach § 10 Abs. 2 Hochschulrahmengesetz **(Förderungshochdauer)**. Das sind bei höheren Fachschulen sechs Semester, bei Fachhochschulen sieben Semester (mit Praktikum acht Semester) und bei Universitäten neun Semester. 1

In unterhaltsrechtlicher Hinsicht sind **Leistungen nach dem BAföG Einkommen.** Das gilt sowohl für den Zuschuss als auch für darlehnsweise gewährte 2

Leistungen (BGH NJW-RR 1986, 1262; BGH NJW-RR 1989, 578). Dabei stehen dem Auszubildenden gestaffelt nach der Art der Ausbildung **Freibeträge** zu (§ 23 BAföG). Vor ihrer Anrechnung können BAföG-Leistungen um ausbildungsbedingten Mehrbedarf gekürzt werden (OLGR Köln 2005, 204). Rückzahlungsraten auf BAföG-Darlehn mindern, sobald sie erbracht werden, das unterhaltsrechtlich relevante Einkommen und erhöhen damit die Bedürftigkeit bzw. mindern die Leistungsfähigkeit (BGH NJW 1986, 720).

II. Leistungen

3   Die Förderung erfolgt durch einen **Zuschuss** (§ 17 Abs. 1 BAföG), beim Besuch von höheren Fachschulen, Akademien und Hochschulen zur Hälfte als **Darlehn**. Das Darlehn ist, solange der Geförderte die Rückzahlung vereinbarungsgemäß erbringt, unverzinslich (§ 18 Abs. 2 BAföG). Zurückzuzahlen ist es in monatlichen Raten von mindestens 105,00 EUR beginnend mit dem fünften Jahr nach Ende der Förderung (§ 18 Abs. 3 BAföG). Auf Antrag kann dem Geförderten die Rückzahlung aufgrund seiner Einkommensverhältnisse ganz oder teilweise erlassen werden. Die Möglichkeit eines **Teilerlasses** gibt es auch bei überdurchschnittlich gutem Abschluss (§§ 18a, b BAföG). Wird eine weitere Ausbildung gefördert oder überschreitet der Geförderte die Förderungshöchstdauer, kann ihm ein Bankdarlehn gewährt werden, welches zu verzinsen ist (§§ 17 Abs. 3, 18 Abs. 2 Satz 1 BAföG).

Der **Bedarf** wird je nach Art der Ausbildung unterschiedlich festgesetzt für Schüler (§ 12 BAföG), Studierende (§ 13 BAföG) und Praktikanten (§ 14 BAföG).

III. Subsidiarität

4   Die BAföG-Förderung ist subsidiär. BAföG wird nur gewährt, wenn der Auszubildende sich nicht aus **eigenem Einkommen und Vermögen** unterhalten kann. Dazu gehören Unterhaltsansprüche gegen den nicht getrenntlebenden Ehegatten und die Eltern (§ 11 Abs. 2 BAföG). Bei **Zweitausbildungen** bleiben Einkommen und Vermögen der Eltern unberücksichtigt (§ 11 Abs. 3 BAföG).

Vorrangig ist auch eine Bestimmung der Eltern, den Unterhalt durch Naturalunterhalt zu gewähren. Diese Bestimmung ist unwirksam, wenn das Kind gegen seinen Wunsch durch die ZVS einen Studienplatz an einer weit entfernten Hochschule zugewiesen bekommen hat. Dann ist die **Naturalunterhaltsbestimmung** undurchführbar (BGH NJW 1996, 1817).

5   Auf die Leistungsfähigkeit eines getrenntlebenden Ehegatten oder sonstiger Verwandter kommt es nicht an (§ 11 Abs. 2 Satz 2 BAföG; BGH NJW 1980, 393). Selbst tatsächlich erbrachte Leistungen von Großeltern mindern den Anspruch nicht (OVG Münster NJW 1990, 2640). Es spielt für die BAföG-Gewährung auch keine Rolle, ob der Auszubildende in einer **nichtehelichen Lebensgemeinschaft** lebt. Erbringt das BAföG-Amt Vorausleistungen und nimmt den Unterhaltspflichtigen in Regress kann sich ein derartiges eheähnliches Verhältnis auf die Bedürftigkeit des BAföG-Empfängers nach § 1602 Abs. 1 BGB auswirken. Denn im Regressverfahren bestimmt sich der Umfang des Unterhaltsanspruchs nach bürgerlichem Recht (OLGR Jena 2005, 498).

Übergang von Unterhaltsansprüchen **§ 37 BAföG**

Aus dem Vorstehenden folgt, dass ein **Anspruchsübergang** von Unterhalts- 6
ansprüchen auf das Land als Träger der Ausbildungsförderung nur dann möglich
ist, wenn das Land als Träger der Ausbildungsförderung **Vorausleistungen**
erbringt (§§ 36, 37 BAföG). Ansonsten wird die Subsidiarität der BAföG-Leistungen schon bei der Berechnung des Anspruches selbst durch die bedarfsmindernde Berücksichtigung von Ansprüchen gegen den nicht dauernd getrenntlebenden Ehegatten und die Eltern verwirklicht.

IV. Anspruchsübergang

Der Anspruchsübergang erfolgt **kraft Gesetzes**. Er betrifft nur den gesetzli- 7
chen Unterhaltsanspruch gegen Eltern, weil nur insoweit Vorausleistungen nach
§ 36 BAföG möglich sind. Der Unterhaltsanspruch geht für die Zeit über, für die
dem Auszubildenden die Förderung gewährt wird. Nach öffentlichem Recht
wird bei der **Bemessung des Unterhaltsanspruchs** gegen die Eltern auf die
wirtschaftlichen Verhältnisse des **vorletzten Kalenderjahres** vor dem Bewilligungszeitraum abgestellt wird (§ 24 BAföG), nach bürgerlichem Recht allerdings
auf das **Einkommen im Unterhaltszeitraum** selbst. Ob ein Unterhaltsanspruch, der übergangsfähig ist, besteht, richtet sich allein nach bürgerlichem
Recht. Es kann daher zu erheblichen Abweichungen in der Berechnung der
BAföG-Leistung selbst und des übergegangenen Unterhaltsanspruchs kommen.
Deshalb kann Unterhalt für die Vergangenheit auch nur verlangt werden, soweit
die Voraussetzungen dafür nach bürgerlichem Recht vorliegen (§ 37 Abs. 4
BAföG). Verzugsbegründend wirkt nach § 37 Abs. 4 Nr. 2 BAföG eine **Rechtswahrungsanzeige.**

Eine **Rückabtretung** der auf das Land übergegangenen Ansprüche ist **unzu-** 8
lässig, weil sie im Gesetz nicht ausdrücklich normiert ist (§ 32 SGB X). Dem
geförderten Kind kann **keine Einziehungsermächtigung** erteilt werden, auch
eine Geltendmachung der Ansprüche im Wege der Verfahrensstandschaft ist nicht
möglich (BGH NJW 1996, 3273, 3275).

V. Einkommen des Anspruchstellers und der Eltern

Das anzurechnende Einkommen wird in **pauschalierter Weise** ermittelt. 9
Ausgangspunkt sind die positiven Einkünfte im Sinne des § 2 Abs. 1, 2 EStG
(§ 21 BAföG). Für die **Bedürftigkeit des Auszubildenden** ist das aktuelle
Einkommen im Bewilligungszeitraum maßgeblich (§ 22 Abs. 1 BAföG). Vor der
Inanspruchnahme von BAföG-Leistungen muss der Antragsteller im Rahmen
von Freibeträgen eigenes Vermögen verwerten (§§ 26 ff. BAföG). Nicht verlangt
werden kann die **Verwertung eines nur im Miteigentum** des Antragstellers
stehenden **Grundstückes,** weil dies eine unbillige Härte bedeuten würde (VG
Darmstadt NJW 2003, 2625). Ob ein **Unterhaltsanspruch** gegen die Eltern
oder den nicht dauerhaft getrenntlebenden Ehegatten besteht, wird auf der Basis
des **vorletzten Kalenderjahres** vor Beginn des Bewilligungszeitraumes ermittelt (§ 24 Abs. 1 BAföG). Auf einen **Aktualisierungsantrag** des Auszubildenden hin kann allerdings von den Einkünften im Bewilligungszeitraum ausgegangen werden, wenn diese voraussichtlich niedriger sind (§ 24 Abs. 3 BAföG). Hat
sich das Einkommen der Eltern erhöht, spielt dies keine Rolle. Daraus folgt, dass
BAföG-Leistungen auch gewährt werden, wenn die Eltern aufgrund ihrer aktu-

ellen Einkünfte ohne Weiteres dazu in der Lage sind, ihrem Kind Unterhalt zu gewähren, wenn die Einkünfte in der Vergangenheit niedriger waren.

VI. Obliegenheit zur Inanspruchnahme von BAföG-Leistungen

10 Verzichtet ein Auszubildender auf einen Antrag auf BAföG-Leistungen, ist ihm in Höhe der ansonsten gewährten BAföG-Leistungen ein **fiktives Einkommen** zuzurechnen (BGH NJW 1980, 393, 395; OLG Schleswig FamRZ 2006, 571). Voraussetzung ist, dass dem Auszubildenden die Kreditaufnahme in Form des BAföG-Darlehns zumutbar ist, was grundsätzlich angenommen wird. Eine Ausnahme ist bejaht worden für den Fall, dass ein noch Minderjähriger auf die Darlehnsaufnahme verwiesen wird (OLG Hamm FamRZ 1987, 91).

Ist die **Obliegenheitspflichtverletzung schuldlos**, entfällt die Anrechnung fiktiver Einkünfte. Das ist etwa der Fall, wenn früher einmal ein **Antrag abgelehnt** worden ist und der unterhaltsverpflichtete Elternteil das Kind nicht ausdrücklich auf einen Neuantrag verwiesen hat (OLG Hamm FamRZ 1998, 1612).

11 Die Anrechnung ist gerechtfertigt, weil Darlehnsleistungen nach dem BAföG wegen der **besonders günstigen Konditionen** einen unterhaltsrechtlich relevanten wirtschaftlichen Vorteil gewähren. Sie sind unverzinslich, erst nach Abschluss der Ausbildung in einkommensabhängigen Raten zurückzuzahlen und es besteht die Möglichkeit eines Teilerlasses. Der **Höchstbetrag der Rückzahlung** ist zudem auf 10 000,00 EUR begrenzt (§ 17 Abs. 2 Satz 1 BAföG).

Gesetz zum Elterngeld und zur Elternzeit (BEEG)

§ 1 Berechtigte

(1) Anspruch auf Elterngeld hat, wer
1. einen Wohnsitz oder seinen gewöhnlichen Aufenthalt in Deutschland hat,
2. mit seinem Kind in einem Haushalt lebt,
3. dieses Kind selbst betreut und erzieht und
4. keine oder keine volle Erwerbstätigkeit ausübt.

(2)–(5) ...

(6) Eine Person ist nicht voll erwerbstätig, wenn ihre wöchentliche Arbeitszeit 30 Wochenstunden im Durchschnitt des Monats nicht übersteigt, sie eine Beschäftigung zur Berufsbildung ausübt oder sie eine geeignete Tagespflegeperson im Sinne des § 23 des Achten Buches Sozialgesetzbuch ist und nicht mehr als fünf Kinder in Tagespflege betreut.

(7) ...

§ 2 Höhe des Elterngeldes

(1) ¹Elterngeld wird in Höhe von 67 Prozent des in den zwölf Kalendermonaten vor dem Monat der Geburt des Kindes durchschnittlich erzielten monatlichen Einkommens aus Erwerbstätigkeit bis zu einem Höchstbetrag von 1800 Euro monatlich für volle Monate gezahlt, in denen die berechtigte Person kein Einkommen aus Erwerbstätigkeit erzielt. ²Als Einkommen aus Erwerbstätigkeit ist die Summe der positiven Einkünfte aus Land- und Forstwirtschaft, Gewerbebetrieb, selbstständiger Arbeit und nichtselbstständiger Arbeit im Sinne von § 2 Abs. 1 Satz 1 Nr. 1 bis 4 des Einkommensteuergesetzes nach Maßgabe der Absätze 7 bis 9 zu berücksichtigen.

(2) In den Fällen, in denen das durchschnittlich erzielte monatliche Einkommen aus Erwerbstätigkeit vor der Geburt geringer als 1000 Euro war, erhöht sich der Prozentsatz von 67 Prozent um 0,1 Prozentpunkte für je 2 Euro, um die das maßgebliche Einkommen den Betrag von 1000 Euro unterschreitet, auf bis zu 100 Prozent.

(3) ¹Für Monate nach der Geburt des Kindes, in denen die berechtigte Person ein Einkommen aus Erwerbstätigkeit erzielt, das durchschnittlich geringer ist als das nach Absatz 1 berücksichtigte durchschnittlich erzielte Einkommen aus Erwerbstätigkeit vor der Geburt, wird Elterngeld in Höhe des nach Absatz 1 oder 2 maßgeblichen Prozentsatzes des Unterschiedsbetrages dieser durchschnittlich erzielten monatlichen Einkommen aus Erwerbstätigkeit gezahlt. ²Als vor der Geburt des Kindes durchschnittlich erzieltes monatliches Einkommen aus Erwerbstätigkeit ist dabei höchstens der Betrag von 2700 Euro anzusetzen.

(4) ¹Lebt die berechtigte Person mit zwei Kindern, die das dritte Lebensjahr noch nicht vollendet haben, oder mit drei oder mehr Kindern, die das sechste Lebensjahr noch nicht vollendet haben, in einem Haushalt, so wird das nach den Absätzen 1 bis 3 und 5 zustehende Elterngeld um zehn Prozent, mindestens um 75 Euro, erhöht. ²Zu berücksichtigen sind alle Kinder, für die die berechtigte Person die Voraussetzungen des § 1 Abs. 1 und 3 erfüllt und für die sich das Elterngeld nicht nach Absatz 6 erhöht. ³Für angenommene Kinder und Kinder im Sinne von § 1 Abs. 3 Satz 1 Nr. 1 gilt als Alter des Kindes der Zeitraum seit der Aufnahme des Kindes bei der berechtigten Person. ⁴Die Altersgrenze nach Satz 1 beträgt bei behinderten Kindern im Sinne von § 2 Abs. 1 Satz 1 des Neunten Buches Sozialgesetzbuch jeweils 14 Jahre. ⁵Der Anspruch auf den Erhöhungsbetrag endet mit dem Ablauf des Monats, in dem eine der in Satz 1 genannten Anspruchsvoraussetzungen entfallen ist.

(5) ¹Elterngeld wird mindestens in Höhe von 300 Euro gezahlt. ²Dies gilt auch, wenn in dem nach Absatz 1 Satz 1 maßgeblichen Zeitraum vor der Geburt des Kindes kein Einkommen aus Erwerbstätigkeit erzielt worden ist. ³Der Betrag nach Satz 1 wird nicht zusätzlich zu dem Elterngeld nach den Absätzen 1 bis 3 gezahlt.

(6) Bei Mehrlingsgeburten erhöht sich das nach den Absätzen 1 bis 5 zustehende Elterngeld um je 300 Euro für das zweite und jedes weitere Kind.

(7) ¹Als Einkommen aus nichtselbstständiger Arbeit ist der um die auf dieses Einkommen entfallenden Steuern und die aufgrund dieser Erwerbstätigkeit geleisteten Pflichtbeiträge zur Sozialversicherung in Höhe des gesetzlichen Anteils der beschäftigten Person einschließlich der Beiträge zur Arbeitsförderung verminderte Überschuss der Einnahmen in Geld oder Geldeswert über die mit einem Zwölftel des Pauschbetrags nach § 9a Abs. 1 Satz 1 Nr. 1 Buchstabe a des Einkommensteuergesetzes anzusetzenden Werbungskosten zu berücksichtigen. ²Sonstige Bezüge im Sinne von § 38a Abs. 1 Satz 3 des Einkommensteuergesetzes werden nicht als Einnahmen berücksichtigt. ³Als auf die Einnahmen entfallende Steuern gelten die abgeführte Lohnsteuer einschließlich Solidaritätszuschlag und Kirchensteuer, im Falle einer Steuervorauszahlung der auf die Einnahmen entfallende monatliche Anteil. ⁴Grundlage der Einkommensermittlung sind die entsprechenden monatlichen Lohn- und Gehaltsbescheinigungen des Arbeitgebers; in Fällen, in denen der Arbeitgeber das Einkommen nach § 97 Abs. 1 des Vierten Buches Sozialgesetzbuch vollständig und fehlerfrei gemeldet hat, treten an die Stelle der monatlichen Lohn- und Gehaltsbescheinigungen des Arbeitgebers die entsprechenden elektronischen Einkommensnachweise nach dem Sechsten Abschnitt des Vierten Buches Sozialgesetzbuch. ⁵Kalendermonate, in denen die berechtigte Person vor der Geburt des Kindes ohne Berücksichtigung einer Verlängerung des Auszahlungszeitraums nach § 6 Satz 2 Elterngeld für ein älteres Kind bezogen hat, bleiben bei der Bestimmung der zwölf für die Einkommensermittlung vor der Geburt des Kindes zu Grunde zu legenden Kalendermonate unberücksichtigt. ⁶Unberücksichtigt bleiben auch Ka-

Gesetz zum Elterngeld §§ 1, 2, 11 BEEG

lendermonate, in denen die berechtigte Person Mutterschaftsgeld nach der Reichsversicherungsordnung oder dem Gesetz über die Krankenversicherung der Landwirte bezogen hat oder in denen während der Schwangerschaft wegen einer maßgeblich auf die Schwangerschaft zurückzuführenden Erkrankung Einkommen aus Erwerbstätigkeit ganz oder teilweise weggefallen ist. [7] Das Gleiche gilt für Kalendermonate, in denen die berechtigte Person Wehrdienst nach Maßgabe des Wehrpflichtgesetzes oder des Vierten Abschnitts des Soldatengesetzes oder Zivildienst nach Maßgabe des Zivildienstgesetzes geleistet hat, wenn dadurch Erwerbseinkommen ganz oder teilweise weggefallen ist.

(8) [1] Als Einkommen aus Land- und Forstwirtschaft, Gewerbebetrieb und selbstständiger Arbeit ist der um die auf dieses Einkommen entfallenden Steuern und die aufgrund dieser Erwerbstätigkeit geleisteten Pflichtbeiträge zur gesetzlichen Sozialversicherung einschließlich der Beiträge zur Arbeitsförderung verminderte Gewinn zu berücksichtigen. [2] Grundlage der Einkommensermittlung ist der Gewinn, wie er sich aus einer mindestens den Anforderungen des § 4 Abs. 3 des Einkommensteuergesetzes entsprechenden Berechnung ergibt. [3] Kann der Gewinn danach nicht ermittelt werden, ist von den Einnahmen eine Betriebsausgabenpauschale in Höhe von 20 Prozent abzuziehen. [4] Als auf den Gewinn entfallende Steuern gilt im Falle einer Steuervorauszahlung der auf die Einnahmen entfallende monatliche Anteil der Einkommensteuer einschließlich Solidaritätszuschlag und Kirchensteuer. [5] Auf Antrag der berechtigten Person ist Absatz 7 Satz 5 und 6 entsprechend anzuwenden.

(9) [1] Ist die dem zu berücksichtigenden Einkommen aus Land- und Forstwirtschaft, Gewerbebetrieb und selbstständiger Arbeit zu Grunde liegende Erwerbstätigkeit sowohl während des gesamten für die Einkommensermittlung vor der Geburt des Kindes maßgeblichen Zeitraums als auch während des gesamten letzten abgeschlossenen steuerlichen Veranlagungszeitraums ausgeübt worden, gilt abweichend von Absatz 8 als vor der Geburt des Kindes durchschnittlich erzieltes monatliches Einkommen aus dieser Erwerbstätigkeit der durchschnittlich monatlich erzielte Gewinn, wie er sich aus dem für den Veranlagungszeitraum ergangenen Steuerbescheid ergibt. [2] Dies gilt nicht, wenn im Veranlagungszeitraum die Voraussetzungen des Absatzes 7 Satz 5 und 6 vorgelegen haben. [3] Ist in dem für die Einkommensermittlung vor der Geburt des Kindes maßgeblichen Zeitraum zusätzlich Einkommen aus nichtselbstständiger Arbeit erzielt worden, ist Satz 1 nur anzuwenden, wenn die Voraussetzungen der Sätze 1 und 2 auch für die dem Einkommen aus nichtselbstständiger Arbeit zu Grunde liegende Erwerbstätigkeit erfüllt sind; in diesen Fällen gilt als vor der Geburt durchschnittlich erzieltes monatliches Einkommen nach Absatz 7 das in dem dem Veranlagungszeitraum nach Satz 1 zu Grunde liegenden Gewinnermittlungszeitraum durchschnittlich erzielte monatliche Einkommen aus nichtselbstständiger Arbeit. [3] Als auf den Gewinn entfallende Steuern ist bei Anwendung von Satz 1 der auf die Einnahmen entfallende monatliche Anteil der im Steuerbescheid festgesetzten Einkommensteuer einschließlich Solidaritätszuschlag und Kirchensteuer anzusetzen.

BEEG §§ 1, 2, 11 3. Teil. Nebenvorschriften

§ 11 Unterhaltspflichten

¹Unterhaltsverpflichtungen werden durch die Zahlung des Elterngeldes und vergleichbarer Leistungen der Länder nur insoweit berührt, als die Zahlung 300 Euro monatlich übersteigt. ²In den Fällen des § 6 Satz 2 werden die Unterhaltspflichten insoweit berührt, als die Zahlung 150 Euro übersteigt. ³Die in den Sätzen 1 und 2 genannten Beträge vervielfachen sich bei Mehrlingsgeburten mit der Zahl der geborenen Kinder. ⁴Die Sätze 1 bis 3 gelten nicht in den Fällen des § 1361 Abs. 3, der §§ 1579, 1603 Abs. 2 und des § 1611 Abs. 1 des Bürgerlichen Gesetzbuchs.

1   Elterngeld ist eine **Einkommensersatzleistung**. Es soll den Einkommensausfall ausgleichen, den ein Elternteil durch die Aufnahme oder **Einschränkung seiner Erwerbstätigkeit** infolge der Geburt eines Kindes hat. Das Elterngeld beläuft sich auf 67% des Nettoeinkommens der letzten zwölf Monate vor der Geburt des Kindes (§ 2 Abs. 1 S. 1 Abs. 7 bis 9 BEEG). Lag das Nettoeinkommen unter 1000,00 EUR, erhöht sich der Prozentsatz nach Maßgabe des § 2 Abs. 2 BEEG. Ein vor der Geburt nicht erwerbstätiger Elternteil erhält mindestens 300,00 EUR (§ 2 Abs. 5 S. 1 BEEG). Der Höchstbetrag des Elterngeldes beträgt 1800,00 EUR (§ 2 Abs. 1 S. 1 BEEG). Bei gleichzeitiger Betreuung von Geschwistern im Kleinkindalter oder bei Mehrlingsgeburten erhöht sich das Elterngeld (§ 2 Abs. 4 und 6 BEEG). Anspruch auf **Elterngeld** besteht regelmäßig für **zwölf Monate** (§ 4 Abs. 2 S. 2 BEEG). Wechseln die Eltern sich in der Betreuung des Kindes dergestalt ab, dass ein Elternteil höchstens zwölf und der andere wenigstens zwei Monate das Kind betreut und deshalb seine Erwerbstätigkeit einschränkt, wird das Elterngeld für 14 Monate gezahlt (§ 4 Abs. 1 S. 1 BEEG). Der Bezugszeitraum verdoppelt sich, wenn das Elterngeld nur zur Hälfte in Anspruch genommen wird (§ 6 S. 2 BEEG).

2   Bis zur Höhe von 300,00 EUR ist das Elterngeld **Sozialleistung**. Es wird bei der Unterhaltsberechnung in dieser Höhe nicht als Einkommen berücksichtigt (OLG Bremen NJW 2009, 449). Der Betrag vermindert sich auf 150,00 EUR bei Inanspruchnahme des halben Elterngeldes. Unterhaltsrechtlich relevantes Einkommen ist das Elterngeld nur insoweit, als der Mindestsatz von 300,00 EUR, bei Inanspruchnahme des halben Elterngeldes 150,00 EUR, überschritten wird (Bundeseinheitliche Leitlinienstruktur Ziff. 2.5). Auch diese Sockelbeträge sind als Einkommen anzurechnen, wenn der Elterngeldempfänger als Unterhaltsberechtigter seinen **Unterhaltsanspruch** gemäß §§ 1361 Abs. 3, 1579, 1611 Abs. 1 BGB verwirkt hat oder wenn er als Unterhaltsverpflichteter nach § 1603 II BGB **gesteigert unterhaltsverpflichtet** ist.

Soweit Elterngeld als Einkommen angerechnet wird, ist es nicht um pauschalierte berufsbedingte Aufwendungen zu bereinigen. Es ist **kein Erwerbstätigenbonus** zu berücksichtigen. Der Bezieher von Elterngeld kann auf den Selbstbehalt eines nicht Erwerbstätigen verwiesen werden (Götsche FamRB 2007, 120).

Einen Bezieher von Elterngeld trifft grundsätzlich **keine Erwerbsobliegenheit**. Voraussetzung ist, dass er zur Betreuung des Kindes berechtigt ist (Hausmannrechtsprechung: BGH NJW 2006, 2404; NJW 2007, 139; Wendl/Klinkhammer § 2 Rn 176).

Insolvenzordnung (InsO)
Zivilprozessordnung (ZPO)

§ 35 InsO Begriff der Insolvenzmasse

Das Insolvenzverfahren erfaßt das gesamte Vermögen, das dem Schuldner zur Zeit der Eröffnung des Verfahrens gehört und das er während des Verfahrens erlangt (Insolvenzmasse).

§ 36 InsO Unpfändbare Gegenstände

(1) [1] Gegenstände, die nicht der Zwangsvollstreckung unterliegen, gehören nicht zur Insolvenzmasse. [2] Die §§ 850, 850 a, 850 c, 850 e, 850 f Abs. 1, §§ 850 g bis 850 i der Zivilprozessordnung gelten entsprechend.

(2) Zur Insolvenzmasse gehören jedoch

1. die Geschäftsbücher des Schuldners; gesetzliche Pflichten zur Aufbewahrung von Unterlagen bleiben unberührt;
2. die Sachen, die nach § 811 Abs. 1 Nr. 4 und 9 der Zivilprozeßordnung nicht der Zwangsvollstreckung unterliegen.

(3) Sachen, die zum gewöhnlichen Hausrat gehören und im Haushalt des Schuldners gebraucht werden, gehören nicht zur Insolvenzmasse, wenn ohne weiteres ersichtlich ist, daß durch ihre Verwertung nur ein Erlös erzielt werden würde, der zu dem Wert außer allem Verhältnis steht.

(4) [1] Für Entscheidungen, ob ein Gegenstand nach den in Absatz 1 Satz 2 genannten Vorschriften der Zwangsvollstreckung unterliegt, ist das Insolvenzgericht zuständig. [2] Anstelle eines Gläubigers ist der Insolvenzverwalter antragsberechtigt. [3] Für das Eröffnungsverfahren gelten die Sätze 1 und 2 entsprechend.

§ 40 InsO Unterhaltsansprüche

[1] Familienrechtliche Unterhaltsansprüche gegen den Schuldner können im Insolvenzverfahren für die Zeit nach der Eröffnung nur geltend gemacht werden, soweit der Schuldner als Erbe des Verpflichteten haftet. [2] § 100 bleibt unberührt.

§ 100 InsO Unterhalt aus der Insolvenzmasse

(1) Die Gläubigerversammlung beschließt, ob und in welchem Umfang dem Schuldner und seiner Familie Unterhalt aus der Insolvenzmasse gewährt werden soll.

(2) [1] Bis zur Entscheidung der Gläubigerversammlung kann der Insolvenzverwalter mit Zustimmung des Gläubigerausschusses, wenn ein solcher bestellt ist, dem Schuldner den notwendigen Unterhalt gewähren. [2] In gleicher Weise kann den minderjährigen unverheirateten Kindern des Schuldners, seinem Ehegatten, seinem früheren Ehegatten, seinem Lebenspartner, seinem früheren Lebenspartner und dem an-

InsO/ZPO

deren Elternteil seines Kindes hinsichtlich des Anspruchs nach den §§ 1615l, 1615n des Bürgerlichen Gesetzbuchs Unterhalt gewährt werden.

§ 240 ZPO Unterbrechung durch Insolvenzverfahren

¹Im Falle der Eröffnung des Insolvenzverfahrens über das Vermögen einer Partei wird das Verfahren, wenn es die Insolvenzmasse betrifft, unterbrochen, bis es nach den für das Insolvenzverfahren geltenden Vorschriften aufgenommen oder das Insolvenzverfahren beendet wird. ²Entsprechendes gilt, wenn die Verwaltungs- und Verfügungsbefugnis über das Vermögen des Schuldners auf einen vorläufigen Insolvenzverwalter übergeht.

§ 850 ZPO Pfändungsschutz für Arbeitseinkommen

(1) Arbeitseinkommen, das in Geld zahlbar ist, kann nur nach Maßgabe der §§ 850a bis 850i gepfändet werden.

(2) Arbeitseinkommen im Sinne dieser Vorschrift sind die Dienst- und Versorgungsbezüge der Beamten, Arbeits- und Dienstlöhne, Ruhegelder und ähnliche nach dem einstweiligen oder dauernden Ausscheiden aus dem Dienst- oder Arbeitsverhältnis gewährte fortlaufende Einkünfte, ferner Hinterbliebenenbezüge sowie sonstige Vergütungen für Dienstleistungen aller Art, die die Erwerbstätigkeit des Schuldners vollständig oder zu einem wesentlichen Teil in Anspruch nehmen.

(3) Arbeitseinkommen sind auch die folgenden Bezüge, soweit sie in Geld zahlbar sind:
a) Bezüge, die ein Arbeitnehmer zum Ausgleich für Wettbewerbsbeschränkungen für die Zeit nach Beendigung seines Dienstverhältnisses beanspruchen kann;
b) Renten, die auf Grund von Versicherungsverträgen gewährt werden, wenn diese Verträge zur Versorgung des Versicherungsnehmers oder seiner unterhaltsberechtigten Angehörigen eingegangen sind.

(4) Die Pfändung des in Geld zahlbaren Arbeitseinkommens erfaßt alle Vergütungen, die dem Schuldner aus der Arbeits- oder Dienstleistung zustehen, ohne Rücksicht auf ihre Benennung oder Berechnungsart.

§ 850a ZPO Unpfändbare Bezüge

Unpfändbar sind

1. zur Hälfte die für die Leistung von Mehrarbeitsstunden gezahlten Teile des Arbeitseinkommens;
2. die für die Dauer eines Urlaubs über das Arbeitseinkommen hinaus gewährten Bezüge, Zuwendungen aus Anlaß eines besonderen Betriebsereignisses und Treugelder, soweit sie den Rahmen des Üblichen nicht übersteigen;
3. Aufwandsentschädigungen, Auslösungsgelder und sonstige soziale Zulagen für auswärtige Beschäftigungen, das Entgelt für selbstgestelltes Arbeitsmaterial, Gefahrenzulagen sowie Schmutz- und Er-

schwerniszulagen, soweit diese Bezüge den Rahmen des Üblichen nicht übersteigen;
4. Weihnachtsvergütungen bis zum Betrage der Hälfte des monatlichen Arbeitseinkommens, höchstens aber bis zum Betrage von 500 Euro;
5. Heirats- und Geburtsbeihilfen, sofern die Vollstreckung wegen anderer als der aus Anlaß der Heirat oder der Geburt entstandenen Ansprüche betrieben wird;
6. Erziehungsgelder, Studienbeihilfen und ähnliche Bezüge;
7. Sterbe- und Gnadenbezüge aus Arbeits- oder Dienstverhältnissen;
8. Blindenzulagen.

§ 850b ZPO Bedingt pfändbare Bezüge

(1) Unpfändbar sind ferner
1. Renten, die wegen einer Verletzung des Körpers oder der Gesundheit zu entrichten sind;
2. Unterhaltsrenten, die auf gesetzlicher Vorschrift beruhen, sowie die wegen Entziehung einer solchen Forderung zu entrichtenden Renten;
3. fortlaufende Einkünfte, die ein Schuldner aus Stiftungen oder sonst auf Grund der Fürsorge und Freigebigkeit eines Dritten oder auf Grund eines Altenteils oder Auszugsvertrags bezieht;
4. Bezüge aus Witwen-, Waisen-, Hilfs- und Krankenkassen, die ausschließlich oder zu einem wesentlichen Teil zu Unterstützungszwecken gewährt werden, ferner Ansprüche aus Lebensversicherungen, die nur auf den Todesfall des Versicherungsnehmers abgeschlossen sind, wenn die Versicherungssumme 3.579 Euro nicht übersteigt.

(2) Diese Bezüge können nach den für Arbeitseinkommen geltenden Vorschriften gepfändet werden, wenn die Vollstreckung in das sonstige bewegliche Vermögen des Schuldners zu einer vollständigen Befriedigung des Gläubigers nicht geführt hat oder voraussichtlich nicht führen wird und wenn nach den Umständen des Falles, insbesondere nach der Art des beizutreibenden Anspruchs und der Höhe der Bezüge, die Pfändung der Billigkeit entspricht.

(3) Das Vollstreckungsgericht soll vor seiner Entscheidung die Beteiligten hören.

§ 850c ZPO Pfändungsgrenzen für Arbeitseinkommen

(1) ¹Arbeitseinkommen ist unpfändbar, wenn es, je nach dem Zeitraum, für den es gezahlt wird, nicht mehr als
985,15 Euro monatlich,
226,72 Euro wöchentlich oder
45,34 Euro täglich
beträgt. ²Gewährt der Schuldner auf Grund einer gesetzlichen Verpflichtung seinem Ehegatten, einem früheren Ehegatten, seinem Lebenspartner, einem früheren Lebenspartner oder einem Verwandten oder nach §§ 1615 l, 1615 n des Bürgerlichen Gesetzbuchs einem Elternteil Unter-

halt, so erhöht sich der Betrag, bis zu dessen Höhe Arbeitseinkommen unpfändbar ist, auf bis zu
2 182,15 Euro monatlich,
502,20 Euro wöchentlich oder
100,44 Euro täglich,
und zwar um
370,76 Euro monatlich,
85,32 Euro wöchentlich oder
17,06 Euro täglich
für die erste Person, der Unterhalt gewährt wird, und um je
206,56 Euro monatlich,
47,54 Euro wöchentlich oder
9,51 Euro täglich
für die zweite bis fünfte Person.

(2) ¹Übersteigt das Arbeitseinkommen den Betrag, bis zu dessen Höhe es je nach der Zahl der Personen, denen der Schuldner Unterhalt gewährt, nach Absatz 1 unpfändbar ist, so ist es hinsichtlich des überschießenden Betrages zu einem Teil unpfändbar, und zwar in Höhe von drei Zehnteln, wenn der Schuldner keiner der in Absatz 1 genannten Personen Unterhalt gewährt, zwei weiteren Zehnteln für die erste Person, der Unterhalt gewährt wird, und je einem weiteren Zehntel für die zweite bis fünfte Person. ²Der Teil des Arbeitseinkommens, der 3020,06 Euro monatlich (695,03 Euro wöchentlich, 139,01 Euro täglich) übersteigt, bleibt bei der Berechnung des unpfändbaren Betrages unberücksichtigt.

(2a) ¹Die unpfändbaren Beträge nach Absatz 1 und Absatz 2 Satz 2 ändern sich jeweils zum 1. Juli eines jeden zweiten Jahres, erstmalig zum 1. Juli 2003, entsprechend der im Vergleich zum jeweiligen Vorjahreszeitraum sich ergebenden prozentualen Entwicklung des Grundfreibetrages nach § 32a Abs. 1 Nr. 1 des Einkommensteuergesetzes; der Berechnung ist die am 1. Januar des jeweiligen Jahres geltende Fassung des § 32a Abs. 1 Nr. 1 des Einkommensteuergesetzes zugrunde zu legen. ²Das Bundesministerium der Justiz gibt die maßgebenden Beträge rechtzeitig im Bundesgesetzblatt bekannt.

(3) ¹Bei der Berechnung des nach Absatz 2 pfändbaren Teils des Arbeitseinkommens ist das Arbeitseinkommen, gegebenenfalls nach Abzug des nach Absatz 2 Satz 2 pfändbaren Betrages, wie aus der Tabelle ersichtlich, die diesem Gesetz als Anlage beigefügt ist, nach unten abzurunden, und zwar bei Auszahlung für Monate auf einen durch 10 Euro, bei Auszahlung für Wochen auf einen durch 2,50 Euro oder bei Auszahlung für Tage auf einen durch 50 Cent teilbaren Betrag. ²Im Pfändungsbeschluß genügt die Bezugnahme auf die Tabelle.

(4) Hat eine Person, welcher der Schuldner auf Grund gesetzlicher Verpflichtung Unterhalt gewährt, eigene Einkünfte, so kann das Vollstreckungsgericht auf Antrag des Gläubigers nach billigem Ermessen bestimmen, daß diese Person bei der Berechnung des unpfändbaren Teils des Arbeitseinkommens ganz oder teilweise unberücksichtigt bleibt; soll die Person nur teilweise berücksichtigt werden, so ist Absatz 3 Satz 2 nicht anzuwenden.

Insolvenzordnung/Zivilprozessordnung **InsO/ZPO**

§ 850 d ZPO Pfändbarkeit bei Unterhaltsansprüchen

(1) ¹Wegen der Unterhaltsansprüche, die kraft Gesetzes einem Verwandten, dem Ehegatten, einem früheren Ehegatten, dem Lebenspartner, einem früheren Lebenspartner oder nach §§ 1615 l, 1615 n des Bürgerlichen Gesetzbuchs einem Elternteil zustehen, sind das Arbeitseinkommen und die in § 850 a Nr. 1, 2 und 4 genannten Bezüge ohne die in § 850 c bezeichneten Beschränkungen pfändbar. ²Dem Schuldner ist jedoch so viel zu belassen, als er für seinen notwendigen Unterhalt und zur Erfüllung seiner laufenden gesetzlichen Unterhaltspflichten gegenüber den dem Gläubiger vorgehenden Berechtigten oder zur gleichmäßigen Befriedigung der dem Gläubiger gleichstehenden Berechtigten bedarf; von den in § 850 a Nr. 1, 2 und 4 genannten Bezügen hat ihm mindestens die Hälfte des nach § 850 a unpfändbaren Betrages zu verbleiben. ³Der dem Schuldner hiernach verbleibende Teil seines Arbeitseinkommens darf den Betrag nicht übersteigen, der ihm nach den Vorschriften des § 850 c gegenüber nicht bevorrechtigten Gläubigern zu verbleiben hätte. ⁴Für die Pfändung wegen der Rückstände, die länger als ein Jahr vor dem Antrag auf Erlass des Pfändungsbeschlusses fällig geworden sind, gelten die Vorschriften dieses Absatzes insoweit nicht, als nach Lage der Verhältnisse nicht anzunehmen ist, dass der Schuldner sich seiner Zahlungspflicht absichtlich entzogen hat.

(2) Mehrere nach Absatz 1 Berechtigte sind mit ihren Ansprüchen in folgender Reihenfolge zu berücksichtigen, wobei mehrere gleich nahe Berechtigte untereinander gleichen Rang haben:

a) die minderjährigen unverheirateten Kinder, der Ehegatte, ein früherer Ehegatte und ein Elternteil mit seinem Anspruch nach §§ 1615 l, 1615 n des Bürgerlichen Gesetzbuchs; für das Rangverhältnis des Ehegatten zu einem früheren Ehegatten gilt jedoch § 1582 des Bürgerlichen Gesetzbuchs entsprechend; das Vollstreckungsgericht kann das Rangverhältnis der Berechtigten zueinander auf Antrag des Schuldners oder eines Berechtigten nach billigem Ermessen in anderer Weise festsetzen; das Vollstreckungsgericht hat vor seiner Entscheidung die Beteiligten zu hören;
b) der Lebenspartner und ein früherer Lebenspartner;
c) die übrigen Abkömmlinge, wobei die Kinder den anderen vorgehen;
d) die Verwandten aufsteigender Linie, wobei die näheren Grade den entfernteren vorgehen.

(3) Bei der Vollstreckung wegen der in Absatz 1 bezeichneten Ansprüche sowie wegen der aus Anlass einer Verletzung des Körpers oder der Gesundheit zu zahlenden Renten kann zugleich mit der Pfändung wegen fälliger Ansprüche auch künftig fällig werdendes Arbeitseinkommen wegen der dann jeweils fällig werdenden Ansprüche gepfändet und überwiesen werden.

§ 850 e ZPO Berechnung des pfändbaren Arbeitseinkommens

Für die Berechnung des pfändbaren Arbeitseinkommens gilt Folgendes:

1. Nicht mitzurechnen sind die nach § 850 a der Pfändung entzogenen Bezüge, ferner Beträge, die unmittelbar auf Grund steuerrechtlicher

oder sozialrechtlicher Vorschriften zur Erfüllung gesetzlicher Verpflichtungen des Schuldners abzuführen sind. Diesen Beträgen stehen gleich die auf den Auszahlungszeitraum entfallenden Beträge, die der Schuldner
a) nach den Vorschriften der Sozialversicherungsgesetze zur Weiterversicherung entrichtet oder
b) an eine Ersatzkasse oder an ein Unternehmen der privaten Krankenversicherung leistet, soweit sie den Rahmen des Üblichen nicht übersteigen.

2. Mehrere Arbeitseinkommen sind auf Antrag vom Vollstreckungsgericht bei der Pfändung zusammenzurechnen. Der unpfändbare Grundbetrag ist in erster Linie dem Arbeitseinkommen zu entnehmen, das die wesentliche Grundlage der Lebenshaltung des Schuldners bildet.

2a. Mit Arbeitseinkommen sind auf Antrag auch Ansprüche auf laufende Geldleistungen nach dem Sozialgesetzbuch zusammenzurechnen, soweit diese der Pfändung unterworfen sind. Der unpfändbare Grundbetrag ist, soweit die Pfändung nicht wegen gesetzlicher Unterhaltsansprüche erfolgt, in erster Linie den laufenden Geldleistungen nach dem Sozialgesetzbuch zu entnehmen. Ansprüche auf Geldleistungen für Kinder dürfen mit Arbeitseinkommen nur zusammengerechnet werden, soweit sie nach § 76 des Einkommensteuergesetzes oder nach § 54 Abs. 5 des Ersten Buches Sozialgesetzbuch gepfändet werden können.

3. Erhält der Schuldner neben seinem in Geld zahlbaren Einkommen auch Naturalleistungen, so sind Geld- und Naturalleistungen zusammenzurechnen. In diesem Fall ist der in Geld zahlbare Betrag insoweit pfändbar, als der nach § 850c unpfändbare Teil des Gesamteinkommens durch den Wert der dem Schuldner verbleibenden Naturalleistungen gedeckt ist.

4. Trifft eine Pfändung, eine Abtretung oder eine sonstige Verfügung wegen eines der in § 850d bezeichneten Ansprüche mit einer Pfändung wegen eines sonstigen Anspruchs zusammen, so sind auf die Unterhaltsansprüche zunächst die gemäß § 850d der Pfändung in erweitertem Umfang unterliegenden Teile des Arbeitseinkommens zu verrechnen. Die Verrechnung nimmt auf Antrag eines Beteiligten das Vollstreckungsgericht vor. Der Drittschuldner kann, solange ihm eine Entscheidung des Vollstreckungsgerichts nicht zugestellt ist, nach dem Inhalt der ihm bekannten Pfändungsbeschlüsse, Abtretungen und sonstigen Verfügungen mit befreiender Wirkung leisten.

§ 850f ZPO Änderung des unpfändbaren Betrages

(1) Das Vollstreckungsgericht kann dem Schuldner auf Antrag von dem nach den Bestimmungen der §§ 850c, 850d und 850i pfändbaren Teil seines Arbeitseinkommens einen Teil belassen, wenn
a) der Schuldner nachweist, dass bei Anwendung der Pfändungsfreigrenzen entsprechend der Anlage zu diesem Gesetz (zu § 850c) der notwendige Lebensunterhalt im Sinne des Dritten und Elften Kapi-

Insolvenzordnung/Zivilprozessordnung **InsO/ZPO**

tels des Zwölften Buches Sozialgesetzbuch oder nach Kapitel 3 Abschnitt 2 des Zweiten Buches Sozialgesetzbuch für sich und für die Personen, denen er Unterhalt zu gewähren hat, nicht gedeckt ist,
b) besondere Bedürfnisse des Schuldners aus persönlichen oder beruflichen Gründen oder
c) der besondere Umfang der gesetzlichen Unterhaltspflichten des Schuldners, insbesondere die Zahl der Unterhaltsberechtigten, dies erfordern

und überwiegende Belange des Gläubigers nicht entgegenstehen.

(2) Wird die Zwangsvollstreckung wegen einer Forderung aus einer vorsätzlich begangenen unerlaubten Handlung betrieben, so kann das Vollstreckungsgericht auf Antrag des Gläubigers den pfändbaren Teil des Arbeitseinkommens ohne Rücksicht auf die in § 850 c vorgesehenen Beschränkungen bestimmen; dem Schuldner ist jedoch so viel zu belassen, wie er für seinen notwendigen Unterhalt und zur Erfüllung seiner laufenden gesetzlichen Unterhaltspflichten bedarf.

(3) ¹Wird die Zwangsvollstreckung wegen anderer als der in Absatz 2 und in § 850 d bezeichneten Forderungen betrieben, so kann das Vollstreckungsgericht in den Fällen, in denen sich das Arbeitseinkommen des Schuldners auf mehr als monatlich 2981,92 Euro (wöchentlich 679,01 Euro, täglich 130,82 Euro) beläuft, über die Beträge hinaus, die nach § 850 c pfändbar wären, auf Antrag des Gläubigers die Pfändbarkeit unter Berücksichtigung der Belange des Gläubigers und des Schuldners nach freiem Ermessen festsetzen. ²Dem Schuldner ist jedoch mindestens so viel zu belassen, wie sich bei einem Arbeitseinkommen von monatlich 2981,92 Euro (wöchentlich 679,01 Euro, täglich 130,82 Euro) aus § 850 c ergeben würde. ³Die Beträge nach den Sätzen 1 und 2 werden entsprechend der in § 850 c Abs. 2 a getroffenen Regelung jeweils zum 1. Juli eines jeden zweiten Jahres, erstmalig zum 1. Juli 2003, geändert.

§ 850 i ZPO Pfändungsschutz bei sonstigen Vergütungen

(1) ¹Ist eine nicht wiederkehrend zahlbare Vergütung für persönlich geleistete Arbeiten oder Dienste gepfändet, so hat das Gericht dem Schuldner auf Antrag so viel zu belassen, als er während eines angemessenen Zeitraums für seinen notwendigen Unterhalt und den seines Ehegatten, eines früheren Ehegatten, seines Lebenspartners, eines früheren Lebenspartners, seiner unterhaltsberechtigten Verwandten oder eines Elternteils nach §§ 1615l, 1615n des Bürgerlichen Gesetzbuchs bedarf. ²Bei der Entscheidung sind die wirtschaftlichen Verhältnisse des Schuldners, insbesondere seine sonstigen Verdienstmöglichkeiten, frei zu würdigen. ³Dem Schuldner ist nicht mehr zu belassen, als ihm nach freier Schätzung des Gerichts verbleiben würde, wenn sein Arbeitseinkommen aus laufendem Arbeits- oder Dienstlohn bestände. ⁴Der Antrag des Schuldners ist insoweit abzulehnen, als überwiegende Belange des Gläubigers entgegenstehen.

(2) Die Vorschriften des Absatzes 1 gelten entsprechend für Vergütungen, die für die Gewährung von Wohngelegenheit oder eine sonstige

InsO/ZPO 3. Teil. Nebenvorschriften

Sachbenutzung geschuldet werden, wenn die Vergütung zu einem nicht unwesentlichen Teil als Entgelt für neben der Sachbenutzung gewährte Dienstleistungen anzusehen ist.

(3) Die Vorschriften des § 27 des Heimarbeitsgesetzes vom 14. März 1951 (BGBl. I S. 191) bleiben unberührt.

(4) Die Bestimmungen der Versicherungs-, Versorgungs- und sonstigen gesetzlichen Vorschriften über die Pfändung von Ansprüchen bestimmter Art bleiben unberührt.

Inhaltsübersicht

	Rn
I. Unterhalt und Insolvenz	1
II. Das Verbraucherinsolvenzverfahren	3
1. Antragsberechtigte	3
2. Ablauf des Verbraucherinsolvenzverfahrens	4
a) Überblick	4
b) Außergerichtliches Schuldenbereinigungsverfahren	5
c) Gerichtliches Schuldenbereinigungsverfahren	6
d) Verfahrenseröffnung	7
e) Wohlverhaltensperiode	8
3. Pfändungsfreigrenze	9
a) Allgemeine Grundsätze	9
b) Selbständige	10
c) Berechnungsbeispiele	11
III. Obliegenheit zur Einleitung eines Verbraucherinsolvenzverfahrens	13
1. Voraussetzungen einer Obliegenheit	13
a) Unterhaltsrelevante Verbindlichkeiten	14
b) Mangelfall	15
c) Erhöhung der Leistungsfähig	16
d) Nachhaltigkeit der Erhöhung	17
e) Näheverhältnis zum Gläubiger	18
f) Überlegungsfrist	19
g) Vorliegen der Eröffnungsvoraussetzungen	20
2. Folge des Verbraucherinsolvenzverfahrens	21
IV. Verfahrensrechtliche Fragen	22
1. Verfahrensunterbrechung nach § 240 ZPO	22
2. Abänderungsverfahren	23

I. Unterhalt und Insolvenz

1   Weit über 30% aller Haushalte in der Bundesrepublik Deutschland sind aufgrund von **Konsumentenkrediten** verschuldet. Nach Erhebungen der Schufa waren im Jahr 2007 7,3% aller Privathaushalte in Deutschland überschuldet, d. h. das verbleibende Einkommen nach Abzug der notwendigen Lebenshaltungskosten reicht nicht mehr zur Erfüllung aller Zahlungsverpflichtungen. Nach der Arbeitslosigkeit mit 38% sind Trennung und Scheidung mit 22% die zweithäufigste Ursache einer **Überschuldungssituation** (Melchers/Hauß, Unterhalt und Verbraucherinsolvenz Rn 10).

Insolvenzordnung/Zivilprozessordnung **InsO/ZPO**

Vor dem Hintergrund der Möglichkeit des **Verbraucherinsolvenzverfahrens** nach §§ 304 ff. InsO kann ein überschuldeter Unterhaltsschuldner verpflichtet sein, einen Insolvenzantrag zu stellen, um seine unterhaltsrechtliche Leistungsfähigkeit zu erhöhen (BGH NJW 2005, 1279). Wird ein Verbraucherinsolvenzverfahren durchgeführt, erfolgt die Entschuldung wegen der am Ende stehenden **Restschuldbefreiung zu Lasten der Kreditgeber.** Ansonsten trägt der Unterhaltsverpflichtete die Verbindlichkeiten weiter ab, die Unterhaltsberechtigten leben von öffentlichen Mitteln wie Sozialhilfe, Unterhaltsvorschussleistungen und Leistungen nach dem SGB II. Die Entschuldung erfolgt in diesen Fällen zu **Lasten der Allgemeinheit.** 2

II. Das Verbraucherinsolvenzverfahren

1. Antragsberechtigte

Das Verbraucherinsolvenzverfahren steht nach § 304 InsO **natürlichen Personen** offen, die keine selbständige wirtschaftliche Tätigkeit ausüben oder ausgeübt haben bzw. im Fall der Ausübung einer **selbstständigen wirtschaftlichen Tätigkeit** dem Personenkreis, dessen Vermögensverhältnisse überschaubar sind und gegen den keine Forderungen aus Arbeitsverhältnissen bestehen. Überschaubar sind nach § 304 Abs. 2 InsO die Vermögensverhältnisse nur, wenn der Schuldner zu dem Zeitpunkt, zu dem der Antrag auf Eröffnung des Insolvenzverfahrens gestellt wird, weniger als **20 Gläubiger** hat. 3

2. Ablauf des Verbraucherinsolvenzverfahrens

a) Überblick. Das Verbraucherinsolvenzverfahren gliedert sich in vier Abschnitte: 4
1. Das außergerichtliche Schuldenbereinigungsplanverfahren.
2. Das gerichtliche Schuldenbereinigungsplanverfahren.
3. Die Verfahrenseröffnung.
4. Die Wohlverhaltensperiode.

b) Außergerichtliches Schuldenbereinigungsverfahren. Im außergerichtlichen Einigungsverfahren nach §§ 100, 305a InsO hat der Schuldner eine vergleichsweise Verständigung mit sämtlichen Gläubigern zu suchen. Widerspricht nur ein einziger Gläubiger dem Schuldenbereinigungsplan, ist die außergerichtliche Schuldenbereinigung gescheitert. Gelingt sie, hat der **Schuldenbereinigungsplan** die Wirkung eines Vergleichs im Sinne von § 779 Abs. 2 BGB. Ein außergerichtlich tätiger Rechtsanwalt wird aus der Landeskasse nach Nr. 2600 ff. VV vergütet, ansonsten richten sich die Gebühren nach § 28 RVG i.V. mit Nr. 3313 ff VV. 5

c) Gerichtliches Schuldenbereinigungsverfahren. Bei Scheitern der außergerichtlichen Schuldenregulierung schließt sich ein gerichtliches Schuldenbereinigungsverfahren an. Dieses ist mit dem **Antrag auf Eröffnung** des Verbraucherinsolvenzverfahrens und der Vorlage eines Schuldenbereinigungsplanes zu verbinden. Eröffnungsgrund für das Verbraucherinsolvenzverfahren sind **Zahlungsunfähigkeit** (§ 17 InsO) oder **drohende Zahlungsunfähigkeit** (§ 18 InsO). Das Verfahren richtet sich nach den §§ 307 ff. InsO. Stimmt mehr als die Hälfte der Gläubiger dem Schuldenbereinigungsplan zu und beträgt die Summe 6 der Ansprüche der zustimmenden Gläubiger mehr als die Hälfte der Summe der gesamten Ansprüche, so kann das Insolvenzgericht auf Antrag eines Gläubigers oder des Schuldners die **Zustimmung der verweigernden Gläubiger ersetzen.** Die Gläubiger haben gegen den Schuldner keinen Anspruch auf Erstattung der in diesem Verfahren entstehenden **Kosten** (§ 310 InsO). Dem Schuldner können die ihm entstehenden Kosten bis zur Erteilung der Restschuldbefreiung nach § 4a und b InsO **gestundet** werden. Die Höhe der Raten wird wie im Rahmen der Prozesskostenhilfe bemessen (§ 115 Abs. 1 und 2 ZPO). Wegen dieser Möglichkeit sieht der Bundesgerichtshof die Einleitung eines Verbraucherinsolvenzverfahrens trotz der zusätzlich auf den Schuldner zukommenden Kosten als zumutbar an (BGH NJW 2005, 1279).

7 **d) Verfahrenseröffnung.** Findet der Schuldenbereinigungsplan nicht die notwendige Zustimmung, ist über die Eröffnung des Insolvenzverfahrens zu entscheiden (§§ 311 ff. InsO). Bei Eröffnung des Verfahrens wird für den Fall des Wohlverhaltens die Restschuldbefreiung angekündigt (§ 219 InsO). Wird das Verfahren aufgrund eines Gläubigerantrags eröffnet, muss das Insolvenzgericht den Schuldner darauf hinweisen, dass für die **Restschuldbefreiung ein Eigenantrag** erforderlich ist. Fehlt es an diesem Hinweis, reicht der Antrag auf Restschuldbefreiung durch den Schuldner, um ihm die entsprechende Aussicht zu erhalten (BGH NJW 2005, 1433).

8 **e) Wohlverhaltensperiode.** Mit der Eröffnung des Insolvenzverfahrens beginnt die **Wohlverhaltensperiode** im Sinne von § 287 Abs. 2 InsO von in der Regel sechs Jahren. In dieser Zeit hat der eingesetzte Treuhänder vorhandenes Vermögen des Schuldners zu verwalten und an die Gläubiger zu verteilen. In einem Schlusstermin (§ 197 InsO) entscheidet das Insolvenzgericht über den Antrag auf **Restschuldbefreiung.** Liegen die Versagungsgründe des § 290 InsO nicht vor, erlangt der Schuldner Restschuldbefreiung, wenn er den Obliegenheiten gemäß § 295 InsO nachkommt und die Versagungsgründe nach §§ 297, 298 InsO nicht vorliegen. Nach Ablauf dieser Wohlverhaltensperiode entscheidet das Gericht über die Aufhebung des Insolvenzverfahrens und, wenn die Voraussetzungen des § 300 InsO vorliegen, über die Restschuldbefreiung. Ausgenommen von der Restschuldbefreiung sind nach § 302 InsO Verbindlichkeiten aus vorsätzlich begangenen **unerlaubten Handlungen,** sofern sie mit diesem Rechtsgrund angemeldet worden sind, Geldstrafen und nach § 39 Abs. 1 Nr. 3 InsO gleichgestellte Verbindlichkeiten sowie Verbindlichkeiten aus Darlehn zur Begleichung der Kosten des Insolvenzverfahrens.

3. Pfändungsfreigrenze

9 **a) Allgemeine Grundsätze.** Vom Insolvenzbeschlag wird nach § 35 InsO auch das nach Insolvenzeröffnung erworbene Vermögen erfasst **(Neuvermögen).** Von unterhaltsrechtlicher Bedeutung ist der Umstand, dass dem Schuldner während des Insolvenzverfahrens der **allgemeine Pfändungsfreibetrag** zu verbleiben hat. Dieser beträgt nach § 850c Abs. 1 ZPO 985,15 EUR monatlich. Er erhöht sich für den ersten Unterhaltspflichtigen um 370,76 EUR und für weitere unterhaltspflichtige Personen um 206,56 EUR bis zu einer Gesamthöhe von 2182,15 EUR.

Dieser Höchstbetrag kann bei höheren Einkünften nach Maßgabe des § 850c Abs. 2 ZPO erhöht werden. Weitere Erhöhungen sind möglich nach § 850 ZPO

Insolvenzordnung/Zivilprozessordnung **InsO/ZPO**

wegen unpfändbarer Bezüge wie **Weihnachtsgeld, Mehrarbeitsstunden** und ähnliches sowie in besonderen Fällen nach § 850 f. ZPO.

b) Einkommen eines Selbständigen. Bei einem selbständig Tätigen fallen 10
die **Honoraransprüche** in vollem Umfang in die **Insolvenzmasse** (BGH NJW 2003, 2167). Da es sich bei dem Einkommen eines Selbständigen um „nicht wiederkehrend zahlbare Vergütungen für persönlich geleistete Arbeiten oder Dienste" im Sinne des § 850 i ZPO handelt, kann der Selbständige beantragen, ihm von den pfändbaren Honoraransprüchen das zu belassen, was er für den **eigenen notwendigen Unterhalt** und den seiner **Unterhaltsberechtigten benötigt**. Höchstens verbleibt ihm der Betrag, der sich ergibt, wenn sein Einkommen aus laufendem Arbeits- oder Dienstlohn bestände (§§ 36 I InsO, 850 i I ZPO). Für den Selbständigen besteht die Obliegenheit, diese Erhöhung zu beantragen (BGH NJW 2008, 227).

c) Berechnungsbeispiele. 11

Berechnung ohne Insolvenzantrag:

Einkommen des Unterhaltspflichtigen		1850,00 EUR
5% berufsbedingte Aufwendungen		90,25 EUR
Verbindlichkeiten		− 400,00 EUR
Kind 1 Altersgruppe 2		
Einkommensstufe 1	322,00 EUR − 82,00 EUR	− 240,00 EUR
Kind 2 Altersgruppe 1		
Einkommensstufe 1	281,00 EUR − 82,00 EUR	− 199,00 EUR
Kind 3 Altersgruppe 1		
Einkommensstufe 1	281,00 EUR − 85,00 EUR	− 196,00 EUR
verbleibendes Einkommen Pflichtiger		724,75 EUR.

Es liegt ein **Mangelfall** vor. Auch nach Herabgruppierung in die erste Einkommensgruppe der Düsseldorfer Tabelle kann der Pflichtige den Unterhalt bei Wahrung seines notwendigen Selbstbehalts von 900,00 EUR nicht leisten. Die Kindesunterhaltsbeträge sind daher prozentual zu kürzen. Der geschuldete Kindesunterhalt beläuft sich auf 635,00 EUR (240,00 EUR + 199,00 EUR + 196,00 EUR). Zur Verfügung stehen 459,75 EUR (1850,00 EUR − 90,25 EUR − 400,00 EUR − 900,00 EUR). Daher stehen jedem Kind 72,40% des Mindestunterhalts zu (459,75 EUR : 635,00 EUR × 100).

Berechnung mit Verbraucherinsolvenz: 12

Die Pfändungsfreigrenze bemisst sich auf den Grundbetrag von 985,15 EUR zuzüglich eines Zuschlages für den ersten Unterhaltsberechtigten von 370,76 EUR und für die beiden weiteren Unterhaltsberechtigten von je 206,56 EUR und damit auf 1769,03 EUR. Als **Zuschlag für das Mehreinkommen** zwischen dem tatsächlichen Einkommen und dem Pfändungsfreibetrag sind dem Unterhaltspflichtigen selbst $3/10$ und für die erste unterhaltsberechtigte Person $2/10$ sowie für die beiden weiteren unter haltsberechtigten Personen jeweils $1/10$ zu gewähren. Die Differenz zwischen dem Einkommen von 1850,00 EUR und dem Pfändungsfreibetrag von 1769,03 EUR beläuft sich auf 80,97 EUR, so dass der Pfändungsfreibetrag um insgesamt $7/10$ ($3/10$ plus $2/10$ plus $1/10$ plus $1/10$) und damit 56,68 EUR zu erhöhen ist. Der gesamte pfändungsfreie Betrag liegt damit bei 1825,71. Daraus folgt folgende Unterhaltsberechnung:

Einkommen des Unterhaltspflichtigen		1825,71 EUR
5% berufsbedingte Aufwendungen		− 91,29 EUR
Schulden		− 0,00 EUR
Kind 1 Altersgruppe 2		
Einkommensstufe 2	339,00 EUR − 82,00 EUR =	− 257,00 EUR

Poppen

Kind 2 Altersgruppe 1
Einkommensstufe 2   296,00 EUR – 82,00 EUR =   – 214,00 EUR
Kind 3 Altersgruppe 1
Einkommensstufe 2   296,00 EUR – 85,00 EUR =   – 211,00 EUR
Rest Unterhaltspflichtiger   1052,42 EUR.

Nach Einleitung des Verbraucherinsolvenzverfahrens können die Unterhaltsansprüche der Kinder vollständig befriedigt werden. Insgesamt fließen an die Kinder 682,00 EUR (257,00 EUR + 214,00 EUR + 211,00 EUR) im Gegensatz zu 459,75 EUR ohne Einleitung des Verbraucherinsolvenzverfahrens, mithin 222,25 EUR mehr.

III. Obliegenheit zur Einleitung eines Verbraucherinsolvenzverfahrens

1. Voraussetzung einer Obliegenheit

13   Vor diesem Hintergrund nimmt der Bundesgerichtshof bei einer **gesteigerten Erwerbsobliegenheit gegenüber minderjährigen Kindern** im Regelfall eine Obliegenheit zur Einleitung eines Verbraucherinsolvenzverfahrens an (BGH NJW 2005, 1279; BGH NJW 2008, 227). Eine Ausnahme ist gegeben, wenn die Einleitung eines Verbraucherinsolvenzverfahrens den Arbeitsplatz des Unterhaltspflichtigen gefährden würde (OLG Oldenburg FamRZ 2006, 1223). Die Obliegenheit besteht nicht im Hinblick auf Unterhaltsansprüche sonstiger Unterhaltsberechtigter, insbesondere nicht im Hinblick auf **Ehegattenunterhaltsansprüche** (BGH NJW 2008, 851; OLG Celle FamRZ 2006, 1536). Muss ein Unterhaltsverpflichteter ein Verbraucherinsolvenzverfahren einleiten, weil er einem minderjährigen Kind Unterhalt schuldet, partizipiert im Rahmen der dann erhöhten Leistungsfähigkeit auch ein Ehegatte von den zusätzlich für den Unterhalt zur Verfügung stehenden Mitteln (OLGR Celle 2007, 641). Die Obliegenheit besteht unter folgenden Voraussetzungen:

14   a) **Unterhaltsrelevante Verbindlichkeiten.** Die vom Unterhaltspflichtigen geltend gemachten Verbindlichkeiten müssen unterhaltsrelevant sein. Bei der Unterhaltsberechnung sind Verbindlichkeiten, die der Unterhaltspflichtige leichtfertig für luxuriöse Zwecke oder **ohne verständlichen Grund** eingegangen ist, nicht zu berücksichtigen (BGH NJW-RR 1996, 321). Liegen nur ohnehin nicht berücksichtigungsfähige Verbindlichkeiten vor, entfällt die Obliegenheit, ein Verbraucherinsolvenzverfahren einzuleiten.

15   b) **Mangelfall.** Voraussetzung für die Annahme einer Obliegenheit ist ferner, dass ein unterhaltrechtlicher **Mangelfall** gegeben ist. Lässt sich der Unterhaltsbedarf der Pflichtigen decken, bedarf es des Verbraucherinsolvenzverfahrens nicht.

16   c) **Erhöhung der Leistungsfähigkeit.** Die Durchführung des Verbraucherinsolvenzverfahrens muss zudem die Leistungsfähigkeit **messbar** erhöhen. Eine Obliegenheit besteht dann nicht, wenn sich die zu zahlenden Unterhaltsbeträge vor dem Hintergrund eines Verbraucherinsolvenzverfahrens nur geringfügig erhöhen. Sie entfällt auch, wenn der Unterhaltspflichtige seine Verbindlichkeiten so umschuldet, dass er in etwa so leistungsfähig ist, wie bei einer Verbraucherinsolvenz (OLG Hamm NJW-RR 2007, 86).

17   d) **Nachhaltigkeit der Erhöhung.** In zeitlicher Hinsicht ist zu berücksichtigen, ob die Unterhaltspflichten voraussichtlich jedenfalls solange andauern, wie

die Wohlverhaltensperiode geht. Steht etwa die **wirtschaftliche Selbstständigkeit** von Kindern kurzfristig bevor, kann der erhebliche Einschnitt der Beantragung eines Verbraucherinsolvenzverfahrens nicht verlangt werden (vgl. dazu BGH NJW 2005, 1279). Gleiches gilt, wenn die Kredite **regulär** in absehbarer Zeit zurückgeführt sind.

e) Näheverhältnis zum Gläubiger. Keine Obliegenheit zur Einleitung eines 18 Verbraucherinsolvenzverfahrens besteht, wenn zwischen dem Unterhaltsschuldner und seinen Drittgläubigern ein besonderes Näheverhältnis besteht. Schuldet der Unterhaltsverpflichtete etwa seinen **Eltern** aus Darlehn erhebliche Beträge, kann er nicht auf das Insolvenzverfahren mit der Restschuldbefreiung verwiesen werden, weil es ihm nicht zuzumuten ist, daran mitzuwirken, dass die Eltern mit ihrer Forderung im Zuge der Restschuldbefreiung ganz oder teilweise ausfallen.

f) Überlegungsfrist. Die Obliegenheit, ein Insolvenzverfahren einzuleiten, 19 besteht nicht unmittelbar mit dem Unterhaltsverlangen. Dem Unterhaltsverpflichteten ist eine angemessene **Überlegungsfrist** zu gewähren (OLGR Celle 2007, 641).

g) Vorliegen der Eröffnungsvoraussetzungen. Es müssen die Vorausset- 20 zungen für die Einleitung eines Verbraucherinsolvenzverfahrens vorliegen, d. h. der **Insolvenzgrund** der Zahlungsunfähigkeit bzw. der drohenden Zahlungsunfähigkeit nach den §§ 17, 18 InsO und es dürfen keine Gründe vorliegen, die der Prognose einer Restschuldbefreiung entgegenstehen (§§ 290, 302 InsO).

2. Folge des Verbraucherinsolvenzverfahrens

Am Ende des Verbraucherinsolvenzverfahrens steht die Restschuldbefreiung. Es 21 erlöschen Restverbindlichkeiten gegen über den Gläubigern. Erfasst von der **Restschuldbefreiung** sind als allgemeine Insolvenzforderungen (§ 40 InsO) auch **Unterhaltsrückstände** aus der Zeit vor der Verfahrenseröffnung (BGH NJW 2008, 1525). Diese Folge muss der Unterhaltsgläubiger im Interesse der aktuellen Befriedigung seiner Lebensbedürfnisse hinnehmen (BGH NJW 2005, 1279).

IV. Verfahrensrechtliche Fragen

1. Verfahrensunterbrechung nach § 240 ZPO

Wird während eines laufenden Unterhaltsverfahrens ein Verbraucherinsolvenz- 22 verfahren eröffnet, ist damit der **Rechtsstreit** nach §§ 113 FamFG, 240 ZPO **unterbrochen**, „wenn es die Insolvenzmasse betrifft". In die Insolvenzmasse fallen nach den §§ 35, 36 InsO die für die Zeit vor Eröffnung des Insolvenzverfahrens fällig gewordenen Unterhaltsansprüche. Ab Verfahrenseröffnung fällig werdende Unterhaltsansprüche können unabhängig vom Insolvenzverfahren weiter geltend gemacht werden (§ 40 InsO). Ein laufendes Unterhaltsverfahren wird im Wege einer **Verfahrenstrennung** (§§ 113 FamFG, 145 ZPO) in einen durch das Insolvenzverfahren unterbrochenen Teil betreffend die Rückstände und einen vom Insolvenzverfahren unberührt bleibenden Teil betreffend den laufenden Unterhalt aufgeteilt (OLG Karlsruhe NJW-RR 2006, 1302; OLG Hamm FamRZ 2005, 279).

2. Abänderungsverfahren

23 Bei bestehenden Alttiteln ist unzweifelhaft eine Änderung nach § 323 Abs. 1 ZPO (ab 1. 1. 2009: §§ 238, 239 FamFG) dann möglich, wenn über das Vermögen des Unterhaltsschuldners ein Verbraucherinsolvenzverfahren eröffnet worden ist. Das Änderungsverfahren ist dem Unterhaltsgläubiger allerdings auch mit der Begründung eröffnet, der Unterhaltsschuldner müsse ein Verbraucherinsolvenzverfahren einleiten. Jedenfalls mit **Änderung des Verbraucherinsolvenzverfahrens** und der Anhebung der Pfändungsfreigrenzen zum 1. 1. 2002 haben sich die rechtlichen Rahmenbedingungen verändert, so dass die früher geäußerten Zweifel an der Obliegenheit zur Durchführung des Verbraucherinsolvenzverfahrens, die überwiegend auf Kostengesichtspunkte und den mangelnden Nutzen für die Unterhaltsgläubiger gestützt wurden, ihre Wirkung verloren haben. **Änderungen** in der **Gesetzeslage** und einer Änderung der Gesetzeslage gleich kommende Änderungen in der **Rechtsprechung** bzw. der Auslegung von Vorschriften ermöglichen eine Abänderung von Alttiteln (BGH NJW 2001, 3618).

Vierter Teil. Prozessrecht

Zivilprozessordnung

§ 93 Kosten bei sofortigem Anerkenntnis
Hat der Beklagte nicht durch sein Verhalten zur Erhebung der Klage Veranlassung gegeben, so fallen dem Kläger die Prozesskosten zur Last, wenn der Beklagte den Anspruch sofort anerkennt.

I. Normzweck

Die Vorschrift, die im System der §§ 91 ff. ZPO als **Ausnahmevorschrift** anzusehen ist, soll dazu beitragen, unnötige Prozesse zu vermeiden. Sie schützt den leistungswilligen Beklagten vor den Kosten und ermöglicht es, dem Verursacher, der ohne Anlass vor Gericht geht, die Kosten aufzuerlegen. 1

II. Anwendungsbereich

Die Vorschrift gilt für alle Verfahren der ZPO, die ein Anerkenntnis nach § 307 ZPO zulassen. Dazu zählen auch Arrestverfahren und einstweilige Verfügungen (Thomas/Putzo/Putzo Rn 2) sowie Klagen nach § 323 ZPO und § 767 ZPO, nicht jedoch Mahnverfahren. 2

III. Voraussetzungen

1. Keine Veranlassung zur Erhebung der Klage

Veranlassung zur Erhebung der Klage gibt ein Beklagter, wenn er sich vor Beginn des Prozesses (BGH NJW 1979, 2041) dem Kläger gegenüber so verhalten hat, dass dieser bei vernünftiger Würdigung davon ausgehen musste, er werde ohne Klage nicht zu seinem Recht kommen (KG MDR 2000, 594; OLG München NJW-RR 2001, 43). Abzustellen ist auf das **vorprozessuale Verhalten** des Beklagten; aber auch das danach gezeigte prozessuale Verhalten ist mit zu berücksichtigen. Auf ein evtl. Verschulden und die materielle Rechtslage – z. B. fehlende Schlüssigkeit – kommt es nicht an. **Darlegungs- und beweispflichtig** ist der Beklagte (OLG Frankfurt NJW-RR 1996, 62). I. d. R. gibt ein Unterhaltsschuldner Veranlassung zur Klage bei Nichtleistung des Unterhalts trotz Verzuges (OLG München FamRZ 1993, 454). Auch bei regelmäßiger **freiwilliger Zahlung** des Unterhalts besteht ein Rechtsschutzinteresse des Unterhaltsgläubigers an der Erlangung eines vollstreckbaren Titels (OLG Hamm FamRZ 1992, 831). Weigert sich der Unterhaltsschuldner, an der für ihn kostenfreien Errichtung eines Unterhaltstitels mitzuwirken, gibt er – nachdem er vom Berechtigten vorprozessual dazu aufgefordert worden ist – Veranlassung zur Klage (str., OLG Stuttgart NJW-RR 2001, 1010: zum nachehelichen Unterhalt; OLG Düsseldorf FamRZ 1994, 117; OLG Frankfurt FamRZ 1998, 445; vgl. auch: Zöller/Herget Rn 6, Stichwort.: Unterhaltssachen; zur Klagveranlassung bei 3

ZPO § 93

Verweigerung der Zustimmung zum Realsplitting: OLG Hamm FamRZ 1991, 830), ebenso wenn ein Unterhaltsschuldner nicht auf ein Auskunfts- und Leistungsverlangen reagiert (OLG Hamm FamRZ 1999, 1153; zur Anwendbarkeit der Sondervorschrift des § 93 d ZPO: OLG Bamberg FamRZ 2003, 239). Veranlassung zur Abänderungsklage gibt, wer trotz Aufforderung den abzuändernden Titel nicht herausgibt (OLG Karlsruhe FamRZ 2006, 630). Die Erbringung nur von Teilleistungen gibt i. d. R. Veranlassung zur Klageerhebung über den vollen Betrag (str., OLG Köln NJW-RR 1998, 1703; OLG Nürnberg NJW-RR 2001, 1377; OLG Zweibrücken FamRZ 2002, 1131, OLG Oldenburg NJOZ 2004, 2551; a. A. OLG Bremen NJW-RR 1990, 6; OLG Stuttgart NJW-RR 2001, 1010). Veranlassung zur Erhebung einer Abänderungsklage gibt ein Unterhaltsgläubiger, der auf eine vorprozessuale Aufforderung des Unterhaltsschuldners, auf die Vollstreckung aus dem Titel in Höhe von Mehreinkünften zu verzichten, nicht reagiert (OLG Frankfurt FamRZ 2001, 50). Veranlassung zur Klageerhebung ist auch gegeben bei Erhebung einer Abänderungsklage ohne prozessuale Aufforderung, wenn bereits auf den titulierten Unterhalt keine Leistungen erbracht wurden (OLG Brandenburg FamRZ 2003, 1577). Keine Veranlassung zur Klageerhebung besteht, solange der eingeklagte Anspruch noch nicht entstanden ist (OLG Nürnberg FamRZ 2003, 1576).

2. Sofortiges Anerkenntnis

4 Das Anerkenntnis, das § 307 ZPO entspricht, muss wirksam sein; es darf keine Bedingung enthalten (BGH NJW 1985, 2716; OLG Bremen FamRZ 2002, 1271). Sofort anerkannt ist der Anspruch bei Abgabe des Anerkenntnisses in der ersten mündlichen Verhandlung, im schriftlichen Verfahren im ersten Schriftsatz, im schriftlichen Vorverfahren nur bei Abgabe innerhalb der Klageerwiderungsfrist, wenn die Verteidigungsanzeige keinen auf Abweisung gerichteten Sachantrag enthält (BGH NJW 2006, 2490). Ein Anerkenntnis in der Klageerwiderung ist als sofortiges anzusehen, selbst wenn der Beklagte im PKH-Verfahren keine Stellungnahme abgegeben hat (OLG Hamm FamRZ 2004, 466). Kein sofortiges Anerkenntnis liegt vor, wenn der Beklagte erst nach PKH-Bewilligung anerkennt (OLG Karlsruhe NJOZ 2004, 376) und wenn es von der Vorlage eines Belegs, z. B. einer Schulbescheinigung, abhängig gemacht wird und dann nach Vorlage derselben erklärt wird (OLG Karlsruhe FamRZ 2004, 1660).

IV. Entscheidung

5 Im Anerkenntnisurteil ist einheitlich über die **Kosten** zu entscheiden. Bei einem Teilanerkenntnis gilt § 93 ZPO für den betreffenden Teil des Streitgegenstandes, im Übrigen gelten die §§ 91, 92 ZPO. Bei Rücknahme der weitergehenden Klage nach einem Teilanerkenntnisurteil ist im Schlussurteil über die Kosten zu entscheiden (BGH NJW-RR 1999, 1741). Bezüglich eines Rechtsmittels gilt § 99 Abs. 2 ZPO.

V. Neuregelung nach FamFG

6 Nach **§ 243 S. 1 FamFG** entscheidet das Gericht im Unterhaltsstreit nach billigem Ermessen über die Verteilung der Kosten. Dabei ist nach S. 4 ein sofortiges Anerkenntnis zu berücksichtigen.

Kosten bei Unterhaltsklagen **§ 93d ZPO**

§ 93 d Kosten bei Unterhaltsklagen

Hat zu einem Verfahren, das die gesetzliche Unterhaltspflicht betrifft, die in Anspruch genommene Partei dadurch Anlass gegeben, dass sie der Verpflichtung, über ihre Einkünfte und ihr Vermögen Auskunft zu erteilen, nicht oder nicht vollständig nachgekommen ist, so können ihr die Kosten des Verfahrens abweichend von den Vorschriften der §§ 91–93 a und 269 Abs. 3 Satz 2 nach billigem Ermessen ganz oder teilweise auferlegt werden.

I. Zweck

Die Vorschrift ist durch das KindUG vom 6. 4. 1998 eingefügt und durch 1
Art. 2 Nr. 11 ZPO-RG ergänzt worden und soll die außergerichtliche Klärung von Unterhaltspflichten (§§ 1361 Abs. 4 Satz 3, 1580, 1605 BGB) erleichtern. Das ist nur möglich, wenn der Verpflichtete bereit- und freiwillig umfassend auch über Abzüge und Belastungen Auskunft erteilt (OLG Brandenburg FamRZ 2003, 239; OLG Köln NJW-RR 2000, 443). Nicht offenzulegen ist der Umfang der Erwerbsbemühungen (KG FamRZ 2008, 530). Auf Verlangen schließt die Auskunftspflicht hinsichtlich der Höhe der Einkünfte auch die Vorlage von Belegen, insbesondere Bescheinigungen des Arbeitgebers ein. Für Verstöße normiert die Vorschrift eine „**Kostenstrafe**" abweichend von den Vorschriften der nach §§ 91 bis 93 a, 269 Abs. 3 Satz 2 ZPO gegebenen Kostenpflicht, selbst wenn der Auskunftspflichtige im Prozess obsiegt (BGH NJW-RR 2005, 1662).

II. Anwendungsbereich

Die Vorschrift gilt in allen Verfahren, die eine gesetzliche Unterhaltspflicht be- 2
treffen (§ 621 Abs. 1 Nr. 4, 5, 11) einschließlich der Nebenverfahren (§ 23 b Nr. 5 GVG), und zwar sowohl im Verbund als auch in isolierten Verfahren, Verfahren nach §§ 645 ff. ZPO und Abänderungsverfahren nach § 323 ZPO. Dass eine Klage nicht rechtshängig geworden ist, steht der Anwendung der Vorschrift nicht entgegen (OLG Düsseldorf FPR 2004, 270). Voraussetzung ist allerdings, dass materiell-rechtlich die auf Unterhalt in Anspruch genommene Partei zur Auskunft verpflichtet ist (OLG Braunschweig NJOZ 2004, 2571). Die Vorschrift ist nicht anwendbar im Fall des § 643 ZPO.

III. Voraussetzungen

Der in Anspruch Genommene muss in einem Verfahren, das die **gesetzliche** 3
Unterhaltspflicht Verwandter in gerader Linie, getrennt lebender oder geschiedener Ehegatten betrifft, die verlangte Auskunft entweder gar nicht oder nicht vollständig erteilt haben (OLG Naumburg FamRZ 2003, 239). Die geforderte Auskunft muss sich günstig auf den Unterhaltsanspruch auswirken können. Das ist nicht der Fall, wenn sie den Unterhaltsanspruch unter keinen Umständen beeinflussen kann (BGH NJW 1982, 2771) und wenn der Verpflichtete seine Leistungsfähigkeit uneingeschränkt einräumt (BGH NJW 1994, 2618). § 1579 BGB berührt die Auskunftsverpflichtung grundsätzlich nicht (BGH NJW 1983, 2243).

Eine nicht, unvollständig oder unrichtig erteilte Auskunft muss **ursächlich** für 4
die Einleitung des Verfahrens gewesen sein. Ein Verschulden ist nicht erforderlich.

ZPO § 127a 4. Teil. Prozessrecht

5   Dem Beklagten können die Kosten auch auferlegt werden, wenn die Auskunft dazu führt, dass die Klage wegen abzusehender Erfolglosigkeit zurückgenommen wird, §§ 93 d, 269 Abs. 3 Satz 2 ZPO (OLG Frankfurt FamRZ 2000, 1516; OLG Karlsruhe FamRZ 2003, 943: Stufenklage; KG FamRZ 2008, 530). Gleiches gilt, wenn die Hauptsache übereinstimmend für erledigt erklärt und gem. § 91 a ZPO über die Kosten entschieden wird (OLG Nürnberg JurBüro 2001, 265; OLG Brandenburg NJW-RR 2003, 795).

IV. Entscheidung

6   Über die Kosten ist **von Amts wegen** zu entscheiden, sodass die Entscheidung keiner Antragsstellung bedarf. Der Kläger ist beweispflichtig dafür, dass der Beklagte zu dem Verfahren Anlass gegeben, d. h., dass er seine Auskunftspflicht nicht oder nur unvollständig erfüllt hat. Liegen die Voraussetzungen vor, können die Kosten abweichend vom allgemeinen Kostenrecht ganz oder teilweise auferlegt werden. Maßstab ist billiges Ermessen, allerdings nicht i. S. des § 91 a ZPO. Ausgehend vom Zweck der Vorschrift hat regelmäßig der die Kosten zu tragen, der vorprozessual keine oder eine ungenügende Auskunft erteilt hat mit der Folge, dass ein Klageverfahren eingeleitet werden musste (OLG Hamburg JAmt 2006, 420). Eine **Anfechtung** ist nur mit der Hauptsache möglich; § 99 Abs. 1 ZPO gilt (OLG Zweibrücken FamRZ 2007, 749). § 99 Abs. 2 ZPO ist nicht analog anwendbar (OLG Naumburg FamRZ 2005, 1189). Über die Kosten ist bei einer Stufenklage einheitlich zu entscheiden (OLG Karlsruhe FamRZ 2003, 943).

V. Neuregelung nach FamFG

7   § 93 d ZPO wird gemäß Art. 29 Nr. 4 FGG-RG ab Inkrafttreten des FamFG aufgehoben. Bei der dann nach § 243 FamFG zu treffenden Billigkeitsentscheidung ist nach Nr. 2 auch der Umstand zu berücksichtigen, dass der Unterhaltspflichtige vor Beginn des Verfahrens einer Aufforderung zur Erteilung der Auskunft und Vorlage von Belegen (§§ 1580, 1605 BGB) nicht oder nicht vollständig nachgekommen ist, es sei denn, dass eine Verpflichtung dazu nicht bestanden hat.

§ 127 a Prozesskostenvorschuss in einer Unterhaltssache

(1) **In einer Unterhaltssache kann das Prozessgericht auf Antrag einer Partei durch einstweilige Anordnung die Verpflichtung zur Leistung eines Prozesskostenvorschusses für diesen Rechtsstreit unter den Parteien regeln.**

(2) [1]**Die Entscheidung nach Absatz 1 ist unanfechtbar.** [2]**Im Übrigen gelten die §§ 620 a bis 620 g entsprechend.**

I. Normzweck

1   Die Vorschrift dient der Erleichterung der Verfolgung von Unterhaltsansprüchen und lässt in Erweiterung der Regelungen des § 620 Nr. 10 ZPO und des § 621 f ZPO einstweilige Anordnungen auf Prozesskostenvorschuss für alle Unterhaltssachen zu.

II. Regelungsgegenstand

Erfasst werden von § 127 a ZPO der Familienunterhalt (§ 1360 BGB), der Ehegattenunterhalt (§§ 1361, 1569 ff. BGB), Ansprüche der Kinder gegen die Eltern und umgekehrt sowie der Verwandtenunterhalt (§§ 1601 ff. BGB), Verfahren über Ansprüche nach §§ 1615l und 1615m BGB, Ansprüche auf Auskunft über das Einkommen und das Vermögen (§§ 1361 Abs. 4 Satz 4, 1580, 1605 BGB (OLG Zweibrücken NJW-FER 1998, 77), auf Rückzahlung des Unterhalts oder eines Prozesskostenvorschusses, weiter rein vertraglich geregelte – und vor dem Zivilgericht geltend zu machende – Unterhaltsansprüche (Zöller/Philippi § 621 f ZPO Rn 4), Ansprüche auf Arrest zur Sicherung (BGH NJW 1980, 191) des Unterhalts und einstweilige Verfügungen auf Zahlung von Unterhalt (Musielak/Borth Rn 3). Unabhängig von der Klageart werden eine Leistungsklage, die Stufenklage (§ 254 ZPO), Abänderungsklagen (§§ 323, 654 ZPO), eine Klage nach § 651 ZPO, eine negative Feststellungsklage, eine Vollstreckungsabwehrklage (§ 767 ZPO) und Wiederaufnahmeklagen (§ 578 ZPO) erfasst. Keine Unterhaltssache ist eine Drittwiderspruchsklage nach § 771 ZPO gegen die Vollstreckung aus einem Unterhaltstitel (OLG Frankfurt FamRZ 1985, 403). 2

III. Prozessstandschaft und Rechtsnachfolge

Einstweilige Anordnungen dürfen nur gegen den Verfahrensgegner, nicht aber gegen einen am Verfahren nicht beteiligten Dritten ergehen. Gegen diese ist ggf. eine einstweilige Verfügung zu beantragen. Rechtsnachfolger (Erben oder Einzelrechtsnachfolger) eines unterhaltsberechtigten Kindes oder Ehegatten (§ 94 SGB XII; §§ 7 UVG, 37 BAföG) können keinen Vorschuss geltend machen, da der Vorschussanspruch nicht zusammen mit dem Unterhaltsanspruch übergeht (Musielak/Borth Rn 5). 3

IV. Materielles Recht

1. Allgemeines

Die Vorschrift stellt keine eigene Rechtsgrundlage dar (Musielak/Borth Rn 7). Rechtsgrundlage ist eine Vorschusspflicht nach materiellem Recht (§§ 1360a Abs. 4, 1361 Abs. 4 Satz 4, 1601 ff., Art. 18 EGBGB). Der Anspruch besteht nur **bis zur Rechtskraft der Ehescheidung** (BGH FamRZ 1984, 148) und nur für die Instanz jeweils **bis zum Abschluss der Instanz** (BGH NJW 1985, 2263). Aus einer vor Abschluss der Instanz ergangenen Entscheidung kann aber auch danach noch vollstreckt werden (BGH a. a. O.; vgl. auch Büte FF 2004, 272). 4

2. Bedürftigkeit

Sofern die Eigenmittel zum Bestreiten des Prozesses nicht ausreichen, ist die Bedürftigkeit nach Billigkeit zu bejahen. Der Bedürftige ist zunächst gehalten, für den Rechtsstreit eigenes Vermögen zu verwerten, soweit es sich dabei nicht um eine angemessene Rücklage für Fälle der Not oder Krankheit handelt (OLG Frankfurt FamRZ 1986, 485). Ggf. geht der Anspruch auf Prozesskostenvor- 5 schuss auch nur auf einen Teil der Kosten des Rechtsstreits, um ein angemessenes Belastungsverhältnis zwischen Berechtigtem und Verpflichtetem herzustellen (OLG Celle Nds. Rpfl. 1985, 283).

3. Leistungsfähigkeit des Verpflichteten

6   Für die Leistungsfähigkeit des Verpflichteten ist dessen laufendes Einkommen maßgeblich. Das Vermögen ist nur in den Grenzen der Billigkeit einzusetzen (OLG Zweibrücken NJW-RR 1999, 796). Als leistungsfähig anzusehen ist aber derjenige, der den **Prozesskostenvorschuss** selbst nur **in Raten** aufbringen kann (BGH NJW-RR 2004, 1662; OLG Bamberg JurBüro 1994, 45; KG FamRZ 1990, 153; OLG Köln NJWE-FER 1999, 8; OLG Nürnberg FamRZ 1996, 895; OLG Zweibrücken FamRZ 1997, 757; a.A. unter Hinweis auf § 17 BRAGO, wonach sich ein Rechtsanwalt nicht auf Raten einlassen muss: OLG Bamberg FamRZ 2000, 10; OLG Düsseldorf FamRZ 1995, 680; OLG Köln FamRZ 1999, 1410). Vertretbar erscheint es, eine Leistungsunfähigkeit zu bejahen, wenn dem Verpflichteten nicht der angemessene Selbstbehalt nach der Düsseldorfer Tabelle oder anderen Unterhaltsleitlinien zur Verfügung steht (OLG Köln NJWE-FER 1999, 8).

4. Billigkeitsprüfung

7   Die Vorschusspflicht besteht nur, soweit sie der Billigkeit entspricht. Neben der Frage der Leistungsfähigkeit ist die Prüfung der Erfolgsaussicht von entscheidender Bedeutung. Sofern der angestrebten Rechtsverfolgung **hinreichende Erfolgsaussicht** i.S.v. § 114 ZPO fehlt, besteht kein Anspruch auf Prozesskostenvorschuss (BGH NJW 2001, 1646). Hat ein Rechtsmittel keine Aussicht auf Erfolg, kann der Rechtsmittelgegner billigerweise einen Vorschuss verlangen (OLG Zweibrücken NJW-RR 2001, 1009).

5. Höhe

8   Die Höhe des Prozesskostenvorschusses richtet sich nach den Gebühren, die Gericht und Rechtsanwalt bereits vor Aufnahme einer Tätigkeit verlangen können (s. § 1360 a Rn 30). Hinzuzurechnen sind die Kosten des Anordnungsverfahrens.

6. Rückforderung und Aufrechnung

9   Grundsätzlich kann – wie sonstiger Unterhalt auch – ein Prozesskostenvorschuss nicht zurückgefordert werden (s. § 1360 a Rn 31 ff.). Selbst wenn ein Rechtsstreit gegen den anderen Ehegatten zu Ungunsten des Berechtigten ausgegangen ist, ergibt sich allein daraus keine Rückzahlungsverpflichtung. Auch kann nach einer entsprechenden Kostenentscheidung noch aus dem Titel vollstreckt werden (BGH NJW 1985, 2263). Im Kostenfestsetzungsverfahren ist ein Prozesskostenvorschuss nicht zu berücksichtigen (OLG Düsseldorf FamRZ 1996, 1409).

10   Ein Rückforderungsanspruch ist gegeben, wenn sich die wirtschaftlichen Verhältnisse des Vorschussberechtigten erheblich gebessert haben oder wenn die Rückzahlung aus sonstigen Gründen der Billigkeit entspricht (BGH NJW 1985, 2263). Er kann auch bejaht werden, wenn die Voraussetzungen für die Gewährung des Prozesskostenvorschusses nicht vorgelegen haben und sich nachträglich herausstellt, dass das Einkommen des Unterhaltsverpflichteten die Zahlung eines Prozesskostenvorschusses nicht zuließ (BGH FamRZ 1990, 491). Der Rückfor-

Stufenklage **§ 254 ZPO**

derungsanspruch ist ein familienrechtlicher Anspruch eigener Art. Deshalb gelten die §§ 812ff. BGB, insbesondere die §§ 814, 818 Abs. 3 BGB nicht.

Der Anspruch auf Prozesskostenvorschuss ist zweckbestimmt und damit nach 11 § 399 BGB nicht abtretbar oder übertragbar und gem. § 851 Abs. 1 ZPO auch nicht pfändbar. Eine Aufrechnung nach § 394 BGB ist nicht möglich (OLG München FamRZ 1993, 714; 1996, 1221). Mit einem Rückzahlungsanspruch des bereits geleisteten Prozesskostenvorschusses kann aufgerechnet werden.

V. Verhältnis zum Hauptsacheverfahren und zur einstweiligen Verfügung

Der Anspruch auf Prozesskostenvorschuss kann neben dem Verfahren nach 12 § 127a ZPO auch im ordentlichen Erkenntnisverfahren geltend gemacht werden, um einen umfassenden Rechtsschutz zu eröffnen (BGH NJW 1979, 1508). Die einstweilige Verfügung nach § 940 ZPO wird durch die Sonderregelung des § 127a ZPO verdrängt (BGH NJW 1979, 1508; OLG Düsseldorf FamRZ 1999, 1215). Vor Anhängigkeit des Hauptsacheverfahrens ist eine einstweilige Verfügung zulässig (str., OLG Karlsruhe NJWE-FER 1999, 281; Musielak/Borth Rn 6). Mit Einreichung des Antrages auf Erlass einer einstweiligen Anordnung kann der Antragsteller klären, ob ein Anspruch auf Prozesskostenvorschuss besteht.

VI. Neuregelung nach FamFG

§ 127a ZPO wird mit Inkrafttreten des FamFG gemäß Art. 29 Nr. 7 FGG- 13 RG aufgehoben. **§ 246 FamFG** regelt dann die Befugnis des Gerichts, durch einstweilige Anordnung die Verpflichtung zur Zahlung eines Kostenvorschusses für ein gerichtliches Verfahren zu regeln, ohne dass eine Ehesache oder ein isoliertes Unterhaltsverfahren anhängig oder ein Antrag auf Bewilligung von Prozesskostenhilfe eingereicht ist. Die Vorschrift modifiziert gegenüber § 49 FamFG die Voraussetzungen für den Erlass einer einstweiligen Anordnung. Ein dringendes Bedürfnis für ein sofortiges Tätigwerden ist nicht erforderlich. Nach § 52 Abs. 2 FamFG kann der Unterhaltsschuldner beantragen, dem Gläubiger eine Frist zur Einleitung des Hauptsacheverfahrens oder für Antrag auf Bewilligung von Verfahrenskostenhilfe zu setzen. Nach § 54 FamFG kann die Aufhebung oder Änderung beantragt werden.

§ 254 Stufenklage

Wird mit der Klage auf Rechnungslegung oder auf Vorlegung eines Vermögensverzeichnisses oder auf Abgabe einer eidesstattlichen Versicherung die Klage auf Herausgabe desjenigen verbunden, was der Beklagte aus dem zugrunde liegenden Rechtsverhältnis schuldet, so kann die bestimmte Angabe der Leistungen, die der Kläger beansprucht, vorbehalten werden, bis die Rechnung mitgeteilt, das Vermögensverzeichnis vorgelegt oder die eidesstattliche Versicherung abgegeben ist.

I. Allgemeines

Die Stufenklage ist ein Sonderfall der objektiven Klagehäufung zur Durchset- 1 zung eines der Höhe nach unbekannten Zahlungsanspruches und unterliegt nicht

ZPO § 254

den Voraussetzungen des § 260 ZPO. Sie enthält in der **ersten Stufe** den Antrag auf Rechnungslegung (§ 259 Abs. 1 BGB) oder Auskunftserteilung (§§ 260, 1580, 1605 BGB). Der Auskunftsanspruch ist Hilfsmittel zur Bezifferung des Zahlungsantrages (BGH NJW 2000, 1645). Rechnungslegung ist eine geordnete Aufstellung der Einnahmen und Ausgaben für einen bestimmten Zeitraum oder Zeitpunkt (BGH NJW 1985, 1694).

2 **Zweite Stufe** ist der Antrag auf Abgabe der eidesstattlichen Versicherung, z. B. nach §§ 259 Abs. 2, 260 Abs. 2 BGB. **Dritte Stufe** ist der Antrag auf Zahlung oder Herausgabe. Zulässig ist als Ausnahme zu § 253 Abs. 2 Nr. 2 ZPO ein unbezifferter Antrag (BGH NJW 2000, 1645), aber auch die Bezifferung eines Mindestbetrages, den der Kläger meint – ohne allerdings daran gebunden zu sein – beanspruchen zu können (BGH NJW-RR 1996, 833), sofern eine stufenweise Erledigung erstrebt wird. Anderenfalls liegt nur eine bezifferte Teilklage vor verbunden mit einer unbezifferten Stufenklage (BGH NJW 1989, 1821; BGH NJW-RR 2003, 68). Zulässig sind in der dritten Stufe auch ein Feststellungsantrag (BGH FamRZ 1987, 175), ein Antrag auf Herausgabe oder Zahlung des Erlöses oder auf Schadensersatz (BGH NJW 2003, 2748). Auch die Verbindung mit einer Gestaltungsklage ist möglich. Ein Schuldner, dem nicht bekannt ist, inwieweit eine titulierte Forderung z. B. durch den Rechtsvorgänger erfüllt ist, kann eine Vollstreckungsabwehrklage nach § 767 ZPO im Wege der Stufenklage erheben (Musielak/Foerster Rn 3). Eine Abänderungsklage nach § 323 ZPO ist sowohl zur Heraufsetzung als Leistungsklage als auch zur Herabsetzung als Stufenklage möglich (BGH NJW 1985, 195; BGH NJW-RR 1990, 323). Zulässig ist auch eine Beschränkung auf die beiden ersten Stufen (KG FamRZ 1997, 503). Damit tritt – anders als beim unbezifferten Leistungsantrag (BGH NJW 1992, 2563) – aber keine Hemmung der Verjährung ein (OLG Celle NJW-RR 1995, 1411). Mit der Erhebung einer Stufenklage werden sogleich **alle Stufen rechtshängig** und es tritt Verzug ein (BGH NJW-RR 1995, 513; NJW-RR 1990, 323). Eine Stufenklage kann auch **im Verbund** erhoben werden (BGH NJW 1997, 2176). Sofern eine Stufenklage (BGH NJW 1994, 2896: Leistungsklage) möglich ist, fehlt das Rechtsschutzbedürfnis für eine Feststellungsklage (BGH NJW 1996, 2097).

II. Verfahren

1. Entscheidungsumfang

3 Sofern die Klage nicht ganz abgewiesen wird – bei Unzulässigkeit oder wenn die Prüfung des Auskunftsanspruchs ergibt, dass dem Zahlungsanspruch die materiell-rechtliche Grundlage fehlt (BGH 2002, 1042; NJW-RR 1990, 390) – ist **sukzessiv über jede Stufe** zu verhandeln und durch Teilurteil ohne Kostenentscheidung (OLG Frankfurt NJW-RR 1998, 1536) bzw. Schlussurteil zu entscheiden (BGH NJW 1987, 1029). Eine sachliche Entscheidung über eine spätere Stufe – auch dem Grunde nach und auch bei Säumnis oder Anerkenntnis – ist grundsätzlich unzulässig, solange nicht die vorhergehende Stufe durch Teilurteil ohne Kostenausspruch erledigt ist (BGH NJW 1989, 2821).

4 Wird die Auskunft vor Erlass des Teilurteils erteilt, ist bei übereinstimmender Erledigungserklärung über die Kosten in der abschließenden Kostenentscheidung nach Maßgabe des § 91a ZPO zu entscheiden.

5 Zulässig ist es auch, dass der Kläger den für die zweite Stufe angekündigten Antrag fallen lässt und sogleich zum Leistungsantrag übergeht (BGH NJW 2001,

Stufenklage **§ 254 ZPO**

833). Ergibt sich nach den ersten beiden Stufen, dass ein Zahlungsanspruch nicht besteht, tritt **keine Erledigung** ein, weil der Zahlungsantrag von Anfang an unbegründet gewesen ist (BGH NJW 1994, 2895). Der Kläger kann aber die wegen einer verspäteten Auskunft entstandenen Verfahrenskosten im Wege der **Klageänderung** durch Feststellungsantrag, gestützt auf einen materiell-rechtlichen Schadensersatzanspruch aus Verzug (§ 286 BGB) geltend machen (BGH NJW 1994, 2895; Zöller/Greger Rn 15). Bei Vorliegen der Voraussetzungen sind die Kosten aber auch nach § 93 d ZPO nach billigem Ermessen zu verteilen, und zwar auch im Rahmen des § 91 a ZPO (OLG Brandenburg, a. a. O.; OLG Nürnberg NJWE-FER 2001, 187).

2. Säumnis

Bei Säumnis des Klägers kann die Stufenklage insgesamt durch Versäumnisurteil abgewiesen werden, selbst wenn ein Zahlungsantrag nicht beziffert war (MünchKommZPO/Lüke Rn 25; OLG Stuttgart NJW-RR 1990, 766; a. A. OLG Zweibrücken FamRZ 1985, 1270; einschränkend OLG Hamm NJW-RR 1990, 709). Gegen den säumigen Beklagten ist nur ein Teilversäumnisurteil über die jeweilige Stufe zulässig. Bei einem Versäumnisurteil über alle Stufen handelt es sich um ein den Grund betreffendes Feststellungsurteil, welches innerprozessuale Bindungswirkung und materielle Rechtskraft über die Höhe schafft (MünchKommZPO/Lüke Rn 26; RGZ 84, 370, 373).

6

3. Verfahrensfortgang

Die Fortsetzung des Verfahrens nach einem Teilurteil setzt einen **Antrag** einer Partei – auch durch den Beklagten – voraus (Thomas/Putzo/Reichhold Rn 8), weiter die formelle Rechtskraft des Teilurteils (str., Zöller/Greger Rn 4). Der Anspruch auf eidesstattliche Versicherung setzt voraus, dass die Auskunft erteilt ist (OLG Köln FamRZ 1990, 1128). Der Zahlungsantrag ist zu beziffern, sobald die Auskunft erteilt oder die eidesstattliche Versicherung abgegeben ist. Das Übergehen eines ursprünglich angekündigten Antrages (z.B. eidesstattliche Versicherung) ist möglich (BGH NJW 2001, 833).

7

4. Berufungsverfahren

Ist der Anspruch auf Auskunft in erster Instanz abgewiesen und sieht das Berufungsgericht ihn als begründet an, hat das erstinstanzliche Gericht über den Leistungsantrag zu entscheiden (BGH NJW 1995, 2229). Verurteilt das Berufungsgericht zur Auskunft, nachdem das AG die gesamte Stufenklage abgewiesen hatte, ist in entsprechender Anwendung des § 538 Abs. 2 Nr. 4 ZPO der Rechtsstreit an das AG zurückzuverweisen (BGH NJW 1999, 1706). Das gilt auch, wenn der Kläger seinen Zahlungsanspruch in zweiter Instanz beziffert. Dann hat das Berufungsgericht gem. § 304 ZPO über den Grund zu entscheiden und muss wegen der streitigen Höhe zurückverweisen (BGH a. a. O.). Hat der Beklagte gegen die Verurteilung zur Auskunft Berufung eingelegt, kann das Berufungsgericht auch ohne dahin gehenden Antrag **die gesamte Stufenklage abweisen,** wenn dem Leistungsantrag jegliche Grundlage entzogen wird (BGH NJW 1985, 2405; BGH NJW-RR 1990, 390; OLG Celle NJW-RR 1995, 1021). Erklären die Parteien nach Abweisung der gesamten Stufenklage in erster Instanz im Berufungsverfahren den Auskunftsanspruch übereinstimmend für erledigt, darf das

8

Berufungsgericht nach Erlass eines Grundurteils bezüglich des Zahlungsantrages zur Höhe den Rechtsstreit an das Familiengericht zurückverweisen (BGH NJW 1991, 1891).

5. Kostenentscheidung und Streitwert

9   Für den **Zuständigkeitsstreitwert** gilt § 5 ZPO. Er bemisst sich nach der Summe aller Klagansprüche. Ist in der Berufungsinstanz über den Hauptantrag mit entschieden worden, muss für die Ermittlung des Rechtsmittelstreitwertes auch dessen Wert mitberücksichtigt werden, obwohl er nicht in der Berufungsinstanz anhängig war (BGH NJW 1995, 664: Wert des Beschwerdegegenstandes).

Der **Wert der Beschwer** durch ein Urteil nur über die erste Stufe bemisst sich allein nach dem Auskunftsanspruch (BGH NJW 2000, 1724). Zu bewerten ist das Interesse des Klägers oder das **Abwehrinteresse** des unterlegenen Beklagten in der Rechtsmittelinstanz. Das **Angriffsinteresse** des Klägers ist nicht identisch mit der Hauptsache, sondern nur ein Teilwert, der nach § 3 ZPO zu schätzen ist. Der Wert des Auskunftsanspruchs wegen Unterhalts berechnet sich als Bruchteil des nach § 9 ZPO zu ermittelnden Wertes des Unterhaltsanspruches (BGH NJW 1997, 1016). Erledigt sich die Stufenklage vor Bezifferung, ist der Gebührenstreitwert nach freiem Ermessen zu schätzen. Maßgeblich ist das wirtschaftliche Interesse, das mit einem Bruchteil zu bemessen ist (OLG Stuttgart FamRZ 2005, 1765). Das Abwehrinteresse des Beklagten als Berufungskläger wird durch den voraussichtlichen **Aufwand an Zeit und Kosten** bestimmt, der für ihn mit der Auskunftserteilung oder Rechnungslegung verbunden ist (ständ. Rspr.: BGH NJW 1995, 664; BGH NJW-RR 1997, 1089; BGH NJW 1999, 3050; BGH NJW-RR 2001, 369; FamRZ 2003, 1922; NJW 2005, 1986 und 3349; NJW-RR 2007, 1009 und 1300). Verurteilt das Berufungsgericht den Beklagten auf eine Stufenklage zur Auskunft und verweist es die Sache wegen der weiteren Stufen zurück, richtet sich der Streitwert einer gegen dieses Berufungsurteil gerichteten Revision lediglich nach der Beschwer des Beklagten durch die Verurteilung zur Auskunft, auch wenn das LG die Stufenklage insgesamt abgewiesen hatte (BGH NJW 2002, 3477).

10   Für die **Anwaltsgebühren** gilt das RVG. Die Verfahrensgebühr (VV 3100) richtet sich nach dem höchsten Wert, die Terminsgebühr (VV 3104) nach dem Wert des Gegenstandes, der verhandelt wird (z. B. Auskunft). § 15 RVG ist zu beachten. Die **Gerichtskosten** berechnen sich gemäß § 44 GKG nach dem höchsten Wert. Maßgeblich ist der Zeitpunkt der Einreichung der Klage (§ 40 GKG). Das gilt auch dann, wenn es nicht zur Verhandlung in dem Leistungsantrag kommt (OLG Karlsruhe FamRZ 2008, 1205; KG FamRZ 2007, 69, a. A. OLG Stuttgart FamRZ 2005, 1765). Das Gericht kann nach § 63 Abs. 1 GKG dem Kläger aufgeben, Angaben zum Wert zu machen. Bei der Leistungsklage ist der Jahresbetrag gemäß § 42 Abs. 1 GKG nebst Rückständen nach § 42 Abs. 5 GKG entsprechend den Angaben des Klägers zugrunde zu legen.

11   Die Kostenentscheidung ist **einheitlich** im Schlussurteil zu treffen. Wie diese bei unterschiedlichem Obsiegen und Unterliegen in den einzelnen Stufen zu treffen ist, ist streitig (vgl. Kassebohm NJW 1994, 2728). Teilweise wird die Auffassung vertreten, es sei für jede Stufe gesondert zu prüfen, wer die Kosten zu tragen hat (OLG München MDR 1990, 636; MünchKommZPO/Lüke Rn 29; a. A. OLG Jena FamRZ 1997, 219; OLG Koblenz NJW-RR 1997, 7). Zutreffend dürfte es sein, dass bei **Rücknahme der Leistungsklage** nach Verurtei-

Feststellungsklage § 256 ZPO

lung in der ersten und zweiten Stufe der Kläger die gesamten Kosten zu tragen hat (so auch OLG Hamm NJW 1991, 1407).

6. Prozesskostenhilfe

Prozesskostenhilfe ist nach herrschender Meinung sogleich **für alle Stufen** zu 12 bewilligen (OLG Hamm FamRZ 2007, 152; OLG Jena FamRZ 2005, 1186; KG FamRZ 2008, 702). Teilweise wird die Auffassung vertreten, dass nach Bezifferung des Leistungsantrages für die Leistungsstufe ein neuer Antrag auf Prozesskostenhilfe zu stellen ist (OLG München FamRZ 1993, 340), teilweise wird sogleich der Streitwert für den unbezifferten Leistungsantrag festgesetzt (OLG Frankfurt NJW-RR 1991, 1411; OLG München FamRZ 2005, 42), teilweise wird – zutreffend – die Auffassung vertreten, dass die Erfolgsaussichten nach Bezifferung der Leistungsstufe ohne Bindung an die frühere Bewilligung erneut zu prüfen sind (OLG Brandenburg FamRZ 2007, 1028; OLG Celle FamRZ 1997, 99; OLG Karlsruhe FamRZ 1997, 98; OLG Karlsruhe NJOZ 2004, 373; OLG Nürnberg NJWE-FER 1997, 65).

§ 256 Feststellungsklage

(1) **Auf Feststellung des Bestehens oder Nichtbestehens eines Rechtsverhältnisses, auf Anerkennung einer Urkunde oder auf Feststellung ihrer Unechtheit kann Klage erhoben werden, wenn der Kläger ein rechtliches Interesse daran hat, dass das Rechtsverhältnis oder die Echtheit oder Unechtheit der Urkunde durch richterliche Entscheidung alsbald festgestellt werde.**

(2) **Bis zum Schluss derjenigen mündlichen Verhandlung, auf die das Urteil ergeht, kann der Kläger durch Erweiterung des Klageantrags, der Beklagte durch Erhebung einer Widerklage beantragen, dass ein im Laufe des Prozesses streitig gewordenes Rechtsverhältnis, von dessen Bestehen oder Nichtbestehen die Entscheidung des Rechtsstreits ganz oder zum Teil abhängt, durch richterliche Entscheidung festgestellt werde.**

I. Allgemeines

Feststellungsklagen dienen im Gegensatz zur Leistungsklage nicht der Befriedi- 1 gung des Klägers für einen Anspruch, sondern nur der verbindlichen Feststellung. Sie sind zulässig als positive (= behauptende) oder negative (= leugnende) Klagen. Bei der **positiven Feststellungsklage** ist für eine Prüfung und Entscheidung über die Höhe des festzustellenden Anspruchs kein Raum (BGH NJW 2005, 1370). Sie ist von Bedeutung für die Frage der Wirksamkeit von Eheverträgen (BGH NJW 2005, 1370; s. näher Rn 6). Bei der **negativen Feststellungsklage** ist nicht die verbleibende Unterhaltsverpflichtung zu klären, sondern nur negativ zu beantragen festzustellen, in welcher Höhe keine Unterhaltsverpflichtung besteht (BGH FamRZ 1998, 604). Das Feststellungsurteil ist der **Rechtskraft** fähig. Wird z.B. eine negative Feststellungsklage abgewiesen, ist damit zugleich positiv festgestellt, dass der geltend gemachte Unterhaltsanspruch besteht, ohne dass dadurch allerdings ein Leistungstitel geschaffen wird (BGH NJW 1995, 1757). Das gilt selbst dann, wenn in den Urteilsgründen nur auf die

ZPO § 256

Beweislast abgestellt wird (BGH NJW 1983, 2032) oder die Darlegungs- und Beweislast verkannt wird (BGH NJW 1986, 2506). Wird eine positive Feststellungsklage abgewiesen, schafft das Urteil Rechtskraft dahin gehend, dass eine spätere Leistungsklage nicht auf den Sachverhalt gestützt werden kann, der der Feststellungsklage zugrunde liegt (BGH NJW 1986, 1167). Eine **wiederholende Feststellungsklage** ist nur zulässig, wenn sie unerlässlich ist, um den Eintritt der Verjährung zu verhindern (BGH FamRZ 2003, 1094).

II. Anwendungsbereich im Unterhaltsrecht

1. Positive Feststellungsklage

2   Sie ist zulässig zur Hemmung der Verjährung titulierter Unterhaltsansprüche, wenn die Verjährung nicht auf andere Weise gehemmt werden kann (BGH NJW 2001, 1432), bei Vorliegen eines Leistungstitels (BGH NJW 1997, 2320), wenn dessen Auslegung streitig oder die Formel für die Zwangsvollstreckung zu unbestimmt ist. Das ist insbesondere dann der Fall, wenn der Unterhalt für mehrere Gläubiger unzulässigerweise in einer Summe tituliert ist (BGH NJW 1981, 2462; BGH NJW-RR 1995, 1217). Erhebt ein Schuldner Einwendungen gegen einen Titel, die eine Klage nach § 767 ZPO rechtfertigen würden, ohne diese allerdings zu erheben, kann der Titelgläubiger positive Feststellungsklage erheben, ohne die Vollstreckungsgegenklage abwarten zu müssen (OLG Frankfurt FamRZ 1980, 906).

2. Negative Feststellungsklage

3   Sie ist zulässig gegen eine durch einstweilige Anordnung nach § 620 Satz 1 Nr. 4 ZPO (Kindesunterhalt) und Nr. 6 (Ehegattenunterhalt), § 127a ZPO (Prozesskostenvorschuss für Unterhaltsstreitigkeiten), § 620 Satz 1 Nr. 10 ZPO (Prozesskostenvorschuss für Ehe- und Folgesachen), § 621f ZPO (Prozesskostenvorschuss für sonstige Familiensachen) vorläufig geregelten Unterhaltsanspruch (BGH NJW 1983, 2200; BGH 1984, 2355) dahin gehend, dass die in der einstweiligen Anordnung titulierten Unterhaltsansprüche nicht oder nur in geringerem Umfang bestehen. Das gilt jedoch nicht, wenn lediglich das Nichtbestehen von Rückständen für einen bestimmten Zeitraum festgestellt werden soll (OLG Koblenz FamRZ 2004, 1732). Da die Anordnung nicht in Rechtskraft erwächst, ist die negative Feststellung auch rückwirkend möglich. Auf einen Verzug des Gläubigers mit einem Verzicht auf die Rechte aus der einstweiligen Anordnung kommt es nicht an (BGH NJW-RR 1989, 709; Johannsen/Henrich/Sedemund-Treiber § 620b Rn 17). Sie ist weiter zulässig, soweit es wegen wirksamer Aufrechnung um die Nichtigkeit eines vollstreckbaren Anerkenntnisses oder Vergleichs geht (BGH FamRZ 1993, 673), wenn sich der Unterhaltsgläubiger weiterhin eines Anspruchs in Höhe eines früher freiwillig gezahlten Unterhaltsbetrages berühmt. Auch die Nichtigkeit eines Ehevertrages kann Gegenstand einer Zwischenfeststellungsklage sein (BGH NJW 2005, 1370), ebenso, ob ein Titel einen vollstreckungsfähigen Inhalt hat (OLG Karlsruhe FamRZ 2005, 377). Die Beschränkung des nachehelichen Unterhalts nach § 1578 Abs. 1 Satz 2 BGB kann mit einer Hilfsfeststellungswiderklage geltend gemacht werden dahin gehend, dass ab einem bestimmten Zeitpunkt bei der Bemessung des nachehelichen Unterhalts auf den angemessenen Bedarf abzustellen ist (OLG Düsseldorf

Feststellungsklage **§ 256 ZPO**

NJW-RR 1992, 1154). Ein Feststellungsantrag auf Verpflichtung zur Rückzahlung überzahlten Unterhalts ist unzulässig, da Leistungsklage erhoben werden kann (BGH NJW 1998, 2433; OLG Nürnberg NJOZ 2004, 1562).

III. Feststellungsinteresse

1. Allgemeines

Die Feststellungsklage ist gerichtet auf die Feststellung, dass ein **gegenwärti-** 4 **ges Rechtsverhältnis** besteht bzw. nicht besteht (BGH NJW 1984, 1556). Dazu zählt jedes Schuldverhältnis zwischen den Parteien, das hinreichend konkret bezeichnet sein muss, so dass über den Umfang der Rechtskraft keine Ungewissheit besteht (BGH NJW 2001, 445). Gegenstand der Klage kann nur das Rechtsverhältnis selbst (z. B. das Bestehen der Unterhaltspflicht) sein, nicht aber die Klärung einer abstrakten Rechtsfrage (BGH a. a. O.), oder die Berechnungsgrundlage für einen Anspruch (BGH NJW 1995, 1097). Deshalb ist eine Feststellung, dass auf einen Unterhaltsanspruch bestimmte Leistungen anzurechnen sind, weder einer Feststellungsklage noch einer Zwischenfeststellungsklage zugänglich (BGH FamRZ 1992, 364). Unschädlich ist es, dass das Rechtsverhältnis betagt oder bedingt ist (BGH NJW 1992, 436), es muss nur gegenwärtig sein (Zöller/Greger Rn 3 a).

2. Besonderes Interesse

Ein besonderes rechtliches Interesse an der Feststellung ist gegeben, wenn dem 5 Recht oder der Rechtslage eine **gegenwärtige Gefahr der Unsicherheit** droht und das erstrebte Urteil geeignet ist, diese Gefahr zu beseitigen (BGH NJW 1992, 436; OLG Celle NJW-RR 1992, 1467). Bei einer positiven Feststellungsklage ist eine solche Gefährdung i. d. R. gegeben, wenn der Beklagte das Recht des Klägers ersichtlich bestreitet (BGH NJW 1986, 2507). Bei der negativen Feststellungsklage liegt es vor, wenn sich der Beklagte eines Anspruchs – beziffert oder unbeziffert – berühmt. Ob dieser tatsächlich besteht, ist ohne Belang. Das **Berühmen** muss nicht ausdrücklich erfolgen. Ein gerichtliches oder außergerichtliches Auskunftsverlangen reicht dafür nicht aus (OLG Brandenburg NJOZ 2005, 442). Ein bloßes Schweigen oder ein passives Verhalten reicht i. d. R. nicht aus, es sei denn, dass der Kläger auf Grund vorangegangenen Verhaltens des Beklagten nach Treu und Glauben eine ihn endgültig sicherstellende Erklärung erwarten durfte (BGH NJW 1995, 2032).

3. Fehlen des Feststellungsinteresses

Das Feststellungsinteresse fehlt oder entfällt bei einer negativen Feststellungs- 6 klage, wenn eine **Leistungsklage möglich** ist (BGH NJW 1986, 1815), wenn dem Kläger ein einfacherer Weg zur Verfügung steht, um sein Ziel zu erreichen, wenn er z. B. Erinnerung nach § 766 ZPO einlegen kann (BGH NJW-RR 1989, 636) oder im Wege der Urteilsberichtigung vorgehen kann (BGH NJW 1972, 268), weiter dann, wenn das Urteil im Ausland, wo vollstreckt werden soll, nicht anerkannt wird (BGH WM 1982, 619). Es kann fehlen, wenn ein Unterhaltsgläubiger nach Ablehnung des Antrages auf Erlass einer einstweiligen Anordnung nichts mehr unternimmt (BGH NJW 1995, 2032; OLG Karlsruhe FamRZ 1994, 836) sowie für eine Klage des Unterhaltsschuldners gegen den

Büte 573

Unterhaltsberechtigten während des Übergangs des Unterhaltsanspruches auf den Sozialhilfeträger (KG FamRZ 2003, 1570).

6a Eine Klage auf Feststellung der Nichtigkeit eines Ehevertrages vor Rechtskraft der Scheidung ist unzulässig (OLG Frankfurt FamRZ 2005, 487; OLG Frankfurt 2006, 712; OLG Naumburg NJW-RR 2008, 385; a.A. OLG Düsseldorf NJW-RR 2005, 1). Regelt der Ehevertrag aber- wie in der Regel – auch andere Materien, die von der geltend gemachten Nichtigkeit erfasst werden, so kann sich ein Interesse an einem Zwischenfeststellungsantrag analog § 256 Abs. 2 ZPO ergeben (OLG Bremen NJW-RR 2007, 725; vgl. auch BGH NJW 2005, 1370).

4. Entfallen des Feststellungsinteresses

7 Dieses entfällt bei einer negativen Feststellungsklage, sobald positive Feststellungs- oder Leistungsklage – auch als Widerklage zur Feststellungsklage – erhoben wird und die Leistungsklage nicht mehr einseitig zurückgenommen werden kann (BGH NJW-RR 1990, 1532; BGH NJW 1999, 2516), außer wenn zu diesem Zeitpunkt die negative Feststellungsklage aus der Sicht der letzten mündlichen Verhandlung entscheidungsreif ist (BGH NJW 1999, 340). Der Kläger muss deshalb den Rechtsstreit in der Hauptsache für erledigt erklären. Es kann auch entfallen, wenn der Beklagte auf den behaupteten Anspruch verzichtet (OLG Düsseldorf VersR 2000, 992).

IV. Sonstiges

1. Darlegungs- und Beweislast

8 Sie richtet sich nach allgemeinen materiell-rechtlichen Grundsätzen. Bei der **negativen Feststellungsklage** muss der Kläger die Berühmung und das Vorliegen der Prozessvoraussetzungen, der Beklagte die Berechtigung der Berühmung darlegen und beweisen, d.h. Grund und Höhe des behaupteten Anspruches (Zöller/Greger Rn 18). Bei der **positiven Feststellungsklage** trägt sie der Kläger wie bei einer Leistungsklage (Zöller/Greger a.a.O.). Die Umkehr der Parteirollen ist ohne Einfluss auf die Darlegungs- und Beweislast (BGH WM 1986, 954). Steht fest, dass der streitige Anspruch nicht besteht oder bleibt dies unklar, ist der negativen Feststellungsklage stattzugeben (BGH NJW 1993, 1716; Musielak/Foerster Rn 38). Ist der Streitgegenstand teilbar und ist der vom Beklagten geltend gemachte behauptete Anspruch zum Teil begründet, ist die negative Feststellungsklage insoweit abzuweisen.

2. Einstweilige Einstellung der Zwangsvollstreckung

9 Wird die negative Feststellungsklage gegen eine einstweilige Anordnung auf Unterhalt (§ 620 Satz 1 Nr. 4 und Nr. 6 ZPO) erhoben und ist das Scheidungsverfahren noch anhängig, ist eine einstweilige Einstellung der Zwangsvollstreckung in analoger Anwendung des § 769 ZPO möglich (BGH NJW-RR 2005, 1010; OLG Düsseldorf NJW-RR 1994, 519; OLG Hamburg FamRZ 1991, 431; OLG Stuttgart FamRZ 1992, 203) und zwar grundsätzlich schon für die Zeit vor Rechtskraft der Scheidung (str., OLG Frankfurt NJW 1984, 1630; OLG Stuttgart, a.a.O.; a.A. OLG Düsseldorf a.a.O.). Ist bereits eine Entscheidung

Abänderungsklage **§ 323 ZPO**

nach § 620e ZPO – Aussetzung der Vollziehung – ergangen, fehlt ein Rechtsschutzbedürfnis für eine Maßnahme nach § 707 bzw. § 769 ZPO (OLG Köln FamRZ 1981, 379). Gegen eine einstweilige Anordnung nach § 769 ZPO ist weder die sofortige Beschwerde noch eine außerordentliche Beschwerde zulässig (BGH NJW 2004, 2224).

3. Streitwert

Der Streitwert richtet sich nach § 3 ZPO und damit nach dem wirtschaftlichen Interesse an der begehrten Feststellung. Bei der positiven Feststellungsklage liegt der Wert i.d.R. 20% unter dem Wert der Leistungsklage (BGH NJW-RR 1991, 509; BGH NJW 2008, 2122), und zwar selbst bei einer Erfüllungsbereitschaft des Beklagten (BGH NJW-RR 1999, 362). Bei der negativen Feststellungsklage zählt der volle Betrag, dessen sich der Beklagte berühmt (BGH FamRZ 2007, 464).

§ 323 *Abänderungsklage (Fassung bis 31. 8. 2009)*

(1) Tritt im Falle der Verurteilung zu künftig fällig werden wiederkehrenden Leistungen eine wesentliche Änderung derjenigen Verhältnisse ein, die für die Verurteilung zur Entrichtung der Leistungen, für die Bestimmung der Höhe der Leistungen oder der Dauer ihrer Entrichtung maßgebend waren, so ist jeder Teil berechtigt, im Wege der Klage eine entsprechende Abänderung des Urteils zu verlangen.

(2) Die Klage ist nur insoweit zulässig, als die Gründe, auf die sie gestützt wird, erst nach dem Schluss der mündlichen Verhandlung, in der eine Erweiterung des Klageantrages oder die Geltendmachung von Einwendungen spätestens hätte erfolgen müssen, entstanden sind und durch Einspruch nicht mehr geltend gemacht werden können.

(3) ¹Das Urteil darf nur für die Zeit nach Erhebung der Klage abgeändert werden. ²Dies gilt nicht, soweit die Abänderung nach § 1360a Abs. 3, § 1361 Abs. 4 Satz 4, § 1585b Abs. 2, § 1613 Abs. 1 des Bürgerlichen Gesetzbuchs zu einem früheren Zeitpunkt verlangt werden kann.

(4) Die vorstehenden Vorschriften sind auf die Schuldtitel des § 794 Abs. 1 Nr. 1, 2a und 5, soweit darin Leistungen der im Absatz 1 bezeichneten Art übernommen oder festgesetzt worden sind, entsprechend anzuwenden.

(5) Schuldtitel auf Unterhaltszahlungen, deren Abänderung nach § 655 statthaft ist, können nach den vorstehenden Vorschriften nur abgeändert werden, wenn eine Anpassung nach § 655 zu einem Unterhaltsbetrag führen würde, der wesentlich von dem Betrag abweicht, der der Entwicklung der besonderen Verhältnisse der Parteien Rechnung trägt.

I. Allgemeines

Die Abänderungsklage nach § 323 ZPO bildet die Korrektur zur Klage auf wiederkehrende Leistungen gem. § 258 ZPO. Letztere verlangt im Unterhaltsrecht vom Richter vielfach eine **vorausschauende Prognose** zur zukünftigen Entwicklung von Leistungsfähigkeit und Bedürftigkeit (BGH FamRZ 1983, 792; BGH NJW 1995, 1148). Insoweit entfaltet die Verurteilung zu künftigen Leistungen auch eine in die Zukunft wirkende Rechtskraft (BGH NJW 1982, 578;

BGH NJW-RR 1992, 1474). Weicht die Prognose wesentlich von der späteren tatsächlichen Entwicklung ab, ermöglicht § 323 ZPO als prozessualer Anwendungsfall der **Grundsätze des Wegfalls der Geschäftsgrundlage** nach § 313 BGB (BGH NJW-RR 2001, 937) eine Korrektur der Richtigkeit der Prognose des früheren Urteils und damit eine Durchbrechung der materiellen Rechtskraft, was grundsätzlich auch durch eine Vereinbarung geschehen kann (BGH NJW 1998, 2048). Die Klage nach § 323 ZPO enthält sowohl Elemente einer prozessualen Gestaltungsklage – Beseitigung der Rechtskraft bzw. Bindungswirkung des früheren Titels – wie auch einer Leistungsklage – Ziel der erneuten Verurteilung – (BGH NJW 2001, 2259). Vorprozess und Abänderungsklage haben den gleichen Streitgegenstand. Deshalb ist ein Titel auf Trennungsunterhalt nicht abänderbar in einen Titel auf nachehelichen Unterhalt (BGH NJW 1980, 2811). Gegenläufige Abänderungsklagen gegen denselben Unterhaltstitel haben denselben Streitgegenstand (BGH NJWE-FER 1997, 40; BGH NJW 1998, 161).

II. Abgrenzungen

1. Zur Vollstreckungsgegenklage nach § 767 ZPO

2   Abänderungsklage und Vollstreckungsgegenklage unterscheiden sich im Streitgegenstand und im Antrag (BGH NJW 1981, 978), schließen sich gegenseitig aus (BGH NJW 2005, 2313), sind aber in der Praxis nur schwer voneinander abgrenzbar. Die Abgrenzung ist jedoch schon wegen unterschiedlicher Zuständigkeiten (§ 802 ZPO bei der Vollstreckungsgegenklage: Prozessgericht erster Instanz; Abänderungsklage: allgemeiner Gerichtsstand des/der Beklagten) von erheblicher Bedeutung. Ziel der Klage nach § 323 ZPO ist die Berücksichtigung der geänderten wirtschaftlichen Verhältnisse (BGH NJW 2005, 142), während es bei der Vollstreckungsgegenklage ausschließlich darum geht, dem titulierten Anspruch die Vollziehbarkeit zu nehmen (BGH NJW 2005, 2313). Die Praxis grenzt die Abänderungsklage im Hinblick auf die quantitativen Elemente in Gegensatz zu den mit der Vollstreckungsgegenklage scharf umrissenen punktuell fixierten Ereignissen ab (BGH NJW-RR 1989, 322; Johannsen/Henrich/Brudermüller Rn 8 m. w. N.).

3   Danach können mit der **Vollstreckungsgegenklage rechtsvernichtende und rechtshemmende Einwendungen** geltend gemacht werden, insbesondere
– der Einwand der Erfüllung (BGH NJW-RR 1989, 322) einschließlich der Verrechnung des Kindergeldes auf den Unterhaltsanspruch (BGH FamRZ 1977, 461; 1978, 179)
– das Teillöschen eines Unterhaltsanspruchs eines Kindes, weil der barunterhaltspflichtige Elternteil ihm zeitweise Naturalunterhalt gewährt hat (BGH NJW 1984, 2826)
– Verjährung, Erlass, Verzicht, Aufrechnung und Stundung (BGH FamRZ 1987, 259)
– der Wegfall der gesetzlichen Vertretung ab Volljährigkeit eines Kindes gegen den weiter aus einem Titel über Kindesunterhalt vollstreckenden Elternteil (OLG Hamm FamRZ 1992, 843; OLG Köln FamRZ 1995, 308)
– der Wegfall des Trennungsunterhaltsanspruchs infolge Rechtskraft der Ehescheidung (BGH FamRZ 1988, 370)
– der Wegfall eines titulierten Unterhaltsanspruchs nach Versöhnung (OLG Hamm FamRZ 1993, 1476)

Abänderungsklage **§ 323 ZPO**

– nach Titulierung entstandene Herabsetzungs- oder Verwirkungsgründe nach § 1579 BGB (BGH NJW-RR 1990, 1410; OLG Brandenburg FamRZ 2008, 906)

Mit der **Abänderungsklage** sind geltend zu machen: 4
– die Änderung der Leistungsfähigkeit
– die Erhöhung des Lebensbedarfs (BGH FamRZ 1978, 177)
– der Wegfall der Bedürftigkeit des Unterhaltsgläubigers (BGH NJW 1986, 2047)
– eine Veränderung der ehelichen Lebensverhältnisse als Maßstab für die Bemessung des Unterhalts (BGH NJW 1988, 2161)
– die zeitliche Begrenzung nach § 1573 Abs. 5 BGB a. F. oder § 1578 Abs. 1 Satz 2 BGB a. F., sofern die Gründe nicht bereits im Ausgangsverfahren entstanden oder jedenfalls zuverlässig vorauszusehen waren (BGH NJW-RR 2001, 1693; BGH NJW 2004, 3106; s. auch § 1573 Rn 41)
– die zweckwidrige Verwendung des Vorsorgeunterhalts (BGH FamRZ 1987, 684)
– ein inzwischen eingetretener Rentenbezug auf Seiten des Unterhaltsberechtigten (BGH NJW 2005, 2313: auch zum Erstattungsanspruch bei Rentennachzahlung für Zeiträume, in denen Unterhalt bezogen wurde)
– Veränderung der Verhältnisse eines während der Minderjährigkeit eines Kindes ergangenen Titels nach Eintritt der Volljährigkeit (OLG Koblenz NJW-RR 2007, 438; OLG Hamm FuR 2007, 182)
– nachträglich entstandener Krankenvorsorgeunterhalt (OLG Frankfurt NJW-RR 2006, 1230)
– Änderung wesentlicher Verhältnisse nach Übergang der Unterhaltspflicht auf einen Erben (OLG Zweibrücken ZFE 2007, 399).

Obwohl beide Klagearten sich gegenseitig ausschließen und keine Wahlmöglichkeit besteht, statt einer Abänderungsklage eine Vollstreckungsabwehrklage zu erheben (BGH NJW 1984, 2826), können unter den Voraussetzungen des § 260 ZPO beide Klagen dergestalt miteinander verbunden werden, dass in erster Linie ein Antrag nach § 767 ZPO und hilfsweise ein Antrag nach § 323 ZPO gestellt wird (BGH NJW 2001, 828). Eine Abänderungsklage kann in eine Vollstreckungsabwehrklage **umgedeutet** werden oder umgekehrt (BGH FamRZ 1991, 1040, BGH NJW 2005, 2313: Grenzen der Umdeutungsmöglichkeiten; OLG Brandenburg NJW-RR 2002, 1586). Beide Klagemöglichkeiten werden ausnahmsweise zugelassen bei auf § 1579 BGB gestützten Einwendungen (BGH NJW-RR 1990, 1410; BGH NJW 1997, 1851). § 139 ZPO ist zu beachten (BGH NJW 2006, 695). 5

2. Zur negativen Feststellungsklage

Die negative Feststellungsklage und die Abänderungsklage schließen sich in ihrem Anwendungsbereich grundsätzlich aus. Die negative Feststellungsklage ist – wegen der Beschränkung der Abänderungsklage auf Hauptsachetitel – zulässig gegen **einstweilige Anordnungen** nach § 620 Nr. 4 und 6 ZPO (BGH NJW 1983, 3142; BGH NJW 1995, 2032; OLG Brandenburg FamRZ 2002, 1479) und auch gegen eine Leistungsverfügung auf Unterhalt nach §§ 935, 940 ZPO. Ein im Rahmen einer einstweiligen Anordnung geschlossener **Vergleich** hat i. d. R. keine weitergehende Wirkung als die einstweilige Anordnung selbst und kann daher nicht als ein Titel i. S. der §§ 323 Abs. 4, 794 Abs. 1 Nr. 1 ZPO gelten (BGH NJW-RR 1991, 1154), so dass die negative Feststellungsklage gegeben ist. Eine **Korrektur des Vergleichs** über die Abänderungsklage ist nur 6 möglich, wenn der Vergleich eine endgültige und über den Umfang der einstweiligen Anordnung hinausgehende Regelung darstellt, wofür ausreichend sichere Anhaltspunkte gegeben sein müssen (BGH NJW 1983, 3142; OLG Brandenburg FamRZ 2000, 1377).

3. Zur Berufung

7   Zwischen der Abänderungsklage und der Berufung besteht ein **Wahlrecht,** allerdings nur, solange es noch nicht zu einem Berufungsverfahren gekommen ist (vgl. eingehend Wendl/Schmitz § 10 Rn 153), in dem die Abänderungsgründe im Wege der Anschlussberufung und Klageerweiterung geltend gemacht werden können und müssen (BGH NJW 1998, 161). Nach Rücknahme der Berufung und damit Ausfall der Anschlussberufung ist die Abänderungsklage zwecks Erhaltung der Vorwirkung der Abänderungsklage binnen der 6-Monatsfrist des § 204 Abs. 2, Abs. 1 Nr. 1 BGB zu erheben.

4. Zur Korrekturklage nach §§ 654, 656 ZPO

8   Sie verdrängen bei Titeln nach §§ 649, 653 ZPO, auch nach deren Dynamisierung gem. Art. 5 § 3 Abs. 2 KindUG die Abänderungsklage (BGH NJW-RR 2003, 433). Eine **Umdeutung** der Klage in eine Klage nach § 323 ZPO ist zulässig (BGH a. a. O.).

5. Zur Leistungsklage

9   Ist ein Unterhaltsbegehren wegen **fehlender Bedürftigkeit** des Klägers oder mangels Leistungsfähigkeit rechtskräftig abgewiesen worden, ist nach Eintritt der vormals fehlenden Voraussetzungen eine Leistungsklage zulässig, die nicht an die Voraussetzungen des § 323 ZPO gebunden ist (BGH NJW-RR 1990, 390; NJW 2005, 142), und zwar auch, soweit künftiger Unterhalt im Hinblick auf die geänderte Rechtsprechung zur Bemessung der ehelichen Lebensverhältnisse bei Hausfrauenehen begehrt wird (BGH NJW 2005, 142). Das gilt auch, wenn im Erstverfahren laufender Unterhalt nur teilweise zugesprochen und ab einem in der Zukunft aufgrund der Prognose mangelnder Bedürftigkeit liegenden Zeitpunkt abgewiesen worden ist (BGH NJW 2007, 2249). Das gilt weiter, wenn Gegenstand des klagabweisenden Urteils nur eine über freiwillig geleisteten Unterhalt hinausgehende **Mehrforderung** war (BGH NJW 1982, 1284). Hingegen kommt nur eine Abänderung nach § 323 ZPO ist Betracht, wenn ein Unterhaltsgläubiger, dem ein zunächst titulierter Anspruch auf eine Abänderungsklage des Schuldners aberkannt worden war, später erneut Unterhalt verlangt (BGH NJW 1985, 1345; NJW 2007, 2249). Gleiches gilt bei einem klagabweisenden Urteil, wenn dies die zukünftige Entwicklung vorausschauend berücksichtigt (BGH NJW 2008, 1525: Zurechnung fiktiven Einkommens). Wird die erste Abänderungsklage gegen einen Unterhaltstitel abgewiesen wegen fortbestehender Leistungsfähigkeit, so ist eine weitere Abänderungsklage, gestützt auf fehlende Leistungsfähigkeit gegen das klagabweisende Urteil zu richten (BGH NJW 2008, 1525).

6. Zur Zusatz- oder Nachforderungsklage

10 Hat der Kläger in einem früheren Verfahren mit Erfolg den vollen Unterhalt eingeklagt, kann er nicht einen „weiteren Teil" des Unterhalts durch eine zusätzliche Leistungsklage einfordern. Eine Korrektur ist nur nach Eintritt der Voraus-

Abänderungsklage **§ 323 ZPO**

setzungen des § 323 ZPO möglich (BGH NJW 1984, 1458). Eine Leistungsklage auf weiteren Unterhalt (**sog. Zusatzklage**) ist nur möglich, wenn der Unterhaltsgläubiger im Vorprozess nur einen Teil seines Anspruches eingeklagt hatte, der schon vorliegende Titel sich eindeutig auf einen Teilbetrag des geschuldeten Unterhalts beschränkt (BGH FamRZ 1985, 690). Im Zweifel spricht eine Vermutung dafür, dass in einem Vorprozess der Unterhalt in voller Höhe geltend gemacht worden ist (BGH FamRZ 1987, 259). Eine **Teilklage** liegt jedoch nur vor, wenn der Kläger ausdrücklich erklärt, dass er seinen Unterhaltsanspruch nur zum Teil geltend macht oder sich wenigstens erkennbar eine Nachforderung vorbehält (OLG Naumburg FamRZ 2006, 2046). Ein solcher Vorbehalt liegt nicht in der schlichten Geltendmachung des Quotenunterhalts (BGH NJW 1985, 1701). Anderenfalls ist davon auszugehen, dass der volle Anspruch eingeklagt wird, so dass eine Erhöhung des darauf zugesprochenen Unterhalts nur im Wege der Abänderungsklage durchgesetzt werden kann (BGH NJW 1984, 1458; BGH 1985, 1701). Um eine Teilklage handelt es sich auch, wenn Unterhalt über einen freiwillig gezahlten Betrag hinaus begehrt wird; denn insoweit soll lediglich der **sog. Spitzenbetrag** tituliert werden, nicht aber der freiwillig gezahlte Sockelbetrag. Entsprechend entscheidet das darauf ergehende Urteil nur über den Spitzenbetrag, und zwar auch dann, wenn die Klage ganz oder teilweise stattgegeben wird (BGH NJW 1985, 1340; BGH 1991, 429). Ein Begehren auf **Titulierung auch des Sockelbetrages** ist daher im Wege der Leistungsklage zu verfolgen (BGH NJW 1985, 1342). Dem Unterhaltsschuldner, der zur Zahlung von Unterhalt über einen freiwillig gezahlten Betrag hinaus verurteilt worden ist, steht bei Änderung der maßgeblichen Verhältnisse die Abänderungsklage zu, wenn er geltend macht, dass der insgesamt geschuldete Unterhalt den titulierten Betrag unterschreitet (BGH NJW 1985, 1343).

Ein **unzulässiges Abänderungsbegehren** kann in eine zulässige Leistungs-(Zusatz-)Klage **umgedeutet** werden (BGH FamRZ 1986, 661; BGH NJW 1997, 735). Sofern der Klagevortrag den abzuändernden Titel bezeichnet, eine wesentliche Änderung der Verhältnisse dargelegt wird und kein schutzwürdiges Interesse des Gegners entgegensteht, gilt das auch umgekehrt (BGH NJW-RR 2005, 371; NJW 1992, 439; BGH NJW 1998, 2050; OLG Celle FamRZ 1993, 838). Prozesshandlungen sind so auszulegen, wie es der wohlverstandenen Interessenlage der Parteien entspricht (BGH NJW 2003, 2388; BGH NJW-RR 2005, 371). Da nicht unterstellt werden kann, dass der Wille eines Klägers auf die Erhebung einer unzulässigen Klage gerichtet ist (BGH NJW 1993, 1925), ist bei Vorhandensein eines Titels eine Klage nicht als unzulässige Nachforderungsklage, sondern als Abänderungsklage zu qualifizieren. §139 ZPO ist zu beachten (BGH NJW 2006, 695).

7. Rückforderung und Schadensersatzklage

Eine wesentliche Änderung der Verhältnisse allein ermöglicht es dem Verpflichteten nicht, bereits gezahlte, materiell-rechtlich aber nicht geschuldete Unterhaltsleistungen nach §§ 812 ff. BGB zurückzufordern. Es bedarf zuvor einer Abänderung des Titels. Das gilt auch für einen Prozessvergleich (BGH NJW-RR 1991, 1154). Eine Verbindung von Rückforderungs- und Abänderungsklage ist möglich (BGHZ 143, 75), auch im Eventualverhältnis.   **11**

Schadensersatzansprüche (z.B. nach § 826 BGB) kommen in Betracht bei Ausnutzung eines unrichtig gewordenen Unterhaltstitels nach zwischenzeitlicher   **12**

Veränderung der Verhältnisse (BGH NJW 1986, 1751; BGH NJW-RR 1987, 642 und 1032) und insbesondere bei Verletzung einer Auskunftspflicht (BGH NJW 1997, 1439). Im Rahmen einer vollständigen Neuberechnung des Unterhalts nach § 323 ZPO kann sich zur Vermeidung untragbarer Ergebnisse ein Rück- oder Nachzahlungsanspruch aus § 242 BGB ergeben (BGH NJW 2005, 2313).

III. Anwendungsbereich

1. Leistungsurteile

13 Die Vorschrift ist anwendbar auf alle Verurteilungen bzw. Verpflichtungen zu zukünftig wiederkehrenden Leistungen i. S. des § 258 ZPO. Dazu zählen ein Urteil, das auf eine negative Feststellungsklage gegen eine einstweilige Anordnung nach § 620 Nr. 4 und 6 ZPO ergangen ist (OLG Hamm FamRZ 2000, 544), ein Teilurteil (OLG Karlsruhe NJW-RR 1992, 260), ein Versäumnisurteil (BGH FamRZ 1982, 792), ein Anerkennungsurteil (BGH NJW 2007, 2921; zur Abänderbarkeit eines Teilanerkenntnisurteils im Berufungsverfahren: BGH NJW 2002, 1799), ein Vollstreckungsbescheid nach § 700 Abs. 1 ZPO sowie Abänderungsurteile (BGH FamRZ 1981, 950). Einem Urteil gleichgestellt sind Schiedssprüche (§§ 1040, 1054 ZPO) und ausländische Urteile, soweit sie im Inland anerkannt werden und das Recht des ausländischen Urteilsstaates eine Anpassung kennt (BGH FamRZ 1983, 806; OLG Köln NJW-RR 2005, 876; Thomas/Putzo/Reichhold Rn 12; Strasser FPR 2007, 451). Die Voraussetzungen richten sich nach § 323 ZPO, der Maßstab der Anpassung nach Art und Höhe des sich nach Art. 18 EGBGB ergebenden materiellen Rechts (BGH NJW 1992, 438). Nicht als wiederkehrende Leistung i. S. des § 258 ZPO anzusehen ist eine Verurteilung zu einer Kapitalabfindung (BGH NJW 1981, 818). Zur Abänderung eines Urteils, das auf der sog. Anrechnungsmethode beruht, vgl. BGH FamRZ 2003, 844.

2. Klagabweisendes Urteil

14 Es stellt keinen nach § 323 ZPO abänderbaren Titel dar, soweit eine Prognoseentscheidung für die Zukunft fehlt (BGH FamRZ 1984, 353; 1990, 863). Dabei kann dahinstehen, ob die Klagabweisung mangels Leistungsfähigkeit (BGH FamRZ 1984, 1001) oder wegen fehlender Bedürftigkeit erfolgt (BGH FamRZ 1982, 259: Abweisung als zur Zeit unbegründet). Das gilt auch, soweit ein über eine freiwillige Leistung hinausgehender Spitzenbetrag geltend gemacht und abgewiesen wurde (BGH FamRZ 1982, 479). Wird dagegen in einem Urteil zunächst Unterhalt bis zu einem bestimmten Zeitpunkt zugesprochen und danach verneint, muss der Berechtigte bei veränderten Verhältnissen gegen diese Beschränkung mit der Abänderungsklage vorgehen (BGH FamRZ 1984, 353; s. auch § 323 Rn 9).

3. Sonstige Urteile

15 Feststellungsurteile – soweit die Voraussetzungen der Änderungen bei einem Leistungsurteil gleichen Inhalts gegeben wären – unterliegen der Abänderungsklage (BGH NJW-RR 1996, 65; OLG Hamm FamRZ 2000, 544), ebenfalls

Abänderungsklage § 323 ZPO

Unterhaltstitel der ehemaligen DDR in verfahrensrechtlicher Hinsicht (BGH NJW-RR 1992, 1474; BGH NJW 1994, 1002: auf Mark lautende Titel sind ab 30. 6. 1990 im Verhältnis 1 : 1 umzustellen; BGH NJW 1997, 735).

4. Andere abänderbare Titel, Abs. 4

Dazu zählen wirksame Prozessvergleiche nach § 794 Abs. 1 Nr. 1 ZPO, nicht 16 jedoch außergerichtliche privatschriftliche Vergleiche (str. Johannsen/Henrich/ Brudermüller Rn 126), gem. § 83 Abs. 4 ZPO-DDR verbindlich gewordene gerichtliche Einigungen (BGH NJW 1997, 735), Anwaltsvergleiche nach § 796 a ZPO, vor dem Jugendamt errichtete Urkunden (§§ 59, 60 SGB VIII) über den Unterhalt minderjähriger und volljähriger Kinder bis zum 21. Lebensjahr (BGH NJW-RR 2007, 779) und Urkunden nach § 1615l BGB (BGH NJW 1985, 64; OLG Karlsruhe NJW-RR 1994, 68; OLG Köln NJWE-FER 2000, 221; vgl. aber auch: OLG Zweibrücken FamRZ 1999, 33: kein Vollstreckungstitel bei unbezifferter Anrechnungsbestimmung des Kindergeldes), Unterhaltstitel des vereinfachten Verfahrens (§ 794 Abs. 1 Nr. 2 a ZPO) nach § 655 ZPO, soweit nicht die Anpassungskorrekturklage nach § 656 ZPO vorgeht (Johannsen/Henrich/Brudermüller Rn 137; s. auch § 656 Rn 1), nicht jedoch einseitige Unterwerfungserklärungen, einstweilige Anordnungen nach §§ 641 d, 644 ZPO bzw. eine einstweilige Verfügung nach § 1615 o BGB (OLG Bremen FamRZ 2000, 1165).

IV. Prozessvoraussetzungen

Die **Zuständigkeit** bestimmt sich nach den allgemeinen Regeln (§§ 12 ff. 17 ZPO), und nicht nach § 767 ZPO (BayObLG NJW-RR 1999, 1293). Der **Streitgegenstand** des Vorprozesses muss gewahrt bleiben, das **Rechtsschutzbedürfnis** gegeben sein. Dies fehlt, wenn die Zwangsvollstreckung aus dem früheren Titel beendet ist und der Titel an den Schuldner herausgegeben wird, sofern nicht wegen der Rückstände die Zwangsvollstreckung betrieben wird (OLG Köln FamRZ 2006, 718), außer der Gläubiger verzichtet ausdrücklich auf die Rechte aus dem Titel (OLG Hamm FamRZ 2006, 1855). Es fehlt auch, wenn sich die Umstände nach Schluss der mündlichen Verhandlung, aber zu einem Zeitpunkt geändert haben, in dem der Berufungskläger diese Änderung noch in der aus anderen Gründen ohnehin eingelegten zulässigen Berufung bzw. der Berufungsbeklagte mit der Anschlussberufung hätte geltend machen können (OLG Köln FamRZ 1997, 507). Die Abänderungsklage wird in diesem Fall erst wieder zulässig nach Rücknahme oder Verwerfung der Berufung als unzulässig. Außerdem muss der Kläger eine **wesentliche Veränderung der Verhältnisse** behaupten (BGH NJW 1993, 1795: ansonsten Unzulässigkeit der Klage). Kann eine wesentliche Veränderung nicht festgestellt werden oder erweisen sich die vorgetragenen Umstände als nicht wesentlich, ist die Klage unbegründet (BGH NJW 2001, 3618).

V. Begründetheit der Abänderungsklage

1. Wesentliche Änderung, Abs. 1

Die wesentliche Änderung der **tatsächlichen Verhältnisse,** auf denen voraus- 18 schauend die Bejahung des Anspruchs sowie Inhalt und Umfang der Verurtei-

ZPO § 323

lung im früheren Urteil beruhen, muss bereits **eingetreten** sein, eine bloße Vorhersehbarkeit reicht nicht aus (BGH NJW 1982, 1646), ebenso wenig eine Änderung der Beurteilung der maßgebend gewesenen (nicht geänderten) Verhältnisse (BGH NJW-RR 1986, 938; BGH NJW-RR 1992, 1092). **Wesentlich** ist die Änderung, wenn sie in einer nicht unerheblichen Weise zu einer anderen Beurteilung des Bestehens, der Höhe oder der Dauer des Anspruchs führt (BGH FamRZ 1984, 353). Dazu zählen die Änderung der Einkommens- und Vermögensverhältnisse (BGH FamRZ 1985, 374; BGH NJW 1987, 58), die allgemeine Erhöhung der Lebenshaltungskosten, soweit dadurch Auswirkungen auf die individuelle Bedürftigkeit oder Leistungsfähigkeit entstehen, Arbeitslosigkeit, soweit sie nicht nur kurzfristig ist (BGH NJW 1996, 517; OLG Dresden FamRZ 1998, 767: bis sechs Monate), die Wiederverheiratung des Unterhaltspflichtigen, der Wegfall des Unterhalts nach § 1573 Abs. 5 BGB (BGH NJW-RR 2001, 1693: falls im Zeitpunkt der Erstentscheidung wegen mangelnder Überschaubarkeit der Billigkeitskriterien keine sichere Prognose möglich war), die Geburt eines weiteren Kindes, Bedarfsveränderungen, das Hineinwachsen eines Kindes in die nächste Altersstufe (BGH NJW 1995, 536; OLG Brandenburg FamRZ 2005, 536), die Änderung der Richtsätze der Düsseldorfer Tabelle (OLG Hamm NJOZ 2005, 433), die Eröffnung eines Insolvenzverfahrens, die Verfestigung einer auf Dauer angelegten außerehelichen Lebensgemeinschaft zu einer eheähnlichen Gemeinschaft (BGH NJW 1997, 671; OLG Karlsruhe FamRZ 2003, 51), die Veränderung der steuerlichen Einstufung bei wesentlichen finanziellen Auswirkungen (BGH FamRZ 2002, 879 und dazu BVerfG NJW 2002, 2937). Findet ein Unterhaltsschuldner, dem fiktives Einkommen zugerechnet wird, nach hinreichenden Bemühungen eine Arbeitsstelle, die seinen Fähigkeiten und seinen Qualifikationen entspricht, kann er – sofern er dabei ein niedrigeres Einkommen erzielt – dieses mit der Abänderungsklage geltend machen (OLG Hamm NJWEFER 1997, 164). In der Praxis wird – bei **Urteilen** – i. d. R. eine Änderung der Höhe des Unterhaltsanspruchs **ab 10%** als wesentlich bejaht (OLG Düsseldorf NJW-RR 1994, 520; OLG Hamm FamRZ 2004, 1051 = BeckRS 2004, 30336569). Dieser Maßstab aber muss nach den Umständen des Einzelfalles, insbesondere bei beengten wirtschaftlichen Verhältnissen flexibel gehandhabt werden, so dass die Wesentlichkeitsgrenze auch deutlich unter der 10-%-Schwelle liegen kann (BGH FamRZ 1986, 790; 1992, 539: bei Vergleichen; OLG Düsseldorf NJW-RR 1994, 520: 7,35%; OLG Hamm NJW 2007, 1217: bei Geltendmachung von Unterhalt in Höhe des Existenzminimums bis 135% des Regelsatzes; OLG Nürnberg NJOZ 2004, 2573). Über die Änderung der tatsächlichen Verhältnisse hinaus ist nunmehr auch bei **Änderung einer gefestigten höchstrichterlichen Rechtsprechung** (BGH NJW-RR 2001, 1225: Änderung der Rechtsprechung zur Anrechnungsmethode, s. auch BVerfG NJW 2002, 1185; BVerfG NJW 2003, 3466: 7. 10. 2003: Splittingvorteil; BGH NJW 2003, 1796; BGH NJW 2008, 2313: 12. 4. 2006: Änderung der Rechtsprechung zu § 1573 Abs. 5 BGB) eine Änderung möglich. Darauf kann sich der Abänderungskläger aber erst ab Verkündung des höchstrichterlichen Urteils stützen (BGH NJW 2007, 1961; BGH NJW 2003, 1181; und 1396; NJW 2001, 1687). Das gilt auch für den Abänderungsbeklagten, der sich gegen ein Abänderungsbegehren unter Hinweis auf eine geänderte höchstrichterliche Rechtsprechung verteidigen will (BGH NJW 2007, 1961).

Abänderungsklage § 323 ZPO

2. Entsprechende Änderung

Die Vorschrift ermöglicht keine freie, von der bisherigen Höhe unabhängige 19 Neufestsetzung des Unterhalts oder eine abweichende Beurteilung der Verhältnisse. Vielmehr kann die Abänderungsentscheidung nur in einer unter Wahrung der Grundlagen des abzuändernden Titels vorzunehmenden Anpassung des Unterhalts an die veränderten Verhältnisse bestehen (BGH NJW 1994, 1855). Danach kann sich die **Bindung** erstrecken auf: Einkommensverhältnisse, die Bestimmung der dabei zu berücksichtigenden besonderen Zu- und Abschläge, die Anrechnung oder Nichtanrechnung bestimmter Einkommensteile, die Einbeziehung fiktiver Einkünfte, die Berücksichtigung von Belastungen, Feststellungen zur Arbeitsfähigkeit und zur Bedürftigkeit, die Berücksichtigung weiterer Unterhaltspflichtiger und Unterhaltsberechtigter, die Berücksichtigung eines Wohnvorteils, die Feststellung einer bestimmten Bedarfsposition (BGH FamRZ 1984, 374; BGH NJW-RR 1994, 1155).

Auch einem Anerkenntnisurteil kommt Bindungswirkung zu. Für die Abän- 19a derung kommt es auf die Verhältnisse zum Zeitpunkt des Ergehens des Anerkenntnisurteils und derjenigen zum Zeitpunkt der Rechtshängigkeit der Abänderungsklage an, nicht aber auf die (subjektiven) Beweggründe, die den Unterhaltsschuldner zu seinem Anerkenntnis bewogen haben (BGH NJW 2007, 2921). Lässt sich die Berechnung des Unterhalts nicht nachvollziehen und ist deshalb eine Anpassung nicht möglich, hat eine Neuberechnung ohne Bindung zu erfolgen. Liegt dem Anerkenntnis die Annahme zugrunde, dass ein Unterhaltsschuldner das ihm fiktiv zugerechnete Einkommen jederzeit erzielen kann, obliegt es ihm im Hinblick auf § 323 Abs. 2 ZPO darzulegen und zu beweisen, dass die der Verurteilung zu Grunde liegende Prognose gerade auf Grund einer nachträglichen Änderung der tatsächlichen Verhältnisse seit Erlass des Anerkenntnisurteils nicht mehr gerechtfertigt ist (OLG Celle NJW-RR 2009, 7). Eine freie Korrektur der Einkommensfiktion anlässlich einer aus anderen Gründen eröffneten Abänderungsklage (Annexkorrektur) ist nicht möglich (BGH NJW 2008, 1525).

Keine Bindung besteht an Unterhaltsrichtlinien, Tabellen oder Verteilungs- 20 schlüssel (BGH NJW 1984, 1458), ebenso wenig an die Art und Höhe der Besteuerung, die zu dem Nettoeinkommen geführt hat (BGH NJW-RR 1990, 580), auch nicht an die Berechnungsweise, die der das mietfreie Wohnen berücksichtigt worden ist (BGH NJW-RR 1994, 1156; zur Bindungswirkung von Anerkenntnisurteilen: OLG Karlsruhe NJW-RR 1994, 68; zur Bindungswirkung bei fingierten Verhältnissen: BGH NJW-RR 1994, 115). Keine Bindung besteht auch hinsichtlich der Bedarfsermittlung aufgrund der Erwerbseinkünfte, soweit ein durch den Eintritt in den Ruhestand bedingter Einkommensrückgang geltend gemacht wird (BGH NJW 2003, 1796). Enthält das abzuändernde Urteil keine bindenden Feststellungen, ist der Unterhalt nach Maßgabe der zum Zeitpunkt der Abänderungsentscheidung gegebenen Rechtslage ohne Bindungswirkung **neu zu bemessen** (BGH NJW-RR 1987, 516).

Fehlerhafte Tatsachenfeststellungen und falsche rechtliche Beurteilungen im 20a Erstverfahren können grundsätzlich nicht nach § 323 ZPO korrigiert werden (BGH NJW-RR 2001, 937), außer die Aufrechterhaltung des Titels führt zu unerträglichen Ergebnissen (BGH NJW 1984, 1488; FamRZ 1997, 259). Das gilt auch bei der Nichtberücksichtigung eines unstreitig vorhandenen Wohnvorteils (BGH NJW 2007, 1901).

3. Maßstab der Anpassung

21 Für den Umfang der Abänderung kommt es darauf an, welche Umstände in dem abzuändernden Urteil oder Vergleich für die Bestimmung der Rente maßgebend waren und welches Gewicht ihnen dabei zugekommen ist. Auf dieser, im Wege der Auslegung zu ermittelnden Grundlage ist sodann unter Berücksichtigung der gesamten neuen Verhältnisse festzustellen, welche Änderung in jenen Umständen eingetreten ist und welche Auswirkungen sich damit aus dieser Änderung für die Bemessung der Rente ergeben (BGH NJW 1980, 2081). Sofern der abzuändernde Betrag nicht zum angemessenen Lebensunterhalt ausreicht, ist zu differenzieren: Hat ein sog. **Mangelfall** vorgelegen, d. h. beruhte die Einschränkung auf verminderter Leistungsfähigkeit, kann der Gläubiger bei Verbesserung der Einkommensverhältnisse des Schuldners eine Erhöhung bis zum eigenen angemessenen Unterhalt unter Beachtung des angemessenen Unterhalts des Schuldners verlangen (BGH FamRZ 1980, 771; 1987, 257).

22 Ist dem Unterhaltsberechtigten im früheren Titel antragsgemäß weniger Unterhalt zugesprochen worden, als es nach den Richtlinien möglich gewesen wäre, kann im Abänderungsverfahren der volle Unterhalt verlangt werden (BGH FamRZ 1984, 374; BGH NJW 1997, 281). Bei einer bewussten Beschränkung des Klägers auf einen Unterhaltsbeitrag ist hingegen dieser Wille auch bei der Neubemessung der Rente zu berücksichtigen (BGH FamRZ 1980, 771).

4. Präklusion von Abänderungsgründen, Abs. 2

23 Nach Abs. 2 kann die Abänderung nur auf Gründe gestützt werden, die **nach Schluss der mündlichen Verhandlung** in der letzten Tatsacheninstanz des Vorprozesses **tatsächlich entstanden** sind (BGH FamRZ 1992, 162), nicht aber auf Tatsachen, die bereits im Vorprozess eingetreten oder zuverlässig vorhersehbar (BGH NJW 2004, 3108), aber nicht vorgetragen worden sind und auch nicht auf Fehler im Vorprozess (BGH NJW-RR 2001, 937). Die Vorschrift gilt nicht für den Beklagten eines Abänderungsverfahrens (BGH NJW-RR 2000, 3789; OLG Schleswig NJW 2007, 502). Unerheblich ist es, ob die Gründe erst später bekannt geworden sind (BGH FamRZ 1982, 687) oder von welchem Zeitpunkt an sein Entstehen vorausgesehen werden konnte (BGH NJW 1982, 1821). Gründe, die nach Schluss der mündlichen Verhandlung im Vorprozess entstanden sind, aber durch **Anschließung** an die vom Gegner eingelegte Berufung bis zum Schluss der Berufungsverhandlung hätten geltend gemacht werden können, sind nicht zulässig (BGH NJW 1998, 161; NJW 1986, 383). Ist ein in erster Instanz ergangenes Teilurteil rechtskräftig geworden und ergeben sich in dem Berufungsverfahren über das Schlussurteil Umstände, die eine Abänderung des Teilurteils rechtfertigen, so können diese Umstände im Wege der Abänderungswiderklage im laufenden Berufungsverfahren oder mittels einer Abänderungsklage in einem neuen Verfahren geltend gemacht werden (BGH FamRZ 1993, 941). Bei **mehreren aufeinander folgenden Abänderungsklagen** kann die spätere Klage auf Erhöhung oder Herabsetzung des Unterhaltsbetrages nur auf eine Änderung der maßgeblichen Verhältnisse seit Schluss der Tatsachenverhandlung im letzten Abänderungsprozess gestützt werden (BGH NJW 2000, 3789). Gleiches gilt, wenn ein Urteil einen **vorausgehenden Prozessvergleich** abändert (BGH NJW 1992, 364). Die Geltendmachung eines betrügerischen Verhaltens, z. B. eines Verschweigens, ist durch Abs. 2 nicht präkludiert, wenn es nach der letzten mündlichen Verhandlung des Vorprozesses fortgesetzt wurde und weiterwirkt

Abänderungsklage **§ 323 ZPO**

hat (BGH NJW-RR 1990, 1410; OLG Koblenz NJW-RR 1997, 1229). Maßgebender Zeitpunkt im schriftlichen Verfahren ist der im Beschluss nach § 128 Abs. 2 S. 2 ZPO bestimmte Zeitpunkt.

Bei Abänderung eines **Versäumnisurteils** ist der Ablauf der Einspruchsfrist 24 maßgebend. Vorher entstandene Abänderungsgründe können nur mit dem Einspruch geltend gemacht werden (BGH NJW 1982, 1812). Insoweit ist streitig (vgl. die Nachweise bei Johannsen/Henrich/Brudermüller Rn 103; OLG Köln NJW-RR 2002, 438), ob es bei der nach Abs. 1 erforderlichen wesentlichen Veränderung auf die nach § 331 Satz 1 ZPO als zugestanden geltenden fiktiven oder auf die tatsächlichen Verhältnisse beim Erlass des Versäumnisurteils ankommt; zur Präklusion beim **Anerkenntnisurteil:** BGH NJW 1993, 1795 und BGH NJW 2002, 1799 m.w.N. Eine Klage auf **Abänderung eines Prozessvergleichs** oder eines anderen der in § 323 Abs. 4 ZPO genannten Schuldtitel unterliegt der Beschränkung des Abs. 2 nicht (BGH NJW 1989, 1033), wohl aber eine Klage auf Abänderung eines Urteils, durch das ein Prozessvergleich abgeändert worden war (BGH NJW 1988, 2473).

5. Zeitschranke des Abs. 3

Die Vorschrift errichtet eine zeitliche Schranke für die Rechtsfolgen an sich 25 berücksichtigungsfähiger Umstände. Sie gilt auch für die Erweiterung einer Abänderungsklage (BGH NJW 1984, 1458) und die Widerklage. Ein **Urteil** darf nur für die Zeit **nach Erhebung der Abänderungsklage** abgeändert werden, auch in Form einer Stufenklage (BGH NJW 1986, 746), d.h. ab Tag der Klagzustellung (BGH NJW 1990, 709). Der Zugang eines Gesuchs um Bewilligung von Prozesskostenhilfe für eine Abänderungsklage genügt nicht (BGH NJW 1982, 1050). Insoweit ist § 14 Nr. 3b GKG zu beachten.

Die Vorschrift **gilt nicht** für die **Abänderung eines Prozessvergleichs** 26 (BGH NJW 2008, 3213; NJW 1995, 534; OLG Karlsruhe FamRZ 2005, 816) oder eines anderen der in § 323 Abs. 4 ZPO genannten Schuldtitel (BGH NJW 1983, 228; BGH NJW 1985, 64: Jugendamtsurkunde; BGH NJW 1989, 1033: vollstreckbare Urkunde).

Der durch das KindUG neu eingefügte Satz 2 ermöglicht nunmehr eine rückwirkende Änderung – Erhöhung – auch für die Zeit vor Klageerhebung, wenn nach materiellem Recht Unterhalt für die Vergangenheit verlangt werden kann, d.h. ab Verzug, ab Rechtshängigkeit sowie ab dem Zeitpunkt, zu dem der Verpflichtete zur Auskunft – ab 1. 1. 2008 gemäß §§ 1585b Abs. 2, 1613 Abs. 1 BGB auch bzgl. des nachehelichen Unterhalts – über seine Einkünfte aufgefordert worden ist. Eine analoge Anwendung des S 2 auf ein Herabsetzungsverlangen ist nicht möglich (BGH NJW-RR 2005, 371). Leistet ein Schuldner nicht den vereinbarten, gegenüber dem Urteil erhöhten Unterhalt, so kann auch für die Vergangenheit Unterhalt verlangt werden (BGH FamRZ 1989, 150); die Abänderung des Urteils kann gem. Abs. 3 Satz 1 i.V.m. §§ 1585b, 1613 BGB analog bereits ab Einstellung der Zahlung erfolgen.

6. Anwendungsbereich des Abs. 4

Durch die Abs. 4 und 5 wird der Anwendungsbereich der Abänderungsklage 27 auf andere Schuldtitel als das Urteil erstreckt. Die Abänderung gestattet keine freie von der bisherigen Festsetzung unabhängige Neufestsetzung. Die Abänderung von Vergleichen (zur hinreichenden Bestimmtheit eines Titels mit einer

Büte

Wertsicherungsklausel vgl. BGH NJW-RR 2005, 366; 2004, 649) und anderen in Abs. 4 genannten Titeln richtet sich nach den **Grundsätzen des Wegfalls der Geschäftsgrundlage,** § 313 BGB (BGH NJW 1983, 228; 1992, 1621). Maßgeblich ist, ob in den Verhältnissen, die die Parteien zur Grundlage der Vereinbarung gemacht haben, derart **gewichtige Änderungen** eingetreten sind, dass **nach materiellem Recht** ein unverändertes Festhalten an der Vereinbarung nicht zugemutet werden kann (BGH NJW 1986, 2054). Dabei kann auch eine Änderung der gefestigten höchstrichterlichen Rechtsprechung eine Anpassung rechtfertigen (BGH NJW 1983, 1548; BGH NJW 2001, 3618). Die **Grundlagen,** die für den ursprünglichen Titel maßgebend waren, sind genau zu ermitteln. Sodann ist zu prüfen, welche Änderungen eingetreten sind und welche Auswirkungen sich daraus für die Unterhaltshöhe ergeben (BGH NJW 1992, 1621). Haben sich die Grundlagen eines Prozessvergleichs so **tiefgreifend** verändert, dass der Parteiwille keinen hinreichenden Anhalt gibt, welche Folgen sich daraus für den Unterhaltsanspruch ergeben, ist dieser ausnahmsweise wie bei der Erstfestsetzung nach der materiellen Rechtslage zu bemessen (BGH NJW 1994, 1530).

28 Für die Anpassung von Jugendamtsurkunden nach §§ 59, 60 SGB VIII gelten die Grundsätze über die Abänderbarkeit von Prozessvergleichen entsprechend (BGH NJW 1985, 64; BGH NJW 1990, 3274; BGH NJW-RR 2003, 433). Der Umfang der Abänderung richtet sich allein nach materiellem Recht. Liegt der Jugendamtsurkunde eine Vereinbarung der Parteien zugrunde, können diese sich nicht frei davon lösen, sondern sind im Rahmen der Abänderung auf die Grundsätze des Wegfalls der Geschäftsgrundlage verwiesen (BGH FPR 2009, 124). Ein Anpassungsbegehren des Unterhaltspflichtigen richtet sich – auch bei einseitiger Erstellung oder bei Notariatsurkunden mit Zwangsvollstreckungsunterwerfung – nach den Grundsätzen über den Wegfall der Geschäftsgrundlage (BGH NJW-RR 2007, 779). Der Unterhaltsberechtigte, der an der Errichtung der Urkunde nicht mitgewirkt hat und deren Inhalt nicht zugestimmt hat, ist materiellrechtlich nicht daran gebunden und kann deshalb uneingeschränkt Abänderung auf der Grundlage der aktuellen Einkommens- und Vermögensverhältnisse verlangen (BGH NJW 2003, 3770; BGH FPR 2009, 124). Notwendig ist deshalb die Darlegung veränderter Umstände. Eine rückwirkende Abänderung zu Lasten des Unterhaltsgläubigers ist möglich (OLG Nürnberg FamRZ 2004, 212). § 323 Abs. 1 S. 1 ZPO gilt nicht. Der Unterhaltsgläubiger ist durch §§ 242, 818 Abs. 3 BGB hinreichend geschützt (OLG Brandenburg NJW-RR 2007, 79). Lassen sich weder aus der Urkunde noch aus dem Parteivortrag verbindliche Vereinbarungen über die Grundlagen der Unterhaltsbemessung entnehmen, kann bei Abänderung der Verhältnisse eine Neufestsetzung nach den gesetzlichen Vorschriften verlangt werden (BGH NJW 1989, 1033; 2003,3770).

7. Anwendung des Abs. 5

29 Die Zulässigkeit der Abänderungsklage wird gem. § 323 Abs. 5 ZPO eingeschränkt, soweit das Verfahren nach § 655 ZPO zur Verfügung steht (OLG Hamm FamRZ 2002, 1051; OLG Nürnberg FamRZ 2002, 1265), also in Fällen einer Abänderung der nach §§ 1612 b, 1612 c BGB anzurechnenden Leistungen (s. auch § 655 Rn 1). Die Abänderungsklage ist eingeschränkt zulässig, wenn der Kläger vorträgt, dass die Anpassung an die Veränderung der allgemeinen wirtschaftlichen Verhältnisse zu einem Betrag führen würde, der wesentlich von dem

Betrag abweicht, der der nachträglichen konkreten subjektiven Entwicklung der Verhältnisse seit Erlass des Titels Rechnung trägt.

VI. Beweislast

Der Abänderungskläger hat die Grundlagen des früheren Titels und der insoweit eingetretenen Umstände, die für die Bemessung der Unterhaltsrente maßgebend waren, darzulegen und zu beweisen (BGH NJW 1987, 1201; BGH NJW-RR 2004, 1155; OLG Brandenburg FamRZ 2008, 797 = BeckRS 2008, 9990). Fehlt die Behauptung der maßgeblichen Tatsachen, ist die Klage als unzulässig abzuweisen (BGH FamRZ 1985, 376). Soweit der Unterhaltsgläubiger als Beklagter im Abänderungsprozess eine Aufrechterhaltung des Titels auf einer anderen Grundlage erstrebt, trägt er dafür die Darlegungs- und Beweislast (BGH NJW 1990, 2752 Wegfall des Anspruchs auf Betreuungsunterhalt; BGH NJW 2002, 1269: eingeschränkte Leistungsfähigkeit; vgl. auch OLG Brandenburg NJW 2003, 3572: Klage eines volljährigen Kindes). Wird allerdings mit der Abänderungsklage allein Kindesunterhalt nach der Stufe 1 der Düsseldorfer Tabelle geltend gemacht, muss der Beklagte darlegen und beweisen, dass er insoweit nicht leistungsfähig ist (OLG Zweibrücken NJOZ 2005, 439). Der Abänderungskläger trägt die Beweislast für eine Veränderung oder den Fortfall der Geschäftsgrundlage, soweit es um die Anpassung eines Titels nach Abs. 4 geht (BGH NJW 1995, 1891). 30

VII. Neuregelung nach FamFG

§ 238 Abänderung gerichtlicher Entscheidungen

(1) ¹Enthält eine in der Hauptsache ergangene Endentscheidung des Gerichts eine Verpflichtung zu künftig fällig werdenden wiederkehrenden Leistungen, kann jeder Teil die Abänderung beantragen. ²Der Antrag ist zulässig, sofern der Antragsteller Tatsachen vorträgt, aus denen sich eine wesentliche Veränderung der der Entscheidung zugrunde liegenden tatsächlichen oder rechtlichen Verhältnisse ergibt.

(2) Der Antrag kann nur auf Gründe gestützt werden, die nach Schluss der Tatsachenverhandlung des vorausgegangenen Verfahrens entstanden sind und deren Geltendmachung durch Einspruch nicht möglich ist oder war.

(3) ¹Die Abänderung ist zulässig für die Zeit ab Rechtshängigkeit des Antrags. ²Ist der Antrag auf Erhöhung des Unterhalts gerichtet, ist er auch zulässig für die Zeit, für die nach den Vorschriften des bürgerlichen Rechts Unterhalt für die Vergangenheit verlangt werden kann. ³Ist der Antrag auf Herabsetzung des Unterhalts gerichtet, ist er auch zulässig für die Zeit ab dem Ersten des auf ein entsprechendes Auskunfts- oder Verzichtsverlangen des Antragstellers folgenden Monats. Für eine mehr als ein Jahr vor Rechtshängigkeit liegende Zeit kann eine Herabsetzung nicht verlangt werden.

(4) Liegt eine wesentliche Veränderung der tatsächlichen oder rechtlichen Verhältnisse vor, ist die Entscheidung unter Wahrung ihrer Grundlagen anzupassen.

FamFG § 239

31 Die Vorschrift ist eine Spezialvorschrift für die Abänderung gerichtlicher Entscheidungen in Unterhaltssachen und angelehnt an die Grundstruktur des § 323 ZPO. Die Absätze 1 und 3 regeln die Zulässigkeit einer Abänderung, Absatz 2 die Tatsachenpräklusion und Absatz 4 die Begründetheit.

32 Absatz 1 Satz 1 entspricht weitgehend § 323 Abs. 1 ZPO. Statt Urteile unterliegen nunmehr Endentscheidungen der Abänderung. Entscheidungen in einstweiligen Anordnungsverfahren fallen nicht darunter. Diese können jederzeit nach § 54 Abs. 1 FamFG geändert werden.

33 Abs. 1 S. 2 enthält die in § 323 Abs. 1 ZPO geregelte Wesentlichkeitsgrenze und stellt klar, das auch die Änderung der höchstrichterlichen Rechtsprechung einen Abänderungsgrund darstellt. Abs. 2 entspricht § 323 Abs. 2 ZPO und regelt die Präklusion für den Antragsteller. Neu ist die Regelung in § 238 Abs. 3 S. 3. Ziel ist die Gleichbehandlung von Gläubiger und Schuldner im Unterhaltsverfahren. Auch für ein Herabsetzungsverlangen genügt nunmehr ein Auskunftsverlangen mit dem Ziel der Herabsetzung des Unterhalts gegenüber dem Unterhaltsgläubiger oder die Aufforderung an den Unterhaltsgläubiger, teilweise oder vollständig auf den Unterhalt zu verzichten.

§ 239 Änderung von Vergleichen und Urkunden

(1) ¹Enthält ein Vergleich nach § 794 Abs. 1 Nr. 1 der Zivilprozessordnung oder eine vollstreckbare Urkunde eine Verpflichtung zukünftig fällig werdenden wiederkehrenden Leistungen, kann jeder Teil die Abänderung beantragen. ²Der Antrag ist zulässig, sofern der Antragsteller Tatsachen vorträgt, die die Abänderung rechtfertigen.

(2) Die weiteren Voraussetzungen und der Umfang der Abänderung richten sich nach den Vorschriften des bürgerlichen Rechts.

34 Die Regelung entspricht weitgehend den von der Rechtsprechung zu § 323 ZPO entwickelten Grundsätzen. Die Abänderung unterliegt aber weder einer Wesentlichkeitsgrenze noch einer zeitlichen Beschränkung. Die Parteien können die Kriterien der Abänderbarkeit frei bestimmen, soweit nicht materiellrechtliche Gründe entgegenstehen. Die Abänderung erfolgt gemäß Absatz 2 nach den Grundsätzen des § 313 BGB.

§ 620 *Einstweilige Anordnungen*

Das Gericht kann im Wege der einstweiligen Anordnung auf Antrag regeln:

1.–3. ...;

4. die Unterhaltspflicht gegenüber einem minderjährigen Kind;

5. ...;

6. den Unterhalt eines Ehegatten;

7.–9. ...;

10. die Verpflichtung zur Leistung eines Kostenvorschusses für die Ehesache und Folgesachen.

> Die hier erläuterten §§ 620–660 ZPO werden durch Art. 29 Nr. 15 des FGG-Reformgesetzes ab dem 1. 9. 2009 aufgehoben. Sie sind zur Bearbeitung von Altfällen aber in dieser Auflage noch abgedruckt und erläutert.

Einstweilige Anordnungen § 620 ZPO

I. Allgemeines
1. Anwendungsbereich

Die §§ 620–620g ZPO regeln bis zum 31. 8. 2009 den Gegenstand einer einst- **1** weiligen Anordnung ab Abhängigkeit einer Ehesache bzw. eines PKH-Gesuches für eine Ehesache abschließend, so dass eine analoge Anwendung auf andere Unterhaltstatbestände nicht in Betracht kommt. Sie sind reine Verfahrensvorschriften und schaffen nur einen Vollstreckungstitel. Sie gelten auch während einer Aussetzung (§ 614 ZPO), aber nur bis zur Rechtskraft der Scheidung. Selbst wenn die Folgesache Unterhalt noch anhängig ist, kann eine einstweilige Anordnung nicht mehr beantragt werden (OLG Karlsruhe FamRZ 1992, 1454; a. A. OLG Hamm FamRZ 1987, 1278). Auf die Erfolgsaussichten der Hauptsache kommt es nicht an, jedoch können deren Unzulässigkeit oder offensichtliche Unbegründetheit der einstweiligen Anordnung das Regelungsbedürfnis nehmen (OLG Bamberg FamRZ 1983, 82; Johannsen/Henrich/Sedemund-Treiber § 620 Rn 4).

2. Antrag

Die Einleitung des Verfahrens erfordert einen Antrag. Dieser kann auch zu **2** Protokoll der Geschäftsstelle gestellt werden und unterliegt dann nicht dem Anwaltszwang. Erst wenn mündlich verhandelt wird, besteht Anwaltszwang (§ 78 Abs. 2 Satz 2 Nr. 1 ZPO). Der Antrag, der nur von den Ehegatten gestellt werden kann, ist zu begründen und glaubhaft zu machen (§§ 620a Abs. 2 Satz 3, 294 ZPO).

3. Zuständigkeit

Örtlich zuständig ist das Familiengericht der Ehesache. Die sachliche Zustän- **3** digkeit ist an die Ehesache des § 606 ZPO geknüpft. Ist die Familiensache in erster Instanz anhängig, ist das Familiengericht für den Erlass der einstweiligen Anordnung zuständig, bei Anhängigkeit in der Berufungsinstanz das OLG. Ist die Folgesache Kindesunterhalt oder Ehegattenunterhalt im zweiten oder dritten Rechtszug anhängig, ist das Berufungsgericht der Folgesache zuständig, § 620a Abs. 4 Satz 2 ZPO. Eine einmal begründete Zuständigkeit bleibt auch bestehen, wenn ein Rechtsmittel eingelegt wird, bevor über den Antrag auf Erlass einer einstweiligen Anordnung entschieden wird (BGH FamRZ 1980, 670). Wird gegen ein Verbundurteil Rechtsmittel eingelegt, ohne dass zu erkennen ist, ob der Scheidungsausspruch oder welche Folgesache angefochten wird, ist das Familiengericht zuständig (OLG Frankfurt FamRZ 1992, 579), denn es steht zu diesem Zeitpunkt nicht endgültig fest, ob das Verbundurteil in vollem Umfang angefochten wird oder welchen seiner Teile das Rechtsmittel erfasst (BGH NJW 1983, 1561; BGH NJW-RR 1992, 962).

4. Regelungsbedürfnis

Jede einstweilige Anordnung auf Unterhalt setzt ein Regelungsbedürfnis vor- **4** aus. Dieses entspricht dem Begriff des Rechtsschutzinteresses im Rahmen einer Hauptsacheklage. Der Antragsteller muss nicht darlegen, sich in einer akuten Notlage zu befinden. Ein Regelungsbedürfnis ist allgemein zu bejahen, wenn ein **dringendes Bedürfnis** für eine sofortige Entscheidung besteht, so dass ein Abwarten bis zur endgültigen Entscheidung in der Hauptsache nicht gestattet ist. Ein Regelungsbedürfnis fehlt danach, wenn nicht darlegt ist, dass der Unterhaltsschuldner zur Zahlung von Unterhalt aufgefordert worden ist; wenn der Antragsteller Einkünfte bezieht, die ausreichend sind, um den dringendsten Unterhaltsbedarf selbst zu befriedigen (OLG Zweibrücken FamRZ 1981, 65); wenn der Unterhaltspflichtige den geforderten Unterhaltsbetrag immer pünktlich ohne zeitlichen und betragsmäßigen Rückstand geleistet hat und keine Anhaltspunkte dafür bestehen, dass sich dieses ändern wird, weiter – für eine einstweilige Anordnung auf Auskunft – wenn im Scheidungsverbundverfahren im Rahmen einer Stufenklage zunächst Auskunft über die Einkommens- und Vermögensverhältnisse begehrt wird (OLG Stuttgart FamRZ 1980, 1138; Thomas/Putzo/Hüßtege Rn 18; a. A. Zöller/Philippi Rn 63).

5. Rechtsmittel

5   Da einstweilige Anordnungen wegen der Eilbedürftigkeit nur eine vorläufige und lediglich bis zur Wirksamkeit einer anderweitigen Regelung befristete Regelung des Verfahrensgegenstandes treffen (§ 620f Abs. 1 Satz 1 ZPO), erwachsen sie nicht in materielle Rechtskraft (KG FamRZ 1991, 1327f.). Die Vorschrift behandelt den Sonderfall einer Abänderung der eigenen Entscheidung durch das Ausgangsgericht. Ergeht die einstweilige Anordnung ohne mündliche Verhandlung, bedarf es für eine Abänderung keiner Änderung der tatsächlichen oder rechtlichen Verhältnisse. Dazu bedarf es eines **Antrages** einer Partei, der nicht fristgebunden ist, jedoch nur bis zum rechtskräftigen Abschluss der Ehesache oder der nach § 620a Abs. 4 Sätze 2 und 3 ZPO zuständig als begründeten Folgesache gestellt werden kann. Ist die **Erstentscheidung nach mündlicher Verhandlung** ergangen, kann ein Abänderungsantrag bei gleicher Sachlage nicht gestellt werden (OLG Karlsruhe FamRZ 1989, 642). Insoweit tritt eine beschränkte materielle Rechtskraft der einstweiligen Anordnung ein, ein Abänderungsantrag ist also nur zulässig bei Änderung der tatsächlichen Verhältnisse bzw. wenn der Antrag auf neu bekannt gewordene Tatsachen oder neue rechtliche Gesichtspunkte gestützt wird (OLG Köln FamRZ 1987, 957). **Rückwirkende Änderungen** einer einstweiligen Anordnung sind nur ausnahmsweise möglich (Zöller/Philippi § 620b ZPO Rn 3). Eine **Heraufsetzung** ist jedoch nur dann möglich, wenn der höhere Unterhalt schon vorher angemahnt wurde. Auch eine rückwirkende **Herabsetzung** des Unterhalts ist möglich, nicht aber die Rückzahlung von zu Unrecht gezahltem Unterhalt (BGH FamRZ 1984, 768). Eine für das Anordnungsverfahren bewilligte Prozesskostenhilfe erstreckt sich auch auf ein späteres Abänderungsverfahren (OLG Hamm MDR 1983, 847; MünchKommZPO/Finger § 620c Rn 20).

6   Eine **sofortige Beschwerde** gem. § 620c ZPO gegen einstweilige Anordnungen zum Unterhalt ist nicht möglich (vgl. zur verfassungsrechtlichen Unbedenklichkeit BVerfG NJW 1980, 368). Zwar sind die Beschwerdemöglichkeiten des § 620c ZPO durch das GewSchG erweitert worden, der einschränkende Charakter der Vorschrift ist jedoch erhalten geblieben.

6. Konkurrenz

7   Einstweilige Anordnungen sind nicht mit der Abänderungsklage anfechtbar (BGH FamRZ 1983, 355; OLG Bremen FamRZ 2000, 1165). Neben dem Abänderungsverfahren ist grundsätzlich ein Hauptsacheverfahren zulässig. Die-

Einstweilige Anordnungen **§ 620 ZPO**

sem fehlt das Rechtsschutzbedürfnis, wenn das Abänderungsverfahren noch durchgeführt werden kann (Johannsen/Henrich/Sedemund-Treiber § 620b Rn 14). Eine erlassene einstweilige Anordnung kann auch nicht einer negativen Feststellungsklage bekämpft werden, wenn eine nicht mehr einseitig zurücknehmbare Leistungsklage erhoben wurde. Möglich ist grundsätzlich eine Vollstreckungsabwehrklage nach § 767 ZPO. Deren Zulässigkeit ist davon abhängig, ob ein Rechtsschutzbedürfnis besteht (Johannsen/Henrich/Sedemund-Treiber § 620b Rn 20). Dieses besteht nicht, wenn die einstweilige Anordnung gem. § 620f ZPO außer Kraft getreten ist. Die Möglichkeit besteht, diese Wirkung durch Beschluss ohne weiteres festzustellen (OLG Düsseldorf FamRZ 1991, 721). Hingegen können mit der Klage nach § 767 ZPO Einwendungen wie Stundung, Erlass oder Erfüllung geltend gemacht werden (OLG Hamm FamRZ 1996, 810; OLG Zweibrücken NJW-RR 1997, 1166).

II. Verhältnis zu anderen Vorschriften

1. Hauptsacheverfahren

Das **Rechtsschutzbedürfnis** für eine Klage aus den Ansprüchen der Nr. 4, 6 **8** und 10 entfällt grundsätzlich nicht. Sie können als Familiensachen außerhalb des anhängigen Eheverfahrens geltend gemacht werden (BGH NJW 1983, 1330). Ist über den Unterhalt in einem Hauptsacheverfahren bereits rechtskräftig entschieden, steht der einstweiligen Anordnung ein Verfahrenshindernis entgegen (OLG Oldenburg NJW 1964, 1864). Unzulässig ist dann ein einstweiliges Anordnungsverfahren, durch das der in der Hauptsache zuerkannte Betrag wegen veränderter Umstände herauf- oder herabgesetzt werden soll. Ein Eingriff in die Rechtskraft ist nur über § 323 ZPO möglich (Johannsen/Henrich/Sedemund-Treiber § 620 Rn 24). Das gilt auch für einen Vergleich über den Gegenstand einer einstweiligen Anordnung (OLG Hamm FamRZ 1980, 608; OLG Zweibrücken FamRZ 1980, 69). Ist eine Abänderungsklage erhoben, kann in den Grenzen der Klaganträge durch einstweilige Anordnung im Abänderungsprozess vorläufig erhöhter Unterhalt geltend gemacht werden. Ist eine einstweilige Anordnung auf Zahlung von Unterhalt ergangen, kann der Verpflichtete im ordentlichen Prozess auf Feststellung klagen, dass er keinen Unterhalt schuldet (BGH NJW 1983, 1330).

2. Einstweilige Verfügung, §§ 935 ff. ZPO

§ 620 ZPO enthält eine **geschlossene Sonderregelung** des einstweiligen **9** Rechtsschutzes in Ehesachen und verdrängt die Vorschrift nur über die einstweilige Verfügung. Für eine Leistungsverfügung auf Unterhalt fehlt das **Rechtsschutzbedürfnis,** wenn eine einstweilige Anordnung beantragt werden kann (str., wie hier: OLG Nürnberg NJW 1998, 2787; OLG Hamm FamRZ 2001, 358; Thomas/Putzo/Hüßtege Rn 6; a. A. OLG Karlsruhe NJWE-FER 99, 281). Ist eine einstweilige Verfügung unzulässig, kommt die **Umdeutung** in Betracht, um dem Schutzbedürfnis des Antragstellers Rechnung zu tragen (OLG Brandenburg FamRZ 1996, 1222). Eine zuvor ergangene einstweilige Verfügung ist auf **Widerspruch** bei entsprechendem Willen der Parteien in ein Verfahren nach § 620 ZPO überzuleiten. Der Widerspruch kann als Antrag nach § 620b ZPO behandelt werden, jedenfalls solange das FamG nicht eine die Instanz beendende

ZPO § 620   4. Teil. Prozessrecht

Entscheidung erlassen hat (OLG Düsseldorf FamRZ 1985, 298; OLG Karlsruhe NJW 1995, 1908).

10   Eine einstweilige Verfügung kommt ausnahmsweise in Betracht, wenn ein Anhängigmachen der Hauptsache nicht möglich oder nicht zumutbar ist, so z. B., um einen nur kurzen Zeitraum zu überbrücken (OLG Hamm FamRZ 2001, 358; OLG Köln NJW-RR 1999, 795; OLG Nürnberg NJW 1998, 3787), weiter beim vereinfachten Verfahren zum Minderjährigenunterhalt bis zu dessen Titulierung. Soweit eine einstweilige Verfügung ausnahmsweise zulässig ist, kann damit nur der sog. **Notbedarf** für einen Zeitraum von sechs Monaten geltend gemacht werden.

11   Für den Sonderfall des § 1615 o BGB zur Sicherung des Unterhalts für das nichteheliche Kind für die ersten drei Monate nach der Geburt sowie eines Unterhaltsanspruchs der Mutter nach § 1615 l BGB sieht das Gesetz ausdrücklich die einstweilige Verfügung vor, sofern die Vaterschaft anerkannt oder nach § 1600 d Abs. 2 BGB vermutet wird. Sie ist auf den Notbedarf, in jedem Fall aber auf den **Regelbedarf** beschränkt.

3. Einstweilige Anordnung nach § 644 ZPO

12   S. dazu § 644 Rn 1 ff.

4. Arrest, §§ 916 ff. ZPO

13   Ein Arrest ist grundsätzlich möglich, im Unterhaltsrecht allerdings eher von untergeordneter Bedeutung, da er nur der Sicherung dient und deshalb nicht geeignet ist, dem Unterhaltsberechtigten die monatlichen Unterhaltsleistungen zu verschaffen. Erst ist jedoch zur **Sicherung künftiger Unterhaltsansprüche** geeignet und kommt in Betracht, wenn ein Schuldner Anstalten macht, sein Vermögen zu verschieben oder zu verschleudern. Ein **Arrestgrund** liegt vor, wenn ein Schuldner sich ins Ausland abzusetzen droht (OLG Karlsruhe NJW-RR 1997, 450; a. A. OLG Stuttgart NJW-RR 1996, 775: Immobilienvermögen im Inland), wenn ein Schuldner nach vorheriger Leistungsunfähigkeit eine Erbschaft erlangt hat (OLG Frankfurt FamRZ 1988, 184; OLG Karlsruhe NJW-RR 1997, 450) oder wenn er bei undurchsichtigen Verhältnissen beginnt, seine letzten Vermögenswerte zu veräußern (OLG Karlsruhe NJW 1997, 1017) und wenn ein Urteil im Ausland außerhalb des Anwendungsbereichs des EuGVÜ oder LGVÜ vollstreckt werden muss. Nicht ausreichend sind eine allgemein schlechte Vermögenslage und die Konkurrenz mit anderen Gläubigern (BGH NJW 1996, 321; OLG Köln FamRZ 1983, 1259).

14   Die **Dauer der Sicherung** für künftige Unterhaltsansprüche ist nach sorgfältiger Abwägung der Parteiinteressen im Einzelfall festzulegen. Beim Antragsteller ist die Größe der Gefährdung zu berücksichtigen und wie die Prognose für den Bestand des Unterhalts ist, beim Antragsgegner, inwieweit er darauf angewiesen ist, über sein Vermögen frei verfügen zu können (OLG Düsseldorf NJW-RR 1993, 1289: 5 Jahre; OLG Hamm FamRZ 1995, 1427: 5 Jahre; OLG Karlsruhe NJW-RR 1997, 450: 2 Jahre).

III. Einstweilige Anordnung nach § 620 Nr. 4 ZPO

15   Die Vorschrift regelt die Unterhaltspflicht gegenüber einem minderjährigen gemeinsamen Kind und auch gegenüber einem scheinehelichen Kind, wenn die Va-

Einstweilige Anordnungen **§ 620 ZPO**

terschaft noch nicht angefochten ist (Zöller/Philippi Rn 51). Wird das Kind in absehbarer Zeit volljährig, ist die Unterhaltsregelung entsprechend zu begrenzen. Die Frage, ob und wie über die elterliche Sorge entschieden wird, ist für die einstweilige Anordnung ohne Belang. Die Unterhaltsansprüche sind gem. § 1629 Abs. 3 BGB in **Prozessstandschaft** geltend zu machen. Die einstweilige Anordnung und auch ein in diesem Verfahren geschlossener Vergleich wirken für und gegen das Kind (OLG Zweibrücken FamRZ 2000, 964). Der Unterhalt für ein volljähriges Kind ist durch einstweilige Anordnung nach § 644 ZPO zu regeln.

Die Unterhaltspflicht gegenüber dem Kind richtet sich materiell-rechtlich nach **16** den §§ 1601 ff. BGB bzw. §§ 1360, 1360 a BGB oder nach ausländischem Recht, zwischen Ausländern mit gewöhnlichem Aufenthalt in Deutschland i. d. R. gem. Art. 18 EGBGB nach deutschem Recht. Die Haager Unterhaltsübereinkommen vom 24. 10. 1956 (BGBl. 1961 II S. 1013) und vom 2. 10. 1973 (BGBl. 1986 II S. 837) sind zu beachten, so dass deutsches Recht maßgeblich ist, wenn das Kind seinen gewöhnlichen Aufenthalt in der Bundesrepublik Deutschland hat, sofern nicht ein bilaterales Abkommen vorgeht (BGH NJW-RR 1986, 1005).

Dem **Umfang** nach kann durch einstweilige Anordnung der laufende Unter- **17** halt und auch Sonderbedarf zugesprochen werden, und zwar mindestens der Regelunterhalt ohne zeitliche Befristung. Der Unterhalt ist **ab Antragstellung** als Geldrente festzusetzen. Streitig ist (s. die Nachw. bei Johannsen/Henrich/ Sedemund-Treiber Rn 15), ob ein Auskunftsanspruch geltend gemacht werden kann.

IV. Einstweilige Anordnung nach § 620 Nr. 6 ZPO

Maßgebend ist das materielle Recht (§§ 1360, 1360a, 1361 BGB) bzw. das nach **18** dem Hager Unterhaltsübereinkommen vom 2. 10. 1973 bzw. nach Art. 18 EGBGB geltende Recht (vgl. dazu: OLG München FamRZ 1973, 94). Der Unterhalt kann für **unbestimmte Zeit** und **in voller Höhe** geltend gemacht werden (Thomas/Putzo/Hüßtege Rn 18; OLG Zweibrücken NJWE-FER 1999, 67; a. A. OLG Hamm FamRZ 2000, 964: nur im Rahmen der Sozialhilfebeträge).

V. Einstweilige Anordnung nach § 620 Ziff. 10 ZPO

Durch einstweilige Anordnung kann ein **Vorschuss** für eine Ehesache und **19** Folgesachen, auch für die in Prozessstandschaft nach § 1629 Abs. 3 BGB geltend gemachte Folgesache Kindesunterhalt – selbst wenn der Scheidungsausspruch vorher rechtskräftig wird – verlangt werden, weiter für Verfahren (einstweilige Anordnungen) nach den §§ 620, 620b ZPO (BGH MDR 1981, 1001), nicht jedoch für andere selbständige Familiensachen (BGH NJW 1980, 1392). Für diese gilt § 127a ZPO oder § 621f ZPO. Voraussetzung ist das Bestehen eines Anspruchs nach materiellem, ggf. auch nach ausländischem Recht (h. M.: Baumbach/Albers Rn 26). Materiell-rechtliche Grundlagen sind die §§ 1360a Abs. 4, 1361 IV 4, 1601 ff. BGB (BGH NJW 1979, 1508). Nach Beendigung der Instanz besteht kein Rechtsschutzbedürfnis mehr für diese Instanz (OLG Zweibrücken FamRZ 2000, 757); über einen vorher gestellten Antrag ist noch zu entscheiden (OLG Karlsruhe NJWE-FER 1999, 267). Die **Höhe des Vorschusses** richtet sich nach den voraussichtlichen Kosten für die jeweilige Instanz. Die Streitwerte von Scheidungs- und Folgesache sind zu addieren. Bei Einlegung eines Rechtsmittels kann eine weitere einstweilige Anordnung ergehen. Möglich ist auch die Bewilligung eines Prozesskostenvorschusses nur für einen Teil der Kosten, wenn der Antragsteller den anderen Teil selbst aufbringen kann oder der Antragsgegner nicht in der Lage ist, die Kosten voll aufzubringen (Baumbach/ Albers Rn 29). Möglich ist auch die Anordnung von Ratenzahlungen (BGH NJW-RR 2004, 1662). Der Vorschuss soll der bedürftigen Partei die Prozessführung ermöglichen. Deshalb darf nach Abschluss der Instanz kein Vorschuss mehr verlangt werden, die Vollstreckung aus einer vor Abschluss der Instanz ergangenen einstweiligen Anordnung ist aber auch nach Beendigung des Verfahrens und unabhängig von der getroffenen Kostenentscheidung möglich (BGH NJW 1985, 2263). Grundsätzlich besteht eine **Wahlmöglichkeit** zwischen Klage und einstweiliger Anordnung (BGH NJW 1979, 1508), beide Verfahren können auch nebeneinander betrieben werden. Auch eine negative Feststellungsklage ist zulässig (Thomas/Putzo/Hüßtege Rn 26).

VI. Forderungsübergang

20   Beim Bezug von öffentlichen Leistungen ist der Forderungsübergang nach den §§ 94 SGB XII, 37 BAföG, 7 UVG zu beachten. Da Leistungen für die Vergangenheit über § 620 ZPO nicht verlangt werden können, können die Ansprüche geltend gemacht werden (BGH NJW-RR 1995, 1217). Für die Zeit von der Antragstellung bis zur Entscheidung muss in Höhe der übergegangenen Ansprüche Leistung an den Träger der öffentlichen Hilfe beantragt werden, sofern keine Rückabtretung erfolgt ist (OLG Karlsruhe NJW-RR 1995, 1286; OLG Nürnberg NJW-RR 1995, 263).

VII. Außerkrafttreten

21   Die einstweilige Anordnung tritt gem. § 620 f ZPO bei Wirksamwerden einer anderen Regelung sowie bei Rücknahme oder Abweisung des Scheidungsantrages außer Kraft. Sie gilt deshalb grundsätzlich – obwohl Trennungsunterhalt und nachehelicher Unterhalt verschiedene Streitgegenstände darstellen – über die Rechtskraft der Scheidung hinaus (BGH NJW 1981, 978). Bei Feststellungsurteilen wird die anderweitige Regelung ebenso wie bei Leistungsurteilen erst mit Rechtskraft wirksam (BGH NJW 2000, 740; OLG Karlsruhe NJOZ 2004, 4494). Zulässig ist auch ein **Einstellungsantrag** nach § 769 ZPO (OLG Hamm FamRZ 2002, 618; OLG Zweibrücken FamRZ 2007, 1664: bei noch nicht rechtskräftiger Hauptsacheentscheidung; a. A. Thomas/Putzo/Hüßtege § 620 f Rn 3; OLG Köln NJW-RR 2003, 1228).

VIII. Rückzahlung und Schadensersatz

22   Rückzahlung zuviel gezahlten Unterhalts kann gem. § 812 Abs. 1 Satz 1 BGB verlangt werden (BGH NJW 2000, 740). Soweit der Empfänger mit dem Unterhalt Schulden getilgt, Anschaffungen oder Ersparnisse geschaffen hat oder infolge der Unterhaltszahlungen vorhandene Mittel erspart hat, die er ansonsten hätte verwenden müssen, ist er zur Rückzahlung verpflichtet (BGH NJW 1984, 2095; BGH NJW 1992, 2415). Der Bereicherte kann den Wegfall der Bereicherung

Einstweilige Anordnung **§ 641d ZPO**

nach § 818 Abs. 3 BGB geltend machen, wenn ihm kein Vermögensvorteil verblieben ist (BGH NJW-RR 1989, 709; BGH NJW 1992, 2415). Bei unteren und mittleren Einkommen spricht eine tatsächliche Vermutung dafür, dass die Beträge für den laufenden Bedarf verbraucht sind (BGH NJW 2000, 740). Eine verschärfte Haftung nach §§ 818 Abs. 4, 819 BGB ist möglich. Rechtshängigkeit i. S. der Vorschrift liegt aber nur dann vor, wenn die Rückforderungsklage rechtshängig ist (BGH NJW 1998, 2433; BGH NJW 2000, 740), die mit der Abänderungsklage nach § 323 ZPO verbunden werden kann (s. auch Vorbem. zu § 1360 Rn 13 ff.).

Schadensersatzansprüche nach den §§ 717 Abs. 2, 641 g, 945 ZPO bestehen 23 nicht, wenn aus der einstweiligen Anordnung vollstreckt worden ist (BGH NJW 2000, 740).

IX. Neuregelung nach FamFG

§ 246 Abs. 1 FamFG regelt, abweichend von § 49 FamFG, die Regelungsbe- 24 fugnis für die Zahlung von Unterhalt und eines Kostenvorschusses. Die Anordnung ist nicht auf vorläufige Maßnahmen begrenzt. Es kann zeitlich unbegrenzt der volle Unterhalt zugesprochen werden. Ein Verfahrenskostenvorschuss ist vorrangig vor einem Antrag auf Verfahrenskostenhilfe (§§ 76 ff. FamFG).

§ 641 d *Einstweilige Anordnung*

(1) ¹ Sobald ein Rechtsstreit auf Feststellung des Bestehens der Vaterschaft nach § 1600 d des Bürgerlichen Gesetzbuchs anhängig oder ein Antrag auf Bewilligung der Prozesskostenhilfe eingereicht ist, kann das Gericht auf Antrag des Kindes seinen Unterhalt und auf Antrag der Mutter ihren Unterhalt durch eine einstweilige Anordnung regeln. ² Das Gericht kann bestimmen, dass der Mann Unterhalt zu zahlen oder für den Unterhalt Sicherheit zu leisten hat, und die Höhe des Unterhalts regeln.

(2) ¹ Der Antrag ist zulässig, sobald die Klage eingereicht ist. ² Er kann vor der Geschäftsstelle zu Protokoll erklärt werden. ³ Der Anspruch und die Notwendigkeit einer einstweiligen Anordnung sind glaubhaft zu machen. ⁴ Die Entscheidung ergeht auf Grund mündlicher Verhandlung durch Beschluss. ⁵ Zuständig ist das Gericht des ersten Rechtszuges und, wenn der Rechtsstreit in der Berufungsinstanz schwebt, das Berufungsgericht.

(3) ¹ Gegen einen Beschluss, den das Gericht des ersten Rechtszuges erlassen hat, findet die sofortige Beschwerde statt. ² Schwebt der Rechtsstreit in der Berufungsinstanz, so ist die Beschwerde bei dem Berufungsgericht einzulegen.

(4) Die entstehenden Kosten eines von einer Partei beantragten Verfahrens der einstweiligen Anordnung gelten für die Kostenentscheidung als Teil der Kosten der Hauptsache, diejenigen eines vom Nebenintervenienten beantragten Verfahrens der einstweiligen Anordnung als Teil der Kosten der Nebenintervention; § 96 gilt insoweit sinngemäß.

I. Allgemeines

Ab Anhängigkeit eines Verfahrens auf Feststellung des Bestehens der Vater- 1 schaft oder eines entsprechenden PKH-Antrages kann – bis zur Rechtskraft oder anderweitigen Beendigung der Rechtshängigkeit – durch die Sonderregelung des § 641 d ZPO – ähnlich wie nach §§ 620 ff. ZPO – der laufende Unterhalt eines Kindes vorläufig festgesetzt und gesichert werden. Durch das KindRG wurde die Vorschrift erweitert. Sie lässt seither auch einen Antrag der Mutter auf Erlass einer einstweiligen Anordnung für ihren Unterhalt nach § 1615l BGB zu. Damit soll mit Hilfe eingeschränkter Voraussetzungen an die Beweisbarkeit der Vaterschaft im Hinblick auf das oft langwierige Verfahren mit Gutachten zur Feststellung der Vaterschaft der Unterhalt kurzfristig gesichert werden. Trotz der sozialstaatlichen Fürsorge, besonders in Form des UVG, bleibt jedenfalls für eine Sicherheitsleistung Raum. Einstweilige Anordnungen sind in erster und zweiter Instanz zulässig, auch wenn das Amtsgericht die Vaterschaft festgestellt und auf Regelunterhalt nach § 653 ZPO erkannt hat, da erst nach Rechtskraft des Vaterschaftsfeststellungsurteils der Unterhaltsbetrag vollstreckbar ist.

II. Anwendungsbereich

2   Die Vorschrift ist anwendbar bei positiver Feststellungsklage auf Bestehen der Vaterschaft (§ 1600 d BGB), nicht jedoch bei einer negativen Feststellungs- oder Feststellungswiderklage (str.: Musielak/Borth Rn 3; Zöller/Philippi Rn 4), bei Klagen auf Feststellung der Unwirksamkeit eines Vaterschaftsanerkenntnisses und bei Vaterschaftsanfechtungsklagen (OLG Koblenz FamRZ 1974, 383).

3   Einstweilige Anordnungen sind auch bei der Beteiligung von Ausländern und wenn ausländisches Recht auf das Abstammungsverhältnis und/oder die Unterhaltsfrage anwendbar ist, möglich, sofern das deutsche Gericht für die Vaterschaftsklage international zuständig ist (OLG Koblenz NJW 1975, 1085). Ob deutsches oder ausländisches Sachrecht anzuwenden ist, richtet sich nach Art. 18 EGBGB. Lässt sich das ausländische Recht nicht oder nur mit unverhältnismäßigem Aufwand und erheblicher Verzögerung ermitteln, kann deutsches Recht angewendet werden (BGH NJW 1978, 496).

Im Rahmen des § 641 d ZPO kann auch eine einstweilige Anordnung auf Prozesskostenvorschuss ergehen (OLG Düsseldorf NJW-RR 1995, 144).

III. Konkurrenz mit anderen Verfahren

4   Einstweilige Anordnungen auf laufenden Unterhalt nach § 644 ZPO sind nur möglich, wenn die **Vaterschaft** bereits **festgestellt** ist. Deshalb kann sich mangels Tatbestandsüberschneidung keine Konkurrenz zwischen einer einstweiligen Anordnung nach § 641 d ZPO mit einer einstweiligen Anordnung nach § 644 ZPO und auch nicht mit einer einstweiligen Anordnung nach § 620 ZPO ergeben (Thomas/Putzo/Hüßtege Rn 3). Neben der Möglichkeit der einstweiligen Anordnung nach § 641 d ZPO besteht für Unterhaltsansprüche des Kindes nach § 1615 o Abs. 1 BGB und der Mutter nach § 1615l BGB während der ersten drei Lebensmonate des Kindes die Möglichkeit einer einstweiligen Verfügung. Eine rechtskräftige Feststellung der Vaterschaft ist nicht erforderlich, da gem. § 1600 d Abs. 2 BGB der als Vater vermutete Mann in Anspruch genommen werden kann. Nur die Voraussetzungen der Vermutung sind glaubhaft zu machen, nicht aber die Gefährdung des Anspruchs (Zöller/Philippi Rn 2). Der **Antrag** kann auch schon vor der Geburt des Kindes gestellt und beschieden werden. Zuständig ist als Gericht der Hauptsache (§ 937 ZPO) das für den Un-

Einstweilige Anordnung **§ 641d ZPO**

terhaltsprozess zuständige (OLG Frankfurt FamRZ 1984, 512). Ist ein Verfahren auf Vaterschaftsfeststellung oder ein entsprechendes PKH-Verfahren anhängig, ist § 641d ZPO lex spezialis zur einstweiligen Verfügung nach § 1615o BGB (str.: Zöller/Philippi Rn 3). Erfolgt vor Klageerhebung ein **Anerkenntnis der Vaterschaft,** ist eine einstweilige Verfügung nach § 940 ZPO nicht zulässig, sondern nur eine einstweilige Anordnung nach § 644 ZPO (str.).

IV. Verfahren, Abs. 1

1. Antrag

Die einstweilige Anordnung kann nur auf Antrag des Kindes und/oder der 5 Mutter ergehen. Der Antrag kann vor Zustellung, aber erst nach Einreichung der Klage oder eines entsprechenden PKH-Gesuches oder sogleich mit der Einreichung (Abs. 2 Satz 1) und damit erst **nach der Geburt des Kindes** gestellt werden und bis zu dem Zeitpunkt, in dem die Klage entweder zurückgenommen, sich die Hauptsache erledigt hat oder das Urteil rechtskräftig geworden ist. Beschieden werden kann der Antrag auch noch nach Rechtskraft (Zöller/Philippi Rn 6). Allerdings folgt aus § 641f ZPO, dass eine einstweilige Anordnung nicht mehr ergehen kann, wenn durch Urteil, das nicht rechtskräftig sein muss, das Nichtbestehen einer Eltern-Kind-Beziehung festgestellt wird. Wird ein Rechtsmittel eingelegt, kann in der Berufungsinstanz erneut eine einstweilige Anordnung beantragt werden. Das Ruhen des Verfahrens oder eine Aussetzung nach § 640f ZPO hindert eine Antragstellung nicht (OLG Düsseldorf DAVorm 1973, 375).

Der Antrag kann schriftlich oder zu Protokoll der Geschäftsstelle des zuständi- 6 gen Familiengerichts, des Oberlandesgerichts oder jedes anderen Amtsgerichts (§ 129a ZPO) gestellt werden, Abs. 2 Satz 2. Anwaltszwang besteht – auch beim OLG – für die Antragstellung nicht, allerdings für eine mündliche Verhandlung vor dem OLG. Die Prozessvollmacht für das Statusverfahren umfasst auch das Anordnungsverfahren. Der Antragsteller muss deutlich machen, ob Zahlung oder Sicherheitsleistung begehrt wird. Bei Zahlung ist der Antrag zu beziffern, er kann aber auch in das Ermessen des Gerichts gestellt werden (str.: Zöller/Philippi Rn 8).

2. Notwendigkeit der einstweiligen Anordnung

Eine einstweilige Anordnung auf Zahlung ist nur notwendig, sofern das Kind 7 oder die Mutter auf die Zahlung durch den Vater angewiesen sind. Daran fehlt es, wenn ein Vater freiwillig zahlt oder das Kind eigenes Vermögen hat, oder wenn die Mutter oder mütterliche Verwandte den Unterhalt aufbringen können (Zöller/Philippi Rn 11; OLG Koblenz FamRZ 2006, 1137). Der Bezug von Sozialhilfe (OLG Düsseldorf NJW-RR 1994, 709) oder Leistungen nach dem UVG (OLG Düsseldorf NJW-RR 1993, 1289) lassen die Notwendigkeit nicht entfallen.

Eine einstweilige Anordnung auf **Sicherheitsleistung** – ggf. auch Zahlung 8 auf ein Sperrkonto – kann auch erlassen werden, wenn das Kind Unterhalt von mütterlichen Verwandten erhält oder Sozialhilfe oder Unterhaltsvorschuss gezahlt werden und ein Rechtsübergang stattfindet (str.: Zöller/Philippi Rn 12; OLG Düsseldorf NJW-RR 1993, a.a.O.; 1994, a.a.O.). Die Notwendigkeit ist i.d.R.

zu bejahen, wenn der Mann nicht freiwillig zahlt oder Sicherheit leistet, insbesondere wenn zu befürchten ist, dass eine Zahlung der während des Rechtsstreits auflaufenden Rückstände nicht erfolgen wird. Dies kann auch bei geordneten wirtschaftlichen Verhältnissen gelten, außer es wird freiwillig auf ein Sperrkonto des Jugendamtes gezahlt. Sicherheit ist nicht für den Zeitraum zu leisten zwischen Geburt des Kindes und der Entscheidung über den Antrag.

3. Glaubhaftmachung, Abs. 2 Satz 3

9   Die eine einstweilige Anordnung begehrende Partei muss die Voraussetzungen und Notwendigkeit einer einstweiligen Anordnung glaubhaft machen (§ 294 ZPO). Dazu gehört insbesondere die Ausübung des Geschlechtsverkehrs des Beklagten mit der Mutter während der gesetzlichen Empfängniszeit (OLG Düsseldorf NJW-RR 1993, 1289), wobei die Vermutung des § 1600d Abs. 2 Satz 1 BGB weiterhilft. Diese kann nur durch Glaubhaftmachung schwerwiegender Zweifel entkräftet werden (OLG Düsseldorf NJW-RR 1995, 1219). Je nach Stand des Vaterschaftsfeststellungsverfahrens genügt es, dass aufgrund der zumutbaren Mittel der Glaubhaftmachung die überwiegende Wahrscheinlichkeit für die Vaterschaft spricht. Besonders wenn die Anordnung auf Zahlung ergehen soll, sind an die Glaubhaftmachung aber strenge Anforderungen zu stellen.

4. Zuständigkeit

10   Zuständig ist das Gericht der Hauptsache (Feststellung der Vaterschaft) des ersten Rechtszuges (Abs. 2 Satz 5), ab Eingang der Berufung das OLG. Wird der Antrag erst nach Erlass eines die Vaterschaft feststellenden Urteils, aber vor Einlegung der Berufung und Eintritt der Rechtskraft gestellt, bleibt das Gericht des ersten Rechtszuges auch bei späterer Berufungseinlegung zuständig (MünchKommZPO/Coester-Waltjen Rn 10). Diese Grundsätze gelten auch für eine Antragstellung nach Erlass des Berufungsurteils. Ab Revisionseinlegung ist für einen Antrag wieder das Familiengericht zuständig (BGH NJW 1980, 1392 für eine einstweilige Anordnung nach § 127a ZPO; OLG Hamm NJW 1972, 261).

5. Entscheidung

11   Zur Entscheidung über den Antrag ist die Ermittlung der maßgebenden Entscheidungsgrundlagen von amts wegen (OLG Düsseldorf NJW-RR 1994, 709) vorzunehmen, jedoch gilt bei der Bedürftigkeit und der Höhe des Unterhalts der Beibringungsgrundsatz (h.M. Thomas/Putzo/Hüßtege Rn 10). Sofern der Unterhaltsanspruch auf den Träger der Sozialhilfe übergegangen ist, kann gleichwohl Unterhalt für die Zukunft geltend gemacht werden. Der übergegangene Unterhaltsanspruch kann auf den Hilfeempfänger rückübertragen werden (§§ 94 Abs. 5 SGB XII, 7 Abs. 4 UVG), so dass auch im Wege der einstweiligen Anordnung Unterhalt ab Antragstellung verlangt werden kann.

12   Nach zwingend notwendiger nichtöffentlicher mündlicher Verhandlung ist durch zu verkündenden Beschluss zu entscheiden, sofern die Parteien keinen Vergleich schließen. Das Gericht setzt nach seinem Ermessen ab Antragseingang den zu zahlenden Unterhalt fest, entweder durch Bezifferung oder – bis 31. 12. 2007 – mit einem Prozentsatz des Regelbetrages nach der RegelbetragsVO. Sofern nur Sicherheitsleistung beantragt wird, darf nicht auf Zahlung erkannt werden, wohl aber umgekehrt, da die Sicherheitsleistung ein Minus gegenüber der Zahlung darstellt. Die Art der Sicherheitsleistung bestimmt das Gericht (§ 108

Einstweilige Anordnung **§ 641d ZPO**

ZPO). Es besteht kein Wahlrecht des Gegners nach §§ 232ff. BGB. In der Regel erfolgt eine Sicherheitsleistung durch Zahlung auf ein Sperrkonto des Jugendamtes oder des Kindes bzw. der Mutter (MünchKommZPO/Coester-Waltjen Rn 17). Dadurch werden die bei einer Hinterlegung entstehenden Zinsverluste vermieden. Die **Zinsen** gebühren dem Antragsgegner, da eine Verzinsung erst ab Verzug eintritt.

6. Kosten

Abs. 4, der § 620g ZPO entspricht, regelt die Kostenentscheidung. Die Kosten des Anordnungsverfahrens sind Teil der Hauptsachekosten. § 96 ZPO findet insoweit entsprechende Anwendung. Sofern der Antragsteller der einstweiligen Anordnung nicht Partei des Hauptsacheverfahrens ist, muss eine gesonderte Kostenentscheidung ergehen (Zöller/Philippi Rn 18a). **13**

7. Vollstreckung

Eine einstweilige Anordnung ist Vollstreckungstitel i. S. des § 794 Abs. 1 Nr. 3 ZPO. Die Vollstreckung erfolgt nach §§ 795, 724, 725, 750 ZPO und wird durch Einlegung eines Rechtsmittels nicht gehindert. Wird Sicherheitsleistung angeordnet, gilt § 887 ZPO (Thomas/Putzo/Hüßtege Rn 12). **14**

8. Änderung und Außerkrafttreten

Änderungen können auf Antrag bei veränderten Umständen – auch **rückwirkend** – vorgenommen werden, z. B. bei Erhöhung der Regelbedarfssätze (OLG Koblenz FamRZ 1975, 229), wenn sich die aktuelle Versorgung verschlechtert hat oder wenn die Vaterschaft des Mannes im Verlaufe des Verfahrens unwahrscheinlicher geworden ist. Wird die Vaterschaftsfeststellungsklage abgewiesen oder zurückgenommen, tritt die einstweilige Anordnung automatisch außer Kraft (§ 641f ZPO), außerdem nach § 641e ZPO, wenn derjenige, der die einstweilige Anordnung erwirkt hat, gegen den Mann einen anderen Schuldtitel erlangt, der nicht nur vorläufig vollstreckbar ist. **15**

9. Rechtsmittel, Abs. 3

Gegen die Entscheidung des erstinstanzlichen Gerichts ist die sofortige Beschwerde statthaft zum OLG, § 567 Abs. 1 Nr. 1 ZPO. Diese ist beim Beschwerdegericht einzulegen, wenn das Verfahren dort anhängig ist. Gegen die Beschwerdeentscheidung findet die Rechtsbeschwerde statt, sofern die Voraussetzungen des § 574 Abs.1, 2 und 3 ZPO gegeben sind. **16**

10. Neuregelung nach FamFG

Nach § 248 FamFG kann bei Feststellung der Vaterschaft eine einstweilige Anordnung erlassen werden. Die Vorschrift ergänzt in Abs. 1 § 246 FamFG. Steht die Vaterschaft des im einstweiligen Anordnungsverfahren auf Unterhaltszahlung in Anspruch genommenen Mannes nicht bereits aufgrund anderer Vorschriften fest, ist der einstweilige Anordnungsantrag nur zulässig, wenn ein Verfahren auf Feststellung der Vaterschaft nach § 1600d BGB anhängig ist. Die Vorschrift durchbricht die Sperrwirkung des § 1600d Abs. 4 BGB. Anders als nach geltendem Recht ist das einstweilige Anordnungsverfahren nicht Teil des Verfahrens auf Feststellung der Vaterschaft. **17**

ZPO § 642

§ 642 *Zuständigkeit*

(1) ¹*Für Verfahren, die die gesetzliche Unterhaltspflicht eines Elternteils oder beider Elternteile gegenüber einem minderjährigen Kind betreffen, ist das Gericht ausschließlich zuständig, bei dem das Kind oder der Elternteil, der es gesetzlich vertritt, seinen allgemeinen Gerichtsstand hat.* ²*Dies gilt nicht, wenn das Kind oder ein Elternteil seinen allgemeinen Gerichtsstand im Ausland hat.*

(2) ¹*§ 621 Abs. 2, 3 ist anzuwenden.* ²*Für das vereinfachte Verfahren über den Unterhalt (§§ 645–660) gilt dies nur im Falle einer Überleitung in das streitige Verfahren.*

(3) Die Klage eines Elternteils gegen den anderen Elternteil wegen eines Anspruchs, der die durch Ehe begründete gesetzliche Unterhaltspflicht betrifft, oder wegen eines Anspruchs nach § 1615l des Bürgerlichen Gesetzbuchs kann auch bei dem Gericht erhoben werden, bei dem ein Verfahren über den Unterhalt des Kindes im ersten Rechtszug anhängig ist.

I. Allgemeines

1   Für alle Verfahren, die die gesetzliche Unterhaltspflicht eines oder beider Elternteile gegenüber einem minderjährigen Kind betreffen, besteht ein **einheitlicher Gerichtsstand.** Dazu zählen auch solche Verfahren, die mit dem Unterhalt des Kindes sachlich zusammenhängen, z. B. Verzugs- und Prozesszinsen auf Unterhalt, Ein- und Auszahlung von Geld, das ein Drittschuldner nach Pfändung des Unterhalts hinterlegt hat (OLG Düsseldorf FamRZ 1988, 298), Auskunft nach § 1605 BGB, Ansprüche aus einem die Unterhaltspflicht regelnden Vertrag, Schadensersatzansprüche nach den §§ 1585b Abs. 2 und 1613 Abs. 1 BGB, Ansprüche aus § 717 ZPO nach Aufhebung eines vorläufig vollstreckbaren Unterhaltsurteils, Ansprüche auf Rückgewähr wegen grundlos gezahlten Unterhalts sowie Ausgleichsansprüche der Eltern wegen des Kindes. Nach dem eindeutigen Wortlaut erfasst Abs. 1 Satz 1 ZPO aber auch Klagen des Leistungsträgers bei übergeleiteten Unterhaltsansprüchen nach den §§ 94 SGB XII, 7 UVG (Musielak/Borth Rn 5).

2   Die **Zuständigkeitsregeln** des § 642 ZPO gelten auch für Arreste zur Sicherung von Ansprüchen auf Kindesunterhalt, für Verfahren nach den §§ 645 ff., 655 ZPO und solche nach Art. 5 § 3 KindUG und § 2 UnterhaltstitelanpassungsG, für Abänderungsklagen (§§ 323, 654, 656 ZPO), hingegen nicht für Vaterschaftsfeststellungsprozesse, in denen – auch – Kindesunterhalt geltend gemacht wird. Insoweit gilt § 640a ZPO als lex specialis. Auch für die Vollstreckungsgegenklage nach § 767 ZPO gilt die Vorschrift nicht (BGH NJW 2002, 444).

II. Ausschließliche Zuständigkeit für Kindesunterhaltsverfahren

1. Anwendbarkeit

3   Die Vorschrift regelt die **örtliche Zuständigkeit** für alle Unterhaltsverfahren minderjähriger Kinder, nicht jedoch für Klagen gegen die Großeltern (OLG Köln FamRZ 2005, 48) und für Klagen volljähriger Kinder (OLG Hamm

Zuständigkeit **§ 642 ZPO**

FamRZ 2005, 1259). Maßgeblich ist, dass Unterhalt für die Zeit der Minderjährigkeit verlangt wird. Wird neben Kindesunterhalt auch Volljährigenunterhalt geltend gemacht, kann dieser vor dem nach § 642 ZPO zuständigen Gericht verlangt werden, sofern ein Teil des einheitlichen Streitgegenstandes sich auf die Minderjährigkeit bezieht (OLG Hamm FamRZ 2001, 1012). Dasselbe gilt, wenn ein inzwischen volljähriges Kind nur Unterhalt für die Zeit seiner Minderjährigkeit verlangt (OLG Naumburg NJOZ 2004, 1559), wenn zuvor ein PKH-Verfahren eingeleitet wurde und das Kind bei Zustellung der Klage volljährig ist (Thomas/Putzo/Hüßtege Rn 3). Die in § 1603 Abs. 2 Satz 2 BGB enthaltene Fiktion gilt nur für das Ausmaß des Unterhaltsanspruchs, nicht jedoch für die Zuständigkeitsregelung des Abs. 1 (OLG Dresden NJW 1999, 796; OLG Hamm FamRZ 1999, 1022; OLG Naumburg FamRZ 2000, 389).Bei einer Vollstreckungsgegenklage gehen §§ 767, 802 ZPO vor (BGH NJW 2002, 444). Ein zu Gunsten eines minderjährigen Kindes ergangener Titel gilt nach Volljährigkeit fort, § 798a ZPO (OLG Koblenz NJW-RR 2007, 438).

2. Inlandsfälle (Abs. 1 Satz 1)

Sachlich zuständig ist gem. § 23a Nr. 2 GVG das AG und dabei der nach der gesetzlichen Geschäftsverteilung zuständige Familienrichter (§ 23b Abs. 1 Satz 2 Nr. 5 GVG). Örtlich zuständig ist das Gericht, an dem das Kind seinen Wohnsitz (hilfsweise Aufenthaltsort hat, §§ 13, 16 ZPO). Ein minderjähriges Kind teilt den Wohnsitz der Eltern. Bei Trennung der Eltern hat das Kind bis zu einer Entscheidung nach § 1671 BGB einen doppelten Wohnsitz, §§ 7 Abs. 2, 11 BGB (BGH NJW 1995, 1224). Dann kann zwischen beiden Gerichtsständen gewählt werden (Zöller/Philippi Rn 3). Die Eltern können aber nach §§ 7, 8 BGB eine abweichende Bestimmung zutreffen. Sind sie sich einig, dass das Kind auf Dauer bei einem Elternteil leben soll, hat dieses nur bei diesem Elternteil seinen Wohnsitz (BGH NJW-RR 1994, 822; OLG Celle FamRZ 2003, 1657; zum Wohnsitz bei Internatsunterbringung: BayObLG NJW-RR 1989, 262; bei dauerhafter Unterbringung in einer Pflegestelle: OLG Frankfurt FamRZ 1996, 1352). Örtlich zuständig ist außerdem das Gericht, an dem der das Kind vertretende Elternteil (§ 1629 Abs. 1 Satz 3, Abs. 2 Satz 2 und Abs. 3 Satz 1 BGB) seinen allgemeinen Wohnsitz hat. Bei gemeinsamer elterlicher Sorge ist gesetzlicher Vertreter der Elternteil, in dessen Obhut sich das Kind befindet, § 1629 Abs. 2 Satz 2 BGB. Da Abs. 1 einen ausschließlichen Gerichtsstand normiert, können die Parteien keinen davon abweichenden Gerichtsstand vereinbaren, § 40 Abs. 2 ZPO. Klagt ein Unterhaltspflichtiger gegen mehrere Kinder auf Abänderung (§ 323 I ZPO) und haben diese unterschiedliche Gerichtsstände, sind mehrere Familiengerichte zuständig. Hier kann entsprechend § 36 I Nr. 3 ZPO von dem im Rechtszug zunächst höheren Gericht ein einheitlicher Gerichtsstand bestimmt werden (BGH FamRZ 1998, 361; BayObLG NJWE-FER 2001, 81). Ist der BGH das im Rechtszug zunächst höhere Gericht, wird das zuständige Gericht durch das OLG bestimmt, zu dessen Bezirk das zuerst mit der Sache befasste Gericht gehört, § 36 Abs. 2 ZPO.

3. Fälle mit Auslandsberührung (Abs. 1 Satz 2)

In Fällen, in denen weder der vertretungsberechtigte Elternteil noch das Kind seinen allgemeinen Wohnsitz im Inland haben, greift der allgemeine Gerichtsstand des Unterhaltspflichtigen ein. Die Vorschrift begründet aber keine ausschließliche internationale Zuständigkeit. Diese wird durch die EuGVVO – soweit sie anwendbar ist –, sonst nach allgemeinen Regeln bestimmt (Thomas/Putzo/Hüßtege Rn 1). Wohnt der Beklagte in Deutschland und das klagende Kind im Ausland, gelten für die örtliche Zuständigkeit die §§ 13–16, 20, 23, 23a, 35a ZPO (BT-Drucks. 13/7338 S. 34). Dabei handelt es sich um keine ausschließliche Zuständigkeit, so dass die §§ 38 Abs. 2, 3, 39 ZPO gelten. Wohnt der Beklagte im Ausland und das klagende Kind in Deutschland, ist in Deutschland das für den Wohnsitz (§ 13 ZPO) bzw. den Aufenthaltsort (§ 16 ZPO) zuständige Familiengericht zuständig.

6 Abs. 1 Satz 2 gestattet es dem Kind auch, den Unterhalt im Ausland geltend zu machen, wenn zu befürchten ist, dass ein inländisches Urteil im Aufenthaltsstaat des unterhaltspflichtigen Elternteils nicht anerkannt oder vollstreckt wird, sofern nicht internationale Abkommen und bilaterale Anerkennungs- und Vollstreckungsverträge eingreifen (BT-Drucks. 13/9596 S. 49f.). Gleiches gilt, wenn ein im Ausland erwirkter Titel im Falle einer ausschließlichen Zuständigkeit von einem inländischen Gericht nicht anerkannt wird. Haben die Parteien ihren Wohnsitz in verschiedenen Vertragsstaaten des EuGVU oder des Lugano-Übereinkommens, werden die Zuständigkeitsregeln der ZPO durch diese Übereinkommen verdrängt (KG NJW-RR 1998, 579; vgl. dazu eingehend Zöller/Philippi Rn 7ff. m.w.N.).

4. Vorrang des Verbundverfahrens (Abs. 2)

7 Die Vorschrift stellt mit der Verweisung auf § 621 Abs. 2, 3 ZPO sicher, dass der Scheidungsverbund durch die Regelung des Abs. 1 Satz 1 nicht tangiert wird. Allerdings beschränkt Abs. 2 den Vorrang des Scheidungsverbunds für streitige Unterhaltsverfahren. Ist keine Ehesache anhängig, richtet sich gem. § 621 Abs. 2 Satz 2 ZPO die örtliche Zuständigkeit nach § 642 Abs. 1 Satz 1 ZPO. Bei Abhängigkeit einer Ehesache geht die örtliche Zuständigkeit des Gerichts der Ehesache vor (§ 621 Abs. 2 Satz 1 ZPO). Die Unterhaltssache ist dann an dieses Gericht von Amts wegen abzugeben bzw. nach § 281 ZPO zu verweisen. § 261 Abs. 3 Nr. 2 ZPO gilt nicht (OLG Hamm FamRZ 2000, 841). Für vereinfachte Verfahren (Abs. 2 Satz 2) gilt dies bis zu einer Überleitung ins streitige Verfahren (§ 651 ZPO) nicht. Wird danach eine Ehesache anhängig, ist an das gem. § 621 Abs. 2 Nr. 4 ZPO zuständige Gericht zu verweisen.

5. Temporärer Wahlgerichtsstand (Abs. 3)

8 Ist beim FamG ein Verfahren auf Kindesunterhalt – auch nur ein PKH-Verfahren – anhängig und greift der Vorrang der Verbundregelung nach Abs. 2 nicht ein, ist das FamG auch für Klagen zuständig, die eine durch die Ehe begründete gesetzliche Unterhaltspflicht betreffen (§§ 1361 Abs. 1, 1569ff. BGB), weiter für Ansprüche der nichtehelichen Mutter gegen den Vater nach § 1615l BGB. Zur Begründung der Zuständigkeit nach Abs. 3 ist eine Rechtshängigkeit i.S. des § 261 Abs. 3 ZPO nicht erforderlich, die Einreichung einer Klageschrift genügt (Musielak/Borth Rn 9).

9 Betrifft die Klage eine durch die Ehe begründete Unterhaltspflicht, kann der Kläger zwischen dem Gerichtsstand nach Abs. 3 und den Gerichtsständen nach den §§ 12ff. ZPO wählen. Wird Klage beim Gerichtsstand nach Abs. 3 erhoben, kann das Verfahren gem. § 147 ZPO mit anhängigen Verfahren auf Kindesunterhalt verbunden werden.

Auskunftsrecht des Gerichts **§ 643 ZPO**

Auch das vereinfachte Verfahren begründet einen **Wahlgerichtsstand** nach Abs. 3. Mit Überleitung ins streitige Verfahren (§ 651 ZPO) ist dann eine Verbindung möglich. Auch ein Verfahren der einstweiligen Verfügung auf Kindesunterhalt nach § 1615 o Abs. 1 BGB begründet eine Zuständigkeit für eine Klage oder einstweilige Verfügung wegen des Unterhalts der nichtehelichen Mutter (Zöller/Philippi Rn 10), ebenso für eine negative Feststellungsklage, sofern zeitlich vorab ein Verfahren auf Kindesunterhalt anhängig gemacht wurde. Wird das Unterhaltsverfahren erst später anhängig, kommt eine Verweisung nach § 281 ZPO nicht in Betracht, da keine Unzuständigkeit vorliegt. Der Wahlgerichtsstand endet mit der Verkündung eines Urteils, dem Abschluss eines Vergleichs, einer übereinstimmenden Erledigungserklärung oder nach wirksamer Klagrücknahme, § 269 Abs. 1 und 3 ZPO. 10

§ 642 Abs. 3 ZPO gilt analog auch für ein privilegiertes, volljähriges Kind, wenn es gleichzeitig mit einem minderjährigen Kind Unterhalt geltend macht. Eine analoge Anwendung zugunsten eines privilegierten Kindes allein scheidet aus (OLG Hamm FamRZ 2003, 1126). 11

III. Neuregelung durch das FamFG

§ 232 FamFG löst ab 1. 9. 2009 § 642 ZPO ab und schafft für die in § 231 FamFG definierten Unterhaltssachen eine Regelung der örtlichen Zuständigkeit. Abs. 1 Nr. 1 regelt die ausschließliche Zuständigkeit für Unterhaltssachen, die die Unterhaltspflicht für ein gemeinsames Kind der Ehegatten betrifft. Zuständig ist – bei Anhängigkeit einer Ehesache – das Gericht der Ehesache. Die Vorschrift gilt nunmehr auch für das vereinfachte Verfahren über den Unterhalt Minderjähriger (§§ 249–260 FamGG). Nr. 2 knüpft bei Verfahren über den Kindesunterhalt, sofern eine Zuständigkeit nach Nr. 1 nicht gegeben ist, an den gewöhnlichen Aufenthalt des Kindes – nunmehr auch des volljährigen Kindes – an. Maßgeblich ist auch nicht mehr die gesetzliche Vertretung des Elternteils, sondern allein die Handlungsbefugnis in der Unterhaltsangelegenheit, so dass auch die Fälle der Prozessstandschaft nach § 1629 Abs. 3 S. 1 BGB, miterfasst werden. 12

§ 643 *Auskunftsrecht des Gerichts*

(1) Das Gericht kann den Parteien in Unterhaltsstreitigkeiten des § 621 Abs. 1 Nr. 4, 5 und 11 aufgeben, unter Vorlage entsprechender Belege Auskunft zu erteilen über ihre Einkünfte und, soweit es für die Bemessung des Unterhalts von Bedeutung ist, über ihr Vermögen und ihre persönlichen und wirtschaftlichen Verhältnisse.

(2) ¹Kommt eine Partei der Aufforderung des Gerichts nach Absatz 1 nicht oder nicht vollständig nach, so kann das Gericht, soweit es zur Aufklärung erforderlich ist, Auskunft einholen:
1. über die Höhe der Einkünfte bei
   a) Arbeitgebern,
   b) Sozialleistungsträgern sowie der Künstlersozialkasse,
   c) sonstigen Personen oder Stellen, die Leistungen zur Versorgung im Alter und bei verminderter Erwerbsfähigkeit sowie Leistungen zur Entschädigung oder zum Nachteilsausgleich zahlen, und
   d) Versicherungsunternehmen,

ZPO § 643 4. Teil. Prozessrecht

2. *über den zuständigen Rentenversicherungsträger und die Versicherungsnummer bei der Datenstelle der Rentenversicherungsträger,*

3. *in Rechtsstreitigkeiten, die den Unterhaltsanspruch eines minderjährigen Kindes betreffen, über die Höhe der Einkünfte und das Vermögen bei Finanzämtern.*

² *Das Gericht hat die Partei hierauf spätestens bei der Aufforderung hinzuweisen.*

(3) ¹ *Die in Absatz 2 bezeichneten Personen und Stellen sind verpflichtet, den gerichtlichen Ersuchen Folge zu leisten.* ² *§ 390 gilt in den Fällen des § 643 Abs. 2 Nr. 1 und 2 entsprechend.*

(4) Die allgemeinen Vorschriften des Buches 1 und 2 bleiben unberührt.

I. Normzweck

1 Die Vorschrift begründet eine **Auskunftspflicht** der Partei (Abs. 1) und Dritter (Abs. 2) gegenüber dem Gericht, um die für die Bemessung des Unterhalts maßgeblichen Umstände aufzuklären. Ob und in welchem Umfang das Gericht – auch das Berufungsgericht – Auskunft verlangt, steht in seinem Ermessen. Die Vorschrift begründet keine Amtsermittlungspflicht des Gerichts, sondern erweitert nur die Pflichten aus § 273 ZPO (BT-Drucks. 13/7388 S. 35). Sie schafft eine **prozessuale Grundlage** und ist unabhängig von den nach materiellem Recht bestehenden Auskunftsansprüchen nach §§ 242, 1361 Abs. 4, 1580, 1605 BGB (Musielak/Borth Rn 1).

II. Anwendungsbereich

2 Die Vorschrift gilt für alle Streitverfahren wegen gesetzlicher Unterhaltsverpflichtungen nach § 621 Abs. 1 Nr. 4, 5 und 11 ZPO, in einem selbständigen Auskunftsverfahren zwischen den Parteien, nicht jedoch für das vereinfachte Verfahren nach den §§ 645–660 ZPO (Baumbach/Albers Rn 2). Sie gilt weiter im Verbundverfahren, bei einer Stufenklage, bei deliktischen Klagen auf Ersatz entgangenen Unterhalts, bei Bereicherungsklagen wegen zu viel gezahlten Unterhalts, Abänderungsklagen, Klagen aus übergeleitetem Recht (§§ 7 UVG, 94 SGB XII, 37 BAföG) und im einstweiligen Rechtsschutz, §§ 620, 644 ZPO (str., Musielak/Borth Rn 1). Bei ausländischem Unterhaltsstatut ist zu prüfen, ob nach dem verfahrensrechtlich und materiell-rechtlich anwendbaren Recht eine so weitgehende Auskunftspflicht besteht, sei es gegenüber der anderen Partei oder gegenüber dem Gericht.

III. Art und Umfang der Auskunftspflicht (Abs. 1)

3 Das FamG kann den Parteien – also auch dem Unterhaltsgläubiger – aufgeben, Auskunft über die Einkünfte, das Vermögen – soweit es für die Bemessung des Unterhalts von Bedeutung ist – sowie über die persönlichen und wirtschaftlichen Verhältnisse (z. B. Nutzungswert des Hauses, darauf ruhende Belastungen, Angaben zu bestehenden eheähnlichen Verhältnissen) zu erteilen. Abs. 1 sieht ferner die Vorlage von vorhandenen Belegen zu der erteilten Auskunft vor, nicht jedoch die Erstellung von Belegen (z. B. noch nicht abgegebene Steuererklärung). Im Übrigen gelten die §§ 259, 260 BGB analog. Der Umfang der Auskunft ist

Auskunftsrecht des Gerichts **§ 643 ZPO**

möglichst konkret zu bezeichnen, ebenso die vorzulegenden Belege. Die Aufforderung zur Auskunft erfordert Schriftform und ist den Parteien unter Hinweis auf die Nichtbefolgung (Abs. 2) bekannt zu geben. Zugleich mit der Aufforderung sollte das Gericht eine Frist zur Erteilung der Auskunft und Vorlage der Belege setzen. In diesem Fall ist eine Zustellung erforderlich, § 329 Abs. 2 Satz 2 ZPO (Zöller/Philippi Rn 6). Die Anordnung kann durch den Vorsitzenden, den Einzelrichter oder durch den Berichterstatter ergehen. Gegen die Anordnung gibt es **kein Rechtsmittel** (OLG Celle NJWE-FER 2000, 218).

IV. Nichtbefolgen der Auskunft (Abs. 2)

1. Allgemeines

Eine Partei kann nicht gezwungen werden, Auskunft zu erteilen und Belege 4 vorzulegen. § 33 FGG gilt nicht. Das Gericht kann aber aus der unterlassenen Mitwirkung Schlüsse ziehen, z.B. von der Richtigkeit des Vorbringens der anderen Partei ausgehen. Auch gilt § 93d ZPO. Kommt eine Partei dem Auskunftsverlangen nicht nach, kann das Gericht eine Auskunft bei den in Abs. 2 Nr. 1 ZPO erwähnten Stellen und Personen einholen.

2. Auskunft von Dritten

Diese sind enumerativ in Abs. 2 Satz 1 Nr. 1–3 ZPO aufgeführt. 5

a) Auskunftspflichtig über die Einkünfte sind die Arbeitgeber i.S.v. § 2 6 ArbGG, zu denen auch ein öffentlich-rechtlicher Dienstherr gehört (Abs. 2 Nr. 1a)

b) Sozialleistungsträger i.S.v. § 12 SGB I (Abs. 2 Nr. 1b) einschließlich der 7 Künstlersozialkasse (§ 37 KSVG), nicht jedoch der Postrentendienst der Bundespost (BT-Drucks. 13/7338, S. 35). Für die Übermittlung der Sozialdaten gilt § 74 Ziff. 1a SGB X.

Dazu zählen weiter sonstige Personen oder Stellen (Abs. 2 Nr. 1c) nämlich
– Landesämter für Ausbildungsförderung (§ 18 Abs. 2 SGB V)
– für die Arbeitsförderung die Arbeitsämter und sonstigen Dienststellen der Bundesanstalt für Arbeit (§§ 19 Abs. 2, 19b Abs. 2 SGB I),
– die Arbeitsämter und Hauptfürsorgestellen für Schwerbehinderte (§ 20 Abs. 2 SGB I),
– die Krankenkassen und Bundesknappschaft für die Leistungen der gesetzlichen Krankenversicherung (§ 21 Abs. 2 SGB I),
– die bei den Landkreisen eingerichteten Pflegekassen für die Leistungen der sozialen Pflegeversicherung (§ 21a SGB I),
– die landwirtschaftlichen und gewerblichen Berufsgenossenschaften, die Seeberufsgenossenschaft, die Gemeindeunfallversicherungsverbände und die Unfallkasse für Leistungen der gesetzlichen Unfallversicherung (§ 22 Abs. 2 SGB I),
– gem. § 23 Abs. 2 SGB I die BfA, die LVA, die Seekasse, Bundesbahnversicherungsanstalt, die Bundesknappschaften wie Landwirtschaftliche Alterskasse für Leistungen der gesetzlichen Rentenversicherung,
– gem. § 24 Abs. 2 SGB I die Versorgungsämter, Landesversorgungsämter, die Kreise und kreisfreien Städte, die Hauptfürsorgestellen und die Träger der ge-

ZPO § 643

setzlichen Krankenversicherung für Versorgungsleistungen bei Gesundheitsschäden,
- gem. § 25 Abs. 3 SGB I für das Kindergeld die Familienkasse sowie für das Erziehungsgeld die von den Landesregierungen bestimmten Stellen (§ 10 BErziehungsgeldG),
- die nach § 26 Abs. 2 SGB I durch Landesrecht bestimmten Behörden für das Wohngeld,
- nach § 27 Abs. 2 SGB I die Kreise und kreisfreien Städte sowie nach Landesrecht auch kreisangehörige Gemeinden für Leistungen der Kinder- und Jugendhilfe,
- nach § 28 Abs. 2 SGB I die Kreise und kreisfreien Städte sowie die überörtlichen Sozialhilfeträger für Sozialhilfeleistungen,
- nach § 29 Abs. 2 SGB I die in den §§ 19–24, 27, 28 SGB I genannten Leistungsträger für die Leistungen zur Eingliederung Behinderter.

8 c) Auskunftspflichtig sind weiter die in Abs. 2 Satz 1 Ziff. 1 c genannten Personen oder sonstigen Stellen. Erfasst werden damit die in § 69 Abs. 2 Ziff. 1, 2 SGB X genannten Stellen. Dazu zählen auch entsprechende Stellen privater, betrieblicher und berufsständischer Versorgungsträger (BT-Drucks. 13/7388 S. 35).

9 d) Auskunftspflichtig sind Versicherungsunternehmen (Abs. 2 Satz 1 Ziff. 1 d), sofern sie unterhaltsrechtlich beachtliche Leistungen erbringen.

10 e) Nach Abs. 2 Satz 1 Ziff. 2 ist die Datenstelle der Rentenversicherungsträger (97084 Würzburg, Berner Str. 1, Tel.: 09 31/6 00 20) auskunftspflichtig über den zuständigen Rentenversicherungsträger einschließlich der Versicherungsnummer.

11 f) Soweit es um den Unterhalt eines minderjährigen Kindes geht – die Vorschrift gilt nicht für privilegierte Kinder i. S. des § 1603 Abs. 2 Satz 2 BGB –, sind gem. § 30 AO unter Einschränkung des Steuergeheimnisses (OLG Celle NJWE-FER 2000, 218) auch die Finanzämter auskunftspflichtig über die Höhe des Einkommens und des Vermögens. Dass das Verfahren daneben auch Ehegattenunterhaltsansprüche betrifft, ist unschädlich (Baumbach/Albers Rn 9).

3. Auskunftspflicht Dritter (Abs. 3)

12 Die in Abs. 2 genannten Stellen und Personen sind verpflichtet, dem gerichtlichen Ersuchen nachzukommen. Die Auskunftspflicht besteht uneingeschränkt, so dass sich ein Auskunftspflichtiger weder auf ein Zeugnisverweigerungsrecht nach den §§ 383 ff. ZPO noch auf ein Recht zur Verschwiegenheit oder auf den Datenschutz berufen kann (str., Musielak/Borth Rn 14; Thomas/Putzo/Hüßtege Rn 12; a. A. Zöller/Philippi Rn 11). Bei nicht oder nicht vollständiger Erfüllung der Auskunftspflicht sind analog § 390 Abs. 3 Satz 2 ZPO die dort genannten Zwangsmittel zulässig, allerdings nicht gegenüber den Finanzämtern (Abs. 3 Satz 2). Insoweit bleibt nur eine Dienstaufsichtsbeschwerde.

4. Allgemeine Vorschriften (Abs. 4)

13 Allgemeine Vorschriften gelten uneingeschränkt und neben § 643 ZPO weiter. Das FamG kann (weitere) Maßnahmen zur Aufklärung des Sachverhalts (§ 139 ZPO) treffen, z. B. die Vorlage von Urkunden und Akten anordnen (§§ 142, 143 ZPO) sowie vorbereitende Maßnahmen nach § 273 ZPO treffen, ein Teilurteil (zu den Voraussetzungen vgl. BGH NJW 1999, 1718) erlassen und auch Beweiserhebungen nach §§ 358 a, 377 Abs. 3 ZPO anordnen.

Einstweilige Anordnung **§ 644 ZPO**

V. Neuregelung durch das FamFG

Die §§ 235, 236 FamFG erweitern die Auskunftspflichten im laufenden Verfahren. Das Gericht kann nunmehr von den Parteien persönlich eine schriftliche Versicherung verlangen, dass die von ihnen gemachten Angaben wahrheitsgemäß und vollständig sind (§ 235 Abs. 1 S. 2 FamFG). Dabei kann sich die Partei – anders als bei der Auskunft nach § 1605 BGB (vgl. dazu BGH NJW 2008, 917) – keines Vertreters oder ihres Verfahrensbevollmächtigten bedienen. Auf Antrag ist das Gericht unter den Voraussetzungen des Abs. 2 verpflichtet, die Auskünfte vom Gegner oder von Dritten (§ 236 Abs. 2 FamFG) einzuholen. § 235 Abs. 3 FamFG verpflichtet die Parteien, dem Gericht ohne Aufforderung mitzuteilen, wenn sich während des Verfahrens Umstände, die Gegenstand der Anordnungen nach Abs. 1 gewesen sind, wesentlich verändert haben.damit ist der von der Rechtsprechung entwickelte Grundsatz der Verpflichtung zur ungefragten Information (BGH FamRZ 1988, 270; BGH NJW 1997, 1439) in das Gesetz übernommen worden. Nach § 236 Abs. 1 Nr. 5 FamFG besteht nunmehr eine Auskunftspflicht in allen Unterhaltssachen. Die Anordnungen des Gerichts sind nicht anfechtbar (§§ 235 Abs. 4, 236 Abs. 5 FamFG) und nicht mit Zwangsmitteln nach § 35 FamFG durchsetzbar. 14

§ 644 *Einstweilige Anordnung*

¹*Ist eine Klage nach § 621 Abs. 1 Nr. 4, 5 oder 11 anhängig oder ist ein Antrag auf Bewilligung von Prozesskostenhilfe für eine solche Klage eingereicht, kann das Gericht den Unterhalt auf Antrag durch einstweilige Anordnung regeln.* ²*Die §§ 620a bis 620g gelten entsprechend.*

I. Normzweck

Die durch das KindUG am 1. 7. 1998 neu geschaffene Vorschrift ermöglicht auf Antrag einer Partei für alle Unterhaltsverfahren den Erlass einer einstweiligen Anordnung über den Unterhalt, sofern – auch ohne Abhängigkeit einer Ehesache – ein Unterhaltsrechtsstreit anhängig oder ein entsprechender PKH-Antrag eingereicht ist. Damit werden, soweit die Vorschrift gilt, die Regelungen der einstweiligen Verfügung – die lediglich einen zeitlich befristeten und der Höhe nach auf den sog. Notunterhalt begrenzten Unterhalt regeln – verdrängt (OLG Hamm FamRZ 2001, 358; OLG Köln NJW-RR 1999, 765; OLG Naumburg NJOZ 2003, 2746; OLG Nürnberg NJW 1998, 3787). Im Berufungsverfahren fehlt das Rechtsschutzbedürfnis, wenn im ersten Rechtszug nicht von der Möglichkeit Gebrauch gemacht wird, mit einem Antrag nach § 714 ZPO iVm §§ 711 S. 2, 710 ZPO die vorläufige Vollstreckbarkeit ohne Abwendungsbefugnis zu bewirken (OLG Frankfurt FamRZ 2007, 650). 1

II. Voraussetzungen

Die einstweilige Anordnung bedarf eines **Antrages**. Dieser kann schon **vor Anhängigkeit** der Hauptsache gestellt werden, es sei denn, ein Hauptsacheverfahren kann überhaupt nicht anhängig gemacht werden (OLG Nürnberg NJW 1998, 3787). Sie kann aber erst erlassen werden, nach Anhängigkeit einer Unterhaltsklage nach § 621 Abs. 1 Nr. 4 und 5 ZPO oder nach Einreichung eines 2

Antrages auf Bewilligung von PKH. Die Anhängigkeit der Hauptsache beginnt mit der Einreichung der Klageschrift und endet mit Rücknahme der Klage oder Rechtskraft des Urteils. Das Antragsrecht erlischt, wenn das PKH-Gesuch rechtskräftig zurückgewiesen worden ist. Nicht zu den Unterhaltsklagen gehören das vereinfachte Verfahren nach den §§ 645 ff. ZPO und auch nicht eine isolierte Auskunftsklage (str., OLG Hamm FamRZ 2001, 358). Ansprüche aus § 1615l BGB können – anders als nach § 641d ZPO – erst nach feststehender Vaterschaft geltend gemacht werden. Voraussetzung ist ein **Regelungsbedürfnis,** wenn ein Unterhaltsanspruch besteht und zwischen den Parteien streitig ist, ob und in welcher Höhe dieser Anspruch gegeben ist. Es ist zu bejahen, wenn ein dringendes Bedürfnis für eine sofortige Entscheidung besteht, so dass ein Abwarten bis zur endgültigen Entscheidung in der Hauptsache nicht möglich ist. Es fehlt jedenfalls, wenn noch nicht einmal dargelegt ist, dass der Unterhaltsschuldner überhaupt zur Zahlung aufgefordert worden ist. Der Erlass der einstweiligen Anordnung setzt – anders als ein Verfügungsverfahren – keine Notsituation voraus. Es reicht aus, wenn der Gläubiger seinen Unterhaltsanspruch schlüssig darlegt (OLG Naumburg NJOZ 2003, 2746).

III. Entscheidung

3   Zugesprochen werden kann der volle nach materiellem Recht geschuldete Unterhalt (str.: Johannsen/Henrich/Voßkuhle Rn 5). Die einstweilige Anordnung tritt außer Kraft, wenn eine anderweitige Regelung in der Hauptsache rechtskräftig getroffen worden ist (BGH NJW-RR 2000, 667), sowie dann, wenn es wegen Zurückweisung eines PKH-Antrages nicht zu einem Hauptsacheverfahren kommt (OLG Stuttgart FamRZ 2005, 1187; Zöller/Philippi § 620f Rn 9a; zum Außerkrafttreten bei beiderseitiger Erledigungserklärung vgl. OLG Hamm FamRZ 2003, 1307; zur Zulässigkeit einer Kostenentscheidung, wenn nach Versagung der Prozesskostenhilfe nicht mit einer Kostenentscheidung im Hauptverfahren gerechnet werden kann vgl. OLG Köln FamRZ 2007, 650); ggfls. ist ein Antrag nach § 620 b ZPO zu stellen oder Vollstreckungsgegenklage (§767 ZPO) zu erheben (OLG Frankfurt FamRZ 2006, 1687; OLG Bremen FamRB 2006, 146). Analog § 620f ZPO tritt die einstweilige Anordnung auch außer Kraft, wenn die isolierte Unterhaltsklage zurückgenommen oder rechtskräftig über sie entschieden wird (OLG Brandenburg FamRZ 2005, 1919). Eine übereinstimmende Erledigungserklärung steht der Rücknahme gleich (OLG Hamm FamRZ 2003, 1307). Der Beschluss ist grundsätzlich unanfechtbar (§§ 620c Satz 2, 644 Satz 2 ZPO). Nach der Neuregelung durch das ZPO-RG ist nur noch der Weg der Gegenvorstellung eröffnet (BGH NJW 2002, 1577; OLG Frankfurt NJW-RR 2003, 140), die innerhalb der Notfrist des § 321a Abs. 2 S. 2 ZPO einzulegen ist (BGH NJW 2002, 1577; Thomas/Putzo/Reichhold Vorbem. § 567 Rn 15; a.A. BFH NJW 2006, 861: nicht fristgebunden).

IV. Neuregelung durch das FamFG

4   Es gilt § 246 FamFG (s. § 127a ZPO Rn 13).

Vereinfachtes Verfahren über den Unterhalt Minderjähriger

Vorbemerkungen

I. Allgemeines

Durch Art. 3 Nr. 9 KindUG sind zum 1. 7. 1998 die §§ 645–660 ZPO einge- **1** fügt und durch das UnterhÄndG zum 1. 1. 2008 an die neuen Regelungen zum Kindesunterhalt angepasst worden. In einem vereinfachten Verfahren werden die Unterhaltsansprüche minderjähriger ehelicher und nichtehelicher Kinder, die nicht mit dem in Anspruch genommenen Elternteil in einem Haushalt leben, geregelt, soweit der Unterhaltsanspruch nicht das 1,2-fache des Mindestunterhalts übersteigt. Unterhaltsberechtigte Kinder sollen im vereinfachten Verfahren ohne Anwaltszwang im Beschlussweg möglichst schnell einen Vollstreckungstitel erhalten. Es sind nur eine begrenzte Anzahl von Einwendungen des Unterhaltspflichtigen zu berücksichtigen. Darüber hinaus soll dem Bedürfnis nach einer einfachen und schnellen Anpassung der Unterhaltstitel an die Veränderung der allgemeinen Lebensverhältnisse Rechnung getragen werden durch eine automatische Dynamisierung der Titel, die auf einen Prozentsatz des Mindestunterhalts lauten (§ 1612a BGB). Darüber hinaus ist infolge der durch Art. 30 EuroEG bedingten Änderung des § 647 ZPO klargestellt, dass nunmehr auch das Kindergeld dynamisch tituliert werden kann. §§ 645-660 ZPO gelten in der bisherigen Form noch bis zum 31. August 2009. Danach wird das vereinfachte Verfahren im Wesentlichen unverändert nach Maßgabe der §§ 249-260 FamFG in die Reform des Verfahrens in Familiensachen eingehen.

II. Verfahren

Das vereinfachte Verfahren ist gem. § 621 Abs. 1 Satz 4 ZPO Familiensache. **2** Sachlich zuständig ist das Familiengericht (§ 23b GVG), Rechtsmittelgericht ist das OLG (§ 119 GVG). Zuständig ist beim Familiengericht der Rechtspfleger (§ 20 Abs. 1 Nr. 10a und b RpflG). Örtlich zuständig ist das nach § 642 Abs. 1 ZPO zu bestimmende Gericht.

III. Verhältnis zu anderen Verfahren

Soweit bereits eine gerichtliche Entscheidung über den Unterhaltsanspruch ei- **3** nes Kindes vorliegt, ein gerichtliches Verfahren anhängig ist oder ein zur Zwangsvollstreckung geeigneter Schuldtitel vorliegt, scheidet das vereinfachte Verfahren aus. Gegen eine rechtskräftige Festsetzung nach §§ 649 Abs. 1, 653 Abs. 1 ZPO kann Abänderungsklage nach § 654 ZPO **(sog. Korrekturklage)** erhoben werden, um höheren Unterhalt oder eine Herabsetzung zu erreichen. Gleiches gilt in den Fällen des § 656 ZPO, sofern ein im vereinfachten Verfahren nach § 655 ZPO angepasster Titel wegen einer wesentlichen Veränderung abzu-

ZPO § 645

ändern ist. Weicht die im vereinfachten Verfahren angepasste Unterhaltsrente wesentlich von der ab, die sich aus den individuellen Verhältnissen ergibt, ist auch eine Abänderungsklage nach § 323 ZPO möglich.

4 Der Unterhalt kann **wahlweise** im vereinfachten Verfahren oder im Wege der Klage geltend gemacht werden (BT-Drucks. 13/7338 S. 37). Sofern das Kind sofort Mittel benötigt, ist das vereinfachte Verfahren allerdings unzweckmäßig. Eine einstweilige Anordnung nach § 644 ZPO ist unzulässig (Wendl/Schmitz § 10 Rn 325 a); eine Leistungsverfügung nach §§ 935, 940 ZPO kommt allenfalls in Ausnahmefällen bei einer unvorhersehbar überlangen Verfahrensdauer in Betracht (OLG München FamRZ 2000, 1580).

5 Umstritten ist, ob **Prozesskostenhilfe** wegen Mutwilligkeit zu versagen ist, wenn eine Klage auf Kindesunterhalt erhoben wird, obwohl das vereinfachte Verfahren zulässig ist. Mutwilligkeit liegt jedenfalls dann nicht vor, wenn mit einem Übergang ins streitige Verfahren gerechnet werden muss, etwa weil der Unterhaltsschuldner vorgerichtlich Leistungsunfähigkeit eingewendet hat (OLG Rostock FamRZ 2006, 1394). Auch im Übrigen wird angesichts dessen, dass der Gesetzgeber dem Antragsteller bewusst die Wahl des Verfahrens überlassen wollte, jedenfalls im Regelfall Prozesskostenhilfe für eine Unterhaltsklage zu bewilligen sein (OLGR Köln 2002, 58; OLG Naumburg FamRZ 1999, 1670; einschränkend OLG Hamm FamRZ 2000, 1021). Auch dem Antragsgegner kann zur Rechtsverteidigung im vereinfachten Verfahren Prozesskostenhilfe bewilligt werden (OLG Frankfurt FamRZ 2008, 420).

§ 645 *Statthaftigkeit des vereinfachten Verfahrens*

(1) Auf Antrag wird der Unterhalt eines minderjährigen Kindes, das mit dem in Anspruch genommenen Elternteil nicht in einem Haushalt lebt, im vereinfachten Verfahren festgesetzt, soweit der Unterhalt vor Berücksichtigung der Leistungen nach § 1612b oder § 1612c des Bürgerlichen Gesetzbuchs das 1,2-fache des Mindestunterhalts nach § 1612a Abs. 1 des Bürgerlichen Gesetzbuchs nicht übersteigt.

(2) Das vereinfachte Verfahren findet nicht statt, wenn zum Zeitpunkt der Zustellung des Antrags oder einer Mitteilung über seinen Inhalt an den Antragsgegner ein Gericht über den Unterhaltsanspruch des Kindes entschieden hat, ein gerichtliches Verfahren anhängig ist oder ein zur Zwangsvollstreckung geeigneter Schuldtitel errichtet worden ist.

I. Normzweck

1 Die Vorschrift regelt die Zulässigkeitsvoraussetzungen des vereinfachten Verfahrens zur Festsetzung des Unterhalts nach Maßgabe des § 1612a Abs. 1 BGB.

II. Voraussetzungen

2 Das vereinfachte Verfahren steht allein für die Geltendmachung von Unterhaltsansprüchen zur Verfügung, in denen der geforderte Betrag das 1,2-fache des Mindestunterhalts nach § 1612a Abs. 1 BGB vor Abzug der nach §§ 1612b und c BGB anzurechnenden Beträge nicht überschreitet. Sofern ein statischer Geldbetrag verlangt wird, kann der Unterhaltsanspruch des Kindes auch auf ei-

Statthaftigkeit des vereinfachten Verfahrens **§ 645 ZPO**

nem ausländischen Sachrecht beruhen (str.; OLG Karlsruhe NJW-RR 2006, 1587; Zöller/Philippi Rn 1 a; Musielak/Borth Vor § 645 Rn 5).

Das Verfahren wird durch einen **Antrag** eingeleitet. **Antragsberechtigt** ist das 3 minderjährige Kind, gesetzlich vertreten durch den anderen Elternteil (§ 1629 Abs. 2 Satz 2 BGB) oder in gesetzlicher Prozessstandschaft nach § 1629 Abs. 3 Satz 1 BGB. Wie aus § 646 Abs. 1 Nr. 11 und 12 ZPO hergeleitet werden kann, können sich auch Dritte, auf die der Unterhaltsanspruch übergegangen ist, insbesondere die Träger öffentlicher Hilfe nach § 94 Abs. 4 Satz 2 SGB XII, § 33 Abs. 2 Satz 4 SGB II oder § 7 Abs. 4 Satz 1 UVG, des Antrages im vereinfachten Verfahren bedienen. Wird das Kind während des Verfahrens volljährig, wird das Verfahren deshalb nicht unzulässig (BGH NJW-RR 2006, 582); vielmehr erlischt die Prozessstandschaft bzw. Vertretungsmacht des Elternteils und das Kind vertritt sich selbst. Es muss dem Verfahren beitreten und ein etwaiges Handeln ohne Vertretungsmacht genehmigen (OLG Köln FamRZ 2000, 678). Die Unterhaltsfestsetzung muss nicht auf die Zeit bis zum Eintritt der Volljährigkeit des Kindes beschränkt bleiben (OLG Brandenburg FamRZ 2007, 484).

Antragsgegner ist nur der Elternteil, der nicht mit dem Kind in einem 4 Haushalt lebt (OLG Celle FamRZ 2003, 1475). Bei einer Übertragung der elterlichen Sorge während des vereinfachten Verfahrens auf den anderen Elternteil wird das Verfahren unzulässig (OLG Karlsruhe FamRZ 2001, 767), und zwar insgesamt und nicht nur für die Zeit nach der Übertragung der elterlichen Sorge (Johannsen/Henrich/Jaeger § 1629 BGB Rn 11). Gleiches gilt, wenn das Kind bei gemeinsamer elterlicher Sorge während der Anhängigkeit des Verfahrens den Aufenthalt wechselt. Ist der Antragsteller allerdings nach wie vor alleiniger Inhaber der elterlichen Personensorge und wechselt das Kind während der Anhängigkeit eines vereinfachten Verfahrens zum anderen Elternteil, kann Unterhalt nach wie vor verlangt werden für die Zeit, in der das Kind mit dem in Anspruch genommenen Elternteil nicht in einem Haushalt lebte (Wendl/Schmitz § 10 Rn 322). Hält sich das Kind bei einer dritten Person auf, kann es grundsätzlich beide Eltern im vereinfachten Verfahren in Anspruch nehmen (MünchKomm-ZPO/Coester-Waltjen Rn 10).

Der **Mindestunterhalt** beträgt einheitlich für das gesamte Bundesgebiet seit 5 dem 1. 1. 2009 a) für die Zeit bis zur Vollendung des 6. Lebensjahres (1. Altersstufe) monatlich 281 EUR, b) vom 7. bis zur Vollendung des 12. Lebensjahres (2. Altersstufe) monatlich 322 EUR sowie c) vom 13. Lebensjahr bis zur Volljährigkeit monatlich 377 EUR (§ 1612 a Abs. 1 BGB). Das Kind kann das 1,2-fache des jeweiligen Mindestunterhalts ohne nähere Begründung verlangen, da davon ausgegangen wird, dass das Kind regelmäßig einen Bedarf in dieser Höhe hat. Bei der Berechnung des Höchstbetrages ist die bedarfsdeckende Anrechnung von Leistungen nach den §§ 1612 b, 1612 c BGB nicht zu berücksichtigen. Der Höchstbetrag beträgt daher in der 1. Altersstufe monatlich 338 EUR, in der 2. Altersstufe monatlich 387 EUR und in der 3. Altersstufe monatlich 453 EUR. Die mangelnde Leistungsfähigkeit ist vom Antragsgegner nach § 648 Abs. 2 ZPO vorzutragen. Für das streitige Verfahren gelten diese Grundsätze allerdings nicht. Hier muss das Kind, sofern es einen höheren Betrag als den Mindestunterhalt verlangt, diesen Bedarf nach wie vor darlegen und beweisen (BGH NJW 2002, 1269; Wendl/Schmitz § 10 Rn 325).

ZPO § 646

III. Unzulässigkeit des vereinfachten Verfahrens, Abs. 2

6 Die mit Wirkung ab 1. 1. 2002 neu gefasste Vorschrift macht deutlich, dass das vereinfachte Verfahren nur für die **erstmalige Festsetzung** des Mindestunterhalts in Betracht kommt. Anderweitige gerichtliche Entscheidungen jeder Art und jeden Inhalts über den Unterhaltsanspruch haben Vorrang, ebenso andere zur Zwangsvollstreckung geeignete Titel i. S. des § 794 Abs. 1 Nr. 3 a und Nr. 5 ZPO. Auch wenn zuvor ein Teilanerkenntnisurteil ergangen ist und die Parteien auf die Rechte aus diesem Urteil verzichten, scheidet ein vereinfachtes Verfahren aus (Baumbach/Hartmann Rn 6; OLG München FamRZ 1999, 450). Dasselbe gilt, wenn eine Unterhaltsklage als unbegründet abgewiesen worden ist (str.: Zöller/Philippi Rn 5; Musielak/Borth Rn 4). Wird eine Unterhaltsklage dagegen als unzulässig abgewiesen, fehlt es an einer Sachentscheidung über den Kindesunterhalt, das vereinfachte Verfahren ist zulässig. Eine frühere Zurückweisung eines Antrages nach § 645 Abs. 2 ZPO und auch eine abgewiesene Auskunftsklage (§ 1605 BGB) hindern ein vereinfachtes Verfahren nicht (Thomas/Putzo/Hüßtege Rn 3), ebenso wenn der Tenor einer gerichtlichen Entscheidung nicht vollstreckungsfähig ist (OLG Naumburg FamRZ 2002, 329).

7 Durch die Neufassung ab 1. 1. 2002 ist auch die früher streitige Frage entschieden, ob ein Unterhaltstitel, den der Antragsgegner nach Einleitung des vereinfachten Verfahrens geschaffen hatte – z. B. durch Errichtung einer Jugendamtsurkunde nach § 59 Abs. 1 Satz 3 SGB VIII –, ein Verfahrenshindernis darstellt. Nur ein zum Zeitpunkt der Zustellung des Antrages oder einer Mitteilung über seinen Inhalt an den Antragsgegner vorhandener Titel stellt ein **Verfahrenshindernis** dar (Thomas/Putzo/Hüßtege Rn 3). Die nachträgliche Titelerrichtung kann aber die Hauptsache ganz oder teilweise erledigen.

IV. Beiordnung eines Rechtsanwalts

8 Umstritten in der Rechtsprechung ist die Frage, ob für das vereinfachte Verfahren gem. § 121 Abs. 2 ZPO ein Rechtsanwalt beizuordnen ist (s. dazu die Nachweise bei Johannsen/Henrich/Voßkuhle Rn 21). Angesichts der entscheidenden Bedeutung der Unterhaltsfestsetzung und der Probleme in Bezug auf die Zulässigkeit des Antrages sowie möglicher Einwendungen ist i. d. R. die Beiordnung geboten (so auch: OLG Schleswig NJW-RR 2007, 774; OLG Brandenburg FamRZ 2002, 1199; OLG Nürnberg NJWE-FER 2001, 242).

V. Neuregelung nach FamFG

9 § 249 FamFG entspricht dem bisherigen § 645 ZPO.

§ 646 *Antrag*

(1) Der Antrag muss enthalten:

1. die Bezeichnung der Parteien, ihrer gesetzlichen Vertreter und der Prozessbevollmächtigten;

2. die Bezeichnung des Gerichts, bei dem der Antrag gestellt wird;

3. die Angabe des Geburtsdatums des Kindes;

4. die Angabe, ab welchem Zeitpunkt Unterhalt verlangt wird;

5. *für den Fall, dass Unterhalt für die Vergangenheit verlangt wird, die Angabe, wann die Voraussetzungen des § 1613 Abs. 1 oder 2 Nr. 2 des Bürgerlichen Gesetzbuchs eingetreten sind;*
6. *die Angabe der Höhe des verlangten Unterhalts;*
7. *die Angaben über Kindergeld und andere zu berücksichtigende Leistungen (§ 1612 b oder § 1612 c des Bürgerlichen Gesetzbuchs);*
8. *die Erklärung, dass zwischen dem Kind und dem Antragsgegner ein Eltern-Kind-Verhältnis nach den §§ 1591 bis 1593 des Bürgerlichen Gesetzbuchs besteht;*
9. *die Erklärung, dass das Kind nicht mit dem Antragsgegner in einem Haushalt lebt;*
10. *die Angabe der Höhe des Kindeseinkommens;*
11. *die Erklärung, dass der Anspruch aus eigenem, aus übergegangenem oder rückabgetretenem Recht geltend gemacht wird;*
12. *die Erklärung, dass Unterhalt nicht für Zeiträume verlangt wird, für die das Kind Hilfe nach dem Zwölften Buch Sozialgesetzbuch, Sozialgeld nach dem Zweiten Buch Sozialgesetzbuch, Hilfe zur Erziehung oder Eingliederungshilfe nach dem Achten Buch Sozialgesetzbuch, Leistungen nach dem Unterhaltsvorschussgesetz oder Unterhalt nach § 1607 Abs. 2 oder 3 des Bürgerlichen Gesetzbuchs erhalten hat, oder, soweit Unterhalt aus übergegangenem Recht oder nach § 94 Abs. 4 Satz 2 des Zwölften Buches Sozialgesetzbuch, § 33 Abs. 2 Satz 4 des Zweiten Buches Sozialgesetzbuch oder § 7 Abs. 4 Satz 1 des Unterhaltsvorschussgesetzes verlangt wird, die Erklärung, dass der beantragte Unterhalt die Leistung an oder für das Kind nicht übersteigt;*
13. *die Erklärung, dass die Festsetzung im vereinfachten Verfahren nicht nach § 645 Abs. 2 ausgeschlossen ist.*

(2) ¹Entspricht der Antrag nicht diesen und den in § 645 bezeichneten Voraussetzungen, ist er zurückzuweisen. ² Vor der Zurückweisung ist der Antragsteller zu hören. ³ Die Zurückweisung ist nicht anfechtbar.

(3) Sind vereinfachte Verfahren anderer Kinder des Antragsgegners bei dem Gericht anhängig, so ordnet es die Verbindung zum Zweck gleichzeitiger Entscheidung an.

I. Allgemeines

Die Vorschrift regelt die Antragstellung, für die kein Anwaltszwang besteht. Der Antrag ist schriftlich oder zu Protokoll der Geschäftsstelle unter Verwendung der zwingend vorgeschriebenen Vordrucke (§ 659 ZPO) zu stellen. Die Beantragung von Prozesskostenhilfe ist möglich. Der Antrag muss alle Angaben enthalten, die für die Entscheidung des Rechtspflegers (§ 20 Ziff. 10 a und b RpflG) notwendig sind. Er kann ergänzt und berichtigt werden und ist an das zuständige FamG (§ 642 ZPO) zu richten. Ein Kind kann ihn dort auch im Fall einer Zuständigkeitskonzentration gem. § 660 Abs. 2 ZPO stellen.

II. Inhalt des Antrags, Abs. 1

Die Vorschrift bestimmt, welche Angaben der Antrag enthalten muss. Nicht dazu gehören Angaben über die Bedürftigkeit und die Leistungsfähigkeit des Antragsgegners.

1. Abs. 1 Nr. 1

3   Die Vorschrift entspricht § 313 Abs. 1 Nr. 1 ZPO und soll sicherstellen, dass die Parteibezeichnung so genau erfolgt, dass eine Zustellung des Antrages möglich ist. Deshalb ist ein Antrag ohne Anschrift des Antragstellers unzulässig (OLG Hamm FamRZ 2001, 107). Ist das Kind selbst Antragsteller, sind auch Name und Anschrift des gesetzlichen Vertreters anzugeben, ein Verfahrensbevollmächtigter ist zu benennen. Dessen Vollmacht wird nur von Amts wegen geprüft, wenn er nicht Rechtsanwalt ist, § 88 Abs. 2 ZPO. Wird Unterhalt im Wege der Prozessstandschaft nach § 1629 Abs. 3 BGB oder aus übergegangenem Recht (§ 1607 Abs. 2 oder 3 BGB, § 94 SGB XII, § 33 SGB II, § 7 UVG) geltend gemacht, müssen die entsprechenden Angaben auch für das Kind vorgenommen werden, um dessen materielle Unterhaltsberechtigung es geht (Johannsen/Henrich/Voßkuhle Rn 2).

2. Abs. 2 Nr. 2

4   Es ist das gem. § 642 ZPO zuständige Gericht anzugeben. An die Bezeichnung ist der Rechtspfleger gebunden.

3. Abs. 3 Nr. 3

5   Das Geburtsdatum des unterhaltsberechtigten Kindes ist anzugeben, damit der Mindestunterhalt nach der ersten, zweiten und dritten Altersstufe festgesetzt werden und die Minderjährigkeit geprüft werden kann.

4. Abs. 4 Nr. 4

6   Der Antragsteller muss angeben, von welchem Tage an er Unterhalt verlangt. Auch im vereinfachten Verfahren kann rückständiger Unterhalt geltend gemacht werden. Nach § 1613 Abs. 1 Satz 2 BGB kann dieser jedoch frühestens vom 1. des Monats verlangt werden, in dem der Berechtigte den Verpflichteten zur Auskunft über sein Einkommen und Vermögen aufgefordert hat, oder in dem der Verpflichtete in Verzug gesetzt oder der Unterhaltsanspruch rechtshängig geworden ist.

5. Abs. 5 Nr. 5

7   Wird rückständiger Unterhalt verlangt, muss angegeben werden, ab welchem Zeitraum die Voraussetzungen des § 1613 Abs. 1 und Abs. 2 Nr. 2 BGB gegeben sind. Rückstände sind nachvollziehbar zu erläutern. **Verzugszinsen** können im vereinfachten Verfahren ab dem Zeitpunkt der Zustellung des Festsetzungsantrages für den zu diesem Zeitpunkt rückständigen Unterhalt verlangt werden (BGH NJW 2008, 2710).

6. Abs. 6 Nr. 6

8   Die Höhe des verlangten Unterhalts ist zwingend anzugeben. Dabei kann der Antragsteller wählen, ob er eine Geldrente (§ 1612 Abs. 1 Satz 1 BGB) oder aber einen Prozentsatz des jeweiligen nach Altersstufen gestaffelten Mindestunterhalts verlangt.

7. Abs. 7 Nr. 7

9   Die nach §§ 1612b, c BGB anzurechnenden Leistungen sind anzugeben nach Grund und Betrag, soweit es sich nicht um Kindergeld handelt. Beim Kindergeld

Antrag **§ 646 ZPO**

ist die Kindergeldbezugsberechtigung anzugeben. Der seit dem 1. 1. 2002 geänderte Antragsvordruck lässt nur die Angabe der vollen Kindergeldbeträge zu.

8. Abs. 8 Nr. 8

Verlangt wird weiter die Erklärung, dass zwischen dem Kind und dem Antragsgegner ein Eltern-Kind-Verhältnis nach §§ 1591–1593 BGB besteht. Ist das Kind nicht in einer Ehe geboren, muss das Vaterschaftsanerkenntnis (Datum und Ort der Beurkundung) bzw. die gerichtliche Vaterschaftsfeststellung (Datum und Aktenzeichen des Urteils) angegeben werden. Vor Anerkennung der Vaterschaft oder deren gesetzlicher Feststellung ist das vereinfachte Verfahren unzulässig. 10

9. Abs. 1 Nr. 9

Der Antrag muss weiter die Erklärung enthalten, dass das Kind nicht mit dem Antragsgegner in einem Haushalt lebt, weil dies Voraussetzung für die Inanspruchnahme im vereinfachten Verfahren ist. 11

10. Abs. 1 Nr. 10

Anzugeben ist im Hinblick auf § 1602 BGB das Bruttoeinkommen des Kindes, ohne dass es einer Berechnung des konkreten Unterhaltsanspruchs bedarf. Der Rechtspfleger berücksichtigt das Kindeseinkommen nicht. Die Angaben zum Kindeseinkommen sollen dem Antragsteller lediglich die materiell-rechtliche Relevanz der Eigeneinkünfte für die Berechnung des Unterhaltsbedarfs bewusst machen und dem Antragsgegner die Entscheidung erleichtern, ob er Einwendungen zur Unterhaltshöhe erhebt (Zöller/Philippi Rn 5 a). 12

11. Abs. 1 Nr. 11

Die Vorschrift stellt die Aktivlegitimation in den genannten Fällen klar und regelt eine Mitteilungspflicht im Falle der Rückübertragung nach § 94 Abs. 5 Satz 1 SGB XII, § 7 Abs. 4 Satz 2 UVG und § 94 Abs. 4 Satz 1 SGB VIII. Denn soweit für ein minderjähriges Kind Sozialleistungen erbracht worden sind oder der Unterhalt von Dritten nach § 1607 Abs. 2, 3 BGB geleistet worden ist, ist der Unterhaltsanspruch übergegangen. Die Rechtmäßigkeit der Erbringung von Sozialleistungen wird im vereinfachten Verfahren nicht geprüft (OLG Köln FamRZ 2006, 431). 13

12. Abs. 1 Nr. 12

Verlangt wird weiter die Erklärung, dass Unterhalt nicht für Zeiten verlangt wird, für die das Kind Sozialhilfe, Hilfe zur Erziehung, Eingliederungshilfe, Leistungen nach dem UVG oder Unterhalt nach § 1607 Abs. 2, 3 BGB erhalten hat. Soweit Unterhalt aus übergegangenem Recht oder nach § 94 Abs. 4 Satz 2 SGB XII, § 33 Abs. 2 Satz 4 SGB II oder § 7 Abs. 4 Satz 1 UVG verlangt wird, ist mitzuteilen, dass der beantragte Unterhalt die Leistung an das Kind nicht übersteigt, um zu verhindern, dass der Dritte mehr erhält, als er geleistet hat. Unterhalt aus übergegangenem Recht kann für die Zukunft verlangt werden (OLG Zweibrücken FamRZ 2004, 1796). In den Fällen des § 7 Nr. 4 Satz 1 UVG muss der Festsetzungsbeschluss die Bedingung enthalten, dass der Hilfeträger in Zukunft tatsächlich Unterhaltsvorschussleistungen erbringt, denn der 14

ZPO § 646

künftige Unterhaltsanspruch des Kindes bleibt für den Hilfeträger in materieller Hinsicht ein fremdes und nur unter einer aufschiebenden Bedingung auf ihn selbst übergehendes Recht (OLG Stuttgart FamRZ 2006, 1769). Dem Hilfeträger kann nachgelassen werden, bei der Zwangsvollstreckung den Nachweis für die geleisteten Unterhaltsvorschusszahlungen durch einfache Bescheinigung der Zahlstelle (z. B. Kreiskasse) zu erbringen. Nach verbreiteter Auffassung ist die Festsetzung von Unterhalt für den Hilfeträger darüber hinaus im Hinblick auf § 2 Abs. 1 UVG und § 3 UVG bis zur Vollendung des 12. Lebensjahres des Kindes – längstens auf insgesamt 72 Monate – zu befristen (OLG Zweibrücken FamRZ 2008, 289; OLG Stuttgart FamRZ 2006, 1769).

13. Abs. 1 Nr. 13

15 Verlangt wird weiter die Erklärung, dass die Festsetzung im vereinfachten Verfahren nicht nach § 645 Abs. 2 ZPO ausgeschlossen ist.

III. Zurückweisung des Antrages, Abs. 2

16 Schon vor Zustellung des Antrags ist von Amts wegen vom Rechtspfleger zu prüfen, ob das vereinfachte Verfahren zulässig ist. Ist das nicht der Fall, ist der Antrag zurückzuweisen; so z. B., wenn Verfahrensvoraussetzungen fehlen, wenn etwa der Antrag nicht durch den gesetzlichen Vertreter oder Prozessstandschafter gestellt worden ist (OLG Köln FamRZ 2000, 676), wenn der Antrag nicht den Voraussetzungen des § 646 Abs. 1 Nr. 1–13 ZPO entspricht oder wenn Ansprüche geltend gemacht werden, die nicht von § 645 ZPO erfasst werden. Bei örtlicher Unzuständigkeit ist nicht von Amts wegen zu verweisen (str.: Zöller/Philippi Rn 10), sondern eine Verweisung anzuregen. Vor einer Verweisung nach § 281 ZPO ist der Antragsgegner anzuhören. Nach Abs. 2 Satz 2 ist vor Zurückweisung des Antrages Gelegenheit zu geben, gerügte Mängel zu beheben oder den Antrag zurückzunehmen.

17 Der zurückweisende Beschluss ergeht ohne mündliche Verhandlung. Darin ist auch über die Kosten zu entscheiden (str.: Baumbach/Hartmann Rn 7). Die Zurückweisung ist gem. Satz 3 nicht anfechtbar; gegen die Entscheidung des Rechtspflegers steht dem Antragsteller jedoch die befristete Erinnerung nach § 11 Abs. 2 RpflG offen (BGH NJW 2008, 2708; OLG Zweibrücken FamRZ 2004, 1796). Die Unanfechtbarkeit gem. Satz 3 gilt uneingeschränkt allerdings nur in den Fällen der vollständigen Antragszurückweisung. Wird der Antrag nur teilweise zurückgewiesen, weil die Voraussetzungen der §§ 645, 646 Abs. 1 ZPO insoweit nicht vorliegen, kann der Antragsteller unter den besonderen Zulässigkeitsvoraussetzungen des § 652 Abs. 2 ZPO gegen den Festsetzungsbeschluss sofortige Beschwerde einlegen, wenn sonst bei einer weiteren Aufsplitterung der Kompetenzen zur Entscheidung über ein Rechtsmittel des Antragstellers (Erinnerung) und des Antragsgegners (Beschwerde) in der gleichen Sache die Gefahr widersprüchlicher Entscheidungen besteht (BGH NJW 2008, 2710).

IV. Verbindung mehrerer Anträge, Abs. 3

18 Nach Abs. 3 ist die Verbindung mehrerer Anträge, die die Kinder des Antragsgegners – die nicht aus einer Verbindung stammen müssen – betreffen und die im vereinfachten Verfahren vor verschiedenen Gerichten anhängig sind, zwingend vorgeschrieben (str.: MünchKommZPO/Coester-Waltjen Rn 12).

Maßnahmen des Gerichts § 647 ZPO

V. Neuregelung nach FamFG

§ 250 FamFG entspricht dem bisherigen § 646 ZPO. **19**

§ 647 *Maßnahmen des Gerichts*

(1) ¹*Erscheint nach dem Vorbringen des Antragstellers das vereinfachte Verfahren zulässig, so verfügt das Gericht die Zustellung des Antrags oder einer Mitteilung über seinen Inhalt an den Antragsgegner.* ² *Zugleich weist es ihn darauf hin,*

1. *von wann an und in welcher Höhe der Unterhalt festgesetzt werden kann; hierbei sind zu bezeichnen:*
   a) die Zeiträume nach dem Alter des Kindes, für die die Festsetzung des Unterhalts nach dem Mindestunterhalt der ersten, zweiten und dritten Altersstufe in Betracht kommt;
   b) im Fall des § 1612a des Bürgerlichen Gesetzbuchs auch der Prozentsatz des jeweiligen Mindestunterhalts;
   c) die nach § 1612b oder § 1612c des Bürgerlichen Gesetzbuchs zu berücksichtigenden Leistungen;

2. *dass das Gericht nicht geprüft hat, ob der verlangte Unterhalt das im Antrag angegebene Kindeseinkommen berücksichtigt;*

3. *dass über den Unterhalt ein Festsetzungsbeschluss ergehen kann, aus dem der Antragsteller die Zwangsvollstreckung betreiben kann, wenn er nicht innerhalb eines Monats Einwendungen in der vorgeschriebenen Form erhebt;*

4. *welche Einwendungen nach § 648 Abs. 1 und 2 erhoben werden können, insbesondere, dass der Einwand eingeschränkter oder fehlender Leistungsfähigkeit nur erhoben werden kann, wenn die Auskunft nach § 648 Abs. 2 Satz 3 in Form eines vollständig ausgefüllten Formulars erteilt wird und Belege über die Einkünfte beigefügt werden;*

5. *dass die Einwendungen, wenn Formulare eingeführt sind, mit einem Formular der beigefügten Art erhoben werden müssen, das auch bei jedem Amtsgericht erhältlich ist.*

³*Ist der Antrag im Ausland zuzustellen, so bestimmt das Gericht die Frist nach Satz 2 Nr. 3.*

(2) § 167 gilt entsprechend.

I. Allgemeines

Die Vorschrift regelt die Art und Weise der Beteiligung des Antragsgegners am **1** vereinfachten Verfahren, sofern das Gericht – gem. § 20 Nr. 10 RpflG der Rechtspfleger – von der Zulässigkeit des Antrages ausgeht (§§ 646, 645 ZPO). Sie soll sicherstellen, dass der Antragsgegner in ausreichender Weise vor Festsetzung des Unterhalts rechtliches Gehör (Art. 103 Abs. 1 GG) erhält. Der Antrag oder eine zusammengefasste Mitteilung des Inhalts sind zuzustellen (Abs. 1 Satz 1). Die Zustellung des Festsetzungsantrages bewirkt noch keine Rechtshängigkeit im zivilprozessualen Sinne, da das vereinfachte Verfahren – ähnlich wie das Mahnverfahren – noch nicht auf die streitige Entscheidung einer Rechtssache, sondern auf die vereinfachte Titelerrichtung zielt (BGH NJW 2008, 2710). Nur für den Fall eines Überganges in das streitige Verfahren fingiert § 650

ZPO § 647 4. Teil. Prozessrecht

Abs. 3 ZPO den Eintritt der Rechtshängigkeit auf den Zeitpunkt der Zustellung des Festsetzungsantrages. Ab Zustellung läuft die Monatsfrist, innerhalb derer Einwendungen erhoben werden können. Dabei handelt es sich nicht um eine Ausschlussfrist (KG NJW-RR 2008, 305), so dass der Rechtspfleger Einwendungen berücksichtigen muss, solange der Festsetzungsbeschluss nicht ergangen ist (§ 648 Abs. 3 ZPO). Gem. § 647 Abs. 2 i. V. m. § 270 Abs. 3 ZPO wird die Verjährung des Unterhaltsanspruchs bereits durch die Einreichung des Festsetzungsantrages oder einer Protokollerklärung gem. § 657 ZPO gehemmt, wenn dieser demnächst zugestellt wird. Die Zustellung muss wirksam sein. Ist der Festsetzungsantrag unvollständig und wird er erst nach entsprechendem Hinweis (§ 646 Abs. 2 Satz 2 ZPO) nachgebessert, erfolgt die Zustellung nicht mehr demnächst.

II. Hinweise, Abs. 1 Satz 2

2   Der Rechtspfleger hat den Antragsgegner über Inhalt und Wirkung eines Festsetzungsbeschlusses (§ 649 ZPO) und die Möglichkeiten aufzuklären, welche Einwendungen erhoben werden können (§ 647 Abs. 1 Nr. 1–5 ZPO). Nach Nr. 1 muss der Antragsgegner darauf hingewiesen werden, für welche Monate und in welcher Höhe der Unterhalt nach dem Mindestunterhalt festgesetzt werden soll. Entsprechend dem Alter des Kindes sind die Zeiträume anzugeben, für die die Festsetzung nach der 1. bis 3. Altersstufe in Betracht kommt. Im Falle des § 1612a BGB ist der Prozentsatz des Mindestunterhalts anzugeben. Verlangt das Kind einen vom Mindestunterhalt abweichenden Unterhalt, ist der verlangte Betrag auszurechnen und mitzuteilen. Hinzuweisen ist weiter darauf, mit welchem Betrag das staatliche Kindergeld und sonstige regelmäßig wiederkehrende Leistungen gem. §§ 1612b, 1612a BGB anzurechnen sind. Dabei ist es zulässig, dass nicht ein fester anrechenbarer Betrag, sondern ein abstrakter (dynamischer) Betrag in Form eines Bruchteils der jeweiligen Leistungen genannt wird (BT-Drucks. 14/7349 S. 26).

3   § 647 Nr. 2 ZPO stellt klar, dass der Rechtspfleger nicht geprüft hat, ob das gem. § 646 Abs. 1 Nr. 10 ZPO anzugebende Kindeseinkommen bei der Unterhaltsberechnung vom Antragsteller berücksichtigt wurde.

4   Nr. 3 verlangt den Hinweis, dass – sofern nicht innerhalb eines Monats nach Zustellung (für die Fristberechnung gilt § 222 ZPO ohne die Möglichkeit der Fristverlängerung, § 224 Abs. 2 ZPO) – Einwendungen in der vorgeschriebenen Form erhoben werden, ein Festsetzungsbeschluss ergehen kann, aus dem dann vollstreckt werden kann (§ 794 Abs. 1 Nr. 2a ZPO).

5   Nach Nr. 4 ist darauf hinzuweisen, welche Einwendungen der Antragsgegner erheben kann (§ 648 Abs. 1 und 2 ZPO), insbesondere dass die Geltendmachung einer nur teilweisen oder fehlenden Leistungsfähigkeit (§ 648 Abs. 2 ZPO) nur zu berücksichtigen ist, wenn die Auskunft in Form eines vollständig ausgefüllten Vordrucks (§§ 659, 647 Nr. 5 ZPO) unter Beifügung der Einkommensbelege (Gehaltsabrechnungen, Steuerbescheide pp.) erteilt wird.

III. Auslandszustellung, Abs. 1 Satz 3

6   Erfolgt die Zustellung im Ausland, kann die Frist, innerhalb derer Einwendungen erhoben werden können, abgekürzt werden. Für die Zustellung gelten die

Einwendungen des Antragsgegners **§ 648 ZPO**

§§ 183 ff. ZPO, soweit nicht ab 31. 5. 2001 die ZustellungsVO gilt. Mit der Zustellung muss der Antragsgegner darauf hingewiesen werden, dass er innerhalb der gesetzten Frist zur Äußerung einen Zustellungsbevollmächtigten zu benennen hat. Unterbleibt dieses, können weitere Zustellungen durch Aufgabe zur Post bewirkt werden § 184 ZPO.

IV. Neuregelung nach FamFG

§ 251 FamFG entspricht dem bisherigen § 647 ZPO. 7

§ 648 *Einwendungen des Antragsgegners*

(1) ¹ Der Antragsgegner kann Einwendungen geltend machen gegen
1. *die Zulässigkeit des vereinfachten Verfahrens,*
2. *den Zeitpunkt, von dem an Unterhalt gezahlt werden soll,*
3. *die Höhe des Unterhalts, soweit er geltend macht, dass*
    a) *die nach dem Alter des Kindes zu bestimmenden Zeiträume, für die der Unterhalt nach dem Mindestunterhalt der ersten, zweiten und dritten Altersstufe festgesetzt werden soll, oder der angegebene Mindestunterhalt nicht richtig berechnet sind;*
    b) *der Unterhalt nicht höher als beantragt festgesetzt werden darf;*
    c) *Leistungen der in den §§ 1612 b, 1612 c des Bürgerlichen Gesetzbuchs bezeichneten Art nicht oder nicht richtig berücksichtigt worden sind.*

² Ferner kann er, wenn er sich sofort zur Erfüllung des Unterhaltsanspruchs verpflichtet, hinsichtlich der Verfahrenskosten geltend machen, dass er keinen Anlass zur Stellung des Antrags gegeben hat (§ 93). ³ Nicht begründete Einwendungen nach Satz 1 Nr. 1 und 3 weist das Gericht mit dem Festsetzungsbeschluss zurück, desgleichen eine Einwendung nach Satz 1 Nr. 2, wenn ihm diese nicht begründet erscheint.

(2) ¹ Andere Einwendungen kann der Antragsgegner nur erheben, wenn er zugleich erklärt, inwieweit er zur Unterhaltsleistung bereit ist und dass er sich insoweit zur Erfüllung des Unterhaltsanspruchs verpflichtet. ² Den Einwand der Erfüllung kann der Antragsgegner nur erheben, wenn er zugleich erklärt, inwieweit er geleistet hat und dass er sich verpflichtet, einen darüber hinausgehenden Unterhaltsrückstand zu begleichen. ³ Den Einwand eingeschränkter oder fehlender Leistungsfähigkeit kann der Antragsgegner nur erheben, wenn er zugleich unter Verwendung des eingeführten Formulars Auskunft über

1. *seine Einkünfte,*
2. *sein Vermögen und*
3. *seine persönlichen und wirtschaftlichen Verhältnisse im Übrigen*

erteilt und über seine Einkünfte Belege vorlegt.

(3) Die Einwendungen sind zu berücksichtigen, solange der Festsetzungsbeschluss nicht verfügt ist.

I. Allgemeines

Die Vorschrift regelt Art und Umfang der Einwendungen des Antragsgegners 1 gegen die Festsetzung im vereinfachten Verfahren. Sie ist verfassungsrechtlich unbedenklich (BVerfG FamRZ 1990, 487 zu § 641o ZPO a. F.) und unterscheidet zwei Gruppen von Einwendungen. Über die in Abs. 1 geregelten Einwendungen entscheidet der Rechtspfleger. Sind sie begründet, verfährt er nach § 650 ZPO, unbegründete Einwendungen weist er im Festsetzungsbeschluss zurück, Abs. 1 Satz 3. Über Einwendungen nach Abs. 2 entscheidet der Rechtspfleger nur hinsichtlich deren Zulässigkeit. Ist das der Fall, verfährt er nach § 650 ZPO.

II. Einwendungen nach Abs. 1

1. Einwendungen gegen die Zulässigkeit des vereinfachten Verfahrens, Abs. 1 Satz 1 Nr. 1

2 Dazu gehören die Unzulässigkeit wegen Fehlens einer Prozessvoraussetzung und der Mangel einer der Voraussetzungen der §§ 645, 646 ZPO. Insbesondere kann die tatsächliche Richtigkeit der Angaben im Antrag bestritten werden. Dann ist das vereinfachte Verfahren unzulässig, wenn die Angaben im Antrag nicht der Wahrheit entsprechen und der wahre Sachverhalt die Festsetzung von Unterhalt im vereinfachten Verfahren nicht rechtfertigt (OLG Brandenburg FamRZ 2002, 1345). Eine anderweitige Titelerrichtung nach Antragstellung fällt allerdings nicht darunter (str.: OLG Dresden FamRZ 2000, 679; OLG Zweibrücken NJWE-FER 2000, 216), da der Spitzenbetrag tituliert werden kann. Zulässige Einwendung ist auch die Rüge der nicht ordnungsgemäßen Vertretung des Kindes (also durch den richtigen gesetzlichen Vertreter) bzw. das Bestehen einer Prozessstandschaft (OLG Köln FamRZ 2000, 676).

2. Einwendungen gegen den Zeitpunkt, von dem an Unterhalt gezahlt werden soll, Abs. 1 Satz 1 Nr. 2

3 Erfasst wird der Fall, dass Unterhalt für die Vergangenheit (§§ 646 Abs. 1 Nr. 5 ZPO, 1613 BGB) erst von einem späteren Zeitpunkt verlangt werden kann. Der Antragsgegner kann einwenden, nicht oder zu einem späteren Zeitpunkt gemahnt oder zur Auskunft aufgefordert worden zu sein.

3. Einwendungen gegen die Höhe des Unterhalts, Abs. 1 Satz 1 Nr. 3

4 Die Aufzählung in den Buchstaben a) bis c) ist **enumerativ.** Buchstabe a) betrifft Einwendungen gegen die fehlerhafte Bestimmung der Zeiträume, für die der Mindestunterhalt der 1., 2. und 3. Altersstufe. Buchstabe b betrifft alle Übertragungs- und Berechnungsfehler des Rechtspflegers, die zu einer höheren Festsetzung geführt haben. Der Antragsgegner darf den Grundsatz „ne ultra petita" rügen. Buchstabe c) erfasst Einwendungen gegen die Anrechnung des Kindergeldes oder andere regelmäßig wiederkehrende kindbezogene Leistungen. Nicht unter Nr. 3c fällt der Einwand, der Antragsgegner habe sich mit dem Kind außergerichtlich auf eine niedrigere Unterhaltszahlung geeinigt (OLG Naumburg NJWE-FER 2000, 96).

4. Einwendungen gegen die Kosten, Abs. 1 Satz 2

5 Hinsichtlich der Verfahrenskosten kann der Antragsgegner einwenden, er habe keinen Anlass zur Stellung des Antrages gegeben (§ 93 ZPO). Dessen Anwen-

Einwendungen des Antragsgegners **§ 648 ZPO**

dung setzt aber voraus, dass sich der Antragsgegner sofort wirksam zur **Erfüllung des Unterhaltsanspruchs** verpflichtet und keinen Anlass zur Einleitung des vereinfachten Verfahrens gegeben hat. Hat der Antragsgegner trotz Aufforderung keinen Unterhaltstitel geschaffen, hat er i. d. R. Anlass für die Einleitung des vereinfachten Verfahrens gegeben. **Darlegungs- und beweispflichtig** dafür, dass er keine Veranlassung gegeben hat, ist der Antragsgegner (OLG Brandenburg FamRZ 2000, 1159; Zöller/Philippi Rn 6).

III. Einwendungen nach Abs. 2

1. Allgemeines, Abs. 2 Satz 1

Andere Einwendungen als die in Abs. 1 genannten kann der Antragsgegner 6 nur geltend machen, wenn er zugleich erklärt, inwieweit er zu Unterhaltszahlungen bereit ist und sich insoweit zur Erfüllung verpflichtet, ohne dass es einer vollstreckbaren Verpflichtungserklärung bedarf. Der Antragsgegner ist **zwingend** verpflichtet, für seine Einwendungen den **amtlichen Vordruck** (§ 659 Abs. 2 ZPO) zu verwenden (OLG Brandenburg NJOZ 2003, 3571; OLG Nürnberg FamRZ 2004, 475). Werden die Einwendungen lediglich schriftsätzlich oder in sonstiger Form geltend gemacht, kann der Vortrag nicht verwertet werden (OLG Karlsruhe FamRZ 2001, 107). Um die Pflicht, den Vordruck zu benutzen, nicht zu einer bloßen Förmelei (OLG Bamberg NJWE-FER 2000, 265) degenerieren zu lassen, müssen die im Formblatt an verschiedenen Stellen abgegebenen Erklärungen in ihrer Gesamtheit gesehen und ggf. gewürdigt werden. Dies gilt insbesondere für die Erklärung, inwieweit der Schuldner zur Leistung bereit ist. Auch wenn der Antragsgegner den Erklärungsvordruck insoweit unvollständig ausgefüllt und die dafür vorgesehene ausdrückliche Formularerklärung nicht abgegeben hat, genügt es, wenn sich aus den übrigen Angaben des Formulars unzweifelhaft ergibt, dass sich der Antragsgegner zu keinen Unterhaltszahlungen in der Lage sieht (OLG Hamm FamRZ 2006, 211; OLG Koblenz FamRZ 2005, 915; OLG Brandenburg FamRZ 2004, 474). Zumindest muss der Rechtspfleger in solchen offenkundigen Fällen gem. § 139 ZPO dem Antragsgegner die Möglichkeit geben, die Formularerklärung im Hinblick auf die Erklärung nach Abs. 2 Satz 1 zu vervollständigen (OLG Karlsruhe FamRZ 2006, 1548).

2. Erfüllungseinwand, Abs. 2 Satz 2

Der Einwand der vollständigen oder teilweisen Erfüllung (§ 362 BGB) ist nur 7 beachtlich, wenn genau die gezahlten Beträge (nach Höhe und Zeitraum) angegeben werden und der Antragsgegner sich verpflichtet, einen darüber hinausgehenden Unterhaltsrückstand zu begleichen; bei mehreren Kindern ist eine Aufteilung der Zahlungen auf jedes Kind vorzunehmen. Eine **Beweisaufnahme** bei streitiger Erfüllung findet im vereinfachten Verfahren grundsätzlich nicht statt (Musielak/Borth Rn 8). Gleichwohl wird sich gelegentlich eine Aufklärung anbieten, wenn Verwechselungen zu vermuten sind und Unklarheiten bestehen. Die **Aufklärung** wird sich aber auf eine Urkundenvorlage zu beschränken haben (dies gilt auch für die Frage einer Mahnung nach § 648 Abs. 1 Satz 3 ZPO: Zöller/Philippi § 649 Rn 2).

ZPO § 648

3. Unzureichende Leistungsfähigkeit, Abs. 2 Satz 3

8   Diesen Einwand kann der Antragsgegner nur erheben, wenn er zugleich unter Verwendung des vollständig ausgefüllten Vordrucks oder einer sinngemäßen Erklärung Auskunft über seine Einkünfte, sein Vermögen und seine persönlichen und wirtschaftlichen Verhältnisse erteilt und Belege über sein Einkommen vorlegt und dabei erklärt, inwieweit er zu Unterhaltsleistungen bereit ist und inwieweit er sich zur Erfüllung verpflichtet. Die Eröffnung eines Insolvenzverfahrens befreit nicht von der Auskunftsverpflichtung und Belegvorlage (OLG Koblenz FamRZ 2005, 915). Erkennt der Unterhaltspflichtige den Mindestunterhalt oder mehr an, hat den Vermögensstamm nicht einzusetzen, so dass in diesem Falle auch keine Verpflichtung besteht, über das Vermögen Auskunft zu erteilen (Johannsen/Henrich/Voßkuhle Rn 16).

9   Die **Belegpflicht** bezieht sich nur auf die Einkünfte, so dass Gehaltsnachweise, Einkommensteuerbescheide, Einkommensteuererklärungen, Einnahmen/Überschussrechnungen, Bilanzen usw. vorgelegt werden müssen. Angaben zu den persönlichen Verhältnissen und Abzugsbeträge (z. B. Fahrtkosten, Schuldzinsen, Vorsorgeaufwendungen pp.) müssen ebenso wenig belegt werden wie das Vermögen. Sind die Belege im Ausland erstellt, genügt die Vorlage in der jeweiligen Landessprache. Einer Übersetzung bedarf es nicht (OLG München FamRZ 2005, 381). Ist die Auskunft unvollständig oder fehlen Belege oder der Erklärung, inwieweit Leistungsbereitschaft besteht, sind die Einwendungen unzulässig und der Unterhalt wird gem. § 649 Abs. 1 Satz 1 ZPO antragsgemäß festgesetzt. Der Pflichtige kann nicht von vornherein ohne Erklärung der Auskünfte die Durchführung des streitigen Verfahrens nach § 651 ZPO beantragen, da dies zulässig erhobene Einwendungen voraussetzt.

IV. Zeitliche Begrenzung der Einwendungen, Abs. 3

10   Abs. 3 stellt klar, dass die Monatsfrist des § 647 Abs. 1 Satz 2 Nr. 2 ZPO zur Geltendmachung von Einwendungen **keine Ausschlussfrist** darstellt (KG NJW-RR 2008, 305). Bedeutung hat die Vorschrift vor allen Dingen, weil die Beschwerde nach § 652 ZPO nicht auf Einwendungen nach Abs. 2 gestützt werden kann, die nicht vor Verfügung des Festsetzungsbeschlusses erhoben wurden. Nach Fristablauf vorgebrachte Einwendungen sind zu berücksichtigen, solange der Festsetzungsbeschluss noch nicht verfügt ist; der Zweck der Regelung besteht darin, unnötige Korrekturklagen nach § 654 ZPO zu vermeiden. „Verfügt" ist der Festsetzungsbeschluss noch nicht durch die Unterzeichnung des Beschlusses durch den Rechtspfleger; vielmehr muss das Familiengericht den Beschluss bereits aus dem internen Geschäftsbetrieb zur Kenntnis der Parteien herausgegeben haben (str.: KG NJW-RR 2008, 305 und FamRZ 2006, 1209; OLG Hamm FamRZ 2007, 836; OLG Frankfurt NJW-RR 2001, 800; vgl. BGH NJW 1982, 880 zum Mahnverfahren). Für die Rechtzeitigkeit kommt es auf den Eingang bei Gericht an (OLG Köln FamRZ 2001, 1464). Zweifel an der zeitlichen Abfolge gehen zu Lasten des Antragsgegners, weil dieser die Monatsfrist für die Anbringung seiner Einwendungen hätte einhalten können (OLG Hamm FamRZ 2006, 44).

V. Neuregelung durch das FamFG

11   § 252 FamFG entspricht dem bisherigen § 648 ZPO.

Feststellungsbeschluss **§ 649 ZPO**

§ 649 *Feststellungsbeschluss*

(1) ¹*Werden keine oder lediglich nach § 648 Abs. 1 Satz 3 zurückzuweisende oder nach § 648 Abs. 2 unzulässige Einwendungen erhoben, wird der Unterhalt nach Ablauf der in § 647 Abs. 1 Satz 2 Nr. 3 bezeichneten Frist durch Beschluss festgesetzt.* ²*In dem Beschluss ist auszusprechen, dass der Antragsgegner den festgesetzten Unterhalt an den Unterhaltsberechtigten zu zahlen hat.* ³*In dem Beschluss sind auch die bis dahin entstandenen erstattungsfähigen Kosten des Verfahrens festzusetzen, soweit sie ohne weiteres ermittelt werden können; es genügt, wenn der Antragsteller die zu ihrer Berechnung notwendigen Angaben dem Gericht mitteilt.*

(2) In dem Beschluss ist darauf hinzuweisen, welche Einwendungen mit der sofortigen Beschwerde geltend gemacht werden können und unter welchen Voraussetzungen eine Abänderung im Wege der Klage nach § 654 verlangt werden kann.

I. Verfahren des Rechtspflegers

Sofern der Unterhaltsschuldner innerhalb eines Monats keine oder bis zum Erlass des Festsetzungsbeschlusses nur unzulässige Einwendungen nach § 648 ZPO erhebt, setzt der Rechtspfleger den verlangten Unterhalt in vollem Umfang sowie die zu diesem Zeitpunkt entstandenen, erstattungsfähigen Kosten fest. Vor Ablauf der Einwendungsfrist des § 647 Abs. 1 Satz 2 Nr. 3 ZPO bzw. Satz 3 darf der Festsetzungsbeschluss nicht erlassen werden. Die **Monatsfrist** ist auch abzuwarten, wenn der Antragsgegner bereits Einwendungen erhoben hat. Erhebt der Antragsgegner fristgerecht Einwendungen, die nach § 648 Abs. 1 Satz 3 ZPO nicht zurückzuweisen oder nicht nach § 648 Abs. 2 ZPO zulässig sind, regelt § 650 ZPO den Fortgang des Verfahrens. Wird aufgrund einer zulässiger Einwendung des Antragsgegners der Antrag berichtigt, kann der Rechtspfleger ohne Rücksicht auf § 650 Satz 2 ZPO in vollem Umfange festsetzen. 1

Der Festsetzungsbeschluss kann gem. § 128 Abs. 4 ZPO ohne mündliche Verhandlung ergehen. Eine **mündliche Verhandlung** ist nur in Ausnahmefällen geboten und hängt von der Qualität der Einwendungen ab. In der öffentlichen (str.: Wendl/Schmitz § 10 Rn 338a) mündlichen Verhandlung kann ein Anerkenntnis erfolgen. Dieses Anerkenntnis kann über das 1,2-fache des Mindestunterhalts hinausgehen; es ergeht dann ein entsprechender Anerkenntnisbeschluss. Der Rechtspfleger kann auch einen Vergleich über einen solchen höheren Unterhaltsbetrag protokollieren (Zöller/Philippi Rn 2; Wendl/Schmitz § 10 Rn 338a). 2

II. Inhalt des Festsetzungsbeschlusses

1. Allgemeines

Der Festsetzungsbeschluss muss als Vollstreckungstitel hinreichend bestimmt sein. Dazu ist auszusprechen – in Zahlen oder durch dynamische Tenorierung – welchen Unterhalt der Antragsgegner an das unterhaltsberechtigte Kind zu zahlen hat, Abs. 1 Satz 2 (OLG Jena NJW-RR 2000, 127). Das gilt somit auch dann, wenn der betreuende Elternteil das vereinfachte Verfahren als Prozessstandschafter (§ 1629 Abs. 3 Satz 2 BGB) betrieben hat. Unzulässig ist deshalb die Formulierung, dass „der Antragsgegner zu Händen der Antragstellerin für das 3 gemeinsame minderjährige Kind ... EUR Kindesunterhalt zu zahlen hat" (OLG Hamm FamRZ 1990, 1375). Der dynamisierte Unterhalt ist als Prozentsatz des Mindestunterhalts der jeweiligen Altersstufe zu titulieren, wobei der Prozentsatz auf ein Dezimalstelle zu begrenzen ist (§ 1612a Abs. 2 Satz 1 BGB). Die anzurechnenden Kindergeldbeträge nach § 1612b BGB sind grundsätzlich zu beziffern (BT-Drucks. 13/7338, S. 43; so auch OLG München NJW-RR 2001, 1442). Zulässig und mittlerweile gebräuchlich ist es jedoch auch, das anzurechnende Kindergeld in Bruchteilen, z.B. „abzüglich hälftiges Kindergeld für ein erstes (zweites usw.) Kind in der jeweils gesetzlichen Höhe" anzugeben (Zöller/ Philippi Rn 4a; Vossenkämper FamRZ 2008, 201).

2. Kostenentscheidung, Abs. 1 Satz 3

4 Die Kostenentscheidung folgt nach §§ 91, 92 ZPO und ergeht von Amts wegen. Hat der Antragsgegner zur Einleitung des Verfahrens keinen Anlass gegeben, trägt der Antragsteller die Kosten gem. § 93 ZPO, so z.B., wenn nicht zuvor der Antragsgegner zur Schaffung eines freiwilligen Titels aufgefordert worden ist. Sofern sich die zu erstattenden Kosten einfach ermitteln lassen, sind sie sogleich betragsmäßig festzusetzen: Dazu ist es nur erforderlich, dass der Antragsteller die notwendigen Angaben macht und diese nebst Gerichtskosten und Anwaltsgebühren ermittelt werden können. Sind Ermittlungen über die Höhe der Parteiauslagen notwendig, ergeht erst später ein gesonderter Kostenfestsetzungsbeschluss nach §§ 103 ff. ZPO.

3. Hinweise, Abs. 2

5 Die nach Abs. 2 vorgesehenen Hinweise entsprechen einer Rechtsmittelbelehrung darüber, welche Einwendungen von der Partei mit der sofortigen Beschwerde geltend gemacht werden können (§ 652 Abs. 2 ZPO) und unter welchen Voraussetzungen eine Abänderung im Wege der Klage nach § 654 ZPO möglich ist. Der Hinweis muss **konkret** sein und den Gesetzestext umfassen. Bezüglich der Kostenfestsetzung ist auf die Anfechtbarkeit nach Grund und Höhe sowie darauf, dass sie auch isoliert angefochten werden können, hinzuweisen (OLG Brandenburg FamRZ 2000, 1159). Der Hinweis auf Form und Frist der sofortigen Beschwerde ist nach dem Wortlaut von Abs. 3 nicht zwingend erforderlich, aber zweckmäßig. Unterbleibt die Belehrung, ist dies prozessual ohne Folgen (str.: Thomas/Putzo/Hüßtege Rn 7; Baumbach/Hartmann Rn 8; a.A. bezüglich der sofortigen Beschwerde: OLG Naumburg FamRZ 2001, 1464; Wendl/Schmitz § 10 Rn 340: Aufhebung und Zurückverweisung). Ein Verstoß gegen Abs. 2 rechtfertigt aber ggf. eine Wiedereinsetzung nach §§ 233 ff. ZPO bei Fristversäumung bzw. die Anwendung des § 21 GKG.

4. Vollstreckung

6 Der Beschluss ist beiden Parteien zuzustellen, § 329 Abs. 3 ZPO und schon vor Eintritt der Rechtskraft nach § 794 Abs. 1 Nr. 2a, 3 ZPO vollstreckbar. Die Zwangsvollstreckung darf aber erst nach Ablauf von zwei Wochen nach der Zustellung beginnen (§ 798 ZPO). Im Beschwerdeverfahren oder im Abänderungsverfahren nach §§ 654, 656 ZPO kann eine einstweilige Aussetzung der Vollziehung (§ 570 ZPO) oder die Einstellung der Zwangsvollstreckung analog § 769 ZPO erfolgen.

Mitteilung über Einwendungen § 650 ZPO

5. Rechtsbehelfe

Der Festsetzungsbeschluss kann mit der **sofortigen Beschwerde** angefochten werden. Nach Eintritt der formellen Rechtskraft besteht weiter die Möglichkeit der **Abänderungsklage nach § 654 ZPO,** in deren Rahmen der Unterhalt ohne Bindung an die Festsetzung im vereinfachten Verfahren neu berechnet wird. 7

III. Neuregelung nach FamFG

§ 253 FamFG entspricht dem bisherigen § 649 ZPO 8

§ 650 *Mitteilung über Einwendungen*

¹ Sind Einwendungen erhoben, die nach § 648 Abs. 1 Satz 3 nicht zurückzuweisen oder die nach § 648 Abs. 2 zulässig sind, teilt das Gericht dem Antragsteller dies mit. ² Es setzt auf seinen Antrag den Unterhalt durch Beschluss fest, soweit sich der Antragsgegner nach § 648 Abs. 2 Satz 1 und 2 zur Zahlung von Unterhalt verpflichtet hat. ³ In der Mitteilung nach Satz 1 ist darauf hinzuweisen.

I. Normzweck

Die Vorschrift regelt das Verfahren, wenn der Antragsgegner beachtliche Einwendungen – solche, die nicht nach § 648 Abs. 1 Satz 3 ZPO zurückzuweisen oder solche die nicht unzulässig i. S. des § 648 Abs. 2 ZPO sind – erhebt und deshalb kein Festsetzungsbeschluss nach § 649 ZPO ergeht. 1

II. Mitteilungen, Satz 1 und Satz 3

Der Rechtspfleger teilt dem Antragsteller nur mit, dass der Antragsgegner Einwendungen erhoben hat, die nach § 648 Abs. 1 Satz 3 ZPO nicht zurückzuweisen oder nach § 648 Abs. 2 ZPO zulässig sind. In der Mitteilung ist auch darauf hinzuweisen, dass der Antragsteller – soweit eine Verpflichtungserklärung nach § 648 Abs. 2 Satz 1, 2 ZPO vorliegt – einen Teilfestsetzungsbeschluss beantragen kann (Satz 2) und dass innerhalb von sechs Monaten nach Zugang dieser Mitteilung ein Antrag auf Überleitung ins streitige Verfahren gestellt werden kann. Eine Zurückweisung des Antrags erfolgt nicht, beide Parteien können einen **Antrag auf Durchführung des streitigen Verfahrens** nach § 651 Abs. 1 ZPO stellen. Wird kein Antrag gestellt, kommt es zu einem Stillstand des Verfahrens und die Akten sind nach einer gewissen Zeit – sechs Monate – wegzulegen. Die Mitteilung ist gem. § 329 Abs. 2 Satz 2 ZPO zuzustellen (str.: Thomas/Putzo/Hüßtege Rn 2). Hat der Antragsgegner beachtliche Einwendungen erhoben, aber im Übrigen eine teilweise Leistungsbereitschaft erklärt, kann der Antragsteller nach Prüfung seinen Festsetzungsantrag den Einwendungen anpassen. Danach erlässt der Rechtspfleger einen Festsetzungsbeschluss nach § 649 ZPO, in dem eine Kostenentscheidung zu treffen ist. Im Rahmen der Kostenentscheidung ist entsprechend § 92 ZPO die Teilrücknahme zu berücksichtigen (Wendl/Schmitz § 10 Rn 344). 2

III. Teilfestsetzung

3 Hat sich der Antragsgegner nach § 648 Abs. 2 Satz 1, 2 ZPO zu einer Teilzahlung verpflichtet, setzt das Gericht, sofern ein Antrag gestellt wird, im Umfang der Verpflichtungserklärung durch Teilfestsetzungsbeschluss den Unterhalt fest. Der Beschluss ist nicht mit einer Kostenentscheidung zu versehen (Wendl/Schmitz § 10 Rn 344; Thomas/Putzo/Hüßtege Rn 4); darüber ist im anschließenden streitigen Verfahren zu entscheiden (§ 651 Abs. 5 ZPO). Der nicht festgesetzte Teil des ursprünglich geltend gemachten Anspruchs muss im Klageverfahren nach § 651 ZPO weiterverfolgt werden. Findet ein solches Verfahren nicht statt, ist über die Kosten auf Antrag einer Partei nach §§ 92, 91a ZPO zu entscheiden. Wird kein Antrag auf Erlass eines Teilfestsetzungsbeschlusses gestellt, können beide Parteien einen Antrag auf Durchführung des streitigen Verfahrens nach § 651 ZPO stellen. Unterbleibt der Antrag, sind die Akten wegzulegen. Sechs Monate nach Zugang der Mitteilung nach Satz 1 gilt der Festsetzungsantrag als zurückgenommen (§ 651 Abs. 6 ZPO).

IV. Neuregelung durch FamFG

4 § 254 FamFG entspricht dem bisherigen § 650 BGB.

§ 651 *Streitiges Verfahren*

(1) ¹ Im Falle des § 650 wird auf Antrag einer Partei das streitige Verfahren durchgeführt. ² Darauf ist in der Mitteilung nach § 650 hinzuweisen.

(2) ¹ Beantragt eine Partei die Durchführung des streitigen Verfahrens, so ist wie nach Eingang einer Klage weiter zu verfahren. ² Einwendungen nach § 648 gelten als Klageerwiderung.

(3) Der Rechtsstreit gilt als mit der Zustellung des Festsetzungsantrags (§ 647 Abs. 1 Satz 1) rechtshängig geworden.

(4) Ist ein Festsetzungsbeschluss nach § 650 Satz 2 vorausgegangen, soll für zukünftige wiederkehrende Leistungen der Unterhalt in einem Gesamtbetrag bestimmt und der Festsetzungsbeschluss insoweit aufgehoben werden.

(5) Die Kosten des vereinfachten Verfahrens werden als Teil der Kosten des streitigen Verfahrens behandelt.

(6) Wird der Antrag auf Durchführung des streitigen Verfahrens nicht vor Ablauf von sechs Monaten nach Zugang der Mitteilung nach § 650 Satz 1 gestellt, gilt der über den Festsetzungsbeschluss gemäß § 650 Satz 2 oder die Verpflichtungserklärung des Antragsgegners gemäß § 648 Abs. 2 Satz 1 und 2 hinausgehende Festsetzungsantrag als zurückgenommen.

I. Allgemeines

1 Die mit Wirkung vom 1.1.2002 in Abs. 1 und 3 geänderte und durch Abs. 6 erweiterte Vorschrift schließt an die Regelung des § 650 Abs. 1 ZPO an, soweit danach nicht Einwendungen nach § 648 Abs. 1 Satz 3 ZPO zurückzuweisen oder nach § 648 Abs. 2 ZPO zulässig sind. Die Überleitung ins streitige Verfah-

Streitiges Verfahren **§ 651 ZPO**

ren entspricht der Situation des Mahnverfahrens nach rechtzeitigem Widerspruch (§ 696 ZPO).

II. Verfahrensweise, Abs. 1

Der Übergang ins streitige Verfahren erfolgt nicht von Amts wegen, sondern wird nur auf **Antrag** einer der Parteien durchgeführt. Der Antrag kann schriftlich oder zu Protokoll der Geschäftsstelle gestellt werden, allerdings nicht schon im Festsetzungsantrag nach §§ 645 Abs. 1, 646 ZPO und auch nicht vor dem AG zusammen mit den Einwendungen (§ 648 ZPO). Damit soll die Möglichkeit eröffnet werden, dass sich die Parteien nach Prüfung der Rechtslage außergerichtlich einigen. Es besteht **kein Anwaltszwang.** Der Antrag, der der anderen Partei formlos mitzuteilen ist, kann gestellt werden, sobald eine Entscheidung des Rechtspflegers über die Einwendungen ergangen ist. Er kann bis zum Beginn der mündlichen Verhandlung analog § 696 Abs. 4 ZPO zurückgenommen werden. Der Prozess gilt als nicht rechtshängig geworden. Der Antrag kann jedoch innerhalb von sechs Monaten erneut gestellt werden, auch von der anderen Partei. Der Rechtspfleger weist – nur – den Antragsteller darauf hin, dass die Parteien das streitige Verfahren beantragen können. 2

III. Weiteres Verfahren, Abs. 2

Nach Eingang des Antrages ist wie nach Eingang einer Klage zu verfahren. Der Antrag stellt jedoch keine Klageschrift dar und ist deshalb nicht förmlich zuzustellen. Als Klageschrift gilt aber der Festsetzungsantrag (§§ 645, 646 ZPO), Einwendungen gelten als Klageerwiderung. Da für das Verfahren nach §§ 645–650 ZPO der Rechtspfleger zuständig ist, gibt dieser nach Antragseingang das Verfahren an den zuständigen Familienrichter ab, der dann den weiteren Verfahrensablauf bestimmt. Ein schriftliches Vorverfahren entfällt, da die vom Antragsgegner erhobenen Einwendungen als Klageerwiderung gelten. Sofern der Antragsgegner bereits hinreichend Auskunft erteilt hat, ist Haupttermin zu bestimmen. Soweit nicht vollständige Angaben zur Leistungsfähigkeit vorliegen, ist der Rechtsstreit durch vorbereitende Maßnahmen zu fördern (§§ 139, 273, 643 ZPO). Die **Anordnung des persönlichen Erscheinens der Parteien** ist i. d. R. geboten (§§ 141, 273 Abs. 2 Nr. 3 ZPO). Die Parteien sind nicht mehr an die Besonderheiten des § 645 ZPO gebunden. Der Antragsteller kann die Klage erweitern und höheren Unterhalt als das 1,2-fache des Mindestunterhalts verlangen. Für das Verfahren besteht kein Anwaltszwang. 3

IV. Eintritt der Rechtshängigkeit, Abs. 3 und 6

Bei Übergang ins streitige Verfahren gilt der Rechtsstreit – anders als nach § 261 Abs. 1 ZPO – mit Zustellung des Festsetzungsantrages (§ 647 Abs. 1 Satz 1 ZPO) als rechtshängig geworden. Wird der Antrag nach Abs. 1 nicht vor Ablauf von sechs Monaten nach Zugang der Mitteilung nach § 650 ZPO gestellt, greift Abs. 6 ein. Falls in der Mitteilung der Hinweis auf das streitige Verfahren (Abs. 1 Satz 2) nicht erfolgt, wird die Frist nicht in Lauf gesetzt. Ein späterer Antrag führt dann zu rückwirkender Rechtshängigkeit. Die Frist gibt den Parteien Ge- 4

Botur 627

legenheit, sich außergerichtlich zu einigen. Nach Ablauf der Sechsmonatsfrist kann der Antrag nicht mehr mit Rückwirkung gestellt werden. Ein weitergehender Festsetzungsantrag gilt nach Ablauf der Frist als zurückgenommen. So wird Rechtssicherheit für den Antragsgegner geschaffen, dass über den Rest nicht mehr entschieden wird.

V. Einheitlicher Titel, Abs. 4

5   Durch die Vorschrift soll vermieden werden, dass für einen Unterhaltsanspruch zwei Titel in Form des Festsetzungsbeschlusses und des Urteils nebeneinander geschaffen werden. Deshalb sieht Abs. 4 zur Erleichterung der Zwangsvollstreckung vor, dass ein nach § 650 Satz 2 ZPO ergangener Teilfestsetzungsbeschluss in einem Titel mit einem Gesamtbetrag zusammengefasst werden kann. Der Teilfestsetzungsbeschluss ist aufzuheben (MünchKommZPO/Coester-Waltjen Rn 6) mit der Wirkung der §§ 775 Nr. 1, 776 ZPO. Ein einheitlicher Titel ist nicht zu schaffen, wenn der Festsetzungsbeschluss einen anderen Zeitraum, insbesondere rückständigen Unterhalt, betrifft (Thomas/Putzo/Hüßtege Rn 9).

VI. Kosten, Abs. 5

6   Die Vorschrift entspricht § 281 Abs. 3 Satz 1 ZPO und § 696 Abs. 1 Satz 5 ZPO. Im Fall des Überganges ins streitige Verfahren sind die Kosten des vereinfachten Verfahrens als Teil der Kosten des streitigen Verfahrens zu behandeln. Für die Kostenentscheidung des streitigen Verfahrens gelten die §§ 91, 92 ZPO, im Falle eines Verbundverfahrens des Unterhalts als Folgesache gilt § 93 Abs. 1 und 2 ZPO; bei Vorliegen der Voraussetzungen ist auch § 93 d ZPO anzuwenden. I. d. R. entstehen nicht mehr Kosten als im normalen Unterhaltsprozess. Die durch das vereinfachte Verfahren entstandenen Gerichtskosten werden als Teil der Kosten des streitigen Verfahrens behandelt. Ist im vereinfachten Verfahren kein Unterhalt festgesetzt oder ein Teil anerkannt und festgesetzt worden, entstehen keine Gerichtskosten für das vereinfachte Verfahren.

VII. Rechtsmittel

7   Gegen die im streitigen Unterhaltsverfahren ergehende Entscheidung ist nach §§ 511 ff. ZPO die Berufung gegeben. Diese ist an das OLG zu richten (§ 119 GVG). Eine Revision findet nur statt, wenn das OLG sie zugelassen hat oder die Berufung als unzulässig verworfen worden ist (§§ 543 ZPO, 26 Nr. 9 EGZPO: keine Zulassung der Revision durch BGH bei Entscheidungen bis zum 31. Dezember 2009). Revisionsgericht ist der BGH. In Berufungs- und Revisionssachen besteht Anwaltszwang.

VIII. Neuregelung durch FamFG

8   § 255 FamFG entspricht dem bisherigen § 650 ZPO.

Sofortige Beschwerde **§ 652 ZPO**

§ 652 *Sofortige Beschwerde*

(1) Gegen den Festsetzungsbeschluss findet die sofortige Beschwerde statt.

(2) ¹ Mit der sofortigen Beschwerde können nur die in § 648 Abs. 1 bezeichneten Einwendungen, die Zulässigkeit von Einwendungen nach § 648 Abs. 2 sowie die Unrichtigkeit der Anfechtungsentscheidung oder Kostenfestsetzung, sofern sie nach allgemeinen Grundsätzen anfechtbar sind, geltend gemacht werden. ² Auf Einwendungen nach § 648 Abs. 2, die nicht erhoben waren, bevor der Festsetzungsbeschluss verfügt war, kann die sofortige Beschwerde nicht gestützt werden.

I. Allgemeines

Einziges Rechtsmittel gegen den nach § 649 ZPO sowie nach § 650 Satz 2 **1** ZPO erlassenen Festsetzungsbeschluss ist die sofortige Beschwerde. Ist der Festsetzungsbeschluss vom Rechtspfleger erlassen (§ 20 Ziff. 10 RpflG) ist dagegen die sofortige Beschwerde nach § 11 Abs. 1 RpflG gegeben. Der Rechtspfleger darf ihr abhelfen. Hat ausnahmsweise der Richter entschieden (§ 5 RpflG), gelten die §§ 567–573 ZPO unmittelbar. Das Recht zur Beschwerde gegen die Unterhaltsfestsetzung kann beiden Parteien – also auch dem Antragsteller – zustehen (BGH NJW 2008, 2708).

Die **sofortige Beschwerde**, für die **kein Anwaltszwang** gilt (§§ 78 Abs. 3, **2** 569 Abs. 3 ZPO) ist binnen einer Notfrist von zwei Wochen nach Zustellung beim Familiengericht oder beim OLG als zuständigem Beschwerdegericht einzulegen, entweder schriftlich oder zu Protokoll des Urkundsbeamten der Geschäftsstelle, nach § 129a ZPO eines jeden Amtsgerichts. Dann muss die sofortige Beschwerde aber innerhalb der Beschwerdefrist beim OLG eingehen (Zöller/Philippi Rn 1). Bei Fristversäumung kann unter den Voraussetzungen der §§ 233 ff. ZPO Wiedereinsetzung in den vorigen Stand bewilligt werden. Das gilt auch, sofern der Festsetzungsbeschluss nicht die nach § 649 Abs. 2 ZPO erforderliche Rechtsbehelfsbelehrung enthält oder diese unrichtig ist (Zöller/Philippi Rn 1a). Das OLG als Beschwerdegericht kann – wie der Rechtspfleger – die Vollziehung einstweilen aussetzen (§ 570 Abs. 3 ZPO). Die Rechtsbeschwerde gegen die Entscheidung des OLG ist nur zulässig, sofern dieses sie gem. § 574 Abs. 1 Nr. 2 ZPO zugelassen hat.

II. Zulässigkeit, Abs. 2

Die sofortige Beschwerde setzt eine **Beschwer** durch den Festsetzungsbe- **3** schluss voraus; bei einer Festsetzung des Unterhalts im beantragten Umfang gem. § 649 ZPO ist der Antragsteller nicht beschwert und damit auch nicht beschwerdebefugt (OLG Brandenburg FamRZ 2002, 1263). Die Beschwerde darf im Übrigen nur auf die in § 652 Abs. 2 ZPO genannten **Anfechtungsgründe** gestützt werden. Neben der Unzulässigkeit des vereinfachten Festsetzungsverfahrens (§ 648 Abs. 1 Satz 1 Nr. 1 ZPO), einer unrichtigen Berechnung des Unterhalts nach Zeitraum und Höhe (§ 648 Abs. 1 Satz 1 Nr. 2 und 3 ZPO) und einer Unrichtigkeit der Kostengrundentscheidung (§ 648 Abs. 1 Satz 2 ZPO) oder Kostenfestsetzung kann daher lediglich geltend gemacht werden, dass das Amtsgericht zulässig erhobene andere Einwendungen nach § 648 Abs. 2 ZPO zu Unrecht als unzulässig zurückgewiesen habe (BGH NJW 2008, 2708). Diese

Einschränkungen gelten für den Antragsgegner wie für den Antragsteller gleichermaßen (BGH NJW 2008, 2708; OLG Stuttgart NJW-RR 2000, 1103; OLG Zweibrücken NJWE-FER 2000, 216). Der Antragsteller kann daher seine Beschwerde auf Einwendungen zum Kostenpunkt und darauf stützen, dass der Unterhalt nach Zeitraum oder Höhe abweichend vom Antrag zu seinen Lasten unrichtig festgesetzt worden sei. Bei der Bindung an die in § 652 Abs. 2 ZPO genannten Anfechtungsgründe handelt es sich um eine besondere Zulässigkeitsvoraussetzung für das Rechtsmittel; wird die Beschwerde nicht auf diese Anfechtungsgründe gestützt, ist sie unzulässig (BGH NJW 2008, 2708); sie ist teilweise unzulässig, wenn der Festsetzungsbeschluss neben zulässigen Einwendungen mit anderen Gründen angegriffen wird.

4 Unbeachtlich ist der Einwand, die Parteien hätte eine abweichende Vereinbarung zum Unterhalt getroffen (OLG Naumburg NJWE-FER 2000, 96), weiter der Einwand, der Antragsgegner sei im Festsetzungsbeschluss mit einer unzutreffenden Anschrift aufgeführt (OLG Brandenburg FamRZ 2002, 1345). Unzulässig sind Einwendungen gegen die Aufnahme von Bedingungen und Befristungen in den Festsetzungsbeschluss (BGH NJW 2008, 2708). Zulässig ist der Einwand, ein dem Festsetzungsbeschluss zugrunde liegendes Anerkenntnis sei nicht abgegeben worden (OLG Brandenburg FamRZ 2007, 837; OLG Stuttgart FamRZ 2002, 329), weiter der Einwand des Antragsgegners, er habe kein Kind mit dem angegebenen Geburtsdatum (OLG Brandenburg FamRZ 2002, 1345). Zulässig ist auch der Einwand des Unterhaltsschuldners, dass Unterhalt in der Vergangenheit für Zeiten festgesetzt werden sei, in denen er mit dem Kind in einem Haushalt gelebt habe (KG FuR 2006, 132).

5 Die sofortige Beschwerde kann auf neuen Sachvortrag gestützt werden, soweit die in § 648 Abs. 1 ZPO geregelten Einwendungen gerügt werden, selbst wenn im Anhörungsverfahren keine solchen Einwendungen erhoben worden sind (Johannsen/Henrich/Voßkuhle Rn 6). Dagegen ist durch die zum 1. 1. 2002 in Kraft getretene Einführung des § 652 Abs. 2 Satz 2 ZPO nunmehr klargestellt, dass Einwendungen nach § 648 Abs. 2 ZPO schon in erster Instanz vorgebracht sein müssen. Auskunft und Belege zur Leistungsfähigkeit können nicht mit der sofortigen Beschwerde nachgereicht werden (OLG München FamRZ 2001, 1076). Auch der Erfüllungseinwand kann nicht erstmals in der Beschwerdeinstanz geltend gemacht werden (OLG Koblenz JAmt 2005, 100). Derart **verspätete Einwendungen** sind mit der Korrekturklage nach § 654 ZPO geltend zu machen. Mit der sofortigen Beschwerde können beide Parteien die Kostenentscheidung anfechten, soweit diese isoliert nach §§ 91a, 93, 269 ZPO anfechtbar ist. Wird nur die Unrichtigkeit der Kostenfestsetzung gerügt, gilt die Wertgrenze des § 567 Abs. 2 ZPO von 200 EUR. Wird dieser Wert nicht erreicht, ist statt der sofortigen Beschwerde Erinnerung nach § 11 RpflG einzulegen.

III. Begründetheit

6 Mit der sofortigen Beschwerde kann die Entscheidung des Rechtspflegers nur auf formelle Fehler überprüft werden. Weist der Rechtspfleger Einwendungen nach § 648 Abs. 1 ZPO zu Unrecht als unbegründet oder Einwendungen nach § 648 Abs. 2 ZPO zu Unrecht als unzulässig zurück, ist die sofortige Beschwerde begründet. Eine materielle Prüfung des Unterhaltsanspruchs kann mit der sofortigen Beschwerde nicht erreicht werden.

§ 653 ZPO

IV. Neureglung durch FamFG

§ 256 FamFG entspricht dem bisherigen § 652 Abs. 2 ZPO. 7

§ 653 *Unterhalt bei Vaterschaftsfeststellung*

(1) ¹ Wird auf Klage des Kindes die Vaterschaft festgestellt, so hat das Gericht auf Antrag den Beklagten zugleich zu verurteilen, dem Kind Unterhalt in Höhe des Mindestunterhalts und gemäß den Altersstufen nach § 1612 a Abs. 1 Satz 3 des Bürgerlichen Gesetzbuchs und unter Berücksichtigung der Leistungen nach § 1612 b oder § 1612 c des Bürgerlichen Gesetzbuchs zu zahlen. ² Das Kind kann einen geringeren Unterhalt verlangen. ³ Im Übrigen kann in diesem Verfahren eine Herabsetzung oder Erhöhung des Unterhalts nicht verlangt werden.

(2) Vor Rechtskraft des Urteils, das die Vaterschaft feststellt, wird die Verurteilung zur Leistung des Unterhalts nicht wirksam.

I. Normzweck

Die Vorschrift entspricht dem bis zum 30. 6. 1998 geltenden § 643 ZPO und 1 gibt dem Kind die Möglichkeit, im Verfahren nach § 640 Abs. 2 Nr. 1 ZPO auf positive Vaterschaftsfeststellung die Klage mit dem Antrag auf Festsetzung des Mindestunterhalts zu verbinden (§ 260 ZPO). Insoweit wird der Grundsatz durchbrochen, dass ein Statusprozess nicht mit einer Klage anderer Art verbunden werden darf (§ 640 c ZPO). Zweck der Regelung ist die frühzeitige Schaffung eines Unterhaltstitels. Der Antrag auf Verurteilung zum Unterhalt in Höhe des Mindestunterhalts kann noch bis zum Schluss der mündlichen Verhandlung in der Berufungsinstanz angebracht werden.

II. Verurteilung zur Zahlung des Mindestunterhalts, Abs. 1

Mit Feststellung der Vaterschaft oder nach Anerkennung der Vaterschaft im Pro- 2 zess (OLG Stuttgart NJW-RR 1995, 645) verurteilt das Familiengericht auf **Antrag des Kindes** den Kindesvater sogleich zur Zahlung von Unterhalt in Höhe des Mindestunterhalts unter Berücksichtigung der anrechenbaren Leistungen nach § 1612b oder § 1612 c BGB. Das Kind kann keinen höheren Betrag als den Mindestunterhalt verlangen, wohl aber einen geringeren Unterhalt (Abs. 1 Satz 2), wenn es davon ausgehen muss, dass der Unterhaltspflichtige den Mindestunterhalt nicht ohne Gefährdung des Selbstbehalts wird zahlen können. Damit wird vermieden, dass das Kind bei beschränkter Leistungsfähigkeit des Kindesvaters im Rahmen einer Korrekturklage nach § 654 ZPO kostenpflichtig unterliegt.

Im Übrigen kann nach Abs. 1 Satz 3 in diesem Verfahren eine Herabsetzung oder 3 Erhöhung des Unterhalts nicht verlangt werden. Da der Statusprozess nicht mit Einzelheiten von Unterhaltsfragen belastet werden soll, werden die konkreten Umstände bezüglich des Unterhalts im Verfahren nach § 653 ZPO nicht geklärt.

Im Verfahren nach § 653 ZPO sind deshalb nicht zu erörtern die Fragen der 4 Verjährung oder Verwirkung (OLG Brandenburg FamRZ 2005, 1843; OLG Karlsruhe NJW-RR 2002, 1085) oder der Einwand unbilliger Härte nach § 1613 Abs. 3 BGB. Ferner können auch fehlende Leistungsfähigkeit (BGH NJW-RR 2003, 433; OLG Bremen FamRZ 2000, 1164; OLG Brandenburg

FamRZ 2000, 1064; OLG Dresden FamRZ 2003, 161) sowie Erfüllung der Unterhaltsschuld (BGH NJW 2003, 1518) vom Kindesvater in diesem Verfahren nicht geltend gemacht werden. Auch Einwendungen gegen die materiellrechtliche Aktivlegitimation des Kindes, wenn rückständiger Unterhalt von einem Dritten gezahlt und die Forderung deshalb auf ihn übergegangen ist, sind nicht zulässig (OLG Naumburg FamRZ 2006, 1395; Zöller/Philippi Rn 4; a. A. zum alten Recht noch BGH NJW 1981, 393) Für all diese Einwendungen steht die Korrekturklage nach § 654 ZPO zur Verfügung.

III. Verfahrensgrundsätze

5   Das Verfahren bleibt auch nach Verbindung der Vaterschaftsfeststellungsklage mit dem Unterhaltsverfahren **Kindschaftssache i. S. des § 640 Abs. 1 ZPO**, und zwar auch dann, wenn die Vaterschaft im Prozess anerkannt wird und nur noch über den Unterhalt zu entscheiden ist (OLG Brandenburg NJW-RR 2003, 292). Dies wird sich durch das FamFG ändern (Rn 10).

6   Es gilt der **Amtsermittlungsgrundsatz** nach § 616 Abs. 1 ZPO. Ein Vergleich oder ein Anerkenntnis im Unterhaltsverfahren sind möglich (OLG Brandenburg FamRZ 2005, 1843; Zöller/Philippi Rn 5a; Johannsen/Henrich/Voßkuhle Rn 4). Die Zuständigkeitsvorschrift des § 640a ZPO gilt auch für den Nebenantrag auf Zahlung des Mindestunterhalts.

7   Bei Rücknahme der Statusklage entfällt die Grundlage für eine Verurteilung zur Zahlung des Mindestunterhalts. Deshalb ist, um eine Abweisung des Antrages als unzulässig zu vermeiden, der Antrag auf Verurteilung zur Zahlung des Mindestunterhalts zurückzunehmen. Gleiches gilt, wenn während des Prozesses ein anderer die Vaterschaft anerkennt. Erledigt sich der Kindschaftsprozess durch Tod des Mannes (§§ 640 Abs. 1, 619 ZPO) erledigt sich auch der Unterhaltsantrag. Wird danach die Vaterschaft im Verfahren der freiwilligen Gerichtsbarkeit durch ein Familiengericht festgestellt (§ 1600e Abs. 2 BGB) ist der Unterhalt mit selbständiger Klage gegen Ersatzhaftende isoliert durchzusetzen (Musielak/Borth Rn 4). Wird im Berufungsverfahren die Vaterschaftsfeststellung aufgehoben, entfällt auch die Verurteilung zum Mindestunterhalt.

IV. Entscheidung

8   Der Ausspruch über die Verpflichtung zur Zahlung des Mindestunterhalts erfolgt zusammen mit dem Urteil, in dem die Vaterschaft festgestellt wird. Die Verurteilung zum Unterhalt wird nicht wirksam, bevor nicht die Vaterschaft rechtskräftig festgestellt wird (Abs. 2). Vor diesem Zeitpunkt kann aus dem Urteil nicht vollstreckt werden. Das entspricht der materiell-rechtlichen Regelung des § 1600d Abs. 4 BGB. Deshalb ist im Urteil auszusprechen "Soweit der Beklagte zur Unterhaltszahlung verurteilt worden ist, ist das Urteil vom Tage der Rechtskraft der Vaterschaftsfeststellung an vorläufig vollstreckbar" (§ 708 Nr. 8 ZPO). Vorläufig vollstreckbar ist das Unterhaltsurteil auch, wenn der beklagte Mann die Vaterschaft im Prozess anerkennt (§ 641c ZPO), sich das Kindschaftsverfahren damit erledigt und nur noch über den Unterhalt zu entscheiden ist.

V. Rechtsmittel

9   Gegen das Urteil ist die Berufung zum OLG gegeben (§ 119 GVG). Selbst wenn nur der Unterhaltstitel angefochten wird, scheidet eine sofortige Be-

Abänderungsklage **§ 654 ZPO**

schwerde nach § 652 ZPO aus (Johannsen/Henrich/Voßkuhle Rn 10). Nach Rechtskraft steht die Abänderungsklage nach § 654 ZPO zur Verfügung, mit der sämtliche Einwendungen geltend gemacht werden können.

VI. Neuregelung nach FamFG

Das bislang in § 653 ZPO geregelte Verfahren über den Unterhalt bei Vater- 10
schaftsfeststellung erhält mit § 237 FamFG einen neuen Standort außerhalb der Vorschriften über das vereinfachte Verfahren. Es erfährt insoweit eine Veränderung, als es nicht mehr notwendigerweise Anhängsel eines auf Feststellung der Vaterschaft gerichteten Verfahrens ist, sondern als selbständiges Verfahren geführt wird. Dadurch wird die Unterhaltssache – auch im Falle ihrer Verbindung mit der Statussache (§ 179 Abs. 1 Satz 2 FamFG) – von den Verfahrensvorschriften des Statusverfahrens gelöst (BT-Drucks. 16/6308, S. 257). Der Antrag auf Verurteilung zur Zahlung des Mindestunterhalts ist nach § 237 Abs. 1 FamFG nur dann zulässig, wenn zugleich ein Verfahren auf Feststellung der Vaterschaft anhängig ist. Nach § 237 Abs. 2 FamFG ist das Gericht, bei dem die Statussache anhängig ist, für die Unterhaltssache ausschließlich zuständig. § 237 Abs. 3 FamFG entspricht dem bisherigen § 653 Abs. 1 ZPO. § 237 Abs. 4 FamFG entspricht dem bisherigen § 653 Abs. 2 ZPO, wobei jedoch zusätzlich das Kriterium des Wirksamwerdens der Anerkennung der Vaterschaft aufgenommen wurde. Diese steht in Bezug auf den Eintritt der Wirksamkeit der Unterhaltsverpflichtung der Rechtskraft einer Statusentscheidung gleich.

§ 654 *Abänderungsklage*

(1) Ist die Unterhaltsfestsetzung nach § 649 Abs. 1 oder § 653 Abs. 1 rechtskräftig, können die Parteien im Wege einer Klage auf Abänderung der Entscheidung verlangen, dass auf höheren Unterhalt oder auf Herabsetzung des Unterhalts erkannt wird.

(2) ¹Wird eine Klage auf Herabsetzung des Unterhalts nicht innerhalb eines Monats nach Rechtskraft der Unterhaltsfestsetzung erhoben, darf die Abänderung nur für die Zeit nach Erhebung der Klage erfolgen. ²Ist innerhalb dieser Frist ein Verfahren nach Absatz 1 anhängig geworden, so läuft die Frist für den Gegner nicht vor Beendigung dieses Verfahrens ab.

(3) Sind Klagen beider Parteien anhängig, so ordnet das Gericht die Verbindung zum Zweck gleichzeitiger Verhandlung und Entscheidung an.

I. Normzweck

Die Vorschrift ermöglicht eine Abänderung von Festsetzungsbeschlüssen 1
(§ 649 ZPO) und nach h. M. auch Teilfestsetzungsbeschlüssen (§ 650 Satz 2 ZPO) sowie von Unterhaltsentscheidungen im Kindschaftsprozess (§ 653 ZPO) sowie die Anpassung an die individuellen Verhältnisse. Die Korrekturklage ist Erstklage, die nicht den Einschränkungen des § 323 ZPO unterliegt. Es ist deshalb weder erforderlich, dass seit der Festsetzung im vereinfachten Verfahren oder seit der letzten mündlichen Verhandlung im Kindschaftsprozess eine wesentliche oder nachträgliche Veränderung der Verhältnisse eingetreten ist (BGH NJW-RR 2003, 433; OLG Hamm FamRZ 2004, 1588) noch sind die Parteien

mit solchen Tatsachen präkludiert, die sie bereits im vereinfachten Verfahren hätten geltend machen können (OLG Koblenz FamRZ 2001, 1080). Ziel der Klage kann eine Erhöhung oder Herabsetzung des Unterhalts sein mit Einwendungen, die im vereinfachten Verfahren nach § 648 ZPO oder § 653 ZPO ausgeschlossen waren.

II. Anwendungsbereich

2   Die Vorschrift ist nur anzuwenden, wenn die Unterhaltsfestsetzung nach §§ 649, 650 Satz 2 ZPO oder § 653 ZPO rechtskräftig geworden ist i. S. einer formellen Rechtskraft (Thomas/Putzo/Hüßtege Rn 2). Insoweit besteht grundsätzlich ein Vorrang des Abänderungsverfahrens nach § 654 ZPO gegenüber § 323 ZPO (OLG Karlsruhe FamRZ 2003, 1672; Wendl/Schmitz § 10 Rn 352). Eine analoge Anwendung des § 654 ZPO auf Vergleiche oder Jugendamtsurkunden scheidet aus. Bei Abschluss eines Vergleichs über Kindesunterhalt in Höhe eines Prozentsatzes der Regelbeträge oder des Mindestunterhalts ist für beide Parteien nur die Abänderungsklage nach § 323 ZPO gegeben, weil die individuellen Verhältnisse bei Vergleichsschluss berücksichtigt werden konnten (BGH NJW-RR 2003, 433). Bei Anerkennung der Vaterschaft und Verpflichtung zum Unterhalt in Höhe des Mindestunterhalts in einer ohne Mitwirkung des Kindes errichteten vollstreckbaren Urkunde ist der Kindesvater ohne die Möglichkeit einer Korrekturklage an das Anerkenntnis gebunden (BGH NJW-RR 2003, 433; OLG Stuttgart FamRZ 2001, 767). Das Kind seinerseits benötigt keine Korrekturklage, weil es an die ohne seine Mitwirkung errichtete Urkunde nicht gebunden ist (vgl. BGH NJW 2003, 3770). Eine **unzulässige Korrekturklage** kann ggf. in eine Abänderungsklage umgedeutet werden.

III. Beschränkungen nach Abs. 2

3   Die Erhebung der Heraufsetzungskorrekturklage ist nicht an eine Frist gebunden. Allerdings ist bei geltend gemachter rückwirkender Erhöhung § 1613 BGB zu beachten. Eine rückwirkende Herabsetzung ist nur möglich, wenn die Klage innerhalb eines Monats nach Rechtskraft des Ersttitels (Abs. 2 Satz 1) erhoben wird. Zur Wahrung der Frist reicht es gemäß § 167 ZPO aus, dass die innerhalb der Monatsfrist bei Gericht eingegangene Klage „demnächst" zugestellt wird (OLG Brandenburg FamRZ 2007, 2085). Verzögert sich die Zustellung durch ein PKH-Verfahren, ist sie „demnächst" erfolgt, wenn innerhalb der Klagefrist ein PKH-Gesuch mit einer vollständig ausgefüllten Erklärung über die persönlichen und wirtschaftlichen Verhältnisse eingereicht wird. Obwohl es sich nicht um eine Notfrist handelt, ist eine Wiedereinsetzung zulässig (str. Zöller/Philippi Rn 4 m. w. N.). Bei Versäumung der Frist und nicht gegebener Wiedereinsetzungsmöglichkeit ist eine Abänderung erst ab Zustellung der Korrekturklage möglich. Ist innerhalb der Frist nach Abs. 2 Satz 1 eine Korrekturklage nach Abs. 1 anhängig geworden, läuft die Frist für den Gegner nicht vor (rechtskräftiger) Beendigung des Klageverfahrens (Abs. 2 Satz 2), d. h. bis zu diesem Zeitpunkt kann einem Verlangen auf Heraufsetzung mit einer Herabsetzungskorrekturklage begegnet werden.

Abänderung des Titels § 655 ZPO

IV. Verfahren

Zuständig ist das FamG. Die örtliche Zuständigkeit richtet sich nach § 642 ZPO. Es besteht kein Anwaltszwang. Das Verfahren ist eine normale Unterhaltssache, es gelten die allgemeinen Verfahrensregeln (§§ 621 e, 621 d ZPO) einschließlich der Besonderheiten der §§ 643, 644 ZPO. Das Gericht kann die Vollstreckung analog § 719 ZPO aussetzen. Bei Abhängigkeit einer Klage auf Herabsetzung und einer Klage auf Heraufsetzung sind zwingend beide Klagen miteinander zu verbinden (Abs. 3), um eine einheitliche Entscheidung sicherzustellen (§ 147 ZPO). Das Urteil ist mit der Berufung zum OLG anfechtbar. 4

V. Neuregelung nach FamFG

§ 240 Abs. 1 FamFG entspricht inhaltlich dem bisherigen § 654 Abs. 1 ZPO mit der Einschränkung, dass ein streitiges Verfahren nach § 255 FamFG vorgeht. § 240 Abs. 2 Satz 1 und 2 FamFG entsprechen inhaltlich dem bisherigen § 654 Abs. 2 ZPO. Die Möglichkeiten zur rückwirkenden Herabsetzung des im vereinfachten Verfahren oder im Zusammenhang mit einer Vaterschaftsfeststellung festgesetzten Unterhalts werden gegenüber dem bisherigen Rechtszustand erweitert: Nach § 240 Abs. 2 Satz 3 FamFG ist der nach Ablauf der Monatsfrist gestellte Antrag auf Herabsetzung des Unterhalts auch zulässig für die Zeit ab dem Ersten des auf ein entsprechendes Auskunfts- oder Verzichtsverlangen des Antragstellers folgenden Monats. Für eine mehr als ein Jahr vor Anbringung des Herabsetzungsantrages zurückliegende Zeit kann eine Herabsetzung allerdings auch aufgrund einer solchen negativen Mahnung nicht verlangt werden (§§ 240 Abs. 2 Satz 4, 238 Abs. 3 Satz 4 FamFG). 5

§ 655 Abänderung des Titels bei wiederkehrenden Unterhaltsleistungen

(1) Auf wiederkehrende Unterhaltsleistungen gerichtete Vollstreckungstitel, in denen ein Betrag der nach den §§ 1612 b, 1612 c des Bürgerlichen Gesetzbuchs anzurechnenden Leistungen festgelegt ist, können auf Antrag im vereinfachten Verfahren durch Beschluss abgeändert werden, wenn sich ein für die Berechnung dieses Betrags maßgebender Umstand ändert.

(2) ¹Dem Antrag ist eine Ausfertigung des abzuändernden Titels, bei Urteilen des in vollständiger Form abgefassten Urteils, beizufügen. ²Ist ein Urteil in abgekürzter Form abgefasst, so genügt es, wenn außer der Ausfertigung eine von dem Urkundsbeamten der Geschäftsstelle des Prozessgerichts beglaubigte Abschrift der Klageschrift beigefügt wird. ³Der Vorlage des abzuändernden Titels bedarf es nicht, wenn dieser von dem angerufenen Gericht auf maschinellem Weg erstellt worden ist; das Gericht kann dem Antragsteller die Vorlage des Titels aufgeben.

(3) ¹Der Antragsgegner kann nur Einwendungen gegen die Zulässigkeit des vereinfachten Verfahrens, gegen den Zeitpunkt der Abänderung oder gegen die Berechnung des Betrags der nach den §§ 1612 b, 1612 c des Bürgerlichen Gesetzbuchs anzurechnenden Leistungen geltend machen. ²Ferner kann er, wenn er sich sofort zur Erfüllung des Anspruchs verpflichtet, hinsichtlich der Verfahrenskosten geltend machen, dass er keinen Anlass zur Stellung des Antrags gegeben hat (§ 93).

(4) Ist eine Abänderungsklage anhängig, so kann das Gericht das Verfahren bis zur Erledigung der Abänderungsklage aussetzen.

ZPO § 655 4. Teil. Prozessrecht

(5) ¹ Gegen den Beschluss findet die sofortige Beschwerde statt. ² Mit der sofortigen Beschwerde können nur die in Absatz 3 bezeichneten Einwendungen sowie die Unrichtigkeit der Kostenfestsetzung geltend gemacht werden.
(6) Im Übrigen sind auch das Verfahren § 323 Abs. 2, § 646 Abs. 1 Nr. 1 bis 5 und 7, Abs. 2 und 3, die §§ 647 und 648 Abs. 3 und § 649 entsprechend anzuwenden.

I. Normzweck und Anwendungsbereich

1   Die Vorschrift sieht ein vereinfachtes Abänderungsverfahren für alle vollstreckbaren Unterhaltstitel minderjähriger Kinder vor, wenn sich die Grundlagen für die Berechnung anzurechnender Leistungen nach §§ 1612b und 1612c BGB maßgeblich geändert haben. Das Verfahren nach § 655 ZPO hat wegen § 323 Abs. 5 ZPO grundsätzlich **Vorrang** vor dem nach § 323 ZPO (OLG Hamm FamRZ 2002, 1051; OLG Nürnberg FamRZ 2002, 1265). Dazu zählen Urteile, Unterhaltsfestsetzungsbeschlüsse, vollstreckbare Urkunden und Vergleiche, auch soweit die Titel vor dem 1. 7. 1998 errichtet worden sind. Mit der Regelung des § 655 ZPO wird vermieden, dass z. B. bei der Änderung des Kindergeldes das aufwändige Abänderungsverfahren nach § 323 ZPO durchgeführt werden muss. Soweit daneben oder allein andere Gründe als in § 655 ZPO geltend gemacht werden, muss Klage nach § 323 ZPO oder § 654 ZPO erhoben werden (Thomas/Putzo/Hüßtege Rn 2).

2   Alle Arten von Änderungen, die nicht wesentlich i. S. des § 323 Abs. 1 ZPO sein müssen, können einen Antrag nach § 655 ZPO begründen, d. h. Erhöhungen oder eine Verringerung der kindbezogenen Leistungen oder des Kindergeldes, eine durch Wegfall eines Kindes eintretende Veränderung, einschließlich auch einer Änderung in der Bezugsberechtigung oder in der Barunterhaltspflicht (MünchKommZPO/Coester-Waltjen Rn 5).

II. Antrag, Abs. 1 und 2

3   Das Abänderungsverfahren findet auf Antrag entweder des Unterhaltsverpflichteten oder des Unterhaltsberechtigten statt. Der Antrag kann schriftlich (OLG Düsseldorf NJW-RR 2002, 437: Der verfahrenseinleitende Antrag muss unterschrieben sein) oder mündlich zu Protokoll der Geschäftsstelle (§ 657 ZPO) gestellt werden. Ein Vordruck ist insoweit bisher nicht eingeführt. Zuständig zur Entscheidung ist das nach § 642 ZPO zuständige Familiengericht und damit funktionell der Rechtspfleger (§ 20 Nr. 10 RpflG). Es besteht kein Anwaltszwang, selbst wenn der abzuändernde Titel nach § 623 Abs. 1 ZPO im Verbund ergangen ist (Musielak/Borth Rn 2). Bei der Gewährung von PKH ist i. d. R. ein Rechtsanwalt beizuordnen (OLG München FamRZ 2002, 837; OLG Nürnberg NJWE-FER 2001, 242). Der Antrag muss die Bezeichnung der Parteien, ihrer gesetzlichen Vertreter und der Prozessbevollmächtigten, die Bezeichnung des angerufenen Gerichts und das Geburtsdatum des Kindes (§ 655 Abs. 6 i. V. m. § 646 Abs. 1 Nr. 1–3 ZPO), den Zeitpunkt, ab wann Änderung begehrt wird, enthalten. Soweit eine Erhöhung begehrt wird, weil der anzurechnende Betrag gesenkt wird, sind die Voraussetzungen des § 1613 Abs. 1 oder 2 Nr. 2 BGB darzulegen. Nach Abs. 6 i. V. m. § 646 Abs. 1 Nr. 7 ZPO sind Angaben zum

Abänderung des Titels **§ 655 ZPO**

Kindergeld oder anderen anzurechnenden Leistungen zu machen. Dem Antrag ist eine Ausfertigung des abzuändernden Titels beizufügen, bei Urteilen das vollständig abgefasste gem. § 313 ZPO, bei abgekürzten Urteilen (§ 313a ZPO) genügt außer der Ausfertigung eine vom Urkundsbeamten des Prozessgerichts beglaubigte Abschrift der Klageschrift (OLG Köln NJWE-FER 2001, 108). Die Vorlage des Titels ist entbehrlich, wenn dieser von dem angerufenen Gericht auf maschinellem Wege (§ 658 ZPO) erstellt wurde (Abs. 2 Satz 3, 1. Hs.); es steht im Ermessen des Gerichts, gleichwohl die Vorlage des Titels anzuordnen (Abs. 2 Satz 3, 2. Hs.), z.B. bei Fehlen eigener Unterlagen oder Unstimmigkeiten (Thomas/Putzo/Hüßtege Rn 6).

Der Rechtspfleger prüft von Amts wegen, ob das vereinfachte Verfahren zulässig ist. Hat er Bedenken, hat er dies dem Antragsteller mitzuteilen und Gelegenheit zur Stellungnahme zu geben, ohne allerdings den Antragsgegner anzuhören. Hält er nach Stellungnahme des Antragstellers den Antrag für unzulässig, weist er ihn durch Beschluss zurück (Abs. 6 i.V.m. § 646 Abs. 2 Satz 1 ZPO). Das ist der Fall, wenn die allgemeinen Prozessvoraussetzungen fehlen, der Antrag und der beigefügte Titel nicht Abs. 1 und 2 entsprechen oder wenn die Voraussetzungen der §§ 655 ZPO, 1612a–c BGB nicht erfüllt sind. Der Zurückweisungsbeschluss ist zu begründen und zuzustellen, § 329 Abs. 2 Satz 2 ZPO (str. Thomas/Putzo/Hüßtege Rn 11). Gegen den zurückweisenden Beschluss ist die befristete Erinnerung nach § 11 Abs. 2 RpflG – Zweiwochenfrist – gegeben. Sofern der Rechtspfleger nicht abhilft, legt er die Sache dem Richter vor. Hilft dieser nicht ab, ist der Beschluss unanfechtbar, Abs. 6 i.V.m. § 646 Abs. 2 Satz 3 ZPO. **4**

Sieht der Rechtspfleger den Antrag als zulässig an, ist entweder der Antrag oder eine Mitteilung über den Antragsinhalt zuzustellen (Abs. 6 i.V.m. § 647 Abs. 1 ZPO). Der Antragsgegner ist darauf hinzuweisen, ab wann und in welcher Höhe die anzurechnenden Beträge verändert werden sollen (Abs. 6 i.V.m. § 647 Abs. 1 Satz 2 Nr. 1c ZPO), dass ein Festsetzungsbeschluss in der beantragten Form ergehen kann, wenn der Antragsgegner nicht innerhalb eines Monats Einwendungen in der vorgeschriebenen Form erhebt, welche Einwendungen erhoben werden können und dass bei Einführung von Vordrucken diese benutzt werden müssen. Weiter notwendig ist der Hinweis, dass sich der Antragsgegner unter Protest gegen die Kostenlast zur sofortigen Erfüllung des Unterhaltsanspruches verpflichten kann, wenn er keine Veranlassung zur Stellung des Abänderungsantrages gegeben hat. **5**

III. Beschränkung der Einwendungen, Abs. 3

Der Antragsgegner kann nur die in Abs. 3 genannten Einwendungen, die weitgehend dem § 648 ZPO entsprechen, erheben (Satz 1). Er kann nur geltend machen **Einwendungen gegen die Zulässigkeit des vereinfachten Verfahrens,** nämlich den Anwendungsbereich, die Voraussetzungen und die Erfüllung der Antragserfordernisse, gegen den Zeitpunkt der Änderung – z.B. fehlende Mahnung –, gegen die Höhe und gegen die Anrechnung des Kindergeldes oder anderer anrechenbarer Leistungen sowie hinsichtlich der Verfahrenskosten, das kein Anlass zur Stellung des Abänderungsantrages gegeben worden sei (§ 93 ZPO), sofern er sich zur sofortigen Erfüllung des geänderten Unterhaltsanspruches verpflichtet. **Andere Einwendungen** wie der Einwand der fehlenden oder höheren Leistungsfähigkeit (§ 1603 BGB) können nur mit einer **Klage nach** **6**

ZPO § 655

§ 656 ZPO durchgesetzt werden (MünchKommZPO/Coester-Waltjen Rn 11), nachdem zunächst ein Abänderungsbeschluss ergangen ist. Die Einwendungen sind binnen eines Monats bzw. innerhalb der bei Auslandszustellung besonders bestimmten Frist geltend zu machen. Spätere Einwendungen sind zu berücksichtigen, sofern der Festsetzungsbeschluss noch nicht verfasst ist (Abs. 6 i. V. m. § 648 Abs. 3 ZPO). Sofern Einwendungen bereits bei Erlangung des Titels hätten geltend gemacht werden können, sind sie im Verfahren nach § 656 ZPO präkludiert (Abs. 6 i. V. m. § 323 Abs. 2 ZPO).

IV. Aussetzung, Abs. 4

7   Ist das vereinfachte Verfahren nach § 655 ZPO gleichzeitig mit einer Abänderungsklage nach § 654 oder § 323 ZPO anhängig, kann es nach Anhörung der Parteien ausgesetzt werden, ohne dass es eines Antrages bedarf. Unerheblich ist, welches Verfahren als erstes anhängig gemacht worden ist. Die Aussetzung ist angezeigt, wenn derselbe veränderte Umstand im anhängigen Klageverfahren berücksichtigt werden kann (Thomas/Putzo/Hüßtege Rn 9). Das ist z. B. der Fall, wenn ein vereinfachtes Verfahren auf Herabsetzung des anzurechnenden Betrages zusammentrifft mit einer Klage des Unterhaltsverpflichteten auf Herabsetzung des geschuldeten Unterhalts. Bietet die Abänderungsklage keine hinreichende Erfolgsaussicht, kann von einer Aussetzung abgesehen werden. Gegen die Aussetzung und deren Ablehnung findet die sofortige Beschwerde statt. Entscheidet das Familiengericht nach Anhängigkeit einer Abänderungsklage im vereinfachten Verfahren in der Sache, ohne auf einen gestellten Aussetzungsantrag einzugehen, stellt dies einen wesentlichen Verfahrensfehler dar (KG FamRZ 2002, 330).

V. Aufnahme des ausgesetzten Verfahrens

8   Ist das Abänderungsverfahren beendet und darin nicht über die Frage der Anrechnung entschieden, ist das ausgesetzte Verfahren analog § 250 ZPO wieder aufzunehmen. Das ist der Fall bei einer Rücknahme der Klage oder Abweisung als unzulässig. Bei Abweisung der Klage wegen nicht wesentlich abweichenden Unterhalts, der im vereinfachten Verfahren (§ 655 ZPO) zu erreichen wäre (§ 323 Abs. 5 ZPO) ist das ausgesetzte Verfahren fortzusetzen, ebenso bei Abweisung einer Klage, wenn der individuell angemessene Unterhalt nicht wesentlich über dem bisher titulierten Unterhalt liegt. Das vereinfachte Verfahren ist für erledigt zu erklären, wenn einer Erhöhungsklage eines Unterhaltsberechtigten teilweise oder vollständig gegeben wurde.

VI. Weiteres Verfahren

9   Erhebt der Antragsgegner innerhalb der Monatsfrist keine oder unzulässige Einwendungen, kann ein **Festsetzungsbeschluss** in der geänderten Form ergehen (§ 655 Abs. 6 i. V. m. § 649 ZPO). Dies ist ein vollstreckbarer Titel i. S. des § 794 Abs. 1 Nr. 2a ZPO, der zuzustellen ist (§ 329 Abs. 2 Satz 2 ZPO). Wird dem Abänderungsantrag ganz oder teilweise stattgegeben, ist für den Beschlussinhalt der abzuändernde Titel maßgeblich. War darin ein bezifferter Unter-

Klage gegen Abänderungsbeschluss **§ 656 ZPO**

halt unter Anrechnung des Kindergeldes zuerkannt, ist auch im Änderungsbeschluss ein entsprechender Titel zu schaffen, der sich nur durch die Anrechnung eines anderen Betrages des Kindergeldes unterscheidet (Thomas/Putzo/Hüßtege Rn 16; Zöller/Philippi Rn 20). Unzulässig ist es, einen bezifferten Titel im Verfahren nach § 655 ZPO in einen solchen auf einen Prozentsatz des Mindestunterhalts umzuwandeln (OLG Stuttgart FamRZ 2002, 549; OLG Bamberg FamRZ 2002, 553). Liegt dem zu ändernden Titel noch ein Prozentsatz des Regelbetrages der bis zum 31. Dezember 2007 gültigen Regelbetragsverordnung zugrunde, bedarf es vor der Korrektur nach § 655 ZPO zunächst einer Umrechnung nach § 36 Nr. 3 EGZPO in den Prozentsatz des Mindestunterhalts; erst im Anschluss daran sind Änderung beim Kindergeld oder anderer kindbezogener Leistungen nach §§ 1612b, 1612c BGB zu berücksichtigen (Wendl/Schmitz § 10 Rn 355).

VII. Rechtsmittel, Abs. 5

Gegen den Abänderungsbeschluss des Rechtspflegers ist das Rechtsmittel der **sofortigen Beschwerde** nach Maßgabe des § 11 RpflG gegeben, mit der nur die in Abs. 3 bezeichneten Einwendungen erhoben werden können. Außerdem kann die Unrichtigkeit der Kostenentscheidung gerügt werden. Insoweit gilt § 567 Abs. 2 Satz 1 ZPO. Im Übrigen gelten die Voraussetzungen des § 652 ZPO entsprechend. Rechtspfleger und Beschwerdegericht können die Vollziehung einstweilen aussetzen (§§ 570 Abs. 3 ZPO, 11 Abs. 4 RpflG). Wird der Antrag nach § 655 ZPO ganz oder teilweise zurückgewiesen, findet die befristete Erinnerung statt (OLG Zweibrücken FamRZ 2004, 1796; Zöller/Philippi § 655 Rn 22). 10

VIII. Neuregelung nach FamFG

Der Regelungsgehalt der bisherigen §§ 655-656 ZPO wird in die Reform des Verfahrens in Familiensachen nicht mehr übernommen. Das praktische Bedürfnis nach diesen Sondervorschriften zur Titelanpassung bei Kindergeldänderung ist stark gesunken, weil die Anordnung der Kindergeldverrechnung bei der Tenorierung zunehmend in dynamisierter Form erfolgt. Gegen die Übernahme sprach darüber hinaus die Komplexität der bisherigen Abänderungsmöglichkeiten, zumal dem Unterhaltspflichtigen in den verbleibenden Anwendungsfällen zuzumuten sein wird, die Auswirkungen einer Kindergelderhöhung auf den Zahlbetrag des Unterhalts erst bei Überschreiten der Wesentlichkeitsschwelle im Wege eines regulären Abänderungsverfahrens geltend zu machen (BT-Drucks. 16/6308, S. 261). 11

§ 656 *Klage gegen Abänderungsbeschluss*

(1) Führt die Abänderung des Schuldtitels nach Abs. 655 zu einem Unterhaltsbetrag, der wesentlich von dem Betrag abweicht, der der Entwicklung der besonderen Verhältnisse der Parteien Rechnung trägt, so kann jede Partei im Wege der Klage eine entsprechende Änderung des ergangenen Beschlusses verlangen.

(2) [1] Die Klage ist nur zulässig, wenn sie innerhalb eines Monats zu Zustellung des Beschlusses erhoben wird. [2] § 654 Abs. 2 Satz 2 und Abs. 3 gilt entsprechend.

ZPO § 656

(3) Die Kosten des vereinfachten Verfahrens werden als Teil der Kosten des Rechtsstreits über die Abänderungsklage behandelt.

I. Normzweck

1   Die Vorschrift ermöglicht angesichts der an enge Voraussetzungen geknüpften Abänderungsmöglichkeiten eines Titels im vereinfachten Abänderungsverfahren (§ 655 ZPO) im Wege der Änderungskorrekturklage eine Überprüfung der Unterhaltshöhe und damit eine rückwirkende Abänderung des im vereinfachten Verfahren ergangenen Beschlusses zur Anpassung an die individuellen Gegebenheiten. Sie ermöglicht Einwendungen, die im vereinfachten Verfahren nicht zugelassen wurden. Die allgemeine Abänderungsklage nach § 323 ZPO bleibt für die Zukunft zulässig, soweit sie nicht auf Gründe nach § 656 ZPO gestützt wird (str., Musielak/Borth Rn 1; Thomas/Putzo/Hüßtege Rn 2).

II. Anwendungsbereich

2   Voraussetzung ist ein Titel, der nach § 655 ZPO ergangen ist, ohne dass dieser rechtskräftig sein müsste. Die im Beschluss erfolgte pauschale Unterhaltsfestsetzung muss wesentlich von dem Betrag abweichen, den die individuellen Verhältnisse der Parteien seit der ursprünglichen oder letzten Festsetzung im Vergleich zu den allgemeinen wirtschaftlichen Verhältnissen ergeben würden (Graba NJW 2001, 249, 257). **Änderungsmaßstab** muss also die Neufestlegung des Anrechnungsbetrages nach §§ 1612b, 1612c BGB sein. Der Begriff der „wesentlichen Abweichung" entspricht dem in § 323 ZPO. **Wesentliche Änderungsgründe** – die vom Kläger darzulegen und zu beweisen sind – liegen vor bei einer Veränderung der Leistungsfähigkeit durch niedrigere eigene Einkünfte, durch Verrechnung des Kindergeldes nach § 1612b Abs. 5 BGB sowie bei eigenen Einkünften des Kindes (§ 1602 Abs. 1, 2 BGB). Das unterhaltsberechtigte Kind kann geltend machen, dass der Bedarf höher ist oder sich die Leistungsfähigkeit des Kindesvaters verbessert hat. Im Übrigen können die Parteien die Abänderungsklage ohne die in § 323 Abs. 2, 3 ZPO enthaltenen Beschränkungen erheben (Zöller/Philippi Rn 6). Einwendungen gegen formelle Mängel des vereinfachten Verfahrens können nicht mit der Klage, sondern nur mit der sofortigen Beschwerde nach § 655 Abs. 5 ZPO geltend gemacht werden.

III. Zulässigkeit der Klage, Abs. 2

3   Die Abänderungsklage ist zulässig, wenn sie innerhalb eines Monats nach Zustellung des letzten im vereinfachten Verfahren ergangenen Beschlusses erhoben wird. Wird gegen den Abänderungsbeschluss sofortige Beschwerde erhoben, beginnt die Klagefrist mit Zustellung der Beschwerdeentscheidung. Hat eine Partei fristgerecht Klage erhoben, läuft die Klagefrist für die andere Partei nicht vor Beendigung dieses Verfahrens ab, Abs. 2 i. V. m. § 654 Abs. 2 Satz 2 ZPO. Bei rechtzeitiger Erhebung einer Widerklage bleibt diese auch bei Rücknahme oder Erledigung der Klage wirksam. Die **Klagefrist** gilt nicht – auch nicht analog – für die allgemeine Abänderungsklage nach § 323 Abs. 5 ZPO, mit der eine Abänderung eines Beschlusses nach § 655 ZPO begehrt wird (Zöller/Philippi

Besondere Verfahrensvorschriften **§ 657 ZPO**

Rn 5). Nach Abs. 2 Satz 2 wird die Frist zur Erhebung der Abänderungsklage analog § 654 Abs. 2 Satz 2 ZPO verlängert, wenn ein Feststellungsverfahren des Antragstellers anhängig ist. Auch kann eine Verbindung mit einer anderen Abänderungs- oder Anpassungsklage erfolgen.

IV. Verfahren

Sachlich zuständig ist das Familiengericht, die örtliche Zuständigkeit ergibt 4
sich aus § 642 ZPO. Bei Umzug des Kindes nach Einleitung des vereinfachten Verfahrens kann so für die Klage nach § 656 ZPO ein anderes Gericht als für das vorangegangene vereinfachte Verfahren zuständig sein. Es besteht kein Anwaltszwang. Die Zwangsvollstreckung aus dem Änderungsbeschluss kann analog § 769 ZPO eingestellt werden (MünchKommZPO/Coester-Waltjen Rn 7). Das Urteil auf Abänderung des Beschlusses wirkt auf den Zeitpunkt zurück, zu dem der Abänderungsbeschluss wirksam werden sollte. Zulässig ist es, die Unzulässigkeit des vereinfachten Verfahrens mit der Beschwerde nach § 655 Abs. 5 ZPO und z. B. mangelnder Leistungsfähigkeit durch Klage nach § 656 ZPO gleichzeitig und nebeneinander geltend zu machen.

V. Kosten, Abs. 3

Über die Kosten ist nach §§ 91 ff. ZPO zu verfahren. Die Kosten des verein- 5
fachten Verfahrens werden als Kosten des Rechtsstreits über die Abänderungsklage behandelt. An die Stelle des Kostenausspruchs im vereinfachten Verfahren nach § 655 ZPO tritt die Kostenentscheidung im Urteil. Nicht erfasst werden die Kosten eines Erinnerungs- und Beschwerdeverfahrens nach § 655 Abs. 5 ZPO (Musielak/Borth Rn 3). Die Anwaltsgebühren im vereinfachten Verfahren sind auf die Prozessgebühr anzurechnen. Es entsteht eine dreifache Verfahrensgebühr. Der Streitwert richtet sich nach § 42 Abs. 1, 5 GKG. nebeneinander geltend zu machen.

V. Neuregelung nach FamFG

Der Regelungsgehalt von §§ 655-656 ZPO wird nicht mehr in das FamFG 6
übernommen (§ 655 Rn 11).

§ 657 *Besondere Verfahrensvorschriften*

¹In vereinfachten Verfahren können die Anträge und Erklärungen vor dem Urkundsbeamten der Geschäftsstelle abgegeben werden. ²Soweit Formulare eingeführt sind, werden diese ausgefüllt; der Urkundsbeamte vermerkt unter Angabe des Gerichts und des Datums, dass er den Antrag oder die Erklärung aufgenommen hat.

Im vereinfachten Verfahren können alle Anträge und Erklärungen durch 1
Schriftsatz oder zu Protokoll gegenüber dem Urkundsbeamten der Geschäftsstelle (Satz 1) abgegeben werden. Das gilt für alle Verfahren nach §§ 645 ff. ZPO, für den Antrag nach § 651 Abs. 2 ZPO, für solche zur Änderung des auf den Unterhalt anzurechnenden Kindergeldes (§ 655 ZPO) und auch für das Beschwerdeverfahren (§§ 652 Abs. 1, 655 Abs. 1 Satz 1 ZPO), für das kein Anwaltszwang

besteht. Nicht anwendbar ist die Vorschrift auf Abänderungsklagen (§§ 654, 656 ZPO) und das streitige Verfahren nach § 652 Abs. 2 ZPO. Besteht nach § 659 Abs. 2 ZPO Vordruckzwang, können die Anträge und Erklärungen nur durch Ausfüllen der eingeführten Vordrucke eingereicht werden. Der Urkundsbeamte füllt die Vordrucke aus und vermerkt nach Unterschrift des Antragstellers unter Angabe des Datums und des Gerichts, dass er den Antrag bzw. die Erklärung aufgenommen hat (Satz 2). Dieser Vermerk ersetzt das herkömmliche Protokoll und beweist, dass die Erklärung vor ihm abgegeben worden ist (§ 415 ZPO). An diese Form ist auch der Urkundsbeamte eines anderen Gerichts gebunden, § 129a Abs. 1 ZPO. Die bei einem anderen Amtsgericht abgegebene Erklärung wird erst nach Eingang des Protokolls beim zuständigen Gericht wirksam, § 129a Abs. 2 ZPO. Soweit einheitliche Vordrucke nicht eingeführt sind, hat der Urkundsbeamte die Anträge und Erklärungen zu Protokoll zu nehmen.

2 § 257 FamFG entspricht dem bisherigen § 657 ZPO

§ 658 *Sonderregelungen für maschinelle Bearbeitung*

(1) ¹In vereinfachten Verfahren ist eine maschinelle Bearbeitung zulässig. ²§ 690 Abs. 3 gilt entsprechend.

*(2) **Bei maschineller Bearbeitung werden Beschlüsse, Verfügungen und Ausfertigungen mit dem Gerichtssiegel versehen; einer Unterschrift bedarf es nicht.***

I. Maschinelle Bearbeitung

1 Die Vorschrift gilt für vereinfachte Verfahren zur Unterhaltsfestsetzung (§§ 645 ff. ZPO) und solche zur Änderung des Kindergeldanteils, der auf den Unterhalt anzurechnen ist (§ 655 ZPO) und entspricht § 689 Abs. 1 Satz 2 ZPO. Sofern das maschinelle Verfahren eingeführt ist – dies steht den Landesjustizverwaltungen frei – kann der Antrag auf Unterhaltsfestsetzung in vereinfachten Verfahren in einer nur maschinell lesbaren Form übermittelt werden. Der Rechtspfleger kann im Einzelfall gleichwohl eine außermaschinelle Entscheidung treffen.

II. Einzelheiten

2 Bei maschineller Bearbeitung können Anträge durch Datenträger (Magnetband oder Diskette) übermittelt werden (Abs. 1 Satz 2). Möglich ist auch die datenträgerlose Übermittlung (Datenfernübertragung) der Antragsdaten. Eine Übergabe an das Gericht in körperlich gegenständlicher Form ist nicht notwendig. Voraussetzung ist, dass die Art der Aufzeichnung auf die EDV-Anlage des Gerichts abgestimmt ist (§ 691 Abs. 3 ZPO). Die Zulassung steht im Ermessen des Gerichts.

3 Bei maschineller Bearbeitung werden Beschlüsse, Verfügungen und Ausfertigungen nur mit einem Gerichtssiegel versehen; eine Unterschrift ist entbehrlich (Abs. 2), sofern sichergestellt ist, dass der Antrag mit Willen des Antragstellers oder seines Prozessbevollmächtigten übermittelt wurde (Abs. 1 Satz 2 i. V. m. § 690 Abs. 3 ZPO). Das ist der Fall, wenn Absprachen und/oder technische Einrichtungen es gewährleisten, dass ein Missbrauch ausgeschlossen ist. Eine weitere Sondervorschrift zur maschinellen Bearbeitung ist § 655 Abs. 2 Satz 3

ZPO, wonach im vereinfachten Verfahren der Antragsteller zur Änderung des auf den Unterhalt anzurechnenden Kindergeldes den Titel nicht vorzulegen hat, sofern es sich dabei um einen maschinell erstellten Beschluss des angerufenen Gerichts handelt.

III. Neuregelung nach FamFG

§ 258 FamFG entspricht dem bisherigen § 658 ZPO 4

§ 659 *Formulare*

(1) ¹Das Bundesministerium der Justiz wird ermächtigt, zur Vereinfachung und Vereinheitlichung der Verfahren durch Rechtsverordnung mit Zustimmung des Bundesrates Formulare für die vereinfachten Verfahren einzuführen. ²Für Gerichte, die die Verfahren maschinell bearbeiten, und für Gerichte, die die Verfahren nicht maschinell bearbeiten, können unterschiedliche Formulare eingeführt werden.

(2) Soweit nach Absatz 1 Formulare für Anträge und Erklärungen der Parteien eingeführt sind, müssen sich die Parteien ihrer bedienen.

I. Allgemeines

Das Bundesministerium der Justiz hat von der in Abs. 1 aufgeführten Ermächtigung durch den Erlass der KindUFV (Art. 1 der VO vom 19. 6. 1998, BGBl. 1364, geändert durch 4. ÄndVO vom 17. 7. 2009, BGBl. I S. 2134) Gebrauch gemacht und Vordrucke für die Anträge nach §§ 645, 646 ZPO und für Einwendungen nach § 648 ZPO eingeführt. Damit soll eine vereinfachte Überprüfung der Zulässigkeit des Antrages und der Vollständigkeit der Angaben ermöglicht werden. Der Vordruck nach § 648 Abs. 2 ZPO soll gewährleisten, dass alle für die Unterhaltsbemessung notwendigen Angaben erfolgen. 1

II. Benutzungszwang, Abs. 2

Eingeführte Vordrucke müssen von den Parteinen verwendet werden, sofern sich nicht aus § 1 Abs. 2 KindUVV etwas anderes ergibt. Dies gilt, sofern ein Sozialhilfeträger oder ein Land, das Unterhaltsvorschuss gewährt, das vereinfachte Verfahren betreibt. Ein ohne Vordruck eingereichter Antrag auf Unterhaltsfestsetzung ist als unzulässig zurückzuweisen (§ 649 ZPO), wenn trotz Beanstandung durch den Rechtspfleger (§ 646 Abs. 3 Satz 3 ZPO) kein Vordruck benutzt wird. Sofern ein Urkundsbeamter der Geschäftsstelle den Antrag nach §§ 645 ff. ZPO entgegen nimmt (§ 657 Satz 2 ZPO) muss dieser den Vordruck verwenden. 2

III. Neuregelung nach FamFG

§ 259 FamFG entspricht dem bisherigen § 659 ZPO 3

§ 660 *Bestimmung des Amtsgerichts*

(1) ¹Die Landesregierungen werden ermächtigt, die vereinfachten Verfahren über den Unterhalt Minderjähriger durch Rechtsverordnung einem Amtsgericht für die

ZPO § 767

Bezirke mehrerer Amtsgerichte zuzuweisen, wenn dies ihrer schnelleren und rationelleren Erledigung dient. ²Die Landesregierungen können die Ermächtigung durch Rechtsverordnung auf die Landesjustizverwaltungen übertragen.

(2) Bei dem Amtsgericht, das zuständig wäre, wenn die Landesregierung oder die Landesjustizverwaltung das Verfahren nach Absatz 1 nicht einem anderen Amtsgericht zugewiesen hätte, kann das Kind Anträge und Erklärungen mit der gleichen Wirkung einreichen oder anbringen wie bei dem anderen Amtsgericht.

I. Allgemeines

1   Im Hinblick auf die maschinelle Bearbeitung nach § 658 ZPO ermöglicht § 660 Abs. 1 ZPO den Ländern, die vereinfachten Verfahren über den Unterhalt minderjähriger Kinder nach §§ 645 ff. ZPO einem Amtsgericht für die Bezirke mehrerer Amtsgerichte zuzuweisen. Bisher haben davon Bayern und Sachsen Gebrauch gemacht. Die Zuständigkeit nach Abs. 1 gilt auch für das vereinfachte Verfahren. Deshalb ist im Falle des § 651 Abs. 1 ZPO an das örtlich ausschließlich zuständige Amtsgericht (§ 642 ZPO) gem. § 281 Abs. 1 Satz 1 ZPO zu verweisen (§ 651 Abs. 2 Satz 1 ZPO).

II. Antragstellung bei Zuständigkeitskonzentration, Abs. 2

2   Das Kind kann, sofern das Bundesland von der Konzentration nach Abs. 1 Gebrauch gemacht hat, Anträge und Erklärungen im vereinfachten Verfahren bei dem nach seinem Wohnsitz (§ 642 ZPO) zuständigen Amtsgericht mit der gleichen Wirkung einreichen oder anbringen, wie bei dem nach der Konzentration an sich zuständigen Amtsgericht. Die Begünstigung gilt auch, wenn ein Elternteil im Prozessstandschaft nach § 1629 Abs. 3 Satz 1 BGB Unterhalt geltend macht (str. Johannsen/Henrich/Voßkuhle Rn 2; Musielak/Borth Rn 2). Sofern es auf eine Fristwahrung ankommt – z. B. nach § 209 Abs. 1 Satz 1 Ziff. 1 b BGB oder § 647 Abs. 2 ZPO oder § 656 Abs. 2 ZPO – ist maßgeblich der Zeitpunkt des Eingangs bei dem ohne die Konzentration zuständigen Gericht nach § 642 ZPO.

III. Neuregelung nach FamFG

3   § 260 FamFG entspricht dem bisherigen § 660 ZPO.

§ 767 Vollstreckungsabwehrklage

(1) Einwendungen, die den durch das Urteil festgestellten Anspruch selbst betreffen, sind von dem Schuldner im Wege der Klage bei dem Prozessgericht des ersten Rechtszuges geltend zu machen.

(2) Sie sind nur insoweit zulässig, als die Gründe, auf denen sie beruhen, erst nach dem Schluss der mündlichen Verhandlung, in der Einwendungen nach den Vorschriften dieses Gesetzes spätestens hätten geltend gemacht werden müssen, entstanden sind und durch Einspruch nicht mehr geltend gemacht werden können.

(3) Der Schuldner muss in der von ihm zu erhebenden Klage alle Einwendungen geltend machen, die er zur Zeit der Erhebung der Klage geltend zu machen imstande war.

Vollstreckungsabwehrklage **§ 767 ZPO**

I. Allgemeines

Die Vollstreckungsgegenklage nach § 767 ZPO ist nach ganz herrschender 1
Meinung eine prozessuale Gestaltungsklage (BVerfG NJW 2000, 1938; BGH
NJW 2002, 139). Streitgegenstand ist allein die Beseitigung der Vollstreckbarkeit,
nicht aber die Unzulässigkeit einzelner Vollstreckungsmaßnahmen (BGH NJW
1995, 3318; BGH NJW 2005, 2313), nicht hingegen das Bestehen des vollstreckbaren
Anspruchs. Jedoch kann ihn der Beklagte durch Zwischenfeststellungsklage
geltend machen. Wird die Wirkungslosigkeit eines Urteils infolge
eines Vergleichs behauptet, ist die Klage nach § 767 ZPO eröffnet (BGH NJW-
RR 2007, 1724: prozessuale Gestaltungsklage analog § 767 ZPO). Die Prüfung
beschränkt sich auf den Anspruch, der Gegenstand des Urteils war und auf die
Einwendungen des Schuldners gegen diesen Anspruch (BGH NJW 1982, 2072).
Die Klage nach § 767 ZPO hebt das frühere Urteil nicht auf; die Rechtskraft
wird durch die neue Entscheidung nicht berührt, soweit das Ersturteil rechtskräftig
geworden ist (BGH NJW 1992, 2160).

II. Abgrenzung zu anderen Klagen und sonstigen Rechtsbehelfen

1. Abänderungsklage nach § 323 ZPO

Die Abänderungsklage und die Klage nach § 767 ZPO **unterscheiden** sich 2
im Streitgegenstand und im Antrag (BGH NJW 1981, 978). Die Voraussetzungen
beider Klagen sind aber nicht stets eindeutig voneinander abzugrenzen
(BGH NJW 1978, 753). Zulässig ist es deshalb, die Klage nach § 767 ZPO und
die nach § 323 ZPO in der Weise zu verbinden, dass in erster Linie ein Antrag
aus § 767 ZPO, hilfsweise ein Antrag nach § 323 ZPO (Wirkung nur für die
Zukunft) geltend gemacht wird. Voraussetzung ist allerdings die Zulässigkeit der
Klageverbindung nach § 260 ZPO (BGH NJW 1979, 1306 LS). Die **Umdeutung**
einer Abänderungsklage in eine Vollstreckungsgegenklage und umgekehrt
ist möglich (BGH NJW-RR 1991, 899; BGH NJW 2005, 2313). Umstände, die
gegenüber fälligen Unterhaltsansprüchen eine Einwendung i. S. des § 767 ZPO
begründen, rechtfertigen für Zeiträume ab Rechtshängigkeit auch eine Klage aus
§ 323 ZPO (BGH NJW-RR 1989, 322; BGH NJW 1990, 1410). Dazu gehört
auch die Herabsetzung einer Unterhaltsrente nach § 1579 BGB (BGH NJW
1997, 1851). Bei der Anrechnung einer betragsmäßig feststehenden Rente aus
dem Versorgungsausgleich auf einen bestimmten Unterhaltsanspruch handelt es
sich um ein Erfüllungssurrogat (BGH NJW 1982, 1147). Soweit es um die Vergangenheit
geht, greift § 767 ZPO ein (BGH FamRZ 1988, 1156). Sofern eine
Berücksichtigung einer zwischenzeitlich gezahlten Rente nur für die Zeit ab
Rechtshängigkeit begehrt wird, ist die Abänderungsklage eröffnet (BGH NJW
2005, 2313). Nur im Wege der Abänderungsklage geltend zu machen ist die
zeitliche Begrenzung des Unterhalts nach §§ 1573 Abs. 5, 1578 Abs. 1 Satz 2
BGB (BGH NJWE-FER 2001, 25; vgl. auch § 323 Rn 2–5; § 1573 Rn 41).

2. Leugnende Feststellungsklage

Neben der Vollstreckungsabwehrklage ist gem. § 256 ZPO auch die Feststel- 3
lungsklage auf Nichtbestehen des Anspruchs möglich. Damit wird zwar nicht die

ZPO § 767
4. Teil. Prozessrecht

Vollstreckbarkeit des Titels beseitigt, die Rechtskraft der Feststellung erstreckt sich aber auch auf den Titel des Vorprozesses (BGH NJW 1973, 803; BGH NJW 1997, 2321).

3. Bereicherungsklage

4   Zulässig bleibt eine Bereicherungsklage auf die Erstattung zu Unrecht beigetriebenen Unterhalts (BGH NJW 1987, 652; KG FamRZ 1988, 85). Dabei gelten die allgemeinen Gerichtsstände.

4. Herausgabeklage

5   Zulässig ist die Klage auf Herausgabe des Vollstreckungstitels nach § 826 BGB. Auch kann analog § 371 BGB auf Herausgabe geklagt werden (BGH NJW 1994, 2325), zumindest nach erfolgreicher Durchführung einer Klage nach § 767 ZPO. Für die Begründetheit reicht es nicht aus, dass die Zwangsvollstreckung für unzulässig erklärt worden ist, außer das Erlöschen der Titelschuld und die Unzulässigkeit der Zwangsvollstreckung sind unstreitig (BGH NJW 1994, 1161).

5. Erneute Leistungsklage

6   Besteht die Notwendigkeit, z.B. wegen Unklarheit des Titels, einen neuen zu schaffen, ist eine erneute Leistungsklage zulässig (Zöller/Herget § 767 Rn 2, Stichwort: Leistungsklage).

6. Erinnerung

7   Mit der Erinnerung nach § 766 ZPO trifft die Vollstreckungsabwehrklage grundsätzlich nicht zusammen. Ist die Erinnerung statthaft, ist die Klage nach § 767 ZPO als unzulässig abzuweisen (BGH NJW-RR 1989, 636). Liegt kein wirksamer Titel vor, kann dagegen mit der Erinnerung nach § 732 ZPO vorgegangen werden. Alternativ besteht die Möglichkeit, mit einer prozessualen Gestaltungsklage analog § 767 ZPO die fehlende Vollstreckungsfähigkeit geltend zu machen (BGH NJW 2006, 695).

III. Vollstreckungstitel

8   Die Klage ist möglich gegen Urteile, einstweilige Anordnungen nach §§ 127a, 620ff. ZPO, Vollstreckungstitel nach §§ 794, 795 ZPO, insbesondere Prozessvergleiche (BGH NJW 1984, 2826), Jugendamtsurkunden gem. §§ 59, 60 SGB VIII, Vollstreckungsbescheide und Versäumnisurteile, einstweilige Verfügungen, die auf Geldleistung lauten sowie gegen Kostenfestsetzungsbeschlüsse (BGH NJW 1994, 3292).

IV. Zulässigkeit der Klage

1. Zuständigkeit

9   Richtet sich die Klage gegen ein inländisches Urteil, ist ohne Rücksicht auf den Streitwert das Prozessgericht des ersten Rechtszuges sachlich und örtlich zuständig (§§ 767 Abs. 1, 802 ZPO), also das Gericht, das den Titel geschaffen hat (BGH NJW 2002, 444; OLG Hamm NJW-RR 2000, 65). Wird ein im

isolierten Verfahren (Trennungsunterhalt) geschaffener Titel angefochten, ist trotz der Ausschließlichkeitsregelung in § 621 Abs. 2, 3 ZPO weiterhin auch das Prozessgericht erster Instanz zuständig, wenn eine Ehesache anhängig wird (BGH NJW 1980, 1393). Richtet sich die Klage gegen einen Prozessvergleich nach § 794 I Nr. 1 ZPO, ist das Gericht zuständig, bei dem der durch den Vergleich erledigte Rechtsstreit in erster Instanz anhängig war, selbst wenn der Vergleich in zweiter Instanz abgeschlossen worden ist (OLG Koblenz FamRZ 1986, 366). § 642 ZPO hat keinen Vorrang vor der Zuständigkeit nach §§ 767 Abs. 1, 802 ZPO (BGH NJW 2002, 444). Bei vollstreckbaren gerichtlichen oder notariellen Urkunden ist örtlich das Gericht zuständig, bei dem der Schuldner seinen allgemeinen Gerichtsstand, in Ermangelung eines solchen, den Gerichtsstand des Vermögens hat. Richtet sich die Klage gegen eine notarielle Urkunde, haben mehrere Schuldner als Streitgenossen mit verschiedenen allgemeinen Gerichtsständen die Wahl unter den Gerichten, bei denen einer von ihnen seinen allgemeinen Gerichtsstand i. S. des § 797 Abs. 5 ZPO hat (BGH NJW 1991, 2910). Liegt ein Vollstreckungsbescheid vor, gilt § 796 Abs. 3 ZPO.

2. Rechtsschutzbedürfnis

Es besteht, sobald ein Titel vorliegt, der zur Zwangsvollstreckung geeignet ist   10
(BGH NJW 1997, 2887). Bei Titeln, die auf eine einmalige Leistung gerichtet sind, ist die Klage nach § 767 ZPO nur dann mangels Rechtsschutzbedürfnisses unzulässig, wenn eine Vollstreckung nicht mehr drohen kann, z. B. nach Herausgabe des Titels. Bei einer Klage gegen wiederkehrende Leistungen ist das Rechtsschutzinteresse zu verneinen, wenn eine Zwangsvollstreckung nach den Umständen des Falles nicht mehr droht (BGH NJW 1984, 2826). Das ist der Fall, wenn der Gläubiger selbst erklärt, dass er die rechtsvernichtende Einwendung anerkennt und insoweit nicht mehr vollstreckt. Das Rechtsschutzinteresse **entfällt,** wenn die Zwangsvollstreckung als Ganzes beendet ist, d. h. wenn der Vollstreckungstitel dem Unterhaltsschuldner ausgehändigt worden ist (BGH NJW 1994, 1162), hingegen nicht schon bei einem von dem Unterhaltsgläubiger erklärten Verzicht auf die Rechte aus einem Pfändungs- und Überweisungsbeschluss (BGH NJW 1984, 2826).

Die wirksame **Anfechtung eines Prozessvergleichs** ist nicht mit der Voll-   11
streckungsgegenklage geltend zu machen, der ursprüngliche Rechtsstreit ist fortzusetzen (BGH NJW 1971, 467). Einer Vollstreckungsgegenklage, die nur auf die Unwirksamkeit eines Vergleichs gestützt wird, fehlt das Rechtsschutzbedürfnis. Das Rechtsschutzbedürfnis fehlt auch, sofern ein Schuldner noch die Möglichkeit hat, Einspruch gegen ein Versäumnisurteil einzulegen. Dann muss er aber nach Erlass des Versäumnisurteils entstandenen Einwendungen im Einspruchsverfahren geltend machen.

3. Berufung

Möglich ist es, dass der Schuldner im Wege der Berufung Einwendungen ge-   12
gen den Titel erhebt, wenn die Einwendungen nach Schluss der mündlichen Verhandlung, aber vor Eintritt der Rechtskraft entstanden sind. Ist Berufung eingelegt, fehlt einer Klage nach § 767 ZPO das Rechtsschutzbedürfnis, außer die Berufung ist als unzulässig zu verwerfen (Zöller/Herget Rn 4).

4. Parteien des Verfahrens

13   Das sind regelmäßig die **Parteien des Vorprozesses**, ggf. die Rechtsnachfolger in umgekehrter Rolle (BGH NJW 1988, 828). Kläger ist jeder Vollstreckungsschuldner oder derjenige, auf dessen Namen als Schuldner die Klausel gestellt werden könnte (BGH NJW 1993, 1397). Wurde der Titel in Prozessstandschaft nach § 1629 Abs. 3 BGB erstritten und vollstreckt ein Elternteil Unterhalt für das Kind, ist eine auf Erfüllung gestützte Vollstreckungsgegenklage gegen den vollstreckenden Elternteil zu richten (OLG Frankfurt FamRZ 1983, 1268). Wurde der in Prozessstandschaft erwirkte Titel z. B. zwischenzeitlich auf das volljährige Kind umgeschrieben und betreibt dieses die Zwangsvollstreckung, ist die Klage gegen das volljährige Kind zu richten. Die Prozessvollmacht des Vorprozesses gilt weiter (§ 81 ZPO), so dass die Klage dem Gegenanwalt des Vorprozesses zuzustellen ist.

V. Begründetheit der Klage

14   Die Klage ist begründet, wenn die vom Schuldner oder seinem Rechtsnachfolger erhobenen, nachträglich entstandenen Einwendungen gegen den durch das Urteil festgestellten Anspruch durchgreifen und diese nicht nach § 767 Abs. 2, 3 ZPO ausgeschlossen sind.

1. Materiell-rechtliche Einwendungen

15   Es kommen wegen Abs. 2 nur **rechtsvernichtende** – Erfüllung und Verwirkung (BGH NJW-RR 1991, 1155) – und **rechtshemmende** Einwendungen – z. B. Stundung (BGH NJW 1983, 1330) – in Betracht, denn nur diese können nach Schluss der letzten mündlichen Verhandlung entstehen. Auch eine Leistung unter Vorbehalt ist gewöhnlich eine Erfüllung (BGH FamRZ 1984, 470), eine Zahlung zur Abwendung der Zwangsvollstreckung aus einer nur vorläufig vollstreckbaren Urkunde hingegen nicht (BGH NJW 1983, 1111). Bei der Vollstreckung aus einem Urteil über Trennungsunterhalt nach Rechtskraft der Ehescheidung, kann der Unterhaltsschuldner wegen Nichtidentität von Trennungsunterhalt und nachehelichem Unterhalt die rechtsvernichtende Einwendung der Ehescheidung erheben (BGH NJW 1981, 978). Eine zulässige Einwendung des Schuldners ist weiter ein teilweises Erlöschen des Unterhaltsanspruches, wenn der barunterhaltspflichtige Elternteil für die Dauer der Ferienaufenthalte Naturalunterhalt gewährt hat (BGH NJW 1984, 2826). Gegen die Vollstreckung aus einem Vergleich, den die Eltern über die Anteile ihrer Unterhaltsleistungen abgeschlossen haben, kann der Einwand der Anrechnung von Kindergeld geltend gemacht werden (BGH NJW 1978, 753). Weitere Einwendungen i. S. der Vorschrift sind Verjährung, Aufrechnung, Kapitalabfindung, Abänderung eines Vergleichs, Verzicht, Tod des Unterhaltsberechtigten (OLG Hamm FamRZ 1992, 583), die Feststellung des Nichtbestehens eines Eltern-Kind-Verhältnisses bei einem Titel nach § 1570 BGB, die Herabsetzung nach § 1579 BGB (BGH NJW-RR 1990, 1410), das Erlöschen der Prozessführungsbefugnis nach § 1629 Abs. 3 BGB während der Zwangsvollstreckung (OLG Hamm FamRZ 2000, 365), z. B. durch Entzug des Sorgerechts (OLG Schleswig FamRZ 1990, 189) oder bei Volljährigkeit des Kindes (OLG Köln FamRZ 1995, 308), nicht jedoch eine zeitliche Begrenzung des Unterhalts (BGH NJWE-FER 2001, 25). Unterhaltsleistungen mit

Erfüllungscharakter während der Dauer eines Unterhaltsrechtsstreits müssen im Urteil berücksichtigt werden, weil sonst im Falle der Zwangsvollstreckung der Erfüllungseinwand nicht mehr zulässig wäre (BGH FamRZ 1998, 1168). Die mangelnde Vollstreckungsfähigkeit eines Anwaltsvergleichs (§ 796 a ZPO) und der Einwand der Erfüllung sind nach § 767 ZPO geltend zu machen (BGH NJW 2006, 695).

2. Beweislast

Für rechtsvernichtende und rechtshemmende Einwendungen trägt der **16** Schuldner die Beweislast (OLG Düsseldorf NJW-RR 1997, 444). Bestreitet der Beklagte die Echtheit der Unterschrift auf einer Urkunde, muss der Kläger den Echtheitsbeweis führen (Zöller/Herget § 767 Rn 11).

3. Präklusion nach § 767 Abs. 2 ZPO

Mit der Klage können nur Tatsachen vorgebracht werden, die nach Schluss der **17** mündlichen Verhandlung des Vorprozesses oder einem gleichgestellten Zeitpunkt i. S. des § 128 Abs. 2, 3 ZPO entstanden sind. Maßgeblich ist allein, wann der **Grund entstanden** ist, nicht wann die Partei Kenntnis erlangt hat (str.: BGH NJW 1973, 1328; BGH NJW 1993, 2105 zur Aufrechnung) oder wann das Entstehen vorausgesehen werden konnte. Beim **Vollstreckungsbescheid** und einem **Versäumnisurteil** sind nur solche Einwendungen zulässig, die nach Zustellung entstanden und nicht mit einem Einspruch geltend gemacht werden können (BGH NJW 1982, 1812). Die Präklusion nach Abs. 2 greift nicht ein bei einem Titel ohne Rechtskraftwirkung: Prozessvergleiche (BGH NJW-RR 1987, 1022), vollstreckbare Urkunden nach §§ 794 Abs. 1 Nr. 5, 797 Abs. 4 ZPO; Kostenfestsetzungsbeschlüsse (anders bei Festsetzungsbeschlüssen nach § 19 BRAGO, BGH NJW 1997, 743) sowie vollstreckungsbeschränkenden Vereinbarungen (BGH NJW 1991, 2295).

4. Innerprozessuale Präklusion nach Abs. 3

Der Kläger verliert alle Einwendungen, die im Erkenntnisverfahren oder im **18** ersten Vollstreckungsabwehrprozess – also im Vorprozess bis zum Schluss der mündlichen Verhandlung (BGH NJW 1991, 2281) – objektiv möglich waren. Die Klage nach § 767 ZPO kann aufgrund von Einwendungen, die nach Schluss der mündlichen Verhandlung des Vorprozesses objektiv entstanden sind oder durch Einspruch nicht mehr geltend gemacht werden konnten, wiederholt werden. Sie kann aber nicht auf neue Beweismittel gestützt werden (OLG Düsseldorf NJW-RR 1992, 1216).

VI. Sonstiges

1. Sog. verlängerte Vollstreckungsabwehrklage

Nach Beendigung der Zwangsvollstreckung setzen sich die Möglichkeiten in **19** der **materiellen Bereicherungsklage** fort (BGH NJW 1993, 3318; BGH NJW 1993, 3399). Steht dem Gläubiger die titulierte Forderung nicht mehr zu, kann der Schuldner, sofern weiter vollstreckt wird, Leistungsklage auf Herausgabe nach den Grundsätzen der ungerechtfertigten Bereicherung (OLG Hamm

ZPO § 767

FamRZ 1993, 74) oder auf Schadensersatz erheben. So kann Unterhalt, der nach Wirksamwerden des Versorgungsausgleichs an den geschiedenen Ehegatten gezahlt wird, zurückverlangt werden, sobald der Unterhaltsberechtigte aufgrund des Versorgungsausgleichs Rentenansprüche erlangt hat (BGH NJW 1982, 1147). Hinreichende Erfolgsaussicht hat die sog. verlängerte Vollstreckungsabwehrklage nur, wenn die Klage nach § 767 ZPO vor Beendigung der Zwangsvollstreckung begründet war (BGH WM 1988, 845).

2. Einstweilige Einstellung der Zwangsvollstreckung

20   Sie ist geregelt in § 769 ZPO. Nach Abs. 1 ist das Prozessgericht zuständig, bei dem die Klage nach § 767 ZPO zur Zeit des Antrages anhängig ist, selbst wenn das Gericht für die Unterhaltsklage nicht zuständig sein sollte (Thomas/Putzo/ Putzo § 769 Rn 3). Nach Abs. 2 kann das Vollstreckungsgericht durch den Rechtspfleger (§ 20 Nr. 17 RpflG) in dringenden Fällen entscheiden, wenn das Prozessgericht nicht mehr rechtzeitig entscheiden kann. Örtlich zuständig ist das Gericht, in dessen Bezirk die Zwangsvollstreckung stattfindet. Die Tatsachen sind glaubhaft zu machen (§ 294 ZPO). Möglich ist eine einstweilige Einstellung der Zwangsvollstreckung ab Anhängigkeit der Klage – ein Prozesskostenhilfeantrag genügt nicht (str.: OLG Naumburg FamRZ 2001, 839) –. Der Beschluss ist nicht anfechtbar, auch eine außerordentliche Beschwerde ist nicht gegeben (BGH NJW 2004, 2224).

3. Streitwert

21   Er richtet sich gem. § 3 ZPO nach dem Wert des vollstreckbaren Anspruchs oder – sofern sich die Klage nur darauf bezieht – auf einen Teil des Schuldtitels (BGH NJW 1995, 3318). Das gilt auch für Titel nach § 794 ZPO (BGH NJW 1962, 806). Ohne Bedeutung ist es, ob die titulierte Forderung ganz oder teilweise bereits getilgt war oder dies im Prozess unstreitig geworden ist (BGH NJW-RR 2006, 1145).

Übergangsvorschrift

§ 36 Überleitungsvorschrift zum Gesetz zur Änderung des Unterhaltsrechts

(1) ¹Für das Gesetz zur Änderung des Unterhaltsrechts vom 21. Dezember 2007 (BGBl. I S 3189) gelten folgende Übergangsvorschriften:
1. Ist über den Unterhaltsanspruch vor dem 1. Januar 2008 rechtskräftig entschieden, ein vollstreckbarer Titel errichtet oder eine Unterhaltsvereinbarung getroffen worden, sind Umstände, die vor diesem Tag entstanden und durch das Gesetz zur Änderung des Unterhaltsrechts erheblich geworden sind, nur zu berücksichtigen, soweit eine wesentliche Änderung der Unterhaltsverpflichtung eintritt und die Änderung dem anderen Teil unter Berücksichtigung seines Vertrauens in die getroffene Regelung zumutbar ist.
2. Die in Nr. 1 genannten Umstände können bei der erstmaligen Änderung eines vollstreckbaren Unterhaltstitels nach dem 1. Januar 2008 ohne die Beschränkungen des § 323 Abs. 2 und des § 767 Abs. 2 der ZPO geltend gemacht werden.
3. Ist einem Kind der Unterhalt aufgrund eines vollstreckbaren Titels oder einer Unterhaltsvereinbarung als Prozentsatz des jeweiligen Regelbetrags nach der Regelbetrag-Verordnung zu leisten, gilt der Titel oder die Unterhaltsvereinbarung fort. An die Stelle des Regelbetrags tritt der Mindestunterhalt. An die Stelle des bisherigen Prozentsatzes tritt ein neuer Prozentsatz. Hierbei gilt:
    a) Sieht der Titel oder die Vereinbarung die Einrechnung des hälftigen oder eines Teils des hälftigen Kindergeldes vor, ergibt sich der neue Prozentsatz, indem dem bisher zu zahlenden Unterhaltsbetrag das hälftige Kindergeld hinzugerechnet wird und der sich so ergebende Betrag ins Verhältnis zu dem bei Inkrafttreten des Gesetzes zur Änderung des Unterhaltsrechts geltenden Mindestunterhalt gesetzt wird; der zukünftig zu zahlende Unterhaltsbetrag ergibt sich, indem der neue Prozentsatz mit dem Mindestunterhalt vervielfältigt und von dem Ergebnis das hälftige Kindergeld abgezogen wird.
    b) Sieht der Titel oder die Vereinbarung die Hinzurechnung des hälftigen Kindergeldes vor, ergibt sich der neue Prozentsatz, indem vom bisher zu zahlenden Unterhaltsbetrag das hälftige Kindergeld abgezogen wird und der sich so ergebende Betrag im Verhältnis zu dem bei Inkrafttreten des Gesetzes zur Änderung des Unterhaltsrechts geltenden Mindestunterhalt gesetzt wird; der zukünftig zu zahlende Unterhaltsbetrag ergibt sich, indem der neue Prozentsatz mit dem Mindestunterhalt vervielfältigt und dem Ergebnis das hälftige Kindergeld hinzugerechnet wird.
    c) Sieht der Titel oder die Vereinbarung die Anrechnung des vollen Kindergeldes vor, ist Buchst. a) anzuwenden, wobei an die Stelle des hälftigen Kindergeldes das volle Kindergeld tritt.

d) Sieht der Titel oder die Vereinbarung weder eine Anrechnung noch eine Hinzurechnung des Kindergeldes oder eines Teils des Kindergeldes vor, ist Bucht. a) anzuwenden.

²Der sich ergebende Prozentsatz ist auf eine Dezimalstelle zu begrenzen. ³Die Nummern 1 und 2 bleiben unberührt.

4. Der Mindestunterhalt minderjähriger Kinder i. S. des § 1612a Abs. 1 des Bürgerlichen Gesetzbuches beträgt

a) für die Zeit bis zur Vollendung des 6. Lebensjahres (erste Altersstufe) 279 €,

b) für die Zeit vom 7. bis zur Vollendung des 12. Lebensjahres (zweite Altersstufe) 322 €,

c) für die Zeit vom 13. Lebensjahr an (dritte Altersstufe) 365 €

jeweils bis zu dem Zeitpunkt, in dem der Mindestunterhalt nach Maßgabe des § 1612a Abs. 1 des Bürgerlichen Gesetzbuches den hier festgelegten Betrag übersteigt.

5. In einem Verfahren nach § 621 Abs. 1 Nr. 3, 4 oder 11 der Zivilprozessordnung können die in Nr. 1 genannten Umstände noch in der Revisionsinstanz vorgebracht werden. Das Revisionsgericht kann die Sache an das Berufungsgericht zurückverweisen, wenn bezüglich der neuen Tatsachen eine Beweisaufnahme erforderlich wird.

6. In den in Nummer 4 genannten Verfahren ist eine vor dem 1. Januar 2008 geschlossene mündliche Verhandlung auf Antrag wiederzueröffnen.

7. Unterhaltsleistungen, die vor dem 1. Januar 2008 fällig geworden sind oder den Unterhalt für Ehegatten betreffen, die nach dem bis zum 30. Juni 1977 geltenden Recht geschieden worden sind, bleiben unberührt.

I. Grundlagen und Regelungsbereich

1   Die Voraussetzungen für die Anwendung der ab 1. 1. 2008 geltenden neuen Unterhaltsregelungen auf bereits vor dem Inkrafttreten des Gesetzes zur Änderung des Unterhaltsrechts (UÄndG 2007) entstandene Unterhaltsansprüche sind in Art. 3 Abs. 2 UÄndG geregelt und in § 36 EGZPO normiert. Die neu durch das UÄndG 2007 geschaffenen Vorschriften gelten für alle Unterhaltsansprüche ab Inkrafttreten der Neuregelung (1. 1. 2008), finden also Anwendung auf
– Ehen, die vor dem 1. 1. 2008 geschlossen worden sind,
– auf Kinder, die vor dem 1. 1. 2008 geboren worden sind,
– auf Ansprüche nach § 1615l BGB, wenn dessen Voraussetzungen vor dem 1. 1. 2008 eingetreten sind.

2   Im Interesse einer einheitlichen Rechtsanwendung sowie Rechtssicherheit soll nach einem behutsamen Übergang (OLG Düsseldorf NJW 2008, 3005: 6 Monate bei § 1570 BGB; OLG Jena NJW 2008, 3224: 1 Jahr bei § 1570 BGB; OLG Karlsruhe NJW 2008, 3645: 4 Monate bei § 1570 BGB) eine alsbaldige generelle Anwendung des neuen Rechts angestrebt werden (BT-Drucks. 16/1830 S. 32). Das Unterhaltsansprüche, die vor dem 1. 1. 2008 fällig geworden sind, nicht erfasst werden, können unterschiedliche Rechtsfolgen, z.B. nach § 1570 BGB im Hinblick auf die gesteigerte Erwerbsobliegenheit, bei der Rangfolge nach

Überleitungsvorschrift **§ 36 EGZPO**

§ 1609 BGB sowie dem Betreuungsunterhalt nach § 1615l eintreten. **Klaganträge in laufenden Verfahren sind deshalb für die Zeit ab 1. 1. 2008 zu überprüfen.**

II. Die Änderung von Alttiteln und Vereinbarungen sowie die Anpassung an das neue Recht, § 36 Nr. 1 und 2

1. Allgemeines

Ohne eine Änderung in den tatsächlichen Verhältnissen kommt es aufgrund 3 der gesetzlichen Neuregelungen zu Mindestunterhalt, der Rangfolge, der Kindergeldberechnung, des Betreuungsunterhalts, der Begrenzung pp. in vielen Fällen aus Auswirkungen auf die Unterhaltsberechnung. Die Vorschrift ermöglicht die Anwendung des ab 1. 1. 2008 geltenden neuen Unterhaltsrechts auf alle bestehenden Unterhaltsregelungen, also auf Urteile, Prozessvergleiche, Unterhaltsfestsetzungsbeschlüsse im vereinfachten Verfahren nach §§ 645 ff. ZPO, Titel nach § 794 Abs. 1 Nr. 5 ZPO, Anwaltsvergleiche nach § 796 a ZPO, Jugendamtsurkunden nach §§ 59, 60 SGB VIII, formlose Vereinbarungen (vgl. dazu Jüdt FuR 2008, 427 ff. und 468 ff.) sowie Abfindungsvereinbarungen, sofern sie keine endgültige abschließende Regelungen beinhalten (BGH NJW 2005, 3282). Sie gilt nicht für einstweilige Anordnungen, weil diese keine bindende Unterhaltsvereinbarungen darstellen. Erfasst werden damit auch Umstände, die bereits vor dem 1. 1. 2008 bestanden haben, aber erst durch das UÄndG 2007 erheblich geworden sind (BT-Drucks. 16/1830 S. 33). Danach kann ein Unterhaltstitel abgeändert werden, wenn Umstände, die der Errechnung des Unterhalts zugrunde liegen, durch das UÄndG eine andere Bewertung in Bezug auf die Voraussetzungen und die Höhe des Unterhaltsanspruchs erfahren und zu einer anderen Unterhaltsverpflichtung oder deren Wegfall führen können (OLG Bremen NJW 2008, 3074). Diese Umstände sind nicht nach § 323 Abs. 2 ZPO präkludiert. War jedoch eine Alttatsache im Ausgangsverfahren von Bedeutung, kann sie keinen Abänderungsgrund aufgrund des neuen Rechts bilden. Gleiches gilt bei Unterhaltvereinbarungen im Hinblick auf eine Störung der Geschäftsgrundlage. Das neue Recht begründet dann eine Störung der Geschäftsgrundlage, wenn eine bereits bei Vertragsabschluss/Vergleichsabschluss vorliegende Alttatsache erheblich geworden ist.

2. Wesentliche Änderungen

Eine Anpassung kann nur verlangt werden, wenn eine wesentliche Änderung 4 der Unterhaltsverpflichtung eintritt. Die Gesetzesbegründung verweist ausdrücklich darauf, dass der Begriff genauso zu verstehen ist wie in § 323 ZPO (vgl. auch Klinkhammer FF 2007, 15; Rasch FPR 2008, 15). In der Praxis wird bei Urteilen eine wesentliche Änderung des Unterhaltsanspruchs ab 10% bejaht (BGH NJW 1992, 1621; s. auch § 323 Rn 18). Die Abänderungsvoraussetzungen werden bei Vergleichen aber auch mit geringeren Prozentzahlen angenommen (BGH NJW 1986, 2054; OLG Hamm FamRZ 2004, 1051; BGH NJW 2005, 1279: Anpassung an die Regelbetragssätze des § 1612 a BGB a. F.; s. auch § 323 Rn 18) und wenn der Mindestunterhalt für ein minderjähriges Kind in Frage gestellt ist (Schürmann FamRZ 2008, 313). Eine Abänderungsklage, die auf Anpassung einer auf 100% Regelbetrag der 1. Altersgruppe abzüglich anteiliges Kindergeld lautende Unterhaltsregelung auf 100% des Mindestunterhalts nach

Büte 653

§ 36 Nr. 4 EGZPO abzüglich des hälftigen Kindergeldes gerichtet ist, scheidet aus, da die Veränderung unter 10% (hier: 6 €) liegt.

3. Bindungswirkung

5   Wie bei allen Abänderungsklagen ermöglicht die Abänderung auch hier keine freie, von der bisherigen Höhe unabhängige Festsetzung des Unterhalts oder eine abweichende Beurteilung der Verhältnisse. Die Abänderungsentscheidung kann nur in einer unter Wahrung der Grundlagen des abzuändernden Titels vorzunehmenden Anpassung des Unterhalts an die veränderten Verhältnisse bestehen (BGH NJW 1994, 1855). Sie erstreckt sich auf die Einkommensverhältnisse, die Bestimmung der dabei zu berücksichtigenden besonderen Zu- und Abschläge, die Anrechnung oder Nichtanrechnung bestimmter Einkommensteile, die Einbeziehung fiktiver Einkünfte, die Berücksichtigung von Belastungen, Feststellungen zur Arbeitsfähigkeit und Bedürftigkeit, die Berücksichtigung weiterer Unterhaltspflichtiger und Unterhaltsberechtigter, die Berücksichtigung eines Wohnvorteils und die Feststellung einer bestimmten Bedarfsposition (BGH FamRZ 1984, 374). Durch § 36 Nr. 1 EGZPO ist klargestellt, dass in der Abänderungsentscheidung nur durch UÄndG 2007 **erheblich** gewordene Umstände einer Neubeurteilung unterliegen. Ausreichend ist auch, dass Umstände, die der Erstentscheidung zugrunde gelegen haben, durch das neue Recht eine andere Bewertung in Bezug auf die Voraussetzungen und die Höhe des Unterhaltsanspruches erfahren, z.B. die Dauer und die frühere Erwerbstätigkeit, und deshalb die Höhe der Unterhaltsverpflichtung maßgeblich beeinflussen. Denn die Änderung einer gefestigten höchstrichterlichen Rechtsprechung stellt einen eigenständigen Abänderungsgrund ab Verkündung der Entscheidung dar (BVerfG NJW 2002, 1185; BGH, NJW 2008, 3213; NJW 2007, 1961; 2005, 3639; NJW 2003, 1796). Ist der ursprüngliche Titel nach der maßgeblichen Änderung der Rechtsprechung (**12. 4. 2006**) errichtet worden, so dass ersichtlich die Möglichkeiten einer Unterhaltsbefristung bereits hätten berücksichtigt werden können, ist ein Abänderungsbegehren unzulässig (OLG Dresden NJW 2008, 3073). Dies gilt insbesondere, wenn das Abänderungsbegehren auf mangelnde ehebedingte Nachteile des Unterhaltberechtigten im Hinblick auf seine Berufsausübung gestützt wird (OLG Bremen NJW 2008, 3074; OLG Saarbrücken FuR 2009, 227; OLG Zweibrücken FuR 2009, 239).

6   Nicht präkludiert mit Alttatsachen ist jedoch der Abänderungsbeklagte, so dass z.B. eine früher vorrangig unterhaltsberechtigte Ehefrau, die nunmehr aufgrund der Neuregelung des § 1609 Nr. 2 oder 3 gleichrangig mit der zweiten Ehefrau eines Unterhaltspflichtigen ist, zur Verteidigung gegen eine gegen sie gerichtete Abänderungsklage unberücksichtigt gebliebene Einkommensbestandteile des Unterhaltspflichtigen in die Unterhaltsberechnung einbeziehen kann (Borth FamRZ 2008, 105, 107).

7   Bei Vergleichen ist für die Abänderung ausschlaggebend, ob in den Verhältnissen, die die Parteien zur Grundlage der Vereinbarung gemacht haben, eine derart gewichtige Änderung eingetreten ist, dass nach materiellem Recht ein unverändertes Festhalten an der Vereinbarung nicht zugemutet werden kann (BGH NJW 1986, 2054). Insoweit kann auch eine Änderung der gefestigten höchstrichterlichen Rechtsprechung eine Anpassung rechtfertigen (BGH NJW 2001, 3618). Wird die Geschäftsgrundlage durch UÄndG verändert, hat eine Anpassung nach § 313 BGB zu erfolgen, allerdings erst ab Inkrafttreten des neuen Rechts am 1. 1. 2008.

Überleitungsvorschrift **§ 36 EGZPO**

4. Zumutbarkeit der Abänderung

Eine Abänderung ist nur insoweit zulässig, als sie dem anderen zumutbar ist. **8**
Dieses aus § 313 abgeleitete und bisher nur für gerichtliche Vergleiche und außergerichtliche Vereinbarungen geltende Tatbestandsmerkmal, gilt jetzt auch für die Abänderung von Urteilen. Das neue Recht verlangt die Berücksichtigung des Vertrauens in den Fortbestand einer Unterhaltsregelung. Dadurch soll eine flexible und an der Einzelfallgerechtigkeit orientierte Überleitung bestehender Unterhaltsregelungen auf die neue Rechtslage erreicht werden (BT-Drucks. 16/1830 S. 33). Erforderlich ist eine umfassende Abwägung aller Umstände. Das Vertrauen sowohl des Berechtigten als auch des Verpflichteten auf einen Unterhaltstitel aber auch auf ausdrückliche oder stillschweigende Unterhaltsvereinbarungen ist grundsätzlich schutzwürdig und bei der Unterhaltsabänderung zu berücksichtigen. Durch die Übergangsvorschrift soll auch eine Abänderungsmöglichkeit für Fälle eröffnet werden, die nach bisherigem Recht zu nachteiligen und damit ungerechten Ergebnissen geführt haben. Diese sollen nicht dauerhaft aufrechterhalten bleiben (BT-Drucks. 16/1830, S. 32; OLG Celle OLGR 2008, 772). Bzgl. der ab 1. 1. 2008 geltenden Rangfolgenregelung ist § 1609 BGB ohne eine an Vertrauensgesichtspunkten orientierte Übergangsfrist anzuwenden (BGH NJW 2008, 3213), für die Anwendung des § 1570 BGB gilt – je nach den Umständen des Einzelfalles – eine Übergangsfrist von 4 Monaten bis zu einem Jahr (s. Rn 2).

Besondere Bedeutung erlangt die Frage der Zumutbarkeit bei einer **Gesamt-** **9**
regelung, so z. B. bei einer Vereinbarung der Ehegatten aus Anlass der Trennung oder Scheidung über Unterhalt, Güterrecht, Hausrat und Wohnung. Insoweit ist zu prüfen, welche Auswirkungen sich bei einer Änderung des Unterhalts auf die verbleibenden Bereiche ergeben und auf ein ausgewogenes Verhältnis der Einzelregelungen zu achten (BGH NJW 2001, 3618). Über § 36 kann allerdings nur die unterhaltsrechtliche Regelung geändert werden. Die übrigen Regelungen sind jedoch bei der Frage, inwieweit eine Änderung zumutbar ist, einzubeziehen.

Bei Bestehen mehrerer Unterhaltsverhältnisse ist eine Gesamtschau notwendig, **10**
der andere Unterhaltsanspruch wird einbezogen in die Prüfung dergestalt, als ob gleichzeitig über beide Ansprüche entschieden werden müsste. Hinzunehmen ist eine Verschlechterung der unterhaltsrechtlichen Position aufgrund der geänderten Rangfolge (Hoppenz/Hülsmann Rn 122). Bei der Geltendmachung von Kindesunterhalt, gestützt auf den Vorrang des Kindesunterhalts nach § 1609 Nr. 1 vor dem Ehegattenunterhalt ist Abänderungsklage gegen den Ehegatten zu erheben, um den Ehegattenunterhalt entsprechend herabsetzen zu lassen. Bei unterschiedlicher Zuständigkeit für die Klagen für nicht gemeinschaftliche Kinder sowie einer Abänderungsklage der Kinder gegen den Vater und des Vaters gegen die Kindesmutter muss versucht werden, eine einheitliche Entscheidung bei einem Gericht herbeizuführen. Insoweit kann das gemeinsame OLG oder das gem. § 36 Abs. 2 ZPO zuständige OLG, zu dessen Bezirk das zuerst mit der Sache befasste Gericht gehört, gem. § 36 Nr. 3 ZPO eine gerichtliche Bestimmung der Zuständigkeit vornehmen.

Erhebt die Unterhaltsvorschusskasse aus übergegangenem Recht Abände- **11**
rungsklage auf Erhöhung des Kindesunterhalts, kann der Unterhaltsverpflichtete mit der Drittwiderklage im selben Verfahren eine Herabsetzung des Ehegattenunterhalts geltend machen. Ist – wie bisher unter altem Recht vielfach üblich – beim Kindesunterhalt und Ehegattenunterhalt im Mangelfall ein einheitlicher

Selbstbehalt von 900 € angesetzt worden, kann sich der Unterhaltsverpflichtete nunmehr auf einen Selbstbehalt von 1000 € gegenüber dem Ehegattenunterhaltsanspruch berufen. Wird Unterhalt nach § 1615l aufgrund der neuen Rangfolgenregelung des § 1609 Nr. 2 geltend gemacht und beruft sich der Unterhaltsverpflichtete auf mangelnde Leistungsfähigkeit, so ist bei einem bestehenden Titel über den Ehegattenunterhalt dieser abzuändern. Dazu sind im Verfahren nach § 1615l seitens des Unterhaltspflichtigen die Gründe vorzutragen, die bezüglich der Abänderungsklage die Erfolgsaussicht verneinen lassen. Gelangt das FamG zu dem Ergebnis, die Abänderungsklage habe Erfolg, ist der Klage nach § 1615l (teilweise) stattzugeben. Angesichts unterschiedlicher Zuständigkeiten sollte im Verfahren nach § 1615l dem Ehegatten der Streit verkündet werden.

12 Angesichts dessen, dass gerade im familiären Bereich bei bestehenden Unterhaltsregelungen Entscheidungen getroffen werden, die nur schwer korrigierbar sind und finanziell erhebliche Auswirkungen haben, ist bei der Vertrauensschutzprüfung eingehend zu prüfen, ob es den Betroffenen zumutbar ist, einen Wegfall oder eine Kürzung des Unterhalts hinzunehmen. Bei einer Heraufsetzung des Unterhalts infolge der Geltendmachung höheren Kindesunterhalts aufgrund Wegfalls der Mangelfallberechnung ist der Selbstbehalt des Unterhaltsverpflichteten zu beachten. Entscheidend ist, in welchem Maße sich der Unterhaltberechtigte auf den Fortbestand der Regelung eingestellt hat. Insoweit kann dem Schutzbedürfnis durch eine gestufte Anpassung an die neue Rechtslage Rechnung getragen werden. Als Kriterien bei der Abwägung des Vertrauensschutzes kommen in Betracht:
- die zeitliche Dauer der bestehenden Unterhaltsregelung (OLG Celle OLGR 2008, 772, 777),
- die Dringlichkeit des Bedarfs und die Fähigkeit und Möglichkeit, Unterhaltsreduzierungen durch eigene Einkünfte oder Erträgnisse aus dem Vermögen auszugleichen,
- Vermögensdispositionen im Hinblick auf die Planung mit einem titulierten Unterhalt, z. B. Miete, Hausfinanzierung (OLG Hamm NJW 2008, 2445) unter Berücksichtigung der Gestaltung von Kinderbetreuung (langfristige Beurlaubung) und Haushaltsführung, bereits bestehender Möglichkeiten der Befristung oder Herabsetzung des Unterhalts nach §§ 1573 Abs. 5, 1578 Abs. 1 Satz 2,
- Alter und Gesundheitszustand (OLG Hamm NJW 2008, 2445),
- die zeitliche Nähe der Titulierung zum neuen Recht,
- weitere unterhaltsrechtlich nicht anrechenbare Einkünfte,
- der Zeitraum der Diskussion über die gesetzliche Neuregelungen,
- Entwicklungen, mit denen auch nach bisherigem Recht zu rechnen war,
- Auswirkungen der Rangfolge auf das Realsplitting nach § 10 Abs. 1 Nr. 1 EStG,
- Einkünfte aus überobligationsmäßiger Tätigkeit,
- etwaiges Fehlverhalten des Unterhaltsschuldners, das zur Anwendung des § 1579 führen würde, sofern es auf Seiten des Unterhaltsberechtigten vorläge und
- freiwillige Zahlungen Dritter an den Abänderungsgläubiger oder -schuldner (BGH NJW 2001, 3618).

5. Keine Präklusion nach §§ 323 Abs. 2, 767 Abs. 2 ZPO

13 Bei Vorliegen der in § 36 Nr. 1 genannten Umstände kann die erstmalige Änderung eines vollstreckbaren Unterhaltstitels nach Inkrafttreten des Gesetzes ohne

Überleitungsvorschrift **§ 36 EGZPO**

die Beschränkungen der §§ 323 Abs. 2, 767 Abs. 2 ZPO geltend gemacht werden (§ 36 Nr. 2). Unberührt bleibt das Rückwirkungsverbot nach § 323 Abs. 3 ZPO bei Urteilen. Ist ein Titel bereits in Anwendung des § 36 Nr. 1 und 2 abgeändert worden, ist bei einer erneuten Änderung die Präklusion zu beachten (Graba FPR 2008, 100). Bei Einwendungen die schon nach früherem Recht eine Abänderung ermöglicht hätten, greift die Präklusion.

III. Die Anpassung von dynamisierten Titeln und Vereinbarungen, § 36 Nr. 3

1. Allgemeines

Die Vorschrift stellt eine Sondernorm für bestehende dynamisierte Unterhalts- **14** titel und Vereinbarungen nach § 1612a BGB a. F. dar und ermöglicht nach Wegfall der Regelbetrags-VO und Einführung eines Mindestunterhalts in § 1612a Abs. 1 Satz 2 BGB i. V. m. § 36 Nr. 4 EGZPO eine **gesetzliche Anpassung** ohne ein gesondertes gerichtliches Verfahren durch eine vom Vollstreckungsorgan (Gerichtsvollzieher oder Vollstreckungsgericht) vorzunehmende bloße Umrechung. Die Umrechnung unterliegt gem. § 766 ZPO einer gerichtlichen Kontrolle. Bei der Umrechnung bleiben die vom Unterhaltsschuldner zu zahlenden Beträge gleich. Es erfolgt also keine Anpassung der Altregelung an das neue materielle Recht. Aus bereits errichteten Titeln kann weiterhin die Zwangsvollstreckung betrieben werden.

2. Methode der Titelanpassung

Bei der Titelanpassung ist wie folgt vorzugehen: **15**
- Maßgeblich ist zunächst der sich aus dem Titel bis zum 31. 12. 2007 ergebende Zahlbetrag.
- Das hälftige Kindergeld ist hinzuzurechnen.
- Der sich dabei ergebende Betrag ist als Prozentsatz gegenüber dem Mindestunterhaltsbedarf der Altersstufe des Kindes, der den Basisbetrag von 100% angibt, festzustellen.

Angesichts der verschiedenen in § 1612b Abs. 1–5 BGB a. F. geregelten Kon- **16** stellationen sind vier Fallgruppen (§ 36 Nr. 3 Satz 4 Buchst. a–d) zu unterscheiden.

Beispiel:
(Zu weiteren Beispielen vgl. den Anhang der Düsseldorfer Tabelle)
Tituliert sind 121% des jeweiligen Regelbetrages nach § 1 der RegelbetragsVO. Darauf wird das hälftige Kindergeld für ein 1. Kind angerechnet, soweit dieses zusammen mit dem Unterhalt 135% des Regelbetrages übersteigt. War das Kind am 31. 12. 2007 zehn Jahre alt, betrug der zu diesem Zeitpunkt titulierte Bedarfsbetrag 297 €. Darauf waren 43 € Kindergeld anzurechnen, so dass sich ein Zahlbetrag von 254 € ergibt. Rechnet man 77 € hälftiges Kindergeld hinzu, ergibt sich ein Betrag von 331 €. Bildet man daraus den Verhältniswert aus dem um das hälftige Kindergeld erhöhten Betrag und dem neuen Mindestunterhalt (331 € : 322 € Mindestbedarf = 100%), beläuft sich der Titel ab 1. 1. 2008 auf 102,8% des Mindestbedarfssatzes abzüglich des hälftigen Kindergeldes für ein erstes Kind. In dieser Form nimmt der Titel an zukünftigen Änderungen des Mindestbedarfssatzes – nach Erreichen der nächsten Altersstufe – Teil.

EGZPO § 36   4. Teil. Prozessrecht

Weiteres Beispiel:

Beruhte der bisherige Titel auf einem Einkommen des Pflichtigen in der 4. Einkommensgruppe der DT, Stand 1. 7. 2007, würde bei einem Einkommen von 1700 € bis 1900 € der Unterhaltsbedarf im Falle einer Neutitulierung auf der Grundlage der ab 1. 1. 2008 geltenden Düsseldorfer Tabelle nach der 2. Einkommensgruppe (1501 € bis 1900 €) 339 betragen, der Zahlbetrag sich also auf (339 € ./. 77 € =) 262 € belaufen. Diese Erhöhung um 8 € gegenüber dem bisherigen Titel kann grundsätzlich nur mit der Abänderungsklage erreicht werden. Scheitert jedoch an der Wesentlichkeitsgrenze des § 323 ZPO.

17 Besonderheiten ergeben sich aus der Umrechnung von Titeln auf der Grundlage der RegelbetragsVO Ost. Hier wird sich häufig ein neuer Prozentsatz ergeben, der deutlich unter 100% des Mindestunterhalts liegt, denn die in § 36 Nr. 4 genannten Mindestunterhaltsbeträge liegen erheblich über den alten Regelbeträgen Ost (Diehl JAmt 2007, 566, 569).

VI. Die Übergangsregelung des § 36 Nr. 4

18 Die Vorschrift regelt abweichend von § 1612a BGB den Mindestunterhalt minderjähriger Kinder für eine Übergangszeit. Sie wird hinfällig, sobald der Mindestunterhalt nach § 1612a Abs. 1 den hier festgelegten Betrag übersteigt. Der Mindestunterhalt beträgt:
– für die Zeit bis zur Vollendung des 6. Lebensjahres 279 €
– für die Zeit vom 7. bis zur Vollendung des 12. Lebensjahres 322 €
– für die Zeit vom 13. Lebensjahr 365 €.

Diese Beträge entsprechen den ab 1. 7. 2007 geltenden Regelbeträgen zuzüglich des hälftigen Kindergeldes für ein erstes Kind. Während der Mindestunterhalt nach § 1612a Abs. 1 BGB in der 1. Altersstufe 87% eines Zwölftel des doppelten Kinderfreibetrages nach § 32 Abs. 6 Satz 1 EStG beträgt, in der 2. Altersstufe 100% (= 304 €) und in der 3. Altersstufe 117%, belaufen sich die Bedarfssätze nach § 36 Nr. 4 in der 1. Altersstufe auf 86,6%, in der 2. Altersstufe auf 100% und in der 3. Altersstufe 113,3%. Grund dafür ist die Addition des Kindergeldes als Festbetrag zu diesen Bedarfssätzen nach der RegelbetragsVO. Erst wenn der doppelte Kinderfreibetrag nach § 32 Abs. 6 Satz 1 EStG sich auf 3864 € beläuft (zurzeit 3648 €) wird der in § 36 Nr. 4 EGZPO in der 2. Altersstufe auf 322 € festgesetzte Betrag erreicht. Da die Bedarfssätze in der 1. und 3. Altersstufe nach § 1612a (87% bzw. 117%) nicht mit dem jeweils geltenden Bedarfssatz nach § 36 Nr. 4 (86,6% bzw. 113%) übereinstimmen, kann die Festschreibung des Mindestunterhalts in § 36 Nr. 4 zu unterschiedlichen Zeitpunkten enden und insbesondere in der 3. Altersstufe zu einer überproportionalen Erhöhung des Mindestunterhalts führen (Rasch FPR 2008, 15, 20). Nachdem der **Kinderfreibetrag durch das Kinderleistungsgesetz ab 1. 1. 2009 auf 3865 € erhöht worden ist, beträgt der Mindestunterhalt nach § 1612a BGB**
– in der 1. Altersstufe 281 €
– in der 2. Altersstufe 322 €
– in der 3. Altersstufe 377 €

Daraus folgt, dass sich der Mindestunterhalt für Kinder aller Altersstufen direkt aus § 1612a BGB ergibt.

V. Die Berücksichtigung des neuen Rechts im Revisionsverfahren, § 36 Nr. 5

Die Vorschrift ermöglicht die Anwendung des ab 1. 1. 2008 geltenden Unterhaltsrechts auf beim BGH am 1. 1. 2008 anhängige Revisionsverfahren und damit abweichend von den Grundsätzen der §§ 546, 559 ZPO die Berücksichtigung neuen Tatsachenvortrages in Unterhaltssachen nach § 621 Abs. 4 Nr. 4, 5 oder 11 ZPO (Klein S. 216) und letztlich bei unstreitigem Sachverhalt eine eigene Sachentscheidung (§ 563 Abs. 3 ZPO) des BGH. Bei Notwendigkeit einer Beweisaufnahme ist eine Zurückverweisung möglich. Es steht im Ermessen des Revisionsgerichts, kleinere Beweisaufnahmen selbst durchzuführen. Die Norm schränkt die Präklusion wegen verspäteten Sachvortrages ein, sofern dieser Sachvortrag erst durch das neue Unterhaltsrecht relevant geworden ist (BGH NJW 2008, 3213). **19**

VI. Wiedereröffnung einer mündlichen Verhandlung, § 36 Nr. 6

Die Vorschrift ermöglicht eine Anwendung des am 1. 1. 2008 in Kraft getretenen Rechts auf zu diesem Zeitpunkt noch nicht abgeschlossene Unterhaltsverfahren, wenn die mündliche Verhandlung bereits vor Inkrafttreten des UÄndG 2007 geschlossen und ein Termin zur Verkündung einer Entscheidung anberaumt war. Entsprechendes gilt im schriftlichen Verfahren nach § 128 Abs. 2 ZPO. Sofern eine Partei einen Antrag auf Wiedereröffnung bis zum Verkündungstermin stellt oder gestellt hat, ist abweichend von § 156 ZPO (Ermessen des Gerichts) die mündliche Verhandlung zwingend wiederzuöffnen. Unterbleibt der Antrag, kann eine Partei über eine Abänderungsklage nach § 323 Abs. 2 ZPO eine für sie günstige Änderung durch das ab 1. 1. 2008 geltende neue Recht erreichen. **20**

VII. Beschränkung der Rückwirkung, § 36 Nr. 7

Die Regelung stellt klar, dass für vor dem 1. 1. 2008 fällig gewordene Unterhaltsansprüche das bis dahin geltende Recht anwendbar ist (OLG Hamm NJW 2008, 2445) und für Ehen, die nach dem bis zum 30. 6. 1977 geltenden Recht geschieden worden sind, weiterhin die §§ 58 ff. EheG gelten. **21**

Sachverzeichnis

Abänderungsklage
- Änderung einer gefestigten höchstrichterlichen Rechtsprechung **ZPO 323** 18
- Anerkenntnisurteil **ZPO 323 a** 19 a
- Anwaltsvergleich **ZPO 323** 16
- Berufung **ZPO 323** 7
- Beweislast **ZPO 323** 30
- Bindung **ZPO 323** 19
- Feststellungsurteil **ZPO 323** 15
- Jugendamtsurkunde **ZPO 323 a** 28
- keine Bindung **ZPO 323 a** 20
- klageabweisendes Urteil **ZPO 323** 14
- Korrekturklage **ZPO 323** 8
- Leistungsklage **ZPO 323** 9
- Leistungsurteil **ZPO 323** 13
- Maßstab der Anpassung **ZPO 323** 21
- Nachforderungsklage **ZPO 323** 10
- negative Feststellungsklage **ZPO 323** 6
- Neuregelungen durch FGG-Reform **FamFG 238** 31
- Präklusion **ZPO 323** 23
- Prozessvergleich **ZPO 323** 16
- Rückforderung **ZPO 323** 11
- Schadenersatzklage **ZPO 323** 11
- Spitzenbetrag **ZPO 323** 10
- Teilklage **ZPO 323** 10
- Titulierung **ZPO 323** 10
- Umdeutung **ZPO 323** 5
- Umdeutung **ZPO 323** 10
- Urkunden des Jugendamts **ZPO 323** 16
- vereinfachtes Verfahren **ZPO 323** 16
- Versäumnisurteil **ZPO 323** 24
- Vollstreckungsgegenklage **ZPO 323** 2
- Wegfall der Geschäftsgrundlage **ZPO 323** 27
- wesentliche Änderung **ZPO 323** 18
- wesentliche Änderung **ZPO 323 a** 18
- Zeitschranke **ZPO 323** 25
- Zusatzklage **ZPO 323** 10
- Zuständigkeit **ZPO 323** 17

Abfindungen **BGB vor 1361** 34

Abschreibungen
- Ansparabschreibungen **BGB vor 1361** 100
- degressive Abschreibung **BGB vor 1361** 96
- Immobilienabschreibung **BGB vor 1361** 103
- lineare Abschreibung **BGB vor 1361** 94
- Mehrjahresschnitt **BGB vor 1361** 92
- Sofortabschreibung **BGB vor 1361** 95
- Sonderabschreibung **BGB vor 1361** 99
- stille Reserve **BGB vor 1361** 92

Altersphasenmodell
- Neujustierung **BGB 1615 l** 32

Altersrente **VAHRG 5** 4

Altersvorsorge **BGB vor 1361** 52

Altersvorsorgeunterhalt
- Anspruchsausschluss **BGB 1361** 48
- Anspruchsbeginn **BGB 1361** 46
- Berechnung **BGB 1361** 51
- zweckentsprechende Verwendung **BGB 1361** 47, **BGB 1361** 46

Änderung von Vergleichen und Urkunden **ZPO 239** 34

Anerkenntnis
- Anwendungsbereich **ZPO 93** 2
- Entscheidung **ZPO 93** 5
- Neuregelung nach FamFG **ZPO 93** 6
- sofortiges Anerkenntnis **ZPO 93** 4
- Veranlassung zur Erhebung der Klage **ZPO 93** 3

Angemessene Erwerbstätigkeit
- angemessene Erwerbstätigkeit **BGB 1574** 9
- Anspruchsgrund **BGB 1574** 11
- Anspruchshöhe **BGB 1574** 11
- Ausbildung **BGB 1574** 3
- Ausbildungsobliegenheit **BGB 1574** 9
- bedarfsdeckende Erwerbstätigkeit **BGB 1574** 9
- Beteiligungslast **BGB 1574** 13
- Beweislast **BGB 1574** 13
- eheliche Lebensgemeinschaft **BGB 1574** 7
- Erforderlichkeit **BGB 1574** 10
- Fähigkeiten **BGB 1574** 4
- Gesundheitszustand **BGB 1574** 6
- Lebensalter **BGB 1574** 5
- reale Beschäftigungschance **BGB 1574** 8
- Verletzung der Erwerbsobliegenheit **BGB 1574** 12
- frühere Erwerbstätigkeit **BGB 1574** 4 a

Anknüpfungsregelung **EGBGB 18** 1

Anlage U **EStG 10** 3

Anlagespiegel **BGB vor 1361** 71

Sachverzeichnis

Anschlussunterhalt BGB 1571 3
Anspruch auf Ausbildung und Fortbildung
- alsbaldige Aufnahme **BGB 1575** 5
- Altersvorsorgeunterhalt **BGB 1575** 10
- Anforderungen an die Ausbildung **BGB 1575** 4
- Beteiligungslast **BGB 1575** 14
- Beweislast **BGB 1575** 14
- Dauer der Ausbildung **BGB 1575** 7
- ehebedingte Ausbildungsnachteile **BGB 1575** 3
- Einsatzzeitpunkt **BGB 1575** 5
- erfolgreicher Abschluss zur Unterhaltssicherung **BGB 1575** 6
- Fortbildung **BGB 1575** 11
- Höhe **BGB 1575** 9
- Konkurrenz **BGB 1575** 13
- Scheitern der Ausbildung **BGB 1575** 8
- Umfang **BGB 1575** 9
- Umschulung **BGB 1575** 11
- Unterbrechungen **BGB 1575** 8
- Verhältnis zur öffentlich-rechtlichen Ausbildungsförderung **BGB 1575** 2

Anspruchsübergang
- Bedarfsgemeinschaft **SGB XII 94** 13
- Gesetzliche Unterhaltsansprüche **SGB XII 94** 12, **SGB II 24 a–33** 6, **SGB XII 94** 1

Anspruchsübergang Sozialhilfe
- Auskunftsanspruch **SGB XII 94** 40
- entfernte Verwandte **SGB XII 94** 15
- künftige Leistung **SGB XII 94** 45
- Mütter und Schwangere **SGB XII 94** 16
- Pauschalierung des Überganges **SGB XII 94** 36
- Rechtswahrungsanzeige **SGB XII 94** 43
- sozialhilferechtliche Vergleichsberechnung **SGB XII 94** 18
- unbillige Härte **SGB XII 94** 31
- Unterhalt für die Vergangenheit **SGB XII 94** 44
- Unterhaltsverzicht **SGB XII 94** 20

Arbeitslosengeld
- Anspruchsdauer **SGB III 117–144** 5
- Arbeitslosmeldung **SGB III 117–144** 1
- Höhe des Arbeitslosengeldes **SGB III 117–144** 6
- Kürzung **SGB III 117–144** 1
- Nebenbeschäftigung **SGB III 117–144** 7
- verspätete Meldung **SGB III 117–144** 1
- Wechsel der Steuerklasse **SGB III 117–144** 6, **SGB III 117–144** 1

Arbeitslosengeld II
- Anspruchsübergang **SGB II 24 a–33** 6
- Anspruchsvoraussetzung **SGB II 24 a–33** 2
- Bedarfsgemeinschaft **SGB II 24 a–33** 2
- Regelleistung **SGB II 24 a–33** 4
- Schonvermögen **SGB II 24 a–33** 3, **BGB vor 1361** 184, **SGB II 24 a–33** 1

Arbeitsplatzverlust BGB vor 1361 20
Art der Unterhaltsgewährung
- andere Art **BGB 1585** 2
- als Darlehen **BGB 1585** 4
- Kapitalabfindung **BGB 1585** 6
- monatliche Geldrente **BGB 1585** 2
- rechtzeitige Leistung **BGB 1585** 3
- Vereinbarung **BGB 1585** 2
- Zeitraum **BGB 1585** 3

Auffangtatbestand BGB 1579 41
Aufstockungsunterhalt
- Additionsmethode **BGB 1573** 33
- angemessene Erwerbstätigkeit **BGB 1573** 6
- angemessene Erwerbstätigkeit **BGB 1573** 26
- Anrechnungsmethode **BGB 1573** 35
- Anschlussunterhalt **BGB 1573** 37
- Arbeitsplatzrisiko **BGB 1573** 18
- Arbeitsplatzsuche **BGB 1573** 11
- Bemühungen um Arbeitsplatz **BGB 1573** 8
- Beweislast **BGB 1573** 10
- Differenzmethode **BGB 1573** 32
- ehebedingte Bedürftigkeit **BGB 1573** 1
- Einsatzzeitpunkt **BGB 1573** 15
- Erlöschen des Anspruchs **BGB 1573** 30
- fiktives Einkommen **BGB 1573** 9
- geringfügige Unterhaltsdifferenzen **BGB 1573** 29
- keine Deckung des vollen Unterhalts **BGB 1573** 28
- maßgebliche Einsatzzeitpunkte **BGB 1573** 27
- Mischmethode **BGB 1573** 36
- nachhaltige Sicherung **BGB 1573** 16
- nicht prägende Einkünfte **BGB 1573** 31
- Ortswechsel **BGB 1573** 7
- prägende Einkünfte **BGB 1573** 31
- reale Beschäftigungschance **BGB 1573** 9
- rechtzeitige Bewerbungen **BGB 1573** 8
- Subsidiarität **BGB 1573** 5

Sachverzeichnis

- Teilzeitbeschäftigung **BGB 1573** 13
- Umfang des Anspruchs **BGB 1573** 23
- Umkreis der Arbeitsplatzsuche **BGB 1573** 8
- Vertrauenstatbestand **BGB 1573** 11

Ausbildungsförderung
- Aktualisierungsantrag **BAföG 37** 9
- Anspruchsübergang **BAföG 37** 7
- Darlehen **BAföG 37** 3
- Einkommen **BAföG 37** 2
- Naturalunterhaltsbestimmung **BAföG 37** 4
- nichteheliche Lebensgemeinschaft **BAföG 37** 5
- Obliegenheit zur Inanspruchnahme **BAföG 37** 10
- Rückabtretung **BAföG 37** 8
- Subsidiarität **BAföG 37** 4
- Zuschuss **BAföG 37** 3
- Zweitausbildung **BAföG 37** 4, **BAföG 37** 1

Ausbildungsunterhalt
- Abitur - Lehre - Studium **BGB 1610** 47 ff.
- Ausbildungsanspruch des Kindes **BGB 1610** 35
- Ausbildungswechsel **BGB 1610** 41
- Dauer der Ausbildung **BGB 1610** 42
- Gegenseitigkeitsprinzip **BGB 1610** 38
- Gestufte Ausbildungsgänge **BGB 1610** 46
- Kontrollrechte der Eltern **BGB 1610** 43
- Orientierungsphase **BGB 1610** 39
- Zweitausbildung aus persönlichen Gründen **BGB 1610** 45, **BGB 1609** 18

Ausbildungsunterhaltsanspruch BGB 1361 81

Auskunft
- Auskunftsberechtigte **BGB 1605** 3
- Auskunftsschuldner **BGB 1605** 3
- Einkommen **BGB 1605** 10
- nicht verheiratete Eltern **BGB 1605** 5
- Vermögen **BGB 1605** 13
- Zurückbehaltungsrecht **BGB 1605** 1
- Arbeitnehmer **BGB 1605** 19 a
- eidesstattliche Versicherung **BGB 1605** 24
- ergänzende Auskunft **BGB 1605** 23
- erneute Auskunft **BGB 1605** 17
- Geheimhaltungsinteresse **BGB 1605** 21
- Inhalt und Umfang der Auskunftspflicht **BGB 1605** 9
- kein Auskunftsanspruch **BGB 1605** 7
- der ne. Mutter **BGB 1615 l** 45
- persönliche Unterzeichnung **BGB 1605** 16
- Selbständige **BGB 1605** 20
- Verbindlichkeiten **BGB 1605** 14
- Vorlage von Belegen, Abs. 1 Satz 2 **BGB 1605** 19
- Zurückbehaltungsrecht **BGB 1605** 8

Auskunfts- und Belegansbruch BGB 1361 117

Auskunftspflicht
- Auskunft zum Vermögen **BGB 1580** 6
- Beschwer **BGB 1580** 13
- Erheblichkeit für den Unterhaltsanspruch **BGB 1580** 4
- Folgen **BGB 1580** 12
- Pflicht zur ungefragten Information **BGB 1580** 9
- Sperrfrist **BGB 1580** 7
- Zurückbehaltungsrecht **BGB 1580** 5

Auskunftsrecht des Gerichts
- Art der Auskunft **ZPO 643** 3
- Auskunft von Dritten **ZPO 643** 5
- Auskunftspflicht **ZPO 643** 1
- Auskunftspflicht Dritter **ZPO 643** 12
- Neuregelung nach FamFG **ZPO 643** 12
- Nichtbefolgen der Auskunft **ZPO 643** 4
- prozessuale Grundlage **ZPO 643** 1
- Umfang der Auskunft **ZPO 643** 3

Außergewöhnliche Belastung
- Ehegattenunterhalt **EStG 33 a** 1
- Prozesskostenvorschuss **EStG 33** 1
- Scheidungskosten **EStG 33** 1
- Steuererstattungen **EStG 33** 2
- Unterhaltsabfindung **EStG 33** 1
- Verwandtenunterhalt **EStG 33 a** 6, **BGB 1361** 56, **EStG 10** 1, **EStG 33 a** 1

BAföG-Leistungen BGB vor 1361 183
Barunterhalt BGB 1612 1
Barunterhalt neben Betreuung
- Einkommens- und Vermögensverhältnisse des betreuenden Elternteils **BGB 1606** 20
- Haftung **BGB 1606** 19
- Mehr- oder Sonderbedarf **BGB 1606** 19

Basisunterhalt
- Erwerbsobliegenheit **BGB 1615 l** 16, **BGB 1615 l** 4

663

Sachverzeichnis

Bedarfsdeckung durch Erwerbseinkünfte
- Ausbildungsvergütung **BGB 1602** 12
- Erwerbsobliegenheit von Minderjährigen **BGB 1602** 4
- Erwerbsobliegenheit von Volljährigen **BGB 1602** 6 ff.
- Schüler- und Studentenarbeit **BGB 1602** 14 ff.

Bedarfsdeckung durch Sozialleistungen
- Arbeitslosengeld II **BGB 1602** 21
- Ausbildungsförderung **BGB 1602** 25 ff.
- Elterngeld **BGB 1602** 22
- Grundsicherung **BGB 1602** 31 ff.
- Sozialhilfe **BGB 1602** 29
- Unterhaltsvorschuss **BGB 1602** 28
- Waisenrente **BGB 1602** 24

Bedarfsdeckung während Wehr- und Zivildienst BGB 1602 17

Bedarfsgemeinschaft
- Grundsicherung **SGB XII 41–43** 3, **SGB II 24 a–33** 2, **SGB XII 94** 10

Bedürftigkeit
- Anrechnung von Einkünften **BGB 1577** 2
- Auswirkungen des Zugewinnausgleichs **BGB 1577** 6
- Beweislast **BGB 1577** 24
- Darlegungslast **BGB 1577** 24
- Einkünfte aus Vermietung und Verpachtung **BGB 1577** 5
- freiwillige Leistungen Dritter **BGB 1577** 11
- mutwillige Herbeiführung s. dort
- Nichtanrechnung von Einkünften aus unzumutbarer Tätigkeit **BGB 1577** 13
- öffentlich-rechtliche Leistungen **BGB 1577** 12
- Umschichtung **BGB 1577** 7
- Verbrauch des Kapitals **BGB 1577** 9
- Verlust des Vermögens **BGB 1577** 23
- Vermögenseinkünfte **BGB 1577** 3
- Vermögenserträge **BGB 1577** 3
- Versorgungsleistungen für Dritte **BGB 1577** 10
- Verwertung des Vermögensstamms **BGB 1577** 20
- Wohnvorteil **BGB 1577** 4, **BGB 1602** 1, **BGB 1615 l** 37

Beerdigungskosten BGB 1361 114, **BGB 1615 m** 1, **BGB 1615 n** 3

Begrenztes Realsplitting EStG 10 1

Behinderte Kinder BGB 1609 8
Beihilfeanspruch BGB 1361 61
Belange des gemeinsamen Kindes BGB 1579 7
Berufsausbildungsbeihilfen BGB vor 1361 183

Berufsbedingte Aufwendungen
- Arbeitszimmer **BGB vor 1361** 63
- Berufskleidung **BGB vor 1361** 63
- Fachliteratur **BGB vor 1361** 63
- Fahrtkosten **BGB vor 1361** 59
- Fortbildungskosten **BGB vor 1361** 63
- Gewerkschaftsbeitrag **BGB vor 1361** 63
- höhenmäßige Begrenzung **BGB vor 1361** 55
- Kinderbetreuungskosten **BGB vor 1361** 63
- konkrete Berechnung **BGB vor 1361** 58
- Pauschalierung **BGB vor 1361** 54
- Repräsentations- und Bewirtungskosten **BGB vor 1361** 63
- Steuerberaterkosten **BGB vor 1361** 63, **BGB vor 1361** 55

Beschränkung oder Wegfall der Verpflichtung
- Kindererziehungszeiten **BGB 1579** 5
- kurze Ehedauer **BGB 1579** 4
- verfrühter Scheidungsantrag **BGB 1579** 4

Betreuungsbonus BGB vor 1361 63
Betreuungsunterhalt BGB 1615 l 15
- Befristung **BGB 1615 l** 30

Betreuungsunterhaltsanspruch BGB 1615 l 8

Betriebswirtschaftliche Auswertungen BGB vor 1361 74
Beweislast BGB 1579 53, **BGB 1609** 20
Bilanz BGB vor 1361 68
Blindengeld BGB vor 1361 185
Bundeserziehungsgeld BGB vor 1361 183

Darlegungs- und Beweislast BGB 1606 9, **BGB 1606** 24, **BGB 1606** 27, **BGB 1615 l** 31, **BGB 1615 l** 44
Diätkosten BGB vor 1361 177
Doppelberücksichtigung BGB vor 1361 34, **BGB vor 1361** 41
Doppelverwertung
- Verbot **BGB vor 1360** 35

Düsseldorfer Tabelle
- Altersstufen und Einkommensgruppen **BGB 1610** 16

Sachverzeichnis

- Anwendungsgrundsätze **BGB 1610** 12
- Bedarf oberhalb der Tabellenwerte **BGB 1610** 22
- Höhergruppierung **BGB 1609** 12
- Krankenversicherung **BGB 1610** 15
- Mindestunterhalt **BGB 1610** 13
- Umgruppierungen und Bedarfskontrollbetrag **BGB 1610** 18 ff.
- Unterhalt nach festen Bedarfssätzen **BGB 1610** 23 ff.
- Wohnbedarf **BGB 1610** 14

Ebenso schwere Gründe
- Auffangtatbestand **BGB 1579** 41

Ehe von langer Dauer BGB 1609 6, siehe Lange Ehedauer

Ehebedingte Nachteile BGB 1609 17, **BGB 1609** 20

Ehegattenhaftung
- Ersatzanspruch **BGB 1608** 8
- Rangfolge und Anspruchsverpflichtete **BGB 1608** 2
- Verwirkung des Ehegattenunterhalts **BGB 1608** 9

Ehegattensplitting BGB 1615 I 38

Ehegattenunterhalt
- Auslandsbezug **EGBGB 18** 5

Ehegeld BEEG 1, 2, 11 1

Eheliche Lebensverhältnisse
- allgemeiner Lebensbedarf **BGB 1578** 26
- Änderung der Steuerklasse **BGB 1361** 35
- Änderungen der Steuerklasse **BGB 1578** 23
- Belastungen **BGB 1578** 11
- Durchführung des Zugewinnausgleichs **BGB 1361** 40
- Einkommen aus unzumutbarer Tätigkeit **BGB 1578** 5
- Einkommenssteigerungen **BGB 1361** 31
- fiktives Einkommen **BGB 1578** 6
- Fiktives Einkommen **BGB 1578** 6
- Hinzutreten weiterer Unterhaltspflichten **BGB 1578** 11 b
- konkrete Bedarfsermittlung **BGB 1578** 14
- Mindestbedarf **BGB 1578** 13
- nicht eheliches Kind **BGB 1361** 34
- prägende Entwicklungen **BGB 1361** 31
- Sättigungsgrenze **BGB 1361** 41
- Sonderbedarf **BGB 1578** 28
- Surrogat **BGB 1578** 3
- trennungsbedingter Mehrbedarf **BGB 1578** 27
- Veränderungen der Lebensverhältnisse **BGB 1578** 16
- Vermögensbildung **BGB 1578** 10
- Vermögenserträge **BGB 1578** 9
- Vorwegabzug von Kindesunterhalt **BGB 1578** 11 a
- wandelbare **BGB 1578** 3 a
- Wohnvorteil **BGB 1578** 7, **BGB 1361** 1

Eigenheimzulage
- Bemessungsgrundlage **EigZulG 4** 3
- eigene Wohnnutzung **EigZulG 4** 8
- Kinderzulage **EigZulG 4** 3
- unentgeltliche Überlassung an Angehörige **EigZulG 4** 10
- unterhaltsrechtlich relevantes Einkommen **EigZulG 4** 6, **BGB vor 1361** 151, **EigZulG 4** 2

Eigenverantwortlichkeit BGB vor 1361 7

Einfluss des Güterstands
- Alleininhaberstellung des Verpflichteten **BGB 1583** 2
- Mitberücksichtigung der Unterhaltspflichten **BGB 1583** 3
- Normzweck **BGB 1583** 1, **BGB 1583** 1

Einkommen
- Änderungsverfahren **BGB vor 1361** 27
- Auskunftsanspruch **BGB vor 1361** 22
- Belege **BGB vor 1361** 26
- Darlegungs- und Beweislast **BGB vor 1361** 21
- im steuerlichen Sinne **BGB vor 1361** 2
- Stufenanspruch **BGB vor 1361** 23
- Umkehr der Darlegungslast **BGB vor 1361** 24, **BGB vor 1361** 2
- aus verbotener Tätigkeit **BGB vor 1361** 3

Einkommensbegriff BGB vor 1361 1

Einkommensermittlung
- Dezemberverdienstabrechnungen **BGB vor 1361** 28
- laufende Monatsabrechnungen **BGB vor 1361** 31
- Lohnsteuerbescheinigung **BGB vor 1361** 30

Einkommensfiktion BGB 1615 I 38
- reale Beschäftigungschance **BGB 1361** 89
- Vertrauenstatbestand **BGB 1361** 86
- Wohnungswechsel **BGB 1361** 89, **BGB 1361** 86, **BGB vor 1361** 18

Sachverzeichnis

Einkommensfiktionen beim Unterhaltsschuldner
- Auswirkungen auf Anspruchsübergang **BGB 1603** 31
- Bemessung fiktiver Einkünfte **BGB 1603** 24 ff.
- Berücksichtigung fiktiver Schulden **BGB 1603** 30
- Grundsätze **BGB 1603** 7

Einkünfte s. a. nachfolgende Stichwörter
- nicht einprägende **BGB vor 1361** 11
- prägende **BGB vor 1361** 11
- überobligatorische Tätigkeit **BGB vor 1361** 14
- unzumutbare Tätigkeit **BGB vor 1361** 12

Einkünfte aus Kapitalvermögen
- Herkunft des Kapitals **BGB vor 1361** 122
- Umschichtungsobliegenheit **BGB vor 1361** 121
- Zeitpunkt der Kapitalanlage **BGB vor 1361** 125, **BGB vor 1361** 120

Einkünfte aus Land- und Forstwirtschaft
- Betriebsvermögensvergleich **BGB vor 1361** 115
- kleine Betriebe **BGB vor 1361** 118
- unrentable landwirtschaftliche Betriebe **BGB vor 1361** 119, **BGB vor 1361** 115

Einkünfte aus nicht selbständiger Tätigkeit
- Aufwandsentschädigung **BGB vor 1361** 32
- Ausbildungsvergütungen **BGB vor 1361** 32
- Auslandszulagen **BGB vor 1361** 32
- Auslösungen **BGB vor 1361** 32
- Barzuwendungen **BGB vor 1361** 27
- Behindertenwerkstatt **BGB vor 1361** 32
- Einkaufs- oder Sonderrabatte **BGB vor 1361** 36
- Entlassungsgeld **BGB vor 1361** 32
- Essensgeldzuschuss **BGB vor 1361** 32
- Firmenfahrzeug **BGB vor 1361** 38
- freie oder verbilligte Wohnung **BGB vor 1361** 36
- Freifahrten **BGB vor 1361** 36
- Kost und Logis **BGB vor 1361** 36
- Kostenpauschale Abgeordneter **BGB vor 1361** 32
- Krankenhaustagegeld **BGB vor 1361** 32
- Krankenversicherungszuschuss **BGB vor 1361** 32
- Lohnfortzahlung **BGB vor 1361** 32
- Mehrarbeitsvergütung **BGB vor 1361** 32
- Ministerialzulage **BGB vor 1361** 32
- Nebentätigkeitsvergütungen **BGB vor 1361** 32
- Pflegezulage **BGB vor 1361** 32
- Prämien **BGB vor 1361** 32
- Provisionen **BGB vor 1361** 32
- Sachbezüge **BGB vor 1361** 27
- Schmutz- und Schichtzulagen **BGB vor 1361** 32
- Sitzungsgelder **BGB vor 1361** 32
- Spesen **BGB vor 1361** 32
- Spesen **BGB vor 1361** 32
- Streckengeld **BGB vor 1361** 32
- Streikgelder **BGB vor 1361** 32
- Tantiemen **BGB vor 1361** 32
- Trinkgelder **BGB vor 1361** 32
- Überstundenentgelte **BGB vor 1361** 32
- Urlaubsgeld **BGB vor 1361** 32
- vermögenswirksame Leistungen **BGB vor 1361** 32
- Weihnachtsgeld **BGB vor 1361** 32
- Zuschläge für Überstunden **BGB vor 1361** 32, **BGB vor 1361** 27

Einkünfte aus selbständiger Tätigkeit
- Altersvorsorge **BGB vor 1361** 111
- Berufsbedingte Aufwendungen **BGB vor 1361** 113
- Bewirtungskosten **BGB vor 1361** 107
- Erwerbstätigenbonus **BGB vor 1361** 114
- Kfz-Kosten **BGB vor 1361** 106
- Kranken- und Pflegeversicherung **BGB vor 1361** 110
- Löhne und Gehälter **BGB vor 1361** 106
- Mehrkontenmodell **BGB vor 1361** 107
- Mehrkontenmodell **BGB vor 1361** 107
- Pauschale für Verpflegungsmehraufwand **BGB vor 1361** 106
- Personalkosten **BGB vor 1361** 79
- Raumkosten **BGB vor 1361** 107
- Rechts- und Beratungskosten **BGB vor 1361** 79
- Rechts- und Beratungskosten **BGB vor 1361** 106
- Rückstellungen **BGB vor 1361** 107

Sachverzeichnis

- Sachverständigengutachten **BGB vor 1361** 105
- Schwarzeinnahmen **BGB vor 1361** 80
- sonstige Erlöse **BGB vor 1361** 82
- Telefonkosten **BGB vor 1361** 107
- Unfallversicherung **BGB vor 1361** 112
- Zinsen **BGB vor 1361** 107
- Zusatzversicherung **BGB vor 1361** 110

Einkünfte aus Vermietung und Verpachtung
- Abschreibungen **BGB vor 1361** 138
- Alleineigentum **BGB vor 1361** 140
- Erhaltungsaufwendungen **BGB vor 1361** 136
- Instandhaltungsrücklage **BGB vor 1361** 137
- Tilgungsleistungen **BGB vor 1361** 139, **BGB vor 1361** 134

Einnahme-Überschuss-Rechnung BGB vor 1361 73

Einstweilige Anordnung
- Änderung **ZPO 641 d** 15
- Antrag **ZPO 620** 2
- Antrag **ZPO 644** 2
- Antrag des Kindes **ZPO 641 d** 5
- Arrest **ZPO 620** 13
- Außerkrafttreten **ZPO 620** 21
- Außerkrafttreten **ZPO 641 d** 15
- Einleitung des Verfahrens **ZPO 620** 2
- einstweilige Verfügung **ZPO 620** 9
- Entscheidung **ZPO 641 d** 11
- Entscheidung **ZPO 644** 3
- Forderungsübergang **ZPO 620** 20
- Glaubhaftmachung **ZPO 641 d** 9
- Hauptsacheverfahren **ZPO 620** 8
- Konkurrenz **ZPO 620** 7
- Konkurrenz **ZPO 641 d** 4
- Kosten **ZPO 641 d** 13
- Neuregelung nach FamFG **ZPO 620** 24
- Neuregelung nach FamFG **ZPO 644** 4
- Notwendigkeit **ZPO 641 d** 7
- Prozesskostenvorschuss **ZPO 641 d** 3
- Prozessstandschaft **ZPO 620** 15
- Rechtsmittel **ZPO 620** 5
- Rechtsmittel **ZPO 641 d** 16
- Rechtsschutzbedürfnis **ZPO 620** 8
- Regelungsbedürfnis **ZPO 620** 4
- Regelungsbedürfnis **ZPO 644** 2
- Rückzahlung **ZPO 620** 22
- Schadenersatz **ZPO 620** 22
- Schadensersatzansprüche **ZPO 620** 23
- Sicherheitsleistung **ZPO 641 d** 8
- sofortige Beschwerde **ZPO 620** 6
- Vollstreckung **ZPO 641 d** 14
- Vorschuss **ZPO 620** 19
- Zuständigkeit **ZPO 620** 3
- Zuständigkeit **ZPO 641 d** 10

Elementarunterhalt BGB 1361 45

Elterliche Sorge
- Ende **BGB 1606** 11

Elternbezogene Gründe
- Verhältnis der Eltern zueinander **BGB 1615 l** 27

Eltern-Kind-Verhältnis
- Adoptiveltern **BGB 1601** 3
- Großeltern **BGB 1601** 5
- Scheinvater **BGB 1601** 4
- Unterhalt als Schadenersatz **BGB 1601** 6
- Unterhaltspflicht **BGB 1601** 6
- Unterhaltspflicht bei Insemination **BGB 1601** 6
- Unterhaltspflicht bei Umgehung der förmlichen Adoption **BGB 1601** 6, **BGB 1601** 2, **BGB 1601** 8

Ende des Unterhaltsanspruchs
- Ansprüche für die Vergangenheit **BGB 1586** 4
- Tod des Unterhaltsberechtigten **BGB 1586** 2
- Wiederheirat **BGB 1586** 3

Entlastungsbetrag für Alleinerziehende EStG 24 b 1

Entnahmen BGB vor 1361 81

Ergänzende Altersvorsorge BGB vor 1361 53

Erlöschen bei Tod des Verpflichteten
- Anwendungsbereich **BGB 1586 b** 3
- Begrenzung der Erbenhaftung **BGB 1586 b** 6
- Nachlassverbindlichkeit **BGB 1586 b** 4
- Vererblichkeit des Geschiedenenunterhaltsanspruchs **BGB 1586 b** 2
- Verfahrensfragen **BGB 1586 b** 9
- Verwirkungseinwand **BGB 1586 b** 8
- Wegfall der Beschränkung **BGB 1586 b** 5

Erlöschen des Unterhaltsanspruchs
- Beerdigungskosten **BGB 1615** 2
- Tod des Unterhaltsverpflichteten **BGB 1615** 1

Ersatzhaftung BGB 1606 21

Ersatzhaftung anderer Verwandter
- Beweislast **BGB 1607** 18
- Erschwerung oder Unmöglichkeit der Rechtsverfolgung **BGB 1607** 6

Sachverzeichnis

- mangelnde Leistungsfähigkeit **BGB 1607** 3
- Rangverhältnis **BGB 1607** 1
- Schein-Vater-Regress **BGB 1607** 14
- Schutzklausel des Abs. 4 **BGB 1607** 17
- Sonderfall: Haftung der Großeltern **BGB 1607** 7
- Übergang auf Verwandte **BGB 1607** 13

Erweiterter Unterhalt wegen Schwangerschaft oder Krankheit BGB 1615 I 8, BGB 1615 I 13

Erwerbsobliegenheit
- Alter und Krankheit **BGB 1361** 75
- angemessene Erwerbstätigkeit **BGB 1361** 79
- beiderseitige wirtschaftliche Verhältnisse **BGB 1361** 78
- Beweislast **BGB 1361** 93
- Dauer der Ehe **BGB 1361** 76
- frühere Erwerbstätigkeit **BGB 1361** 77
- Kindesbetreuung **BGB 1361** 68, **BGB 1361** 67, **BGB 1615 I** 38, **BGB vor 1361** 13

Erwerbsobliegenheit des Unterhaltsschuldners
- Aufgabe und Verlust des Arbeitsplatzes **BGB 1603** 13 ff.
- Berufswechsel **BGB 1603** 18 ff.
- Darlegungs- und Beweislast **BGB 1603** 11
- Intensität der Bewerbungsbemühungen **BGB 1603** 9
- Reale Erwerbschande **BGB 1603** 12
- Umkreis der Bewerbungsbemühungen **BGB 1603** 10
- Vorrang der Erstausbildung **BGB 1603** 22

Erwerbstätigenbonus BGB vor 1361 64

Erziehungsgeld
- Anrechnung **BErzGG 9** 8
- Anspruchshöhe **BErzGG 9** 5
- Berechtigter **BErzGG 9** 3
- Einkommensgrenzen **BErzGG 9** 6, **BErzGG 9** 1

Existenzminimum BGB 1609 10

Fahrtkosten BGB vor 1361 43, BGB vor 1361 59

Familienleistungsausgleich EStG 31, 32 1

Familienrechtlicher Ausgleichsanspruch BGB 1606 22

Familienunterhalt
- Aufgabenverteilung **BGB 1360** 10
- Bedürftigkeit **BGB 1360** 6
- eheliche Lebensgemeinschaft **BGB 1360** 5
- Leistungsfähigkeit **BGB 1360** 6
- Leistungsfähigkeit **BGB 1360** 7
- Leistungspflichten **BGB 1360** 9
- Prozessuales **BGB 1360** 16, **BGB 1615 I** 43, **BGB vor 1360** 1

Feststellungsklage
- besonderes Interesse **ZPO 256** 5
- Beweislast **ZPO 256** 8
- Darlegungslast **ZPO 256** 8
- einstweilige Einstellung der Zwangsvollstreckung **ZPO 256** 9
- entfallenes Feststellungsinteresse **ZPO 256** 7
- fehlendes Feststellungsinteresse **ZPO 256** 6
- Feststellungsinteresse **ZPO 256** 4
- negative Feststellungsklage **ZPO 256** 2
- positive Feststellungsklage **ZPO 256** 3
- Streitwert **ZPO 256** 10

Fiktives Einkommen s. Einkommensfiktion

Forum-Shopping EGBGB 18 10

Freibetrag BGB vor 1361 42

Freistellungsvereinbarung BGB 1606 18

Freiwillige Zuwendungen Dritter BGB vor 1361 7

Gegenrechte des Unterhaltsschuldners
- Aufrechnung mit Überzahlungen **BGB vor 1360** 31
- Zurückbehaltungsrecht **BGB vor 1360** 33

Geldrente BGB 1361 104

Gemeinsame steuerliche Veranlagung BGB 1361 35

Gemeinsame Veranlagung siehe Zusammenveranlagung

Geschwistertrennung BGB 1606 18

Gesetz zur Änderung des Unterhaltsrechts BGB 1615 I 4

Gesetzliche Unterhaltspflicht ZPO 642 1

Gesteigerte Unterhaltspflicht
- Anwendungsbereich **BGB 1603** 75 ff.
- Ausnahmen **BGB 1603** 97 ff.
- Obliegenheit zur Nebentätigkeit **BGB 1603** 84 ff.
- verstärkter Mitteleinsatz **BGB 1603** 82

Sachverzeichnis

- Verstärkung der Erwerbsobliegenheit **BGB 1603** 83

Getrennte Veranlagung EStG 26–26 b 1
Gewinn- und Verlustrechnung BGB vor 1361 72
Gleichwertigkeit von Bar- und Betreuungsunterhalt BGB 1606 2, **BGB 1606** 10, **BGB 1606** 11, **BGB 1606** 13, **BGB 1606** 17, **BGB 1606** 20
GmbH
- Abschreibungen **BGB vor 1361** 90
- Anstellungsverhältnis **BGB vor 1361** 85
- Gewinnentnahmen **BGB vor 1361** 85
- Verlust der Gesellschaft **BGB vor 1361** 89, **BGB vor 1361** 85

Grobe Unbilligkeit BGB 1579 7, **BGB 1579** 45
Gröbliche Verletzung von Unterhaltspflichten BGB 1579 31
Grundsicherung
- Anspruchvoraussetzungen **SGB XII 41–43** 2
- Auswirkungen auf Unterhaltsverpflichtete **SGB XII 41–43** 14
- kein gesetzlicher Forderungsübergang **SGB XII 41–43** 13
- Leistungsumfang **SGB XII 41–43** 4
- Verhältnis zu Unterhaltsansprüchen **SGB XII 41–43** 10, **BGB vor 1361** 183, **SGB XII 41–43** 1

Haager UntPflÜbk EGBGB 18 2
Haftungsordnung BGB 1606 2, **BGB 1609** 1
Halbwaisenrente BGB vor 1361 170
Haushaltsfreibetrag EStG 24 b 1
Hausmann-Rechtsprechung BGB 1604 92 ff.
Herabsetzung und zeitliche Begrenzung des Unterhalts wegen Unbilligkeit
- Anwendungsbereich **BGB 1578 b** 5
- Befristung des Unterhalts wegen Alters (§ 1571 BGB) **BGB 1578 b** 18
- Darlegungs- und Beweislast **BGB 1578 b** 30
- ehebedingte Nachteile **BGB 1578 b** 12
- Geltendmachung **BGB 1578 b** 29
- Grundsätze der Billigkeit **BGB 1578 b** 9
- Konkurrenz zu § 1579 BGB **BGB 1578 b** 23
- Präklusion **BGB 1578 b** 31
- Rechtsfolgen **BGB 1578 b** 24

- sonstige Kriterien **BGB 1578 b** 22
- Streitwert **BGB 1578 b** 32
- Tatbestandsvoraussetzungen **BGB 1578 b** 12
- Unterhalt wegen Krankheit (§ 1572 BGB) **BGB 1578 b** 19

Höhe des Verwandtenunterhalts
- abgeleitete L. **BGB 1610** 4 ff.
- Bedarfsbemessung nach Pauschalbeträgen **BGB 1610** 11
- eigene L. **BGB 1610** 9

Internat BGB 1606 14

Karrieresprung BGB 1361 37
Kindbezogene Gründe BGB 1615 l 19
Kindergeld
- Anrechnung **BGB 1612 b** 8
- Ausbildung **EStG 31, 32** 8
- Auszahlung **BGB 1612 b** 15
- Bestimmung des Kindergeldbezugsberechtigten **BGB 1612 b** 14
- Ehegattenunterhalt **BGB 1612 b** 12
- Einkünfte volljähriger Kinder **EStG 31, 32** 9
- ersetzende Leistungen **BGB 1612 c** 2
- Günstigerprüfung **EStG 31, 32** 4
- minderjähriges unverheiratetes Kind **BGB 1612 b** 9
- Pfändung **BGB 1612 b** 16
- Promotion **EStG 31, 32** 8
- Prozesskostenhilfe **BGB 1612 b** 17
- Rechtsgrundlage **BGB 1612 b** 2
- Sprachaufenthalt **EStG 31, 32** 9
- volljähriges Kind **BGB 1612 b** 11
- Zählkindvorteil **BGB 1612 b** 13, **BGB vor 1361** 7, **BGB vor 1361** 184, **EStG 31, 32** 3

Kindergeldberechtigter
- Obhutswechsel **EStG 62–77** 1
- volljähriges Kind **EStG 62–77** 2

Kindergeldverrechnung EStG 31, 32 4
Kinderzulage EStG 31, 32 13
Kindesbetreuung BGB 1361 70
Kindschaftsrechtsreformgesetz BGB 1615 l 3
Konkurrenzen BGB 1579 52
Konsumentenkredite InsO/ZPO 1
Kosten
- des Umgangsrechts **BGB vor 1361** 192, **ZPO 93** 1

669

Sachverzeichnis

- der Schwangerschaft oder der Entbindung **BGB 1615 I 8, BGB 1615 I** 12

Kostenstrafe
- Anfechtung **ZPO 93 d** 6
- Anwendungsbereich **ZPO 93 d** 2
- gesetzliche Unterhaltspflicht **ZPO 93 d** 3
- Neuregelung nach FamFG **ZPO 93 d** 7
- nicht erteilte Auskunft **ZPO 93 d** 3
- unvollständig erteilte Auskunft **ZPO 93 d** 3
- Ursächlichkeit **ZPO 93 d** 4

Kranken- und Pflegeversicherung
- Selbstbehalt **BGB vor 1361** 50, **BGB vor 1361** 49

Kranken- und Pflegevorsorgeunterhalt
- Beginn **BGB 1578** 33
- Berechnung **BGB 1361** 57, **BGB 1578** 36
- Dauer **BGB 1578** 33
- Ende der Mitversicherung **BGB 1578** 32
- Geltendmachung **BGB 1578** 37
- gesonderte Geltendmachung **BGB 1578** 32
- hilfsweise Geltendmachung **BGB 1578** 37
- Kranken- und Pflegeversicherung **BGB 1578** 32
- mehrstufige Berechnung **BGB 1578** 36
- private Krankenversicherung **BGB 1361** 61
- Rang **BGB 1578** 34
- Steuerliches Realsplitting **BGB 1361** 55, **BGB 1361** 54, **BGB 1361** 54
- Verwendungskontrolle **BGB 1578** 35
- Wahlrecht **BGB 1578** 35

Krankheitsbedingter Mehrbedarf BGB vor 1361 177
Kriterienmodell BGB 1615 I 32
Kündigungsschutzklage BGB vor 1361 20

Lange Ehedauer BGB 1609 14, **BGB 1609** 14, **BGB 1609** 15
Lebenspartnerschaft von langer Dauer BGB 1609 6
Leistung unter Vorbehalt BGB vor 1360 6

Leistungsfähigkeit
- andere Verpflichtete **BGB 1581** 24
- Arbeitsplatzverlust **BGB 1581** 5
- Arbeitsplatzwechsel **BGB 1581** 5
- Aufnahme eines Studiums **BGB 1581** 7
- Aufnahme von Krediten **BGB 1581** 16
- Beweislast **BGB 1581** 31
- Billigkeitsunterhalt **BGB 1581** 25
- Darlegungslast **BGB 1581** 31
- Einkommensminderung wegen Eintritts in den Ruhestand **BGB 1581** 11
- Einsatz des Vermögens **BGB 1581** 15
- Erwerbsobliegenheit **BGB 1581** 4
- fiktives **Einkommen BGB 1615 I** 38
- freiwillige Leistungen Dritter **BGB 1581** 12
- Geschäftsgewinn **BGB 1581** 13
- Grenze der Leistungsfähigkeit **BGB 1581** 21
- Grundsatz der Gleichbehandlung **BGB 1581** 3
- Hausmann-Fälle **BGB 1581** 14
- Kosten des Umgangsrechts **BGB 1581** 20
- Kreditverbindlichkeiten **BGB 1581** 18
- Mangelverteilung **BGB 1581** 26
- mehrstufige Mangelfallberechnung **BGB 1581** 26
- nichtehelicher Vater **BGB 1615 I** 38
- Selbstbehalt **BGB 1581** 22
- Splittingvorteil aus Wiederverheiratung **BGB 1581** 10
- Strafhaft **BGB 1581** 9
- Umschulung **BGB 1581** 8
- Unterhaltspflicht **BGB 1581** 19
- Untersuchungshaft **BGB 1581** 9
- Verbindlichkeiten **BGB 1581** 17
- Verbraucherinsolvenz **BGB 1581** 18 a
- Weiterbildung **BGB 1581** 8
- Wiederheirat **BGB 1581** 14
- Zweitausbildung **BGB 1581** 8, **BGB 1603** 1, **BGB 1615 I** 38

Mangelfall
- Bedarfskorrektur **BGB 1609** 12, **BGB 1609** 2

Mehrere Unterhaltsberechtigte BGB 1615 I 39
Mehrere Unterhaltsverpflichtete BGB 1615 I 42
Mehrjahresschnitt BGB vor 1361 75
Mutterschutz BGB 1615 I 2
Mutterschutzunterhalt BGB 1615 I 8, **BGB 1615 I** 10

Mutwillige Herbeiführung der Bedürftigkeit
- Abgrenzung **BGB 1579** 15
- Alkoholmissbrauch **BGB 1579** 20

Sachverzeichnis

- Arbeitsplatzaufgabe **BGB 1579** 17
- bewusste Fahrlässigkeit **BGB 1579** 14
- Drogenmissbrauch **BGB 1579** 20
- fehlgeschlagener Suizidversuch **BGB 1579** 19
- leichtfertiges Verhalten **BGB 1579** 14
- neurotische Erkrankungen **BGB 1579** 20
- selbst verschuldeter Verlust des Arbeitsplatzes **BGB 1579** 18
- Tablettenmissbrauch **BGB 1579** 20
- Vermögensverschwendung **BGB 1579** 24
- zweckwidrige Verwendung des Altersvorsorgeunterhalts **BGB 1579** 21

Nachehelicher Betreuungsunterhalt BGB 1615 l 43
Nachehelicher Unterhalt
- Auslandsbezug **EGBGB 18** 9

Nachrang der Sozialhilfe SGB XII 94 1, **SGB XII 94** 42
Naturalleistungen BGB 1606 12
Naturalunterhalt BGB 1361 104, **BGB 1612** 1
Nebenbeschäftigung SGB III 117–144 7
Nebeneinkünfte BGB vor 1361 178
Nebentätigkeit
- Rentner **BGB vor 1361** 16
- vorgezogener Ruhestand **BGB vor 1361** 16, **BGB vor 1361** 16

Nichtehelichengesetz BGB 1615 l 2

Obhutswechsel BGB 1606 23
Ortszuschlag EStG 31, 32 14

Pfändungsfreigrenze InsO/ZPO 9
Pflege- und Erziehungsgeld SGB XIII 23, 39 1
Pflegegeld BGB vor 1361 183, **SGB XI 13 ff.** 1
Pflegeversicherung BGB vor 1361 185
Praxisgebühr BGB vor 1361 50
Privilegierte Volljährige
- allgemeine Schulausbildung **BGB 1603** 77 ff.
- Haushaltsgemeinschaft mit Elternteil **BGB 1603** 80

Progressionsvorbehalt BGB vor 1361 29, **SGB III 117–144** 9
Prozesskostenvorschuss
- Abtretbarkeit **BGB 1360 a** 35

- Anwendungsbereich **BGB 1360 a** 21
- Aufrechnung **BGB 1360 a** 35
- Aufrechnung **ZPO 127 a** 9
- Bedürftigkeit **BGB 1360 a** 26
- Bedürftigkeit **ZPO 127 a** 5
- einstweilige Anordnung **ZPO 127 a** 1
- fehlender Mutwille **BGB 1360 a** 28
- gewillkürte Prozessstandschaft **BGB 1360 a** 26
- hinreichende Erfolgsaussicht **BGB 1360 a** 28
- hinreichende Erfolgsaussicht **ZPO 127 a** 7
- Höhe **ZPO 127 a** 8
- Höhe des Anspruchs **BGB 1360 a** 30
- Inhalt des Anspruchs **BGB 1360 a** 29
- Kostenfestsetzung **BGB 1360 a** 34
- Leistungsfähigkeit **ZPO 127 a** 6
- Leistungsfähigkeit des Verpflichteten **BGB 1360 a** 27
- Neuregelung nach FamFG **ZPO 127 a** 13
- Pfändbarkeit **BGB 1360 a** 35
- Prozesskostenvorschuss in Raten **BGB 1360 a** 27
- Prozessstandschaft **ZPO 127 a** 3
- prozessuale Geltendmachung **BGB 1360 a** 36
- Rechtskraft der Ehescheidung **ZPO 127 a** 4
- Rechtsstreit über persönliche Angelegenheiten **BGB 1360 a** 24
- Regelungsgegenstand **ZPO 127 a** 2
- Reform durch FamFG **ZPO 127 a** 13
- Rückforderung **ZPO 127 a** 9
- Rückforderung des Prozesskostenvorschusses **BGB 1360 a** 31
- Verhältnis zum Hauptsacheverfahren **ZPO 127 a** 12
- Verhältnis zur einstweiligen Verfügung **ZPO 127 a** 12, **BGB 1361** 115

Rangfolge BGB 1609 2
Rangverhältnisse
- lange Ehedauer **BGB 1582** 6
- Rechtslage ab 1. 1. 2008 **BGB 1582** 8
- Spezialvorschrift im Mangelfall **BGB 1582** 1
- Vorrang des geschiedenen Ehegatten **BGB 1582** 3
- Vorrang des geschiedenen Ehegatten **BGB 1582** 5
- Zusammentreffen mit Ansprüchen minderjähriger Kinder **BGB 1582** 7

Sachverzeichnis

Rangverhältnisse mehrerer Unterhaltsverpflichteter
- bei bestehenden Unterhaltsansprüchen **BGB 1584** 1
- Beweislast **BGB 1584** 9
- Darlegungslast **BGB 1584** 9
- Ersatzhaftung der Verwandten **BGB 1584** 6
- Geltendmachung zum Nachteil des Berechtigten **BGB 1584** 8
- gesetzlicher Forderungsübergang **BGB 1584** 7
- Grenzen der Verpflichtung **BGB 1584** 4
- Haftung der Verwandten bei Verwirkung **BGB 1584** 5
- Haftung des geschiedenen Ehegatten **BGB 1584** 2
- Umfang der Verpflichtung **BGB 1584** 4
- Vorrang der Haftung der Verwandten **BGB 1584** 3

Realsplitting
- absetzbare Leistungen **EStG 10** 19
- Auskunftsanspruch **EStG 10** 15
- Freibetrag **EStG 10** 4
- klagweise Durchsetzung **EStG 10** 18
- Kosten des Steuerberaters **EStG 10** 11
- Nachteilerstattung **EStG 10** 8
- Nachteilsausgleichsleistungen **EStG 10** 22
- Rechtsanwaltskosten **EStG 10** 22
- Sicherheitsleistung **EStG 10** 17
- sozialrechtliche Nachteile **EStG 10** 12
- Steuerersparnis **EStG 10** 16
- unentgeltliche Wohnraumüberlassung **EStG 10** 22, **BGB 1361** 35, **BGB vor 1361** 42

Renten und Pensionen BGB vor 1361 170

Rentenkürzung BGB vor 1361 175

Rentennachzahlungen BGB vor 1361 173, **VAHRG 6** 1

Rentnerprivileg VAHRG 5 2

Riester- und Rürup-Rente BGB vor 1361 51

Rückübertragung Sozialhilfe
- Auftragsverhältnis **SGB XII 94** 49
- Kostentragungspflicht **SGB XII 94** 51
- Prozesskostenhilfebewilligung **SGB XII 94** 52
- Rückabtretungsvereinbarung **SGB XII 94** 54

Rückzahlung überzahlten Unterhalts
- freiwillige Mehrleistungen **BGB vor 1360** 7
- Rückforderung aufgrund einstweiliger Anordnungen **BGB vor 1360** 8
- Rückforderung aufgrund einstweiliger Verfügung **BGB vor 1360** 9
- Rückforderung bei Rentennachzahlung **BGB vor 1360** 16
- verschärfte Haftung **BGB vor 1360** 13
- Wegfall der Bereicherung **BGB vor 1360** 12
- Zahlungen aufgrund einer vollstreckbaren Urkunde **BGB vor 1360** 10
- Zahlungen aufgrund eines Prozessvergleichs **BGB vor 1360** 10
- Zahlungen aufgrund eines rechtskräftigen Titels **BGB vor 1360** 11

Sättigungsgrenze BGB 1361 41

Schadenersatzansprüche
- § 717 Abs. 2 Satz 1 ZPO **BGB vor 1360** 17
- § 823 BGB **BGB vor 1360** 19
- § 826 BGB **BGB vor 1360** 20
- §§ 641 g, 717 Abs. 2, 945 ZPO **BGB vor 1360** 18
- Schadenersatz gegen Dritte **BGB vor 1360** 21

Schadensbedingte Sozialleistungen
- persönlicher Aufwendungsbereich **BGB 1610 a** 2
- sachlicher Aufwendungsbereich **BGB 1610 a** 4 ff.
- Vermutung der Aufwandsdeckung **BGB 1610 a** 1

Scheidungsstatut EGBGB 18 9

Schonvermögen
- angemessenes Hausgrundstück **SGB XII 90** 17
- Härtefallregelung **SGB XII 90** 21
- kleinere Barbeträge **SGB XII 90** 20
- Lebensversicherung **SGB XII 90** 24, **SGB II 24 a–33** 3, **SGB XII 90** 9

Schüler- und Studentenjobs BGB vor 1361 17

Schulden s. Verbindlichkeiten

Schwangeren- und Familienhilfeänderungsgesetz BGB 1615 l 3

Schwere Straftat des Unterhaltsgläubigers
- Einzelfälle **BGB 1579** 12

Sachverzeichnis

- grobe Unbilligkeit **BGB 1579** 13
- schuldhaftes Verhalten **BGB 1579** 11

Schwerwiegendes einseitiges Fehlverhalten
- Begleitumstände **BGB 1579** 36
- konkrete Gegenvorwürfe **BGB 1579** 34
- offensichtliches Fehlverhalten **BGB 1579** 34
- schuldhaftes Verhalten **BGB 1579** 32
- Unterschieben eines Kindes **BGB 1579** 39
- Vereitelung des Umgangsrechts **BGB 1579** 38
- Verstöße gegen die eheliche Treuepflicht **BGB 1579** 32
- Zeitpunkt **BGB 1579** 33
- Zuwendung zu einem neuen Partner **BGB 1579** 35

Sechswochenkosten BGB 1615 I 2

Selbstbehalt
- angemessener gegenüber Eltern **BGB 1603** 62
- angemessener gegenüber Enkelkindern **BGB 1603** 63
- angemessener gegenüber volljährigen Kindern **BGB 1603** 61
- Erhöhung und Absenkung **BGB 1603** 68 ff.
- notwendiger **BGB 1603** 64 ff.
- Vorwegabzug **BGB 1606** 6

Sicherheitsleistung
- Art der Sicherheitsleistung **BGB 1585 a** 4
- einfacher Jahresbetrag **BGB 1585 a** 3
- Gefährdung der Unterhaltsleistung **BGB 1585 a** 2
- Höhe der Sicherheitsleistung **BGB 1585 a** 5
- für nachehelichen Unterhalt **BGB 1585 a** 1
- Verfahren **BGB 1585 a** 5

Sicherung des Unterhaltsanspruchs BGB 1615 o 9

Sonderabschreibungen BGB vor 1361 2, **BGB vor 1361** 96

Sonstige Verpflichtungen des Unterhaltsschuldners
- berufsbedingte Aufwendungen **BGB 1603** 39 ff.
- Schulden **BGB 1603** 52 ff.
- Umgangskosten **BGB 1603** 59
- vermögenswirksame Leistungen **BGB 1603** 51

- Vorsorgeaufwendungen **BGB 1603** 47 ff.

Sozialhilfe
- Prozessführungsbefugnis **SGB XII 94** 39
- Rückforderungsansprüche nach § 528 BGB **SGB XII 93** 4
- Schonvermögen **SGB XII 90** 9
- Titelumschreibung **SGB XII 94** 39
- Unterhaltsansprüche nach bürgerlichem Recht **SGB XII 93** 2, **BGB vor 1361** 184
- Lebensversicherungen **SGB XII 90** 2
- verwertbares Vermögen **SGB XII 90** 2

Sozialhilferechtliche Vergleichsberechnung SGB XII 94 28

Sozialleistungen BGB vor 1361 181 ff.
- Körper- oder Gesundheitsschaden **BGB vor 1361** 7

Splittingvorteile aus der neuen Ehe BGB vor 1361 47, s. a. Realsplitting

Steuererstattungen BGB vor 1361 39
Steuerklassen BGB vor 1361 44
Steuersparmodell BGB vor 1361 39
Stief- und Pflegekind BGB 1609 4

Stufenklage
- Berufungsverfahren **ZPO 254** 8
- Entscheidungsumfang **ZPO 254** 3
- Kosten **ZPO 254** 4
- Prozesskostenhilfe **ZPO 254** 12
- Rechtshängigkeit aller Stufen **ZPO 254** 2
- Säumnis **ZPO 254** 6
- Verbund **ZPO 254** 2
- Verfahrensfortgang **ZPO 254** 7
- Wert der Beschwer **ZPO 254** 9
- Zuständigkeitsstreitwert **ZPO 254** 9

Surrogat BGB 1573 1, **BGB vor 1361** 14

Tatsächliches Einkommen des Unterhaltsschuldners BGB 1603 3 ff.
Teilanspruch BGB 1609 13
Teilerwerbsobliegenheit BGB 1609 13
Teilschuldnerschaft BGB 1606 2, **BGB 1606** 5
Tod des Unterhaltspflichtigen BGB 1615 I 49
Traditionelles Ehemodell BGB 1609 14, **BGB 1609** 17

Trennungsbedingter Mehrbedarf
- Anschaffung neuen Hausrates **BGB 1361** 62

673

Sachverzeichnis

- Auswirkungen auf Unterhaltsanspruch **BGB 1361** 66
- doppelte Haushaltsführung **BGB 1361** 62
- Scheidungskosten **BGB 1361** 62, **BGB 1361** 62

Trennungsunterhalt
- Aufhebung der häuslichen Gemeinschaft **BGB 1361** 9
- Auslandsbezug **EGBGB 18** 11
- Bedürftigkeit **BGB 1361** 13
- Billigkeitsabwägung **BGB 1361** 101
- Darlegungs- und Beweislast **BGB 1361** 43
- Darlegungs- und Beweislast **BGB 1361** 98
- Eheliche Lebensverhältnisse **BGB 1361** 22
- Einseitiger Ausbruch **BGB 1361** 96
- Erwerbsbemühungen **BGB 1361** 87
- Fiktive Einkünfte **BGB 1361** 29
- Kinderschutzklausel **BGB 1361** 102
- Leistungsfähigkeit **BGB 1361** 19
- nichteheliches Kind **BGB 1361** 118
- Prägende Einkünfte **BGB 1361** 23
- Sonderbedarf **BGB 1361** 108
- Trennungswille **BGB 1361** 11
- Überobligatorische Nebentätigkeit **BGB 1361** 28
- Unterhaltsausschluss **BGB 1361** 94
- Unterhaltsvereinbarungen **BGB 1361** 112
- Unzumutbare Tätigkeit **BGB 1361** 24
- unzumutbare Tätigkeit **BGB 1361** 85
- Versöhnungsversuch **BGB 1361** 12
- Verwirkung **BGB 1361** 110
- Verzicht **BGB 1361** 109
- Verzug **BGB 1361** 107
- volljähriges Kind **BGB 1361** 120
- Zahlungsdauer **BGB 1361** 105
- Zahlungszeit **BGB 1361** 105
- Zusammenleben mit neuem Partner **BGB 1361** 99, **BGB 1361** 8, **BGB 1615 l** 43

Überleitungsanzeige SGB XII 93 7
Überleitungsvorschrift
- Änderung von Alttiteln **EGZPO 36** 3
- Anpassung von dynamisierten Titeln **EGZPO 36** 14
- Berücksichtigung im Revisionsverfhren **EGZPO 36** 19
- Beschränkung der Rückwirkung **EGZPO 36** 21
- Bindungswirkung **EGZPO 36** 5
- Eröffnung einer mündlichen Verhandlung **EGZPO 36** 19
- Eröffnung einer mündlichen Verhandlung **EGZPO 36** 20
- Präklusion **EGZPO 36** 13
- Regelungsbereich **EGZPO 36** 1
- Übergangsregelung **EGZPO 36** 18
- Vertrauensschutzprüfung **EGZPO 36** 12
- wesentliche Änderung **EGZPO 36** 4
- Zumutbarkeit der Abänderung **EGZPO 36** 8
- Zumutbarkeit bei einer Gesamtregelung **EGZPO 36** 9

Überschuldungssituation InsO/ZPO 1
Umfang der Unterhaltspflicht
- Bemessung der Unterhaltsleistung **BGB 1360 a** 3
- Haushaltsgeld **BGB 1360 a** 13
- Kosten des Haushalts **BGB 1360 a** 4
- Lebensbedarf der Familie **BGB 1360 a** 2
- Naturalleistung **BGB 1360 a** 12
- persönliche Bedürfnisse **BGB 1360 a** 6
- Taschengeld **BGB 1360 a** 7
- Wirtschaftsgeld **BGB 1360 a** 13

Umgang BGB 1606 17
Unfallrente BGB vor 1361 172
Unfallversicherung BGB vor 1361 54
Unterhalt als dynamischer Titel
- Änderung der Regelbeträge **BGB 1612 a** 9
- Anpassung von Alttiteln **BGB 1612 a** 11
- Bestimmtheit der Anträge **BGB 1612 a** 3
- Dynamisierungsanspruch **BGB 1612 a** 2
- Funktion der Regelbeträge **BGB 1612 a** 4
- Kindergeldverrechnung **BGB 1612 a** 5

Unterhalt als Geldrente
- andere Erfüllungsmöglichkeit **BGB 1612** 5
- Geldwertschuld **BGB 1612** 2
- Leistungsdauer **BGB 1612** 4
- monatlich im Voraus **BGB 1612** 3
- Schickschuld **BGB 1612** 2

Unterhalt aus Billigkeitsgründen
- besondere Leistungen für den anderen Ehepartner **BGB 1576** 12
- Betreuung nicht gemeinschaftlicher Kinder **BGB 1576** 6
- Beweislast **BGB 1576** 21
- Dauer des Anspruchs **BGB 1576** 17

Sachverzeichnis

- Einsatzzeitpunkt **BGB 1576** 3
- grobe Unbilligkeit **BGB 1576** 5
- Höhe des Anspruchs **BGB 1576** 17
- Konkurrenz **BGB 1576** 20
- positive Härteklausel **BGB 1576** 1
- Rang **BGB 1576** 19
- schwerwiegende Gründe **BGB 1576** 4

Unterhalt des geschiedenen Ehegatten
- Anwendungsbereich **BGB 1569** 2
- Beginn und Ende **BGB 1569** 9
- Einsatzzeitpunkte **BGB 1569** 8
- Grundsatz der Eigenverantwortlichkeit **BGB 1569** 1
- keine Identität **BGB 1569** 10
- Konkurrenz der Unterhaltstatbestände **BGB 1569** 6

Unterhalt für die Vergangenheit
- absichtlicher Entzug der Leistung **BGB 1585 b** 10
- Anwendungsbereich **BGB 1613** 3
- Aufrechnung **BGB 1585 b** 4
- Auskunft **BGB 1613** 4
- Beweislast **BGB 1585 b** 11
- Beweislast **BGB 1613** 26
- Hinderung aus rechtlichen Gründen **BGB 1613** 21
- Hinderung aus tatsächlichen Gründen **BGB 1613** 22
- Mehrbedarf **BGB 1613** 17
- prozessuale Fragen **BGB 1613** 18
- Rechtshängigkeit **BGB 1585 b** 4
- Rechtshängigkeit **BGB 1613** 9
- Rückstände **BGB 1585 b** 4
- Sonderbedarf **BGB 1585 b** 3
- Sonderbedarf **BGB 1613** 15
- Stundung und Erlass **BGB 1613** 23
- Vertrag **BGB 1613** 10
- Verwirkung **BGB 1613** 13
- Verzug **BGB 1585 b** 4
- Verzug **BGB 1585 b** 4
- Verzug **BGB 1613** 5
- Wegfall des Verzugs **BGB 1613** 11
- Zeitraum **BGB 1585 b** 10, **BGB 1615 l** 47

Unterhalt wegen Alters
- Altersgrenzen **BGB 1571** 7
- Anrechnung von Einkünften **BGB 1571** 12
- Anschlussunterhalt **BGB 1571** 3
- Ausschluss **BGB 1571** 15
- Begrenzung **BGB 1571** 15
- Beweislast **BGB 1571** 17
- Darlegungslast **BGB 1571** 17

- Einsatzzeitpunkt **BGB 1571** 2
- Herabsetzung **BGB 1571** 15
- Konkurrenz **BGB 1571** 16
- Unzumutbarkeit der Erwerbstätigkeit **BGB 1571** 11

Unterhalt wegen Betreuung eines Kindes
- Alter und Anzahl der Kinder **BGB 1570** 10
- Arbeitsplatzsuche **BGB 1570** 18
- Beginn des 4. Lebensjahres **BGB 1570** 20 c
- Betreuung durch beide Ehegatten **BGB 1570** 7
- Beweislast **BGB 1570** 23
- Fortsetzung der Erwerbstätigkeit **BGB 1570** 16
- gemeinschaftliches Kind **BGB 1570** 3
- Kausalität **BGB 1570** 8
- Konkurrenz **BGB 1570** 22
- Notwendigkeit der Pflege und Erziehung **BGB 1570** 5
- Prozessuales **BGB 1570** 25
- Rechtmäßigkeit der Pflege und Erziehung **BGB 1570** 6
- Umfang des Anspruchs **BGB 1570** 22
- Unterstützung durch Dritte **BGB 1570** 17
- Verlängerung aus elternbezogenen Gründen **BGB 1570** 20 l
- Verlängerung aus kindbezogenen Gründen **BGB 1570** 20 e
- vertragliche Vereinbarungen **BGB 1570** 21
- zeitliche Begrenzung **BGB 1570** 20

Unterhalt wegen Erwerbslosigkeit
- angemessene Erwerbstätigkeit **BGB 1573** 6
- Arbeitsplatzrisiko **BGB 1573** 18
- Arbeitsplatzsuche **BGB 1573** 11
- Bemühungen um Arbeitsplatz **BGB 1573** 8
- Beweislast **BGB 1573** 10
- ehebedingte Bedürftigkeit **BGB 1573** 1
- Einsatzzeitpunkt **BGB 1573** 15
- fiktives Einkommen **BGB 1573** 9
- nachhaltige Sicherung **BGB 1573** 16
- Ortswechsel **BGB 1573** 8
- reale Beschäftigungschance **BGB 1573** 9
- rechtzeitige Bewerbungen **BGB 1573** 8
- Subsidiarität **BGB 1573** 5
- Teilzeitbeschäftigung **BGB 1573** 13

Sachverzeichnis

- Umfang des Anspruchs **BGB 1573** 23
- Umkreis der Arbeitsplatzsuche **BGB 1573** 8
- Vertrauenstatbestand **BGB 1573** 11

Unterhalt wegen Krankheit oder Gebrechen
- Alkoholsucht **BGB 1572** 3
- Begrenzung **BGB 1572** 7
- Beweislast **BGB 1572** 11
- Bezug von Erwerbs- oder Berufsunfähigkeitsrente **BGB 1572** 8
- Darlegungslast **BGB 1572** 11
- Drogensucht **BGB 1572** 3
- Einsatzzeitpunkt **BGB 1572** 5
- Konkurrenz **BGB 1572** 10
- krankheitsbedingte Erwerbsunfähigkeit **BGB 1572** 2
- latente Erkrankungen **BGB 1572** 3
- Obliegenheit zur Behandlung **BGB 1572** 4
- Rentenneurose **BGB 1572** 3
- sonstige suchtbedingte Erkrankungen **BGB 1572** 3
- Tablettenabhängigkeit **BGB 1572** 3
- Teilanschlussunterhalt **BGB 1572** 5
- Teilerwerbsunfähigkeit **BGB 1572** 6
- Unterhaltsneurose **BGB 1572** 3

Unterhaltsanspruch des Vaters gegen die Mutter BGB 1615 I 50

Unterhaltsanspruch von Mutter und Vater aus Anlass der Geburt
- Alter der zu betreuenden Kinder **BGB 1615 I** 29
- Altersphasenmodell **BGB 1615 I** 32
- anteilige Haftung des nach § 1615 I Unterhaltspflichtigen neben weiteren Pflichtigen **BGB 1615 I** 43
- Basisunterhalt **BGB 1615 I** 15
- Behinderung des Kindes **BGB 1615 I** 20
- besondere Begabungen des Kindes **BGB 1615 I** 24
- Durchbrechung der Dreijahresfrist **BGB 1615 I** 18
- einheitlicher Unterhaltsanspruch **BGB 1615 I** 15
- Einsatzzeitpunkt **BGB 1615 I** 17
- einstweilige Anordnung **BGB 1615 I** 7
- einzelne Unterhaltstatbestände **BGB 1615 I** 8
- Eltern des Kindes **BGB 1615 I** 6
- elternbezogene Gründe **BGB 1615 I** 18
- Erkrankung des betreuenden Elternteils **BGB 1615 I** 22
- Erkrankungen oder Entwicklungsstörungen des Kindes **BGB 1615 I** 21
- Erziehungs- oder Schulschwierigkeiten des Kindes **BGB 1615 I** 23
- fehlende Möglichkeiten der Fremdbetreuung **BGB 1615 I** 26
- Feststellung der Vaterschaft **BGB 1615 I** 7
- kind- und elternbezogene Gründe **BGB 1615 I** 17
- kindbezogene Gründe **BGB 1615 I** 18
- Kinderbetreuung durch den anderen unterhaltspflichtigen Elternteil **BGB 1615 I** 26
- Kriterienmodell **BGB 1615 I** 32
- nicht miteinander verheiratet **BGB 1615 I** 6
- praktiziertes Betreuungs- und Erziehungskonzept **BGB 1615 I** 25
- statistische Angaben **BGB 1615 I** 5
- Übergangsfrist **BGB 1615 I** 25
- unterhaltsrechtliche Eigenverantwortlichkeit **BGB 1615 I** 17
- Zahl der zu betreuenden Kinder **BGB 1615 I** 29, **BGB 1615 I** 1

Unterhaltsansprüche unter Verschwägerten EGBGB 18 21

Unterhaltsansprüche von Eltern BGB 1609 9

Unterhaltsaufteilung bei Gleichrang
- Reformüberlegungen **BGB 1609** 17

Unterhaltsausschluss
- Darlegungs- und Beweislast **BGB 1361** 98, s. a. Unterhaltsversagung

Unterhaltsbedarf
- Einzelfälle **BGB 1615 I** 34
- Halbteilungsgrundsatz **BGB 1615 I** 33
- Lebensstellung des unterhaltsberechtigten Elternteils **BGB 1615 I** 33
- Zusammenleben in nichtehelicher Lebensgemeinschaft **BGB 1615 I** 35

Unterhaltsbemessung
- Erwerbstätigenbonus **BGB 1578** 30
- Halbteilungsgrundsatz **BGB 1578** 30

Unterhaltsberechtigter
- Wechselmodell **EStG 62–77** 1

Unterhaltsbestimmungsrecht
- Änderung **BGB 1612** 15
- Bestimmungsberechtigte **BGB 1612** 9
- Bestimmungsrecht **BGB 1612** 8
- Regelfall **BGB 1612** 6

Sachverzeichnis

- Unwirksamkeit **BGB 1612** 10
- Unzumutbarkeit **BGB 1612** 13
- volljährige Kinder **BGB 1612** 8

Unterhaltspflicht bei Gütergemeinschaft BGB 1604 1 ff.

Unterhaltspflichtige Verwandte
- Eltern-Kind-Verhältnis **BGB 1601** 2, **BGB 1601** 1

Unterhaltsrang BGB 1615 n 5
Unterhaltsrückstände InsO/ZPO 21
Unterhaltsstatut
- Gemeinsame Staatsangehörigkeit **EGBGB 18** 16
- Gewöhnlicher Aufenthalt **EGBGB 18** 13
- ordre public **EGBGB 18** 28, **EGBGB 18** 10

Unterhaltsteilanspruch BGB 1609 13
Unterhaltsversagung
- Härtegründe **BGB 1579** 3 ff.
- Umfang **BGB 1579** 49
- Wiederaufleben des Anspruchs **BGB 1579** 50

Unterhaltsverwirkung BGB 1615 I 46
Unterhaltsverzicht
- Sittenwidrigkeit **SGB XII 94** 21, **BGB 1585 c** 7, **BGB 1615 I** 48, **BGB 1609** 19

Unterhaltsverzicht für die Zukunft
- ausländische Unterhaltstitel **BGB 1614** 8
- Freistellung **BGB 1614** 10
- Möglichkeit von Vereinbarungen **BGB 1614** 2
- Verbot **BGB 1614** 1
- Vorausleistung **BGB 1614** 9, **BGB 1614** 1

Unterhaltsvorschuss
- Anspruchsübergang **UVG 7** 2
- Beratungspflicht des Jugendamtes **UVG 3, 4** 1
- Grundsatz des Vertrauensschutzes **UVG 5** 6
- Kindergeldverrechnung **UVG 2** 2
- Öffentlich-rechtliche Vergleichsberechnung **UVG 7** 4
- Prozesskostenhilfebewilligung **UVG 7** 7
- Rückübertragung **UVG 7** 7
- Rückzahlungspflichten des Kindes **UVG 5** 1
- Verzug **UVG 7** 5
- Anspruchsübergang **UVG 1** 2
- Mindestunterhalt **UVG 1** 1

Unterhaltsvorschussleistungen SGB XII 94 3, **UVG 1** 4
Unzumutbare Tätigkeit BGB vor 1361 12

Verbindlichkeiten
- ehebedingte Verbindlichkeiten **BGB vor 1361** 187
- Prozesskosten **BGB vor 1361** 191
- trennungsbedingte Verbindlichkeiten **BGB vor 1361** 189
- Zugewinnausgleichszahlung **BGB vor 1361** 191, **BGB vor 1361** 186

Verbrauchergeldparität EGBGB 18 25
Verbraucherinsolvenz
- Berechnungsbeispiel **InsO/ZPO** 11
- Obliegenheit zur Einleitung **InsO/ZPO** 13
- Unterhaltsrückstände **InsO/ZPO** 21
- Verfahrensunterbrechung **InsO/ZPO** 22

Verbraucherinsolvenzverfahren
- Ablauf **InsO/ZPO** 4
- Antragsberechtigte **InsO/ZPO** 3
- Pfändungsfreigrenze **InsO/ZPO** 9
- Restschuldbefreiung **InsO/ZPO** 7
- Wohlverhaltensperiode **InsO/ZPO** 8, **InsO/ZPO** 2

Vereinbarungen über den Unterhalt
- Abänderung nach § 323 ZPO **BGB 1585 c** 17
- Anfechtbarkeit **BGB 1585 c** 15
- Auswirkungen von Unterhaltsvereinbarungen **BGB 1585 c** 13
- Berufung auf einen Unterhaltsverzicht **BGB 1585 c** 25
- Beweggründe **BGB 1585 c** 23
- Beweislast **BGB 1585 c** 26
- Beweislast **BGB 1585 c** 26
- Form **BGB 1585 c** 3
- Grenze der Vertragsfreiheit **BGB 1585 c** 20
- Inhalt **BGB 1585 c** 4
- Kapitalabfindung **BGB 1585 c** 12
- Kernbereich **BGB 1585 c** 20
- Konkretisierung **BGB 1585 c** 5
- Modifizierung **BGB 1585 c** 5
- Novation **BGB 1585 c** 6
- prozessuale Fragen **BGB 1585 c** 27
- salvatorische Klausel **BGB 1585 c** 21 a
- selbständiger Vertrag **BGB 1585 c** 6
- Sittenwidrigkeit **BGB 1585 c** 19
- Stammrecht **BGB 1585 c** 7

Sachverzeichnis

- Unterhaltsverzicht **BGB 1585 c** 7
- Unterhaltsverzicht zu Lasten Dritter **BGB 1585 c** 24
- Unterlegenheitsposition **BGB 1585 c** 10
- Verstoß gegen Treu und Glauben **BGB 1585 c** 25
- Verstoß gegen Treu und Glauben **BGB 1585 c** 25
- Verzichtswille **BGB 1585 c** 8
- Wegfall der Geschäftsgrundlage **BGB 1585 c** 17
- Wertsicherungsklauseln **BGB 1585 c** 11
- Zeitpunkt **BGB 1585 c** 2
- Zweck **BGB 1585 c** 23, **BGB 1615 l** 48

Vereinbarungen über Verwandtenunterhalt
- Freistellungsvereinbarung **BGB 1614** 7
- Verkürzung des Unterhalts **BGB 1614** 3

Vereinbarungen zum Rang BGB 1609 19

Vereinfachtes Verfahren über den Unterhalt Minderjähriger
- Abänderung des Titels bei wiederkehrenden Unterhaltsleistungen **ZPO 655** 1
- Abänderung von Festsetzungsbeschlüssen **ZPO 654** 1
- amtlicher Vordruck **ZPO 648** 6
- Antrag **ZPO 646** 1
- Antrag **ZPO 655** 3
- Antragsberechtigung **ZPO 645** 3
- Antragsgegner **ZPO 645** 4
- Anwendungsbereich **ZPO 654** 2
- Anwendungsbereich **ZPO 656** 2
- Aufnahme des ausgesetzten Verfahrens **ZPO 655** 8
- Auslandszustellung **ZPO 647** 6
- Aussetzung **ZPO 655** 7
- Begründetheit **ZPO 652** 6
- Beiordnung eines Rechtsanwalts **ZPO 645** 8
- Belegpflicht **ZPO 648** 9
- Beschränkung der Einwendungen **ZPO 655** 6
- Beschränkungen **ZPO 654** 3
- besondere Verfahrensvorschriften **ZPO 657** 1
- Bestimmung des Amtsgerichts **ZPO 660** 1
- Beteiligung des Antragsgegners **ZPO 647** 1
- einheitlicher Titel **ZPO 651** 5
- Eintritt der Rechtshängigkeit **ZPO 651** 4
- Einwendungen des Antragsgegners **ZPO 648** 1
- Entscheidung **ZPO 653** 9
- Erfüllungseinwand **ZPO 648** 7
- Festsetzungsbeschluss **ZPO 649** 1
- Hinweise **ZPO 647** 2
- Klage gegen Abänderungsbeschluss **ZPO 656** 1
- Kosten **ZPO 651** 6
- Kosten **ZPO 656** 5
- Mindestunterhalt **ZPO 645** 5
- Mitteilung über Einwendungen **ZPO 650** 1
- Rechtsmittel **ZPO 651** 7
- Rechtsmittel **ZPO 652** 1
- Rechtsmittel **ZPO 653** 10
- Rechtsmittel **ZPO 655** 10
- sachliche Zuständigkeit **ZPO vor 645** 2
- sofortige Beschwerde **ZPO 652** 1
- Sonderregelung für maschinelle Bearbeitung **ZPO 658** 1
- Statthaftigkeit **ZPO 645** 1
- Teilfestsetzung **ZPO 650** 3
- Übergang ins streitige Verfahren **ZPO 651** 2
- Unterhalt bei Vaterschaftsfeststellung **ZPO 653** 1
- Unzulässigkeit **ZPO 645** 6
- unzureichende Leistungsfähigkeit **ZPO 648** 8
- Verbindung mehrer Anträge **ZPO 646** 18
- Verfahren **ZPO 654** 4
- Verfahren **ZPO 656** 4
- Verfahren **ZPO vor 645** 2
- Verfahrensgrundsätze **ZPO 653** 6
- Verhältnis zu anderen Verfahren **ZPO vor 645** 3
- Verurteilung zur Zahlung **ZPO 653** 2
- Vollstreckung **ZPO 649** 6
- Vordrucke **ZPO 659** 1
- weiteres Verfahren **ZPO 651** 3
- weiteres Verfahren **ZPO 655** 9
- zeitliche Begrenzung **ZPO 648** 10
- Zulässigkeit **ZPO 652** 3
- Zulässigkeit **ZPO 656** 3
- Zurückweisung **ZPO 646** 16

Verfahrenskostenhilfe
- Neuregelung FamFG **ZPO 127 a** 13

Verfestigte Lebenspartnerschaft
- Absehen von der Heirat **BGB 1579** 10 e
- Begleitumstände der neuen Partnerschaft **BGB 1579** 10 d
- eheersetzende Partnerschaft **BGB 1579** 10 g

Sachverzeichnis

- Fortdauer einer nichtehelichen Beziehung **BGB 1579** 10 c
- nichteheliche Lebensgemeinschaft **BGB 1579** 10 b
- Unterhaltsgemeinschaft **BGB 1579** 10 f

Verjährung BGB 1615 l 47, BGB vor 1360 26

Verlängerter Betreuungsunterhalt BGB 1615 l 17

Verletzung von Vermögensinteressen des Verpflichteten
- Anschwärzen beim Arbeitgeber **BGB 1579** 27
- Belastung mit Unterhaltspflichten **BGB 1579** 29
- Strafanzeige gegen den Unterhaltsschuldner **BGB 1579** 26
- Vermögensstraftaten gegen den Verpflichteten **BGB 1579** 30
- Verschweigen von Einkünften **BGB 1579** 28

Vermögenseinsatz beim Unterhaltsschuldner
- Grundsätze **BGB 1603** 32 ff.
- Schonvermögen **BGB 1603** 36 ff.

Vermögensverwertungsobliegenheit
- Billigkeitsabwägung **BGB vor 1361** 126
- Elternunterhalt **BGB vor 1361** 131
- minderjährige Kinder **BGB vor 1361** 130
- nachehelicher Unterhalt **BGB vor 1361** 128, **BGB vor 1361** 126

Versöhnungsversuch EigZulG 6 5

Versorgungsausgleich
- Auswirkungen **VAHRG 5** 1

Versorgungskürzung VAHRG 5 5

Versorgungsleistungen BGB vor 1361 10

Vertretung des Kindes
- Alleinvertretungsrecht **BGB 1629** 1
- Dauer und Wegfall der Prozessstandschaft **BGB 1629** 7
- Ende der Alleinvertretung **BGB 1629** 5
- Ende der Alleinvertretung **BGB 1629** 5
- gemeinsame elterliche Sorge **BGB 1629** 1
- gesetzliche Prozessstandschaft **BGB 1629** 6
- Obhut **BGB 1629** 3
- Obhut **BGB 1629** 2
- Rechtsfolgen **BGB 1629** 4
- Vollstreckungsbefugnis **BGB 1629** 8
- Wechselmodell und Unterhalt **BGB 1629** 3

Verwandtenunterhalt
- Auslandsbezug **EGBGB 18** 5
- Kinderbetreuungskosten als Mehrbedarf **BGB 1610** 30
- Mehrbedarf **BGB 1610** 28 ff.
- Prozesskostenvorschuss **BGB 1610** 32 ff.
- Regelbedarf **BGB 1610** 26

Verwirkung
- Alkohol-, Spiel- und Drogensucht **BGB 1611** 5
- Billigkeitsabwägung **BGB 1611** 11 ff.
- Herbeiführung der Bedürftigkeit **BGB 1611** 4
- Kontaktverweigerung **BGB 1611** 8
- Minderjährigenprivileg **BGB 1611** 14
- schwere vorsätzliche Verfehlung **BGB 1611** 7
- Sperrwirkung gegenüber anderen Verwandten **BGB 1611** 15
- Suizidversuch **BGB 1611** 5
- titulierter Unterhalt **BGB vor 1360** 28
- Umstandsmoment **BGB vor 1360** 28
- Vernachlässigung der Unterhaltspflicht **BGB 1611** 6
- im Verwandtenunterhalt **BGB 1611** 1
- Zeitmoment **BGB vor 1360** 28

Verzeihung von Verwirkungstatbeständen BGB 1579 44

Verzinsung
- aktueller Basiszinssatz **BGB vor 1360** 22
- isolierte Geltendmachung von Zinsansprüchen **BGB vor 1360** 25
- Prozesszinsen **BGB vor 1360** 24
- Verzugszinsen **BGB vor 1360** 23

Vollstreckungsabwehrklage
- Abänderungsklage **ZPO 767** 2
- Bereicherungsklage **ZPO 767** 4
- Berufung **ZPO 767** 12
- Beweislast **ZPO 767** 16
- einstweilige Einstellung der Zwangsvollstreckung **ZPO 767** 20
- Erinnerung **ZPO 767** 7
- erneute Leistungsklage **ZPO 767** 6
- Herausgabeklage **ZPO 767** 5
- innerprozessuale Präklusion **ZPO 767** 18
- leugnende Feststellungsklage **ZPO 767** 3
- materiell-rechtliche Einwendungen **ZPO 767** 15
- Parteien **ZPO 767** 13
- Präklusion **ZPO 767** 17
- Rechtsschutzbedürfnis **ZPO 767** 10
- Streitwert **ZPO 767** 21

Sachverzeichnis

- verlängerte Vollstreckungsabwehrklage **ZPO 767** 19
- Vollstreckungstitel **ZPO 767** 8
- Zuständigkeit **ZPO 767** 9

Vollstreckungsrechtliche Rangordnung BGB 1609 1

Vollstreckungsschutz
- pfändbares Einkommen **BGB vor 1360** 34

Vorausleistungen BGB 1361 113

Vorläufige Sicherstellung des Kindesunterhalts BGB 1615 o 5

Vorläufige Sicherstellung des Unterhalts der betreuenden Mutter BGB 1615 o 6

Wahrung der Belange des Kindes BGB 1579 47

Waisenrente BGB vor 1361 170

Wechselmodell BGB 1606 16

Weiter- und Rückverweisungen EGBGB 18 4

Wiederaufleben BGB 1579 50

Wiederaufleben des Unterhaltsanspruchs
- Auflösung der neuen Ehe **BGB 1586 a** 2
- Betreuungsanschlussunterhalt **BGB 1586 a** 3
- Höhe **BGB 1586 a** 6
- Verfahrensfragen **BGB 1586 a** 7

Wiederholte Geltendmachung BGB 1579 51

Wohngeld BGB vor 1361 182

Wohnvorteil
- Altersvorsorgeunterhalt **BGB vor 1361** 161
- Auswirkungen der Veräußerung der Immobilie **BGB vor 1361** 162
- Instandhaltungsrücklage **BGB vor 1361** 157
- Kindesunterhalt **BGB vor 1361** 167
- Mangelfall **BGB vor 1361** 152
- objektiver und angemessener Mietwert **BGB vor 1361** 145
- Obliegenheitspflichtverletzung **BGB vor 1361** 148
- Übernahme durch einen Ehegatten **BGB vor 1361** 164
- Unterhaltsberechnung **BGB vor 1361** 160
- verbrauchsunabhängige Nebenkosten **BGB vor 1361** 157
- Verwertung durch Verkauf **BGB vor 1361** 149

- Zins- und Tilgungslasten **BGB vor 1361** 153, **BGB vor 1361** 142

Zeitliche Begrenzung bis 31. 12. 2007
- Unterhaltstatbestände **BGB 1578** 38

Zeitliche Begrenzung bis 31. 12. 2008
- vollständiger Wegfall der Unterhaltspflicht **BGB 1578** 38

Zeitliche Begrenzung bis 31. 12. 2009
- Gesamtabwägung **BGB 1578** 39

Zeitliche Begrenzung bis 31. 12. 2010
- Zeitraum der Ehedauer **BGB 1578** 40

Zeitliche Begrenzung bis 31. 12. 2011
- Beweislast **BGB 1578** 43

Zeitliche Begrenzung bis 31. 12. 2012
- Unterhaltsmaßstab **BGB 1578** 43

Zusammenleben mit neuem Partner BGB 1361 14

Zusammenveranlagung
- Änderung der Veranlagung **EStG 26–26 b** 4
- Aufteilung der Steuerschuld **EStG 26–26 b** 16
- Getrenntleben **EStG 26–26 b** 2
- Nachteilsausgleich **EStG 26–26 b** 15
- Sicherheitsleistung **EStG 26–26 b** 10
- Steuerberaterkosten **EStG 26–26 b** 9
- Steuererstattungen **EStG 26–26 b** 12
- Steuerhinterziehung **EStG 26–26 b** 11
- Versöhnungsversuch **EStG 26–26 b** 3
- Zustimmungsverpflichtung **EStG 26–26 b** 6, **EStG 26–26 b** 1

Zusatzversicherung BGB vor 1361 50

Zuständigkeit
- Auslandsberührung **ZPO 642** 5
- doppelter Wohnsitz **ZPO 642** 4
- einheitlicher Gerichtsstand **ZPO 642** 1
- gesetzliche Unterhaltspflicht **ZPO 642** 1
- minderjähriges Kind **ZPO 642** 1
- örtliche Zuständigkeit **ZPO 642** 3
- sachliche Zuständigkeit **ZPO 642** 4
- temporärer Wahlgerichtsstand **ZPO 642** 8
- Verbundverfahren **ZPO 642** 7
- Wahlgerichtsstand **ZPO 642** 10
- Wohnsitz **ZPO 642** 4

Zuvielforderung BGB 1361 116

Zuvielleistung
- Ansprüche bei Erstattungsabsicht **BGB 1360 b** 4
- Vermutung **BGB 1360 b** 3